無錫市工會志

徐錫院題

领导关怀

◀ 2011年5月8日，中华全国总工会主席王兆国（前排左一）在江苏银环精密钢管股份有限公司与全国劳模王顺良亲切交谈

▶ 2004年6月24~26日，中华全国总工会副主席、党组副书记孙宝树（左三）在无锡调研期间到江阴考察工会工作

◀ 2010年9月27~28日，中华全国总工会副主席陈荣书（中）在宜兴调研

◀ 2009年11月11日，江苏省委副书记、省长罗志军（右一）在宜兴调研时与省五一劳动奖章获得者王娅娜亲切交谈

▶ 2013年4月28日，江苏省委副书记、省长李学勇（左一）在无锡调研时与全国劳模吴菁蕾亲切交谈

◀ 2012年10月30日，江苏省人大常委会副主任、省总工会主席张艳（右二），省总工会党组书记、副主席刘广忠（右一）及省总工会副主席王爱平（右三）等领导观看无锡劳动法律监督活动展板

◀ 2013年8月15日，江苏省总工会主席、党组书记邢春宁（左一）在江阴新桥镇调研工会工作

▶ 2013年11月26日，江苏省委常委、无锡市委书记黄莉新（左一）与市十七次工代会代表亲切握手

◀ 2013年7月23日，无锡市委副书记、市长汪泉在市第三人民医院调研时慰问烧伤科医务人员并与省劳模吕国忠亲切交谈

▲ 2010年4月29日，无锡市委召开全市工会工作会议

▲2005年12月30日，无锡市政府与工会召开联席会议

▲ 2012年9月3日，江苏省委工会工作联合督查组在无锡督查调研听取汇报现场

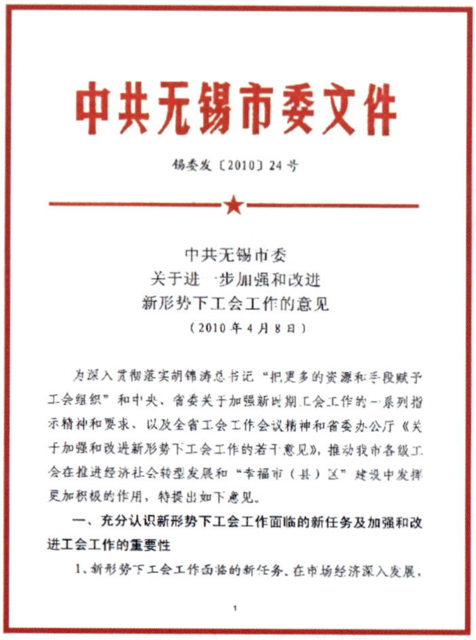

中共无锡市委文件

锡委发〔2010〕24号

中共无锡市委
关于进一步加强和改进
新形势下工会工作的意见
（2010年4月8日）

为深入贯彻落实胡锦涛总书记“把更多的资源和手段赋予工会组织”和中央、省委关于加强新时期工会工作的一系列指示精神和要求、以及全省工会工作会议精神和省委办公厅《关于加强和改进新形势下工会工作的若干意见》，推动我市各级工会在推进经济社会转型发展和“幸福市（县）区”建设中发挥更加积极的作用，特提出如下意见。

一、充分认识新形势下工会工作面临的新任务及加强和改进工会工作的重要性

1、新形势下工会工作面临的新任务。在市场经济深入发展，

1

▲ 中共无锡市委关于进一步加强和改进新形势下工会工作的意见

▲ 2008年11月11日，无锡市工会第十六次代表大会召开

▲ 无锡市工会第十六次代表大会表彰市模范职工之家

▲ 无锡市总工会第十五届、十六届领导班子成员等合影

▲ 无锡市委常委周敏炜当选为市总工会第十六届委员会主席

▲ 2013年11月26日，无锡市工会第十七次代表大会召开

▲无锡市工会第十七次代表大会代表表决通过大会选举有关事项

▲ 无锡市委常委、市总工会主席陈德荣在市工会第十七次代表大会上作工作报告

▲ 无锡市总工会第十七届领导班子成员合影

建功立业 推动发展

▲2004年9月17日，无锡市总工会开展“太湖儿女风采展”——女职工插花比赛

▲2005年6月24日，无锡市“安康杯”竞赛领导小组召开全市“安康杯”竞赛总结交流暨表彰大会

▲2005年9月10日，无锡市总工会、市交通局、市劳动和社会保障局联合举办全市汽车维修行业修理工（机电）技能大赛

▲2006年10月19日,无锡市总工会召开“当好主力军 建功‘十一五’全面推进‘一当好、三争创’活动”动员大会

▲2006年11月14日，无锡商业大厦开展员工业务知识竞赛

▲2007年3月5日，中国电信无锡分公司组织维护人员开展光纤熔接练兵活动

建功立业 推动发展

▲ 2008年12月4日，无锡市总工会召开“齐心协力共克时艰”企业家座谈会

▲ 2009年6月14日，无锡市“保增长、促发展、建功十一五”劳动竞赛启动

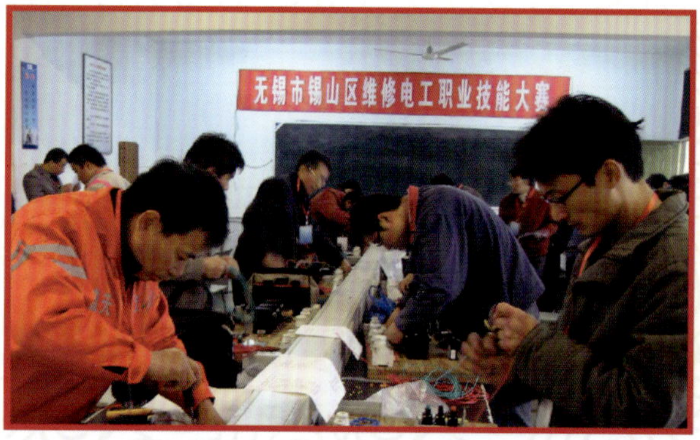

▲ 2009年11月13日，无锡市锡山区总工会举办维修电工职业技能大赛

▲ 2010年5月15日，无锡市重点工程地铁建设立功竞赛启动

▲ 2010年8月13日，无锡市职工职业技能大赛推进会暨无锡市职工汽车修理工技能比赛开幕式启动

建功立业 推动发展

▲ 2010年6月12日，无锡金友化纤有限公司和无锡华翔化纤有限公司开展“双学双比”操作技能比赛

▲ 2011年5月31日，宜兴市总工会举办职工职业技能竞赛维修电工决赛

▲ 2011年11月21日，无锡市首届职工创新成果展示周开幕式启动

▲ 2012年5月17日，江阴市农村配电线路工技能比赛启动仪式

▲ 2012年5月11日，无锡市委、市政府召开劳模先进表彰大会

建功立业 推动发展

▲ 2012年9月22日，无锡市滨湖区总工会举办第二届CAD制图职工技能大赛

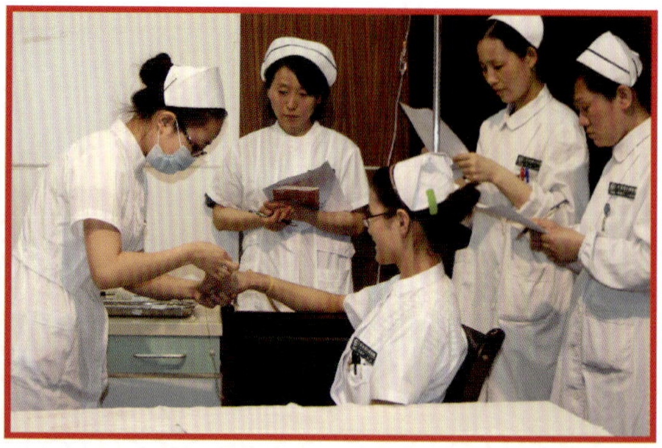

▲ 2012年5月11日，江苏省原子医学研究所开展青年护士技能竞赛活动

▲ 2013年3月22日，全市立功劳动竞赛启动

▲ 2013年6月9日，无锡透平叶片有限公司“QC课题攻关”小组开展攻关活动

▲ 2013年6月29日，无锡市总工会、市商务局、市人力资源和社会保障局联合举办全市生活家政服务业大赛

依法维权 构建和谐

▲ 2005年9月19日，全国工会部分省市工资集体协商工作座谈会在无锡召开

▲ 2006年6月30日，无锡市政府召开全市企业工资集体协商工作暨创建和谐劳动关系企业动员大会

▲ 2007年3月9日，无锡市惠山区总工会在江苏长江机械集团有限公司举办工资集体协商现场观摩会

▲ 2008年5月7日，举行无锡市滨湖区河埒街道饮食行业工资协商签约仪式

▲ 2009年4月14日，无锡市总工会在无锡君乐酒店进行工资分配等职工权益问卷调查

▲ 2009年7月28日，无锡供电公司召开十四届八次职工代表大会

▲ 2010年4月6日，博世汽车柴油系统有限公司职工代表与管理层代表就公司发展与职工权益等议题进行协商对话

▲ 2010年9月27日，全国工会推进区域（行业）职代会制度建设经验交流会在宜兴召开

▲ 2011年6月17日，全省工会推进世界500强在苏企业工资集体协商工作现场观摩会在无锡市新区举行

▲ 2013年4月11日，无锡市总工会举办工资协商指导员、谈判员培训班

▲ 2004年11月22日，无锡市总工会与市劳动和社会保障局、市经贸委在宜兴和桥镇联合召开全市工会区域性劳动争议调处工作现场推进会

▲ 2005年7月18日，无锡市总工会开展送法到基层活动

▲ 2006年12月2日，无锡市总工会组织《无锡市工会劳动法律监督条例》广场宣传咨询日活动

▲ 2007年5月11日，无锡市首次工会劳动法律监督检查联动活动启动

▲ 2008年6月12日，无锡市惠山区总工会劳动争议调解庭帮助职工拿回应得工资

▲ 2009年2月28日，无锡市总工会召开全市工会构建和发展和谐劳动关系推进会

▲2009年5月14日，江苏省总工会副主席胡同军（左），无锡市总工会党组书记、副主席孙洪（右）为市劳动争议调解委员会调解庭揭牌

▲ 2013年4月21日，无锡市总工会举行职工公益法律服务工作站授牌仪式

▲2012年12月14日，全国工会劳动法律监督工作推进会在无锡召开

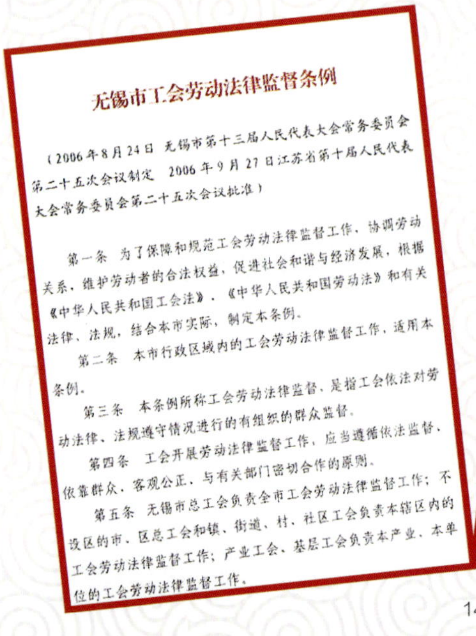

无锡市工会劳动法律监督条例

（2006年8月24日 无锡市第十三届人民代表大会常务委员会第二十五次会议制定 2006年9月27日江苏省第十届人民代表大会常务委员会第二十五次会议批准）

第一条 为了保障和规范工会劳动法律监督工作，协调劳动关系，维护劳动者的合法权益，促进社会和谐与经济发展，根据《中华人民共和国工会法》、《中华人民共和国劳动法》和有关法律、法规，结合本市实际，制定本条例。

第二条 本市行政区域内的工会劳动法律监督工作，适用本条例。

第三条 本条例所称工会劳动法律监督，是指工会依法对劳动法律、法规遵守情况进行的有组织的群众监督。

第四条 工会开展劳动法律监督工作，应当遵循依法监督、依靠群众、客观公正、与有关部门密切合作的原则。

第五条 无锡市总工会负责全市工会劳动法律监督工作；不设区的市、区总工会和镇、街道、村、社区工会负责本辖区内的工会劳动法律监督工作；产业工会、基层工会负责本产业、本单位的工会劳动法律监督工作。

▶《无锡市工会劳动法律监督条例》

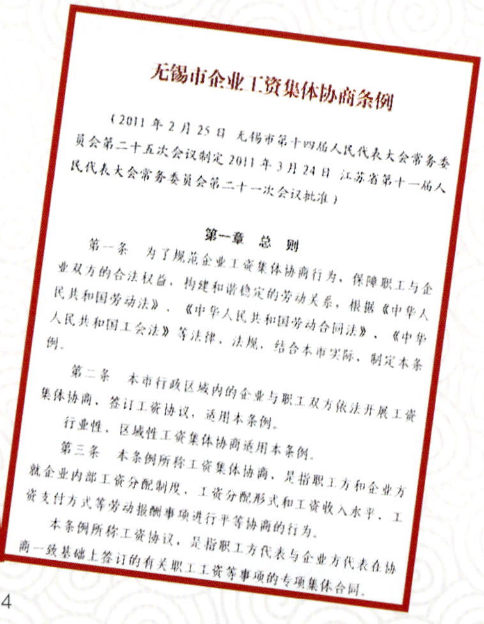

无锡市企业工资集体协商条例

（2011年2月25日 无锡市第十四届人民代表大会常务委员会第二十五次会议制定 2011年3月24日 江苏省第十一届人民代表大会常务委员会第二十一次会议批准）

第一章 总 则

第一条 为了规范企业工资集体协商行为，保障职工与企业双方的合法权益，构建和谐稳定的劳动关系，根据《中华人民共和国劳动法》、《中华人民共和国劳动合同法》、《中华人民共和国工会法》等法律、法规，结合本市实际，制定本条例。

第二条 本市行政区域内的企业与职工双方依法开展工资集体协商，签订工资协议，适用本条例。

行业性、区域性工资集体协商适用本条例。

第三条 本条例所称工资集体协商，是指职工方和企业方就企业内部工资分配制度、工资分配形式和工资收入水平、工资支付方式等劳动报酬事项进行平等协商的行为。

本条例所称工资协议，是指职工方代表与企业方代表在协商一致基础上签订的有关职工工资等事项的专项集体合同。

◀《无锡市企业工资集体协商条例》

以人为本 倾情帮扶

▲2004年3月16日，无锡市委副书记樊金龙（右）在市总工会困难职工援助中心调研

▲2005年3月18日，纪念无锡市职工互助互济会成立10周年为民服务活动

▲2006年8月23日，无锡市总工会向困难职工子女捐赠自行车

▲2007年5月25日，无锡市职工互助互济会为参保职工理赔

▲2008年10月31日，全省工会帮扶工作会议在江阴召开

▲2009年12月26日，无锡市总工会干部学校举办家政培训班

▲2009年4月28日，无锡市总工会和市妇幼保健院启动“关爱女劳模 真情送健康”活动

▲2010年4月24日，无锡市总工会与市劳动和社会保障局联合举办“迎五一 促就业”招聘会

▲2010年10月30日，无锡市崇安区总工会开展关爱农民工子女主题活动

▲2011年8月2日，无锡市南长区金星街道金城社区工会开展就业服务政策咨询活动

▲2012年1月19日，无锡市总工会等单位组织农民工平安返乡

▲2012年2月11日，无锡市北塘区总工会与区政府相关部门联合举办“春风行动”现场招聘会

▲2012年9月23日，无锡市总工会党组书记、副主席管海燕（中）在“迎国庆·工会助民就业”大型招聘会上与应聘人员交谈

▲2013年8月23日，无锡市总工会开展“与爱同行，我的中国梦”金秋助学主题活动

▲2013年4月25日，无锡市滨湖区困难职工专项帮扶基金成立

◀ 2007年2月9日，无锡市总工会主席、党组书记余炳源（左）慰问困难劳模

▶ 2009年1月15日，无锡市委常委、市总工会主席周敏炜（中）慰问特困职工家庭

◀ 2013年1月5日，无锡市委常委、市总工会主席陈德荣（前排中）慰问困难（患病）劳模

提升素质 陶冶情操

▲ 2005年5月10日，无锡市职工艺术团民乐队演出

▲ 2006年5月1日，无锡市职工艺术节暨劳模游园活动

▶ 2008年7月28日，无锡市总工会、市文管中心和市锡剧院共同改编、创作的锡剧《工会主席》在市人民大会堂首演

▲ 2010年4月27日，无锡市总工会举办庆“五一”文艺晚会

▲ 2012年12月7日，无锡市举行第二届“十大书香企业”颁奖晚会

▲ 2013年7月30日，无锡市总工会庆“八一”职工艺术团慰问73676部队

▲ 2007年3月11日，无锡压缩机股份有限公司工会组织职工自行车定向运动竞赛

▲ 2008年9月19日，一汽解放汽车有限公司无锡柴油机厂举行庆祝建厂65周年广播操比赛

▲ 2009年9月20日，无锡市职工代表队走进市第十届运动会开幕式现场

▲ 2009年7月30日，江阴市举行第五届运动会职工部象棋比赛

▲ 2011年11月18日，无锡市总工会举办全市第二届职工“全健排舞”大赛

提升素质 陶冶情操

▲ 2005年4月15日，无锡市总工会举办外来务工人员计算机培训班

▲ 2005年7月8日，无锡市总工会召开全市工会工作会议暨“两争一树”活动推进会

▲ 2006年9月26日，无锡市总工会、市劳动和社会保障局、市园林局联合举办“迎国庆展园艺”花坛技能展示

▲ 2009年3月15日，无锡锡州机械有限公司开展职工加强学习，提高自身素质活动

▲ 2010年5月14日，无锡市南长区迎龙街道基层工会联合会开展“人人读一本好书”活动

▲ 2010年8月25日，无锡市总工会与市人力资源和社会保障局联合举办创业知识培训班

▲ 2010年9月14日，全省女职工素质提升工作经验交流会在无锡召开

▲ 2011年10月28日，无锡市总工会召开全市职工素质提升工程推进会

▲ 2012年8月30日，无锡市委统战部、市总工会、市工商联联合召开全市非公企业文化建设“百千万工程”交流推进会

▲ 2013年5月16日，无锡市广丰中学举办读书交流活动

▲ 2013年5月10日，无锡市职工教育培训网络平台开通

▲ 2004年6月24日，全总基层组织建设工作调研座谈会在无锡召开

▲ 2004年9月22日，宜兴市宜城镇建立苏南地区首家镇（乡）级总工会

▲ 2005年3月20日，无锡市总工会在江苏省总工会干校举办“一法五条例”培训班

▲ 2005年12月8日，无锡市总工会召开外商投资企业工会主席协会工作交流会

▲ 2006年5月24日，江苏省人大常委会副主任、省总工会主席张艳（右）为江阴市颁发江苏省工会工作模范县（市）奖牌

▲ 2006年7月15日，无锡市惠山区前洲街道建筑行业工会成立

▲ 2006年11月17日，沃尔玛（无锡）红星路分店建立工会

▲ 2007年1月8日，无锡市工会干部培训基地揭牌仪式在市委党校举行

▲ 2007年12月5日，无锡市总工会召开外商和台港澳投资企业“双爱双评”经验交流暨先进表彰会议

▲ 2008年7月15日，无锡市新区总工会召开推进世界500强跨国公司工会组建咨询会

▲ 2009年10月23日，无锡市锡山区总工会召开村级工会建设现场推进会

▲2009年12月3日，江阴市夏港街道冶金、纺织服装行业工会成立

▲2010年11月2日，无锡（太湖）国际科技园工会联合会召开第一次代表大会

▲2010年3月3日，全国部分省市工会深化“职工之家”建设座谈会在无锡召开

▲2010年11月16日，无锡市锡山区鹅湖村工会召开第一次代表大会

▲2011年9月27日，无锡市北塘区总工会召开社区工会工作研讨会暨模范社区工会授牌仪式

▲ 2012年9月18日，江阴市长江村在全国率先建立村级总工会——长江村总工会

▲ 2013年4月25日，无锡市崇安区崇安寺街道区域物业管理行业工会联合会成立

▲ 2013年8月8日，宜兴市线缆产业工会召开第一次代表会议

▲ 2013年度无锡市工会工作项目化管理立项项目评议活动现场

夯实作风 优化形象

▲ 2005年2月4日，无锡市总工会机关举办保持共产党员先进性教育专题讲座

▲ 2006年4月24日，无锡市总工会与驻无锡73676部队签订军民共建协议

▲ 2008年12月8日，无锡市总工会召开学习实践科学发展观活动试点工作动员大会

▲ 2009年4月25日，无锡市总工会机关召开“加强党性修养、坚持廉洁清正、牢固服务宗旨”主题教育实践活动动员会

▲ 2008~2009年，无锡市总工会在创建文明机关中的各项台账资料

▲ 2011年6月10日，无锡市总工会与惠山区洛社镇六龙社区共商文明创建

▲ 2012年1月30日，无锡市总工会机关召开"作风建设年"动员会

无锡市总工会文件

锡工发〔2013〕17号

关于印发《无锡市总工会贯彻〈中共无锡市委关于改进工作作风、密切联系群众的十项规定〉的具体措施》的通知

各市（县）、区总工会，局（公司）、直属单位工会，市总机关各部室，各直属事业单位：

现将《无锡市总工会贯彻〈中共无锡市委关于改进工作作风、密切联系群众的十项规定〉的具体措施》印发给你们，请结合实际认真贯彻执行。

无锡市总工会

2013年2月18日

抄送：市委陈德荣书记，江苏省总工会办公室，中共无锡市委办公室

无锡市总工会办公室　　2013年2月18日印发

（共印5份）

-1-

◀ 2013年2月18日，无锡市总工会制订贯彻市委关于改进工作作风、密切联系群众的十项规定的具体措施

▲ 2012~2013年，无锡市总工会党组成员与滨湖区雪浪街道板桥社区5户困难家庭"一帮一"结成帮扶对子。图为市总工会党组成员上门慰问

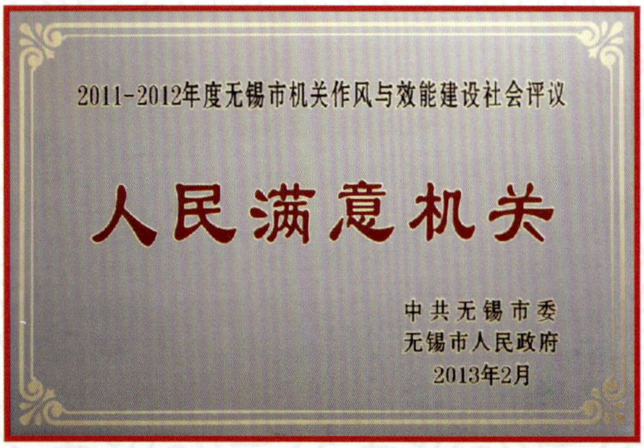

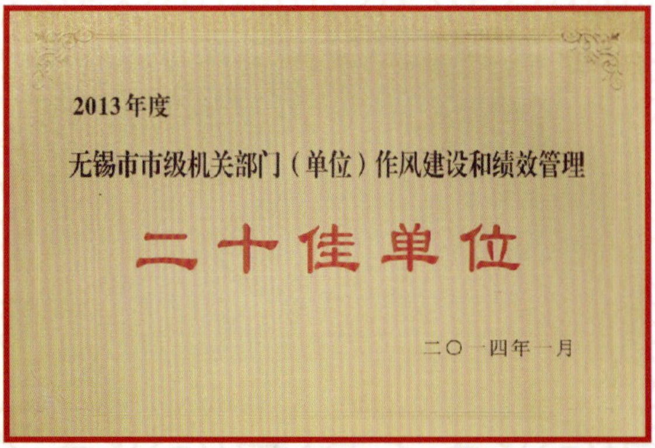

▲ 无锡市总工会机关连续多年荣获"人民满意机关"、作风建设和绩效管理"二十佳单位"等称号

▲ 2006年6月2日，无锡市总工会欢迎日本联合群马第十九次访华团到无锡访问

▶ 2007年3月2日，阿拉伯工会代表团到无锡访问

◀ 2007年6月28日，台湾高雄市交通运输工会联合会访问无锡市总工会，双方进行交流会谈

▲ 2010年8月25日，意大利比萨、利沃诺市总工会访华团访问无锡市总工会，双方进行交流会谈

▲ 2013年10月14日，澳大利亚电气行业工会南部州分会访华团到无锡市总工会访问

▲ 2012年11月23日，举行江苏省无锡工人太湖疗养院成立建院60周年、无锡市太工疗养院有限公司成立10周年活动。市政协主席周敏炜，市委常委、市总工会主席陈德荣等有关领导与疗养院新老领导等合影

▶ 疗养院职工工作场景

▶ 2013年10月，易地新建的无锡市工人文化宫落成，内设无锡工会史展馆（左上）

◀ 无锡市总工会干部学校

▶ 2012年10月14日，无锡市总工会干部学校开办的首届劳模先进、优秀员工学历提升班毕业

◀ 2013年10月，无锡市总工会困难职工帮扶中心迁入新落成的无锡市工人文化宫

▶ 帮扶中心为职工服务

無錫市工會志

WUXI SHI GONGHUI ZHI

（2004～2013）

无锡市工会志编纂委员会　编

方志出版社
Publishing House of Local Records

图书在版编目（CIP）数据

无锡市工会志. 2004~2013 / 无锡市工会志编纂委员会编. -- 北京：方志出版社，2016.8
ISBN 978-7-5144-2059-3

Ⅰ.①无… Ⅱ.①无… Ⅲ.①工会工作－工作概况－无锡市-2004-2013 Ⅳ.①D412.853.3

中国版本图书馆 CIP 数据核字(2016)第 202971 号

无锡市工会志(2004~2013)

编　　者：	无锡市工会志编纂委员会
责任编辑：	陈　菁　刘　珊
出 版 人：	冀祥德
出 版 者：	方志出版社
	地址　北京市朝阳区潘家园东里 9 号(国家方志馆 4 层)
	邮编　100021
	网址　http://www.fzph.org
发　　行：	方志出版社发行中心
	电话(010)67110500
经　　销：	各地新华书店
设计排版：	无锡市大家商务制作有限公司
印　　刷：	无锡轻工大学印刷厂
开　　本：	787×1092　　1/16
印　　张：	45.94
字　　数：	1064 千字
版　　次：	2016 年 8 月第 1 版　2016 年 8 月第 1 次印刷
印　　数：	0001～1000 册

ISBN 978-7-5144-2059-3　　**定价**：390.00 元

《无锡市工会志（2004~2013)》
编纂委员会成员

特邀顾问　周敏炜

顾　　问　余炳源　孙　洪

主　　任　陈德荣

执行主任　管海燕

副 主 任　王觉民　周国祥　胡君松　张　帆

编　　委（按姓氏笔画为序）

王　瑛　王觉民　朱承刚　朱研琛　刘国伟

江　静　许国清　严福庆　邹　翊　宋汉清

张　帆　张玉兴　陈美平　陈德荣　周国祥

赵　宏　胡君松　施宇星　徐　良　曹　琪

蔡　军　管海燕

主　　编　刘国伟

副 主 编　夏　坚

主笔编纂　夏　坚　曲国基　过瑞元

图片摄影　顾祚维　赵　宏　华　婕等

封面题词　徐锡澄

审定单位　无锡市史志办公室

序

在“十三五”规划开局之年，第三部系统记载无锡工会事业改革发展轨迹的专志——《无锡市工会志(2004~2013)》，在各有关单位、各界人士大力关心支持下，经过修志人员两年的辛勤努力，六易其稿，终于付梓面世，这是值得全市工会工作者和广大职工庆贺的一件喜事。

盛世修志，传承创新。无锡市总工会历来重视修志工作，先后于1989年、2003年组织编纂《无锡市工会志(1895~1989)》《无锡市工会志(1990~2003)》。本志承接前志，系统详实记录了无锡工会第十五、十六次代表大会十年期间，创造性推进工会工作和工运事业发展的史实，为研究解决新时期工会工作面临的实际问题，进一步推进工会事业的创新发展，积累了丰富的资料，提供了有益的经验。

追昔抚今，当可欣慰。

回眸这十年，面对新形势、新任务，全市各级工会组织坚决贯彻落实中央和省、市委的重大战略部署，团结带领广大职工积极投身于“两个率先”的争创活动和建设魅力无锡、创新无锡、创业无锡、幸福无锡，谱写“中国梦”无锡篇章的伟大实践，广泛开展建功立业活动，为促进全市经济社会持续健康发展作出了积极贡献。

回眸这十年，全市各级工会组织始终坚持把构建和谐劳动关系作为推动改革、促进发展的切入点和着力点。无锡在全省率先颁布实施《无锡市工会劳动法律监督条例》《无锡市企业工资集体协商条例》，积极参与全市企业改转制工作，大力推动构建和谐劳动关系，切实维护职工合法权益，在参与加强和创新社会管理中发挥了重要作用。

回眸这十年，全市各级工会组织始终坚持以改革的精神加强自身建设，推进工会组织体制、运行机制和活动方式的创新。在全国率先出台了《无锡市镇(街道)总工会工作暂行办法》，探索建立农村、城区以及园区“小三级”组织网络，创新实施工会工作项目化管理，推动工会工作由“活动引导型”向“机制推动型”转变，形成了一批在全省乃至在全国有影响的工作亮点和先进经验。

“前花落子后花开，枣火更新榆火续”。续编《无锡市工会志(2004~2013)》是总结经验、探究规律，开创新时期无锡工会工作新局面的重要举措。近年来，中央和省、市委相继对新形势下党的群团工作提出了新的更高的要求，全市各级工会组织和广大工会干部要以“建功必须有我”的责任担当和“自我革新”的勇气智慧，不断营造劳动光荣、知识崇高、人才宝贵、创造伟大的社会氛围，不断弘扬劳模精神和“工匠”精神，以史为鉴，锐意进取，切实保持和增强工会组织的政治性、先进性、群众性，不断提升引领力、凝聚力、服务力、创新力，组织动员广大职工更加紧密地团结在党的周围，为协调推进全面建成小康社会、全面深化改革、全面依法治国、全面从严治党，为我市高水平全面建成小康社会、建设“经济强、百姓富、环境美、社会文明程度高”的新无锡，做出新的更大的贡献。

是为序。

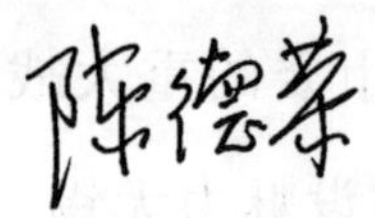

2016 年 5 月

凡　例

一、本志以辩证唯物主义和历史唯物主义立场、观点和方法，全面客观地记述断限内无锡工人阶级、工会组织、工会工作及其相关内容，突出时代特点，彰显地方特色，力求思想性、科学性和资料性相统一。

二、本志为《无锡市工会志（1895~1989）》《无锡市工会志（1990~2003）》之续志。记事时限上起2004年，与《无锡市工会志（1990~2003）》下限相衔接；下迄2013年。部分有关联的人和事，在有关章、节中根据记述的内容需要作适当上溯和延伸。

三、本志采用公元纪年。

四、本志记述的地域为2013年12月底时的无锡市行政区划范围。以记述市总工会工作为主，覆盖江阴、宜兴、锡山、惠山、滨湖、崇安、南长、北塘二市（县）六城区和新区。

五、本志按照现代社会分工和科学分类相结合的原则，分设章、节、目、子目四个层次。志首设序言、凡例、目录、概述、大事记，志末设附录、编后记。对有关重要事项在《无锡市工会志（1990~2003）》中未作记述的，本志作适当补录。

六、本志体裁以志为主，兼用述、记、传、图、表、录，表随文置。“大事记”以编年体为主，辅以纪事本末体。“概述”兼用史体概述和志体概述，在横分门类中遇有内容交叉，采取“此详彼略”“此有彼无”的方法进行处理。

七、本志按《江苏省地方志行文规范》的规范要求行文，采用语体文、记述体。使用文字以《简化字总表》为标准。使用标点符号以《标点符号用法》（GB/T15834—2011）为标准。数字和计量单位，按照《出版物上数字用法》（GB/T15835—2011）和《计量法实施细则》的规定执行。统计数据，原则上以统计部门正式公布的数据为准,统计部门没有数据的,使用所属工会组织和市总工会机关各部室提供的数据。

八、本志记述机构、单位等名称,在文中第一次出现时使用全称,并加简称括注。记载人物,按照“生不立传”原则,只设“人物简介”“人物名录”,主要收录本志断限内市总工会领导和先进模范人物。工会领导按任职时间顺序先后排列,先进模范人物按获奖类别和时间先后排列。

九、本志资料来源取自文献、档案、报刊、市总工会机关各部室的历年总结等,并经鉴别核实,志中一般不注明出处。

目 录

概 述

2004~2013年,无锡经济社会转型发展的步伐持续加快,各项改革不断深化,锐意创新已成为社会发展的主旋律。全市职工紧紧围绕争创“两个率先”(率先全面建成小康社会,率先基本实现现代化)的总目标,在无锡新一轮发展中,奋发有为,建功立业。中共无锡市委高度重视工会工作,先后于2004年和2010年两次召开全市工会工作会议,对全市工会工作提出新的目标和要求。面对新形势、新任务,全市工会紧贴市委、市政府的中心工作,进一步解放思想、积极探索、大胆实践,推进工会工作的创新发展,团结动员广大职工群众为无锡实现“两个率先”的宏伟目标发挥积极的作用。这一时期,全市工会工作呈现出创新、深化、提升的发展趋势,充满了生机和活力。

(一)

2004~2008年,无锡经济社会处于重要的升级转型期,按照无锡市工会第十五次代表大会提出的目标任务,全市工会围绕中心,服务大局,团结和动员广大职工为实现富民强市和在全省争创率先全面建成小康社会,率先基本实现现代化的先导区、示范区的宏伟目标而努力奋斗。5年间,全市工会以创新为导向,不断克服制约工会发展的因素和障碍,破解一系列工作难题,实现了工会重点工作在实施范围上进一步拓展、在实施方式方法上不断创新、在实施质量和效果上得到提升的新突破。

开展立功竞赛和岗位练兵活动。围绕完成无锡“十五”规划的目标任务和实施“十一五”规划,开展以当好主力军、建功“十一五”为主要形式的系列劳动竞赛,以推进重点建设工程、重点行业、重点企业建设为主的立功竞赛,以应对金融危机影响为主要内容的凝聚群力、服务企业、促进发展的主题活动,以创建工人先锋号为载体的争先创优活动,以提高职工文化技能和创新能力为主要内容的职工素质提升活动。坚持每年开展安全生产月、百日安全竞赛和创建劳动保护合格、示范企业工会的评选等活动。2004~2008年,每年有百万职工参加各项竞赛,全市职工技术革新6400项,新技术开发应用2412项,提出各种合理化建议2.84万条,新培养各类高技能人才3.5万人。评选表彰了一批全国、省、市劳动模范和“五一劳动奖状”、奖章等先进集体和个人。

完善以职工代表大会制度为基本形式的企业民主管理。以推进非公企业建立职工代表大会制度为重点,以扩大建制的覆盖面为目标,大胆探索和实践企事业单位、集群、行业、区域职工代表大会制度,开创集群职代会、区域职代会、联合职代会等多种形式的民主管理新路子,有效地解决面广量大、小而分散的非公企业民主管理的难题。省总工会于2004年在宜兴召开非公企业职代会建设学习观摩会,推广无锡地区创新非公企业职代会建设的经验做法。此后,全市非公企业职代会制度建制数逐年递增,至2008年,全市建立职代会制度的非公企业3.1万个,占全市非公企业的94.9%。

推进建立企业工资集体协商制度。以建立平等协商机制为重点,全力推进建立企业工资集体协商制度,得到市委、市政府和社会各界高度重视,被市委、市政府列入为民办实事和“富民工程”的重要项目。2005年,成立市工资集体协商工作指导委员会,指导、协调全市工资集体协商工作。2006年,全面推行企业工资集体协商制度,形成了党委统一领导、政府强势推进、政策有效扶持、人大政协督办、工会具体操作、企业依法实施的运作机制。至2008年,全市建制企业2.92万个,占全市建会企业的90.17%。

开展和谐劳动关系创建工作。2004年,市委组织部、市总工会、市经贸委、市劳动和社保局联合在全市开展依靠职工办企业优秀经营者评选活动。2006年,市总工会与政府相关部门联合制定《关于开展创建“和谐劳动关系企业”活动的实施意见》,成立市创建和谐劳动关系企业活动领导小组,确定2006年为劳动关系协调年,正式启动全市创建和谐劳动关系企业活动。至2007年,全市和谐劳动关系企业创建活动覆盖面达90%。2008年,市委、市政府下发《推进企业履行社会责任工作意见》,形成政府引导、自愿报告、自担责任、自我完善的工作推进机制,全市200个企业向社会公开发布全面履行社会责任承诺书,58个企业向社会发布履行社会责任行动宣言。至2008年年底,全市有141个企业获无锡市和谐劳动关系先进企业称号。

依法维护职工群众的合法权益。结合全市“四五”“五五”普法教育工作,组织实施《中华人民共和国工会法》《中华人民共和国劳动法》和江苏省“一办法五条例”(《江苏省实施〈中华人民共和国工会法〉办法》《江苏省劳动合同条例》《江苏省社会保险费征缴条例》《江苏省工资支付条例》《江苏省集体合同条例》《江苏省安全生产条例》)《无锡市工会劳动法律监督条例》等法律法规的宣传教育,建立工会普法宣传员队伍,举办依法维权、服务于民系列讲座,开展送法下基层、送法到企业等活动,不断加强法制宣传教育。2006年,在全省率先颁布《无锡市工会劳动法律监督条例》,为推进全市工会开展劳动法律监督工作提供了法律保障。市总工会相继制定《无锡市工会劳动法律监督条例释义》《无锡市工会劳动法律监督条例实施细则》和《工会劳动法律监督检查等四项制度》。2004~2008年,全市建立劳动法律监督组织1.11万个,两次组织大规模的监督检查活动,共检查用人单位2608个,覆盖职工49.76万人,向用人单位提出书面劳动法律监督整改意见1326条,整改率97.59%,促进企事业单位规范用人制度。

积极调处劳资关系纠纷。在全市进一步加强企事业单位和区域性劳动争议调解组织建设,不断完善劳动争议仲裁“三方机制”[由代表政府的劳动行政部门、代表职工地方总工会和代表用人单位的企业代表组织(企业联合会、企业家协会、商会等)]。建立和完善重大疑难信访问题的“会商”制度和不稳定因素预警、预报制度。制定《无锡市劳动争议调处组织工作规则》,规范调处工作程序和运作制度。推进建立多角度、多层次的调解组织,形成横向到边、纵向到底、覆盖所有企业的劳动争议纠纷调解和预防工作的网络。整合资源,积极探索具有无锡特色的劳动争议调解模式,形成多元化的调解工作对接机制。2004~2008年,全市建立企业劳动争议调解委员会7356个,组建率为91.54%,区域性行业性劳动争议调解组织924家,组建率为94.29%,劳动争议调解庭(室)58个,各级劳动争议调解组织有劳动争议调解员2.33万名。企业劳动争议调解委员会共受理劳动争议案件4.2万件,结案率98.5%,调解成功率80%;区域性、行业性劳动争议调解组织共受理劳动争议案件3.16万件,结案率98%,调解成功率

90.61%。

倾情实施扶贫帮困。围绕帮助下岗失业人员就业再就业实施各项援助行动，搭建就业招聘洽谈平台，开展就业咨询服务，举办再就业技能培训班，全力促进就业再就业。5年间，全市工会为下岗失业人员再就业免费培训3.55万人次，提供免费职介服务6.6万人次，成功帮助下岗失业人员再就业3.37万人次。不断完善帮困机制和搭建帮困平台，开展"温情系万家"和"真情送温暖"等为主题的送温暖活动及农民工返乡优质服务竞赛等活动。5年间，全市工会发放慰问金6256万元，慰问困难职工13.8万户次；为1.37万人次的困难职工子女发放助学金。2008年10月31日，全省工会帮扶工作会议在江阴召开，充分肯定江阴的做法和经验，在全省推广无锡地区的扶贫帮困工作经验。

着力发展职工医疗互助保障。以解决困难职工看病难为抓手，推动完善多层次医疗保障体系，积极动员和鼓励职工参加互助互济的各项保障项目。至2005年，职工医疗互助保障基本形成基层企事业单位及其主管部门和市职工互助互济会三级推进网络。2006年，全市工会开展新一轮职工住院医疗互助保障工作。至2008年，全市职工互助互济会5年间入会50.8万人次，共收缴会费1986.79万元，享受互助理赔2.20万人次，发放互济金1614.74万元。全市有7.14万人参加女职工健康互助计划，会费总金额为229.41万元，为患大病的75名女职工提供互助金计45.25万元。

不断丰富职工精神文化生活。坚持在全市开展争创学习型企业、争做知识型职工、树新时期职工形象的"两争一树"活动，每年举办各类形式的知识讲座和培训班，组织劳模先进宣传月活动和劳模事迹报告会，不断加强职工书屋建设。2004~2008年，全市工会举办各类讲座、培训班2500期，受教育人员40万人次，在全市树立50个职工书屋示范点建设单位、10个省职工书屋示范点建设单位、4个全国职工书屋示范点。围绕推进社会主义文化大繁荣，从2004年开始，市总工会每两年举办一届无锡市青年歌手大奖赛，联合举办"激情周末"广场文艺演出；为纪念中国人民抗日战争胜利60周年，举办无锡市职工歌会；为迎接中共十七大召开，举办无锡市工人阶级永远跟党走职工歌会；为丰富农民工文化生活，举办无锡市新市民文艺会演；为迎接第十六届省运会和北京奥运会，举办一系列体育比赛，推进群众性体育活动的开展。同时，市总工会与市文管中心、市锡剧院共同创作、排演了大型现代锡剧《工会主席》。

进一步加强工会组织建设。积极探索工会组建的多种实现形式和多种组织体制，全面促进非公企业组建工会。2004年，市总工会决定在符合条件的镇开展建立总工会的试点工作。9月22日，宜兴市宜城镇成立苏南首家乡镇总工会。是年，城区总工会筹建工作全面展开。12月28日，无锡市南长区总工会成立，至2005年，崇安区、北塘区建立总工会。至此，全市行政区域的市总工会办事处已完成建立区总工会的任务。2007~2008年，市总工会在全市开展企业工会建设年活动和工会组建百日大行动。截至2008年年底，全市独立基层工会8791个，覆盖法人单位4.02万个，工会会员157.17万人，其中农民工会员79.47万人。进一步加强工会干部队伍建设。2004年，市总工会在100人以下的企事业单位中开展工会主席直选工作。至年底，全市有103个基层单位完成工会主席的直选试点工作。2006年，市总工会针对基层工会干部兼职化加剧的趋势，制定下发《关于派遣街道工会助理员的通知》，通过社会招聘，向全市城区16个街道工会派遣16名工会助理员。2007年，市总工会在市委党校建立无锡市工会干部培训基地，组建无锡市工会讲师团，进一步加强对工会干部的培训。

深入开展职工之家建设活动。坚持以建设职工之家为载体,不断增强基层工会的活力。在全市工会中建立会员评家机制,全面开展争创无锡市模范基层工会和“双爱双评”活动,掀起建设职工之家的热潮。2004~2008年,全市共有31家单位被评为全国模范职工之家,109家单位被评为江苏省模范职工之家,349家单位被评为无锡市模范职工之家,有180家单位获得全国、省、市“双爱双评”先进集体称号。

统筹兼顾,整体推进工会事业健康发展。依法推进工会经费收缴工作,实现全市企事业单位的上解工会经费(筹备金)和留成经费全额由无锡地方税务局代收,破解了基层工会经费拨缴的难题。进一步加强工会经审组织建设,建立和完善经审工作制度,不断提高审查监督和服务指导的工作水平。围绕提升女职工素质、维护女职工特殊权益、展示女职工风采等方面的女工工作跨上新的台阶。市总工会直属事业单位改革进一步深化,江苏省无锡工人太湖疗养院在全国工会系统率先走上市场化运作道路;市工人文化宫采取一系列改革举措,更好地发挥“学校和乐园”的作用;市总工会干部学校(无锡新华中等专业学校)为适应市场经济发展的新形势,不断拓展办学渠道,挖掘发展潜力,获得全国工会农民工技能培训示范基地、全国职工教育培训示范点等称号;市总工会困难职工帮扶中心倾情为职工服务,受到职工群众的好评。市总工会机关建设不断加强,经社会评议,获得市机关作风与效能建设先进单位称号,被市委、市政府授予人民满意机关、无锡市文明机关。

(二)

2009~2013年,是无锡迈向“第二个率先”,推进魅力无锡、创新无锡、创业无锡、幸福无锡建设,谱写“中国梦”无锡篇章的重要时期。全市工会按照无锡市工会第十六次代表大会提出的目标任务,坚持走中国特色社会主义工会发展道路,积极践行科学发展观,进一步解放思想,整合资源,锐意进取,不断提升工会服务大局、服务职工群众的能力和水平。5年间,全市工会秉承服务企业与职工、助推转型与发展的工作理念,把全市工会重点工作整合为推进建功立业、和谐构建、素质提升、工会助民、强基固本“五大行动”,形成工会重点工作向特色化发展、创新成果向普及化推进、运行机制向项目化管理提升的工作格局。

推进建功立业行动,从拓展竞赛面向注重实际成效提升。围绕“十一五”“十二五”规划,广泛开展形式多样的主题劳动竞赛活动,每年全市有百万职工参加劳动竞赛。建立无锡市劳动竞赛委员会和党委与政府领导、工会主抓、各方配合、职工积极参与的工作机制,形成市及市(县)、区、镇(街道)、企业四级开展劳动竞赛的局面。进一步深化“安康杯”竞赛活动,全力推进“1+3”安全监控工作体系①。2009~2013年,在全市十大重点建设工程、十大地区(企业)、十大窗口行业中开展保增长、促发展、建功“十一五”劳动竞赛活动和建功“十二五”创新创业劳动竞赛、职工科技创新竞赛活动等。5年间,有14人获全国劳模、106人获江苏省劳模、600人获无锡市劳模称号,有一批集体和个人分别获得全国、省、市先进集体和先进个人的称号。市总工会会同市人社局、市科技局联合举办5届无锡市职工十大科技创新成果、十佳“金点子”、十大先

① 事故隐患和职业危害监控法,以及事故隐患和职业危害动态管理机制、事故隐患和职业危害持续改进机制、事故隐患和职业危害系统评价机制。

进操作法评选表彰活动，共评选表彰50个无锡市十大职工技术创新成果、50个十佳“金点子”、30个先进操作法，获省十大职工科技创新成果5项、省十佳合理化建议6条、省先进操作法3个。

推进素质提升行动，从提高职工文化技能水平向造就新型职工队伍提升。贯彻实施市总工会在2009年和2013年制定的《无锡市职工素质提升工程五年规划》，把提升职工技能水平、科学文化知识、思想道德素质、精神文化生活融为一体，整体推进，使全市职工素质提升到一个新的高度。深入开展职工技能练兵和技能培训活动。5年间，全市各级工会建立职工技能培训基地335个，培训职工近150万人次；举办涵盖100多个工种的职工技能比赛，3万人次通过培训和技能比赛晋升了技术等级；建立107个职工科技创新基地和1250个职工科技创新团队，每年有万项职工技术创新成果。深入开展“两争一树”（争创学习型组织、争做知识型职工、树新时代职工形象）和职工读书活动。全市工会进一步加强职工书屋示范点建设，实施《无锡市非公有制企业文化建设“百千万工程”三年行动纲要》，创建“工会学院”职工教育培训网络平台①等。5年间，分别建成全国、省、市级职工书屋示范点25个、56个和129个，评选表彰“百千万工程”示范单位125个，“工会学院”职工教育培训网络平台在无锡本地200个企业建立了工会职工教育基地。在推进经济发展的同时，市总工会针对职工群众日益增强的精神文化需求，开展丰富多彩、主题鲜明的职工文化系列活动。2009~2013年，在全市举办庆祝新中国成立60周年“与祖国同行”职工文化系列活动、“激情周末”职工群众广场文艺演出、“共和国精英”——劳模风采摄影展、无锡市青年歌手大奖赛、“颂歌献给党”——无锡市职工庆祝建党90周年大型歌会等文艺活动。贯彻实施《全民健身计划纲要》，开展全民健身月活动，举办丰富多彩的职工健身活动，组织职工参与省第十七届运动会职工部的各项比赛，组织开展无锡市第十届、十一届运动会职工部竞赛暨职工运动会等多项群众性体育比赛。

推进和谐构建行动，从实施构建行动、开展创建活动，向深化构建行动、规范创建活动提升。进一步整合资源，把完善企业民主管理，建立工资集体协商制度，开展劳动法律监督检查，规范劳动用工，协调劳动关系等，作为工会推进和谐构建行动的主要内容，集中力量，有序推进，形成维权职能法制化、组织建设网格化、监督检查常态化、联动协作制度化的“无锡经验”。企业民主管理工作不断深化和完善。2009年，市总工会与政府职能部门联合制定《关于规范企业劳动用工规章制度制定程序保障职工民主权益的意见》，进一步建立和完善以职代会、集体协商、厂务公开、职工董监事制度“四位一体”的职工民主管理机制。2010年，全国工会推进区域（行业）职工代表大会制度建设经验交流会在宜兴召开，推广宜兴建立非公企业职代会的做法和经验，其中集群职代会和劳动者权益公开制度已成为无锡的特色工作。至2013年，全市建立职代会制度的非公企业达3.57万家，占建会非公企业的97.8%。全面建立企业工资集体协商制度。2009年，企业工资集体协商工作成为全市工会工作的重中之重。至2010年，全市行业工资集体协商形成了主体趋向型、行政推进型、企业需求型、区域转化型四种主要模式。2011年，在全省率先颁布实施《无锡市企业工资集体协商条例》，使全市工资集体协商工作纳入法制化轨道。至2013年，全市开展工资集体协商的企业3.53万家，建制率97.1%。积极协调

① 创建“互联网＋工会”的模式，利用高校、社会培训力量、管理咨询机构为工会、职工和企业提供多类教育资源，搭建的一个涵盖线上与线下教育的平台。

劳动关系纠纷。在市及市(县)、区和基层三个层面上建立五级工会调解组织和广覆盖的预警机制,形成全市工会系统劳动纠纷调解的组织体系和运作机制。2009年10月28日,全省劳动争议调解工作现场会在无锡召开,推广无锡的做法和经验。2012年10月30日和12月14日,全省和全国工会劳动法律监督工作推进会在无锡召开,无锡的工会劳动法律监督作为特色工作在全省和全国推广。2009~2013年,全市企业工会劳动争议调解组织组建率96%,各级工会调解劳动争议案件3.08万件,调解成功率85%;全市建立工会劳动法律监督组织1.35万个,组建率为92.74%;组织对7070家用人单位进行监督检查服务活动,向用人单位发出《工会劳动法律监督意见书》1152份,整改率为97.8%,向政府有关部门发出《工会劳动法律监督建议书》220份,整改率为100%。

推进工会助民行动,在创新和建立帮困救助组织网络的基础上,向完善帮扶工作机制,推进帮扶工作常态化、系列化提升。进一步加强困难职工帮扶中心建设,每年拓展和构建多层次的帮扶网络。至2013年,全市省级以上开发区职工帮扶服务中心建制率达94%,镇(街道)职工帮扶服务中心建制率达97%,规模以上企业职工帮扶服务站建制率达64.3%。初步建立健全以市总工会帮扶中心为龙头,各市(县)、区职工服务中心为支撑,开发区、镇(街道)、村(社区)、规模企业帮扶站为基础,分级负责、上下联动的六级职工帮扶网络。着力做好下岗职工就业再就业工作。市总工会采取实施各项就业援助行动,通过搭建就业招聘洽谈平台、开展就业咨询服务、举办再就业技能培训班、鼓励自主创业和实施小额贷款等举措,促进下岗职工、农民工等就业和再就业。2009~2013年,全市工会共举办主题招聘会152场次。市总工会被市政府评为全市就业工作先进单位,市总工会困难职工帮扶中心被全国总工会评为全国帮扶工作先进集体。推进送温暖活动长效化。进一步扩大送温暖活动的覆盖面,贯彻实施千万农民工援助行动和组织实施幸福进万家——工会助民行动,提高对困难劳模和特困职工的“两节”(元旦、春节)生活补助标准,深入开展以心系职工、倾情帮扶和面对面、心贴心、实打实服务职工在基层等送温暖活动。2009~2013年,全市各级工会为困难职工发放生活救助金8109.78万元,帮助5181户困难职工家庭落实最低生活保障,2033户落实住房保障。进一步推进互助医疗保障工作。2009年,市总工会引入社会保险机构,推进在职职工住院医疗互助保障项目进入新一轮发展期。2011年开始,职工医疗互助保障列为市委、市政府为民办实事项目之一。是年,解决了3.3万名离岗退养、协保、续保职工参加职工医疗互助保障的资金问题。至2013年,参加各项职工医疗互助保障项目的有94.89万人次,5年间,享受理赔互济金2.88万人次,发放互济金3295.60万元。

推进强基固本行动,工会组织建设在探索、实践、创新的基础上,向深化、完善、拓展提升。积极探索新经济组织和新社会组织的工会组建工作,进一步深化“双措并举、二次覆盖”,推动全市工会在各个层面上的建会工作。制定《无锡市乡镇(街道)总工会工作暂行办法》,开展“百日会战”集中建会行动和基层组织建设年、基层组织建设提升年活动,采用项目化管理的方式,进一步深化党工共建,在外资企业建会、园区企业建会、中小非公企业建会、劳务派遣企业建会、行业性工会联合会建设五个方面取得新突破。继在全国率先建立乡镇—村—企的农村“小三级”工会组织体系,又于2012年9月18日,江阴市夏港镇长江村率先在全国成立村级总工会。至2013年9月,全市累计有基层工会1.22万个,涵盖法人单位5.65万个,会员总数220.99万人。广泛开展争先创优活动。2009年,全市工会深入开展模范镇(街道)工会创建活动。2009~

2013年，全市新增18个全国模范职工之家、141个江苏省模范职工之家、36个江苏省模范乡镇(街道)工会、4个江苏省工会工作模范园区。进一步加强工会干部队伍建设。稳步推进中小型非公企业工会主席直选工作，不断扩大工会工作者社会化、职业化的招聘试点工作，建立工会干部学习日制度等。5年间，市总工会获全国总工会授予的全国工会组织工作创新成果奖、全国工会推进广普查、深组建、全覆盖集中行动先进单位，以及省总工会授予的全省组建工会和发展会员先进单位等称号。

优化工作机制，实施项目化管理。积极探索提高工作成效和工作水平的新途径，通过调研分析，在2012年下半年，着手实施工会工作项目化管理，将抓经济和行政工作的理念和项目化管理的手段导入工会工作，进一步突出重点，鼓励创新，推动工作水平整体提升。12月，市总工会下发《市(县)、区工会工作项目化管理办法(试行)》。经2013年一年的运行，所确定的21个项目全部如期完成，得到省总工会和全国总工会的充分肯定。

坚持改革创新，工会整体工作全面发展。实现工会经费收缴机制向依法依规收缴的转变，自2009年起，市总工会每年被省总工会评定为年度经费收缴工作优胜单位。工会经审工作从健全组织、完善机制、提高效率迈向规范化建设的提升阶段。工会女职工工作在深入开展建功立业和素质提升活动、完善维权工作机制、实施女职工健康互助计划等方面形成特色。工会直属事业单位按照企业化管理要求，引入竞争机制，划小核算单位，实行费用成本核算，建立绩效考核分配机制，深化人事、分配制度改革，步入良性发展轨道。市总工会进一步巩固和提升机关作风与效能建设的成果，实施机关工作绩效考评制度，不断深化党风廉政建设，强化服务全局、服务职工的理念，经社会评议，先后获得市机关作风与效能建设先进单位、作风建设和绩效管理“二十佳单位”等称号，被市委、市政府授予人民满意机关、文明机关等。

2013年11月26日，无锡市工会召开第十七次代表大会，大会提出全市工会要全面贯彻中共十八大精神和习近平总书记系列重要讲话精神，牢牢把握为实现中国梦而奋斗的时代主题，围绕市委、市政府的中心工作，按照中国工会第十六次全国代表大会的工作部署和要求，全心全意为职工群众服务，大力倡导辛勤劳动、诚实劳动、创造性劳动，发展和谐劳动关系，创新新形势下工会工作，切实维护和发展职工权益，促进职工群众体面劳动、舒心工作、全面发展，团结动员广大职工为推进“四个无锡”建设，谱写“中国梦”的无锡篇章更好地发挥工人阶级主力军作用。

全市工会按照市工会第十七次代表大会确定的以“筑大工程、创新辉煌的气魄，开展新一轮工会工作的创新与实践，围绕组织引领构筑大教育工程，围绕推动发展构筑大竞赛工程，围绕创新管理构筑大维权工程，围绕促进和谐构筑大调解工程，围绕优化服务构筑大关爱工程，围绕夯实基础构筑大组建工程，在服务大局、服务职工中展现更大作为”的总体要求，制定新一轮的发展规划，开启工会工作创新发展的新征程。

大 事 记

2004 年

1 月 9 日　无锡市总工会(以下简称“市总工会”)在市工人文化宫举办 2004 年再就业援助联动大型招聘活动,2719 人当场签订就业意向。

1 月 18 日　市总工会女职工委员会(以下简称“市总工会女职委”)召开第三届六次全委(扩大)会议,市总工会副主席李锦南作工作报告。

1 月　无锡市职工互助互济会(以下简称“市互济会”)完成 29.78 万名互助互济会员的建档工作,并于 1 月 1 日起实行计算机管理。

是月　市总工会在全市开展“温情系万家”送温暖系列活动,各级工会共支出送温暖资金达 500 万元,慰问困难职工 3.97 万人。

2 月 20 日　市总工会召开第十五届二次全委(扩大)会议,市总工会主席余炳源作题为《团结动员全市职工为“两个率先”争作贡献》的工作报告,副主席荣骏主持会议。

2 月 17 日　市互济会召开第二届二次理事会议,审议通过 2003 年度住院互助保障工作报告,同意对参加第二轮职工大病互助保障(5 年期)的续保人员给予 10 元的补贴政策和吸收惠山区、锡山区企业职工入会的意见。

2 月 28 日　市总工会制定《关于开展基层工会主席直选工作的指导意见》,在 100 人以下的企事业单位中开展工会主席直选工作。截至年底,全市有 103 家基层单位完成工会主席的直选试点工作。

3 月 5 日　市总工会女职委在市妇幼保健院举行第四届女职工委员会成立暨庆“三八”大会。市人大常委会副主任、女职委名誉顾问杨惠菊,市总工会主席余炳源分别讲话。市总工会副主席、女职委主任李锦南作工作报告。会议通过第四届女职委名誉顾问、顾问和女职委组成人员名单。

是日　市总工会与市劳动局、市妇联、团市委联合举办庆“三八”·架金桥·促就业大型洽谈会,其中市总工会组织的进场单位与 736 人当场签订就业意向。

3 月 12 日　市总工会举行《无锡市女职工健康互助计划》启动暨女子体检中心揭牌仪式。首期参加的有 278 家单位 2.46 万名女职工,无锡商业建设发展公司联合工会为市第一家缴纳健康互助费的单位。

3 月 16 日　市委副书记樊金龙考察市总工会及其困难职工援助中心、无锡市第四棉纺织厂、无锡太湖锅炉有限公司、无锡市滨湖区总工会及马山镇、荣巷街道联合村等单位的工会工作。

3 月25 日　市总工会召开全市工会生活保障工作会议,部署开展创新创业示范行动计划。

3月29日　市总工会与市城调队联合开展进城务工人员状况调查活动。

4月18日　市总工会和市妇联在天乐园宾馆一楼大厅联合举办首场送温暖·促就业大型招聘洽谈会,其中市总工会组织的进场单位与1230人当场签订就业意向。

4月26日　市总工会召开全市进城务工人员入会工作专题推进会。截至年底,全市共吸纳进城务工人员入会12.56万人。

4月27日　应市总工会邀请,以中国台湾地区屏东县总工会理事长苏义峰先生为团长的屏东县总工会参访团一行12人到无锡参观访问。

4月29日　无锡市庆祝“五一”国际劳动节暨劳模先进表彰大会在市人民大会堂召开,市委书记王荣讲话,副书记樊金龙主持会议。会议表彰全国、省先进集体和个人,以及市依靠职工办企业的优秀经营者。

4月　无锡威孚高科技股份有限公司工会设立职工特大疾病救助基金等10项实事项目,获无锡市第二届工会十佳实事称号。

4~10月　市第九届运动会职工部举办拔河、田径、乒乓球、羽毛球、足球、篮球、大众体育、象棋、围棋9大项目比赛。

5月1日　市委宣传部、市总工会、市文化局在八佰伴广场联合举办首场“激情周末”广场文艺演出,并决定5~10月每逢周末在市及各市(县)、区的主要广场组织不同专场的文艺演出。

5月10日　市总工会举行学习贯彻胡锦涛“4·30”讲话精神座谈会,全国劳模、无锡万迪动力工程公司退休工程师傅海泉在会上介绍他在“五一”前夕受到胡锦涛接见的场景和感受。

5月12日~6月30日　市总工会组成直属事业单位转改制工作小组,对市总工会招待所(天乐园宾馆)实施单位关闭撤销、人员身份置换的分流安置工作。

6月1日　市总工会在全省率先向全市各城区工会办事处发出《关于派遣街道工会助理员的通知》。

6月24~26日　全国总工会基层组织建设工作调研座谈会在无锡召开,全国总工会党组副书记、副主席孙宝树,集体合同部部长张建国,基层建设部副部长杨洪林,省人大常委会副主任、省总工会主席张艳,市委副书记张锦贤等领导出席,市总工会主席余炳源在会上作专题汇报。

7月6日　市总工会在市慈善医院举行善待健康和生命——慈善爱心卡发放仪式,市委副书记张锦贤出席发放仪式并讲话。

8月18日　市总工会、市妇联在市工人文化宫举办送温暖·促就业大型招聘会,其中市总工会组织的进场单位与1128人当场签订就业意向。

8月27日　市总工会在八佰伴广场和各市(县)、区主要广场等10个地方举行全市工会联动贯彻实施劳动和社会保障部《最低工资规定》,依法维护劳动者合法权益大型政策咨询活动。

9月15日　市委在市人民大会堂召开全市工会工作会议,会议下发《关于进一步加强新时期工会工作的意见》。

9月18日~10月8日　市委宣传部、市总工会、市文化局在薛福成故居联合举办“一代风华”——太湖儿女风采展。

9 月 22 日　宜兴市宜城镇成立苏南首家乡镇总工会。

9 月 25 日　市总工会及各市(县)、区总工会、办事处开通“12351”职工维权热线电话。

10 月 7 日　应市总工会邀请,以日本工会总联合会群马县联合会会长大川荣八郎先生为团长的日本联合群马第十七次访华团一行 5 人到无锡参观访问。

10 月 16 日　市第二届太湖博览会期间,市总工会在薛福成故居举办首届职工技术创新成果展,展出成果 300 件(项)。

10 月 18 日　市总工会在市工人文化宫举办送温暖·促就业免费大型招聘会,988 人当场签订就业意向,70 人报名参加各类再就业培训。

10 月 21~12 月 21 日　无锡市职工对外交流中心(无锡职工国际旅行社)实施事业单位转制,完成 14 名事业职工身份转换,实现产权民营化。

10 月 27 日　市总工会会同市劳动和社保局等部门建立无锡市技术能手表彰制度。评出首批 29 名技术能手,享受市政府荣誉津贴。

11 月 3 日　市总工会在宜兴市环科园召开全市省级以上开发区(工业园区)工会工作会议,市总工会副主席荣骏讲话。

11 月 13 日　市总工会召开清理拖欠农民工工资动员大会。

11 月 15 日　市总工会发布《无锡市工会第十五次代表大会代表提案工作条例(暂行)》。

11 月 19 日　市总工会与市政府召开联席会议,就建立联席会议制度、推进企业工资集体协商工作和关心低收入困难职工等方面的工作进行专题研究。

11 月 22 日　市总工会、市劳动和社保局、市经贸委在宜兴和桥镇召开无锡市工会区域性劳动争议调处工作现场推进会。无锡创建区域性劳动争议调处机制工作被省总工会评为工会工作创新奖。

11 月　市总工会与市财政局联合印发《关于市属行政机关工会经费由财政直接支付的通知》,明确自2005年1月1日起,市属行政机关工会经费由市财政列入年度预算,直接支付到市总工会。

11~12 月　市总工会、市有关部门联合开展农民工工资专项检查活动,全市受检单位有 1364 个,涉及农民工 9.05 万人,被拖欠的 2029.3 万元工资得到支付。

12 月 8 日　市总工会在全市窗口服务行业开展争创五一服务示范岗、五一服务明星活动,授予首批 21 个班组为无锡市五一服务示范岗、20 名个人为无锡市五一服务明星称号。

12 月 10 日　市总工会、市新区管委会在湖滨饭店举办迎新年联谊会,来自美国、德国、日本、韩国、芬兰等 13 个国家以及中国香港、台湾地区的 49 家外商投资企业的总经理及其家人应邀请参加活动。

是日　市总工会分别召开外资企业负责人联谊会、台资企业负责人座谈会。发布《无锡市省级以上开发区工会建设三年规划》。

12 月 23 日　市总工会召开第十五届三次全委(扩大)会议,市总工会主席余炳源作题为《认真贯彻中共十六届四中全会精神,不断提高工会履行各项职能的能力》的工作报告,市总工会经审会主任王珍珍作经费审查工作报告。

12 月 28 日　市总工会南长区工会办事处在全市区工会办事处中率先召开区工会代表大会,成立南长区总工会,刘征当选区总工会主席。

12月　市总工会对1998年10月制定的《无锡市职工法律援助暂行办法》进行修改，制定下发《无锡市职工法律援助办法》。

是年　市总工会在全市各居民新村和有关道路上制作树立职工阅报栏30个，累计110个。

2005年

1月1日~2月7日　市总工会、市劳动和社保局、市建设局在全市范围内联合开展农民工工资支付情况专项检查活动，涉及单位2168家，职工16.84万人(其中农民工10.98万人)，被拖欠的农民工工资1808.68万元得到支付。

1月14日　无锡市工会第十五次代表大会第二次全体代表会议召开。

1月20日　市总工会女职委召开第四届二次全委(扩大)会议，市总工会副主席、女职委主任李锦南作工作报告。

1月23日　市总工会、市劳动和社保局、市妇联在市工人文化宫举办2005’迎新春·促就业大型综合招聘活动，其中市总工会组织的进场单位与809人当场签订就业意向。

1月25日　市总工会发布《无锡市企事业职工代表大会运行规程》。

是月　市总工会在全市开展“六送六帮一开通”(送关怀帮解生活困难、送政策帮解矛盾纠纷、送技能帮助就业创业、送文化帮提生活品质、送医疗帮解职工疾苦、送岗位帮助勤工助学；开通送温暖帮扶热线电话)活动，全市各级工会慰问困难企业867家，慰问困难职工3.76万人。

是月　参照市有关文件精神，从2005年起，市总工会对直属事业单位职工按在职职工每人每月600元、离退休职工每人每月300元拨付综合补助费。2005年，共拨补助款222万元。

2月　市总工会困难职工援助中心、市总工会职业介绍所外来务工人员工作站挂牌运转。

3月7日　无锡市庆“三八”先进表彰暨女职工科技创新成果发布会在市国邮大厦举行。

3月8日　市总工会举办迎“三八”·架金桥·促就业大型联动专场招聘活动，311人当场签订就业意向，招收培训学员58人。

3月18日　市总工会在市工人文化宫举办2005年首场送温暖·促就业招聘会暨纪念互济会建会十周年专场招聘·咨询·为民服务大型活动，有8500人参加，81个进场招聘的单位提供1511个岗位，438人当场签订就业意向，招收培训学员75人，为5500人次进行政策咨询解答、义诊、理发、自行车以及家电修理等各类免费服务。

是日　市总工会决定自即日起至12月，在每月的18日举办送温暖·促就业招聘会。全年共举办了10场招聘会，3342人签订就业意向，招收培训人数458人。

是日　市总工会在市工人文化宫举行无锡市首届职工法律援助律师团成立暨揭牌仪式，江苏无锡崇宁律师事务所主任张红岩受聘担任职工律师团团长。

是月　无锡市职工法律援助中心外来务工人员工作站挂牌运转。

是月　市职工法律援助中心为云南省农民工王某因工伤纠纷案提供法律援助，依法向市劳动仲裁委申请仲裁，经过审理，王某获得17.50万元赔偿。

4月24日　市劳动和社保局、市工商局、市总工会、市工商联、市个私协会联合举办2005年迎“五一”，送岗位，促就业大型招聘洽谈会暨全省联动中专、技职校毕业生大型招聘专场活动,其中市总工会组织的进场单位与 317 人当场签订就业意向。

4 月 26 日　市总工会召开纪念无锡市职工互助互济会成立十周年大会,市总工会主席余炳源讲话,副主席、市互济会会长李锦南作工作报告。

4 月 28 日　市领导欢送赴京出席全国劳模先进表彰大会的无锡 14 位劳模、先进工作者。

4 月 30 日　市委、市政府召开无锡市庆祝"五一"劳模先进座谈会,举办无锡市庆祝"五一"国际劳动节文艺晚会暨劳模先进表彰大会。

是日　市总工会为新当选的 14 位全国劳模、先进工作者和江苏省"五一劳动奖状"、劳动奖章获得者制作个性化邮票。

4 月　市总工会组织 5 万名职工参加全国总工会成立 80 周年的知识竞赛。市总工会获竞赛活动一等奖。

5 月 10 日　市政府下发《市政府关于进一步推进企业工资集体协商工作的意见》(以下简称《意见》)。《意见》规定,凡通过工资集体协商确定的工资水平和工资总额,经劳动保障、税务和财政部门依法确认后,按实可在税前扣除。

5 月 18 日　市总工会与市劳动和社保局在市工人文化宫联合举办江苏省"一办法五条例"宣传月大型广场咨询日活动。

5 月 19 日　市总工会女职委在江阴举行女职工科技创新成果巡回演讲。

5 月 20 日　市总工会首次举办劳动争议仲裁观摩庭,150 人现场观摩了由工会 3 名兼职仲裁员审理陈某诉无锡某电子公司解除劳动合同争议案的全过程。

5 月 24 日　市政府召开全市企业工资集体协商工作推进会,会议由副市长王国中主持,副市长谈学明讲话,市总工会主席余炳源代表市劳动关系三方协商机制成员单位作工作报告。

5 月 26 日　市(县)、区工会主席会议在江阴召开,会议听取基层工会对市总工会先进性教育整改方案和无锡工会四年发展纲要的意见和建议。

5 月 30 日　市总工会女职委在芦庄希望小学举行庆"六一"爱心助学仪式。

5 月 31 日　无锡市工人运动学会召开第三次理事大会暨调研成果发布会,市委副书记王咏红为会议发来贺信。会议选举产生了第三届理事会。

5 月　市总工会举办第四届无锡市"五一"新闻奖评选活动和第三届无锡市工会十佳实事评选活动。

是月　市总工会举办无锡市企业劳动争议调解员培训班、工会兼职仲裁员办案分析能力培训班。全年共办 3 期。

6 月 5 日　市总工会、市劳动和社保局、市工商联联合举办大型招聘活动,其中市总工会组织的进场单位与 575 人当场签订就业意向。

6 月 24 日　市"安康杯"竞赛领导小组召开全市"安康杯"竞赛总结交流暨表彰大会。

6 月 29 日　市总工会召开纪念"七一"暨先进性教育活动总结表彰大会,市总工会主席、党组书记余炳源作总结报告,市委督导组组长袁伟贤讲话。

7 月 5 日　市总工会召开企业在岗职工工资和社会保险状况专项调查工作部署会议。会议达成以后每季的调查由市城调队实施的协议。

7 月 8 日　市总工会召开工会工作会议暨"两争一树"活动推进会,市总工会主席余炳源作工作报告，副主席张帆就深化“两争一树”活动作专题报告，副主席荣骏主持会议。

7月18日　市委宣传部、市总工会、市司法局、威孚集团在威孚集团办公大楼广场联合举办2005年无锡市法律进企业启动仪式，市总工会副主席张帆讲话。

7月22日　市总工会“四五”普法工作通过市“四五”普法领导小组验收。

7月26日　市委宣传部、市总工会、市文化局、市文联在大众剧场举办“万众一心跟党走”——无锡市职工歌会。

7月　市房管局、市财政局、市民政局、市总工会等部门就廉租住房政策作出调整，增加“持有特困职工证，家庭人均住房使用面积小于10平方米的，可以申请廉租住房”规定，并将租金补贴标准提高至每平方米10元。

8月2日　市总工会召开2003~2004年度全市工会信访先进座谈会，市总工会主席余炳源为会议专辑《信访集萃》撰写题为“春风化雨润‘和谐’”的前言，副主席李锦南作《深入贯彻〈信访条例〉，努力开创工会信访工作新局面》的工作报告。

8月10~11日　省总工会“四五”普法检查小组到市总工会进行工会系统“四五”普法检查验收考核工作，并对江阴市总工会、锡钢集团、四达集团的“四五”普法工作进行检查验收。

8月23日　市总工会举行帮困助学金发放仪式。来自市区特困职工家庭的30名在校学生代表和10位家长代表接受资助。

8月26日　无锡市滨湖区总工会成立滨湖区职工援助服务中心，计划每年筹集100万元资金，服务全区职工。

9月8~17日　市总工会在市博物馆举办徐锡澄书法展暨无锡名家书画精品展。

9月10日　市总工会、市交通局、市劳动和社保局联合举行全市汽车维修行业修理工(机电)技能大赛启动式。

9月19~20日　全国工会部分省市工资集体协商工作座谈会在无锡召开，全国总工会书记处书记张秋俭讲话。

9月22日　市总工会在市人民大会堂大会场举行职工群众文艺优秀节目专场汇报演出。

9月30日　市委召开学习贯彻中央和省委对工会工作重要指示精神会议，市委副书记王咏红讲话，省总工会常委韦永祥就中央两办通知和省委贯彻中央加强工会工作精神等进行宣讲。各区委分管书记、工会主席，市各委办局、市授权企业集团、市直属单位分管书记和工会主席200人参加会议。

10月　市总工会与中国平安保险公司无锡分公司签订2006~2008年度住院医疗互助保障协议。

是月　市总工会、市劳动和社保局等联合在全市广大职工中开展岗位练兵、技能比武竞赛活动，全市有1500名职工获得高级职业资格证书，350名职工分获省、市技能能手、经济技术创新能手等称号。

11月7日　以黄政雄理事长为团长的台湾地区高雄市厨师职业工会访问交流团一行到无锡参观访问。

11月15日　市总工会召开关爱员工、实现双赢先进表彰暨经验交流会，市委常委、市委统战部部长丁卜人，市人大常委会副主任苏红平，市总工会主席余炳源分别讲话。

11 月 18 日　市总工会召开 2006 年职工住院医疗互助保障工作会议,启动新一轮职工住院医疗互助保障工作。

11 月 29 日　市总工会制定《无锡市工资集体协商工作运行规程》。

11 月　市总工会在全省率先出台《无锡市工会劳动保护工会责任制试行办法》。

是月　以加藤雅二为团长的日本联合群马第十八次访华团一行到无锡参观访问。

12 月 4 日　市总工会在八佰伴广场举行以弘扬宪法精神、构建和谐社会为主题的全国法制宣传日暨大型广场法制宣传活动。

12 月 8 日　市总工会召开外商投资企业工会主席协会工作交流会。

12 月 23 日　市总工会会同市文明办、市经贸委、市劳动和社保局、市教育局等 5 部门召开全市非公企业“两争一树”经验交流会,市总工会副主席张帆作专题报告。

12 月 26~27 日　市总工会召开第十五届四次全委(扩大)会议,市总工会主席余炳源作工作报告,市总工会经审会主任王珍珍作经费审查工作报告,副主席荣骏主持会议。会议通过《无锡市总工会关于团结动员全市广大职工为“十一五”规划建功立业的决议》。

12 月 30 日　市政府与市总工会联席会议原则通过改善企业市级以上离退休劳动模范有关待遇的意见。

12 月　市总工会与市劳动和社保局、市妇联联合举办迎元旦大型综合招聘会,其中市总工会组织的进场单位与 171 人当场签订就业意向。

是年　经与市财政局协商,市总工会本级离退休职工的退休金从 2006 年起由市财政全额负担。

2006 年

1 月 6~11 日　市总工会领导走访市区 17 户困难劳模、特困职工及大病职工家庭。

1 月 7 日　市互济会对 2005 年度获得理赔的 308 名大病职工每人增发 500 元补助金。

1 月 10 日　市委组织部、市总工会、市委市级机关工委、市劳动和社保局、市民政局在市总工会六楼大会议室举行党员领导干部与困难职工家庭结对帮扶先进表彰会议,市委副书记王咏红讲话。

1 月 14 日　省委副书记张连珍一行走访慰问市机械资产经营公司困难劳模郁泉荣家庭。

1 月 19 日　无锡市工会第十五次代表大会第三次会议召开。

1 月 20 日　市总工会女职委召开第四届三次全委(扩大)会议,市发改委副主任袁飞作经济形势报告。

1 月 24 日　市总工会机关干部与市焦化有限公司焦炉车间农民工联欢。

1 月　根据2005 年市廉租住房的调整政策,市区有 7 户特困职工家庭成为廉租住房政策调整后的首批得益者。

2 月　市总工会协同市劳动和社保局、市建设局、市依法治市领导小组办公室开展全市农民工工资支付情况专项检查活动,督办补发工资 1460.18 万元。

3 月 5 日　无锡市新区工会第一次代表大会暨新区总工会揭牌仪式在新区管委会 A 楼

报告厅举行，冯惠兴当选区总工会主席。

3月8日　市总工会召开庆“三八”·话创业服务明星座谈会。

3月24日　市政府办公室转发市总工会等部门关于对企业市以上离退休劳动模范发放荣誉津贴的实施意见。

3月　市总工会组织500人参加市文明办举办的无锡市志愿者服务月活动。

4月6日　中国法律援助中心主任贾午光一行到市总工会调研社会法律援助工作，市总工会主席余炳源介绍全市工会工作情况，副主席汤建华就无锡市职工法律援助中心工作作《情系困难职工，彰显以人为本，追求公平正义》的专题汇报。

4月18日　市总工会在市大众剧院举行无锡市新市民文艺会演。

4月20日~5月上旬　市总工会投入10万元资金实施档案数字化工程，建成数字化档案系统。

4月24日　市总工会主席余炳源率领全体机关人员，走访慰问驻无锡73676部队，与部队领导签订文明创建共建协议。

4月29日　庆祝无锡市太湖工人文化宫成立20周年座谈会在太湖工人文化宫召开，市总工会新老领导、基层工会代表、职工群众代表参加座谈会。晚上，千名职工群众在江南大学逸夫馆观看庆祝无锡市太湖工人文化宫成立20周年文艺晚会。

4月30日　无锡市庆祝“五一”国际劳动节暨劳模先进表彰大会在市人民大会堂举行，市委常委和市人大、市政协主要领导出席。会议宣读了全国总工会、省政府和市政府的表彰决定。

4月　市总工会组织11万名职工参加江苏省“十一五”规划知识竞赛。

5月1~24日　市委宣传部、市总工会、市文化局、市文化艺术管理中心、市文学艺术界联合会联合举办新世纪首届艺术节。1日，职工艺术节开幕式暨劳模先进游园活动在无锡惠公园举行，1000名劳模和先进工作者参加开幕式并游园。24日，无锡市职工艺术节闭幕式暨新市民文艺会演在市电视台演播大厅举行。

5月10日　市总工会召开全市工会推进外商投资企业工会组建工作会议，部署全市工会开展外企建会百日推活动。

5月15~17日　全国总工会女工部副部长肖冬、省总工会副主席戈雪芬一行到无锡调研女职工维权机制建设。

5月15~23日　市人大常委会副主任杨惠菊、于顺源、王金大分别带领2个检查组对市总工会及9个市(县)、区政府和工会进行工会法执法检查。市电视台全程跟踪拍摄并制作《人大之声》专题片。

5月28日　无锡城区首家街道总工会在南长区扬名街道成立。

6月1日　全面改版后的市总工会网站正式运行。

6月2日　日本联合群马第十九次访华团到无锡参观访问。

6月8日　市总工会在市电信大楼会场举办全市学习劳模先进·立志岗位成才演讲决赛。

6月15日　市政协副主席朱伦昌率市政协部分委员到市总工会调研工资集体协商工作。

6月16日　市总工会召开全市工会基层组织建设暨争创模范基层工会动员大会。省总工会副主席张鸿生、省总工会组织部部长杨星云分别讲话。

6月19~21日　意大利托斯卡纳大区工会第四次友好访华团到无锡访问。

6月29日　市总工会在机关四楼会议室召开纪念《职工之友》出刊100期座谈会。

6月30日　市政府召开无锡市企业工资集体协商工作暨创建和谐劳动关系企业动员大会,副市长谈学明作动员和部署,市劳动和社保局局长钱宗建和市总工会主席余炳源分别就推进工资集体协商、创建和谐劳动关系企业作主题发言。

6月　市总工会决定从下半年开始,在直属事业单位财务会计人员中试行跨单位轮岗制度。

7月1日　市建设局、市劳动和社保局、市总工会决定从即日起在全市建筑领域全面实施农民工劳动计酬手册制度。

7月3~7日　由全国总工会与日本国际劳动财团合作举行的POSITIVE(工会主动参与改善中小企业劳动安全卫生状况工作法)总结评估会在无锡召开。市总工会主席余炳源与会并介绍了无锡市工会应用工作法开展劳动保护工作的情况。

7月13日　市总工会在江苏省无锡工人太湖疗养院召开全市工会工作暨经审工作会议,市总工会主席余炳源作工作报告,副主席张帆主持,省总工会常委韦永祥讲话。

7月　根据市政府办公室转发市总工会、无锡地方税务局关于无锡市区企事业单位工会经费由无锡地税局全额代收的通知,从2006年7月起,市区内(不含锡山区、惠山区、滨湖区)的各类企业、事业单位(不含依照公务员管理的事业单位),实行由地税局全额代收工会经费。

是月　市总工会主席余炳源带领机关干部连续多天走访慰问奋战在生产一线的劳动者,向硕放枢纽工程、锡澄立交、环太湖高速公路等10个省市重点项目工程队授予工人突击队旗帜。

是月　市总工会机关党委和机关工会举办职工迎"七一"·展风采运动会。1日,举行开幕式和广播操表演、消防项目比赛。市总工会干部学校获团体总分第一,并与市工人文化宫同时获得优秀组织奖。

8月5日　市总工会启动全国总工会下达的职工思想情况调查任务,从7日开始,对50家企业中1000名职工的思想情况进行调查。

8月15日　市委主要领导率有关部门负责人调研市总工会困难职工援助中心,看望市总工会机关工作人员。

8月23日　市总工会启动"金秋助学"暨爱心捐赠仪式,拨款23万元助学金,惠及266名贫困学子。

8月25日　市总工会与市出入境检验检疫局签订房产转让协议,购置市出入境检验检疫局生丝与纺织原料检测中心(木栖厅142号),房产面积4004.85平方米,土地面积2150.40平方米,转让总价1431万元。

是日　市总工会、市中级人民法院联合举办特邀调解员培训班,来自市(县)、区总工会的首批24名特邀调解员参加培训。

8月　国际劳工组织在宁夏召开工资增长机制会议,市总工会副主席荣骏与会并作题为《市委统领、政府推进、三方合力,强势规范和深化工资集体协商制度》的交流发言。

是月　市总工会发布《开展法制宣传教育的第五个五年规划》。

9月13~19日　市三方协商机制成员单位、市创建和谐劳动关系企业活动领导小组对全市2市(县)7区开展工资集体协商和创建和谐劳动关系企业工作情况督查。

9月20日　经江苏省司法厅批准,无锡工会系统曹琪、虞慧娅、马敏3名工会干部取得公职律师执业证,成为无锡工会首批公职律师。

9月27日　《无锡市工会劳动法律监督条例》经江苏省第十届人民代表大会常务委员会第二十五次会议批准。

是日　市总工会党组决定建立学习宣传贯彻《无锡市工会劳动法律监督条例》领导小组。

9月28日　省总工会干部学校赵映林教授应邀到无锡市委党校,为第六期市管领导干部"双新"(新知识、新技能)知识培训班讲授当前工人阶级地位的若干问题的工会理论课。

9月30日　市劳动和社保局、市财政局、市总工会联合制定《关于企业工资集体协商工资总额有关问题的实施意见》,进一步落实开展集体协商的企业在工资增长和工资总额确认上的有关政策。

10月8日　全省第二次乡镇工会工作会议在江阴举行,省人大常委会副主任、省总工会主席张艳讲话,省总工会副主席张鸿生就乡镇工会工作作部署,无锡市委常委、江阴市委书记朱民阳介绍江阴经济社会发展情况,江阴市总工会主席朱建方作交流发言。

10月19日　市总工会召开当好主力军、建功"十一五",全面推进"一当好、三争创"(当好江苏现代化建设先行军,争创全省科学发展先导区、和谐发展示范区、党的建设模范区)活动动员大会。会议首次以劳模姓名命名"朱建平便民服务队"等6个工作室。

是日　市总工会召开无锡市学习贯彻全国总工会《企业工会工作条例(试行)》会议。

10月26日　全国总工会办公厅副主任张天昱、民管部副部长刘迎祥、研究室处长张春旺、省总工会秘书长林国铨和政策研究室主任郭莉莉到无锡调研工会工作。

10月29日　日本荣电株式会社、荣电劳组第二十二次友好访华团到无锡访问。

10月　市总工会会同市劳动和社保局等部门组织举办全市农机修理工等10个行业12个工种的职工职业技能竞赛。

11月1日　市总工会在惠山区前洲镇召开全市镇(街道)工资协商现场推进会,省总工会党组书记、副主席李晓布讲话。

11月17日　沃尔玛华东百货有限公司无锡红星路分店组建工会,市总工会副主席荣骏到会祝贺。

11月20~21日　市总工会主席余炳源带队参加在绍兴市举办的无锡、桂林、绍兴三城工会工作论坛。

11月21~22日　原全国总工会副主席方嘉德在省总工会副主席戈雪芬陪同下,到无锡调研考察江苏省无锡工人太湖疗养院、无锡市工人文化宫建设和发展情况。

11月22日　全国总工会在广州召开企业职代会制度建设工作会议,市总工会副主席荣骏参加会议并作题为《加快非公企业职代会建设,夯实和谐社会政治文明基础》的交流发言。

11月24日　市总工会召开学习宣传《无锡市工会劳动法律监督条例》动员部署会议。

11月24~25日　全国人大常委、内司工委委员、原全国总工会党组副书记、副主席杨兴富率调研组一行3人,由省总工会副主席李晓布陪同到无锡调研工资协商工作情况。

11 月 28 日　江苏省农民工业余学校揭牌仪式暨农民工首期培训师资班开班典礼在市总工会干部学校举行,参加首期培训师资班的学员有 80 人。

11 月 29 日　由市总工会、市人大内司工委、市劳动和社保局、市司法局等组成的"送法"小分队为 200 个企业、工地、村、社区的 2.3 万名劳动者赠送《无锡市工会劳动法律监督条例》。

12 月 1 日　中共无锡市总工会机关第三次代表大会选举产生第三届中共无锡市总工会机关委员会。

12 月 5 日　市总工会副主席汤建华带领机关干部在北塘区会龙村社区居委会开展法制宣传社区行活动。

12 月 5 日　市总工会、市外商投资企业协会联合召开全市外商和港澳台投资企业"双爱双评"经验交流暨先进表彰会议。

12 月 7 日　市总工会主席余炳源率机关中层以上干部到常州学习交流企业社会责任制定与实施等。

12 月 8 日　市人大常委会召开贯彻《无锡市工会劳动法律监督条例》工作会议,市总工会主席余炳源作专题发言。

12 月　江苏省无锡工人太湖疗养院、市工人文化宫、市太湖工人文化宫、市总工会干部学校完成了内部人事、劳动、分配制度的改革任务。

2007 年

1 月 4 日　市总工会在市电视台举办《无锡市工会劳动法律监督条例》知识竞赛电视决赛暨颁奖文艺晚会。

1 月 5 日　市总工会召开 2007 年全市职工生活保障工作会议,传达贯彻全省工会保障工作会议精神,总结部署全市工会生活保障工作。

1 月 8 日　市总工会第十五届五次全委(扩大)会议在市委党校召开,市总工会主席余炳源作题为《构建和谐劳动关系,激发基层工会活力,为建成高水平的全面小康社会建功立业》的工作报告。

是日　无锡市工会干部培训基地揭牌和签字仪式在市委党校举行。

1 月 14 日　市劳动和社保局、市总工会和市妇联共同在市职介中心招聘大厅举办迎新春·送温情·再就业援助大型免费招聘会，其中市总工会组织的进场单位与 195 人当场签订就业意向。

1 月 15 日　市总工会女职委召开第四届四次全委(扩大)会议,补选王珍珍为市总工会女职委主任,增补桑勤为副主任。

1 月 18 日　无锡市工会第十五次代表大会第四次会议召开。

1 月 23 日　市总工会召开工会法律工作会议,市总工会副主席、劳动法律监督委员会主任张帆讲话。

1 月 24~25 日　省总工会副主席胡同军走访慰问无锡市 9 户特困职工和困难劳模家庭,并对江苏省无锡工人太湖疗养院和无锡市及江阴市、宜兴市困难职工援助中心作工作考察。

1月26日　市及市(县)、区两级总工会机关工作人员庆祝无锡第一个总工会成立八十周年联欢会在太湖能源度假村举行。

2月1日　市总工会举行送温暖资金发放暨燃料补贴捐赠仪式,市总工会副主席张帆代表市区433名特困职工与无锡华润燃气公司签署资助协议,由华润公司在2007~2011年的5年内,每年捐资5万元,为市区特困职工家庭发放部分燃料补贴。

2月3日　市总工会、市交通局、市交通产业集团、无锡客运有限公司在无锡汽车站站前广场举办2007年春运启动仪式暨农民工平安返乡安全优质竞赛活动启动仪式。

2月5日　市总工会正式接管木栖厅142号办公楼房产。

2月5~9日　市总工会领导带领机关人员走访慰问困难职工。

2月26日　市总工会党组召开加强机关作风建设会议,市总工会主席、党组书记余炳源就落实市委作风与效能建设动员会议精神作出部署。

2月26~27日　市劳动和社保局、市总工会在火车站广场举办春风行动2007’招聘集市,其中市总工会组织的进场单位与40名务工者当场签订就业意向。

2006年11月~2007年2月　市总工会参与全市农民工工资支付情况专项检查活动,共检查1663个单位,涉及农民工22.18万人,清欠率达97.8%。

3月2日　市总工会、团市委、市妇联、市科协组织全体机关工作人员到中船澄西船舶修造有限公司参观学习,体验一线工人的劳动生活。

3月2~3日　以阿拉伯工人工会国际联合会副总书记拉贾伯·马吐克率领的阿拉伯工会代表团一行24人到无锡参观访问。

3月7~8日　以台湾地区屏东县总工会理事长苏义峰先生为团长的屏东县总工会访问团一行21人到无锡参观访问。

3月15~16日　市总工会、市劳动和社保局、市经贸委在飞鸿宾馆召开市首次劳动争议处理“三方机制”会议。

3月26日　市总工会劳动法律监督委员会办公室与市劳动监察支队召开联席会议,研究制定工会劳动法律监督检查“四项制度”(“劳动法律监督检查”、“劳动违法案件处理反馈”、“劳动者权益保障评价”和“严重违反劳动法律、法规单位的记录、公示”),并就工会开展独立的劳动法律监督活动进行研讨。

3月　市总工会在全省率先出台《无锡市工会劳动关系分类分级预警实施意见》。

4月13日　市总工会筹资300万元资金,为参加在职职工住院医疗互助保障项目的会员实行补贴。

4月14日　市总工会和市烈士陵园、公花园共同举办秦起烈士祭扫暨“秦起中队”授旗仪式,千名职工和学生参加活动。

4月20~21日　应省总工会邀请,以俄罗斯石油天然气建设工会主席团成员、巴什柯托斯卡亚共和国工会主席萨费汉若夫·瓦莱里为团长的俄罗斯油田工会访华团一行6人到无锡访问。

4月25日　市总工会在无锡广播新闻台开设的特约冠名《天气预报》和《工会维权》栏目首播。

4月26日　全国政协提案委员会副主任、原全国总工会副主席倪豪梅在省总工会副主席戈雪芬陪同下,到无锡调研工资集体协商和民主管理等情况。

4月29日　无锡市劳模先进表彰大会暨庆“五一”文艺招待会在市人民大会堂举行,与会人员观看了全国总工会文工团专场慰问演出。

4月　市总工会确定无锡钢厂等100个单位为无锡市工会劳动关系预警百家联系点单位。

5月11日　市总工会举行学习宣传贯彻《无锡市工会劳动法律监督条例》座谈会暨首次工会劳动法律监督检查联动活动启动仪式,会后组成52个检查组、2000名监督员到用人单位进行监督检查。

5月17日　市总工会获全国推动厂务公开、民主管理工作先进单位称号。

5月18日　市总工会召开全市部分工会组织隶属关系调整工作会议。

5月22日　全国总工会、最高人民法院调研组一行5人在市总工会和市中级人民法院领导陪同下,到宜兴市总工会对人民法院委托工会组织和特邀调解员调解劳动纠纷案进行调研,调研组对市总工会的诉调对接工作和宜兴市总工会的中心调解庭给予充分肯定。

5月25日　市总工会职工服务中心揭牌仪式在市工人文化宫举行。

6月14~15日　市总工会在宜兴召开全市工会主席认真学习胡锦涛总书记在参加全国政协十届五次会议工青妇界委员联组讨论时的重要讲话精神研讨会。

6月27日　全国政协副主席、全国工商联主席黄孟复到无锡调研民营企业建设和谐劳动关系等工作,市总工会在会上作专题汇报。

6月28~29日　以台湾地区高雄市交通运输业工会联合会理事长洪秋凤女士为团长的参访团一行32人到无锡参观访问。

6月29日~7月3日　以意大利托斯卡纳大区比萨市总工会总书记保罗·格拉齐亚尼先生为团长的比萨市总工会、利沃诺市总工会第一次访华团到无锡访问。7月2日,与无锡市总工会签订了《工作与文化交流协议书》,缔结成友好工会。

6月　市总工会发出《关于组织广大职工积极参与治理太湖水、改善生态环境行动的通知》。

是月　根据全国总工会要求,市总工会开展第六次全国职工队伍状况调查工作,完成对无锡510名职工、200名农民工和4家典型企业的调查工作。

7月13日　市总工会明确从8月1日起,委托崇安区总工会、南长区总工会、北塘区总工会、新区总工会开始办理工会社团登记领证工作。

7月30日　市总工会会同市劳动和社保局等8部门联合出台《关于印发劳动法律监督检查等四项制度的通知》。

是日　市总工会在全市组织10万名职工参加《中华人民共和国劳动合同法》(以下简称《劳动合同法》)知识竞赛月活动。

7月31日　历时半年的全市工会组织体制调整工作基本结束。全市有18个市资产经营公司、授权企业及市直属单位工会从市总工会管理的单位中划出;有13个单位的工会组织关系从市各资产经营公司的工会组织关系中划出,由市总工会直接管理;有268家市属国有(集体)改制企业工会组织的隶属关系进行了属地管理;新组建无锡市国有资产监督管理委员会工会。

7月　市总工会开展第四届工会十佳实事评选活动,锡山区总工会的外资企业建会工作等10件实事荣登十佳实事光荣榜。

是月　南长区总工会所属6个街道工会全部建立法律援助工作站,无锡市率先在全省街道一级工会建立职工法律援助工作站。

7~12月　市总工会会同市有关部门组织开展药品检验、汽车修理、驾驶、园林技术、邮递员、粮食机械等26个工种的市级技能大赛。

8月7日　市总工会在大众剧院举行"恒安标准人寿杯"无锡市企业(行业)歌曲合唱比赛,侨谊幼儿园教师合唱队、妇幼保健院爱婴女子合唱队获金奖,宜兴市供电公司等单位获银奖,中船澄西船舶修造有限公司等单位获铜奖。

8月15日~9月20日　市总工会会同市文明办、市园林局联合发起"共享一片阳光·同游一方山水"无锡市民畅游新园林游园活动。

8月26~27日　全国总工会副主席、书记处书记董力等一行4人在省总工会副主席胡同军的陪同下,到无锡市职工服务中心、江苏省无锡工人太湖疗养院、马山太湖旅游度假区调研考察。

8月30日　全国总工会召开创建工人先锋号活动电视电话会议,江阴市总工会主席朱建方作题为《叫响"工人先锋号",打造工会工作新品牌》的交流发言。

8月　市总工会投资12万元,完成机关办公网络向所有直属工会延伸的工作,实现两级工会资源共享、同网络办公。

9月5日　市总工会召开信访工作会议。

是日　市总工会在一汽锡柴多功能厅举办劳动合同法大型讲座,邀请省总工会法工部部长车文奎为全市工会干部讲解《劳动合同法》。

9月8日　市总工会确定无锡市国联(发展)集团有限公司、无锡威孚高科技集团股份有限公司等16个集团(公司)工会为市总工会的重点联系单位。

9月11~13日　省人大常委会副主任、省总工会主席张艳到无锡调研考察,分别听取市总工会、江阴市总工会和宜兴市总工会的工作汇报。

9月12~13日　桂林、嘉兴、辽阳、绍兴、泰州、伊犁、无锡"七城市友好工会工作论坛"在无锡举行。

9月14日　市人大常委会副主任、党组副书记杨惠菊率领人大调研组到市总工会调研《无锡市工会劳动法律监督条例》贯彻情况。

9月18日　市总工会与市政府第三次联席会议讨论修改《无锡市劳动模范评选和管理工作实施细则》,听取市总工会关于企业离退休劳模荣誉津贴发放和劳动法律监督检查情况汇报。

是日　省人大常委会副主任、省总工会主席张艳在无锡市总工会上报的《关于无锡两级工会开展劳动法律监督检查的情况汇报》作专门批示。

9月20日　市人大常委会主任郁家树、副主任杨惠菊率领45名人大代表到南长区总工会和扬名街道总工会视察工会劳动法律监督检查工作。

9月21日　市总工会组建无锡市工会讲师团。

9月25~27日　市总工会在市体育馆举办无锡市职工乒乓球大奖赛。

9月下旬~10月上旬　市总工会会同市劳动和社保局、市经贸委、市工商联、市企业家协会、市安监局开展全市工资集体协商工作督查活动，对全市8个镇100家企业进行全面检查。

10月11日　为迎接中国共产党第十七次全国代表大会的胜利召开，市总工会在市人民大会堂大会场举行无锡市工人阶级永远跟党走职工歌会。全国政协提案委员会副主任、原全国总工会副主席倪豪梅，市委副书记王咏红，市人大常委会副主任王金大，市政府副市长谈学明等领导观看了大型合唱比赛并为获奖单位颁奖。

10月15~18日　威孚集团乒乓球队代表无锡市企业代表队参加在镇江举办的江苏省企业部职工乒乓球比赛，获得男子团体第二名。

10月30日　市总工会在江阴召开农民工工作和创建工人先锋号活动推进会议。

10月　由市总工会与市委宣传部等单位组织的“激情周末”广场文艺演出经过7个月70场演出落下帷幕，市总工会获优秀组织奖和优秀演出奖。

11月8日　市政府第六十八次常务会议通过新的《无锡市劳动模范评选管理工作实施细则》，从2008年1月1日起正式施行。

11月13日　市总工会在华西村召开劳动模范学习贯彻中共十七大精神座谈会，中共十七大代表、华西村老书记、老劳模吴仁宝等在会上交流了学习体会。

11月16日　全市55个肯德基门店全部建立工会，建会率达100%。

11月27日　市总工会出台《无锡市工会劳动法律监督条例实施细则》。

11月　市总工会出台《特困职工日常救助暂行办法(试行)》。

12月5日　市总工会召开外商和台港澳投资企业“双爱双评”经验交流暨表彰会。

12月6日　江苏省内投资额最大的外资企业——海力士—意法半导体有限公司建立工会。该公司是全市第一家设立专职工会主席的外资企业。

12月9日　市总工会与辽阳市总工会签约结成友好工会。

12月21日　市总工会、市园林局等举办第九届中国菊花展览会、2007年国际风景园林交流大会总结表彰会。

12月28日　市总工会召开第十五届六次全委(扩大)会议，市总工会主席余炳源作题为《以十七大精神为指针，充分发挥工会在社会主义现代化建设总体布局中的积极作用》的工作报告。会议选举产生了无锡市出席江苏省工会第十二次代表大会代表99名。

2008年

1月1日~2月5日　全市工会筹集慰问款物总额3015万元，慰问困难企业795家，慰问困难职工5.28万户，慰问困难劳模305户，慰问农民工2.14万人。

1月17日　市委主要领导陪同省委常委、省军区司令员陈一远等走访慰问市困难劳模和特困职工家庭。

是日　无锡市工会第十五次代表大会第五次会议召开。

1月23日　市总工会、无锡客运有限公司举行农民工平安返乡安全优质服务竞赛——无锡市春运启动仪式，副市长吴建选为启动仪式致辞，省总工会副主席王兆喜向先进集体授予奖牌。

1月31日~2月2日 市总工会走访慰问奋战在抗雪减灾第一线的交巡警和供电、环卫、汽车、铁路客运职工。

2月4日 市总工会和江苏锡钢集团举办“欢聚在第二故乡”活动,与因雪灾滞留在无锡过年的100名农民工一起同贺新春佳节。

2月5日 市总工会与市财政局签订《房产置换协议》,将毛桃巷33号市总工会机关办公大楼与石皮路8号市财政局老办公楼房产进行置换。

2月14~15日 市劳动和社保局、市总工会举办春风行动招聘集市,其中市总工会组织的进场单位与25名到无锡打工者当场签订就业意向。

2月26日 由市总工会主办,市工人文化宫、崇安区文体局、公花园公园管理处共同承办的欢乐大舞台——无锡市职工锡剧演唱比赛总决赛在无锡剧博物馆举行。

2月28日 希捷国际科技(无锡)有限公司召开工会第一次会员代表大会,选举产生第一届工会委员会和经费审查委员会。这是希捷公司在全世界建立的第一家工会。是日,省总工会向无锡市总工会发来贺信。

3月4日 市总工会女职委第四届五次全委(扩大)会议暨庆“三八”·迎“奥运”联谊游园活动在江苏省无锡工人太湖疗养院举行。

3月7日 市总工会女职委在市妇幼保健院体检中心举行无锡市女职工专家服务团成立仪式。

3月14日 市人大内司工委到市总工会调研职工法律援助工作情况。

3月28日 市总工会机关由三皇街毛桃巷33号搬迁至木栖厅142号大楼临时办公。

3月 市劳动关系“三方机制”单位召开2008年第一次协商会议,确定向市人大常委会、市政府法制办申报《关于将〈无锡市企业工资集体协商条例〉列入2008年地方立法计划的报告》。

是月 市总工会组织3万名职工开展职工志愿者服务月活动。全年有10万名职工参加道德实践活动。

4月7~11日 江苏省工会第十二次代表大会在南京召开,无锡市代表团的99名正式代表、5名列席代表出席会议。无锡有7人当选为省总工会第十二届委员会委员,1人当选为省总工会第十二届经费审查委员会委员。

4月22日 江阴市人民法院劳动争议案件巡回审判庭在江阴市总工会挂牌成立。

4月29日 无锡市各界庆“五一”文艺招待会暨劳模先进表彰大会在市人民大会堂举行,市委副书记赵旻讲话,副市长谈学明宣读表彰决定,全国总工会文工团为劳模先进表演文艺节目。

是月 市总工会向90名在抗击特大暴雪灾害和抗震救灾中作出重大贡献的先进个人颁发无锡市“五一劳动奖章”。

5月9日 市总工会召开第十五届七次全委会议,市总工会主席余炳源作题为《贯彻落实江苏省工会第十二次代表大会精神,毫不动摇地坚持走中国特色工会发展道路》的工作报告。

5月12日 四川汶川大地震发生后,市总工会发出《关于协助政府做好抗震救灾工作的通知》。截至26日,市总工会机关和直属事业单位党员捐献10万元特殊党费,全市工会共捐款3843.93万元。

5 月 19 日　市总工会特邀全国总工会“心系女性”组委会北京专家到无锡举办无锡市女性形象教育首场模式课。

5 月 19~21 日　市人大常委会开展《无锡市工会劳动法律监督条例》(以下简称《条例》)执法检查活动,听取市总工会、市社保局、市卫生局、市环保局、市经贸委、市安监局的汇报,对 9 个市(县)、区贯彻实施《条例》的情况进行检查。

5 月 26 日　以日本工会联合会爱知县联合副会长内堀良雄为团长的日本爱知第六次、日本爱知县劳动者福利协议会第十一次友好访华团一行 6 人到无锡参观访问。

5 月 28 日　以埃及通讯工人总工会主席法盖里·巴克瑞·塞利姆为团长的夏拉基电信工会友好访华团一行 5 人到无锡参观访问。

5~6 月　市总工会举办无锡市职工迎“奥运”系列比赛,全市千名选手参赛,10 万名职工参与。

6 月 12 日　无锡市首家社区工会会员维权站在南长区清名桥街道大窑路社区正式成立。

6 月 19 日　市第十四届人大常委会召开第七次主任会议,专题听取《无锡市工会劳动法律监督条例》执法检查情况的报告。

6 月 20 日　省总工会在宜兴召开全省厂务公开民主管理制度创新实践现场推进会,全国厂务公开协调小组办公室副主任常木昌,省总工会党组书记、副主席李晓布,副主席杨星云分别讲话。

6 月 24 日　市总工会在崇安区召开会议,强力推进世界 500 强在无锡投资企业工会组建工作。

6 月 30 日　全市“安康杯”竞赛总结交流暨先进表彰大会在无锡邮电大厦召开。

6 月　市总工会实施无锡市金牌工人培育三年工作目标计划,会同市劳动和社保局等部门组织举办 12 个行业(工种)的市级职业技能竞赛。

7 月 14 日　无锡市工资集体协商工作现场交流会在惠山区前洲镇召开。

7 月 17 日　市总工会主席余炳源参加在新疆伊犁哈萨克自治州首府伊宁市举行的“九城市友好工会工作论坛”。

7 月 25 日　市总工会、市文管中心、市文联在一汽锡柴联合举办“无锡空港杯”无锡市第三届青年歌手大奖赛决赛。江阴市文化馆薛迅、江南大学教师戴琦、无锡市文化馆胡琦文代表无锡参加全国总工会举办的全国城市歌手大赛。

7 月 28 日　市总工会、市文管中心、市锡剧院共同改编创作的锡剧《工会主席》在市人民大会堂首演。

7 月　江阴市总工会向社会公开招聘乡镇工会工作者,12 名大学生成为首批公开招聘的乡镇工会工作者。

8 月 6 日　市总工会、市文明办、市经贸委、市劳动和社保局、市教育局、市工商联召开无锡市“两争一树”活动总结表彰大会。

是日　全国总工会资产管理部陈旭平一行 3 人到无锡进行工会不动产“三证”(土地使用权证、房屋所有权证、工会资产产权登记证)办理工作检查验收和资产管理工作调研。

8 月 7~8 日　省总工会副主席张鸿生、组织部部长曹海到无锡新区世界 500 强等跨国公司考察工会组建工作,到滨湖区普睿司曼电缆有限公司、金鑫集团进行工会工作调研。

8月24日~9月1日　以意大利托斯卡纳大区里沃诺总工会总书记皮埃罗·诺奇为团长的意大利托斯卡纳大区比萨总工会及里沃诺总工会第二次访华团一行7人到无锡参观访问。

9月1日　无锡市总工会“金秋助学”捐赠仪式在农民工子女集中的金海里小学举行。

9月4日　以意大利托斯卡纳大区工会总书记阿莱西奥·格拉莫拉蒂为团长的意大利托斯卡纳大区工会第五次友好访华团一行6人到无锡参观访问。

9月10日　由市总工会、市农机局、市人事局、市劳动和社保局联合举办的2008年第二届“洋马杯”农机职业技能比赛落下帷幕。

9月18日　鞍山市委常委、市总工会主席张殿纯率团到无锡考察无锡市职工服务中心，双方签订友好城市工会协议。

9月22日　辽阳市委常委、市总工会主席梅福春一行7人到无锡考察江苏省无锡工人太湖疗养院改革发展及经营管理等方面的经验。

9月23日　省总工会分别在宜兴市、惠山区举行江苏省工会工作模范县(市)、区授牌仪式。

9月　市总工会、市文管中心和市锡剧院共同改编创作的锡剧《工会主席》在市人民大会堂公演，并在全省公演。

是月　市总工会、市劳动和社保局、市经贸委、市中级人民法院、市司法局等部门出台《关于全面推进我市劳动争议调解工作的意见》，组建市级劳动争议调解委员会，在市总工会设立市级劳动争议调解庭。

10月8日　市委决定孙洪任市总工会党组书记。

是日　市政协副主席黄士良一行到市总工会调研贯彻实施《劳动合同法》情况。

10月17~21日　中国工会第十五次全国代表大会在北京召开，无锡有7名代表出席大会。

10月22日　以罗安·弗拉顿为团长的挪威总工会代表团一行9人到无锡参观访问。

10月24日　市总工会召开第十五届八次全委会，传达中国工会第十五次全国代表大会精神。听取市工会第十六次代表大会筹备工作情况的报告，审议通过市工会第十六次代表大会代表资格审查报告、市工会第十六次代表大会主席团和秘书长建议名单，以及提交市工会第十六次代表大会的工作报告、财务工作报告和经费审查工作报告。会议选举孙洪为市总工会第十五届委员会委员、常委、副主席。

10月31日　市纪委在市人民大会堂隆重举行纪念党的纪律检查机关恢复重建30周年大会暨清廉·和谐大型文艺汇演。市总工会选送的大型歌舞《在灿烂阳光下》获金奖。

是日　全省工会帮扶工作会议在江阴召开，省人大常委会副主任、省总工会主席张艳，副主席胡同军对新形势下做好工会帮扶工作提出要求。江阴市总工会等单位在会上作交流发言。

11月5日　中共无锡市委锡委组〔2008〕387号文件提名周敏炜为市总工会第十六届委员会主席候选人。

11月10日　市总工会在市民政局会场举办无锡市“纪念改革开放30周年·我和我的祖国”职工演讲比赛。

11月11~12日　无锡市工会第十六次代表大会在惠山区华美达大酒店召开。会议选举市委常委周敏炜为市总工会第十六届委员会委员、常委、主席。会上，市总工会向无锡对口支援四川地震灾区建设指挥部捐款88万元。

11月18日　市人大财经专业代表小组到市总工会调研全市工资集体协商工作。

11月 市总工会举办第二届无锡市金牌工人、无锡市第二届职工技术创新成果奖评选和展示活动。

12月4日 市总工会召开法尔胜集团等10家企业负责人座谈会,发出《关于号召全市广大职工与企业风雨同舟、共克时艰、应对挑战、推动发展的倡议书》。

12月24日 市总工会举行无锡市工会“扶贫帮困·共建和谐”元旦、春节送温暖活动启动暨爱心超市揭牌仪式。

12月29日 市总工会召开“同舟共济·促进发展”企业职工座谈会,市委常委、市总工会主席周敏炜讲话。

12月30日 市总工会召开2008年度无锡市工会法律援助工作会议。

是月 在无锡市援建四川汉旺镇新镇首批8个建设工程中,市总工会建立以党组书记、副主席孙洪为组长,副主席汤建华为副组长的专项竞赛领导小组,组织开展奋斗50天和决战50天的立功劳动竞赛活动。

是年 市总工会发出关于开展安全生产隐患排查治理工作的通知,全市工会对建筑等高危行业共组织检查活动300次,发现各类事故隐患5000件(项),督促企业行政及时整改4950件(项)。

2009年

1月6日 无锡市劳动争议调解委员会(以下简称“市劳调会”)召开第一次全体成员会议,市总工会副主席、市劳调会主任汤建华主持会议,审议通过《无锡市劳动争议调解委员会若干制度》《无锡市劳动争议调解委员会第一次会议纪要》。

1月12日 全市劳资工作会议召开,市委、市政府首次对市总工会、市劳动和社保局等22个单位发放《构建和发展和谐劳资关系目标任务书》。

1月13~19日 省总工会副主席周英,市委常委、市总工会主席周敏炜等省、市工会领导分别探望慰问无锡地区的困难劳模、特困职工和困难农民工。

1月14日 市总工会召开第十六届二次全委(扩大)会议,市委常委、市总工会主席周敏炜作题为《统一思想、凝心聚力,充分发挥工人阶级主力军作用》的讲话,市总工会党组书记、副主席孙洪作题为《凝聚群力、应对挑战,为推动经济平稳较快发展建功立业》的工作报告。

1月 市总工会在学习实践科学发展观活动中,完善了市总工会常委与基层委员联系挂钩制度。

2月8日 市总工会在市政协礼堂举办“徐家木业之春”2009新年民族音乐会,来自各行各业的职工代表聆赏由市工人艺术团民乐队担纲演奏的节目。

2月14日 市总工会在全省率先制定工会劳动关系预警信息和重大信访信息报告及跟踪分析制度的意见。

2月28日 市总工会召开全市工会构建和发展和谐劳资关系工作推进会议。

3月5日 市总工会召开第五届女职工委员会成立暨第一次全委(扩大)会议。省总工会副主席、女职委主任杨星云到会祝贺。

3月10日 无锡市劳模管理委员会第一次会议在市政府第二会议室举行,审议通过2006~

2008年度无锡市劳动模范推荐评选工作方案。

是日　市总工会经审会召开第十六届三次全体成员会议，审议通过市总工会2009年工会经费预算草案和2008年工会经费预算执行情况，通过工会经费审验证、基层工会经审工作台账化管理、市总工会审计结果整改督查等三项经审工作制度。

3月24日　在全省创建和谐劳动关系企业工作经验交流会上，市委常委、市总工会主席周敏炜代表无锡市作交流发言。

3月28日　市总工会组织300人合唱队参加世界第二届佛教论坛开幕式主题演唱。

4月8~9日　浙江省湖州市总工会主席陈月琴一行27人到无锡考察交流。

4月9日　无锡市第十届运动会职工部竞赛暨职工运动会开幕式在江南大学体育馆举行。

4月21~22日　市总工会接待四川省总工会系统"5·12"抗震救灾功臣疗养团一行40人。

4月22日　为庆祝无锡解放60周年，市总工会、市公园景区管理中心在无锡惠名胜区二泉音乐广场举办无锡市2009年"杜鹃花杯"插花艺术技能比赛。

4月28日　市总工会、市妇幼保健院启动"关爱女劳模，真情送健康"活动。

4月30日　无锡市庆"五一"国际劳动节暨劳模先进表彰大会在市人民大会堂大会场召开，市委常委、市总工会主席周敏炜宣读全国总工会、省总工会表彰决定，副市长谈学明宣读市政府表彰2006~2008年度无锡市劳动模范的决定。市工人艺术团献演了《劳动者之歌》文艺节目。

4月　根据市委统一部署，市总工会组织开展科学发展观学习实践活动，从2008年12月开始，到2009年4月基本完成。

是月　市总工会、市文联主办，市工人文化宫等单位承办庆祝无锡解放60周年"中国·无锡工业设计大厦杯"国际灯谜大赛，共收到来自海内外参赛灯谜1.4万条。

5月5日　市总工会职工法律援助律师团律师援助代理的29名农民工劳动争议案，跻身江苏省2008年度法律援助十大优秀案例。

5月8日　市总工会召开有关企业家、劳资部门负责人和工会律师团成员座谈会，听取对规范企业劳动用工规章制度指导意见、企业劳动用工规章制度参考文本的修改意见。

5月12~14日　台湾地区电力公司女子篮球队一行18人到无锡访问，并在江南大学体育馆与江南大学女子篮球队进行友谊比赛。

5月14日　市总工会举行无锡市劳动争议调解委员会调解庭揭牌仪式，省总工会副主席胡同军和市总工会党组书记、副主席孙洪为调解庭揭牌并讲话。

5月14~15日　江西省总工会副主席陈文明一行15人到无锡考察江苏省无锡工人太湖疗养院改革和发展情况。

5月22日　市总工会为加强职工思想动态分析，聘请80名职工思想动态信息员。

5月25日　市总工会与市劳动和社保局签订合作会议纪要，建立全市职工劳动竞赛、技能大赛、职工权益维护等8个平台和合作机制。

5月31日　市总工会开展"手拉手·献爱心"情系农民工子女活动，邀请农民工子弟学校——新区新光小学的80名学生参观市博物院。

6月5~7日　全国总工会研究室副主任安建华和省总工会秘书长林国铨一行到无锡调研。

6月14日　市总工会、市劳动和社保局、市经贸委、市建设局联合举办的无锡市保增长、促发展,建功“十一五”劳动竞赛启动仪式在无锡市重点道桥工程新扬大桥工地举行。

6月17~19日　以台湾地区高雄厨师工会理事长黄政雄为团长的代表团一行26人到无锡参观访问。

6月26日　市委、市政府召开全市规范企业劳动用工规章制度工作推进会。市委常委、市总工会主席周敏炜讲话。会议下发《无锡市规范企业劳动用工规章制度的指导意见》《无锡市企业劳动用工规章制度参考文本》。

7月1日　市中级人民法院和市总工会在全省率先制定《关于在工会干部中选任培育人民陪审员的实施意见(试行)》。

7月2~3日　日本爱知县劳动者福利协议会第二十三次友好访华团一行22人到无锡参观访问。

7月6~7日　2009年江苏—台湾劳工研讨会的台湾地区代表140人到无锡参观访问。

7月12日　市总工会、市劳动和社保局、市经贸委、市科技局在市高技能人才公共实训基地联合举办无锡市职工职业技能大赛启动仪式暨“五洲杯”职工数控技能决赛。市委常委、市总工会主席周敏炜和省总工会党组成员、纪检组组长陈飞为全国工会农民工技能培训示范基地、无锡市工会职工技能培训实训基地揭牌,副市长王国中讲话,市总工会党组书记、副主席孙洪代表大赛组委会作工作报告。

7月17~18日　埃及通讯工人总工会访华团一行6人到无锡参观访问。

7月21~31日　市委常委、市总工会主席周敏炜带领工会机关人员走访慰问苏南运河驳岸工程蓉湖大桥段、通江大道、无锡大剧院、太湖新城会展中心、西气东输工程无锡段、红星大桥等10个重点工程建设工地和交警、供电、无锡钢厂、澄西船厂等5个高温工作的行业和单位。

7月　市总工会会同市劳动监察支队联合开展2009年度整治非法用工打击违法犯罪专项行动。全市共检查用人单位929个,涉及劳动者2.06万人,督查补签劳动合同6604份,督办缴纳社会保险费2858人,补发劳动者工资和经济补偿金107.7万元。

是月　根据《无锡市总工会关于深化事业单位改革的意见》,市总工会对市工人文化宫和太湖工人文化宫实行“两宫合一”的组织领导体制,保留太湖工人文化宫事业性质和独立法人资质。

8月3日　2009’无锡市威孚杯“激情周末”广场文艺演出——无锡市总工会庆“八一”进军营慰问演出在驻无锡73676部队举行。

8月22日　无锡市职工技术协会召开第四次代表大会,表彰一批职工技协先进集体和个人。

是日　市总工会在四川省阿坝藏族羌族自治州汶川县汉旺镇召开援建项目劳动竞赛表彰大会。

8月25日　江阴市周庄镇总工会成立无锡地区第一个镇级职工法律援助团。

9月8日　无锡市“安康杯”竞赛活动论文发布暨总结表彰大会在市总工会干部学校举行。

9月17日　市总工会举行无锡市庆祝新中国成立60周年——“祖国颂”职工歌咏比赛。

9月23~24日　市总工会召开第十六届三次全会(扩大)会议,市委常委、市总工会主席周敏炜讲话,市总工会党组书记、副主席孙洪作题为《认真贯彻全省工会工作会议精神,为推进科学发展和经济转型升级作出新贡献》的工作报告。

9月24日　省人大常委会副主任、省总工会主席张艳,省总工会经济技术部部长赵克忠到无锡看望全国劳模傅海泉。

9月26日　市总工会、市劳动和社保局、市经贸委、市交通局联合举办的市电焊工、船舶电焊工技能比赛在江苏省无锡交通职业技术学校举行。

9月27~30日　日本联合群马第二十一次访华团一行14人在团长北川秀一率领下到无锡访问。

9月28日　市政府举行无锡市第十届运动会闭幕式暨群众体育先进表彰大会。市总工会被评为优秀组织奖、开幕式优秀入场方队。

是月　市总工会开展“我和共和国同成长”——新中国成立以来无锡市有影响力的劳动模范评选活动。29日晚,市委统战部、市总工会、市妇联等7家单位在市人民大会堂举行“祝福祖国·爱我家乡”市各界人士庆祝新中国成立60周年联欢晚会,市领导为王秀英等20名获得无锡市有影响力的劳动模范颁奖。

是月　市总工会、无锡广电集团都市资讯频道联合古运河旅游发展有限公司,组织在不同时期做出过突出贡献的60名劳模代表畅游古运河,感受新变化,共庆新中国60周年华诞。

是月　市总工会劳动争议调解庭启动援调对接机制,为某超市外来女农民工柏某指定专职律师提供法律援助,经过工伤认定、伤残等级鉴定、劳动争议仲裁等法律程序,使柏某获得工伤赔偿款3.67万元。30日,柏某家属将一面印有“职工之家,温暖大家”的锦旗送到市总工会。

10月28~29日　全省工会劳动争议调解工作现场经验交流会在江苏省无锡工人太湖疗养院召开。

11月18日　市总工会与恒安标准人寿无锡公司举行2010年度无锡市在职职工住院医疗互助保障推进会,市总工会向崇安区等7个区总工会颁发了目标任务书。

12月15日　市总工会与市政府联席会议在市政府会议中心召开,就贯彻省委工会工作会议精神及全市贯彻落实情况、市总工会2010年工作要点、进一步提高市级以上劳动模范待遇等进行商讨,形成明确意见。

12月24日　无锡市职工互助互济会第三届会员代表会议审议通过第二届互济会理事会工作报告;选举产生第三届理事会理事30人,由承燕华任会长,王瑛、朱研琛任副会长,朱研琛兼任秘书长。

2010年

1月11日　市总工会举行无锡工会困难职工帮扶中心工作交流会暨2010年元旦、春节送温暖活动启动仪式。

1 月 12~13 日　市总工会召开第十六届四次全委(扩大)会议,市委常委、市总工会主席周敏炜讲话,市总工会党组书记、副主席孙洪作题为《坚定信心、凝聚群力,团结动员广大职工为经济转型发展作贡献》的工作报告。

1 月 19 日　市总工会女职委第五届二次全委(扩大)会议在江苏省无锡工人太湖疗养院召开,市总工会副主席、女职委主任王觉民向大会作工作报告。

1 月 20 日　市总工会党组成员、纪检组组长、机关党委副书记周国祥到宜兴市徐舍镇邮堂村进行扶贫慰问。

1 月 21 日　市总工会在南长区召开 2010 年无锡工会法律工作会议,市总工会副主席汤建华和省总工会法工部副部长何应洋分别讲话。

1 月 25 日　市总工会召开年度工作总结大会,并举行迎春联欢会,市总工会党组书记、副主席孙洪讲话,市总工会党组成员、纪检组组长、机关党委副书记周国祥作党建工作报告。

1 月 28 日　市总工会副主席王觉民率团慰问驻无锡 73676 部队。

1 月 29 日　市总工会、市人力资源和社会保障局(以下简称“市人社局”)、市建设局在全市范围内组织开展农民工工资支付情况专项检查,从 2009 年 11 月 15 日起,止 2010 年 1 月 29 日共检查 1690 户用人单位,涉及职工 15.99 万人,责令补发工资 6589.65 万元。

1 月　经市编办批准,无锡市总工会困难职工帮扶中心为正式建制的事业单位。

2 月 1 日　无锡市劳动争议人民调解委员会和市总工会调处中心挂牌运作。

3 月 1 日　市总工会召开幸福进万家——工会助民行动动员大会。

3 月 3~6 日　全国部分省市工会深化职工之家建设座谈会在无锡召开,全国总工会基层组织建设部副部长杨洪林、省总工会副主席张鸿生以及广东、福建、陕西、甘肃、浙江、江苏 6 个省总工会组织部部长等出席会议。

3 月 5 日　市总工会女职委举行庆百年“三八”——女职工岗位建功特色展演活动,举办优秀女职工风采展,召开巾帼建功创新、创业、创意座谈会等。

3 月 7~16 日　市总工会副主席张帆一行 15 人赴台湾地区屏东县等地工会进行友好访问。

3 月 14 日　由市总工会每年出资 40 万元、市总工会干部学校每年出资 12.5 万元的工会励志奖学金开始运作,资助企业优秀员工、劳模先进攻读大学本专科学历。

3 月 16 日　省人力资源和社会保障厅、省总工会相关部门负责人到无锡调研企业工资集体协商工作。

3 月 20 日　市总工会、市人社局在市工人文化宫联合举办 2010’幸福进万家——工会助民就业招聘活动,其中市总工会组织的进场单位与 1600 人当场签订就业意向。

3 月 24~25 日　以船津寿幸为团长的日本九州旅客公司工会访华团一行 5 人到无锡参观访问。

3 月 26 日　市总工会在滨湖区召开全市深入推进“双措并举、二次覆盖”现场会,省总工会组织部副部长李林森参加会议。

3 月 30 日　市总工会召开无锡市工会首届维权优秀案例发布会。

4 月 13~17 日　市总工会法律服务团到在无锡的世界 500 强企业和市“530”创业创新型企业开展送法进企业、法律宣传咨询服务周活动。

4月22日　市中级人民法院在惠山区法院召开全市法院劳动争议案件审判经验交流现场会，市总工会在会上作《加强与人民法院沟通协作，完善多元化诉调对接机制》的发言，惠山区总工会作《探索劳动争议“诉调对接”有效途径，促进企业劳资关系和谐稳定》的交流。

4月24日　由市总工会、市社保局主办，各区总工会等单位承办的迎“五一”·工会助民就业招聘活动在市工人文化宫举行，其中市总工会组织的进场单位与千人当场签订就业意向。

4月24~25日　全国总工会资产部到无锡调研市新工人文化宫建设情况。

4月27日　市总工会在广电演播大厅举办庆“五一”文艺晚会。市委常委、市总工会主席周敏炜，市人大常委会副主任麻建国，副市长曹佳中，市政协副主席秦蕴石观看演出。

4月28日　市“五五”普法领导小组检查验收市总工会“五五”普法工作。

4月29日　无锡市新工人文化宫奠基仪式在太湖新城新文化宫工地举行。

是日　全市工会工作会议暨庆祝“五一”国际劳动节大会在市人民大会堂举行。会议下发《中共无锡市委关于进一步加强和改进新形势下工会工作的意见》，并表彰一批劳模和先进工作者。

是月　在市委、市政府召开的全市矛盾纠纷调解“十进”[进村(社区)、进企业、进学校、进市场、进景区、进工地、进医院、进场所、进家庭)]活动推进会上，市总工会副主席汤建华作《纠纷调解进企业，“六项举措”促和谐》的交流发言。

5月10~13日　在宿迁市举行江苏省第十七届运动会职工部羽毛球比赛中，由市总工会组建的无锡新星代表队分别获得男子双打第五名、男子青年组单打金牌。

5月11日　市总工会组织市县区总工会有关人员参加市中级人民法院劳动争议审判庭成立揭牌仪式。

5月15日　市委常委、市总工会主席周敏炜，以及市总工会、市人社局、市经济信息化委员会(以下简称“市经信委”)、市科技局、市建设局等相关单位领导，为无锡市经济转型发展建功立业劳动竞赛暨无锡市地铁1号线重点建设工程专项劳动竞赛启动揭幕。

是日　市总工会在市工人文化宫举行万名职工“游世博·看家乡”活动启动仪式，首批500名劳模和先进工作者在仪式后前往上海世博园参观。

5月18日　省总工会陈小星事迹报告团在市人民大会堂中会场举行演讲。

5月23~24日　全国总工会副主席、书记处书记张鸣起，全国总工会经济部副部长王新卫率全国总工会以及民政、财政、劳动等部门组成的调研组到无锡就劳模待遇情况进行调研。

5月25~27日　全国总工会副主席、书记处书记张鸣起，全国总工会集体合同部部长张建国一行到无锡调研企业工资集体协商工作。

5月26~27日　以日本爱知县联合会副会长津田真义为团长的日本联合爱知、爱知劳福协、荣电株式会社、荣电劳组纪念、爱知县本部、爱知县教职员等特别友好访华团一行113人到无锡参观访问。

5月28~29日　上海市杨浦区总工会主席袁建民一行18人到无锡参观考察。

6月7~21日　广州市总工会就事业单位资产运作和管理、厂务公开、党建工作等内容分3批到无锡学习考察。

6月8~9日　新疆伊犁州总工会党组书记龚保昌一行5人到无锡考察。

6月23~25日　台湾地区高雄厨师工会理事长黄振雄一行12人到无锡参观访问。

7 月 7~8 日　省总工会党组书记、副主席刘广忠，省总工会法工部部长何应洋到无锡调研。

7 月 13 日　市总工会召开创先争优动员暨廉政准则辅导会。

7 月 15~17 日　全国人大内司工委副主任汪毅夫、全国总工会法工部法规处负责人等 10 人到无锡调研工会法实施情况。

7 月 26 日　市总工会副主席汤建华一行 5 人慰问驻无锡 73676 部队。

7 月 29~30 日　市总工会召开第十六届五次全委(扩大)会议，市委常委、市总工会主席周敏炜讲话。

6 月 1 日~7 月 31 日　市总工会和市人社局、市公安局、市监察局、市民政局、市国土资源局、市卫生局、工商局、市安监局等联合开展 2010 年度整治非法用工打击违法犯罪专项行动。

7 月　市总工会在全市 1219 家企事业单位和 1.49 万名职工中开展带薪年休假实施情况抽样调查问卷活动，并向市委、市政府、省总工会递交《关于"带薪年休假制度"执行情况的调查报告》。

是月　市总工会女职工素质教育基地首开女职工素质提升大讲堂。

8 月 3~6 日　市总工会副主席王觉民参加在辽阳市举办的第五次"九城市友好工会工作论坛"。

8 月 6~7 日　市人大、市人社局、市总工会举行《无锡市企业工资集体协商条例(草案)》论证会，来自人社部、省人社厅、省总工会和南京大学的专家学者出席会议。

8 月 9~10 日　以市总工会党组成员、纪检组组长周国祥为团长的无锡工会慰问团赴新疆阿合奇县慰问，向阿合奇工会捐赠 10 万元困难职工救助资金。

8 月 10 日　市总工会、市文广新局、市文管中心、市文联主办的"华美达广场杯"无锡市第四届青年歌手大奖赛落下帷幕。

8 月 13 日　市总工会、市人社局、市经信委、市科技局在一汽解放汽车有限公司无锡柴油机厂举行无锡市职工职业技能大赛开幕式。

8 月 17~18 日　省总工会"五五"普法检查组到无锡检查验收市总工会和抽查惠山区总工会、锡兴钢厂"五五"普法工作。经查，市工会系统"五五"普法工作通过验收。

8 月 17~21 日　市总工会党组书记、副主席孙洪应全国总工会邀请赴银川参加全国工会和谐劳资关系现场会，并作经验介绍。

8 月 18 日　无锡市惠山区阳山镇成立总工会。至此，全市 32 个镇全部建立镇级总工会。

8 月 20~29 日　意大利比萨市总工会总书记弗兰切斯和利沃诺市总工会总书记斯特拉祖罗一行 5 人到无锡参观访问。

8 月 25 日　广西玉林市总工会一行到无锡考察。

是日　市总工会、市人社局联合举办创业知识培训班。

8 月 25~27 日　全国总工会副主席徐振寰率国际部部长江广平、资产管理部副部长张泽鹏等到无锡考察。

9 月 3~8 日　以市总工会副主席王觉民为团长的市工会代表团访问日本，并参加日本联合群马工会成立 20 周年庆典。

9 月 7~9 日　以洪秋凤理事长为团长的台湾地区高雄市交通工会联合会大陆访问团一

行12人到无锡参观访问。

9月14日　全省女职工素质提升工作经验交流会在江苏省无锡工人太湖疗养院召开，全国总工会女职工部副部长钟霞，省总工会副主席、女职委主任杨星云出席会议，并向无锡市女职工素质教育基地授予全国首批、全省首家全国工会女职工培训示范学校的牌匾。

是日　无锡新区率先在全国国家级开发区成立高新区企业工会主席协会。

9月16~19日　全国总工会办公厅副主任王大军到无锡、并到江阴市华西村和宜兴市调研考察。

9月20日　甘肃省酒泉市总工会一行到无锡考察。

9月26日　市总工会、市人社局在人社局招聘大厅联合举办迎国庆大型招聘会，其中市总工会组织的进场单位与452人当场签订就业意向。

9月27~28日　全国工会推进区域(行业)职代会制度建设经验交流会在宜兴召开，全国总工会副主席、书记处书记陈荣书讲话。

9月　市总工会、市人社局、市经信委、市科技局、市交通运输局、市交通产业集团联合举行"一汽锡柴杯"无锡市职工汽车修理工技能比赛颁奖仪式。

10月15日　河南省商丘市总工会一行到无锡考察。

10月15日~11月24日　经市人社局确认，市总工会干部学校为无锡市首家劳动关系协调员职业资格培训基地。24日，无锡市劳动关系协调员职业资格培训工作开班，首批135名工会干部走进课堂接受为期一个月的国家职业资格培训。

10月18日　在省第十七届运动会职工部竞赛中，无锡市职工代表队获得10枚金牌、2枚银牌和13枚铜牌，金牌总数列全省第四，并以总分352分取得团体总分第六名，被组委会评为最佳运动赛区，获体育道德风尚奖。

10月20日　贵州省铜仁地区总工会一行到无锡考察。

10月　全市基层工会首次突破万家，达到1.01万个，全市工会会员达176.19万人。

11月10~11日　全国总工会法工部法律监督处负责人、省总工会法工部部长何应洋到无锡调研劳动法律监督、法律援助和社团法人登记领证工作等情况。

11月12~15日　全国总工会在无锡召开《中国工会2011卷》年鉴工作会议。全国31个省、市、自治区和新疆建设兵团工会的代表参加会议。

11月18~26日　在市总工会副主席汤建华带领下，市劳动仲裁部门、市法律援助中心有关领导到江阴市、宜兴市、惠山区、锡山区、市邮政局进行工会法律援助调研和行业劳调工作调研。

11月30日　市总工会在无锡教育电视台举办无锡市首届十大书香企业颁奖晚会。

12月7日　市总工会召开贯彻市委十一届九次全会精神学习会议，提出2011年在全市开展建功立业、工会助民、和谐构建、素质提升、强基固本"五大行动"。

12月8日　市人社局、市总工会、市劳动人事争议仲裁委员会确定成立市教育系统劳动人事争议调解中心、市卫生系统劳动人事争议调解中心、市农业系统劳动人事争议调解中心、市科技系统劳动人事争议调解中心、市文化广电新闻出版系统劳动人事争议调解中心、市体育系统劳动人事争议调解中心。

是日　市总工会档案管理工作从2级提升为3级。

12月9日　市委主要领导召集座谈会，听取社会群团主要负责人工作汇报，对市总工会“十一五”期间的工作给予充分肯定。

12月9~10日　台湾地区新观念保险代理人公司董事长周吾轩等一行12人由省总工会副主席王兆喜陪同访问无锡。

12月23日　市总工会、市人社局等部门在一汽无锡柴油机厂召开无锡市2010年立功劳动竞赛总结表彰大会。市委常委、市总工会主席周敏炜讲话，副市长曹佳中为无锡市劳模服务队授旗。

12月27日　台湾地区台北市工会古明禾副理事长一行到无锡参观访问。

12月28日　张家港市总工会到无锡考察。

12月31日　无锡国际商会工会成立。

2011年

1月5日　2011年度市特困职工爱心卡发放。

1月11日　市劳动争议人民调解委员会、市劳动争议调解委员会全体成员会议召开，市总工会党组书记、副主席孙洪主持会议，副主席汤建华作题为《不断提升调解工作质量水平，全面完成调解工作重点目标》的工作报告。

1月12~13日　市总工会召开第十六届六次全委(扩大)会议，市委常委、市总工会主席周敏炜讲话，市总工会党组书记、副主席孙洪作题为《团结动员全市百万职工，为建设创新无锡幸福无锡作出更大贡献》的工作报告。

1月15日　全国总工会办公厅在《工作情况交流(法律工作部专版)》第1~2期(合刊)刊登无锡市总工会《运用法律监督“两书”制度，把工会监督权落到实处》的经验材料。

1月20日　市总工会会同无锡火车站、市交通产业集团在火车站候车大厅举行农民工平安返乡活动启动仪式。

1月20~26日　市总工会纪检组组长、机关党委副书记周国祥走访慰问惠山区洛社镇六龙社区和宜兴市徐舍镇邮堂村，送去扶贫慰问金和党建共建结对费合计18万元。

1月21日　市委常委、市总工会主席周敏炜，副主席汤建华走访慰问困难劳模、特困职工、困难农民工家庭。

1月24日　市总工会副主席王觉民慰问驻无锡73676部队。

1月30日　市委常委、市总工会主席周敏炜，市总工会党组书记、副主席孙洪走访慰问重点工程——地铁1号线太湖广场和胜利门广场施工的农民工。

1月30~31日　中央人民政府驻香港联络办公室社工部一行3人在省总工会国际部部长缪建华的陪同下到无锡访问。

2月18日　市总工会召开机关作风与效能建设动员大会。

2月27日~3月1日　全国总工会考核工作组，到无锡考核检查2010年度组建工会和发展会员工作情况。考核组对无锡2010年度组建工会和发展会员工作给予充分肯定。

2月　SK海力士半导体(中国)有限公司工会委员会和江苏瑞莱律师事务所正式签订《常年法律顾问服务协议书》。这是全市第一家企业工会聘请律师事务所担任工会的专职法律顾问。

3月15日　市总工会在全省率先制定《无锡工会劳动争议调解庭(室)基本设置规范(试行稿)》。

3月17日　四川省绵竹市市委常委、市总工会主席付利民一行12人到无锡考察。

3月17~20日　市总工会党组书记、副主席孙洪,副主席王党民赴深圳参加全国工会创建劳动关系和谐企业活动暨工资协商工作交流会,孙洪在会上作经验交流。

3月23~25日　宿迁市总工会一行到无锡学习考察劳动争议调解工作。

3月24日《无锡市企业工资集体协商条例》经江苏省第十一届人民代表大会常务委员会第二十一次会议批准。

3月25日　由宜兴市总工会主办的《宜兴工人》(内部刊物)创刊。

3月　市总工会出台《无锡市乡镇(街道)总工会工作暂行办法》,获2010年度全国工会基层组织建设创新成果奖,是全国地市级工会中唯一获奖的单位。

4月12~14日　无锡全汉科技有限公司工会主席陈革赴京参加全国总工会举办的2011'两岸工会论坛。

4月12~16日　省总工会副主席杨星云、《工人日报》江苏记者站站长王伟、省总工会民管部部长殷同喜一行3人到无锡调研工资集体协商工作。

4月13日　市总工会党组书记、副主席孙洪,副主席王党民参加博世汽车柴油系统股份有限公司举办的和谐企业叙谈会。

4月21日　丹阳市政协副主席徐翔、市总工会主席蔡生跃等一行13人就工资集体协商工作到无锡考察。

4月24日　由市总工会、市人社局主办,锡山区、惠山区、滨湖区、崇安区、南长区、北塘区、新区总工会承办的迎“五一”工会助民就业大型招聘会在市工人文化宫举行。

4月29日　无锡市庆祝“五一”国际劳动节大会在市民中心举行,市委常委,市人大、市政协主要领导,联系工会工作的副市长等出席会议。

5月5日　由省文明办、省总工会、省文化厅、省新闻出版局、省科协共同举办的第二届江苏职工读书月活动在一汽解放公司无锡柴油机厂启动,省总工会党组书记、副主席刘广忠,市委常委、市总工会主席周敏炜等出席启动仪式。

5月8~9日　中共中央政治局委员、全国人大常委会副委员长、全国总工会主席王兆国视察无锡。视察市青少年服务中心、一汽锡柴、中科院(无锡)物联网产业研究院、尚德电力控股有限公司、江苏银环精密钢管股份有限公司、陶都青年汇、中国陶都陶瓷艺术国际博览中心巾帼陶艺家园等。

5月10日　市政府办公室《关于转发市总工会等〈在全市职工中深入基层开展建功“十二五”创新创业劳动竞赛意见〉的通知》。

5月18~19日　全国总工会研究室副主任安建华为组长的课题调研督导组到无锡督查2011年企业职工劳动经济权益及思想动态问卷调查工作。

5月19~20日　连云港市人大常委会副主任、市总工会主席李国章一行11人到无锡考察新文化宫建设。

5月30日　无锡市建功“十二五”创新创业劳动竞赛动员大会暨2011年无锡市劳动竞赛启动仪式在市民中心13号楼306会议室举行,市委常委、市总工会主席周敏炜,副市长曹佳中分别讲话,并为全市建功“十二五”创新创业劳动竞赛活动启动揭牌。

6月2日　市总工会召开廉政建设动员大会,市纪委副书记林忆作辅导报告。

6月9日　全市非公企业暨园区工会工作经验交流会在新区创新创意产业园召开,市委常委、市总工会主席周敏炜讲话,市总工会党组书记、副主席孙洪作工作总结和部署。

6月9~10日　省总工会党组书记、副主席刘广忠一行到宜兴调研镇级工会建设。

6月10日　市总工会在惠山区洛社镇六龙社区开展万名干部进家入户活动。

6月13~21日　市总工会组成劳模专项资金检查组,对江阴市、宜兴市、锡山区、惠山区、滨湖区总工会2006~2011年省以上劳模的“三金”财政专项资金的发放和管理进行检查。

6月17~18日　省总工会在无锡市新区召开世界500强在苏企业工资集体协商工作现场观摩会,无锡新区总工会在会上介绍实施“要约预告书”的经验做法。

6月22~23日　以韩国劳动组合总联盟全北地域本部对外协力部部长柳章熙为团长的全罗北道地域本部第十四次友好访华团一行6人到无锡参观访问。

6月23日　市总工会在市体育公园体育馆举办“颂歌献给党”——无锡市职工庆祝建党90周年大型歌会。

6月28~30日　全国总工会老领导张俊九、苏立清等到无锡考察。

7月5~7日　日本爱知县劳动者福利协议会访华团一行20人到无锡参观访问。

7月14~15日　市总工会召开第十六届七次全委(扩大)会议,市委常委、市总工会主席周敏炜讲话,市总工会党组书记、副主席孙洪作工作报告。

7月19日　由市总工会、市人社局、市交通运输局、市交通产业集团联合举办的2011年无锡市职工汽车驾驶技能比赛决赛在市客运公司盛岸西路客运车站举行。

7月22~23日　全国总工会法工部部长刘继臣一行到无锡考察。

7月26日　市总工会副主席王觉民率市工人艺术团到73676部队慰问。

7月28~29日　安徽省合肥市总工会一行到无锡学习考察劳动争议调解和工资集体协商工作。

7月29~31日　全国总工会资产部一行3人到无锡调研市新工人文化宫对外免费开放项目等事宜。

8月3日　市委常委、市总工会主席周敏炜率市总工会领导到市新工人文化宫工地、地铁1号线永丰路施工工地、无锡中央汽车站等地进行高温慰问。

8月5~12日　市委常委、市总工会主席周敏炜率市(县)、区工会主要负责人赴新疆霍城县看望无锡援疆干部。

8月29~31日　华东6省1市工会组建工作研讨会在无锡召开,市委常委、市总工会主席周敏炜出席会议并致辞。

9月1~2日　全国总工会经济技术部部长常毅民一行2人到无锡调研,考察一汽锡柴等单位。

9月2~3日　意大利托斯卡纳大区总工会访华团一行8人到无锡参观访问。

9月22~23日　日本JR九州铁路工会船津寿幸顾问一行2人到无锡参观访问。

9月25日　市总工会在市工人文化宫举办国庆专场就业招聘会,有700人当场签订就业意向。

9月26日　辽宁省营口市总工会一行到无锡考察。

9月28~29日　日本联合群马第二十七次访问团到无锡参观访问，并参观一汽锡柴、市第三中学等单位。

10月9~16日　市总工会党组书记、副主席孙洪率团出访意大利比萨市总工会和利沃尔诺市总工会。

10月19日　全市工会加强和创新社会管理工作推进会在江阴召开，市委常委、市总工会主席周敏炜讲话，市总工会党组书记、副主席孙洪作工作报告。与会人员参观了江阴市新桥镇总工会参与创新社会管理的现场。

10月21~22日　浙江省绍兴市总工会一行到无锡考察。

10月28日　市总工会在一汽锡柴召开无锡市职工素质提升工程推进会。

10月29日　新疆伊犁州赴宁工会培训团一行50人到无锡考察。

10月31日~11月1日　宁夏回族自治区总工会一行到无锡考察。

11月4~5日　黑龙江省齐齐哈尔市总工会主席李铁一行4人到无锡考察。

全国职工技术创新工作会议在山东省东营市召开，江阴市总工会在会上作交流发言。

11月11日　苏州市总工会到无锡考察工资集体协商工作。

11月11~14日　山西省长治市人大常委会副主任、总工会主席张书庆一行5人到无锡考察。

11月14日　市总工会贯彻省市党代会精神学习会在江苏省无锡工人太湖疗养院召开。

11月17日　省人大法制工委到无锡调研《江苏省工会劳动法律监督条例(草案)》，市总工会副主席汤建华作《构建工会劳动法律体系，积极维护劳动关系和谐稳定》的汇报。

是日　日本千叶县三和酪农农业协同组合技能实习生面试团到无锡参观访问。

11月18日　省总工会副主席王兆喜和组织部部长曹海考察市新工人文化宫工地和滨湖区科技产业园区、滨湖区总工会。

是日　市总工会举办全市第二届职工"全健排舞"大赛。

11月18~19日　以台湾地区高雄产业职业企业总工会朱国雄为团长的访问团一行20人到无锡参观访问。

11月21日　市劳动竞赛委员会在无锡博物院举行无锡市首届职工科技创新成果展示周活动开幕式，首届职工科技创新成果展览共有180幅图片、98件技术创新成果实物，展出200项职工技术创新成果以及女职工创新创意的成果。

11月22日　市总工会在江苏省无锡工人太湖疗养院召开中共无锡市总工会机关第四次代表大会。选举产生第四届中共无锡市总工会机关委员会。

11月24日　市总工会组织劳模服务队(技术能手)25人到南禅寺广场开展现场咨询和维修服务。

11月25日　市总工会在无锡供电公司五楼举办无锡市科技创新知识讲座，邀请原省总工会党组书记、副主席李晓布主讲科技创新。

是月　市总工会党组书记、副主席孙洪和崇安区委领导共同为无锡市政和人力资源公司劳务派遣工之家揭牌。

12月9日　无锡市工人运动学会第四次会员代表大会暨2011年调研成果发布会在江苏省无锡工人太湖疗养院召开。无锡市工人运动学会更名为无锡工会理论研究会。

是日　无锡工会理论研究会第一次会员代表大会、无锡工会理论研究会第一届理事会第一次会议相继在江苏省无锡工人太湖疗养院召开。

12月31日　市总工会举行市新工人文化宫建设项目封顶仪式。

2012年

1月5~6日　市总工会召开第十六届八次全委(扩大)会议,市委常委、市总工会主席周敏炜讲话,市总工会党组书记、副主席孙洪作题为《团结动员广大职工勤奋劳动、创新劳动,以优异成绩向中共十八大献礼》的工作报告。

1月13日　省委常委、市委书记黄莉新,省总工会副主席杨星云到宜兴市走访慰问困难劳模陈汉林等人。

是日　无锡高新区工会主席与人事高管峰会暨新区工会参与加强和创新社会管理"八大行动"启动大会召开,新区100个企业的总经理、工会主席与人事高管代表参加启动式。

1月18日　市委副书记、市长朱克江走访慰问朗盛化工有限公司、地铁1号线扬名站工地等单位的一线职工。

1月　江苏省梅村高级中学收到全国总工会赠送的1000册书籍。

2月4日　省人大常委会副主任、省总工会主席张艳,省总工会副主席胡同军到无锡看望全国劳模傅海泉,市委常委、市总工会主席周敏炜陪同看望。

2月15~16日　江西省九江市总工会一行到无锡学习考察。

2月20日　由市委统战部、市工商联、市总工会联合发起的全市非公有制企业文化建设"百千万工程"启动仪式在江苏法尔胜泓昇集团举行,市委常委、市总工会主席周敏炜参加启动仪式并讲话。

2月20~29日　市总工会副主席汤建华率团赴台湾地区访问,与高雄市厨师工会、屏东县总工会、台北市总工会等进行工作交流。

2月21~22日　省总工会考核组在省总工会干事(正厅级)张鸿生带领下,到无锡检查考核2011年度工会组建和发展会员工作。

2月27~28日　陕西省延安市宝塔区总工会一行到无锡考察。

3月2日　市总工会启动女职工关爱行动月活动,为千名环卫女工免费健康体检。

3月6日　市总工会在江苏省无锡工人太湖疗养院召开全市工会开展作风建设年和基层组织建设年工作推进会。

3月8日　市委决定任命管海燕为市总工会党组书记。

是日　市总工会召开"咱们工人有力量"——无锡工会史展馆设计招标会。

3月22日　市总工会在无锡透平叶片有限公司报告厅举行"女职工素质提升大讲堂"启动仪式。

3月26~27日　以巴西工会力量米纳斯吉拉斯州工会主席罗热里奥·费尔南德斯为团长的代表团一行4人到无锡参观访问。

3月28日 泰州市总工会到无锡考察职工互助互济等工作。

3月29~30日 省总工会副主席胡同军、省总工会经济技术部部长寇芳到无锡调研。

4月9~10日 山西省临汾市总工会主席梁崇太一行45人到无锡考察工资集体协商工作。

4月10~16日 全国总工会经济技术部部长常毅民一行5人到无锡、江阴调研。

4月22日 由市总工会、市人社局主办,锡山区、惠山区、滨湖区、崇安区、南长区、北塘区、新区等总工会以及市职业介绍中心、市总工会困难职工帮扶中心承办的迎"五一"·工会助民就业大型招聘会在市工人文化宫举办,有1783人当场签订就业意向。

4月26~27日 以俄罗斯石油天燃气建设工会副主席齐亚津塞娃·纳德斯妲为团长的友好访华团一行6人到无锡友好访问。

4月28日 无锡市庆祝"五一"国际劳动节暨劳模先进座谈会召开,市委常委、市总工会主席周敏炜讲话。

5月6日 河南省安阳市总工会一行到无锡考察。

5月11日 无锡市劳模先进表彰大会在市民中心召开,省委常委、市委书记黄莉新讲话,市长朱克江主持会议,市领导陈振一、贡培兴、周敏炜、张叶飞、王立人出席会议。

是日 四川省攀枝花市总工会主席许健民一行15人到无锡考察。

5月16日 徐州市总工会主席刘洪印一行8人到无锡考察。

6月6~7日 全国厂务公开第八检查组到无锡检查工作。

6月18日 市总工会机关全体干部会议在江苏省无锡工人太湖疗养院召开,省委常委、市委书记黄莉新,市委常委、市委统战部部长陈德荣,市委常委、市委组织部部长朱劲松出席会议。黄莉新讲话。

是日 市总工会召开第十六届九次全委(扩大)会议,选举市委常委陈德荣为市总工会第十六届委员会委员、常委、主席。周敏炜、陈德荣分别在会上讲话。

6月20~21日 台湾地区屏东县总工会理事长苏义峰一行18人到无锡参观访问。

6月27~28日 市总工会在江苏省无锡工人太湖疗养院举办数字工会应用培训班。

7月7日 市委常委、市总工会主席陈德荣率领市总工会领导一行到苏南硕放国际机场二期航站楼扩建工程、地铁2号线河埒口车站建设工地、市雪浪水厂等工地和企业,慰问高温作业的一线职工。

7月11~12日 省总工会纪检组组长陈飞一行到无锡新区海力士、索尼电子等单位调研。

7月22~23日 由市人社局、市总工会等单位联合举办江苏技能状元大赛无锡赛区选拔赛的10个工种技能比赛分别在市高技能实训基地、市技师学院、市交通技师学院、澄西技校举行,全市有232名选手参加比赛。

7~8月 市总工会参与第七次全国职工队伍状况调查活动,完成对无锡70家单位740名职工的调查工作,形成《2012年无锡市职工队伍状况调查报告》。

8月8日 由无锡市滨湖区雪浪街道总工会与软通动力公司联手打造的锡城首家非公企业数字图书馆开馆。

8月13日 省总工会副主席王爱平到无锡调研工会劳动法律监督工作。

8月21日 市总工会举办2012年"金秋助学"励志畅谈会,来自市区特困职工家庭的23

名大学新生及家长代表、往届学子代表等参加。

8月21~22日　省总工会劳动保护部副部长臧铁柱一行2人到无锡在江苏阳生化工有限公司、江苏利士德化工有限公司等单位开展化工行业企业职业危害的基本情况调研，为宜兴市供电公司、江阴供电公司全国“安康杯”优胜企业授牌。

8月22~23日　全国总工会工会研究所一行到无锡调研农民工工作。

8月23日　市总工会与无锡正邦国际会展有限责任公司分别签订无锡工会发展史展厅设计制作合同书和无锡工会发展史展厅多媒体项目合同书。

8月28日　市政协副主席、市委组织部副部长蒋达在市总工会机关全体干部大会上宣布市委决定：管海燕任市总工会党组书记，提名管海燕为市总工会副主席人选。

8月29~30日　以意大利比萨市总工会书记、组织政策部部长马里莫·巴西类为团长的意大利比萨市、利沃诺市总工会第四次代表团到无锡参观访问。

8月30日　市召开非公企业文化建设“百千万工程”交流推进会，来自各市(县)、区统战部、总工会、工商联领导以及非公企业的董事长、总经理、部分高级管理人员300人参加会议。省委常委、市委书记黄莉新讲话，市委常委、市总工会主席陈德荣，副市长曹佳中等领导出席会议。

9月3~4日　以省总工会党组书记、副主席刘广忠为组长的省委督查组到无锡就贯彻落实省委《关于加强和改进新形势下工会工作的若干意见》的情况进行督查。市委常委、市总工会主席陈德荣，市委副秘书长金志标，以及市委组织部、市人社局、市总工会及相关市(县)、区分管领导参加督查调研活动。

9月7~8日　北京市总工会国际部负责人一行8人到无锡、宜兴考察。

9月18日　全国首家村级总工会在江阴市夏港街道长江村成立，全国总工会基层建设部副部长徐其斌为村总工会揭牌。

9月21日　华东地区工会保障工作和经审工作研讨会代表一行45人到无锡考察。

9月21~23日　以黄政雄理事长为团长的台湾地区高雄市厨师职业工会参访团一行19人到无锡、宜兴等地参观交流。

9月23日　市总工会、市人社局联合举办“迎国庆·工会助民就业”大型招聘会。

9月28日　全省职代会制度规范化建设经验交流会在南京召开，市总工会党组书记管海燕在会上作题为《规范非公企业职代会制度建设，促进经济社会和谐发展》的交流发言。

9月　全国总工会研究室主任会议在广州召开，市总工会在会上发布《增强职工就业能力，打造新型职工队伍——职工择业就业专题分析报告》的调研成果。

10月9日　市总工会召开第十六届十次全委(扩大)会议，市委常委、市总工会主席陈德荣出席会议。省总工会干事(正厅级)张鸿生作“中国特色社会主义工会发展道路”专题报告。会议选举管海燕为市总工会第十六届委员会委员、常委、副主席。陈德荣对全市工会组织、工会干部提出新要求。

10月11日　由市委宣传部、市文广新局、市文管中心、市旅游局、市总工会等单位主办的2012’无锡市“激情周末”广场文艺演出——无锡市总工会专场在新工人文化宫工地举办。

10月11~12日　市委常委、市总工会主席陈德荣参加在桂林市举办的第七次九城市友好工会工作论坛。

10月14日　由市总工会主办的无锡市第五届青年歌手大奖赛决赛在一汽锡柴举行，决出民族、美声、通俗、组合四组奖项。

10月30日　全省工会劳动法律监督工作推进会在无锡召开。

10月31日~11月1日　省人大常委会副主任、省总工会主席张艳到宜兴市和江阴市调研工会工作，并参观两市(县)的新农村建设。

10月　首期优秀员工、劳模先进工作者学历提升班毕业典礼在市总工会干部学校举行。426名学员领到大专以上文凭，其中本科毕业生278人，并有256人获得学士学位，占本科毕业人数的92%。

11月4~7日　省"安康杯"竞赛检查组一行7人对无锡市以及江阴市、宜兴市、锡山区、惠山区、滨湖区开展"安康杯"竞赛活动情况进行检查。

11月10日　以副主席阿代尔·侯赛因·阿布德拉齐兹·马西浩特为团长的埃及通讯工人总工会友好访华团一行6人到无锡交流访问。

11月12日　以省经信委党组副书记、副主任俞军为组长，省公安厅指挥中心政委薛宏伟为副组长的"四项排查"(排查突出信访问题，排查有风险预警的项目，排查安全事故隐患，排查基层基础工作的薄弱环节)督查组一行8人，在市委常委陈德荣、陈金虎及市委副秘书长金志标的陪同下，到市总工会督查信访维稳、组织建设等工作。

11月13日　市委市级机关工委批复同意增补管海燕为中共无锡市总工会机关委员会委员、书记。

11月23日　江苏省无锡工人太湖疗养院召开建院60周年座谈会，市领导周敏炜、陈德荣及市总工会领导班子全体成员参加。

11月24日　市新工人文化宫就未来发展目标、功能开发等，向全市工会干部和广大市民有奖征集金点子。

12月7日　市劳动竞赛委员会在无锡供电公司召开全市班组建设工作推进会暨职工科技创新成果表彰大会，总结部署全市班组建设工作。

是日　无锡市第二届十大书香企业颁奖晚会在市教育电视台举行。市委常委、市总工会主席陈德荣，副市长曹佳中，市政协副主席孙志亮以及市人大、市委宣传部、市文广新局、市文管中心、市文联、市总工会的领导出席并为十大书香企业、十佳文明职工、金牌工人以及青歌赛获奖选手颁奖。市总工会党组书记、副主席管海燕致辞。

12月8日　全省首家律师行业工会在无锡成立。律师行业工会覆盖全市113个律师事务所、1200名执业律师。市总工会副主席张帆到会祝贺。

12月11~18日　2012年度全市工会创新成果奖、突出贡献奖评审会于11日在江苏省无锡工人太湖疗养院召开，全市39个工会工作项目在会上展示。18日，市总工会决定表彰江阴市总工会"率先建立全国首家村级总工会"等15个项目为2012年度工会工作创新成果奖，锡山区总工会"锡山区外资企业工会组织建设成绩斐然"等14个项目为2012年度工会工作突出贡献奖。

12月14~16日　全国工会劳动法律监督工作推进会在无锡召开。

12月21日　市总工会制定《关于下发〈市(县)、区工会工作项目化管理办法〉(试行)的通知》。

2013 年

1 月 5 日　市总工会举行元旦、春节送温暖启动仪式暨互助保障总结表彰会,市委常委、市总工会主席陈德荣讲话。

1 月 6 日　无锡工会理论研究会年会(无锡工会理论研究会第二次会员代表大会、第一届理事会第三次会议暨 2012 年度论文成果表彰会)召开。

1 月 8 日　市总工会举办学习贯彻中共十八大精神报告会。市委宣传部调研员须俭作“旗帜、道路与改革创新”的讲座。

1 月 16 日　市总工会党组书记、副主席管海燕走访慰问市特困职工倪振华、困难农民工薛传勇、患病老劳模汪韵芝。

1 月 18 日　市总工会经审会召开第十六届十三次全体成员会议,审议通过《无锡市总工会 2012 年本级经费收支决算报告》《无锡市总工会本级经费 2013 年收支预算报告》。

1 月 23 日　市总工会职工教育平台——“工会学院”首场公益课在市总工会干部学校正式开讲,为全市百家企业 HR(人力资源管理干部)进行 80 后和 90 后员工管理的培训。

1 月 24 日　省总工会经审会主任胡同军,市总工会党组书记、副主席管海燕到无锡山区、北塘区、宜兴市慰问全国和省劳动模范,以及特困职工和困难农民工。

1 月 28 日　市总工会召开第十六届十一次全委(扩大)会议,市委常委、市总工会主席陈德荣讲话,市总工会党组书记、副主席管海燕作题为《全面贯彻中共十八大精神,为率先基本实现现代化再立新功》的工作报告。会上,陈德荣向 9 个市(县)、区总工会主席下达《项目化管理任务书》。

1 月 31 日　省委常委、市委书记黄莉新等领导走访慰问困难群众和全国“五一劳动奖章”获得者盛福清。市委副书记、市长朱克江到宜兴走访慰问省劳模时炳华。

1 月　市总工会聘请江苏崇宁律师事务所担任常年法律顾问,双方签订《聘请法律顾问合同书》。江苏崇宁律师事务所指派张红岩、鲍波律师担任市总工会法律顾问。市总工会自 2002 年起至 2013 年连续 12 年聘请常年法律顾问。

2 月 4 日　市总工会在火车站南广场举行 2013’工会助您——平安返乡活动,市总工会副主席汤建华、火车站党委书记张明亚共同为志愿服务队员授旗,市劳模、铁路客运值班站长姚常武代表车站机关志愿服务队宣誓。

2 月 6 日　市总工会党组书记、副主席管海燕,副主席汤建华走访慰问节日期间坚守岗位的环卫工人和地铁工程建设者。

2 月 14~15 日　应省总工会邀请,国民党中常委姚江临先生一行 3 人在省总工会副主席王兆喜的陪同下到无锡参观访问。市委常委、市总工会主席陈德荣接待姚江临先生一行。

2 月　市总工会制定《无锡市总工会贯彻〈中共无锡市委关于改进工作作风、密切联系群众的十项规定〉的具体措施》。

是月　市总工会完成市委办公室、市史志办下达的《改革开放以来无锡工会发展情况(1978~2012 年)》撰写任务。

3 月 7 日　市总工会举行巾帼展风采·公益献爱心暨纪念“三八”国际劳动妇女节主题活动。

3月12~14日　市总工会党组书记、副主席管海燕到南京以及无锡市惠山区、洛社镇、惠山经济开发区、无锡供电公司、SK海力士(中国)有限公司、上海汽车商用车有限公司(无锡分公司)等单位调研工会帮扶工作。

3月22日　市劳动竞赛委员会在一汽锡柴生产车间举行2013年全市立功劳动竞赛启动式。

是日　苏州大学东吴商学院博士、副教授汪晓媛在市总工会干部学校主讲公务礼仪。市总工会决定从3月起,开展工会干部学习日活动,邀请专家、学者作专题辅导讲座。

3月　市委常委、市总工会主席陈德荣在京期间,向全国总工会副主席、书记处书记陈荣书等领导汇报无锡工会工作,市总工会党组书记、副主席管海燕参加。陈荣书赞赏无锡工会连续3年开展的"五大行动",对无锡工会工作始终走在全省乃至全国的前列,特别是工会组建、工资集体协商、法律监督等方面的工作给予充分肯定。

是月　无锡市新区总工会《探索工会干部专业化认证、职业化发展之路》和江阴市新桥镇总工会《实施"双联双管"工程,探索工会参与社会管理创新模式》分获全国总工会2012年度工会基层组织建设创新成果奖。

4月1日　市总工会主办的无锡市第十一届运动会职工部竞赛正式启动。

4月12日　南京市总工会巡视员、女职委主任闵慧率南京市有关国家、省级开发园区及所在区总工会主席一行10人到无锡与开发区和部分企业交流工会女职工工作。

4月14日　以市委常委、市总工会主席陈德荣为团长,市总工会党组书记、副主席管海燕为副团长的无锡代表团108名代表出席江苏省工会第十三次代表大会。陈德荣、冯惠兴、范兴龙为大会主席团成员。无锡有7人当选为省总工会第十三届委员会委员,2人当选为省总工会第十三届经费审查委员会委员。

4月18日　由全国总工会推荐,经中宣部审核批准,新华社、《人民日报》、中央人民广播电台、中央电视台、《工人日报》、《光明日报》等10家中央主流媒体齐聚无锡中国船舶重工集团公司第七〇二研究所,聚焦全国"五一劳动奖章"获得者叶聪及其"蛟龙号"团队,进行典型宣传。

4月18~24日　市总工会召开会议,传达江苏省工会第十三次代表大会精神。

4月21日　由市总工会、市人社局主办的迎"五一"工会助民就业大型招聘会在市新工人文化宫举办,有510人当场签订用工意向。

是日　市总工会举办无锡市职工公益法律服务工作站授牌仪式,市委常委、市总工会主席陈德荣出席授牌仪式并讲话。

4月25日　无锡市第十一届运动会职工部竞赛启动仪式暨乒乓球比赛开幕式在无锡市体育中心体育馆拉开帷幕,市总工会副主席张帆作动员讲话。

4月27日　市委副书记、代市长汪泉,在市委常委、市总工会主席陈德荣的陪同下,视察市新工人文化宫等工会阵地。

4月28日　省委副书记、省长李学勇,省政府秘书长张敬华,省总工会副主席王爱平一行到无锡,在市委副书记、代市长汪泉,市委常委、市总工会主席陈德荣,市政府秘书长吴峰枫等领导的陪同下看望慰问劳动模范和一线职工。

4月29日　无锡市庆祝"五一"国际劳动节暨先进表彰大会在市民中心召开,省委常委、市委书记黄莉新讲话,市委副书记、代市长汪泉通报全国和省“五一劳动奖状”、奖章以及工人先锋号等先进单位和先进个人名单。市领导姚建华、周敏炜、周铁根、曹佳中等出席大会,市委常委、市总工会主席陈德荣主持大会。

5月6日　宜兴市徐舍镇丰台村被确定为2013~2015年市总工会新一轮扶持对象。

5月7日　市总工会副主席、女职委主任王觉民陪同省总工会党组成员、女职委主任杨星云一行,到惠山区洛社镇调研女职工工作,参观镇女职工健康服务中心。

5月10日　在第四届无锡市职工读书月活动中,市总工会推出无锡职工教育培训网络平台——“工会学院”。市委常委、市总工会主席陈德荣和省总工会副主席曹海在仪式上一起触摸大型LED显示屏,启动了“工会学院”大型职工教育培训网络平台。

5月14日　市总工会在江苏省无锡工人太湖疗养院召开江苏省支持工会工作优秀领导干部座谈会,市委常委、市总工会主席陈德荣讲话,并为江苏省支持工会工作优秀领导干部授奖。

5月15日　市总工会制定《无锡市职工素质提升工程五年规划(2013~2017年)》。

5月16日　市总工会、市住房保障和房产管理局联合发出《关于各级工会协助房管部门做好低收入职工和外来务工人员家庭住房保障工作的意见》。

5月21日　市总工会在江苏省无锡工人太湖疗养院举行无锡市第五届职工法律援助律师团聘任仪式。

是日　市总工会党组书记、副主席管海燕,党组成员、纪检组组长周国祥到宜兴市徐舍镇丰台村调研,指导其做好扶贫、党建共建结对的衔接工作。

5月22日　市劳动竞赛委员会在无锡电信分公司举办2013年市职工职业技能大赛启动暨无锡电信营业员技能比赛的开赛仪式。

5月24~26日　以河北省张家口市总工会党组书记、常务副主席闫奋生为团长的考察团一行6人到无锡考察。

5月27~29日　由市总工会主办的无锡市第十一届运动会职工部“中国移动4GLte杯”羽毛球比赛在市新体育中心举行。滨湖区总工会代表队、江阴市总工会代表队分别夺得男子团体和女子团体第一,新区总工会代表队的高震威、国资委代表队的姚真分别夺得男子单打和女子单打冠军,滨湖区总工会代表队的陆骏、朱旻耀,江阴市总工会代表队的张钿、姜瑜分别夺得男子双打和女子双打的第一名。

5月30日　市总工会女职委、市外商投资企业服务中心联合召开女职工关爱行动慈善公益座谈会。外企爱心人士和国际友人向困难女职工捐赠了慈善义卖所得的善款。

5月31日~6月2日　河北省廊坊市总工会一行到无锡考察,并与健鼎企业工会、锡山区总工会、锡山开发园区工会进行工作交流。

6月6日　全国总工会经济技术部技协处负责人一行到无锡,就全国职工技能培训基地建设、劳模创新工作室创建活动等展开实地调研。

6月8日　市总工会在无锡大剧院举办劳动成就梦想专场音乐会,来自各行各业的60位无锡企业家在大剧院为120位劳模先进和数百位职工献歌。

6月8~9日　浙江省宁波市总工会一行到无锡考察职工疗休养事业。

6月9日　中国船舶重工集团公司第七〇二研究所高级工程师叶聪被中共中央、国务院授予“载人深潜英雄”称号,享受全国劳动模范待遇。

6月18日　市总工会、市安监局决定在全市企业中开展安全管理标准化示范班组创建活动。

6月18~28日　市委办公室会同市委组织部、市总工会等对各市(县)、区贯彻落实省委和市委有关文件精神,加强和改进对工会工作的领导、选优配强各级工会领导班子、优化工会工作环境和加强工会干部队伍建设展开专项督查。

6月19~22日　由市总工会、市人社局联合举办的2013年无锡市职工CAD制图技能比赛分别在市公共实训基地、市总工会干部学校举行。有49人获高级工国家职业资格证书。

6月22日　由市总工会主办、市工人文化宫承办的2013年江苏银行之夜“激情周末”广场文艺演出总工会专场走进旺庄街道春潮园第一社区。

6月25日　由市总工会、市关工委联合开展的劳模和先进工作者进校园宣讲活动在无锡旅游商贸高等职业技术学校举行,标志着劳模和先进工作者进校园宣讲活动在全市全面展开。

是日　市总工会迎“七一”党建共建座谈会在江苏省无锡工人太湖疗养院举行,市总工会党组书记、副主席、机关党委书记管海燕讲话。

6月27日　无锡市第十一届运动会职工部象棋围棋比赛在市新工人文化宫圆满落幕。江阴市韦锡强获中国象棋冠军,惠山区唐浩获围棋冠军;锡山区、惠山区、民政局代表队分获中国象棋团体冠、亚、季军,锡山区、宜兴市、市级机关代表队分获围棋团体冠、亚、季军。

6月28~30日　市总工会党组全体成员到滨湖区雪浪街道板桥社区开展“一帮一、献爱心”活动,对该社区5户帮扶对象进行慰问。

6月29日　由市商务局、市总工会、市人社局联合开展的无锡市第二届家政服务技能大赛决赛在南禅寺广场举行。

6月　由市总工会主办、市工人文化宫承办的百场电影惠民行动启动。首场电影在惠山区天一市民广场放映。该行动持续至10月,每天晚上在市各大型市民广场、社区广场等为广大市民免费放映电影。

7月3日　省总工会保障部副部长景月琴一行检查组对无锡市和惠山区总工会2003~2013年全国劳模专项资金补助金管理的使用情况进行检查。

7月4日　市总工会机关关心下一代工作委员会成立。

7月8日　市总工会全面部署2013年“金秋助学”及困难职工家庭高校毕业生阳光就业行动。

7月9日　市总工会、市人社局在无锡市高技能人才公共实训管理中心,举行全国职工职业技能实训基地授牌仪式,市委常委、市总工会主席陈德荣为中心授牌并讲话。市总工会党组书记、副主席管海燕主持授牌仪式,市人社局党委书记、局长丁旭初致辞。

7月9~17日　市委常委、市总工会主席陈德带领市总工会领导一行来到无锡供电公司,公交10路、27路调度站慰问在高温作业下的一线职工。

7月17日　市总工会党组召集机关新提任中层干部廉政集体谈话。

7月10日　无锡工会宣传教育工作会议在江苏长电科技股份有限公司召开,市总工会副主席张帆带领与会人员参观江阴福汇纺织有限公司的网上职工书屋及江苏新潮集团股份有限公司职工活动中心,并为江阴福汇纺织有限公司职工教育培训基地揭牌。

7 月 12~14 日　无锡市第十一届运动会职工部“蛟龙杯”桥牌比赛在滨湖区蠡园街道文化活动中心举行,新区总工会代表队获冠军,亚、季军被崇安区总工会代表队和江阴市总工会代表队摘得。

7 月 20 日　市总工会主办的无锡市第十二届“五一”新闻奖评选结果揭晓。市“五一”新闻奖评选活动自 2002 年开办至今连续开展了 12 届。据统计,共收到四大类入围作品 2750 篇(件、幅),获得各奖项的作品有 1000 篇(件、幅)。

7 月 25~26 日　以广西自治区桂林市总工会党组书记、副主席张强为团长的桂林市工会考察团一行 6 人到无锡考察。

7 月 30 日　市委常委、市总工会主席陈德荣带队到驻无锡 73676 部队慰问,市职工艺术团为部队官兵慰问演出。

7 月　市总工会制定《无锡市总工会机关各部室绩效考评办法(试行)》《无锡市总工会机关各部室绩效考评实施细则(试行)》。

8 月 1 日　市委常委、市总工会主席陈德荣对奋战在市新工人文化宫工地的建筑工人和项目管理人员进行走访慰问,并实地检查职工剧场、体育活动中心、职工服务中心、职工培训中心及文化宫办公、新宫广场等工程收尾情况,听取代建、监理、筹建办及部分主要施工单位的进度情况汇报。

8 月 7 日　市政协主席周敏炜在市委常委、市总工会主席陈德荣等陪同下视察市新工人文化宫工地。

8 月 9 日　市总工会召开全市工会劳动法律监督检查评估总结会。

8 月 14~15 日　省总工会主席、党组书记邢春宁一行到无锡调研,市委副书记、江阴市委书记蒋洪亮,市委常委、市总工会主席陈德荣等陪同调研。14 日,在江阴召开的调研座谈会上,邢春宁认真听取市总工会党组书记、副主席管海燕关于无锡工会工作的汇报后,对无锡工会工作给予高度评价。15 日,邢春宁一行在陈德荣及江阴市委常委、组织部长钱文琴等陪同下,对江阴市新桥镇黄河社区以及江阴鑫辉太阳能有限公司职工之家和江苏阳光集团职工之家、劳模创新工作室进行实地调研。

8 月 15 日　无锡市第十一届运动会职工部“中船澄西杯”游泳比赛在体育公园游泳馆开赛。

8 月 21 日　市人大常委会副主任曹锡荣带领部分市人大常委、代表在调研太湖新城社会事业布局时,视察市新工人文化宫工地。

8 月 27 日　市总工会组织 32 个代表队、2500 名职工参加无锡市第十一届运动会职工部比赛,在拔河比赛和大众体育比赛中,北塘区总工会代表队获拔河比赛冠军,江阴市总工会代表队、海鹰集团代表队分获拔河比赛亚、季军;时美朴获得女子组跳绳冠军,周晓伟获得男子组跳绳冠军;郭晓明和朱俐包揽男子、女子定点投篮冠军。

是日　市总工会党组书记、副主席管海燕,副主席王觉民到博世汽车柴油系统股份有限公司参加共创和谐、共赢发展、共享成果叙谈会。

9 月 6 日　无锡市第十一届运动会职工部“新宏泰杯”篮球比赛在省锡中实验学校拉开帷幕,比赛于 9 月 9 日结束。江阴总工会代表队获篮球比赛第一名,国资委代表队、惠山区总工会代表队分获篮球比赛第二名、第三名。

9月7日　市工人文化宫顾问聘任仪式在江苏省无锡工人太湖疗养院举行。市总工会党组书记、副主席管海燕，副主席张帆出席仪式并讲话。

9月13日　市总工会机关党委举行“实现中国梦、我为职工做什么”演讲决赛。市委市级机关工委书记周艳阳参加演讲决赛，并为获奖选手颁奖。

9月24~25日　以列夫·米罗诺夫主席为团长的俄罗斯石油天然气建设工会友好访华团一行6人到无锡参观访问。

9月25日　市总工会女职委举办工会女职工干部业务培训班。省总工会女职工部部长宗萍围绕新形势下的工会女职工工作进行专题授课。

9月27日　由市依法治市领导小组办公室主办、市总工会承办的第31次法治无锡建设新闻发布会在市民中心召开。市总工会党组书记、副主席管海燕以《扎实开展劳动法律监督，促进和谐劳动关系建设》为题作主题发布，并回答与会记者提问。

10月14~15日　以霍华德·沃辛副总书记为团长的澳大利亚电气行业工会南部州分会友好访华团一行4人到无锡参观访问。

10月18~22日　中国工会第十六次全国代表大会在北京召开。市委常委、市总工会主席陈德荣等9人代表无锡207.20万名工会会员出席大会。

10月21~26日　以苏义峰理事长为团长的台湾地区屏东县总工会第四次参访团一行16人到无锡等地参观访问。台湾屏东县总工会与市总工会是友好工会，自2002年签订《友好交流意向书》以后，两会多次互派参访团，就两岸工会及劳工问题进行交流。

10月22日　市总工会经审会第十六届十五次全体会议在江苏省无锡工人太湖疗养院召开，审议通过无锡市工会第十七次代表大会上的《财务工作报告（审议稿）》《无锡市工会第十七次代表大会上的经审工作报告（审议稿）》。

10月25日　市委常委会听取市总工会关于中国工会第十六次全国代表大会精神和无锡工会过去5年工作情况、以后5年工会工作的基本思路，以及筹备市工会第十七次代表大会有关情况的汇报。市委常委会对市总工会工作给予充分肯定，原则同意市工会第十七次代表大会有关情况汇报。省委常委、市委书记黄莉新要求市总工会以学习贯彻中国工会第十六次全国代表大会精神和习近平总书记重要讲话精神为契机，认真组织召开好无锡市工会第十七次代表大会，把以后几年工会工作的思路明确好、措施谋划好、队伍建设好，最大限度汇聚全市职工追梦圆梦的正能量。

10月26日　由市总工会与市人社局主办、各区总工会承办的2013’无锡工会金秋助民就业大型招聘会在新落成的市工人文化宫举行。市委常委、市总工会主席陈德荣，副市长曹佳中，市委副秘书长金志标，市政府副秘书长周浩明、唐余开共同按亮工会金秋助民就业招聘会启动球。当天用人单位与求职人员共签订就业和实习意向562份。

10月28日　市总工会拨出6万元专款，联合市妇幼保健院为400名困难女职工进行乳腺癌和宫颈癌免费筛查。

10月30日　中国宜兴环保科技工业园谢桥社区率先在全省成立社区一级总工会。

10月31日　市总工会召开第十六届十二次全委（扩大）会议，市委常委、市总工会主席陈德荣讲话。会议传达中国工会第十六次全国代表大会精神，听取市工会第十七次代表大会筹备工作情况的报告,审议通过市工会第十七次代表大会代表资格审查报告(草案)、市工会第十七次代表大会议程的决议(草案),审议将提交市工会第十七次代表大会的工作报告、财务工作报告、经审工作报告。

11月7~8日　以徐州市人大常委会副主任、总工会主席、党组书记束志明为组长的徐州市总工会学习考察小组一行16人到无锡考察市新工人文化宫、无锡工会史展馆、市困难职工帮扶中心、市总工会干校和江苏省无锡工人太湖疗养院等工会阵地。

11月12~13日　由宁波市总工会党组书记、常务副主席施恩庭带队的宁波市总工会学习调研团一行16人到无锡进行座谈交流,参观市新工人文化宫、市困难职工帮扶中心和无锡工会史展馆。

11月14~15日　全省职工技术创新工作经验交流会在江阴召开,副省长史和平讲话,省总工会主席、党组书记邢春宁宣读《关于表彰第五届江苏省职工十大科技创新成果的决定》,省政府副秘书长谢润盛主持会议。江阴市总工会等单位在会上作交流发言。

11月19日　以日本工会联合会爱知县联合会会长土肥和则为团长、日本爱知县劳动者福利协议会会长狗饲孝志为副团长的日本联合爱知第八次、日本爱知县劳动者福利协议会第十三次友好访华团一行6人到无锡参观访问。

11月26~28日　无锡市工会第十七次代表大会在市人民大会堂召开。会议选出市总工会第十七届委员会委员69名、常委14名,选出经审会委员14名。

11月　设立在市新工人文化宫的无锡工会史展馆,通过试运行,正式投入使用。

12月2日　参加2013’苏台一家亲——共谋劳工福祉研讨会的台湾地区代表50人,在省总工会副主席曹海等陪同下到无锡市、宜兴市参观访问。

12月3日　无锡市会计师协会行业工会联合会成立。

12月5日　省总工会副主席张海涛到无锡调研。

12月20日　无锡工会理论研究会年会(无锡工会理论研究会第三次会员代表大会、第一届理事会第五次会议暨2013年度论文成果表彰会)在江苏省无锡工人太湖疗养院召开。

第一章　职工队伍

第一节　发展状况

一、从业人数

2004~2008 年,市总工会连续 5 年按季与国家统计局无锡市城市社会经济调查队(以下简称“市城调队”)联合开展企业、行业职工收入和基本情况调查活动。2007 年和 2012 年分别组织参与全国职工队伍第六次调查、第七次调查活动(以下简称“职工队伍状况抽样调查”)。在深化经济体制改革、优化调整经济结构和推动产业转型升级过程中,全市国有工业比重缩小,非公企业及其他经济类型工业比重上升,职工队伍在规模和数量上有了较大发展。至 2013 年,全市建立工会的企事业单位(以下简称“建会企事业单位”)职工总数 227.11 万人,其中农民工 102.49 万人,占 45.13%,农民工成为职工队伍重要增长点。全市城镇单位职工从 2004 年的 52.73 万人增长至 2013 年的 117.89 万人,增长 1.24 倍。

2004~2013 年无锡市城镇从业人数一览表

表 1-1　　　　单位:万人

年份	社会从业人数	其中					
		#城镇单位职工人数	其中			#城镇单位其他从业人员	#城镇个体私营从业人员
			国有经济单位	城镇集体经济单位	其他经济单位		
	合计	合计					
2004	274.67	52.73	22.48	4.37	25.88	5.64	59.88
2005	289.20	54.94	21.36	4.24	29.35	8.24	71.55
2006	307.90	53.63	19.03	2.83	31.77	10.64	89.84
2007	325.23	56.17	18.24	2.41	35.52	13.10	103.84
2008	350.02	59.03	16.09	1.88	41.06	15.55	125.75
2009	364.31	59.45	16.31	1.61	41.53	18.06	139.82

续表 1-1

年份	社会从业人数	#城镇单位职工人数	其中			#城镇单位其他从业人员	#城镇个体私营从业人员
			国有经济单位	城镇集体经济单位	其他经济单位		
	合计	合计					
2010	382.34	70.17	15.14	1.40	53.63	–	–
2011	386.00	80.55	16.07	1.22	63.26	–	–
2012	389.10	81.37	16.17	1.05	64.15	–	–
2013	389.20	101.21	16.36	4.17	80.68	–	–

2004~2013 年无锡市工会年报汇总统计表

表 1-2　　单位:个、万人

年份	基层工会	基层工会涵盖独立法人单位	职工	其中			工会会员	其中		
				女性	农民工			女性	农民工	
					总数	女性			总数	女性
2004	5404	28534	116.43	54.81	–	–	105.51	49.26	–	–
2005	6254	29554	125.23	59.83	55.32	–	114.58	83.88	–	–
2006	6918	32523	135.63	62.27	56.96	28.47	127.40	58.09	50.11	25.13
2007	7759	36635	153.21	69.54	72.82	34.20	143.15	65.21	65.58	30.88
2008	8791	40188	166.51	75.66	84.52	40.68	157.17	71.42	79.47	38.06
2009	9466	43233	175.30	78.25	85.57	42.01	167.56	75.09	81.51	40.10
2010	10089	46105	184.62	83.12	94.60	45.19	176.20	79.45	89.83	42.85
2011	10785	49048	195.55	86.91	94.92	43.58	189.27	84.24	92.16	42.16
2012	11483	53146	212.08	93.01	98.83	45.81	207.17	91.09	96.93	44.89
2013	12219	56495	227.11	105.05	102.49	54.78	220.99	102.57	99.62	53.27

说明:表中统计数据指已建工会组织的单位数据

二、发展趋势

全市职工队伍构成呈现多元化趋势，形成不同利益群体，主要有公务员群体、企业经营管理者群体、专业技术人员群体、普通工人群体以及失业困难职工和农民工群体。在改革开放特别是经济体制不断发展完善、知识经济迅速崛起、社会劳动分工日益精细的大背景下，出现了新兴职工群体，主要包括从事中介、咨询、文化艺术等现代服务行业的律师、会计师、评估师、经纪人、演职员、自由撰稿人等。整个职工队伍阶层结构，从人数来看，趋向“正金字塔型”；从社会地位、占有资源和收入水平来看，趋向“倒金字塔型”。

第二节　结　构

一、性别、年龄

至 2013 年年底，全市建会企事业单位男性职工为 122.06 万人，女性职工为 105.05 万人，分别占职工总数的 53.74%和 46.26%。19~35 岁年龄段占 22.5%，35~50 岁年龄段占 52.7%，51 岁以上的占 24.8%。

二、产业(行业)分布

随着经济发展，全市产业从业人员的比例发生较大变化。全市按照形成服务经济为主的产业(行业)结构的总体要求，大力发展现代服务业，大力发展先进制造业，以高新技术产业、八大战略性新兴产业为基础提升产业能级。先进制造业的发展和劳动生产率的不断提高，使第二产业吸纳就业的能力不断增加，第三产业快速发展，也带动了第三产业从业人员迅速增加，从而促使无锡职工队伍的产业分布结构随着产业布局和行业分布的调整持续变动。2013 年，第二产业从业人员比 2004 年增长了 0.48 倍，第三产业从业人员增长了 0.67 倍，超过第二产业。《无锡统计年鉴 2014》公布的数据显示，到 2013 年年底，第一产业的从业人员比例由 2004 年的 12.8%降为 4.6%，下降 8.2 个百分点；第二产业的从业人员比例由 2004 年的 54.8%上升为 57.2%，增长 2.4 个百分点；第三产业的从业人员比例由 2004 年的 32.4%上升为 38.2%，增长 5.8 个百分点，从业人数由 274.67 万人发展到 389.2 万人，增长 41.7%。适应“三、二、一”产业发展战略的职工队伍产业分布结构基本形成。

2004~2013 年无锡市从业人员产业分布情况表

表 1-3　　单位：万人、%

年份	社会从业人数	构成					
		人数			占比		
		第一产业	第二产业	第三产业	第一产业	第二产业	第三产业
2004	274.67	35.11	150.48	89.08	12.80	54.80	32.40

续表 1-3

年份	社会从业人数	构成					
		人数			占比		
		第一产业	第二产业	第三产业	第一产业	第二产业	第三产业
2005	289.20	34.18	159.43	95.59	11.80	55.10	33.10
2006	307.90	30.20	171.80	105.90	9.80	55.80	34.40
2007	325.23	28.27	183.27	113.69	8.70	56.30	35.00
2008	350.02	25.66	199.48	124.88	7.30	57.00	35.70
2009	364.31	18.76	213.67	131.88	5.10	58.70	36.20
2010	382.34	18.60	222.70	141.00	4.90	58.30	36.80
2011	386.00	18.40	223.10	144.50	4.80	57.80	37.40
2012	389.10	18.20	223.80	147.10	4.70	57.50	37.80
2013	389.20	18.10	222.50	148.60	4.60	57.20	38.20

2004~2013 年无锡市职工(在岗)行业分布情况表

表 1-4　　　　单位:万人

项目 \ 年份	职工(在岗)人数									
	2004	2005	2006	2007	2008	2009	2010	2011	2012	2013
社会从业人数	274.67	289.20	307.90	325.23	350.02	364.31	382.34	386.00	389.10	389.20
职工(在岗)人数总计	52.73	54.94	53.63	56.17	59.03	59.45	70.17	80.55	81.37	117.89
按执行会计制度分										
企业	37.98	40.01	38.63	40.94	43.84	44.11	55.17	64.81	65.63	102.33
事业	11.37	10.92	11.09	11.18	11.15	11.26	10.99	11.54	11.55	11.30
机关	3.38	4.01	3.91	4.05	4.04	4.08	4.00	4.15	4.14	4.16
民间非营利组织	–	–	–	–	–	–	–	0.05	0.05	0.02
按国民经济行业分										
农林牧渔业	0.53	0.46	0.47	0.29	0.30	0.27	0.26	0.23	0.19	0.17
采矿业	0.13	0.12	0.008	0.005	0.005	0.004	0.003	0.0007	–	–
制造业	25.45	27.02	25.52	27.86	30.19	30.52	38.50	46.37	46.23	71.79
电力、热力、燃气及水的生产和供应业	1.22	1.28	1.32	1.33	1.30	1.38	1.28	1.27	1.18	1.29
建筑业	1.19	1.18	1.30	1.33	1.37	1.37	3.46	3.98	5.90	7.79

续表 1-4

项　目 \ 年　份	职工(在岗)人数									
	2004	2005	2006	2007	2008	2009	2010	2011	2012	2013
批发和零售业	3.17	2.89	2.78	2.71	2.77	2.55	2.95	3.59	3.54	5.22
交通运输、仓储和邮政业	2.45	2.46	2.21	1.99	1.99	1.94	1.87	2.35	1.99	3.02
住宿和餐饮业	0.93	1.06	1.09	1.20	1.33	1.34	1.36	1.64	1.66	1.80
信息传输、软件和信息技术服务业	0.55	0.60	0.59	0.50	0.50	0.47	0.63	0.88	0.76	2.25
金融业	1.65	1.68	1.62	1.71	1.76	1.78	1.96	2.48	2.03	2.60
房地产业	0.53	0.49	0.48	0.44	0.42	0.46	0.49	0.65	0.57	1.75
租赁和商务服务业	0.90	1.11	1.31	1.30	1.42	1.41	1.66	0.54	0.84	1.87
科学研究和技术服务业	0.89	0.95	0.97	0.94	0.96	0.99	1.05	1.12	1.09	1.50
水利、环境和公共设施管理业	0.80	0.78	0.76	0.81	0.83	0.88	0.90	0.95	0.75	1.06
居民服务、修理和其他服务业	0.12	0.12	0.12	0.10	0.11	0.12	0.13	0.14	0.15	1.06
教育	5.97	5.87	5.97	6.05	6.04	6.06	5.76	5.85	5.60	5.93
卫生和社会工作	2.38	2.42	2.51	2.53	2.62	2.66	2.73	3.08	2.97	3.04
文化、体育和娱乐业	0.42	0.40	0.38	0.37	0.37	0.38	0.43	0.52	0.41	0.73
公共管理、社会保障和社会组织	3.46	4.06	4.20	4.71	4.75	4.88	4.74	4.92	5.52	5.02

说明:分行业在岗职工人数不含城镇私营企业从业人员、个体劳动者和其他从业人员

三、所有制性质

全市从业人员从 2004 年的 274.67 万人增长至 2013 年的 389.2 万人,劳动力资源在总量增加的基础上,形成职工队伍结构的多元。企业转改制不断深化,呈现出不同成份所有制的职工队伍。到 2013 年,全市城镇国有企业职工 16.36 万人,城镇集体企业职工 4.17 万人,分别比 2004 年减少 27.22%、4.58%;而城镇其他经济单位职工达到 80.68 万人,比 2004 年的25.88 万人净增 54.8 万人,增长 211.75%,占全市城镇单位职工总数的 68.44%。非公有制企业职工成为全市职工队伍重要组成部分。2004 年至 2013 年年底,仅城镇港澳台商投资企业和外商投资企业职工由 4.35 万人、27.6 万人就分别增加到 15.26 万人、103.12 万人,私营企业职工由 46.31 万人增加到 176.08 万人, 个体工商户由 12.7 万人增加到 38.33 万人, 分别增长了 2.51 倍、2.74 倍、2.8 倍和 2.02 倍。

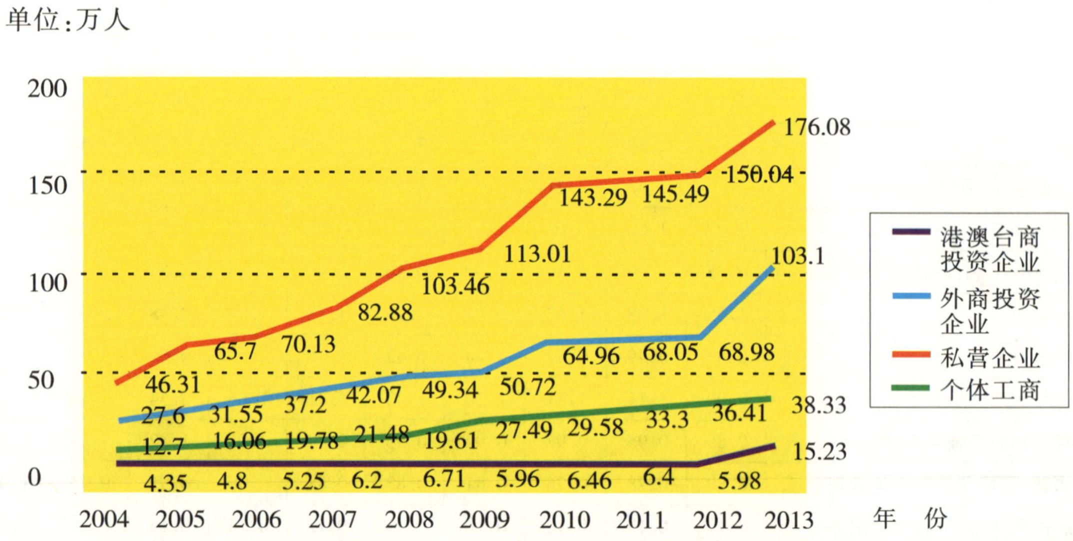

图 1-1 2004~2013 年无锡市城镇非公企业职工人数增长图

四、文化程度

职工队伍整体文化素质迈上新台阶,职工受教育水平不断提高,高层次人才比例显著增加,人才结构日趋合理。2012 年职工队伍调查数据显示,职工受过小学及以下、初中、高中(职高)、中专(中技)、大专(高职)、大学本科和研究生及以上教育的人数,分别占被调查单位职工总数的 2.1%、7.4%、17.6%、31.4%、22.6%、16.7%和 2.2%。职工受过职业教育(技校、职高、中专、高职等)的占被调查总数的 68.4%。

五、技术水平

市总工会与市有关部门在全市开展技术能手、金牌工人等评选工作,为职工技术素质的提高提供了平台。2007 年职工队伍状况抽样调查结果表明,有初级职称的占 15.5%,有中级职称的占 11.2%,有高级职称的占 3.2%,无职称的占 70.1%。职工的风险意识和竞争意识在不断增强,更加注重自身知识、技能和才能等素质的提高,有 74.9%的职工希望参加技术技能培训或进修,86%的职工认为钻研技术(业务)能给自己带来实惠。职工对做好本职工作比较自信,认为职业技能提升能够满足或基本满足目前工作需要的占被调查职工数的 95.2%。2013 年年底,全市城镇单位共有技术工人 61.11 万人,占全市城镇单位职工总数 117.89 万人的51.84%。其中有高级工 20.75 万人,占职工总数的 17.6%,占技术工人的 33.96%;有技师和高级技师 2.16 万人,占职工总数的 1.83%,占技术工人的 3.53%。

第三节　权益保障

一、劳动就业

职工就业途径呈多样化趋势。2007 年市总工会调查显示，就业多数来自单位招聘和职业介绍，通过单位招工、劳务市场(人才市场)、自己应聘、网络应聘的占 55.4%，职业介绍机构、工会就业介绍、原单位帮助就业的占 24%，亲友帮忙的占 9.9%，毕业分配的占 8.3%，政府安置的占 2%，其他方式就业的占 0.4%。劳务派遣工、农民工通过单位招聘和职业介绍途径就业的分别占 42.4%和 47.6%。职工就业状况出现波动性变化。有下岗经历的占被调查数的32.1%，下岗后接受过职业技能培训或再就业培训的占 89.3%。2013 年，全市从业人员数比 2004 年增加了 114.53 万人；全市下岗失业人员实现就业、再就业人数 12.47 万人；城镇登记失业率稳步下降，2004 年为 3.48%，2009~2013 年为 2.8%~2.12%，一直保持在低位运行。

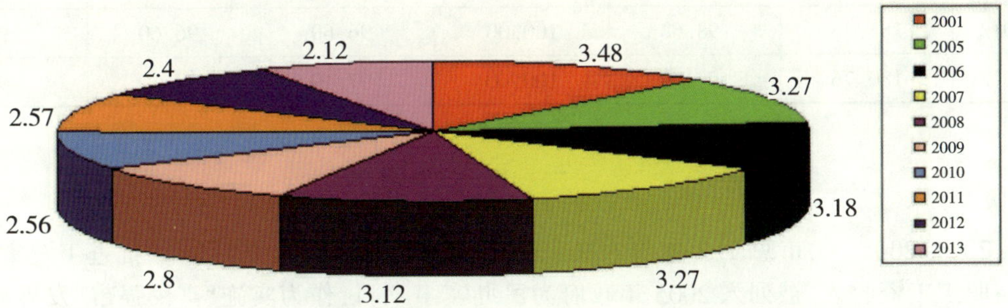

图 1-2　2004~2013 年无锡市城镇登记失业率占比图(%)

契约化的劳动关系已占主导地位。2005~2006 年，90.6%的职工与单位签订劳动合同。由于下岗、退养、协保、续保或单位人员精简等被动因素促使职工“非自愿流动”的比例已从 2001 年的 45.5%下降到 33.5%，而为寻找更好的发展机会、工作环境、工作报酬而“自愿流动”的职工比例由 42.5%上升到了 49.6%。2007~2008 年，职工与单位发生劳动争议解决方式依次是找单位工会组织、劳动争议仲裁、企业劳动争议调解委员会、上级主管部门(主要是市总工会)、信访部门、法院、亲朋好友。2009~2010 年，职工个体劳动争议多数发生在转改制企业、退城出市或进园企业以及微型企业，劳动争议调解结案率为 72.7%。2011~2013 年，随着 2011 年《无锡市企业工资集体协商条例》的出台，全市集体合同、平等协商制度得到全面推行，劳动关系协调机制逐步建立健全。2012 年，95%的职工认为所在单位劳动关系和谐稳定。到 2013 年年底，企业劳动合同备案人数由 98.37 万人增长到 189.76 万人，增长 0.93 倍；企业劳动合同签订率达 99.79%，比 2006 年增长 5.84 个百分点；事业单位聘用合同签订率达 100%。

2004~2013 年无锡市企业劳动关系相关情况一览表

图 1–5 单位:万人、%

年份	劳动合同备案人数	劳动合同签订率	事业单位聘用合同签订率	集体合同签订率	工资集体协商制度建制率	非公企业职代会建制率
2004	–	–	–	69.50	69.50	64.10
2005	–	–	–	71.80	71.80	73.20
2006	–	93.95	–	81.60	81.60	73.80
2007	98.37	97.19	–	85.60	85.60	92.00
2008	157.79	98.50	–	90.17	90.17	94.00
2009	159.35	98.57	–	93.20	93.20	98.00
2010	167.50	98.66	98.00	95.40	95.40	98.00
2011	180.50	98.68	99.10	96.25	96.25	98.00
2012	185.33	98.68	100.00	96.60	96.60	98.00
2013	189.76	99.79	100.00	97.10	97.10	99.00

二、职工工资

2004~2005 年,市总工会参与农民工工资支付情况专项检查活动。“推进工资集体协商,提高职工工资收入”被列入 2005 年政府为民办实事项目,作为实施“富民强市”发展战略的重要措施。2006~2007 年,制定《无锡市工资集体协商工作运行规程》,对协商的程序作了规范;与市城调队开展对重点行业职工收入情况的调查活动。2008~2009 年,全市工资集体协商不断扩大覆盖面,由规模企业向中小企业拓展,由区域工资协商向行业工资协商拓展,引导和促进本区域内的企业普遍建立和落实工资集体协商制度;组织市工资协商指导员开展金融危机背景下工资集体协商工作的研讨,共商应对之策,提出可按企业受影响程度,分别与企业就“稳岗保薪”“保员减薪”“保员留薪”“薪有常增”以及“按时付薪”等进行协商,以保护职工权益。2010~2013 年,开展工资集体协商“要约行动”,全面推行年度要约、即时要约、动态要约、专项要约等有效形式,促进企业、行业、园区、区域普遍建立工资集体协商制度;修订《企业工资集体协商指导文本》《行业工资集体协商指导文本》。2011 年,无锡市城镇职工家庭户均月收入为 6318.49 元,其中收入不超过 4000 元的占 24.4%,4001~8000 元的占 45.1%,8001~12000 元的占 21.6%,12001 元以上的占 8.9%。是年,无锡市城镇非私营单位企业从业人员年平均工资为 5.15 万元,比上年增长 10.96%,其中,无锡市区企业从业人员年平均工资为 4.54 万元。城镇私营单位从业人员年平均工资为 2.99 万元,比上年增长 16%,其中,市区城镇私营单位从业人员年平均工资为2.95 万元。2013 年,市统计年鉴、人力资源和社会保障统计年鉴公布,城镇单位职工工资总额为 714.2 亿元,城镇单位职工年平均工资为 6.06 万元,分别是 2004 年的 6.59 倍和 2.96 倍。

平均工资　10年间,职工工资呈不断增长的趋势。2012年,私营单位职工年平均工资达到3.47万元,是2004年的1.55倍。2013年,城镇单位职工年平均工资是2004年的2.96倍。

2004~2013年无锡市职工工资情况表

表1-6

项目／年份	城镇单位职工工资总额（万元）	城镇单位职工年平均工资（元）
2004	1084383	20442
2005	1321770	24047
2006	1540560	28381
2007	1843546	33233
2008	2262516	37987
2009	2545327	42623
2010	3199399	46430
2011	4108959	51518
2012	4518871	56883
2013	7141961	60581

工资指导线　市总工会积极参与、配合市人社局制定年度企业工资指导线的调控目标、年度劳动力市场部分职位工资指导价位、年度企业人工成本水平等工作,无锡市企业工资增长基准线一般设定在12%~16%区间,工资增长下线一般在4%~6%区间,上线在17%~21%区间;明确要求企业在确定工资增长时,应合理确定经营管理人员与其他职工的工资增长比例,应重点提高生产一线职工(含劳务派遣职工)的工资水平,同步推进企业工资指导线及工资集体协商制度的全面落实。

最低工资规定　2006年,无锡市月最低工资标准为一类地区执行750元,二类地区执行690元。最低工资规定作为保障劳动者基本劳动报酬的基础性政策保障,在全市的大部分企业都能得到贯彻执行。市总工会对企业1500名一线职工进行抽样调查表明,月工资水平低于当地最低工资标准的占被调查总数的1.4%。随着贯彻落实相关法律、法规和政策力度的进一步加大,随着对各类用人单位执行最低工资标准的监督、监察力度的进一步加大,全市执行最低工资规定得到了落实。2011年5月10日至6月30日,市总工会、市劳动保障监察支队围绕无锡市月最低工资标准1140元执行情况开展专项检查。检查涉及全市用人单位781个,其中使用劳务派遣员工单位111个,租赁加工企业364家,三产服务业182个,环卫绿化单位27家,其他用人单位97家;总共涉及职工10.4万人,其中农民工4.98万人。经检查发现,无锡市企业普遍都能执行最低工资规定,但仍有少数企业在计件加班工资和预付生活费形式中存在违规现象。

三、基本社会保险

各级工会组织通过宣传法律法规、加强职代会和集体合同制度建设、强化劳动法律监督检查等工作,倾力协助政府(行政)推进职工基本养老保险、职工基本医疗保险、失业保险、工伤保险和生育保险的广覆盖,还通过壮大职工互助互济事业,推进城镇居民养老保险和医疗保险、农村养老保险,参加商业保险和实行企业年金制度等,使职工群众的受益面进一步扩大,保障力度进一步加大。2012 年,职工参加基本养老保险的占 74.1%,单位为职工提供补充养老保险(企业年金)占 36.6%;职工参加基本医疗保险的占 95.3%,一些职工还参加新型农村合作医疗、城镇居民基本医疗保险、商业医疗保险;参加失业保险的占 82.6%;参加工伤保险的占 63%;参加生育保险的占 61.7%。“五险合一”的不断推进和保险覆盖面的继续扩大,使职工切身感受到参加社会保险带来的好处。2013 年,全市有 228.33 万人参加企业职工基本养老保险,覆盖率为 98.20%;有 286.85 万人参加城镇职工基本医疗保险,覆盖率为 98%;有 194.78 万人参加失业保险,覆盖率为 98.7%;有 191.4 万人参加工伤保险;有 180.6 万人参加生育保险;“五大保险” 分别比 2004 年净增 119.52 万人、159.47 万人、111.57 万人、121.02 万人和 110.97 万人。是年,市总工会投入 72.8 万元为 2.8 万名退养、协保、续保三类人员住院互助保障提标补差, 全年发放医疗补贴 63.4 万元, 医药费减免 24.6 万元。至年底,有 54.25 万人次的职工参加了市总工会医疗互助保障项目。

2004~2013 年无锡市城镇社会保险基本情况表

表 1–7　　　　单位:万人、%

年份	参加企业职工基本养老保险			参加城镇职工基本医疗保险			参加失业保险			参加工伤保险		参加生育保险
	人数	覆盖率	其中农民工人数	人数	覆盖率	其中农民工人数	人数	覆盖率	其中农民工人数	人数	其中农民工人数	人数
2004	108.81	97.50	27.56	127.38	95.50	–	83.21	97.30	–	70.38	–	69.63
2005	128.00	98.00	37.19	150.82	97.00	–	90.78	97.90	–	85.22	–	82.12
2006	150.23	98.10	47.98	168.30	97.70	50.04	104.28	98.10	–	107.26	50.08	98.88
2007	173.04	98.20	59.93	192.15	98.10	66.56	118.11	98.20	–	125.78	63.87	111.95
2008	191.99	98.40	80.35	214.01	98.20	74.79	137.28	98.20	38.23	142.87	74.66	128.60
2009	198.35	98.40	80.36	219.28	98.30	76.55	143.33	98.30	37.64	147.23	80.02	133.07
2010	203.89	98.49	85.05	236.46	98.57	77.78	156.24	98.40	40.76	157.61	81.81	142.82
2011	212.50	98.50	88.10	258.86	98.59	78.98	169.58	98.40	43.58	178.35	82.48	155.37
2012	219.61	99.00	92.72	273.39	99.00	79.45	194.78	99.00	43.97	191.40	84.09	180.60
2013	228.33	98.20	93.09	286.85	98.00	79.74	194.78	98.70	45.22	191.40	84.31	180.60

四、公积金制度实施

据无锡市住房公积金管理中心(以下简称“市公积金中心”)介绍,市公积金中心自2003年成立以后,加强了与市劳动和社会保障局、市总工会等单位的联系,把公积金扩面工作作为首要工作来抓,公积金制度的覆盖面逐步扩大。2007年,市政府办公室出台实施《关于推进住房公积金扩面工作实施意见》之后,全年新参加公积金制度的职工数达到14.01万人。2010年,市政府首次将公积金扩面净增人数8万人列为全年的为民办实事项目之一,市公积金中心联合市相关部门督促600个单位为2万名职工补缴住房公积金3200万元。至年底,全市新增缴存职工20.5万人,净增9万人。2011年,市政府又首次以政府办发文的方式,将住房公积金扩面人数考核指标下达至各市(县、区),全年完成新开户单位3306个,归集公积金69.08亿元,创历史新高。2012年3月,公积金缴存余额突破200亿元,成为全省继南京、苏州第三个缴存余额突破200亿元的市公积金中心。2013年,市公积金中心归集公积金98.49亿元(不含利息),是2004年的5.5倍、2007年的3倍。市区养老保险参保人数在100人以上的规模企业,基本开立了公积金账户。民营私营企业新开户数占到单位新开户数的80%。是年年底,全市共有3万个单位开设公积金账户,累计归集住房公积金569.83亿元。

2004~2013年无锡市住房公积金情况表

表1-8

年份	年末缴存人数(人)	当年归集额(亿元)	当年个人提取额(亿元)	当年放贷额(亿元)	年末缴存余额(亿元)
2004	474500	17.67	7.46	20.89	49.76
2005	487500	21.42	10.54	24.07	60.66
2006	511856	25.59	13.74	29.06	72.51
2007	596174	32.87	18.58	33.08	86.80
2008	696043	44.07	20.15	26.20	110.72
2009	699894	48.42	32.44	55.76	126.69
2010	784597	56.25	33.95	53.98	148.99
2011	892415	72.94	33.73	37.69	188.20
2012	949362	92.60	48.70	65.66	232.10
2013	994225	105.24	63.20	73.16	274.14

五、带薪年休假

国务院颁布的《职工带薪年休假条例》和人力资源和社会保障部颁布的《企业职工带薪年

休假实施办法》分别于2008年1月1日和9月18日开始实施。2009年,市总工会组织各单位和职工认真学习贯彻执行《职工带薪年休假条例》《企业职工带薪年休假实施办法》,要求各级工会将职工带薪年休假规定纳入集体合同内容和职代会(职工大会)议题。2010年6月,市总工会在1219个企事业单位和14874名职工中开展“带薪年休假实施情况抽样调查问卷活动”,70.57%的职工了解国家的规定,44.03%的单位制定出台单位《职工带薪年休假实施细则》,对企业和职工普遍关注的累计工作时间、年休假与探亲假、婚丧假、产假的关系和工作时间与休假天数的折算方法,以及未休年休假如何进行补偿等都作出具体的规定。55.2%的单位把落实职工带薪年休假制度写进集体合同,把年休假执行情况纳入对各单位领导班子年度考核内容。但职工实际享受过带薪年休假的占36.83%,很少享受的占21.26%;未休假职工按照法定标准得到3倍工资补偿的占8.56%,得到部分补偿的占14.43%。2012年,企事业单位执行职工带薪年休假制度得到强化,因生产任务需要而加班加点的职工,能按照规定标准足额拿到加班工资的上升至50.1%,按加班时间,单位安排相当时间倒休的为21.6%,部分倒休、部分拿到加班工资的为15.6%,不足时间的倒休或不足额的加班工资为1.9%,其他补偿形式的为6.3%。

六、工会帮扶和社会救助

2007年,无锡市全面启动城镇居民医疗保险制度,建立医疗救助专项基金并每年列入财政预算,部分地区建立慈善医院、慈善门诊,形成困难人群就医的“绿色通道”。2013年,全市城市、农村居民享受最低生活保障的总人数有4.74万人,基本做到“应保尽保”。全市已建立多层次的社会救助体系,提供就业、子女就学、医疗、住房等多种优惠政策。是年年底,各级工会组织筹集送温暖资金1700万元,为1.11万户困难职工家庭落实各项帮扶措施,全市各级职工帮扶服务中心(站、点)为3.02万人次困难职工实施生活救助、医疗互助、子女上学资助等。

七、劳动安全

全市工会以“安康杯”竞赛活动为载体,开展职工群众性安康知识竞赛和班组安全建设,提升企业安全生产管理、安全文化建设和安全教育培训工作水平,提高职工队伍的安全健康知识、自我保护意识和安全技能素质,有效减少安全事故和职业危害,加强职工的体检工作,促进了安全生产形势进一步好转。2011年7月以后,职工参加过单位安排体检的占71.71%。2012年,不断重视对职工进行安全生产培训,89.6%的职工参加过所在单位举办的安全生产培训;80%的职工对单位安全生产、劳动保护措施、工作岗位和工作环境的防护措施认可,对单位发放劳动保护用品情况认可。

八、民主权益

市总工会加大力度推动企事业单位民主管理工作,取得长足发展。在企业改革转制、退城出市、退城进园以及经济发展过程中,各基层企业以职工代表大会为基本形式的民主管理得到坚持和发展,厂务公开在国有集体及其控股企业中普遍推行,职工董事、职工监事制度初步建立,各项民主管理制度逐步完善,非公有制企业民主管理呈现良好的发展势头,使职工的民主政治权利基本上得到实现和保障,推进了基层民主政治建设。

2004 年,市总工会在国有、集体企业职代会制度建设基本覆盖的基础上,把工作重点放到推进非公企业职代会制度建设上来，到 2013 年年底，非公企业职代会建制率达 97.8%,比 2004 年增长 34.9 个百分点。加强平等协商机制和集体合同制度建设，进一步协调劳动关系,维护企业职工的劳动权益,到 2013 年年底,集体合同签订率达 97.1%,比 2004 年增长 27.6 个百分点。不断提高职工参加本单位民主管理的积极性,切实维护自身权益,到 2013 年年底,75.3%的职工愿意参与本单位的民主管理、民主监督、民主参与和民主选举工作。职工对民主管理渠道的选择具有多样性,或通过单位职工(代表)大会(职工大会或民主议事会、恳谈会)发表意见、提出提案,或向单位工会组织或职工代表反映意见,也可直接向班组长或单位领导反映意见等。职工企盼集体合同和工资集体协商进一步拓展见效果,80%的职工希望有人能代表职工与单位法人代表进行工资集体协商。

第四节　农民工

2004~2013 年,市委、市政府制定出台一系列促进农民工进城的就业、社会保障、子女入学等服务和管理方面的积极政策,逐步建立配套、完善、方便、安全的生活服务体系,使农民工在无锡感到工作顺心、生活舒心、安全放心。农民工为全市的工业化、城市化和现代化建设做出了巨大贡献,并成为全市产业工人的重要组成部分,成为工人阶级的新成员。无锡市在“2004CCTV 城市中国系列活动”中被评为农民工最满意城市奖,在南北劳动力交流、春运工作中被江苏省评为全省劳务输出暨南北劳动力交流先进单位和全省春运期间组织民工有序流动工作先进单位。

2013 年市总工会年报统计，全市建会企事业单位有农民工 102.49 万人，占职工总数的 45.13%。其中男性为 47.71 万人,女性为 54.78 万人,分别占农民工总数的 46.55%和 53.45%。农民工参加工会组织的有 99.62 万人,占全市工会会员总数的 45.08%,农民工入会率为其总数的 97.20%,其中女性农民工工会会员为 53.27 万人,占农民工工会会员总数的 53.47%。

一、年龄结构

2010 年,农民工的平均年龄为 30.8 岁,其中 20~24 岁的占 24.5%,25~29 岁的占 20.3%,30~34 岁的占 16.1%,35~39 岁的占 14.7%。20~29 岁这一年龄段占总体的 44.8%。农民工群体正逐渐向年轻化方向发展。

2010 年无锡市农民工样本的年龄结构表

表 1–9

年　龄(岁)	频　数(次)	频　率(%)
19 以下	9	6.3
20 ~ 24	35	24.5
25 ~ 29	29	20.3

续表 1-9

年　龄(岁)	频　数(次)	频　率(%)
30~34	23	16.1
35~39	21	14.7
40~44	11	7.7
45~49	9	6.3
50~54	5	3.5
55 以上	1	0.7
合　计	143	100.0

2013 年,农民工中 19~35 岁的占 52.9%,35~50 岁占 45.1%,51 岁以上的占 2%,形成以青壮年为主体的新生代农民工群体。

二、产业(行业)分布

2010 年,农民工就业比例在一、二、三产业分布为:0.0%:66.5%:33.5%。结合无锡市的产业结构正以第二产业为主向第二、第三产业并重发展的趋势转变,工业总产值的比重虽高,但是以《2010 年无锡统计年鉴》数据来看,第三产业的比重正逐渐上升。大量农村剩余劳动力从农村转移至城市,实质上符合了城市化、工业化进程中劳动力从农业转移至工业、第三产业的规律。再从具体的行业分布来看,从事制造业的就业人数最多,占 38.5%;其次是建筑业占 28.0%,社会服务业占 21.0%以及批发餐饮零售业占 11.2%。

三、文化技能素质

2006 年,农民工中大专及以上学历的占 4.3%,高中、中专占 26.3%,初中占 55.4%,小学及小学以下的占 14%。在参加过职业技能培训的农民工中,有 71.3%属于短期职业培训,另有一部分是通过自学专业知识和个人拜师学艺的方式来提高职业技能。拥有初、中级专业证书的占 34.4%。有 87.7%的农民工只能从事普通熟练操作工种,从事技术工作的只占 7.5%,从事管理工作的只占 4.8%。2012 年,农民工、劳务派遣工中小学及以下学历的占 10.5%,初中占 35.2%,高中(职高)占 21.2%,中专(中技)占 23.5,大专(高职)占 7.9%,大学本科及以上占 1.7%。在农民工、劳务派遣工中,无技术等级的占 68.3%,初级技工占 21.2%,中级技工占 7.8%,高级技工占 1.5%,工人技师占 0.7%,高级技师占 0.1%;有初级职称的占 12.5%,有中级职称的占 8.9%,有高级职称的占 1.3%,无职称的占 77.3%。

四、生活状况

2005 年,农民工平均月收入为 1118 元,其中制造业企业月收入为 1149 元,建筑业企业月收入为1209元,交通运输业企业月收入为1547元,批发零售业企业月收入649元,住宿餐饮业月收入为901元,租赁和商务服务业月收入为1369元,居民服务和其他服务业月收入820元。18.9%的农民工因为具有一技之长而成为生产骨干,其年收入能够超过2万元。虽说农民工月收入均高于无锡市620元的最低工资标准线,但离全市在职职工平均工资水平仍有较大差距,且农民工的当时收入水平,多数是通过加班加点、延长工作日和提高计件产量来实现的。2006年,全市各级政府出台一系列政策措施,为改善农民工生活创造了有利条件。35.5%的农民工住在单位集体宿舍;农民工平均每月用于文化娱乐支出39元,占其月平均收入的3.5%;38.1%的农民工对本人目前的生活质量表示满意或比较满意;74.7%的农民工对城市生活已适应或比较适应。2009年市人社局统计资料显示,职工月平均工资为3551.92元,农民工月平均工资为2603元。农民工的收入水平逐步提高。2010年,农民工个人在城市每月的生活开支平均为862.3元,以2603元的平均收入为计算标准,农民工的消费支出占收入的33.13%。农民工的消费结构以伙食的比例最高,其次是住宿、服装以及生活日用品。农民工的消费项目仍然是以维持基本生活为重心的,文化娱乐以及人际交往方面的开支较少。在收入水平相对偏低的情况下,农民工用于非食品消费的支出也较低,消费类型倾向于生存型消费表现。

2010年无锡市外来务工人员的平均消费结构表

表1-10

支出项目	消费水平(元)	所占比重(%)
住宿	111.7	13.2
伙食	309.2	36.6
通信	88.0	10.4
交通	27.1	3.2
请客送礼	47.4	5.6
生活日用品	92.6	11.0
服装	93.3	11.0

五、居住情况

2004年,无锡市投资10亿元,兴建5200个农民工集中居住区(点),建筑面积201万平方米,积极改善农民工的居住条件。市政府出台新政策,明确集中建设农民工居住房可以享受建造农民安居房的同等优惠政策。在使用农民工较多的纺织、电子、服装加工等企业以及在无锡新区的用工单位,都建立了农民工集体宿舍。2005年,全市集中居住的农民工为总数的42.2%。2006年,全市集中居住的农民工为70万人。农民工居住的住所是单位免费提供的占39.2%,租房居住的占43.5%,自己购买的占7.5%,人均住房面积达10平方米,多数住家拥有空调、电视、冰箱、热水器等家用电器。2010年,农民工主要的居住地为出租屋和企业员工宿舍,两者比例合计占82.6%。从农民工的就业行业与居住地的相关关系看,作为农民工主要居住地的企业员工宿舍,制造业与建筑业的外来务工人员居住比例最高。制造业与第三产业的农民工选择出租屋居住倾向更明显,租房居住的原因处于前三位的分别是:可以和家人或朋友住在一起、生活便利、工作单位不提供宿舍。2012年,57.62%的农民工单独或全家租住住房,25.24%的农民工居住在实行集体宿舍管理的单位内部,9.02%的农民工和别人合租住房,3.37%的农民工已经自己购买住房,2.80%的农民工居住在未实行集体宿舍管理的单位内部, 其他居住类型占1.94%。全家租住住房的农民工平均租金为每月299.39元。家庭居住面积在20平方米以下的占33.20%,居住面积在20~50平方米的占41.88%,居住面积在50~100平方米的占21.96%,居住面积在100平方米以上的占2.96%。

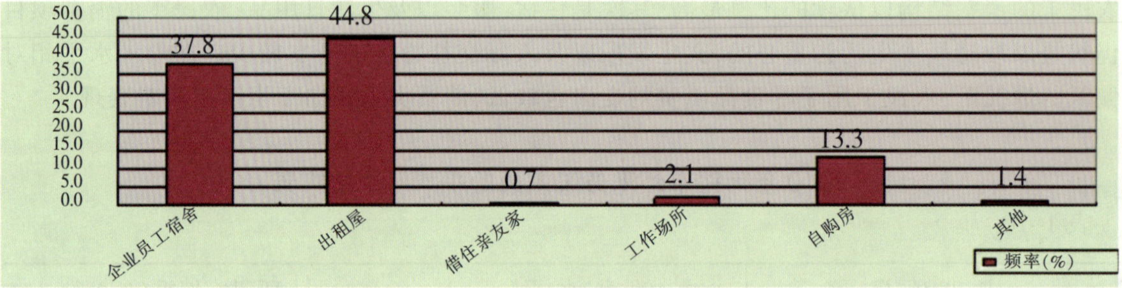

图 1-3　2010 年无锡市外来务工人员的居住情况图

六、子女入学

2004 年,市政府专门下发文件,在农民工子女入学上,明确以公办学校接纳为主、学校不得拒收的属地原则;在经济上,规定免收省规定的借读费,并对经济困难的农民工子女还可酌情减免杂费;在待遇上,对外来农民工子女与本地学生做到一视同仁,实行“三同”,即同样编班(混合编班)、同样享受学校较好的教育资源、同样参加学校的各项活动(包括各类评优活动)。至是年 10 月,全市 9 万名义务教育阶段的适龄农民工子女,有 89.2%在公办学校就读。其中,江阴市、崇安区所有农民工子女都在公办学校就读。2006 年,有 77.6%的农民工子女在市公办学校就读,有 11.4%在民办学校就读,有 11.0%在民工学校就读,没有出现辍学现象。农民工对子女受教育情况表示很满意或比较满意的占 52.3%。2012 年 7 月,市政府出台《关于进一步做好无锡市区外来务工就业人员子女义务教育工作的意见》,采取地方政府履行职责、公办学校接纳为主、民办学校积极补充、管理服务不断优化四项措施解决农民工子女入学问题。至是年 8 月,全市中小学 100%向外来务工人员子女开放,约 15 万名外来务工人员随带子女在公办中小学就读,公办学校接纳率达到了 92%以上,其中,江阴市、崇安区、新区公办学校接纳率达到 100%。全市共有 13 所民办农民工子弟学校,接纳外来务工人员子女达万人,一定程度上缓解了公办学校压力。

七、权益维护

在各级党委的领导下，各级工会把规范使用农民工以及维护他们的合法权益作为一项重要工作来抓，在保障农民工权益方面采取一系列措施。市总工会积极配合政府部门建立健全同工同酬、同城同策的农民工就业服务体系，为推动农民工到无锡工作营造良好的环境。加强劳动用工管理和职业安全卫生；加强对农民工的就业服务培训；建立完善农民工工资支付保障制度，合理提高农民工工资水平；积极引导和推进适合农民工特点的社会保险；大力改善对农民工的公共服务，促进农民工享受到市民化待遇、人性化管理和亲情化服务；吸纳农民工入会，多渠道多形式地维护农民工的合法权益，使他们“涉法有处诉、矛盾有人解、困难有人帮、权益有保障”。

签订劳动合同　2004~2009 年，市总工会坚持把集体合同、劳动合同作为履行维护职责的“牛鼻子工程”，推进企业与农民工签订劳动合同工作。2010 年，农民工与所在企业签订过书面劳动合同的为 79.7%。2012 年，农民工与用人单位签订劳动合同的占 87.8%，劳动合同过期未续签但仍在工作的占 5.9%，与用人单位签订聘用合同的占 2.7%。与用人单位订立劳动合同的期限依次是：1 年及以上不满 2 年的、2 年及以上不满 3 年的、3 个月及以上不满 1 年的、以完成一定工作任务为期限的、3 年以上的、无固定期限的、不满 3 个月的。签订 3 年以下合同的占相当比例。

工资标准与企业规定　2006 年农民工生活质量状况调查表明，对当时的工资收入水平有 37.1%的农民表示满意或比较满意，认为一般的占 48.4%。2010 年，56.7%的农民工的工资标准是完全由企业法人代表决定的，有 13.5%的农民工是由企业工会出面与企业法人代表谈判，而工人集体(代表)与企业法人代表谈判的比例最少，仅为 8.5%。企业按时发放工资(是月发放与次月发放)的占 77.7%，其中，20.3%的企业采用的是平时发放基本生活费，在年底结清工资这种方式。关于加班工资的情况，在有 32.9%缺失值的情况下，选择“自愿加班”的被访者占到了 54.5%，如果将缺失值排除在外，这一比例将达到 81.3%。有 47.6%的企业有关于罚款的“明文规定”，在这些企业中，有 59.7%的人认为罚款规定合理，有 17.9%的人认为罚款规定一般。反映意见最多的依次是工资问题、管理制度、工时，反映的途径依次是通过主管向上反映、向企业工会反映、直接找老板反映。

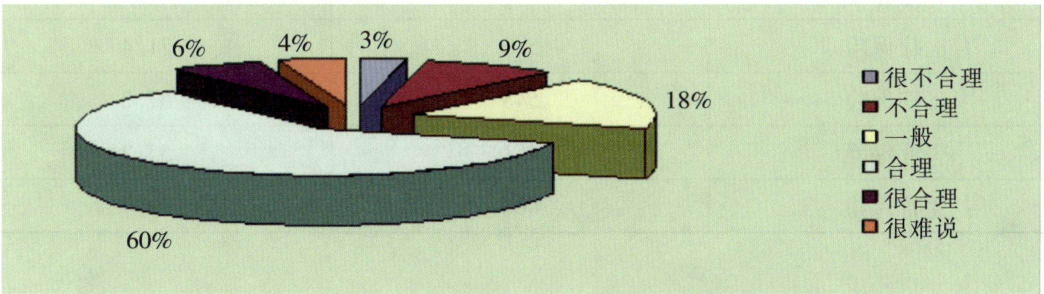

图 1-4　2010 年无锡市农民工关于罚款的认同度图

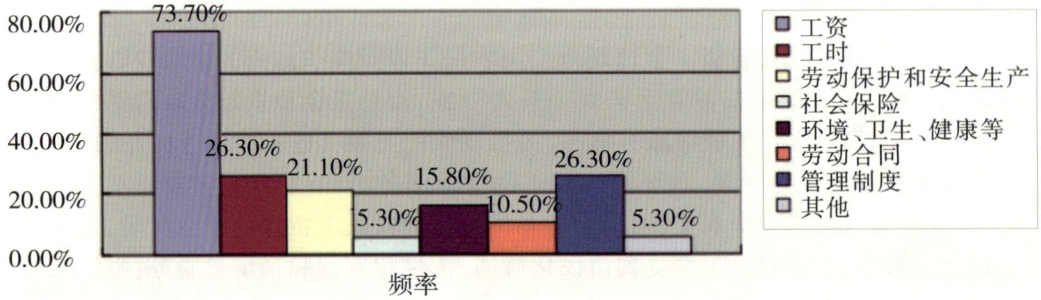

图 1-5　无锡市外来务工人员的反应内容图

社会保障　全市不断加大工作力度,规定农民工和城镇职工一样,与相关企业建立劳动关系后,在缴纳养老保险费和享受养老保险待遇方面做到无任何差别;规定对纳入社会保险体系的企业中所使用的农民工,与城镇职工一样,实施统一的社会保险,对外来的自由职业人员,鼓励其加入社会保险行列,对"引厂进店""招商进场"等形式使用的外来农民工,也通过规范劳动合同管理和劳务派遣等途径纳入社会保险范围,从而使农民工参加社会保险的人数逐年增加。2006 年,固定工作岗位的农民工由单位帮其购买养老保险、医疗保险和失业保险的分别占 16.7%、19.4%和 12.9%。2010 年,农民工中有养老保险的占 69.3%,医疗保险占 71.4%,工伤保险占 67.2%,失业保险占 55.2%,生育保险占 49.9%。2013 年,全市农民工有 93.09 万人参加企业职工基本养老保险,比 2004 年净增 65.53 万人;有 79.74 万人参加城镇职工基本医疗保险,比 2006 年净增 29.70 万人;有 45.22 万人参加失业保险,比 2008 年净增 6.99 万人;有 84.31 万人参加工伤保险,比 2006 年净增 34.23 万人。

2010 年无锡市外来务工人员参保类型一览表

表 1-11

保险名称	频数(次)	频率(%)
养老保险	516	69.3
医疗保险	583	71.4
工伤保险	548	67.2
失业保险	451	55.2
生育保险	408	49.9

福利待遇　2006 年,农民工患病时,面对昂贵的医疗费用,更多的采取"大病拖、小病扛"的态度。当他们在务工期间患病时,会选择去正规医院看病的只占 35.5%,选择自己到药店买

药的占38.2%,不看病、不吃药的占2.7%,舍不得花钱的占3.2%。2010年,企业提供病假工资、带薪休假、产假工资待遇的分别占60.8%、54.5%、45.7%。当农民工遭遇到工伤或者患职业病时,他们的工伤费用、门诊费用、住院费用由所在企业全部报销所占的比重分别为46.2%、8.4%、7.0%,而上述三种费用企业不报销的分别占10.5%、30.1%、21.7%。农民工在患职业病或遭遇工伤时,有一部分人的合法权益难得到保障。

2010年无锡市农民工工伤、门诊、住院费用报销情况一览表

表1-12 单位:次、%

工伤费用报销情况			门诊费用报销情况			住院费用报销情况		
	频数	频率		频数	频率		频数	频率
全部报销	66	46.2	全部报销	12	8.4	全部报销	10	7.0
部分报销	21	14.7	部分报销	48	33.5	部分报销	60	42.0
无报销	15	10.5	无报销	43	30.1	无报销	31	21.7
不知道	41	28.6	不知道	40	28.0	不知道	42	29.3
合计	143	100.0	合计	143	100.0	合计	143	100.0

第二章　工会代表大会与工会组织

第一节　工会代表大会

一、市工会第十五次代表大会

无锡市工会第十五次代表大会于2003年11月在市政协礼堂召开。2003年11月至2008年10月,市总工会相继召开了7次全委(扩大)会议和5次全体代表会议。五年中,全市工会认真贯彻落实中共十六大、十七大精神,遵照中国工会第十四次全国代表大会以来提出的工会发展的新理论、新观念,指导工作实践,坚持走中国特色社会主义工会发展道路,创造了一批在全国、全省具有示范引领作用的工作经验。

第一次全体代表会议　2003年11月,无锡市工会第十五次代表大会第一次全体代表会议在市政协礼堂召开。出席大会的正式代表382名、特邀代表27名、列席代表24名。

第二次全体代表会议　2005年1月,无锡市工会第十五次代表大会第二次全体代表会议在市人民大会堂召开,市委常委、市委组织部部长周令根到会讲话。市总工会主席余炳源作题为《不断提高工会履行各项职能的能力,全面开创工会工作的新局面》的工作报告。

第三次全体代表会议　2006年1月,无锡市工会第十五次代表大会第三次会议在市人民大会堂举行,副市长谈学明到会讲话。会议审议通过市总工会工作报告、经审工作报告、提案办理情况报告以及大会决议。

第四次全体代表会议　2007年1月,无锡市工会第十五次代表大会第四次会议在市人民大会堂中会场举行,市委副书记王咏红到会讲话,副市长谈学明、市委副秘书长秦咏薪参加会议。会议审议通过了市总工会主席余炳源作的全委会工作报告、副主席汤建华作的代表提案办理情况报告以及大会决议。

第五次全体代表会议　2008年1月,无锡市工会第十五次代表大会第五次会议在市人民大会堂中会场召开,副市长谈学明到会讲话。会议审议通过了市总工会工作报告、经审工作报告和提案处理情况报告。

市总工会第十五届"两委会"委员及领导班子人员变动情况　2004年12月23日,市总工会召开第十五届三次全委(扩大)会议,补选钟明为市总工会第十五届委员会委员。是日,市总工会第十五届经费审查委员会召开全体会议,补选陈建文为市总工会第十五届经费审查委员会委员。

2005年12月26~27日,市总工会召开第十五届四次全委(扩大)会议,补选钱文琴、何艳、李凯、张国华、浦緦、马其兴、尤慧敏、张晓刚为市总工会第十五届委员会委员。27日,市总工会第十五届经费审查委员会召开全体会议,补选石兴荣、余冰为市总工会第十五届经费审查委员会委员,增补刘建春、浦辙为市总工会第十五届经费审查委员会委员。

2007年1月8日，市总工会召开第十五届五次全委(扩大)会议，补选许国良、平文良、朱庆连、韦顺芳、王正勇为市总工会第十五届委员会委员，增补严福庆、顾棣、殷佩瑾、桑勤、黄晔为市总工会第十五届委员会委员。是日，市总工会第十五届经费审查委员会召开全体会议，补选吴阿根为市总工会第十五届经费审查委员会委员。

12月28日，市总工会召开第十五届六次全委(扩大)会议，选举周国祥为市总工会第十五届委员会委员、常委，补选华解语、孙英、荆晓菲、毛伟仁、施培新、刘涛和、李平、王小良、徐宝健为市总工会第十五届委员会委员，增补朱承刚、宋汉清为市总工会第十五届委员会委员。是日，市总工会第十五届经费审查委员会召开全体会议，选举周国祥为市总工会第十五届经费审查委员会委员、主任，补选林黎、王献可为市总工会第十五届经费审查委员会委员。

2008年5月9日，市总工会召开第十五届七次全委会，选举王党民为市总工会第十五届委员会委员、常委、副主席。

10月8日，市委决定孙洪任市总工会党组书记(市委锡委组〔2008〕379号文件)。同日，市委锡委组〔2008〕377号文件，提名孙洪为市总工会副主席人选。24日，市总工会召开第十五届八次全委会，市总工会党组书记孙洪当选为市总工会十五届委员会委员、常委、副主席。

二、市工会第十六次代表大会

2008年11月11~12日，无锡市工会第十六次代表大会在无锡市惠山区华美达大酒店召开。出席大会的正式代表有387名，特邀代表6名，列席代表57名。

大会主席团成员(按姓氏笔画排序)：

马其兴	王党民(女)	平文良	石兴荣	石纪刚	冯惠兴
曲国基	朱伟文(女)	朱庆连	朱建方	华解语(女)	刘　征(女)
刘　涛	汤建华	许国良	许国清	祁国华	孙　洪
杨　军	杨华庆	芮永军	苏江清	李战平	李锦南(女)
严福庆	余炳源	宋汉清	张　帆	张中祥	张玉兴
张国华	陈锡云(女)	周国祥	周敏炜	周惠明	承燕华(女)
荣　骏	施培新(女)	莫国良	夏　坚	夏加增	钱维中
徐达增					

主席团常务主席：周敏炜　孙　洪　张　帆　汤建华　王党民(女)　周国祥

大会秘书长：孙　洪

大会副秘书长：曲国基　周惠明　严福庆

代表大会的主要任务　回顾总结无锡市工会第十五次代表大会以来的工作，深入学习贯彻中共十七大精神和胡锦涛总书记在同全国工会新一届领导班子成员和部分中国工会第十五次全国代表大会代表座谈会议时重要讲话精神，按照中国工会第十五次全国代表大会，江苏省工会第十二次代表大会提出的目标任务，坚持走中国特色社会主义发展道路，组织动员广大职工群众充分发挥工人阶级的主力军作用，为无锡率先基本实现现代化建功立业。选举产生新一届市总工会领导机构。

市委主要领导代表市委、市人大、市政府、市政协在开幕式上，向大会表示祝贺。市委肯定无锡市工会第十五次代表大会以来的五年是全市工会工作取得显著成绩的五年,希望全市工会在新形势下继续努力,为推进经济社会发展发挥更大作用。

省人大常委会副主任、省总工会主席张艳在开幕式上指出,无锡市工会在市委和各级党委的正确领导下,紧紧围绕全市改革发展大局,开拓进取,各项工作取得了新的进展,创造了新业绩,有许多亮点工作走在全省的前列。希望无锡工会坚持走中国特色社会主义工会道路,在围绕中心、服务全局中再创新业绩。

孙洪代表市总工会第十五届委员会向大会作题为《坚持走中国特色社会主义工会发展道路,努力为无锡率先基本实现现代化建功立业》的工作报告。汤建华代表市总工会第十五届委员会作财务工作报告(书面)。周国祥代表市总工会第十五届经费审查委员会作经费审查工作报告(书面)。

全体正式代表通过无记名投票选举产生了无锡市总工会第十六届委员会和经费审查委员会。

11 月 12 日,市委常委、市委统战部部长、市总工会主席周敏炜在无锡市工会第十六次代表大会闭幕式上作讲话。

是日,举行市总工会第十六届委员会第一次全体会议,选举产生新一届市总工会第十六届常务委员会和主席、副主席。

无锡市总工会第十六届委员会委员名单(按姓氏笔画排序):

马其兴	王　军	王小良	王觉民(女)	毛卫仁
平文良	石兴荣	冯惠兴	朱伟文(女)	朱庆连
朱明伟	朱建方	朱承刚	任亚萍(女)	华解语(女)
刘　征(女)	刘　涛	江　静(女)	汤建华	许国良
许国清	祁国华	孙　洪	孙玉明	孙雁芳(女)
杨　军	杨华庆	苏江清	李　平(女)	李战平
严福庆	余　冰	宋汉清	张　帆	张　进
张玉兴	张玉琴(女)	张国华	张国浩	陈锡云(女)
杭兰生	周　斌	周书同	周国祥	周敏炜
周惠明	承燕华(女)	柳高远	荆晓菲(女)	施培新(女)
姜正武	顾　楳(女)	顾正刚	顾红庆	夏　坚
钱晓东	钱维中	徐达增	徐宝健(女)	唐丽琴(女)
谈志浩	梅大为	黄　晔(女)	符炳方	潘惠敏

无锡市总工会第十六届委员会常务委员、主席、副主席名单(按姓氏笔画排序):

王觉民(女)	汤建华	许国清	孙　洪	李战平
严福庆	宋汉清	张　帆	张玉兴	陈锡云(女)
周国祥	周敏炜	周惠明	承燕华(女)	夏　坚

市委常委、市总工会主席: 周敏炜 (2008 年 11 月~2012 年 6 月)

陈德荣 (2012 年 6 月~(届内接任)2013 年 11 月)

副　　主　　席:孙　洪 (2008 年 11 月~2012 年 8 月(党组书记)

管海燕(女)[(2012年10月~(届内接任,党组书记)2013年11月)]
张　帆(2008年11月~2013年11月)
汤建华(2008年11月~2013年8月)
王觉民(女)(2008年11月~2013年11月)

是日,在市总工会十六届一次经费审查委员会会议上,选举产生经审会主任。

无锡市总工会第十六届经费审查委员会委员名单(按姓氏笔画排序):

王献可　石纪刚　刘逸明　孙志元　李　冰(女)
林　黎(女)　周成锋　周国祥　殷佩瑾(女)　浦　辙
黄　鸿　葛艺华　蒋慧娟(女)

经费审查委员会主任:周国祥

市总工会第十六届"两委会"委员及领导班子人员变动情况

2008年11月5日,中共无锡市委锡委组〔2008〕387号文件提名周敏炜为市总工会第十六届委员会主席候选人。

2009年1月14日,市总工会召开第十六届二次全委(扩大)会议,补选郁秋浩、钱小勤为市总工会第十六届委员会委员。

2010年1月12~13日,市总工会召开第十六届四次全委(扩大)会议,选举王瑛为市总工会第十六届委员会委员、常委,补选王国生、陈瑛、周军华、晁宁奎为市总工会第十六届委员会委员。

2011年1月12~13日,市总工会召开第十六届六次全委(扩大)会议,补选苏锡林、唐岳良、戴旭林、丁锋4人为市总工会第十六届委员会委员,补选王国康为市总工会第十六届经费审查委员会委员。

2012年1月5~6日,市总工会召开第十六届八次全委(扩大)会议,补选顾惠忠、赵国强、梁岱红、邹百青、沈建林为市总工会第十六届委员会委员。

6月18日,市总工会召开机关全体干部会议,省委常委、市委书记黄莉新,市委常委、市委统战部部长陈德荣,市委常委、市委组织部部长朱劲松出席会议。会上,朱劲松宣读市委锡委组〔2012〕117号文件,提名陈德荣为市总工会主席人选,并按有关规定办理。是日,市总工会召开第十六届九次全委(扩大)会议,选举陈德荣为市总工会第十六届委员会委员、常委、主席。

8月28日,市政协副主席、市委组织部副部长蒋达在市总工会机关全体干部大会上宣读市委3月8日锡委组〔2012〕184号文件,决定管海燕任市总工会党组书记。宣读市委锡委组〔2012〕197号文件,提名管海燕为市总工会副主席人选。10月9日,市总工会召开第十六届十次全委(扩大)会议,选举管海燕为市总工会第十六届委员会委员、常委、副主席。

10月9日,市总工会召开第十六届十次全委(扩大)会议,补选刘文红、魏良、许建元、傅弘、强碧红、凌兆元、冯梅、邹翊为市总工会第十六届委员会委员。

2013年10月31日,市总工会召开第十六届十二次全委(扩大)会,选举周国祥为市总工会第十六届委员会副主席。

三、市工会第十七次代表大会

2013年11月26~28日,无锡市工会第十七次代表大会在无锡市人民大会堂召开。出席大会的正式代表407名,特邀代表15名,列席代表50名。

大会主席团成员(按姓氏笔画排序):

丁　锋	王　瑛(女)	王小良	王国生	王建新
王觉民(女)	叶　聪	卢永辉	冯惠兴	朱　华
朱明伟	朱承刚	任建一	刘　涛	刘文红(女)
刘国强	许建元	许国清	杨卫中	严福庆
辛谊忠	宋汉清	张　帆	张国华	张映雪(女)
陈　明	陈美平(女)	陈锡云(女)	陈德荣	范兴龙
金晓峰	周亚定	周国祥	胡君松	赵　宏
赵国强	倪　军	徐炯明	黄　明	黄　勤(女)
黄维正	曹　琪	章芬芳(女)	章树军	蒋纯红(女)
蒋群联(女)	蔡　军	管海燕(女)	戴旭林	

大会主席团常务主席:陈德荣　管海燕(女)　张　帆　王觉民(女)　周国祥　胡君松

大　会　秘　书　长:管海燕(女)

大　会　副　秘　书　长:王觉民(女)　周国祥　胡君松　朱承刚　赵　宏

代表大会的主要任务　高举中国特色社会主义伟大旗帜,认真学习宣传贯彻中共十八大和十八届三中全会精神以及习近平总书记系列重要讲话精神,回顾总结无锡市工会第十六次代表大会以来全市工会的主要工作和基本经验,确定以后五年工会工作的指导思想和主要任务,选举产生新一届市总工会领导机构。

开幕式上,省委常委、无锡市委书记黄莉新代表市委、市人大、市政府、市政协向大会表示祝贺。黄莉新肯定无锡市工会第十六次代表大会以来,全市广大职工为促进全市经济社会持续健康发展作出了积极贡献,工会工作取得了显著成效,形成了一批在全省有影响力的工作亮点和先进经验。希望全市广大职工为谱写"中国梦"的无锡篇章而努力奋斗,全市工会组织要主动适应新形势,推动中国特色社会主义工会道路越走越宽广。

省总工会主席邢春宁在开幕式上指出,无锡市各级工会在市委的正确领导下,围绕中心,服务大局,解放思想,真抓实干,许多工作走在了全省乃至全国前列,为促进无锡经济社会各项事业的发展做出了重要贡献。希望无锡市各级工会组织和广大工会干部在市委正确领导下,进一步解放思想,奋力开拓创新,更好地肩负历史赋予的光荣使命,在新起点上不断开创工会工作的新局面。

陈德荣代表市总工会第十六届委员会向大会作题为《充分发挥主力军作用,为谱写"中国梦"无锡篇章建功立业》的工作报告。管海燕代表市总工会第十六届委员会作财务工作报告(书面)。周国祥代表市总工会第十六届经费审查委员会作经费审查工作报告(书面)。

全体正式代表通过无记名投票选举产生了无锡市总工会第十七届委员会和经费审查委员会。

11月28日,市委常委、市委统战部部长、市总工会主席陈德荣在无锡市工会第十七次代表大会闭幕式上作讲话。

是日,举行市总工会第十七届委员会第一次全体会议,选举产生市总工会第十六届常务委员会和主席、副主席。

无锡市总工会第十七届委员会委员名单(按姓氏笔画排序):

丁　锋	王　军	王　瑛(女)	王小良	王立新
王国生	王建军	王建新	王觉民(女)	王艳玲(女)
卢　芳(女)	卢永辉	冯惠兴	朱　华	朱明伟
朱承刚	刘　涛	刘文红(女)	江　静(女)	许　焱(女)
许建元	许国清	孙雁芳(女)	杨卫中	李　雯(女)
严福庆	邹　翊(女)	邹百青	辛谊忠	沈建林
宋汉清	张　帆	张玉兴	张国华	张映雪(女)
陈　明	陈　瑛(女)	陈锡云(女)	陈德荣	苗学文(女)
范兴龙	金晓峰	周　斌	周书同	周亚定
周国祥	柳高远	胡君松	赵　宏	赵国强
顾　健	徐　良	徐炯明	唐丽琴(女)	黄　明
黄　晔(女)	黄维正	曹　辰	曹　琪	章芬芳(女)
章树军	梁岱红(女)	蒋福良	蒋群联(女)	傅　泓(女)
阙耀顺	蔡　军	管海燕(女)	戴旭林	

无锡市总工会第十七届委员会常务委员、主席、副主席名单(按姓氏笔画排序):

王　瑛(女)	王觉民(女)	朱承刚	许国清	张　帆
宋汉清	严福庆	陈德荣	周国祥	胡君松
赵　宏	曹　琪	管海燕(女)	蔡　军	

市委常委、市总工会主席:陈德荣

副主席(按市委提名排序):管海燕(女)　张　帆　王觉民(女)　周国祥

是日,在市总工会十七届一次经费审查委员会会议上,选举产生经审会主任、副主任。

无锡市总工会第十七届经费审查委员会委员名单(按姓氏笔画排序):

王国康	王惠君(女)	冯　梅(女)	刘逸明	孙志元
李　冰(女)	陆桂荣	陈美平(女)	林　黎(女)	欧国君
胡君松	梅大为	常　华	蒋慧娟(女)	

经费审查委员会主任:胡君松

副　主　任:陈美平(女)

无锡市出席全国、省工会代表大会名单和当选委员名单

中国工会第十五次全国代表大会无锡代表和执委会委员名单(共7名)

(2008年)

余炳源　朱建方　许国良　陈　明　殷作虎　唐丽琴

黄　芳

朱建方当选为全国总工会第十五届执委会委员。

中国工会第十六次全国代表大会无锡代表和执委会委员名单(共10名)
(2013年)

陈德荣	管海燕	刘文红	黄维正	顾惠忠	冯惠兴
范兴龙	张敬东	苏伟生	唐丽琴		

刘文红当选为全国总工会十六届执委会委员。

江苏省工会第十二次代表大会无锡代表名单
(2008年)

团　长:余炳源

副团长:荣　骏

代表团总人数104人

其　中:代表99人,特邀代表0人,列席代表5人

正式代表:99人

余炳源	荣　骏	周国祥	承燕华	朱建方	徐才平
石顺芳	许国良	许夕强	吴阿根	马其兴	平文良
莫国良	孙　英	张国华	刘　征	钱维中	冯惠兴
卢　芳	左西龙	张中祥	张建强	吴克俭	蒋国新
许雪芳	刘成香	顾红庆	浦　龃	任亚萍	石兴荣
葛艺华	朱伟文	王　军	张　进	张国浩	何　艳
林　黎	周书同	王小良	顾　楳	李　平	朱庆连
王生均	周　斌	徐　行	余　冰	周成锋	缪士良
施培新	浦　辙	张汝良	苏学东	黄　艳	高　艳
苏江清	王志标	蔡永磊	张　鸽	黄　芳	陈学军
钱　磊	顾佩鸣	郑义通	潘惠敏	林富昌	龚利汀
徐　明	王晓华	徐方方	朴京姬	孙月明	殷少能
徐德良	唐丽琴	夏长奉	华　杰	朱彩霞	闵曲成
钱　蔚	蔡金芬	陈卫星	苏静宇	赵东平	朱汉青
徐宝健	刘　涛	张晓刚	邵　艳	梅大为	谈志浩
袁伟贤	苏里聪	陈　勇	王中华	陶宝中	陈振宁
方　进	马　雷	朱和顺			

列席代表:5人

李雪花	陆美芳	张清涵	白植钦	王珍珍

江苏省总工会第十二届委员会无锡委员名单(共7名)

余炳源	朱建方	孙　英	任亚萍	石兴荣	苏江清
唐丽琴					

江苏省总工会第十二届委员会无锡委员替补情况

孙洪替补余炳源;郁秋皓替补朱建方,杨华庆替补孙英,顾惠忠替补杨华庆

江苏省总工会第十二届经费审查委员会无锡委员名单(共1名)

苏锡林

江苏省工会第十三次代表大会无锡代表名单
(2013年)

团　长:陈德荣

副团长:管海燕

代表团总人数108人

其　中:代表102人,特邀代表0人,列席代表6人

正式代表:共102人

陈德荣	管海燕	朱和顺	景月琴	黄国军	张　帆
周国祥	王小良	王国生	刘文红	徐才平	黄维正
蒋纯红	邓加红	魏　良	杨卫中	张　谷	顾惠忠
顾晓华	张国华	许建元	戴旭林	冯惠兴	卢永辉
王福生	钱建兵	叶文芝	张中祥	范兴龙	钱红霞
朱松林	费　超	周锡芳	冯　铭	胡文林	徐瑞根
王建伟	张玉琴	张建浩	朱梦燕	苏静宇	袁梅华
王永伟	朱升皓	蔡真法	丁　锋	周军华	赵国强
柳高远	刘　涛	李建忠	陈卫东	张　莹	陈　瑛
周海燕	顾建新	尤凤娜	浦　辙	卢　芳	肖均贤
张汝良	吕建强	蒋一昆	陈　明	吕伟健	邹　洁
刘文娟	万旭阳	叶　聪	夏兴兰	曾　林	金晓峰
罗锡娅	朴京姬	朱　玮	张忠阳	唐丽琴	周景华
吴　迪	吴圣法	许　焱	唐武军	刘　劝	周　斌
马如军	张晓凡	郭瑞卿	吴建磊	黄秋芳	单春红
沈　艳	倪蕾敏	邹冠华	钮新颜	徐　颖	杨　峰
秦　富	刘小艳	邓晓艳	魏宪举	袁彩凤	刘军峰

列席代表:共6人

孙　洪	郁秋皓	任亚萍	石兴荣	苏江清	苏锡林

江苏省总工会第十三届委员会无锡委员名单(共7名)

陈德荣	管海燕	刘文红	顾惠忠	冯惠兴	范兴龙
唐丽琴					

江苏省总工会第十三届经费审查委员会无锡委员名单(共2名)

周国祥　　黄维正

第二节　无锡市总工会

一、无锡市总工会主席、副主席

主　　席：余炳源（2001 年 4 月~2008 年 10 月）
周敏炜(2008 年 11 月~2012 年 6 月)
陈德荣(2012 年 6 月~　)

副 主 席：荣　骏(1998 年 12 月~2008 年 2 月)
李锦南(1999 年 1 月~2006 年 1 月)
张　帆(2003 年 11 月~　)
汤建华(2003 年 11 月~2013 年 8 月)
孙　洪（2008 年 10 月~2012 年 3 月)
王觉民(2008 年 3 月~　)
管海燕(2012 年 10 月~　)
周国祥(2013 年 10 月~　)

二、中共无锡市总工会党组

党组书记：余炳源(2001 年 4 月~2008 年 10 月)
孙　洪(2008 年 10 月~2012 年 3 月)
管海燕(2012 年 3 月~　)(8 月到岗)

副 书 记：荣　骏(2002 年 5 月~2008 年 2 月)

党组成员：李锦南(1999 年 1 月~2006 年 1 月)
王珍珍(2002 年 5 月~2007 年 5 月)
张　帆(2003 年 11 月~　)
汤建华(2003 年 11 月~2013 年 8 月)
周国祥(2007 年 7 月~　)
王觉民(2008 年 3 月~　)
胡君松(2013 年10 月~　)

三、中共无锡市总工会纪律检查组

纪检组组长：王珍珍(2002 年 5 月~2007 年 5 月)
周国祥(2007 年 7 月~2013 年 10 月)
胡君松(2013 年 10 月~　)

纪检组副组长(监察室主任)：施宇星(2013 年 6 月~　)

纪　检　员：蒋建平(2002 年 4 月~2008 年 3 月)
过瑞元(2008 年 8 月~2010 年 7 月)
施宇星(2010 年 7月~2013 年 6 月)

四、中共无锡市总工会机关委员会

党委书记：王珍珍(2002 年 7 月~2006 年 12 月)
余炳源(2006 年 12 月~2008 年 10 月)
孙　洪(2008 年 10 月~2012 年 3 月)
管海燕(2012 年 11 月~　)

副 书 记：严福庆(2000 年 8 月~2006 年 3 月)
曲国基(2006 年 3 月~2010 年 5 月)
王珍珍(2006 年 12 月~2007 年 5 月)
周国祥(2007 年 7 月~　)
朱承刚(2008 年 7 月~2013 年 6 月)
夏　坚(2011 年 4 月~　)
朱研琛(2013 年 6 月~　)

中共无锡市总工会机关第三届委员会　2006 年 12 月 1 日,中共无锡市总工会机关第三次代表大会在三皇街毛桃巷 33 号六楼会场召开。应到会代表 80 名,实到会代表 77 名。市委市级机关工委书记韩殿彬到会致辞,市总工会主席、党组书记余炳源到会讲话。会议通过了机关党委书记王珍珍代表中国共产党无锡市总工会机关第二届委员会作题为《努力创建“三型”党组织,为实现党建工作模范区作出新贡献》的工作报告。选举余炳源、王珍珍、曲国基、周惠明、承燕华、严福庆、江静、李战平、孙玉明 9 人为第三届市总工会机关党委委员。第一次全委会选举余炳源为党委书记,王珍珍、曲国基为副书记。

中共无锡市总工会机关第四届委员会　2011 年 11 月 22 日,市总工会在江苏省无锡工人太湖疗养院召开中国共产党无锡市总工会机关第四次代表大会。大会应出席代表 78 名,实到会代表 75 名,因事、因病请假 3 名。市委市级机关工委书记周艳阳到会致辞;市总工会党组书记、副主席、机关党委书记孙洪在会上作讲话。市总工会纪检组组长、机关党委副书记周国祥代表中国共产党无锡市总工会机关第三届委员会作题为《不断提升党建科学化水平,为无锡率先基本实现现代化作出新贡献》的工作报告。会议选举孙洪、周国祥、夏坚、朱承刚、周惠明、严福庆、王瑛、江静、邹翊 9 人为第四届中共无锡市总工会机关委员会委员。第一次全委会选举孙洪为党委书记,周国祥、夏坚、朱承刚为副书记。

五、无锡市总工会部室设置

办公室(国际联络部)

秘书长(自设):曲国基 (2006 年 3 月~2010 年 5 月)(2009 年 3 月~2010 年 5 月副调研员)

主　　任：曲国基(2002 年 4 月~2006 年 3 月)
李战平(2009 年 4 月~2013 年 6 月)
朱承刚(2013 年 6 月~　)(2004 年 9 月~　副处级)

副 主 任：刘伯生(2003 年 4 月~2006 年 10 月)
朱承刚(2006 年 10 月~2008 年 7 月)(2004 年 9 月~　副处级)

陆建明(2006 年 3 月~2008 年 7 月)
赵　宏(2006 年 3 月~2009 年 7 月)
徐　良(2009 年 7 月~2013 年 6 月)
华　婕(2011 年 4 月~　)
刘国伟(2013 年 7 月~　)

政策研究室(自设、在办公室挂牌)

主　　任：夏　坚(2011 年 4 月~　)(2009 年 11 月~2014 年 12 月副调研员)
副 主 任：陆建明(兼)(2006 年 3 月~2008 年 7 月)

组织部

部　　长：王珍珍(2002 年 5 月~2006 年 5 月)
严福庆(2006 年 5 月~　)
副 部 长：严福庆(2002 年 4 月~2006 年 5 月)
王　瑛(2008 年 7 月~2009 年 4 月)
施宇星(2010 年 2 月~　)(2009 年 11 月~　副处级)

民主管理部

部　　长：许国清(2003 年 4 月~2013 年 6 月)
副 部 长：刘伯生(2006 年 10 月~2011 年 4 月)
徐　良(2013 年 6 月~　)(主持工作)

生活保障部

部　　长：夏　坚(兼)(2002 年 4 月~2006 年 3 月)(2009 年 11 月~2014 年 12 月副调研员)
承燕华(2006 年 3 月~2011 年 3 月)
许国清(2013 年 6 月~　)
副 部 长：桑　勤(2001 年 8 月~2006 年 3 月)
朱研琛(2009 年 7 月~2013 年 6 月)
吉　黎(2011 年 4 月~　)

法律工作部

部　　长：夏　坚(2001 年 8 月~2011 年 4 月)(2009 年 11 月~2014 年 12 月副调研员)
曹　琪(2013 年 6 月~　)
副 部 长：朱承刚(2004 年 10 月~2006 年 3 月)(2004 年 9 月~　副处级)
孙玉明(2006 年 3 月~2008 年 7 月)
曹　琪(2009 年 7 月~2013 年 6 月)

生产保护部

部　　长：周惠明(2002 年 4 月~2008 年 9 月)(1999 年 9 月~2014 年 8 月副处级)
宋汉清(2008 年 9 月~　)
副 部 长：孙步群(2004 年 10 月~2009 年 7 月)
吴建国(2008 年 7 月~　)

财务事业部

部　　长：张玉兴(2001 年 7 月~2010 年 10 月)(2010 年 10 月~　副调研员)

蔡　军(2013年6月~　)

副 部 长：孙步群(2002年4月~2004年10月)

陈美平(2006年3月~2009年7月)

蔡　军(2011年4月~2013年6月)

宣传教育部

部　　长：李战平(兼)(2002年2月~2008年1月)

宋汉清(2008年7月~2008年9月)

周惠明(2008年9月~2013年6月)(1999年9月~2014年副处级)

赵　宏(2013年6月~　)

副 部 长：宋汉清(2000年4月~2008年7月)

赵　宏(2009年7月~2013年6月)

女职工部

部　　长：承燕华(2003年4月~2006年3月)

桑　勤(2006年3月~2008年9月)

陈锡云(2008年9月~2009年4月)

王　瑛(2009年7月~　)

副 部 长：王　瑛(2009年4月~2009年7月)(主持工作)

经费审查委员会办公室

主　　任：曲国基(兼)(2002年4月~2008年1月)

李战平(2008年1月~2009年7月)

陈美平(2013年6月~　)

副 主 任：陈美平(2009年7月~2013年6月)(主持工作)

第三节　市(县)、区、局(公司)、直属单位工会

一、市(县)、区工会

江阴市总工会　2013年,江阴市总工会下辖10个镇总工会、4个街道总工会、3个园区工会;全市基层工会2583个,涵盖单位1.48万个,职工74.4万人,其中工会会员71.83万人。市总工会机关设:办公室(经审会办公室)、民主管理部(法律工作部)、组织宣教部、生产保护部、生活女工部、财务事业部。下属事业单位:江阴市职工学校、江阴市工人文化宫、江阴市职工技协办公室、江阴市职工法律援助中心、江阴市总工会困难职工援助中心。

江阴市工代会　江阴市工会第十二次代表大会于2003年12月22日在江阴市长江影剧院召开。大会中心议题:实践“三个代表”重要思想,团结带领全市职工在“两个率先”新征程中建功立业。大会选举产生江阴市总工会第十二届委员会和经费审查委员会。

主　　席：朱建方(2003年12月~2008年11月)

副 主 席：余　玲(女)(2003年12月~2008年11月)

卞正环(2003年12月~2008年11月)

经审会主任：余　玲(女)(2003 年 12 月~2008 年 11 月)

江阴市工会第十三次代表大会于 2008 年 11 月 21 日在江阴大剧院召开。大会中心议题：坚持走中国特色社会主义发展道路，团结动员江阴市广大职工为建设幸福江阴而努力奋斗。大会选举产生江阴市总工会第十三届委员会和经费审查委员会。

主　　席：郁秋皓(2008 年 11 月~2012 年 4 月)
　　　　　刘文红(女)(2012 年 4 月~2013 年 6 月)
副 主 席：余　玲(女)(2008 年 11 月~2013 年 6 月)
　　　　　卞正环(2008 年 11 月~2012 年 10 月)
　　　　　胡荣华(2012 年 10 月~2013 年 6 月)
经审会主任：余　玲(女)(2008 年 11 月~2013 年 6 月)

江阴市工会第十四次代表大会于 2013 年 6 月 3 日在江阴大剧院召开。大会中心议题：全面增强工会组织生机与活力，为谱写"中国梦"的江阴篇章发挥工人阶级主力军作用。大会选举产生江阴市总工会第十四届委员会和经费审查委员会。

主　　席：刘文红(女)(2013 年 6 月~　)
副 主 席：余　玲(女)(2013 年 6 月~　)
　　　　　胡荣华(2013 年 6 月~　)
经审会主任：胡荣华(2013 年 6 月~　)

宜兴市总工会　2013 年，宜兴市总工会下辖 14 个镇总工会、2 个国家级园区总工会、1 个省级产业园区工会联合会、2 个街道总工会、32 个系统联合工会；全市基层工会 2334 个，涵盖单位 8332 个，职工40.27 万人，其中工会会员 39.38 万人。市总工会机关设：办公室(经审会办公室)、组织宣教部、维护保障部(产业工会协调办公室)、生产保护部(劳模协会办公室)、财务事业部、生活女职工部。下属单位：宜兴市工人文化宫、宜兴市总工会职工学校、宜兴市职工技术协作中心 3 个事业单位和宜兴市职工服务中心、宜兴市职工文化艺术中心 2 个民办非企业单位。

宜兴市工代会　宜兴市工会第十次代表大会于 2002 年 11 月 15 日在宜兴市政府会议中心召开。大会中心议题：振奋精神，与时俱进，开拓创新，在加快宜兴现代化建设中充分发挥工人阶级主力军作用。大会选举产生宜兴市总工会第十届委员会和经费审查委员会。

主　　席：曹超群(2002 年 11 月~2006 年 10 月)
　　　　　许国良(2006 年 10 月~2007 年 11 月)
党组书记：杨南华(2005 年 10 月~2007 年 11 月)
副 主 席：曹明军(2002 年 11 月~2004 年 3 月)
　　　　　周铁牛 (2002 年 11 月~2004 年 3 月)
　　　　　杨建芬(女) (2002 年 11 月~2004 年 10 月)
　　　　　马　敏(女)(2004 年 8 月~2006 年 10 月)
　　　　　裴志伦(2004 年 10 月~2007 年 11 月)
　　　　　杨建芬(女)(2006 年 10 月~2007 年 8 月)
经审会主任：周铁牛(2002 年 11 月~2004 年 7 月)
　　　　　马　敏(女)(2004 年 8 月~2006 年 10 月)

杨建芬(女)(2006年10月~2007年9月)

宜兴市工会第十一次代表大会于2007年11月27日在宜兴市委党校召开。大会中心议题:团结动员全市广大职工,为建设富裕、和谐、秀美新宜兴建功立业。大会选举产生宜兴市总工会第十一届委员会和经费审查委员会。

主　　席:许国良(2007年11月~2010年4月)
苏锡林(2010年4月~2012年11月)

党组书记:杨南华(2007年11月~2009年9月)
苏锡林(2009年9月~2010年4月)
周亚定(2010年4月~2012年11月)

副主席:裴志伦(2007年11月~2011年3月)
王继青(女)(2007年11月~2011年12月)
蒯秀中(女)(2011年12月~2012年11月)

纪检组组长:张建伟(2007年10月~2011年9月)
白桂娟(女)(2011年12月~2012年11月)

经审会主任:张建伟(2007年11月~2012年7月)
白桂娟(女)(2012年7月~2012年11月)

宜兴市工会第十二次代表大会于2012年11月28日在宜兴市委党校召开。大会中心议题:团结动员全市广大职工,在勇当全省率先基本实现现代化先行军的实践中建功立业。大会选举产生宜兴市总工会第十二届委员会和经费审查委员会。

主　　席:苏锡林(2012年11月~2012年12月)
黄维正(2012年12月~　)

党组书记:周亚定(2012年11月~　)

副主席:蒯秀中(女)(2012年11月~　)
蒋庆源(2013年3月~　)

纪检组组长:白桂娟(女)(2012年11月~　)

经审会主任:白桂娟(女)(2012年11月~　)

锡山区总工会　锡山区总工会于2001年5月建立。锡山区总工会下辖4个镇总工会、2个街道总工会、3个街道工会、1个开发区总工会、11个局(系统)工会、1个商务区工会和台创园工会。2013年,全区基层工会1526个,涵盖单位6661个,职工17.78万人,其中工会会员17.63万人。区总工会机关设:办公室(宣教部)、组织部、维保部、财务部。下属事业单位:锡山区职工技术协作中心。

锡山区工代会　锡山区工会第一次代表大会于2001年5月28日在无锡山区委党校召开。大会中心议题:动员和团结广大职工,在全区的改革开放、经济发展和社会稳定中发挥工人阶级的主力军作用。大会选举产生锡山区总工会第一届委员会和经费审查委员会。

主　　席:唐金虎(2001年5月~2004年12月)
马其兴(2004年12月~2006年12月)

副主席:马其兴(2004年4月~2004年12月)
唐福娣(女)(2001年5月~2006年12月)

殷群建(2005 年 1 月~2006 年 12 月)

经审会主任：唐福娣(女)(2001 年 5 月~2006 年 12 月)

锡山区工会第二次代表大会 2006 年 12 月 12 日在无锡卅花园酒店召开。大会中心议题：团结带领全区广大职工为全区争创“两个确保”(确保到2010年率先基本实现现代化,确保经济社会转入全面协调可持续发展轨道)先行区、建设“两个率先”新锡山的宏伟目标而奋斗。大会选举产生锡山区总工会第二届委员会和经费审查委员会。

主　　席：马其兴 (2006 年 12 月~2012 年 2 月)

邓加红(女)(2012 年 2 月~2012 年 5 月)(中共锡山区委常委)

副 主 席：魏　良(2011 年 2 月~2012 年 5 月)(党组书记)

殷群建(2006 年 12 月~2010 年 2 月)

李　娅(女)(2006 年 12 月~2012 年 5 月)

姚国新(2009 年 4 月~2012 年 5 月)

张丽芳(女) (2010 年 2 月~2012 年 5 月)

经审会主任：李　娅(女) (2006 年 12 月~2012 年 5 月)

锡山区工会第三次代表大会于 2012 年 5 月 29 日在无锡山区委党校召开。大会中心议题:团结带领全区广大职工为全区跻身全市率先基本实现现代化的“第一方阵”而奋斗。大会选举产生锡山区总工会第三届委员会和经费审查委员会。

主　　席：邓加红(女)(2012 年 5 月~2013 年 4 月)(中共锡山区委常委)

张映雪(女)(2013 年 4 月~　)(中共锡山区委常委)

副 主 席：魏　良(2012 年 5 月~2013 年 7 月)(党组书记)

朱　华(2013 年 7 月~　)(党组书记)

姚国新 (2012 年 5 月~2013 年 12 月)

李　娅(女)(2012 年 5 月~2013 年 12 月)

张丽芳(女)(2012 年 5 月~　)

经审会主任：李　娅(女)(2012 年 5 月~　)

惠山区总工会　惠山区总工会于 2001 年3 月成立。2013 年,惠山区总工会下辖 7 个镇(街道)总工会、10 个局(系统)工会、1 个开发区工会;全区基层工会 1796 个,涵盖单位 7159 个,职工 19.35 万人,其中工会会员 19.02 万人。区总工会设:办公室、组织宣传部、维护保障部、民主管理部、法工部、财务部。下属事业单位:惠山区职工技协办公室、惠山区工人文化宫、惠山区职工学校。

惠山区工代会　惠山区工会第一次代表大会于 2001 年 4 月 28 日在无锡市望湖楼宾馆召开。大会中心议题:遵循抓住机遇、深化改革、扩大开放、促进发展、保持稳定的基本方针,进一步动员全区职工解放思想,克服困难,推进改革,创造新业绩。大会选举产生惠山区总工会第一届委员会和经费审查委员会。

主　　席：李云海(2001 年 3 月~2005 年 12 月)

平文良(2005 年 12 月~2006 年 4 月)

副 主 席：强建军(2004 年 3 月~2005 年 12 月)(党组书记)

沈福兴(2001 年 3 月~2006 年 4 月)

虞建法(2001 年 3 月~2006 年 4 月)

戴镒锋(2004 年 8 月~2006 年 4 月)

经审会主任：沈福兴(2005 年 12 月~2006 年 4 月)

惠山区工会第二次代表大会于 2006 年 4 月 23 日在江苏省无锡工人太湖疗养院召开。大会中心议题：团结动员全区广大职工为实现"十一五"规划建功立业。大会选举产生惠山区总工会第二届委员会和经费审查委员会。

主　　席：平文良(2006 年 4 月~2010 年 3 月)

唐岳良(2010 年 6 月~2011 年 11 月)

副 主 席：沈福兴(2006 年 4 月~2006 年 12 月)

虞建法(2006 年 4 月~2009 年 11 月)

戴镒锋(2006 年 4 月~2011 年 11 月)

冯敏之(女)(2006 年 8 月~2011 年 11 月)

强志炯(2010 年 1 月~2011 年 11 月)

经审会主任：戴镒锋(2006 年 4 月~2011 年 11 月)

惠山区工会第三次代表大会于2011年11月17日在江苏省无锡工人太湖疗养院召开。大会中心议题：建功立业谋发展，维权维稳促和谐，团结动员全区职工为实现"十二五"目标任务而努力奋斗。大会选举产生惠山区总工会第三届委员会和经费审查委员会。

主　　席：唐岳良(2011 年 11 月~2012 年 11 月)

杨卫中(2012 年 11 月~2013 年 10 月)

黄　明(2013 年 10 月~　)(惠山区政协副主席)

副 主 席：杨卫中(2013 年 10 月~　)(党组书记)

戴镒锋(2011 年 11 月~　)

冯敏之(女)(2011 年 11 月~　)

强志炯(2011 年 11 月~2013 年 12 月)

经审会主任：冯敏之(女)(2011 年 11 月~　)

滨湖区总工会　2001年3月，因无锡市区划调整，无锡市郊区总工会更名为无锡市滨湖区总工会。2013年，滨湖区总工会下辖1个镇总工会、4个街道总工会、1个开发区工会、3个街道工会联合会；全区基层工会1394个，涵盖单位6942个，职工16.99万人，其中工会会员16.9万人。区总工会机关设：办公室(经审办)、组织生产部、宣教部、民管法工部、生活女职工部、财务部、事业部。下属事业单位：滨湖区工人文化宫。

滨湖区工代会　滨湖区工会第一次代表大会于2002年3月19日在无锡市西郊宾馆召开。大会中心议题：振奋精神，开拓创新，在建设发展滨湖中充分发挥工会的作用。大会选举产生滨湖区总工会第一届委员会和经费审查委员会。

主　　席：李雪花(女)(2002 年 3 月~2007 年 10 月)

副 主 席：张之涛(2002 年 3 月~2007 年 12 月)

黄　鸿(2002 年 3 月~2007 年 12 月)

刘奇建(2002 年 3 月~2003 年 2 月)

谌慧芳(女)(2003 年 2 月~2007 年 11 月)

经审会主任： 黄　鸿(2002 年 3 月~2007 年 12 月)

滨湖区工会第二次代表大会于2007年12月26日在无锡市西郊宾馆召开。大会中心议题：坚持中国特色社会主义工会发展道路,团结动员职工为实现滨湖经济社会又好又快发展而努力奋斗。大会选举产生滨湖区总工会第二届委员会和经费审查委员会。

主　　席： 孙　英(女)(2007 年 10 月~2008 年 7 月)
杨华庆(2008 年 9 月~2011 年 1 月)
顾惠忠(2011 年 1 月~2013 年 8 月)
蒋群联(2013 年 8 月~2013 年 12 月)(中共滨湖区委常委)

副 主 席： 王建新(2013 年 8 月~2013 年 12 月)(党组书记)
黄　鸿(2007 年 12 月~2013 年 3 月)
郁群莉(女)(2007 年 8 月~2013 年 12 月)
张晓阳(2007 年 11 月~2013 年 12 月)
祁　良(2013 年 3 月~2013 年 12 月)

经审会主任： 黄　鸿(2007 年 12 月~2013 年 3 月)
郁群莉(女)(2013 年 4 月~2013 年 12 月)

滨湖区工会第三次代表大会于 2013 年 12 月 17 日在无锡市滨湖区政府 109 大会场召开。大会中心议题:团结广大职工,充分发挥主力军作用,为加快建设苏南现代化示范区建功立业。大会选举产生了滨湖区总工会第三届委员会和经费审查委员会。

主　　席： 蒋群联(2013 年 12 月~　)(中共滨湖区委常委)

副 主 席： 王建新(2013 年 12 月~　)(党组书记)
郁群莉(女)(2013 年 12 月~　)
张晓阳(2013 年 12 月~　)
祁　良(2013 年 12 月~　)

经审委主任： 郁群莉(女)(2013 年 12 月~　)

崇安区总工会　市总工会崇安区办事处于2005年3月撤销,同时成立崇安区总工会。2013年,区总工会下辖6个街道工会联合会、8个行业工会;全区基层工会401个,涵盖2215个单位,职工5.45万人,其中工会会员5.28万人。

市总工会崇安区办事处：

主　　任： 陆如兴(1998年3月~2005年3月)

副 主 任： 秦明禹(1990年1月~2005年3月)

崇安区工代会　崇安区工会第一次代表大会于2005年3月18日在区政府大会场召开。大会中心议题:坚定不移地走中国特色社会主义工会发展道路,团结动员广大职工为建设精品崇安建功立业。大会选举产生崇安区总工会第一届委员会和经费审查委员会。

主　　席： 张国华(2005 年 3 月~2010 年 3 月)

副 主 席： 汤德政(2005 年 12 月~2010 年 3 月)
杜苇霞(女)(2006 年 10 月~2008 年 10 月)
李轶群(女)(2008 年 10 月~2010 年 3 月)

经审会主任：陆如兴(2005 年 3 月~2010 年 3 月)

崇安区工会第二次代表大会于 2010 年 3 月 23 日在无锡市金和大酒店会议中心召开。大会中心议题：凝聚职工创新发展，为建设精品示范城区发挥主力军作用。大会选举产生崇安区总工会第二届委员会和经费审查委员会。

主　　席：张国华(2010 年 3 月~　)

副 主 席：汤德政(2010 年 3 月~2012 年 12 月)

李铁群(女)(2010 年 3 月~　)

谢　波(2012 年 12 月~　)

经审会主任：汤德政(2010 年 3 月~2012 年 12 月)

李铁群(女)(2012 年 12 月~　)

南长区总工会　市总工会南长区办事处于2005年1月撤销，同时成立南长区总工会。2013年，区总工会下辖1个街道总工会、5个街道基层工会联合会；全区基层工会362个，涵盖1286个单位，职工3.94万人，其中工会会员3.81万人。

市总工会南长区办事处：

主　　任：刘　征(2001年10月~2004年12月)

副 主 任：周士明(1995年5月~2004年12月)

南长区工代会　南长区工会第一次代表大会于2004年12月28日在南长区政府大会场召开。大会中心议题：以“三个代表”重要思想为指导，团结拼搏，求真务实，为争创“两个率先”先导区、示范区作出新贡献。大会选举产生南长区总工会第一届委员会和经费审查委员会。

主　　席：刘　征(女)(2004 年 12 月~2008 年 11 月)

钱小勤(女)(2008 年 11 月~2009 年 12 月)

副 主 席：周士明 (2004 年 12 月~2007 年 8 月)

宋　骏(女)(2004 年 12 月~2011 年 5 月)

经审会主任：周士明(2004 年 12 月~2007 年 8 月)

副 主 任：张始英(女)(2004 年 12 月~2009 年 12 月)

南长区工会第二次代表大会于 2009 年 12 月 16 日在南长区政府大会场召开。大会中心议题：团结动员全区职工为实现南长区经济和社会事业转型升级、优化发展而努力奋斗。大会选举产生南长区总工会第二届委员会和经费审查委员会。

主　　席：钱小勤(女)(2009 年 12 月~2012 年 2 月)

许建元(2012 年 2 月~2013 年 10 月)

章树军 (2013 年 10 月~　)(中共南长区委常委、纪委书记)

副 主 席：许建元(2013 年 10 月~　)(党组书记)

宋　骏(女)(2009 年 12 月~2011 年 5 月)

胡永昌(2009 年 12 月~　)

丁　雪(女)(2011 年 6 月~　)

经审会主任：胡永昌(2009 年 12 月~　)

副 主 任：张始英(女) (2009 年 12 月~　)

北塘区总工会 市总工会北塘区办事处于 2005 年 4 月撤销,同时成立北塘区总工会。2013 年,区总工会下辖 4 个街道总工会;全区基层工会 482 个,涵盖 1388 个单位,职工 3.86 万人,其中工会会员 3.69 万人。

市总工会北塘区办事处:

主　　任:钱维中(1998 年 7 月~2005 年 4 月)

副 主 任:李飞翔(2001 年 2 月~2005 年 4 月)

北塘区工代会 北塘区工会第一次代表大会于 2005 年 4 月 7 日在北塘区政府大会场召开。大会中心议题:努力实践"三个代表"重要思想,团结动员全区职工充分发挥工人阶级主力军作用,为建设活力、和谐、山水北塘建功立业。大会选举产生北塘区总工会第一届委员会和经费审查委员会。

主　　席:钱维中(2005 年 4 月~2009 年 5 月)

副 主 席:朱　萍(女)(2005 年 4 月~2009 年 5 月)

　　　　　李飞翔(2005 年 4 月~2007 年 5 月)

2009 年 5 月~2010 年 4 月,由副主席朱萍代行主席职责。

经审会主任:朱　萍(女)(2005 年 4 月~2010 年 4 月)

北塘区工会第二次代表大会于2010年4月21日在北塘区政府大会场召开。大会中心议题:凝心聚力,团结奋进,围绕"四区"(服务经济集聚区、科技创新创业区、山水旅游特色区、和谐优美居住区)发展目标,为建设"幸福北塘"建功立业。大会选举产生北塘区总工会第二届委员会和经费审查委员会。

主　　席:戴旭林(2010 年 4 月~2013 年 10 月)

　　　　　辛谊忠 (2013 年 10 月~　)(中共北塘区委常委)

副 主 席:戴旭林(2013 年 10 月~　)(党组书记)

　　　　　朱　萍(女)(2010 年 4 月~　)

　　　　　王方明(2010 年 4 月~　)

经审会主任:朱　萍(女)(2010 年 4 月~　)

新区总工会 市总工会新区办事处于2006年3月撤销,同时成立新区总工会。2013年,区总工会下辖4个街道总工会、2个街道工会、7个园区工会联合会;全区基层工会862个,涵盖3766个单位,职工30.48万人,其中工会会员29.61万人。

市总工会新区办事处:

主　　任:冯惠兴(2002年10月~2006年3月)

新区工代会 新区工会第一次代表大会于2006年3月5日在新区管委会报告厅召开。大会中心议题:团结动员全区职工为实现"二次创业"目标建功立业。大会选举产生新区总工会第一届委员会和经费审查委员会。

主　　席:冯惠兴(2006 年 3 月~2011 年 3 月)

副 主 席:任　俊(2010 年 7 月~2011 年 3 月)

经审会主任:王少琴(女)(2006 年 3 月~2011 年 3 月)

新区工会第二次代表大会于 2011 年 3 月 23 日在雷迪森酒店召开。大会中心议题:进一步动员和组织全区职工为推进新区"十二五"发展和加快建设具有独特竞争优势的的国际化创新型、服务型科技新城而努力奋斗。大会选举产生了新区总工会第二届委员会和经费审查委员会。

主　　席：冯惠兴(2011年3月~　)

副 主 席：任　俊(2011年3月~　)

经审会主任：王少琴(女)(2011年3月~2013年5月)

二、局(公司)工会及部分改制后的单位工会

无锡威克集团有限公司工会　无锡市机械资产经营有限公司于2004年转制为无锡威克集团有限公司,无锡市机械资产经营有限公司工会继续行使相关职能。2007年5月,无锡市机械资产经营有限公司工会批复同意成立无锡威克集团有限公司工会。7月,无锡市机械资产经营有限公司工会撤销。2008年9月,无锡威克集团有限公司选举产生首届工会委员会。2013年,公司工会下辖基层工会9个,职工2200人,其中工会会员2200人。

无锡市机械资产经营有限公司工会：

工会负责人：钟　明(2004年1月~2007年7月)

无锡威克集团有限公司工会：

主　　席：唐修超(2008年9月~2011年1月)

单京赋(2011年1月~2012年7月)

副 主 席：钟　明 (2007年7月~2008年9月)(主持工作)

单京赋(2008年9月~2011年1月)

李　玮(2012年7月~　)(主持工作)

俞宝根(2008年9月~　)

无锡冶金投资发展有限公司工会　2007年5月,无锡市冶金资产经营有限公司转制为无锡冶金投资发展有限公司。7月,无锡市冶金资产经营有限公司工会撤销,组建无锡冶金投资发展有限公司工会。2013年,公司职工12人,其中工会会员12人。

无锡市冶金资产经营有限公司工会：

副 主 席：杨义建 (2004年1月~2007年7月)

无锡冶金投资发展有限公司工会：

副 主 席：杨义建(2007年7月~　)

江苏天圣达集团有限公司工会　2001年2月,无锡市纺织工业局和无锡市丝绸公司撤销合并组建无锡纺织产业集团有限公司,同时,成立无锡纺织产业集团有限公司工会。2006年11月,无锡纺织产业集团有限公司转制为无锡太极集团有限公司,组建无锡太极集团有限公司工会。2007年6月,无锡太极集团有限公司工会更名为江苏天圣达集团有限公司工会。2013年,公司工会下辖基层工会4个,职工1500人,其中工会会员1500人。

无锡纺织产业集团有限公司工会：

主　　席：李益群(女)(2001年2月~2004年12月)

副 主 席：龚凌燕(女)(2001年2月~2004年6月)

尤惠敏(女)(2004年12月~2006年11月)

无锡太极集团有限公司工会：

主　　席：尤惠敏(2006 年 11 月~2007 年 6 月)

江苏天圣达有限公司工会：

主　　席：衡泉南(2007 年 6 月~2010 年 4 月)

　　　　　蔡江华(2012 年 10 月~　)

副 主 席：蔡江华(2010 年 4 月~2012 年 10 月)

无锡市产业发展集团有限公司工会　2007 年 5 月，无锡市整合市轻工、贸易等资产经营有限公司的资产，成立无锡市产业资产经营有限公司。7 月，无锡市轻工资产经营有限公司工会撤销。2008 年 4 月，无锡市以现有产业资产经营有限公司、无锡威孚集团有限公司合并设立无锡市产业发展集团有限公司。与此适应，工会组织更名，命名为为无锡市产业发展集团有限公司工会。2013 年，公司工会下辖基层工会 28 个，职工 1.65 万人，其中工会会员 1.64 万人。

无锡市轻工资产经营有限公司工会：

主　　席：姚海源(2001 年 9 月~2007 年 7 月)

副 主 席：钱　锋(2001 年 9 月~2007 年 7 月)

无锡市产业资产经营有限公司工会：

主　　席：祁国华(2007 年 7 月~2008 年 4 月)

副 主 席：钱　锋(2007 年 7 月~2008 年 4 月)

无锡市产业发展集团有限公司工会：

主　　席：祁国华(2008 年 4 月~2009 年 4 月)

　　　　　刘　涛(2009 年 4 月~　)

副 主 席：钱　锋(2008 年 4 月~　)

无锡市电子仪表工业有限公司工会　2005 年 7 月，无锡市电仪资产经营有限公司转制为无锡市电子仪表工业有限公司。2007 年7 月，无锡市电仪资产经营有限公司工会撤销。12月，组建无锡市电子仪表工业有限公司工会。2013 年，公司职工 330 人，其中工会会员 330 人。

无锡市电仪资产经营有限公司工会：

副 主 席：华　毅(女)(2001 年 6 月~2007 年 12 月)

无锡市电子仪表工业有限公司工会：

主　　席：夏　威(2007 年 12 月~　)

副 主 席：张洪涛(2007 年 12 月~　)

无锡益鹏集团有限公司工会　2004 年 6 月，无锡市石化资产经营有限公司转制为无锡益鹏集团有限公司。2007 年 7月，无锡市石化资产经营有限公司工会撤销。8 月，组建无锡益鹏集团有限公司工会。2013 年，公司工会下辖基层工会 8 个，职工 2029 人，其中工会会员 2019 人。

无锡市石化资产经营有限公司工会：

主　　席：刘霞萍(女)(2001 年 6 月~2007 年 7 月)

副 主 席：吴建良(2001 年 8 月~2007 年 7 月)

无锡益鹏集团有限公司工会：

主　　席：刘霞萍(女)(2007 年 8 月~　)

副 主 席：吴建良(2007年8月~)

无锡市贸易资产经营有限公司工会 2007年4月，无锡市贸易资产经营有限公司撤销。7月，无锡市贸易资产经营有限公司工会撤销。

副 主 席：孙 平(女)(2001年7月~2007年7月)

无锡市物资资产经营有限公司工会 2007年4月，无锡市物资资产经营有限公司并入无锡市国联发展(集团)有限公司。7月，无锡市物资资产经营有限公司工会撤销。

副 主 席：黄澍东(2001年7月~2007年7月)

无锡市文化工会 2005年12月，市文化局实行管办分离，分别组建市文管中心工会和市文化局工会。2012年2月，文化局工会与广电、新闻出版局工会成立文广新局机关工会，隶属市级机关工会。

副 主 席：陈亚萍(女)(1999年4月~2005年12月)

无锡市煤炭工业工会 无锡市煤炭行业调整办公室工会因行政体制变化，于2006年3月撤销。

主 席：潘汉良(2001年12月~2006年3月)

无锡市建设工会 2001年4月筹建无锡市建设工会，11月，市总工会正式批准成立无锡市建设工会。2013年，建设工会下辖基层工会10个，职工268人，其中工会会员268人。

主 席：周书同(2001年11月~)

无锡市住房保障和房产管理局工会 2013年，局工会下辖基层工会16个，职工1208人，其中工会会员1187人。

主 席：张国浩(1999年1月~2013年7月)

曹 辰(2013年7月~)

无锡市园林工会 2008年12月，无锡市园林管理局实行管办分离，成立无锡市公园景区管理中心，同时，组建无锡市公园景区管理中心工会，并于2009年3月28日召开第一次工代会，选举产生第一届工会委员会。

无锡市园林工会：

主 席：张 进(2001年11月~2009年3月)

无锡市公园景区管理中心工会：

主 席：陈 瑛(女)(2011年12月~2014年9月)

副 主 席：陈 瑛(女)(2009年4月~2011年12月)

无锡市文化旅游发展集团有限公司工会 2013年11月8日，无锡市组建市文化旅游发展集团有限公司。2014年9月17日，无锡市公园景区管理中心工会更名为无锡市文化旅游发展集团有限公司工会，并召开第一次工代会，选举产生第一届工会委员会、经费审查委员会和女职工委员会。截至2013年，公司工会下辖基层工会17个，职工1625人，其中工会会员1625人。

无锡市文化旅游发展集团有限公司工会：

主 席：王 颋(2014年9月~)

副 主 席：陈 瑛(女)(2014年9月~)

无锡市市政和园林工会 2009年，无锡市市政公用事业局和无锡市园林管理局合并。

2012 年 3 月,原无锡市市政公用事业工会更名为无锡市市政和园林工会。2013 年,市市政和园林工会下辖基层工会 6 个,职工 222 人,其中工会会员 222 人。

无锡市市政公用事业工会:

主　　席:王　军(2001 年 11 月~2012 年 3 月)

无锡市市政和园林工会:

主　　席:王　军(2012 年 3 月~　)

无锡市交通运输工会　2009 年 12 月,市交通工会更名为市交通运输工会。2013 年,市交通运输工会下辖基层工会 11 个,职工 1122 人,其中工会会员 1122 人。

主　　席:朱伟文(女)(2003 年 12 月~2013 年 5 月)

王立新(2013 年 5 月~　)

无锡市粮食工会　2013 年,市粮食工会下辖基层工会 12 个,职工 1381 人,其中工会会员 1377 人。

主　　席:袁伟贤(2001 年 11 月~2010 年 2 月)

孙志元(2010 年 2 月~　)

副 主 席:何浩明(2005 年 8 月~2009 年 3 月)

徐祝伟(女)(2009 年 3 月~　)

无锡市供销合作总社工会　2013 年,市供销社工会下辖基层工会 16 个,职工 833 人,其中工会会员 802 人。

主　　席:梅大为(1991 年 11 月~　)

无锡市商务局工会　2009 年 12 月,无锡市对外经济贸易委员会改为无锡市商务局,无锡市对外经济贸易委员会工会更名为无锡市商务局工会。2013 年,局工会下辖基层工会 3个,职工 127 人,其中工会会员 127 人。

主　　席:张　斌(1996 年 1 月~2007 年 3 月)

荆晓菲(女)(2007 年 3 月~2013 年 3 月)

欧国君(2013 年 3 月~2013 年 12 月)

无锡市旅游工会　2013 年,市旅游工会下辖基层工会 12 个,职工 1186 人,其中工会会员 1186 人。

主　　席:章小威(2011 年 5 月~　)

副 主 席:吴善华(1998 年 7 月~2011 年 5 月)

无锡市公安局工会　2013 年,市公安局职工 4463 人,其中工会会员 4463 人。

主　　席:陶　晨(2011 年 1 月~　)

副 主 席:朱小瀛(2003 年 3 月~2005 年 11 月)

陶　晨(2005 年 11 月~2011 年 1 月)

无锡市民政工会　2013 年,市民政工会下辖基层工会 16 个,职工 568 人,其中工会会员 559 人。

主　　席:吴建静(女)(2001 年 12 月~2007 年 11 月)

林　黎(女)(2007 年 11 月~　)

无锡市教育工会　2005 年 12 月，市教育局实行管办分离。2013 年，市教育工会下辖基层工会 11 个，职工 1371 人，其中工会会员 1310 人。

主　　席：谈志浩(2002 年 1 月~　)

副 主 席：顾　棵(女)(2002 年 4 月~　)

杨　柳(2006 年 1 月~2009 年 3 月)

王惠君(女)(2010 年 2 月~　)

无锡市卫生工会　2005 年 9 月，市卫生局实行管办分离。2013 年，市卫生工会下辖基层工会 12 个，职工 1410 人，其中工会会员 1308 人。

主　　席：江芳萍(女)(2003 年 2 月~2005 年 4 月)

蒋慧娟(女)(2012 年 11 月~　)

副 主 席：何　艳(女)(2005 年 4 月~2008 年 7 月)

蒋慧娟(女)(2008 年 7 月~2012 年 11 月)

无锡市国家安全局工会　2013 年，市国家安全局有职工 171 人，其中工会会员 171 人。

主　　席：迟心如(2004 年 3 月~　)

副 主 席：金建国(2007 年 11 月~2012 年 3 月)

过雪锋(2012 年 3 月~　)

无锡市国有资产监督管理委员会工会　无锡市国有资产监督管理委员会于 2005 年 1 月成立。9 月，组建无锡市国有资产监督管理委员会机关工会，隶属于无锡市市级机关工会。2007 年 6 月，市总工会批复同意成立无锡市国有资产监督管理委员会工会工作委员会。2013 年，市国有资产监督管理委员会工会下辖基层工会 93 个，职工 3.99 万人，其中工会会员 3.88 万人。

主　　席：刘　涛(2007 年 6 月~2009 年 4 月)

副 主 席：王国生(2009 年 4 月~　)

无锡市国土资源局工会　2006 年 7 月之前，无锡市国土资源局工会隶属无锡市市级机关工会。2006 年 7 月始，属市总工会直管。2013 年，市国土资源局有职工 233 人，其中工会会员233 人。

负 责 人：张振宇(2006 年 7 月~2009 年 1 月)

主　　席：陈宇萍(女)(2009 年 1 月~2013 年 12 月)

副 主 席：杨其生(2013 年 12 月~　)

无锡市人社局工会　2011 年 2 月 23 日，市人社局工会属市总工会直管。2013 年，局工会下辖基层工会 10 个，职工 874 人，其中工会会员 836 人。

主　　席：刘耀清(2011 年 2 月~　)

无锡市市级机关工会　2013 年，市级机关工会下辖基层工会 133 个，职工 1.15 万人，其中工会会员 1.15 万人。

主　　席：黎人康(2001 年 9 月~2007 年 11 月)

王小良(2010 年 3 月~　)

副 主 席：王小良(2007 年 11 月~2010 年 3 月)

无锡供电公司工会 2013年,公司有职工2761人,其中工会会员2761人。

主　　席:邢秋林(女)(1997年11月~2006年8月)

朱庆连(2006年9月~2009年12月)

丁　峰(2009年12月~　)

副 主 席:刘　燕(女)(2007年12月~　)

无锡邮政工会 无锡邮电局于1998年10月底开始邮、电分营,分别成立无锡邮政工会和无锡电信公司工会,并分别单独开展工作。2013年,邮政有职工2117人,其中工会会员2117人。

主　　席:万全兴(1998年10月~2005年11月)

张晓刚(2005年11月~2008年7月)

柳高远(2008年7月~　)

副 主 席:诸正华(1998年12月~2004年7月)

戴建建(2002年10月~2011年12月)

吴　烈(2011年12月~　)

中国电信无锡分公司工会 2013年,公司有职工1461人,其中工会会员1461人。

主　　席:张华林(2003年4月~2008年2月)

毛卫仁(2008年2月~2012年7月)

凌兆元(2012年7月~2013年10月)

邹易风(2013年10月~　)

副 主 席:王镇林(2003年12月~2005年11月)

王生均(2005年11月~2010年12月)

张　莹(女)(2010年12月~　)

中国移动江苏公司无锡分公司工会 无锡移动于1998年5月从无锡邮电局剥离,成立江苏移动通信有限责任公司无锡分公司工会,后又更名为中国移动江苏公司无锡分公司工会。2013年,公司有职工2259人,其中工会会员2259人。

江苏移动通信有限责任公司无锡分公司工会:

主　　席:孙　伟(1999年5月~2005年5月)

中国移动江苏公司无锡分公司工会:

主　　席:余　冰(2005年5月~2011年11月)

沈建林(2011年11月~　)

副 主 席:孙　伟(2008年5月~　)

中国联合网络通信有限公司无锡分公司工会 无锡联通于1998年8月从无锡邮电局剥离,成立中国联合网络通信有限公司无锡分公司工会,隶属无锡市市级机关工会工作委员会。2001年6月,隶属关系从无锡市市级机关工会工作委员会划出,由市总工会直接管理。2013年,公司有职工374人,其中工会会员374人。

主　　席:黄　毅(2007年4月~2007年11月)

黄念伦(2007年12月~　)

副　主　席：陈莉娟(女)(1998年8月~2009年6月)

李　辉(女)(2009年7月~　)

无锡广电集团(台)工会　2013年,集团(台)有职工1097人,其中工会会员1097人。

主　　席：周　斌(1997年9月~　)

副　主　席：周泉法(1997年9月~　)

黄　嘉(女)(1997年9月~2007年12月)

无锡市演艺集团工会　2011年4月14日,市演艺集团工会属市总工会直管。2013年,集团工会下属基层工会3个,职工243人,其中工会会员243人。

主　　席：张建平(2011年4月~　)

副　主　席：杨　艳(女)(2011年4月~　)

无锡市医院管理中心工会　2005年11月10日,成立市医院管理中心工会。2013年,市医院管理中心工会下属基层工会10个,职工8578人,其中工会会员8578人。

主　　席：吴新宇(2005年11月~　)

副　主　席：黄　晔(女)(2005年11月~　)

无锡市学校管理中心工会　2006年3月7日,成立市学校管理中心工会。2013年,市学校管理中心工会下属基层工会21个,职工4486人,其中工会会员4486人。

主　　席：顾　棣(女)(2006年2月~2012年9月)

许　焱(女)(2012年10月~　)

无锡市文化艺术管理中心工会　2006年4月10日,成立市文化艺术管理中心工会。2013年,市文化艺术管理中心工会下属基层工会10个,职工521人,其中工会会员521人。

主　　席：李　平(女)2007年7月~2012年1月)

副　主　席：王正勇(2006年4月~2007年7月)

冯　梅(女)(2012年1月~　)

无锡市体育场馆和训练管理中心工会　2006年7月20日,成立市体育场馆和训练管理中心工会。2013年,市体育场馆和训练管理中心工会下属基层工会7个,职工488人,其中工会会员488人。

主　　席：殷佩瑾(女)(2006年7月~2012年11月)

王艳玲(女)(2013年9月~　)

副　主　席：王艳玲(女)(2006年7月~2013年9月)

无锡市社会保险基金管理中心工会　2012年8月7日,市社会保险基金管理中心工会属市总工会直管。2013年,市社会保险基金管理中心工会有职工182人,其中工会会员171人。

主　　席：夏敏红(女)(2012年8月~　)

副　主　席：陈其默(女)(2012年8月~　)

顾宏斌(2012年8月~　)

江苏省广电有线信息网络股份有限公司无锡分公司工会　2008年4月29日,经江苏省委、省政府批准,由省内外17个发起人单位共同发起设立的股份制公司——江苏省广播电视信息网络股份有限公司正式运营,无锡广电网络归并成立分公司。2009年3月,江苏省广播电视信息网络股份有限公司无锡分公司工会成立。2012 年 8 月起,更名为江苏省广电有线信息网络股份有限公司无锡分公司工会委员会。2013 年,公司有职工 937 人,其中工会会员 937 人。

主　　席：黄　嘉(女)(2009 年 3 月~　)

无锡市私营企业工会联合会　2013 年,市私营企业工会联合会下属基层工会 5 个,职工 1.96 万人,其中工会会员 1.52 万人。

主　　席：韦顺芳(女)(1998 年 12 月~2008 年 3 月)
顾正刚(2008 年 3 月~　)

副 主 席：裴志强(2006 年 4 月~2008 年 7 月)
陶　红(女)(2006 年 4 月~　)
庄稼庆(2008 年 7 月~　)

三、2013 年年底市总工会直属基层工会

中共无锡市委党校工会
中国企业管理无锡培训中心工会
中国船舶重工集团公司第七〇二研究所工会
中国航空动力控制系统研究所(六一四研究所)工会
中国航天工业总公司七三八疗养院工会
中科芯集成电路股份有限公司(第五十八研究所)工会[中国电子科技集团第五十八研究所工会更名为中科芯集成电路股份有限公司(第五十八研究所)工会]
中国水产科学研究院淡水渔业研究中心工会
海鹰企业集团有限责任公司工会
江苏北方湖光光电有限公司(559 厂)工会
江苏利电能源集团工会
中船澄西船舶修造有限公司工会
江南大学工会
无锡职业技术学院工会
无锡商业职业技术学院工会
无锡市城市职业学院工会
江苏信息技术学院工会
无锡市工艺技术学院工会
无锡市公共工程建设中心工会
无锡华润微电子有限公司工会
一汽解放汽车有限公司无锡柴油机厂工会
一汽客车(无锡)有限公司工会
无锡油泵油嘴研究所工会
无锡透平叶片有限公司工会
无锡钻探工具厂工会

无锡市蓝星石油化工有限公司工会

无锡宏大纺织机械专件有限公司工会

无锡经纬科技试验有限公司工会

江苏泓纲纺织实业有限公司工会

江苏省纺织研究所股份有限公司工会(2013 年 10 月 8 日,江苏省纺织研究所有限公司工会更名为江苏省纺织研究所股份有限公司工会)

无锡纺织机械研究所工会

中国电子系统工程第二建设有限公司工会

江苏华东电子工程有限公司工会

中视传媒无锡影视基地工会

北方通用电子集团有限公司工会

公安部交通管理科学研究所工会

无锡市规道交通发展有限公司工会(2013 年 4 月 23 日,无锡市规道交通发展有限公司工会更名为无锡地铁集团有限公司工会)

江苏省烟草公司无锡市公司工会

无锡火车站工会

四、2007 年和 2013 年市总工会重点联系单位工会

2007 年9 月,市总工会为适应市资产经营公司、授权企业实行属地管理的改革,进一步加强对企业工会工作的指导,确保工会重点工作在基层企业的落实,决定将原隶属于市总工会直接管理的 16 家集团(公司)工会,作为市总工会的重点联系单位。

2007 年市总工会重点联系单位工会

无锡市国联(发展)集团有限公司工会

无锡威孚集团有限公司工会

无锡市城市投资发展总公司工会

无锡市交通产业集团有限公司工会

无锡君来酒店管理集团有限公司工会

江苏四达动力机械集团有限公司工会

无锡市产业资产经营有限公司工会

无锡山禾集团有限公司工会

无锡 21 世纪集团有限责任公司工会

无锡新中润国际集团有限公司工会

江苏无锡商业大厦集团有限公司工会

无锡威克集团有限公司工会(原机械资产公司)

无锡益鹏集团有限公司工会(原石化资产公司)

无锡冶金投资发展有限公司工会(原冶金资产公司)

无锡天圣达有限公司工会(原纺织产业集团)
无锡电子仪表工业公司工会(原电仪资产公司)
2013 年市总工会重点联系单位工会
无锡市国联发展(集团)有限公司工会
无锡市市政公用事业产业集团有限公司工会
无锡威孚高科技集团股份有限公司工会
无锡山禾集团有限公司工会
无锡城市发展集团工会(无锡市城市投资发展总公司工会隶属于无锡城市发展集团工会)
无锡新中润国际集团有限公司工会
江苏无锡商业大厦集团有限公司工会
无锡市交通产业集团有限公司工会
无锡市君来酒店管理集团有限公司工会
江苏四达动力机械集团有限公司工会
中国银行无锡分行工会
中国工商银行无锡分行工会
建设银行无锡分行工会
交通银行股份有限公司无锡分行工会
中国农业银行股份有限公司无锡分行工会
江苏银行无锡分行工会

第四节　工会社团组织

一、无锡市劳动模范协会

无锡市劳动模范协会(以下简称“市劳模协会”)是地方性非盈利性社会团体,由全市的各级劳动模范协会,无锡的全国、省、市劳模和全国、省、市“五一劳动奖章”获得者以及享受劳模待遇的人员自愿参加的社团组织。市劳模协会接受市总工会领导,市民政局指导。截至 2013 年年底,有团体会员单位 217 个,个人会员 823 人。

市劳模协会于 1994 年 12 月13日召开成立大会。1994年12月20日,经市民政局社团登记管理机关批准,正式取得社团法人资格。市劳模协会社会团体法人登记证书号为苏锡民社证字第583号,组织机构代码证代码:50922258—9。2000年1月21日,召开无锡市劳动模范协会第二次会员代表大会。2014年7月25日,召开无锡市劳动模范协会第三次会员代表大会,进行换届工作,选举产生新一届理事会以及会长、副会长和秘书长、副秘书长,名单如下:

会　　长:	吴协恩	全国劳模、华西新市村党委书记
副 会 长:	叶　聪	全国深潜英雄、全国“五一劳动奖章”、七〇二所四室副主任
	沈茂德	全国先进工作者、江苏省天一中学校长
	吕国忠	全国“五一劳动奖章”、省劳模、市第三人民医院烧伤科主任

钱恒荣　　江苏省劳模、一汽解放汽车有限公司无锡柴油机厂厂长
钱利荣　　江苏省劳模、江苏俊知技术有限公司董事局主席
秘 书 长：宋汉清　　市总工会生产保护部部长
副秘书长：孙步群　　市总工会生产保护部主任科员
邓建圣　　市总工会宣传教育部副主任科员
范惠艳(女)　市总工会财务事业部副主任科员

10年间，市劳模协会在大力宣传劳模事迹，弘扬劳模精神，总结和推广劳模的先进技能、工作经验(方法)，营造学习劳模、关心劳模的社会氛围；组织劳模进行政治理论学习，举办各种讲座、学术研讨、培训进修、参观学习、荣誉疗休养等活动，不断提高劳模的政治和业务素质；充分发挥劳模的专业和科技群体优势，开展思想教育、技术协作、咨询服务、信息交流、技术帮带等活动；关心劳模先进的思想、工作、学习和生活，依法维护劳模先进的政治荣誉和合法权益等方面积极开展工作，取得显著成效。

二、无锡市职工技术协会

无锡市职工技术协会(以下简称"市职工技协")成立于1979年5月。市职工技协是中国职工技术协会的地方组织，是经市民政局登记批准，在市总工会领导下开展群众性科技活动的地方性社会团体，具有独立法人资格。社会团体法人登记证号：锡民社证字第345号，社团代码：50921707—7。其宗旨：以经济建设为中心，坚持科学技术是第一生产力，组织会员，团结吸引广大职工开展多种形式的群众性科技活动，提高职工科技素质，推动社会科技进步，促进科技成果转化为现实生产力。其主要任务是：开展技术攻关、技术改造、技术交流、技术推广、技术服务、技术咨询、技术帮扶等技术协作活动；开展技术练兵、技术比赛、技术培训和科普教育活动；开展合理化建议、技术革新、发明创造活动，在群众生产中发挥骨干作用；开拓技术市场、信息市场、劳动力市场；开发新技术、新产品，兴办经济实体，开展体现市职工技协宗旨任务的有偿服务活动；开展对外经济技术交流，协助企业搞好引进技术的吸收、消化和创新；参与科技法律、法规的制定，参与企业技术管理；维护会员的合法权益和知识产权。

2009年8月22日，市职工技协在江苏省无锡工人太湖疗养院召开第四次代表大会。市委常委、市总工会主席周敏炜到会讲话，市总工会党组书记、副主席孙洪到会致辞。大会通过市职工技协工作报告，表彰技协先进集体和个人以及科技成果，通过修改后的《无锡市职工技术协会章程》，选举产生市职工技协新的领导班子。市职工技术协会名誉会长、顾问、会长、副会长、秘书长名单如下：

名誉会长：周敏炜　　中共无锡市委常委、市总工会主席
曹佳中　　无锡市人民政府副市长
孙　洪　　无锡市总工会党组书记、副主席
顾　　问：徐炯明　　无锡市社保局副局长
陈晓华　　无锡市经贸委副主任
蒋兰珍(女)　无锡市财政局副调研员

	侍　锋	无锡市科学技术局纪检组组长
	秦东准	无锡市地方税务局副局长
	高建强	无锡市民政局副局长
	方俊峰	无锡市科学技术协会副主席
	汤建华	无锡市总工会副主席
会　　长：	宋汉清	市总工会生产部部长
副 会 长：	胡劲峰	市工人文化宫副主任
	那　敏(女)	市工人文化宫副主任
	孙步群	市总工会生产部副部长
	卞正环	江阴市总工会副主席
	裴志伦	宜兴市总工会副主席
秘 书 长：	那　敏(女)(兼)	市工人文化宫副主任
副秘书长：	袁义忠	市工人文化宫协会办公室主任

2013 年年底,市职工技术协会按照市总工会领导的要求,经征求各方意见后,对市职工技协领导班子进行调整。市职工技协名誉会长、顾问、会长、副会长、秘书长名单如下:

名誉会长：	陈德荣	中共无锡市委常委、市总工会主席
	曹佳中	无锡市人民政府副市长
	管海燕(女)	无锡市总工会党组书记、副主席
顾　　问：	严健媛(女)	无锡市民政局副局长
	顾学年	无锡市人社局副局长
	侍　锋	无锡市科学技术局党组成员、纪检组组长
	陆伟中	无锡市科学技术协会副主席
	周国祥	无锡市总工会副主席
会　　长：	宋汉清	市总工会生产保护部部长
副 会 长：	胡劲峰	市工人文化宫副主任
	那　敏(女)	市工人文化宫副主任
	孙步群	市总工会生产保护部主任科员
秘 书 长：	那　敏(女)	市工人文化宫副主任

2009 年,市职工技协坚持创新发展,在效益增长的有利条件下,找准目标实施服务转型,4 个方面有所突破,即:在完善组织建设上有突破,通过换届改选的有利时机,在 2 市(县)7 区中完善或组建技协组织 50 个;在技能培训上有突破,配合市总工会生产部组织的 20 个工种的技能比赛开展赛前培训,为企业培训各类技术人才,完成各类技能培训 1000 人次;在建立职工技术人才储备库上有突破,通过技协组织的建立及技能比赛发现一批技术人才,建立一支职工技术人才队伍,培育先进技术成果,为技术成果转化提供交流合作的平台,在“四技”[①]服务上有所突破。

---

① 技术咨询、技术服务、技术培训、技术转让。

三、无锡市职工互助互济会

无锡市职工互助互济会(以下简称“市互济会”)是经无锡市民政局核准登记的社团组织,具有社团法人资格。社会团体法人登记证书号为苏锡社证字第0602号,组织机构代码证代码:50922239—4。市互济会接受业务主管单位市总工会领导,接受社团登记管理机关无锡市民政局业务指导和监督管理。职工互助保障工作在社会各界的大力支持下,职工互助保障事业得到快速发展,至2013年,市互济会参保人数累计达94.89万人次。

2005年1月25日,市互济会召开第二届第三次理事会议。4月26日,市总工会召开纪念无锡市职工互助互济会成立十周年大会,编辑出版《互助尚德·互济和谐——“国联杯”互济会十周年征文集》。8月25日,市互济会召开第二届第四次理事会,同意李锦南辞去市互济会会长职务,担任市互济会名誉会长;同意夏坚担任会长,桑勤担任副会长兼秘书长。2006年7月18日,市互济会召开第二届第六次理事会,会议同意增补承燕华为副会长兼任秘书长。2009年12月24日,市互济会召开第三届会员代表会议,选举产生新一届领导班子。无锡市职工互助互济会第三届理事会会长、副会长、秘书长、副秘书长名单如下:

会　　长:承燕华

副 会 长:王　瑛　　朱研琛

秘 书 长:朱研琛(兼)

副秘书长:孙　平

2013年4月16日,市互济会召开第三届第五次理事会,审议通过《关于无锡市职工互助互济会变更法人代表的决议》,同意副会长王瑛为无锡市职工互助互济会法人代表。2014年5月16日,市互济会召开第四届会员代表会议,选举产生新一届领导班子。无锡市职工互助互济会第四届理事会会长、副会长、秘书长、副秘书长名单如下:

名誉会长:管海燕　　王觉民　　周国祥

会　　长:许国清

副 会 长:王　瑛　　吉　黎

秘 书 长:吉　黎(兼)

副秘书长:韩　敏　　范惠艳

四、无锡工会理论研究会

无锡工会理论研究会是从市工人运动学会发展而来,是市总工会领导的研究工会理论政策和工会工作的学术团体,业务上接受省总工会理论研究会和无锡市哲学社会科学界联合会的指导。1999年,因全国开展社团法人复查、整顿工作,市工人运动学会进行社会团体法人重新登记,登记证书号为苏锡社证字第0389号,组织机构代码证代码:50920341—7。

2005年5月31日,市工人运动学会召开第三次理事大会暨调研成果发布会。市总工会主席余炳源代表第二届理事会作工作报告。会议通过《无锡市工人运动学会章程》,选举产生了第三届理事会,市委副书记王咏红为学会名誉会长,市总工会主席余炳源为学会会长,王安岭、王珍珍、李锦南、汤建华、陈全生、陈尧明、张帆、荣骏8人为学会副会长,曲国基为学会秘书长,万全兴等106人为学会理事。8月,市工人运动学会第三届理事会选举澄西船泊修造厂工会主席潘惠敏为学会会长。

2011年12月9日,无锡市工人运动学会第四次会员代表大会暨2011年调研成果发布会在江苏省无锡工人太湖疗养院烟波楼大礼堂召开。市总工会副主席王党民主持会议,市总工会领导孙洪、张帆、汤建华、周国祥,市社科联副主席王铭涛、学会部部长张卓,市民政局社团处处长刘长风、社团处俞文琰,市人社局政策法规处处长邢瑞莱出席会议。王铭涛到会讲话,孙洪作题为《求真务实,与时俱进,为工会参与社会管理创新提供坚实的理论支持》的讲话。大会通过了由市第三届工人运动学会会长潘惠敏作题为《立足大局,探索创新,谱写无锡工会理论研究工作新篇章》的工作报告和《关于〈无锡市工人运动学会〉更名为〈无锡工会理论研究会〉的决议》。无锡工会理论研究会有团体会员单位96个,个人会员66人。

是日,无锡工会理论研究会第一次会员代表大会在江苏省无锡工人太湖疗养院烟波楼大礼堂召开。应参加会议的代表80名,实际出席78名。会议审议通过《无锡工会理论研究会章程》《无锡工会理论研究会第一届理事会选举办法》;选举产生无锡工会理论研究会第一届理事会,由丁雪、丁锋、马其兴、王方明、王国康、石兴荣、刘涛、许国清、任俊、任建一、邢瑞莱、陈一新、苏江清、时兴元、李建忠、严福庆、李轶群、周军华、周亚定、周成锋、周惠明、郁秋皓、姚传彪、倪军、徐良、夏坚、殷毅、晁宁奎、曹琪、黄鸿、熊矫兰、戴镒锋32人为理事。

是日,举行无锡工会理论研究会第一届理事会第一次会议。会议通过《无锡工会理论研究会第一届第一次理事会会议纪要》;聘请市委常委、市总工会主席周敏炜担任理论研究会顾问;聘请市总工会党组书记、副主席孙洪,市总工会副主席张帆、汤建华、王党民和市总工会纪检组组长周国祥5人担任理论研究会名誉会长;选举任建一为无锡工会理论研究会会长,石兴荣、李建忠、周成锋3人为副会长,黄鸿为秘书长;会议决定夏坚、周军华2人为副秘书长。会议决定建立市总工会政研工作指导小组,其主要职责和任务是负责调查研究与职工利益密切相关的重要经济、政治和社会政策问题;负责调查研究工运和工会工作中的重要理论政策问题;负责指导、协调基层工会调研工作;为党的工作大局服务、为领导决策服务、为职工群众服务。会议决定夏坚为政研工作指导小组组长,任建一、李建忠 2 人为副组长,成员有乌民光、邢瑞莱、李风、邹翊、苏江青、吴稌年、顾友昌、曹洪东、蒋宁、蒋晓冬等人。

2012 年 2 月 3 日,无锡工会理论研究会制定《无锡市总工会政研工作指导小组职责和任务》。3 月 26 日,无锡工会理论研究会第一届理事会第二次会议讨论审议《无锡工会理论研究会理事会议事规则(试行)》(草案)。

2013 年 1 月 6 日,在市老年综合服务中心四楼影视厅分别召开无锡工会理论研究会第二次会员代表大会暨无锡工会理论研究会第一届理事会第三次会议、无锡工会理论研究会年会暨 2012 年度论文成果表彰会。会议由无锡工会理论研究会秘书长黄鸿主持。市总工会党组书记、副主席管海燕出席会议,市总工会副主席王党民在会上作讲话。无锡工会理论研究会会长任建一作题为《充分发挥工会理论研究作用,助推工会参与社会管理和建设》的工作报告。会议聘请中共无锡市市委常委、市总工会主席陈德荣担任理论研究会顾问;聘请市总工会党组书记、副主席管海燕担任理论研究会名誉会长;会议同意理事会提名的理事替补事宜,由江阴市总工会主席刘文红、锡山区总工会党组书记魏良担任理事会理事;会议决定国家统计局无锡调查队副队长王全良为市总工会政研工作指导小组成员。会议审议通过《无锡工会理论研究会理事会议事规则(试行)》,审议通过《无锡工会理论研究会第二次会员代表大会决议》。

是年 7 月 9 日,无锡工会理论研究会举行第一届理事会第四次会议,同意增补倪军为无锡工会理论研究会副会长,周军华为无锡工会理论研究会秘书长,增补刘涛为无锡工会理论研究会副秘书长;同意祁良、许健替补为无锡工会理论研究会理事,并提交下一次会员代表大会确认。会议通过《无锡工会理论研究会优秀工会调研文章(论文)评选办法(试行)》和《无锡工会理论研究会第一届理事会第四次会议决议》。

是年 12 月 20 日,在江苏省无锡工人太湖疗养院映月楼大会议室召开无锡工会理论研究会年会(无锡工会理论研究会第三次会员代表大会、第一届理事会第五次会议暨2013年度论文成果表彰会)。会议由无锡工会理论研究会秘书长周军华主持。市总工会党组成员、纪检组组长胡君松在会议上作讲话。无锡工会理论研究会副会长李建忠在会上宣读《关于表彰2013年度全市工会系统优秀调研成果(论文)的通知》。会议审议通过无锡工会理论研究会会长任建一作题为《增强凝聚力,扩大影响力,在推进理论研究和促进工作创新中发挥更大的作用》的工作报告;审议和确认了《无锡工会理论研究会第一届理事会第四次会议决议》;会议聘请市总工会党组成员、纪检组组长胡君松担任无锡理论研究会名誉会长,同意朱华、尤志庆替补为理事,增补赵宏、刘国伟为理事,决定尤志庆替补为副会长以及刘国伟担任副秘书长;审议通过《无锡工会理论研究会第三次会员代表大会决议》。

第三章 关心支持工会工作

第一节 市委召开全市工会工作会议

2004年9月15日,市委在市人民大会堂召开全市工会工作会议,市委副书记樊金龙,市委常委、组织部部长周林根,市人大常委会副主任王金大,副市长谈学明等出席。省总工会党组书记、副主席李晓布到会祝贺并讲话,樊金龙代表市委讲话。大会认真总结全市工会工作情况,研究部署进一步加强和改进工会工作的途径和方法。会议下发《中共无锡市委关于进一步加强新时期工会工作的意见》(以下简称《意见》)。

李晓布要求无锡各级工会围绕中心、服务大局,团结动员广大职工为无锡实现全省“两个率先”先导区、示范区的奋斗目标建功立业;要继续深化党建带工建、工建促党建工作,坚持不懈地推进工会组建;要切实履行工会组织的基本职责,更好地代表和维护职工的合法权益;要进一步加强工会自身建设,不断增强工会组织的吸引力和凝聚力。

樊金龙要求全市各级党组织在政治上把关定向,不断增强对工会工作领导的主动性;要把工会工作纳入党委工作重要议事日程,研究工会工作中方向性、原则性的重大问题;要切实配备好工会的领导班子,进一步加强工会的领导力量;要把工会组建工作列为党建工作的重要内容,继续打造“党建带工建、工建促党建”的品牌;要为工会依法开展工作和组织活动创造必要的法律环境,健全完善发挥工会组织桥梁和纽带作用的必要制度,努力形成工会工作正常、有效运行的长效机制。

《意见》提出,坚持和完善以职代会为基本形式的民主管理制度。企事业单位不论何种组织形式,何种经济成份都必须实行民主管理,切实保障职工的民主权利。当前,在企业转改制过程中,企业改革方案、职工安置、经济补偿等涉及职工切身利益的重大事项,必须提交职代会审议通过。切实加强改制企业的工会建设。企业在转改制过程中,任何单位和个人不得借企业改革之名随意撤销工会或把工会与其他组织、机构相合并。凡实施资产重组,实行公司化改造等多种形式的改革改制企业,必须对工会组织同步进行相应的重组和新建,确保工会组织的正常运行。

《意见》的贯彻,使全市工会参与改革、支持改革,切实维护职工权益的能力得到提升。2005年7月8日,市总工会在《无锡市工会工作四年发展纲要》中提出,努力构建与履行维权职责相配套,与深化体制改革相衔接,与多层次经济发展模式相适应,与营造和谐社会相结合的维权机制体系,把工会的维权工作推向一个新的发展阶段,形成工会的特色。实现维权制度的整合、提升和完善,使工资平等协商制度,集体合同制度,职代会制度,劳动关系矛盾调解制度。安全生产监督制度,信访工作制度及就业救助,生活救助、医疗救助、教育救助、法律救助等维权制度形成一体的维权制度体系。12 月 27 日,市总工会十五届四次全委(扩大)会议进一步提出,要充分发挥职代会制度的作用,坚持规范操作、阳光操作,凡涉及职工切身利益的重大事项都应经职代会或职工大会审议通过,从源头维护职工和企业的合法权益。推动职代会与股东大会、董事会依法履行各自职责,使职代会在现代企业制度中发挥出新的优势。建立健全职工董事、监事制度,力求有新的突破。进一步完善厂务公开的组织领导制度、公开制度、考核制度、评价制度和责任追究制度的建设。按照机制求新、形式求活、内容求实、效果求真的要求,深化厂务公开工作,使之对企业发展、职工维权发挥重要的作用。至 2008 年,工会全过程参与了全市 1013 个企业改制,理顺劳动关系 23 万人,分流安置职工 10 万人,指导协调 327 个企业建立规范的企业规章制度,帮助指导 900 个企业建立健全职代会制度、厂务公开制度、职工董事监事制度。

2010 年 4 月 29 日,市委在市人民大会堂召开全市工会工作会议暨庆祝“五一”国际劳动节大会,省人大常委会副主任、省总工会主席张艳,市委、市人大、市政府、市政协、市纪委的主要领导出席会议。会议由市委常委、市总工会主席周敏炜主持,市委主要领导和张艳分别讲话;市总工会党组书记、副主席孙洪作《努力做好新形势下工会工作,团结广大职工为推进无锡经济转型发展建功立业》的工作汇报。会议下发《中共无锡市委关于进一步加强和改进新形势下工会工作的意见》(以下简称《2010 年意见》)的文件。

市委主要领导要求各级党组织明确新任务,不断推动全市工会组织在转型发展中发挥更大作用。要充分发挥工会组织引领作用,积极引导广大职工为经济发展建功立业。要充分发挥工会维权维稳作用,切实保障和实现好广大职工合法权益。要充分发挥工会“大学校”作用,努力提升职工队伍素质;形成合力,积极支持工会工作实现更大发展。要把握工会工作的正确方向。要健全支持工会工作的制度和机制。要为工会工作创造良好环境。要加强工会领导班子和干部队伍建设。

张艳要求各级工会组织深入学习中共十七届三中全会和中央、省委关于工会工作的重要指示精神,增强做好工会工作的责任感和使命感。要团结动员广大职工弘扬工人阶级伟大品格,为加快经济方式转变、促进经济平稳较快发展作出新的贡献。要加大维护职工合法权益,发展和谐劳动关系,努力促进职工队伍和社会稳定。要进一步提高工会自身建设,努力建设学习型、服务型、创新型工会。

《2010 年意见》提出,各级党委和政府要站在推动科学发展、促进社会和谐、巩固党的执政地位的高度,充分认识新形势下加强和改进工会工作的重要性,进一步增强责任感和使命感,把更多的资源和手段赋予工会组织,对于职工利益密切相关、工会组织有能力承担的调处劳资关系矛盾、扶贫帮困、自主创业和提升职工队伍素质等方面工作,通过规范有效的形式逐步转移或委托工会组织承担,更好地发挥工会在推进无锡市率先、科学、和谐发展中的积极作用。各级政府要把工会帮扶工作纳入社会救助体系,市及市(县)、区两级财政要设立工会困难职工帮扶中心专项资金,统筹协调,每年度将困难职工帮扶资金列入同级财政预算;按中央和省财政每年拨付的帮扶专项资金实行1:1 配套,列入同级财政预算;市及市(县)、区总工会可以接受定向用于困难职工帮扶的社会捐赠,捐赠方可以按有关政策规定享受所得税优惠。

《2010 年意见》的贯彻,为工会参与国家和社会管理拓宽了渠道,增强了能力。2011 年 11 月 2 日,市总工会制定参与加强和创新社会管理工作的意见,要求各级工会紧紧抓住中央高度重视群众工作、推进社会建设的新机遇,进一步增强责任感和使命感,充分调动职工群众的积极性、主动性、创造性,立足工会的特色和优势,拓宽工会参与社会管理和服务的渠道。推动完善党委领导、政府负责、社会协同、公众参与的社会管理格局,发挥工会在社会管理中的协同作用,协助党政做好工作,引导职工群众积极参与社会管理,努力形成社会管理人人参与、和谐社会人人共享的良好局面。提出了大力发展和谐劳动关系,努力推进和谐社会建设;不断拓展工会维权工作,积极维护社会稳定;深化职工素质提升工程,促进经济转型发展;多措并举开展职工帮扶,助力幸福指数提升;进一步加强自身建设,夯实参与加强和创新社会管理基础的具体目标。至2013年,全市有97.8%的非公企业建立职代会制度,97.1%的企业建立工资集体协商制度,96%的企业组建劳动争议调解组织。

第二节　政府与工会联席会议

2004年起,为了畅通向政府反映职工切身利益问题的渠道,形成政府在制定有关职工切身利益的政策、规定时征求工会意见的协商机制,市总工会与市政府建立了联席会议制度。11月19日,在市政府二楼会议室召开联席会议第一次例会。副市长谈学明主持会议,市政府副秘书长蒋国雄,市总工会主席余炳源,副主席李锦南、张帆和纪检组组长王珍珍,市社保局副局长袁建生,以及市经贸委尹晨、市财政局赵美华、市民政局吴建静、无锡国税局陈建秋、无锡地税局徐学良等出席会议。会议讨论《无锡市政府关于与市总工会建立联席会议制度的意见》《无锡市进一步推进企业工资集体协商工作的实施意见》,听取《关于我市工资集体协商工作进度情况的调查》《我市困难职工低收入的情况调查和建议》的汇报,形成了第一次例会纪要。

2005年12月30日下午,市政府和市总工会联席会议第二次例会在江苏省无锡工人太湖疗养院召开。会议由副市长谈学明主持,市政府副秘书长蒋国雄,市经贸委龚聘,市财政局王进健,市社保局袁建生,市人事局李平,市总工会余炳源、荣骏、李锦南、张帆、汤建华、王珍珍等出席会议。会议就改善和提高劳模待遇、推进企业工资集体协商等工作进行讨论。会议原则同意《关于改善和提高市以上劳动模范待遇的实施意见》,明确由市总工会牵头将实施意见进一步具体化。会议听取《关于推进企业工资集体协商工作进展情况的汇报》,要求劳动关系三方在新的一年里更加密切协作,在确保覆盖面达到80%以上的同时,狠抓工资协商的规范和深化,切实提高协商质量和履约率,真正建立起企业职工工资正常增长机制,为富裕无锡再作贡献。会议议定事项以锡政会纪〔2006〕28号纪要下发。

2007年9月18日,市总工会与市政府联席会议第三次例会在市政府二楼会议室召开。副市长谈学明主持会议,出席会议的有市政府副秘书长周浩明,市总工会主席余炳源,副主席荣骏、李锦南,以及市委组织部、市经贸委、市财政局、市社保局、市人事局等部门领导。会议讨论通过《无锡市劳动模范评选和管理工作实施细则》,进一步明确劳动模范管理采取评管结合的办法,体现"谁评选、谁管理,评管结合,管评一致"的精神,防止和克服重评轻管、只评不管、管评脱节的现象,加强和规范无锡市劳模评选和管理工作。

2009年12月15日,市总工会与市政府联席会议第四次例会在市政府会议中心召开。副市长曹佳中主持会议,市政府副秘书长周浩明,市总工会党组书记、副主席孙洪,副主席张帆、汤建华参加。会议讨论通过《进一步提高市级以上劳动模范待遇的实施意见》。会议还听取了市总工会贯彻省委工会工作会议精神和全市贯彻落实情况，以及全市工会 2010 年工作要点的汇报。

第三节　领导关怀

2004 年 6 月 24~26 日，全国总工会党组副书记、副主席孙宝树，合同部部长张建国、基层建设部副部长杨洪林等，在江苏省人大常委会副主任、省总工会主席张艳的陪同下，对无锡工会基层建设等情况调研考察，听取市总工会、滨湖区总工会、江阴市总工会的工作汇报，召开企业工会主席，镇(街道)、村(社区)工会以及私营企业正原大昌工会主席座谈会，详细了解无锡工会基层组织建设情况，并到企业实地考察。在听取市总工会主席余炳源的主题汇报后，全国总工会、省总工会领导充分肯定无锡近几年来在加强工会基层组织建设、发挥基层工会作用等方面做的大量工作和取得的显著成效。希望无锡工会进一步贯彻落实全国总工会关于“组织起来，切实维权”的战略部署，再创新的业绩；推进工作创新，必须要有新的思路，必须要有新的体制，必须完善和健全工作机制，必须要突出抓好工作中的“亮点”，必须要有很好的精神状态，用新的思路解决新的问题，取得新的发展。

2005 年 9 月 18 日，全国总工会在无锡召开部分省市工资集体协商工作座谈会，全国总工会书记处书记张秋俭在会上充分肯定无锡的经验和做法。市委主要领导表示，开展工资集体协商工作是无锡推进“富民工程”的重要组成部分，是市政府为民办的实事之一。在全面建设小康社会、构建和谐宜人新无锡的进程中，要坚持富民优先，努力在扩大企业职工工资集体协商的覆盖率上下功夫，在逐步规范和深化上下功夫。9 月 22 日，市委召开常委会，听取市总工会关于传达学习中央和省委领导近期对工人阶级和工会工作的重要指示精神的汇报。常委会认为，要坚持以人为本，切实贯彻全心全意依靠工人阶级的方针，充分体现职工主人翁地位。要重视和研究解决影响职工队伍稳定的一些突出问题，在企业改制及关闭过程中要做到规范操作和有情操作，依法维护职工群众的合法权益；全力抓好就业和再就业工作，落实好促进就业的各项政策；完善职工收入分配机制，全面推行工资集体协商制度；安排好困难职工生活，进一步完善社会保障体系，全面落实职工工资最低保障线和生活最低保障线；高度重视安全生产、劳动保护等方面的工作，维护职工的生命安全和健康。

2007 年 8 月 26~27 日，全国总工会副主席、书记处书记董力等一行 4 人，在省总工会副主席胡同军的陪同下到无锡调研考察。在考察江苏省无锡工人太湖疗养院装修一新的体检中心，看着新购进的先进体检仪器，董力对江苏省无锡工人太湖疗养院转变经营机制、优化服务职能表示肯定。在对无锡市职工服务中心(市总工会困难职工帮扶中心)调研中，具体了解了中心的服务项目，对无锡职工互助互济工作的许多具体问题反复询问。在全面听取市总工会主席余炳源的工会工作汇报后，董力肯定无锡工会解放思想、求实进取、开拓创新的工作作风，高度评价无锡工会所取得的工作成效。9月13日，省人大常委会副主任、省总工会主席张艳在无锡调研，听取惠山区总工会汇报后，张艳表示，声势浩大的和谐企业创建活动充分展现了惠山各级工会组织的实力、活力和影响力。她指出，惠山区把创建“十个和谐”(和谐机关、和谐村镇、和谐社区、和谐校园、和谐园区、和谐企业、和谐家庭、和谐文化、和谐法治、和谐生态)摆到区委、区政府重要议事日程上，大力支持工会积极开展创建和谐企业活动，在全区企业中形成劳资和谐的良好氛围,并把创建活动融入到服务经济工作的大局中,为推动构建和谐社会发挥了积极作用。她强调,要充分认识创建劳资关系和谐企业的重要意义,不断探索和研究创建活动的机制建设、运行模式,提升工会的影响力和号召力,为构建和谐社会作出积极贡献。18 日,张艳在无锡市总工会上报的《关于无锡两级工会开展劳动法律监督检查的情况汇报》上批示:无锡市总工会推动两级工会进行劳动法律监督检查很好,定能促进各类企业依法兴企,同时也能促进各级工会依法维权。在省、市人大常委会的大力支持下,《无锡市工会劳动法律监督条例》的颁布实施,这本身就是地方立法工作的一大成就,希望无锡各级工会要充分利用法律武器推动工作。

2008年6月20日,省总工会在宜兴召开全省厂务公开民主管理制度创新实践现场推进会。全国厂务公开协调小组办公室副主任常木昌,省总工会党组书记、副主席李晓布,副主席杨星云到会并分别讲话。会上,市总工会和宜兴市总工会的经验介绍在与会人员中引起热烈反响,得到常木昌等领导的充分肯定。《工人日报》的《情况参考》第2266期专门刊登了《江苏宜兴市总工会探索非公小企业职工民主权利的经验值得借鉴》,全国总工会副主席、书记处第一书记孙春兰等领导对此作了重要批示。

2009年1月12日,全市劳资工作会议在无锡州宾馆召开,市委主要领导在讲话中指出,当前和今后一个时期要重点解决好建立和谐劳资关系工作体系、完善劳动保障诚信体系、健全劳资双方维权体系、推进集体协商机制、优化和谐劳资关系服务机制、形成和谐劳资关系长效机制六大难题。19日,中共无锡市委、无锡市人民政府发布《关于构建和发展和谐劳资关系的决定》,提出至2012年全市用人单位基本达到用工行为规范、民主管理制度健全、集体协商工作有力、用人单位与劳动者合法权益得到有效保障的劳资关系和谐的主要指标。《江苏工人报》3月31日一版专门刊登了《合力构建和谐劳资关系——无锡市委市政府重视和谐劳动关系创建工作记略》一文,介绍推广无锡经验。10月28~29日,全省工会劳动争议调解工作现场经验交流会在江苏省无锡工人太湖疗养院召开,全国总工会法工部副部长谢良敏,省人大常委会副主任、省总工会主席张艳及省总工会各位副主席、党组成员,各职能部室部长(主任),全省13个地级市及其县区工会主席、分管主席、法工部部长共200人参加会议。市委常委、市总工会主席周敏炜代表市委在会上致辞,谢良敏、张艳分别讲话,省总工会副主席胡同军作工作报告。会议播发了无锡工会劳动争议调解调专题介绍片,市总工会、市社保局、江阴市总工会、宜兴市总工会、江阴顾山镇总工会、海力士—恒亿公司、吴介南等分别在会上作了经验介绍。12月,市委主要领导根据胡锦涛总书记在中国工会第十五次全国代表大会期间提出"把更多的资源和手段赋予工会组织"的重要指示,以及市总工会通过积极探索、实践和利用更多的资源、手段,不断提高工会服务全局、服务职工的能力和水平的汇报材料后,作出"发挥工会组织积极作用,推动无锡率先、科学、和谐发展"的批示。

2010年2月10日,市委主要领导到市总工会视察工会工作,在听取市总工会汇报后,对工会过去一年的工作给予肯定,指出,尤其是上年年初,市委、市政府开展促进和谐劳资关系的各项工作,工会在其中起了极其重要的作用。针对研究制定加强和改进新时期工会工作的意见,市委主要领导提出,要注意将更多的资源和手段提供给工会组织,充分发挥工会组织在协调劳资关系、调解劳动争议、维护劳资和谐工作中依靠职工、激励职工、服务职工的作用。要将原由政府行政机关直接承担的,特别是劳动、民政、司法等行政部门承担的一些职能转移到工会。工会是党和政府联系职工群众的桥梁，工会作为群众自己的组织，行使某些职能将起到更好的社会效果。建议各级工会可以考虑组织开展“幸福进万家——工会助民行动”，工会在这些方面可以大有作为。8月25~27日，全国总工会副主席徐振寰、国际部部长江广平、资产管理部副部长张泽鹏、资产管理部处长张志林、国际部处长徐璐等在省总工会副主席胡同军和国际部副部长缪建华陪同下到无锡考察，市总工会党组书记、副主席孙洪汇报全市工会工作，得到全国总工会领导和省总工会领导的肯定与鼓励。9月27~28日，全国工会推进区域(行业)职代会制度建设经验交流会在宜兴召开，无锡市、宜兴市等11个单位在会上作经验介绍，与会人员还观摩了宜兴市陶瓷行业集群职代会现场。全国总工会副主席、书记处书记陈荣书讲话，充分肯定无锡的经验做法。

2011年5月7~10日，中共中央政治局委员、全国人大常委会副委员长、全国总工会主席王兆国在省委书记、省人大常委会主任罗志军的陪同下到无锡考察调研。全国总工会副主席、书记处第一书记王玉普，共青团中央书记处第一书记陆昊，全国妇联副主席、书记处第一书记宋秀岩随同考察。省委常委、组织部部长石泰峰，省人大常委会副主任、省总工会主席张艳，市领导朱克江、周解清、姚建华、陈振一、周敏炜等分别陪同考察。王兆国一行深入企事业单位，走访群团组织活动阵地，实地了解无锡社会建设和管理状况，并同当地干部群众深入交流，共商加强和创新社会管理特别是工青妇组织参与加强和创新社会管理的良策。

2012年6月18日，省委常委、无锡市委书记黄莉新出席市总工会机关全体干部会议并讲话。黄莉新要求市总工会充分发挥组织、服务和引导群众方面的工作优势，团结带领全市工会组织，把思想统一到市委的决策部署上来，切实增强做好新时期工会工作的责任感和紧迫感，进一步找准工会工作的突破口和切入点，积极探索工会工作更好地服务大局的新思路、新途径、新载体，抢抓机遇，真抓实干，团结引导广大职工在加快打造“四个无锡”的实践中建功立业；要加强工会干部队伍建设，注重制度建设，健全领导班子分工、议事规则和决策程序；要锤炼工作作风，坚持求真务实，尽心竭力为广大职工群众排忧解难，把工会建设牢牢扎根于职工群众之中。

2013年8月14~15日，省总工会主席、党组书记邢春宁一行到无锡调研工会工作。无锡市委副书记、江阴市委书记蒋洪亮，市委常委、市总工会主席陈德荣等陪同调研。14日下午，省总工会调研组在江阴召开工会工作座谈调研会，邢春宁认真听取市总工会党组书记、副主席管海燕关于无锡工会工作的汇报，并就省总工会开展群众路线教育实践活动、推动工会工作创新发展等方面与市总工会领导班子成员，各市(县)、区总工会负责人及部分镇(街道)、企业工会干部代表进行交流。座谈会上，邢春宁说，无锡工会工作始终坚持围绕中心、服务大局，创造了很多好的经验和做法，许多工作走在全省乃至全国的前列。特别是工会工作以“五大行动”为载体，项目化推进，品牌化运作，紧贴工作实际，体现了无锡特色。面对新形势、新任务，邢春宁希望无锡市总工会不要为已有的成绩所累，不要为现成的经验所缚，也不要为面临的新问题、新困难所困惑，要深入学习贯彻中共十八大精神和习总书记“4·28”重要讲话精神，解放思想，创新突破，围绕苏南现代化建设示范区目标任务，用新的思维、新的理念，研究探索工会发挥作用的新方法和新途径，进一步在服务全局方面有新的作为，进一步在服务职工群众方面有新的拓展，进一步在工会干部队伍建设方面有新的成效，推动无锡工会工作走出新路子，再上新台阶。

第四章　参与国家和社会事务管理

第一节　参与立法及政策制定

一、参与国家、省法律法规的制定修改

2004 年 6 月,市总工会组织基层工会对《江苏省集体协商、集体合同条例(草案)》讨论,向省总工会提交9个方面的修改建议,主要有:《江苏省集体协商、集体合同条例(草案)》应修改为《江苏省集体合同条例(草案)》;对其中一些直接关系到职工切身利益的事项,如劳动报酬等,应当规定用人单位在作出决定前,必须与职工一方进行集体协商;建议在《江苏省集体协商、集体合同条例(草案)》第十九条中增加,用人单位年度增长工资的,提供正常劳动的职工均应当得到增长;建议增加省劳动保障行政部门应当制定集体合同示范文本,并向社会公布;制定集体合同示范文本应当征求省总工会和有关方面的意见。同时,对工会组织的职责作两点修改:即用人单位工会和区域、行业工会代表职工进行集体协商、签订集体合同时,上级工会应当给予支持、指导和帮助;用人单位工会可以将集体合同草案在职工代表大会(职工大会)通过前,报上级工会征求意见等等。7月,市总工会组织基层工会对《江苏省工资支付条例(草案)》调研,向省总工会提交13个方面的修改建议,主要有:建议在草案中规定用人单位应当建立正常的工资增长机制;关于切实保障工资支付的具体措施,建议增加实行计件工资制的用人单位,确定劳动定额或者计件报酬标准应当遵循科学合理的原则;确定的劳动定额应当使本单位同岗位百分之九十以上劳动者在法定工作时间内能够完成;劳动定额、计件报酬标准确定后应当保持稳定,不得随意更改、调整;因设备更新、工艺改进、技术革新等原因确需调整的,应当通过集体协商的方式。用人单位应当建立劳动考勤制度,书面记录劳动者的出勤情况,每月与劳动者核对并由劳动者签字。用人单位保存劳动考勤记录不得少于两年;用人单位和劳动者都不能对工资数额举证的,由劳动保障行政部门、劳动争议仲裁委员会和人民法院参照本单位同岗位的平均工资或者当地在岗职工平均工资水平,按照有利于劳动者的原则计算确定;用人单位可以与银行签订代为支付工资协议,在银行设立工资专用账户,并在本单位工资支付日前将劳动者工资足额纳入工资专用账户,由银行在协议约定的时间内代为支付劳动者工资。11月,市总工会组织基层工会对《中华人民共和国治安管理处罚法(征求意见稿)》的讨论,提出"总则"中治安管理处罚种类没有劳动教养条款,而在"分则"中屡屡出现劳动教养条款,应前后一致等5条建议提交市人大。

2005年,市总工会于年初组织基层工会讨论《江苏省法律援助条例(修改草案)》,并将意见分别返回市政府法制办和省总工会。4月,讨论江苏省《按比例安排残疾人就业办法(修订稿)》,并将意见返回给市政府法制办。6月,组织参加《中华人民共和国劳动合同法(草案)》

[(以下简称《劳动合同法(草案)》]讨论,就劳动合同单方持有、赔偿责任计算方法、用人单位经解除或终止劳动合同向劳动者发出书面通知期限、办理退工手续期限、试用期的劳动合同期限以及提出用人单位不给劳动者劳动合同,应规定法律责任;在劳动合同中,用人单位免除自己责任、排除劳动者权利的,应视为无效合同等10个方面的问题提出意见和建议。

2006年,《劳动合同法(草案)》征求意见的情况:市总工会于4月召开征求意见会,市总工会副主席汤建华作动员,法律工作部部长夏坚部署,40名基层工会负责人和市总工会各职能部门负责人与会;召开职工律师团会议,征求意见;开展调查问卷活动,参加调查问卷的有392家单位2823人。各市(县)、区总工会召开征求意见会议计58次,各局(公司)、直属单位工会召开座谈会计308次。在参与网上征集意见活动中,市总工会组织各级工会积极参与,有3051名职工提出意见1692条(其中363名职工联名提交意见178条),通过网上或信件分别提交全国人大、省人大、全国总工会。9月,市总工会完成省总工会布置的调研工作:对《劳动合同法(草案)》二审前有关劳动力派遣情况的调研;对市区120家劳动力派遣企业抽取70家进行问卷调查,撰写并上报《关于劳动力派遣企业情况的调查报告》;对《劳动争议调解仲裁法(草案)》的调研,总结全市各级劳动争议处理工作情况以及实践中遇到的困难、问题,撰写并上报《关于劳动争议处理立法调研报告》;参与对全省工会信访和法律援助情况调研,撰写分析报告并上报全市1998~2006年6月30日的工会信访情况和2004~2006年6月30日的职工法律援助情况。

2007年5月,市总工会就《劳动争议调解仲裁法(草案)》的征求意见事项,从调解组织法律地位和调解书的法律效率、调解是仲裁的前置程序、劳动者权益的2年保护时间、集体争议的救济途径和单个争议的救济途径、"三方机制"建设、调解组织主任仍有工会主席担任[没有工会的由职工(代表)大会推举]、镇(街道)以上工会设立调解庭以及对快速调解和仲裁纠纷的时间、仲裁与法院诉讼及法律援助等13个方面的问题提出修改意见和建议,分别提交市人大财经工委和省总工会。6月,市总工会根据省总工会要求,撰写《对工会社团法人登记领证工作的办法之修改意见》,分别报省总工会、全国总工会。6月,对《江苏省劳动争议调解实施办法(试行)稿》进行研讨,提出修改意见并提交省总工会。7月,组织《江苏省企业民主管理条例(征求意见稿)》修改工作,提出修改意见并提交省总工会。9月,对《中华人民共和国未成年人保护法(修订草案)》提出7条修改意见,提交市人大内司工委。

2008年3月,市总工会就《劳动合同法实施条例(草案)》提出事实劳动关系的处理、用人单位使用被派遣劳务工的同工同酬以及临时性、辅助性或者替代性的工作岗位的界定、时间规定等修改意见报省总工会。5月,根据省总工会《关于认真做好〈劳动合同法实施条例(草案)〉征求意见工作的紧急通知》的意见,将《〈劳动合同法〉实施条例(草案)》分别发给各级工会和市总工会机关全体人员,要求组织职工讨论并征求意见,从网上发给国务院法制办或通过市总工会法工部汇总发给省总工会。据统计,参与讨论、听取意见的职工有4000人。全市职工向国务院法制办发出修改意见51条(经过整理),通过市总工会发出修改意见35条(经过整理)。对《〈劳动合同法〉实施条例(草案)》讨论的主要意见:在劳动者与用人单位的天秤上,《〈劳动合同法〉实施条例(草案)》最终还是倾斜到资方一边;"在试用期内医疗期满或者不能胜任工作的,用人单位可以作为不符合录用条件解除劳动合同",这不公平,试用期也是合同期;在规章制度和重大事项决定实施过程中,职工代表如何产生、平等协商的程序是怎样的、如果协商不一致,应该由谁来决定,这在《〈劳动合同法〉实施条例(草案)》中没有表现出来;《〈劳动合同法〉实施条例(草案)》中关于完成一定任务量的合同如何实施不明确;《〈劳动合同法〉实施条例(草案)》条款与《劳动合同法(草案)》中关于"非法解除终止支付双倍赔偿金不必再支付补偿金"和关于试用期增补了"经济裁员"和"客观情况发生变化"两种被《劳动合同法(草案)》排除的法定情形有冲撞;《〈劳动合同法〉实施条例(草案)》应围绕如何具体实施《劳动合同法(草案)》订立,强化它的操作性,而不是突破原有法律,另外立法等。

2009 年 1 月,市总工会就《中华人民共和国社会保险法草案(征求意见稿)》[以下简称《社会保险法草案(征求意见稿)》],向各级工会发出通知,听取意见。2月,向省总工会提交对《社会保险法草案(征求意见稿)》的修改意见:应当明确保护对象,以防产生歧义;《社会保险法》与《中华人民共和国劳动保险条例》的关系,应该先对1958年前的条例作出明确回应,究竟是有效、修改还是废止,重新颁布新的条例规定,再来制定社会保险的相关法律等9个方面的修改意见、建议。8月,市总工会向市人大内司工委提交《江苏省慈善事业促进条例(草案)》的征求修改意见,对《最高人民法院关于审理劳动争议案件适用法律若干问题的解释(三)(征求意见稿)》《最高人民法院关于审理劳动争议案件适用法律若干问题的解释(四)(征求意见稿)》提出修改意见,一并提交省总工会。

2010 年 7 月,市总工会就省人保厅开展拟订《江苏省实施〈调解仲裁法〉办法》的调研内容,提出建议,反馈给市人社局。8月,对全国总工会《工会参与劳动争议处理办法(征求意见稿)》提出修改意见并提交省总工会。9月,对《江苏省工会劳动法律监督条例(草案)》提出修改意见并提交省总工会。

2011年2月,市总工会就江苏省高级人民法院、江苏省劳动人事争议仲裁委员会《关于审理劳动争议案件的指导意见(二)(征求意见稿)》,做好征求意见的工作,提出修改意见并提交省总工会。

2012 年,市总工会就《中华人民共和国劳动合同法(修正案)》及配套《劳务派遣行政许可实施办法(征求意见稿)》《职业病诊断与鉴定管理办法(征求意见稿)》《中华人民共和国民事诉讼法(修订稿)》,征求基层工会和职工的意见,对"三性"(临时性、辅助性、替代性)、预设比例、增设许可、企业采纳民事承揽方式规避派遣行为,方便劳动者申请职业病鉴定,以及增加民事诉讼应遵循诚信原则、管辖的修改、修改回避情形的规定、增加民事公益诉讼制度的规定、增加对第三人的救济和对恶意诉讼制裁的规定、修改委托代理人范围的规定、证据的修改等应得到进一步规制,提出修改意见并分别报省总工会。

2013 年,市总工会就《执行〈工伤保险条例〉若干问题的意见(征求意见稿)》《社会保险费申报缴纳管理规定》《中华人民共和国消费者权益保护法(修改稿)》,征求基层工会和职工的意见,对多次工伤的工伤待遇理赔应作出统一规定,完善社会保险登记、缴费申报等流程,以及消费交易中各方当事人的权利义务、提高违法成本、加强政府对市场的监管力度、更好地保障消费者的合法权益等提出修改意见,并分别报省总工会。

二、推动地方立法

为强化工会的维护职能,依法开展维权工作,市总工会就《中华人民共和国劳动合同法》

(以下简称《劳动合同法》)执行情况、工会劳动法律监督和工资集体协商工作进行了多次调查、调研,并报告市人大、政府、政协,得到市人大、政府、政协的高度重视和支持。

工会劳动法律监督条例　2006 年,无锡市第十三届人民代表大会常务委员会于 6 月 21~22 日举行第二十四次会议,分别听取市总工会主席余炳源关于《〈无锡市工会劳动法律监督条例〉(草案)的说明》和市人大财经工委主任范泽熙《关于〈无锡市工会劳动法律监督条例〉(草案)审查意见的报告》。8月24日,无锡市第十三届人民代表大会常务委员会第二十五次会议通过《无锡市工会劳动法律监督条例(草案)》。9月27日,江苏省第十届人民代表大会常务委员会第二十五次会议批准《无锡市工会劳动法律监督条例》(以下简称《条例》)。

《条例》共二十七条,对适用范围、遵循原则、监督机制、监督内容、监督方法、监督程序、法律责任等都作出具体规定。从法律上确定了工会实施劳动法律监督的法律地位,从实施上赋予工会实施劳动法律监督的具体权利。着重解决了工会在劳动法律监督中存在的"监督什么"和"怎样监督"等问题。从而使工会在维护职工合法权益、实施劳动法律法规监督检查工作有了可具体操作的法律依据。

《条例》明确监督的具体内容:对集体合同、劳动合同、工资集体协议、工资报酬、工作时间、劳动保护、社会保险、技能培训、平等就业、女职工和未成年工及残疾职工保护、遵守劳动法律等执行情况实施监督。《条例》赋予工会实质监督权:工会发现用人单位有违反劳动法律、法规,损害劳动者合法权益情况的,可以发出《工会劳动法律监督意见书》,要求用人单位予以改正。用人单位应当在收到《工会劳动法律监督意见书》之日起十五个工作日内,将整改情况书面回复工会。《条例》确定各方劳动监督的责任:工会、工会劳动法律监督组织、工会劳动法律监督员、用人单位、劳动者、政府有关部门、舆论监督等方面在工会劳动法律监督工作上的工作责任及法律责任。《条例》强化监督检查的法律保障:用人单位违反本《条例》的规定,阻挠工会劳动法律监督工作,拒绝工会劳动法律监督员进行监督检查和调查、取证,或者对工会劳动法律监督员和举报人打击报复的,工会可以向有关行政部门提出《工会劳动法律监督建议书》,由有关行政部门责令改正,并视情节轻重,依法作出处理。《条例》完善劳动法律监督检查机制:工会应当与同级人民政府有关行政部门联合建立劳动法律监督检查制度,劳动违法案件处理反馈制度,劳动者权益保障评价制度和严重违反劳动法律、法规单位的记录、公示制度。

企业工资集体协商条例　2011年,无锡市第十四届人民代表大会常务委员会于2月25日举行第二十五次会议,通过《无锡市企业工资集体协商条例(草案)》。3月24日,江苏省第十一届人民代表大会常务委员会第二十一次会议批准《无锡市企业工资集体协商条例》(以下简称《条例》)。

《条例》共九章五十一条,对工资集体协商的原则与要求、协商内容、协商代表、协商程序、行业性区域性协商、协商保障、争议处理、法律责任八个方面作了具体规定。着重解决了企业工资集体协商"谈什么""怎么谈"和"规范谈"三大问题。《条例》规范工资协商的内容,工资集体协商应当包括:职工年度平均工资水平及调整幅度、一线职工年度平均工资水平及其调整幅度、职工工资最低水平、工资支付办法、双方认为应当协商的其他有关事项五个方面的内容。《条例》规范工资协商的程序,工资协商文本草案应当提交职工代表大会或者职工大会讨论通过。通过后,工资协议由协议双方首席代表签字。《条例》规范工资协商的保障措施,人力资源和社会保障行政部门、工会、企业代表组织应当依法对本地区企业履行工资协议情况进行监督检查。《条例》同时对争议处理、法律责任作了规定。

三、参与全市涉及职工利益的政策、规定制定

2004 年 10 月,市总工会对《无锡市人民政府立法听证办法(征求意见稿)》提出修改意见并提交市政府法制办,意见主要有职工群众关注的重点、热点问题,以及涉及职工群众切身利益的问题应当有同级工会参加听证,工会可以被指定或受邀为听证陈述人。

2005年3月,市总工会修改出台《无锡市职工法律援助办法》。7月,就《无锡市实施〈工伤保险条例〉意见(草案)》组织基层工会研讨,对工会或职工方参与处理的程序规定、交通事故和工伤处理的衔接等5个方面的问题提出意见和建议。

2007年2月,市总工会对《无锡市精神卫生条例(送审稿)》提出修改意见并提交市政府法制办。是年,针对调研中职工呼声较高的"看病难、看病贵"的问题,分别向市人大和市政府提出建议,推动市政府出台《关于调整市区职工医疗保险有关政策的通知》《关于2006年度市区职工补充医疗保险门诊补助的通知》两个文件,促进全市基本医疗保障水平的提高,缓解了职工"看病难、看病贵"的问题。在积极参与无锡市企业工资指导线的制定,数字电视收费,水价调整听证和病、伤残职工劳动能力鉴定工作,以及廉租房政策的修订的过程中,充分反映职工诉求,表达工会主张,许多意见被采纳。推动市政府出台新的《无锡市劳动模范评选管理工作实施细则》,在全省率先把农业劳模列入荣誉津贴发放范围。

2008年10月,市总工会、市社保局、市经贸委、市中级人民法院、市司法局等部门制定出台《关于全面推进劳动争议调解工作的意见》,发出《关于建立无锡市劳动争议调解委员会的通知》。组建市级劳动争议调解委员会,设立市级劳动争议调解庭,进一步完善具有无锡特色的劳动争议调解机制,形成了多元化的"1+6"调解工作对接体系[①]。

2009年3月,市总工会对《无锡市刑事被害人特困救助条例(草案)(征求意见稿)》中"申请救助条件、提交材料、申请方式、受理要求"等提出修改意见,并于17日提交市人大法制工委。4月15日,市中级人民法院、市经贸委、市司法局、市社保局、市总工会下发《关于印发〈无锡市劳动争议调解委员会调解庭调解工作暂行办法〉的通知》,并附市劳调会办公室制定的《无锡市劳动争议调解委员会调解庭工作制度》。《无锡市劳动争议调解委员会调解工作暂行办法》规定:确立"便、调、稳"的调解工作理念,大力提高调解工作效能;可以接受法院或仲裁委委托调解案件,也可以参与共同调解案件;实行独任制、合议庭制的调解制度;探索"上调一级"办法,同时,调解庭在调解劳动争议案件时,可以通知该案的用人单位工会负责人作为劳动争议调解协理员,协助调解庭调处该劳动争议案件;经仲裁委同意,工会兼职仲裁员可直接受理案件,经调解达成调解意见的可出具仲裁调解书;受人民法院委托调解的劳动争议案件,经调解达成协议的,由人民法院依法予以确认并具有法律效力;符合法律援助条件的案件,可直接提

① 建立由工会主持的劳动争议调解工作和工会信访、工会法律援助、工会劳动法律监督、劳动争议仲裁、法院诉讼、人民调解等解决劳动纠纷的对接机制。

供法律援助等。6月，由市总工会与市社保局依据《劳动合同法》《中华人民共和国就业促进法》和《江苏省企业民主管理条例》等法律法规，联合制定《无锡市规范企业劳动用工规章制度的指导意见》《无锡市企业劳动用工规章制度参考文本》，对员工的基本要求、劳动合同管理、工作时间、休息休假、劳动报酬、劳动安全卫生、社会保险和福利、职工培训、保密制度与竞业限制、奖励与惩戒等方面提出了具体指导意见。8月11日，市总工会、市社保局、市经贸委、市工商局、市工商联联合发出《关于规范企业劳动用工规章制度制定程序保障职工民主权益的意见》，就依法规范制定涉及职工切身利益规章制度的民主程序提出具体实施意见。

2011年，市总工会参与市政府《关于市区工业布局调整中退城出市企业职工劳动关系等有关问题的处理意见》的制定，提出了工会维护职工合法权益和坚持民主程序的主张。

2012年，市总工会召集市相关职能部门会商全年工会帮扶工作主要内容，完善市特困职工各项优惠政策并确保落实，全年共有58户市特困职工家庭享受政府住房保障，1659户职工家庭列入政府最低生活保障。深入非公企业现场指导、履行民主程序、完善规范企业劳动用工管理制度，全市规模以上企业劳动用工规章制度建章合格率达87%，中小企业建章率达93%。制定《关于进一步加强工会信访工作的意见》，运用工会劳动法律监督、法律援助、劳动争议调解等手段提高信访的处置能力，建立信访移送制度、督办制度、会商制度、研讨制度和责任追究制度。市总工会与市中级人民法院、市人保局、市劳动人事争议仲裁委联合制定《关于建立劳动人事争议联动化解机制的意见》，联合建立劳动人事争议联动化解的预警机制、调解机制、协作机制、信息互通机制和能力建设机制。为了争取司法部门对工会法律援助工作的支持，与市司法局联合下发《关于印发〈无锡市工会法律援助暂行办法〉的通知》，对工会组织开展职工法律援助的范围和条件、申请和承办、资金来源和管理等方面作出详细规定，并在承办律师的指定、案件的移送、办案经费的支出等方面作出了相应的规定。

2013年，市总工会积极参与政府有关生活保障方面政策的讨论、制定及动态调整。参与政府就业政策调整文件的制定，将特困职工子女高校毕业生列入市公益性单位重点招聘对象；会同市房管部门联合下发《关于各级工会协助做好市低收入职工住房保障工作的意见》，凭市特困职工优惠证享受廉租房、货币配租房、公房补贴等优惠政策待遇；参与协调和制定《关于对独生子女父母光荣证退休的企业人员一次性奖励的补充意见》，解决了1430个非公企业职工在退休时拿不到一次性奖励和退休难办的问题。为提高特困职工生活待遇，市总工会专门下发文件，实施对市困难（特困）职工生活救助标准的调整。

四、参与市人大、市政协调研、检查和视察活动

2006年5月15~23日，市人大常委会副主任杨惠菊、于顺源、王金大分别带领检查组对市总工会及9个市（县）、区政府和工会进行《中华人民共和国工会法》执法检查、工会履职情况检查活动，全程跟踪拍摄《人大之声》专题片。

2007年9月14日，市人大常委会副主任杨惠菊率领人大调研组到市总工会进行调研。市总工会主席余炳源向人大调研组介绍全市工会组织学习、宣传、贯彻《无锡市工会劳动法律监督条例》（以下简称《条例》以及首次工会劳动法律监督联动活动的情况；市总工会副主席张帆从工会劳动法律监督的角度，围绕实施《劳动合同法》方面的情况，向人大调研组作专题汇报。

20日,市人大常委会主任郁家树、副主任杨惠菊一行45人到南长区总工会和扬名街道总工会视察工会劳动法律监督检查工作。

2008年3月14日,市人大内司工委到市总工会调研2006~2007年职工法律援助工作情况。市总工会副主席张帆就工会法律援助工作情况作专题通报,滨湖区总工会、崇安区总工会、南长区总工会、北塘区总工会、新区总工会参加调研会并作汇报。5月19~21日,市人大常委会对《条例》开展执法检查。由市人大常委会副主任杨惠菊、王金大各带一个小组,听取市总工会、市社保局、卫生局、环保局、经贸委、安监局的汇报,分别到市总工会和9个市(县)、区就贯彻实施《条例》的情况进行了执法检查。市人大常委会主任周解清在人大常委会会议上指出,要坚定不移地推进《条例》的实施,进一步加强对劳动安全保护,职业病防治,生产环境危害预防,女职工、未成年人特别保护等方面的检查,充分发挥政府执法部门作用,与工会监督形成工作合力,并继续加强对企业主的培训和教育。10月8日,市政协副主席黄士良带领社法委人员到市总工会调研贯彻实施《劳动合同法》情况,市总工会副主席汤建华作《关于〈劳动合同法〉贯彻实施情况的汇报》;崇安区总工会副主席汤德政、锡钢集团公司工会主席缪士良、二建公司工会主席孙国华向市政协社法委作专题汇报。

2009年11月25日,市政协、市总工会调研小组到市建筑工程质量检测中心,开展以"城市建设中的工程质量管理"为主题的调研活动。委员们视察检测中心,了解各类建筑材料的检测、监控情况,听取市建设局领导对建设工程设计、程序管理和动态管理以及建设科技等方面的情况介绍,提出要严格把好质量关,抓住样本与实际使用材料之间的中间环节,堵塞漏洞,做好防治工作,有效控制建设工程实体质量的建议。

2013年3月7日,市人大常委会副主任王立人带领内司工委人员到市总工会走访调研,察看市新工人文化宫建设工地。市总工会党组书记、副主席管海燕汇报市总工会紧紧围绕市委、市政府中心工作,服务大局,以面对面、心贴心、实打实服务基层、服务职工群众的要求为主线,努力深化"五大行动"①,工会各项事业取得新发展。王立人对市总工会的工作给予充分肯定,要求工会主动融入工作大局,找准定位,奋发有为,争做贡献;市人大常委会工作机构要加强与市总工会的工作联系,加强立法与执法检查,并通过一定途径反映工会组织的意见和建议;在调研确定相关议题后,组织执法检查和视察,加强对《条例》《无锡市企业工资集体协商条例》执行情况的检查,并在《条例》立法中,研究将维护好职工权益和开展工资集体协商等相关内容纳入其中。

第二节 劳动关系三方协调机制

建立劳动关系三方协调机制是市场经济条件下协调劳动关系的重要制度,亦是拓宽工会参与社会事务管理、维护职工合法权益的渠道。为适应劳动关系新变化,全市建立健全由政府劳动行政部门、工会组织和企业组织三方参加的劳动关系协调机制,进一步增强对劳动关系矛盾调处的能力,促进社会安定团结。

① 建功立业行动、和谐构建行动、素质提升行动、工会助民行动、强基固本行动。

2004年，为贯彻市委《关于在深化企业改革中全心全意依靠工人阶级的若干意见》，市委组织部、市总工会、市经贸委、市社保局联合在全市开展依靠职工办企业优秀经营者评选活动。市协调劳动关系三方会议在总结把推进工资集体协商作为实施“富民强市”重要措施的基础上，进一步探索运用劳动合同和集体合同手段，保持新形势下劳动关系的协调稳定。

2005年，召开全市协调劳动关系“三方机制”工作会议，就推动建立完善工资分配共决、工资正常增长、工资分配监督等机制，在全市组织开展专题调研活动，为筹备召开的全省“三方机制”建设暨工资协商经验交流会作准备；制定了有关全面推进企业工资集体协商制度的意见。

2006年为劳动关系协调年。市总工会制定《无锡市工资集体协商工作运行规程》。6月30日，全市召开企业工资集体协商工作暨创建和谐劳动关系动员大会，宣布正式启动全市创建和谐劳动关系企业活动。成立市创建和谐劳动关系企业活动领导小组，确定全市15个企业为劳动关系重点联系企业。9月13~19日，市协调劳动关系三方协商机制成员单位、市创建和谐劳动关系企业活动领导小组对全市开展工资集体协商和创建和谐劳动关系企业工作情况展开督查，市人大财经工委的领导参加督查。

2007年，市协调劳动关系三方委员会积极参与市委、市政府《无锡市和谐创建行动纲要》和《关于在全市开展和谐行业（单位）创建活动的实施意见》的制定，把工会“组织起来，切实维权”的工作思路，融入到文件的主体内容，围绕职工工资与企业经济效益合理合法增长的目标，全面推行劳动合同、集体合同和工资集体协商制度，推动企业认真贯彻执行劳动法律法规，建立健全劳动规章制度，提高以人为本、科学管理的水平，维护职工群众的合法权益，促进企业经济健康发展和劳动关系的和谐稳定。5月，分别召开全市劳动关系科长座谈会、全市劳动工资和劳动关系工作会议，分析全市职工劳动合同、集体合同管理工作的现状和存在问题，交流市（县）、区一些好的做法和经验，全面部署推进劳动合同签订工作目标任务和分阶段组织实施计划，为提高“两个合同”（劳动合同、集体合同）签订率奠定基础。

2008年，市协调劳动关系三方委员会为加强工作力量，增加市工商联、市新企业家协会两个单位为成员，4次召开劳动关系三方会议，研究分析全市劳动关系运行现状和存在的主要问题，针对当前形势下劳动关系协调工作提出具体措施和对策；确定100个劳动关系突发事件重点企业，通过明确具体责任人员，定期联系，及时指导。组织全市200个企业向社会公开发布全面履行社会责任承诺书，58个企业向社会发布履行社会责任行动宣言。

2009年，市协调劳动关系三方委员会与和谐劳资关系领导小组召开会议，结合贯彻落实市委、市政府下发的《关于构建和发展和谐劳资关系的决定》，积极研究探索和谐劳资关系工作。利用劳资关系预警预报制度，在全市各级、各部门开展劳资关系预警工作，通过明确责任人员、定期联系、及时指导等，认真做好劳资矛盾的预警预防，对发展和谐劳资关系起到积极作用；完成基层劳资关系协调机制建设重点课题的调研，为加强和推进镇（街道）、村（社区）基层组织协调劳资关系工作提供重要依据。6月，由市总工会与市社保局联合制定《无锡市规范企业劳动用工规章制度的指导意见》《无锡市企业劳动用工规章制度参考文本》，为企业依法完善劳动用工制度提供基础性的文件，将劳动关系纳入正常有序的制度管理范畴。

2010年，为进一步加大推进工资集体协商制度，市协调劳动关系三方委员会成立由市总工会、市人社局、市工商联等部门组成的《无锡市企业工资集体协商条例》（以下简称《条例》）

拟订工作领导小组,开始《条例》的研究和拟订工作。为更好推动基层构建和谐劳资关系的积极性,不断提升和谐劳资关系镇(街道)的质量,于5月制定《关于创建和谐劳资关系街道(镇)有关事项的通知》,规定创建和谐劳资关系街道(镇)预申报和指导培育等制度。于9~10月,对11个预申报的镇(街道)及22个村(社区)开展了培育与指导服务等工作。于11月底~12月初,对11个申报2010年度和谐劳资关系镇(街道),以及部分和谐劳动关系先进企业进行了考核。11个镇(街道)全面完成目标任务。

2011年,市协调劳动关系三方委员会向各市(县)、区协调劳动关系三方委员会下达《2011年度工资协商目标任务书》,部署全市工资协商要约月活动;同时,共同选定塑料保护膜和陶瓷两个行业进行行业最低工资标准协商试点,努力通过规范协商内容和程序不断提升协商质量,并在此基础上培育和推广多次协商机制,促进企业增资。为进一步提高创建活动质量,市协调劳动关系三方委员会制定《关于进一步明确创建和谐劳资关系街道(镇)、工业园区、企业和劳动保障诚信企业评选条件的通知》,对创建提出新的要求,包括将原来由市人社局和市总工会分头负责的和谐镇(街道)、园区、企业创建工作纳入到统一考评体系,把诚信企业作为创建和谐企业的基础,将收入增幅作为和谐创建重要指标,并增加四项和谐企业考评否决指标,从而进一步规范和完善了创建工作标准。

2012年是市委、市政府下发的《关于构建和发展和谐劳资关系的决定》明确四年目标任务的最后一年。市协调劳动关系三方委员会召开会议分析形势,确定下一步主要工作和任务。明确要从巩固完善"三大体系和三项机制"[①]入手,进一步夯实基础工作,努力实现企业用工行为规范、民主管理制度健全、集体协商工作有力、双方合法权益得到有效保障的劳资关系和谐的主要指标要求。具体提出坚持政府主导,全力推动社会各界共同构建和谐劳资关系建设;强化集体协商,不断优化创建和谐劳资关系的环境;加强基层建设,充分发挥基层组织构建和谐劳资关系的重要作用。

2013年,市协调劳动关系三方委员会认真落实市政府《关于进一步推进和谐劳资关系建设的实施意见》,主动作为,积极应对挑战,扎实工作,强化服务指导,着力推进和谐劳资关系建设,提出抢抓机遇,全面启动新一轮和谐劳资关系创建工作。以市和谐创建劳资关系领导小组办公室的名义,制定《关于进一步开展和谐劳资关系街道(镇)、工业园区和企业活动的通知》,细化和谐劳资关系创建的目标任务;抢占主动,为劳资双方提供精细化优质高效服务,提供源头服务,强化主动服务,优化政策服务;抢先谋划,积极应对新法、新规实施带来的新情况,针对修订后的《劳动合同法》《江苏省劳动合同条例》和人社部《劳务派遣行政许可实施办法》实施可能带来的冲击和影响以及"早预测、早谋划、早行动"作新的工作部署和要求。

① 和谐劳资关系工作体系、劳动保障诚信体系、劳资双方维权体系;推进集体协商机制、优化和谐劳资关系服务机制、形成和谐劳资关系长效机制。

第五章　服务经济建设

第一节　劳动竞赛

“十一五”“十二五”期间，全市工会组织各行各业百万职工开展形式多样的主题劳动竞赛活动，建立党委和政府领导、工会主抓、各方配合、职工积极参与的工作机制，形成市及市(县)、区和镇(街道)、企业四级开展劳动竞赛的局面。

一、立功竞赛活动

2004年，市总工会根据市委、市政府《关于促进民营经济更快发展的意见》，提出贯彻落实的意见，要求各级工会在促进民营经济更快发展中发挥积极作用。全市民营企业工会组织职工开展各种形式的立功竞赛活动，发动面达85%，激发职工群众的生产积极性和创造性。积级培养和选树民营企业职工中的先进典型，在评选劳动模范和各类先进时，逐步扩大有突出贡献的民营企业家和民营企业职工的比例，支持和引导民营企业健康发展。

2005年，市总工会要求全市工会组织为确保“十一五”发展开好局、起好步，发动和组织职工群众参加适应市场需求、符合企业实际、体现职工价值的劳动竞赛，充分调动广大职工的生产积极性，为加快全市发展高新技术产业，推进经济结构调整和产业结构优化升级献计出力；抓好重点行业和关键领域的重点工程劳动竞赛，为促进先进制造业和现代服务业建设，开拓新型工业化之路作出贡献。全市工会围绕建功“十一五”开展各种形式的立功竞赛活动，发动面达90%，在全市广大职工中掀起新一轮立功竞赛的高潮。

2006年，市总工会在重点建设工程开展建功立业劳动竞赛，全市有10万重点工程建设者参赛。10月19日，在无锡市当好主力军，建功“十一五”，全面推进“一当好、三争创”(当好全省现代化建设先行军，争创科学发展先导区、和谐发展示范区、党的建设模范区)立功竞赛动员大会上，副市长谈学明要求各级工会组织更好地把广大职工组织起来，最大限度地调动和发挥他们的积极性、主动性和创造性，开展各种形式的立功竞赛活动。副市长谈学明、市总工会主席余炳源首次授予18个工程队“无锡市工人突击队”队旗。在为实现无锡市党代会提出的“一当好、三争创”目标建功立业的立功竞赛活动中，首次创建以省和全国劳模命名的便民服务队、优质服务车、创新工作室等。

2007年，市总工会围绕市委、市政府确定的工作重点和把全市重点工程建成一流精品工程的工作目标，动员、组织广大工程建设者在长江引水工程、锡西南500千伏交电站建设工程、宜兴抽水蓄能电站建设工程、蠡湖隧道工程、芜申运河工程、开源大桥建设工程、机场高速工程、锡太路工程、342省道建设工程、229省道建设工程10个重点工程建设中，开展以优质、高效、节能、创新、管理、安全为主要内容的建功立业劳动竞赛。惠山区总工会会同区交通局等部门在区展示中心等9大工程建设中开展“功臣杯”立功竞赛,锡山区总工会等在重点技改项目中开展系列劳动竞赛活动。截至11月30日,全市除长江引水工程、宜兴抽水蓄能电站工程、开源大桥工程、蠡湖隧道工程外,其余工程全部提前竣工,保证了质量和安全。市总工会分别授予12个集体和15人无锡市“五一劳动奖状”、无锡市“五一劳动奖章”称号,70人被评为重点工程建设功臣。

2008年,市总工会会同市有关部门在宜兴抽水蓄能电站工程、长江引水二期工程、锡张高速公路无锡段工程、国省干线改造工程、苏锡高速公路无锡段工程、沪宁高速无锡机场交通建设工程、青祁路地下通道工程、金城路快速通道建设工程、惠山隧道建设工程、江阴长江港口建设工程等省、市重点工程建设项目中,开展以优质、高效、节能、创新、管理、安全为主要内容的立功竞赛活动。从11月开始,市总工会积极应对金融危机,向全市广大职工与企业发出“风雨同舟、共克时艰、应对挑战、推动发展”的倡议书,决定在全市工会组织中开展凝聚群力、服务企业、促进发展的主题活动。年底,全市评选表彰100个主题活动组织优胜奖,激励了各级工会组织开展主题活动的积极性。

2009年,市总工会与市社保局签订《无锡市总工会与社保局合作会议纪要》,建立全市职工劳动竞赛、技能大赛、职工权益维护等方面的长效合作机制。市总工会联合市社保局、市经贸委在全市十大重点建设工程、十大地区(企业)、十大窗口行业中开展保增长、促发展,建功“十一五”百万职工劳动竞赛活动,并针对不同地区、不同行业以及不同工程的特点,细化了全年的劳动竞赛内容。6月14日,在无锡市重点道桥工程新扬大桥工地,市总工会、市社保局、市经贸委、市建设局、市交通局、市公用产业集团、市轨道办举行无锡市保增长、促发展,建功“十一五”劳动竞赛启动仪式,市委常委、市总工会主席周敏炜讲话。在京沪高速铁路无锡段、长江引水工程(无锡段)、川气东输工程(无锡段)等十大重点建设工程和项目中,开展“五比二创”(技术创新、比科学管理、比又好又快、比安全生产、比团队和谐,争创无锡市工人先锋号和精品优质工程)竞赛活动;在十大地区(重点企业)中,开展“四比二创”(比和谐企业劳动关系建设、比技术创新、比关心关爱职工、比职工素质提升,争创凝聚群力、服务企业、促进发展主题活动先进单位、市工人先锋号)竞赛活动;在十大窗口行业中,通过比优质服务、比优美环境、比科学管理、比职工素质提升,争创市“五一”示范岗、“五一”服务明星。

2010年5月15日,市总工会、市人社局、市经信委、市科技局、市建设局等在全市联合开展为经济转型发展建功立业劳动竞赛活动,在市地铁建设工地举行无锡市为经济转型发展建功立业劳动竞赛暨市地铁建设工程专项劳动竞赛启动仪式。是年,江阴市、宜兴市、锡山区、惠山区、滨湖区、市产业集团围绕经济转型发展组织开展立功劳动竞赛;新区总工会在高新产业、新兴产业中开展立功劳动竞赛;无锡供电公司开展了群众性经济技术创新劳动竞赛活动。全市工会围绕为促进经济转型发展建功立业和幸福进万家——工会组织助民行动主题活动,开展立功劳动竞赛、职工技能大赛,全市有30个行业、3200个规模企业、百万职工参加,创造经济效益和节约资金达7.1亿元。

2011年,市政府办公室转发市总工会等《关于在全市职工中深入开展建功“十二五”创新创业劳动竞赛的意见》,提出“十二五”期间全市职工劳动竞赛活动的总体目标,到2015年,全市企业和职工参与劳动竞赛率达90%以上,其中非公企业参与率达70%以上;全市职工提出合理化建议累计30万件以上，职工技术创新项目达3万项以上，总结推广先进操作法100项以上；每年参加技能培训和竞赛职工达100万人以上；建立20个市级职工职业技能培训和实训基地，全市高技能人才占技术工人的比例提高到36%以上；每年全市职工为节能减排提专项合理化建议5000件以上；建立职工节能减排义务监督员队伍2000人以上；95%规模企业参加“安康杯”竞赛活动，80%企业建立“1+3”安全监控工作体系，参赛企业逐步实现无较大事故出现。建立市劳动竞赛委员会，由市委常委、市总工会主席周敏炜，副市长曹佳中任主任，市委副秘书长秦咏薪，市政府副秘书长周浩明，市总工会党组书记、副主席孙洪为副主任，市总工会、市人社局、市财政局、市发改委、市经信委、市科技局、市环保局、市安监局为成员单位，统筹全市的立功劳动竞赛活动，办公室设在市总工会。5月30日，市劳动竞赛委员会在市政府会议中心举行无锡市建功“十二五”创新创业劳动竞赛动员大会暨2011年无锡市劳动竞赛启动仪式，市委常委、市总工会主席周敏炜，副市长曹佳中分别讲话，市委副秘书长秦咏薪宣读表彰决定，市总工会党组书记、副主席、市劳动竞赛委员会副主任孙洪代表市劳动竞赛委员会作工作报告，市政府副秘书长周浩明主持会议和启动仪式。

2012年5月，市劳动竞赛委员会下发《2012年无锡市立功劳动竞赛的意见》，部署全市立功劳动竞赛，提出工作目标和任务，明确了党政领导、工会运作、各方配合的竞赛工作机制。6月20日，市劳动竞赛委员会在市民中心会议室举行无锡市立功劳动竞赛、职工技能大赛启动暨无锡市职工计算机程序设计员技能比赛的开赛仪式，市委常委、市总工会主席陈德荣，副市长曹佳中，市委副秘书长金志标，市政府副秘书长周浩明，市总工会党组书记、副主席孙洪参加仪式。仪式上表彰了2011年无锡市立功劳动竞赛先进集体和先进个人。全市十大重点建设工程、十大重点地区和行业、新兴产业和高新产业在三个层面开展立功劳动竞赛。全市30个行业（地区）、8000个规模企业、百万职工参加立功劳动竞赛，形成了市及市（县）、区和街道、企业四级上下联动的工作格局。全国总工会调研组到无锡进行劳动竞赛的专项调研，肯定了江阴的经验，倡导全国北学唐山、南学江阴的立功劳动竞赛模式，《江苏工人报》在6月6日、7日、11日连续报道江阴的经验。是年，一汽锡柴被评为全国节能减排先进单位，这是江苏唯一受表彰的先进集体。

2013年2月，市劳动竞赛委员会发出《2013年全市立功劳动竞赛的实施意见》，发动全市企业和职工开展两个“一、十、百、千、万”为主要内容的“建功‘十二五’、献身大工程”立功劳动竞赛。“两个一”：举办无锡市首届技术工人节和开好全省工会系统的江阴市立功劳动竞赛现场会；“两个十”：在十大工程项目和十大行业开展有特色的立功劳动竞赛；“两个百”：在100个骨干企业开展创新创优劳动竞赛和建立100个职工科技创新基地和职工技能培训基地；“两个千”：在全市各级建立1000个职工科技创新团队（班组）和1000名职工节能减排义务监督员队伍；“两个万”：全市职工科技创新项目达1万项，创造效益达10亿元以上和全市各级培训班组长1万名以上。3月22日，市劳动竞赛委员会在一汽锡柴举行2013年全市立功劳动竞赛启动式。市委常委、市总工会主席陈德荣，市政府副秘书长周浩明，市劳动竞赛委员会成员单位的领导以及全市工会主席、生产保护部部长100人参加启动式。陈德荣要求全市各级组织进一步提高对立功劳动竞赛重要性的认识，深化立功劳动竞赛活动，提升竞赛效果和影响力。市总工会党组书记、副主席管海燕主持。江阴市总工会、一汽锡柴工会代表十大行业（地区）、百家企业在启动仪式上作表态发言，无锡地铁集团有限公司丁剑敏宣读倡议书。启动式上表彰了2012年度无锡市立功劳动竞赛的先进集体企业和先进个人。6月20~30日，市劳动竞赛委员会办公室成员深入十大重点建设工程、十大行业、百家企业和百家职工技能培训基地和科技创新基地进行调研,全面了解基层开展立功劳动竞赛和基地工作情况,制定了《无锡市十大重点建设工程、十大行业、百家企业立功劳动竞赛考核办法》《无锡市职工技能培训基地和职工科技创新基地命名条件》。年底,全市共评选表彰20个2013年度无锡市立功劳动竞赛优秀组织奖、20个无锡市"五一劳动奖状"、100个无锡市工人先锋号、30个无锡市"五一"巾帼标兵岗,授予100人无锡市"五一劳动奖章"、135人无锡市"五一"创新能手、45人无锡市"五一"巾帼标兵称号。

二、专项劳动竞赛

市总工会增强劳动竞赛的针对性、实效性,先后在无锡援建四川新旺镇建设工程、无锡太湖水治理工程、无锡地铁1号线和2号线建设工程,开展专项劳动竞赛,专项制定竞赛规划,单列评选表彰。

无锡援建四川汉旺新镇建设工程劳动竞赛 2008~2010年,为确保援建四川汉旺新镇项目首批工程如期、优质、安全建成,市总工会开展奋战50天和决战50天的"无锡援建杯"劳动竞赛。2009年8月21~24日,无锡援建四川汉旺新镇建设工程劳动竞赛第一阶段总结表彰暨第二阶段动员大会在四川省绵竹市汉旺镇建设工地举行,市总工会、市交通局、市建设局、市规划局、市城发集团、无锡对口援建现场指挥部领导和工程建设者100人参加会议,江苏省援建指挥部副指挥长王永安,市委常委、市总工会主席周敏炜分别讲话。市总工会党组书记、副主席孙洪在会上部署无锡援建汉旺新镇建设工程第二阶段劳动竞赛。无锡对口援建现场指挥部总指挥王学芯回顾总结"无锡援建杯"百日劳动竞赛活动,指挥部全体人员及2000名参建者团结协作,克服困难,优质高效地完成了第一期援建项目的目标任务。会上表彰奖励第一阶段劳动竞赛的先进集体和个人,分别授予了无锡市"五一劳动奖状"、"五一劳动奖章"。周敏炜充分肯定了援建项目第一阶段开展劳动竞赛取得的成效,强调必须从政治的高度认识对口援建工作,结合实际搞好援建项目,一如继往地开展第二阶段的劳动竞赛活动。2010年8月16~17日,无锡援建四川汉旺新镇建设第二期专项立功劳动竞赛表彰大会在汉旺镇建设工地举行,市总工会副主席汤建华讲话,无锡援建四川汉旺新镇建设总指挥王学芯作工作报告。会议表彰2个单位为"无锡援建杯"先进单位,2个单位获无锡市"五一劳动奖状",3人获无锡市"五一劳动奖章",10人获无锡市"五一"创新能手。

无锡太湖水整治工程立功劳动竞赛 2011~2013年,市总工会与市太湖水污染治理办公室在无锡太湖水整治工程开展专项立功劳动竞赛。该项目连续三年列入江苏省十大重点建设工程项目。根据省、市太湖水环境整治工程的总体要求,制定"十大体系"为内容的劳动竞赛方案,即全力构筑保护区全覆盖体系,开展重点区域整治、产业结构优化、循环经济推进、生态重建修复、城乡规划管制五大行动为内容的劳动竞赛;全力构筑安全供水体系,开展技术创新、职工技能、安全生产、建优质工程、精品工程为内容的劳动竞赛;全力构筑控源截污体系,开展排水达标区创建行动和实行"片长制"为内容的劳动竞赛;全力构筑清淤调水体系,开展科技创新、安全生产、比建设质量和速度为内容的劳动竞赛;全力构筑蓝藻处置体系,开展"科学化监测、机械化打捞、专业化队伍、工厂化处理、资源化利用、市场化运作"为内容的劳动竞赛;全力构筑河道整治体系,开展河道实行"河长制"和城区533个单位截污工程目标任务制为内容的劳动竞赛;全力构筑生态修复体系,开展环境生态教育、提升环境生态意识为主要内容的劳动竞赛；全力构筑监测预警体系，开展加大投入、科学监测、快速全天候监测为内容的劳动竞赛；全力构筑信息共享体系，开展科学管理、信息及时报送、分析查询为内容的劳动竞赛；全力构筑体制机制保障体系，开展体制、机制建设为目标的考核，探索建立主要污染排放许可、有偿使用与交易、环境资源区域补偿、绿色保险、绿色信贷等制度建设为内容的劳动竞赛等。开展专项劳动竞赛活动，既提高太湖水环境整治工程的管理水平、技术含量，也使职工技能素质和创新能力获得了提升，使生产安全稳定。至2013年12月，省政府下达的365项治理太湖水重点建设工程完成95%，市政府确定的461项治太重点工程完成96%。

无锡地铁1号线、2号线建设工程立功劳动竞赛　2010~2013年，市总工会与市地铁建设指挥部联合在无锡地铁1号线、2号线建设工程开展专项劳动竞赛。共有500个建设单位5万名职工参加。竞赛以建设质量，完成工时，文明、平安工地创建，科技创新，职工素质，管理创新等方面为内容，推进了无锡地铁1号线、2号线的建设。无锡地铁1号线于2014年7月1日建成运行，2号线于2014年12月建成运行。市总工会每年召开地铁立功劳动竞赛启动式，总结表彰一批无锡地铁建设先进集体和个人，共有12个集体获无锡市“五一劳动奖状”、25人获无锡市“五一劳动奖章”、6个集体获无锡市工人先锋号、150人获无锡市五一创新能手。

三、岗位练兵、技能竞赛

2004~2005年，市总工会在组织全市职工深入开展岗位练兵、技术创新的基础上，举办全市数控操作比赛，计算机软件应用技能大赛，美容美发技能大赛，烹饪技能大赛，邮政投递员技能大赛，电信业务技能竞赛，园林绿化行业职业技能比赛，汽车修理工技能竞赛，供电电网调度自动化站端调试检修工，抄表核算收费员技能竞赛，“创业杯”医务工作者技能竞赛。竞赛依据《国家职业标准》中高级工标准实施，凡在竞赛中理论和技能操作均及格的选手由劳动和社会保障部门颁发相应的高级工职业资格证书。2005年，参加各级技能竞赛的职工达1.13万人。竞赛中举办各种知识讲座、技能培训班，参加学习者达2万人次。在全市的汽车维修行业修理工技能大赛参赛选手中，就有38名职工晋升为高级工以上职业资格。对在市级技能竞赛中获各工种前三名的选手，由市总工会授予无锡市群众性经济技术创新能手称号，由市社保局授予无锡市技术能手称号；对获全市汽车维修行业技能竞赛第一名的选手，由市总工会颁发无锡市“五一劳动奖章”；对在技能竞赛中取得好成绩的选手，给予一定的物质奖励。2004~2005年，有550名职工分别被授予省、市技术能手，市“五一”创新能手称号，1500名职工通过技能比赛获得高级职业资格证书。

2006年，市总工会会同市社保局等部门组织全市农机修理、数控、医务、园林花卉、邮政营业、配电线路、港口机械修理、烹饪、婚庆司仪10个行业12个工种的技能竞赛，组织和选拔选手参加省10个工种的职业技能比赛。全市有10万人参加各级组织的操作练兵活动，2万人次参加各级组织的技能竞赛，市总工会对在全市技能竞赛中取得各工种第一名的选手授予无锡市“五一劳动奖章”，对取得前三名的选手授予无锡市群众性经济技术创新能手称号。市总工会与市社保局等联合制定《无锡市高技能人才奖励办法》。是年，全市新培养各类高级技术人才3000名。

2007年，市总工会实施职工技能素质提升工程，全力打造知识型、技术型、复合型的高素质职工队伍，会同市社保局等部门组织举办28个行业（工种）的市级职业技能竞赛，10万名职工参加了各级工会组织的技能竞赛。市总工会与市社保局授予88名职工无锡市群众性经济技术创新能手、无锡市技术能手称号，有26名在各工种(行业)竞赛中取得第一名的选手被市总工会授予无锡市“五一劳动奖章”。市总工会充分发挥全市工会组织在高技能人才培养工作中的积极作用，实施《无锡市金牌工人培育三年目标》，确定了2007~2009年的目标，全市每年有10%的职工晋升一个技术等级，每年培养各类高技能人才6000名，每年评选10名无锡市金牌工人。是年，全市共培养各类高技能人才6500名。

2008年，市总工会会同市社保局等部门组织举办12个行业(工种)的市级职业技能竞赛。全市万名职工参加了各级组织的技能练兵和竞赛活动，3500名职工取得高级职业资格证书。11月，在市工会第十六次代表大会召开期间，市总工会举办了第二届无锡市金牌工人优秀事迹和无锡市第二届职工十大技术创新成果展示活动。

2009年，市总工会、市社保局、市经贸委、市科技局联合在15个行业(地区)举办30个工种的职工职业技能大赛。这次比赛涉及四大类职业工种，即高技术含量的数控技能、动漫制作技能、电子贴片等，传统的电工、电焊工、建筑架子工等，节能减排方面的客车员节油技能、家内环境检测员技能等，参加省技能大赛项目的船舶电焊工、客车驾驶员节油技能、邮政转运生和分拣工等。全市有20万名职工参加职业技能大练兵活动，1万人直接参加技能比赛。

2010年，市总工会进一步建立和完善技能大赛的机制，从年初下发文件，提出职工技能大赛的标准，明确市级职工技能大赛的项目实行ABC三类和比赛逐步向赛前培训、竞赛项目行业全覆盖方向转变，并明确参加市级比赛项目应由各市(县)、各行业申报，经市总工会审核的程序。市总工会与市人社局、市经信委、市科技局等部门在全市20个行业35个工种举办职工技能大赛，形成万家企业参与、50万名职工参加技能大练兵、5万名职工直接参赛的局面。全市有19个竞赛项目实现了赛前培训和竞赛项目行业全覆盖。市总工会在推进全市职工技能竞赛的同时，承办了汽车修理工技能竞赛，31人晋升高级工，1人在全省比赛中获第一名；邮政局代表全市参加江苏省金融大堂经理技能比赛4人获省级4个第一。市总工会与市人社局联合出台《关于进一步加强和改善工会职工技能培训工作的意见》，推进全市的职工技能培训工作，提升职工技能培训、竞赛的质量。通过技能培训、比赛活动，全市有6000人晋升技能等级，新增技师、市级技师500人。

2011年7月19日，市总工会、市人社局、市交通运输局、市交通产业集团在市客运公司盛岸西路客运车站联合举行无锡市职工汽车驾驶技能比赛决赛，有13个行业和地区的百名选手参加，通过一天的激烈竞争，6名选手获无锡市技术能手称号，2名选手获无锡市“五一劳动奖章”。9月5日，无锡市第十届教师技能大赛电视总决赛在无锡教育电视台举行，分板书设计、有效教学、素质考核、学科专长四个比赛环节，来自江阴要塞实验小学的嵇雯翃和江苏省锡山高级中学的佟柠分别获得小学组和中学组特等奖。在9月9日召开的无锡市庆祝第27个教师节活动仪式上，市总工会为第十届教师技能大赛的2名特等奖获得者颁发无锡市“五一劳动奖章”，这也是无锡市教师技能大赛举办十年以来第一次授此荣誉。是年，全市工会举办102个工种的职工技能比赛，举办技能比赛300场次，50万名职工参加技能大培训、大练兵，5万人参加大比武活动，通过培训和比赛有5000人次晋升技术等级。

2012年，市总工会贯彻《无锡市职工素质提升工程五年规划(2008~2012年)》，经过5年努力，各类技术技能培训和劳动竞赛、岗位练兵活动覆盖率达到80%以上，基本形成市及市

(县)、区和镇(街道)、企业四级举办技能比赛的联动机制。是年,市总工会牵头会同市有关部门举办多层次职工职业技能大赛、计算机程序设计员大赛,选拔优秀选手代表江苏队参加全国第四届职工技能大赛;举办江苏省"技能状元"大赛无锡选拔赛,参加省"技能状元"比赛取得团体第三名,3人获江苏省"五一"劳动奖章;举办28个行业(地区)35个工种的市级职工技能比赛,以及举办了社会保险技能、公务员办公技能、家政护理、广电网络、物联网、动漫设计与制作等比赛。各级工会会同行政部门共举办技能比赛场次达700场,举办105个工种的职工技能比赛,30万名职工参加技能大练兵,5万人直接参加技能比赛。通过技能比赛有6000人次晋升技术等级,新增技师、高级技师500人。市及市(县)、区工会建立85个职工培训基地,举办技能培训班6000期。

2013年,市劳动竞赛委员会在无锡电信分公司举办2013年无锡市职工职业技能大赛启动暨无锡电信营业员技能比赛的开赛仪式,市总工会党组书记、副主席管海燕,市人社局副局长徐炯明以及各市(县)、区总工会分管主席、生产部部长、各局(公司)工会主席以及参赛选手150人参加启动仪式。全市进一步掀起了以比职业技能,创造一流业绩;比个人素质,争做知识型、技能型人才为重点的技能培训、技能练兵活动的热潮。是年,50个无锡市职工技能培训基地培训职工15万人次。各级工会举办78个工种600场次的职工技能比赛,5万人次参加技能大比武活动,有5000人次参加市级技能大赛。通过技能培训和技能竞赛,8000人次晋升技术等级,新增技师和高级技师800人,在全市建立22个技能大师工作室。全国总工会鼓励地方工会进一步加强职工技能培训,授予无锡市总工会与市人社局建立的无锡市职工职业技能实训基地为全国职工职业技能实训基地。7月9日,在无锡市高技能人才公共实训管理中心,举行全国职工职业技能实训基地授牌仪式,市委常委、市总工会主席陈德荣为实训基地授牌,市总工会党组书记、副主席管海燕主持仪式,市人社局局长丁旭初代表市人社局致辞,市总工会副主席张帆、王觉民,市总工会纪检组组长周国祥参加仪式。

四、科技创新竞赛

2004~2009年,全市工会开展以职工科技创新、节能减排为主要内容的合理化建议活动,鼓励更多的职工在经济技术创新的实践中发挥聪明才智,推动企业的技术进步和经济发展。2006年,市总工会在全市评选表彰12项职工技术创新成果。2007年,各级工会围绕构建和谐宜人新无锡、增强职工自主创新能力的目标,开展群众性经济技术创新活动,积极组织全市职工参与治理太湖水,改善生态环境行动。在职工中开展我和环境、发展与环境、我为保护环境做什么的大讨论和"我为保护环境献一计"专项合理化建议活动,把"我为保护环境做贡献"活动与开展小革新、小改进、小建议、小节约、小核算、小经验"六小"活动结合起来,与企业开展的节能减排、降本增效结合起来。全市职工共提出各种合理化建议20万条。2009年,各级工会开展职工技术创新和合理化建议活动,全市技术革新项目5637项,创造经济效益2.7亿元,合理化建议10万条,创造经济效益5.3亿元。

2010年,全市工会落实省总工会与省政府第八次联席会议的精神,开展职工科技创新竞赛活动,参与活动的企业达万家,参与技术创新、技术攻关、职工"六小"活动的职工达20万人,职工技术创新成果5200项,创造经济效益8亿元;提出合理化建议15万条,采纳、实施建议2万条,创造经济效益10亿元,为全市经济转型发展发挥工会应有的作用。市总工会、市人社局、市科研局联合举办第三届十大职工技术创新成果、合理化建议、优秀操作法评选表彰活动,共收到上报材料73份,经专家评审,评选表彰了10个无锡市职工十大技术创新成果、十佳金点子。

2011年,市总工会在全市企业和职工中开展"我为节能减排献一计"合理化建议活动,经汇总,筛选出152条合理化建议,其中推荐5条参加全国、省节能减排合理化建议评选。11月4~5日,中华全国总工会、科学技术部、工业和信息化部、人力资源和社会保障部、国务院国资委、全国工商联在山东东营市召开全国职工技术创新工作会议,江阴市总工会副主席卞正环在会上作交流发言。21~25日,市总工会在无锡博物院西区负一楼举办无锡市首届职工科技创新成果展示周。展览共分9个展位,有180块图片、98件技术创新成果实物,展出200项职工技术创新成果。省总工会副主席胡同军,市委常委、市总工会主席、市劳动竞赛委员会主任周敏炜为展示周活动开幕式揭牌,参观职工科技创新成果展览、职工绝技绝活演示和劳模服务队现场咨询服务活动。

2012年,全市工会以建立职工技术创新团队、劳模创新工作室和技能大师工作室为平台,开展以职工创新和"六小"为主要内容的合理化建议活动。全市建立创新团队2000个、劳模创新工作室102个、技能大师工作室35个;全市职工技术创新项目达8000项,创造效益6.56亿元;提出合理化建议15.8万条,采纳、实施1万条,创造效益2.72亿元。是年,市总工会表彰了无锡市十大职工技术创新成果奖、十佳金点子(合理化建议);组织42个职工科技创新成果、高技能人才成果参加江苏省首届职工科技周活动展示,其中无锡市智能娃娃的创新成果、绝技绝活现场展示表演,受到省总工会的好评。

2013年11月,市总工会、市人社局、市科技局举办第七届无锡市职工十大科技创新成果、十佳金点子、十大操作法评选活动。全市各级上报55个职工科技创新成果、43条职工合理化建议、20个职工操作法,经专家评审,评选表彰无锡市职工十大技术创新成果、10个无锡市职工优秀技术创新成果、无锡市十佳金点子和10个优秀合理化建议、无锡市职工十大优秀操作法。15日,在江阴市召开的江苏省职工技术创新工作经验交流会上,江阴市总工会就职工技术创新以及建立"三智"(即技能人才信息智库、职工技术创新智能申报系统和才智交流QQ群)平台的经验在会上作交流,市总工会作题为《开展"五大行动",全力推进无锡职工科技竞赛活动》的书面交流。

2007~2013年,市总工会会同市人社局、市科技局联合举办了7届无锡市职工十大科技创新成果、十佳金点子、十大先进操作法评选表彰活动,共评选表彰70个无锡市十大职工技术创新成果、70个十佳金点子、30个先进操作法,获省十大职工科技创新成果5项、省十佳合理化建议6条、省先进操作法3个。

五、班组建设活动

2007~2013年,全市工会围绕班组建设上水平、班组管理上台阶的工作目标,开展争创"六型"① 班组建设和争创工人先锋号活动,取得显著成效。全市有5000个企业5万个班组参加争创"六型"班组活动;有科技创新小组(团队)2308个、市级学习型班组357个、劳模创新工作室102个、技能大师工作室35个;每年培训班组长有1万人、师徒结对2万对;全市班组(团队)创新成果3000项,合理化建议5.7万条,创造(节约)效益5.2亿元。

---

① 学习型、技能型、创新型、安全型、和谐型、效益型。

2010年3月，市总工会下发《关于开展班组长培训的通知》，要求各级工会举办班组长素质提升、创新创造学、安全生产知识培训班，全市每年培训班组长1万名以上，其中市总工会培训1000名以上。通过五年的培训，使全市的班组长轮训一次，着力提升班组建设水平。是年，全市各级共培训1.02万名班组长，市总工会培训1230名班组长。

2011年，市总工会、市经信委、市国资委、市工商联联合下发《关于进一步加强企业班组建设的实施意见》，提出班组建设的总体要求和目标任务，着力从提升班组管理工作水平、提高班组长素质、班组安全生产、班组创先争优竞赛、班组民主管理、班组文化建设六个方面加强建设，重点抓好班组长队伍的建设。市总工会和市安监局下发《关于开展班组长安全生产和劳动保护知识培训的通知》，全面启动了班组长培训工作，全市工会组织培训班组长2000人，市总工会培训班组长100人，选送8名班组长参加省总工会的培训。

2012年12月7日，市劳动竞赛委员会在无锡供电公司召开全市班组建设工作推进会暨职工科技创新成果表彰大会，总结部署全市班组建设工作。市委常委、市总工会主席陈德荣讲话，市政府副秘书长周浩明、市劳动竞赛委员会成员单位的领导参加会议。市总工会副主席张帆主持会议，副主席汤建华代表市劳动竞赛委员会作工作报告，市国资委、市工商联就国有企业、非公企业如何推动班组建设工作提出指导性意见，江阴市总工会、无锡供电公司、无锡市穆桂英劳模创新工作室、江苏华亚化纤有限公司等单位和班组（团队）代表在会上交流发言，从不同层面介绍了班组（团队）建设取得的成绩和经验。

2013年，全市工会以提升“六型”班组建设水平为重点，全面推进争创“六型”班组建设活动向纵深发展，60%的非公企业开展争创“六型”班组的活动。各级工会围绕提升班组长队伍综合素质，加大了培训力度，全年共培训班组长12312人，其中市总工会会同市安监局培训班组长1588人。

第二节　安全生产和劳动保护

2004~2013年，全市工会开展群众性的安全生产宣传教育活动，提高职工群众的安全生产意识，增强危害识别和事故防范能力，不断推进和深化“安康杯”竞赛活动。市总工会坚持每年开展全市安全生产月活动和创建劳动保护合格、示范企业工会的评选等活动，不断完善“1+3”安全监控工作体系，维护职工生命和健康权益。

一、“安康杯”竞赛

2004年，市总工会、市安监局加强对“安康杯”竞赛活动的领导，全市2市（县）7区、各行业及直属企业普遍成立“安康杯”竞赛活动组委会。在全市开展了以掌握安全生产知识、争做遵章守纪职工为主题的“安康杯”竞赛活动，全市参赛企业502个，参赛职工26.05万人，与上年相比分别增加17%和20%；竞赛活动领域得到拓宽，由厂矿企业拓展到交通系统的道路、水上运输，以及通信、邮政、宾馆、饭店、公园等服务性行业。6月，举办安全生产月活动启动仪式，拉开了全市活动的序幕。惠山区、市园林等地区、单位围绕竞赛主题开展提合理化建议活动；市交通工会等举办安全生产知识演讲活动；市客运总公司组织由公司领导、管理人员、职工参加的安全生产论文撰写,并从72篇中筛选出12篇优秀论文,进行大会演讲;江苏利港电力有限公司举办安全生产与劳动保护摄影作品展;市化工集团修订以安全生产责任制为核心的安全生产管理制度,并从日常管理和责任追究两个方面对安全生产责任制的落实进行监督和考核,做到安全生产责任、安全组织机构、岗位规章制度、职工教育和安全生产检查及整改措施五落实,形成了层层落实责任制、人人把好安全关的局面。各地区、单位在开展"安康杯"竞赛活动中发挥工会组织的优势,注重加强各级工会监督检查组织网络建设,充分发挥班组和工会小组劳动保护检查作用,通过开展"职代会保安全",推广使用"安全检查提示卡""有毒有害化学物质信息卡""危险源点警示卡"以及"事故隐患排查建档整改"等富有工会特色的活动,使工会劳动保护工作得到加强和落实。

2005年6月24日,市总工会、市安监局召开无锡市"安康杯"竞赛总结交流暨表彰大会,全市工会、安监系统共180人参加大会。市客运总公司、无锡供电公司、澄西船舶修造厂造船事业部船台车间超重班、惠山区前洲镇工会主席莫国良作交流发言,利港电力公司等5个单位(班组)作书面交流。大会宣读全国、江苏省和无锡市"安康杯"竞赛表彰决定,举行颁奖仪式。市总工会副主席汤建华就市"安康杯"竞赛活动作总结并部署工作,市安监局领导提出竞赛活动的要求。

2006年,全市工会深入开展"安康杯"竞赛活动,参赛企事业单位927个(其中,是年新增加的企业85%来自非公企业)、参赛职工35.65万人,分别比上年增加16.6%和26.2%。9月,根据省"安康杯"竞赛活动组委会办公室的安排,由无锡市总工会为组长单位,分别对江阴、洪泽、阜宁、通州四县(市)进行"安康杯"竞赛活动情况交流互查。全市有95个企业分别被评为全国、省、市"安康杯"竞赛优胜企业,3人被评为全国、省先进个人,市总工会被评为省"安康杯"优秀组织单位。

2007年,全市工会在企事业单位继续开展"安康杯"竞赛活动,参赛企事业1325个、参赛职工38.34万人,分别比上年增加22.9%和16.4%。9~11月,组织全市72个企事业开展竞赛活动交流检查,促进竞赛活动向深度和广度发展。全市有17个企业、班组和4名职工分别被评为全国、省先进单位(个人),其中无锡供电公司连续三年被评为全国"安康杯"竞赛优胜企业。

2008年6月30日,市总工会、市安监局联合召开无锡市"安康杯"竞赛总结交流暨表彰大会,全市工会、安监系统共120人参加大会。江阴市供电公司、市客运总公司、惠山区总工会、无锡锡山建筑实业有限公司等单位和个人作交流发言,宜兴市供电公司等5个单位(班组)作书面交流。大会宣读全国、江苏省和无锡市"安康杯"竞赛表彰决定,举行颁奖仪式。是年,市总工会获得由全国总工会、国家安全生产监督管理总局联合颁发的全国安全生产督导人员培训优秀组织单位称号。

2009年,全市工会进一步开展"安康杯"竞赛活动,参赛企业2608个,参赛职工43.15万人,比上年分别增长17%和23%。全市工会开展劳动保护知识培训达40万人次,培训班组长骨干达1万人次。

2010年,市总工会进一步深化"安康杯"竞赛活动,着力在参赛企业和职工人数上下功夫,全市有4745个企业、62.18万职工参加竞赛活动,分别比上年度提高81.9%、51.7%。是年,开展创建劳动保护合格、示范企业工会的评选活动,评选了第二批十佳劳动保护企业示范工会。

2011年,"安康杯"竞赛活动参赛单位为6059个规模企业、7.03万个班组、参赛职工72万人,比上年分别增加27.69%、14.5%、15.8%%。全市有一批"安康杯"竞赛先进集体和个人受到全国、省的表彰。

2012年,“安康杯”竞赛活动参赛单位为7014个规模企业、7.82万个班组、参赛职工79.02万人,比上年分别增加15.76%、11.2%、10.2%。全市有一批“安康杯”竞赛先进集体和个人受到全国、省的表彰。11月4~7日,省“安康杯”竞赛检查组一行7人到无锡,对江阴市、宜兴市、锡山区、惠山区、滨湖区开展竞赛活动情况进行检查,相继检查了锡山区红豆集团、惠山区永凯达齿轮有限公司、滨湖区灵山集团公司、宜兴市供电公司和江阴市兴澄特种钢铁集团有限公司5家参赛企业。检查组对无锡竞赛活动给予肯定,认为无锡的“安康杯”竞赛活动力度大、措施实,不仅参赛企业广、参赛职工多,还结合安全生产工作的实际,不拘形式地开展职工群众性的安全宣传教育活动,具有形式上创新、内容上拓宽的特点。

2013年,全市“安康杯”竞赛活动参赛单位为8669个企业,参赛职工90.64万人,比上年分别增长23.59%、14.17%。

2004~2013年,无锡供电公司等35个企事业单位被评为全国“安康杯”竞赛活动优胜企业,市总工会等3个单位被评为全国“安康杯”竞赛活动优秀组织单位,吴建国等7人获全国“安康杯”竞赛活动优秀组织个人奖,一汽解放公司无锡柴油机厂加工车间缸盖三组等14个班组被评为全国“安康杯”竞赛活动优胜班组,江苏北方湖光光电有限公司等97个企事业单位被评为省“安康杯”竞赛活动优胜企业,市民政局、惠山区总工会等17个单位被评为省“安康杯”竞赛活动优秀组织单位,滨湖区总工会张晓阳等17人获省“安康杯”竞赛活动优秀组织个人,市民政局军休中心后勤保障组等12个班组被评为省“安康杯”竞赛活动优胜班组,无锡宏大纺织机械专件有限公司等170个企事业单位被评为市“安康杯”竞赛活动优胜企业,宜兴市芳桥镇总工会等61个单位被评为市“安康杯”竞赛活动优秀组织单位,顾晓华等98人被评为市“安康杯”竞赛活动优秀组织个人,中国联通有限公司无锡分公司运行维护部等22个班组被评为市“安康杯”竞赛活动优胜班组。

二、安全知识培训

2004年4月8~10日，市总工会在航天无锡738疗养院举办全市工会劳动保护干部培训班,基层工会主席、副主席、工会专兼职劳动保护干部共180人参加培训,培训内容重点安排了《中华人民共和国工会法》、《中华人民共和国安全生产法》、《中华人民共和国职业病防治法》、国务院颁布的《工伤保险条例》和全国总工会颁发的工会劳动保护监督检查的3个《条例》等法律法规以及工会参与企业安全生产检查,参与职工工伤事故的调查,职工工伤认定的申请,职业病的种类、认定等工会劳动保护相关知识的学习。

2006~2008年,在持续开展的“安康杯”竞赛、安全生产月、百日安全竞赛活动中,全市工会举办“安全在我心中”演讲比赛,安全警句、安全家书征集、评比以及安全知识竞赛,安全论坛等各种安全宣传教育活动,旨在提高广大职工遵章守纪的自觉性和自我保护意识,促进全市安全生产形势的稳定和进一步好转。

2009年5月18日,市总工会举办无锡市职工节能减排、安全生产知识竞赛活动,并在《江南晚报》刊登知识竞赛试题,全市有55个区局、300个单位、10万名职工参与答题活动。市总工会获得全国“安康杯”竞赛活动组委会办公室授予的优秀组织单位。11月,市总工会在南长、惠山、滨湖等区举办4期工会劳动安全保护培训班,对593名生产一线的班组长和基层工会干部进行轮训。是年,全市工会举办班组长、安全生产骨干培训班451期,培训班组长、骨干4.14万人,培训职工43.5万人。

2010年,在全市工会推进"1+3"安全监控工作体系的建立完善工作中,市总工会开展"1+3"安全监控工作体系知识竞赛活动,全市有10万名职工参与竞赛,通过竞赛提升职工安全生产意识。举办2期"1+3"工作的骨干培训班,培训215人次。是年,全市工会开办安全知识培训班2321期,培训53万人次,其中市总工会培训安全生产骨干980人次。

2011年,市总工会下发《关于开展企业班组长安全培训的通知》,决定自是年起在全市范围内开展企业班组长安全培训工作,要求各级工会把班组长安全培训纳入单位安全生产工作规划、年度工作计划和目标责任体系,至2012年年底,对全市企业班组长普遍培训一遍,并实行年度轮训制度;班组长安全培训实行企业培训与各级工会培训相结合的办法,由市总工会干部学校、市工人文化宫职校等培训机构与各级工会组织实施。是年,市及市(县)、区和镇(街道)、企业四级工会共组织30万名职工开展安全生产知识的培训。市总工会获得全国"安康杯"竞赛组委会办公室授予的全国职工职业安全卫生知识竞赛活动优秀组织单位称号。

2012年,全市工会加强对安全生产、劳动保护的知识培训教育,开展宣传教育100场,发放资料20万份;举办班组长等生产骨干的安全生产知识培训班138期,培训班组长骨干1.25万人,其中市级培训班组长骨干1329人,经考试合格发证书的有1319人。市总工会生产保护部获无锡市人民政府授予的2012年度安全生产工作先进集体称号。

是年起,市总工会在市安监局大力配合下,制定班组长等生产骨干的五年培训计划,在培训时间、内容、考试等方面作了进一步的规范,明确工会、政府分别给予培训机构补贴的经济扶助措施,减轻企业的经济负担,促进培训机构安全培训工作的积极性提高和培训规范化。至2013年年末,市及市(县)、区和镇(街道)、企业四级工会培训班组长等生产骨干2万人,其中市级培训2000人。

三、高温"三送"活动

2004~2013年,全市工会坚持在每年夏季高温期间开展送清凉、送安全、送法律的"三送"活动。各级工会的主要领导带领工作人员深入冶金、船舶等基层企业,地铁、道路、桥梁、建筑等露天作业的高温一线,走访慰问坚守岗位的职工和干部。2007年,由市总工会主席余炳源带队分5个小组慰问市十大重点工程建设者,授予10个工程队"工人突击队"称号,送去慰问金(品)10万元,及《中华人民共和国劳动法》《中华人民共和国职业病防治法》《中华人民共和国安全生产法》《无锡市工会劳动法律监督条例》5000册。2010年,在市委常委、市总工会主席周敏炜带领下,市总工会领导班子成员一行到市重点建设工程——地铁1号线胜利门建设工地、崇安区工艺路环卫所、公交公司81路调度站,慰问工作在高温一线的广大职工,送上慰问品,详细询问职工的生活和工作状况,要求全市各级组织关心职工的生产和生活,确保高温期间职工的安全生产和身体健康。2012年,市委常委、市总工会主席陈德荣带领市总工会领导班子成员走访11个行业的16家企业,慰问职工4000人,发放慰问金11万元。在苏南硕放国际机场二期航站楼扩建工程、市地铁2号线河埒口站建设工地和市雪浪水厂等企业,陈德荣代表市委、市总工会向工作在高温一线的职工表示慰问和敬意。2013年夏季来临前夕,市总工会下发《关于开展2013年全市夏季安康“三送”活动的通知》，要求全市工会组织要高度关心高温期间职工的生产和生活，切实维护广大职工在夏季的安全健康。全市工会组织思想统一，动作迅速，通过工会经费投入、政府拨款和社会筹集等渠道，共筹集高温慰问资金942万元，对全市1600个企业露天施工、高温车间的一线职工进行走访慰问。全市工会组织在十年高温“三送”活动中，累计投入5000万元。

第三节　劳模和先进工作者评选与管理

一、劳模评选与表彰

2004~2013年，为继承光荣传统，弘扬时代精神，发挥劳模和先进工作者的带头和引领作用，市总工会不断加强和完善对劳动模范的评选和管理工作，努力营造向劳模和先进工作者学习的社会氛围，激励广大职工为推进无锡经济社会的转型发展作出积极贡献。10年间，在市劳动模范评选管理委员会的统一部署下，市总工会严格按照全国、省、市关于劳模和先进工作者评选的条件、方法、程序，组织全市工会认真做好劳模和先进工作者推荐评选的具体工作，在全市树立了一大批劳模和先进工作者的典型，其中包括：29名全国劳动模范和先进工作者、55名全国“五一劳动奖章”获得者、202名省劳动模范和先进工作者、210名省“五一劳动奖章”获得者(其中五一劳动荣誉奖章获得者56名)、901名市劳动模范和936名市“五一劳动奖章”获得者(其中五一劳动荣誉奖章获得者28名)。

市总工会加强对劳模和先进工作者的宣传，不断营造向劳模和先进工作者学习的社会氛围，在每年“五一”劳动节前召开全市劳模和先进工作者表彰大会，市委、市政府、市人大、市政协等领导出席会议，号召全市各行各业的职工向劳模和先进工作者学习。2005年，市总工会为新评为的14位全国劳模和先进工作者以及江苏省“五一劳动奖状”、劳动奖章获得者制作个性化邮票。2007年，市政府第六十八次常务会议通过新的《无锡市劳动模范评选和管理工作实施细则》(以下简称《实施细则》)，从2008年1月1日起正式施行。新的《实施细则》进一步明确了劳模的评选条件、劳模评选工作必须坚持的原则和程序、对履行各项社会责任方面不力的企业法定代表人和主要经营管理者不得参加劳模评选的限制性要求、全市劳模管理的办法、现阶段全市劳模享受的待遇(其中规定农业劳模男60周岁，女55周岁参照企业离退休劳模享受荣誉津贴)、取消劳模称号必须履行的程序。成立了市劳动模范评选和管理委员会，作为常设机构，统一领导全市劳模和先进工作者评选工作，办公室设在市总工会。是年11月13日，市总工会邀请吴仁宝等劳模、全国党代会代表，在江阴华西村召开劳模和先进工作者学习贯彻中共十七大精神座谈会，吴仁宝在会上畅谈中共十七大盛况和学习体会。从2009年起，每年4月中旬，市总工会召开新闻通气会，通报劳模和先进工作者评选工作和劳模和先进工作者的典型人物，组织新闻媒体开展专题宣传报道。8月5日，在迎接新中国成立60周年之际，市总工会开展“我和共和国同成长——新中国成立以来无锡市有影响力的劳动模范”评选活动，邀请市有关部门及新闻媒体组成评选活动组委会，办公室设在无锡市总工会生产保护部，具体负责组织实施评选活动。评选活动分为三个阶段，即推荐阶段，由各市(县)、区在自下而上群众推荐的基础上，每个市(县)、区推荐2~3名，各局(公司、中心)、直属单位推荐1~2名劳动模范；

宣传阶段,由评选活动办公室在各地、各单位推荐的劳动模范中,遴选出20名劳动模范在市主流媒体上宣传刊登他们的先进事迹;评选阶段,在广大职工了解劳模事迹的基础上,采取投票等方式进行推荐,最终评选出有影响力的劳动模范。9月29日,市总工会决定表彰吴仁宝等20人为新中国成立以来无锡市有影响力的劳动模范。从2010年起,市总工会每年在"五一"国际劳动节前,在《无锡日报》整版刊登《无锡市劳模和先进工作者风采录》。从2012年起,市总工会每年组织劳模宣讲团开展劳模精神进企业、进校园宣传活动,是年宣讲80场次,5万名职工和学生听取了事迹报告。2013年,全国深潜英雄、全国"五一劳动奖章"获得者——七〇二所的叶聪被中宣部、全国总工会确定为2013年全国十大重点宣传对象,全国10家中央媒体采访并报道叶聪的先进事迹;全国"五一劳动奖章"获得者、省劳模、无锡第三人民医院烧伤科主任吕国忠的先进事迹在《工人日报》作宣传报道;4月28日,全国"五一劳动奖章"获得者叶聪、吕国忠参加全国总工会的劳模座谈会,受到了习近平总书记的接见。

新中国成立以来无锡市有影响力的劳动模范一栏表(20名)

(以全国、省、市劳模获得时间为序)

表5-1

姓　名	出生时间	工作单位及职务	获得荣誉情况
傅海泉	1931年	无锡动力机厂工人技师	1956年、1959年全国劳动模范
王秀英	1927年	无锡市第二百货商店营业员	1956年全国劳动模范
王彬彬	1921年	无锡锡剧团著名演员	1960年全国劳动模范
吴仁宝	1925年	江苏华西村原党委书记、华西村党村企总办主任	1989年、1995年全国劳动模范,中共十大、十一大、十七大代表
朱阿荣	1933年	无锡无线电厂厂长	1989年全国劳动模范
汪寅仙	1943年	宜兴紫砂工艺厂工艺美术大师	1989年全国劳动模范
周建松	1946年	法尔胜集团公司董事局主席	1995年全国劳动模范
蒋锡培	1962年	江苏远东电缆集团公司董事局主席、党委书记	2000年全国劳动模范,中共十六大代表
陈静瑜	1963年	无锡市人民医院副院长	2005年全国劳动模范
陈胜泉	1948年	无锡市公安局法医	2005年全国劳动模范
席胜福	1949年	无锡市杨市珍珠养殖场场长	2005年全国劳动模范
秦向锋	1964年	无锡市客运有限公司驾驶员	2005年全国劳动模范
刘仲宝	1958年	无锡歌舞剧院院长、党总支书记	2005年全国劳动模范
朱建平	1964年	无锡市自来水总公司抢修班长	2005年全国劳动模范

续表 5-1

姓　名	出生时间	工作单位及职务	获得荣誉情况
查正南	1954 年	无锡庆丰集团公司挡车工	1980 年江苏省劳动模范，中共十二大代表
陈　明	1960 年	无锡锡山建筑实业有限公司农民工	2001 年江苏省劳动模范，2006 年全国五一劳动奖章
王建华	1956 年	无锡市北塘区环卫处清坑队队长	2006 年江苏省劳动模范，2007 年全国五一劳动奖章
王建华	1956 年	江苏省无锡连元街小学校长	2006 年江苏省劳动模范，2008 年全国五一劳动奖章
沈茂德	1958 年	江苏省天一中学校长	2006 年江苏省劳动模范
施正荣	1963 年	无锡尚德太阳能电力有限公司董事长兼首席执行	2003 年、2006 年无锡市劳动模范

说明：上述名单源自市总工会《关于表彰新中国成立以来无锡市有影响力的劳动模范的决定》(锡工发〔2009〕58 号)

二、劳模创新工作室

2006年，为充分发挥劳模在各项工作中的引领作用，使劳模精神在全社会更加发扬广大，同时也为各级劳模全面发展、建功立业创造更好的环境和条件，市总工会命名了全国劳模朱建明便民服务队、全国劳模秦向锋优质服务车、省劳模朱剑明博士后工作站、省劳模黄芳创新工作室、省劳模张敬东养路先锋班、省“五一劳动奖章”获得者王挺技术创新组。

2009年，市总工会在全市开展争创无锡市劳模创新工作室活动，在调研的基础上，出台《无锡市争创劳模创新工作室活动的实施意见》。全市市级以下建立35个劳模创新工作室。12月，市总工会首次集中命名12个市级劳模创新工作室，全力推进活动的展开。

2010年，市总工会深化劳模创新工作室创建活动和建立劳模、能工巧匠服务队。市总工会命名的12个市级劳模创新工作室取得创新成果100项，创造效益1.2亿元。

2011年，在全市首届职工科技创新成果展示周上，市总工会展示了施正荣劳模创新工作室、惠淑君劳模创新工作室、吴刚劳模创新工作室等市级劳模创新工作室的创新成果，新命名12个市级劳模创新工作室。

2012年，市总工会新命名10个市级劳模创新工作室。全市建立各级劳模创新工作室累计102个。为选树典型，市总工会评选表彰10个无锡市十佳劳模创新工作室。全市劳模创新工作室科技创新项目106项，创造效益1.1亿元。全市各级建劳模服务队11个，开展咨询服务20场次。

2013年,市总工会表彰无锡市十佳劳模创新工作室。全市劳模创新工作室创新成果1000项,创造效益8000万元;师带徒500对,带出50名技术能手和劳模和先进工作者。

三、劳模服务与管理

2004~2013年,在市劳动模范评选管理委员会的组织下,市总工会在做好劳模评选表彰的同时,加强劳模的服务和管理,规范劳模工作。落实劳模的"四金"①待遇,仅2010~2013年,共发放"四金"2400万元。为劳模办实事好事,每年组织2000名劳模参加健康体检、500名劳模参加外出学习考察活动,为5000名劳模赠阅报纸。

2004年,市总工会切实加强劳模管理,要求各级工会要健全劳模管理制度,从劳模的推荐评选、宣传推广到日常管理要形成一体,建立完整的劳模管理制度,使劳模管理工作经常化、制度化;认真摸清各类劳模的底数情况,建立完整的劳模档案,实行动态管理;上半年对全市劳模情况进行一次全面调查,扎扎实实地做好基础工作。9月,市总工会、市史志办联合编辑出版《无锡劳模风采》。同时,市总工会举办劳模事迹展览会。

2005年,为迎接2006年召开的全省、全市劳模表彰大会,各级工会大力宣传工人阶级和劳模和先进工作者人物的模范事迹,塑造和培育以劳模精神为核心的时代精神,总结提炼具有时代特征、行业特点、岗位特色的职业精神。积极引导广大职工学习劳模艰苦创业、奋发有为的进取精神,立足本职、埋头实干的敬业精神,与时俱进、锐意改革的创新精神,胸怀全局、公而忘私的奉献精神。引导劳模始终站在时代的最前列,在推动经济社会发展中发挥示范、引领作用。帮助劳模解决实际困难,为劳模全面发展、健康成长、贡献智慧创造良好的环境和条件,推动全社会形成劳动光荣、知识崇高、人才宝贵、创造伟大的时代新风。市总工会继续向全市市以上劳模和有关困难企业和工会干部赠阅一份报纸。

2006年,市政府下发《无锡市人民政府办公室关于转发市总工会等部门关于对企业市以上离退休劳动模范发放荣誉津贴的实施意见的通知》,全市1068名企业市以上离退休劳模荣誉津贴的发放进入实施阶段。各市(县)、区结合实际,出台一系列劳模政策、措施,江阴市、宜兴市、滨湖区、惠山区将农业劳模列入荣誉津贴的发放范围;滨湖区规定每年组织劳模体检一次。各级工会认真做好全国劳模生活困难补助金,特困劳模帮扶金和全国劳模、全国"五一劳动奖章"、省市劳模春节慰问金等"三金"②的发放工作,全年累计发放金额80万元;为123名机关事业单位的劳模和先进工作者办理补充养老保险,金额85万元;组织22名劳模出境参观交流、60名劳模外出短期疗休养;为新评选的180名省、市劳模赠订报纸。

2007年,各级工会为全市1386名企业离退休劳模足额发放荣誉津贴,组织943名劳模外出参观、旅游和疗休养,为400名农业劳模、困难企业劳模和部分社区劳模免费体检,为2655名劳模赠订报刊,金额50万元,发放全国劳模"三金"19.8万元、省劳模春节慰问金47万元、市劳模协会慰问金7.5万元。

---

① "四金"指春节慰问金、生活困难补助金、特殊困难帮扶金、企业退休劳模荣誉津贴。

② "三金"指全国劳动模范、省(部)级劳动模范、市级劳动模范荣誉津贴的荣誉津贴和企业退休劳模荣誉津贴、市劳模春节慰问金、劳模特殊困难帮扶金。

2008年，市总工会认真做好全国劳模“三金”和省(部)级劳模春节慰问金的发放工作，共发放劳模春节慰问金77万元；组织800名劳模体检、550名劳模外出参观旅游；对150名生活中遇到困难的劳模进行慰问和实施困难补助，发放补助金15万元。

2009年，省人大常委会副主任、省总工会主席张艳到无锡看望共和国功臣、五十年代全国劳动模范、全国著名“刀具大王”傅海泉，市总工会党组书记、副主席孙洪，副主席汤建华陪同张艳看望。在傅海泉家中，张艳送上鲜花，感谢他为经济建设和社会发展作出的贡献，并祝福他健康长寿，全家幸福。12月15日，在市总工会与市政府第四次联席会议上，副市长曹佳中要求全市各级政府落实好资金，确保劳模“四金”发放到位，让劳模感受到党和政府以及工会的关心。市总工会下发《关于做好劳模和先进工作者的短期疗养、观光考察活动的通知》，组织200名劳模体检、100名劳模和先进工作者观光活动；会同市委组织部、市人事局组织全市全国、省、市劳模(包括享受劳模待遇人员)基本状况的调查工作，建立全市各级劳模和先进工作者信息资料库；配合省总工会落实全国总工会组织的百名劳模看江阴活动的相关工作。

2010年，市政府第二十三次常务会议，审议通过市总工会等部门《关于提高市以上劳动模范待遇的实施意见》，1月7日，市政府办公室予以转发。为贯彻文件精神，市总工会、市人社局、市财政局、市民政局、市农委联合下发《关于劳模生活困难补助金、特殊困难帮扶金、荣誉津贴发放的暂行办法(试行)》，全市5524名各级劳模受益。各级工会积极为劳模办实事好事，组织300名劳模赴北京等地学习考察、1000名劳模参观上海世博会，投入200万元为2000名劳模体检和为每一位劳模赠阅报纸，为1000名劳模发放荣誉津贴共120万元。市总工会在进一步完善全市劳模和先进工作者工作者基本情况信息库基础上，建立了无锡市后备劳模和先进工作者人才库。

2011年，市总工会建立第二期无锡市后备劳模人才库，进一步完善“三级”[市及市(县)、区和镇(街道)]劳模管理网络、“四级”[市及市(县)、区和镇(街道)以及社区劳模服务站]劳模管理网络，为劳模管理和服务奠定良好的基础。是年，全市各级为2853名劳模发放“四金”523.12万元，组织1100名劳模体检，选送36名各级劳模赴北戴河、汤山疗养院疗养，为2400名劳模和先进工作者赠订报纸。

2012年，市总工会进一步完善劳模信息库、后备人才库和劳模管理网络。是年，各级工会全面落实劳动模范待遇，为2935名劳模发放“四金”721.02万元，组织2500名劳模体检、300名外出学习考察，为4548名劳模免费订报纸。

2013年，市总工会加强劳模管理工作。完善“三级”劳模管理网络；积极争取财政资金，全面落实劳动模范待遇，为3632名劳模发放“四金”850.9424万元[全国、省财政207万元，市及市(县)、区618.9424万元]；为劳模办实事，全市工会组织1252名劳模体检，为4500名劳模免费订报纸；通过了省总工会对无锡市2003~2013年发放使用全国劳模“四金”情况的检查并得到好评。

第六章　宣传教育

第一节　思想政治教育

一、主题教育

2004 年,市总工会部署各级工会开展建设学习型工会和“两争一树”[①]主题活动,要求各级工会把建设学习型工会和“两争一树”活动紧密结合起来,打造工会干部队伍建设和职工队伍建设的两个新平台。全市工会在镇(街道)、园区、村(社区)、行业(系统)和各类企业中开展创建学习型组织(企业)活动,重在营造企业文化,提高企业创新能力,提升企业形象,同时在企业中开展创建学习型班组,建设多种学习型团队活动,旨在把学习型组织(企业)的创建活动真正落实到最基层,在职工中形成人人学习、时时学习、终身学习的新理念。

2005 年,市总工会在太湖能园度假村召开无锡市“两争一树”推进会,回顾“两争一树”活动开展以来的情况,提出全市“两争一树”活动总体目标和方案,争取用 5 年时间在全市建设 1000 个学习型班组,全市 70%规模以上企事业单位创建成学习型组织。全市有 18 个单位被选树为江苏省学习型组织示范点,6 个单位被命名为江苏省“两争一树”活动先进单位。2004~2005 年,市总工会共选树 35 个学习型企业示范点、50 个学习型班组(团队)示范点、39 个学习型工会示范点。市(县)、区和局工会相继命名 2500 个示范点,典型示范效应不断扩大。2005 年年底,市总工会与市文明办、市经贸委、市社保局、市教育局联合召开无锡市“两争一树”活动经验交流会,表彰 1500 名知识型职工,并为市学习型组织示范点颁奖。

2006 年,全市工会开展以学习宣传“三个代表”重要思想、科学发展观与“一当好、三争创”[②]为目标的主题教育活动,共召开推进会、经验交流会 30 场;规模企业开展争创学习型组织、争当知识型职工活动面达 80%。市总工会组织 11 万名职工参加江苏省“十一五”规划知识竞赛活动,获优秀组织奖。6 月,市总工会与市文明办、市经贸委、市社保局联合下发“两争一树”活动的工作意见,开展“两争一树”活动调研工作,全面了解全市创建活动情况。召开全市“两争一树”活动的经验交流会,表彰 47 家学习型先进企业、67 个学习型先进班组、32 个学习型先进工会、76 名知识型先进职工。是年, 全市有 3 个班组被评为全国学习型先进班组、1 人被评为全国知识型标兵职工、3 人被评为全国知识型先进职工、8 个班组被评为省学习型先进班组、8 人被评为省知识型先进职工。

2007 年,市总工会在职工中开展“‘一当好、三争创’我们怎么办”讨论活动,组织广大职

① 争创学习型组织、争做知识型职工、树新时代职工形象。

② 当好江苏现代化建设先行军,争创全省科学发展先导区、和谐发展示范区、党的建设模范区。

工学习中共十七大精神,让职工了解党在新的五年中的奋斗目标和宏伟蓝图,组织学习班和讲座50个(场)次,1万人次听取讲座。全市工会会同党政部门,开展创建学习型企业、学习型班组活动,取得丰硕成果,8个单位获省总工会表彰的学习型组织标兵单位,64人获省知识型职工标兵称号。市总工会联合市文明办、市经贸委、市社保局、市教育局表彰十佳学习型单位、班组、工会组织和十佳知识型标兵职工,以及78个创建活动先进单位和83名知识型职工。4月14日,在无锡工人运动先驱、优秀共产党员秦起烈士英勇就义80周年纪念日,市总工会和市烈士陵园、市城中公园共同开展系列纪念活动,举办秦起烈士专题祭扫暨"秦起中队"授旗仪式、秦起烈士事迹座谈会,以及秦起烈士事迹巡回展览,千名职工和学生参加活动。

2008年,全市工会组织职工开展中共十七大精神学习宣传教育主题活动,组织培训班、讲座200场(期)。市总工会举办由各级工会主席参加的中共十七大精神专题讲座,组织5万名职工参加全国总工会举办的中共十七大精神知识竞赛和学习中共十七大精神征文竞赛,30名职工获一、二、三等奖。在全市工会开展纪念改革开放三十周年的活动中,市总工会举办无锡市"我和我祖国"职工演讲比赛,全市20个区局42名选手参赛,决出了一、二、三等奖和优秀奖15名。市总工会全面总结5年间全市工会"两争一树"活动成功经验和成效,提出无锡市新五年"两争一树"活动的工作目标和任务,要求各级工会在提升活动质量、提升职工队伍素质上下功夫。市总工会联合市文明办、市经贸委、市社保局、市教育局、市工商联等6部门召开全市"两争一树"活动总结表彰大会,表彰100个学习型组织标兵和158名知识型职工标兵。

2009年,面对金融危机的不利影响,全市工会学习贯彻市委、市政府应对经济发展形势所采取的一系列重大部署和措施,组织动员职工与企业同舟共济、共谋发展。江阴市总工会在职工中开展工人阶级先进性教育和免费送教进企业活动,发放职工免费培训卡1万张,举办各类培训班48期,培训职工6000人。宜兴市总工会组建职工素质提升宣讲团,开展宣讲50场次,听众1.5万人。滨湖区总工会开设先锋课堂,举办各类培训2000场次,培训职工1万名。全市各级工会继续深入开展"两争一树"活动,涌现出一大批特色鲜明、示范性强的学习型企事业单位、学习型班组和知识型职工。市总工会评选表彰100名学习型组织和100名知识型职工。

2010年,市总工会组织广大工会干部和职工学习贯彻胡锦涛总书记在全国劳动模范和先进工作者表彰大会上的讲话精神。4月,在学习贯彻《中共无锡市委关于进一步加强和改进新形势下工会工作的意见》过程中,要求各级工会进一步深化工会工作,自觉肩负起时代赋予的光荣使命,坚定不移地走中国特色社会主义工会发展道路。在积极推进"两争一树"活动中,江阴市总工会实施职工素质大提升"5110工程"(即从2010年开始,用三年时间,培训5千名职工技术人才,1万名班组长,10万名职工),开办劳模和先进工作者学历班,开展送教下企业活动,举办75期新技能、新知识培训班,培训职工5000名。锡山区总工会充分利用社会资源,建立职工职业技能培训基地,全年为基层企业培训职工6万名,其中2万名职工的技术等级和学历得到了提升。滨湖区总工会成立五大新兴产业"沙龙",为高学历、高技能职工相互学习、交流构建平台。各级工会根据市政府《迎世博、办论坛、兴旅游、讲文明、树形象、促和谐行动计划》和市总工会开展幸福进万家——工会助民行动的工作要求,在全市窗口服务行业职工中组织开展迎世博、树形象、提素质、展风采优质服务竞赛和看世博、游家乡活动,共组织2万名职工参观了上海世博会。

2011年,全市工会组织12万名职工参与全省"十二五"规划知识竞赛和读书征文等活动,进一步明确“十二五”规划的指导思想、发展目标和主要任务。市总工会被省总工会评为优秀组织单位。市总工会在全市选树50个学习型组织和50名知识型职工。

2012年,全市工会以率先基本实现现代化为目标,组织职工学习贯彻落实中共十八大精神,深入开展以社会主义核心价值体系建设为主线的主题教育活动,深入开展“两争一树”活动,全面提升职工队伍的整体素质,为助推科技进步、服务经济发展、促进社会和谐作出了积极贡献。市总工会对江阴兴澄特种钢铁有限公司二分厂炼钢转炉作业区等38个学习型组织和朱春燕等36名知识型职工予以表彰。市总工会与市委统战部、市工商联联合制定《无锡市非公有制企业文化建设“百千万工程”三年行动纲要》,计划用三年的时间,组织万家以上非公有制企业参与企业文化建设活动,评选千家以上非公有制企业文化建设示范创建先进单位,培育300个非公有制企业文化建设示范单位。2月20日,无锡市非公企业文化建设“百千万工程”正式启动。市总工会等3部门发布《无锡市非公企业文化建设“百千万工程”示范企业和示范创建先进企业考核标准》,以贯标的形式为企业文化职工文化树立新的标杆,从文化的高度为非公企业和谐发展、创新发展指明方向。8月30日,召开全市非公企业文化建设“百千万工程”交流推进会,命名表彰了一批示范单位。

2013年,全市工会组织12万名职工参加全省学习贯彻中共十八大精神知识竞赛活动,市总工会获先进组织奖。根据全国总工会安排,市总工会做好了10家中央媒体采访报道载人深潜英雄——叶聪的组织、服务、衔接工作,把无锡的先进典型推向全国。组织举行非公企业文化建设“百千万工程”交流观摩会,现场观摩新远东等企业文化建设成果;向各企业印发《企业文化ABC简明指导手册》;评选表彰“百千万工程”示范单位125个、“百千万工程”示范创建先进单位505个。

二、文明创建

2004年,市总工会积极参与文明城市创建工作,从方便职工群众阅读新闻、增长知识出发,连续多年制作职工阅报栏。是年,又投资20万元在全市各居民新村和市区道路上添制了30个职工阅报栏,全市职工阅报栏总数达110个。

2005年,为配合文明城市创建,市总工会在商业大厦广场组织100名全市各行业能手(教师、医生、电信专业人员等)为市民群众提供服务。在第二届江苏省十佳文明职工评选中,无锡市第五人民医院陈静瑜获江苏省十佳文明职工。

2006年,在全市新一轮文明城市创建工作中,市总工会组织500人参加市文明办举办的无锡市志愿者服务月活动;参与2005年度精神文明十佳新人新事评选活动;组织职工中的能工巧匠开展为市民服务活动;组织供电公司、卫生局干部职工开展星期六日义务值勤活动;会同市委宣传部开展全市爱国主义教育基地的主题活动,积极参与全国、省百城万店无假货活动。

2007年,全市工会贯彻《公民道德建设实施纲要》,在职工中开展职工道德建设活动,组织4万名职工参与全国、省道德模范的投票工作;开展争当文明职工活动,着力使职工成为“在企业是好职工,在家庭是好成员,在社会是好公民”,全市参与活动的规模企业达90%;组织5万名职工参与文明交通值勤活动,组织5000名职工参与为市民服务。市总工会不断加强对农民工文明素质的培训,重点培训了15个行业的农民工,共培训3000人次;基层工会举办培训班和讲座300场(期),5万名农民工得到培训和教育。无锡永中科技有限公司黄芳获江苏省十佳文明职工。

2008年,市总工会参与市文明办组织的《无锡市民文明公约》(以下简称《公约》)和《无锡市民行为准则》(以下简称《准则》)修订工作,专题召开工会主席和劳模、职工代表座谈会讨论《公约》《准则》,及时将修改意见返回给市文明办;组织6万名工会干部和职工参加市文明办组织的对《公约》《准则》条文的选择进行投票;举办省、市道德模范先进事迹的专题报告会,组织1000名职工听取道德模范的先进事迹;组织开展职工志愿者服务月活动,全市有3万名职工参加志愿服务,全年有10万名职工参加道德实践活动。

2009年4月,按照市委宣传部、市文明办的工作部署和要求,市总工会组织全市5万名职工开展"双百"(100名为新中国成立作出突出贡献的英雄模范人物,100名新中国成立以来感动中国人物)以及2009年全国、江苏省道德模范,江苏省第六届十佳文明职工的推荐评选活动;把评选英模过程作为一次生动的爱国主义教育。评选期间,在《江南晚报》《江苏工人报》和市总工会网站上刊登英模人物的生平和先进事迹,组织2万名职工观看爱国主义教育片《铁人》等影片。

2010年,市总工会认真贯彻《无锡市创建全国文明城市三年行动纲要(2009—2011年)》《无锡市创建全国文明城市工作问责暂行办法》的部署和要求,召开全市文明城市创建工作会议,安排部署文明创建工作,明确各级工会履行文明城市创建职能的有关直接责任人,要求各级工会组织宣传发动,提高广大干群文明创建工作的参与度;抓住重点,全面提升文明创建工作水平;积极参与重点地区整治和基础设施建设,探索长效管理机制;加强领导,严格问责;认真分解任务,落实责任,切实落实责任追究制度。

2011年,市总工会参与无锡市争创全国文明城市的活动,发挥工会组织和广大职工在创建活动中的积极作用,重点抓好5项工作,即积极维护劳动者特别是进城务工人员合法权益和协助做好未成年人、妇女、老年人权益维护工作;积极参与诚信体系建设,自觉诚实守信,抵制制假、售假,维护企业信誉,创建企业名牌;大力开展社会主义核心价值体系学习教育活动,宣传和普及社会主义荣辱观;积极开展健康向上的职工文化体育活动,丰富广大职工的精神文化生活;争当文明市民,践行公民道德规范,弘扬社会新风。按照无锡市创建全国文明城市领导小组办公室的要求和《无锡市创建文明城市工作各职能部门测评达标责任分解表》的任务分工,分解落实涉及工会的创建工作目标任务,组织开展机关与社区携手同创全国文明城市和讲文明树新风志愿服务等活动。市总工会推荐申报的无锡市新区硕放街道总工会主席朱进跃被评为江苏省十佳文明职工。

2012年,全市工会积极引导职工"在社会做个好公民,在单位做个好职工,在家庭做个好成员",努力成为有理想、有道德、有文化、有纪律的社会主义劳动者。市总工会在全市开展评选首届无锡市十佳文明职工活动,表彰邓伟雄等10人为无锡市十佳文明职工、朱春华等15人为无锡市文明职工。

2013年,全市工会进一步加强社会公德、职业道德、家庭美德和个人品德教育,开展学习道德模范,争当文明职工活动,选树一批劳模和先进工作者典型,并通过媒体集中宣传报道,在全市营造争当文明职工的浓厚氛围。无锡市东林小学教师胡佳当选江苏省第十届十佳文明职工,江苏森茂竹木业有限公司操作手万汉强等人当选无锡市第二届十佳文明职工。

第二节 文化技术教育

一、素质提升工程

2004年2月20日,市总工会召开十五届二次全委(扩大)会议,部署全面推进提高职工队伍素质工程的工作任务,要求各级工会开展以“管理创先、技术创新、工程创精、队伍创优”为主题的重点工程劳动竞赛,扩大竞赛的覆盖面和社会的影响力;进一步推进“两争一树”活动的全面发展,重点在扩面渗透、规范建制、狠抓团队建设上下功夫;坚持“实际、实用、实施”的原则,着重对女职工进行技能培训,逐步增强女职工上岗、择岗和转岗的能力,不断深化“女职工素质达标”活动。下半年,组织开展了非公企业职工队伍文化和技能状况调查。

2005年,省委、省政府和市委、市政府先后于6月和9月召开全省、全市教育工作会议,对全面落实教育优先的方针、建设一流的教育强市作出全面动员和部署。全市教育工作会议后,市总工会党组高度重视,专题研究,对全市的职工教育情况作了一次全面的调研,向市委、市政府递交了题为《加强职工教育工作,提升职工队伍素质——省、市教育工作会议精神贯彻落实情况的汇报》,建议由市委、市政府明确市教育等有关部门共同制定全市职工教育“十一五”规划,明确今后5年的目标和任务,明确各部门责任具体任务;加强职工的技能素质提升培训,确保每个职工每年有30个小时的培训时间,企业的全员培训率达到95%,每年的职工技术等级水平有一个提升等级,使无锡市的高、中级技工队伍能适应新形势的需求,技师人员占技术工人的比例进一步提升;加强再就业培训和新市民培训,对失业人员、外来务工人员的培训率达100%,着力促使新市民文明素质的提高,使他们尽快融入全市职工队伍;努力增加对职工教育经费的投入,切实落实企业及事业单位要按职工工资总额的2%提取教育经费,确保职工教育的投入。市总工会积极参与全市职工教育重大政策的出台和组织领导,不断探索职工素质教育工作的机制建设,促进市场经济条件下职工综合素质评估机制,对职工思想观念、道德文明、科学文化、心理健康、职业技能、体质体能等综合素质进行科学全面的分析和评价。基层工会在职工教育中,除了参与组织领导、直接开展各种教育培训活动外,把职工教育纳入企业职代会、集体合同和厂务公开内容,有效加强对培训规划、经费使用、政策措施的监督管理。

2006年,市总工会实施以“五个一”为主要内容的农民工素质提升工程,在农民工中吸收一批工会会员,树立一批技术标兵,培育一批工会积极分子,发展一批文艺活动骨干,展示一批创新成果。全市工会针对农民工素质提高的需要,有组织、有计划开展农民工的培训和技能比赛。上半年,共组织农民工各项培训114期,培训农民工1.2万人。在劳模和先进工作者表彰中,有2名农民工被评为江苏省劳动模范、10名农民工被评为无锡市劳动模范、一批农民工获得市“五一劳动奖章”和“五一”岗位明星称号。11月27~29日,江苏省农民工师资培训班在无锡举办,全省100名教师参加培训,由省总工会干部学校教授安尔康授课,省总工会宣教部部长朱和顺、调研员储江顺到会讲话。28日上午,省农民工业余学校在无锡市总工会干部学校举行揭牌仪式,朱和顺与市总工会副主席张帆、汤建华为学校揭牌。

2007年,市总工会与市精神文明指导委员会办公室、市经贸委、市社保局、市教育局、市工商联联合下发《实施职工素质提升工程五年规划(2007~2012)》,提出实施职工素质提升工程的总体目标:通过五年的努力,参加各类教育培训活动的职工参与面达到80%以上;"两争一树"活动深入持久推进,活动覆盖面达到70%以上;文明职工创建活动开展面达到80%以上,窗口行业职业道德规范实施率达到80%以上;有50%以上的职工积极参加全民健身活动。主要任务是:坚持用科学理论武装职工,努力提高职工队伍的思想政治素质;深入推进职工职业道德建设,努力提高职工的职业道德素质;继续开展职工读书自学活动,努力提高职工的科学文化素质;加强职工职业技能培训,努力提高职工的职业技能素质;组织健康向上的文体活动,努力提高职工的健康体能素质。

2008年,根据市职工素质工程五年规划要求,市总工会制定年度创建目标和任务,力争使职工的文明、技能素质有明显的提升。全市80%规范企业和60%非公企业开展"两争一树"活动;创建"五一"示范班组,全市选树30个学习型、创新型、安全型、模范小家、示范岗等综合型班组,打造工会名牌;举办班组长学习培训班50期,培训班组长1000名;举行班组管理成果报告会,提升班组管理水平。在开展企业文化建设调研的基础上,市总工会制定全市工会企业文化建设的意见,确定企业文化建设"五个一"工程[企业精神、企业之歌、职工艺术团(队)、职工俱乐部、企业文化报],组织开展企业精神大讨论,举办职工才艺展示、优秀企业文化报评选、企业文化建设研讨会、企业文化成果展示等活动,选树了一批企业文化建设示范点。

2009年,市总工会组织全市广大职工群众积极应对国际金融危机,扎实推进职工素质提升工程,充分发挥工人阶级的主力军作用。各级基层工会开展"凝聚群力、服务企业、促进发展"主题活动和送文化、送知识活动,把职工的积极性凝聚到促进发展上来,把职工的注意力引导到提高技能素质上来。全市参与主题活动的基层工会达85%,新区外资企业对无锡工会的做法很是赞赏,表示国外的工会要向中国工会学习。

2010年3月14日,市总工会干部学校首期优秀员工、劳模和先进工作者学历提升班正式开学。市总工会为鼓励更多的劳模和先进工作者以及优秀职工提升自身素质和技能,积极应对无锡经济转型、企业创新发展对高文化素质员工的需求,出资40万元,以工会励志奖学金补助学费的形式,利用江苏科技大学、江南大学等高校资源,在市总工会干部学校设立教学点,合作开办优秀员工、劳模和先进工作者学历班。经过成人高考,400名学生通过录取分数线成为首期优秀员工、劳模和先进工作者学历提升班的学员。

2011年,市总工会在一汽锡柴召开全市职工素质提升工程推进会,回顾总结推进职工素质提升的经验和做法,提出在"十二五"期间实施职业道德塑造行动、科学文化提升行动、技术技能培优行动、劳动法规宣传行动、文体事业推进行动"五大行动",旨在把全市职工素质提升到一个新的高度,为无锡创新发展、科学发展、率先发展以及职工队伍结构整体优化奠定坚实的基础。3月,市总工会第二期劳模和先进工作者、优秀员工学历提升班在市总工会干部学校开学。为鼓励职工积极报名参加学习,各单位采取激励措施,无锡华润微电子公司工会对完成学业的员工另外补助每年400元学费,并相应延长劳动合同的年限。威孚股份、透平叶片、柯尼卡等单位采取不同的方式鼓励职工报名参加学历提升班,以提高职工队伍的文化素质。

2012年10月14日,市总工会举行首期优秀员工、劳模和先进工作者工作者学历提升班毕业典礼,426名学员获领大专及以上文凭,其中本科毕业生278人;256人获得学士学位,占本科毕业人数的92%。200名成绩优秀的学员获得市总工会颁发的每人2000元工会励志奖学金,其余学员获得每人500元励志奖学金。是日,市总工会干部学校在广大学员中开展“追寻幸福,让我们从学习出发”的倡议活动,张敬东等一批全国、省、市劳模代表率先在倡议书上签名。优秀员工、劳模和先进工作者学历提升班连续举办3期,在校生1500人,其中非无锡市户籍的优秀学员(员工)占一半以上。为满足锡城职工群众不断增长的精神文化需求,市总工会联合相关高校、管理咨询机构、研究所和医院的100位专家学者,确立人文、管理、健康、创新四大课题,由市总工会干部学校承办开展了“当知识来敲门”百场公益巡讲进企业活动。从2012年4月~2013年1月,首期巡讲活动共进入101个企业,其中包括中远物流、威孚高科、一汽锡柴等大型国企,华泰电子、松下能源等民营企业、外资企业。“当知识来敲门”百场公益巡讲进企业活动,为企业免费提供菜单式讲座服务,开展巡讲190场,培训2万名职工,受到广大企业和职工的欢迎。市总工会还启动心理健康关爱行动,举办多期职工心理疏导培训班。

2013年,在无锡市职工读书月活动启动仪式上,市总工会及干部学校推出“工会学院”职工教育培训网络平台,无锡200个社会培训机构正式成为市总工会职工素质教育的后备力量。市委常委、市总工会主席陈德荣和省总工会副主席曹海一起启动了无锡职工教育培训网络平台——“工会学院”大型LED显示屏。市总工会党组书记、副主席管海燕在启动仪式上就实施《无锡市总工会关于全面推进职工素质提升工程建设五年规划(2013~2017)》作工作部署,华光锅炉集团公司纪委书记、工会主席李建忠代表企业发言,江苏省十届文明职工胡佳作为职工代表宣读倡议书。会议向劳模和先进工作者、企业代表以及参会的工会干部和职工发放首批150张面值500元的职工教育学习卡。凭着这张学习卡,职工可以参加“工会学院”职工教育培训网络平台推出的各类培训,支付所需学习课程的费用,阅读1800种不断更新的杂志和9000本正版书。

二、职工书屋

2004年,各级工会坚持以需求为导向,以岗位业务技能为重点,多渠道、多规格、多层次、多形式地组织开展读书自学和教育培训活动,积极探索举办读书节、学习创新论坛、周末职工学校、夜校及各类专题培训、知识讲座等形式,努力满足职工读书求知、增长才干的多样化需求。社区、基层工会充分利用社会教育资源,通过联合创办小型图书馆、读书俱乐部等阵地,做到资源共享、学习互动,全力推进读书自学进车间、进班组、进社区、进家庭。非公企业积极开展职工文化知识结构和技能水平的培训,坚持学历教育和技能培训双管齐下,有计划地提高学历层次和业务技术等级。市总工会组织开展了2001~2003年度无锡市职工读书活动评选表彰工作。

2005 年,市总工会提出职工读书活动要以中共十六大精神为指导,着眼于提高城市综合竞争力,充分发挥读书活动的求知成才和明理立志功能,提高广大职工群众的文明素质,为改革开放和现代化建设提供精神动力和智力支持;要以现代社会的学习理念、学习方式为主导,逐步实现读书活动与“终身学习,终身教育”接轨;要重视读书活动阵地建设和队伍建设,以读书会、读书俱乐部等组织形式,吸引更多的职工参加读书活动,使读书活动逐渐成为社会阅读的主流;要加强对读书活动在新的历史时期的新变化,新特点和发展趋势的研究,探索在社区街道和民营企业、三资企业等新经济组织中开展读书活动的方法途径,在读书活动进社区、进家庭、进新经济组织方面作新的探索，取得新的进展。7~9月，各级工会按照市总工会的调研部署，对本地区、本行业的学习型企业和职工读书自学活动的现状进行调查和了解，及时发现典型，进行解剖总结，推动面上的工作。

2006年，结合市职工教育"十一五"规划，市总工会与有关部门共同出台无锡市职工自学成才奖励办法，为职工读书自学成才、岗位成才创造条件和环境。6月，市总工会举办职工读书成才演讲比赛。11月，开展2004~2006年度读书自学活动先进集体、自学成才者评选活动，选树一批先进典型。

2007年，各级工会着力组织读书活动，建立图书室、职工读书站，为职工学习创造条件，全市各级共建立职工读书站200个。市总工会开展为农民工献一本书活动，收到各类书籍2.10万本，充实到农民工读书站。市总工会农民工培训工作的经验在全省农民工读书活动现场推进会议上交流。

2008年，全市工会在各企业中开展职工书屋创建活动。8月13日，市总工会副主席张帆、惠山区总工会主席平文良为无锡市前洲镇新润房地产公司获全国总工会职工书屋揭牌。是年，全市工会共建成职工书屋300个，选树市级职工书屋示范点29个、省级职工书屋示范点10个、全国职工书屋示范点4个。

2009年，市总工会下达职工书屋示范点建设工作目标任务书，确定全市工会新建职工书屋示范点200个的目标任务，要求市级职工书屋示范点必须达到藏书量3000册、报刊20种以上、电子音像制品80种(张)以上，有可上网的电脑，有专兼职工作人员负责日常管理。截至年底，全市工会用于职工书屋建设投资1000万元，创建市级以上职工书屋示范点448个，其中，全市工会创建全国职工书屋示范点8个，省职工书屋示范点20个，市及市(县)级职工书屋示范点420个，还建立一批电子书屋、农民工流动读书站。市总工会向职工书屋配送各种书籍30万册、电脑30台。

2010年，市总工会在全市工会开展以"共享阅读快乐·共建美好家园"为主题的职工读书月系列活动中，精选50本优秀读物推荐给全市职工，内容涵盖政治法律、哲学宗教、历史地理、社会文化、经济管理、文学艺术、科技生活等方面；要求各级工会充分利用公共文化资源，在有条件的企业、社区建立城市中心图书馆分馆，让更多的基层职工群众共享社会文化资源，实现书香惠民；组织"读书·进步·创新"演讲活动，邀请省内外名家学者授课和知识型职工典型演讲，通过授课、演讲等形式，交流读书心得、体会，让更多的职工受到教育启迪，激发职工读书热情；组织"好书·好人生"征文活动，通过读者讲述一本书与自己成长的故事，分享对该书的见解、看法以及对自己人生的影响，在700篇作品中精选73篇优秀文章，汇编印发1万册《书香伴人生》；通过单位自荐、上级推荐和组委会考察、评定等程序评出无锡市首届十大书香企业。全市工会全年共拨款300万元用于职工书屋建设，培育和创建了4个全国、10个省、21个市和一批县区级职工书屋示范点。市总工会被省总工会评为读书活动月优秀组织单位。

2011年，全市工会继续深入开展争创工会职工书屋示范点活动，全市新建200个职工书屋示范点，推荐评选5个全国、10个省级职工书屋示范点。无锡工会争创职工书屋示范点《建管用并重，让职工素质在"书香"中升华》的经验介绍，在省文明办、省总工会、省文化厅、省新闻出版局、省科协共同举办的第二届江苏职工读书月活动启动仪式上，得到省总工会等领导和与会代表的高度评价。反映无锡工会职工书屋建设经验的文章《袅袅"书香"成为"创新无锡"新动力》,在《江苏工人报》5月19日头版头条上刊登。截至年末,全市工会共创建全国工会职工书屋示范点17个,全省工会职工书屋示范点40个,市及市(县)、区级职工书屋示范点850个,全市累计投入经费6000万元,向职工书屋配送各种书籍600万册,并装备了一批职工电子书屋。

2012年,市总工会组织巡查活动,对职工书屋示范点创建活动提出新的具体要求。全市工会新建200个职工书屋示范点,推荐评选4个全国、8个省级职工书屋示范点和20个市级职工书屋示范点。全市工会共向职工书屋示范点送书10万册。各级工会有效运用职工书屋示范点资源,举办读书大讲堂、道德讲堂、科学讲堂等各种主题读书讲座,邀请专家学者、知识型职工典型演讲,引导职工读好书、善读书,提高职工读书的品味,提升职工的创新创业能力。市总工会组织开展以"读书成就人生·劳动创造幸福"为主题的无锡市第三届职工读书月活动,发布50种职工优秀读物推介目录,激发广大职工爱书、读书、用书的热情;激励企业行政积极发展企业文化、职工文化,创建和谐企业。在各单位推荐、申报和组织考核验收的基础上,评出无锡市书香企业10个,举办颁奖仪式,向社会展示职工读书月活动的成果。江苏省梅村高级中学收到了全国总工会赠送的24箱书籍,共1000册,这是全国总工会充分肯定该校创建教工书屋的特别奖励。

2013年,全市工会新建20个市级职工书屋示范点、80个职工书屋,推荐4个全国、9个省级职工书屋示范点。市总工会开展市第四届职工读书月活动,向全市职工发出"让读书成为自觉·让知识引领成长"的倡议书。各级工会运用职工书屋示范点资源,举办各种主题读书讲座,指导各类企业建立职工读书兴趣小组,开展主题读书会、心得会,读学结合、读研结合、读行结合,构建职工读书交流、自我学习的多种平台,使读书月成为职工素质的提升月。锡山区开展提素质建业绩工程,半年培训职工3.4万人,2800人获技能证书。滨湖区组织职工和作家采访撰写稿件,出版《大爱真情——滨湖工会十年记事》报告文学集并配发至各书屋作为职工的读本。在"书香江苏环省行"无锡站采访活动中,省委宣传部、省新闻出版局领导和10家省级重要媒体记者对无锡市总工会开展职工读书活动的情况给予了高度关注和评价。截至年末,全市建成全国、省、市级职工书屋示范点分别为25个、56个和129个,各市(县)、区每年新建职工书屋示范点200个。

第三节 文体活动

一、文艺活动

2004年5月1日起,由市委宣传部、市总工会、市文化局联合举办的"激情周末"广场文艺演出,每周在市民中心广场举行,共组织演出38场。9月18日~10月8日,由市委宣传部、市总工会、市文化局联合举办的"一代风华"——太湖儿女风采展在薛福成故居举行,市领导樊金龙、王立人、王金大、谈学明等参加开幕式并剪彩,观看展览后,高度评价了市总工会在职工文艺活动方面取得的成效。此次展览共展出作品4大类500件,集中反映了广大职工在文化艺术方面的成就。市总工会组队参加第七届中国国际合唱节活动和第二届太湖博览会文化艺术节活动。

2005年4月30日晚,市总工会在市人民大会堂举办无锡市庆"五一"暨劳模和先进工作者表彰文艺晚会，市歌舞团、市文化艺术学校、一汽锡柴艺术团等单位编排演出反映时代风采、歌颂劳模和先进工作者的文艺节目。5~6月，组织开展市总工会成立55周年系列活动，举办新市民电影招待会、经典锡剧剧目会演等。7月26日，在纪念中国人民抗日战争胜利60周年的活动中，市总工会在市大众剧院举办无锡市职工歌会，14个区(局)的19支合唱队参赛，一汽锡柴、北塘铃兰、市级机关等9支队获金奖，锡海花园大酒店、南长区等10支队获银奖，市卫生局等3个单位获优秀组织奖。9月22日晚，市总工会在市人民大会堂大会场举行优秀节目专场汇报演出，市领导王咏红、苏红平，市有关部门领导须俭、雷群虎，以及市总工会主席余炳源，副主席荣骏和汤建华等参加活动并为获奖单位颁奖。在第三届中国无锡博览会期间，市总工会在市博物馆举办徐锡澄书法展暨无锡名家书画邀请展，市委常委、宣传部长王立人，副市长谈学明，市有关部门和市总工会领导，以及10位无锡书画家出席开幕式并剪彩，万名书画爱好者参观展览。

2006年4月18日，市总工会在市大众剧院举行无锡市新市民文艺会演，16个区(局)、22个单位的33个节目参加会演。市精神卫生中心、市妇幼保健院、江阴市教育局3个单位选送的节目获得一等奖。5月1~24日，市委宣传部、市总工会、市文化局、市文化艺术管理中心、市文学艺术界联合会联合举办新世纪首届职工艺术节，市总工会主办其中12项大型活动，各级工会举办30项活动。市委常委、宣传部长王立人，副市长谈学明以及主办单位负责人，市总工会主席余炳源，副主席荣骏、张帆、汤建华，纪检组组长王珍珍参加艺术节开幕式暨劳模和先进工作者游园活动。1000名劳模和先进工作者参加游园活动。5月24日下午，职工艺术节闭幕式暨新市民文艺会演在市电视台演播大厅举行，15个节目参加会演，特邀前线歌舞团无锡籍演员钱琳献歌，副市长谈学明，市政协副主席王竹平，主办单位领导，市总工会领导余炳源、张帆、汤建华、王珍珍参加闭幕式并为获奖单位和个人颁奖。是年，市总工会在无锡市博物馆举行博物馆馆藏书画珍品展，市总工会领导余炳源、荣骏、张帆等与市总工会机关全体人员参加开幕式，观看收藏品，全市有万名职工参观展览。

2007年1月4日下午，市总工会在无锡电视台演播大厅举办《无锡市工会劳动法律监督条例》知识竞赛暨颁奖文艺晚会。副市长谈学明及有关部门的领导参加晚会，市总工会主席余炳源，副主席荣骏、张帆、汤建华，纪检组组长王珍珍为获奖代表颁奖。全市5万名职工参加知识竞赛，15支队伍参加电视决赛。4月29日上午，市总工会在市人民大会堂举行庆“五一”大会，市领导为全国、省“五一劳动奖状”和“五一劳动奖章”获得单位、个人颁奖，全国总工会文工团应邀进行专场慰问演出。8月7日下午，市总工会在大众剧院举办无锡市企业(行业)歌曲合唱比赛，全市各区(局)10支代表队参加比赛，南长区总工会选送的侨谊幼儿园教师合唱队、市医管中心选送的妇幼保健院爱婴女子合唱队获金奖。市总工会副主席张帆、汤建华，纪检组组长周国祥观看比赛并为获奖单位颁奖。10月11日晚，为迎接中共十七大胜利召开，市总工会在市人民大会堂大会场举行无锡市“工人阶级永远跟党走”职工歌会，13支职工合唱队参加比赛，各级工会主席、劳模和职工代表、部队指战员1500人观看比赛。全国政协委员、全国总工会原副主席倪豪梅，市委副书记王咏红，市人大常委会副主任王金大，副市长谈学明及有关部门的领导观看比赛并为获奖单位颁奖。市公安局、侨谊幼儿园、市实验幼儿园、市卫生局、市精神卫生中心5支队获金奖，连元街小学、宜兴供电公司、红豆集团、威孚集团、供电公司、村田电子有限公司6支队获银奖，一汽无锡柴油机厂、山禾合唱团2支队获最佳演出奖。为进一步推进基层企业文化建设，市总工会命名一汽无锡柴油机厂、市精神卫生中心、威孚集团、无锡供电公司、市卫生局5个单位为无锡市首批职工合唱活动基地。

2008年，在无锡市各界庆“五一”国际劳动节暨劳模和先进工作者表彰大会期间，市总工会邀请全国总工会文工团到无锡慰问演出，市总工会、宜兴市总工会、惠山区总工会相继举办了3场大型文艺演出。5~7月，市总工会、市文管中心、市文联联合举办无锡市第三届青年歌手大奖赛，全市25个行业50个单位的282名选手参赛，经过比赛，决出民族、美声、通俗3个组别的一、二、三等奖。市总工会选派3名选手参加省总工会组织的职工歌手大赛，获2金1银的历史最好成绩，并获比赛总分第一名。9月，由市总工会与市文管中心、市锡剧院共同创编、排演的大型现代锡剧《工会主席》在市人民大会堂公演，共演出15场次，受到省、市领导和广大职工的好评。

2009年，市总工会组织大型现代锡剧《工会主席》到基层巡回演出6场；组织爱国主义教育影片进社区放映50场；组建无锡市职工艺术团，圆满完成第二届世界佛教论坛开幕式300人的大合唱任务。在庆祝新中国成立60周年之际，市总工会组织开展“与祖国同行”职工文化系列活动，举办“祝福祖国·爱我家乡”——无锡市职工庆祝新中国成立60周年歌咏比赛，全市24个基层工会组织的1500名职工参加活动；与市委统战部等联合举办无锡市社会各界庆祝新中国成立60周年文艺联欢晚会；会同市委宣传部、市文管中心等举办“激情周末”职工群众广场文艺演出；举办“共和国精英——劳模风采摄影展”，部分摄影作品在《无锡日报》上刊登；开展“祖国在我心中”职工读书征文活动，由宜兴市总工会、南长区总工会选送的作品“《人生》照亮我人生”“我和图书馆那些事儿”分获省总工会职工读书征文比赛二等奖和三等奖，宜兴市总工会王永君被授予首届江苏省职工艺术明星称号。

2010年，市总工会组织“幸福进万家”——无锡市庆祝“五一”国际劳动节专场文艺演出。5月15日上午，市总工会在工人文化宫举行万名职工“游世博·看家乡”活动启动仪式，组织全市500名劳模和先进工作者、工会干部和职工群众到上海参观世博园。为培养和发掘一批艺术人才，丰富群众业余文化生活，推进无锡文化强市建设，市总工会、市文广新局、市文管中心、市文联主办“华美达广场杯”无锡市第四届青年歌手大奖赛，青歌赛的参赛对象包括18~45周岁的声乐爱好者及专业工作者、专业学校老师和学生，共有300名选手报名参赛，并于8月10日在华美达广场大酒店落下帷幕。11月30日，市总工会结合市首届十大书香企业颁奖，创新演出形式，通过文艺演出的方式汇报在素质工程建设中所做的工作。至年底，市总工会职工艺术团小分队在“三国城”演出累计3353场，观众达60万人次。

2011年4月，市总工会会同市文联、滨湖区政府举办“和谐无锡·幸福职工”专题摄影大赛，并举行部分获奖作品的展示活动。6月23日晚，市总工会举办的“颂歌献给党”——无锡市职工庆祝建党90周年大型歌会在市体育馆举行，来自全市各行各业的19支代表队2000名职工欢聚一堂，以台上台下互动演唱的形式，共同庆祝建党90周年，周解清、周敏炜、王金大、谈学明、蔡捷敏等市领导以及20名劳模代表出席活动。市总工会充分发挥市工人文化宫、市职工艺术团等作用，积极开展向职工送文化活动，组织举办庆“五一”千名新市民、劳模和先进工作者专场电影招待会；启动“东鹏之夜”百场电影进社区活动，放映电影102场。在亚邮展开幕之际，举办无锡市职工集邮联谊活动。是年，还组织举办了5场“激情周末”广场文艺演出。

2012年，市总工会组织百场电影进社区活动，放映革命历史题材片、励志片、教育片、法制片等电影100场；组织职工艺术团，创作编排一批优秀文艺节目到无锡山区、惠山区、市新工人文化宫建设工地等进行慰问演出；组织举办5场“激情周末”广场文艺演出，2万名市民观看；举办“魅力无锡·快乐劳动”职工书画摄影大赛；举办无锡市第五届青年歌手大奖赛，来自全市各行各业的300名选手报名参加。作为丰富职工群众文化生活的品牌活动，无锡市青年歌手大奖赛为广大职工搭建了一个展示和提升自我的平台，为无锡声乐界选拔输送了一批人才。

2013年，市总工会组织市工人文化宫、市职工艺术团启动百场电影进社区活动，向社区送电影100场，向基层工会送电影350场；向农民工集中的中小企业赠阅《工人日报》1700份；创作编排一批优秀文艺节目到基层进行慰问演出；组织举办7场“激情周末”广场文艺演出，丰富和活跃职工的业余文化生活，市总工会获该项活动的优秀组织奖。年内，全市工会组织开展各种形式的文艺演出活动105场。

二、体育活动

2004年4~10月，根据市第九届运动会组委会安排，市总工会举行无锡市第九届运动会职工部比赛，共举办拔河、田径、乒乓球、羽毛球、足球、篮球、大众体育、象棋、围棋9个大项目的比赛，全市33个区(局)组队参加，3000名运动员参赛，8个单位获无锡市第九届运动会的优秀组织奖。在无锡市群众体育先进代表大会上，10个单位、6人获无锡市群众体育先进集体和先进个人。

2005年12月，市总工会在市新体育馆羽毛球场举办省运会羽毛球选拔赛，竞赛项目分男子团体、男子单打、男子双打和女子团体、女子单打、女子双打，选拔出一支高水平的职工羽毛球队伍。是年，无锡供电公司工会主席邢秋林被评为全国群众体育先进个人。

2006年，在市迎新春万人长跑活动中，市总工会组织威孚集团等3个单位的500人广播操方阵，在长跑活动开幕式上表演第八套广播体操。8月3~5日，江苏省第十六届运动会职工部游泳比赛在南通市举行，无锡市代表队获3金1银5铜、总分108分的好成绩。10月21日，江苏省第十六届运动会职工部11个大项比赛全部结束，无锡代表队取得4金6银9铜、总分249分的好成绩，金牌总数从上届第八名跃升到第六名，总分从上届第八名升至第五名，市总工会获优秀组织奖、体育道德风尚奖等奖项。在参加第十六届省运会的同时，市总工会举办省运会围棋、桥牌、羽毛球、足球等一系列比赛活动。是年，无锡电信公司被评为江苏省群众体育先进集体。

2007年9月25~27日，为响应全国总工会、省总工会开展的“全民健身与奥运同行”活动，进一步加强企业文化建设，丰富职工业余生活，市总工会在市体育馆举办无锡市职工乒乓球大奖赛，全市25支代表队200名运动员参赛。电信公司代表队获乙组男女团体冠军，供电局公司、交通产业集团代表队分别获乙组男子团体第二名、第三名，乙组女子团体第二名、第三名分别为崇安区、教育局代表队，甲组男子团体冠军为威孚集团代表队；电信公司代表队的韩向阳、教育局代表队的刘玲分别获男、女单打冠军。市总工会副主席汤建华观看比赛并为获奖运动队和运动员颁奖。10月15~18日，威孚集团乒乓球队代表无锡参加江苏省企业部的职工乒乓球比赛，取得了男子团体第二名的好成绩。

2008年5~6月，市总工会举办无锡市职工“迎奥运”系列比赛，包括职工桥牌、职工羽毛球、职工围棋比赛等，全市有千名选手参赛。全市工会举办形式多样的迎奥运活动，有10万名职工参与。

2009年,按照市政府的统一部署,市总工会圆满举办无锡市第十届运动会职工部竞赛暨职工运动会。这届运动会从4月开始,9月结束,历时6个月。比赛设有乒乓球、拔河、羽毛球、跳绳、定点投篮、桥牌、围棋、象棋、篮球、游泳、田径等9大类43项,2000名职工运动员参加。经过激烈角逐,惠山区代表队、江阴市队表队等分别获得市第十届运动会职工部竞赛金牌总数、团体总分前八名。各级工会认真贯彻实施《全民健身计划纲要》,开展丰富多彩的职工健身活动。市总工会于元旦组织2000人参加迎新年万人长跑活动,8月组织开展全民健身月活动,10月举办“西水东杯”职工羽毛球比赛。全市有10家企业、10名职工受到市全民健身工作指导委员会表彰。

2010年,市总工会组队参加省第十七届运动会职工部象棋、围棋、桥牌、乒乓球、羽毛球、游泳、田径、篮球、全健排舞等项目的竞赛,承办第十七届省运会职工部篮球比赛。无锡市职工代表队在省运会上获得10块金牌、2块银牌和13块铜牌,取得金牌总数第四名和团体总分第六名的好成绩,超额完成市委、市政府下达的目标任务。在竞赛中,无锡市职工代表队尊重对手,服从裁判,遵守规则规定,公平竞争,表现出良好的精神风貌和体育道德修养,被省运会组委会评为最佳运动赛区,授予体育道德风尚奖,市总工会被评为参加第十七届省运会先进单位。年内,市总工会深入贯彻落实《全民健身计划纲要》,开展丰富多彩的职工健身活动,组织2000人参加市迎新年万人长跑活动,举办两期全健排舞培训班和首届市全健排舞比赛,组织“观山杯”羽毛球大奖赛。江阴市、惠山区、新区等总工会,市邮政、市国资委、市医管中心、市园管中心等工会还组织举办职工运动会和形式多样的职工健身活动。

2011~2012年,市总工会认真贯彻《全民健身计划纲要》,开展职工健身活动。在全市职工中继续推广普及全健排舞,组织第三期全健排舞教练员培训班,举行第二届职工健排舞比赛;举办全市国标舞大奖赛、“移动杯”职工乒乓球比赛、“威克多”业余羽毛球公开赛和职工棋牌比赛等活动;会同市体育局开展气功进社区健身推广活动;组织职工参加全市元旦长跑活动。

2013年,市第十一届运动会职工部各项赛事从4月开赛,设立了9个大类、43个竞赛项目、345枚奖牌,经过6个月的激烈角逐,于9月24日落下帷幕。全市工会有32个代表队、2500名运动员参加竞赛,其中乒乓球、羽毛球、拔河、篮球等主要赛事参赛运动员均超过300人。这次竞赛是一次检验全市职工群众竞技体育成就,全面展示职工精神风貌的体育盛会,市总工会被评为无锡市群众体育先进集体。是年,市总工会组队参加元旦万人长跑活动和象围棋比赛。

第四节　媒体宣传

一、《无锡工人》

《无锡工人》由市总工会主办。1989年11月,成立《无锡工人》编辑委员会和编辑部。由市总工会主席任编委会主任,市总工会党组成员任编委会副主任,市(县)、区总工会主席、党组书记和市总工会各部室领导为编委会委员,特邀无锡供电公司、无锡华润微电子有限公司、澄西船泊修造厂等大型企业工会主席为编委。《无锡工人》拥有江苏省新闻出版内部刊物准印证号:苏新出准印JS-B032。1989年11月15日,《无锡工人》创刊,出版14期后,在全国出版系统刊物整顿中,于2000年1月停刊。2001年9月复刊,仍为月刊。

2006年年初，《无锡工人》改为双月刊，由征订改为赠阅，每期报送全国总工会、省人大、省总工会、市委、市政府、市政协领导及相关部门，免费发送各市（县）、区总工会、镇（街道）和村（社区）工会、市总工会直属单位和部分企业工会，与兄弟城市工会互为交流。2004年至2013年年底，编辑出版227期。每期印数3000本。

《无锡工人》坚持以为工会服务、为工会干部服务、为职工服务、为企业服务为宗旨，开设《卷首语》《领导讲话》《特稿》《专题报道》《重点工作传真》《工作动态》《焦点关注》《观点荟萃》《劳模和先进工作者》《维权平台》《巾帼风采》《走基层》《企业纪实》《政策法规咨询台》《今日开庭》《衰祝信箱》《工薪界》《梁溪河畔》等栏目。为增强刊物的可读性，编辑部根据形势发展和工会工作的需要，组织和刊发专题系列文章。

2004~2010年，编辑部集中发表围绕坚持党的依靠工人阶级方针、动员职工群众参与“两个率先”、深化企业转改制、强化职工代表大会制度、困难职工帮扶等内容的专题文章。集中刊登基层工会推进企业工资协商的典型经验介绍。组织一批专题文章推动《无锡市工会劳动法律监督条例》的学习宣传贯彻活动。组织一批工会组建、创建劳动关系和谐企业、实施农民工援助行动、坚持中国特色社会主义工会发展道路、劳动竞赛、工会劳动争议调解工作、女职工素质大讲堂、企业文化与工会工作等专题研讨报道，为各级工会提供最具时代特色的新经验。

2011~2013年，编辑部为配合加快打造“四个无锡”、率先基本实现现代化，加强对全市工会开展、深化、提升“五大行动”以及贯彻市工会第十七次代表大会提出开展构建“六大工程”的集中宣传报道。连续编辑职工互助互济系列文章，推动完成市委、市政府和市总工会分别下达的为民办实事项目——职工互助保障的目标任务；《无锡市企业工资集体协商条例》颁布后，进一步加大宣传力度，坚持每年向全市职工报告为民办实事项目——企业工资集体协商执行情况。坚持连续报道工会开展的劳动法律监督检查活动情况。

二、《无锡工会信息》

市总工会1985年创办《工会信息摘编》，2009年更名为《无锡工会信息》，由市总工会办公室（政研室）负责，承担无锡工会动态信息的综合加工报送等工作，主要报送市委、市政府办公室信息处和省总工会、全国总工会办公厅信息处。2004~2013年，共编发995期。

2004年，市总工会加强全市工会信息采编和报送工作，将工会信息报送纳入基层工会年度责任制目标和创先争优内容，实行年度考核。2009年9月，市总工会加强职工群体性事件信息的报送和处置工作，制定相关文件，规定建立健全劳动关系“十必报”[要建立健全劳动关系“十必报”的即报制度。针对“不依法和劳动者签订劳动合同、未履行为劳动者缴纳社会保险和住房公积金的义务、无正当理由拒绝进行平等协商签订集体合同以及不履行集体合同条款（包括工资专项协议）、支付劳动者工资低于当地最低工资标准、不按规定支付劳动者加班工资、拖欠劳动者工资报酬超过一个月、裁员降薪减福利和违法解除劳动合同、发生安全伤亡事故、不按规定支付工伤待遇、涉及职工切身利益的事项不经职代会（职工大会）表决通过”等十类情况，各级工会要按劳动关系“十必报”制度即时向上一级工会报告]的即报制度，确保工会系统信息渠道的畅通，及时、全面、准确地反映职工群体性事件信息，协助各级党委、政府和有关部门做好处置工作，切实维护职工队伍和社会政治稳定。市总工会要求各级基层工会选派思想敏锐、视野开阔、热心为职工群众办实事、有一定的理论水平和文字能力的人员从事信息工作,建立一支以工会专职干部为骨干、基层工会干部、工会积极分子为基础的工会信息员队伍。至此,市总工会的信息员达百人。

无锡工会信息工作在保证数量的同时,严格审核信息报送的质量,切实做到信息内容真实,数据准确,文字精炼,反映的情况客观全面。抓住重点,根据党政和工会组织各个时期关注的重大问题,突出工作重点,体现自身特色,努力挖掘有事实、有分析、有观点,针对性和适用性强的信息;抓住亮点,围绕无锡经济社会发展和工会工作中出现的新情况、新问题进行选题;抓好调研,及时发现和总结在实践中创造的新经验,进一步提高工会信息对实际工作的指导性;抓住热点,抓住职工群众普遍关心和敏感的热点问题,进行及时全面反映。2004~2013年,市总工会上报信息被全国总工会采用47件,被省总工会采用192件,被市委、市政府和市相关方面采用469件。2004年以后,市总工会连续多年被全国总工会、省总工会和市委、市政府评为信息工作先进单位。

三、报刊专版

2008年起,市总工会在《江南晚报》开办《职工之友》专版,在《江苏工人报》开办《聚焦无锡》专版,均为半月版,每月两次集中宣传报道无锡各级工会重点工作及大型活动。至2013年年年末,《职工之友》出版280期,《聚焦无锡》出版177期。2010年,市总工会在《无锡商报》开办《今日职工》专版,单月单版,双月双版,每年18版,每月最后一个星期四出版,至2013年年末,出版72期。2010年,市总工会在《无锡日报》开办《今日工会》专版,2010年出2版,2011年出6版,2012年出8版,2013年出6版。

四、市总工会网站

2003年3月20日,市总工会以职工合法权益维护保障查询系统申请建立工会网站,列入当年度无锡市科技项目(项目编号CSO30007,计划类别:社会发展,代码:52)并获得批准。市总工会成立工会网站筹建领导小组,由副主席张帆负总责,由协作单位科技信息中心负责项目工程软件开发和设计,是年 11 月 28 日通过内部测试运行,2004 年 2 月 28 日正式开通运行,比原计划提前了 4 个月。

网站栏目设置有《时事专题》《维权中心》《工会信息》《法律咨询》《时代风采》《职工之家》《工运动态》《直属单位》《问题咨询》9 个一级栏目和《经济权益》《民主权益》《机构设置》《公告栏》《工会要闻》《工会通讯》《法规条例》《职工信箱》《仲裁庭录》《劳动模范》《先进人物》《工运人物》《组织建设》《宣传教育》《职工文体》《女职工天地》《网上学习》《工运理论》《国际工运》《政策研究》《在线调查》21 个二级栏目。

2004 年 2 月 10 日,市总工会为维护和规范网站的信息发布秩序,强化监控与管理,保障网站运行安全,出台《无锡市总工会网站维护管理暂行规定》,明确市总工会网站由办公室归口管理,指定相关部室负责相关栏目,《时事专题》由办公室、宣教部等部室负责,《维权中心》由法工部、民管部、生活部、生产部、女职工部负责,《工会信息》由各部室负责,《法律咨询》由法工部、民管部、生活部、生产部、女职工部、财务部、经审办负责,《时代风采》由生产部、宣教部负责,《职工之家》由组织部、宣教部、女职工部负责,《工运动态》由办公室、政研室负责,《直属单位》和《问题咨询》由办公室、组织部等部室负责。

2006年6月，市总工会网站改版，首页增设《站内公告》《维权热线(图片)》《职工信箱(图片)》《工会会徽》《图片新闻》《天气预报》《友情链接》《投票系统》。制作动漫形式的无锡工会会歌和FLASH片头。网站栏目设置有《无锡工会》《工运动态》《维权中心》《组织建设》《时代风采》《八面来风》《学习园地》《梁溪河畔》《会员代表信箱》《经费查询(经费查询软件web版)》《下载中心》《图片中心》《职工艺术节》《职工婚介》《服务指南》15个一级栏目，《机构设置》《工运历史》《经济权益》《劳动保护》《援助服务》《民主管理》《职工之家》《先锋模范》《上情下达》《学习材料》《工薪界》《公告快递》12个二级栏目，《直属单位》《直属机构》《工运人物》《工会快讯》《重点报道》《基层信息》《法律法规》《典型案例》《劳动争议调解》《工会主席之声》《无锡新会员》《工作札记》《任职信息》《五一劳动奖》《两争一树》《技术练兵》《他山之石》《心得体会》《成果展示》《调研思考》《班组天地》《讲座论坛》《惠泉新世说》《散文》《诗歌》《小小说》《灯下笔语》《拥抱自然》《职工文艺》《基层短波》《惠泉今夕》《公告》《劳模保险》《工会法人登记》《互助互济》《工人文化宫》《职介中心》《职工信箱》《法律援助》《民工权益》《女职工权益》《工会职介》《求职招聘》《援助中心》《劳动法律监督》45个三级栏目。市总工会网站改版软件开发和设计由无锡市迈特科技有限公司负责，网站服务器主机从无锡赛博盈科科技有限公司迁移至无锡电信公司，并由其负责日常维护。市总工会网站域名www.wxzgh.org，网站组织机构代码证代码：苏ICP备05004098号—1，网站邮箱：bgs315@wxzgh.org。市总工会网站由办公室统一管理，由曲国基、赵宏负总责；华婕任网站总编，专职负责网站发布内容的组织与协调及网站的日常更新管理。

2010年，经市政府批准同意，市总工会网站于9月纳入中国无锡市政府门户网站群，铺设网站政务专线，由无锡泰得利通软件科技有限公司免费负责网站改版软件开发和设计。市总工会网站域名更名为二级域名http://zgh.wuxi.gov.cn/，网站组织机构代码证代码：苏ICP备09024546号，网站邮箱：wxgongren@sohu.com。同时保留原市总工会网站一级域名www.wxzgh.org和网站组织机构代码证代码：苏ICP备05004098号—1。网站服务器主机从无锡电信公司迁移至无锡泰得利通软件科技有限公司，并由其负责网站的日常维护。市总工会网站由办公室统一管理，华婕任网站总编并专职负责网站发布内容的组织与协调及网站的日常更新管理。

网站栏目设置有《政务公开》《滚动公告》《工会新闻》《组织建设》《维权中心》《公告公示》《时代风采》《八面来风》《学习园地》《服务指南》《专题列表》《无锡市总工会会歌》《依法维权》《无锡工人(电子期刊)》《立功竞赛》《和谐劳动关系》《职工文化》《政策文件》《网站投稿》19个一级栏目，《机构设置》《计划总结》《直属单位》《直属机构》《人事任免》《市总快讯》《基层之声》《信息快递》《工运历史》《工运人物》《经济权益》《民主政治权益》《精神文化权益》《社会权益》《职工之家》《工会主席之声》《工作札记》《文件公告》《五一劳动奖》《群英荟萃》《工人先锋号》《金牌工人》《工薪界》《上情下达》《他山之石》《社会广角》《领导讲话》《调研思考》《创先争优》《主席信箱》《工会职介》《法律援助》《职工心声》《民工权益》《女职工权益》《劳动法律监督》《职工技能》《两争一树》《班组天地》《劳动保护》《劳动争议调解》《典型案例》《民主管理》《平等协商》《和谐双赢》《职工文艺》《职工体育》《职工论坛》《廉政文化进机关》《市总工会文件》《法规条例》《上级工会文件》52个二级栏目，《无锡市职工互助互济会》《无锡市职工技术协会》《无锡市外商投资企业工会主席协会》《无锡市工会女职工委员会》《无锡市工人运动协会》《无锡市劳动模范协会》《无锡市总工会困难职工帮扶中心》《职工文艺》《休闲旅游》《散文》《诗歌》《小小说》《灯下笔语》《拥抱自然》《乡音俗语》《锡工发》《锡工联发》《全国总工会文件》《省总工会文件》19个三级栏目。

市总工会门户网站自2003年建成以后，经历3次改版，点击率不断攀升，从最初的每年1万人次，上升至每年50万人次，成为全市工会网络宣传的主阵地。2011~2013年，省总工会对各市总工会网站进行评比，市总工会网站连续3年名列前三名，2013年，以C组第一的成绩被评为无锡市优秀政府网站。2012~2013年，连续两年在全市各部门网站月度考核评比中稳居前三名。各市(县)、区总工会都建有自己的门户网站，其中江阴市、宜兴市、滨湖区、北塘区、新区等总工会门户网站直接在互联网上运行，并有自己的域名和网址；锡山区、惠山区、南长区等总工会网站纳入区政府网站群。

五、数字工会 OA 网

2005年，市总工会在全市机关率先建成内部协同办公系统，实现机关内部办公无纸化。2007年7月，完成协同办公系统升级改造。2012年，市总工会信息化建设取得突破性进展，投资40万元建成了无锡市数字化工会平台。6月27~28日，在江苏省无锡工人太湖疗养院举办"数字工会"应用培训班。2013年11月，市总工会通过给每个机关人员电脑安装网络隔离卡和硬盘，满足机关人员内外网保密办公的要求，内网主要用于机关内部文件资料的拟订和保存、市级文件的办理，外网主要用于市总工会机关与各基层工会信息传输和文件的下发、办理。

市总工会将协同办公系统延伸至市(县)、区总工会和直属单位工会，率先建成全市工会系统的协同办公平台，实现市总工会与所属市(县)、区总工会和直属单位工会无纸化办公。2010年，根据市委常委、市总工会主席周敏炜提出的"市总工会尽快实现全市镇(街道)以上工会联网办公"的要求，市总工会由主要领导牵头，办公室具体落实，通过与软件公司共同努力，建成市总工会数字化工作平台，不仅实现全市镇(街道)以上工会全部联网办公，而且实现由基层工会一次填报，实时修改，通过系统自动汇总，实现全市工会系统建设情况数字化，能够及时了解全市工会组建、民主管理、劳动保护、工会法律工作、女职工保护、宣教工会、经费管理等方面工作情况。数字化工会平台的建立使用，使市总工会机关与所属工作的文件办理和信息传输效率大大提高，办公用纸年均减少消耗 50%。

2005~2013 年无锡市总工会网站稿件登载情况表

表 6-1 单位:件

年 份	市总网站稿件	省总网站转载	全总网站转载
2005 年(3 ~ 12 月)	660	62	28
2006	686	150	85
2007	940	563	78
2008	1169	764	104
2009	1676	1078	114

续表 6-1

年　份	市总网站稿件	省总网站转载	全总网站转载
2010	2670	957	98
2011	3423	534	125
2012	3325	453	122
2013	3326	272	289

六、《工会直通车》

2007年5月，市总工会与市广播电台新闻频道联合开办《工会之声》栏目，每周三在无锡早新闻结束后对无锡工会工作进行宣传报道，时长3分钟。2009年12月，该栏目关闭。

《工会直通车》由市总工会主办，无锡广电集团(台)工会协办的反映无锡工会的专题片。从2009年1月起，在无锡电视台都市资讯频道(以下简称“资讯频道”)每季度播出一期。节目与资讯频道合作开办，内容以市总工会为主策划确定，旨在围绕大局，贴近职工，服务企业，促进企业和谐发展，增强职工维权意识和能力。以专题形式，每期侧重1~2个话题，以丰富多样的形式传递工会声音，服务企业职工，构建和谐劳动关系。制作流程为：由市总工会各部室针对一个时期的工作重点和热点问题定期(每周)报送题材，由宣传协调小组(市总工会办公室)牵头，经领导审定后由市总工会和资讯频道拟稿和拍摄。每期栏目以小故事叙说真人真事的形式，反映职工关心、关注的热点和身边的人和事。节目一般以录播为主，并在每年“五一”前后参加无锡市五一新闻奖评选。在每月最后一个周日18：05~18：15在资讯频道首播，次日7：20重播，全年4期。

2009年，资讯频道在2月7日晚播出工会送温暖专题片《工会跟咱过大年》(2月8日早重播)，2月15日晚播出女职工专题片《妇女节的旋律》(2月16日重播)，5月10日晚6:10分播出劳模专题片《劳动节的礼物》(5月11日早7:10重播)，10月25日晚6:10分播出工会劳动争议调处工作专题片《工会帮咱来维权》(10月26日早7:10重播)，12月19日晚6:10分播出工资集体协商工作专题片《工会帮咱来谈“薪”》(12月20日早上7:10重播)。

2010年，资讯频道在2月18日晚6:10分播出劳动竞赛专题片《工会帮咱提技能》(2月19日早上7:10重播)。10月，市总工会与资讯频道合作拍摄完成了工会劳动争议专题宣传片《春风化雨最润物——无锡市工会劳动争议调处工作巡礼》(12分钟)，并于10月28日在无锡召开的全省工会劳动争议调解工作现场会上播放，受到与会代表的一致好评。12月，市总工会与无锡广电集团（台）专题部合作拍摄完成了介绍工会工作工作的专题电视宣传片《构建和谐·同享共赢——无锡市工会工作巡礼》(12分钟)，为上级工会领导到无锡调研考察、兄弟城市工会学习交流播放。

2011年3月，《工会直通车》播出频道改为无锡电视台无锡新闻频道每周话题栏目(以下简称“每周话题”)。为配合宣传省人大通过的《无锡市企业工资集体协商条例》，4月14日晚6:50分，在每周话题播出专题片《一线职工工资增长有了法律保障》；5月1日晚6:50分，每周话题播出专题片《向劳动者致敬》;6月11日晚6:50分,每周话题播出专题片《推进工资集体协商立法,为确保职工收入倍增护航》。7月12日,市总工会与无锡电视台无锡新闻频道(以下简称“新闻频道)合作摄制工资集体协商工作专题宣传片《立法,为工资协商护航——关于无锡市开展工资集体协商的报道》,在南京召开的全省民主管理工作现场会上播放,受到与会代表的一致好评。此专题宣传片还到全国总工会培训班上演示,受到全国总工会领导和兄弟省市工会的好评。

2012年10月28日,市总工会与新闻频道合作摄制工会劳动法律工作专题宣传片《为劳资和谐共赢保驾护航——无锡市工会劳动法律监督工作纪实》。10月30日,在无锡召开的全省工会劳动法律监督工作推进会上播放,受到与会代表的一致好评。

七、江苏工人报社无锡记者站

江苏工人报社无锡记者站是江苏工人报社根据新闻采访需要在其登记地以外地区设立的从事采访、组稿、通联等新闻业务活动的派出机构。

江苏工人报社无锡记者站设在市总工会机关内,其负责人和记者由市总工会党组推荐,经江苏工人报社党委、编委会研究决定聘任。2004~2013年期间,江苏工人报社先后聘任李建新、陆建明、赵宏等人担任无锡记者站站长,并聘任李建新、陆建明、赵宏、蒋宁等人为无锡记者站记者。

八、五一新闻奖

为宣传无锡工人阶级和无锡工会工作,加强无锡工会宣传工作力度,由市委宣传部、市总工会和市新闻工作者协会联合举办的无锡市五一新闻奖评选活动,得到全市工会干部及广大新闻工作者的积极响应和踊跃申报。从 2004~2013 年度共举办 10 届五一新闻奖评选活动,评出报纸类作品一等奖 16 篇、二等奖 43 篇、三等奖 62 篇、优胜奖 87 篇,杂志类作品一等奖10 篇、二等奖 30 篇、三等奖 53 篇、优胜奖 86 篇,广播电视类作品一等奖 10 篇、二等奖 23 篇、三等奖 30 篇、优胜奖 25 篇。从 2013 年无锡市第十二届五一新闻奖评选开始增加图片新闻类作品,评出一等奖 1 幅、二等奖 3 幅、三等奖 5 幅、优胜奖 10 幅。

无锡市五一新闻奖参选作品的选取,参阅了《工人日报》、全国总工会网站、中工网、《工会信息》、《工运研究》、《中国工运》、《工会工作通讯》、《新华日报》、《江苏工人报》、《江苏工运》、江苏省总工会网站、《无锡日报》、《江南晚报》、《无锡商报》、无锡广播电视台新闻报道、《无锡工人》、市总工会网站等媒体报道无锡工会工作的作品,及全市报纸、杂志、网络和广播电视中的作品。

第五节 无锡工会史展馆

2011年11月,为继承和发扬无锡工会光荣传统,市总工会决定在新建的工人文化宫中开设“咱们工人有力量——无锡工会史展馆”(以下简称“展馆”),成立由市总工会副主席王觉民分管,市总工会副调研员、政研室主任夏坚具体负责的工作班子,开始展馆的筹建工作。经过资料收集、重点采访、汇总整理、初始编排、征求意见、修改审定等阶段,2013年上半年完成展馆史料征集工作。展馆的筹建工作得到各市(县)、区总工会和基层工会,以及无锡广电集团、市档案局、市博物院的大力支持，原全国总工会副主席徐锡澄、市总工会第一届委员会副秘书长杨宗照、原市总工会主席胡云娥和全国劳动模范傅海泉家属等予以了热忱帮助。

2012年3月8日，市总工会召开无锡工会史展馆设计招标会，参与设计招标单位为无锡正邦国际会展有限责任公司、无锡太博会展有限责任公司、无锡先锋会展有限责任公司、无锡亿鹰会展设计有限责任公司4家单位。3月22日，市总工会召开无锡工会史展馆设计方案评审会。5月4日，市总工会主席办公会宣布，无锡正邦国际会展有限责任公司为展馆设计中标单位。8月2日，市总工会发出展馆招邀标文件，无锡正邦国际会展有限责任公司、无锡莱特装饰装潢公司、无锡联合创智国际展览有限公司3家单位参与投标。8月7日，经市总工会领导批示同意：组成以王觉民、朱承刚、华婕、邓建圣、曲国基、肖根荣（无锡博物院）、王天林（无锡广电集团）7人组成的招评标小组。8月13日，市总工会举行无锡工会史展馆工程项目招投标仪式，市总工会接受了3家单位的投标标书，并当场开标。8月15日，市总工会招评标小组对3家投标单位进行评议评分，无锡正邦国际会展有限责任公司为中标施工单位。是日，市总工会政研室向党组写出《关于确定无锡工会史展馆工程项目中标单位的汇报》。8月23日，市总工会与无锡正邦国际会展有限责任公司分别签订无锡工会发展史（暂定名）展厅设计制作合同书和无锡工会发展史（暂定名）展厅多媒体项目合同书，两项合同合计总价为684866元。合同明确规定，由市总工会财务部、经审办、纪检组对工程项目实施全程监督。从2013年开始，由无锡正邦国际会展有限公司承担展馆的设计装饰、内容编排、制作布展等项目。10月26~11月30日，对基本竣工的展馆组织4次试运行，主要接待了市有关部门领导，以及徐州市总工会、宁波市总工会、柳州市总工会的领导，得到较高的评价。12月24日，由市总工会新工人文化宫筹建办组织展馆验收工作。至2014年1月24日，完成展馆的验收。

2012年7月9日，市总工会与无锡广电星汉影视制作有限公司（无锡广电集团专题部）签订无锡市总工会电视宣传片摄制协议，摄制费及宣传片脚本撰稿费合计为365000元。展馆的多媒体宣传片主题围绕回顾、记录、揭示、总结无锡工运及工会发展史。2013年7月，由无锡广电集团编导王天林等人拍摄、制作完成《光荣岁月·辉煌篇章—无锡工会发展史》宣传片，分全书版（片长30分钟）、展馆片（片长15分钟）两个版本。

展馆面积170平方米，由版示展、灯箱展、实物展、触摸屏（资料查阅）和多功能厅等部分组成，主要以新中国成立以后各个历史阶段无锡工会发展的概况为主，突出以改革开放30多年来的史料为重点，同时，时间上向前延伸至新中国成立以前无锡工人运动发展的主要情况。从1927年无锡市总工会成立至2012年跨度80余年，以大事记为主线，分别展示无锡解放前、无锡解放初期和改革开放以来无锡工人运动和工会工作发展的历史轨迹。

版示展：分“组织起来”“时代先锋”“铿锵前行”3个部分，由1000张照片（含视频内）及文字介绍组成。“组织起来”：主要介绍在20世纪20年代，无锡工人运动和工会组织在中国共产党领导下迅速发展壮大，产业、行业、职业工会相继成立，推动工人运动兴起和发展，以代表工人与资方谈判、组织集会游行，开展罢工斗争等方式反对剥削与压迫，冲击反动政府的黑暗统治，显示工人运动的力量及在这期间涌现出一批工人运动杰出的领导者、组织者。“时代先锋”：主要介绍1949年5月1日无锡市总工会筹委会成立，经过一年的筹建，1950年5月1日召开第一届工人代表大会，正式成立无锡市总工会。在中共无锡市委和上级工会的领导下，市总工会积极组织和发动广大职工为建立和巩固人民民主政权,迅速恢复国民经济,开展大规模有计划的经济建设,充分发挥工人阶级主力军作用,为推进社会主义建设作出了积极贡献。“铿锵前行”:主要介绍改革开放以来,无锡工会进入一个新的历史发展时期,由计划经济转入具有中国特色的社会主义市场经济。全市工会坚持改革开放,开拓创新,不断探索新形势下工会发展的新路子,各项工作取得明显成效,创造一批在全国、全省具有示范引领作用的工作经验。

灯箱展:主要展示毛泽东在北京观看无锡机床厂制造的国内第一台M1025型无心磨床、刘少奇在无锡机床厂视察与工人在一起、周恩来接见无锡工人业余文艺积极分子、陈云在无锡庆丰厂视察、江泽民在无锡视察小天鹅股份有限公司、胡锦涛接见来自无锡的全国劳模傅海泉、朱镕基视察无锡第二棉纺织厂、温家宝视察长电股份有限公司、尉建行考察江阴华西村、荣毅仁在无锡国棉一厂视察、倪志福在无锡桃园老年公寓接见工会退管会干部、王兆国视察江苏银环精密钢管股份有限公司的照片。

实物展:主要展示解放以后无锡工会开展工作和活动的各种实物、反映劳模和先进工作者各种荣誉的实物及领导题词。有无锡市第一届工人代表大会的大会决议、会议手册、大会会徽,20世纪50年无锡市各行业工会徽章和奖章、会员证,傅海泉家属提供的各种奖章、出席各种先进代表会的证件、平时工作日记、各种荣誉证书,20世纪50年代全国先进班组长李霞影宣传手册,市总工会的各种刊物、书籍,国际、地区间友好工会交往纪念品,陈云为秦起烈士的题词“无锡工人运动先驱者秦起烈士”(复件)、全国总工会原副主席徐锡澄为展馆题词“继往开来,不辱使命”等。

触摸屏:显示1927年以后无锡工人运动和工会发展的翔实资料。具体由大事年表、光荣足迹、史迹珍藏、早期工运、历届工会、机构沿革、履行职责、历史文献8个部分组成,共计有130.51万文字和相关照片。分别记载无锡解放前市总工会成立以后历年工会的大事记,并向前延伸至无锡近代工业起始和发展时期工人阶级的形成、工人运动的兴起与壮大过程;无锡解放以后历届工会所制定的重要文件和作出的重大决定、决议;无锡解放以后历届全国劳动模范的主要事迹及省、市劳模和先进工作者的名单;历届工会代表大会、工会领导班子、全市工会组织机构的沿革;全市工会在各个历史时期发挥的主要作用等,供参观者查阅。

多功能厅:主要播放《光荣岁月·辉煌篇章—无锡工会发展史》宣传片、无锡市总工会会歌《我们是一家》。

第七章　民主管理

第一节　非公企业职工代表大会

2004~2013年,在全市国有及国有控股企业普遍建立完善职代会制度的基础上,各级工会面对非公有制经济迅速发展的新形势,在推行非公企业建立职代会制度的工作中,大胆探索企事业单位、区域、行业集群职工代表大会制度,开创集群职代会、区域职代会、联合职代会等多种形式的新路子,有效地解决了面广量大、小而分散的非公小企业职工民主管理的难题。

一、职代会建设

2004年,省总工会在宜兴召开非公企业职代会建设学习观摩会,连云港、盐城、淮安、宿迁四市的市、县、区总工会主席和部分民管部部长40人到宜兴参加非公企业职代会建设对口学习观摩会。宜兴市总工会副主席杨建芬介绍了大力推进集群职代会制度建设的做法。全国总工会民管部部长刘铁章在会上说:宜兴市在数量多、规模小、人员少、家族式管理的小企业中推行集群职代会制度,是一种体制上的创新,它把单个企业不对称的职工力量组织起来,通过工会与业主协商共决,平衡力量,使制度可行可靠,有效地解决了这些小企业民主管理制度落实的问题,很值得研究和推广。市总工会进一步加快全市非公企业建立职代会的步伐,要求各市(县)都要选择一个镇(街道)、村(社区)召开非公企业建立职代会的现场推进会。

2005年,市总工会积极探索非公企业职工民主管理的多种实现形式,不断加强各级工会建立职代会的有关知识、原则、步骤等培训工作。是年,市及市(县)、区和镇(街道)、村(社区)四级工会就职代会知识、职权解读、职工代表权利与义务、劳动争议案例分析、职工代表协商技巧等进行培训,共举办职工代表培训班197期,培训职工代表1.23万人次,向职工代表和企业主发放《职工代表知识手册》1.5万册。

2006年,市总工会把推动非公企业建立职代会制度作为构建和谐企业、和谐社会的重要抓手,与多方联手推进,形成社会合作共推的工作格局。是年,全市单个企业建立职代会制度的民营企业和外商投资企业分别达到4732家和528家;镇(街道)、村(社区)和工业园区建立的各级区域、行业集群职代会839个,覆盖的企业1.21万家,两类合计,全市建立职代会制度、实行民主管理的非公企业达1.73万家,占全市建会非公企业的72.8%。

2007年,全市工会把推动非公企业职代会制度建设,作为工会履行基本职能、促进企业和谐发展的重要举措,积极探索,全面推进。是年,全市企业建立职代会制度的民营企业和外商投资企业分别达到1.16万家和973家;镇(街道)、村(社区)和工业园区建立的各级区域、行业和企业集群职代会791个,覆盖企业1.32万家,占全市建会非公企业的92%。

2008年7月20日,《工人日报》第2266期《情况参考》刊载了题为《江苏宜兴市总工会探索非公小企业职工民主权利的经验值得借鉴》一文,介绍宜兴市在非公小企业民主管理实现形式上,解放思想,实事求是,大胆探索,勇于创新,切实保障职工知情、参与、监督权,坚定不移地推动发展民主管理制度体系化建设的做法。全国总工会副主席、书记处第一书记孙春兰8月5日批示:请鸣起、荣书并建国、郭军同志阅。宜兴的经验很好,可广泛宣传。全国总工会副主席、书记处书记张鸣起8月6日批示:请集体合同部落实春兰同志批示精神。全国总工会书记处书记、党组成员、纪检组组长陈荣书8月6日批示:请民管部按照春兰同志批示要求,注意总结非公小企业民主管理问题。是年,全市有3.11万家非公企业建立职代会制度,占全市非公企业的94.9%。

2009年,市总工会加强宣传力度,层层宣讲《江苏省企业民主管理条例》,举办工会、劳资干部专题培训班。加快世界500强在无锡企业建立健全职代会制度,开展建制专项要约行动,下发"关于建立企业民主管理制度的提示函",提出百人以上非公企业建制面达96%的目标。完善和发展区域、行业职代会制度。组织调研,形成区域、行业职代会操作办法,指导、规范区域、行业职代会运行。探索研发、销售等服务型非法人公司建立与之相适应的企业民主管理制度。

2010年,市总工会进一步强化非公企业职代会制度建设,依法维护"退城出市""退城进园"企业职工合法权益。江阴市总工会提出进一步探索上市公司两级职代会制度和创建劳动关系和谐企业的做法;宜兴市总工会提出进一步拓展行业工资协商并突出行业集群职代会制度建设,建立行业职工代表巡视制度;锡山区总工会提出在推行共同约定方面探索出新路子;惠山区总工会提出推广"业主说协商、谈协商"活动和进行全区性企业职代会质量评估活动等目标。是年,全市乡镇、村和工业园区建立的各级区域、行业、集群职代会917个,覆盖了1.84万家企业。

2011年,无锡非公企业职代会制度建设工作的做法和经验,在全国工会推进区域(行业)职代会制度建设经验交流会上作专题经验介绍,得到全国总工会的肯定和推广。是年,全市企业独立建立职代会制度的民营企业和外商投资企业分别达到1.34万家、1457家,全市实行民主管理的非公企业达3.33万家。

2012年,市总工会进一步推进世界500强在锡企业建立健全职代会制度。以组织开展建立健全职代会制度的专项要约行动,向未建立制度的企业发出"关于建立企业民主管理制度的提示函"。是年,世界500强在锡企业职代会制度建制率为86%,超额完成了省总下达的80%目标任务。

2013年,通过服务基层企业、加强业务培训,指导企事业单位规范运行流程、规范会议议程、规范会议表决、规范会议材料。做到重点落实职代会职权,完善职工代表选举制度,完善职代会提案制度,完善职工代表工作制度,加强职代会闭会期间的日常民主管理,实现企业民主管理工作的经常化、动态化。全市建立职代会制度的非公企业达3.57万家,占建会非公企业的97.8%;其中独立建立职代会制度的民营企业和外商投资企业分别达到1.19万家、1214家;镇(街道)、村(社区)和工业园区建立的各级区域、行业和企业集群职代会1212个,覆盖2.11万家企业。

二、规范职代会制度

2004年，市总工会召开十五届二次全委(扩大)会议，提出要进一步推进以非公企业建立职代会制度为重点的民主管理工作，在建制的覆盖面上有新的拓展；要以巩固和发展“两项机制”(劳动者权益公开制度和工资集体协商制度)为主线，继续着力构建和推进“非公企业职代会制度、工资集体协商制度、三方协商机制”三个平台，使全市民主管理工作水平保持全省领先水平；要进一步推进和规范非公企业职代会制度建设，力争建制面达60%；要积极探索和深化劳动关系三方协商机制建设，力争全市89个乡镇建制率达100%。

2005年，市总工会下发《无锡市企事业职工代表大会运行规程》，加强职工民主管理工作规范性的建设，督办转改制企事业单位职工民主管理程序的全面落实，要求民主管理工作要不断向生产经营管理的深度和广度延伸，向车间、分厂、子(分)公司、班组拓展。7月，会同市国改办对全市改制企业实行回头看，重点对职工权益落实情况进行检查。以完善机制为载体，积极探索和实践非公企业职代会的新形式、新途径，通过运作四个结合(调研与造势相结合、建会与建制相结合、抓点与扩面相结合、“借力”与“发力”相结合)、建立四项机制(组织保证机制、监督管理机制、目标激励机制、指导服务机制)、抓住四个关键(抓头头、头头抓，抓重点、重点抓，抓同步、同步抓，抓反复、反复抓)的方法，开创集群职代会、区域职代会、联合职代会等多种形式的新路子，为非公企业实现职工民主参与、民主监督、民主管理开辟了一条有效的途径，落实了职工对镇、村、园区、行业及社区经济发展情况和重大发展规划的知情权，提高了非公企业职工包括企业主的民主意识和执行劳动法律法规意识。

2006年，各级工会因企因地制宜，积极探索和通过多种形式实现非公企业职工民主管理，坚持做到两种职代会形式同时探索，对规模较大的原生型的私营企业、外商投资企业和改制后的民营企业，以企业为单位建立职代会制度；对大量职工人数在25人以下的非公小企业，依托乡镇、村的区域，行业、工业园区等工会组织，建立区域、行业和企业集群职代会，组织职工学习和实践民主管理；积极探索在商业街、市场、楼宇建立职代会，使区域职代会形式又有了新的延伸和发展。坚持“多会合一”，从企业和区域、行业的实际出发，只要能充分体现职工的参与知情权、协商共决权、检查监督权，能发挥工会作用和提升企业管理水平，职代会可以与工会会员代表大会、企业股东大会、企业持股职工代表大会等会议合并召开，分别行使职权，最大限度地节约会议资源。坚持多级民主管理同步考虑，在企业中把建立企业职代会与做实车间、班组民主选举职工代表、发挥代表团组作用同步考虑；在区域、行业把建立区域、行业职代会与在被覆盖企业中建立民主管理小组、设立民管员同步考虑，使职代会的功能有效下延到最基层。坚持多项民主管理制度有机整合，重点把职代会、集体协商和厂务公开等制度整合在一起，在全市全面推行“劳动者权益公开制度”。坚持依法有序运作，保证和提高职代会运行质量，重视职工代表素质，重视会前充分磋商，严守程序和强化管理，加强目标管理和考核。坚持把职工民主管理工作摆进完善现代企业制度的机制中推进，各级政府部门和工商部门及乡镇工业公司，在指导企业建立和规范企业管理制度中，明确把职代会制度作为企业现代管理制度体系中重要内容，作为公司章程的必备条款，职代会、工资集体协商、社会基本保险协议三项制度必须写入企业规章制度。建立健全职工董事、监事制度，畅通职工代表进入董事会、监事会的渠道，积极推动规模较大、职工人数较多、工会工作基础较好的公司制企业，建立起职工董事、监事制度,推动职代会与股东大会、董事会依法履行各自职责,使职代会在现代企业制度中发挥出新的优势。

2007年,各级工会按照市总工会要求,全面推进非公企业建立"畅通三渠道、六公开"制度,通过畅通职代会、集体合同和厂务公开栏三个渠道,公开企业的规章制度、劳动合同和集体合同(工资集体协议)、职工收入方案及分配结果、职工五项社会保险的缴纳、安全生产制度及措施、职工奖惩制度及行政处置程序六方面内容。市总工会进一步推动公司制企业职工董事、职工监事的制度建设,抓住部分企业改制和董事会换届的契机,落实职工代表分别进入所在公司的董事会、监事会,至年底,全市有829个企业建立了职工董事制度、1352个企业建立了监事制度,有职工董事829人、职工监事1581人,为企业工会或职工代表在本单位源头参与,落实职工民主管理权利,把住源头关。进一步规范公司制企业职工持股会,全年共审核审批新建立职工持股会两个,审查核准调整职工持股会股金10个,审核审定撤销职工持股会5个,有效地确保持股职工在股权转让、受让中经济利益不损失,民主权利不侵犯。

2008 年,市总工会在推进规范职代会制度建设中,要求各级工会实施建议提案制度,发动职工围绕企业的经营发展、职工生活改善、精神文化需求等开展合理化建议活动;工会对职代会提案,经过认真梳理、通报行政、协商沟通、结果反馈等环节,使合理化建议和提案得到较好落实,并向职代会报告,未能落实的建议和提案也通过职代会作出解释和说明;职代会建议和提案做到件件有落实、事事有回音,职工的意愿得到充分地尊重和体现。实行民主修订规章制度,企业规章制度不再是企业单方面说了算,通过职工代表参与对规章制度的修订,杜绝不合法的内容,去除与现行法律法规不相符的条款,更正其中不合理的惩罚性条款,完善涉及职工利益分配的条款,规章制度进一步建立在合法、合理、现实、有效的基础上,逐步减少了由此产生的劳资纠纷。坚持审议通过重大事项制度,在职代会建立企业工资集体协商协议审议通过机制的基础上,许多企业在重大决策等制定和出台,特别是在应对金融危机期间,针对企业生产订单不稳定、人员缺乏、流动性大的情况,对放假、减薪、裁员,实行不定时工作制、综合工时制等方案都提交职代会讨论,充分酝酿沟通后再审议通过。

2009年起,全市工会认真贯彻执行《劳动合同法》、省企业民主管理条例,以及《市政府关于做好〈劳动合同法〉〈劳动争议调解仲裁法〉贯彻实施工作的意见》。市总工会重点加强非公企业职代会的完善制度,规范运作工作,不断提升职代会的实际效果。市总工会与市社保局、市经贸委、市工商局、市工商联联合发文《关于规范企业劳动用工规章制度制定程序,保障职工民主权益的意见》,明确要求建立和完善职工代表大会制度,各单位应当依据省企业民主管理条例规定的届期、代表比例结构、职权和工作制度建立和规范职代会制度,保证职代会运作的有序和作用的发挥;规定职工代表必须按规定由职工直接选举产生,选举应实行无记名投票;凡未经选举由用人单位直接指定的职工代表资格无效;单位召开职工代表大会前,应向上级工会报告,并接受上级工会的指导;在会议召开后一周内向上级工会上报《职代会召开情况报告表》;上级工会应对会议召开情况进行认真审核,并签署意见,对未依照法定程序召开的职代会,应当及时提出意见,予以纠正。江阴市、宜兴市、锡山区、惠山区、滨湖区等总工会按照要求加大对非公企业职代会制度的规范化建设,至2012年,全市职代会规范化建设提升面达92%。

2013年,市总工会采取措施进一步提升职代会制度的规范率和职工满意率,通过服务基层企业、加强业务培训,指导企事业单位规范职代会会议议程和规范会议材料。重点落实职代会职权,完善职工代表选举制度,完善职代会提案制度,完善职工代表工作制度,加强职代会闭会期间的日常民主管理,实现企业民主管理工作的经常化、动态化,建立党组织是否重视、行政是否支持、效果是否明显、职工是否满意的职代会效果评价制度,对职代会的效果进行定性分析和定量考核,促进职代会制度规范运行。充分发挥考核工作的引导与激励作用,坚持将职代会建制率、职工满意率和规范化建设要求纳入工会重点考核内容,加大考核权重,将企业民主管理工作质量及职工满意度等作为评比表彰劳动关系和谐企业的重要条件。加强分类指导和典型示范,选树一批因企制宜、创新发展、完善职代会制度的企业,推广其做法和经验。是年,全市98%非公企业职代会制度基本达到规范化要求。

第二节　工资集体协商

2004~2013年,市总工会以建立平等协商机制为重点,全力推进建立企业工资集体协商制度,得到市委、市政府和社会各界高度重视,被市委、市政府列入为民办实事和“富民工程”的重要内容,不断加强建立企业工资集体协商制度的组织领导工作,实现基本全覆盖的目标。

一、推进建立工资集体协商制度

2004年,市总工会十五届二次全委(扩大)会议提出建立以工资集体协商签订工资专项协议为主的集体合同“1+3”①制度、以年递增10%的速度扩大覆盖面的目标。全市工会把建立企业工资集体协商制度作为落实市委、市政府“富民工程”的重要内容和维护职工合法权益的重点工作来抓。滨湖区总工会积极争取行政支持,首先通过与区政府召开联席会议,把企业工资集体协商列为区政府“富民亮点工程”之一,并以区政府名义出台了《关于进一步加快企业工资集体协商制度推行工作的意见》。

2005年,为全面推进工资集体协商工作,市政府下发《市政府关于进一步推进企业工资集体工作的意见》。5月20日,市总工会与市社保局、市经贸委协商成立无锡市工资集体协商工作指导委员会,指导、协调全市工资集体协商工作的开展。24日,市政府召开全市工资集体协商推进会,副市长谈学明到会讲话。会议明确推进工资集体协商工作列为市政府为民办实事项目并提出了3年工作总体目标:到年底,全市各类企业工资集体协商建制率达到65%以上,2007年达到80%;要求各市(县)、区、局、直属单位都要制订推进工资集体协商工作的长期规划和近期目标;建立健全工资集体协商工作年度责任考核体系,被列入各级职能部门的政绩考核,从当年起,没有建制的企业党政工主要负责人,原则上不得评荐市级以上先进称号。8月22日,《江苏工资协商简报》刊登无锡市各辖区全力推进工资协商的经验,具体报道了江阴市委、市政府下发《关于进一步推进工资集体协商的意见》,江阴市工商联和企业家协会向全市企业家及会员单位发出倡议书,倡议从做一个合格的社会主义建设者,办厂一家、致富一方,营造关

① 1份集体合同加工资专项协议、女职工特殊权益保护协议、安全生产和劳动保护协议。

爱职工、合作双赢的企业文化等积极开展工资协商工作等方面的做法;报道了宜兴市委、市政府下发《关于进一步推进工资协商的意见》,宜兴市经贸委、市社保局、市总工会、市工商局、市工商联共同确定每年8月为工资协商月,每年3月为工资集体合同中期检查月,下发工资协商目标责任书,建立工资协商要约制度等方面的做法。就此,省人大常委会副主任、省总工会主席张艳作出批示:“无锡市总工会对工资集体协商工作全面布署、扎实推进,已形成良好社会氛围,就这样抓下去一定能抓出成效。请认真总结各地经验,展示工会组织在推进富民工程中的重要作用,提高凝聚力、扩大影响力”。9月18~21日,全国总工会在无锡召开全国工会部分省市工资集体协商座谈会,全国总工会书记处书记张秋俭,集体合同部部长张建国、副部长李志浩,省人大常委会副主任、省总工会主席张艳,省总工会党组书记、副主席李晓布和全国16个省、市的民主管理部部长、无锡部分工会代表等50人参加会议,市委副书记王咏红到会致辞。省总工会、市总工会、滨湖区政府、江阴市、宜兴市总工会和惠山区前洲镇工会等在会上介绍了开展工资集体协商工作的经验。到11月底,全市签订工资集体协议总数达1.09万份,覆盖2.05万家企业和91.13万名职工。市总工会、市社保局、市经贸委联合发文对宜兴市总工会等30个工资集体协商工作先进单位给予表彰。

2006年,全面推行企业工资集体协商制度被市委、市政府列为“富民强市”“为民办实事”的重点工作,被市总工会列为加强工会维权机制建设的“一号工程”。各级党政工组织紧紧围绕市委提出“全市80%企业建立工资集体协商制度”的目标,坚持一手抓大力推进、一手抓规范深化,形成了党委统一领导、政府强势推进、政策有效扶持、人大政协督办、工会具体操作、企业依法实施的运作机制。是年,全市建立工资协商制度的企业达2.44万家,占全市建会企业的81.9%。

2007年1月11日,中央电视台7频道《聚焦三农》栏目专题报道无锡市惠山区前洲镇建立完善工资集体协商制度,保障农民工权益的经验。5月9日《新华日报》、16日《农民日报》分别报道了《这里的民工为何年年涨工资》。全国总工会集体合同部部长张建国就无锡市建立农民工工资集体协商机制,作了“前洲镇工会推行工资集体协商,在维护农民工权益方面创造了很好的经验,值得进一步总结推广”的批示。《无锡日报》、《江南晚报》和市人大《人民与代表》、市政协《社情民意》以及《江苏工资协商简报》等先后17次报道无锡工资协商的经验与做法。是年,全市签订工资集体协议总数1.54万份,覆盖企业2.56万家和116.45万名职工,建制率达85.6%。

2008年,全市工会在党委、政府的领导下,在同级劳动保障、经贸、工商联等部门的支持下,企业工资集体协商工作成为抓民生、惠民生的重中之重工作,层层分解落实目标,签订目标责任书,召开现场观摩会,劳动关系“三方机制”联合组织督查,市人大和政协专题调研,进一步加大推进力度。是年,全市建制企业2.92万家,占全市建会企业的90.17%,覆盖职工137.3万人。

2009年,市总工会在全市大力推行工资集体协商的“五种主要模式”,即行业或企业的工时定额、计件工资协商协议,扩大企业专业科技人员工资协商协议,攻关项目和产品专件工资协商协议,行业或企业的计时工资协商协议,企业内部分类的工资协商等混合型模式。通过推行五种模式,使工资协议呈现个性特色。是年,全市建立工资集体协商制度企业占建会企业的93%。

2010年,市总工会积极探索和推进协商内容为计件、计时、劳动定额、新品开发等专项工资集体协商,培育和推广协商形式的专项协商、多次协商机制。是年,全市建会企业建制率95.4%,

覆盖职工168万人。

2011年，市总工会积极推进世界500强在无锡企业工资集体协商，总结推广新区总工会以辖区500强外资企业为龙头，着力实施协商要约行动，在依法维护职工权益与促进企业发展中取得“双赢”的做法。6月17日，全省工会推进世界500强在苏企业工资集体协商现场观摩会在无锡新区召开，推广了无锡的做法。是年，全市工资集体协商企业3.35万家，占全市建会企业的96.25%，覆盖职工168.2万人。

2012年，市总工会在全市开展培育工资集体协商示范企业、示范行业活动。年内，共走访指导、重点培育示范企业50家、行业3个；会同市人社局等部门对申报市级先进单位进行实地考评，并评选表彰“无锡市工资集体协商示范单位”50个、“无锡市推进工资集体协商工作先进单位”17个。是年，全市建会企业建制率96.6%。

2013年，市总工会以提升工资集体协商的建制率、贯彻协商的执行率、体现实效性为重点，全面推进工资集体协商。是年，全市开展工资集体协商的企业3.53万家，建制率97.1%；世界500强在无锡投资的102家企业中，开展工资集体协商的99家。

二、区域和行业工资集体协商

2004年，全市工会坚持推进建立区域和行业工资集体协商制度，不断扩大工资集体协商的覆盖面，本着因企制宜、因地制宜的原则，建立区域集体、行业集体、工业园集体、单个企业4种模式的工资集体协商制度。坚持分类实施，企业能够单独进行工资集体协商、签订工资协议的，就单独进行工资集体协商；在企业规模较小、工会力量较弱，不能单独进行工资集体协商的地区，则着重抓好区域性工资集体协商；在同行业企业较多的地方，着重抓好行业性工资集体协商。

2005年，全市工资集体协商方式从区域(行业)覆盖向企业单独签订协议拓展。凡25人以上建立基层工会委员会的企业都单独开展工资集体协商，单个签订工资集体协议；签订区域(行业)工资集体协议的，同时与所覆盖的企业签订执行协议书，并由上一级工会和劳动部门审查登记时严格把关。工资协商底线从最低工资标准向工资指导线拓展。

2006年，市总工会会同市社保局、市财政局和市税务局制定《关于企业工资集体协商工资总额有关问题的实施意见》，规定凡按政府公布的企业工资指导线，经集体协商的工资总额，报劳动、财政部门核定，税务部门确认可税前列支。引导工资协商向工资指导线方面发展，工资协商内容从协商基本工资向协商计件、计时、工种定额工资标准提升。

2007年，市总工会进一步加强行业(区域)签订工资集体协商的工作力度，不断扩大工资集体协商的的覆盖面，切实解决众多小型分散非公企业工资集体协商难的问题。是年，全市行业(区域)签订工资集体协议总数达790份，覆盖企业和职工1.1万家、43.82万人。

2008年，全市工资集体协商不断扩大覆盖面，注重由工业企业向三产服务行业拓展，由规模企业向中小企业拓展，由区域工资协商向行业工资协商拓展，引导和促进本区域内的企业普遍建立和落实工资集体协商制度。是年，全市开展工时定额协商和计件单价协商的企业分别达1.05万家和1.14万家，由原来一年一次集体协商，发展到根据企业经济效益增长和下降状况，因企制宜开展多次协商。

2009年,全市有30个行业开展行业工资集体协商,覆盖企业3000个。宜兴市在电线电缆、陶瓷、茶场采茶、纺织编织、服装等26个行业开展工资集体协商,涉及2300家民营小企业。江阴市徐霞客镇从实际出发,组织无纺布、金刚石、涉农经济(农业生态园)等行业开展工资集体协商,涉及31个企业。惠山区机械机电行业、建筑行业开展工资协商,涉及40个私营经济实体。滨湖区的餐饮行业、锡山区的彩印行业和助力自行车行业等也开展了工资集体协商工作。

2010年,全市工资集体协商抽样调查问卷显示,通过工资协商,当年确定的工资水平调整比例为11.5%的企业增长1%~5%,65.5%的企业增长5%~10%,16.3%的企业增长10%~15%,6.7%的企业增长15%以上。5月26日,全国总工会副主席、书记处书记张鸣起,全国总工会集体合同部部长张建国一行到无锡调研工会工资集体协商工作,张鸣起评价了无锡市工资集体协商工作所取得的成效,认为无锡工会干部的精神状态令人振奋,无锡的工资集体协商工作,这几年大踏步前进,走在了全国的前列。

2011年,市人社局、市总工会、市工商联发文《关于成立行业工资集体协商试点工作领导小组和工作小组的通知》,由市人社局副局长褚一波、市总工会副主席王觉民、市工商联合会副主席单康圻为领导小组组长,相关单位部门负责人为成员,并设立具体工作小组,进一步指导和推进全市行业工资集体协商工作。至2013年,全市建立工资集体协商制度基本做到全覆盖。

三、工资集体协商要约行动

2005年5月24日,市政府召开全市工资集体协商工作推进会,对全市各类企业工资集体协商工作进行再动员、再部署、再落实。副市长谈学明在会上要求全市积极开展"要约行动",促进工资集体协商有效开展。凡是未开展工资集体协商签订工资专项协议的,基层工会或企业工会都可以也应当代表职工依法主动启动要约程序。各级政府应当积极支持,对不响应要约的行为,要责令用人单位限期整改,对拒不整改的,政府劳动保障行政部门应依法查处,追究其法律责任。7月26日,市总工会转发《宜兴市工会企业工资集体协商要约制度》,在全市工会推行工资集体协商的要约工作。滨湖、锡山、惠山区总工会制订企业工资集体协商要约办法,向所属未建制企业发出要约通知600份。市人大、市政协把工资集体协商列入"两会"的重要建议案,在全市开展工资集体协商工作调研督查,分别召开5个座谈会,深入12家非公企业了解推进情况,形成了《企业建立工资集体协商是加快推进"富民工程"建设的重要载体》等两份调研报告,分别呈送市委、市政府领导和全市各部委办局。市人大还召开主任会议,专题讨论企业开展工资协商工作,依法推进、有序开展工资集体协商要约行动。

2006年,市总工会进一步聚集劳动关系三方力量,完善"六联"①工作机制,建立定期会商制度,指导、协调全市工资集体协商工作;制定《无锡市工资集体协商工作运行规程》,对协商的主要内容、协商代表的产生、协商前的准备、要约程序、协商的主要步骤、协议的生效、协议的变更与解除、协议的终止与续签、协议的争议处理和监督等,作了详尽的规定和规范。是年,全市有5346名工资集体协商指导员,其中1167名获得无锡市工资协商指导员资质证书。工资协商指导员分别深入到1467家基层企业指导工资协商,有效地保证了工资集体协商的规范运作

① 联合部署、联合培训、联合督查、联合探索、联合要约、联合考评。

和质量。

2007年起，全市工会在“要约行动”中提出“五个一”，即向所属企业发出一份工资集体协商要约书、一套工资集体协商协议书样本、一份无锡市企业工资集体协商运作规程、一套《江苏省集体合同条例》、一份劳动社会保障部颁发的《工资集体协商试行办法》。对要约书没有响应的企业，由劳动监察执法部门上门执法，促进整改落实。是年，江阴、宜兴、锡山、惠山、崇安、北塘、滨湖2市（县）5区的企业工资集体协商建制率达95%。

2008年，市及各市（县）、区劳动关系三方围绕市委、市政府的年度目标，签订“年度工资集体协商目标任务书”，将企业工资协议续签数、新增数、覆盖率、备案审查数等内容列入目标任务书。围绕目标任务书的落实，集聚合力，大力开展工资集体协商要约行动。江阴、宜兴、滨湖、惠山等市（县）、区专门制定了《企业工资集体协商要约办法》，在内容和形式上，由企业、行业、工会发出要约，劳动保障部门督促落实。要约以难建企业为重点，对要约书没有响应的企业，采取由劳动监察部门上门执法等措施。

2009年，新区总工会在7~9月的3个月内集中开展推进外资企业集体合同、工资集体协商协议、女职工专项保护协议签约的“要约行动”，把“三项协议”签约列入履行社会责任企业的评选中，实行一票否决制。年底，世界500强在新区企业“三项协议”签约面基本实现全覆盖。

2010年，全市工资集体协商“要约行动”在内容上不断务实，在形式上不断丰富。全市行业工资集体协商已形成主体趋向型、行政推进型、企业需求型、区域转化型4种主要模式。惠山区前洲、洛社两镇的机械机电行业的40家企业工会自发联合向机械机电行业协会发出要约，提出工时工价、职工社会保险缴纳标准、公积金缴纳标准的要求，经双方推荐协商代表多次协商一致，签订行业工资集体合同，各企业以行业集体合同为依据，再签订二次执行协议。

2011年，市总工会确定3月为全市性春季要约行动月，8月为全市性秋季要约行动月，全面推进工资协商要约行动，组织推广惠山区前洲镇集中要约与动态要约相结合的先进做法，在全市全面推行年度要约、即时要约、动态要约、专项要约等有效形式，促进企业、行业、园区、区域普遍建立工资集体协商制度。

2012年，市总工会总结推广宜兴市坚持“集中要约”与“动态要约”相结合，保持工资集体协商要约工作常态化的做法，宜兴市签订工资协商协议建制率至4月底为99.1%。总结推广新区创设工资集体协商要约预告书制度，以提高工资集体协商要约与应约的成功率的做法。新区总工会召开“全区企业工资集体协商要约行动大会”，重点安排已经签订工资集体合同的世界500强在新区投资企业交流经验，邀请外籍总经理畅谈体会，起到较好的示范引领和借鉴启发作用。

2013年，市劳动关系三方与各市（县）、区签订年度目标责任书，落实目标任务，全力抓行业、区域工资协商推进工作，修订《企业工资集体协商指导文本》《行业工资集体协商指导文本》，进一步推广工会与企业理性协商、抓精细化协商的做法。是年，全市评选表彰70个无锡市工资集体协商示范单位和15个无锡市推进工资集体协商工作先进单位。

四、建立工资集体协商长效机制

2008 年，市政协组织专题调研组，就如何在全市建立完善企业职工工资增长机制开展专题调研，建议从速形成“党委领导、政府主导、职工参与、工会维护、企业实施、共建共享”的工作格局，从速建立“法规健全、规范有序、监管有力、执行到位、惠及职工、造福社会”的工作机制。2009 年，市人大和市总工会完成《无锡市企业工资集体协商条例(草案)》的调研和各项材料准备。

2010年，全市进一步完善党委统一领导、政府强势推进、政策有效扶持、人大政协督办、工会具体操作、企业依法实施的工资集体协商运作机制。工资集体协商已作为民生工程的重要内容，长期列入各级党委、行政、企业和工会的工作目标，实行目标管理，每年签订目标责任书，年底进行考核。6月，在全国工会工资集体协商工作现场经验交流会上，市总工会作了题为《完善机制、规范运作，深化工资集体协商，助推经济转型发展》的专题经验介绍，受到全国总工会领导的充分肯定。

2011年，无锡率先在全省颁布实施《无锡市企业工资集体协商条例》，形成依法推进工资集体协商的局面。市总工会将5月定为《无锡市企业工资集体协商条例》宣传月，各级工会开展专题广场宣传共11场次；组织专题培训17期，有5800名企业主、工会干部和工资协商指导员、谈判员参加了培训；全市印发《无锡市企业工资集体协商条例》单行本23万册，基本宣传普及到全市各行、各业，推进无锡地区工资集体协商纳入法制化轨道。年内，市总工会组织200家企业开展工资集体协商问卷调查活动。从对200家企业工资集体协商深入调查的情况看，完善企业工资集体协商工作程序、规范协商要求、工资集体合同草案提交职代会或职工大会审议通过的达96.5%，企业行政支持开展工资协商能较好与工会合作的占97.2%，工资协商对职工工资增长有明显作用或有一定作用的占93.6%，工资协商能明显调动职工积极性、提高劳动生产率的达94.1%。2013年，无锡市工资集体协商工作，被评为全省厂务公开民主管理创新实践奖。

针对无锡上市公司数量位于全国同级城市前列的实际，通过不断探索和实践，至2013年，在此类企业中形成了多种协商机制。实行上代下协商机制，江阴周庄镇模塑集团旗下有独立法人资格的企业全部单独开展工资协商，对于未建工会的独立法人下属企业由集团工会以上代下的方式，与企业行政签订工资专项合同。实行两级协商机制，即在上市公司总部协商、签订工资集体合同的基础上，再由上市公司工会与各子公司协商、签订执行协议，协议标准高于公司的工资集体合同。实行精细化协商机制，重点协商企业工时定额、计件、岗位、年薪、企业加班加点、奖金基数、劳模和先进工作者、杰出贡献者的津贴补贴、职工中夜班费、小时工资、职工福利待遇等内容，使工资集体合同的内容细化、有更强的可操作性。

第三节　厂务公开

2004~2013 年，在市厂务公开协调小组的统一协调和部署下，市总工会根据无锡非公企业小而多、劳动权益不到位、劳资矛盾突出的状况，把职代会、集体协商和厂务公开等制度整合在一起，积极探索非公企业推行劳动者权益公开制度，形成实施厂务公开制度的一大亮点。

2004 年，针对无锡非公企业小而多、劳动权益不到位、劳资矛盾突出的状况，市总工会在十五届三次全委(扩大)会议的工作报告中提出，要全面推广劳动者权益公开制度，真正让职工群众有参与知情权、审议通过权、评议监督权。

2005年,市总工会转发《宜兴市在非公企业实行劳动者权益公开制度的意见》,宜兴劳动者权益公开制度明确规定,涉及职工劳动权利和合法权益的事项必须公开,企业制定的规章制度必须公开,辞退和终止劳动合同的理由必须公开,职工养老、失业、医疗、工伤等社会保险费的交纳、存取情况必须公开和协商,集体协商及集体合同的签证、修证、续签、履行情况必须公开。是年,市厂务公开协调小组下发《无锡市实行厂务公开责任追究的通知》,明确了责任追究的对象、内容、程序、方式和适用范围,要求做到人人有责任、事事有程序、时时有控制、环环有考核、奖惩有规定、不良有纠正。是年,全市所有国有集体及其控股企业、公益事业单位、学校和医院都实行了厂务公开制度,1.79万家非公企业建立了"劳动者权益公开制度"。

2006年起,市总工会把职代会、集体协商和厂务公开等制度整合在一起,以职工最关心的劳动收益和社会保障作为重点,确定非公企业实行民主管理的切入点。在非公企业不再强调职代会是权力机构,而是把工作的重点放在建立和畅通职工正常的诉求渠道,组织职工参与协调涉及自己切身利益的事项,落实职工基本的知情权、协商权和监督权上,以促进企业内部构建民主和谐、合作共事的劳动关系。职代会作为企业民主管理的主渠道和主要形式,要求涉及职工劳动权益的事项必须向劳动者公开,职代会每年至少对集体合同履行情况组织职工代表进行一次检查,检查结果必须向职代会报告并接受监督。

2008年,结合非公企业的特点和职工最想知晓明白的事项,进一步丰富和推广劳动者权益公开制度,把职工群众最关心的企业规章制度、劳动合同和集体合同(包括工资协议)、社会保险和公积金缴纳情况、企业解除终止职工劳动合同的理由和处置程序、职工劳动保护规定和措施、职工奖金分配和补贴津贴等六大事项列为厂务公开内容。是年,全市有3.18万家非公企业通过独立、区域、行业、集群职代会,采取公开栏、电子网络、报刊等形式向职工公开,占全市非公企业总数的94.9%。

2009年,市总工会、市社保局、市经贸委、市工商局、市工商联协商下发《关于规范企业劳动用工规章制度制定程序保障职工民主权益的意见》,规定凡直接涉及劳动者切身利益的规章制度或者重大事项应当经职工代表大会讨论通过或经职工代表大会或者全体职工讨论,征求职工的意见和建议,并由工会与企业平等协商一致后确定;凡经上述程序制定的规章制度和决定的重大事项应通过厂务公开栏等形式向全体职工公示;在规章制度和重大事项实施过程中,工会或职工认为不适当的,应当向用人单位提出,并通过协商予以修改完善。

2010年,继续推进劳动者权益公开制度,着重提升厂务公开的质量,健全完善企业重要事务议事平台,畅通职工反应诉求渠道,有力推动企业管理民主化、规范化进程,职工参与民主管理的话语权与积极性得到进一步提升。是年,在全省深化厂务公开民主管理工作经验交流会上,无锡有24个企事业单位、8个厂务公开协调小组成员单位,分别获江苏省厂务公开民主管理先进单位和江苏省推动厂务公开民主管理工作先进单位称号。

2011年,围绕"劳资两利、劳资和谐、劳资共赢"的目标,市总工会深入200个单位现场指导,推动企业加强厂务公开、完善用工制度。是年,全市实行厂务公开民主管理企业3.45万家,占全市已建会企业的98.33%。

2012年,无锡有27家企业、8个单位分别被评为江苏省厂务公开民主管理先进单位和江苏省推动厂务公开民主管理工作先进单位。市总工会在全省厂务公开民主管理创新实践推介会上重点介绍并推荐江阴市总工会《细化分解镇街行业协商内容,实现职工权益保障五统一》、新区总工会《在推进世界500强企业职代会制度规范化建设中有为有位》两个项目,获全省厂务公开民主管理创新实践二等奖,滨湖区总工会《开展“五看五评”活动,铸造和谐金牌企业》项目获三等奖。

2013年,全国厂务公开协调小组办公室下发文件,表彰了一批全国厂务公开民主管理工作先进单位。在表彰的100个全国厂务公开民主管理示范单位中,一汽解放汽车有限公司无锡柴油机厂榜上有名;在表彰的798个全国厂务公开民主管理先进单位中,江苏省电力公司无锡供电公司、江苏新长江实业集团有限公司、江苏俊知技术有限公司3个单位获此称号。年底,全市国有集体及其控股企业建立厂务公开民主管理制度的面达100%,非公企业建制面达98.7%。

第四节 参与企事业单位转改制

2004~2013 年,全市工会积极参与全市企事业单位的转改制和退城进园、退城出市企业的职工分流安置工作,协助调处劳动关系矛盾和纠纷,落实职工代表大会职权,依法维护职工的合法权益,维护社会大局的稳定,支持改革的深入发展。

一、支持企事业转改制

2004 年 6 月,市总工会转发全国总工会《关于进一步加强国有企业改制过程中工会工作的意见》,要求各级工会在改制中要做到“四个到位”,即企事业制定改革方案要充分听取职工意见,工会参与协商到位;企事业改革改制方案要提交职代会审议,职工分流安置和经济补偿办法等方案要提交职代会审议通过,运作程序规范到位;企事业改革改制所需成本专项资金要筹集到位;职工劳动关系同步调整、建立到位。坚持规范操作,阳光操作,切实维护广大职工群众和基层工会的合法权益,促进经济的发展和社会的稳定。

2006 年,市总工会全程参与纺织、电仪、贸易 3 家资产经营公司的转制;参与山禾集团、交通产业、轻工、国联集团等下属 25 家企业理顺职工劳动关系工作;参与协调转改制企业中职工权益的遗留问题;组织对全市下岗职工生活补贴费偏低情况的调查,向市委、市政府提出建议案。加强职工持股会的管理和检查,全年共审批 7 家新建的企业职工持股会,审批 12 家企业职工持股会股金调整方案,组织对市区 6 家企业职工持股会的抽查工作,提出整改意见 9 条。南长区总工会面对全区企业、事业单位转、改制全面展开的实际,组织工会干部进入 123 个转、改制单位,面对面协调处理各类劳动关系矛盾,维护稳定,推进转改制工作的有序进行。

2007 年,市总工会依法全过程参与全市企业改制、分流安置职工的工作,参与 32 家市属企业改制和职工分流安置,参与公司制企业职工董事、职工监事制度建设。至年底,全市有 829 个企业建立职工董事制度,有职工董事 829 人;1352 家企业建立职工监事制度,有职工监事 1581 人。依据修改后的《中华人民共和国公司法》的相关规定,抓住全市部分企业改制设立有限公司和董事会换届的契机,有效协调和争取 18 名工会主席、6 名职工代表进入所在公司的董事会,27 名职工代表进入所在公司的监事会。在规范公司制企业职工持股会建设上,全年共审核审批两个新建的企业职工持股会,审查核准 10 家企业职工持股会股金调整方案,审核审定撤销 5 家企业职工持股会，确保持股职工在股权转让、受让中经济利益不损失，民主权利不侵犯。

2008 年，市总工会依法全过程参与全市国有企业改制和退城进园实施中的职工分流安置工作，深入企业了解掌握情况，协调指导操作，规范民主程序，解释有关政策，调处劳资矛盾，论证分流方案，较好地保证全市改转制工作有序进行和基本稳定，为落实职工民主管理权利，维护职工合法权益，把住源头关。是年，全市评选表彰 80 个企业民主管理体系化建设先进单位。

2009 年 4 月，为充分发挥职工董事、职工监事的作用，促进国有企业民主决策、科学决策，依据公司法和《中华人民共和国企业国有资产法》，参照全国总工会《关于进一步推行职工董事、职工监事制度的意见》和江苏省《省属国有独资公司职工董事职工监事管理暂行办法》，结合无锡国有企业实际，市总工会制定《无锡市市属国有企业职工董事职工监事管理暂行办法》，适用于市国资委履行出资人职责企业中的国有独资公司依法设立的董事会、监事会，规定职工董事、职工监事对职工代表大会或职工大会负责，职工董事、职工监事有权直接向市国资委和上级工会反映有关情况。

2010年是无锡市退城进园、退城出市企业搬迁的关键之年。市总工会针对全市10年间已改制企业分流的8万名职工和7000名托管职工每月的生活补贴偏低的实际，以及由此带来劳资矛盾比较突出的情况，积极参与政府及其部门的相关政策制定，依法为职工群众说话；积极有序协调企业理顺劳动关系，深入企业为职工政策咨询；依照有关法律法规指导企业履行职工代表大会制度，做到程序合法、操作合法；建议市政府调整分流职工当时的经济补贴标准和已分流职工生活补贴标准。

2011年是无锡市退城进园、退城出市企业集中搬迁的最后一年。市总工会积极参与市政府《关于市区工业布局调整中退城出市企业职工劳动关系等有关问题的处理意见》的制定，提出工会维护职工合法权益和坚持民主顺序的主张，受到市政府主要领导的充分肯定，为全市工业企业的搬迁调整、产业结构转型升级，顺利推进10家企业退城进园、退城出市提供政策依据；依照有关法律法规规定，深入退城进园、退城出市企业严格履行职工代表大会制度，实地指导企业坚持程序、运作上的合法性；深入企业为职工法律法规、政策咨询，引导职工依法、理性反映自己的诉求。依法推进全市企业职工持股会的科学化管理，为全市18家企业现场指导、完善职工持股会规范办法，严格规范职工持股会的审批、审核程序，促进和完善基层企业职工持股会规范管理。是年，审核审批5家企业通过股金调整撤销职工持股会，4家企业职工持股会股金作了调整，从源头上保障了持股职工的经济权益。

2012年，针对企业经济出现的困境和退城进园关闭企业增多的实际情况，市总工会积极参与市政府产业结构转型升级有关政策制定，积极参与有关产业、集团对下属高能耗、高污染企业关闭、安置职工实施意见的论证。深入 4 家退城进园企业、6 家关闭企业实地指导，依照《江苏省企业民主管理条例》，严格履行职工代表大会制度程序，做到程序合法。深入 10 家企业为职工法律法规、政策咨询，引导职工依法、理性反映自己的诉求，代表职工与企业行政方磋商协商解除劳动关系的经济补偿标准。依法推进全市企业职工持股会的科学化管理，制订了《无锡市市级企业职工持股会审批管理内控制度》，按照要求为全市 5 家企业现场指导、完善职工持股会规范办法，严格把守职工持股会的审批、审核关，促进和完善基层企业职工持股会规范管理。

2013年,在市相关企业实施转改制、退城进园、关闭破产等工作时,市总工会第一时间参与协调,指导企业依法履行职代会程序,第一时间协同政府相关部门做好法律法规政策咨询,为职工答疑解惑增进理解和信任。年内,多次到太极集团、汇生科技公司、震球服装厂等企业进行实地指导,切实维护企业职工的合法权益。特别是在太极集团退城出市的工作中,因为政策到位、工作细致,职工利益和公司利益都得到了较好的兼顾,公司职代会顺利通过了《退城出市员工分流安置方案》。

二、调处各类矛盾

2004~2013 年,在全市企事业转改制和退城进园、退城出市过程中,市总工会积极参与调处各类利益矛盾,依法维护职工合法权益,促进企业和职工队伍的稳定以及转改制工作的顺利进行。在调处各类利益矛盾的过程中,职工反映的问题和要求主要有职工身份置换的处置、转改制方案及实施细则未经职代会讨论、要求增加协保和续保及内退人员的收入、要求落实劳保福利政策、部分职工反映最低工资不到位、职工对再就业优惠政策是否继续执行的疑虑、退休职工反映利益受损等。

企事业转改制中的矛盾 2004 年 10 月,无锡某商贸公司多批人员上访反映,在单位改制中许多涉及职工利益的事情不让职工知道、集体合同不给职工看、工作时间经常超过 8 小时而加班工资不按规定发、许多职工不知道职代会内容、一些职工拿不到最低工资等。由市总工会牵头,市社保局、国联工会、公司管理方和工会举行协调会,达成解决存在问题的统一意见和措施,妥善解决了问题。

2005年3月28日、3月30日上午,无锡某轴承公司两个分厂的职工因不满转制政策待遇而停工,并有两批次到市总工会上访,提出享受转制政策待遇、重新签定劳动合同、明确劳动关系等要求。市总工会迅速和该企业工会主席取得联系,要求企业工会积极协助企业党政做好职工的工作,尽快恢复正常的生产和工作秩序,正确、妥善地处理好职工反映的问题,同时建议市信访局召集有关部门召开协调会,妥善处理,平息了此事件。

2005 年 6 月 10 日,无锡某商业公司 5 名职工因单位转改制到市总工会上访(其中 3 人是职代会代表,他们的工龄都在 20 年以上,称代表 1600 名一线职工),反映公司改制前遗留及改制中出现的问题,主要有工资、物价补贴、住房补贴、工龄补贴、强行加班以及改制中的违规等行为。市总工会派出工作小组到该公司,与政府有关部门一起在政策范围内进行协调,使问题得以平稳解决。

2005年7月, 无锡市某印染公司工会主席到市总工会反映该企业面临不稳定的情况后,市总工会向市政府及有关部门反映此情况,并建议由市政府牵头会同有关部门尽快解决企业收购问题,使企业早日退城进园。10月2日,由市总工会牵头,市社保局、市信访局、市经贸委、市公积金管理中心、市个私协会等单位参加的政策咨询会议,回答企业党政工领导和职工代表提出的有关职工权益方面的12个问题。会议要求企业领导和职工代表回去以后,一定要做认真、详细、耐心的工作,解释、回答好问题,稳定局面,防止事态升级。市有关部门同步配合做好稳定工作,辖区政府按照市政府要求按时给职工发放工资,指导企业做好进入破产程序的工作。

2005年10月，无锡某集团公司部分职工3次集体到市总工会上访，反映企业职工代表大会的合法性和具体操作程序问题。市总工会在接待集体上访的同时与市主管局工会、集团公司工会联系，于11月8日召开部分来访职工与单位党政领导对话会议，通过对话、沟通、协商来解决问题。25日，市总工会在进行全面深入调查后，召开协调会，公司80人参加。协调会上，市总工会对公司职工代表大会的合法性和具体操作程序等问题作出正式答复，认定公司职工代表大会具体操作程序等的可行性，并详细向上访人员作出解释，缓解了群众的情绪，平息了事态。

2008年9月10日，无锡某集团公司职工因要求置换国有企业职工身份和买断工龄事宜，与公司行政方发生争议。市总工会组成专门小组进驻公司，连续一个星期进行政策解答，协助做稳定工作。在市领导、市各有关部门的协调下，公司恢复了正常经营秩序。10月15日，市委、市政府向职工作出答复，妥善解决了相关问题。

企事业搬迁中的矛盾　2007年10月，无锡某钢绳公司职工因单位搬迁安置待遇等问题到市政府集体上访，市总工会法工部派员立即介入，了解情况，协助做好调处工作。23日和25日，市总工会主席余炳源根据市委副书记周解清批示的精神，指定副主席张帆负责与有关方面配合，争取在最短时间内做好工作。职工的主要诉求有：公司将搬迁，路程远而上下班又不安排厂车接送，故部分职工不愿意去；公司效益较好，但职工工资偏低，且福利差，部分职工不愿意留在单位继续工作；部分职工要求享受市政府170号文件精神，办理好“内退、协保、续保”回家。市总工会和市有关部门协助辖区区委、区政府做好了调处工作，并就职工合理诉求的问题同公司领导层对话，得到了公司正面回应，承诺安排厂车接送职工，对到新企业上班的职工由原来增加每人每月120元提高到200元，改善职工福利和伙食等。26日下午，突发事件逐步平息。

2008年10月10日，无锡某化工公司因股权转让、搬迁问题引发不稳定情况，市总工会信访室人员赶到公司与职工代表见面，做协调工作。13日，市总工会与市经贸委、市社保局等部门到该公司解释相关政策，公司承诺提高职工工资、按《劳动合同法》支付经济补偿金、优先转让职工持股会股份、参照有关集团公司方案进行安置，稳定了职工情绪。

2009年1月，无锡某纺织公司因搬迁引发矛盾，职工要求公司公布分流安置方案。19日，公司公布职工分流方案，当天，市总工会组织有关人员连续两天在现场对职工进行现场政策解答，让职工充分了解政策和安置方案，有891名职工签订协议，尚有60名（25名固定工，5名农合工，30名城合工）职工未办理解除劳动合同手续，经后续工作后得以妥善解决。

第五节　创建和谐劳资关系

2004~2013年，全市工会遵照党的全心全意依靠工人阶级的指导方针，贯彻实施市委、市政府《关于构建和发展和谐劳资关系的决定》，充分发挥市劳动关系三方协调机制作用，开展创建和谐劳动关系企业和创建劳动关系和谐园区、镇（街道）的活动，不断扩大创建和谐劳动关系活动的覆盖面。

2004年，为进一步贯彻市委《关于在深化企业改革中全心全意依靠工人阶级的若干意见》，市委组织部、市总工会、市经贸委、市社保局联合在全市开展依靠职工办企业优秀经营者评选活动，在4月召开的劳模和先进工作者表彰大会上，47名依靠职工办企业的优秀经营者受到表彰[其中国有、集体及其控股企业20名,私(民)营企业21名,三资企业6名],无锡理昌科技有限公司总经理南孝三郎被评为全市第一位外商独资企业依靠职工办企业的优秀经营者。

2005年12月27日,市总工会召开十五届四次全委会议,作出《无锡市总工会关于团结动员全市广大职工为实现"十一五"规划建功立业的决议》,要求各级工会在加强维权机制建设中,要与履行维权职责相配套,与深化体制改革相衔接,与多层次经济发展模式相适应,与营造和谐社会相结合,更有效地维护职工的合法权益,推动建立规范有序、公正合理、互利共赢、和谐稳定的社会主义新型劳动关系,促进和谐无锡建设。

2006年6月30日,市协调劳动关系三方委员会召开全市企业工资集体协商工作暨创建和谐劳动关系动员大会,市总工会主席余炳源代表市总工会、市社保局、市经贸委、市工商局、市工商联、市安监局就全市开展创建和谐劳动关系活动作动员部署。会议确定2006年为无锡市劳动关系协调年,启动全市创建和谐劳动关系企业活动,力争用2~5年的时间,在企业建立相互尊重、劳资双赢、共谋发展、稳定和谐的劳动关系。要求把促进公平就业作为构建和谐劳动关系企业的重要条件,把实现分配公平作为创建和谐劳动关系企业的重要内容,把化解企业劳资矛盾作为创建和谐劳动关系企业的重要环节,把落实职工民主权利作为创建和谐劳动关系企业的重要保障。市总工会等部门联合制订《关于开展创建"和谐劳动关系企业"活动的实施意见》,成立市创建和谐劳动关系企业活动领导小组,由市总工会主席余炳源任领导小组组长、相关单位分管领导为组员;下设办公室,由市总工会民主管理部部长许国清任主任、相关单位部门负责人为组员。各市(县)、区和镇(街道)制订创建和谐劳动关系企业活动的意见,成立创建和谐劳动关系活动领导小组,加强对创建活动的组织领导。为加强对创建活动的指导,市劳动关系三方确定全市15家企业为劳动关系重点联系企业,并分别跟踪、协调、服务和开展联合督查、联合考核。年底,经评选、考核,授予无锡太湖锅炉有限公司、江阴苏龙发电有限公司、宜兴市阳生化工有限公司等66家企业无锡市和谐劳动关系先进企业称号。

2007年,市总工会参与市委、市政府《无锡市和谐创建行动纲要》和《关于在全市开展和谐行业(单位)创建活动的实施意见》等文件的制订工作,把工会"组织起来,切实维权"的工作思路,融入文件的主体内容,要求企业围绕实现职工人人有权益保障的目标,建立健全工会组织,坚持和完善职工代表大会制度,严格执行国家劳动安全卫生法律法规和政策;围绕职工工资与企业经济效益合理合法增长的目标,全面推行劳动合同制度、集体合同和工资集体协商制度;推动企业认真贯彻执行劳动法律法规,建立健全劳动规章制度,提高以人为本、科学管理的水平,维护职工群众的合法权益,促进企业经济健康发展和劳动关系的和谐稳定。是年,全市和谐劳动关系企业创建活动覆盖面达90%,江阴热电有限公司等75家企业被授予无锡市和谐劳动关系先进企业称号。

2008年,在市第十六次工会代表大会上,市总工会党组书记、副主席孙洪在工作报告中进一步明确以后5年的工作重点和目标,要求在推进富裕无锡、和谐无锡建设的进程中,发挥好工会团结职工、维护社会稳定的作用;把发展和谐劳动关系、促进实现体面劳动、维护职工的合法权益,作为工会的神圣职责。全市工会加快推进建设和谐劳动关系企业的工作。锡山区总工会应对金融危机影响,在全区开展企业与职工共渡难关的"共同约定行动",有3972家企业参与共同约定行动,占全区建会企业的89%;全区有3215家企业承诺不裁员,占全区建会企业的72%;基层工会组织职工操作竞赛407场(次),有5000名职工提出合理化建议4858条,被行政采纳1827条。滨湖区总工会以和谐劳动关系企业(园区)创建为重点,健全区劳动关系三方协商制度,明确区各类企业推进目标,全区百人以上非公企业职代会建制率达100%,区域职代会制度覆盖面达100%,进一步夯实和谐劳动关系创建工作。宜兴市总工会把创建劳动关系和谐企业作为构建和谐劳动关系的有效载体,按照党委领导、政府支持、工会运作、各方配合、企业和职工积极参与的创建方法,不断深化创建活动,是年,宜兴市创建省级和谐模范企业5家、无锡市级优秀企业34家、宜兴市市级和谐劳动关系企业855家。是年,全市有141家企业获无锡市和谐劳动关系先进企业称号。

2009年1月19日,市委、市政府下发《关于构建和发展和谐劳资关系的决定》,提出到2010年基本构建和发展和谐劳资关系的工作体系和机制,全市用人单位基本达到用工行为规范、民主管理制度健全、集体协商有力、用人单位与劳动者合法权益得到有效保障的劳资关系和谐的主要指标要求。2月17日,市总工会下发《关于贯彻落实市委市政府〈关于构建和发展和谐劳资关系的决定〉的意见》,要求各级工会围绕市委、市政府《关于构建和发展和谐劳资关系的决定》提出的9项推进工作目标和市政府下达的《无锡市总工会2009年构建和发展和谐劳资关系任务书》明确的11项任务,制订年度实施计划和3年推进目标,成立由市总工会党组书记、副主席孙洪任组长,副主席张帆、汤建华、王党民,纪检组组长周国祥任副组长,各部室主要负责人为成员的领导小组,具体负责指导和协调全市工会和谐劳资关系创建工作。28日,市总工会召开全市工会构建和发展和谐劳资关系推进会,市委常委、市总工会主席周敏炜在会上提出,工会要在构建和谐劳资关系工作中承担更多的责任,当前主要抓好加大参与力度,建立完善维权机制,推进企业依法建立健全劳动用工制度;加大劳动法律监督检查力度,加强工会组织建设,深入开展创建劳资关系和谐企业活动。9月,市劳动关系三方组织联合检查组抽查32家企业(其中17家规模以上企业、15家中小企业),召开25次职工座谈会。从抽查情况看,企业劳动用工规章制度的建立和完善程度明显提高,100%的企业都制定劳动用工规章制度。是年,全市参与创建和谐劳动关系企业活动面95%,评选出无锡市和谐劳动关系先进企业(园区)96家,其中江阴市16家、宜兴市16家、锡山区10家、惠山区10家、滨湖区10家、崇安区6家、南长区6家、北塘区6家、新区9家、市直属单位7家。

2010年,市总工会会同市人社局、市工商联制订《关于开展创建和谐劳资关系街道(镇)活动的实施意见》,建立市级专家考评小组和市劳动关系和谐先进企业(园区)、镇(街道)淘汰机制。市总工会组织首批135名工会干部在市总工会干校进行为期一个月的劳动关系协调员国家职业资格培训学习。全市工会紧密联系实际,积极推进和谐劳资关系创建活动。崇安区总工会通过加强先进企业文化建设,构建和谐劳动关系。惠山区总工会以规范企业劳动用工制度为主抓手,推进和谐创建活动不断提档升级。南长区清名桥街道大窑路社区工会建立了全市首家社区工会会员维权站。新区总工会在全区开展“践行科学发展,我为转型升级献良策”为主题的万名职工献合理化建议活动。是年,评选表彰无锡市劳动关系和谐先进企业65家、无锡市劳动关系和谐园区6家、无锡市劳资关系和谐先进街道(镇)10家。

2011年,市总工会会同市人社局印发《无锡市关于进一步明确创建和谐劳资关系街道(镇)、工业园区、企业和劳动保障诚信企业评选条件的通知》,分别对和谐劳资关系镇(街道)、园区和企业创建标准进行完善和细化,提出无锡市第三个创建和谐劳资关系工作的“三年计划”,

要求重点培育和谐劳资关系镇(街道)、工业园区、企业。3月18日,在深圳召开的全国工会创建劳动关系和谐企业暨工资集体协商工作交流推进会上,无锡作了题为《建构和谐劳动关系,助推经济转型发展》的专题交流发言,无锡创建和谐劳资关系的做法和实践,受到全国总工会创建领导小组的肯定。9月,为完善和规范创建和谐劳资关系制度,市总工会会同市人社局深入8个镇(街道)、10个村(社区)、1个工业园区、17家企业,开展面对面的培育和服务。从走访服务情况看,企业构建和谐劳资关系的主动性明显增强,列入单位重点工作,协调劳资关系工作组织健全,责任明确,部门间沟通及时,工作落实到位;基层协调劳资关系队伍逐步健全,一般劳资纠纷基层化解成效明显;企业劳动用工行为进一步规范,17家企业劳动规章制度建制100%,基本合格率94%;企业职工参保率进一步提高,城区13家企业参保率基本达到100%。11月,省协调劳动关系三方委员会到无锡调研,分别对无锡市、宜兴市、江苏省宜兴经济开发区协调劳动关系三方,以及海鹰企业集团有限责任公司(公有制企业)、江苏俊知技术股份有限公司(非公有制企业)创建和谐劳动关系工作进行全面细致地调查考核。通过实地检查,省考核调研组充分肯定无锡创建和谐劳动关系工作的成效,特别是对无锡重视调动全市各镇(街道)、工业园区和企业的积极性,充分发挥各基层组织在创建工作中的作用等给予高度的评价,认为无锡在全面构建和发展和谐劳动关系工作方面整体抓、有合力,抓整体、有路数,走在全省的前列。是年,全市评选出无锡市和谐劳资关系先进企业40家、无锡市和谐劳资关系先进街道(镇)10个、无锡市和谐劳动关系先进工业园区3个。至11月底,全市规模以上企业劳动用工规章制度建章合格率91.3%,中小企业建章率95.5%。

2012年12月27日,市创建和谐劳资关系工作领导小组暨协调劳动关系三方委员会召开年度工作会议,15个成员单位领导和工作人员参加会议。会议由市人社局党委书记、局长、领导小组副组长丁旭初主持,副市长、领导小组组长刘霞出席会议并讲话。会议指出,构建和谐劳动关系是建设和谐社会的重要基础,也是增强党执政基础的必然要求。各级各部门一定要深刻认识和正确把握构建和谐劳资关系的重大意义,把思想和行动统一到中央、省和市委、市政府的决策部署上来。振奋精神、锐意进取,同心协力、扎实工作,切实做好新形势下构建和谐劳资关系的各项工作,为全市经济社会更好更快发展、促进"四个无锡"建设和率先基本实现现代化作出新的更大的贡献。全市工会会同同级行政进一步推进和谐劳动关系的创建工作,全市镇(街道)、村(社区)基层1496名专兼职劳资关系协理员走进企业、社区(村),指导和谐劳动关系的创建工作。

2013年,在市总工会十六届十一次全委(扩大)会议上,市总工会党组书记、副主席管海燕提出开展提升和谐构建行动,要求各级工会大力提升企业民主管理制度的规范率和满意率,提升工资集体协商建制率,提升工会法律监督和劳动争议调处的有效率,提升职工安全健康保障率。是年,市总工会民管部与市人社局劳动关系处等部门密切配合,共同制订和谐构建行动的相关评分标准和评价细则,以无锡市创建和谐劳资关系劳动保障诚信企业工作领导小组办公室名义下发开展创建活动的通知。年度目标任务为:和谐劳资关系达标企业占建会企业总数60%以上,和谐劳资关系镇(街道)达70%以上,新培育和谐劳资关系先进工业园区4个、先进企业100家。7~8月,市总工会与市相关部门深入30个申报单位进行现场指导培育,年底前对40个单位进行了现场考核验收。

第八章　法律服务

第一节　法制宣传

2004~2013年，全市工会普法宣传教育工作历经“四五”“五五”“六五”普法阶段，重点突出《中华人民共和国劳动法》《中华人民共和国工会法》《中华人民共和国劳动合同法》《中华人民共和国劳动合同法实施条例》《中华人民共和国劳动争议调解仲裁法》和江苏省“一办法七条例”(《江苏省实施〈工会法〉办法》《江苏省劳动合同条例》《江苏省社会保险费征缴条例》《江苏省工资支付条例》《江苏省集体合同条例》《江苏省安全生产条例》《江苏省企业民主管理条例》《江苏省工会劳动法律监督条例》)，以及《无锡市工会劳动法律监督条例》《无锡市企业工资集体协商条例》等法律法规的学习宣传教育。

一、“四五”普法

2004年，市总工会制定“四五”普法年度计划，举办依法维权、服务于民系列讲座活动，内容涉及劳动权益、五大保险、住房公积金制度、低保政策、职工经济利益、就业再就业政策等方面，系列讲座活动经历9个月。开展工会法律法规贯彻情况调研自查活动，撰写上报《无锡市开展工会法律法规贯彻情况调研自查报告》。

2005年，全市工会按照市总工会“四五”普法规划所确定的目标，组织职工深入学习《中华人民共和国宪法》《中华人民共和国民法通则》《中华人民共和国合同法》《中华人民共和国妇女权益保障法》《中华人民共和国行政处罚法》《中华人民共和国公司法》和中国加入世界贸易组织(WTO)的有关规则。根据企业转改制、工会法修改和工会工作的实际，重点组织学习劳动法、工会法和江苏省“一办法五条例”等法律法规，以及与劳动法律法规相配套的规范性文件。在普法教育的对象上坚持突出工会干部、青年职工和外地到无锡务工人员。在普法教学手段上采用形象化、电教化等职工喜闻乐见的形式。市总工会与市人大、市司法行政部门联合开展送法下基层、送法到企业活动，向20家企业送法，将法律读本及时送到广大职工手中，将“四五”普法纳入对各级工会的年度考核。在宣传江苏省“一办法五条例”(《江苏省实施〈中华人民共和国工会法〉办法》《江苏省劳动合同条例》《江苏省社会保险费征缴条例》《江苏省工资支付条例》《江苏省集体合同条例》《江苏省安全生产条例》)活动中，全市工会共发放宣传材料4.5万份，设立咨询点163处，接待职工和群众咨询4.8万人次；选送210名工会小教员参加省总工会举办的“一办法五条例”培训班；全市共有8000人次参加由各级工会举办的“一办法五条例”培训班，为基层单位上法律课达2560场。市总工会授予25个基层单位工会“四五”普法先进集体称号。

二、"五五"普法

2006年,市总工会制定实施全市工会系统"五五"普法规划,围绕着力建设一支奉公守法和以工会普法宣传员、劳动争议调解员、工会劳动法律监督员、工会兼职仲裁员、工会信访接待员、劳动关系信息员、法律援助服务员"七大员"为主体的工会法律工作者队伍,逐步形成宏观维护源头参与、普法宣传、劳动法律监督检查、劳动争议处理、职工法律援助、劳动关系预警、信访接待咨询服务"七位一体"的法律维权模式。从5月起,市总工会和市对外贸易经济合作局用3个月时间在外商投资企业中开展了劳动法律法规的集中宣传、调研活动,市总工会于8月底上报《在外商投资企业开展劳动法律法规宣传活动情况及职工权益保护状况的调研报告》。9月2日,省总工会副主席李晓布作出批示:"盐城、无锡针对外企开展劳动法律法规宣传的经验很好,值得推广"。为配合学习宣传江苏省"一办法五条例"活动,全市工会和有关方面共印发20万册劳动保障政策法规宣传资料送到企业(包括外商、港澳台投资企业)。是年,各级工会印发法律法规政策书籍计38万册、举办培训讲座30期(5000人次参加),举办广场宣传咨询活动15场。市总工会被评为全省工会系统"四五"普法先进单位、无锡市"四五"普法先进单位。

2007年,市总工会提出法律维权的工作思路,即构筑好工会普法宣传、劳动关系预警、劳动矛盾调处、工会法律援助、工会劳动法律监督、工会接访及其"12351"职工维权热线电话的平台和机制,并将9月作为全市工会劳动合同法集中宣传月,重点突出《劳动法》《工会法》《劳动合同法》《就业促进法》、江苏省"一办法五条例"和《无锡市工会劳动法律监督条例》的学习宣传教育。各级工会举办劳动合同法培训班、讲座155期(场),印发法律法规政策书籍4万册。在全市范围内开展劳动合同法知识竞赛,有11.25万人参加知识竞赛活动,在获奖者中推荐102人参加全省的知识竞赛,获得全省一等奖16人、二等奖32人、三等奖54人。市总工会还与市社保局联合组成无锡代表队,参加省总工会、省劳动厅举办的全省劳动合同法电视竞赛。市总工会获全省工会系统劳动合同法知识竞赛组织奖。

2008年,市总工会重点突出《劳动法》《工会法》《劳动合同法》《劳动合同法实施条例》《劳动争议调解仲裁法》、江苏省"一办法六条例"(在原"一办法五条例"上增加《江苏省企业民主管理条例》)和《无锡市工会劳动法律监督条例》的学习宣传教育。各级工会印发法律法规政策书籍5万册;举办培训、讲座258期(场),有5685人参加,其中在市总工会干部学校举办3期工会劳动法律知识培训班,对基层工会干部进行培训,共培训350名工会干部;市总工会组织各市(县)、区总工会的分管主席、法工部长对新颁布的法律法规进行集中学习研讨。上半年,市总工会的"五五"普法工作通过省总工会和市"五五"普法中期检查考核、验收。是年,全市新增普法宣传员8598名,累计1.09万名。市总工会被评为2008年度全市专业法宣传优胜单位。

2009年,全市工会普法的内容主要为《劳动法》《工会法》《劳动合同法》《劳动合同法实施条例》《劳动争议调解仲裁法》《职业病防治法》《信访条例》《法律援助条例》《省企业民主管理条例》《无锡市工会劳动法律监督条例》等法律法规。市及市(县)、区和镇(街道)工会开展劳动法律法规广场宣传活动,共设立97处咨询站、点,接待咨询职工和群众3.19万人,编印发放各种宣传材料4.35万册(份);开展送法到企业进工地活动,为2130家企业/工地发放法规汇编、图表及资料计2.30万册(份),向职工宣讲法律362场次,有6.75万人次参加,其中向农民工宣讲

4.23万人次；举办培训班、讲座135期，有1.18万人次参加，发放各种宣传材料2.98万册(份)，培训镇(街道)、企事业工会干部2750人，培训企业经营者、业主1010人，培训普法宣传骨干350人；举办知识竞赛56场次，参赛企业336个，参赛人数1785人次；举办宣传栏、板报1258期。是年，市总工会被评为2009年度全市专业法宣传优胜单位。

2010年，市总工会落实"五五"普法规划要求，制定《2010年全市工会普法工作要点》，进一步从领导上、组织上和措施上全面加强法制宣传工作，开展专业法系列宣传活动。全市工会举办培训班、讲座93期，8736人次参加，其中市总工会本级举办培训班4期；各级工会发放各类培训资料1.85万册；全市工会开展宣传咨询活动53次，免费发放各类宣传资料3万册，为2.77万人次的职工群众提供法律法规和政策的咨询。市总工会组织举办工会法律工作实务讲座；成立由律师团成员、法律工作者组成的无锡工会法律服务团，开展送法进企业、法律宣传咨询服务周活动。是年，市总工会被授予无锡市2010年度专业法宣传优胜单位称号。无锡市、江阴市、宜兴市、北塘区、惠山区、锡山区和南长区总工会被全国总工会授予全国工会系统"五五"普法先进单位称号，汤建华等人被全国总工会授予全国工会系统"五五"普法先进个人称号。

三、"六五"普法

2011年3月，市总工会分别开办"六五"普法教员、劳动关系协调员和职工心理辅导员培训班，共培训学员700名。4月，市总工会组织开展全市工会系统"五五"普法评选表彰的活动，授予江阴市总工会等38个单位全市工会系统"五五"普法先进单位、39人全市工会系统"五五"普法先进个人称号。5月，配合《无锡市企业工资集体协商条例》的施行，市总工会确定5月为全市工会系统法制宣传月、5月5日为宣传日。市总工会成立"六五"普法讲师团，聘请24名专家为讲师团成员；制定"六五"普法规划，成立"六五"普法领导小组。10月，《江苏工人报》头版头条以《无锡：五年普法为劳资和谐铺就和谐通道》为题报道无锡工会5年间的普法成果。是年，市总工会法工部周代平被中宣部、司法部表彰为全国法制宣传教育先进个人。

2012年，市总工会制定2012年全市工会普法工作计划，突出学习宣传江苏省"一办法七条例"(在原"一办法六条例"上增加《江苏省工会劳动法律监督条例》)；编纂《法律法规汇编(三)》和《政策宣传手册》，收录新出台的法律法规和地方政策。4月，市总工会在全市启动以贯彻《江苏省工会劳动法律监督条例》为主题的宣传月活动。全市工会组织共开设劳动法律法规宣传咨询站点65处，发放各种宣传材料2.5万册，张贴宣传标语和横幅202条，举办法律知识讲座、培训班52期。

2013年，市总工会结合年度施行的《劳动合同法(修正案)》和《劳动合同条例(修正案)》开展普法宣传月活动。通过大型广场法制宣传、送法到企业、专题培训、知识竞赛、播放法制公益广告等形式，宣传劳动法律法规。宣传月期间，全市工会组织共开设劳动法律法规宣传咨询站点70处，接待职工群众9650人次，发放各种宣传材料3.12万册。

第二节　劳动法律监督

2004~2013 年，全市工会积极推动劳动法律监督工作规范化建设，在实施《无锡市工会劳动法律监督条例》的基础上,市总工会出台《无锡市工会劳动法律监督条例释义》《工会劳动法律监督检查等四项制度》和《无锡市工会劳动法律监督条例实施细则》,不断规范劳动法律监督的程序和行为,努力实现监督检查活动的社会化和常态化,初步形成具有无锡特色的工会劳动法律监督工作体系。

一、制度建设

2005 年,市总工会领导向市人大提出加强工会劳动法律监督工作,赋予工会实质性监督权的提案,被市人大常委会列入年度立法计划。市总工会在市人大常委会及其财经工委、内司工委、法制工委的指导帮助下,制定《无锡市工会劳动法律监督条例(草案)》,并于 2006 年 8 月 24 日经无锡市第十三届人民代表大会常务委员会第二十五次会议通过,于 2006 年 9 月27 日经江苏省第十届人民代表大会常务委员会第二十五次会议批准,自 2007 年 1 月 1 日起施行。

2006~2007 年,市总工会在《无锡市工会劳动法律监督条例》的基础上,制定《无锡市工会劳动法律监督条例释义》《无锡市工会劳动法律监督条例实施细则》,又与市社保局、市经贸委、市安监局、市建设局、市工商局、市监察局、市司法局联合制定劳动法律监督检查制度、劳动违法案件处理反馈制度、劳动者权益保障评价制度和严重违反劳动法律、法规单位的记录、公示制度"四项制度"。

劳动法律监督检查制度明确由市(县)、区以上的工会组织和政府有关部门分别组成工会劳动法律监督工作领导(协调)小组;工会劳动法律监督组织每年在本辖区内组织开展一至二次劳动法律监督检查活动;对用人单位的监督检查,可以采取日常监督检查、专项监督检查、综合监督检查、联合监督检查、书面监督检查等形式进行;在监督检查中,工会或者工会劳动法律组织发现被检查单位有违反劳动法律、法规行为的,应当场指出要其立即整改。

劳动违法案件处理反馈制度明确,被检查单位对《工会劳动法律监督意见书》未按规定期限向工会回复整改情况,或者拒不改正的,工会可以向同级政府有关行政部门递交《工会劳动法律监督建议书》,要求政府有关行政部门依法监督查处;对《工会劳动法律监督建议书》,政府有关行政部门在规定期限内应将案件的处理情况(包括依法处罚的结果)书面回复同级工会;发出整改处理意见的部门,对被检查单位的整改完成情况,应当进行实地回访检查;工会收到同级政府有关行政部门对用人单位违法行为处理情况(包括依法处罚的结果)的书面回复后,应当及时将案件处理结果告知被检查单位工会;被检查单位未建立工会的,则告知其主管单位工会。

劳动者权益保障评价制度明确,劳动者权益保障评价,主要以评选的方式进行,评选周期为每两年评选一次;在评选期间,发现用人单位有严重违反劳动法律、法规和侵权行为的,应取消该用人单位的评选资格;对拟授予劳动者权益保障星级单位的名单向社会公开,接受社会评议。

严重违反劳动法律、法规单位的记录、公示制度明确,市(县)、区以上工会的劳动法律监督组织对严重违反劳动法律、法规且拒不改正的用人单位,应移送同级政府有关行政部门依法处理,并要求将其列为重点监察的对象;工会劳动法律监督组织在开展监督检查工作中,发现用人单位一年内发生两次以上(含两次)严重违反劳动法律、法规的行为,或者一次侵犯 10 名以上劳动者合法权益的,经工会劳动法律监督工作领导(协调)小组审定后,将该用人单位列入公示名单，接受社会监督；工会对列入公示名单上的用人单位，在以后的监督检查或者抽查中，两次以上（含两次）未发现违反劳动法律、法规情况的，可以将该用人单位从公示名单中删除。

二、监督检查

2004年，为迎接全国工会法执法检查，市总工会开展工会法律法规贯彻情况调研自查活动，上报《无锡市开展工会法律法规贯彻情况调研自查报告》。6~8月，市总工会开展工会劳动法律法规的监督工作及对进城务工人员调查活动，有205家企业和2000名务工人员参加调查，调查的重点是餐饮、服装、建筑三大行业；与市劳动局、公安局、工商局联合开展为期一个月的农民工工资支付专项检查活动，全市开展农民工权益（包括工资支付）专项检查、受理举报涉及单位3700个，涉及职工26.68万人，涉及农民工20.18万人，查出侵犯农民工权益案件1238件，涉及拖欠工资单位数617个，责令支付工资及补偿赔偿金总额3692.51万元，责令补缴社会保险费69.5万元，行政处理决定数216件，行政处罚数63件，罚款金额31.57万元。

2005年，市总工会分别与市劳动局、市建设局、市综治委联合开展农民工工资支付情况专项检查活动；加强工会劳动法律监督调研工作，通过召开座谈会、外出考察学习取经等方式，争取市人大将《无锡市工会劳动法律监督条例》列入立法计划。

2006年，市人大对全市贯彻实施《工会法》情况进行执法检查。此次执法检查的对象确定为《工会法》的执法主体——政府及其有关行政部门、司法机关和《工会法》的责任主体——工会组织。在检查中，检查组召开由两级政府有关部门和工会组织负责人参加的12个座谈会；分别召开企业领导和职工参加的4个座谈会，深入4家企业实地察看工会活动，同时发放300份《问卷调查表》，从10个方面测评工会工作情况，收集了78条意见和建议。市总工会建立无锡市总工会劳动法律监督委员会，由副主席汤建华兼任市总工会劳动法律监督委员会主任。是年，市总工会与政府职能部门联合开展农民工工资支付情况专项检查活动，检查用人单位2402个，涉及职工30.42万人。通过检查、督促，用人单位补发了1460.18万元，涉及农民工2.28万人。

2007年，全市工会贯彻实施《无锡市工会劳动法律监督条例》，举办劳动法律监督员培训班125期，共培训4478名工会劳动法律监督员；建立健全的工会劳动法律监督组织有9374个，组建率为76.28%，基本构建形成无锡市工会劳动法律监督体系。市总工会联合市社保局、市经贸委、市安监局、市建设局、江苏省市工商局、市监察局、市司法局等部门组成工会劳动法律监督工作协调小组。5月11日，市总工会举行首次劳动法律监督检查联动活动启动仪式，组织市及市（县）、区两级总工会开展首次劳动法律监督检查联动活动，邀请两级劳动监察部门的有关人员参加工会的监督检查活动，全市有42个镇（街道）工会同时参与联动的监督检查活动。5~7月，市总工会组织市及市（县）、区两级工会的52个检查组320名工会劳动法律监督员开展监督检查活动，共监督检查533个用人单位，涉及职工11.5万人。对执行劳动法律法规不规范、违规甚至有违法行为的单位，发出《工会劳动法律监督意见书》127份，提出劳动法律监督意见472条，整改率为95.55%，督促补缴社会保险费、清欠工资、补发加班工资合计1085.54万元；补签劳动合同3645份，涉及职工2.2万人。市总工会还开展《工会法》执法检查、《劳动法》实施情况的检查、农民工工资支付情况的专项检查、整治非法用工打击违法犯罪专项行动、劳动用工和劳动合同情况专项监督检查、劳动关系状况的调查和检查等活动,共检查单位6976个,责令整改单位有1560个,责令支付工资和经济补偿金8512.14万元,为9401人督办社会保险,金额2500万元,补签劳动合同1.36万份,清退童工27人。

2008年,结合《劳动合同法》的出台和宣传贯彻工作,市总工会劳动法律监督委员会于1~4月组织开展以贯彻落实《劳动合同法》为主题的两级总工会劳动法律监督检查活动。5月15日,市总工会召开劳动法律监督检查活动评估会,参加这次监督检查联动活动的工会监督组织176个,组成385个检查小组,参加检查的工会劳动法律监督员820人。共对2075家企业实施监督检查,涉及职工38.26万人,其中农民工12.69万人,占职工总数的33.1%。监督检查中,对用人单位贯彻劳动法律法规不到位和侵权问题发出《工会劳动法律监督意见书》337份,限时整改,实行跟踪检查,取得较好效果,整改率98.71%;对拒不整改的用人单位,工会向同级政府部门发出《工会劳动法律监督建议书》,市及市(县)、区工会共发出建议书18份,并配合、参与同级政府部门的再检查工作,整改率100%;督促补签劳动合同1.57万人,补签率为91.61%;督促补缴社保费6.77万人,补缴金额2656.30万元;督促补发加班工资1.18万人,补发金额140.80万元;督促补发工资1.28万人,补发金额889.79万元。6月3日,市工会劳动法律监督工作领导(协调)小组召开会议。会议提出工会劳动法律监督工作要围绕和谐监督,树立依法监督、民主监督、人本监督、平等监督"四个理念",形成共识。是年,全市新增工会劳动法律监督组织2797个,新增工会劳动法律监督员2743名,新增工会劳动法律监督队伍19支。市总工会参与对农民工工资支付情况的专项检查活动,涉及单位1782家,涉及职工16.47万人,其中农民工14.74万人;检查中发现存在拖欠工资行为的单位459个,拖欠金额5855.49万元,清欠5855.49万元,其中涉及农民工2.72万人,涉及拖欠农民工工资5671.46万元,责令支付农民工工资5671.46万元。

2009年,市总工会下发《关于开展"服务企业发展、规范用工制度"的工会劳动法律监督检查活动的通知》,各级工会组织202个检查组、1087名工会劳动法律监督员共检查企业880家。监督检查活动中共发出《工会劳动法律监督意见书》156份,发出《工会劳动法律监督建议书》35份,对565家企业的规章制度依法提出修订意见。截至10月15日,意见书回复152份,整改率97.44%,建议书回复34份,整改率97.14%。市总工会与劳动等部门开展工资支付情况专项检查活动、农民工工资支付情况专项检查活动和整治非法用工打击违法犯罪专项行动,检查单位数4467个,涉及职工17.29万人。在检查中发现存在拖欠职工工资和经济补偿金行为的单位525个,拖欠金额8457.31万元,涉及职工3.27万人,清欠工资、经济补偿金8294.47万元,清欠率98.07%,补签劳动合同6604份,督办社会保险2858人,罚款金额2.5万元,清退童工3人。是年,全市工会劳动法律监督组织6013个,组建率98.83%;新增工会劳动法律监督员3061名,新增工会劳动法律监督队伍47支。

2010年6~7月,市总工会在全市开展以规范企业劳动用工规章制度和执行最低工资标准为主要内容的工会劳动法律监督检查活动,检查企业1142家,参加检查人员1118人。向企业发出《工会劳动法律监督意见书》255份,帮助规范劳动用工规章制度提出指导、修改意见1599条,企业整改率97.5%;向政府有关部门发出《工会劳动法律监督建议书》56份,整改率100%。同时,组织带薪年休假实施情况抽样调查问卷活动,完成《关于"带薪年休假制度"执行情况的调查报告》。

2011年7~9月，市总工会在全市工会开展以“维护职工权益、促进中小企业发展”为主题的工会劳动法律监督活动。参与检查的监督员961人，共检查用人单位3017个，发出《工会劳动法律监督意见书》176份、《工会劳动法律监督建议书》7份。检查中发现1975名职工未签订劳动合同，通过检查整改，补签了劳动合同。

2012年5~6月，市总工会在全市范围内开展以“诚信用工、诚实劳动、共促发展”为主题的工会劳动法律监督检查服务活动。检查用人单位1327个，发出《工会劳动法律监督意见书》185份、《工会劳动法律监督建议书》4份。检查中发现1297名职工未签订劳动合同，督促用人单位及时整改到位，补发加班工资151万元。10月30日，全省工会劳动法律监督工作推进会在无锡君来洲际饭店举行，来自全省13个地级市及其县区工会分管主席、法工部部长150人参加会议。省总工会党组书记、副主席刘广忠主持会议，省人大常委会副主任、省总工会主席张艳到会讲话，市委常委、市总工会主席陈德荣代表市委、市政府致辞，省总工会副主席王爱平作工作部署。会上，市总工会副主席汤建华作题为《提升劳动法律监督水平，推进劳动关系和谐发展》的专题经验介绍；市人社局副局长褚一波介绍了人社部门支持、配合工会劳动法律监督工作的做法；江阴市总工会、宜兴市张渚镇总工会、透平叶片有限公司工会和无锡新区劳动法律监督员王少琴，分别介绍实施工会劳动法律监督工作的经验和体会。12月14~16日，全国工会劳动法律监督工作推进会在无锡召开，总结推广无锡在工会劳动法律监督方面率先立法、强力普法、务实执法的经验做法。全国总工会法律部副部长谢良敏、人力资源和社会保障部劳动监察局有关领导到会讲话，省总工会副主席王爱平，市委常委、市总工会主席陈德荣分别代表江苏和无锡致词，市总工会副主席汤建华作题为《健全劳动法律监督机制，促进劳动关系和谐稳定》的经验介绍。是年，市总工会“工会劳动法律监督千企行”项目获2012年度法治无锡建设实事工程优质奖，无锡工会法律监督常态化机制获2012年全省工会工作创新创优成果奖。

2013年6~7月，市总工会在全市范围内集中开展以“共创和谐、共谋发展、共享成果”为主题的工会劳动法律监督检查服务活动。全市工会组织对1255家企业展开劳动法律监督检查，共向企业发出《工会劳动法律监督意见书》165份，补签劳动合同893份，补缴社会保险费13.72万元，补发加班工资343.2万元。市总工会“规范企业劳动用工，共享和谐劳动关系”项目获2013年度法治无锡建设实事工程优质奖。

第三节　劳动争议调解

2004~2013年，全市工会不断加大劳动争议调解工作力度，积极探索在区域、行业建立诉调对接、裁调对接机制，拓宽工会劳动争议调处的渠道；着力抓好劳动争议调解组织（以下简称“劳调组织”）建设和工会特邀调解员、工会兼职仲裁员队伍建设，增强调处劳动争议的能力，把矛盾纠纷解决在基层、化解在萌芽状态。

2004年，市总工会在全市重点开展创建企业劳动争议调解委员会（以下简称“企业劳调会”）和区域性劳动争议调处机制活动，进一步完善劳动争议仲裁“三方机制”。11月，市总工会、市劳动和社保局、市经贸委制定《关于建立健全区域性劳动争议调处机制的意见》，在宜兴和桥镇召开无锡市工会区域性劳动争议调处工作现场推进会，市委副秘书长许建平到会讲话。截至7月,全市共建立劳调组织9863个,其中国有或国有控股企业482家,私营企业5801家,外商投资企业713家,其他类型企业2867家;全市劳调组织的组建率为87.5%,劳动争议调解结案率为98%;工会参与劳动争议案件的处理率为10%,工会干部在参与劳动争议仲裁案件处理中担任首席仲裁员比例占参与数的8%。是年,开展企业优秀劳调会和劳动争议调解员(以下简称"劳调员")的评选工作。

2005年,宜兴市首次启用劳动争议特别仲裁庭,由宜兴市劳动和社保局、经济贸易局、总工会仲裁人员组成的特别仲裁庭,就无锡某建材公司拖欠职工工资案开庭。当天下午,被诉方就到特别仲裁庭先期交纳了20万元工资款。5月20日,市总工会首次举办劳动争议仲裁观摩庭,150人现场观摩了由工会3名兼职仲裁员审理陈某诉无锡某电子公司解除劳动合同争议案的全过程。市社保局劳动争议仲裁处副处长沈挺在庭审结束后为现场观摩人员进行案件点评。是日,市总工会、市劳动仲裁部门在市总工会3楼会议室召开劳动仲裁案卷评估分析会,对全市工会兼职仲裁员的案件分析能力进行培训。9月,江阴市在全国率先全面建立市(县)、镇(街道)、村(社区)、市直属企业工会和镇(街道)、村(社区)百人以上企业劳动关系协调委员会,创新由劳动关系三方协调机制的实现形式,使得小纠纷不出厂,一般纠纷不出村,重大纠纷不出镇。市总工会创新劳动争议调处的独任制度和合议制度,实行劳调员资格认证制度。是年,全市企业劳动争议调解7521件,平均结案率98.5%,区域性劳动争议调处组织组建率90%;市区劳动争议仲裁立案558件,工会参与办案143件,占立案数的25.6%,其中首席或独任占立案数的21.5%。市总工会表彰优秀劳调会26个、区域性劳调组织先进集体13个。无锡市区域性劳动争议调处组织和运行机制项目被省总工会评为工会工作创新奖。

2006年,市总工会制定《关于加强新形势下劳动争议调解工作的意见》,提出通过建立多角度、多层次的调解组织,形成横向到边、纵向到底、覆盖所有企业的劳动争议纠纷调解和预防工作的网络,切实提高预防、发现和调解各类劳动关系矛盾的能力。制定《无锡市劳动争议调处组织工作规则》,明确企业、区域、行业等各类劳调组织的调解范围,以及包括申请、受理、调查、召开调解会议、终结、履行等在内的程序性运作制度。全市工会举办17期劳调员培训班,2920人参加业务培训,其中市总工会举办3期培训班、258人参加。是年,建立企业劳调会5026个,组建率88%;企业劳调会受理劳动争议7623件,调解成功6854件,调解成功率89.9%;组建区域性劳调组织924个,覆盖企业41058家,组建率94.2%;区域性劳调组织受理案件6247件,调解成功5725件,调解成功率91.6%。宜兴市总工会以及一些基层工会还设立劳动争议调解庭和首席劳动争议调解员制度,尝试"上调一级"的做法。各市(县)、区人民法院贯彻《实施和推进从工会组织中选聘特邀调解员参与劳动纠纷案件调解工作》的意见,在工会干部中聘请了24名工会组织特邀调解员。8月25日,市总工会与市中级人民法院联合举办由24名工会组织特邀调解员参加的培训班,市总工会副主席汤建华作培训动员报告,市中级人民法院民一庭审判员潘志江讲授劳动争议审判实务,市社保局助理调研员、仲裁处处长缪锡珩讲授劳动争议仲裁实务。之后,工会组织特邀调解员逐步上岗,参与法院审理劳动纠纷案件。

2007年,市社保局、市总工会、市经贸委/企业家协会就全面落实劳动争议处理"三方机制"发出通知,要求各级劳动争议仲裁委员会健全和完善仲裁委员会例会制度、仲裁委员会对重大疑难案件的会审制度、对仲裁员和仲裁庭工作的监督制度等;进一步完善兼职仲裁员聘任制度，加大工会组织、政府经济综合管理部门/企业家协会的兼职仲裁员参与办案的比例和力度。是年，全市建立企业劳调会6874个，组建率88.59%。其中非公企业劳调会5490个，组建率70.82%；全市企业劳调会受理劳动争议8390件，调解结案率98.5%，调解成功率85.4%。部分市(县)、区总工会陆续建立劳动争议调解庭，为劳动争议的处理提供专门的场所和设备，配备专门的人员。宜兴市总工会的中心调解庭及其镇(街道)工会的调解庭、惠山区总工会的调解庭建设日趋规范。"诉调对接"[①]工作不断推进，全年工会特邀调解员参与法院审理劳动纠纷案件54件，比同期42件增长28.57%，调解成功率95.25%。9月，省总工会和省高级人民法院在人民调解工作会议上对调解工作先进集体和先进个人进行表彰，宜兴市总工会、无锡市滨湖区总工会和崇安区总工会被评为先进集体，张志鹏、虞建法、汤德政被评为先进个人。是年，全市受理劳动争议仲裁案1.01万件，其中立案受理3816件。工会参与数605件，参与率15.85%，比同期增长3.8个百分点，其中首席(独任)335件，首席(独任)仲裁率8.78%，比同期增长2.92个百分点。

2008年，市总工会等联合出台《关于全面推进我市劳动争议调解工作的意见》，通过整合资源，积极探索具有无锡特色的劳动争议调解模式，形成多元化的"1+6"调解工作对接机制[②]。是年，全市新增企业劳调会3313个，新增区域性劳调组织395个，新增劳调员7618名，新增劳动争议调解庭(室)[以下简称"调解庭(室)"]38个。企业劳调会受理劳动争议案6971件，结案率98.23%，调解成功6063件，调解成功率86.21%；区域性劳调组织受理劳动争议案5272件，结案率98%，调解成功4806件，调解成功率90%。工会参与劳动争议仲裁办案1294件，参与仲裁办案率16.83%，其中首席(独任)655件，首席(独任)仲裁办案率8.52%；在参与仲裁工作中，市总工会本级参与仲裁办案115件，参与仲裁办案率13.96%，其中首席(独任)114件，首席(独任)仲裁办案率13.83%。在工会参与人民法院调解劳动争议(诉调对接)工作中，新增工会特邀调解员31名，调解182件，结案181件，调解成功154件，调解成功率85.08%，涉及金额788.17万元。市及市(县)、区总工会层面协调矛盾、调解纠纷、纠正侵权工作力度进一步加大，全年调解结案534件(其中本级10件)，涉及劳动者2202人(其中本级涉及劳动者228人)，涉及金额1219.1万元(其中本级65万元)。镇(街道)工会层面协调矛盾、调解纠纷、纠正侵权工作稳步推进，全年调解结案1076件，涉及劳动者2611名，涉及金额1394.12万元。

2009年3月24日，省总工会召开全省创建和谐劳动关系企业工作经验交流会，市委常委、市总工会主席周敏炜代表无锡市委作了交流发言。3月31日，《江苏工人报》一版刊登《合力构建和谐劳资关系——无锡市委市政府重视和谐劳动关系创建工作记略》一文，介绍推广无锡的经验。5月，市总工会与市中级人民法院联合出台《关于在工会干部中选任培育人民陪审员的实施意见(试行)》，选送、培育工会干部担任人民陪审员新增6名。5月14日，市总工会举行无锡市劳动争议调解委员会调解庭揭牌仪式，率先在全省建立地市级劳动争议调解庭。市及市(县)、区总工会全部成立调解庭，基层工会劳动争议调解庭(室)达到139个。江阴市夏港街道建立劳动争议调解仲裁庭，进行裁调对接，及时妥善调处劳动争议纠纷。市总工会全面建立无锡市劳动争议调解庭项目被市依法治市领导小组授予 2009 年度法治无锡建设实事工程组织

① 矛盾纠纷调处中的诉讼方式与非诉讼方式相衔接。

② 建立由工会主持的劳动争议调解工作和工会信访、工会法律援助、工会劳动法律监督、劳动争议仲裁、法院诉讼、人民调解等解决劳动纠纷的对接机制。

奖,市总工会劳动争议人民调解委员会被市授予2008~2009年度无锡市优秀人民调解组织称号。

是年10月28~29日,全省工会劳动争议调解工作现场经验交流会在江苏省无锡工人太湖疗养院召开。市总工会向省现场会提交了无锡20个单位的劳调经验汇编[其中会议交流的6个单位、个人全部采用演示文稿(PPT)交流发言]、《无锡市劳动争议调解工作文件汇编》、《一枝一叶总关情——无锡工会劳动争议调解工作剪影》、《无锡市工会法律援助案例选编》、无锡市工会劳动争议调处工作巡礼专题片和无锡工会劳调专题片,布展13块劳调展板,献演了一台"和谐·合作·双赢"文艺晚会。省人大常委会副主任、省总工会主席张艳在会上指出:无锡市各级工会已经形成较为系统配套的劳动争议调解工作的经验,受到省总工会和许多地方工会的高度关注,这些生动鲜活的经验各具特色,全面系统,对于推动全省工会劳动争议调解工作的深入发展,必将起到良好的示范和推动作用。无锡市介绍的内容包括:市总工会创新劳调制度,完善对接体系,实行规范运作等。结合无锡实际,市总工会和有关方面联合制定《无锡市劳动争议调解委员会若干制度》《无锡市劳动争议调解委员会调解庭调解工作暂行办法》《无锡市劳动争议调解委员会调解庭工作制度》等文件。在劳动争议调解对接机制上,形成以工会中心调解为主体,并通过嫁接形成诉调对接、裁调对接、援调对接、信调对接、督调对接、民调对接等多元化形态;在劳动争议调解的参与形式上,形成以工会干部、专业律师、劳动保障专家等多方参与的社会化调解队伍。对于下级工会劳调组织难以处理的劳动争议案件,推行"上调一级"方法,由上级工会劳调组织负责调解;对于上级工会认为应由下级工会调解的劳动争议案件实行"下调一级",指定下级工会劳调组织调解。市总工会分别和锡山区总工会、惠山区总工会通过"联调"妥善处理了四川籍民工余某、张某的工伤案,最终为他们争取到了8万元和7.2万元的一次性赔偿款。江阴市法院在工会设立巡回审判庭,使工会调解与诉讼调解双向对接;宜兴市总工会的"一庭七室"模式,使市总工会的中心调解庭与7个中心镇的调解室有效对接,实现了调解任务合理分配的有序管理;锡山区总工会试行劳动争议"上代下"的调处机制,增强了基层劳动争议调处的能力;惠山区总工会的"四级联动"(区、街道、园区、企业)调解法,提高了调解效率,缩短了调解周期;滨湖区总工会联手劳动部门加强基层劳调建设,推出"1+10"[区级劳动保障增设1个专门的维权调解室,各镇(街道)设立了10个调解室]模式的调解室网络,成功实现了案件分流,使劳动争议处理的效率更快、质量更高;崇安区总工会形成"抓主要矛盾法、一对一调解法、渐进式调解法、换位思考调解法和真情调解法"的"调解五法",增强了调解工作的针对性和人性化。是年,市总工会调解庭调解劳动争议案件17件,结案率100%。市及2市(县)7区总工会全年调解劳动争议案件977件,结案率93.14%,成功率94.95%。全市新增建会企业劳调会2209个,新增行业性劳调组织42个,新增区域性劳调组织2853个,新增调解庭(室)66个;企业劳调会受理劳动争议案6429件,结案率93.25%,调解成功率87.32%,涉及金额994.41万元。工会参与仲裁办案1319件,参与仲裁办案率16.95%,其中工会首席(独任)仲裁办案522件。工会参与人民法院调解劳动争议,调解案191件,结案152件,调解成功111件,调解成功率85.03%,涉及金额342.17万元。

2010年2月,市劳动争议人民调解委员会和市总工会调处中心在市总工会正式挂牌运行。3月8日,市总工会印发《关于转发〈关于开展工会劳动争议调解组织规范化建设活动的实施意见〉的通知》。30日,市总工会发出《无锡市工会维权优秀案例评定情况的通报》。是日上午,市总工会召开无锡市工会首届维权优秀案例发布会,表彰13个优秀案例。4月22日,市中级人民法院在惠山区法院召开全市法院劳动争议案件审判经验交流现场会,市总工会副主席汤建华在会上作《加强与人民法院沟通协作,完善多元化诉调对接机制》的专题发言,惠山区总工会副主席冯敏之作《探索劳动争议"诉调对接"有效途径,促进企业劳资关系和谐稳定》的经验介绍。6月1~2日,无锡市劳动争议调解委员会先后印发《关于进一步加强行业性劳动争议调解工作的通知》《关于印发〈无锡市区域性行业性劳动争议调解试行办法〉的通知》。8月30日,在市委、市政府召开的全市矛盾纠纷调解"十进"[进机关、进村(社区)、进企业、进学校、进市场、进景区、进工地、进医院、进场所、进家庭]活动推进会上,市总工会领导作了《纠纷调解进企业,"六项举措"促和谐》的专题经验交流。9月28日,全省人民调解工作会议暨诉调对接工作推进会议在南京国际会议大酒店召开,江阴市总工会、宜兴市总工会、惠山区总工会被授予全省诉调对接工作先进集体称号,锡山区总工会法工部部长曹胜庆、南长区总工会法工部部长郝平林、崇安区广瑞路街道工会主席李群被授予全省诉调对接工作先进个人称号。10月8日,市总工会印发《关于贯彻落实"全省人民调解工作会议暨诉调对接工作推进会议"精神的通知》。10月15日,市总工会印发《关于在我市开展劳动关系协调员职业资格培训鉴定的通知》。11月1日,市总工会印发《关于做好劳动关系协调员职业资格培训工作的通知》。24日,市总工会在其干校举办无锡市劳动关系协调员职业资格培训工作开班仪式。是年,全市企业劳调会受理劳动争议案4007件,结案率96.66%,调解成功3538件,调解成功率91.84%,涉及金额1048.89万元;行业性劳调组织受理劳动争议案120件,结案率98.75,调解成功111件,调解成功率97.63%,涉及金额67.8万元;区域性劳调组织受理劳动争议案5169件,结案率99.12%,调解成功4613件,调解成功率89.24%,涉及金额4252.97万元。全市劳动争议仲裁受理5890件,工会参与仲裁办案726件,其中首席(独任)337件。在参与仲裁工作中,市总工会本级参与仲裁办案25件,均为首席(独任)仲裁办案。在工会参与人民法院调解劳动争议工作中,新增工会特邀调解员12名,累计103名;工会组织、工会特邀调解员受法院委托调解劳动争议案件97件,结案93件,调解成功81件,调解成功率91.4%,涉及金额404.6万元。

2011年,市总工会制定《工会劳动争议调解庭(室)基本设置规范》,对调解庭(室)的基本设置作出具体要求。各级工会按照要求进一步加大调解庭(室)组建力度,市及市(县)、区总工会级劳动争议调解庭(室)全部建立,共有调解庭(室)工作人员37人(其中专职8人),调解庭(室)聘任调解员104人。同时,市总工会通过参与对全市仲裁院的庭审观摩考核、案卷评选和展示、案件质量评审活动,进一步推进对工会劳动争议调解工作的规范性建设。是年,全市工会劳动争议调解组织1.39万个,组建率96.1%;受理劳动争议案5081件,调解成功4741件,涉及金额4261.5万元。人民法院特邀调解员调解案件58件,调解成功32件,成功率55.17%。

2012年,全市工会坚持促进企业发展、维护职工权益的原则,在参与社会管理的大格局中创新工会法律援助工作,在贯彻执行劳动法律法规中加强工会劳动法律监督检查,在协调劳动关系矛盾中加强劳动争议调处。是年,全市工会劳动争议调解组织1.42万个,办案数4679件,调解结案率96.05%;工会参与劳动争议仲裁910件,独任首席仲裁率9.6%;人民法院特邀调解员调解案件38件,调解成功率92.11%。

2013年,市总工会加强调裁衔接、裁审衔接,健全劳调会调解、人民调解、行政调解、仲裁调解、司法调解的"五位一体"劳动争议调解工作机制建设,继续推动有条件的社区以上工会建立或联合有关方面建立调解庭,不断加大工会办案力度。是年,全市工会劳动争议调解组织1.44 万个,办案数 4343 件,结案率98%;工会参与劳动争议仲裁 316 件,独任首席仲裁率9.6%;人民法院特邀调解员调解案件 42 件,调解成功率 87%。

第四节 法律援助

2004~2013年,全市工会坚持依法维护职工群众的合法权益,积极推进工会法律援助中心(站、点、小组)建设,成立职工法律援助律师团,开展工会法律援助工作,积极调处劳动关系矛盾,维护社会稳定。

2004年,市总工会大力推进建立工会法律援助中心(站、点、小组)工作。3月12日,在市困难职工援助中心举行启动仪式,为1000名困难职工、困难劳模和工会干部发放“送你一缕阳光”—法律援助真情卡。10月,市总工会对1998年10月制定的《无锡市职工法律援助暂行办法》进行修改,制定下发《无锡市职工法律援助办法》。江阴市、宜兴市、滨湖区、锡山区、南长区总工会建立职工法律援助中心。是年,市总工会获江苏省社会法律援助先进单位和全省工会法律工作综合目标先进单位称号。

2005年,市总工会制定职工法律援助律师团章程、运作办法、管理制度等,成立由10位律师组成的无锡市职工法律援助律师团,进一步完善工会法律援助网络。市职工法律援助律师团的成立,初步解决为职工法律援助律师少的问题,使全市职工有了自己的律师队伍。滨湖区总工会完善滨湖区职工援助服务中心的功能,形成集困难援助、法律援助、信访接待、再就业、外来工帮扶、劳动保护、劳模管理服务、女工权益保护的一体化运作机制,开展“百万援助行动”,每年筹集100万元资金,服务全区各类职工。为完善外来务工人员权益保障制度,市总工会成立外来务工人员援助站,其主要功能是为外来务工人员提供法律援助,全年处理和纠正侵害外来务工人员合法权益的案件8件,涉及外来务工人员410名。是年,全市工会共受理法律援助案件15件,其中市总工会本级受理法律援助案件4件。市总工会评选表彰基层职工法律援助中心(站、点、小组)先进集体10个。

2006年4月6日,中国法律援助中心主任贾午光一行到市总工会调研社会法律援助工作。市总工会主席余炳源介绍全市工会工作情况,副主席汤建华就无锡市职工法律援助中心工作作题为《情系困难职工,彰显以人为本,追求公平正义》的专题汇报。5月17日,市总工会举行无锡市职工法律援助律师团律师续聘仪式, 聘请张红岩等9名律师为无锡市职工法律援助律师团律师(聘期一年)。9月20日,经江苏省司法厅批准,无锡工会系统曹琪(市总工会)、虞慧娅(市总工会)、马敏(宜兴市总工会)3名工会干部取得无锡首批公职律师执业证。是年,全市93%的镇(街道)工会建立职工法律援助站,建立企业法律咨询小组7659个,法律援助专兼职工作人员130名,法律援助服务工作者、志愿者6037名;市及市(县)、区职工法律援助中心提供法律援助案件80件,移送同级人民法院、劳动仲裁部门审查、立案并指定承办律师。

2007年4月20日,市总工会举行无锡市职工法律援助律师团律师续聘仪式暨职工法律援助案例专题分析会,讨论、修改2005年3月制定的《无锡市职工法律援助律师团章程(试行)》,并经过程序通过《无锡市职工法律援助律师团章程(试行)》修改稿。在无锡市职工法律援助律师团律师续聘仪式上，市总工会党组书记、主席余炳源为担任第三届职工法律援助律师团的10名律师颁发聘书，聘期从2007年4月~2009年12月。是年，全市组建职工法律援助机构88个，法律援助专兼职工作人员有221名，锡山区、新区、崇安区总工会与同级司法部门联合组建律师团；市及市（县）、区总工会聘请律师计95人。全市工会进一步加大个案的维权力度，并把重大疑难案件作为突破口，取得重要进展，郭某工伤案、万某工伤案、毕某医药费案和吕某等16人追讨工资案结束了长达数年的诉讼，以胜诉画上句号，在社会上造成较好影响。郭某工伤赔偿案被评为2007年无锡市十大优秀法律援助案件之首。全市职工法律援助机构提供法律援助274件，涉及金额345.44万元；职工法律援助律师团或聘请的律师代理仲裁和诉讼88件，涉及金额233.5万元。江阴市总工会获评省职工法律援助先进集体，虞慧娅、张志鹏获评省职工法律援助先进个人。

2008年4月22日，江阴市总工会举行江阴市人民法院劳动争议案件巡回审判庭和江阴市总工会劳动争议调解中心挂牌仪式。江阴市总工会不断完善法律援助工作机制，建立法律援助联动制度，开展各类培训30期，培训相关人员达1100人次。自劳动争议调解中心成立以后，代表职工协调劳资纠纷200件次，为农民工讨回工伤赔偿金86万元，为职工代书劳动仲裁申请书51件，为职工代理劳动仲裁案件13件。是年，全市新增工会法律援助中心（站、点、小组）275个，新增企业法律咨询小组130个，新增法律援助服务员7620名，其中有工会法律工作专兼职人员259名。各级工会法律中心（站、点、小组）为劳动者提供服务2万人次，其中代书法律文书1985件，代理仲裁291件，代理诉讼141件。各级工会聘请律师111名，为劳动者提供法律服务755次。市（县）、区以上工会为劳动者提供法律援助90件，援助成功86件，成功率95%，涉及劳动者485名，涉及金额751.79万元。

2009年，全市新增工会法律援助中心（站、点、小组）255个，组建率87.5%。各级工会法律援助中心（站、点、小组）为劳动者提供服务1.5万人次，其中代书法律文书411件，代理仲裁73件，代理诉讼33件。各级工会聘请律师164名。县区以上工会为劳动者提供法律援助70件，援助成功64件，成功率91.43%，涉及金额231.58万元。江阴市、惠山区总工会相继成立职工法律援助律师团；南长区总工会与区检察院联合建立农民工维权服务站；江阴市周庄镇成立全市镇级工会第一家职工法律援助团；滨湖区胡埭镇总工会在全镇10个村和工业园区设立工会法律援助工作室，建立法律援助半小时服务圈；锡山区鹅湖镇工会在全镇13个村建立完善村级工会职工法律援助站。

2010年4月13日，由市职工律师团成员、市总工会法律工作者组成的工会法律服务团到3家“530计划”的创业创新型企业和6家世界500强在无锡企业开展送法进企业、法律宣传咨询服务周活动，举办企业规章制度规范化建设讲座，为企业提供法律服务咨询42项次，为职工提供法律咨询450人次。4月20日，市总工会召开无锡市第四届职工法律援助律师团聘任会议，团长张红岩代表第三届职工律师团作题为《充分发挥工会法律援助作用，全力服务经济转型科学发展》的工作报告。会议聘任第四届职工法律援助律师团成员10人（团长张红岩，副团长邓建达、蒋晓冬，律师钱梁、徐尉春、陆星峰、程珏、鲍波、李风、冯玉平等），同时聘任李风、冯玉平为市总工会调解庭调解员。是年，全市新增工会法律援助中心（站、点、小组）108个。市（县）、区以上工会为劳动者提供法律援助71件，成功率100%，涉及金额218.67万元。各级工会法律援助中心(站、点、小组)为劳动者提供服务1.5万人次,其中代书法律文书303件,代理仲裁24件,代理诉讼16件。由市职工律师团律师援助代理的29名农民工劳动争议案,被江苏省司法厅、江苏省法律援助基金会授予全省法律援助十大优秀案件奖。市总工会举办无锡市工会首届维权优秀案例发布会,表彰13个优秀案例和19个入围案例,编辑出版《无锡工会维权案例选编》。无锡市职工法律援助律师团被市精神文明建设指导委员会、市志愿者总会授予2009年度无锡市志愿者活动十大杰出先进集体称号。

2011年,全市县级以上总工会100%建立职工法律援助中心,镇(街道)、村(社区)建立工会法律援助站点,组建率95.5%,基本形成市及市(县)、镇(街道)三级法律服务网络。各级工会法律援助中心(站、点、小组)配备专兼职工会法律援助工作人员,全市组建了11个职工法律援助律师团,聘请70名执业律师为广大职工提供咨询、代书和仲裁诉讼代理服务。为规范工会法律援助服务的制度化建设,市总工会进一步修改《无锡市职工法律援助律师团章程(试行)》,完善疑难性重大性案件的分析会商机制、法律援助案例专题分析会和法律援助案例情况通报制度、法律援助(包括律师团)工作例会和职工法律援助工作评估制度、法律援助案件回访制度等。全市工会法律援助工作更侧重对群体性事件和突发性事件的援助,有效化解紧急事件。

2012年,市总工会开展2010~2011年度的优秀案例评选活动,经评审,确定31个入围案例,其中10个案例被评为2010~2011年度无锡市工会维权十大案例,并召开了"十大维权案例"发布会。宜兴市总工会报送的《三年维权路,情暖人心间》一案被评为十大维权案例之首。该案是一件历经3年和3次诉讼,跨越云南、江苏两省的工伤案,经过艰难取证,最终把19.7万元工伤赔偿款送到当事人手中。市总工会与市司法局联合出台《无锡市工会法律援助暂行办法》,对工会组织开展职工法律援助的范围和条件、申请和承办、资金来源和管理等方面做出详细规定。这是无锡首次以文件的形式明确工会法律援助机构与政府法律援助机构之间的协作关系,并在承办律师的指定、案件的移送、办案经费的支出等方面作出相应的规定。是年,市总工会被评为全国工会职工法律援助维权服务示范单位。

2013年,市总工会周四律师法律援助值班日制度(2000年4月建立)年均为职工提供法律咨询服务180批件,赢得广大职工的好评,成为全市家喻户晓的工会维权品牌。4月21日,市总工会、市司法局举行公益法律服务工作站授牌仪式,市委常委、市总工会主席陈德荣和市司法局局长刘亚军共同为崇宁、锡城、漫修、大成、楚乾、正太和、万仕邦、连元8个律师事务所授予"公益法律服务工作站"铜牌。设立市职工公益法律服务工作站,旨在拓展职工寻求法律帮助的渠道,组织律师为广大职工提供更优质的公益服务。公益法律服务工作站成立后,就近为广大职工提供高效便捷的普法宣传、劳动争议调解、法律咨询和法律援助等服务,特别是对符合援助条件、劳动权益受到侵害的广大职工、劳动模范、工会干部免费提供法律咨询,代书、代理劳动争议仲裁、诉讼等各类法律服务。授牌仪式后,8个工作站的律师代表在现场开展咨询服务,吸引2400人前来咨询。全市建工会法律援助机构953个,全市有职工律师团11个,聘请专业律师78名。是年,全国总工会、司法部、全国律师协会授予无锡市总工会法律工作部副部长、工会公职律师曹琪全国维护职工权益杰出律师称号。

第五节　劳动关系预警、接访工作

2004~2013 年，全市工会进一步完善和应用劳动关系预警机制，从预测、预审、预报、预防 4 个环节上下功夫，在维护和调整企业劳动关系、预防乃至避免劳动争议的发生等方面起了积极的作用；进一步转变理念，加强信访接待工作，变上访为接访，建立职工反映问题的热线电话，搭建起一套沟通、协商、调解的工作模式，使职工诉求渠道不断畅通，及时调处劳动关系矛盾，维护职工权益，保持企业和社会的稳定。

一、劳动关系预警

2004年年初，市总工会制定劳动关系预警机制实施办法，建立市劳动关系预警机制领导小组，在分片召开预警信息分析调研会的基础上，举行市劳动关系预警机制联席会，参加联席会的有市总工会、纺工集团公司工会、电仪资产经营公司工会、惠山区总工会、市劳动局及其劳动关系处、市信访局、市经贸委和国企改革办公室的领导和处室负责人，与会人员在联席会上就当前影响企业和社会稳定的突出问题分别作专题发言、交流、通报，进行协调。为推进企业转改制顺利进行，及时处理大规模职工集体上访和突发事件，市总工会发出《关于积极预防妥善处置重大信访、群体性事件的通知》，建立以市总工会副主席为组长的处置大规模职工集访工作领导小组，组织实施《工会组织处置大规模职工集体上访事件实施预案》《基层工会参与处置职工突发事件实施预案》，要求各级工会积极预防和妥善处置重大信访、群体性事件，担负起维护职工队伍和社会稳定的责任。是年，新增劳动关系预警组织1785个，新增预警联系点18个，全市工会劳动关系预警机制组建率达68%。

2005 年，市总工会召开市劳动关系预警机制联席会，要求各级工会在充分突出和履行工会维护职能的同时，形成集中力量抓健全完善劳动关系预警机制工作的格局，着重围绕“五个把握五个注重”展开劳动关系预警工作，即把握所有制结构调整的特征和趋势，注重把维护工作向非公有制企业拓展，向镇(街道)、村(社区)延伸；把握劳动关系和职工需求发展变化的特征和趋势，注重肩负起维护职工合法权益的基本职责；把握社会保障和社会福利发展变化的特征和趋势，注重把维权重点放到维护困难职工群体上来；把握劳动力市场发展变化的特征和趋势，注重为促进就业和增进劳动者的竞争能力服务；把握经济全球化和职工队伍发展变化的特征和趋势，注重工会法制化建设、维护保障工作人才培养和工作策略的及时调整。是年，新增劳动关系预警组织 2560 个，新增预警联系点 20 个，全市工会劳动关系预警机制组建率达 75%。

2006 年，市总工会召开劳动关系矛盾分析研判会，着力查找进一步解放思想的新空间，着力树立公正调解、服务发展大局的新理念，着力探索促进劳动关系预警工作全面发展的新举措，努力开创全市劳动关系预警工作新局面，推动劳动关系全面、动态、可持续地处于稳定和谐状态。是年，新增劳动关系预警组织 2723 个，新增预警联系点 38 个，全市工会劳动关系预警机制组建率达 82%%，有劳动关系信息员 7220 名。

2007 年，市总工会从十大行业中确定 100 个单位为无锡市工会劳动关系预警联系点，覆盖职工 7.52 万人；下发《关于印发〈无锡市工会劳动关系分类分级预警实施意见〉的通知》，就劳动关系要情预警、案情预警的内容和方法以及根据事件的性质大小、势态的严重程度分为

A、B、C三级并提出了处置办法和措施;下发《关于确定无锡市工会劳动关系预警百家联系点的通知》《无锡市工会劳动关系预警联系点单位情况调查表》和《劳动关系状况调查问卷》,有1104名一线职工就劳动关系类、劳动经济权益类、政治民主权利类、工会组织及有关组建工作和维权类等19项28题的内容作了答题,经汇总后向有关方面报送《强化预警,促进和谐》专题材料。是年,全市工会劳动关系预警机制组建率89%。

2008年,市总工会进一步强化企业和区域性劳动关系预警机制建设,推进联系点工作,实行重大问题预警报告制度,在重大活动、重要工作实施前,制定预警预防计划。进一步强化对群体性、突发性事件的妥善处理工作,结合企业转改制等工作,专门派出工会干部到现场咨询服务,一方面引导职工理性合法表达诉求,另一方面积极参与政策制定,代表职工反映、表达合理要求,尽力帮助职工解决实际困难。针对一些产生较大影响的群体性、突发性事件,工会和有关方面积极配合,既平息矛盾,又保障了职工和企业的合法权益。某药业公司职工联名信反映欠缴社保费的问题和某轮胎公司制作部职工要求加薪而引发的停工事件发生后,市总工会和辖区总工会联合派员调查,指导单位工会、职工代表和企业经营方协商,较好地处理了劳资矛盾,既维护职工权益,又维护企业生产经营的稳定。是年,新增劳动关系预警组织4234个,新增预警联系点24个。

2009年,市总工会成立企业经营风险防范和应急处置工作协调小组,建立完善企业经营风险隐患排查机制、信息搜集汇总分析研判机制和工会领导干部接待职工信访制度;制定《无锡市总工会企业经营风险防范和应急处置工作预案》,下发《关于做好新建工会劳动关系预警联系点工作的通知》,进一步健全全市工会系统的劳动关系预警信息、重大信访信息报告和跟踪分析、信息员队伍管理等制度。全市工会建立劳动关系预警机制组织1.11万个,建立劳动关系预警联系点单位1.43万个,形成从企业、村(社区)、镇(街道)、市(县)、区工会到市总工会的五级预报机制,实行防调结合,及时掌控劳动关系情况;建立企业经营风险隐患排查、信息搜集汇总分析研判、工作处置和重大信息实行随时上报制度,坚持每季对信访和企业经营风险隐患等问题进行分析研判,有针对性地提出工会的意见。针对某拉链厂7名残疾人群访、某轴承公司拖欠职工社保费、某量刃具公司拖欠职工社保费、某区钢厂因关闭解除职工劳动关系、某科技公司职工因单位无生产任务放长假和某电器公司分流安置等引发的群体性事件,市总工会都积极参与并协同政府有关部门妥善解决问题;处理了无锡某服装集团集体上访事件、某包装制品公司集体劳动争议案件等个案,维护了企业和职工的正当权益。

2010年,市总工会制定《无锡市工会劳动关系预警机制实施办法(试行)》,下发《关于确定无锡市工会劳动关系信息网点和聘请劳动关系信息员的通知》,确定200个劳动关系信息网点、200名劳动关系信息员和10名市及市(县)、区总工会劳动关系信息员。全市工会进一步完善劳动关系"十必报"制度[①]和企业、村(社区)、镇(街道)、市(县)、区、市总工会的五级预报机制。

---

① 劳动关系"十必报"的即报制度,即针对"不依法和劳动者签订劳动合同、未履行为劳动者缴纳社会保险和住房公积金的义务、无正当理由拒绝进行平等协商签订集体合同以及不履行集体合同条款(包括工资专项协议)、支付劳动者工资低于当地最低工资标准、不按规定支付劳动者加班工资、拖欠劳动者工资报酬超过一个月、裁员降薪减福利和违法解除劳动合同、发生安全伤亡事故、不按规定支付工伤待遇、涉及职工切身利益的事项不经职代会(职工大会)表决通过"10类情况,各级工会必须即时向上一级工会报告。

2011年，全市工会加强对企业职工生产生活情况的调研和分析评估，把握劳动关系运行现状和发展趋势，及时发现苗头性问题，有针对性地做好防范工作。以劳动密集型代工企业、中小企业、资产变现能力薄弱的租赁型企业和劳务派遣企业为主要排查对象，以用工管理、劳动报酬、工作时间、休息休假、劳动条件、劳动定额、企业规章制度和职工生活条件等为主要排查内容，加强对劳资纠纷多发的重点区域、重点行业、重点企业的排查，对排查出来的矛盾和问题，认真梳理，逐一建立台账，制定稳控措施，避免矛盾激化或酿成群体性事件。是年，全市组建劳动关系预警组织1.02万个，覆盖企业1.69万家。

2012年，市总工会开展劳动关系预警示范点评选活动，对工作成绩突出、起到良好示范作用的工会预警组织予以授牌。通过预测、预审、预报、预控等措施，及时掌握职工思想动态，畅通信息渠道，协助党委和政府（企业党政），协调和督促企事业单位有效地预防和调处劳动争议。

2013年，市总工会下发《关于进一步完善全市工会劳动关系预警工作机制的意见》，要求各级工会组织建立劳动关系矛盾隐患排查机制，对所辖区域的企事业单位每月开展一次劳动关系隐患的日常排查；在国家重要节假日和国家、省、市重要会议召开前后，开展重要节点排查；针对新的劳动关系热点、焦点问题开展专项问题排查。建立分析研判和信息报送机制，结合劳动关系隐患的化解处置同步进行，对排查出的劳动关系隐患信息、处置措施信息和处置结果信息实行月报制度，涉及群体性和突发性事件，实行24小时内报告制度。建立劳动关系预警工作岗位责任制度，定期对各级工会劳动关系预警工作情况进行督察和通报，对工作不力造成严重后果的追究相关人员责任。

二、接访工作

2004年，市总工会建立“12351”职工维权热线电话，同时决定在全市县区以上工会统一建立10部“12351”职工维权热线电话，9月25日开通。是年，接待来信来访1350批（件）4669人次，律师接待提供咨询服务108批（件），信访自办结案率97.8%。解决的部分突出、疑难信访问题主要有：某超市7名女工因单位对她们人格侵犯、随意对她们每人罚款40元而集体上访，帮助到无锡打工人员李某、孙某、谢某、孙某等人追讨回1.34万元工资，妥善处理了某钢业公司职工集体来访等。

2005年，全市工会不断完善信访管理制度，创新信访处理方式，及时、依法、妥善地化解劳动关系矛盾。市总工会建立和完善了重大疑难信访问题的会商制度、不稳定因素预警和举报制度、市总工会主席和部长（主任）接待制度、聘请律师接待制度；加强工会信访网络建设，健全各市（县）、区和产业集团（公司）、直属单位工会信访网络；开展工会系统信访工作目标管理的自查互评工作。市总工会领导带头接待群众来访、认真阅批职工来信、积极协调会办处理疑难和重要信访问题。宜兴市总工会围绕信访工作建章立制，在职工信访工作中推行10项工作制度，即首问负责制、限时办结制、调解承诺制、无偿代办制、失职追究制、信息反馈制、巡视调解制、首席调解制、快速仲裁制、律师援助制。8月2日，市总工会召开2003~2004年度信访先进座谈会，市总工会副主席李锦南作了《深入贯彻〈信访条例〉，努力开创工会信访工作新局面》的报告。会上表彰了江阴市总工会等27个工会信访先进单位和张进等27名工会信访先进个人。编辑出版《信访集萃》，市总工会主席余炳源撰写了题为《春风化雨润“和谐”》的代前言。加强工会信访干部素质能力的培训,2004年以来,市总工会举办12期信访业务培训班(讲座)。是年,全市工会接待来信来访1248批(件),其中集体来访35批,涉及1015人次;律师接待128批,164人次;信访自办结案率98%。市总工会被评为无锡市2003年度、2004年度信访工作先进单位。

2006年,市总工会制定《关于进一步加强工会信访工作的意见》,明确工会信访的属地管理原则,方便信访人原则,依法、及时、就地解决问题与疏导教育相结合的原则;明确信访处理的程序和信访的复查、复核须具备的条件,以及无理信访事项的认定标准。7月,市总工会依据国务院信访条例、《全国工会实施〈信访条例〉办法》的有关规定,制定《无锡市工会系统信访热线工作目标管理指标及考核标准》(以下简称《考核标准》)和《无锡市工会系统信访热线信息处理和归档工作规范》(以下简称《工作规范》)。考核标准提出领导重视信访、热线工作、信访和热线情况处理、信息反馈、分析汇报总结制度、业务建设等5个方面23条工作目标管理指标和考核标准。工作规范包括信访和热线的信息统计、分析与报送、整理归档、检查考核及其他有关规定等5个方面23条工作规范。是年,市及市(县)、区工会共接待来信、来访、来电2650批(件)5117人次,其中接待集体来访41批(件)451人次;来信193批(件),电话接访910批(件);市总工会本级信访自办结案率98%。市总工会获2004~2006年全省工会信访先进集体称号。

2007年,全市工会进一步转变理念,变上访为接访,形成一套沟通、协商、调解的工作模式,不断畅通职工诉求渠道,积极主动维护职工权益。在解决突发性、群体性等较重大事件中,工会接访的作用愈来愈明显。无锡某电池公司因镉超标引发职工集访的事件,市总工会和辖区总工会迅速介入,就职工定期体检、增加津贴、改善工作环境、实行疗休养制度、经济补偿费等诉求与企业管理方交涉,得到圆满兑现,员工表示满意。通过沟通、协商、调解的模式,纠正一批侵权案,安徽当涂农民工刘某工伤案,河南商城农民工王某追讨医疗费、工伤补助金案,辽宁到无锡打工者曲某工伤案等都得到较好解决。是年,全市工会纠正侵权案涉及2511人,涉及金额2260.5万元,其中劳动争议调解涉及1837人1817.8万元,信访会商调解涉及578人398.1万元,其他形式调解涉及96人44.62万元。全市工会接访总量2393批(件)2867人次,市总工会本级信访自办结案率98%。市总工会表彰江阴市总工会等30个单位为2005~2006年度无锡市工会信访工作先进集体,授予张志鹏等35人2005~2006年度无锡市工会信访工作先进个人称号。

2008年,市总工会在加强各级工会"12351"职工维权热线电话建设的同时,将"12351"职工维权热线电话作为工会劳动法律监督工作的举报、投诉电话,提供接访、投诉、举报、调查、取证、维权服务等一体化援助,推动有条件的镇(街道)、省级以上开发区工会开辟维权热线电话,扩大维权热线电话覆盖面。按照属地管理、分级负责,谁主管、谁负责,方便职工、公开透明、快速高效的原则和依法、及时、就地处理的方针,逐步推进网上信访工作。是年,全市工会接访总量3050批(件)4668人次,其中集群访93批(件)1560人次,律师值班提供法律咨询服务177批(件)198人次;市总工会本级信访自办结案率96%。

2009年,全市新增工会信访接待员1005名,累计9193名。全市工会接访总量2290批(件)3267人次,其中"12351"热线电话690批(件),集群访43批(件)980人次。在接访总量中,市总工会本级接访1153批(件)1549人次,占总量的47.4%,同比下降28.3%和31%;其中"12351"热线电话341批(件),同比下降30%,集群访15批(件)217人次,同比下降59.4%和40%,律师值班提供法律咨询服务105批(件)126人次,同比下降40%和36%。市总工会本级信访自办率92%,信访自办结案率95%。

2010年，全市工会接访工作突出以宣传政策为主、以思想疏导为主、以解决问题为主的方针，重点进行法律、法规和政策的讲解，以情感人，以理服人，杜绝信访工作方法简单粗暴，要求接访人员既要懂政策、明法律，还要讲感情、有耐心，使上访人员理有处讲，苦有处诉，难有处解，切实感受到工会对职工的关心。在1月12~13日的市工会十六届四次全委会议上，表彰了20个2007~2009年无锡工会信访工作先进集体和20名2007~2009年无锡工会信访工作先进个人。3月，市总工会在破解重信重访难题上，实行“四步推进法”，即对一般的重信重访问题由基层工会办理，强化基层工会接访首接责任制和首办责任制；对基层工会难以解决的由上一级工会或工会信访部门挂牌督办；对上一级工会或工会信访部门难以协调的由上级工会领导包办，或通过信访“会商”制度解决；在办理信访案件的同时注重总结提高，强化源头预防。是年，市总工会接待并妥善处理了无锡某织造公司职工群访，无锡某制造公司5名农民工对公司未缴社保费、不支付加班工资的投诉，无锡某设备公司和某贸易公司职工集访事件，指导和协助辖区总工会妥善处理某光学仪器公司停工事件。截至年底，市（县）、区以上工会共接待处理信访事件1840批（件）3727人次，其中接到681人“12351”维权热线电话的求助，处理来信103封，接待来访1056批（件）2943人次［其中集访27批（件）1489人次］；同比上年信访总量，案件下降34%、人次下降15.4%，其中集访事件下降57%、人数上升37%。律师值班提供法律咨询服务105批（件）126人次。市总工会本级信访自办率98%，信访自办结案率96.5%。

2011年，妥善处置的疑难信访事件包括“锦旗哥”起诉某电气公司工会事件，某机械厂职工徐某重复上访事件，某轴瓦公司企业搬迁引发职工停工事件，某纸业公司门卫因加班而要求工会主席出庭代理事件等。是年，市（县）、区以上工会共接待处理信访事件1818批（件）2534人次，其中接到703人“12351”维权热线电话的求助，处理来信112封，接待来访939批（件）1655人次［其中集访14批（件）480人次］；同比上年信访总量，案件下降1.2%、人次减少32%，其中集访事件下降48.15%、人次减少67.76%。市总工会本级接待处理信访事件705批（件）813人次，占全市工会信访案件总量的38.78%。其中来电352批（件）、来信42件，基本与上年持平；接待职工来访311批（件）419人次，含集访3批（件）23人次。同比上年下降11.32%，人次减少35.88%，集访事件与上年的13批（件）287人次相比，案件数、人次分别下降76.92%、91.99%。

2012年年初，市总工会发出加强信访工作的通知，要求各级工会围绕三个方面展开重点风险排查工作，即因企业搬迁、企业大规模裁员、经营困难关闭等可能引发劳动关系矛盾的重点企业、重点行业排查出可能存在风险的不稳定信息；提前介入涉日企业稳定问题，通过与日资企业工会主席和职工召开座谈会、驻守企业与职工面对面等方式充分了解职工动态，防止过激行为；及时排查处置重要信访案件。是年，市（县）、区以上工会共接待处理信访事件2096批（件）2979人次。其中集访13批（件）749人次。市总工会本级接待处理信访事件871批（件）995人次，接待职工来访283批（件）407人次。市总工会本级信访案件自办结案率98%。

2013年，市总工会进一步完善主席接待日制度、律师接待日制度和信访会商制度。全市工会组织接待职工信访1359批（件）2253人次，较上年分别下降35.16%和24.37%。其中集访14批（件）780人次，较上年分别上升7.69%和4.14%。市总工会本级接待信访563批（件）699人次，较上年分别下降35.36%和29.75%；其中集访4批（件）99人次，较上年上升100%和330.43%。市总工会被评为2008~2012年度无锡市信访工作先进集体，市总工会法工部虞慧娅被评为2008~2012年度无锡市信访工作先进个人。

第九章 生活保障

第一节 就业帮扶

2004~2013年,在深化改革过程中,全市工会着力加强下岗失业人员就业再就业工作,积极实施各项援助行动,搭建就业招聘洽谈平台,开展就业咨询服务,举办再就业技能培训班,鼓励自主创业和实施小额贷款,为促进下岗失业人员和外来务工人员就业再就业作出积极的努力。

一、促进就业

2004年,市总工会不断拓宽再就业渠道,为下岗失业人员再就业实施援助行动,通过市总工会职业介绍所与企业、与用户广交朋友,博采用工信息,至年底,与90个企业建立紧密型的固定关系,与上百家企业建立松散型的联系关系,发布求职用工岗位信息5235条,开展职业指导2428人次。举办劳务集市,促进招工单位和求职者双向选择,市总工会每月18日在市工人文化宫举办送温暖·促就业免费招聘会,市总工会单独主办或与有关部门联合举办14场下岗失业人员大型专场免费招聘洽谈会,全年有5万人次下岗失业人员进场交流洽谈,求职登记者1.5万人次,组织进场单位784个次,提供就业岗位2.81万个次,签订就业意向9220人次,上岗率平均为45%;报名参加各类培训1808人次。大力开发公益性岗位,帮助大龄就业困难人员再就业,市总工会通过与市城市投资公司就保洁、保绿、保安、B证驾驶员等培训和录用签订协议,在市手外科医院增设再就业实习基地;市总工会职业介绍所开办档案托管、接续社保关系服务,为下岗失业人员自谋职业解除后顾之忧,初步建立进城务工人员和本地失地农民求职的信息库,随时掌握有务工意愿者的动态,为他们提供就业服务。是年5月,市总工会职业介绍所被全国总工会授予工会再就业职业介绍所示范点称号。10月,被省总工会授予工会再就业职业介绍所示范点称号。市总工会职业介绍所连续7年被市劳动部门表扬为“零投诉”单位。

2005年,根据省总工会下达的2003~2005年就业再就业工作要完成职业介绍、职业培训、帮扶就业“三大指标”的要求,全市工会针对市场需求开展多层次、多形式的就业技能培训,不断提高培训的针对性和有效性。3月,市总工会建立职业介绍所外来务工人员工作站。在指导、帮助市工人文化宫职校建成市第一批职工再就业定点培训点之后,又促成市总工会干部学校成为市第二批再就业培训定点单位。市总工会年内单独或与市有关部门联合举办15场大型免费招聘会(其中单独办10场),组织进场单位747个次,提供就业岗位1.37万个次,签订就业意向5768人次,报名参加培训1852人次。是年,全市工会完成职业介绍1.44万人(3年累计3.61万人)、职业培训5867人(3年累计2.09万人)、帮扶就业5379人(3年累计 1.98 万人),全面超额完成省总工会下达的目标任务。

2006年1月5日,市总工会组织各区、局(公司)、直属单位工会干部认真收听收看全国工会学习贯彻中央领导重要批示精神、进一步做好维护农民工合法权益工作电视电话会议。是年,全市工会组织把维护农民工合法权益作为工作的重中之重,力求抓出成效。市总工会与市社保局、市妇联联合举办再就业援助免费招聘会12场(其中专场招聘会3场),进场单位494个次,提供就业岗位8301个次,签订就业意向2457人次。江阴市总工会在江阴市第一个实行免费职业介绍,第一个组织免费大型招聘会,第一个开展送岗位到社区活动。

2007年,市总工会会同市社保局职介中心、市妇联联合举办庆“三八”、迎“五一”、周六综合招聘等10场免费招聘会,共组织1212个次单位现场参与招聘,提供岗位5115个次,现场报名3400人次。市总工会职业介绍所参与市社保局在火车站广场举办的春风行动——2007招聘集市,共组织18个用工单位为集市提供千个工作岗位,来自四川、山东、安徽及苏北等地的40名务工人员在市总工会职业介绍所的摊位前达成工作意向。锡山区总工会充分发挥困难职工援助中心的作用,采集用工信息,年初,向全区骨干企业发函800封,联系到岗位2000个,年内,共有1.13万人次达成就业意向。

2008年,市总工会定期会同有关部门举办再就业招聘会,参与市社保局为农民工就业开展的“春风行动”专场招聘活动,会同市有关部门举办迎“五一”招聘会和庆“五一”民营企业招聘服务月活动,开展政策咨询服务,发放维权政策资料,为民营企业和应聘者提供服务。是年,市总工会会同市有关部门共举办招聘会9场,组织1249家企业进场,提供岗位4709个次,2507人达成求职意向。全市各级工会进一步加强对困难职工就业的帮扶工作,为2.17万名困难职工和困难职工家属提供就业培训机会。

2009年,市总工会会同市社保局在市工人文化宫举办2009年无锡市迎“五一”、促就业综合招聘洽谈活动,共组织商贸、餐饮、旅游、制造、电子、物业、物流、家政、房产中介等行业的164个单位进场,提供2650个就业岗位,到场应聘求职6200人,1520人与招聘单位达成就业意向,350人与市总工会干部学校、市工人文化宫职校达成参加各类培训的意向;活动中还组织有关专家开展劳动政策法律法规咨询。是年10月,市社保局正式授权市总工会困难职工帮扶中心进入全市劳动保障职介信息专网,实现职介信息联网,为求职者提供迅捷服务。市总工会干部学校、市工人文化宫职校、江阴和宜兴市总工会职校被确定为江苏省家政服务工程培训点。市总工会干部学校被全国总工会表彰为全国工会农民工技能培训示范基地 (全国仅12个),江阴、宜兴市总工会职校分别被确定为省级农民工技能培训示范基地和农民工培训基地。

2010年,市总工会会同市社保局下发《关于进一步加强和改善工会职工职业技能培训工作的意见》,确定市及市(县)、区总工会所属职工培训机构享受政府公益性培训技工的政策和待遇;建立市及市(县)、区总工会两级工会高技能人才培训基地;设立市工会系统职工职业技能鉴定机构;逐步扩大工会培训项目和内容,建立工会技能培训项目、内容的内部审定制度;推进和完善全市职工技能竞赛活动;建立一批职工高技能人才实训基地和一支高技能人才服务队伍;加大对技术工人、技能人才的培训工作力度,为工会更好地开展包括就业培训在内的各类职业技能培训创造更好的条件七大政策保障措施。市总工会建立家政服务工程培训点工作例会制度,截至10月底,工会培训点共举办家政培训班18期,培训学员1360人。是年,市总工会会同市社保局举办2010幸福进万家——工会助民就业、迎“五一”和迎“国庆”大型招聘活动3场,共组织招聘单位390个,提供岗位1.14万个次,8500人进场求职,有3000人与招聘单位达成用工意向;参与劳动力市场月招聘活动10场,组织用工单位498个次,提供岗位1.39万个次,达成就业意向1084人。

2011年,全市工会不断加强培训促就业的工作力度,在4月和9月由市总工会与市人社局主办、7个区总工会承办的2场大型招聘会,共组织进场用工单位300个,提供岗位1万个次。各市(县)、区总工会为包括1400名下岗失业人员在内的1.1万人次开展职业技能培训、家政培训和创业培训,2968人获得市人社局颁发的职业技能证书,5746人次经培训后成功就业。各市(县)、区总工会组织专场招聘会52场次,为1.17万人提供了免费就业服务,成功介绍就业3297人。

2012年,按照全国总工会、省总工会关于就业援助活动要求,市及市(县)、区总工会认真部署,纵横联动,把重点放在满足下岗职工、困难职工家庭成员(高校毕业生)求职为主,同时兼顾高校毕业生、外来务工人员等一般求职者的普遍需求上,按照操作工岗位、技术工岗位、白领管理岗位和关爱岗位各四分之一的岗位比例组织招聘会。通过各级帮扶中心日常职介,以及春风送岗位、工会就业援助月、迎“五一”和迎“国庆”工会助民大型招聘会、技能培训促就业行动等主题招聘活动,全年为求职者提供岗位10.53万个次,其中,为困难职工家庭高校毕业生提供就业岗位2203个次。6000人通过主题招聘活动实现就业或再就业。组织下岗失业人员以及困难职工家庭成员2.5万人次参加再就业培训、技能培训、家政培训和创业培训,6226人次通过培训实现就业。是年10月,市总工会会同市商务局、市人社局主办无锡市首届家政服务技能大赛取得圆满成功,并首次将家政服务作为一个工种,归类于服务行业,实行行业规范管理。

2013年10月26日,市总工会在新落成的工人文化宫举办金秋助民就业大型招聘会,市委常委、市总工会主席陈德荣,副市长曹佳中,市委、市政府分管副秘书长及市总工会、市人社局领导一同巡视招聘会现场。是年,市总工会会同市人社局,联合市(县)、区总工会组织开展“春风行动、金秋助民”大型招聘会、农民工专场招聘会、阳光就业行动等51场次,9.23万人次参加,3.26万人达成就业意向。全市工会筹集就业再就业资金94.4万元,为1.89万下岗失业、零就业家庭、农民工等人员,开展订单式、定向式培训。

2009~2013年的5年间,全市工会组织专场招聘会467场次,投入再就业工作经费1630.83万元。针对困难职工及其家庭成员和农民工就业和再就业,除中央财政专项资金外,市总工会每年从经费中投入52万元(5年合计260万元),用于就业再就业委托培训、大型招聘会、月度招聘会、创业贷款、家政服务等活动。市总工会先后被评为全国、省、市促进就业再就业工作先进集体。

二、扶持创业

2004年,市总工会下发《关于开展创新业示范行动的通知》,组织开展工会促进再就业工作示范行动、工会创业指导示范点、二次创业劳务派遣型经济实体示范点、工会再就业基地示范点、工会职业介绍机构示范点、工会职业培训机构示范点、工会再就业小额借(贷)款项目示范点、工会再就业服务明星八大系列活动。宜兴市总工会在全市首先建立300万元小额贷款基金,出台《宜兴市下岗失业人员小额贷款管理暂行办法》,年内,为下岗后开办饮食店的原石化公司员工顾春祥办理小额贷款。

2005 年,在市总工会以及市劳动和社保局等部门的参与下,市政府出台进一步完善和落实下岗失业人员再就业优惠扶持政策,凡是当年新招用下岗失业人员达到企业现有职工总数的 30%以上,并与其签订一年以上期限劳动合同,且资产总额和销售总额达到规定标准的劳动密集型小企业(广告业、桑拿、网吧、氧吧及其他国家产业政策不予鼓励的企业除外),全市各经办银行按每名下岗失业人员 2 万元、每户小企业最高不超过 100 万元的标准合理确定贷款额度,贷款期限不超过 2 年。是年,市总工会对江阴市总工会等 32 个工会促进再就业工作示范行动、示范点和陈小萍等 22 名工会二次创业明星、再就业服务明星颁发奖牌和奖金。

2006~2008 年,全市工会加大以培训为依托和以就业为目的的创业、就业工作力度。2006 年,参加各级工会举办的就业、再就业、创业培训班的有 5338 人次。为进一步帮助职工转变理念,更新观念,促进就业,扩大家政服务员队伍,市总工会职业介绍所开展 2006 年度家政母婴护理服务明星评选活动,在所属的 300 名家政服务人员中评选出 15 名家政母婴护理服务明星。2007 年,市总工会干部学校、市工人文化宫职校共举办就业、再就业、创业培训班 38 期,培训学员 1982 人;对胡菊芬、杨景艳、史霞萍 3 位自主创业典型人物进行重点宣传报道。是年,市总工会职业介绍所家政服务员队伍超过 400 人。2008 年,各级工会加强扶持创业工作,为零就业家庭的 352 人提供创业服务。

2009 年,全市工会进一步依托培训基地,扩大创业、就业的培训面,鼓励自主创业、带动就业。经市总工会与政府有关部门协商同意,依托市小额贷款担保基金,在市总工会困难职工帮扶中心增设小额贷款服务窗口,受理下岗、失业和特困职工家庭成员申贷,提供贷后服务。市总工会出台《关于工会推进创业小额担保贷款工作的意见》,对申请小额担保贷款的对象范围、申请小额担保贷款应具备的条件、贷款标准及贴息、贷款程序等作出具体规定,把持有市社保部门核发的就业失业登记证或再就业优惠证和持有市总工会核发的无锡市特困职工优惠证的家庭人员列入担保贷款的对象,贷款额度一般为5万元,最高为10万元。各市(县)、区总工会和镇(街道)工会困难职工帮扶中心相应增设小额贷款服务内容。11月11日下午,无锡市工会系统家政服务工程启动式暨首期培训班开班仪式在市工人文化宫职校举行,来自全市及外省市的45名下岗失业人员和农民工成为首期学员,培训考核合格后由市总工会困难职工帮扶中心推介上岗。

2010年,市总工会会同市社保局分别举办无锡市创业知识大奖赛和2期创业知识培训班,培训下岗、失业人员以及困难职工家属67名。各级工会开展创业培训25期,培训下岗、失业人员以及困难职工家属725人。通过培训增强创业意识、增长创业才干,并帮助部分人员着手创业。

2011年,全市工会实施就业援助工程,提升职工创业和再就业技能。惠山区举办外来务工人员培训班78期,培训4628人次,帮助外来务工人员了解相关产业、行业情况,掌握专业技术技能。是年,市及市(县)、区总工会共为下岗失业人员、困难家庭人员举办职业技能、家政、创业等免费培训班150期,培训学员1.9万人次。通过培训,有3000人获得人保部门颁发的职业技能证书,6000人成功就业和再就业,296 人自主创业。

2012 年,全市工会面向下岗失业人员以及困难职工家属开设各类培训,以不同形式支持创业。4 月 11~20 日,北塘区惠山街道与山北街道联合举行 SYB 创业培训班,有 60 名下岗失业人员参加培训。是年,全市工会开办各类创业培训班13期次,培训学员783人,有55人实现创业。

2013年,全市工会着力在增强培训的针对性上下功夫,在充分摸清培训需求的基础上,对1.22万人开展职业技能培训,有6589人获得人保部门颁发的职业技能证书,其中培训下岗失业人员3310人,培训务工农民3381人,培训困难职工家庭高校毕业生505人等,经培训后有3513人实现就业再就业;进行创业培训893人,家政服务培训1828人。

2009~2013年的5年间,江阴市总工会组织4575人参加技能培训,其中4465人获得人社部门颁发的职业技能证书。崇安区总工会组织5632人参加创业培训,563人实现创业,带动4938人就业。南长区总工会组织1463人参加创业培训,198人实现创业,带动354人就业。全市工会组织6.38万人参加技能培训,其中1.91万人获得人社部门颁发的职业技能证书;家政培训9848人,实现就业 8361 人。

第二节 生活帮扶

2004~2013 年,全市工会不断加强帮扶工作的阵地建设,建立困难职工帮扶中心,完善帮扶工作机制,坚持开展送温暖活动,与职工面对面、心贴心、实打实服务,切实为困难职工排忧解难。

一、阵地建设

2004 年,市总工会以困难职工援助中心为阵地,打造工会扶贫帮困新平台,实施目标管理,加强督促、指导和考核,推进市(县)、区总工会组建困难职工援助中心。是年,江阴市、宜兴市、滨湖区、锡山区总工会建立困难职工援助中心。锡山区在 8 个镇、11 个产业局建立困难职工援助工作站。

2005 年,市总工会印发《关于建立无锡市总工会困难职工援助中心、职业介绍所和职工法律援助中心外来务工人员工作站的通知》,推进全市工会建立困难职工援助中心(站),快速、便捷地为困难职工和外来务工人员服务。江阴市总工会在援助中心的基础上建立 10 个镇援助分站。惠山区总工会在建立困难职工援助中心的同时,指导下辖 6 个镇建立困难职工援助工作站。

2006 年,全市工会充实搭建各级帮困工作平台,开展真情结对、志愿帮困献爱心行动和温情系万家送温暖活动。市总工会推荐 30 名困难职工与市级机关县处级以上党员领导干部帮困结对,会同市委组织部、市级机关党工委、市社保局、市民政局联合开展党员干部与困难职工家庭结对帮扶先进集体、先进个人评选表彰活动。是年,全市召开与困难职工家庭结对帮扶活动表彰会,对江阴市总工会等 34 个先进集体和 45 名先进个人予以表彰,市委副书记王咏红到会讲话。

2007 年,市总工会积极开展争创合格、模范困难职工援助中心活动,并表彰一批无锡市工会先进困难职工援助中心。惠山区总工会投资 400 万元,购置 300 平方米街面房用于开办困难职工援助中心,各镇都挂牌成立困难职工援助站。锡山区、北塘区、新区等总工会同步加强援助中心的建设。是年,市(县)、区工会全部建立困难职工帮扶中心。

2008年,市总工会对市及市(县)、区10个总工会困难职工帮扶中心、349名帮扶对象进行问卷调查,分别召开被帮扶对象、基层工会干部、困难职工帮扶中心工作人员座谈会,通过调查,撰写了调查报告。3月28日,在全国工会帮扶工作会议上,江阴市总工会职工援助中心被授予全国工会帮扶工作先进集体称号,这是当年江苏省唯一获此殊荣的县级市工会帮扶中心。10月31日,全省工会帮扶工作会议在江阴召开,省总工会、省劳动和社会保障厅、省民政厅等有关领导,全省各市、县(市、区)工会的主要领导100人参加会议,江阴市总工会在会上作经验介绍,省人大常委会副主任、省总工会主席张艳,副主席胡同军充分肯定江阴市工会的做法。

2009年1月,市总工会与天惠超市联办的爱心超市开张,全市70个天惠超市门店同时为特困职工提供服务,对特困职工实行让利补贴。5月25日,经整合后的市总工会职工服务中心在市工人文化宫揭牌成立,服务中心总面积260平方米,配有发布信息的电子屏幕、查询政策资料的触摸屏等电子设备,设有信访接待、职业介绍、技能培训、特困救助、法律援助、互助互济、劳动法律监督、社团法人登记、外来务工人员工作站等服务项目,成为市总工会对全市职工实施一站式服务的专门机构。

2010年,为进一步扩大困难职工帮扶中心(站)的覆盖面,市总工会编制《无锡市总工会困难职工帮扶中心2010~2012年发展规划》,提出全面加强工会帮扶工作和阵地建设的要求和至2012年实现市及市(县)、区两级帮扶中心工作对接,资金来源多元化、管理服务规范化、帮扶活动社会化、帮扶覆盖最大化的目标。江阴市总工会困难职工帮扶中心建立学费资助—勤工俭学—推荐就业的链式帮扶机制,成功介绍35位贫困大学生走上暑期勤工俭学岗位,22名困难职工的子女大学毕业后通过与市人事部门联合开展的困难职工家庭毕业生阳光就业行动顺利走上了工作岗位。北塘区总工会在全区组织开展关爱职工心理健康活动,实施开展职工心理健康测评、完善职工心理健康档案、举办职工心理健康知识辅导讲座、开展职工心理健康咨询、开设心理健康工作电子信箱、开展职工读书月活动、开展丰富多彩的职工文体活动、召开职工心理健康教育工作经验交流会八项关爱举措,成为全区一项特色工作。

2011年,全市工会继续加强困难职工帮扶中心建设,进一步完善制度、规范服务,健全工会帮扶工作网络,提升帮扶工作水平。8月26日,南长区总工会建立全区首家勤工助学基地,在加大对困难职工家庭经济资助的同时,为其子女提供一个提升自强自立心理素质、锻炼创新创业能力的平台。滨湖区总工会精心打造滨湖工会立体救助帮扶工作新品牌,对特困职工实施定向救助、对困难职工实施临时救助、对身患大病的一线困难职工实施重大救助,为22名困难职工每人提供2000~3000元的临时救助金。

2012年7月,市总工会制定《关于市(县)、区、镇(街道)、工业园区及规模以上企业建立并完善工会帮扶服务站点的实施意见》,要求从当年开始,通过3年的努力,在市(县)、区普遍建立困难职工帮扶服务中心的基础上,所有镇(街道)、工业园区及规模以上企业普遍建立工会帮扶工作站(点),形成以市级困难职工帮扶服务中心为骨干,各市(县)、区困难职工帮扶服务中心为支撑,镇(街道)、工业园区困难职工帮扶站及规模以上企业帮扶站(点)为基础的工会四级帮扶服务工作网络,实现对困难职工帮扶服务全覆盖、不遗漏的目标,为广大职工提供一站式、多元化的帮扶服务。各市(县)、区工会有计划、分步骤地推进帮扶服务工作向各类开发区(园区)及规模以上企业延伸拓展,为广大职工尤其是困难职工提供更为直接的帮扶服务。12

月,无锡经济技术开发区工会(滨湖区所辖)和江苏宜兴经济开发区总工会被评为全省开发区(园区)工会帮扶服务先进集体,一汽锡柴工会等5个单位工会被评为全省规模企业工会帮扶工作先进集体,江阴高新技术产业开发区管委会总工会柳蔚被评为全省开发区(园区)工会帮扶工作先进个人,无锡透平叶片有限公司工会胡坚强、无锡华光锅炉股份有限公司工会李建中等6人被评为全省规模企业工会帮扶工作先进个人,市总工会困难职工帮扶中心被评为全国工会帮扶工作先进集体。是年,全市90%的镇(街道)建立了困难职工帮扶工作站。

2013年,市总工会在开发区(园区)及规模以上企业工会开展帮扶服务中心(站、点)星级创建活动,制定《开发区(园区)及规模以上企业工会帮扶服务中心(站、点)星级创建活动考核办法》,进一步规范基层帮扶站(点)的建设标准。10月,完成市总工会职工帮扶服务中心在新文化宫一楼的服务平台设置工作。是年,全市工会有帮扶服务站(点)832个,省级以上开发区职工帮扶服务中心建成率94%,镇(街道)职工帮扶服务中心建成率97%,规模以上企业职工帮扶服务站建成率64.3%。

二、完善机制

2004年7月13日,市总工会下发《关于加强困难职工家庭申报工作的通知》,具体明确困难职工家庭类型、困难职工家庭申报范围和申报标准、困难职工家庭的申请审批程序、家庭收入及家庭人口计算口径、困难补助的额度及经费列支渠道等。7月30日,市政府办公室转发《无锡市总工会关于建立完善特困职工扶贫帮困救助机制的意见》,明确提出全面构筑"六大机制",即建立完善就业援助机制,帮助特困职工实现再就业;建立完善医疗救助机制,认真解决特困职工家庭就医难问题;建立完善教育救助机制,帮助特困职工子女完成学业;建立完善住房救助机制,对特困职工家庭实施住房保障;建立完善工资监控预警机制,制止企业拖欠职工和进城务工人员工资的行为;建立完善生活救助机制,帮助特困职工解决生活困难。

2005年,全市工会全面贯彻落实市政府办公室转发的《关于建立完善特困职工扶贫帮困救助机制的意见》,江阴市、宜兴市、滨湖区相继出台建立完善扶贫帮困救助机制的意见。建立工会扶贫助学的长效机制,各基层工会组织相应建立助学基金,推动"金秋助学"活动由活动型向制度化转型。是年,市总工会本级建立困难职工家庭档案5002户、特困家庭档案428户,实行计算机管理。

2006年,市总工会进一步完善全市困难(特困)职工三级网络建设,夯实帮困救助工作基础,制定印发《关于进一步完善困难(特困)职工档案管理工作的意见》,实行困难(特困)职工建档情况报表制度、建档情况检查制度、目标管理考核制度3项制度,并将困难(特困)职工档案管理工作列入工会工作年度目标考核管理。

2007年,市总工会制定《困难(特困)职工日常生活救助暂行办法(试行)》,按照特事特办、急事急办、基层为主、分级负责、逐级救助的原则,进一步规范特困职工日常生活救助工作;调整、充实市总工会农民工工作领导小组,制定《关于进一步完善农民工合法权益工作机制建设的意见》,维护农民工合法权益。

2008年,市总工会和市卫生局联合出台《无锡市特困职工医疗补助实施办法》,从2009年1月开始,市总工会对特困职工家庭提供的每年600元医疗补助,可以在全市60个社区卫生服务中心以及下辖的122个服务站就医时用于抵冲自理费用，并可获得医疗费“五免五减半”[①]的优惠；特困职工及1名家庭成员每年可以享受爱心免费体检1次。

2009年，市总工会下发《关于进一步完善困难职工帮扶中心组织机构及工作机制的意见》；利用社会资源，建立完善社会化帮扶服务工作“五大合作机制”（市卫生局、市社保局、市政府有关部门、市朝阳集团、市商业保险公司），为特困职工提供经常性、社会化帮扶。与市朝阳集团合作，在全市70个天惠超市门店开办“爱心超市”，改进了原来不定期、一次性、逐级下发特困职工生活补贴的办法，将补贴按季定期打入“爱心卡”，让特困职工就近进超市自选生活消费品；与市卫生局合作，利用全市60个社区卫生服务中心以及下辖的122个服务站平台，实施对特困职工家庭的医疗补助和优惠服务；与市社保局合作，市总工会困难职工帮扶中心作为“无锡市职业介绍服务中心总工会职介所分部”，并进入市劳动保障职介信息专网，实现职介信息联网、联动，工会就业服务工作得到了新的拓展；与市政府有关部门合作，依托市小额贷款担保基金，在市总工会困难职工帮扶中心增设小额贷款服务窗口，受理下岗、失业和特困职工家庭成员申贷，提供贷后服务；与商业保险公司合作，利用商业保险资源，引入市场竞争机制，对市在职职工住院医疗互助保障项目实施“招标合作”。

2010年，市总工会主动争取市委、市政府的支持，推动工会帮扶服务工作纳入各级政府改善民生范畴，实现了市政府拨付工会困难职工帮扶地方配套资金制度化；会同市民政局制定《关于工会协助民政部门做好职工申报低保工作的意见》，为企业工会做好职工申报低保开辟通道。

2011年，市总工会加强困难职工帮扶基础管理工作，组织、指导基层工会用好全国工会帮扶工作管理软件，进一步规范困难职工档案管理，及时录入帮扶工作信息，夯实工会困难职工帮扶工作基础。加强对各级工会困难职工帮扶中心的指导服务工作，积极贯彻实施《无锡市总工会困难职工帮扶中心2010~2012年发展规划》；完善市及市（县）、区两级工会困难职工帮扶中心工作例会制度；建立各级工会困难职工帮扶中心（站）工作联系制度，拓展上、下工作联动的范围和内容，为广大职工提供更广泛的服务；完善“就业援助跟踪服务”，对建档的困难职工家庭成员及其高校毕业生的就业予以帮助指导。

2012年，为进一步完善困难职工帮扶机制，市总工会先后组织对帮扶工作情况调查研究，完成了《无锡市职工互助互济保障活动调查统计分析报告》《关于无锡市园区和企业工会帮扶服务工作的调研报告》《工会帮扶中心参与社会管理初探》等，制定了争取政府支持、启动工会帮扶服务进园区和进企业、加强帮扶资金的筹措、用好用足社会资源等具体措施。

2013年，市总工会、市住房保障和房产管理局联合制定《关于各级工会协助房管部门做好低收入职工和外来务工人员家庭住房保障工作的意见》，发挥工会网络优势，使生产一线的广大职工能够及时知晓与了解全市的住房保障政策，让低收入职工和外来务工人员能够就近就地了解政策、就近就地办理相关手续，切实解决低收入职工和外来务工人员家庭住房困难。7月，市总工会印发《无锡市总工会关于调整市困难（特困）职工生活救助标准的通知》，对特困职工家庭补贴，特困职工子女助学补助，大病、困难（特困）职工临时救助，元旦春节补助，医疗补助等标准作出相应的提高。江阴市总工会和江阴农商银行共同筹资建立“江阴农商银行困

---

① “五免”指免收普通门诊挂号费，免收普通门诊诊疗费，免收门诊治疗费，免收住院诊疗费，免收医院基本医疗护理费。“五减半”指床位费、检查费、治疗费、手术费、放射检查费等减半收取。

难职工临时救助基金”,启动资金为1000万元,首批10名困难职工领取了3000至1万元不等的临时生活救助金。

三、送温暖工程

2004年元旦、春节期间,省总工会领导到无锡走访特困职工;市委、市政府分9路走访贫困村和困难企业、敬老院、困难劳模和困难职工。全市工会开展“温情系万家”为主题的送温暖系列活动,各级工会用于送温暖资金500万元,慰问困难职工3.97万人,其中市总工会本级为160万元,慰问5985人。推出“善待健康和生命——慈善爱心卡”新举措,为428名特困职工每人每半年补贴医疗费300元,市委副书记张锦贤出席首发仪式。是年,200名持有慈善爱心卡的特困职工享受了5万元的补贴待遇。

2005年,全市工会开展以“六送六帮一开通”①为主要内容的送温暖活动。元旦、春节期间,市总工会本级筹集294万元用于送温暖活动;筹集25万元用于“金秋助学”,资助学生302人;全市工会慰问困难企业867家,慰问困难职工3.75万人。为切实做好送温暖工作,市总工会有针对性地开展关注城市低收入群体生活,医疗费用情况,传染病防治工作情况,缩小贫富差距、建立和谐社会情况,破、关、撤、改制企业职工的劳保福利问题等专题调研,分别向市委、市人大、市政府、市政协作出专题汇报,并提出建议:对于由于企业内部退养、待岗、放长假而引起生活困难的低收入家庭,低于最低生活保障线的,纳入低保范围,并享受政府规定的各项低保政策;对连续6个月以上领不到应得收入的职工,无论其在职还是下岗、待岗,一律按实际收入计算,符合条件的纳入低保范围;规范企业对职工富余人员的分流,有关政府职能部门和工会要监督和督促企业严格按政府的有关政策法规分流、安置职工等。这些建议在政府相关部门制定有关帮困政策中被吸纳。

2006年春节前夕,省委副书记张连珍一行到无锡走访慰问市机械资产经营公司困难省劳模郁某家庭,省总工会常委、纪委书记陈飞到无锡走访9户困难职工家庭,市委副书记王咏红等领导在市总工会主席余炳源的陪同下走访慰问特困职工吴某家庭,市总工会领导分5路走访慰问23户特困职工、困难劳模、困难工会干部、外来务工人员和大病职工家庭。市总工会把关爱农民工作为全年送温暖活动的重点对象,专门安排15万元资金用于困难农民工送温暖活动。全市工会整合社会资源,不断深化“金秋助学”的活动内涵。无锡西西电容器有限公司董事长、省劳动模范陈毛华,与一位上年考取南京大学的困难职工家庭子女结成助学对子,每年资助2~3万元直至大学毕业。无锡富尔欣车业有限公司总经理王坚原先也是一名下岗职工,自主创业当上企业家后,他向10位在校三好学生各赠送一辆电动自行车。江阴市、宜兴市、崇安区和市交通局、电仪局、轻工局等地区和行业的单位及工会组织以各种形式,相继对困难职工子女进行帮困助学。助学活动中共发放助学款545.93万元,资助困难职工和困难农民工子女8748人,其中困难农民工子女1079人。是年,市总工会授予江阴市总工会职工援助中心等12个单位困难职工援助中心先进集体、锡山区总工会曹胜庆等11人先进个人称号,授予澄西船

① 送关怀,帮解生活困难;送政策,帮解矛盾纠纷;送技能,帮助就业创业;送文化,帮提生活品质;送医疗,帮解职工疾苦;送岗位,帮助勤工助学;开通送温暖帮扶热线电话。

厂工会等28个单位进城务工人员权益保障先进集体称号。

2007年，市总工会开展"真情送温暖、助困进万家"为主题的送温暖活动。各级工会积极筹措资金，深入困难职工家庭，把党和政府以及工会组织的温暖送达千家万户。1月24~25日，省总工会副主席胡同军在市总工会副主席张帆陪同下走访慰问9户市特困职工和困难劳模家庭，并对江苏省无锡工人太湖疗养院和无锡市及江阴市、宜兴市的困难职工援助中心进行工作考察和指导。2月3日，市总工会、市交通局、市交通产业集团、市客运公司在无锡汽车站前广场联合举行2007年春运启动仪式暨农民工平安返乡安全优质竞赛活动启动仪式。2月5~9日，市总工会领导分4路走访慰问困难职工。元旦、春节期间，全市筹集慰问款总额2911.15万元，慰问困难企业855家，慰问困难职工5.32万户，慰问农民工1.38万人。市总工会与无锡华润燃气公司达成协议，华润公司在2007~2011年5年内，每年捐资5万元（累计25万元），通过市总工会为特困职工家庭解决部分燃料补贴；与供电公司协商，增加特困职工电费补贴资助经费；与上海铁路局无锡站、市交通局协商，联合下发《关于开展春运期间农民工平安返乡安全优质服务竞赛活动的通知》，切实为农民工平安返乡排忧解难。

2008年，在抗雪救灾中，市总工会发出紧急通知，要求各级工会帮助受灾致困职工渡过难关，并结合元旦、春节送温暖和农民工平安返乡活动，积极协助政府做好抗灾减灾工作。1月17日，省委常委、省军区司令员陈一远，省民政厅副巡视员、省双拥办副主任段福德，省人事厅副厅长徐文宝，省建设厅副厅长顾小平，省总工会副主席王兆喜等在市领导的陪同下，冒雪走访滨湖区的困难职工家庭。市总工会领导班子带领机关人员分别慰问奋战在抗击雪灾一线的交巡警、供电、环卫和担负着全市90%以上蔬菜供应的朝阳集团职工（包括农民工）以及春运一线的客运、铁路职工；会同交通客运、铁路部门联合举办帮助农民工平安返乡活动，分别授予无锡客运有限公司全国劳模秦向锋班、无锡火车站客运三班无锡市工人先锋号称号；开展送温暖资金使用和困难职工建档三级网络管理抽查工作，对11个区、局和15个基层工会在2006~2008年期间的送温暖资金使用情况进行检查、调研，并对检查情况进行总结、分析和通报，以进一步指导和帮助基层工会提升工作水平。是年，全市各级筹集慰问款物总额3015万元，慰问困难企业795家，慰问困难职工5.28万户，慰问困难劳模305户，慰问农民工2.14万人。

2009年年初，市总工会组织实施千万农民工援助行动，制定《关于组织实施"关爱农民工，共同创和谐"农民工援助行动暨推进农民工工作的意见》，从组织领导、工作目标等8个方面提出具体要求，把做好农民工平安返乡工作作为元旦、春节送温暖活动的"重头戏"和工会帮扶工作的重点内容，要求农民工集中的单位落实专车让民工们从厂门直接到家门；推广新区总工会与邮政局、客运公司联手推出手机充值、优惠送票等上门服务的做法；在交通局下属的客运、公交单位全面开展服务管理规范化、服务质量标准化、服务内容创新化、服务程序人性化、服务效果温情化服务竞赛活动。1月13~19日，省总工会副主席周英，市委常委、市总工会主席周敏炜等省、市工会领导分别探望、慰问无锡地区的困难劳模、特困职工和困难农民工。江阴市总工会推行以工会帮扶为主、社会力量共同参与的"1+X"社会化帮扶机制，加大工会助学帮困力度，为100名考取大学的困难职工子女每人提供2000~3000元的助学帮扶资金。是年，全市工会帮扶中心共筹集帮扶资金3000万元，分别为困难职工及其家庭提供生活救助6.76万人。

2010年1月11日，市总工会举行工会困难职工帮扶中心工作交流会暨2010年元旦、春节送温暖活动启动仪式。各市（县）、区总工会及镇（街道）工会的保障部长、帮扶中心负责人以及受助脱困家庭代表70人参加会议,江阴市、宜兴市、惠山区、滨湖区等5个单位在大会上作交流发言。20日,省总工会秘书长林国铨一行在市总工会副主席汤建华陪同下走访慰问南长区、滨湖区、市粮食局困难劳模和特困职工家庭。26~29日,市委常委、市总工会主席周敏炜,市总工会党组书记、副主席孙洪带领领导班子成员分3批走访慰问困难劳模和困难职工家庭。3月,市总工会制定《关于开展"幸福进万家——工会助民行动"的实施意见》,在全市开展和谐构建、优质服务、素质提升、倾情帮扶、文化助推、典型选树六大行动。8月,市总工会派出慰问团赴新疆阿合奇县进行慰问,向阿合奇县工会捐赠救助资金10万元,用于当地对困难职工的帮扶;阿合奇县委副书记、县长扎曼,县委副书记平文良,县委常委、宣传部部长热孜亚等对无锡市总工会的无私援助表示由衷感谢,并请慰问团向无锡人民转达阿合奇人民的感激之情。12月,鉴于物价上涨、困难职工生活负担加重的状况,市总工会在坚持多年对特困职工发放生活补贴的基础上,决定对全市376户特困职工家庭每户发放一次性生活补贴500元、总计18.8万元的生活补贴资金,通过特困职工专用银行卡全部发放到位。

2011年,为让困难职工过一个欢乐祥和年,市总工会决定提高对困难劳模和特困职工的元旦、春节生活补助标准,对100位困难劳模由原每人1000元提高到2500元,对市特困职工由原来的每户1000~1500元提高到2000元,对市区建档的1635户困难职工家庭给予每户500元的生活补助。1月17日,省总工会副主席杨星云到无锡慰问困难劳模、特困职工和困难农民工。21日,市委常委、市总工会主席周敏炜等一行到宁海里、石利新村困难职工家庭慰问。全市工会开展走访慰问活动,相应提高帮困的标准和服务的质量,滨湖区总工会对身患大病的一线困难职工实施重点救助,患重大疾病或受灾的工会会员及直系亲属,救助标准在5000~3万元之间,每年一次。崇安寺街道工会启动"双百三解"①的暖冬大行动。

2012年是工会开展送温暖活动的第20个年头。20年间,全市工会送温暖工作不断向常态化、机制化、社会化方面深入发展。1月13日,省委常委、副省长、无锡市委书记黄莉新,省总工会副主席杨星云等到宜兴市走访慰问困难劳模、居民群众及敬老院。16日,市委常委、市总工会主席周敏炜,市总工会党组书记、副主席孙洪到困难劳模、困难农民工和特困职工家中走访慰问。全市工会共筹集送温暖资金1700万元,为1420户市及市(县)两级特困职工和7054户困难家庭落实各项帮扶措施。在新春农民工平安返乡系列活动中,市总工会向团体返乡的70位农民工赠送爱心礼包和福字、对联。在"金秋助学"活动中,全市工会共发放助学金1760.99万元,资助困难职工子女、困难农民工子女等共计1.39万人。是年,全市有317户困难职工家庭在各级工会的帮扶下走出困境。

2013年,全市工会坚持面对面、心贴心、实打实服务职工在基层,主动争取和运用好党政赋予的资源手段,深入开展帮扶服务进园区、进规模以上企业活动,动员志愿者队伍参与到送温暖活动中来,形成各方通力合作的帮扶工作格局。新年伊始,市委常委、市总工会主席陈德荣带领市总工会领导班子成员分6路走访慰问市区困难职工、困难农民工以及困难(患病)劳模家庭。1月24日,省总工会经审会主任胡同军在市总工会党组书记、副主席管海燕等陪同下到无锡山区、北塘区和宜兴市,慰问全国、省劳动模范,特困职工和困难农民工。无锡地方税务

① 做到百分百地努力,使受惠群众百分百地满意,帮助困难群众解决实际困难,帮助企业协调解决问题,为遇到问题的群众释疑解惑。

局工会坚持开展扶贫和送温暖活动，每逢传统佳节，全局各级领导干部带头给居住在全市12个小区（村、镇）的78个帮扶解困结对家庭送去大米、食油等生活用品及慰问金。据统计，10年期间全系统捐款、捐物（折合人民币）累计逾120万元，帮助37户特困家庭脱贫解困和56名失学儿童重返校园。无锡地方税务局被评为江苏省帮扶解困工作先进集体和全国模范职工之家。在元旦、春节送温暖活动中，市及市（县）、区总工会共筹集送温暖资金2200万元，走访慰问困难职工、困难农民工、困难（大病）劳模1.3万户。

2004~2013年无锡市各级工会金秋助学情况统计表

表9-1　　单位：万元、人

年　份	助学资金	助学人数
2004	579.41	7534
2005	599.22	7783
2006	545.93	8748
2007	799.31	8341
2008	989.45	8879
2009	1212.32	10301
2010	1210.00	9898
2011	1702.00	13360
2012	1760.99	13866
2013	1853.29	12796

四、十佳实事评选

市总工会从2003年开始开展第一届十佳实事评选活动，组织全市职工对各级工会办实事情况进行评选，由各级工会申报参评办实事的项目和内容，经初审后在《江南晚报》上刊登，由全市职工投票评选出十佳实事。

2004年，第二届十佳实事评选活动评出的十佳实事是：无锡供电公司工会建立健全职工健康保障机制、市交通工会为特困职工子女助学的“快乐启程”送温暖工程、威孚公司工会设立职工特大疾病救助基金、一汽解放汽车有限公司无锡柴油机分公司工会创建网络大学、市公安局工会建立方便诊所、无锡火车站工会构建职工互助合作保障体系、江阴市总工会全力组织外来务工人员加入工会组织、宜兴市总工会实行工会代表常任制度和巡视制度、无锡地方税务局工会10年坚持不懈扶贫帮困、市建设局工会与社区结对共建活动。

2005年，第三届十佳实事评选活动评出的十佳实事是：市卫生工会建设职工俱乐部、市公安局工会开通紧急救治民警的绿色通道、锡山区总工会全面推进工资集体协商制度、滨湖区总工会创新特困职工帮扶救助新机制、无锡供电公司工会切实维护外来工的合法权益、市港务有限责任公司工会积极参与改制维护职工利益、宜兴市总工会建立特别仲裁庭、威孚集团有限公司工会建立素质提升工程、一汽解放汽车有限公司无锡柴油机分公司工会开展群众性合理化建议活动、无锡电信公司工会搭建劳务工成长平台。

2007年，第四届十佳实事评选活动评出的十佳实事是：锡山区总工会组建外资企业工会、滨湖区蠡湖街道工会为民工设立联心卡、惠山区总工会创建社区职工俱乐部、市妇幼保健院工会为全市困难女职工免费体检、宜兴市总工会建立劳动争议中心调解庭、江阴市总工会开展“百、千、万”援助系列活动、崇安区总工会建立劳动争议大调解机制、四达集团公司工会构建职工和谐之家、无锡客运公司工会确保农民工平安返乡、市侨谊幼儿园工会设立爱心岗。

第三节 互助互济

2004~2013年，全市工会坚持开展和推进职工互助互济活动，引导职工树立互助尚德、互济和谐的理念，动员和鼓励职工参加互助互济的各类保障项目，努力扩大职工医疗互助保障的覆盖面，使广大职工多获得一份抵御健康风险的保障。

2004年，全市工会以解决困难职工看病难为抓手，推动完善多层次医疗保障体系。在医疗政策上，市总工会积极参与和推进市政府部门制定《关于调整市区职工基本医疗保险有关政策的通知》《关于2003年度市区职工补充医疗保险门诊医疗费补助的通知》，减轻参保职工的医疗负担。在医疗互助保障工作上，鉴于1999年3月推出的10种大病(5年期)职工医疗互助保障的实施办法、首批参保人员的保障期限(5年期)已满且保障责任即将终止的情况，市总工会提出新一轮参加职工医疗互助保障项目的意见，对10种大病(5年期)医疗互助保障规定的缴费标准仍定为50元、100元两种，实行补贴政策，即由市总工会出资40万元资金对10种大病(5年期)互助保障项目的续保会员每人补贴10元，并全额享受缴费标准的100倍理赔额度。市互济会坚持让利于会员的运作理念，从是年开始，对职工住院自负医疗费赔付比例由50%提高到60%。各级工会加大对大病救助的额度，威孚公司设立大病基金，由公司和职工个人共同承担，公司按工资总额的规定比例提取，个人按每人每月5元缴纳。公司首期大病基金为患大病职工支付医药费64.5万元。为方便住院医疗互助保障参保职工理赔的手续，经市总工会与市社会保障部门联系，实行职工住院医疗互助保障项目与社保信息联网。是年，市互济会10种大病(5年期)、住院医疗互助保障(1年期、3年期)医疗互助保障项目新增会员12.44万人，收缴会费320.03万元；5544人次领取互济金总额为343.37万元。

2005年，市互济会以“互助尚德，互济和谐”为主题开展纪念市互济会成立10周年系列活动。3月18日，在市工人文化宫举行大型“广场咨询·为民服务”活动；在工会宣传媒体上开辟“职工互济会大家谈”专栏，报道基层互济会和会员的新人新事新风尚；举办征文活动，共收到作品84件，出版《互助尚德，互济和谐——“国联杯”互济会十周年征文集》。4月26日，市总工会召开互济会成立10周年纪念大会，各基层单位工会干部及职工代表120人参加会议，市总工会主席、党组书记余炳源到会致辞，市总工会副主席、市互济会会长李锦南作主题报告，滨湖区总工会、巨龙塑化有限公司和受助职工代表等分别在会上作交流发言，市总工会对无锡市华润微电子集团等62个先进集体和陆美芳等63名先进个人予以表彰鼓励。职工医疗互助保障项目向多层次互助保障方向发展，市互济会的基层会员单位覆盖各区、局、资产经营（集团）公司、直属单位的下属单位2000个，参保会员共计45.77万人，全市基层单位职工互济会的建制面达75%，基本形成由基层企事业单位和其主管部门、市互济会的三级推进网络。澄西船厂、国棉一厂等单位工会积极建立厂互助互济救急济难帮困基金，这些单位有93人次通过大病医疗互助保障项目从市互济会领取互助金27.94万元，有27人次从单位互济会领取互助金12.7万元。是年，市互济会10种大病（5年期）、住院医疗互助保障（1年期、3年期）医疗互助保障项目新增会员11.16万人，收缴会费370.46万元；有4904人次领取互济金263.70万元。

2006年11月18日，市总工会召开新一轮职工住院医疗互助保障工作会议，发出《关于做好新一轮职工住院医疗互助保障工作的通知》，要求各单位从构建社会主义和谐社会的高度，努力提升职工互助保障功能，最大限度地把企业职工组织到医疗互助保障网中来，特别是转改制企业，要继续做好新一轮职工医疗互助保障工作，作为“组织起来，切实维权”的一项重要内容加以落实。13个区、局、直属单位完成市总工会下达的参保目标任务，崇安区完成目标任务的147%，南长区完成目标任务的140%；192个单位新加入到职工住院医疗互助保障项目中来，782个单位继续为在职职工办理住院医疗互助保障。10种大病（5年期）项目有1.28万在职职工入会，其中续保的职工有8590人，占参保职工的66.9%。华润微电子71%的职工、庆丰集团70%的职工、海鹰集团82%的职工续保10种大病（5年期）项目，这些单位有80人在年内领取大病医疗互助保障金共50万元，人均领取6250元。是年，市互济会10种大病（5年期）、住院医疗互助保障（1年期、3年期）医疗互助保障项目新增会员10.56万人，收缴会费542.93万元；有4593人次领取互济金373.12万元。市互济会获2005~2006年度无锡市先进社会团体称号。

2007 年，为把更多职工纳入医疗互助保障项目计划中来，引导和鼓励职工参保住院医疗互助保障（3 年期）项目，经市总工会与中国平安人寿保险股份有限公司无锡中心支公司协商，在 2006~2008 年《合作协议书》基础上签订《补充协议》：由市总工会对 1 年期项目参保对象每人补贴 5 元，对 3 年期项目参保对象每人补贴 20 元。同时，在 10 种大病（5 年期）项目中，市总工会继续对续保对象每人实施补贴 10 元，并将完成职工医疗互助保障计划项目纳入市总工会年度工作考核和模范工会评选内容，对完成任务好的单位给予奖励。为总结经验，表彰先进，市总工会决定授予滨湖区总工会等 5 个单位优秀组织奖、无锡华润微电子有限公司等11 个单位先进奖、无锡市赛福天钢绳有限公司等 27 个单位优胜奖、无锡煤矿机械有限公司等 186 个单位鼓励奖。是年，市互济会 10 种大病（5 年期）、住院医疗互助保障（1 年期、3 年期）医疗互助保障项目新增会员 12.23 万人，收缴会费 456.79 万元；3518 人次领取互济金共316.56万元。

2008年，市总工会提出继续实施“普惠计划”、提高互济会入会参保量、拓宽入会参保途径、扩大医疗互助保障覆盖面等工作目标和要求，决定出资300万元用于推进在职职工住院医疗互助保障项目。是年，市互济会10种大病（5年期）、住院医疗互助保障（1年期、3年期）医疗互助保障项目新增会员10.96万人，收缴会费356.92万元；3389人次领取互济金共317.98万元。从1月1日起，锡山区、惠山区的医保并入无锡统筹区，为两区职工参保市互济会的医疗互助保障项目打下基础。

2009年，全市在职职工住院医疗互助保障项目进入新一轮合作期。面对原受托方合作条件的变化,为了更好地体现职工互助保障项目的公益性,充分发挥互助保障金帮扶职工的作用,市总工会利用商业保险资源,引入市场竞争机制,制作招标邀请书、标书评分标准等文件,以邀标方式向有意投标的恒安等5个保险公司发出招标邀请,最终选择恒安标准人寿保险有限公司江苏分公司为在职职工住院医疗互助保障项目的新一轮合作伙伴。市总工会将该项目的服务窗口整合进市总工会困难职工帮扶中心服务大厅,为职工和基层创造更多便利。9月,市互济会召开无锡市职工互助互济会第三届会员代表会议,确定当年和以后5年的工作任务和目标,选举产生了新一届理事会。全市工会强化考核,加大对职工互助保障工作的推进力度,各项互助保障项目继续增长。是年,市互济会10种大病(5年期)、住院医疗互助保障(1年期、3年期)医疗互助保障项目新增会员17.07万人次,是上年同期的155.79%,收缴会费618.03万元;4338人次领取互济金共436.61万元。全市各项互助保障累计在保会员(包括女职工健康互助计划)36.52万人次。

2010年,市总工会采取抓住重点、全面推进的做法,会同恒安标准人寿保险有限公司江苏分公司在无锡山区、惠山区、新区召开专题推进会,邀集有关单位召开互助保障工作进展情况通报会和开展专题培训活动,定期通报医疗互助保障工作的进展情况,有效地推进互助保障工作进度。北塘区黄巷街道1.58万人参加市互济会,覆盖率90%,其中参加大病互助保障计划8705人,参加住院医疗互助保障5687人;刘潭社区等社区下属企业基本做到了互助保障的全覆盖,辖区90%的企业都参加了市互济会,续保率100%。是年,市互济会10种大病(5年期)、住院医疗互助保障(1年期、3年期)医疗互助保障项目新增会员17.73万人次,收缴会费701.92万元;4750人次领取互济金共467.51万元。全市各项互助保障累计在保会员(包括女职工健康互助计划)40.64万人次。

2011年,市总工会通过自筹经费,并争取政府和慈善总会、红十字会、光彩事业促进会等公益机构支持,共筹集资金200万元,用于对离岗退养、协保、续保职工实行互助保障的参保补贴,至11月底,职工互助保障覆盖3.3万名离岗退养、协保、续保职工。至12月底,市互济会10种大病(5年期)、住院医疗互助保障(1年期、3年期)医疗互助保障项目新增会员23.06万人次,收缴会费917.91万元;5826人次领取互济金共651.25万元。是年,市总工会决定授予惠山区总工会等11个单位2010年度工会职工互助保障工作目标考核先进单位称号,授予滨湖区总工会等18个单位2010年度工会职工互助保障工作目标考核优胜单位称号,授予北塘区总工会等24个单位2010年度工会职工互助保障工作目标考核单项先进称号。

2012年2月13日,为巩固和发展职工互助保障工作,市总工会与恒安标准人寿保险有限公司江苏分公司签署《合作备忘录》,确保参(续)保、理赔等窗口服务工作的正常运行。5月,市总工会与恒安标准人寿保险有限公司江苏分公司签署新一轮《在职职工住院医疗互助保障项目合作协议》。在市政府的支持下,全市内退、协保、续保职工参加工会互助保障获政府补贴共计16万元。市总工会表彰惠山区总工会等20个单位为2012年度全市工会互助保障工作目标考核先进单位、表彰锡山区总工会等14个单位为2012年度全市工会互助保障工作目标考核优胜单位。是年,市互济会10种大病(5年期)、住院医疗互助保障(1年期、3年期)医疗互助保障项目新增会员22.84万人次,收缴会费1167.24万元;6765人次领取互济金共823.69万元。

2013年,为规范事实已存在多年的合作关系,市总工会与恒安、紫金两个保险公司签订三方合作协议。市总工会投入72.8万元为2.8万名退养、协保、续保三类人员住院互助保障提标补差,进一步完善规范住院医疗互助保障结算处的内部管理、工作程序和职责。3月初,江阴市总工会与江阴市人社局、江阴市卫生局等部门联合制定《关于推进江阴市职工医疗互助保障工作的意见》和新的《江阴市在职职工医疗互助保障实施办法》,在结算手段上,新办法规定由原来的职工出院后到工会申请给付变为与社保同平台运行、在定点医疗机构(包括无锡两个医保联网医院)同步即时结算、同一张医疗票据体现,与社保实现无缝对接。是年,市互济会10种大病(5年期)、住院医疗互助保障(1年期、3年期)医疗互助保障项目新增会员25.08万人次,收缴会费1429.09万元;7133人次领取互济金共916.53万元。

2011~2013年,市互济会的职工医疗互助保障项目连续3年被列为市委、市政府为民办实事项目内容,目标任务分别为在保会员达45万人次、48万人次、50万人次。在各级工会的共同努力下,全市各项互助保障累计在保会员(包括女职工健康互助计划)分别达到50.34万人次、53.61万人次和54.25万人次,完成政府为民办实事年度工作目标的111.86%、111.69%和108.50%。

2004~2013年无锡市总工会职工医疗互助保障情况统计表

表9-2　　　　单位:人、元

年　份	当年参保人数	当年参保资金	当年受益人数	当年发放互助金
2004	124405	3200300.00	5544	3433700.00
2005	111598	3704608.00	4904	2637025.00
2006	105631	5429347.72	4593	3731226.38
2007	122321	4567900.00	3518	3165600.00
2008	109583	3569200.00	3389	3179800.00
2009	170719	6180387.00	4338	4366100.58
2010	177366	7019185.00	4750	4675142.01
2011	230558	9179096.00	5826	6512518.40
2012	228396	11672399.00	6765	8236935.58
2013	250835	14290938.00	7133	9165261.14

第十章 组织建设

第一节 组织发展

2004~2013 年,随着经济体制改革的不断深入、企业转改制的全面推进,企业用工呈现多元化趋势,全市工会不断加强非公企业建会和农民工入会的工作力度,大力推进区域性、行业性工会联合会、新经济组织和新社会组织工会组建,努力实现工会组织的全覆盖。

一、工会组建

2004年,市总工会召开全市进城务工人员入会工作专题推进会,下发《关于切实做好进城务工人员入会和维权工作的意见》,明确全市全年工会组织建设的目标任务:凡改制企事业单位必须保证工会组建、重组或确认率达到100%,新建企业工会组建率、职工入会率必须继续保持在95%以上,全市全年新发展会员力争突破11万人。滨湖区总工会发出《致全区外来务工人员的一封公开信》,并与区劳动保障部门、区工商局私企工会联合会密切合作,实现新建企业工会累计达4500个,工会组建率保持在96%。宜兴市总工会构建多种组建工会模式,要求村(社区)工会将属地区域内的小型非公有制经济组织全部纳入建会范围,加大吸纳进城务工人员入会的力度,上半年新发展工会会员1.26万名。6月11日,全市第一家餐饮行业工会联合会在宜兴市宜城镇城南街道成立。截至年底,全市已建工会组织中,进城务工人员入会率从年初的84.1%提升到91.8%,新增会员12.65万人。

2005年,全市工会进一步创新工会组建体系和组建方式,积极探索适应新形势、新任务的各种工会组织形式,以更有效地提高工会组建率和职工入会率。市总工会建立目标管理责任机制,与各市(县)、区和局(公司)以及直属单位工会签订建会目标责任书。江阴市总工会坚持“四个依托”,即依托市属转制企业及有影响的民营企业,百分之百吸收外来务工人员入会;依托行业协会和镇工业集中区,建立行业工会联合会和工业集中区工会联合会;依托中介组织,建立中介组织工会联合会,把非常规用工者纳入工会组织;依托社区组织,建立街道社区工会联合会,把社区辖区内的外来从业人员组织到街道社区工会中来。宜兴市总工会实施动态跟踪、同步到位、目标管理,开展工会组织建设状况普查,及时准确掌握基层工会的变化情况,新建企业时做到工会组建“五同步”,即在企业正常运行投产时,同步组建工会;在工会组建的同时,同步吸收所有职工入会;同步依法选举产生工会领导班子;同步刻印工会印章,规范工会基础工作;同步建立健全各项工会工作制度,尽快履行工会组织职能。滨湖区总工会与区总商会建立镇(街道)基层共建工会的组织体制和工作机制,商会会员单位工会组建率从65%提高到95%,外来务工人员入会率从50%提高到90%;工会与商会的联系制度得到区委的重视和支持，引起省总工会领导的关注，省人大常委会副主任、省总工会主席张艳批示：滨湖区总工会的这项工作机制很有意义，可以调动两方面的积极性，也可以较好地维护两个不同群体的利益，还可以促进劳资双方的沟通与交流，以建立新型的、健康协调的劳资关系，对寻求企业的"双赢"很有好处。是年，崇安区、北塘区建立总工会。至此，全市城区总工会办事处完成建立区总工会的任务。截至年底，全市建独立基层工会6254个，覆盖企业2.96万家，工会会员114.58万人，工会组建率和职工入会率分别为91%和91.49%。

2006年，省总工会召开全省工会推进农民工入会电视电话会议后，市总工会提出全市各类企业的工会动态组建率要达到95%以上，其中外资企业工会组建率是年要达到70%，下年达到80%；每年发展新会员10万人，其中农民工入会是年要达到60%以上，翌年要达到70%以上的目标。在全市工会学习贯彻企业工会工作条例(试行)会议上，市总工会要求各级工会大力推进企业工会规范化建设，提出了规范工会组织建设、规范企业工会工作制度、规范企业工会机构设置、规范企业工会工作关系、规范企业工会考核标准、规范上级工会服务指导企业工会"六个规范"的具体措施。在开展非公企业建会工作过程中，市总工会针对全市台资企业建会难的实际，加强与市台办、市台协的沟通协调；借助省人大执法检查，加大对开业多年、拒不建会的"钉子户"依法组建和分类指导的力度；与市工商联联合开展关爱员工、实现双赢为主要内容的"双爱双评"①活动，召开全市民营企业关爱员工、实现双赢经验交流暨先进表彰大会，表彰50个"双爱双评"先进企业；加强与市工商和税务部门的联系，及时掌握小型非公企业的建立、分布情况，克服建会中的盲点和空白点。在加强镇(街道)工会组织建设的同时，突出抓好村(社区)工会组织建设；把难以单独建会单位的职工组织到联合基层工会、基层工会联合会或区域性、行业性工会组织中去。不断加大农民工入会和劳务派遣企业建立工会组织的推进力度，注重研究农民工等各类流动性大的非稳定职工入会问题和流动会员会籍的管理问题。在推动建会工作中，市总工会采取"五个相结合"②的方法，从而在全市形成了职工自觉建会，企业支持建会，上级工会帮助指导建会，党政和社会各方面依法推进建会的良好局面。年内，全市净增独立基层工会664个，净增会员12.81万人，工会组建率和职工入会率分别为93.2%和93.23%。

2007年，市总工会制定《关于开展"企业工会建设年"活动实施意见》，明确在开展企业工会建设年活动中，必须坚持以贯彻落实《企业工会工作条例》为主线，以工会组织建设为基础，以维权机制建设为核心，以创建和谐劳动关系为重点，以激发工会活力为根本，全面推进企业工会建设；通过开展企业工会建设年活动，力争使全市企业工会组建率(含覆盖数)达93%以上；80%以上的企业工会较好地发挥作用，达到合格职工之家标准；创建200个无锡市模范基层工会；建立50个贯彻条例典型示范单位。市总工会召开全市部分工会组织隶属关系调整工作会议，下发《无锡市总工会关于做好市资产经营公司、授权企业及市属国有(集体)改制企业工会组织隶属关系调整工作的通知》《关于市资产经营公司(产业集团)改制后工会资产处置的若干规定》，坚持党群组织关系统一和属地管理的原则，及时理顺工会组织关系。7月底，历时

① 评爱企业的优秀员工、评爱员工的优秀经理。

② 自上而下建会与自下而上建会、从企业内促进建会与从企业外吸纳会员入手推动建会、行业建会与区域建会、独立建会与区域覆盖和集中一段时间突击建会与经常性建会。

半年的全市工会组织体制调整工作基本结束。是年，全市净增独立基层工会836个，总数7759个，净增覆盖数4112个，总数3.66万个；净增会员15.75万人，总数143.15万人；农民工入会净增15.47万人，总数65.58万人，在已建工会组织中农民工入会率为90.06%；全市外商和港澳台投资企业累计建会2134个，外资企业建会率为86.12%。

2008年，市总工会在全市开展工会组建百日大行动，集中时间抓组建，集中力量抓落实，确保全年建会入会目标任务的完成。针对2007年无锡发生太湖水危机，太湖周边有上千家"五小"企业关闭导致上千家企业工会撤销的情况，市总工会召开全市工会组织工作会议，进一步统一思想，自觉克服组建工会和发展会员"无空间""无潜力"等模糊认识，制定《关于加快推进2008年度工会组建和会员发展工作的意见》，并按照省总工会下达的全年建会入会目标，逐级分解，与各单位签订目标责任书，做到一级抓一级、层层抓落实。南长区实施以分片包干为核心的工作责任制，形成党组织统一领导、工会具体实施、企业积极支持、职工热情参与的工作格局；建立区指导督查小组，深入基层指导服务；各街道业成立组建小组，组织力量联合攻坚；建立通报制度，督促组建滞后单位。截至年底，全市独立基层工会8791个，覆盖法人单位4.02万个，工会会员157.16万人，其中农民工会员79.47万人，全面完成了省总工会下达的年度建会入会任务。

2009年，全市工会认真贯彻全国工会基层组织建设会议精神，大力推进工会组建工作，层层签订目标责任书；及时抓住新工程、新项目集中开工契机，加强项目工会建设；大力加强区域性、行业性基层工会联合会建设，积极探索新经济组织和新社会组织的工会组建工作；抓住把更多资源和手段赋予工会的契机，积极争取各级党政对工会工作的重视和支持，把工会组建工作纳入到全局工作之中，有效地推动基层工会的组建。年底，全市建立县以下基层工会联合会1251个，其中县以下行业工会联合会77个，全市工会会员总数167.5万人；独立基层工会9466个，覆盖法人单位4.32万个，超额完成全国总工会、省总工会下达的目标任务。

2010年，市总工会在滨湖区召开全市深入推进"双措并举、二次覆盖"①现场会，各市(县)、区总工会分管领导、组织部部长，省级以上开发区工会主席，交通、教育、卫生、私企工联、市级机关工会主席出席会议，省总工会组织部副部长李林森到无锡参加会议。会议总结推广滨湖区各层面推进基层工会联合会建设的系列经验，对各地、各单位进一步深化推进"双措并举、二次覆盖"工作进行部署。惠山区总工会按照横向到边、纵向到底的工会组建要求，至6月底，全区新建工会350个，新增会员4000名，其中农民工入会3200名。8月18日，惠山区阳山镇成立总工会。至此，全市32个镇全部建立镇级总工会，工会组织体制建设实现新突破。至年底，全市基层独立工会达1.01万个，覆盖法人单位4.61万个，工会会员176.19万人。

2011年，市总工会印发《关于加快推进规模以上企业建立工会的通知》和《关于限期组建工会的通知函》，在全市开展"百日会战"集中建会行动。全市工会积极争取党政支持，坚持突出重点、集中攻坚、抓大带小、逐个击破、全市联动、上门督建等办法，大力推进小型非公企业工会联合会建设，积极推进县以下行业工会建设，推动各种所有制企业普遍建立工会组织。随着各类开发园区数量的不断增加，一批园中园、特色园、功能园区应运而生，针对当时开发区工

① 组建区域性、行业性工会联合会，同时建设一支不端企业饭碗的职业化工会干部队伍；所属企业工会对本企业会员覆盖的同时，工会联合会对联合企业工会和职工的再覆盖。

会组织领导体制已不能完全适应形势发展的需要，以及园区内各类企业与日俱增，职工人数不断增加，投资金额不断攀升，企业规模不断扩大的新态势，市总工会顺应形势，探索建立具有开发区特色的开发区工会、中间层次工会（园中园或二级园区）和企业工会的新型“小三级”工会组织体制，这一探索获全国总工会授予的2011年度工会组织工作创新成果奖。至年底，基层独立工会1.08万个，覆盖法人单位4.90万个，会员189.27万人，职工入会率96.79%。市总工会被全国总工会表彰为全国工会推进“广普查、深组建、全覆盖”集中行动先进单位。

2012年3月6日，市总工会召开全市工会“作风建设年”“基层组织建设年”工作推进会，要求各级工会干部进一步改进作风，进一步增强党性观念，进一步深化“党工共建”，力争在外资企业建会、园区企业建会、中小非公企业建会、劳务派遣企业建会、行业性组织建设工会联合会5个方面取得新突破。全年计划新建工会4000个，新增10万名会员。根据市委基层组织建设年活动下达的建会目标任务，市总工会以《2012年工会组织建设目标责任书》的形式下达到各市（县）、区总工会及部分直属局（公司）工会，各市（县）、区总工会也将目标任务分解到所属镇（街道）工会。滨湖区总工会扎实推进基层组织建设年活动，全区工会组建率动态保持在99%。宜兴市总工会积极开展工会基层组织建设年活动，至9月，新组建非公企业工会1045个。年底，全市基层工会1.15万个，覆盖法人单位5.31万个，会员总数207.2万人。在城区总工会筹建工作全面展开之际，市委同意崇安、南长、北塘3城区建立总工会，并增加了3城区工会的行政编制。12月28日，无锡市南长区总工会成立。市总工会的加强镇（街道）总工会工作建设、创新新兴产业工会管理模式两项工作，获全国总工会的工会基层组织建设创新成果奖。

2013年，市总工会开展基层组织建设提升年活动和实施工会工作项目化管理，制定《关于开展“基层组织建设提升年”活动的实施方案》，提出全市工会系统开展基层组织建设提升年活动的目标任务和推进措施，对重点工作目标进行量化细化，运用项目化管理进行责任分解，推动建会工作。全市工会全力推进工会组织覆盖行动，不断创新建会形式，加快区域、行业工会联合会建设，加大力度，集中攻坚，全力推动开业1年、50人以上的未建会企业的建会工作。市总工会依托行业协会，加快推进新社会组织建会工作，在上年率先在全省建立首家律师行业工会的基础上，又率先在全省建立首家会计师协会行业工会联合会；在探索建立全国首家村级总工会的基础上，又在宜兴谢桥社区率先探索建立全省首家社区总工会，实现了社区工会组织体制的创新突破。至年底，全市累计基层工会总数为1.22万个，覆盖法人单位5.65万个，会员总数为221万人。是年，市总工会获全国工会推进“广普查、深组建、全覆盖”集中行动先进单位、2012年度全省组建工会和发展会员先进单位的称号。

二、外商投资企业建会

2004年11月3日，市总工会在宜兴市环科园召开全市省以上开发区（工业园区）工会工作会议，分析园区内外商投资企业工会组建情况，提出了组建工作的具体部署和措施。是年，全市有外商投资企业1409家、职工16.19万人，累计建立外商投资企业工会994个，建会率70.54%；工会会员13.19万人，入会率81.14%。2005年，市总工会在全市向开业一年后未建工会的企业依法收取工会筹备金，全力推进非公企业依法组建工会。2006年，市总工会召开全市外商投资企业工会组建工作会议，总结加强外商投资企业工会组建工作所取得的主要成绩，分析外资企业工会组建工作面临的新情况新问题，提出进一步推进外商投资企业工会组建工作的措施,决定在全市开展“外企建会百日推”活动。市总工会与各单位签订年度外商投资企业工会组建目标责任书。江阴市总工会开展组建一支队伍、发放一批资料、下发一批公函、开展一次联谊、宣传一批典型“五个一”活动。锡山区总工会开展外企建会百日会战活动,台资企业建会工作取得重要突破。南长区总工会在沃尔玛红星路店筹建时提前介入,店工会组建从开业到建会仅用了50天时间。新区总工会召开外商投资企业工会工作经验交流会和外商投资企业工会组建工作恳谈会。全市外商投资企业工会组建工作取得实质性的进展,累计建会1745个。

2007年起,全市工会进一步推进外商投资企业的建会工作,突出以园区、开发区和工业集中区工会组建为重点,依法推进;依托党建带工建,形成组建工会的联合推进机制;对开业多年拒不建会的“钉子户”,采取法律、行政、经济手段促其建会。12月,全省投资额最大的外商投资企业海力士—意法半导体有限公司在无锡新区成立工会。截至年底,全市外商和台港澳投资企业累计建会2134个,与上年相比净增22.29%,外商投资企业建会率86.12%。2008年,市总工会召开全市推进世界500强跨国公司在无锡企业工会组建工作会议,集中行动抓建会,集中力量抓落实,确保全面完成全国总工会、省总工会下达的建会目标任务。新区总工会召开推进世界500强跨国公司在无锡企业工会组建咨询会,在新区的无锡百安居建材超市有限公司等20个未组建工会的世界500强跨国公司在无锡企业代表以及工会指导员等参加会议。2月28日,在无锡投资长达10年之久的希捷国际科技(无锡)有限公司工会成立,省总工会向无锡市总工会发来贺信,高度评价希捷公司建会的重要意义。8月7日,省总工会副主席张鸿生等一行3人,重点对新区世界500强跨国公司在无锡企业工会组建情况进行督查,肯定了新区总工会的做法。新区20个未组建工会的世界500强跨国公司在无锡企业于8月底完成了建会任务。是年,全市8个麦当劳连锁门店和3个易初爱莲超市相继建会,全市世界500强跨国公司在无锡企业建会率91.86%。

2009年起,全市外商投资企业工会组建工作融入到年度党建工作目标之中,做到党工建设同步规划、党工任务同步下达、党工阵地同步建设、党工教育同步推进、党工考评同步实施。是年,全市外商投资企业工会组建率96.8%。2010年,市总工会坚持党建带工建,多措并举做好外商投资企业工会组建工作,全市外商投资企业建会工作取得实质性的进展,至6月,全市世界500强跨国公司在无锡企业建会率为93%。2012年3月,锡山区最大的台资企业——健鼎(无锡)电子有限公司工会成立,影响和带动了一批中小台资企业建会。是年,锡山区又有25个外资企业组建工会,新增会员4350人。2013年8月,无锡新区外资企业党工共建推进会在索尼数字产品(无锡)有限公司召开,会议下发《无锡新区外资企业“党工共建”三年推进计划》,进一步推进新区外商投资企业的建会工作。

三、园区、镇(街道)、村(社区)建会

2004年,市总工会制定《无锡市总工会关于开展建立乡镇总工会试点工作的意见》,决定在符合条件的镇开展建立总工会的试点工作。试点镇的基本条件为:镇经济总量在所在市(县)、区处于前5名;区域内的企业在200个以上,职工2万人;必须是省百强示范乡镇工会;镇工会主席候选人应具有同级党政副职(级)的任职条件。各市(县)、区工会将此项工作列入下半年工作日程,成立专项工作小组,按试点工作的步骤正常展开。9月22日,宜兴市宜城镇成立苏南首家镇总工会。锡山区羊尖镇和东港镇、宜兴市和桥镇和张渚镇在年底前建立镇总工会,

顺利实现了镇工会从基层组织到地方组织的转变。11月3日，市总工会在宜兴市环科园召开全市省以上开发区(工业园区)工会工作会议，重点讨论全市省级以上开发区(工业园区)工会建设的规划，会后又分别召开外商投资企业负责人联谊会、台资企业负责人座谈会，听取对制定《无锡市省级以上开发区工会建设三年规划》的意见。规划提出2005~2007年的目标任务：开发区内的企业工会组建率(不含覆盖)、职工入会率分别达到85%以上，开发区内独立建会的企业合格职工之家创建率达到85%以上。所有省级以上开发区都要在2005年内建立健全一级工会委员会(联合会)，一些规模较大的开发区可建立总工会。

2005年，市总工会进一步加强和推进城区工会建设，及时理顺地方工会、产业工会、集团工会的关系，逐步理顺私营企业工会组织领导体制，积极稳妥地推进镇建立总工会的试点工作，探索和推行依托行业协会、商会建立工会组织的有效办法，构建条块结合、结构合理的工会组织网络。滨湖区蠡湖街道总工会和马山镇总工会相继成立，并明确镇(街道)总工会主席享受镇(街道)党政副职(级)待遇。年底，全市13个镇(街道)、工业园区建立总工会。

2006年，全市工会基本确立了条块结合、以块为主、属地管理的组织领导体制，农村和城市两个"小三级"工会组织网络不断巩固。在全市8个省级以上开发区、59个镇、24个街道全部建立工会组织的基础上，1061个村、198个社区也都建立了工会组织。建立一大批区域性、行业性工会联合会，形成块中有条，条中有块，区域、行业优势互补的新型工会组织体制。锡山区原有的7个镇合并为5个镇后都成立了总工会，各镇实行镇工会代表常任制，工会代表参与集体合同、工资集体协议、企业职代会工作，发挥了骨干作用。按照崇安区区委组织部和区总工会关于加强社区工会组织建设的要求，通江街道陈白头巷社区工会的职代会建立了学习例会制度、集体领导和分工负责制度、定期走访制度、干部培训制度、定期活动制度、财务管理制度、来信来访接待制度、女工工作制度、重大事项报告制度、工作台账制度10项工作制度。江阴市建立镇(街道)、村(社区)党工共建机制，大力推进村(社区)工会和新建企业工会的规范化建设。10月8日，全省第二次乡镇工会工作会议在江阴举行，省总工会有关领导、省总工会各部门负责人和全省市、县总工会主席及组织部部长280人出席会议。会上，省人大常委会副主任、省总工会主席张艳讲话，副主席张鸿生就乡镇工会工作作部署，无锡市委常委、江阴市委书记朱民阳介绍江阴经济社会发展情况，江阴市总工会主席朱建方作专题交流发言。

2007年，全市镇(街道)工会以学习贯彻《企业工会工作条例》精神为契机，采取学习培训、召开会议、专题调研等多种形式，开展企业工会建设年活动。滨湖区总工会制定企业工会建设规划，对全区创建达标的550家五星级企业，组织"回头看"活动。锡山区总工会在深化区、镇(街道)、村(社区)"三级"工会组织建设的同时，创建镇(街道)、村(社区)、企业"小三级"工会，形成双层"小三级"组织网络体制，并建立了村(社区)级工会代表和代行基层工会处理重大问题的工作机制，全面推进了镇(街道)、村(社区)的基层工会建设。惠山区总工会结合创模活动，统一规范台帐，健全各项制度，全面加强企业工会的基础建设。新区总工会与党工委联手探索党群一体化，推进外资企业工会组建工作。全市各企业工会结合各自的实际，把开展企业工会建设年活动同争创无锡市模范基层工会、"双爱双评"和创建和谐劳动关系企业活动有机地结合起来，增强了企业工会的活力。

2008年，全市镇(街道)工会推进工会组织体制创新，组织活力得到进一步增强。江阴市总工会大力推进工会组织体制创新，16个镇(街道)全部建立总工会。宜兴市总工会积极探索电线电缆等行业工会建设,实行由三产服务行业工会向工业企业行业工会的突破。锡山区总工会深化“八有”(有工作班子、有工会牌子、有工代会和职代会制度、有“1+3”集体合同、有工作计划总结和台账、有活动阵地、有“上代下”机制、有形式多样的工会活动)达标工程,强势推进村(社区)工会建设,“上代下”维权机制①在探索中进一步完善。滨湖区总工会不断巩固和深化五星级企业创建成果,全区有416家企业跨入五星级企业行列。南长和北塘区总工会不断理顺工会组织关系,积极推进镇(街道)、村(社区)工会组织建设。

2009年,全市镇(街道)工会认真贯彻全国总工会“双措并举,二次覆盖”的要求,抓住把更多资源和手段赋予工会的契机,不断深化拓展党工共建机制,强化非公企业工会组建,不断扩大工会组织的覆盖面。积极应对宏观经济形势变化,努力克服金融危机对工会组建和会员发展工作的影响,开展集中建会月活动,重点推进各类园区、开发区、工业集中区、写字楼、专业市场、新开工项目、劳务派遣企业、新社会组织的工会组建工作,大力推进县以下区域性、行业性工会建设。6月底,宜兴市总工会19个镇(街道)、园区全部建立总工会。全市建立县以下基层工会联合会1251个,其中县以下行业工会联合会77个;全市34个镇(街道)工会中,有33个建立了总工会。

2010年,市总工会出台《无锡市乡镇(街道)总工会工作暂行办法》,规定镇(街道)总工会是(市)县、区总工会下属按地域建立的一级工会组织,具有社会团体法人资格的一级地方工会组织;镇(街道)辖区内所属村(社区)工会、各类基层工会和行业性、区域性工会联合会接受镇(街道)总工会的直接领导;并对镇(街道)总工会的组织体制、基本职责、工作机制和制度、工会经费和财产等作了明确的规定。要求全市各镇(街道)总工会适应形势发展新要求、工会组织体制新变化,不断深化党工共建机制,健全民主管理机制,建立职工素质提升机制,完善扶贫帮困机制,强化劳动争议调处机制,进一步加强和规范镇(街道)总工会建设,全面提升镇(街道)总工会的整体水平。惠山区总工会在党政高度重视和有关部门大力支持下,成立建会领导机构,坚持奖惩激励,对完成好的镇(街道)年终进行一次性奖励;突出重点抓建会,在阳山镇港机行业和前洲街道建筑行业组建两个重点行业工会,共有会员企业33家,员工3450名。阳山镇港机行业工会和前洲街道建筑行业工会通过现场票决,以98%的通过率通过了具有实质性内容及具体可行性的行业自律公约、行业劳动用工规章制度、工资集体协商和集体合同制度、安全生产制度4项行业制度。

2011年,针对全市非公企业面广量大、小型分散的特点以及大批非公企业向开发区、工业园区集聚的新态势,各级工会积极探索在非公企业和园区开展工会工作的新方法,形成区域、行业、园区、楼宇、市场、项目工会等多种建会形式,实现了非公企业工会组织的广覆盖。全市建立区域性工会联合会1372个,行业性工会联合会82个。全市组建的各类园区工会联合会,覆盖园区80%企业。6月9日,市总工会在新区召开全市非公企业暨园区工会工作经验交流会,系统总结不同类型非公企业工会组织建起来、转起来的经验做法,有力推进了全市非公企业和园区工会工作。

① 上级工会代表下级工会的工作机制,对涉及区域或行业员工切身利益的共性问题,由上级工会出面与相应的企业方代表进行协调,并为企业工会依法维权提供数据和条件;对企业工会不便与行政交涉的事项,上级工会要积极参与,代表企业工会与企业行政方沟通协调。

2012年，市总工会在江阴高新技术开发区召开全市省级以上开发区(园区)工会工作会议，要求各级工会继续加强开发区工会建设，推进开发区企业普遍建会。在全市非公企业中开展“四统筹一创争”[①]活动，培育和选树全省党建带工建“四统筹一创争”活动示范企业30家、示范片区3个。7月19日，《江苏工人报》头版刊登报道《同心携手促和谐，“党工共建”助推无锡工会组织全覆盖》。在探索建立镇(街道)总工会的基础上，江阴市总工会探索建立全国首家村级总工会，实现村级工会组织体制的创新突破。省总工会党组书记、副主席刘广忠对长江村探索建立村级总工会予以高度肯定：“是江苏农村工业化发展进程的顺势之举，是工会组织体制向下延伸的破冰之举，是夯实工会社会管理平台的强基之举”。无锡市加强镇(街道)总工会工作建设、创新新兴产业工会管理模式、探索建立开发区新型“小三级”工会组织体制，均获全国总工会基层组织建设创新成果奖，受到全国总工会的通报表彰。

2013年，市总工会提出全市工会系统开展基层组织建设提升年年活动的总体部署、目标任务和推进措施，并落实到各级工会。6月，宜兴市总工会成立产业工会协调办公室，宜兴市线缆、环保、新型农业产业工会联合会正式启动，三大产业工会联合会总部设在宜兴市总工会。8月8日，全国首家线缆产业工会在宜兴成立。10月30日，中国宜兴环保科技工业园谢桥社区率先在全省建立社区总工会。锡山区总工会以基层组织建设提升年为指导，全面推进各行各业工会组建，将工会组建触角延伸至餐饮、超市和楼宇等各种经济实体，全区新建工会组织661个，吸纳会员1.30万人。年底，各市(县)、区工会超额完成了基层组织提升年确定的各项目标任务。

第二节　职工之家

2004~2013年，全市工会组织不断深化职工之家建设，把建家工作与创先争优活动结合起来，在开展争创全国、省、市模范职工之家的基础上，积极开展争创省百强示范乡镇工会、无锡市模范基层工会、无锡市模范村(社区)工会等活动，在全市树立一大批先进工会组织的典型。

2004年，全市工会认真贯彻省总工会《关于在深化建设职工之家活动中全面建立“会员评家”机制的意见》，坚持以建家为载体，以评家为抓手，积极探索、全面建立会员评家的长效推进机制，不断深化职工之家建设活动，加快基层工会民主建设的进程，增加基层工会组织的凝聚力和吸引力。是年，一汽无锡柴油机厂工会获江苏省十佳基层工会称号，全市11个镇工会获江苏省百强示范乡镇工会称号。

2005年，各市(县)、区总工会把省总工会关于开展争创江苏省工会工作模范县(市)活动作为提升工会整体工作水平、夯实工会组织基础、推动工会重点工作落实的有力抓手，采取扎实有效的措施，认真部署和开展争创工作。通过宣传发动、成立领导小组、制定实施细则、强化考核等措施，促进争创工作开展。至年底，全市累计有89个镇被评为市合格乡镇工会，55个镇被评为省百强示范乡镇工会。创建活动成为强化镇工会建设的助推器、加强镇工会自身建设的动力源。

---

① 在非公企业党组织和工会组织统筹覆盖、人员统筹配制、活动统筹开展、保障统筹落实，创建先进基层党组织、模范职工之家，争做优秀共产党员、文明职工。

2006年,全市工会认真贯彻全国总工会《关于在新形势下深入开展建设职工之家活动的意见》,在围绕中心、服务大局上下功夫,在依法维权、科学维权上下功夫,在拓展延伸、创新发展上下功夫。6月16日,市总工会召开全市工会基层组织建设暨争创模范基层工会动员大会,省总工会副主席张鸿生、省总工会组织部部长杨星云到会指导。大会提出加强工会基层组织建设必须坚持依法推进工会组建工作、选好配强工会主席、建立和完善维权机制、深入开展"建家"活动和建立健全基层工会的各项民主制度五大环节。江阴市、宜兴市、滨湖区总工会等5个单位从不同的侧面介绍加强工会基层组织建设、全面提升工会工作水平的经验。市总工会下发《关于开展争创"无锡市模范基层工会"活动的意见》,决定从是年起,用3年时间,在全市工会基层组织中开展争创无锡市模范基层工会活动,每年组织评选表彰一次,每次评选表彰200个基层工会组织。12月5日,市总工会和市外商投资企业协会联合召开全市外商和港澳台投资企业"双爱双评"经验交流暨先进表彰会议,总结交流开展"双爱双评"建家活动的先进经验,会议表彰44名无锡市爱职工的优秀经营者、39名无锡市爱企业的优秀职工、50家无锡市双爱双评先进企业。江阴市被授予江苏省工会工作模范市称号。

2007年,全市工会贯彻《无锡市总工会关于工会先进评选表彰的试行办法》,全力推动工会各项工作上规范、上水平,立足于"两个明确两个狠抓",即明确无锡工会工作与兄弟城市的差距、明确与创建标准的差距,狠抓薄弱环节、狠抓基础建设,把争创活动贯穿于企业工会建设年和无锡市模范基层工会创建的全过程,努力使基层工会转起来、活起来、规范起来。2005~2007年,市总工会表彰争创活动中涌现出来的先进职工之家有138个,爱职工的优秀经营者69人(其中外商独资企业经营者2人),全市村(社区)工会基本达到合格村(社区)工会标准。

2008年,全市工会和广大工会干部围绕中心、服务大局,大胆探索、勇于创新,探索形成了一批在全省、全国有影响的工作经验。无锡华光锅炉股份有限公司工会等8个单位被评为全国模范职工之家,市崇安人民医院大内科工会小组等7个工会小组被评为全国模范职工小家,市自来水总公司工会等60个单位被评为省模范职工之家。在江阴市、滨湖区、锡山区总工会获得全省模范县(市)、区工会的基础上,宜兴市、惠山区总工会跨入全省模范县(市)、区工会行列。在市工会第十六次代表大会上,市总工会授予江阴福汇纺织有限公司工会等100个单位无锡市模范职工之家称号。

2009年,全市深入开展模范镇(街道)工会创建活动,11个镇(街道)工会获评首批省模范乡镇(街道)工会,第二批12个单位进入验收阶段。各市(县)、区工会开展村(社区)工会及产业工会创模、达标规范化建设工作。锡山区总工会在村(社区)级工会试行和推广"一窗口(工会服务窗口)、二中心(职工文体活动中心、职工教育培训中心)、三站(职工劳动争议调解站、职工困难援助站、职工就业指导服务站)"工作模式,有效提升村(社区)级工会的工作水平。滨湖区总工会开展争创五好示范镇(街道)工会、示范村(社区)工会、五星级企业等创建活动,全区共有524家企业评为五星级企业,331家非公有制企业被市总工会评为合格职工之家。

2010年3月3~6日,全国部分省市工会深化职工之家建设座谈会在无锡召开。全国总工会基层组织建设部副部长杨洪林、省总工会副主席张鸿生以及广东、福建、陕西、甘肃、浙江、江苏6个省总工会组织部部长等有关领导出席会议。年内,全市工会组织结合创先争优活动,推进职工之家建设,评选出全国模范职工之家7个、全国模范职工小家6个、省模范职工之家50个、省模范职工小家84个、省模范乡镇(街道)18个。市总工会将全市部分全国模范职工之家单位的先进事迹汇编成《无锡工会全国模范职工之家风采录》,供各基层工会组织学习和借鉴。

2011年,全市工会根据省总工会创先办、市委创先办的要求,深入开展创先争优活动,重点抓好工会组织的规范化建设,充分发挥工会组织在推进经济发展方式转变、维护职工合法权益中的重要作用。把建家工作与创先争优活动结合起来,进一步深化职工之家建设,在全市开展争创无锡市模范村(社区)工会活动。是年,海鹰企业集团有限责任公司工会等5个单位被评为全国模范职工之家,无锡万迪动力集团有限公司工会等18个单位被评为江苏省模范职工之家。市总工会选树表彰100个无锡市模范村(社区)工会和200个无锡市模范职工之家。

2012年,全市工会继续开展争创无锡市模范村(社区)工会活动,选树表彰100个无锡市模范村(社区)工会。认真开展模范开发园区创建活动,无锡国家高新技术产业开发区总工会、江阴高新技术产业开发区工会工作委员会被评为江苏省模范开发区(园区)工会。7月,江阴市总工会出台《关于在企业工会实施"工会组织亮牌子、工会主席亮身份"活动的意见》,年内,江阴全市企业工会实施"双亮"覆盖面60%。

2013年,市总工会围绕"建起来、转起来、活起来",以创先争优为动力,不断深化"职工之家"建设,推荐表彰全国模范职工之家6个、全国模范职工小家8个、全国优秀工会工作者5名、全国优秀工会积极分子5名、全国优秀工会之友1名,推荐表彰省模范职工之家73个、省模范职工小家74个、省优秀工会工作者88名、省优秀工会积极分子74名、省支持工会工作优秀领导干部28名,推荐评选并在市工代会上表彰了100个市模范职工之家和100名市优秀工会工作者。指导开发园区工会开展创建江苏省工会工作模范园区活动,宜兴开发区、锡山开发区被评为省模范园区工会。继续开展无锡市模范村(社区)工会创建活动,推动村(社区)工会组织的规范化建设,是年,评选表彰了100个无锡市模范村(社区)工会。

第三节　工会干部队伍

2004~2013年,全市工会组织根据新形势对工会干部的新要求,积极加强工会干部队伍建设,努力提高工会干部的思想政治理论水平和业务工作能力,不断增强工会干部服务大局意识、服务职工意识和创新发展意识。

2004年,市总工会制定《关于开展基层工会主席直选工作的指导意见》,按照统一部署、选择试点、总结经验、逐步推开的原则,在100人以下的企事业单位中开展工会主席直选工作,至年底,全市有103个基层单位完成工会主席的直选试点工作;制定《无锡市工会干部权益维护保障补助金使用暂行办法》,补助制度自5月1日起实行;下发《关于派遣街道工会助理员的通知》,从7月起向全市城区16个街道工会派遣工会助理员各1名,解决长期以来街道工会无专职工会工作者的难题;制定《无锡市工会第十五次代表大会代表提案工作条例(暂行)》,建立代表联系制度、活动制度、会议制度和提案制度,充分发挥代表在闭会期间的参与和监督作用,为开门办会、民主兴会破了题、开了头。

2005年,市总工会要求各级工会干部更加自觉地用"三个代表"重要思想和科学发展观指导工会工作,切实加强工会自身建设,充分发挥工会桥梁纽带作用,及时把党的决策部署贯彻落实到工会工作中,在切实加强搞好自身建设中,建设一支高素质的工会干部队伍。全市工会组织加大工会干部的培训力度,全市有2.94万名工会干部参加上岗资格培训,1627人参加各类专业知识培训。

2006年,市总工会针对工会干部兼职化增多的趋势,加大对工会干部的关心力度,出台《基层工会兼职干部补贴办法》;加大对工会干部的培训力度,与市委组织部联手组织工会干部赴新加坡培训,共4批110人。6月,市总工会制定《无锡市总工会关于在全市工会干部和职工中开展法制宣传教育的第五个五年规划》,要求各级工会继续抓好以《劳动法》、《工会法》、江苏省"一办法五条例"和《无锡市工会劳动法律监督条例》为重点内容的法制宣传教育活动。是年,市总工会被全国总工会表彰为工会干部教育培训先进单位。

2007年,市总工会在市委党校建立无锡市工会干部培训基地,按照工会干部教育培训的总体要求,每年确定不同的培训内容和班次。市委党校将工会干部教育培训内容纳入党校干部年度培训工作的总体计划,每年将工会课程列入市管干部和中青班的教学内容。9月,市总工会组建无锡市工会讲师团,聘请一支由专业资深教授、相关职能部门领导和工会骨干组成的师资队伍。出台《关于加强和规范工会主席队伍管理考核的试行办法》,进一步建立健全工会干部的考核、评价和激励约束机制。江阴市总工会从9月开始,集中1个月时间分期分批组织全市1000名百人以上企业工会干部参加培训。锡山区总工会实行区、镇(街道)、基层三级培训制度,加强工会干部培训工作,全区共培训镇(街道)和企业新任工会主席300人次。

2008年,全市工会加强领导班子建设,选好配强工会主席,对不符合规定配备的工会主席,结合换届选举进行必要的调整;部分镇(街道)、村(社区)和省级以上开发区工会,采取向社会公开招聘的办法,适当增加了工会工作者的数量;各市(县)、区总工会在规模较大的非公企业中,进行选派工会主席的试点工作;继续推进基层工会主席直选工作。各级工会高度重视工会干部培训工作,以《劳动合同法》和省"一办法六条例"为重点,对工会干部进行轮训。锡山区总工会出台《关于实施锡山区工会干部权益维护保障补助金使用暂行办法》,保障全区"小三级"组织体系中各级工会主席的合法权益。9月1日下午,无锡红豆国际广场建筑工地工会成立,46名农民工会员代表依法选举产生由崇安区总工会派选的企业工会主席,迈出了崇安区非公企业工会主席"职业化"的第一步。是月,江阴市总工会在全市公开招聘镇工会工作者,12名优秀的大学生成为首批公开招聘的镇工会工作者。

2009年,全市工会按照社会化、职业化聘用工会工作者96人;积极稳妥推进中小非公企业工会主席直选工作,全市有1056个中小非公企业工会主席实行直接选举。宜兴市总工会巩固"三级工会"的组织体制,增强区域工会组织的力量,19个镇(街道)、园区总工会主席全部由副镇级领导担任。是年,全市各级工会培训工会干部2.87万人次。

2010年,全市工会加强工会干部队伍建设,稳步推进中小型非公企业工会主席直选工作,年内新增直选工会主席359名;探索建立社会化、职业化工会工作者队伍,年内新增社会化、职业化工会工作者13名;组织100名新任职工会干部进行上岗培训;举办直属事业单位负责人、机关中层干部经营管理政策法规培训班和深化改革创新机制研讨班;组织135名工会干部参加首批劳动关系协调员国家职业资格培训。全市工会举办工会干部培训班449期,培训工会干部3万人次。6月18日,市总工会在新区召开会议,专题研究社会化、职业化工会工作者队伍建设,讨论正在拟制中的《关于乡镇、街道工会助理员纳入社会公益性岗位的实施办法》。9月14

日,无锡高新区率先在全国50个国家级开发区中成立企业工会主席协会,百名协会会员为新区的世界500强跨国公司在无锡企业、“530”企业等知名企业的工会主席。

2011年,市总工会发出《关于做好2011年社会化、职业化工会工作者招聘扩大试点工作的通知》,拨出50万元专项资金,重点支持各类园区和区域、行业工会联合会的职业化工会干部队伍建设。全市工会贯彻上述文件精神,市(县)、区和直属单位工会全年新增工会工作者23名;继续推进基层工会主席直选工作,全市年内新增直选工会主席1762名。惠山区总工会大力加强镇(街道)工会干部队伍建设,全面推行工会主席“公推竞岗”,普遍实现镇街道工会主席专职化和职级高配。6月,江阴市总工会在无锡市总工会干部学校举办劳动关系协调员培训班,70人获得劳动关系协调员国家职业资格(高级)证。是年,全市工会举办培训班700期,培训工会干部3万人次。

2012年,市及市(县)、区和局(公司)、直属单位工会实施工会干部提高素质工程,对所属基层工会主席开展轮训工作,按照“缺什么、补什么,干什么、学什么”的原则,采取分级培训、以会代训、集中授课、专题讲座、研讨交流等形式加强培训,促进广大工会干部成为组织动员职工的能手、协调劳动关系的专家、关心服务职工的模范。宜兴市总工会组建宣讲团,开办宜兴工运大讲堂,每月一课,到300家规模企业进行宣讲,直接受众达5万人次。

2013年,市总工会坚持分类培训、按需施训,着力提高工会干部的能力素质,集中一批工会干部到省总工会干部学校培训,超额完成省总工会下达的年度调训任务;组织各市(县)、区分管领导和工会主席参加省总工会举办的工会研究班;不定期开展工会干部学习日活动,邀请专家、学者作专题辅导讲座。6月18~28日,市委办公室会同市委组织部、市总工会等对各市(县)、区贯彻落实《中共无锡市委关于进一步加强和改进新形势下工会工作的意见》精神展开专项督查,促进工会领导班子配备和工会干部队伍建设。市总工会坚持“先行试点、稳步推进、统盘规划、分步实施”的原则,按照市委组织部的部署要求,指导新区总工会进行了“党群组织员”招聘试点工作,探索建立一支职业化专业化的“党群组织员”队伍,其做法在全省工会干部队伍建设经验交流会上作了介绍。

第四节　工会法人资格登记

市总工会依照《工会法》和《中国工会章程》规定,把基层工会法人资格登记管理作为工会一项重要的基础性工作,1995年2月25日发出《关于认真做好基层工会社团法人资格核准登记工作的通知》;2003年9月制定《基层工会社团法人资格规范登记发证工作的意见》,对基层工会民事法律主体地位,维护基层工会合法权益,确保工会经费收缴和管理,依法保护工会资产,推动工会工作规范化、制度化、法制化建设等方面提出具体要求。2004~2013年,全市基层工会法人资格登记管理工作逐步规范。

2004年3月,市总工会开展全市工会社团法人登记领证检查工作。至4月,基层工会社团法人资格登记情况为:基层工会6139个,进行工会社团法人资格登记1448件,占应登记的23.6%。5月,市总工会下发《关于进一步加强基层工会社团法人资格登记发证工作的通知》,明确提出工会社团法人资格登记3年目标计划:2004年登记发证率应达60%,2005年达80%,2006年达100%;

要求对已进行工会社团法人资格登记的工会分批在《江南晚报》《无锡工人》上公告，让社会知晓；对镇(街道)、村(社区)工会或工会联合会的社团法人登记同步作出规定。8月，市总工会召开工会法人登记领证管理工作研讨会，进一步落实3年目标计划。

2005年8月，市总工会发出《关于基层工会联合会和联合工会办理社团法人登记有关问题的通知》。是年，新登记社团法人证书771件。

2006年6月，市总工会与市质量技术监督局联合印发《关于转发〈关于工会法人组织申领中华人民共和国组织机构代码证的通知〉的通知》。7月，市总工会发出《关于规范工会社团法人证书(正、副本)书写工作的通知》。9月，市总工会对江阴市、宜兴市、锡山区、惠山区、滨湖区工会社团法人登记领证工作进行检查，其时，全市办证4765件(市总工会本级585件、江阴市981件、宜兴市1391件、滨湖区292件、锡山区1155件、惠山区361件)。是年，全市办理工会社团法人登记证5036件。

2007年1月，市总工会发出《关于无锡市工会社团法人登记有关事项的通知》，明确社团法人登记从1月1日起全部启用新号码段；行政区划变更后，各单位应将社团法人登记档案转移至目前实际管辖的区级及其以上总工会。7月13日，市总工会就委托崇安区总工会、南长区总工会、北塘区总工会、新区总工会办理工会社团法人的登记领证工作举办培训班，并明确从8月1日起，4城区总工会开始办理工会社团登记领证工作。至此，各级工会社团法人登记和领证工作全部配有电脑和专门打印机，实行计算机管理，是年，共办理工会社团法人登记证7091件，增幅为上年同期的40.8%。2053个基层工会办理组织机构代码证。

2008年1月20日起，市总工会将本级社团法人登记领证工作移交至市职工服务中心办理。9月，市总工会下发《关于做好工会社团法人登记工作的通知》，要求各级工会加强与各地行政审批中心(质量技术监督窗口)配合，推动组织机构代码证办理工作。根据全国总工会修改后的《工会法人登记办法》，市总工会对工会社团法人登记的有关事项作出相应变更，明确工会社团证书办理程序，规范服务流程，并对办证中的细节问题在市总工会网站上公布，减少基层工会办证人员往返奔波；统一授权各市(县)、区总工会负责办理工会社团法人登记，统一雕刻专用图章，统一对有关人员进行培训。是年，共办理基层工会社团法人证书8098件，较上年增长14.2%；办理组织机构代码证的工会共2138个。

2009年3月12日，市总工会在网站发布《基层工会申领组织机构代码证须知》。9月27日，就镇总工会要求办理社团证问题，市总工会法律工作部电话请示全国总工会法律工作部社团处，答复意见为乡镇工会或总工会均可办理社团证。是年，全市范围共办理基层工会社团法人证书1.13万件。544个基层工会办理组织机构代码证。

2010年5月18日，市总工会印发《关于转发江苏省总工会〈关于进一步做好全省工会法人资格登记工作的通知〉的通知》。11月10~11日，全国总工会法律工作部法律监督处处长张智君、省总工会法律工作部部长何应洋到无锡调研劳动法律监督工作、法律援助工作和社团法人登记领证工作情况。是年，全市范围共办理基层工会社团法人证书1.2万件，较上年增长6.3%。352个基层工会办理组织机构代码证，累计3034个。

2011年4月，为加强基层工会法人资格登记与管理工作，促进基层工会规范化建设，保障工会的法律地位，市总工会召开专题工作会议，要求各级工会高度重视基层工会法人资格登记管理工作，指定专人负责，配备必要的办公场所、经费和设施，完善各项制度，改进服务质量，不断提高工会法人资格登记管理工作水平，努力使具备条件的基层工会都能取得法人资格。是年，全市新增工会社团法人登记818个，全市登记工会社团法人证书的工会组织1.28万个。

2012年6月，市总工会抓住全市开展工会劳动法律监督检查的契机，对部分基层工会法人资格登记工作进行抽查。从抽查的情况看，基层工会社团法人资格登记管理工作重视程度不断提高且逐步规范，年内，全市新增工会社团法人登记520个。是年，全市登记工会社团法人证书的工会组织达1.33万个，工会社团法人登记率90%。

2013年，针对新建非公企业工会法人资格登记进展迟慢、工会法人登记的情况掌控困难等问题，根据中华全国总工会与国家质量技术监督局《关于工会法人组织申领中华人民共和国组织机构代码证的通知》精神，市总工会在年初的法律工作会议上对工会法人登记作了专题研究部署，要求新建非公企业工会、变更工会法人的各基层工会及时开展法人登记工作，并向质量技术监督部门申领组织机构代码证，依法独立享有民事权利、承担民事义务，依法为职工维护合法权益。是年，全市新增工会社团法人登记481个，全市登记工会社团法人证书的工会组织1.38万个。

第十一章 女职工权益维护

第一节 工会女职工委员会

2004~2013年,市总工会女职工委员会(以下简称"市总工会女职委")始终把建立健全各级工会女职工组织作为一项重点工作来抓,按照发展、巩固、规范、提高的总体要求,依托工会组织建设的整体推进,推动全市工会女职工组织建设的发展。

一、组织建设

2004年3月5日,市总工会女职委在市妇幼保健院举行第四届女职工委员会成立大会。市人大常委会副主任、女职委名誉顾问杨惠菊,市总工会主席余炳源到会并分别讲话,市总工会副主席、女职委主任李锦南作工作报告。会议回顾总结过去5年的工作,对以后5年的主要任务进行部署,产生第四届无锡市总工会女职工委员会。会议聘请市人大常委会副主任杨惠菊、市政协副主席陆慧琴担任市总工会第四届女职委名誉顾问;聘请市总工会主席余炳源、市中级人民法院副院长蒋伟平担任市总工会第四届女职委顾问;选举37人为市总工会第四届女职委委员,由市总工会副主席李锦南担任主任,市总工会纪检组组长王珍珍、市总工会女职工部部长承燕华、市社保局政策法规处处长邢瑞莱、市卫生局基层卫生与妇幼保健处副处长殷崎涛担任副主任。是年,在全市开展第一轮争创非公(新建)企业女职工工作示范单位活动,争创重点为健全女职工组织、加强女职工干部队伍建设、建立和完善女职工工作机制、维护女职工合法权益和特殊利益、创新女职工工作方法;争创目标为组织健全、人员到位,建立制度、规范工作,民主参与、依法维权,开展活动、服务女职工。市总工会女职委授予无锡化工集团有限责任公司等39个单位的工会女职工委员会非公(新建)企业女职工工作示范单位称号,授予德发印染厂等12个单位的工会女职工委员会非公(新建)企业女职工工作先进单位称号。

2005年,市总工会女职委在全市开展第二轮争创非公(新建)企业女职工工作示范单位活动,选树一批女职工工作先进集体和先进个人。市总工会女职委还开展无锡市十佳女职工的评选活动,召开女职工工作经验交流会,总结推广基层工会女职工工作的经验、工作方法和活动形式,推动全市女职工工作的发展。

2006年,市总工会下发《关于进一步加强基层工会女职工组织建设的意见》,要求各级工会依托工会组建,推进女职工组织建设;加快非公企业工会女职工组织建设步伐,凡有25名以上女会员的应建立女职工委员会,不足25名的设女职工委员;以维权为重点,增强女职工组织的凝聚力。江阴、宜兴、锡山、滨湖等市(县)、区工会女职委采取多样化组建方式,构建区、镇(街道)、村(社区)三级女职工组织网络。各市区总工会女职委在组建村(社区)工会联合会时同步建立女职工委员会，拓展工会女职工工作空间，实现女职工委员会与工会组织同步组建，组建率达100%，市区大中型企业的工会女职工委员会的同步组建率达100%。各级工会女职工组织认真落实"组织起来，切实维权"工会工作方针，重点加强中小型非公企业、女性进城务工人员集中的经济开发区(工业园区)、镇(街道)、村(社区)及纺织、服装、餐饮等行业女职工委员会组建工作，最大限度地将女职工吸收到工会女职工组织中去。

2007年，市总工会女职委要求对已建单位抓巩固，做到组织规范、制度健全、工作落实；对新建单位抓组建，依据《企业工会工作条例》《工会女职工委员会条例》的规定，积极参与新建单位女职工组织建设全过程，重点对中小型非公企业、女性进城务工人员集中的经济开发区(工业园区)、镇(街道)、村(社区)，提出女职工组织机构设置和人员配备的具体意见和建议，及时协调解决组建中的实际问题，确保符合条件的工会100%建立女职工组织；对调整单位抓随建，及时掌握情况，超前沟通协调，保证女职工组织的随变随建和人员配备的到位。市总工会女职委及时将有关女职工工作的法律法规、政策文件、女职工重点工作等资料下发基层，为企业提供相关文件依据和各项工作操作实务，使企业工会主席、女职工干部尤其是新任工会干部对当前女职工工作目标、要求、做法一目了然。是年，市总工会表彰无锡中央化学有限公司等27个单位为无锡市非公(新建)企业女职工工作示范单位。

2008年，针对女职工队伍结构和状况的新变化，各级工会女职工组织采取灵活多样的组建方式，推进非公企业工会女职工组织建设；创新入会方式，采取独立、依托、挂靠等形式，简化女农民工入会手续，加快女农民工入会步伐。截至年底，全市工会女职工组织达8791个，工会女会员71.4万人，专兼职女职工工作干部9430人。

2009年3月5日，市总工会在江苏省无锡工人太湖疗养院召开第五届女职工委员会成立暨第一次全委会议。市委常委、市总工会主席周敏炜，省总工会副主席、女职委主任杨星云到会祝贺并分别讲话。市总工会相关领导、市总工会女职委委员、女职工干部和女职工代表150人参加会议。市总工会副主席、女职委主任王觉民作题为《凝心聚力、共创和谐，推动工会女职工工作实现新跨越》的工作报告。会议聘请市委常委、市总工会主席周敏炜，市人大常委会副主任杨惠菊，市人民政府副市长华博雅，市政协副主席秦蕴石担任市总工会第五届女职委名誉顾问；聘请市总工会党组书记、副主席孙洪，市检察院副院长蒋伟平，市司法局副局长王彦，市社保局副局长徐达增，市卫生局副局长方佩英，市医院管理中心副主任史金兰，市政府法制办副主任赵洪焕，市人口和计划生育委员会副主任王榴平，中国共产主义青年团无锡市委员会副书记边静玉，市妇女联合会副主席华解语，市科学技术协会副主席邱玮玉担任顾问。会议选举38人为市总工会第五届女职委委员，由市总工会副主席王觉民担任主任，市总工会女职工部部长陈锡云、市卫生局基层卫生与妇幼保健处处长殷崎涛、市妇女联合会发展部部长周方、市科学技术协会科普部部长过琴娣担任副主任。是年，市总工会女职委制定《关于学习贯彻〈工会女职工委员会条例〉进一步加强工会女职工工作的意见》。锡山区总工会在深化区、镇(街道)、村(社区)"三级"工会女职工组织建设的同时，创建镇(街道)、村(社区)、企业"小三级"工会女职工委员会，形成双层"小三级"工会女职工组织网络体制，全区女职工组织组建率和女职工入会率均达到96%。

2010年，各级工会女职工组织以开展广普查、深组建、全覆盖集中建会行动为契机，坚持女职工组织建设与工会组织建设同步推进,做到“三同时”[①],基本实现哪里有工会,哪里就要建立女职工组织的目标。截至年底,全市共有工会会员176万人,其中女会员79万人,占会员总数的45%;女农民工会员42.8万人,占女会员总数的54.18%;全市建立工会女职工组织6246个,同步组建率为95%。

2011年,各级工会女职工组织按照“三同时”的原则,采取目标管理和党工共建等举措,在组建区域、行业、工业园区工会的同时,组建区域、行业、园区的女职工组织,工会女职工组织工作在创新中得到发展。截至年底,全市共有工会会员189万人,其中女会员84.2万人(其中女农民工会员42万人),分别占会员总数的44.55%、49.88%;全市建立工会女职工组织7497个,同步组建率达95%。

2012年,市总工会女职委抓住推进基层组织建设年的契机,推动女职工组织建设纳入工会组织建设的总体规划,形成女职工组织与工会组织同步建立、同步巩固、同步发展的工作新格局。按照“双措并举,二次覆盖”的要求,大力推进镇(街道)、村(社区)、企业“小三级”工会女职工组织建设,加强区域性、行业性女职工组织联合会建设,进一步扩大女职工组织的覆盖面,女职工组织同步组建率96%。市总工会下发《关于加强工会女职工组织建设工作意见》,为全市工会开展女职工组织建设工作提供统一的规范建设标准。各级工会女职工组织按照发展、巩固、规范、提高的总体要求,推进工会女职工组织规范化建设。江阴市总工会女职委结合实际,制定加强工会女职工组织规范化建设的意见,从组织机构,到干部配备、产生程序、规范化建设方面,提出相关工作标准。锡山区总工会女职委在实践中坚持调研、培训、挂钩和协助四项制度,切实加强女职工组织自身建设。

2013年,女职工组织建设列入市总工会项目化管理和重点工作目标考核,市总工会女职委采取积极措施,努力实现女职工组织在建会企业全覆盖的工作目标。全市工会女职工组织不断完善工作制度,制定工作标准,逐步形成女职工工作规范化管理体系。在积极探索企业工会女职工组织建设的有效方法方面,崇安区总工会女职委创建新市民女职工联谊会、市场女职工工作联谊会和楼宇女职工代表会等新型女职工组织,拓展了工会女职工组织建设领域。是年,全市工会女职工组织组建率97%。

二、业务培训

2004年起,各级工会女职工组织通过强化工作力度,着力提高女职工干部教育培训实效,发挥载体作用,着力推进学习型干部队伍建设,注重实践锻炼,着力增强引领科学发展能力等措施,不断提升工会女职工干部队伍素质。2004年6月,市总工会女职委在上海工会管理干部学院举办为期两天的工会女职工干部业务培训班,市(县)、区和局(公司)、直属单位工会女职工干部共31人参加学习。2005年11月18日,市总工会女职委举行女职工工作业务培训暨女职工素质系列教育讲座,邀请省总工会干部学校副教授丁泽英主讲工会女职工工作业务,各区、局(公司)、直属单位、部分基层工会女职委主任、女职工干部参加培训。2006年,各级工会女职工组织坚持以维权、服务为主线,学习宣传修改后的《中华人民共和国妇女权益保障法》

---

① 各级女职工组织与工会组织同时筹备、同时建立、同时报批。

(以下简称《妇女权益保障法》、省“一办法五条例”等法律法规，帮助女职工干部和女职工提高自我维护的能力。各级女职委为女职工干部及广大女职工开办提高业务能力等各种培训班达45期。2004~2008年，全市共培训女职工干部5000人次。

2009~2013年，各级工会女职工组织根据形势发展的需要，按照培养学习型、服务型和创新型干部的要求，不断强化工会女职工干部队伍的建设。全市开展女职工权益保护专项集体合同、女职工劳动保护、女职工组织规范化建设、女职工维权机制建设等专项培训。2009年，市总工会下发《关于进一步加强全市工会女职工干部培训工作的意见》，通过培训菜单的推荐和培训计划安排，分级落实工会女职工干部培训工作。2013年9月，市总工会女职委举办全市工会女职工干部培训班，围绕新形势下的女职工工作和女职工劳动保护有关法规政策等业务，邀请省总工会女职工部部长宗萍和市锡城律师事务所律师李风为女职工干部进行辅导，各市(县)、区和局(公司)、直属单位的80名女职工干部参加培训。

第二节　主题活动

2004~2013年，全市工会女职工组织围绕无锡发展大局，大力开展创新、创业、创意，素质提升主题活动，激励全市女职工岗位建功，争创五一服务示范岗、五一服务明星。进一步深化女职工素质教育活动，建立女职工教育培训基地，促进女职工的知识更新、能力提升和素质的提高。

一、巾帼建功立业

2004年，市总工会女职委以各行业为主体，开展第五届女职工献技艺、作贡献技能比赛，组织女职工参加到各类群众性技术练兵、技术比武活动中，激励女职工不断提高技术业务素质，在企业创新技术、开拓市场、加强管理、增加效益中发挥作用。市总工会女职工部以争当岗位女明星、争创五一女职工明星班组为载体，深化岗位建功活动，会同市总工会生产部、宣教部等部室，联手开展窗口十大行业五一服务示范岗、五一服务明星的争创活动，激发女职工学技能、当能手的热情。市总工会女职委在市供销社举行太湖儿女风采展职工系列展演活动暨女职工插花比赛和巧手制作展览，来自全市各行业的67名女职工参加插花比赛，19名女职工分获一、二、三等奖，其中鼋头渚风景区王宇的《溢香图》、威孚集团马建凤的《太博水乡情》、崇安区教育局唐庆卫的《爱的奉献》获插花一等奖；举行女职工巧手制作展览，展出全市各个层面的女职工在8小时以外的精美作品，共有100件作品。经过评议，19项巧手制作品获得一、二、三等奖，其中化工集团刘奕奕的纸雕《金陵十二钗》、锡山区沈莉的纸画《温馨》、澄西船厂殷美萍的丝袜《胸花》获得女职工巧手制作作品一等奖。

2005年，按照省总工会女职委开展“双争”①活动的要求，各级工会女职工组织在全市窗口十大服务行业中开展争创五一服务示范岗、五一服务明星的活动，引导女职工不断提高服务水平和质量，增强女职工的服务意识，推动争创活动的深入开展。市总工会女职委表彰无锡市第九中学外语学科组等47个五一女职工明星班组、江阴市供电局工会女职工委员会等18个女

① 争创五一巾帼标兵岗、争当五一巾帼标兵。

职工素质教育示范基地、无锡客运总公司工会女职工委员会等32个先进工会女职工委员会和钟莹等98名五一岗位女明星、唐法祥等10名女职工之友、钱淳珊等60名先进女职工工作者。

2006年,针对不同行业、不同岗位和不同女职工群体的特点,全市工会女职工组织开展岗位练兵、技术比武、技能培训等活动,推动争创五一巾帼标兵岗、争当五一巾帼标兵活动不断向纵深发展,进一步激发女职工的积极性和创造性。机械、纺工、交通、电仪、轻工等行业工会女职委在一线生产班组中开展师徒结对、同岗位技术对口赛等活动,教育、卫生、文化、机关等系统工会女职委开展职业道德建设和业务规范化比赛,供电、电信、贸易等窗口行业工会女职委开展优质服务竞赛,在全市形成一线工人练技能、管理人员比业务、窗口行业人员赛服务的局面。通过各类丰富多彩的活动,全市涌现出一批学习型、创新型、智能型女职工。在省总工会"三八"节表彰活动中,无锡市九龙公共交通股份有限公司K85路班组、威孚公司的王苏苏分别被评为全国女职工建功立业标兵岗和标兵;宏源纺机股份有限公司外贸分公司等15个单位、一汽锡柴的罗雪峨等15名女职工分别被评为江苏省五一巾帼标兵岗和标兵;教育工会女职工委员会等4个单位被评为江苏省实施五大行动的先进集体。

2007年,市总工会女职委制定《关于在全市女职工中开展建功立业"513"工程的意见》,向全市女职工发出"建功'十一五','513'工程显身手"的倡议。各级工会女职工组织鼓励女职工结合企业发展和岗位特点自定目标,以多种形式引导女职工在岗位上成才,在贡献中求发展,突出岗位练兵,在班组和岗位上学用结合,强调课堂学习与赛场比武相结合,激发女职工学与练的积极性。工矿企业、行业工会女职委在一线生产班组中开展师徒结对、同岗位的技术对口赛等活动,形成比、学、赶、超的良好氛围。各级工会女职工组织发动女职工紧紧围绕全市"一当好、三争创"宏伟目标,投身建功"十一五"立功竞赛和技术创新工程活动。邮政系统女职工选手在全省专业技能比赛中获全能冠军,并获全国先进女职工组织称号。市总工会女职工委员会等6个单位获江苏省先进女职工组织称号。是年,市总工会授予江阴市供电公司客户服务网络中心等48个单位无锡市五一巾帼标兵岗称号、刘英等76人无锡市五一巾帼标兵称号、王宁宁等19人无锡市女职工之友和胡怡等55人无锡市先进女职工工作者称号。

2008 年,围绕全面建设更高水平小康社会的新要求,全市工会女职工组织将"双争"活动与投身"十一五",当好主力军立功竞赛相结合,针对行业、企业特点,开展优质、高效、安全、节能、环保等为内容的创新立功活动,打造"竞赛—培训—考级"快速成才通道。宜兴市总工会女职委开展构建和谐新宜兴风采展示活动;锡山区总工会女职委在全区召开现场经验交流会,以典型引路,发挥榜样示范效应,全力推进建功立业活动的深入开展;市三院开展"深化创建立功,彰显巾帼风采"系列活动。各级女职工组织以多种形式引导女职工在岗位上成才,在贡献中求发展。在省总工会"三八"节表彰活动中,无锡有 15 个单位获江苏省五一巾帼标兵岗、15 名女职工获江苏省五一巾帼标兵称号。

2009 年,面对国际金融危机挑战,根据市总工会提出的"同舟共济保增长,建功立业促发展"竞赛活动的要求,市总工会女职委深入开展女职工建功立业活动,组织女职工积极参与技术比武、合理化建议、技术革新、岗位立功活动。各市(县)、区、局分别制定各具特色的活动实施方案,推动活动不断向中小企业、服务行业延伸,向女农民工相对集中的纺织、服装、服务等行业拓展,向镇(街道)、村(社区)女职工扩展,使参与活动的企业与女职工队伍不断扩大。江阴市总工会女职委在纺织、电子等行业的女职工中开展岗位立功竞赛活动。全市38万名女职工积极参与建功立业活动，其中4.3万人参与290场具有女职工特色的竞赛活动。是年，江阴市电信分公司人民路营业厅、无锡市惠山地方税务局第一税务分局办税服务大厅、海力士—意法半导体有限C2制造部ASHFTF/F班组获全国女职工建功立业先进集体称号，江阴市长泾纺织厂值车工苏里聪、江苏宜兴农村合作银行南郊支行行长蒋惠芬、无锡市梅梁中学教师秦文秀、无锡新苏纺国际贸易有限公司总经理吴慧琴获全国女职工建功立业先进个人称号。

2010年，市总工会女职委将具有女性特点和行业特色的女职工技能竞赛专场纳入到全市职工技能大赛系列，形成统一部署、统一比赛、统一表彰的工作格局。市总工会和市交通产业集团联合在交通行业女职工中举办女售票员技能大赛。在纪念“三八”国际劳动妇女节100周年之际，市总工会女职委举行“庆百年三八——女职工岗位建功特色展演”活动，市公安局、无锡供电公司、市实验幼儿园、市移动公司、市第四人民医院、市电信公司、市邮政局、市公交公司8个窗口服务行业(单位)的100名女职工积极参与，以情景模拟演练等形式进行优质服务展演，内容丰富多彩，形式新颖活泼，富有创意。市总工会举办“优秀女职工风采展”，以展板的形式宣传30位全国、省、市级先进女职工典型。各级女职委纷纷举办形式多样的展演、展示和服务活动，北塘区、新区等女职委举办文艺汇演和文明礼仪知识竞赛活动；市卫生局、教育局、邮政局、航天无锡疗养院等女职委举办服务风采展、插花艺术比赛、动感相册创意大赛等活动，展示女职工立足本职，岗位创新，争创一流和多才多艺的时代风采；江阴市总工会女职委开展五一巾帼提升行动，培养和造就学习型、知识型、技术型、创新型女职工队伍；宜兴市总工会女职委实施女职工建功立业工程，用3年的时间，组织80%的女职工开展五一巾帼标兵岗(兵)创建活动。

2011年，市总工会女职委在总结前期女职工技能比赛项目纳入全市职工技能大赛取得成效的基础上，又将市民政局、市医管中心、市广电网络公司3个女职工专场技能比赛，即婚姻登记员技能、护理技能和营业厅营业员技能比赛纳入全市职工技能大赛，得到企业行政领导的高度重视和大力支持，工会和行政相关部门通力协作，避免女职工组织唱独角戏、力量分散等不足，增强组织力度。建立奖励机制，对获得前三名的女职工选手授予无锡市五一巾帼标兵称号，对第一名的女职工选手同时授予无锡市“五一劳动奖章”称号。全市工会女职工组织举办电脑操作、餐饮烹饪、服装、美容化妆、礼仪服务、教学技能等岗位练兵和技能比赛100场次，参赛女职工(含女农民工)6万人次，进一步调动女职工学技术、强本领的积极性。各级工会女职工组织开展争创五一巾帼标兵岗和争当五一巾帼标兵活动，是年，市总工会评选出无锡市五一巾帼标兵岗45个、无锡市五一巾帼标兵67名；市手外科医院手术室等3个女职工集体、无锡南方石油添加剂有限公司胡耀珍等4名女职工分别获全国五一巾帼标兵岗、全国五一巾帼标兵称号。

2012年，全市工会女职工组织开展创建女职工建功立业标兵岗(标兵)活动，把五一巾帼提升行动融入了全市工会开展的“百千万”立功竞赛活动。宜兴市总工会女职委开展“双争”展风采、巾帼立新功系列活动，掀起女职工学赶先进的热潮；锡山区总工会女职委开展提素质建业绩主题活动，组织女职工劳动竞赛105场(次)，女职工提合理化建议700条；市园管中心女职委以“和谐关爱·建功奉献”为主题，组织五一巾帼标兵岗负责人进行业务交流，展示园林女职工创先争优的精神风貌。市总工会女职委和市相关部门联合组织全市职工职业技能大赛,组织市卫生局、市教育局、市民政局、市体管中心、市医管中心、市广电网络公司、无锡供电公司、市客运公司、君来集团和金融系统10大区域、行业的1万名女职工积极参与,开展教师技能、医护护理技能、银行业点钞识假技能、汽车客运服务员操作技能、养老护理员技能等10个竞赛项目,参赛行业、参赛人数和参赛项目创新高;会同市卫生等部门参与全国女职工技能大赛的选拔赛。市总工会女职委积极争取多方支持,对参赛获奖选手进行激励,构建较高层次的激励平台。江苏阳光集团的赵璧等3名女职工代表江苏在全国女职工岗位创新技能大赛中分获第三、第六和第七名的好成绩,获全国总工会授予的全国五一巾帼标兵称号。省总工会授予中船澄西船舶修造有限公司加工车间行车班等15个女职工集体江苏省五一巾帼标兵岗称号,授予舒洁等15名女职工江苏省五一巾帼标兵称号。

2013年3月7日,市总工会举行巾帼展风采、公益献爱心暨纪念“三八”国际劳动妇女节主题活动,拉开全市女职工建功立业等系列活动的帷幕,通过女职工岗位技能、绝技绝活等展演形式,展示女职工在岗位建功活动中的风采。市总工会党组书记、副主席管海燕在致辞中希望受到表彰的先进集体和个人再接再厉,再创新的业绩;希望广大女职工以先进为榜样,积极投入新一轮的建功立业活动,为推进“四个无锡”建设再创佳绩,再立新功。她要求,各级工会女职工组织要进一步增强服务大局、服务女职工的意识,不断增强责任感和使命感,在工会全局工作中体现更大的作为。市总工会女职委组织医疗卫生、教育、邮政通信、民政等行业开展市属大医院护理服务创新技能、市属学校教师技能、电信营业员服务技能、邮政营业服务礼仪和江阴市养老护理技能5个女职工专场技能比赛,活动层面从市属行业逐步向区域拓展。通过申报,列入市级技能大赛的女职工专场有A类5场和B类1场。各级工会女职工组织在不同行业、不同层次、不同类型的群体中选树女职工先进典型,评选出中船澄西船舶修造有限公司加工车间行车班等4个全国五一巾帼标兵岗和45个无锡市五一巾帼标兵岗,评选出邢梅花等4名全国五一巾帼标兵和80名无锡市五一巾帼标兵。市总工会女职委被江苏省巾帼建功领导小组授予省级巾帼文明岗称号。

二、创新创业创意活动

2004年起,全市各级工会女职工组织开展女职工创新、创业、创意活动,引导和培养女职工的创新意识、创意思维和创业精神,提升广大女职工发展和驾驭经济的能力,在实现“两个率先”的宏伟目标中发挥女职工组织的特殊作用。是年,市总工会、市科协联合下发文件,在全市企事业单位女职工中开展女职工科技创新成果申报、评选活动,全市共申报女职工科技创新成果90项。经有关专家评审,评选出国家粮食储备局无锡科学研究设计院邱晓红申报的食品专用粉配粉工艺与装备成套工程的研究等5个项目为一等奖,无锡永中科技有限公司黄芳申报的基于永中Office的中办公软件标准(国家863标准)等10个项目为二等奖,无锡亿江信息技术有限公司孙莺申报的“亿江”软件配置、发布缺陷跟踪软件(SCRTS)等16个项目为三等奖,无锡威孚集团有限公司赵伟等人申报的VE泵装配流水线及PW2000喷油泵包装线等57个项目为优胜奖。市总工会女职委召开女职工科技创新成果发布会,无锡永中科技有限公司的黄芳、无锡市传染病医院的黄利华、无锡格林艾普化工股份有限公司的郁明慧、无锡焦化有限公司的方蔚等进行科技创新成果发布，充分展示女职工在科技创新领域中的风采和所取得的成果。会上，市总工会和市科协决定，对获奖的女职工科技创新项目予以表彰和奖励。会后，组织女职工科技创新成果到基层作巡回演讲的活动。2005年，市总工会女职委加强选树和宣传下岗、失业女职工自主创业典型工作，推荐自主创业者朱玲珍在全市活力无锡建设工作会议上作典型发言；向省总工会选送一批女职工自主创业优秀资助项目，其中，无锡市朱玲珍开办的快餐店、束静君开办的净菜社获评省自主创业优秀资助项目。

2006~2008年，围绕创新、创业、创意活动，市总工会女职委以创建女职工素质教育基地为载体，以女职工素质提升大讲堂为主要形式，不断探索和丰富女职工素质提升的内容、形式和手段，取得明显成效。市总工会干校建立市级女职工素质教育基地，精心设置以自我提升、魅力提升、家庭经营三大模块的女职工素质教育内容，形成多层次、多渠道的女职工素质教育载体。各级工会女职工组织开办女职工素质提升大讲堂，举办讲座20场次。组织开展女职工专场技能竞赛，为女职工提供展示创新、创业、创意才能的平台，南长区、市民政局、市卫生局、市园管中心、中船澄西等女职委举办服装、护理、插花等体现女职工特色的技能比赛，激发女职工学业务、练技能、比服务的热情。市总工会女职委在召开巾帼建功创新创业创意座谈会时，邀请10位女创业者畅谈体会、交流经验，鼓励女职工自主创新创业，在转型发展中更好地发挥作用。

2009年起，市总工会女职委围绕全市调整经济结构和转变增长方式、主导产业、项目建设、区域经济发展、科技自主创新、推进建设创新型城市等方面，鼓励、引导和支持女职工岗位创新、岗位成才、岗位奉献；重点在女职工相对集中的教育、纺织、服装、旅游、餐饮服务等行业，开展具有女职工特色的各类技术技能竞赛，不断推动女职工创新、创业、创意活动深入发展。是年，市总工会女职委发出《关于开展女职工创新创业创意活动的意见》《关于印发女职工创新创业创意活动具体操作方案的通知》，组织全市女职工开展创新、创业、创意活动。各市(县)、区总工会女职委结合实际，制定实施意见和相应的活动方案，为活动顺利开展打下扎实的基础。宜兴市总工会女职委重点开展优秀创业女职工事迹报告会，巧手展风采、创意新生活手艺制作等活动；惠山区总工会女职委上下互动组织“三个六”[①]活动，以此培育一批技术能手，选树一批女职工自主创业示范点；新区总工会女职委利用工会网站组织开展了女职工“三创”[②]活动优秀方案发布会，以女职工的集体智慧推动该项活动的顺利开展。市总工会女职委积极发动和组织女职工参与首届无锡市职工科技创新展示周活动，共收集全市17个系统68个单位的105件创新创意作品，其中文字图片作品30件，工艺实物作品62件，绝技绝活表演作品13件，作者既有一线岗位的职工，也有科技和管理工作者。

2010年，市总工会女职委在“三八”节期间召开巾帼建功创新创业创意座谈会，来自全市IT软件、动漫等领域的女性代表在会上畅谈自身的经历，交流参与经济社会发展和自身进步的感想和体会。市总工会副主席、女职委主任王觉民要求广大女职工在促进家庭和谐、人际和谐、社会和谐中努力作为；在推动经济转型中开展科技、管理、服务创新活动，推进企业创新发

① 六场女职工技能比赛、六场就业招聘会、六场就业指导培训。

② 创新、创业、创意。

展;在提升自身素质中充分展示时代女性的崭新形象。

2011年,各级工会女职工组织开展女职工创新、创业、创意活动,在全市职工技能比赛中获得前三名的17名女选手同时获得无锡市五一巾帼标兵称号。市总工会女职委组织"庆百年三八——女职工岗位建功特色展演"活动,集中宣传30位全国、省、市级先进女职工典型,有8个窗口服务行业的女职工积极参与展演。南长区、市民政局、市卫生局、市园管中心、中船澄西公司等女职委举办服装、护理、插花等体现女职工特色的技能比赛,激发了女职工学业务、练技能、比服务的热情。是年,全市开展女职工创新、创业、创意活动评选,无锡尚德太阳能电力有限公司余裙珍节能减排等22个项目获市总工会创新创业创意成果奖。

2012~2013年,市总工会女职委制定女职工创新、创业、创意活动的实施操作方案,立足节能降耗、提质增效、自主创新、生态环保,引导和激励女职工立足岗位创新创优。各级工会女职工组织针对区域、行业、单位经济发展的重大项目以及拥有自主知识产权的主导产品和关键技术,组织女职工积极参加提一条合理化建议、推广一项科技成果、学习一门新技术、改革一项新工艺、刷新一项新纪录的"五个一"活动,掀起学技术、争一流、多贡献的女职工创新竞赛新高潮;引导和激励女职工重点关注以创意产业为支柱的现代科技服务业,运用发散性思维构思设计出符合市场需求,有实际用途、思路新颖、操作可行,并具有一定的技术先进性和开发价值的创意项目。无锡电信公司女职委开展"我与全业务经营"专题PPT制作比赛,江阴市总工会女职委在纺织、电子等女职工集中的行业中开展声势浩大的岗位立功竞赛活动,取得较好的效果。

2009~2013年,全市各级工会女职工组织女职工开展创新创业创意活动,评选出优秀创新成果100项。培育女性全国劳模、全国"五一劳动奖章"7人,省、市级女性劳模96人,全国、省级五一巾帼标兵岗47个,全国、省级五一巾帼标兵50人。

三、素质教育

2004年起,市总工会女职委制定《女职工素质教育规划和实施意见》《女职工素质教育工作实施考核细则》,率先在全省开展以强化女职工的思想道德修养、科学文化技术和身体素质为主要内容的素质教育工作,全市各级女职工组织通过各具特色的载体和自我达标活动,使广大女职工的整体素质得到进一步提升。是年,市总工会女职委举办"怎样当好班组长"系列讲座,全市76名"五一岗位"女明星班组长、先进女班组长参加培训,系统学习班组长在企业管理中的作用、权力和管理原则等9个方面的课程,提高女班组长的理论文化素质。2006年,电信局工会女职委在女职工中开展每天学习一小时、每季阅读一本书、每半年参加一次讲座或学习、每年写一篇调研或学习体会文章的"四个一"活动,引导女职工树立终身学习的观念。市教育工会女职委在开展征集"爱生格言"的基础上,印制《无锡市教师爱生格言专集》,分发给女教育工作者学习,提升女教职工的师德水平。市级机关工会女职委以机关新女性形象活动为主题,开展宣传、展示、教育等一系列活动,进一步提高机关女干部的整体素质。2006~2007年,全市各级女职委开展法律知识、现场咨询活动50场次,现场接待3000人次;为基层女职工干部及广大女职工开办知识等各种培训班达60期;免费向基层广大女职工发放《女性健康手册》等书籍共计2.5万册。2007年,选树宜兴大酒店等20个女职工素质教育示范基地。市总工会女职工部获评2006~2007年度全国心系女性——女职工素质系列教育活动先进单位。2008年6月19日，市总工会女职委特邀全国总工会“心系女性”组委会北京专家举办“无锡市女性形象教育首场模式课”，100名女职工干部及女职工代表参加听讲。5年间，全市女职工参加素质达标活动16万人次；创办女职工周末学校、健康学校54所，4.5万人次参加学习；建立基层女职工素质教育基地276个，覆盖女职工9万人；开办讲座、流动课堂349场，举办各类培训班682期，培训10万人次；女职工提升学历档次3万人，提升技术等级档次7万人；提拔为企业中层(含中层)以上领导岗位7100人；在创建文明新风家庭活动中有4000户家庭受到表彰。

2009~2013年，市总工会女职委坚持把女职工素质提升工作作为工作重点，紧跟经济社会发展步伐，适应女职工自身发展要求，扎实推进女职工素质教育，受到省总工会肯定。2010年，省总工会在无锡召开经验交流会，无锡市女职工素质教育活动的经验和做法在全省推广。市总工会女职委下发《关于培育选树女职工素质教育示范基地的实施意见》；各级女职工组织深入开展培育和选树工作，在全市行业、社区和企业中选树一批女职工素质教育示范基地，为素质提升培训工作的进一步发展创造条件，全市建立各种类型的女职工素质教育基地组织298个。围绕思想道德、文化知识、职业技能、心理素质等方面，开设职业篇、沟通篇、心态篇、健康篇等7个专题的菜单课程；市总工会女职委每年按照“订单”需求，结合基层特点和实际需求，组织专家下基层进行巡回授课，推动女职工素质提升教育培训活动向镇(街道)、村(社区)、企业延伸；组织女职工学习岗位技能和业务知识，开办员工关系管理、心理健康辅导、女职工专项集体合同业务等专题培训班，通过多层次、多科目、多形式的菜单式教育培训，促进女职工的知识更新、能力提升和素质的提高。是年，无锡市女职工素质教育基地获全国首批、全省唯一的女职工培训示范学校称号。2011年，市总工会女职委开展职业女性素质能力及心理健康、女性形象工程、公共礼仪常识、营养健康、生殖健康等多种课程教育活动，组织关心下一代劳模和先进工作者宣讲团进学校开展理想信念宣讲活动。2013年，市总工会女职委选树龙山社区女职工素质教育基地等6个单位为女职工素质教育示范基地；开设女职工素质提升大讲堂，组织专家进园区、进企业进行辅导讲授和公益巡讲。5年间，各级女职工组织举办大讲堂1000场次、各类讲座3600场次，参与女职工人数达15万人次。

第三节　女职工特殊权益保护

2004~2013年，全市工会女职工组织依法履行维护的基本职责，贯彻执行《妇女权益保障法》和国务院颁布的《女职工劳动保护特别规定》，注重源头参与，加大宏观维护的力度，促进工会女职工维权工作上新台阶。

一、促进权益保障

2004年，市总工会女职委在全市开展“五一”女职工维权月活动，进行女职工权益落实情况监督检查活动，推进基层签订女职工权益保护专项协议工作。采用调查问卷等形式，对崇安区、南长区、北塘区、滨湖区、新区所属私营、外资、个体经济组织等非公领域从业女职工的劳动环境情况进行调查，撰写非公企业女职工权益保护情况调查报告，在《江南晚报》上刊登。

2005年，市总工会女职委召开《女职工劳动保护规定》修改调查座谈会，与会人员就女职工生育保护问题、男女平等就业问题、女职工劳动禁忌问题、职业安全与卫生问题、劳动保护的监察和监督问题等进行讨论，各抒己见，提出了建设性意见，并报省总工会。组织发动全市女职工参加全国总工会女职委组织的“陕汽杯”法律知识竞赛，市总工会女职委获评全国法律知识竞赛优秀组织奖。

2006年起，市总工会女职委加强源头参与，依法当好广大女职工权益的代言人，每年就涉及女职工切身利益的重大问题、女职工关注的热点和难点问题开展调研，向政府有关部门提出意见和主张；开展女性进城务工人员调研活动，涉及的行业有纺织、服装、玩具、制鞋、电子、餐饮、娱乐等，对象为市(县)、区所属集体、私营、外资企业和个体经济组织的180名女性进城务工人员，着重了解她们的生存环境、生活工作现状等情况，对劳动用工制度不规范、社会保险覆盖面不广、教育培训意识弱化等问题进行汇总，写出专题调研报告，向有关部门反映，提出建议和要求；对黄巷街道企业、东联制衣、国联集团、威孚集团等10个单位300名女职工的专项集体合同工作及女职工组织建设等工作情况进行调研和分门别类指导，提出意见和建议，推进女职工权益保障工作。

2007年，市总工会女职委选择100个不同类型、不同状况的企业进行问卷调查。通过调研发现的问题包括：用工制度不规范，企业不与女职工签订劳动合同，有的企业虽然与女职工签订了劳动合同，但合同极不规范，没有女职工特殊保护及社会保险内容；女职工劳动权利得不到保障，工资偏低，加班加点现象还普遍存在；“四期”保护①得不到完全落实，不按照规定对女职工进行妇科体检；劳动卫生、职业安全状况令人忧，部分劳动密集型和规模较小的企业设备陈旧、工艺落后、作业环境差，存在严重的事故隐患；个别业主片面追求企业效益，守法意识薄弱，为降低生产成本，不愿为女职工缴纳社会保障金等。对此，市总工会女职委及时反映，及时通报，及时处理，通过工会劳动法律监督检查活动，保障女职工合法权益。市总工会女职委以服务女职工为主线，组织学习宣传修改后的《妇女权益保障法》《劳动合同法》和《企业工会工作条例》等法律法规，帮助女职工提高自我维护的能力，不断增强法律意识和自我保护意识。全年各级工会女职工组织开展普及法律知识、现场咨询活动20场次，现场接待1000人次。

2008年，市总工会女职委深入基层调查《江苏省实施妇女权益保障法办法》实施情况，组织开展宣传月活动暨调查问卷工作，选择不同所有制的企业类型，走访14个单位，完成340份问卷调查。参加市妇儿工委组织的省实施《妇女权益保障法》办法座谈会，提出当前女职工面临和亟待研究探讨的新课题，以及加强和完善女职工权益保障的措施和办法，得到有关方面的认同；主动参与涉及女职工相关法律、法规和政策的制定，就《江苏省女职工劳动保护办法》的修订和《中国工会章程》的修改，召开不同行业、不同性质企业的女职工干部座谈会，积极反映诉求，努力推动有关女职工问题的妥善解决；以贯彻省企业民主管理条例为契机，以提高女职工民主参与程度为目标，努力推动职代会女代表比例与企业女职工比例相适应，进一步拓宽女职工利益表达诉求的渠道。

2009年，面对金融危机，市总工会女职委对在生产经营中受国际金融危机影响较大，女职工较集中的纺织服装、玩具鞋帽、电子贸易等企业，开展专题调研活动。从女职工问卷调查情

① 一般指女职工的经期、孕期、产期、哺乳期的保护。

况反映来看，被调研企业基本建立女职工权益保护机制，落实女职工特殊保护，完善女职工养老等保障机制，女职工对落实女职工权益保护相关的法律法规政策也基本知晓，女职工在劳动、工资、特殊权益等方面的保障情况较好，写出《国际金融危机影响下企业女职工劳动权益状况》的调研报告，并为完善市总工会《关于金融危机对无锡部分企业的影响情况调查》的报告提供资料。市总工会女职委积极参与市总工会凝聚群力、服务企业、促进发展主题活动，发挥女职工组织的独特优势，组织开展送健康、送知识、送文化等系列活动，引导女职工与企业共渡难关、共谋发展。市总工会女职工部、民管部会同市人社局，围绕劳动法律法规的贯彻执行，深入企业开展以劳动报酬、休息休假、劳动安全、职工培训、女职工特殊保护等为主要内容的调研检查，制定具有劳动用工、劳动标准、劳动保护等涉及劳动者切身利益的规章制度示范文本，并规范了女职工专项集体合同文本。

2010年5~7月，市总工会联合市人社局、市企业联合会/市企业家协会和市工商联开展女职工特殊保护专项检查和集体合同签订、履约情况检查活动，并对女职工较为集中的纺织服装、餐饮、商业、加工制造等行业以及制鞋、化工等254家企业进行女职工特殊权益保护检查。通过企业自查、组织抽查、查阅台账资料、座谈等形式，帮助和指导企业解决实际问题，推进全市女职工特殊保护专项工作的深入开展。市总工会女职委积极参与市总工会劳动法律监督检查活动，把女职工特殊权益保护工作纳入督查范围，促进企业女职工特殊权益保护工作。

2011年，市总工会女职委联合江阴市、锡山区和滨湖区总工会女职委共同参与苏南片国家级开发区(园区)女职工特殊权益保护情况的专题督查，促进女职工权益保障工作。

2012年5月29日，无锡市工会女职工权益保护暨贯彻《女职工劳动保护特别规定》推进会议在SK海力士半导体(中国)有限公司召开。市(县)、区分管主席、女职工部长，各局(公司)、直属单位工会女职委主任，以及新区基层工会女职工干部170人参加会议。会议总结全市工会开展女职工权益保护工作推进情况，对下一步贯彻落实《女职工劳动保护特别规定》、推进女职工权益保护工作进行部署。新区、新区海力士、惠山区前洲街道和江阴高新技术产业开发区4个工会女职委作交流发言；与会人员观摩新区女职工保健示范窗口创建活动现场，参观新区海力士孕妇休息室和哺乳室等女职工保健设施。南长区总工会组织所属单位开展《女职工劳动保护特别规定》学习宣传月活动，订购《女职工劳动保护特别规定》百题问答学习资料下发到基层工会，与区人社局深入街道辖区及部分区属12家企业开展工会劳动法律监督检查活动。市总工会女职委组织开展女职工工作集中走访调研活动，各级工会女职工组织深入了解基层企业特别是中小非公企业女职工、女农民工的现状及她们在生产生活中面临的困难和问题，通过自查和互查、座谈或访谈交流等形式，进一步了解基层企业和女职工的工作、生活情况，就开展工会女职工工作提出对策和建议。

2013年5~7月，市总工会女职委组织全市9000家企事业单位、10万名女职工参与《女职工劳动保护特别规定》知识竞赛活动。市总工会女职委、宜兴市总工会女职委获全国优秀组织奖，江苏精亚集团徐秋华等56名女职工获全国优秀个人奖，部分单位和女职工获省级优秀组织奖和优秀个人奖。市总工会女职委对电子、化工、皮革制鞋等行业执行女职工禁忌劳动标准情况进行专项督查调研，重点就《女职工劳动保护特别规定》贯彻执行的总体情况，企业执行女职工禁忌劳动标准情况，各区域和行业在贯彻《女职工劳动保护特别规定》，特别是在执行现行女职工禁忌劳动标准中碰到的问题、难点及对策和建议等展开督查调研，并对一些涉及女职工劳动保护问题较多的重点行业和企业进行抽查。是年，新区总工会和社会事业局组织开展园区企业女职工保健“示范窗口”创建活动，下发2013年创建目标任务书，通过加强培训指导、现场参观交流、考核检查整改等举措，扎实推进女职工保护工作。

二、专项集体合同

2004年，各级工会女职工组织积极参与企业改革方案的制定，注重把女职工特殊利益的保护纳入集体协商和集体合同的内容，以法律的形式确保女职工特殊利益不受侵犯。在全面推进女职工权益保护专项集体协议过程中，按照市劳动和社保局、市总工会、市经贸委《关于开展签订女职工权益保护专项集体协议工作的通知》的要求，进一步扩大专项协议的覆盖面。全市企业工会女职工组织参与平等协商和签订集体合同全过程的有2303人，签订女职工权益保护专项协议1500份，涉及女职工10万人，签订率比上年增长一倍。各级工会女职工组织加强对女职工权益保护专项协议的履约情况进行检查和监督。

2005年，市总工会在全省率先出台《关于开展签订女职工权益保护专项协议工作的通知》，为各级工会女职工组织开展维权工作提供依据和指导。江阴市、宜兴市、锡山区、惠山区和滨湖区总工会女职委结合实际制定实施意见或细则，推动专项协议工作的开展。各级工会女职工组织积极稳步地推进女职工权益保护专项集体协议签订工作，专项集体协议从无到有，从少到多，从简单到完善，针对性、实效性不断增强，为协调劳动关系、维护女职工合法权益、促进全市企业经济发展、构建和谐社会作出积极贡献。11月15日，在全省工会女职工特殊权益保护专项集体合同工作推进会上，市总工会就签订女职工权益保护专项集体协议工作作经验交流发言。25日，市总工会女职委在宜兴召开无锡工会女职工权益保护专项集体协议工作经验交流会，传达江苏省女职工权益专项集体合同工作推进会精神，对全市签订女职工权益保护专项协议工作作总结，就进一步推进这项工作提出要求。宜兴市总工会女职委、滨湖区总工会女职委、江阴红光织造有限公司工会女职委、宜兴市宜城镇城南街道工会女职委在会上作交流发言。截至年底，全市签订女职工权益保护专项集体协议3801份，覆盖企业1.03万家。市总工会女职委通过年度目标考核、评比等措施，使全市基层工会女职工委员会参与平等协商和签订集体合同率继续保持90%水平。

2006年4月，市总工会、市社保局、市经贸委联合制发《关于进一步加强企业女职工权益保护专项集体合同工作的意见》，要求各级工会进一步扩大女职工专项集体合同的签约面，提高签约质量，提高专项集体合同的实效。至9月底，全市建立女职工特殊保护专项集体合同制度的企业总数1.67万家，覆盖女职工40.64万人，其中单独签订女职工特殊保护专项集体合同的企业5902家，签订女职工特殊保护集体合同附件的企业1216家；有26个行业建立了行业性女职工特殊保护专项集体合同制度，覆盖企业620家，覆盖女职工1.56万人；建立区域性女职工特殊保护专项集体合同制度的702份，覆盖企业7936家，覆盖女职工17.19万人。

2007年，市总工会女职委要求各级女职工组织扩大平等协商、签订专项集体合同的覆盖面，提升专项集体合同的签约率、履约率。与市(县)、区工会女职委签订目标责任书，形成重点工作重点抓的良好氛围。各级工会女职工组织把各类指标分解考核落到实处，确保全年目标的实现。滨湖区总工会女职委把女职工权益保护专项集体合同列入与基层工会签订的年度工作责任状中，做到同部署、同落实、同考核，确保女职工权益保护专项集体合同工作在全区顺利推行。无锡电信工会女职委抓好专项集体合同的监督检查，设立女职工论坛，听取女职工的意见和建议，开辟女职工工作网上专栏，及时报道公布女职工权益保护、合同落实情况。截至年底，全市建立女职工特殊保护专项集体合同制度的企业总数2.3万家，覆盖女职工42万人，其中单独签订女职工特殊保护专项集体同的企业6691家；有12个行业建立了行业性女职工特殊保护专项集体合同制度，覆盖企业2538家；建立区域性女职工特殊保护专项集体合同制度的787份，覆盖企业1.04万家。

2008年，市总工会融合劳动关系三方力量，全力推进女职工权益保护专项集体合同工作，进一步加强新建工会和区域、行业的专项集体合同工作，切实做到同发文、同检查、同考核、同表彰，全面提升专项集体合同的签约率、履约率。市及市(县)、区工会建立了女职工专项集体合同电子档案。全市建立女职工特殊保护专项集体合同制度的企业总数2.56万家，覆盖女职工45万人，其中单独签订女职工特殊保护专项集体同的企业6971家；有15个行业建立了行业性女职工特殊保护专项集体合同制度，覆盖企业3548家；建立区域性女职工特殊保护专项集体合同制度的815份，覆盖企业1.36万家。江阴市供电公司等16家单位获江苏省女职工特殊保护专项集体合同工作示范单位称号。

2009年，市总工会女职委健全和完善女职工专项集体合同监督履约机制，重点推进行业性、区域性女职工权益专项集体合同工作。市总工会会同市社保局在市区劳动保障诚信企业中开展专项检查，检查企业劳动用工规章制度执行情况和集体合同、专项集体合同执行情况，督促企业整改不足之处，进一步维护女职工的合法权益和特殊利益。全市签订女职工特殊保护专项集体合同8003份，覆盖企业2.9万家，覆盖女职工70万人，签订率93.1%。

2010年，各级工会女职工组织加大女职工权益保护专项协议签订由大中型企业向一些规模小、女职工人数少的小企业中推进力度，以行业、镇(街道)、村(社区)为单位签订行业或区域性专项协议，在女职工集中的行业、镇(街道)、村(社区)、工业园区同步签订区域性、行业性专项合同，进一步扩大覆盖面；推进行业化、特色化等个性专项合同，使签订女职工专项合同工作逐步走向规范化、精细化。11月26日，市总工会女职委在市总工会干部学校召开全市女职工专项集体合同推进会议，总结交流女职工特殊保护专项集体合同工作经验。滨湖区总工会女职委、宜兴和桥镇塑料编织行业联合工会女职委、江阴市邮政局工会女职委3家单位作典型交流发言；会上进行了女职工专项集体合同签订工作的专题辅导培训。至年底，全市签订女职工特殊保护专项集体合同8417份，覆盖企业3.06万家，覆盖女职工71.38万人，签订率96%。市总工会女职委获全国推进女职工权益保护专项集体合同工作先进单位称号。

2011年，针对中小非公企业开展专项合同工作难度较大的现状，市总工会女职委注重借助劳动关系三方协调机制力量，在女职工集中的行业、街道、社区、工业园区继续签订区域性、行业性专项合同；按照省总工会的统一部署，组织江阴市、锡山区和滨湖区总工会女职委共同参与苏南片国家级开发区(园区)女职工特殊权益保护情况的专题督查。崇安区等女职委在已签订女职工特殊保护专项集体合同的单位中开展合同的签订情况和履约情况检查，通过总结交流经验、查找问题，促进工作的有效落实。全市签订行业性女职工特殊保护专项集体合同42份，覆盖企业4209家；建立区域性女职工特殊保护专项集体合同840份，覆盖企业1.88万家。

2012年,各市(县)、区总工会女职委坚持女职工专项合同与集体合同、工资集体协商工作同步协商、同步签订、同步履约,将女职工专项合同工作纳入创建劳动关系和谐企业等重点考核内容。市及市(县)、区总工会女职委联合开展省级开发区(工业园区)女职工特殊权益保护情况专项督查,并与同级工会相关部室联合开展企业执行有关法律法规情况的监督检查,推动涉及女职工特殊权益保护法律法规在基层企业的进一步落实。至年底,全市签订专项合同8525份,覆盖企业3.07万家,覆盖女职工73.4万人,覆盖率96.5%。

2013年6月,市协调劳动关系三方委员会下发《关于进一步完善和规范女职工特殊保护专项集体合同工作的通知》。市总工会女职委修改完善专项集体合同示范文本,增加行业性(区域性)女职工特殊保护专项集体合同示范文本;要求企业对原有的文本内容进行对照修改,将新增或修改的内容纳入集体协商范围。10月,省协调劳动关系三方委员会办公室转发无锡市协调劳动关系三方委员会《关于进一步完善和规范女职工特殊保护专项集体合同工作的通知》,在全省推广无锡市加强女职工特殊保护专项集体合同规范化建设经验做法。

第四节 关爱行动

2004~2013年,全市工会女职工组织认真实施《女职工健康互助计划》,开展以互助保障、健康服务、特殊保护和爱心帮扶为主题的系列关爱行动,努力服务女职工,增进女职工的身心健康。

一、健康互助计划

2004年2月,市总工会女职委采取召开基层女职工干部座谈会、向各级工会女职工组织发放征询意见表等形式征求意见,研究制定《女职工健康互助计划》。3月5日,市总工会女职委举行《女职工健康互助计划》启动暨女子体检中心揭牌仪式,市总工会副主席、女职委主任李锦南作实施健康互助计划动员,市政协副主席陆慧琴到场讲话。市总工会女职委会同市妇幼保健院向困难企业女职工发放1000张免费体检卡,全市女职工健康互助计划正式运行。3月12日,无锡商业建设发展公司联合工会率先加入《女职工健康互助计划》,成为全市第一家为女职工缴纳健康互助费的单位。至年底,有45个行业、280家企事业单位的2.48万名女职工参加健康互助计划,收缴会费80万元;79人享受住院医疗费自负部分的优惠待遇,3000人接受免费妇科体检,6人领取健康互助金,女职工健康互助计划受到企事业单位和职工的赞誉。

2005年,市总工会女职委把加快发展会员、提高女职工参与率作为工作重点,扎实推进女职工健康互助计划。至年底,有359个单位的3.06万名女职工参加女职工健康互助计划,8793人接受妇科免费体检,查出患有妇科疾病的女职工占参检人数的51.89%,其中查出妇科恶性肿瘤6例;享受住院优惠的女职工161人;23名患大病(妇科癌症)的女职工享受互助金13.75万元。

2006年,市总工会女职委对参加互助计划的女职工进行免费体检,1800人受惠。是年,女职工健康互助计划新增32个单位,累计有400个单位的3.70万名女职工参加女职工健康互助计划;17名患大病(妇科癌症)的女职工享受互助金9万元,累计41名患大病的女职工享受24.75万元互助金。

2007年3月26日，市总工会女职委在市妇幼保健院举行以“让爱延续·助你健康”为主题的无锡市女职工健康互助计划第二轮启动仪式，市总工会党组成员、纪检组组长、女职委主任王珍珍对实施市女职工健康互助计划情况进行总结并作新一轮的再动员，向45名参加女职工健康互助计划得到理赔的人员赠送“让爱延续”活动免费健康体检卡，邀请专家进行讲座。至年底，有404个单位、3.7万名女职工参加健康互助计划，收缴会费106.56万元；43名患大病的女职工享受互助金27.25万元；2.09万人接受妇科免费体检。

2008年，为进一步激发女职工参与的积极性，扩大覆盖面，提升女职工健康互助计划品牌项目的影响力，市总工会女职委适时推出一系列优惠措施。4月初，市总工会对2007年参加或续保的50个一定规模的单位及女职工组织进行奖励。6月中旬，经市女职工互助计划管委会审议通过，并经市总工会党组同意，在原免费体检项目的基础上，对续保人员（从2007年开始续保的人员）再增加一个免费项目——女性B超。至年底，累计7.14万人次参加女职工健康互助计划，收缴会费229.41万元，75名患大病的女职工享受互助金45.25万元。

2009年，针对全市女职工健康互助计划发展不平衡的现状，市总工会女职委根据各区的实际情况，明确目标任务，列入全年工作目标考核责任书，层层分解，逐级推进；及时召开部分组织发展工作较薄弱区域的推进会，重点加强宣传指导，利用下基层调研等机会进行宣传推广，努力将女职工互助计划落实到基层。市总工会女职委加强与市妇幼保健院的联系，共同落实和及时安排妇科普查等服务工作。是年，落实免费妇科普查等服务达5万人次。为加强健康互助计划的管理工作，市总工会对女职工健康互助计划管委会成员进行了调整。省总工会在下发《关于进一步开展女职工特殊疾病互助保障工作的意见》时，将无锡市女职工健康互助计划作为文件的附件，向全省推介。至年底，累计8万人次参加女职工健康互助计划，102名患大病的女职工享受互助金61.75万元。

2010年，市总工会将女职工健康互助计划纳入幸福进万家——工会助民行动实事项目，市总工会女职委召开女职工健康互助计划推进会，部署第三轮女职工健康互助计划的推动工作，与7个区总工会女职委签订目标责任书，落实责任，将目标任务列入职工互助保障项目一起部署、一起考核，得到各级工会女职工组织的响应。市总工会女职工部会同生活部针对全市发展不平衡的现状，召开部分入会发展工作较薄弱区域会议，进行重点指导。惠山区总工会积极推进女职工健康互助计划的开展，采取费用贴补等举措，扩大互助计划的覆盖面；滨湖区总工会向外来环卫女职工续赠女职工健康互助卡，让更多的女职工加入到互助友爱的行列；市级机关工会女职委专门下发通知，加强宣传，引导女职工积极参加健康互助计划；校管中心女职委加强目标责任管理，女职工健康互助计划实现全覆盖。是年，落实免费妇科普查等服务5000人，累计10万人次参加女职工健康互助计划，120名患大病的女职工享受互助金71.75万元。

2011年，为落实市委、市政府为民办实事目标任务，市总工会女职委通过扩大参保范围来推进女职工健康互助计划。针对企业“离岗退养、协保、续保”职工的实际情况，在市总工会的统一部署、协调下，经过政府支持、工会投入和社会筹集资金等渠道，市总工会女职委将包括女职工在内的“三类”职工以参保补贴形式纳入参保范围，这样，既扩大女职工健康互助计划的覆盖面，又增加一份抗风险能力；分解全年目标任务，与7个区总工会签订目标责任书，通过加强与基层单位沟通和下基层调研宣传等途径，加大女职工健康互助计划的推进力度。至年底,女职工健康互助计划累计参加人数12.03万人次,137名患大病的女职工享受互助金85.75万元。

2012年10月,市总工会女职委召开女职工健康互助计划工作推进会,通报全市女职工健康互助计划工作进展情况。市总工会女职工健康互助计划管委会成员参加会议,市总工会副主席、女职委主任王觉民到会讲话。至9月底,女职工健康互助计划累计参加人员14.5万人次,累计156人享受互助金99.25万元, 其中,1~9月参加女职工健康互助计划的在保人数6.37万人,完成是年市委、市政府为民办实事项目目标任务的98.44%。

2013年,市总工会女职委进一步拓展健康互助项目,发挥各级工会女职工组织的作用,推进女职工健康互助计划。至11月底,参加女职工健康互助计划的在保人数7.19万人,超额完成是年市委、市政府为民办实事项目的新增目标任务。至年底,女职工健康互助计划累计参加人员17.76万人次,收缴会费597.65万元;累计享受互助金205人,享受互助金额133万元。

二、送知识、送健康

2004年,市总工会女职委组织开展送知识、送健康活动,会同市妇幼保健院组织医疗专家下基层举办健康知识讲座100场;向困难企业女职工发放免费体检卡1000张;会同市妇联等单位开展"伊人净"关爱女性健康系列活动;在八佰伴广场举办宣传服务活动,发放《女性健康手册》《无锡市女职工健康互助计划简介》等宣传资料1万份。

2005年,市总工会女职委会同市卫生、市民政等部门联合开展尊重生命·关爱健康活动,举办尊重生命·关爱健康知识讲座;结合全市工会开展的送知识、送健康活动,会同市妇幼保健院为2000名困难企业女职工进行免费体检、举办保健知识讲座,积极推动妇女病的普查工作。

2006年,市总工会女职委拓展帮困行动,继续开展送知识、送健康活动,积极推动妇女病的普查工作。3月,会同市妇幼保健院为3402名困难企业女职工进行免费体检,举办保健知识讲座。4月,组织300名基层女职工干部、女劳模、女先进工作者听取华东地区女性健康高峰论坛在政协礼堂举行的专题讲座,为参加讲座的人员免费进行宫颈癌诊断基因的检测。7月,组织120名基层女职工干部参加由上海华东政法学院老师讲授的女职工干部的情商和心理调适的心理健康辅导课程。

2007年,市总工会女职委开展关爱女职工健康行动。3月10日,与市妇幼保健院联合开展送健康活动,为全市2000名企业女职工进行免费体检;为基层女职工干部及广大女职工开办知识、健康、保健、提高业务能力等各种培训班55期;走进镇(街道)、村(社区)、工矿企业,举办关爱女职工健康行动讲座,免费向基层广大女职工发放《女性健康手册》《疼痛与疾病防治》《爱滋病预防知识教育手册》《家庭理财》《营养主妇宝典》等书籍共2.5万册,书本图文并茂,内容丰富,浅显易懂,给广大女职工的工作、生活带来指导和帮助;组织6000名女职工参与全国总工会、全国妇联举办的喜迎奥运·放飞梦想的知识竞赛问卷活动。

2008年,各级工会女职工组织开展"迎奥运·女职工健身行"主题活动,市校管中心举行女教工太极拳活动,国联证券举行登山活动,锡山区举办女子健身操培训班,无锡供电公司举行女性沙龙活动等。市总工会女职委开办女职工健康知识流动课堂,5月19日,特邀全国总工会"心系女性"组委会北京专家到无锡举办"无锡市女性形象教育首场模式课"。至6月,市总工会女职委连续开办25场健康流动课堂，得到基层女职工干部及女职工的欢迎。推出以“倾情关爱·共享和谐”为主题的系列活动，市总工会女职委联合市妇幼保健院免费为困难企业女职工和女职工干部进行体检，在现场免费为女职工提供法律援助、心理咨询、健康营养保健、创业指导、劳动和社会保障服务等内容的一站式服务；全年免费向基层女职工发放《女性健康知识手册》《中国形象工程美丽女人》、形象礼仪光盘等共计1.5万册(盘)。

2009年，各级工会女职工组织以“三八”节、“五一”节为契机，开展女职工健康援助行动，为困难企业女职工、单亲特困女职工、女农民工、女劳模进行妇女病免费普查。北塘区总工会女职委组织“呵护女性·关爱生命”妇女乳腺健康免费体检活动；新区总工会女职委组织“相约春天——关爱女性健康”活动，进一步增强女职工的自我保护意识；滨湖区、南长区、崇安区等总工会女职委开展防治艾滋病、女性健康知识宣传教育活动，帮助女职工增强健康意识，培养健康理念，提升健康素质。市总工会女职委联合市妇幼保健院为全市2000名困难企业女职工、特困女职工、女农民工送体检、送义诊、送女性健康知识手册；启动“关爱女劳模·真情送健康”活动，来自全市各条战线的150名全国、省、市女劳模享受免费健康体检、健康知识讲座辅导和专家咨询等服务。

2010年，各级工会女职工组织结合实际，以多种方式实施关爱女职工健康行动。市总工会女职委组织开展职工“红丝带”健康行动，组织专题知识讲座，推动工会系统预防与控制艾滋病工作；联合市妇幼保健院开展关爱女职工真情送健康活动，为千名困难企业女职工、女农民工进行妇女病免费普查。滨湖区河埒街道工会女职委开展“维权周—关爱贫困母亲行”活动，惠山区前洲镇工会设立女职工健康服务中心，南长区通扬桥社区工会建立“姐妹驿站”，为女职工尤其是女农民工提供维权、信息、保健、家教、扶贫、就业等多项服务。各级工会女职工组织还通过结对帮扶、走访慰问、捐资助学等形式，关心特困(单亲)女职工、女农民工子女，努力为她们排忧解难。

2011年，市总工会女职委、市妇幼保健院联合开展“关爱女职工·真情送健康”活动，于2月22~25日走进基层单位，为惠山区利锡拉链股份有限公司和滨湖区环卫处的200名女农民工进行妇科免费普查、健康咨询指导和发放健康知识手册等服务活动；为南长环卫处120名女农民工进行宫颈癌和乳腺癌“两癌”免费检查，现场组织健康咨询和提供治疗意见等服务活动。12月1日，市总工会女职委联合新区总工会女职委和新区疾病预防控制中心在海力士—恒亿半导体有限公司开展职工“红丝带”健康行动宣传活动，为职工发放宣传资料，讲解健康知识，开展问卷调查、政策法律和健康咨询等服务。

2012年，结合“面对面、心贴心、实打实服务职工在基层”活动，各级工会女职工组织开展形式多样的女职工关爱月系列活动。3月，市总工会女职委举行女职工关爱月系列活动启动仪式，组织千名环卫女职工享受免费妇科体检和环卫女职工游览环城古运河活动，得到社会的好评；开展“关爱困难女职工·医疗援助献真情”等活动，发挥女职工关爱行动专项资金的作用，对市、区两级建档的400名困难女职工实施“两癌”筛查。各市(县)、区总工会女职委会同有关方面，为餐饮、城市管理、美容美发、保洁等行业的劳务派遣工、外来女职工提供妇科免费检查，受到企业欢迎。市及市(县)、区两级工会女职委为困难女职工和女农民工进行妇女病免费普查人数5000名。各级工会女职工组织把开展心理健康服务引入女职工工作服务范围，崇安区广益佳苑社区工会开设的"心扉聊天驿站",为女职工提供心理健康咨询、减压等服务;中国电信无锡分公司工会女职委开展"追求幸福力"系列主题活动,其中"畅想幸福翼生活"微群成为活动亮点,吸引了广大女员工参与,被誉为新的"幸福驿站"。至10月底,有230多位女员工加入该微群,占女员工总数的53%。

2013年,市总工会女职委联合市妇幼保健院为市(县)、区总工会帮扶系统在档的400名单亲特困女职工和女农民工,进行乳腺癌和宫颈癌免费筛查;启动"关爱女职工·真情送健康"义诊服务,为全市1500名非公企业的女劳务派遣工、公安女协警等进行妇科免费体检。12月,各级工会女职工组织以世界艾滋病日为契机,开展职工"红丝带"健康行动宣传活动,现场解答政策法规,发放宣传资料。惠山区总工会女职委在各街道创建女职工健康服务中心,打造特色服务项目,推动女职工关爱行动项目化、制度化和常态化;新区总工会女职委会同行政部门开展外资企业女职工保护"创示范"工程,使女职工特殊保护和保健工作取得显著成效。市总工会女职委通过项目化推进,并以此为示范和导向,推动更多工会组织落实责任措施,督促更多企业履行社会责任,加大关爱力度,有效扩大女职工的受益面。

三、爱心助学

2004年起,各级工会女职工组织秉持真情关爱倾情服务的理念,开展有特色的爱心助学、单亲特困女职工结对帮扶等活动,不断健全困难女职工及其子女助学档案,实行动态管理。全市工会建立困难女职工档案8829个,其中单亲特困女职工6180人;筹措助学资金538.4万元,帮助单亲困难女职工子女3500人。市总工会女职委开展"大手拉小手"活动,江阴市总工会女职委开展"爱心助苗"活动,市教育工会女职委开展"义务送教·知识扶贫"活动,各市(县)、区总工会以及市园林、无锡供电公司、无锡电信公司、市卫生局、市公安局、利港电厂、市城投公司等工会女职委开展与单亲特困职工家庭结对签约助学活动,市少年宫工会开展"和民工子女结对"等活动,全市工会的爱心助学不断向纵深发展。5月18日,市总工会女职委在无锡惠公园召开庆"六一"爱心助学座谈会,向17户单亲特困职工家庭的孩子们送去助学慰问金和学习用品,向120户单亲特困职工家庭子女发放了助学金。2005年,市总工会女职委举行结对签约助学活动,组织无锡供电公司、无锡电信公司等8个基层工会女职委与21户单亲特困职工家庭进行第二轮结对签约助学,对其子女进行为期3年的助学;走访慰问外来务工人员子弟学校芦庄希望小学,举行庆"六一"爱心助学仪式,向60名优秀学生赠送复读机,向在校的720名学生赠送文具用品。2006年,市总工会为89名儿童专门拨款帮困助学。2008年,市总工会女职委健全和完善单亲困难女职工档案,为116名单亲困难女职工子女发放助学金2万元;在开展"大手拉小手·欢乐庆'六一'"活动中,到北塘区外来民工子弟小学社岗小学进行慰问,向学校赠送电子钢琴、录音机和学习用品。

2009年起,各级工会女职工组织利用"三八"和"六一"节、"金秋助学"等契机,开展手拉手·快乐共成长、共享阳光·关爱儿童等爱心助学活动,走进农民工子弟学校和社会福利中心等单位,向农民工子弟小学赠送德育刊物,向困难农民工子女、单亲困难女职工子女和孤残儿童进行助学慰问;联合市外企服务中心举办慈善公益义拍活动,发动外企人士爱心捐助等活动,助推社会公益事业,进一步营造关爱儿童健康成长的良好氛围。是年,市总工会女职委与市博物院联合开展“手拉手·献爱心　情系农民工子女”活动，组织农民工子弟学校新区新光小学的80名学生参观市博物院，向学生们赠送书籍和文体活动用品，向79名单亲困难女职工子女发放助学慰问金。2010年5月，市总工会女职委走访慰问市特殊需要儿童早期干预中心的残疾儿童，赠送特教玩具等礼物。市政府授予市总工会“无锡市妇女儿童工作先进集体”称号。2011年，市总工会女职委到崇安区农民工子弟学校广新小学开展“手拉手·快乐共成长”活动，向部分困难学生赠送助学慰问金。2012年，市总工会女职委在惠山区堰桥镇长安外来民工子弟学校举行“手拉手·快乐共成长”主题活动仪式，向20名困难学生赠送助学慰问金。2013年，市总工会女职委在无锡山区八士镇外来农民工子弟学校春蕾小学举行“手拉手·快乐共成长”活动仪式，向20名困难农民工子女赠送助学慰问金。

第十二章 财务与事业改革

第一节 财务管理

2004~2013年，全市工会依法收缴、使用工会经费，依法管理工会资产，积极探索工会经费收、管、用的科学化、法制化途径，不断适应工会工作的新要求，为促进工会工作的创新发展提供保障。

一、经费来源与使用

依据《工会法》、省实施《工会法办法》的规定，工会经费来源由工会会员缴纳的会费、建立工会组织的企事业单位和机关向工会拨缴的经费、工会所属企事业单位上缴的收入、政府补助和其他收入五部分组成。

拨缴经费收入 2004~2013年，市总工会依法积极收缴工会经费，全面推进工会经费"一改三策"①工作，拨缴经费收入连续10年保持快速稳定增长。市总工会2003年的拨缴经费收入为2622.23万元，2013年为10644.74万元，年均环比增长率15.04%。10年累计收入66750.78万元。

上级工会补助收入 伴随改革开放的深入发展，工会在各项工作中的费用相应增加，尤其是扶贫帮困、维护稳定和加强劳模管理等方面支出增加，各级地方工会对下级工会实施经费补助。省总工会下拨补助经费主要包括回拨补助、专项补助、帮扶专项资金、劳模专项资金等，10年间，市总工会累计收到省总工会补助款6229.89万元。

政府补助收入 根据全国总工会、财政部下发的《关于新〈工会法〉中有关经费问题的具体规定》："县及县以上工会离退休人员的费用，由同级财政全额负担"，2006年开始，市总工会本级离退休人员的离退休费用全额由市财政负担。为支持困难职工帮扶工作，市财政局每年拨入专款，并从2010年起，对经省总工会下拨的中央、省财政帮扶资金实行1：1配套，10年累计向市总工会拨款4094.07万元。

工会经费使用 市总工会经费除保证机关正常行政经费、业务支出和上缴省总工会经费外，重点补助下级工会开展职工活动、维护职工权益和支持工会阵地建设。2004~2013年，市总工会上缴省总工会经费累计21704.74万元，向区、局(中心、公司)工会回拨经费和专项补助累计13653.97万元。

在市总工会业务经费使用中，10年间，用于举办职工教育、文体、宣传活动，开展职工劳动竞赛和技术创新，组织困难职工帮扶、送温暖，深化民主管理和普遍开展工资集体协商工作，

① 改革经费上缴办法，实施委托税务代收、财政代扣和收取建会筹备金。

进行工会劳动法律监督检查等累计支出4469.12万元；用于培训工会干部、加强工会组织建设、召开工作会议、进行工作调研、落实劳模待遇等累计支出9698.90万元；对市总工会直属事业单位人员经费补贴、事业发展补助以及基本建设项目等累计支出6153.29万元；根据全国总工会财务制度规定，提取增收留成基金、财务专用基金、工会干部权益保障金和后备金累计支出11058.25万元。

二、工会经费收缴

经2001年城区区划调整后，由市总工会负责经费管理的有崇安区、南长区、北塘区、新区、锡山区、惠山区和市直属单位，其中锡山区、惠山区工会经费委托区总工会管理，由区总工会按照与市总工会协商的比例上缴经费，市总工会不直接对两个区基层单位收缴工会经费。自2003年1月起市、区委托地税代收40%上解工会经费以后，工会经费收缴方式迈出了改革的第一步。在无锡地方税务局、市社会保障信息中心等部门的大力支持配合下，通过不断深化改革，完善代收机制，规范经费代收代缴，挖掘经费增长潜力，适应经济结构多元化的发展，把工会经费收缴重点由国有或国有控股企业，逐步转到外商独资和民营企业上来。采取上门做工作、与外商和台商举办联谊会、工会经费收缴电话热线、市总工会网站宣传等多种方式，不断营造依法缴纳工会经费的良好氛围。2006年，市总工会按照全国总工会工会经费“一改三策”(工会经费管理体制改革和委托税务代收、财政统一拨划、收取建会筹备金)的有关要求，基本完成改革任务。工会经费收缴工作从体制、机制、制度到方式、方法都发生深刻的变化，促进工会经费收缴长效机制的构建，形成了工会经费收缴的新格局。

2004年，为了加强对市属行政机关工会经费的收缴工作，保障市属行政机关工会开展活动的经费到位。11月，市总工会与市财政局联合印发《关于市属行政机关工会经费由财政直接支付的通知》，自2005年起，市属128个行政机关(含依照公务员管理的事业单位)工会经费由财政列入年度预算，直接支付到市总工会。实行市财政局直接支付工会经费后，市级机关工会不再直接向所属各机关工会收缴工会经费，所需活动经费由市总工会通过经费返拨渠道解决。未列入由市财政局直接支付的事业单位，由市总工会委托无锡地方税务局代收其工会经费；未列入市财政局直接支付的部分省垂直管理的行政机关，仍执行原工会经费收缴办法。

2005年，依照《江苏省实施〈工会法〉办法》，市总工会在全市对开业或者设立起一年内仍未依法建立工会的企事业单位、机关，开始实行按单位职工工资总额0.8%由地税部门代收工会筹备金，促进未建会单位工会筹建工作，征收筹备金的推动作用显现。是年，征收建会筹备金424.57万元，同时，加强与地税部门联系沟通，共同加大催缴力度，提高收缴率。是年，补缴工会经费100万元。

2006年，为破解基层工会留成经费(60%部分)“收不到”“收不足”的难题，市总工会开始全面推进地税全额代收工作。4月，市总工会召开29个不同性质、不同类型企业工会组织负责人以及部分行政财务负责人参加的3个座谈会，了解基层工会的需要和建议，进一步完善全额代收工作方案。6月，市政府办公室转发《关于无锡市区企事业单位工会经费由地税局全额代收的通知》，明确提出，从7月1日起，在市区实行工会经费、建会筹备金全额委托无锡地方税务局代收。地税全额代收覆盖范围包括崇安区、南长区、北塘区、新区部分单位和市直属单位。市总工会收到无锡地方税务局划转的基层单位2%全额工会经费后,将其中的60%基层留成经费即时返还到基层单位工会账户(建会筹备金的基层留成部分待单位工会独立建账后一并返还)。至此,市总工会成为全省第二个、苏南地区第一个实现2%工会经费全额代收的省辖市。实施工会经费全额代收后,基层工会经费入库到账率由60%提高到90%,这既解决工会建账难的问题,市区工会银行开户和建账率均达到90%;又激发企业建会的积极性,市私企工联工会在一个月中就有17个下属单位建立了工会。是年,市委主要领导在听取市总工会汇报地税部门全额代收工会经费方案时,明确要求新区除镇(街道)以外,鉴于工业园区的特殊性暂不实行工会经费地税部门代收。

2007年,市总工会全力做好地税部门全额代收工会经费办法升级完善工作,充实代收经费信息库,更新代收软件,优化直接返还办法,做到经费入库的同时能自动分割拨缴经费收入和返还基层留成经费,年均处理返拨经费2万笔,大大压缩计算返还经费的时间,提高了服务质量。3月,根据新区台商联谊会对地税部门全额代收工会经费(建会筹备金)的反映和要求,市总工会召开由新区总工会、新区台商联谊会和部分台商企业参加的座谈会,听取意见建议,了解存在的实际困难,宣传地税部门代收全额工会经费的法律依据和实施的意义,对新区台商联谊会提出配合地税部门做好代收经费的要求,会后形成了《实施地税全额代收新区台资企业工会经费(建会筹备金)办法》会谈备忘录。备忘录主要内容:一是为促进和鼓励在无锡台商企业依法建立工会,从备忘录签署日(3月10日)起至是年12月31日止,依法建立工会,从建立工会次月起给予6个月的上解工会经费全额补助;二是对地税部门代收工会筹备金的台商企业另给予书面告知,名单由台商联谊会核定;三是积极做好新区台商企业建会宣传工作,指导依法建会。

2008年,市总工会认真分析经费代收的薄弱环节,寻找潜力和增长点,在巩固和完善经费代收措施的基础上,继续加强与经费代收密切相关的地税部门、银行、社保信息中心的沟通和协调,解决代收中出现的问题;及时与下属各主管工会加强联系,排查摸清基层单位建会情况和职工的实时情况,对经费代收实行动态管理。

2009年8月,面对国际金融危机给国内经济带来严重影响、特别给国际贸易依存度高的企业带来较大冲击的情况,市总工会响应市委领导提出的"以更加开放、开明、灵活、灵敏和有利有效的措施帮助企业"的要求,出台《关于金融危机期间对困难企业实行工会经费缓缴的意见》,并在对困难企业调查摸底的基础上,确定76家困难企业(其中外资企业36个)缓缴工会经费,以缓解困难企业面临的经济压力,共同渡过当前难关,受到企业的欢迎和市委领导的肯定。

2010年,市总工会就进一步提高工会经费收缴、返拨的服务质量,总结出对基层工会经费实行"二返二不返""点对点返还"和"即时返还"方法,受到基层工会欢迎。"二返二不返"即对收到单位的全额工会经费,已建立工会并开立银行账户的返还60%部分基层工会经费;收缴的建会筹备金,在单位按规定建立工会、开立账户后,一次性全额返还60%部分基层工会经费;应返基层工会的经费不返还到行政账户,不返还到上级主管工会账户。实行"二返二不返"的目的是保证基层工会经费全部用于工会建设和职工身上,保证基层工会经费不被挪用和克扣。"点对点返还"就是市总工会将应返还的经费直接划到基层工会账上,不经过任何中间环节。"即时返还"就是市总工会在收到单位的全额工会经费后,应返还的经费在2~3个工作日内划到基层工会账上。这些做法得到省总工会的肯定和推广。

2011年,按照市经济结构转型和产业升级规划,传统大型工业企业相继退城进园、退城出市,导致工会经费费源迅速减少,给经费收缴目标的完成带来压力(据统计,仅锡钢、一棉、焦化厂等5个市属企业退城出市就使市总工会留成经费部分同比减收150万元)。为扭转不利的局面,市总工会发挥与市地税部门合作的优势,调动下属各主管工会的积极性,梳理新办企业广开费源,狠抓新的经费增长点,新增缴费单位1126个,消化了减收因素。

2012年,市总工会在全市开展工会经费收缴的查缺补漏工作,挖掘经费收缴增长潜力,要求下属各主管工会对照地税和社保部门提供的单位资料信息以及单位工会经费收缴情况,每季度对新增、遗漏的经费收缴户进行梳理、排查,对确实属于应收未收的单位列入经费收缴计划。

2013年,市总工会进一步加强经费数据库管理,积极与地税和社保等部门沟通,依法收缴,努力做到应收尽收。

10年间,市总工会通过建立和完善工会经费收缴机制,实现了经费由靠单位自觉上缴向依法足额收缴的转变,措施由柔性向刚性转变。市区基层工会经费收缴率由全额代收前的不足50%,至2013年连续五年保持在97%;工会独立建账率从全额代收前的60%,期末达到95%。2013年,工会经费拨缴收入(按40%基层上解经费口径)比2003年增长306%,比2006年全额代收初期增长137%,经费收缴总额位居全省第二。自2009年起,市总工会每年被省总工会评为年度经费收缴工作优胜单位。

三、经费回拨与奖励制度

2005年4月,市总工会根据经费收缴方式的改变,修改完善《无锡市总工会关于工会经费回拨的办法》,对区、局、资产经营公司、授权集团、街道等主管工会按照其下属单位上解工会经费额度和确定的不同回拨率实行逐级回拨。

2007年,随着经济体制改革不断深化和工会关系属地化管理的推进实施,市总工会对4城区工会经费的回拨办法进行调整。12月,下发《关于增加城区工会经费回拨的通知》,明确工会组织属地化管理后,崇安区、南长区、北塘区、新区总工会以2006年工会经费回拨额为回拨基数,以后每年以上一年回拨额加上辖区单位每年上解经费增长额的20%,计算各年度经费回拨额。在《关于对国有资产管理委员会工会经费回拨的通知》中规定市国资委工会经费按下属单位上解工会经费总额的6.25%比例回拨,其中,对其下属的产业资产经营公司工会按7.5%比例回拨,一并划入市国资委工会账户。

2010年,市总工会根据工会工作目标量化考核意见,实行回拨经费与区、局工会绩效考核成绩挂钩的办法;下发《关于对高校工会给予经费补助的通知》,规定每年在市总工会经费回拨后,市教育工会按照其下属各高校上解经费基数的6%比例,从回拨经费中补助给高校工会,以扶持和加强高校工会工作。

2011年8月,市总工会于下发《关于对新区总工会自收上解经费超收奖励的办法》,对新区自收上解工会经费增长部分实行分段奖励。

四、日常管理

财务培训 10年间,市总工会每年面向全市基层组织举办2~3期工会财务业务知识培训班,培训人次累计超3000人。2009年,财政部修订出台新《工会会计制度》后,市总工会会同市财政局下发《关于认真学习贯彻新〈工会会计制度〉的实施意见》,实施对全市工会分层分批培训,90%的工会财务人员和部分工会负责人参加培训,顺利完成新旧制度过渡衔接工作。2010年起,在全市推进基层工会会计电算化管理,并统一配发使用全国总工会财务部指定的新中大基层工会财务管理软件,举办5期财务软件培训,轮训400名工会财务人员。

财务评审与检查 10年间,市总工会坚持每年召开两次经费省管的市(县)、区工会财务评审会,对市(县)、区工会财务管理情况进行检查,并通过互审互评、互相交流学习,取长补短,推动县级工会财务管理逐年上台阶;坚持每年对财务直管的区、局(公司)、直属单位工会财务管理情况进行检查,对镇(街道)工会、社区(园区)工会联合会进行抽查;坚持发挥工会财务互助组作用,由组长单位组织小组成员单位每年开展1~2次活动,学习、贯彻上级工会有关财务会计政策和要求,开展相互交流和财务互查,提高核算水平。2007年,市总工会结合企业工会财务基础工作规范化建设年和经费全额代收规范、完善的要求,组织财务专项检查,检查重点为财务管理相对薄弱的市区镇(街道)工会和基层联合工会财务管理情况。对崇安区、南长区、北塘区、新区的21个镇(街道)工会以及相应的工会联合会财务检查结果表明,大多数被检查工会都能严格执行财务各项法规制度,账、证、表和财务管理的手续比较齐全,会计业务比较规范。在检查中也发现存在的一些共性或比较典型的问题,主要有预决算制度执行不规范、经费支出手续不全、经费使用不符合规定、会计科目运用不合理、基层工会联合会对代管工会经费未按规定管理等,市总工会采用整改通知书的形式要求在规定时间内整改。2004~2013年,市总工会共检查和抽查220个单位,发出整改通知书213份,整改率94%。

财务竞赛评比 2005年12月,根据省总工会部署,市总工会印发《关于开展争创"四有五好"财务竞赛活动,加强基层工会财务建设的实施意见》,启动"四有五好"竞赛活动,要求各级工会必须有银行账号、有经费保障、有财务规章、有专人管理,做到经费收缴好、财务管理好、会计核算好、经费使用好、预算执行好;加强基层工会财务片组建设,重新制定基层工会财务片组管理办法,明确活动内容、要求和片组长的责任。2006~2012年,在各级工会推荐的基础上,经市总工会考核,共表彰765个先进集体、535名财务先进个人。2013年,贯彻中央"八项规定"和省委、市委"十项规定",全面清理各种评比表彰,经市总工会主席办公会议决定,停止"四有五好"财务竞赛评比表彰。

五、规范化建设

2005年,市总工会转发全国总工会、国家税务总局《关于进一步加强工会经费税前扣除管理的通知》,收缴工会经费必须使用由财政部监制、全国总工会统一印制的《工会经费拨缴款专用收据》,并凭专用收据依法在税前扣除,专用收据由工会统一管理。从是年开始,全市工会按要求规范了工会财务专用票据。

2009年,根据全国总工会《工会财务会计管理规范》《工会预算管理办法》《基层工会经费收支管理办法》的相关规定，市总工会制定下发《无锡市基层工会财务管理暂行办法》，对基层工会的会费收缴和经费拨缴、预算管理、货币资金和往来款项、工会资产、投资、会计管理和财务责任等7个方面进行规范。

2010年，全国总工会、财政部从7月起废止《工会经费拨缴款专用收据》，市总工会启用《工会经费收入专用收据》。8月，市总工会印发《无锡市工会经费收入专用收据管理办法》，对收据的使用和核销、管理和监督等做出明确规定。市总工会财务部会同经审办在年内分别对直管的市（县）、区总工会和部分局（中心）工会以及街道、社区工会财务工作进行检查，有针对性地提出整改意见。

2011年，按照全国总工会、省总工会的统一部署，市总工会在全市工会开展工会财务会计管理规范化建设活动，以规范化达标考核全面促进各级工会加强财务会计基础工作。工会财务会计管理规范化建设主要考核内容共有4款、21条，总计100分，达到80分为合格单位。3月，市总工会制定《无锡市工会财务会计管理规范化考核实施办法》，明确2011~2012年全市工会财务规范化建设的总体目标、组织分工、考核标准和实施步骤，并将此项工作列入各主管工会年度目标考核内容和"四有五好"财务竞赛评选条件，每季度对主管工会完成进度进行通报。4月，根据省总工会《关于工会经费拨缴款专用收据清理核销工作的通知》，对全市工会1999~2009年领用的4400本《工会经费拨缴款专用收据》进行全面清理。是年，市总工会直管的各县级工会和局（公司）工会以及直属单位工会完成自查整改和考核申报。

2012年，全市工会全部完成财务规范化达标考核，98%工会成为工会财务会计管理规范化合格单位。

六、制度建设

市总工会机关 2006年，市总工会制定《无锡市总工会财务及会计内部控制暂行办法》，对工作目标管理、货币资金管理、固定资产管理、专项项目及经济合同管理、财务机构及人员管理等在内的7项管理内容加以规范，使内控管理更具针对性和操作性。2007年以后，市总工会预算执行率年平均为97%。支出管理更加规范、有效。支出先看预算，有预算的支出先申请、后执行、再核销，减少支出的随意性，堵住支出管理上的漏洞。2008年6月，市总工会制定《公务卡结算制度》，机关办公支出全部实行公务卡结算。实行公务卡后，现金结算降低了90%，大大减少现金的使用，提高资金安全性。强化工会资产管理，扭转以前重资金轻资产、重购买轻管理现象。在工会资产受到干扰、侵害时，自觉以《工会法》为武器，坚决维护工会自身权益。形成节约、节俭风气，促进党风廉政建设。2009年，重新修订《无锡市总工会经费支出管理暂行办法》《市总机关差旅费管理办法》，对本级经费支出的审批流程和支出要求作出进一步规范。同时，从2009年开始，按照市里统一部署，市总工会"三公"经费支出在原本不高的基础上，按规定连年压缩支出，成效显著。2013年与2009年相比，因公出国（境）费用下降38.30%；公务接待费用下降44.34%；公车运行费用因油价上涨43.64%，基本持平。在上级工会和市审计部门多次组织对市总工会审计检查中，没有发现重大违纪违规现象，财务管理得到上级工会的好评。

市总工会直属事业单位 从2004年开始，市总工会直属事业单位全部实行会计电算化管理。2006年,市总工会下发《关于试行直属事业单位财务会计人员跨单位轮岗制度的通知》,规定对取得会计从业资格证书,从事会计工作的现职人员实行跨单位轮岗,每期轮岗年限2年。轮岗人员组织关系随人转移,行政、工资关系保留原单位;工资、奖金、福利待遇不变,由原单位发放;每月由轮岗接收单位定额补助每人200元。市总工会组织部、财务部、经审办每年对轮岗人员进行检查考核,考核结果作为以后任职的重要依据。首批轮岗人员从2006年6月至2008年6月,经3个事业单位推荐(江苏省无锡工人太湖疗养院财会人员不参加轮岗),市总工会组织部、财务部同意,共有4名财会人员参加首批轮岗(其中市工人文化宫向市太湖工人文化宫、市总工会干部学校各派出1人)。首批轮岗结束后,因当时3个单位在岗会计共5人,已无人可参加第二批轮岗,这项制度暂停执行。2010年12月,下发《直属事业单位财务管理暂行办法》,在全面规范财务制度的基础上,进一步规定定期对单位财务情况进行分析并上报。2012年3月,下发《职工服务(帮扶)中心财务管理办法》《无锡市职工互助互济会财务管理办法》,从财务管理体制、预算管理、收入管理、支出管理、流动资金管理、固定资产管理、审计监督7个方面作出规范。2013年8月,下发《工会所属事业单位和社会团体资产损失责任追究暂行办法》,从工作职责、资产损失认定、资产损失责任、追究范围、资产损失责任划分、资产损失责任处罚6个方面、39条规定,明确了责任追究办法。

财务规章制度的建立和完善,促进本级和直属事业单位经费、资产的规范化管理。预决算制度得到了真正贯彻执行,以收定支、以预算定支出观念得到全面强化;预算制定精细、合理,针对性强;过程性监督更有力,预算执行率提高。2004~2013年,市总工会6次被全国总工会评为市级工会财务工作先进单位;2005年,市总工会被全国总工会表彰为全国工会财会工作先进集体;2009年,市总工会被省总工会表彰为2004~2008年度江苏省工会财会工作先进集体。

第二节 资产管理

2004~2013年,是无锡工会资产发展较快的时期,也是工会重视资产管理、理顺工会各级资产关系、建章立制全面加强监管的时期。市总工会严格按照《工会法》《中华人民共和国物权法》和全国总工会《工会企事业单位资产处置暂行办法规定》,认真做好工会资产监管工作。

从2003年下半年开始,按照省总工会部署,市总工会对工会资产开展全面的清产核资,对往来账款进行全面清理的工作。市总工会加大对外单位借款的清欠力度,使一批长期欠款得到清偿和处理。20世纪80年代初实行市管县后,市总工会为支持下属一些县、区总工会发展,陆续借出一些资金,有一部分一直未归还,债权总额达到161万元,债权时间最长达16年,长期拖欠已影响到工会资产管理。经逐户逐笔对账调查,共同协商解决办法,对个别有问题的债权项目与法律顾问共同研究,并由法律顾问出具法律建议书,形成书面处理意见,经市总工会主席办公会议同意后实施,至2004年上半年基本处理完毕,保全了工会资产。

2005 年,根据全国总工会、省总工会的部署,市总工会对机关及直属事业单位资产管理工作进行调查,重点对工会资产的产权管理、管理体制的调查和对工会不动产权证申领情况摸底,并作出处置。对无锡新华中等专业学校(无锡市总工会干部学校)在 2002 年自筹资金

329万元建设投运的4400平方米教学楼未申领“两证”的问题,在市总工会督促和学校领导重视下,克服了原始资料不全的困难,完成了权证的申领,至此,市总工会机关和直属事业单位依法占有的不动产全部办理了权属证明。市总工会于20世纪90年代分别购买了太极实业、原天安信用社(现并入江苏银行)的原始法人股,根据市政府《关于党政机关与所办经济实体脱钩及退持股权的实施意见》要求,市总工会于2009年6月将太极实业原始法人股7.26万股(已上市)经证券市场卖出,于2009年10月将江苏银行原始法人股(未上市)237.22万股予以转让。

2006年,因市商品检验检疫局在木栖厅142号的生丝与纺织原料检测中心搬迁,其所在房产(土地面积2150.4平方米,建筑面积4004.85平方米)对外进行转让,市总工会从工会自身需要和工会资产保值增值出发,于8月自筹资金1433万元购置该处资产,作为市总工会(毛桃巷33号机关办公大楼拆迁后的)临时办公地点。

2007年,全国总工会要求各级工会在办理“两证”的基础上申领全国总工会工会资产产权登记证,做到“三证”齐全。市总工会按照“不重不漏、应办尽办”的要求,在全市工会部署开展工会不动产权清查登记工作,对下级工会上报的统计数据细心排查,逐一进行深入了解核对,发现漏报并补报宜兴市总工会、江阴市总工会的土地面积共1578.8平方米,另通过与政府相关部门协调,及时补办宜兴市总工会下属3个单位的土地证共876.1平方米,全市工会不动产“三证”办证率达到100%。至2009年年末,各级工会新增和变更的不动产均及时办理工会资产产权登记证。因城市建设发展需要,市总工会所在的毛桃巷33号办公大楼列入拆迁范围,按照工会资产处置有关规定和程序,一方面主动向省总工会报告情况,请上级工会指导帮助;另一方面服从城市建设规划要求,按照《工会法》和工会资产管理规定,积极与拆迁部门谈判,维护工会权益,争取最大利益。在省总工会指导帮助和市领导关心下,市政府将无锡市石皮路8号的市财政局办公楼(土地面积1730.6平方米,建筑面积5070.84平方米)置换给市总工会,达到了工会提出的“拆迁置换,面积不少,价值不降,地段不变”的要求。置换后,该处资产应市财政局商求暂借其使用。市各资产经营公司(产业集团)按照市政府要求进行转改制,工会组织也相应调整变动。为了避免工会资产在转改制中流失,市总工会及时制定《关于市资产经营公司(产业集团)改制后工会资产处置的若干规定》,对原资产经营公司(产业集团)工会的结余经费、固定资产以及财务会计档案资料的处置做出6条规定:

机械、纺织、冶金、电仪、石化工会因资产经营公司(产业集团)改制后与部分下属企业共同组建新的企业,原资产经营公司(产业集团)工会的结余经费50%上交市总工会,其余50%转入新建企业工会,原工会固定资产全部转入新建企业工会。

轻工、贸易工会因原资产经营公司在改制后整体撤销,其工会所有结余经费和固定资产全部上交市总工会。

物资工会因其资产经营公司整体转入市国联集团,工会结余经费和固定资产全部转入新建企业工会。

结余经费和固定资产按市总工会经审部门的审计进行确认,审计确认结果作为资产处置的依据。对这次工会变动中玩忽职守、弄虚作假、违反有关规定的工会负责人进行严肃处理,对忠于职守、严格执行财务规定和纪律的工会负责人给予适当奖励。

各资产经营公司(产业集团)工会在变动前应成立由工会主席、经审和工会财会人员组成的工会资产财务清理小组,认真进行财产清查和核对资金,清理往来款项,编制资产、财务移交清册,完整移交给接收单位。市总工会财务事业部、属地总工会或上级工会派员现场监交。

工会会计档案资料经整理后,移交本单位档案管理部门管理。上述单位工会按照转改制的要求和市总工会的规定,在年底前陆续完成了资产处置工作,应上交的结余经费和固定资产全部上缴市总工会,共收回资产经营公司(产业集团)结余工会经费82.21万元,未发生工会资产无故被挪用和流失现象。

2008年,市总工会贯彻全国总工会《关于工会企事业单位资产监督管理的暂行规定》《工会企事业单位资产处置暂行办法》,进一步加强对全市工会资产监管,严格执行工会资产的管理规定,按照规定权限和程序报批,按规定到现场审核,并向省总工会上报宜兴市丁蜀镇工会和官林镇工会办公用房转让出售事项,履行市总工会资产监管者的责任。

2009年,市启动无锡市工人文化宫易地重建项目。无锡市工人文化宫自20世纪50年代建成后,由于长期投入不足,设备设施老化,功能有限,满足不了广大职工和基层工会文化娱乐和学习培训的要求,迫切需要重新规划设计建设新的工人文化宫。同时,因受城市规划限制,无锡市工人文化宫不宜在原地改扩建,必须易地重建,市总工会在市委、市政府的关心支持下,按工会资产处置程序,报经全国总工会、省总工会批准同意,以原无锡市工人文化宫和2006年置换给市总工会的市财政局办公楼两处资产处置变现资金作为工会自筹投入、财政资金兜底的新工人文化宫在太湖新城易地重建。新工人文化宫重建项目于2010年3月批准立项,2010年4月底奠基,2011年5月正式开工建设,2011年年底主体结构封顶,经过4年建设后于2014年投入使用。新工人文化宫占地面积29687.3平方米,设计建筑面积约52976平方米(地上建筑约42136平方米,地下建筑约10840平方米)。初期项目总概算3.095亿元,实际投入建设资金预计3.47亿元。建有职工文化演艺中心、职工体育健身活动中心、职工服务中心及职工培训中心等,配套地下停车场和部分地面停车场地,与地铁1号线文化宫站实现地下连接。新工人文化宫建成后,将成为太湖新城区域内功能齐全、设备先进的现代化群众文化娱乐和体育活动场所。

2013年,根据全国总工会《工会企事业单位资产损失责任追究暂行办法》《工会行政性资产管理暂行办法(试行)》和《各级工会行政单位占有使用房屋建筑物和土地使用权处置暂行规定(试行)》,市总工会制定《工会所属事业单位和社会团体资产损失责任追究暂行办法》,共7章39条,从流动资金损失、固定资产损失、存货损失、在建工程损失、担保损失、投资损失、坏账损失、产权交易损失等方面,对工会所属事业单位和社会团体根据责任轻重、损失大小进行行政、经济责任追究,直至法律追究,进一步完善资产管理问责机制,明确各级工会企事业资产的监管责任,从制度上进一步保证了工会资产安全完整。至年底,全市工会和工会企事业单位资产总额为36629.76万元,其中工会行政性资产29160.05万元、工会企事业资产7469.71万元,全市工会固定资产7037.01万元,其中工会行政性固定资产5361.84万元、工会企事业固定资产1675.17万元。

第三节　直属事业单位改革

2004~2013年，市总工会以无锡事业单位分类改革为契机，以职工群众需求为导向，以促进工会事业发展为目的，抓住机遇，科学定位，理顺体制，创新机制，工会企事业由裂变拓展期进入改革调整期，从以增量为主向提质增效转变，经历撤销合并、转制分流后，实现减负轻装，步入良性发展轨道，为工会事业发展壮大打下坚实基础。

一、体制改革

根据《无锡市人民政府批转市经济体制改革委员会办公室等关于推进市属事业单位改制转制的暂行意见的通知》《关于印发〈关于市属事业单位改革改制若干问题的处理意见〉的通知》精神，对以经营为主体、盈利为目的、自收自支的市属事业单位3年内完成改革转制，2004年是完成3年改革目标的最后一年，全市确定185个应改制事业单位名单，市总工会下属的招待所、职工对外交流中心、西新工人俱乐部、退管会服务部4个事业单位列入其中。转改制的4个单位中，招待所与企业性质的天乐园宾馆、职工对外交流中心与企业性质的职工国际旅行社为事企合一管理，“两块牌子，一套人马”。事业单位转改制过程中，国有和集体企业职工同步实行安置分流。西新工人俱乐部2003年因城市建设改造拆迁，人员和资产已并入无锡市工人文化宫；退管会服务部也于2003年初按照市政府要求，移交给市社保局，这两个事业单位只需撤编销壳。因此，转改制的事业单位重点是市总工会招待所和职工对外交流中心。

市总工会招待所暨天乐园宾馆1999~2003年对外承包经营，2004年承包经营期满后，因面临拆迁而停业，由无锡市工人文化宫代管。2004年5月，市总工会成立以副主席汤建华为组长、市总工会相关职能部室8人为组员的转改制工作组，根据单位关闭撤销、人员分流安置转改制方案，进驻市总工会招待所实施改革，经过两个月的工作，24名企业编制职工、7名事业编制职工，按照文件规定全部分流安置，单位注销事业编制，资产由市总工会接收。房屋建筑物后于2011年因列入市古运河风光带建设规划拆迁，拆迁补偿款3000万元全部投入新文化宫项目建设。2004年10月，市总工会成立以副主席张帆为组长、副主席汤建华为副组长、市总工会相关职能部室和改制单位领导10人为组员的转改制工作组，入驻职工对外交流中心暨职工国际旅行社。根据事业编制撤销，企业转制、人员分流安置的转改制方案和有关文件，14名事业编制职工得到妥善安置，职工对外交流中心资产经评估后，以零资产转让给改制后的无锡职工国际旅行社有限公司，单位注销事业编制。以上两个单位的转改制于2004年12月底全部结束，完成了市政府下达的转改制任务。

2004年前，市总工会共有直属事业单位10个，至2013年，除上述4个事业单位转改制撤销外，市职工技协中心于2002年撤销编制，人员和资产成建制并入无锡市工人文化宫。崇安工人俱乐部因火车站站前商务区改造拆迁，于2003年上半年撤销，由于人员行政关系隶属区政府管理，由崇安区分流安置，俱乐部资产为工会所有，在支付人员分流安置费用后，剩余部分上交市总工会。是年，在市政府协调下，市职工大学与市干部学校等教育机构合并，成立无锡城市职业技术学院，市职工大学50%的人员并入新成立的院校中，其余人员进入无锡市工人文化宫,原编制撤销。2009年7月,按照市政府事业单位改革的文件,市总工会将已实行的“两块牌子,一套班子”运行管理的无锡市太湖工人文化宫的人员和资产全部并入无锡市工人文化宫,2011年注销无锡市太湖工人文化宫的单位事业编制。2010年1月,根据工会事业发展的需要,经市编办核准,成立具有事业独立法人资质的无锡市总工会困难职工帮扶中心。经过10年改革调整,市总工会下属事业单位仅存4个,分别是无锡市工人文化宫、江苏省无锡工人太湖疗养院、无锡市总工会干部学校(无锡新华中等专业学校)、无锡市总工会困难职工帮扶中心。

二、机制改革

2002年3月,江苏省无锡工人太湖疗养院以实物资产作价入股,市国联集团、市太湖鼋头渚风景管理处出资入股,三方共同成立无锡市太工疗养院有限公司,实行企业化管理、市场化运营,“两块牌子,一套班子”。公司在实施事业职工聘任制、事业工资档案化、分配绩效化的改革后,激发职工的竞争力和创造力,效益连年大幅度递增,企业走上良性发展新路子。

2009年6月,市总工会根据市委、市政府有关文件精神,学习市内外先进经验做法,制定《无锡市总工会关于深化事业单位改革的意见》,要求事业单位按照企业化管理要求,引入竞争机制,划小核算单位,实行费用成本核算;建立绩效考核分配机制,深化对人事、分配、聘用制度改革。具体采取5项措施,即完善全员聘用合同制和领导干部聘任制,实行内部退养和待岗制;合理岗位设置,实行岗位竞争和双向选择;建立以效率为导向的效益绩效分配激励机制;积极稳妥地推进理事会制度;继续在政策和资金上支持,鼓励事业单位改革。举办由市总工会机关全体人员和直属事业单位中层以上干部参加的经营管理政策法规培训班、深化改革创新机制研讨班,邀请市文化局有关部门领导、市总工会常年法律顾问等介绍相关政策法规,邀请市内外事业单位改革先进单位领导介绍经验,收集整理相关政策法规、经验介绍、运作案例、合同协议和内部制度等60篇材料汇编成册,供培训人员学习和参考。

2010年,为推进改革,支持直属事业单位发展,市总工会制定《将机关部分事务性工作交由事业单位承办的试行意见》,按照“效率优先、职能不变、费随事转、有序推进”的原则,在不改变有关部门职能和职责的前提下,将机关部分事务性的工作交由直属事业单位承办,并制定具体的直属事业单位承接事务计划表,通过服务外包的市场化方法,实现两个效益的同步增长。是年,无锡市工人文化宫购买服务的收入占年度总收入的26%,创历史最高水平。12月29日,市总工会制定《无锡市总工会事业单位岗位绩效工资实施办法》,要求按岗位确定基础薪酬、按绩效定收入高低、按贡献大小拉开差距。各事业单位按要求完善部门职责和岗位职责,制定工资分类和职级标准及考核办法、实施细则。

2011年3月,为加强市总工会直属事业单位在经济运行中经济合同的管理,市总工会制定《无锡市总工会直属事业单位经济合同管理暂行办法》,对经济合同的管理原则、管理方式、管理范围、检查制度、管理责任等方面做出具体规定,计27条,明确要求订立合同必须遵守国家法律和行政法规,不得与不具备独立主体资格和不具有相应的民事权利能力和民事行为能力、超出经营范围或不具备合同项目所需特殊经营资质的企事业单位、社会团体、个人或其他组织订立合同;对合同订立、履行、变更、解除、争议解决的各个环节进行严格的监督、管理;所有合同的收支项目都应在单位法定账簿中登记反映,不得转移、隐匿合同收入。通过改革后的直属事业单位职工观念由“等、靠、要”转变为面向市场，自主创收；责任考核由“大锅饭”转变为分部门核算，责任到人；分配机制由平均主义转变为多劳多得，拉开差距；岗位安排由领导决定转变为双向选择，竞争上岗。

2012年，根据《无锡市其它事业单位绩效工资实施办法》，市总工会财务部与组织部组织调研，充分听取直属事业单位意见，共同做好直属事业单位退休职工实施绩效工资测算方案，提出具体实施意见和建议，经市总工会主席办公会议研究同意后得到贯彻落实。同时，市总工会积极与市财政局协调，妥善解决了实施绩效工资改革后，直属事业单位银行账户的处置问题。是年，各直属事业单位全部实行绩效工资制度。

2013年3月，为加强新工人文化宫领导班子建设，适应新工人文化宫发展需要，市总工会公开向社会招聘合同聘用制身份的文化宫主任，实行年薪制薪酬，年薪30万元。由文化宫与其签订聘用合同，聘期3年，其中试用期半年，试用期满考核合格后，经市总工会研究正式聘任。招聘公告公布后，在4月底报名截止日，共有115人报名应聘，经过笔试、面试、演讲等综合测评，荣毅敏成为首任聘任制无锡市工人文化宫主任。

第十三章　经费审查审计监督

第一节　组织建设

市总工会经费审查委员会(以下简称市总工会经审会)始终把加强各级工会经审组织和经审干部队伍建设作为一项重要任务,督促、指导全市工会贯彻“三同时”[①]原则,建立健全各级工会经审组织。

2004年,全市工会组织继续把加强镇工会和非公企业工会经审组织建设作为重点,不断扩大基层经审组织的覆盖面。全市83个镇(街道)全部建立工会经审会,80%的新经济组织在组建工会的同时组建工会经审组织。2006年,全力推进经审工作规范化建设,不断提升组建工作水平,经各级工会经审组织评选推荐,在全市表彰39个工会经审工作先进集体、72名工会经审工作先进个人、10名支持经审工作的工会领导干部。宜兴市总工会经审会等8个单位被评为全省工会经审工作先进集体,惠山区总工会经审会副主任戴锡铭等9人被评为全省工会先进经审工作者,宜兴市总工会主席曹超群、锡山区总工会主席马其兴被评为全省工会重视经审工作优秀领导干部。2007年,全市43个镇、38个街道工会和7759个独立基层工会全部建立完善工会经审组织。是年,市总工会经审办主任曲国基被评为全国工会先进经审工作者。2010年,全市建立独立基层工会经审会1.01万个,组建率99%。2011年,江阴市总工会经审会、宜兴市总工会经审会、滨湖区蠡湖街道总工会经审会和崇安区广益街道工会经审会被评为全省工会经费审查先进集体;市总工会纪检组组长、经审会主任周国祥等7人被评为全省工会先进经审工作者;市总工会党组书记、副主席孙洪,江阴市总工会主席郁秋皓被评为全省工会重视经审工作优秀领导干部。2012年,滨湖区蠡湖街道总工会经审会被评为全国工会经审先进集体,市总工会经审办韩敏被评为全国优秀工会经审干部。2013年,市总工会经审会抓住各级工会换届的有利时机,提高经审会成员中具有会计职称专业人员的比例。全市工会经审组织领导和工作机构不断得到充实和加强,市总工会经审会主任始终由一名市总工会党组成员、纪检组组长担任,下设经费审查委员会办公室(以下简称“市总工会经审办”)并配备经审办主任和1名专职经审干部;市(县)、区总工会配备同级副职级经审会主任,并配备专职经审干部共16人,江阴市、宜兴市总工会单独设置经审会办公室;局(公司)、直属单位及基层工会选配具有专业职称的人员兼任经审专职人员,形成了市及市(县)、区、产业、基层工会经审监督组织体系。是年,崇安区总工会经审会被评为全国工会经审先进集体,宜兴市总工会经审办主任吕顺娣被评为全国优秀工会经审干部。

---

① 在工会委员会换届改选或新建工会时,经费审查委员会与工会委员会同时考察、同时选举、同时报批。

第二节　制度建设

2004年，市总工会经审会提出贯彻“六必审”制度的要求，对同级工会经费和财务收支情况必审，对各级工会专项资金使用情况必审，对企业转改制后工会资产情况必审，对工会主席离任经济责任必审，对工会直管单位经济效益必审，对工会重大工程项目必审。市总工会经审办按照全国总工会《基层工会经费审查委员会工作条例》有关规定，印发基层工会经审会经审工作台账，并把这项工作列入基层工会职工之家建设和年度工会工作考核，明确未建立台账化管理的基层工会不能参加先进职工之家的评选，把完善经审工作的各项制度，作为加强经审工作规范化建设的基本任务。

2005年，市总工会经审会根据省总工会下发的《市级工会经审工作规范化建设标准》，相继制定《市(县)、区级工会经审工作规范化建设考评标准》《无锡市工会专项资金审计暂行办法》《无锡市基层工会领导干部任期经济责任审计暂行规定》《无锡市总工会机关及其直属事业单位基本建设维修改造工程竣工决算审计暂行办法》等文件，以及工会经费预决算审查审计制度、计拨工会经费专项审计制度、重大开支项目专题审查制度等13项具体工作制度，并在全市工会经审组织中开展工会经审工作规范化建设达标活动。

2006年，市总工会经审办对照组织建设、规章制度、审查审计、业务建设、经费设备、工作创新6个方面51条达标标准和要求进行认真自查，排查出经审会成员比例达不到要求、经审工作报告的报告方式达不到要求、经审办的力量配备问题、硬件设备投入不足等12条差距，作为整改的重点；建立和完善市总工会经审工作的会议制度、工作报告制度、业务学习制度、调查研究制度、联席会议制度、工作考评制度、廉洁从审制度。进一步在全市基层工会中开展达标竞赛活动，明确提出三年达标活动的规划目标，全面推进规范化建设的步伐。对市(县)、区级工会经审组织达标先进单位进行考核奖励，建立健全规范化建设考核机制；总结推广江阴市总工会经审会“抓住三个环节，加强规范建设”和滨湖区总工会经审会“规范建设上水平，服务全局谋发展”的经验和做法。

2007年，在抓好已有制度落实的基础上，市总工会经审会按照全国总工会、省总工会对经审工作的新要求，努力探索与工会工作新格局要求相适应的工会经费审查监督工作体系。进一步深化经审工作达标活动，全市经审组织达标率83%，基层工会经审组织建立以经费预决算审查监督为主的经审制度的为85%，基本做到年初工会经费有预算，年终对预算执行情况有审计，并向会员大会(代表大会)报告工会经费收、管、用的情况。

2008年，市总工会经审会加强对基层工会经审工作的指导检查，通过规范基层工会财务管理工作，以审促建、以审促改，积极帮助基层工会建立各项财务、经审工作制度，保证工会经审工作顺利开展。是年，工会经审组织在工会各个层次、各个行业、各类企业中得到了新的发展，95%的基层工会经审组织建立以经费预决算审查监督为主的经审制度；在各市(县)、区和局(公司)基本建立对本级经费的审查、审计制度，以及专项资金的审查审计制度，对工会资产运行的全过程实施检查监督，较好地发挥了经审组织的作用。市总工会经审办制定《经审工作信息制度》，组建信息员队伍，规定每年市总工会经审办编辑至少6期24篇以上的《经审工作信息》。是年，采编《经审工作信息》6期，向省总工会经审办提供信息22篇，被录用8篇，向市总工会和省总工会网站提供信息24篇,其中被省总工会网站录用12篇。

2009年,市总工会经审会在全市工会实施工会经费审验证、基层工会经审工作台账化管理和无锡市总工会审计结果整改督查3项具体制度,进一步发挥各级工会经审组织的审查监督作用,促进基层工会经审工作经常化、规范化、制度化。工会经费审验证通过试点工作,在全市工会推行实施,使得各级工会开展经审工作有依据、好操作,能充分发挥经审组织的监督作用。基层工会经审工作台账化管理,通过工作台账的形式具体反映各基层工会经审组织开展经审工作、完成的各项任务情况。对直属单位工会划片分组进行管理,将直管的61个直属单位工会经审组织划分为3个组,以小组为单位开展互查、交流等活动,为直属单位工会正常开展经审工作提供良好的交流平台。是年,围绕经审工作重点、热点和难点问题,组织各级经审会加强经审信息交流,编发6期《经审工作信息》,向《江苏工会经审信息》报送信息30条。

2010年,市总工会经审会进一步加强对经审工作制度建设的督查工作,着重验收9个市(县)、区的工会经费审验证,验收率100%;总结推广江阴市总工会经审会实施“四举措”(实务审计、指导到位;及时汇报、沟通到位;完善机制、程序到位;回访检查、整改到位),督查促规范和宜兴市总工会经审会建立经审资料信息库,实行项目档案责任制的做法;探索将拨缴工会经费审查工作纳入地税信息管理系统进行网上审查监督,实现经费审查与经费代收工作同步。强化审验证基本数据填报,提高审查效率和效果,促进基层工会开设工会专用账户。是年,市区基层工会专用账户建账率达95%。

2011年,全国总工会颁发《中国工会审计条例》,市总工会组织各市(县)、区工会主要领导、经审会分管领导、经审办人员参加电视电话会议,听取全国总工会、省总工会领导关于加强新时期工会经审工作的讲话精神,组织市总工会经审委员学习条例,督促各级工会经审组织结合各单位实际和经审工作规范化建设达标要求,全面贯彻落实条例,规范审计审查监督工作,制定相应的制度和实施办法,逐步形成比较完备的经审工作制度体系。南长区总工会把经审工作规范化建设纳入工会年度工作考核目标,全区90%的基层工会经审会达到规范化标准。锡山区工会经审会注重经审整改“回头看”,在对基层工会经审中提出的问题都记录在案并进行跟踪回访,整改率达到100%。

2012年,市总工会经审会进一步落实全国总工会《关于加强县级工会经费审查审计监督工作的意见》的精神,加大对9个市(县)、区总工会经审达标考核工作力度,加强对经审工作的组织领导。市(县)、区总工会领导定期听取经审工作汇报,在工作人员、经审工作专项经费等方面给予大力支持。全市工会经审组织进一步贯彻落实《中国工会审计条例》、省总工会《关于加强新时期工会经费审查审计监督工作的意见》《市级工会经费审查工作规范化建设标准考核办法》《审计回访暂行办法》《经审人员教育培训暂行规定》《市、县工会经审专用经费管理办法》等制度。市总工会经审会把每年的经审工作考核列入对市(县)、区和直属单位工会的考核中,加强分类指导,推进经审工作规范化建设向纵深发展,向基层单位延伸;针对市(县)、区工会经审的实际情况和薄弱环节,制定考核标准,在年度考评时,树先评优,及时总结经验和不足,加强业务指导,使市(县)、区经审工作得到整体提升。

2013年,市总工会参照省总工会相关文件,制定《无锡市总工会关于本级经费审查审计监督工作的规定》《无锡市总工会经费审查委员会对市总工会年度经费预算执行情况审计监督办法》《无锡市总工会内部管理领导干部经济责任审计办法》《无锡市总工会机关及直属事业单位基本建设和维修改造工程审计办法》《无锡市总工会委托社会审计业务管理暂行办法》经审工作文件,并把经审工作规范化达标列入对各市(县)、区总工会工作项目化管理的基础工作项目中,逐级推进经审工作规范化建设。

第三节　审计监督

2004年起,市总工会经审会加强对年度预算编制进行事先审查、执行过程的监督审查、经费决算的审查审计工作,为工会资产及经济活动安全运行起到保证作用。是年,市总工会经审会按照《工会审计操作规程(试行)》等有关规定,进一步规范审计操作程序,完成对市总工会本级、市总工会直属事业单位2003年度经费及专项基金使用情况、4名离任工会干部任期经济责任、25个直属单位工会、30个基层单位计拨工会经费的审计任务。10月13日,省总工会经审会副主任严明祥一行到无锡对市总工会经审工作进行调研,对无锡工会经审工作充分肯定。

2005年,市总工会经审会围绕年初制定的各项审计任务,完成对市总工会本级、市总工会直属事业单位2004年度经费及专项基金使用情况、滨湖区总工会等6名离任工会干部任期经济责任、27个直属单位工会、31个基层单位计拨工会经费的审计任务。按照经审工作规范化达标要求,在审计过程中加强对下指导,对存在问题提出整改措施,进一步完善基层工会财务管理制度,促进工会经费规范使用。

2006年,市总工会经审会对市总工会本级、市总工会直属事业单位2005年度经费及专项基金使用情况、16名离任工会干部任期经济责任、26个直属单位工会、30个基层单位计拨工会经费进行审计。工作中突出审计重点,密切配合委托地税全额代收工会经费工作,在实务审计中加大对基层单位应上缴工会经费的审计力度,有效促进市总工会经费的收缴。积极开展对工会领导干部任期中经济责任审计,将事后监督变为事前监督,较好地发挥了审计的预警和预防作用。

2007年,市总工会经审会不断完善同级年度经费预算执行情况审计、工会经费计拨审计、专项基金审计及有关审计操作规程等工会内部监督机制和实务审计的专项制度。3~4月,市总工会经审办与财务部组成工会资产清理小组,对机械、冶金、纺织等8家资产经营公司工会进行财产清查、资金核对、来往账目清理,确保工会资产不流失;联合对4个城区总工会的21个镇(街道)和25个基层工会联合会进行工会经费检查;全程参与对市总工会职工服务中心装修项目及施工过程的审计,项目决算送审金额19.28万元,审定金额计15.97万元,审计核减率为17.17%。宜兴市和江阴市总工会经审办分别对宜兴市工人文化宫、和桥镇总工会、周铁镇总工会、江阴市总工会职工学校装修审计,送审金额142.3万元,审定金额123.2万元,审计核减率为14.42%。市总工会经审会按照工会经费下审一级的工作要求,全年下审35家单位,占应审单位的46%,比上年增加10个百分点。下审一级主要采取“二查、二帮”的做法,即审查工会经费运行情况,针对问题帮助查找原因和检查整改情况,帮助落实整改措施。在下审过程中,共发现34个问题,提出63条整改意见,通过回访抽查,整改率100%。对市工人文化宫、市太湖工人文化宫、市总工会干部学校等进行经济效益情况审计,为市总工会对直属事业单位进行年度考核提供依据。对市职工技术协会、市劳动模范协会、市职工互助互济会进行资金审计,确保专项资金专款专用。对市外经贸委工会、江南大学工会、无锡供电公司工会等10个单位工会主席进行离任审计。5月14~18日,省总工会经审办主任严明祥一行4人到无锡开展经审、财务调研,严明祥主任在调研后充分肯定无锡全面开展基层工会经审工作规范化建设的"达标竞赛"活动;聘请特约经审员,加强经审队伍建设;建立向市总工会党组定期汇报的工作制度;开展对市总工会直属事业单位的法人代表任期中经济责任审计的做法。

2008年,市总工会经审会认真贯彻全国总工会《关于加强工会经费检查监督工作的意见》,全面实施对本级工会经费、专项基金、经济责任、事业单位财务收入情况和下级工会经费等经费收、管、用的情况进行审计。市总工会经审办制定《无锡市总工会审计结果整改督查实施办法》,明确由市总工会经审办在审计终结一定时间内组成审计结果整改督查组,对被审计单位整改情况进行督促检查活动。对市工人文化宫、市太湖工人文化宫、市总工会干部学校等直属事业单位进行2007年度财务收支情况的审计,为事业单位经济目标完成情况的考核提供真实的依据。对市职工技术协会、市劳动模范协会、市职工互助互济会、市总工会送温暖资金和政府劳模资金等专项资金进行审计,加强对专项资金使用的监督。对一汽锡柴、钻探工具厂、个私协会等10名工会领导干部进行离任审计。对江阴市总工会、宜兴市总工会、滨湖区总工会、北塘区总工会、中船澄西工会、海鹰集团工会等37个单位的工会经费收、管、用的情况进行审计,占应审面的50%,向被审单位发出建议和整改意见85条,整改率100%。配合省总工会做好对市总工会本级工会经费的审计工作。

2004~2008年,市总工会经审办和市(县)、区工会经审办共审计2299次(项),出具审计意见书2299份,提出审计意见和建议1235条,其中被采纳和整改1205条;对全市250个单位的工会主席进行离任审计,做到离任一个审计一个,离任审计率100%;积极参与工会各类基本建设项目和改造装修等项目的审计12项,送审金额521万元,审定金额417万元,核减104万元,核减率20%。

2009年,市总工会经审会按照"工会经济活动运行到哪里,经审工作就监督到哪里"的要求,进一步加大工会经费审查审计监督力度。全年完成对市(县)、区工会2007~2008年工会经费收支情况的审计,对江阴市总工会、滨湖区总工会等6名工会领导干部的离任审计,对市工人文化宫、市太湖工人文化宫、市总工会干部学校2008年度财务收支及管理情况的审计和对市职工技术协会、市劳动模范协会、市职工互助互济会、市总工会送温暖资金和政府劳模资金等专项资金使用情况的审计。加强对工会经费计拨的审计监督,基层经费计拨审查的自查率100%,互查率80%,对34个基层工会经费计拨情况进行抽查,提出审计意见和建议76条。5月11~14日,省总工会经审办主任郭永军一行到无锡调研,对无锡工会实行工会经审验证制度和实行内审与外审相结合的做法给予充分肯定,认为这是无锡市总工会经审工作的两项创新之举,使得无锡市总工会经审工作有目标、审查审计有程序,促进了各级工会经审工作经常化、制度化、规范化。

2010年,市总工会经审会完成对市总工会本级、市总工会直属事业单位2009年度经费使用情况,市总工会本级专项基金,5名离任工会干部任期经济责任,30个直属单位工会、30个基层单位计拨工会经费的审计任务。审计中对基层工会资金、财产管理不规范和前欠工会的经费长期挂账等问题提出审计建议,督促整改。市总工会经审会对审计整改问题加强跟踪督查力度,要求有书面整改报告,限期整改,并进行审计回访。各级工会在开展的实务审计中坚持经审工作“审、帮、促”原则，不断提高经审工作水平和质量。江阴市总工会在对镇(街道)工会经费审计时，要求对其下属的2~3个基层工会的经费管理情况进行延伸审计。惠山区总工会集中对相近行业进行审计，并搭建审计交流平台。滨湖区总工会对镇(街道)工会经费实施集中审计，提高审计质量和效率。北塘区总工会针对专业经审人员力量薄弱的实际情况，聘用退休的财务科长担任特约经审员，开展对下属基层工会的实务审计工作。

2011年，市总工会经审会继续加强对下级工会财务收支情况的审计力度，对江阴市总工会、宜兴市总工会、崇安区总工会、新区总工会等14个单位2009~2010年度工会经费收缴、使用和管理情况进行审计。对市工人文化宫、市太湖工人文化宫、市总工会干部学校2010年度财务收支及管理情况进行审计，了解事业单位经济运行状况，为市总工会直属事业单位年度考核及制定2011年经济目标提供依据。会同市总工会财务部、生产部、生活部对8个市(县)、区2006~2011年全国及省劳模生活困难补助金、特殊困难帮扶金发放和使用情况进行检查审计。对江南大学等4名离任工会干部任期经济责任和30个直属单位工会、30个基层单位计拨工会经费进行审计。

2012年，市总工会经审会完成对市总工会本级、市总工会直属事业单位2011年度经费使用情况，市总工会本级专项基金，江阴市总工会等7名离任工会干部任期经济责任，32个直属单位工会、30个基层单位计拨工会经费的审计任务。配合省总工会对下拨的困难职工帮扶资金、劳模“三金”、阵地建设资金进行专项检查。对市总工会本级上半年经费预算执行情况进行审议时，连同专项预算一并审查。对市总工会本级工会经费使用情况的审计，重点监督经费支出方向是否正确、结构是否合理，以保证服务于工会重点工作和职工群众，督促本级财务进一步完善财务管理制度，规范会计核算工作。在下审一级工作中，发现部分基层单位超出工会经费使用范围、工会财务处理不够规范等现象，提出审计处理建议，要求限期整改；对离任工会干部任期经济责任审计重点检查其在遵章守纪、财务管理、内控制度等方面的情况，肯定他们任期内履行职责所取得的成绩，同时对存在的问题提出审计建议，促进工会组织的廉政建设。对专项资金检查中发现个别单位存在挤占专项经费、预算编制执行不严肃、会计基础工作薄弱、票据使用不规范等问题，通过审计督促被审单位及时完善专项资金收支管理和使用手续，发挥专项资金的使用效能，确保专项资金专款专用。

2013年，市总工会经审会完成对市总工会本级、市总工会直属事业单位2012年度经费使用情况、市总工会本级专项基金、宜兴市总工会等9名离任工会干部任期经济责任，29个直属单位工会、30个基层单位计拨工会经费的审计任务。为做好市工会第十七次代表大会的筹备工作，市总工会经审会分别召开3次全委会议，对市总工会本级工会经费使用情况进行审查审计；督促清理市总工会直属事业单位往来款中长期挂账账务，7月1日，市总工会形成《关于无锡市工人文化宫债权债务清理处置会议纪要》，对部分直属事业单位工会经费使用中不合规现象加强审计整改力度，促使整改到位；针对部分单位预算执行随意性较大、会计核算基础工作相对薄弱等现象，审计提出整改建议28条，实施审计跟踪回访动态化管理，对2012年经审中发现问题整改情况实施跟踪回访。

2009~2013年，市总工会经审会对市总工会本级预算执行情况审计，提出建议17条，基本整改落实；市总工会经审办对市总工会直属事业单位的财务收支、经济效益、资产管理情况进行全面审计，提出审计建议29条，整改落实26条，整改率90%；对市(县)、区总工会和局(公司)、直属单位工会审计,提出审计建议183条,整改168条,整改率92%;对35名离任的市(县)、区总工会和局(公司)、直属单位工会以及市总工会直属事业单位法人代表进行任期经济责任审计,审计率100%。

第四节 业务培训

2004年,市总工会经审会注重提高工会经审人员的业务素质,在每次组织区、局、企事业单位工会进行财务审查后,组织经审人员进行业务交流、情况分析和互相评议活动,尤其是通过召开专业干部会议、举办经审干部培训班和组织工会经费审查委员会开展竞赛活动,提高和促进经审干部业务素质。是年,市总工会经审办与财务部联合举办工会财务、经审培训班,基层工会主席、经审会主任及财务干部200人参加培训,由财务部负责人讲授工会财务与行政财务的区别,工会主席、财务人员、经审人员的职责,工会经费收支预算及会计核算等相关知识。同时,市总工会经审会发挥基层单位经费审查委员会活动网片小组的作用,进行互帮、互学、互促,在实际操作中提高经审干部的业务水平;下发《经费审查实用手册》和基层工会经审会经审工作台账,夯实基层工会经审基础工作;要求各级经审组织在普遍开展经审工作的基础上,重点加强对工会经费预算的审查和预算执行情况的审计,前移经审关口,实施从"源头"到"过程"的全面审查监督。

2005年,市总工会经审办与财务部联合举办3期审查审计业务培训班,共有350人参加学习培训,培训重点为《市(县)、区级工会经审工作规范化建设考评标准》和市总工会经审会关于工会审计操作流程、工会审计业务公文处理、审计证据、审计报告撰写等方面的各项规定。在培训的基础上,在全市范围内择优选聘政治素质好、专业技术水平高、工作经验丰富、具有会计或审计专业职称的人员组成市总工会特约经审员队伍,缓解市总工会审计任务繁重与审计力量相对不足的矛盾。

2006年,按照省总工会要求,市总工会在市(县)、区级工会中大力推广经审业务审计软件的实施应用;在对基层工会主席任职培训时,市总工会经审会积极宣传财经政策、财务制度和经审工作的重要性,要求在工会经费的使用上,严格执行财务制度,支出结构要合理,确保重点工作,使有限的工会经费更好地为职工群众服务;在对市(县)、区级经审主任、经审干部培训时,讲解如何运用计算机进行辅助审计以提高工作效率。总结推广宜兴市总工会经审会"加强项目投资审计,确保资金有效运行"和惠山区总工会"开展联合审计,促进工会工作"的经验做法。

2007年,市总工会经审会进一步加强基层经审干部队伍建设,以培训非公企业工会经审干部为重点,以增强履行经审职责的责任心、学习经审工作业务知识、掌握审查审计的规范程序、提高实际工作能力为培训的主要内容,分级举办各种不同类型的培训班。是年,各级工会经审组织共培训经审干部1300人,新任经审干部培训面达78.3%。

2008年,各市(县)、区总工会把工会干部培训和经审业务知识培训紧密结合,取得较好的效果。市总工会及市(县)、区总工会共举办培训班22期,培训1050人。

2009年,市总工会经审会坚持把提高经审干部队伍素质作为促进工会经审工作不断发展的重要途径，始终抓好经审干部的培训工作，采取分级集中培训、以会代训等培训方式，共举办9期经审干部培训班，1000名工会经审干部参加培训；加强对全市工会经审工作的指导，对部分市(县)、区和基层工会就工会经费使用管理进行调研，对调研发现的问题进行通报，引起各级工会组织的重视并采取有效措施积极整改。

2010年，市总工会经审会组织市(县)、区工会参加省总工会举办的经审干部培训班；分别在江阴和宜兴召开市(县)、区经审工会会议，邀请城区的3个经审互助组长单位参加，会上各单位就实施工会经费审验证制度进行交流，江阴市总工会介绍开展经审工作的创新举措，观摩宜兴市总工会的经审工作台账。

2011 年，全国总工会颁发《中国工会审计条例》，市总工会组织各市(县)、区工会主要领导、经审会主任、经审办专职人员参加电视电话会议，听取全总、省总工会领导对《中国工会审计条例》的解析。市总工会财务部、经审办联合举办全市经审、财务干部培训班，专门邀请上级工会经审会领导授课，讲解以《中国工会审计条例》为主的相关法律法规知识，各城区总工会及市总工会直属单位经审委员、经审会(办)主任、财务部部长、财务干部及特约审计员 130 人参加培训。是年，全市各级工会根据实际情况，举办专题培训班 35 期，培训人数 3200 人。

2012 年，市总工会经审会围绕贯彻落实《中国工会审计条例》以及省总工会经审工作规范化建设要求，加强经审业务培训。市总工会财务部门、经审办联合举办基层工会培训班，主要培训对象为各级经审会主任、财务负责人和经审专职人员，重点培训《中国工会审计条例》《工会经费审验证》《基层工会经审工作台账化管理》《无锡市总工会审计结果整改督查》《工会会计制度》和工会财务预决算管理、工会经审规范化建设等相关制度和要求。是年，全市各级工会组织举办经审培训班 28 期，培训人数 2100 人。

2013 年，市总工会经审会围绕“适应新常态、树立责任意识”和如何进一步提高监督能力，加强对新上任的工会主席、财务经审专职人员进行工会财务和经审业务知识培训，要求各级经审组织和经审干部要切实担负起工会“免疫系统”职能，按照“依法审计，服务大局，突出重点，注重实效”的审计工作方针，加强对预算执行情况、帮扶资金及劳模慰问金等专项资金的审查审计力度；督促各级工会落实中央“八项规定”，严格控制工会各项费用支出，规范使用工会经费，阻止行政和企事业单位在工会账户上设立“小金库”的违规行为。是年，全市各级工会组织举办经审培训班 32 期，培训人数 2900 人。

第十四章　工会理论政策研究

第一节　学习调研和政策理论研究

2004~2013年，市总工会围绕新时期党和国家确立的一系列理论、方针、政策和重大战略部署，组织各级工会和工会干部联系实际，认真学习，深入研讨，力求从思想和行动上跟上形势发展的步伐，使工会工作融入无锡改革发展大局。全市工会重点学习研讨坚持科学发展观、建设社会主义和谐社会、全心全意依靠工人阶级的指导方针、坚持走中国特色社会主义工会发展道路等重大理论和政策，着力解决影响和束缚工会工作发展的难题，积极探索工会工作发展的新思路、新举措、新途径，积极推进工会工作的创新发展。

一、专题学研活动

2004年9月2日，市总工会围绕贯彻落实全心全意依靠工人阶级的指导方针，召开全市工会干部学习研讨会。会议传达全省工会工作会议精神，着重学习领会省委副书记冯敏刚和省人大常委会副主任、省总工会主席张艳在全省工会工作会议上的讲话精神。通过学习研讨进一步认真贯彻落实好党的“依靠”方针和加强党对工会的领导是加快工业化的新进程，充分发挥工人阶级主力军作用的迫切需要；是适应工人阶级队伍的新发展，造就高素质新型职工队伍的迫切需要；是适应劳动关系的新变化，维护职工合法权益的迫切需要；是适应协调劳资矛盾的新要求，确保社会稳定的迫切需要；是适应对外开放带来的新挑战，坚持工人运动发展的正确方向的迫切需要。

2005年，市总工会结合先进性教育活动，组织工会干部认真学习中共十六届五中全会精神和胡锦涛总书记在省部级主要领导干部提高构建社会主义和谐社会能力专题研讨班上的讲话精神(2005年2月19日)及中共中央关于制定国民经济和社会发展第十一个五年规划建议等，邀请市委讲师团作“党员先进性的时代内涵与加强执政能力建设的关系”的专题辅导、上海市总工会干部管理学校王连祥教授作十六届五中全会精神的学习辅导、昆山市总工会主席作新时期工会工作的经验介绍。通过学习和研讨，重点解决新形势下工会工作遇到的新情况、新问题，如何改革创新，争创一流的问题，从理论到实践上确立新思想、新观点、新思路，对推进无锡工会工作的创新发展产生了积极的影响。

2006年，全市工会干部认真学习《中共中央关于构建社会主义和谐社会若干重大问题的决定》《中共江苏省委贯彻〈中共中央关于构建社会主义和谐社会若干重大问题的决定〉的意见》《科学发展观学习读本》(中宣部理论局组织编写)以及全国总工会十四届六次主席团(扩大)会议通过的《关于坚持走中国特色社会主义工会发展道路的决议》，进一步认识构建社会主义和谐社会应当遵循的“六个必须”[①]原则，走中国特色社会主义工会发展道路以及中国工会的发展方向、发展动力和发展途径。

2007年，全市工会干部认真学习中共十七大精神和胡锦涛总书记在参加全国政协十届五次会议工会、共青团、青联、妇联界委员联组讨论时的重要讲话精神，以及无锡《争创全省科学发展先导区和谐发展示范区行动纲要》和市第十一次党代会工作报告等。6月14~15日，市总工会在宜兴召开全市工会主席学习研讨会，研讨在共建共享和谐社会中充分发挥工会组织“四个作用”(组织群众、引导群众、服务群众、维护群众合法权益的作用)的新思路、新举措。9月，市总工会在筹办七城市友好工会理论研讨会时，组织工会干部重点学习贯彻胡锦涛总书记重要讲话精神，增强坚持中国特色社会主义工会维权观，不断创新发展工会工作，充分发挥工会组织的“四个作用”的自觉性。

2008年，中国工会第十五次全国代表大会召开后，市总工会围绕走中国特色社会主义工会发展道路，组织召开学习领导讲话精神和工作务虚会议，市总工会领导干部和各部室负责人交流学习胡锦涛总书记在中国工会第十五次全国代表大会座谈会上的重要讲话、王兆国视察南京讲话精神的体会，特别是在围绕胡锦涛总书记关于“把更多的资源和手段赋予工会组织”的讲话精神。与会人员从部门的工作实践中梳理已经赋予工会的且正在使用的资源和手段，作用发挥得如何，分析在哪些方面应争取并能为工会发挥作用创造更为有利的条件和环境。一致认为要充分发挥和运用好现有的法律、法规、政策、制度赋予工会的资源和手段，努力争取市委、市政府及相关部门的支持，争取更多的资源和手段，扎实有效地为推进经济发展作出积极的贡献。

2009年，结合开展学习实践科学发展观活动，全市工会干部学习研讨《中共中央关于在全党开展深入学习实践科学发展观活动的意见》、胡锦涛总书记在纪念中共十一届三中全会召开30周年大会上的讲话精神等。围绕胡锦涛总书记关于“把更多的资源和手段赋予工会组织”的重要讲话精神，市总工会组织各级工会开展大讨论，市工运学会开展专题研究，举办成果发布会。11月，市委主要领导在市总工会关于“把更多的资源和手段赋予工会组织”的情况汇报上批示：“很好！发挥工会积极作用，推动无锡率先、科学、和谐发展”。市总工会机关全体人员围绕全市经济转型、产业升级的新形势，开展为推动无锡率先、科学、和谐发展发挥工会积极作用的大讨论，一致认为掌握和可利用的资源越多，工作的路子越宽，资源利用得越充分效果越明显，从而确立工会工作要以调动广大职工积极性为主线、以提高职工技能素质为重点、以推进构建和发展和谐劳资关系为基础、以加强工会自身建设为关键的工作思路和工作重点。

2010年，全市工会干部以学习胡锦涛总书记在全党深入学习实践科学发展观活动总结大会上的讲话和中共十七届五中全会精神、市委十一届九次全会精神及全国总工会和省总工会全委工作报告为重点，以思想大解放为主线，认识科学发展的新理念、发展阶段的新变化、职工群众的新期待，联系工会工作实际，努力解决束缚、制约、影响工会工作创新发展的思想瓶颈。进一步认识到要常怀忧患意识，增强危机感，不为过去的成绩而自满，不被既有的经验所

---

① 中共十六届六中全会《关于构建社会主义和谐社会若干重大问题的决定》中关于构建社会主义和谐社会的原则，即必须坚持以人为本，必须坚持科学发展，必须坚持改革开放，必须坚持民主法治，必须坚持正确处理改革发展稳定的关系，必须坚持在党的领导下全社会共同建设。

束缚,把成绩当作再攀高峰的新台阶,进一步树立不进则退,慢进也是退的紧迫感。市总工会邀请省总工会干校教授讲课,深入学习走中国特色社会主义工会发展道路理论,特别是学习胡锦涛总书记在与全国总工会新一届领导班子和部分中国工会第十五次全国代表大会代表座谈时的重要讲话精神,统一认识,把按照工会章程和有关法律法规独立自主开展工作同自觉接受党的领导紧密结合起来,把维护职工群众具体利益同维护全国人民根本利益紧密结合起来,把服务职工、维护职工合法权益同组织职工、教育引导职工紧密结合起来,不断提高为职工群众服务的能力和水平。

2011年,全市工会干部认真学习胡锦涛总书记在中共十七届五中全会上的重要讲话精神、《中国共产党历史》(第一、二卷)、《中共中央关于制定国民经济和社会发展第十二个五年规划的建议》、市十二次党代会精神、《中共无锡市委关于制定无锡市国民经济和社会发展第十二个五年规划的建议》等,进一步认识和掌握"十二五"发展的主题、主线和根本目的、重点策略及关键举措;进一步从思想理论上确立工会服从和服务于大局的理念,把工会工作放到全市工作大局中来谋划和推进,切实增强责任感和紧迫感,找准工会工作的切入点和着力点,充分发挥工会组织紧密联系职工群众的优势,履行工会维护职工合法权益的基本职责,更好地团结带领全市广大职工,为"十二五"开好局、起好步,发挥主力军作用。

2012年,全市工会干部认真学习胡锦涛总书记在中共十七届六中全会上的重要讲话精神,《中共中央关于深化文化体制改革,推动社会主义文化大发展大繁荣若干重大问题的决定》,省和市第十二次党代会报告以及省委常委、市委书记黄莉新在市委十二届二次全会上的讲话精神等。通过学习和研讨,进一步加深对走中国特色社会主义工会发展道路的理解和认识,联系工会工作实际,提出要把党的要求和职工群众的期望结合好,把促进科学发展与服务职工群众结合好,切实把党的领导的政治优势转化为工会组织的工作优势,用中国特色社会主义共同理想凝聚职工,在2012年工作目标的基础上,要确保有2~3项工作在全省创一流水平,以优异的成绩和过硬的作风迎接中共十八大召开。

2013年,全市工会干部认真学习中共十八大精神、习近平总书记同全国劳动模范代表座谈时的重要讲话精神("4·28"讲话)、习近平总书记在党的群众路线教育实践活动工作会议上的讲话精神、中央政治局制定的《关于改进工作作风、密切联系群众的八项规定》、中国工会第十六次全国代表大会和江苏省第十三次工代会精神等。市总工会在中船澄西船舶修造公司举办工会论坛——在社会建设中的定位和途径,在无锡华光锅炉股份有限公司举办宣传贯彻十八大精神,探讨当前工会理论研究重点的研讨会,在博世汽车柴油系统股份有限公司举行"共创和谐、共赢发展、共享成果"叙谈会,在一汽解放公司无锡柴油机厂举行企业文化职工文化建设成果发布会。

二、重点课题调研

2004年,市总工会围绕贯彻中共十六届三中和四中全会精神、全面落实省委和市委工会工作会议精神、不断提高工会履行各项职能的能力等方面开展调研。重点课题包括关于职工社会保障体系研究、困难职工低收入情况的调查和建议、把劳动关系矛盾协调机制融入于社会大调解机制的研讨、镇建立总工会试点、工会代表大会代表常任制、基层工会主席直选等。其中,《关于我市工资集体协商工作进度情况的调查》和《我市困难职工低收入的情况调查和建议》在11月19日召开的市政府与市总工会联席会议上进行了专题汇报,受到市政府的重视,写入第一次例会纪要中。

2005年,市总工会认真贯彻中央领导关于工人阶级和工会工作的有关指示精神,围绕市委要求的、政府正在抓的、职工需要的、工会应该做而且能够做的工作,整合社会资源,借助社会力量,探索社会化维权的新路子等方面开展调研。重点调研课题包括关于解决破、关、撤、改企业职工有关劳保福利问题,企业职工"看病难、看病贵"问题,市区转改制企业职工思想反映,强势推进工资集体协商以及送温暖活动向社会化和长效化拓展等,形成专题调查报告。

2006年,市总工会围绕坚持走中国特色社会主义工会发展道路,进一步贯彻落实全国总工会关于"组织起来,切实维权"的工作方针,团结带领职工群众为实施"十一五"规划开局之年作贡献等方面开展调研。重点调研课题包括关于改进工会维权方式的研究思考,从单纯依赖行政型向依法维护型转变,探索运用社会各方资源、形成社会化的合力维权机制,加强工会基层组织建设等,形成专题调查报告。

2007年,市总工会围绕贯彻胡锦涛总书记在全国政协的"3·7"讲话精神,以中国特色社会主义工会维权观为指导,突出维权基本职能,全面履行各项社会职能等方面开展调研。重点调研课题包括关于坚持主动、依法、科学维权的探索,女职工专项集体合同签订情况调查,城镇职工医疗保障状况调查,职工思想情况调查,女职工和女性进城务工人员权益状况问卷调查,外商投资企业开展劳动法律法规宣传活动情况及职工权益保护状况调查等,形成专题调查报告。8月,市总工会采用问卷、座谈会和个别访谈相结合的方法,在全市1800家开展工资协商2年以上的企业、800名企业管理人员、2000名一线职工和30家未开展工资协商的企业中开展工资协商工作成效调查活动。同时,市总工会分别在外商投资企业,以及其他千家企业开展工会劳动法律监督工作调研和监督检查活动。9月1日,提交《在外商投资企业开展劳动法律法规宣传活动情况及职工权益保护状况的调研报告》。2日,省总工会党组书记、副主席李晓布批示:盐城、无锡针对外企开展劳动法律法规宣传的经验很好,值得推广。14日,省人大常委会副主任、省总工会主席张艳在市总工会上报的《关于无锡两级工会开展劳动法律监督检查的情况汇报》上作出批示,对无锡各级工会充分利用法律武器推动工作予以充分肯定。

2008年,市总工会围绕确立以坚持科学发展观、促进社会和谐为主线,以团结动员职工应对金融危机与企业共渡难关为主要内容开展调研。重点调研课题包括关于如何进一步完善源头参与机制建设、深化和规范企业工资集体协商、深化和谐劳动关系企业创建活动、促进基层民主机制建设、维护职工的精神文化权益、强化工会组织体系建设、强化工会劳动争议调解体系建设、强化工会劳动法律监督体系建设、强化工会帮扶工作体系建设、充分利用资源和手段等,形成专题调查报告。11月21日~12月10日,市总工会采用召开不同对象座谈会和百家企业千名职工问卷调查、走访市综合经济部门等方式,分成5个小组对全市126家企业和1341名职工,就遭受金融危机的影响以及各级工会组织发挥应有作用等问题开展专题调研,形成《关于金融危机给我市企业带来的影响及工会帮助企业应对危机的措施的调研报告》。

2009年,市总工会围绕落实市第十六次工代会提出的目标任务,以改革创新为动力,积极践行科学发展观,推进工会工作创新发展,更好地团结动员广大职工群众围绕大局,凝聚群力,服务企业,促进发展,为推动全市经济平稳较快发展作出新的贡献等方面开展调研。重点调研课题包括关于企业民主管理现状调研、探索企业民主管理制度与推进基层民主建设、试述创建和谐劳动关系企业、工会调处劳动关系矛盾的现状、探索进一步提高调处能力的方式和手段、工会组织建设的现状调查、建立非公企业工会组建工作的长效机制、工会帮扶工作的现状调查与思考、探索推进帮扶工作社会化的运作方式、实施提高职工素质工程的情况调查、寻求提高职工队伍素质更有效的平台和手段、充分发挥工会“大学校”的作用等,形成专题调查报告。其中,《行业工资集体协商在探索中彰显成效——关于行业工资集体协商情况调研报告》被市人大法制委、市法学会评为立法研讨会征文三等奖。

2010年,市总工会围绕贯彻市委召开的全市工会工作会议,积极探索工会工作更好地服务大局的新思路、新途径,为促进经济转型发展建功立业等方面开展调研。重点调研课题包括关于依法规范和完善企业劳动用工制度和企业内部管理制度,推动工会组织体制、运行机制和活动方式的创新,进一步拓宽工会组织参政议政渠道,完善职代会和厂务公开、职工董监事制度的研究,建立健全企业职工工资决定机制和正常增长机制、支付保障机制,推进区域性和行业性工会建设等,形成专题调查报告。7月,市总工会在全市1219个企事业单位和1.49万名职工中开展带薪年休假实施情况抽样调查问卷活动,据此完成《关于“带薪年休假制度”执行情况的调查报告》。7~8月,市总工会会同高校调研课题组在无锡山区、惠山区、滨湖区、崇安区、南长区、北塘区、新区开展外来务工人员现状调研活动,形式为座谈、个案访谈和问卷调查。问卷调查包括外来务工人员的个人基本情况、外出经历、目前的工作状况、目前的生活状况、企业管理与福利制度、人际关系与社会参与等。通过调研形成《江苏外来务工人员现状调查报告》。是年,市总工会报送的调研成果《立足服务科学发展,深入推进企业工资集体协商工作》《党政主导,三方推进,企业实施,创建和谐劳动关系企业有效机制》获江苏省厂务公开民主管理创新实践成果二等奖。

2011年,市总工会贯彻落实科学发展观,按照市委十一届九次全会的决策部署和全市工会工作会议的要求,围绕推动转型发展、提升职工素质、构建和谐劳资关系、维护职工队伍稳定等方面开展调研。重点调研课题包括关于全市企业工资分配与决定机制和正常增长机制及支付保障机制的基本情况调查,工会参与社会管理的情况调查,提升工会服务大局、助推经济转型发展能力与水平的新途径,加强企业文化和职工文化建设的新举措,加强非公企业工会干部队伍建设,建立政府与工会法律援助机构协作机制,贯彻实施劳动法与全面构建和谐劳资关系等,形成专题调查报告。12月9日,市总工会成立政研工作指导小组。

2012年,市总工会围绕工会在建设“四个无锡”(“魅力无锡”、“创新无锡”、“创业无锡”、“幸福无锡”)和率先基本实现现代化进程中,进一步深化“五大行动”,落实工会理论研究课题并采用自拟申报、认领承包、特约撰稿和专题调研等方式推进,共收到调研报告和论文181篇。市总工会领导带队分5路深入10个镇(街道)、30家企业了解民情民意,形成《关于开展“面对面、心贴心、实打实——服务职工在基层”活动情况的调研报告》《关于全市工会开展“五大行动”情况的调研报告》以及《工会系统开展“三解三促”活动的实践和思考》等调查报告。

围绕工会组织建设、新生代职工思想状况和利益诉求等,通过问卷调查、面对面的座谈交流,完成《创新基层工会干部队伍管理机制的思考》《从博世公司工会的发展,探索外企工会的拓展之路》和《“90后”员工思想特点浅析》等调研文章,就工会如何发挥作用提出对策性建议。

围绕工会参与加强和创新社会管理开展调研,完成《强化能力素质,提升服务水平,在参与社会管理创新中发挥作用》《浅析公司制企业职工董事监事制度》和《我市高技能人才建设基本情况的调研报告》等文章,探讨和交流如何发挥工会在社会管理创新中的作用;怎样积极参与扶助职工弱势群体,帮助他们解决实际困难;如何参与提高职工队伍综合素质建设;如何积极参与三方协商,在推进和谐劳动关系建设中发挥作用等现实问题。

围绕如何提升一线劳动者收益课题开展调研,课题调研组就企业在岗一线劳动者工资分配情况进行为期5个月的调查,对市区范围内的20家样本企业、400名在岗职工展开调研,先后举行5场职工座谈会,走访一线劳动者家庭,了解和掌握企业人工成本和一线劳动者工资水平情况,形成《在改革分配方式与实现收入倍增联动中提升一线劳动者收益》调研报告;结合调研情况,提交《关于依法推进工资协商,促进劳动者工资增长的工作研究》等调研文章,为研究制定行业工资标准,推进工资集体协商,建立职工正常的工资增长机制,促进企业人文关怀等,提出对策、意见和建议,推动企业发展和谐劳动关系。

围绕企业劳务派遣工权益保障现状开展专题调研,形成《劳务派遣规范适用的路径浅析》《中船澄西劳务工管理思考》等调研文章,以对劳务派遣用工问题分析为切入点,剖析劳务派遣用工动态及发展趋势,提出关于规范劳务派遣用工和维护劳务工合法权益的对策建议。

围绕劳动争议调处、劳动法律监督工作、职工法律援助等开展调研,形成《浅谈工会对劳动者权益保障争议的调解》《律师是建设和谐劳资关系的重要力量》《工会劳动法律监督工作探讨》等调研文章,启迪和促进工会加强劳动关系协调工作。

2013年,市总工会围绕无锡转型发展过程中工会工作面临的新情况、新问题和劳动关系领域出现的新变化、新趋势,积极开展调查研究。2月,市总工会政研室对改革开放以来无锡工会从恢复和发展、改革和推进、创新和提升三个阶段进行梳理和总结分析,撰写了《改革开放以来无锡工会发展情况(1978~2012年)》,报送市委办公室、市史志办。形成《建立新型劳动关系的思考研究》《工会在参与民生工作中作用的研究》等调研材料,报送市政协。是年,征集调研报告和论文156篇。2~3月,市总工会组织6个调研组,深入20个基层单位就工会工作项目化管理、文化宫阵地建设、工会帮扶服务、基层组织建设、立功劳动竞赛、大型商贸企业工资协商、和谐劳资关系构建、机关作风效能建设8个方面开展调研,形成7篇共30万字的调研成果。市总工会政研工作指导小组成员开展工会参与改善民生的实践与思考、长三角十六城市居民收入分配中的问题及相关建议的调研,从工会视角提出促进职工就业、完善收入分配政策的对策建议;开展区域性行业性职代会制度建设的实践与思考的调研,分析贯彻实施中存在的主要问题,提出进一步推进落实的相关对策建议。

市总工会调研组在部分地区、部分行业开展有针对性的劳动关系状况、职工队伍状况的调查,取得一批有数据、有质量、有深度的调研成果,其中包括《关于职工队伍的现状、问题及对策研究》《企业劳动关系状况分析》《关于推进企业和谐劳资关系建设的思考》《关于建设新型劳动关系的思考研究》《关于工会在构建和谐劳动关系中的作用的思考》等26篇,客观反映职工队伍的基本状况,反映职工队伍中不同群体的基本特点、利益诉求及变化趋势,反映职工在劳动经济、民主政治、生活保障、精神文化等方面权益的实现状况,反映劳动关系的状况、特点、趋势及构建和谐劳动关系工作机制建设状况等。

三、职工思想专题调查

2004~2005年,市总工会对企业转改制、退城进园中职工的思想状况进行了专项调查。调查结果表明,有83.3%的职工支持拥护企业转改制。职工最关注的问题分别是企业转改制、退城进园中职工的安置问题,企业经营生产管理问题和企业重组改制能否成功的问题。职工关注并希望新企业能持续健康发展、企业效益和职工收入成正比、企业市场竞争力增强。

2006~2007年,市总工会对全市不同类型的100家企业3000名职工的思想状况进行了问卷调查。调查表明,有96.5%的职工对改革开放和社会发展的心理认同感日益增强;96%职工认为坚持以人为本的科学发展观,构建社会主义和谐社会,全面实现小康社会是全国各族人民的共同愿望;91.6%职工依靠知识技能和竞争实力谋求生存和发展的择业观念已经形成,更加注重自身知识结构、劳动技能和创造才能等素质的提高。调查还显示,当时职工群众对社会主义核心价值理念认同度高,对无锡城市建设和发展成果满意度达92.4%,有87.7%的职工表示在工作中积极性能够充分发挥或基本发挥,认为周围同事的工作积极性能够基本发挥或充分发挥的达到了80.3%。但也有35.1%的职工认为当时职业道德水平比以前降低了,其中,拜金主义严重、社会诚信缺失、理想信念淡薄等是职工认为导致职业道德水平降低的主要因素。

2012年,市总工会针对中、小型企业职工在工资收入、社会保障等方面的思想反映进行调研。在关注道德价值观方面,通过学习教育等活动,84.9%的职工基本了解了社会主义核心价值体系的内容;69.3%的职工要求加大工作力度,提高人们的道德水平。对"十二五"规划目标认为规划切实可行、能让老百姓得到实惠的、目标是正确的占80%。对改革开放是"大势所趋应该继续坚持、使老百姓生活变得更好、必须重视解决消极腐败现象"等问题,职工持赞同观点。对有关"加大惠农力度,缩小城乡人民生活水平和公共服务差距,增加低收入者收入、扩大中等收入群体、扭转社会收入差距扩大趋势,促进中小企业发展,优先发展公共交通,把有稳定劳动关系并在城镇居住一定年限的农民工及其家属逐步转为城镇居民, 加大环境保护力度,重点解决饮用水不安全和空气、土壤污染等突出环境问题,健全面向全体劳动者的职业培训制度,完善基本医疗卫生制度,加强反腐倡廉建设,拓宽社情民意表达渠道,推行经济适用房、廉租房、公租房制度"十二项政策问题,80%的职工认为如果坚持实行,老百姓定能从中获益;有90.6%的职工认为有必要推进政治体制改革。

在关注和谐社会方面,78.7%的职工认为中国社会是非常和谐或比较和谐的。关于影响社会和谐的主要问题,依次是看病就医费用高、房价越来越高、子女教育费用高、收入分配差距大、社会保障不健全、腐败现象严重、食品安全没有保证。此外,对就业难、环境污染严重、社会风气不好、社会治安差、安全生产事故频繁、干群关系紧张等问题表示关切,认为如果不坚决治理则会严重影响社会的和谐稳定。

在关注个人、家庭和社会满意度方面,职工的人生态度趋向积极务实,向往舒适安定的家庭生活,希望获得一份稳定的工作和稳定的收入,充分发挥自己的专长和有发展机会。职工对家庭、人际关系、本人健康状况等回答满意或比较满意的占80%,而对于职业、居住条件、社会地位、本人知识和能力及生活环境等满意度占50%。职工的精神文化需求在不断增强,在自己喜欢的文体活动上,排序依次是看电影和电视剧、运动健身、读书等。有45.1%的职工希望自己成为劳动模范。

在政治面貌与宗教信仰方面，数据显示，被调查职工中的中共党员人数占被调查总数的27.9%，共青团员、民主党派成员和未加入任何党派的人数，分别占被调查总数的15.7%、0.14%和56.26%。在宗教信仰上，被调查职工中不信仰任何宗教的人数占被调查职工总数的88.6%，信仰佛教、道教、伊斯兰教、基督教等信教人数占被调查总数的11.4%。

四、承担全国职工队伍状况调查

2006年8月，市总工会接受全国总工会下达的职工思想情况调查任务，主要采用座谈会和问卷调查的形式，在50家企业、1000名职工中展开思想情况调查。

2007年6月，无锡作为全国总工会15个统计调查网点城市，市总工会在开展第六次全国职工队伍状况调查工作中，完成了对全市510名职工、200名农民工和4家典型企业的调查工作。市总工会调研组分析5年间职工队伍的变化特点、发展趋势和面临的问题，了解掌握职工群众最关注的就业条件、工资收入、社会保障等方面的实际情况，反映职工群众的愿望、要求和呼声，提出对策措施。

2011年5月，市总工会集中一个月时间开展2011年企业职工劳动经济权益及思想动态问卷调查活动，期间组织40个单位440名职工参加问卷调查，召开工会主席、劳务派遣工、农民工3个座谈会。5月18~19日，以全国总工会研究室副主任安建华为组长的2011年专项调查课题调研督导组到无锡，由市总工会副主席王党民陪同到江阴市督查调查活动。

2012年7月10日，市总工会发出《关于印发〈无锡工会参加2012年全国职工队伍状况调查工作的方案〉的通知》。27日，召开无锡工会参加2012年全国职工队伍状况调查工作部署会议，启动第七次全国职工队伍状况调查工作。重点调查中型、小微企业职工群众的切身利益尤其是就业条件、工资收入、社会保障等方面的变化情况。70个企事业单位740名职工列为调查抽样对象，其中包括60个已建工会单位的640名职工(其中工会主席40人)、10个未建工会单位的100名职工。调查涉及17个行业。调查中，组织8场专题培训和对20个基层单位的现场辅导，召开有各层次职工155人参加的15场座谈会，发出职工调查问卷700份。发出工会主席调查问卷40份，回收率均为100%。参加抽样问卷调查的职工占70个单位4.13万名职工数的1.7%；参加抽样问卷调查的244名劳务派遣工、农民工占参加抽样问卷调查职工的34.86%，占被调查单位职工总数的0.59%，其中被调查的163名劳务派遣工占被调查单位3803名劳务派遣工数的4.3%。调查活动用一个月时间，全面完成无锡调查点的调查任务，在分析运用调查数据的基础上，形成并向市及省总工会、全国总工会报送《2012年无锡市职工队伍状况调查报告》，为党政领导机关掌握职工群众思想、生活状况，制定经济、社会、文化、政治建设的政策措施，更好地发挥工会组织职工、服务职工、教育职工和维护职工合法权益的作用，提供来自基层职工的数据等信息。9月底，全国总工会研究室主任会议在广州召开，市总工会在会上发布《职工择业就业专题分析报告》调研成果。

五、与市城调队联合调查

2004~2008年，市总工会就部分行业农民工现状、重点行业职工收入状况与国家统计局无锡市城市社会经济调查队(以下简称市城调队)联合开展专题抽样调查活动,其中重点行业职工收入状况抽样调查活动8次。

2004年3~4月,为深入了解农民工群体的生存与发展现状,考察其对全市国民经济和社会发展战略规划和劳动力市场与人力资源的重要影响,市总工会与市城调队联合对进城务工人员状况进行调查。调查的重点是餐饮、服务、建筑三大行业,调查的主要内容包括基本情况、职业培训、工资收入、权益保障和意见建议等,调查采用问卷和座谈形式进行,有205家企业和2000名进城务工人员参加调查,形成调查报告后报市委、市政府和省总工会。

2005年4月,市总工会向市统计局申请调查活动批准文号,取得合法调查的依据,同时与市城调队签订委托调查活动协议,明确抽样方法采用国际通用的PPS抽样方法(Probability Proportionate to Size Sampling,按规模大小成比例的概率抽样),调查方式采用调查员持证登门入户问卷式调查,并从5月起开展市重点行业职工收入情况调查活动,调查涉及范围为崇安区、南长区、北塘区、滨湖区、新区内的制造业、建筑业、交通运输业、商贸和餐饮行业,共有48家企业和400名在编职工参加调查。5~7月,开展第一期重点行业职工收入抽样调查活动,形成《无锡市重点行业职工收入与基本情况调查报告》。7月5日,市总工会召开企业在岗职工工资和社会保险状况专项调查工作部署会议,100家企业的工会干部和行政负责人以及市(县)、区总工会负责人参加会议。10~12月,市总工会与市城调队联合在所确定的调查范围内开展第二期重点行业职工收入抽样调查活动,形成《职工收入稳定增长,收入差距日趋明显——2005年度无锡市重点行业职工收入情况调查报告》。

2006年4月,市总工会与市城调队联合在所确定的调查范围内开展重点行业职工收入与基本情况跟踪抽样调查活动,并由市城调队调查员登门入户对调查职工实施年度职工收入跟踪调查的办法展开第三期调查,形成《无锡市重点行业职工收入与基本情况年度调查报告(第三期)》。

2006年12月~2007年1月、2007年1~3月、2007年3~6月、2007年10月,市总工会与市城调队在所确定的调查范围内,开展对重点行业职工收入情况的第四至第七期调查活动,形成《我市产业职工收入稳定增长——关于2006年度无锡市重点行业职工收入情况调查报告》《2007年一季度市区主要行业职工收入与基本情况调查报告》《无锡市重点行业职工收入调查报告—2007年1~6月调查汇总资料分析》《无锡市主要行业职工收入调查报告—2007年1~9月调查汇总资料分析》。

2008年1月,市总工会与市城调队联合在所确定的调查范围内开展重点行业职工收入与基本情况跟踪抽样调查,即第八期调查活动,形成《无锡市主要行业职工收入调查报告——2007年度调查汇总资料分析》。

六、优秀调研文章(论文)评选表彰

2004~2013年,市总工会通过课题征集、成果发布、扩大交流等方式,完善评选表彰制度,每年评选表彰全市工会优秀调研文章(论文),共表彰优秀调研文章(论文)267篇,占收到调研文章(论文)906篇的29.47%。2013年7月,为进一步规范评选标准和程序,市总工会出台《无锡工会理论研究会优秀工会调研文章(论文)评选办法(试行)》。

10年间，获得市总工会优秀调研文章（论文）的作品中，对推进工会实际工作产生直接指导作用的主要有：《增强职工就业能力，打造新型职工队伍——职工择业就业专题分析报告》《非公企业职代会建设的探索与思考》《劳动者权益公开制度的探索与实践》《全面推行标杆管理，强化工会维权机制建设》《在改革分配方式与实现收入倍增联动中提升一线劳动者收益》《履行帮扶服务职责，实现互助共济功能》《关于一线职工思想状况的调查与思考》《构建援助半小时服务圈，切实维护职工合法权益》《浅析工会组织在维护农民工合法权益中的作用》《依托、整合、渗透、创优——乡镇女职工健康服务中心建设的实践与思考》《关于〈无锡市工会劳动法律监督条例〉实施情况的调研报告》《2012年长三角十六城市居民收入稳定增长》《从博世工会的发展探索外企工会的拓展之路》等。

对新时期工会工作规律进行理性思考和探索的主要有：《改革开放以来无锡工会发展情况（1978~2012年）》《无锡市工资集体协商工作的调研与分析》《城区工会组织体制建设与创新问题探讨》《全市职工队伍状况的调查与思考》《关于加强村工会建设的实践与思考》《关于建立县（市）级非公经济特色产业工会的探索与思考》《关于新形势下开展劳动竞赛活动新途径、新形式的思考》《工会帮扶服务工作成效的实践与思考》《试述同工同酬的愿景、困境与路径》《适应产业化集中布局和市场化联营新特点，积极建立行业集群职代会制度》《关于全市工会基层组织建设情况的调研报告》等。

对工会工作创新发展进行研究分析提出建议的主要有：《2012年无锡市职工队伍状况调查报告》《利用各种资源增强工会服务能力的思考与实践》《县（市）级工会参与社会管理与创新的实践与思考》《利用社会优质资源，帮助职工打造阳光心态》《盘活工会职工志愿者资源的若干思考》《构建工会维权体系，积极助推转型发展》《推行"菜单式"培训，提升女职工素质》《工会工作项目化管理的探索与实践》《浅析公司制企业职工董事监事制度》《工会在推进社会主义文化建设中的实践与思考》《宜兴市建立职工心灵驿站导师团的探索与实践》《关于我市局（系统）工会"一局一品"建设活动的实践与思考》等。

市总工会开展第七次全国职工队伍状况调查活动形成的《2012年无锡市职工队伍状况调查报告》，被全国总工会收录进《第七次中国职工状况调查》文献资料。2012年9月，全国总工会在广州召开研究室主任会议，市总工会发布《增强职工就业能力，打造新型职工队伍——职工择业就业专题分析报告》的调研成果，被全国总工会收录进《第七次中国职工状况调查》文献资料。2013年2月，市总工会撰写的《改革开放以来无锡工会发展情况（1978~2012年）》，被市委办公室、市史志办收录进《辉煌历程——新时期无锡党史专题集》文献资料。部分优秀调研文章（论文）成果分别刊登在《中国工运》《江苏工运》《无锡导刊》《无锡机关党建》和中工网、江苏机关党建网、江苏工会网、无锡机关先锋网上。无锡工会优秀调研文章（论文）获得省级以上工会表彰的有40篇。

第二节　调研成果应用

市工会第十五次代表大会以后，随着企业转改制深入进行，非公企业迅猛发展，全市工会工作面临着一系列新问题、新课题。为适应新形势、新要求，推进工会工作的创新发展，全市工会组织坚持调查研究,在实践中不断解决束缚工会发展的瓶颈和难题。

在维护稳定和推进改革中发挥工会应有的作用 2004年以后,在企业转改制以及“退城进园”“退城出市”的过程中,涉及到面广量大的职工利益问题,如何维护好职工群众的合法权益和社会稳定,推进改革的顺利进行,工会面临的新课题和必需承担的工作任务。市总工会从调查研究着手,加强与政府相关部门的联系,积极反映职工群众的诉求,主动协助政府解决涉及职工利益的一系列问题,针对一些破、关、撤、改企业的职工反映有关劳保福利问题,组织开展专题调研,形成调研报告,向市委、市人大、市政府提交《关于解决破、关、撤、改企业职工有关劳保福利问题的建议》,得到市政府采纳,并落实到相关转改制政策意见中去;通过对“退城出市”企业的调研,向市政府提出应尽快制定出台“退城出市”中职工劳动关系、社会保险关系的处理和加大就业困难群体的帮扶力度、实施积极的就业和再就业优惠政策、做好劳资关系预警预测工作等建议,得到市政府的重视并制定《关于企业“退城出市”中职工劳动关系等有关问题的处理意见》等。

推动劳动法律监督和工资协商走向法制化轨道 市总工会坚持主动维权、依法维权、科学维权,对违反《劳动法》《劳动合同法》等劳动法律法规、侵害职工合法权益的情况组织多次检查、调研,撰写企业用工制度存在的问题和建议、全市工资集体协商工作情况的调查、企业在岗职工工资和社会保险状况专项调查、全市重点行业职工收入与基本情况调查、建立企业职工工资增长机制研讨、外商投资企业职工权益保护状况调研等调查报告,并就相关工作中的现状、存在问题、职工权益保障进行分析研判,提出工会的主张和制定地方劳动法律法规的建议,得到市委、市人大、市政府、市政协的高度关注和支持。2005年10月起,市总工会积极争取《无锡市工会劳动法律监督条例》的制定,2006年9月27日经省人大常委会批准,于2007年1月1日起施行。2010年起,市总工会积极争取《无锡市企业工资集体协商条例》的制定,2011年3月24日经省人大常委会批准,于2011年6月1日施行。以上两个条例都是无锡市在全省率先颁布。两个条例的施行,为工会开展劳动法律监督和推进工资集体协商工作,提供了法律保障。

促进创新组织体制和组织形式,扩大工会覆盖面 随着全市经济体制改革的不断深化和政府职能的转变,新经济组织、新社会组织不断涌现,为最大限度地把职工群众组织起来,不断扩大工会组织的覆盖面,市总工会从创新工会组织体制和组织形式入手,进行一系列的调研和实践,主要解决现有的工会组织体制如何适应多层次、多类别且小而分散的新经济组织、新社会组织建立工会的需求,如何针对已建立的镇(街道)总工会实施规范化的管理,提升工作水平和更好地发挥作用。经过多次的论证和探索,在全国率先创建“街道、社区、企业”城区“小三级”工会组织体制和“开发区工会、中间层次工会(园中园或二级园区)、企业工会”新型“小三级”工会组织体制;在全国率先出台《无锡市镇(街道)总工会工作暂行办法》,使全市工会组织体制在原有镇企业建立工会形成的市(县)、镇、企业的三级管理体制上得到进一步完善和发展,不仅有效的扩大工会组织的覆盖面,而且建立了有序的管理体制和机制。这一新的工会组织体制的建立,在全省起到引领作用,得到全国总工会和省总工会的充分肯定,获全国总工会授予的工会组织工作创新成果奖。

充分利用资源,提高工会工作能力和水平 2008年10月,就贯彻落实胡锦涛总书记在中国工会第十五次全国代表大会期间提出的“把更多的资源和手段赋予工会组织”的重要指示，市总工会进行4次专题调研，从工会组织的职能和能够承担的任务出发，向市委递交《关于“把更多的资源手段赋予工会组织”的建议》(以下简称《建议》)。《建议》包括赋予工会更多的提升职工技能水平的资源和手段、把工会扶贫帮困工作纳入全市社会救助体系并提供相应的职责和条件、提高工会组建率和扩大工会覆盖面四个方面共14项。2009年6月3日，在省总工会会议上，市总工会作了《利用各种资源增强服务能力的思考与实践——工会与劳动部门联合实践资源优化组合》的交流发言。8日，市总工会在调研的基础上形成《利用各种资源增强工会服务能力的思考与实践》调研报告，反映市总工会利用劳动部门职业培训的政策和实施，建立市总工会职工培训实训基地，增强了工会对职工培训的能力；利用劳动争议三方调解机制的资源，在司法部门的支持下，建立市总工会劳动争议调解庭，增强了工会调处劳动争议调处的能力；利用学校教育资源，开设劳模和先进工作者学历班，扩大了对劳模和先进工作者培养的渠道；利用商业超市资源，开设爱心超市，扩大了对困难职工的服务面；利用社会媒体资源，在电视台开设工会专题节目，加大工会工作的宣传力度，扩大工会组织的社会影响等。

深化市总工会事业单位改革，促进新的发展和提升　2009年2月24日~4月2日，市总工会组织专题调研组对所属4个事业单位进行深化改革专题调研，邀请市人事局相关部门领导进行事业单位改革政策辅导。针对事业单位在改革中存在“三个方面不到位”[①]的问题，市总工会提出深化改革的“四条原则”，即坚持事业性质，企业管理的原则；坚持分类定位、分离管理的原则；坚持岗位竞争，按绩分配的原则；坚持面向职工，服务社会的原则。明确深化改革的重点，即市工人文化宫和市太湖工人文化宫进行资源整合，功能重组；无锡新华中等专业学校继续巩固原有与高校联合办学的成果，争取扩大办学规模；江苏省无锡工人太湖疗养院要理顺疗养院与市太工疗养院有限公司的资产关系、财务关系、组织体制关系、人事关系和分配关系。6月，市总工会制定《无锡市总工会关于深化事业单位改革的意见》，指导事业单位进一步深化改革，并取得预期的效果。

2013 年 2 月下旬，市委常委、市总工会主席陈德荣带队对南通、苏州、常州 3 市工人文化宫经营情况进行考察，对 3 市工人文化宫的特色、优点和成功之处作出客观分析，对无锡市工人文化宫的建设和定位提出调研建议。提出要坚定不移地推动和深化人事制度改革和收入分配制度改革，逐步建立起人员能进能出、职务能上能下、收入能高能低、充满生机和活力的管理机制，最大限度地调动和发挥全体人员的积极性、创造性；注重领导班子建设和人才队伍建设，把政治坚定、思想作风过硬、熟悉业务、善于经营管理的人及时选拔到市工人文化宫的领导岗位上来，发挥领导班子的整体效应。加强对现有人员进行培养的同时，要通过各种有效形式，加快引进一批专业技术人才，逐步建立一支专业齐全，结构合理，会组织、善经营、懂管理、能拓展的高素质干部职工队伍。

---

①　观念转变不到位，陈旧观念和落后体制是影响事业单位发展的主因；改革在深度和力度上不到位，已实施的改革没有触及到关系到事业单位发展和职工积极性发挥的深层次问题；改革方案制定不到位、不规范，特别是配套措施不完善将影响到改革继续推进和已取得的改革成果。

第三节 工会工作项目化管理

2012年下半年,为把工会工作放在全面深化改革的大局中去谋划、把握和推进,深入研究和遵循工会工作规律,引导和鼓励各基层工会创新创优,市总工会深入基层调查和认真分析研究。在此基础上,市委常委、市总工会主席陈德荣提出创新开展工会工作项目化管理的模式,将抓经济工作的理念和项目化管理的手段导入工会工作,围绕职工所想所盼,围绕工会工作发展的方向和重点,进一步鼓励创新,推动工会工作整体提升;同时将具有创新度和牵引力的工作内容量化、细化为具体的工作项目,对工会基础性工作实施精细化管理、数据化考评、规范化推进。

2012年12月,市总工会制定下发《市(县)、区工会工作项目化管理办法(试行)》(以下简称《办法》),成立项目化管理领导小组,由市总工会党组书记、副主席管海燕任组长,分管领导任副组长,机关各部室负责人为成员,下设办公室,负责具体工作。市总工会以中共十八大精神为指导,围绕全市中心工作,根据上级工会的工作部署,按照"面对面、心贴心、实打实"的要求,通过对各市(县)、区总工会工作实行项目化管理,科学整合市总工会现行的考核奖励项目,运用创新手段,强化顶层设计,努力推动工会重点工作有成就、难点工作有突破、热点工作有作为、亮点工作有提升、特色工作有建树,更好地促进企业发展,维护职工权益,使工会工作不断迈上新台阶,为无锡率先基本实现现代化作出积极贡献。《办法》明确项目申报、要求和项目确定的流程,制定项目管理、考核、评审以及奖励的具体办法,列出工会基础工作10项考核目标;还就市(县)、区工会工作项目化管理的申报内容提出5个方面的指导意见,即以建功立业为主题,提升职工队伍专业技能和业务素质;以和谐创建为主线,促进企业发展维护职工权益;以工会助民为抓手,提高帮扶水平和职工幸福感;以素质提升为载体,激发广大职工创新活力;以强基固本为保障,增强工会组织的吸引力和凝聚力。

2013年年初,市总工会正式实施项目化管理,各市(县)、区总工会作为各立项项目的责任单位,围绕工会工作重点,按照符合本地区经济社会发展要求,受到职工群众的欢迎,体现"原创、规模、效应",有推广应用价值的要求,组织申报相关工作项目,市总工会组织力量通过论证,确定21个涵盖组织建设、岗位建功、民主管理、依法维权、互助保障、素质提升等年度立项项目,并下达项目任务书,同时向社会公布,请全社会予以关注、支持并监督项目进展情况。陈德荣十分重视工会工作项目化管理工作,经常深入基层调研,其撰写的《无锡工会工作项目化管理的探索与实践》等调研文章分别在《中国工运》《江苏工运》等刊物上刊载。11月21日,《工人日报》头版头条刊发题为《追求服务职工群众的工作效率——无锡市总实行重点难点工作项目化管理》的文章,无锡工会这项创新工作产生了全国层面上的社会影响。经过一年的实践,21个年度立项项目全部如期完成并取得显著效果。

2014年1月2~8日,市总工会在网站上开辟专栏,开展"2013年工会项目化管理21项结项目评议调查"活动。1月7日,在江苏省无锡工人太湖疗养院举行工会工作项目化管理社会评议活动,邀请66名关心支持工会工作的市有关部门领导、人大代表、政协委员、劳模和先进工作者、一线班组长和普通职工代表以及法律、新闻界人士对2013年度工会工作项目化管理立项项目完成情况进行评议。江阴市总工会实施职工医疗互助保障与社保同平台同步结算的项目，极大方便职工就医，几个月内新增参保职工6万人。宜兴市总工会建立工会法律援助律师工作室制度，零距离为职工和企业提供法律援助维权服务。锡山区总工会深化提素质、建业绩工程主题活动，产生24项职工优秀科技创新成果，为企业增效1.8亿元。惠山区总工会实施创建企业星级职代会的项目，有6000家企业和17万名职工群体受益。滨湖区总工会新兴产业多元化工资集体协商的项目，使工资协商更加科学、规范、有效。崇安区总工会打造十五分钟职工服务圈项目，在全区建成8个职工服务圈，接待服务职工需求1000人次。南长区总工会建立百脑汇电子行业工资集体协商制度，开创无锡电子行业工资集体协商的先例。北塘区总工会建立金山北科技园维稳维权责任体系，配合有关部门妥善安置职工2059名。新区总工会实施世界500强企业双建制"全覆盖"工程，被全国总工会总结推广，江苏省总工会发来贺电。是日，市总工会在网站上发出《关于2013年度无锡市工会工作项目化管理评议结果的公示》，听取全市职工群众的意见。工会项目化管理工作取得的阶段性成果受到社会各界人士的充分肯定。《工人日报》、《中国工运》、中工网、中国律师网、《江苏工运》、江苏人才工作网、《无锡日报》等媒体对无锡实施工会工作项目化管理进行了宣传报道。1月24日，市总工会发出《2013年度无锡市工会工作项目化管理评议结果的通报》，决定对工会工作项目化管理特优项目(1个)、工会工作项目化管理一等项目(2个)、工会工作项目化管理二等项目(3个)、工会工作项目化管理三等项目(5个)和无锡市工会工作先进单位(3个)予以表彰。3月26日，市总工会制定《局(公司)、直属单位工会工作项目化管理办法(试行)》，将工会工作项目化管理由市(县)、区总工会试点向局(公司)、直属单位工会全面铺开，明确对工会基础性工作实施精细化管理、数据化考评、规范化推进，对创新性、突破性工作实施"工作工程化、工程项目化"，全面提升工会工作创新发展水平。7月21日，全国总工会党组书记、副主席、书记处第一书记陈豪对市总工会以项目化管理为抓手，推动工会工作机制创新的工作作出批示：无锡市总工会实施工会工作项目化管理工作，使工会工作更加务实和更有成效，这是新形势下工会工作的创新之举，望能继续坚持和探索，不断取得新的成绩。全国总工会领导的高度肯定和殷切希望，让全市工会系统干部深受鼓舞，表示要再接再厉，以实际行动推动工会工作再上新台阶，创造更多的"无锡经验"。市总工会项目化管理工作获2013年无锡市工作创新突破奖。

第十五章 友好交往

第一节 国际友城工会交往

2004~2013年,市总工会根据省总工会对外交流工作部署,与日本、意大利、俄罗斯、巴西、挪威等国家的工会开展友好交往活动,进一步扩大对外友好交流的区域范围,提升友好交往的工作水平和影响力。

2004年10月7日,应市总工会邀请,以日本工会总联合会群马县联合会(以下简称日本联合群马)会长大川荣八郎先生为团长的日本联合群马第十七次访华团一行5人到无锡参观访问。日本联合群马与无锡市总工会自1980年起开始相互交流,1990年正式确定友好交流关系。访华团在无锡期间受到市总工会热情接待,当晚由市总工会副主席荣骏、张帆设宴招待,晚宴后参观东林书院及无锡夜景。8日,双方在薛福成故居举行会谈,之后,观看文艺节目,参观无锡威孚公司。中午,市总工会主席余炳源宴请访华团一行。

2005年11月,应市总工会邀请,以加藤雅二为团长的日本联合群马第十八次访华团到无锡访问,市总工会主席余炳源,副主席荣骏、张帆、汤建华等参加接待。宾主双方就集体合同、工资集体协商等情况进行座谈交流。市总工会向访华团介绍无锡工会十五次代表大会以来工会发展情况并向日本客人赠送《无锡的共和国之最》一书和无锡市第十五次工会代表大会纪念邮册。

2006年6月2日,应市总工会邀请,日本联合群马第十九次访华团到无锡参观访问,市总工会主席余炳源,副主席荣骏、张帆、汤建华等参加接待并座谈交流。6月19~21日,应省总工会邀请,意大利托斯卡纳大区工会第四次友好访华团到无锡访问。19日晚,市总工会主席余炳源在港丽大酒店设宴招待访华团客人,席间双方就两地工会开展活动情况进行交流。市总工会副主席张帆全程陪同访华团在无锡参观。10月29日,应省总工会邀请,日本荣电株式会社、荣电劳组第二十二次友好访华团到无锡访问。市总工会副主席张帆陪同参观访问,并就两地企业工会维护劳动者权益情况进行交流。11月12~22日,应日本联合群马邀请,市总工会副主席汤建华带队赴日进行友好访问,并就劳动者参与企业管理情况进行交流。

2007年3月2~3日,应全国总工会邀请,以阿拉伯工人工会国际联合会副总书记拉贾伯·马吐克率领的阿拉伯工会代表团一行24人到无锡参观访问,市总工会主席余炳源接待宴请参访团,并介绍无锡经济社会发展情况和工会工作情况。4月20~21日,应省总工会邀请,以俄罗斯石油天然气建设工会主席团成员、巴什柯托斯卡亚共和国工会主席萨费汉若夫·瓦莱里为团长的俄罗斯油田工会访华团一行6人到无锡访问。6月29日~7月3日,应市总工会邀请,以意大利托斯卡纳大区比萨市总工会总书记保罗·格拉齐亚尼为团长的意大利托斯卡纳大区比萨市总工会、利沃诺市总工会第一次访华团到无锡访问。意大利托斯卡纳大区总工会是江苏省总工会的友好工会,经省总工会牵头,市总工会与比萨市总工会、利沃诺市总工会经多次磋商,就建立友好工会达成一致意见。7月2日,无锡、比萨、利沃诺三市工会签订《工作与文化交流协议书》,缔结成友好工会。

2008年,应省总工会邀请,以日本工会联合会爱知县联合会副会长内堀良雄为团长的日本爱知第六次、日本爱知县劳动者福利协议会第十一次友好访华团一行6人,在省总工会副主席王兆喜的陪同下于5月26日到无锡参观访问。28日,应省总工会、省电信公司工会的邀请,以埃及通讯工人总工会主席法盖里·巴克瑞·塞利姆为团长的夏拉电信工会友好访华团一行5人,在省电信公司工会副主席解建成陪同下到无锡参观访问。8月24日~9月1日,应市总工会邀请,以意大利托斯卡纳大区利沃诺市总工会总书记皮埃罗·诺奇为团长的意大利托斯卡纳大区比萨市总工会、利沃诺市总工会第二次访华团一行7人,到无锡进行友好访问。市总工会主席余炳源等与访华团进行会谈,介绍无锡工会的情况,并就进一步加强和发展两地工会的联系交换意见。9月4日,应省总工会邀请,以意大利托斯卡纳大区工会总书记阿莱西奥·格拉莫拉蒂为团长的意大利托斯卡纳大区工会第五次友好访华团一行6人,在省总工会副主席王兆喜陪同下由常熟到无锡参观访问。10月22日,应全国总工会邀请,以挪威总工会主席罗安·弗拉顿为团长的工会代表团一行9人访锡。上午,代表团到一汽无锡柴油机厂参观生产车间和工人俱乐部;下午,代表团赴新加坡工业园参观无锡慕斯达渔具公司。

2009年7月2~3日,应省总工会邀请,日本爱知县劳动者福利协议会第二十三次友好访华团一行22人,到无锡参观访问。7月17~18日,埃及通讯工人总工会访华团一行6人,在省总工会国际部副部长罗庆霞陪同下到无锡参观访问。9月27~30日,应市总工会邀请,日本联合群马第二十一次访华团一行14人在团长北川秀一率领下到无锡访问。

2010年3月24~25日,应省总工会邀请,以船津寿幸为团长的日本九州旅客公司工会访华团一行5人,在省总工会国际部副部长罗庆霞、上海铁路局工会副主席曹阳及部长陈明德陪同下到无锡参观访问。5月26~27日,应省总工会邀请,以日本爱知县联合会副会长津田真义为团长的日本联合爱知、爱知劳福协、荣电株式会社、爱知县本部、爱知县教职员等友好访华团一行113人,在省总工会副主席王兆喜陪同下到无锡参观访问。8月20~29日,应市总工会邀请,意大利比萨市总工会总书记弗兰切斯和利沃诺市总工会总书记斯特拉祖罗一行5人到无锡参观访问。9月3~8日,应日本联合群马工会邀请,市总工会副主席王觉民率团访问日本,参加日本联合群马工会成立20周年庆典。

2011年6月22~23日,应省总工会邀请,以韩国劳动组合总联盟全北地域本部对外协力部部长柳章熙为团长的全罗北道地域本部第十四次友好访华团一行6人到无锡参观访问。7月5~7日,日本爱知县劳动者福利协议会访华团一行20人,在省总工会国际部副部长罗庆霞陪同下到无锡访问。9月2~3日,意大利托斯卡纳大区总工会访华团一行8人,在省总工会国际部部长缪建华陪同下到无锡访问。9月22~23日,日本JR九州铁路工会船津寿幸顾问一行2人,在省总工会国际部副部长罗庆霞陪同下到无锡参观访问。9月28~29日,应市总工会邀请,日本联合群马第二十七次访华团到无锡访问。29日上午,日本客人参观一汽解放公司无锡柴油机厂、市第三中学等单位。10月9~16日,应意大利比萨市和利沃诺市总工会邀请,市总工会党组书记、副主席孙洪率团一行7人出访意大利比萨市和利沃诺市。11月17日,应省总工会邀请,日本千叶县三和酪农农业协同组合技能实习生面试团到无锡访问,省总工会副主席王兆喜和组织部部长曹海到无锡接待日本客人。

2012年3月26~27日,应省总工会邀请,以巴西工会力量米纳斯吉拉斯州工会主席罗热里奥·费尔南德斯为团长的工会代表团一行4人,在省总工会副主席王兆喜的陪同下到无锡参观访问。26日晚,市委常委、市总工会主席周敏炜在日航饭店设宴招待巴西客人。4月26~27日,以俄罗斯石油天燃气建设工会副主席齐亚津塞娃·纳德斯妲为团长的俄罗斯石油天燃气建设工会友好访华团一行6人,在省总工会国际部副部长罗庆霞陪同下到无锡友好访问。26日晚,市总工会副主席张帆在日航饭店宴请访华团一行。8月29~30日,应市总工会邀请,以意大利比萨市总工会书记、组织政策部部长马里莫·巴西类为团长的意大利比萨市、利沃诺市总工会第四次代表团到无锡访问。29日下午,双方进行拜会活动,市总工会副主席张帆向意大利客人介绍无锡市工会的基本情况。11月10日,应省总工会邀请,以埃及通讯工人总工会副主席阿代尔·侯赛因·阿布德拉齐兹·马西浩特为团长的友好访华团一行6人到无锡交流访问, 双方进行工会情况交流,市总工会副主席张帆在梁溪饭店设宴招待客人。

2013年9月24~25日,应省总工会邀请,以俄罗斯石油天然气建设工会主席列夫·米罗诺夫为团长的友好访华团一行6人,在省总工会副主席曹海陪同下到无锡参观访问。24日晚,市委常委、市总工会主席陈德荣在江苏省无锡工人太湖疗养院接待访华团一行,市总工会党组书记、副主席管海燕和副主席张帆参加接待,访华团一行在无锡期间参观市容市貌并游览太湖风景区。10月14~15日,以霍华德·沃辛副总书记为团长的澳大利亚电气行业工会南部州分会友好访华团一行4人,在省总工会国际部副部长罗庆霞陪同下到无锡参观访问,14日,市总工会党组书记、副主席管海燕,副主席张帆等在江苏省无锡工人太湖疗养院接待访华团一行。11月19日,以日本工会联合会爱知县联合会会长土肥和则为团长、日本爱知县劳动者福利协议会会长狗饲孝志为副团长的日本联合爱知第八次、日本爱知县劳动者福利协议会第十三次友好访华团一行6人,在省总工会副主席曹海陪同下到无锡参观访问,市总工会党组书记、副主席管海燕在江苏省无锡工人太湖疗养院接待日本友好访华团,双方进行工作交流,市总工会副主席张帆陪同参观无锡泥人厂和锡惠公园、鼋头渚风景名胜。

第二节 中国港澳台地区工会交往

一、与中国香港地区工会交往

2006年11月24日,应中国职工对外交流中心邀请,由中央政府驻香港联络办组织的、以香港入境事务处人员协会主席王堂胜为团长的香港入境事务处人员协会江苏访问团一行21人到无锡参观访问。

2011年1月30~31日,应省总工会邀请,中央人民政府驻香港联络办公室社工部处长李运福一行3人,在省总工会国际部部长缪建华陪同下到无锡访问。30日晚,市总工会副主席张帆在锦江饭店接待并宴请客人。

二、与中国台湾地区工会交往

2004年4月27日，应市总工会邀请，以台湾地区屏东县总工会理事长苏义峰为团长的屏东县总工会参访团一行12人到无锡参观访问。台湾地区屏东县总工会与无锡市总工会是友好工会，自2002年签订友好交流意向书以后，两工会多次互派参访团，就两岸工会及劳工问题进行交流。访问团在无锡期间，市总工会主席余炳源陪同参观并宴请。无锡职工对外交流中心秘书长朱炳昌全程陪同访问团赴淮安、连云港、南京、镇江等地参观访问。5月2日，访问团由上海经香港返高雄。

2005年11月，应市总工会邀请，台湾地区高雄市厨师职业工会访问交流团到无锡访问，市总工会主席余炳源，副主席李锦南、张帆、汤建华，纪检组组长王珍珍等接待客人，双方就工会开展活动和加强交往等进行商谈。市贸易工会副主席孙平代表无锡市烹饪协会与高雄厨师职业工会理事长黄政雄签署友好交流意向书。

2007年3月7~8日，应市总工会邀请，以台湾地区屏东县总工会理事长苏义峰为团长的屏东县总工会访问团一行21人到无锡访问，市总工会主席余炳源在大地宾馆设晚宴招待访问团一行。6月28~29日，应省总工会邀请，以台湾地区高雄市交通运输业工会联合会理事长洪秋凤为团长的参访团一行32人到无锡访问。

2009年5月12~14日，应中国职工对外交流中心邀请，台湾地区电力公司女子篮球队一行18人在全国总工会和省总工会领导陪同下到无锡访问。13日下午，在江南大学体育馆，台湾地区电力公司女子篮球队和江南大学女子篮球队进行友谊比赛。6月17~19日，应市总工会邀请，台湾地区高雄厨师工会代表团一行26人到无锡访问。7月6~7日，出席由省总工会举办的2009年江苏——台湾劳工研讨会的台湾地区代表140人，在省总工会副主席王兆喜、组织部部长曹海、国际部部长缪建华和副部长罗庆霞陪同下到无锡参观访问。

2010年6月23~25日，应市总工会邀请，台湾地区高雄厨师工会理事长黄政雄一行12人到无锡访问。9月7~9日，应省总工会邀请，台湾地区高雄市交通工会联合会理事长洪秋凤为团长的大陆访问团一行12人到无锡访问。12月9~10日，台湾地区新观念保险代理人公司董事长周吾轩等一行12人，在省总工会副主席王兆喜的陪同下到无锡访问。12月27日，台湾地区台北市工会副理事长古明禾一行到无锡访问。

2011年11月18~19日，以台湾地区高雄产业职业企业总工会朱国雄为团长的访问团一行20人，在省总工会国际部部长缪建华的陪同下到无锡访问。

2012年2月20~29日，应台湾地区屏东县总工会邀请，市总工会副主席汤建华率团赴台交流，与台湾地区高雄市厨师工会、屏东县总工会、台北市总工会等进行工作交流。5月10~18日，市总工会党组书记、副主席孙洪率团赴台与台湾地区屏东县总工会、高雄市厨师职业工会、台北市制造业工会等友好交流。6月20~21日，应市总工会邀请，台湾地区屏东县总工会理事长苏义峰一行18人到无锡访问。9月21~23日，以台湾地区高雄市厨师职业工会理事长黄政雄为团长的高雄市厨师职业工会参访团一行19人到无锡、宜兴等地参观交流，市总工会副主席张帆在锦江饭店接待并宴请交流团一行。

2013年2月14~15日，应省总工会邀请，国民党中常委姚江临一行3人，在省总工会副主席王兆喜陪同下到无锡参观访问。市委常委、市总工会主席陈德荣接待姚江临一行,并就两岸共同关心的话题进行深入探讨。10月21~26日,应市总工会邀请,以台湾地区屏东县总工会理事长苏义峰为团长的第四次参访团一行16人到南通、盐城、徐州、扬州、南京、无锡等地参观访问。25日,市总工会党组书记、副主席管海燕等接待访问团一行。12月2日,出席省总工会举办的2013'苏台一家亲——共谋劳工福祉研讨会的台湾地区代表(其中有国民党中常委、民意代表,台湾有关产业、市县、企业工会代表)50人,在省总工会副主席曹海等陪同下到宜兴参观访问,参观紫砂博物馆和紫砂工艺厂,游览善卷洞。晚上,市总工会、宜兴市总工会设宴招待台湾地区代表。

第三节 城际工会交往

在工会工作创新发展的实践中,市总工会与兄弟城市工会之间加强工作交流,建立工会工作论坛,共同研讨工会工作遇到的新问题,开阔眼界,拓宽思路,探索创新发展的途径和方式方法。从2006年开始,市总工会与友好城市工会搭建工会工作论坛的交流平台,至2012年,共举办7次论坛交流。

2006年11月20~21日,无锡、桂林、绍兴三城市总工会在绍兴市总工会举行关于工会如何在构建社会主义和谐社会中发挥作用的研讨会。无锡市总工会主席余炳源带领各部室负责人在会上作了关于调处劳动关系矛盾、推进工资集体协商、加强工会帮扶中心建设、深化立功竞赛活动等交流发言。这次交流会促成友好城市间工会交流的发展,建立了工会工作论坛交流的平台,定为首次论坛交流,在城际工会间产生了影响,此后,参加城市友好工会论坛的单位相继增加。

2007年9月12~13日,无锡市总工会举办第二次城市友好工会论坛,参加论坛的单位新增嘉兴、辽阳、泰州、伊犁4个城市工会,称"七城市友好工会工作论坛"。这次论坛的主题是在共建共享和谐社会中充分发挥工会组织作用的有效途径和方法,重点研讨工会在构建和谐社会中应该发挥哪些作用、能够发挥哪些作用、怎样发挥作用等问题。无锡市总工会主席余炳源在论坛上作题为《工会在共建共享和谐社会中的地位和作用》的发言。

2008年7月17日,新疆伊犁州总工会在伊宁市举办第三次城市友好工会论坛,参加论坛的单位在原"七城市友好工会工作论坛"的基础上增加南通、扬州2个城市工会,称"九城市友好工会工作论坛"。这次论坛的主题是构建和谐劳动关系与工会工作,重点研讨推进建立工资集体协商制度和调处劳动关系等问题。无锡市总工会主席余炳源在论坛上作题为《大力推进工会劳动法律监督,努力促进劳动关系和谐发展》的发言。

2009年9月9~12日,泰州市工会举办第四次九城市友好工会工作论坛。9城市总工会代表和泰州市总工会机关80多名工会工作者参加会议。这次论坛的主题是金融危机与工会工作,重点研讨在应对金融危机影响中如何稳定职工队伍,调动积极性与企业共度难关、共谋发展等问题。无锡市总工会秘书长曲国基在会上作题为《整合资源,凝聚群力,应对金融危机》的发言。

2010年8月3~6日,辽阳市总工会举办第五次九城市友好工会工作论坛。这次论坛的主题是推进建立企业工资集体协商制度，重点研讨在全面推进建立工资集体协商制度的形势下，如何建立企业职工正常工资增长机制，构建和谐劳动关系，完善工资集体协商长效化、制度化机制等问题。各城市工会交流开展工资集体协商工作的经验和做法，并就如何进一步推进工资集体协商等问题进行深入讨论。无锡市总工会副主席王觉民在论坛上作题为《提升工资协商水平，助推经济转型发展》的发言。

2011年9月21~24日，嘉兴市总工会举办第六次九城市友好工会工作论坛。这次论坛的主题是工会参与社会管理，重点研讨工会工作如何融入社会管理，如何发挥工会组织参与社会管理的作用，怎样完善参与社会管理的机制，提高社会管理科学化水平等方面的问题。与会代表分别介绍各自在参与社会管理工作中的主要做法和取得的成效，深入分析工作中出现的热点、难点问题。无锡市总工会副主席汤建华论坛上作题为《在创新社会管理中发挥工会组织更大作用》的发言。

2012年10月11~12日，桂林市总工会举办第七次九城市友好工会工作论坛。9个友好城市的总工会派出代表参加交流会。这次论坛的主题是工会参与社会管理的探索与思考，重点研讨如何拓宽参与社会管理的渠道，工会参与社会管理的方式方法，如何进一步提高工会参与社会管理的能力等问题，与会代表分别介绍各市具体的做法和体会。无锡市委常委、市总工会主席陈德荣参加会议，并在会上作题为《拓展参与渠道，提升服务能力》的发言。

第十六章 机关建设

第一节 党建工作

2004年,市总工会机关党委贯彻《中共无锡市委关于全面推进"强基工程",加强和改进基层党组织建设的意见》,围绕加强基层党组织建设,全面推进市总工会和直属事业单位的"强基工程",按照支部班子坚强、党员作用明显、思想工作有力、管理监督到位、基础工作扎实的要求开展创先争优活动。4~10月,在全机关开展"增强纪律观念,自觉接受监督"的主题教育活动,不断加强机关和直属事业单位党组织的思想、作风和党员队伍建设。是年,市总工会机关和直属事业单位党组织制定和实施党支部达标竞赛活动具体规划,参与面达100%。

2005年,市总工会党组组织全体党员干部学习贯彻《中共中央关于在全党开展以实践"三个代表"重要思想为主要内容的保持共产党员先进性教育活动的意见》,制定《关于开展以实践"三个代表"重要思想为主要内容的保持共产党员先进性教育活动的实施意见》,成立保持共产党员先进性教育活动领导小组,由市总工会主席、党组书记余炳源任组长,党组成员任副组长,各部室负责人为组员,下设办公室。整个教育活动从1月开始,到6月基本结束。先进性教育活动中,组织开展保持共产党员先进性大讨论,开设网上学习园地和先进性教育讲坛,举行学习体会交流和劳模党员事迹报告会,举办党员先进形象展示活动,观看电化教育片。是年,市总工会机关党支部、江苏省无锡工人太湖疗养院医务党支部、市工人文化宫第一党支部、市总工会干部学校党支部被评为市总工会2003~2004年度堡垒党支部。

2006年,市总工会机关党委围绕创建学习型、服务型、创新型党组织的目标任务,组织开展学习党章、遵守党章、贯彻党章、维护党章和树立社会义荣辱观、廉政建设等5次专题学习教育活动,采取个人自学与集中辅导、短期培训与专题研讨、通读原文与体会交流等方法深化教育活动,机关和直属事业单位的党员干部每人写一篇学习体会文章,其中有37篇文章进行评选交流,市总工会网站刊登13篇文章进行宣传。6月,开展团体广播操、消防运动、混合接力、棋牌类等项目的比赛,有24名运动员获得名次,市总工会干部学校获团体总分第一,市工人文化宫获得优秀组织奖。12月1日,召开市总工会第三次党员代表大会,总结5年来的工作,提出以后的任务,选举产生市总工会机关第三届党委。从这届开始,市总工会党组书记兼任市总工会机关党委书记,强化机关党委的领导力量。是年,市总工会机关党委被评为2004~2005年度市级机关先进基层党组织;市总工会机关党支部、江苏省无锡工人太湖疗养院机关党支部和医务党支部、市工人文化宫第一党支部被市委市级机关工委评为贯彻《条例》[①]和执行

① 即《中国共产党和国家机关基层组织工作条例》

《规定》[①]的达标党支部；严福庆被评为市级机关优秀党务工作者。

2007年，按照市委市级机关工委关于开展学先进、明责任、创一流、促和谐——保持共产党员先进性教育月活动的部署，市总工会机关党委开展了凝聚在党旗下——“三学三进”[②]系列活动，活动中共收到38篇学习体会文章。以贯彻《条例》为主要依据和结合《规定》的标准，从建制着眼，基础抓起，不断规范和完善党建工作，制定《建立和完善党建工作目标管理责任制的实施意见》和百分考核实施细则，对各单位党组织的组织建设、思想作风建设、党风廉政建设和精神文明建设等方面进行考核检查。是年，市总工会机关党支部、江苏省无锡工人太湖疗养院机关党支部、市工人文化宫第一党支部被评为市总工会2005~2006年度堡垒党支部。

2008年，市总工会党组在机关组织学习中共十七大精神和市委十一届六次全会精神，邀请全国工运学研究会常务理事徐小洪作学习中共十七大精神与坚持走中国特色社会主义工会道路辅导讲课；组织机关干部到苏州市总工会学习取经；围绕无锡发展大跨越、创新大突破和能力大提升的重大战略任务，组织开展“七一”论坛等活动。市总工会机关党委把创建“三型”(学习型、创新型、服务型)党组织活动进一步向直属事业单位延伸，突出以基础工作和规范化为重点，制定直属事业单位创建“三型”党组织的具体实施意见和考核细则，推进党建工作制度化建设。在创建“三型”党组织活动中，市总工会机关党委所属各党支部基础工作普遍得到加强，市总工会机关党支部、市工人文化宫、江苏省无锡工人太湖疗养院的8个党支部按期换届。12月8日，市总工会党组在市人大礼堂召开深入学习实践科学发展观活动试点工作动员大会，市总工会党组书记、副主席孙洪作动员，市委常委、市总工会主席周敏炜及市委学习实践活动试点工作第十督导组组长娄国栋到会讲话。是年，市总工会机关党委被市委表彰为无锡市先进基层党组织。市委市级机关工委授予江苏省无锡工人太湖疗养院机关党支部、医务党支部、经营党支部和市工人文化宫第一党支部堡垒党支部称号，授予朱承刚、周惠明、蒋宁、刘俊霞、周沁颖、周小萍、胡劲峰优秀党员称号。

2009年，在市委学习实践科学发展观第十督导组的指导下，市总工会党组通过学习调研、分析现状、听取意见、排查问题、制定措施、落实整改等阶段，推进学习实践活动的深入发展，先后组织开展学习实践科学发展观活动和为祖国自豪、为发展奋进——庆祝新中国成立60周年机关主题活动；组织应对金融危机的调研讨论，转变机关作风、提高执行力的交流发言，利用更多的资源手段提高工会服务全局能力的研讨，“从四个觉醒到四个自觉”[③]等7次集中学习交流活动，机关中层干部平均交流发言5次，在内网上发表学习体会文章50篇；组织向上海杨浦区、昆山市总工会学习。是年，市总工会机关党支部、江苏省无锡工人太湖疗养院机关党支部和医务党支部、无锡市工人文化宫第一党支部被评为市总工会2007~2008年度先进党支部。

2010年，为认真贯彻落实市委《争创全省党的建设模范区行动纲要》，深入开展创建“三

① 即《无锡市市级机关党支部工作规定》

② 学习胡锦涛总书记在全国政协工青妇界别联组会议上的重要讲话精神，进一步树立共建共享和谐社会的理念；学习丁晓兵同志先进事迹，进一步树立共产主义人生观和价值观；学习理论和业务知识，进一步增强为职工群众服务本领。

③ 无锡要坚定不移地推进生态意识、科技意识、人才意识、文化意识的进一步觉醒，并在行动上更好地做到生态自觉、科技自觉、人才自觉、文化自觉。

型”党组织活动,市总工会机关党委围绕推进经济转型发展的主题,联系工会工作实际,突出建设学习型党组织,进一步坚持和完善各项学习制度,开展读书活动和学习交流活动,为机关每名党员提供学习书籍,交流学习心得,全年共组织3次学习交流论坛;邀请市委宣传部副部长陈尧明讲党课,深化对党建理论的认识,正确面对当前转型发展中遇到的各种情况和新的问题,把握好工作方向和工作方式,坚定转型发展的意识;组织机关中层以上干部到全国总工会劳动关系学院进行系统培训,并向兄弟城市学习,到上海、北京、南京、镇江、常州、广州、南昌等地学习工会服务经济发展的先进经验,开阔视野,拓展工作思路。是年,市总工会机关党委获2009年度市级机关服务科学发展十佳党组织称号,江静获2008~2009年度市级机关优秀党务工作者称号,孙信海、蒋云榕获2008~2009年度市级机关优秀党员称号。

2011年,围绕进一步加强“三型”党组织建设,市总工会机关党委组织3次学习论坛,市总工会领导班子成员带头谈学习体会,部室负责人人人上台交流发言,形成浓厚的学习氛围;连续3次由市总工会各分管领导带队下基层调研,共撰写30篇调研文章,为解决工作难题、推进创新发展起到积极作用;在市总工会网站、机关廉政建设网上设立学习专栏,将各类心得体会文章刊登在学习专栏上,组织推荐学习书籍,开展学习心得、知识竞赛、征文评选等活动,机关和直属事业单位职工参与面80%;组织学习成果评比展示,在全机关进行学习心得和调研文章的评选活动,20篇论文和调研文章被评为优秀文章。庆祝建党90周年之际,组织为转型发展服务、向党的生日献礼等主题活动,通过党员示范岗、党员园地、展板、座谈会和“忆党史、承传统、创新业”主题读书征文活动等形式,开展丰富多彩、生动活泼的系列纪念活动。11月22日,召开市总工会机关第四次党员代表大会,总结5年来的的工作,提出以后的任务,选举产生市总工会机关第四届党委。市总工会机关党委被市委市级机关工委授予市级机关深入开展创先争优活动先进集体和2010~2011年度市级机关先进基层党组织称号,严福庆被市委市级机关工委授予2010~2011年度市级机关优秀党务工作者称号。是年,市总工会机关党委被评为市级机关深入开展创先争优活动先进集体、党建成果图片展板三等奖,被市委宣传部、市文明办、市史志办、市级机关工委、无锡日报报业集团联合授予无锡党史知识竞赛优胜单位称号。市总工会机关党委授予市总工会机关党支部、无锡市工人文化宫第一党支部、江苏省无锡工人太湖疗养院经营党支部和医务党支部先进党支部称号。

2012年,市总工会机关党委按照精细化、标准化的原则,进一步加大“三型”党组织建设的力度,完善“三会一课”(定期召开支部党员大会、支部委员会、党小组会,按时上好党课)制度、党委工作职责、党委委员工作职责、党委会议事规则和基础台账资料等各项制度,建立市总工会机关党委委员学习型党组织建设工作联系点, 举行学习贯彻中共十七届六中全会和省、市十二次党代会精神交流会;开展专题学习调研、干部述学、推荐学习书目活动,不断深化学习型党组织建设。市总工会机关党委被市委市级机关工委表彰为推动学习型党组织建设工作先进党组织。市总工会机关党委制定《关于建立健全创先争优长效机制的实施意见》,印发《关于在市总机关基层党组织推行党务公开的通知》,以推进理念创新、工作创新、机制创新为重点,深入开展科学发展争一流、社会管理创新先锋行动和争创职工群众满意的窗口服务单位等系列活动,在加强队伍建设、打造工会文化、深化文明创建、实施帮扶服务、抓好业务试点等工作方面取得积极的成果;积极构建上级党组织服务下级党组织、党组织服务党员、党组织和党员共同服务职工群众的三级服务体系,积极推进党员示范岗、党员责任区、创一流增业绩等载体建设活动。市总工会机关党委认真做好基层党组织分类定级工作，职工评议基层党组织的参评率为83.33%，满意率为96%，对11个所属基层党组织，定级先进的有9个，占81.82%，一般的有2个，占18.18%；实施市级机关在职党员到居住地社区报到的制度，73名在职党员到居住地社区报到，合计申请服务岗位101人次。

2013年，市总工会机关党委结合学习宣传贯彻中共十八大精神和建设"四个无锡"、率先基本实现现代化的实践，开展以百场宣讲、百堂党课、百个论坛、百题竞赛为形式的学习宣传贯彻中共十八大精神活动，邀请市十八大宣讲团成员和专家学者进行专题宣讲5场，700人次参加听课；编写6课党课辅导材料，为1582人次进行讲授，组织党员干部座谈会，畅谈感想；开展"携手共奔锦绣前程、齐心同创复兴伟业"主题征文活动，收到学习心得、推荐书目读后感、调研文章共64篇，其中10篇优秀心得、4篇优秀读后感、9篇优秀调研文章获得通报表彰，并在《无锡工人》杂志和市总工会网站上刊登；举办10期"机关干部学习日"，邀请市委宣传部副部长须俭宣讲中共十八大精神、苏州大学博士汪晓媛主讲公务礼仪、省党校社会学教研部教授柏骏主讲转型社会时期的危机事件处理等，进一步开阔党员干部的视野；结合学习习近平总书记"4·28""10·23"重要讲话精神，在党员干部中开展戒除"四风"(形式主义、官僚主义、享乐主义和奢靡之风)，强化学习力、思考力、执行力、创新力自我提升活动；创建网络讲坛，利用市总工会OA系统，为机关以及直属事业单位党组织开展党员学习教育活动打造互动平台，自7月1日起，举办"七一"讲坛、"中国梦"讲坛、反腐倡廉主题教育讲坛和改进工作作风、密切联系群众讲坛，全年共举办9期，吸引700人次参与，成为市总工会系统上下互动的新渠道，提升党建工作特别是党员教育的时代感和科学化水平；举办"实现中国梦、我为职工做什么"主题演讲比赛，在市总工会机关和各直属事业单位选拔基础上，16名选手进入决赛，市委市级机关工委书记周艳阳到场指导并予以肯定，获奖选手的演讲稿汇编成《演讲集》，在市机关先锋网上刊载。是年，市总工会机关党委被市委表彰为无锡市先进基层党组织，被市委市级机关工委表彰为2012~2013年度市级机关先进基层党组织；宋汉清获2011~2013年度无锡市优秀党员称号，严福庆获2012年度无锡市市级机关优秀党务工作者称号，刘国伟获2012~2013年度无锡市市级机关优秀党员称号。

第二节　作风效能建设

2004~2013年，市总工会始终把加强机关作风和效能建设作为准确、高效履行工会职责的基本保证，进一步完善各项规章制度，加强目标管理，不断推进机关干部解放思想，破除陈旧观念，牢固树立锐意进取精神，确立服务全局、服务基层、服务职工的理念，切实增强工作责任心，提高工作效率。

2004年，市总工会开展机关作风效能建设集中教育活动，着力解决机关存在的影响服务"两个率先"和服务职工群众的突出问题，着力解决基层工会和职工群众反映强烈的突出问题。活动分思想发动、提高认识、听取意见、查找问题，制定措施、边整边改三个步骤进行。市总工会通过向直管工会发放征询意见函、网上征求意见、召开不同类型座谈会等形式听取基层工会和职工群众的意见；召开民主生活会，自觉查找不足和问题，共排查出会议多、评比多、深入基层调查研究少十个方面的问题;针对问题,制订市总工会加强机关作风建设的10条措施,通过新闻媒体向社会作出整改承诺。

2005年,为认真贯彻落实市委、市政府《关于进一步加强机关效能建设的决定》,市总工会成立机关效能建设领导小组,由主席、党组书记任组长,党组副书记、副主席和纪检组组长任副组长,办公室、组织部、机关支部有关人员为成员,下设办公室,纪检组组长兼办公室主任,统一部署和实施市总工会机关效能建设工作。领导小组就转变作风,深入基层,精简和规范会议、文件、报表及活动作出具体规定:精简各类会议,全市工会全局性会议,原则上每年不超过3次;严格控制各类表彰活动,原则上部门条线的表彰奖励每年不超过一次,其他的一些奖励项目可作为年终考核的内容;压缩各类文件、报表,充分利用市总工会电子政务网络传阅文件;深入基层,调查研究,市总工会党组成员平均每月不少于2次,市总工会职能部门负责人平均每月不少于3次下基层了解情况。制定《市总工会机关效能责任追究办法(试行)》,从责任追究的范围和内容、责任追究的形式和责任确定、责任追究的程序等方面作出明确规定。

2006年,市总工会机关作风建设以2005年群众评议机关的结果和意见为参照系,深入查找和整改机关作风建设中存在的问题,坚决纠正不作为、慢作为、乱作为的现象,制订具体制度;建立长效监督机制,通过网站、专题会议等方式接受基层监督;健全工会代表提案制度,及时处理答复每一位代表的提案;坚持工会领导干部联系点和下访工作制度,密切与职工群众的关系;坚持主席、部长(主任)、律师信访接待日制度,每月进行一次群众来访分析;结合落实党风廉政责任制和工作督办制,切实做到令行禁止、违者必究。是年,市总工会把组织工作会议、经审工作会议、工资集体协商会议、立功竞赛动员大会、工会工作会议、财务工作会议6个会议合并成3个会议。减少工会报表,有关部室建立数据库,充分发挥工会年报的作用,平时报表与上年相比压缩50%。经社会行风测评,市总工会获评2006年度无锡市机关作风与效能建设社会评议先进单位。

2007年3月,市总工会在全机关开展了作风和效能建设月活动,着重整改评比表彰多和与基层联系不够密切的问题。经清理,将原有的52项评比表彰项目,归并为22项评比表彰项目;进一步完善机关下基层调研和领导干部信访接待、约访制度,市总工会党组成员年平均下基层调研15次;建立定期征求意见制度,每半年听取基层工会的意见和建议;坚持下基层现场办公制度,每季由职能部室到企事业单位现场了解情况,帮助解决问题;积极参与社会公益活动,建立42人参加的志愿者队伍,占机关人员的87.5%。是年,市总工会获评2007年度无锡市机关作风与效能建设社会评议先进单位和2006~2007年度无锡市人民满意机关。

2008年年初,市总工会主席、党组书记余炳源在进一步加强机关作风与效能建设再动员大会上,提出加强机关作风和效能建设"六个一"的要求,即始终坚持以为基层服务、让职工满意为目标,把维护职工群众合法权益作为第一要务,把关心职工的热点难点问题作为第一抓手,把解决职工困难作为第一责任,把职工呼声作为第一信号,把职工需要作为第一选择,把职工满意作为第一标准。各部室对照新目标、新要求认真排找差距,制订措施,改进工作方式,切实为基层、为职工服务。经基层工会对市总工会机关工作测评,满意率为95%。年底,市总工会召开机关及直属事业单位党员干部大会,全面部署深入学习实践科学发展观活动,市委常委、市总工会主席周敏炜在动员大会上要求全市工会的党员干部全面落实学习实践活动的各项任务，力求取得学习实践活动的实效，推进工会工作上一个新台阶。进一步转变作风，真正做到体察民情、倾听民意、关注民生，真正在思想上尊重职工群众、感情上贴近职工群众、工作上服务职工群众。

2009年2月5日，市总工会党组书记、副主席孙洪在机关和直属事业单位加强作风和效能建设会议上提出，不让本部室因工作失误影响到工会的社会形象、不让本部室工作人员因一时疏忽使来机关的基层同志受冷落、不让本部室的工作因不到位影响机关总体目标任务的完成"三个不让"的目标要求。全机关从健全制度做起，规范工作运行，联系实际，结合学习实践科学发展观活动整改工作，制定和完善机关作风效能建设、工作运行、压缩会议和报表、责任追究等22项制度；从明确责任抓起，落实目标任务，围绕全年工作目标，结合各部室职责，把全年目标分解量化成100项工作指标，落实到部室、个人，增强工作责任心和争先创优意识；从监督落实查起，提高工作效率，加强监督和检查的力度，对一项一项工作、一件一件任务定期督促检查，制定"百分制"的机关综合考评制度，机关作风效能建设进入常态化。是年，市总工会获评2009年度无锡市机关作风与效能建设社会评议先进单位。

2010年，市总工会以提高工作执行力和服务科学发展能力为重点，建立作风和效能建设的长效机制。从制度、任务、考核三个方面配套制定和完善机关的各项管理制度，着力解决工作推诿和打破部门界限，提高工作执行力；完善部室岗位职责任务，根据部室职责确定每个人的岗位和任务，特别是结合年度工作目标，具体分解落实到每个岗位，从定性和定量方面确定每个岗位的具体工作任务和工作目标；建立考核制度，成立由市总工会纪检组、机关党委、组织部和办公室组成作风和效能建设考核小组，制订百分制的考核办法和考核细则。是年，市总工会被市委授予节约型机关先进单位称号，获评2010年度无锡市机关作风与效能建设社会评议先进单位和2009~2010年度无锡市人民满意机关。

2011年，市总工会在作风和效能建设方面以巩固提高为重点，进一步巩固完善机关工作目标考核制度、工作责任追究制度、工作成果评议制度、为职工办实事承诺等制度，有效地提高机关的工作效能。市总工会机关党委以更好地服务发展、服务企业、服务职工群众、服务党员为工作着力点，积极构建上级党组织服务下级党组织、党组织服务党员、党组织和党员共同服务职工群众的三级服务体系。创新党员队伍教育培养模式，实施全员培养，服务职工群众聚人心，引导单位党组织通过素质培训、党课教育、召开联席会、民主协商会等形式，开展关爱员工、共创和谐、文化建设、读书月、论坛交流等活动，增强员工对单位的归属感；创新党员全天候管理服务模式，强化全面服务，推进党员示范岗、党员责任区、创一流增业绩等载体建设活动；创新党内激励关爱模式，加强全程关爱，增强社会责任感。是年，市总工会获评2011年无锡市机关作风与效能建设社会评议先进单位。

2012年，市总工会开展作风建设年活动，组织机关党员干部开展下基层"三解三促"[①]活动，一季度由市总工会领导带队到市总工会直属事业单位进行调研服务，并分5路分别深入10

① 了解民情民意、破解发展难题、化解社会矛盾，促进干群关系融洽、促进基层发展稳定、促进机关作风转变。

个镇(街道)、30家企业了解民情民意,形成6篇调研报告;加强市总工会窗口服务单位建设,要求党员工作时间佩戴党员徽章,切实做好服务职工群众的工作;督促完善工会领导干部接访制度,推行公开接访、带案下访和重点约访,着力解决信访突出问题,切实维护职工群众的合法权益;加强机关作风和效能建设的日常宣传和教育、平时督促检查、中途管理、群众评议、典型推广等工作,增强党员干部的责任意识。是年,市总工会获评2012年度无锡市创"两型"示范机关先进单位、2012年无锡市机关作风与效能建设社会评议先进单位和2011~2012年度无锡市人民满意机关。

2013年,根据《无锡市总工会贯彻〈中共无锡市委关于改进工作作风、密切联系职工群众的十项规定〉的具体措施》,市总工会主要领导在年初带队到区、街道、企业和市总工会直属事业单位进行专题调研服务,了解民情民意,召开专题工作会议,要求对调研中发现的问题,做到事事有着落,对提出的建议,做到件件有回音,发挥工会"三解三促"活动在帮助基层化解社会矛盾和破解发展难题中的积极作用。市总工会党组书记、副主席管海燕撰写的调研报告《不断完善帮扶机制,致力深化助民行动》在《中国工运》和《无锡机关党建》全文刊登。积极实施扶贫和党建共建结对,市总工会机关党委与宜兴市徐舍镇丰台村党总支开展新一轮的扶贫和党建共建结对工作,发挥政策、人才、信息、项目等方面的优势,帮助结对的城乡基层党组织理清思路、找准发展路子,促进党组织"双向互通",推动城乡共进;组织到结对单位丰台村和六龙社区调研,为村(社区)发展经济、加强党建出主意、想办法,帮助解决实际困难,全年用于扶贫和共建结对款项20万元;组织法律专家进村入户、名医进社区义诊为结对社区群众提供面对面服务,为结对单位的一线党员、先进工作者30人提供免费体检,为50户困难家庭赠送《无锡日报》。市总工会机关党委落实机关干部下基层调研服务,加强对基层工会的指导和协调。市总工会机关党支部、江苏省无锡工人太湖疗养院党委、市工人文化宫党总支、市总工会干部学校党支部相继建立了共建结对联系点,并与74户居民建立联系户制度。在开展工会工作项目化管理工作中,市总工会机关党委围绕全会确定的立项项目,积极协调各部室,帮助基层工会解决工作中遇到的困难和问题,确保项目的完成;通过下发无锡市总工会机关作风建设问卷调查表,在市总工会网站开通在线问卷,召开有关市(县)、区和街道以及机关部室座谈会等形式,从18个方面征求有关提升机关作风效能方面的意见和建议,经汇总后,市总工会制定《无锡市总工会机关各部室绩效考评办法》和《市总机关各部(室)绩效考评实施细则》,以切实提高服务科学发展、服务基层、服务职工群众的能力和水平为根本目标,以规范管理、提高效率、优化作风为核心内容,对职能工作目标、管理工作目标、创新工作目标、社会评价目标等方面进行年度、季度、月度量化考核打分,推进机关效能建设规范化、制度化建设。是年,市总工会获评2013年度无锡市市级机关部门(单位)作风建设和绩效管理综合考评二十佳单位。

第三节 廉政建设

2004~2013年,市总工会不断加强反腐倡廉建设,建立了单位"一把手"负总责、各部室各司其职的责任体系,坚持开展廉政教育,增强廉洁自律、反腐倡廉的意识;坚持推进廉政文化建设，营造反腐倡廉的文化氛围；坚持廉政建设督查考评，形成廉政建设常态化。

2004年4~10月，市总工会在全机关和直属事业单位党员干部中开展“增强纪律观念、自觉接受监督”主题教育活动，要求广大党员特别是党员领导干部自觉做到遵守党的纪律不动摇，执行党的纪律不走样，经受住改革开放的考验。市总工会纪检组和机关党委联合开展警示教育月活动，组织观看警示教育电教片、开展廉文荐读、案例解剖、示范引导、对照检查等系列活动。年底，组织开展学习交流，机关中层以上干部和直属事业单位领导撰写学习小结，列入年终考核内容。是年，市总工会实施“阳光工程”，提高工作的透明度，主动接受基层和职工群众的监督，做到履行职责的情况公开，办实事的承诺公开，工会经费收支公开，基层和职工群众对工会提出的意见和建议的整改情况公开。

2005年，市总工会党组以保持共产党员先进性为主题，着力加强党风政风建设，强化服务意识；以群众评议机关的结果和意见为参照系，深入查找和整改机关廉政建设中存在的问题，制订具体的整改措施。组织全体党员干部自查自纠违规购买经济适用房问题，严肃纪律切实规范行政事业单位非自用房地产出租、转让行为。按要求清理机关工作人员拖欠公款和用公款购买商业保险等事项。完善市总工会“五会”［党组会、常委会、全委会、主席工作会和部长（主任）月度工作例会］制度和主要职责：市总工会党组会讨论贯彻市委和上级工会提出的任务和要求的具体实施方案，按照干部管理权限和民主程序，决定干部人事制度改革及人事任免奖惩等重要事项；市总工会主席议事会协调安排工作和活动；市总工会常委会讨论研究全市工运事业和工会工作中的重大事项；市总工会月度办公会讨论确定市总工会每月的工作重点和目标，明确工作责任；经费审查会分析和监督市总工会经费运行情况，并向党组汇报和提出建议。

2006年，市总工会纪检组为规范领导干部廉洁从政行为，开展“遵守党章、执政为民”主题教育活动，组织党员干部学习党章和法纪知识，进行社会主义荣辱观教育，筑牢廉洁从政的思想道德基础。市总工会党组制定《2006年市总工会党风廉政建设工作责任分解实施意见》，明确市总工会领导干部和机关部室中层干部、直属事业单位领导干部的廉政建设责任；制定实施会计轮岗制度，对直属事业单位的主办会计实行单位间的轮岗，各直属事业单位的主办会计每二至三年要调单位任职；开展以经济责任为重点的检查活动。6月，市总工会纪检组、机关党委和经审办对直属事业单位领导干部任期内经济责任情况进行审计检查。8月，在市总工会系统开展反腐倡廉主题教育月活动，深入推进廉政文化进机关，按照主题教育“五个一”的要求，推荐一篇廉文、教唱一首廉政歌曲、自创一条廉政警言警句、撰写一篇“我最喜爱的廉政警言警句”感悟、观看一部警示教育片，认真组织了廉政绘画、警句、摄影和心得体会文章征集活动，并在机关进行作品展示和参加市级机关廉政文化节作品评选，市总工会机关和直属事业单位获得书法比赛、摄影作品、演讲比赛、警示格言、体会文章等多个奖项，市总工会机关党委获优秀组织奖。

2007年，市总工会党组在机关和直属事业单位组织学习胡锦涛总书记在中纪委第七次全会上的重要讲话精神，全面落实中共中央《建立健全教育、制度、监督并重的惩治和预防腐败体系实施纲要》，进一步开展反腐倡廉教育，推进廉政文化建设，增强廉洁自律、反腐倡廉的意识。市总工会党组制定《无锡市总工会党风廉政建设责任考核办法》，明确市总工会系统各级领导班子及其成员是党风廉政建设的主体，建立党风廉政建设的评议制度。年底，召开全体机关干部会议，听取市总工会领导述职述廉和部门负责人及事业单位负责人勤政廉洁情况汇报，并进行测评。8月，市总工会机关党委开展“遵纪守法、勤政廉政”主题教育活动及“喜迎十七大、同心创和谐”机关文化节活动，邀请崇安区检察院领导为机关工作人员讲课，组织全体机关人员收看警示教育片4次，开展党纪党规知识测试，组织廉政文章电脑打字比赛，举办市总工会系统廉政故事演讲比赛。9月，集中一个月的时间，开展廉文每日读活动，每天在市总工会内网上发布一篇廉政文章，使机关的工作人员上班第一时间就能阅读廉政文章；组织开展廉政文化及转变作风提高效能成果评比展示活动，由各单位报送素材，市总工会统一制作，在市总工会系统进行展示，推进廉政文化建设。

2008年，市总工会党组制定《2008年市总工会党风廉政建设责任分解意见》和《2008年市总工会事业单位党风廉政建设责任制考核细则》，下达党风廉政建设目标分解任务书。市总工会纪检组和机关党委在机关和直属事业单位开展廉政文化进机关活动，以廉政专题辩论会的形式，组织党员参加，深化廉政理念；组织参加市纪委举办的“清廉·和谐”文艺汇演，市总工会选送的大合唱《在灿烂的阳光下》获一等奖；参加第三批市级廉政文化建设示范点检查验收工作。市总工会纪检组制定廉政建设的“四查”制度，要求每季部门自查、年中组织检查、全年检查考核、关键岗位经常检查。市总工会机关党委继续开展廉文每日读活动；建成市总工会机关党建网，设立党组织概况、创先争优、政策文件、廉政文化、学习论坛、党建快讯6个专栏，扩大学习交流平台。

2009年，市总工会党组认真贯彻落实中央《建立健全惩治和预防腐败体系2008~2012年工作规划》，坚持标本兼治、综合治理、惩防并举、注重预防的方针，全面加强反腐倡廉建设，形成了单位“一把手”负总责，党政齐抓共管、纪检组织协调、各部门各司其职的责任体系。6月12日，根据市纪委的要求，市总工会委托国联证券公司清退5万股太极实业股份。坚持开展反腐倡廉主题教育活动，邀请市纪委领导作廉政教育专题辅导，市总工会党组书记讲党课，组织全体机关人员收看警示教育片5次。大力传播廉政文化，开展廉文荐读活动，在市总工会内网上设立学习专栏，发布20篇廉政心得文章；根据《无锡市廉政文化进机关三年达标规划》和《无锡市廉政文化示范点建设标准》，在庆祝新中国成立60周年之际，举办市总工会机关第三次廉政文化作品展，共展出油画、国画、书法15幅作品，硬笔书法作品24件，摄影作品28件，廉政短文和学习心得33篇。

2010年，市总工会党组制定《无锡市总工会关于2010年党风廉政与惩防体系建设工作任务及责任分工的意见》，市总工会主要领导与机关各部室和事业单位的领导签订《无锡市总工会机关部门及直属单位主要负责人2010年度党风廉政建设责任书》。在全机关和直属事业单位开展学习廉政准则系列活动，邀请市纪委预防处处长陈士新为全体机关干部作预防腐败制度和廉政准则辅导，7月下旬，组织全体机关干部和直属事业单位领导参加了网上廉政准则知识测试活动，参考率100%，优秀率100%。9月，组织召开廉政准则学习会；组织全体党员干部观看廉政教育片和电影《第一书记》；以廉政文化为导向，加强廉政文化建设，构建防腐倡廉的思想防线，在机关和直属事业单位开展廉政箴言活动，共收到廉政箴言60条，向市委市级机关工委报送38条。

2011年，市总工会认真贯彻执行市委、市纪委关于加强党风廉政建设的一系列部署，开展全方位的学习教育活动，通过市总工会内网、教育展板、文件传阅等形式，组织党员干部认真学习胡锦涛总书记“七一”重要讲话和《中国共产党章程》《中国共产党纪律处分条例》《党政领导干部选拔任用工作责任追究办法(试行)》《中国共产党党员领导干部廉洁从政若干准则》等党规党纪；坚持一岗双责，将党风廉政建设与总工会中心工作同谋划、同部署、同检查、同考核，细化目标，落实责任，把党风廉政建设和反腐败工作全方位融入到工会工作的各个环节；建立健全市总工会党风廉政建设责任制领导小组，与各部室、直属事业单位主要领导签订《无锡市总工会机关部门及直属单位主要负责人2011年度党风廉政建设责任书》。市总工会纪检组和机关党委继续开展廉政建设主题教育月活动，举办市总工会干部廉政教育会；请市纪委副书记林忆作廉政教育辅导；在纪念建党90周年暨创先争优活动表彰大会上，市总工会党组成员、纪检组组长周国祥就加强党性修养、提高廉洁从政自觉性等内容等作专题报告；对廉政建设情况进行测评和考核，建立市总工会机关及直属事业单位科级干部廉政档案；开展廉政电脑屏保设计、观看廉政警示片、学习心得征文等系列活动。是年，市总工会获市级机关廉政屏保设计三等奖。

2012年，市总工会认真落实市委、市政府《关于加快推进完善权力运行监控全覆盖工作的意见》，将其列为年内纪检监察的重点工作。市总工会按照《无锡市部门内控机制建设基本规范指导手册》，制定下发《无锡市总工会关于权力运行监控机制建设的实施方案》，成立由市总工会党组负责人为组长的权力运行监控机制建设领导小组，领导小组下设办公室，明确各部室主要负责人为本部室监控机制建设第一责任人。召开市总工会权力运行监控机制建设工作动员会、权力运行监控机制建设工作推进会，组织有关人员集中观看市纪委《权力运行监控机制建设情况介绍专题片》，组织机关各部室对工作中所涉及的公共服务事权及人事、财务、资产等机关内部管理权力进行全面细致的梳理，对梳理出的权利项目进行逐项登记和审定，确定市总工会权力运行监控机制建设的权力项目16项，编制相关事项的工作流程图和流程控制文件，查找各类风险点，并制定相应的风险控制措施。

2013年，市总工会就贯彻中央“八项规定”和省、市委“十项规定”制定具体措施，提出控制会议活动、精减文件简报、规范出访活动、改进工作宣传、加强督促检查等6个方面23条具体实施细则，明确责任，强化督查，突出重点时段、关键环节的督促检查。市总工会纪检组加强日常督查，每月及时汇总上报贯彻落实中央“八项规定”以及省、市委“十项规定”情况汇报。从严控制会议活动，坚持减负基层，除了现场推进会，在下属单位召开的各种工作例会一律取消，此举受到工会系统上下一致好评；坚持严控会议次数和规模，市总工会全委(扩大)会议由每年2次压缩为1次，是年的全市庆“五一”表彰大会会议规模大幅压缩，参会人员由以往的500人压缩到160人，会场也改到市民中心会议室；精简评比表彰，共清理取消评比达标表彰17项。规定除市(县)、区工会工作项目化管理和直属区(局)、公司、直属单位工会工作百分考核项目外，所有部室不再新设各类评比表彰项目；巩固基层工作台账清理成果，明确要求机关部室在推进工作过程中，一律不得在村(社区)工会组织设立工作台账。以提高党员干部廉洁自律的思想意识和行为准则为重点，坚持不懈地抓好思想教育，强化廉政文化建设，筑牢反腐倡廉的思想防线。通过每周一次的廉政短信“温馨提示”、每月一篇“廉文荐读”、党员干部重大事项报告制度、廉政格言赏析等方式,营造廉洁自律环境。组织机关全体党员观看反腐警示教育片和反腐情景剧《梦醒归来》,加大监督力度,提高办事公开化程度,强化对权力运行的全程监督和约束。

第四节 创建文明机关和争当优秀公务员活动

2004~2013年,市总工会坚持开展创建文明机关和争当优秀公务员活动,把加强文明机关和公务员队伍建设作为一项机关建设的综合性工作和争先创优的平台。在加强领导班子建设、依法履行工作职责、树立勤政廉洁风气、崇尚文明办公、营造清洁安全工作环境等方面不断努力,推进文明机关建设持续取得新进展。大力培育和弘扬公务员精神,切实加强公务员队伍建设,营造学先进、比先进、争做好干部的浓厚氛围。

2004~2005年,市总工会在全市新一轮文明机关创建中,围绕建设学习型、创新型、服务型、廉洁型机关的目标,坚持以内强素质、外树形象为重点,以开展文明部(室)流动红旗竞赛活动为抓手,以文明部(室)百分考核细则为标准,每月由市总工会机关党委牵头,机关各部室派员参加组成检查组,对文明办公情况进行检查,包括室内和室外的文明卫生、文明办公的各项制度落实情况等,由检查组按百分考核细则进行评比。每月设两面流动红旗,获流动红旗的部室则在月考评中嘉奖。按照市委的统一部署,市总工会与宜兴邮堂村扶贫结对,与邮堂村领导班子研究制订并实施三年脱贫计划,资助27万元用于桥梁维修、道路扩建、安装有线电视等基础建设,积极帮助联系产品加工、劳务输出、引资办企业等,并通过邮堂村的自身努力,至2005年年底,基本达到了脱贫的要求。市总工会获2004~2005年度无锡市文明机关称号。

2006~2007年,市总工会在全面推进文明机关建设的各项工作中,针对薄弱环节着重完善机关内部各项管理制度,制订35项规章制度和具体实施细则,汇编成册,形成市总工会机关管理制度;根据市委市级机关工委《关于在市级机关开展创建"平安机关"活动的意见》的部署,积极开展创建平安机关和节约型机关活动,成立创建工作领导小组,下设办公室,负责日常工作。围绕创建节约型机关,市总工会提出创建节约型机关的"七条规定"(机关照明、空调使用、节约用电、用水、办公用品、公车使用和接待费用),进一步压缩机关行政开支,实行部门办公费用核算制,增强机关人员的节能意识,养成良好的节约习惯;启动办公自动化程序,实行无纸化运作。围绕创建平安机关,市总工会建立完善机关保密制度、计算机信息保密管理规定、文件资料归档制度、机关大楼管理等制度。围绕落实文明办公的要求,市总工会建立完善机关文明办公守则、首问责任制、环境卫生包干制、中午接待用餐禁酒、会议室内禁烟等各项规章制度。开展争创"文明部室"流动红旗竞赛活动,由全体机关人员投票评选,评出文明部室和先进个人。市总工会获2006~2007年度无锡市文明机关称号。

2008~2009年,市总工会在机关和直属事业单位开展以优美环境、优良秩序、优质服务,让职工群众满意为主要内容的创建文明机关、文明单位活动。开展党员干部"五带头"(带头学习提高、带头争创佳绩、带头服务群众、带头遵纪守法、带头弘扬正气)、窗口服务优质赛和为群众办实事、为党旗添光彩等活动;制定机关文明用语、机关经费支出管理暂行办法、机关用车管理制度、机关档案管理制度、接待工作有关规定等规定和制度,修订文明办公守则、固定资产管理制度、印章管理制度、文印管理制度和机关值班制度等；组织开展《市民行为准则》和《市民文明公约》修订讨论活动，向市文明办提出修改建议；发动党员参与社会公益活动，组织32名机关志愿者参与第二届世界佛教论坛的会务工作，负责太湖饭店及颐和港湾酒店的所有接待工作，共接待中央领导、部委办负责人、专家学者共200人，出色完成佛教论坛指挥部交给市总工会的各项任务。市总工会获2008年度无锡市志愿服务活动先进集体、2008~2009年度无锡市文明机关称号。

2010~2012年，市总工会认真贯彻落实市委办公室、市政府办公室《关于开展领导干部下基层活动的意见》，组织市总工会机关和全市工会干部开展下基层了解民情民意、破解发展难题、化解社会矛盾，促进干群关系融洽、促进基层发展稳定、促进机关作风转变的"三解三促"活动，推动工会工作进一步深入基层、贴近基层、服务基层；按照市委组织部下发的结对共建名单和工作要求，及时与结对共建单位惠山区洛社镇六龙社区和宜兴市徐舍镇邮堂村党总支负责人进行交流，制订结对共建计划，成立由市总工会机关党委、办公室、组织部等部门为日常开展结对活动的工作机构；为推动文明和谐乡村家园建设，组织机关干部走进结对共建社区开展一走访、一宣传、一服务的"三个一"活动，印发《创建文明城市、建设美好家园——致全体市民的公开信》《无锡市精神文明创建主题活动情况介绍》等宣传材料各200份，发送到居民手中；深入10个镇(街道)、30家企业了解民情民意。在市总工会和直属事业单位党员中开展节能低碳我行动活动，提倡不开无人空调，不开无人灯，节约一度电、一滴水、一张纸、一升油，进一步推动节约型社会和节约型机关建设，努力提高机关和事业单位人员节能低碳意识和资源忧患意识。是年，市总工会被市委、市政府授予爱国拥军模范单位称号，被市创建节约型机关领导小组评为无锡市"两型"示范机关创建活动优秀单位，获无锡市创建节约型机关先进单位和2010~2012年度无锡市文明机关称号；无锡市总工会干部学校和江苏省无锡工人太湖疗养院获2010~2012年度无锡市文明单位称号。

2013年，市总工会认真总结和分析了历年创建文明机关的实际情况，制订了2013~2015年创建文明机关规划和2013年创建计划，下发《关于做好创建文明机关活动台账基础工作的通知》和《无锡市总工会文明机关考评细则及材料投放表》。不断丰富和发展文明机关(单位)建设的内涵，提高创建的标准和质量，把创建文明机关(单位)与和谐机关(单位)融合在一起。在市总工会"数字工会"网上设立文明创建活动专栏，督促检查各部室、机关支部、机关工会开展创建文明机关活动投放材料的情况。把文明创建与创新工作方式结合起来，增强创建工作的活力。积极探索适应机关党员干部的活动方式和载体，开展形式多样、针对性强的经常性教育活动和主题实践活动，组织开展为"党旗增辉——增强共产党员意识""党员劳动日——深入结对单位、田间劳动"等活动。通过在工作、学习、劳动等场合中亮化党员身份，增强共产党员的荣誉感和责任感，鞭策每个党员自觉爱岗敬业、无私奉献，自觉在各项工作中发挥模范带头作用，进一步提升文明机关(单位)的影响力。按照市委、市政府的部署，与宜兴市徐舍镇丰台村党总支开始新一轮的扶贫和党建共建结对工作，多次到结对单位丰台村和六龙社区调研，为村(社区)发展经济、加强党建、创建文明村(社区)出主意、想办法，帮助解决实际困难，为结对单位的一线党员、先进工作者30人提供免费体检，为50户困难家庭赠送《无锡日报》，全年用于扶贫和共建结对款项20万元。

10年间,市总工会党组开展争当优秀公务员活动,把评选推荐的过程作为践行“好干部”标准和“三严三实”要求、弘扬焦裕禄精神、学习身边典型的过程,作为联系群众、转变作风、解难题、办实事的过程,作为推进反腐倡廉建设、弘扬新风正气的过程。

2004~2013年度无锡市总工会机关优秀公务员及三等功获得者一览表

表16-1

年度	优秀公务员	三等功
2004	夏坚 曲国基 严福庆 陈美平 刘建瑜	-
2005	张玉兴 许国清 刘俊霞 吴建国 刘建瑜	-
2006	夏坚 张玉兴 许国清 谢伟 王瑛	-
2007	朱承刚 许国清 夏坚 刘俊霞 蒋宁 谢伟	许国清
2008	曲国基 夏坚 承燕华 华婕 曹琪 蔡军	夏坚
2009	承燕华 许国清 孙玉明 刘俊霞 蔡军	-
2010	承燕华 许国清 刘俊霞 蔡军 虞慧娅	承燕华 蔡军
2011	王瑛 曹琪 蔡军 刘俊霞 夏德荣	刘俊霞
2012	严福庆 宋汉清 王瑛 蔡军 孙信海	-
2013	王瑛 宋汉清 华婕 范惠艳 王昊 虞慧娅 刘建瑜	王瑛

说明:谢伟于2006年获无锡市“人民满意的公务员”称号

第十七章　工会企事业单位

第一节　江苏省无锡工人太湖疗养院（无锡市太工疗养院有限公司）

江苏省无锡工人太湖疗养院位于无锡市滨湖区西郊中犊山太湖之滨，坐落于太湖鼋头渚风景区内中犊山岛上，始建于1951年，时名华东工人太湖疗养院，直属全国总工会。1954年更名为江苏省工人太湖疗养院，直属省总工会。1969年11月停办。1972年3月由无锡市复办，更名为无锡市工人太湖疗养院，归属市卫生局。1979年1月由省总工会收回，复名江苏省工人太湖疗养院。1990年实行属地管理，由市总工会领导，仍为江苏省无锡工人太湖疗养院。2000年开始与无锡市国联发展（集团）有限公司、无锡市太湖鼋头渚风景管理处进行股份制合作商洽，2002年4月建立无锡市太工疗养院有限公司，与江苏省无锡工人太湖疗养院实行"两块牌子，一套班子"经营管理模式。

江苏省无锡工人太湖疗养院（无锡市太工疗养院有限公司）（以下简称"太工疗养院"），占地面积12.77万平方米，建筑面积2万平方米。至2013年9月，共有员工322名，其中直接从事医疗工作的86名。

太工疗养院先后被全国总工会授予全国先进疗养院、全国模范疗养院、有特色疗养院和模范职工之家等称号。2006年，被无锡市委、市政府确定为全市县处级干部疗养定点单位；2004~2005年度、2006~2007年度、2008~2009年度、2010~2012年度连续被无锡市政府授予市级文明单位称号；2006年起，连续3年被评为全国总工会"十佳杯"竞赛活动十佳单位；2011年，被省政府公布为江苏省文物保护单位。

一、投资改造

太工疗养院自股份制改制以后不断进行投资改造，相继完成供电、供气、供水、排污、道路系统、景观系统、配套服务系统建设。2008年以后，新购置彩超、免疫发光检测仪、全自动生化仪、自动血球仪、双能骨密度检测仪、动脉硬化检测仪、胃镜、肠镜、亚健康检测仪等一批进口医疗设备，使体检设施和检测设备进一步完善；足疗健身馆完成设计装饰工程，增加乒乓桌、跑步机等健身器材，于2009年4月正式投入运营；对所有客房分批进行改造装修，硬件条件达到三星级以上标准，至2013年年底，中、高档客房数达到200间；改扩建体检中心3000平方米；改建2300平方米具备多种功能的小蓬莱湖景餐馆、营养早餐厅、自助餐厅、亲水休闲平台、火烧渚景点、5000平方米环保型停车场；改造醉乐堂茶室；改造并新增闭路电视系统、宽带上网系统、中软酒店管理系统、点播系统、健康管理系统、OA管理系统等，以满足高层次客户的需求。至2013年,累计投入更新改造资金1.3亿元,公司总股本由2002年的7100万元增加至18034万元。太工疗养院成为太湖地区健康养生、健康体检、康复疗养、商务旅行、休闲度假的理想疗休养场所。

太工疗养院在做强做大传统产业的同时,积极紧贴市场和客户需求,不断开发和培育新的经营服务项目。2010年10月31日,成立中犊山医院,以糖尿病专科为特色,又相继成立经络调理中心、睡眠检测中心,新增亚健康检测项目,填补保健养生、慢性病治疗空白,完善检查、治疗一条龙配套服务。2012年,为顺应健康体检行业发展趋势,在无锡和周边地区率先推行绿色、环保的高端健康体检项目(核磁共振检查)、电子肛肠镜检查、检验科新项目等,体检产品更具科学性、前瞻性、市场需求性和与同行业的差异性。

二、经营效益

2004~2013年,太工疗养院的经营业绩持续稳步增长。2012年,全年接待服务9万人次,实现营收9065万,创历史新高,比2011年同期增长16.67%,其中:体检收入达4483万元,餐饮2016万元,客房1408万元;全年利润670万元,完成既定目标的206.15%;资金回笼率98.58%。针对接待机关、事业单位和镇体检量所占业务比重从原来的70%下降到30%的情况。2013年,通过调整客户结构和产品价格、借助电商平台加大网络销售、开发优质客户、发掘新的潜在客户、丰富产品套餐、增加特色体检等措施,使商会、企业、金融保险的体检接待业务比重从原来的30%上升到60%,上海、浙江和省内外等地业务占50%,网络销售点由3个增加到6个,体检人均价超过2000元以上的团队增加至35个,全年订房500间,与上年同比增加30%。同时,建立微信平台,进一步拓展销售渠道,旅行社、外聘经纪人等第三方销售中介带来的业务收入逐渐提高。

2004~2013年太工疗养院主要业务销售收入一览表

表17-1　　单位:万元

年 份	客 房	餐 饮	体 检	其 他	合 计
2004 年	657.24	606.94	1351.88	233.12	2849.18
2005 年	840.95	812.65	1578.14	249.62	3481.36
2006 年	1055.00	948.00	2175.00	250.00	4428.00
2007 年	1109.70	976.56	2045.28	220.35	4351.89
2008 年	1147.47	1155.89	2660.20	326.52	5290.08
2009 年	1206.08	1209.00	2993.20	655.69	6063.97
2010 年	1314.56	1272.87	3132.22	547.32	6266.97
2011 年	1317.26	1797.77	3909.66	744.87	7769.56
2012 年	1408.00	2016.00	4483.00	1158.00	9065.00
2013 年	1380.00	1852.00	4838.00	439.00	8509.00

三、管理体制

太工疗养院在市场化运作过程中，不断深化内部改革，完善管理体制，提高管理水平和管理质量。按ISO 9002质量认证体系标准出台一套总计15万字的规章制度。2005年5月13日，太工疗养院有限公司召开第一届第二次职工代表大会，通过《关于公司工资结构改革办法》《关于实行内部退养和病退的规定》《关于职工病事假等相关待遇的规定》。2007年2月2日，太工疗养院有限公司召开第一届第三次职工代表大会，通过《部门工资总额与经济指标挂钩的分配办法(试行)》。2008年6月2日，职工代表大会专题审议通过《2008年度绩效奖金提取、发放规定》。2009年4月30日，太工疗养院有限公司召开第二届职代会第一次代表团组长(扩大)会议，审议通过《关于内部待岗的规定》《太工疗养院员工薪酬管理规定》；在此期间，还制订《体检中心工作质量管理手册》《酒店部工作质量管理手册》，建立和运行了抽检、终检、过检的品管操作流程和月度质量管理分析会议。2010年12月22日，太工疗养院有限公司召开第二届第三次职工代表大会，通过《关于员工晋级的若干规定》，制订《员工手册》，规范服务标准，提高管理水平。2012年，完善采供体系，包括了餐饮、客房、医疗耗材、后勤日常用品等；启动完成采供系统的调整梳理工作，调整流程，界定了职能，变更管理部门，下达考核降本指标。2013年，建立以层级工资为核心的新的薪酬体系，建立合理的人才选拔、任用和晋升机制。

四、人才培养

太工疗养院注重优秀人才的引进和员工的继续教育、培训，为疗休养事业的健康快速发展提供人才支撑。10年间，通过公开招聘引进的各具专长的人才85人，大多成为各专业岗位的骨干；重新组建外聘专家团队(主要是职称高、临床经验丰富、覆盖面广的三甲医院在编在册工作的资深医疗专家)，为客户提供深度的健康养生指导服务；建立培养一支内分泌糖尿病专科人才队伍；采取“请进来，走出去”相结合的方式，加大教育培训力度，每年列支10万元用于培训，安排医务部、酒店部、营销部等重点部门的人员外出培训；2012年，邀请专家来院培训并成立讲师团，培养11名讲师；启动太工大讲堂项目，为客户讲解健康养生保健知识，全年开讲256场，外出咨询200次，养生部教授功法115场；利用市总工会干部学校举办的职工网络培训平台—工会学院网站，为职工提供电子书屋学习平台，使职工的业务水平不断提高。

江苏省无锡工人太湖疗养院领导班子：

院　　长： 张黎华(2002年4月~2008年2月)
江　静(女)(2008年2月~　)

副 院 长： 江　静(女)(1999年4月~2008年2月)
张腊梅(女)(2008年4月~　)

党委书记： 张黎华(1992年11月~2008年11月)
江　静(女)(2009年2月~　)

党委副书记： 江　静(女)(2006年11月~2009年2月)

纪委书记： 张黎华(1999年12月~2008年2月)
江　静(女)(2009年2月~2013年12月)
王　瑜(女)(2014年1月~　)

无锡市太工疗养院有限公司领导班子：

董 事 长： 王锡林(2002年4月~2008年6月)
荣心诚(2008年7月~2010年12月)
钱 淳(2011年1月~)

总 经 理： 顾文品(2002年4月~2007年12月)
王宪平(2008年1月~2011年12月)
钱 淳(兼)(2012年1月~2013年5月)
周正萍(女)(2013年6月~)

党 委 书 记： 张黎华(2002年4月~2008年11月)
江 静(女)(2009年2月~)

副 总 经 理： 江 静(女)(2002年4月~)
高国平(2002年5月~2005年2月)
吴隆戌(2005年3月~2007年12月)
张腊梅(女)(2008年2月~)

第二节 无锡市工人文化宫

无锡市工人文化宫(以下简称"市工人文化宫")于1952年筹建,地址位于无锡市清扬路1号,1954年2月3日对全市工会会员开放,1958年对全体市民开放。1990年,市工人文化宫新大楼落成,扩充了阵地设施。2003年,西新工人俱乐部因城市建设拆迁并入市工人文化宫。2009年,市工人文化宫按市委、市政府和市总工会文件要求,进一步制订深化内部改革的实施方案,划小核算单位,改变核算方式,合理的调整年度指标额,细化奖励和处罚标准,实施全员合同制和宫领导、科室领导聘用制、内部竞争上岗、待遇与绩效挂靠、内部退养和待岗等制度,不断加大考核力度,激活分配机制。同时,本着为基层、为职工服务的理念和把文化宫建设成为"职工的学校和乐园"的宗旨,通过"五大平台"(职工教育平台、职工活动平台、职工心理辅导平台、婚姻家庭指导平台、职工交流展示平台)为全市职工提供服务。至2013年,市工人文化宫占地面积26000平方米,经过几次扩充修建,形成集文艺、体育、宣传、影视、娱乐等多功能活动阵地为一体的综合型文化活动场所。有在编职工95人,其中:领导班子成员4人、管理人员28人、专业技术人员43人、工勤技能人员20人。

2010年,市总工会开始筹建新市工人文化宫(以下简称"新宫")。新宫建设项目是市委、市政府《无锡市文化大发展大繁荣行动纲要》确定的市重点社会事业建设项目。新宫于2010年4月29日奠基,2011年5月开工建设,2011年12月31日主体结构封顶,2013年8月竣工,2013年9月试运行,2014年11月对外开放。

新宫位于无锡市观山路 299 号,占地面积 29688 平方米,建筑面积 55241 平方米(其中地面建筑 44401 平方米,地下建筑 10840 平方米),设计建筑密度 30.70%,容积率 1.39,绿地率 35%。新宫是太湖新城区域内功能齐全、设备先进的现代化的群众性文体活动场所,开设无锡工会史展馆、群众演艺、技能培训、艺术培训、职工书室、才艺展示、羽毛球、篮球、网球、乒乓球、台球、棋牌、健身等 30 项职工服务项目,以及会议服务、停车、餐饮、广场文艺等社会服务项目。

一、职工文艺活动

市工人文化宫坚持以职工业余自愿、形式多样、健康有益、勤俭节约和开拓性的原则，坚持职工在业余文化舞台的主体地位，让职工在丰富多彩的活动中自娱自乐，自我教育，自我提高。

2004年1月22日~2月5日，市工人文化宫连续15天举办大型自贡灯会，共有3万人参观灯展，扩大了社会影响力。为纪念建宫50周年，与江南晚报社联合举办“我与文化宫”征文比赛，选取70篇文章汇编《这一片热土》，作为建宫50周年纪念文集，共印1200册。在全市职工中组织锡剧演唱比赛、京剧表演比赛、越剧演唱比赛等活动。

2005年，市工人文化宫为纪念抗日战争和世界反法西斯战争胜利60周年，在商业大厦广场举办专场演出。举办纪念市总工会建会55周年系列活动，包括广场文艺演出、劳动模范风采展等。10月16日，举行“工会会员看宜兴”活动启动式，组织50辆大客车2000人从市工人文化宫和江阴、锡山、惠山等地同时出发，前去宜兴。至2006年12月30日，在全市各基层单位工会组织的配合下，共有1000个单位和2万名工会会员参加“看宜兴”“看江阴”和“看滨湖”活动。

2006年，市工人文化宫举办的第25届“文化宫之夏”专场演出走进江阴澄西，受到澄西船厂广大职工的欢迎，继而走进南通，在南通环城广场参与“濠滨夏夜”演出，高品质的节目被南通市委宣传部、市文化局授予最佳演出奖。“文化宫之夏”是不同地区文化宫合作与交流的成功尝试。按照市总工会十五届四次全委会工作的工作要求，市工人文化宫继续组织退休会员参加“看宜兴”“看江阴”“看滨湖”活动。10月，市总工会组队参加济南市第十二届全国职工城市歌手大赛，取得一金二银的好成绩，王芳获得民族唱法金奖，李菲获美声唱法银奖，周莹获通俗唱法银奖，市总工会被大赛组委会授予优秀组织奖。

2007年，市工人文化宫创新活动模式，开辟新的活动途径，承办由市总工会主办的“欢乐大舞台”演出活动，全年共组织300场次演(映)出，观众30万人次。

2008年4月，市工人文化宫组织举办华东12个城市职工集邮研讨会及职工集邮展。全年在文化宫、公花园、体育中心和锡惠公园组织安排280场“欢乐大舞台”演出，吸引观众40万人次。“5·12”汶川大地震后，积极组织职工以及业余文体爱好者参与捐款活动，在无锡惠公园组织2场赈灾义演，为灾区募集善款。在二泉广场举办“劳动者之歌”专场演出，获得市委宣传部颁发的“激情周末”广场文艺活动组织奖。

2009年4月，为庆祝无锡解放60周年，市工人文化宫举办国内外灯谜大奖赛，收到参赛灯谜1.4万条，吸引来自6个国家的3000位华人灯谜爱好者参与。启动百场电影进社区、进企业、进军营活动，共放映电影100场，有10万名市民和部队官兵观看电影。组建无锡市职工艺术团，完成庆“三八”、庆“五一”系列活动及第二届世界佛教论坛开幕式300人大合唱的组织排练和演出。

2010年，市工人文化宫完成幸福进万家——无锡市总工会庆“五一”文艺晚会、无锡市总工会庆“三八”文艺演出、锡山区总工会“五一”劳模表彰大会文艺演出、“华美达广场杯”无锡市第四届青年歌手大奖赛、无锡市首届十大书香企业颁奖晚会、百场电影惠民行动、“激情周末”广场文艺等十项大型活动。组织艺术团队驻中视股份三国城古战船演出，展示吴地文化，每天演出10场次,年创收30万元。举办民间文艺闹元宵活动。成立无锡市职工书画家学会,举办首次画展,出版《无锡市职工优秀书画作品集》。各项活动通过企业冠名的方式组织举办,实现两个效益同步发展的目标。是年,市工人文化宫实现文体活动收入273万元,创造建宫后对外服务创收纪录。

2011年,市工人文化宫组织举办“颂歌献给党——无锡市职工庆祝建党90周年大型歌会”,参加歌会的演职人员2000人,市四套班子领导全程观看并参与大合唱。组织“庆‘三八’相约春天联谊会”。承办惠山区、锡山区、南长区总工会庆“五一”劳模表彰大会文艺演出。筹措社会资金25万元开展百场电影进社区惠民行动。举办“激情周末”广场文艺等十项大型活动。组织2011“星光现场”群星演唱会,邀请任贤齐、杨千嬅等港台明星参加,7000人观众席座无虚席。这项活动依靠市场运作,并实现盈利,为文化宫锻炼队伍、打造影响做出有益的尝试。

2012年,市工人文化宫积极开展文化进社区、广场、重点工地、校园活动,组织承办5场“激情周末”广场文艺演出。精选优秀题材影片开展百场电影进社区放映活动,全年共放映电影103场。承办第五届无锡市青年歌手大奖赛,300名来自全市各行各业的选手参加比赛,培养和发掘一批职工文艺人才。承办锡山、惠山区总工会庆祝“五一”文艺慰问演出和市总工会慰问新宫建设者专场文艺演出。

2013年,市工人文化宫继续开展文化进社区、广场、重点工地、校园、军营等活动,组织承办7场“激情周末”广场文艺演出。精选优秀题材影片开展百场电影进社区放映活动,结合精神文明建设,法制教育、安全生产等内容,深入社区、工厂、大型广场共放映电影100场次,吸引4万名市民、职工观看。承办锡山区庆祝“五一”和无锡威孚集团厂庆等活动。在活动中,坚持面向市场,积极探索与有关企业、行业和基层工会的合作与配合,取得社会、经济双重效益。为纪念新文化宫落成,市工人文化宫创作了无锡评曲《欢歌唱响文化宫》。

二、职工体育活动

为增强职工体质,满足职工各类兴趣爱好,市工人文化宫充分利用自己的优势,组织举办多种形式的职工体育活动和各类兴趣爱好的比赛。

2004年,市工人文化宫开展多种形式的职工群众体育和兴趣爱好活动,包括少儿拉丁舞比赛、中老年健身操(舞)比赛、职工桥牌比赛、即时摄影比赛、大象棋擂台赛等。

2005年, 市工人文化宫把纪念市总工会55周年庆祝活动和职工文化体育活动结合起来,举办环太湖4城市桥牌比赛,以及摄影、美文、陶艺比赛等活动。

2006年,市工人文化宫承办由市总工会、市体育局主办的无锡市“太湖美”太极剑比赛。在组队参加的山西省灯谜国际大赛中,无锡市王子安获得最佳谜手奖;在组队参加的泰州市“省健美比赛”中,无锡市朱艳萍获女子58公斤级冠军、张应照获男子70公斤级亚军;在宁夏国际灯谜学术研讨会上,无锡市发表的论文获三等奖;在南京、上海、无锡、扬州、景德镇5城市职工集邮研讨会上,无锡市发表的论文获二等奖,组织职工艺术团魔技队主办了沪、苏、锡魔技展演活动。

2007年,市工人文化宫组织职工集邮协会参加了在扬州举办的5城市职工集邮研讨会,组织职工桥牌协会举办春季桥牌俱乐部比赛和“环太湖杯”6城市职工桥牌大赛,与市舞蹈家协会联合举办第六届少儿拉丁舞和国标舞比赛,组队参加了在常州举办的第十一届全国职工“擎天柱杯”摄影比赛。

2009年4月开始,市工人文化宫承办市“十运会”职工部9个大项、43个小项的体育竞赛活动,参与市“十运会”开幕式的组织工作,同时组织市职工运动会的开幕式。

2010年,市工人文化宫承办历时7个月的第十七届省运会无锡市职工部9个大项、百个小项的竞赛活动,并筹措社会资金60万元,完成了所有项目的比赛。在省运会职工部比赛中,无锡职工代表队获得金牌10枚、银牌2枚、铜牌13枚,游泳团体第三名和5个体育道德风尚奖。举办、承办“精享裕杯”无锡市职工首届健排舞比赛、职工桥牌俱乐部赛、全国职工灯谜有奖会猜、国标舞比赛、魔术杂技展演、浙江萧山运动会开幕式大型文体表演创编排练及全市职工健排舞培训等活动。

2011年,市工人文化宫相继举办、承办无锡市第二届职工健排舞比赛、城市职工集邮联谊会10周年庆典,原陕西省总工会主席、全国集邮联合会副会长王新中到会并讲话。此项活动从2001年开始由上海、无锡、南京、景德镇发起,扩展至21个城市参加。举办“四特东方韵杯”第二届国标舞全国公开赛暨无锡市第九届少儿拉丁舞锦标赛、“老船长酒楼杯”无锡市魔术新秀大赛、职工桥牌俱乐部赛、浙江萧山运动会开幕式大型文体表演创编排练及全市职工健排舞培训等活动。

2012年,市工人文化宫组队参加江苏省第六届全民健身运动会。组织举办全市职工象棋、围棋比赛。开展有偿服务输出,承办“休闲进化、天乐人间”浙江进化镇首届全民运动会开幕式大型文体表演总体策划,并帮助指导排练,活动圆满成功。

2013年, 市工人文化宫承办无锡市第十一届运动会职工部竞赛9个大项、43个小项的比赛,按照市总工会“精心组织整个竞赛,组织工作到位、保障措施有力、执法公正公平、赛风赛纪优良”的要求,比赛经过6个月的激烈角逐,于9月24日落下帷幕,实现了市总工会提出的“要把这届运动会办成和谐、圆满、简朴的体育盛会,取得体育成绩和精神文明建设双丰收”的目标要求。11月7日,市工人文化宫举办青年职工交友联谊会。

三、职工技能培训

市工人文化宫紧紧围绕提高职工技能素质、增强职工就业能力、扩大群众就业渠道,开办各种形式的培训班。2004~2009年,市工人文化宫持续不断地开展下岗、失业职工的再就业培训及家政、母婴护理、电脑操作员、家电维修、插花、保安等培训班,年平均培训逾1000人次。至2009年,年培训合格率达90%。

2010年,市工人文化宫职校全年举办各类培训班29期,培训学员1803人,其中就业再就业培训班17期,学员766人;江苏省家政服务工程就业培训班4期,学员212人;企业管理和员工素质培训班7期,学员799人;中老年才艺培训班1期,学员26人。市工人文化宫加强品牌建设,通过调查研究,把职校的品牌——家政服务员培训延伸至开发母婴护理专项能力证书培训班,以满足劳动力市场上“月嫂”“育儿嫂”服务岗位紧缺的需求。

2011年,市工人文化宫职校全年举办各类培训班13期,培训学员584人,其中就业再就业培训班9期,学员400人;江苏省家政服务工程就业培训班4期,学员184人,通过技能培训,80%

的学员实现了就业。培训班组长700人。

2012年,市工人文化宫充分发挥工会办学的优势和特点,积极开展下岗、失业职工的再就业培训,职校全年共举办各类培训班25期,培训学员1921人,其中就业再就业培训班10期,学员483人;江苏省家政服务工程就业培训班4期,学员216人;班组长企业素质提升培训班2期,学员358人;班组长安全生产培训班8期,学员804人;摄影培训班1期,学员60人。市工人文化宫创建成为省家政示范培训基地,组织参与无锡市家政技能大赛获得优秀组织奖,母婴护理个人获得1个二等奖,烹饪个人获得2个三等奖等。

2013年,市工人文化宫职校全年举办各类培训班13期,培训学员1068人,其中就业再就业培训班4期,学员225人;江苏省家政服务工程就业培训班4期,学员168人;班组长企业素质提升培训班2期,学员120人;班组长安全生产培训班3期,学员555人。市工人文化宫职校在市商务局家政技能大赛中获得优秀组织奖,学员获得老人护理三等奖1名;在劳动局就业培训定点机构技能大赛中,学员获得母婴护理一等奖1名,插花二等奖1名、三等奖2名。

无锡市工人文化宫领导班子:

主　　任: 李战平(2001年4月~2008年1月)
朱承刚(2008年1月~2009年7月)(2004年9月~　副处级)

代理主任: 荣毅敏(2013年8月~　　)

副 主 任: 胡劲峰(2000年4月~　　)
(其中2011年1月~2013年7月主持工作、法人代表)
孙　平(女)(2007年4月~2010年4月)
那　敏(女)(2009年7月~　　)

党总支书记: 李战平(2001年4月~2008年1月)
朱承刚(2008年1月~2011年10月)(2004年9月~　副处级)
周惠明(2011年10月~2014年8月)(1999年9月~2014年8月副处级)

党总支副书记: 高玉溪(2001年7月~2007年4月)
孙　平(女)(2007年4月~2014年3月)

第三节　无锡市太湖工人文化宫

无锡市太湖工人文化宫(以下简称"太宫")位于梁溪路26号,与市友谊商场、市文物商店、市博物馆、市展览馆相近邻,为市总工会领导下的第二个市级工人文化宫,1986年4月29日落成,由包厚昌剪彩。太宫建筑面积4844平方米,总投资280万元,由综合楼、科技楼、文化楼3个部分组成。人员编制33人,实行主任负责制。

太宫坚持职工业余、自愿、形式多样、健康有益的原则,建立职工硬笔书法协会、职工路际文体联谊会、太湖职工谜艺社、湖畔诗社、文学创作组、职工插花艺术会、青松谷合唱团、无锡市英语角、大龄青年俱乐部、民乐队、健美队等职工群众业余活动组织。

太宫结合改革开放形势和搞活经济的政策,在注重社会效益的同时,开展有偿服务。承接各类展览、展销会等业务活动,开办摄影、素描、书法、图书、服装裁剪、普通话推广、文学创作、钢笔书法、英语、日语、电子琴、交谊舞、吉他演奏弹唱、男女健美等文化艺术培训班。

2002年4月，太宫进行全面内部改革。设立办公室、职工学校（责任承包形式）两个部门；对小卖部、棋牌室两个项目实行个人承包制；凡工龄在35岁以上的在职在册职工一律实行内部退养。5月，太宫向市总工会提出《关于无锡市太宫印刷厂改制的报告》，市总工会于6月18日批复同意太宫印刷厂按有关规定程序办理企业关闭手续。2003年5月1日，太宫与和声乐器销售有限公司联营，成立太宫和声艺术学校。

2006年，太宫成立太宫职工艺术团，组织舞蹈队、民乐队、民间艺术队、太湖职工谜联社等团队参加城际职工书画摄影作品展、文艺汇演、灯谜大展猜、"激情周末"、国际龙舟赛等大型活动，2006~2009年共参与150场演出活动，观众20万人次。民间艺术队申报的"蚌舞"被纳入无锡市非物质文化遗产；舞蹈队被授予滨湖区特色团队称号。太湖职工谜联社承办多场全市乃至全国性的灯谜征联大赛，并获多项奖项，其中在"全国百城迎圣火·海内外大征联"活动中获特等奖。谜联社开设多场公益性灯谜讲座，出版交流刊物《太湖谜联》《无锡方言辞典》《北塘楹联》。《无锡方言辞典》在市新华书店多次脱销。

2009年7月，太宫实行资产优化组合，并入市工人文化宫。

无锡市太湖工人文化宫领导班子：

主　　任：李战平（兼）（2002年2月~2006年2月）

副 主 任：胡劲峰（兼）（2003年1月~2009年7月）（其中2009年7月主持工作）

　　　　　那　敏（女）（2006年3月~2009年7月）

第四节　无锡市总工会干部学校（无锡新华中等专业学校）

市总工会干部学校创办于1983年8月，原址在无锡市前西溪1号；无锡市职工业余中等专业学校经省政府批准，创办于1984年4月10日，两校于1984年12月21日起合并办学。2005年12月，无锡市职工业余中等专业学校更名为无锡新华中等专业学校。市总工会干部学校（无锡新华中等专业学校）（以下称"市总工会干校（中专）"）实行"两块牌子，一套班子"管理模式。

2001年，市总工会干校（中专）校址迁至无锡市人民东路羊皮巷128号，占地面积4850平方米，教学楼面积4000平方米。市总工会干校（中专）坚持面向市场、以改革求生存、以创新谋发展的方针，在人事、用工、分配制度等方面历经2006年、2009年、2011年3次改革方案的落实，形成了务实灵活的运行机制，员工实行按岗定级加绩效考核的分配方式。实行以人竞岗、以岗择人、以岗定薪、岗变薪变、能高能低的薪酬机制。至2013年，共有教职员工20人，其中高级职称4人，中级职称1人，初级职称1人，聘用兼职教师百人。有成人高校（函授、夜大、网大）在籍学员2600人。

2001年，市总工会干校（中专）获省总工会颁发的江苏省工会职工教育先进学校称号；2009年，获全国总工会颁发的全国工会农民工技培训示范基地称号；2010年，获全国总工会颁发的全国职工教育培训示范点和全国总工会女职工委员会颁发的工会女职工培训示范学校称号；2011年，获江苏省高校成人教育优秀校外教学点称号；2013年，获无锡市文明委颁发的2010~2012年度无锡市文明单位称号。

一、成人教育

市总工会干校(中专)秉承面向企业、服务职工的宗旨,根据社会发展和市场需求,在开展成人中专、自学考试辅导的基础上,开始举办成人高等教育,与南京财大、南京工程学院、江苏科技大学、江南大学、江苏技术师范学院、江苏信息职业技术学院、无锡市电大等高等院校合作,设立校外教学点,开办专科、本科学历班。市总工会从2010年起委托市总工会干校开办优秀员工、劳模和先进工作者工作者学历班,并设立工会励志奖学金,每年为入学的优秀员工、劳模和先进工作者发放40万元的励志奖学金。2010~2013年,市总工会干校(中专)举办4期优秀员工、劳模和先进工作者工作者学历班,2700名学员完成学业顺利毕业。《工人日报》《江苏工人报》《无锡日报》《江南晚报》等对此进行了报道。

2004~2013年市总工会干校(中专)历年办学情况表

表17-2 单位:人

年份	小中专	专科	本科	高本	培训
2004	319	493	267	58	223
2005	200	337	127	43	306
2006	170	332	131	25	425
2007	48	227	154	3	1642
2008	停招	42	100	26	1897
2009	停招	81	133	11	5901
2010	停招	157	286	9	4128
2011	停招	144	305	3	6268
2012	停招	218	355	3	11075
2013	停招	189	448	4	23015

2008年起,市总工会干校(中专)开展外来务工人员和下岗再就业人员技能培训工作,办有计算机、电装工、数控机床、铸造、制冷、钳工、家政、插花、育婴员等各项专业技能培训,5万人次参加培训,其中70%的学员获得专业技能证书。此项工作获得全国总工会、省总工会的充分肯定。2008年,省总工会授予市总工会干校(中专)"江苏省农民工业余学校"牌匾。2010年,市总工会干校(中专)在省内率先创办劳动关系协调员国家职业资格培训班,聘请有关专家、教授进行题库建设、课程设计等,至2013年,共培训7期,700人通过培训考试取得劳动关系协调员职业资格证书,该项目列入省统考范畴,《江苏工人报》《无锡日报》《江南晚报》等作了报道。2013年,配合市总工会女工部举办女职工素质大讲堂,市总工会干校(中专)负责师资聘请、课程落实工作,讲座内容包括女性魅力、职场修炼、沟通技巧、营养健康等等,深受广大女

职工欢迎。是年，市总工会干校（中专）接纳各种培训的职工达3万人次。

二、百场公益巡讲

2012年，市总工会干校（中专）联合有关高校、管理咨询机构、研究所和医院的专家、学者，确立人文、管理、健康、创新四大类课题，开展"百场公益巡讲进企业"活动。首期巡讲进入101家企业，其中包括中远物流、威孚高科、一汽锡柴等大型国企和华泰电子、松下能源等非公企业。2013年，增加至190家企业。

三、"工会学院"职工教育网站

2013年5月10日，由市总工会和市总工会干校（中专）共同开发的职工教育平台"工会学院"网站正式上线，为全国工会系统独创，汇聚社会各方面优秀培训资源为工会职工教育提供服务，注册学员达万人。网站以满足全市广大职工自身素质提升需求为目标，改变传统的学习培训方法手段，集便捷、实用、经济等优势于一体，使工会职工教育培训迈进了电子商务的新时代，汇集了无锡以及上海、苏州、北京等地300个培训机构、管理咨询公司的资源，集教育培训、电子阅读、心理测评、学历提升于一体。依靠"工会学院"职工教育平台，市总工会在无锡200家企业建立了工会职工教育基地。随着"工会学院"职工教育平台影响的不断扩大，市人社局、市安监局、市经信委（中小企业局）、市卫生局、江南大学、江苏开放大学（无锡分校）等在资金、政策以及项目上给予大力支持，并与市总工会和干校、中专学校商谈合作。徐州、苏州、南通、泰州等地工会前来取经，洽谈合作事宜，为"工会学院"职工教育平台走出无锡打下了良好的基础。

"工会学院"职工教育平台由线上教育和线下教育两块组成。线上教育每年有48堂专家、学者在线讲座和开放的工会互助式在线教育平台；线下教育有百场公益巡讲、一周一讲等各类培训讲座。每年举办52场"一周一讲"公开课，主要面向企事业单位中、高层管理人员，讲座内容主要为管理能力、工作效率、创新能力的提升等；建有职工书屋电子阅读平台，拥有可随时更新的各类报刊1700种和可根据要求增减的电子书籍9000册，可同时在Windows、Android、IOS三大系统使用，是第一个被苹果公司收录的工会产品；设有免费的职工心理测评系统，包括心理的适应性、承压性、情绪稳定性等等方面的测评，这一测评能在一个动态的点上了解职工的心理健康状况。与此相配合，每月组织开展一次心理健康沙龙活动，交流心理健康建设的经验和体会。

"工会学院"职工教育平台自运作的半年间，吸纳300个社会教育、培训资源参与，形成网上职工教育大联盟，组织公益课60场，内训课150场，参与企业1000家，培训2万人次。此外，设有心理健康辅导员、班组长安全知识培训、员工关系管理等岗位证书培训，以及各类工会干部培训等项目内容。至年末，"工会学院"职工教育网站上线短短5个月，有84万次的点击率。《江苏工人报》《无锡日报》《江南晚报》等报刊作了专题报道。

无锡市总工会干部学校（无锡新华中等专业学校）领导班子：

校　　　长： 杨银国（1992年12月~2006年7月）

汤建华(2006年7月~2008年1月)
孙玉明(2008年1月~2011年1月)
邹　翊(女)(2011年1月~　)

副　校　长：周　蔚(女)(2000年5月~2006年7月)
孙玉明(2006年7月~2008年1月)
邹　翊(女)(2009年2月~2011年1月)
白　荣(女)(2009年2月~2011年1月)

党支部书记：杨银国(1992年12月~2006年7月)
孙玉明(2008年1月~2011年1月)
邹　翊(女)(2013年2月~　)

副　书　记：孙玉明(2006年7月~2008年1月)
邹　翊(女)(2011年1月~2013年2月)

第五节　无锡市总工会困难职工帮扶中心

一、历史沿革

2002年12月26日,市总工会在其职业介绍所(无锡市新民路156号之4)举行无锡市总工会困难职工援助中心(理事会)、无锡市职业介绍中心职工再就业服务所成立大会。市委副书记许津荣到现场视察,向困难劳模发放电视机,向困难职工发放资助款,向特困职工发放电费补贴,为全国送温暖工程先进集体无锡市化工集团有限公司和先进个人代表江阴苏龙发电有限公司党委书记兼总经理陶建华授奖,为市总工会职工援助中心理事会理事颁发聘书并讲话。市总工会主席余炳源宣布成立职工援助中心理事会的决定并讲话,市总工会副主席李锦南主持成立大会。市总工会聘请许津荣担任困难职工援助中心理事会名誉会长;由余炳源任会长,李锦南任副会长;理事会由市劳动和社会保障局、市经贸委、市财政局、市民政局、市卫生局、市工商局、市司法局、市信访局、市教育局、市房管局、市粮食局、市广电局、市公用事业局、市国联、无锡供电公司、市自来水公司、市煤气公司、无锡日报社、江南晚报社等部门的领导和联络员计37人组成,由市总工会生活保障部部长夏坚兼任办公室主任。2007年5月,市总工会困难职工援助中心更名为无锡市总工会职工服务中心(以下简称“市总工会职工服务中心”)。市总工会职工服务中心位于无锡市清扬路1号文化宫院内,面积260平方米。服务大厅设有信访接待、法律援助、特困救助、技能培训、职业介绍、互助互济、劳动法律监督、社团法人登记、外来务工人员工作站9个服务窗口,是市总工会对全市职工实施一站式服务的专门机构。2010年1月,市总工会根据《全国总工会关于建立困难职工帮扶中心的意见》,经市人事局、市编制办公室批准,在市总工会职工服务中心和市总工会法律顾问处基础上,将职工服务中心更名为无锡市总工会困难职工帮扶中心(以下简称“市总工会职工帮扶中心”),性质为市总工会事业单位。至2013年,共有工作人员7名,负责人1名。

二、困难职工帮扶

2004年，市总工会困难职工援助中心在积极做好困难职工援助工作的同时，充分发挥职业介绍所的作用，促进就业再就业。1月，市总工会生活保障部与市困难职工援助中心/职业介绍所签订再就业年度目标责任状，明确从4月起，每月首周星期六举办招聘洽谈会。4月，对受到市总工会表彰的2003年度的11名服务明星的简介、照片全部公开上墙。18日，市总工会和市妇联在文化宫天乐园联合举办首场送温暖·促就业大型招聘洽谈会，并确定从即日起，在每月18日举办送温暖·促就业大型招聘洽谈会。7月，锡山区总工会组建困难职工援助中心和8个镇11个产业局的援助工作站。8月，加强对惠山区总工会困难职工援助中心(站)组建的指导帮助工作。11月，在加强困难职工援助中心(站)调研的基础上，完成《浅述困难职工援助中心的职能与作用》的论文撰写任务，上报省总工会。市总工会全年开展8场送温暖·促就业大型招聘洽谈会，组织进场单位546个次，提供就业岗位16089个次，签订就业意向5293人次；报名参加培训人数为724人次，主要为家政及母婴护理、保安、电脑、插花、SIYB创业培训等；还与市有关方面共同组织专场招聘洽谈会6场，其中市总工会职业介绍所组织进场单位238个次，提供就业岗位11996个次，签订就业意向3927人次；报名参加培训795人次(主要为家政及母婴护理、保安、电脑、插花、SIYB创业培训等)。

2005年1月，市总工会生活保障部与市困难职工援助中心/职业介绍所签订目标责任状。3月，市总工会制订市困难职工援助中心/职业介绍所和职业介绍所外来务工人员工作站制度，市总工会职业介绍所外来务工人员工作站挂牌运转。6月5~12日，举办民营企业招聘周活动。7月，完成省总工会保障部布置的困难职工援助中心调研课题，撰写并上报《浅谈工会援助中心的作用及相关问题》。8月26日，滨湖区总工会成立区职工援助服务中心，形成困难援助、法律援助、信访接待、再就业、外来工帮扶、劳动保护、劳模管理服务、女工权益一体化运作机制，每年筹集100万元资金，开展百万援助行动，服务全区各类职工。市总工会全年开展10场送温暖·促就业大型招聘洽谈会，组织进场单位562个次，提供就业岗位10362个次，签订就业意向3764人次；报名参加培训273人次(主要为家政及母婴护理、保安、电脑、插花、SIYB创业培训等)；与市有关方面共同组织专场招聘洽谈会5场，组织进场单位185个次，提供就业岗位3382个次，签订就业意向2004人次；报名参加培训153人次(主要为家政及母婴护理、保安、电脑、插花、SIYB创业培训等)。

2006年2月，市总工会生活保障部与市困难职工援助中心/职业介绍所签订目标责任状。市总工会明确要求各级工会对发生生活困难的农民工，与单位的在职困难职工一同建档、一同管理、一同给予补助；各级困难职工援助中心对困难农民工同样实施援助服务。市总工会职业介绍所在农民工中评选家政服务明星。3月8日，市总工会召开家政·母婴护理服务明星庆"三八"、话创业座谈会，15位服务明星参加座谈会，畅谈她们在再就业生涯中的体会；市总工会副主席张帆、副调研员李锦南参加座谈会并分别讲话。"三八"节前受表彰的四川农民赵可会在无锡城做家政服务的事迹报道分别在《江南晚报》《无锡日报》上刊登。市总工会全年举办再就业援助招聘会12场(其中与有关方面举办专场招聘会3场)，组织进场单位494个次，提供就业岗位8301个次，签订就业意向2457人次；市总工会职业介绍所门面接受求职1224人次,介绍成功945人次,其中家政服务552人次,外地到无锡求职人员292人次;报名参加培训275人次(主要为家政及母婴护理、保安、电脑、插花、SIYB创业培训等)。

2007年5月25日,市总工会职工服务中心揭牌仪式在市工人文化宫广场举行。市总工会职工服务中心全年受理来电来访286批件,338人次;临时救助17人次,补助金额2.8万元;发放特困职工各类补贴24.2万元。在市级机关干部冬衣和书籍捐赠工作中,将整理好的3.8万件衣(被)和1.5万本书籍发送到30个工地、城镇(社区)和433户特困职工手中;组织下岗失业人员培训登记174人次,发放下岗职工补贴385人次计12.14万元;联合市社保局职介中心举办10场招聘会,提供7059个工作岗位,求职登记1618名,推荐上岗1096人次;受理互助保障项目享受互济金3518人次,理赔金额316.56万元。

2008年,市总工会职工服务中心配置了全国总工会联网的职工维权热线电话"12351";配备了发布信息的滚动电子显示屏、查询政策资料的触摸屏等电子设备,以及宣传橱窗、书报架,并在市总工会网站设立专门网页。市总工会联合市社保局职介中心举办10场招聘会,提供就业岗位5080个,报名登记1307人次。全年受理来电来访321批(件)、421人次;临时救助17人次,补助金额4万元,对319名困难职工发放春节慰问金15.95万元;组织下岗失业人员培训登记1500人次,举办下岗职工技能培训班46期、1300人次。窗口接待求职登记1755人次,成功推荐上岗648人次;受理互助保障项目享受互济金3389人次,理赔金额317.98万元;受理基层单位工会社团法人登记,总计156份。

2009年,市总工会与市社保局职介中心联合举办12场招聘会,提供5170个就业岗位,有1666名下岗失业人员及外来务工人员进行应聘洽谈。市总工会职工服务中心全年受理来电来访388批(件)、494人次;临时救助7人次,补助金额1.45万元;接待求职登记1186人次,成功介绍544名下岗失业人员到企业就业,解决165名灵活就业者进入家庭从事家政工作。受理互助保障项目享受互济金4338人次,理赔金额436.61万元;受理社团法人登记119份。11月11日,《无锡商报》报道了市总工会职工服务中心职介服务提速的做法。

2010年,市总工会困难职工帮扶中心服务大厅设信访接待、生活救助、职业介绍、互助互济、社团登记、小额贷款、农民工工作站等9个服务窗口,主要承办生活保障部、法工部、女职工部部分对基层工会、对职工服务的窗口工作。1月11日,市总工会举行无锡工会困难职工帮扶中心工作交流会暨2010年元旦、春节送温暖活动启动仪式。与市社保局职介中心联合举办了12场招聘会,组织563家企业进场招聘,提供岗位15862个,达成就业意向2084次。全年受理来电来访131批(件)、131人次;临时救助10人次,补助金额1.6万元;登记从业家政服务381人,其他类求职登记951人;受理互助保障项目享受互济金4750人次,理赔金额467.51万元;受理社团法人登记93份。10月,市总工会制订《无锡市总工会帮扶中心2010~2012年工作规划》,提出到2012年,基本形成服务主动、上下联动、横向互动、政策推动的工作格局。实现市及市(县)、区两级工会帮扶中心工作对接,工会帮扶与社会救助相衔接;实现资金来源多元化、管理服务规范化、帮扶活动社会化、帮扶覆盖最大化,努力把帮扶中心建设成为充满爱心、充满阳光的困难职工之家。

2011年,市总工会与市社保局职介中心联合举办13场大型招聘会,提供就业岗位21966个,成功推荐2574名求职者达成就业意向。市总工会困难职工帮扶中心全年接待来访52人次,日均受理维权热线咨询4~5人次;临时救助5人次,补助金额1.25万元;接待求职登记432名,推荐成功233人次；8位职工拿到创业培训合格证，受理1位有创业意愿的贷款申请；受理互助保障项目享受互济金5826人次，理赔金额651.25万元；受理社团法人登记84份。12月，市总工会困难职工帮扶中心被全国总工会授予全国困难职工帮扶工作先进集体称号。12月20日，《江苏工人报》报道了无锡市总工会困难职工帮扶中心通过构建生活救助、互济互助、就业援助、学业资助“四位一体”帮扶体系，及时有效的缓解困难职工最现实的生活保障问题的做法。

2012年，市总工会与市社保局联合举办12场大型招聘会，提供18806个就业岗位，达成就业意向1970人次。市总工会困难职工帮扶中心全年受理来电来访153人次；临时救助12人次，补助金额2.4万元，完成“金秋助学”的摸底资料和特困材料的初步审核工作；接待求职登记370人次，推荐就业156人次；受理互助保障项目享受互济金6765人次，理赔金额823.69万元；受理社团法人登记115份。

2013年，市总工会困难职工帮扶中心（清扬路1号文化宫院内）在新市工人文化宫设立职工服务中心大厅（无锡市观山路299号），建筑面积为700平方米，设有服务中心大厅和8间办公用房，另设置劳动争议调解庭、律师咨询室、心理咨询室等，新增触摸屏自动查询系统。按照功能设置，新服务大厅柜面提供生活救助、就业援助、法律服务、互助互济、综合服务等五大类20项服务项目。市总工会与市人社局职介中心联合举办10场大型招聘会，提供了1.3万个就业岗位，达成就业意向1000人次。8月，市总工会困难职工帮扶中心与人社局职介中心联手做好困难家庭子女就业情况的跟踪了解、职业推介工作，推荐一批特困家庭就业困难的高校毕业生参加全市新设的265个基层公共卫生服务公益性岗位招聘。全年受理来电来访181人次；临时救助13人次，补助金额3.2万元；为410户特困职工，全年按季发放粮油水电气补贴、物价补贴共65.6万元，发放特困子女“金秋助学”金44.83万元，发放春节慰问金82.75万元，7名市特困职工得到红十字会重大疾病救助金5.9万元；全年为600人次提供职业推介，受理新求职人员登记295人次，为用工单位、家庭用户成功推荐就业275人次；受理互助保障项目享受互济金7133人次，理赔金额916.53万元；受理社团法人登记93份。推荐15名特困家庭大中专毕业生参加公益岗位招聘或取得岗位推荐书。

无锡市总工会职工服务中心负责人：

负　责　人：孙　平（女）（兼）（2007年4月~2010年4月）

无锡市总工会困难职工帮扶中心负责人：

副　主　任：孙　平（女）（2010年4月~2014年3月）（法人代表，主持工作）

第六节　无锡市职工国际旅行社

1989年，市总工会建立无锡市职工对外交流中心，为市总工会直属事业单位，编制20人；同时申请开办无锡市职工国际旅行社，实行企业化管理。市职工对外交流中心和市职工国际旅行社的地址位于无锡市清扬路1号。市总工会对国际联络部、职工对外交流中心和职工国际旅行社实行合一办公、“三块牌子、一套班子”运作机制。国际联络部为市总工会外事工作的职能部门，负责管理和接待公费邀请的团队；市职工对外交流中心，主要负责工会对外交流中接待自费邀请的团队，同时开展经验技术交流及外派研修生工作；市职工国际旅行社主要负责职工自费境外旅游等。

随着国家对外开放形势的发展,工会对外交流不断扩大,国际间工会的友好交往和中国港澳台地区间工会的联系不断加强,市总工会对外交往日趋增多。按照全国总工会和省总工会关于工会涉外交往的规定和要求,1989~2004年,市职工对外交流中心和市职工国际旅行社共接待40个国家及中国港澳台地区的交流团、考察团308批次,5000人次;组织境外考察、交流团队50批次、300人次;输送技术研修生200人。

2005年1月,市职工国际旅行社、市职工对外交流中心改制为私营股份制企业——无锡职工国际旅行社有限公司,地址在无锡市清扬路1号。国际联络部职能回归市总工会办公室。

无锡市职工对外交流中心、职工国际旅行社领导班子:

经　　理: 朱炳昌(1994年4月~2004年12月)

副 经 理: 许朝明(1996年7月~2004年12月)

第七节　无锡市天乐园宾馆

无锡市天乐园宾馆是在清扬路1号原文化宫招待所的基础上投资扩建而成。1992年,市总工会决定投资400万元,扩大招待所规模。1993年年初,扩建工程正式动工,历时一年余,于1994年3月8日试营业,定名无锡市天乐园宾馆,寓意为工人乐园。扩建后的天乐园宾馆有客房43间,可接待100人住宿、250人就餐,并配有卡拉OK歌舞厅和美容室、干洗房、中央空调系统等,具备接待中小型会议和承办喜庆宴席的能力,总资产900万元,员工60人。1994年6月,天乐园宾馆聘请无锡市旅游局饭店管理公司进驻宾馆,对员工进行系统培训,员工的服务技能有了较大提高。1994年7月,天乐园宾馆接待市经济要案专案组,前后14个月,全体员工做好服务保障工作,为案件顺利侦破提供良好的后勤服务。

1995年10月,天乐园宾馆被国家旅游局评为国家二星级涉外饭店。1996年,市总工会投资300万元扩建综合楼,1996年5月开工,1997年3月竣工,扩建后客房增加20间,就餐增加20桌,接待能力提高,员工增加到80人。1999年,市总工会决定将天乐园宾馆租赁给个人承包经营,承包经营期为5年,从1999年2月~2004年2月止。2003年4月,由于"非典"和清扬路改建等原因,天乐园宾馆停止对外经营。2004年2月28日,个人承包经营期结束,由于天乐园宾馆已列入市政府古运河风光带建设范围,不再对外经营。6月,实施关闭撤销,全体员工按市政府有关文件精神进行分流安置。

无锡市天乐园宾馆领导:

党支部书记: 吴玉柱(1999年4月~2004年6月)

第十八章　书刊编撰

《无锡劳模风采》 2004年9月出版。该书收录了无锡市1950~2004年获全国、省级劳动模范和先进生产(工作)者、国务院所属部门表彰的全国各产业劳模和先进个人、全国“五一”劳动奖章获得者、无锡市劳动模范的名录。该书对全国劳动模范、先进生产(工作)者逐一进行简要介绍,并附有其肖像照片。

《这一片热土(无锡市工人文化宫五十年华诞纪念文集)》 在无锡市工人文化宫成立50周年之际，市工人文化宫与江南晚报联合举办了“我与文化宫”征文活动。参加征文的作者有普通职工,有从市工人文化宫文学创作班和工人创作组成长起来的作家、诗人,有原市工人文化宫业余文艺队员、文艺骨干,有现已退休的曾为职工文化事业贡献青春的老领导、老同志,也有现在海外仍与市工人文化宫有着不解之缘的舞蹈队员等。市工人文化宫于2004年将这次征文活动中的优秀作品汇编成市工人文化宫成立50周年的纪念文集。

《无锡市工会志 (1990~2003)》 编写工作于2003年正式启动,编纂人员经过2年多的辛勤笔耕,在市总工会成立55周年之际(2005年5月)按期完稿。由方志出版社正式出版。该书为16开本精装,全书476页,85万字,由原全国总工会副主席徐锡澄题写书名。整个编纂工作分为两个阶段,1990~2000年部分由杨荣昌主笔编写,2001~2003年部分由查林根主笔编写。

《璀璨群星》 在全国“五一”劳动奖章颁发20周年之际,市总工会与团市委、市妇联和市史志办联合收集了无锡市的全国、省、市“五一”劳动奖章获得者,无锡市的全国、省、市新长征突击手及受到共青团中央、团省委、团市委表彰者,无锡市的全国、省、市“三八”红旗手及无锡十大女杰的事迹和名录,于2005年汇编成《群星璀璨》,全面展示全市各行各业先进人物的精神风貌。

《互助尚德·互济和谐》 在无锡市职工互助互济会在成立10周年之际，于2005年4月编写了《互助尚德·互济和谐—“国联杯”互济会十周年征文集》。市总工会主席、党组书记余炳源特地为征文集撰写了《代序言—有一种美德叫互助》。该书主要收集了1995年市职工互助互济会成立以后，按照市总工会构筑职工互助保障机制的总体框架，在市互济会全体理事单位以及广大会员单位的共同努力下，在社会各界的大力支持下，全市多层次的职工互助保障事业特别是职工医疗互助保障事业快速发展的经历，记录了各级工会和广大工会干部在发展职工互助保障机制中所做的大量工作和取得的成效。同时，收集了有关互助互济工作的具体政策和文件。

《法律法规汇编(一~三)》 为深入贯彻“四五”“五五”“六五”普法宣传规划，帮助广大工会干部和职工群众了解掌握有关法律法规及工会政策性文件规定，市总工会在调研职工普遍关心的热点、难点问题和影响劳动关系和谐稳定等问题的基础上，以促进保障和改善民生为导向，以畅通职工诉求表达渠道、促进劳动关系和谐稳定为工作重点，组织编写了《法律法规汇编》，其内容涉及劳动法律法规、无锡地方性及工会政策文件规定，以此作为无锡工会普法工作的主要教材和宣传资料。《法律法规汇编(一)》编写于2005年1月，《法律法规汇编(二)》编写于2008年12月，《法律法规汇编(三)》编写于2012年3月。

《信访集萃(2003~2004年度无锡市工会系统信访工作总结汇编)》 2005年11月编撰的《信访集萃》是2003~2004年度无锡市工会系统信访工作的总结汇编，它汇集了工会信访工作两年的艰苦实践、丰富经验、探索创新。这是无锡市各级工会组织和广大工会信访工作者心血结晶和工作业绩的具体体现，也是无锡市各级工会组织和广大工会信访工作者辛勤劳动和无私奉献的真实写照。

《〈无锡市工会劳动法律监督条例〉释义》 《无锡市工会劳动法律监督条例》(以下简称《条例》)经无锡市第十三届人民代表大会常务委员会第二十五次会议于2006年8月24日通过，江苏省第十届人民代表大会常务委员会第二十五次会议于2006年9月27日批准，自2007年1月1日起施行。为了方便各级工会干部、广大劳动者和社会各界应用《条例》，市总工会于2006年10月组织力量在较短时间里编写了《〈无锡市工会劳动法律监督条例〉释义》(以下简称《释义》)。《释义》比较全面、准确地阐述了《条例》的含义，介绍了工作现状、立法依据，并对其中突破性的条款作了详细的说明，目的是为了让大家更好地认识《条例》，准确地使用《条例》，使《条例》能发挥出更大作用。《释义》还收录相关法律法规和政策文件。同时，市总工会编辑的《数字维权》，从政策层面为基层工会和广大职工提供了维权的武器和工具，明晰、实用。为此，《释义》也将《数字维权》作为附录收入。

《工会主席》剧本　大型现代锡剧《工会主席》由市总工会、市文管中心和市锡剧院共同创作演出，剧本是根据王绪松长篇小说《工会主席》改编，由陈明编剧，蒋宏贵导演。剧本中还收录了由市总工会于2001年12月创作的无锡市工会会歌《我们是一家》。《我们是一家》由吴国平作词，钱铁民作曲，石莉娟演唱。该剧于2008年7月28日在市人民大会堂首演获得成功，并于9月公演，专家和观众均给予高度评价。大型现代锡剧《工会主席》，是新中国成立以后第一部表现工会干部工作、生活状态的现实主义作品，填补了全国影视、戏曲以工会主席为主角的作品的空白，更是改革开放三十年以后首次以新时期工会干部为主角的大型作品，具有鲜明的时代特色与现实意义，并获得2008年第31届世界戏剧节创新剧目奖。

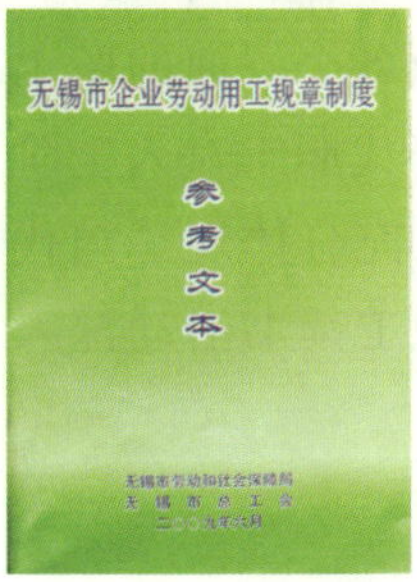

《无锡市企业劳动用工规章制度参考文本》　为贯彻落实《市委市政府关于构建和发展和谐劳资关系的决定》(锡委办发〔2009〕12号)，加快推进和谐劳资关系创建工作，促进企业诚信主体地位建设，市总工会与市劳动和社会保障局于2009年6月，按照《劳动合同法》《就业促进法》和《江苏省企业民主管理条例》等法律法规，制定下发了《无锡市企业劳动用工规章制度参考文本》。该参考文本共分劳动合同管理、工作时间、劳动报酬、劳动安全卫生、社会保险和福利、培训管理规定、奖励与惩戒等十五章100条劳动用工方面的具体规定，供企业和广大职工在建立完善单位劳动用工制度中借鉴，旨在规范企业和劳动者双方行为，维护双方合法权益，促进企业健康发展。

《困难职工帮扶工作文件选编》　为依法维护困难职工合法权益和经济利益，方便广大工会工作者了解工会帮扶工作的有关政策和法规，市总工会通过收集、汇总各级政府和工会颁发的有关帮扶方面的文件资料并进行了必要的筛选，以实用性、针对性和可靠性作为收录的依据，于2009年10月编撰了该书。

《无锡工会维权案例选编(共四册)》 为展示全市工会法律维权的成果,鼓励工会工作者依法维权,提高工会维权质量,提升工会形象,市总工会在全市范围开展了“无锡市工会首届维权优秀案例”评选活动。经过对各单位报送案例的整理、修改后,从全市工会开展法律援助和劳动争议调处的众多案例中选取了32个案例,邀请了7位专业律师和部分基层工会干部对案例开展评审。经过审定、公示等程序,确定了13个案例为“无锡市首届维权优秀案例”,其他为入围案例。2010年3月,市总工会将无锡市工会首届维权优秀案例、入围案例、职工法律援助律师团提供的部分案例汇编成册。2011年下半年,市总工会在全市工会系统开展了优秀案例的评选活动,确定31个入围案例,其中10个案例被评为全市工会2010~2011年度工会维权优秀案例。是年12月,市总工会将全部入围案例汇编成册。2012年10月,市总工会汇编了《无锡市工会劳动法律监督案例选编》。该书收录了无锡工会自2006~2012年度开展劳动法律监督工作的25个优秀案例。2013年10月,市总工会将10个2012~2013年度无锡市工会维权优秀案例和17个入围案例汇编成册。

《书香伴人生》 2010年10月,市总工会把“好书·好人生”读书征文活动所得的文稿汇编成册,共收集了来自全市各行各业各个层面的职工群众在征文活动中的优秀文章73篇,字里行间表达了当代职工对人生阶值的孜孜追求,展示了当代职工自强不息的奋斗精神,充分体现了当代职工热爱生活、爱岗敬业的朴素情怀,为进一步推进职工读书活动深入持久地开展,起着积极地摧化作用。

《无锡工会“全国模范职工之家”风采录》 1984年,全国总工会提出在基层工会组织中开展建设“职工之家”活动,26年间,全市已有38个基层工会组织获得“全国模范职工之家”称号。为进一步宣传“全国模范职工之家”单位建家活动的先进经验,不断推进“职工之家”创建活动的深入开展,全面加强基层工会组织建设,充分发挥“全国模范职工之家”先进典型的示范带动作用,使建家活动经久不衰,常建常新,市总工会于2010年11月将全市部分“全国模范职工之家”单位的先进事迹汇编成册,编印成《无锡工会“全国模范职工之家”风采录》,供全市各基层工会组织学习和借鉴。

《关于特困职工援助、最低生活保障、住房保障有关政策问答》 该书由市总工会于2011年10月编印，旨在方便工会工作者掌握特困职工援助工作的有关政策。全书以问答形式编写，分特困职工援助、最低生活保障、住房保障三方面内容，包括特困职工享有哪些优惠政策、困难职工临时救助有哪些规定、申请最低生活保障的对象及条件是什么、单位职工申报低保有哪些程序、哪些家庭可以申请实物配租的廉租房、申请经济适用房须具备哪些条件等共62个问答，简明扼要地回答了全市帮困援助工作中常见的具体问题。

《女性心理健康辅导手册》 该书由市总工会女职委编著。内容分为建立新的健康理念、建设和谐的人际关系、情绪及情绪的应对、职场女性自我发展四个单元。2011年8月1~2日，市总工会女职委在市总工会干部学校举办女职工心理健康辅导员培训班。参加对象为各市(县)、区、局(公司)、直属单位、重点联系单位和部分基层工会女职工委员会主任、女工部部长和女职工干部。培训时发放了《女性心理健康辅导手册》。

《行业工资集体协商试点工作资料汇编》 2011年6月1日实施的《无锡市企业工资集体协商条例》，是在全省范围内率先出台的工资集体协商地方立法。为了更好地贯彻《无锡市企业工资集体协商条例》，市协调劳动关系三方在广泛调研基础上，在无锡市陶瓷行业协会和塑料保护膜行业协会进行工资集体协商试点。两个行业协会和工会经过半年时间的探索和实践，顺利完成了协商工作，并通过行业职工代表大会审核。两个行业中部分企业还在集体协商基础上开展了二次协商，职工收入在经济发展的基础上得到提升，有效地调动了职工的生产积极性，促进了企业和职工双赢局面的发展。为此，市总工会于2011年将两个试点行业开展集体协商的具体做法汇编成册，供其他行业或企业参考和借鉴。

《无锡市职工互助保障文件资料汇编》 为使广大职工群众更好地了解工会互助互济工作和相关方针政策，不断推进职工互助保障事业的发展，市总工会2012年4月编写了《无锡市职工互助保障文件资料汇编》一书并发放到基层单位和职工群众手中。该书收录了相关政策文件、互助保障项目、计划、实施办法以及市职工互济会制度等16个方面的知识，供基层工会在组织发展互助互济工作中运用好相关的政策和规定，使互助互济工作惠及职工群众。

《无锡市工人文化宫新宫建设发展“金点子”汇编》 为充分利用群众智慧,实现文化宫的科学管理和规范运行,使其真正走上体现内涵、实现价值的可持续发展之路,市总工会广开言路,广纳群智,依托官方网站和主流媒体,面向社会开展了“征集文化宫服务项目、管理运行‘金点子’征集”活动,得到了社会各界的广泛关注和积极参与。活动征集到212条“金点子”,经提炼加工、分类整理,于2013年7月汇编成121条入册,按内容划分为获奖作品、目标定位、功能开发、对外宣传、环境布置、内部管理、服务职工、综合运营、特色活动九大类。这些汇聚广大职工群众智慧才华的“金点子”为文化宫的创新发展提供了广阔的思维空间和颇具价值的参考。

《学习总书记重要讲话精神　推动工会工作创新发展(主题征文汇编)》 为进一步学习宣传贯彻习近平总书记在劳动模范座谈会上重要讲话的精神,切实把思想统一到讲话精神上来,以此为动力更好地推动全市工会工作,市总工会组织开展了“学习总书记重要讲话精神,推动工会工作创新发展”主题征文活动。全体机关干部围绕主题,联系实际,以学习、宣传、贯彻、落实总书记讲话精神为主线,深刻领会讲话的精神实质和丰富内涵,围绕“四个必需”(必须毫不动摇坚持中国共产党的领导、必须保证和发展人民当家作主、必须全面推进依法治国、必须坚持民主集中制)重要论述,紧密联系单位实际、部门实际、岗位实际,结合自身思想、工作和作风,谈体会和感受,营造了向劳模学习的浓厚氛围和价值导向。2013年9月,市总工会将“学习总书记重要讲话精神,推动工会工作创新发展”主题征文活动中的文章汇编成册,旨在进一步推进机关干部的政治思想学习,不断深化机关作风和效能建设。

第十九章　人物和先进集体

第一节　历任无锡市总工会主席和党组书记简介

余炳源　市总工会主席、党组书记(2001年4月~2008年10月)，男，汉族，1953年3月生于江苏省无锡市，本科学历，1975年12月加入中国共产党，高级政工师。1970年3月~1983年2月先后担任无锡市第一棉纺织厂工人、车间团总支书记、厂宣传组副组长、厂宣传科副科长(期间：1977年10月~1978年12月在江苏省委党校理论班学习)；1983年3月，任市委党校教务科工作人员；1983年4月~1991年8月，担任无锡市委宣传部宣传科工作人员、副科长、科长；1991年9月~1994年8月任无锡市崇安区委常委、宣传部部长(1993年3月高级政工师，1993年9月兼任区委党校校长)；1994年9月~2000年3月任无锡市纺工局党委副书记，兼任无锡纺织控股(集团)有限公司副董事长；2000年4月任无锡市纺工局党委书记，兼任纺织产业集团公司党委书记、副董事长(其间：1997年4月~1999年3月在苏州大学经济管理专业研究生课程进修班学习)；2001年4月任市总工会党组书记，当选为市总工会主席。中共无锡市第十次、十一次党代会代表，中共无锡市第十届、十一届市委委员，无锡市第十三届人大代表、十三届人大常委会委员，全国总工会第十四次代表大会代表，江苏省总工会第十一届委员。获1995~1996年度、1998~1999年度无锡市敬老模范，2006年4月获全国“五一劳动奖章”。

周敏炜　市总工会主席(2008年11月~2012年6月)，男，汉族，1963年2月生于江苏省无锡市，大学学历，1985年6月加入中国共产党，高级工程师。1979年9月~1983年7月就读同济大学桥梁专业；1983年8月~1991年3月任无锡市市政工程设计室道桥组工作人员；1991年3月~1992年8月任无锡市市政工程设计院计划经营科科长；1992年8月~1994年10月任无锡市市政工程设计院院长；1994年9月~1999年9月任无锡市交通局党委委员；1994年10月~1999年9月任无锡市交通局总工程师；1996年5月~1999年9月任无锡市交通局副局长；1999年9月~2003年7月任无锡市交通局党委书记、局长；2001年11月~2003年7月任无锡市交通资产经营公司党委书记、董事长；2003年7月~2008年1月任无锡市副市长；2003年7月~2008年1月任无锡市政府党组成员；2008年1月，任中共无锡市委常委；2008年2月任无锡市委统战部部长、省第十届政协委员；2008年11月~2012年6月当选为市总工会主席、市第十四届人大代表；2012年6月任市十三届政协主席、省第

十一届政协委员。

孙 洪 市总工会党组书记、副主席(2008年10月~2012年3月),男,汉族,1956年7月31日生于江苏省金湖县,在职研究生学历,1979年5月15日加入中国共产党。1975年2月~1976年5月任无锡市十二中教师;1976年月5月~1980年9月任无锡市十二中团委副书记;1980年9月~1980年12月,任无锡团市委学少部工作人员;1980年12月~1981年9月任无锡团市委学少部副部长;1981年9月~1983年11月任无锡团市委副书记;1982年10月~1983年11月任无锡团市委党组副书记;1983年6月~1986年8月兼任无锡市团校校长;1983年11月~1986年8月任无锡团市委书记、党组书记;1986年8月~1988年3月任无锡市文化局党委副书记;1988年2月~1998年6月任无锡市文化局副局长、党委委员;1991年1月~1994年1月,就读在职研究生;1998年6月~2002年12月任无锡市民政局党委委员、副局长;2002年12月~2008年10月任无锡市委统战部副部长(兼),无锡市民族宗教事务局局长、党组书记;2008年10月~2012年3月任市总工会党组书记,当选为副主席。市十二次党代会代表,市十四届人大常委会委员,市十二届政协常委;2012年3月任无锡市政协提案委主任、市十三届政协常委。2012年4月获全国"五一劳动奖章"。

陈德荣 市总工会主席(2012年6月~),男,汉族,1963年1月生于江苏省无锡市,研究生学历,硕士学位,1984年3月加入中国共产党,1985年8月参加工作。1981年9月~1985年8月在南京师范大学中文系学习;1985年8月~1988年8月任南京师范大学团委组织部、宣传部部长,学生工作处秘书;1988年9月~1989年4月任无锡市郊区政府办公室秘书;1989年5月~1994年2月任无锡市郊区政府办公室副主任;1994年3月~1995年8月任无锡市蠡园经济开发区党工委副书记、蠡园经济开发区管委会副主任、蠡园经济发展公司副总经理(正科级)(1993年9月~1996年4月在南京理工大学经济管理学院系统工程专业硕士研究生班学习);1995年9月~2001年1月任无锡市郊区区委组织部常务副部长(正科级);2001年2月~2001年3月任无锡市滨湖区委组织部副部长(正科级);2001年3月~2004年4月任无锡市北塘区副区长;2004年5月~2004年11月任无锡市北塘区委常委、常务副区长;2004年12月~2005年12月任无锡市城市管理局(行政执法局)局长、党组书记;2006年1月~2007年9月任江阴市委常委、常务副市长(正处级);2007年10月~2008年2月任江阴市委副书记、江阴经济开发区党工委副书记、江阴临港新城(临港经济开发区)党工委书记;2008年3月~2012年4月任徐州市委常委、新沂市委书记、新沂人武部党委第一书记;2012年5月起,任中共无锡市委常委、无锡市委统战部部长,当选为市总工会主席。市第十五届人大代表,省第十一届政协委员,省总工会十三届委员,中共徐州市第十二届委员会委员,中共无锡市第十二届委员会委员。

管海燕　市总工会党组书记、副主席(2012年3月~　),女,汉族,1968年5月出生,籍贯为江苏南京,研究生学历,1988年5月加入中国共产党,1988年8月参加工作。1986年9月在河南郑州教育学院中文系学习;1988年8月任无锡市郊区蠡园初中教师;1991年2月任无锡市郊区蠡园乡团委书记;1991年9月任无锡市郊区团委副书记;1993年4月任无锡市郊区团委书记(其间:1993年8月~1995年12月在中央党校函授学院经济管理专业本科班学习);1996年5月任无锡市崇安区委常委、宣传部部长(其间:1997年9月~1999年12月就读南京师范大学新闻学专业研究生课程进程班);2001年3月任江阴市委常委、宣传部部长;2003年1月任江阴副市长;2004年5月任无锡市委宣传部副部长(2004年5月起兼任市红十字副会长);2005年5月任无锡市委宣传部副部长、市文明办主任(其间:2004年9月~2007年7月参加省委党校宪法学与行政法学专业在职研究生学习);2008年10月任无锡市委统战部副部长(兼),市民族宗教事务局局长、党组书记;2012年3月任市总工会党组书记(2012年8月到任),10月起任市总工会党组书记,当选为副主席。省总工会十三届委员,无锡市第十二届政协常委,无锡市第十五届人大常委会委员,市总第十六届、第十七届委员、常委。获1995年省优秀团干部、1999年市创建文明城市工作先进个人等称号。

第二节 先进人物简介和名录

一、全国劳动模范和先进工作者简介

2005年全国劳动模范

朱建平 1964年7月生,江苏省无锡市人,中共党员。1980年11月在无锡市自来水公司业务抄表科任抄表员,2000年任营业所勘查科副科长,2003年任销水公司用户服务科科长,2010年起任客户服务处用户服务主管。

朱建平在十几年抄录大口径水表的工作中,克服环境差、工作负荷大的困难,认真负责,不出差错;在勘察岗位上,做到"无假日、无怨言、无差错"服务,每天奔波在大街小巷,千方百计解决群众吃水难问题,在平凡的服务岗位上默默地奉献着自己的青春。2000年4月被评为无锡市劳动模范,2001年4月被评为江苏省劳动模范,2003年4月获全国"五一劳动奖章",2004年被评为全国用户满意服务明星,2005年4月被评为全国劳动模范。

马建荣 1964年7月生,江苏省无锡市人,中共党员。1981年9月参加工作,1989年担任无锡市第一棉纺织厂三棉分厂喷气车间保全保养组组长,负责全厂245台喷气织机的维修保养工作。

马建荣爱岗敬业,对工作勤勤恳恳,一丝不苟,自觉把本职工作与市场需求和企业兴衰紧紧联系在一起,成长为一位集机、电、气于一体的维修技术"全才"。马建荣潜心国产喷气织机的革新,针对国产喷气织机提出了近40条技术改进建议,进行了10多项工艺革新和20多项机件改造,使国产喷气织机达到国内最高水平,并能与进口喷气织机相匹敌。针对进口喷气织机超期"服役"而产生的功能衰退问题,马建荣大胆进行了曲轴送经、凸轮箱、电控板等多项配件进行国产化改造,实施了加大开口量、降低H2滤波值改装,增添有关新功能装置,大小项目达200多项,大大延长了进口喷气织机的使用年限。1997年4月被评为无锡市劳动模范,2001年4月被评为江苏省劳动模范,2002年4月获全国"五一劳动奖章",2005年4月被评为全国劳动模范。

秦向锋 1964年10月生,江苏省常熟市人,中共党员,驾驶技师。1980年12月在江苏省苏州地区汽车运输公司无锡营业处工作,1984年1月起至2007年9月从事驾驶工作。

1997年8月,秦向锋安全行车达100万公里,成为当时无锡市最年轻的百万公里驾驶员。秦向锋从事驾驶工作23年多,没发生过一起事故,面对各种突发事件,秦向锋胸有成竹,处变不惊。秦向锋养成了起步稳、行车稳、停车稳的"三稳"工作方式,形成了"事前情况假设法"及"事后情况分析法”的安全行车两法则，成就了其安全行车220万公里目标。秦向锋在平凡的工作中创出了不平凡的业绩，先后被评为江苏省交通厅百佳个人、共青团无锡市交通局委员会新长征突击手、江苏省交通厅和江苏省总工会建功立业有功个人、无锡市交通局为无锡交通事业发展建功立业标兵有功个人、无锡市劳动模范、江苏省劳动模范，2004年获全国“五一劳动奖章”，2005年被评为全国劳动模范。

王顺良 1951年12月生，江苏省宜兴市人，中共党员，高级工程师。1970年9月至1982年2月在无锡新芳铁矿工作。1982年3月至1992年9月在无锡第二钢铁厂工作，任无缝钢管车间主任。1992年9月起在江苏银环精密钢管股份有限公司工作，历任总工程师、工会主席、党委副书记、副总经理。

王顺良主要负责全厂的技术研发和生产设备基础安装工作，20多年来，其主持研发的优质碳钢无缝高、中低压锅炉管，冷轧精密不锈钢无缝管，大型电站锅炉用高低加U形管等项目，多次获得江苏省、无锡市、宜兴市科技进步奖。1993年被评为无锡市劳动模范，1996年被评为江苏省劳动模范，2005年被评为全国劳动模范。

蒋彬洪 1944年4月生，江苏省宜兴市人，中共党员，研究员级高级工程师。无锡市第十二届人大代表，无锡市第十次、十一次党代会代表，江苏省第十一次党代会代表。1969年镇江农业机械学院毕业。1969年任无锡柴油机厂设计科科员，1982~1990年任无锡机械工业局科员、副科长、科长，1991年任无锡柴油机厂厂长，1993年任一汽集团无锡柴油机厂厂长、厂长兼党委书记，2003年任一汽解放公司无锡柴油机分公司总经理兼党委书记，2005~2007年任一汽解放汽车有限公司无锡柴油机厂厂长。

蒋彬洪带领一汽锡柴人艰苦创业，开拓创新，争先创优，创出了一条科学发展的新型工业化道路。自1992年以后，该厂连续13年保持稳定、快速发展，柴油机销量从1991年4715台提高到2004年15.38万台，销售收入从1.03亿元提高到63亿元，利税总额从严重亏损提高到4.30亿元，总资产从5423万元提高到31.65亿元，增幅位居行业第一。企业注重关爱职工，保障职工收入不断增长。企业获得中国明星企业，中国汽车工业50年50个发展速度最快、成长性最好的企业，入围中国机械工业企业核心竞争力100强，6110柴油机获中国名牌产品、中华科技精品，夺得单系列柴油机世界销量第一，奥威重卡被评为2004年唯一的中国年度卡车，企业获全国“五一劳动奖状”、全国模范职工之家称号。蒋彬洪于1996年被评为无锡市劳动模范，2001年获全国“五一劳动奖章”，2005年被评为全国劳动模范。

汪建民 1954年3月生,江苏省无锡市人,中共党员。1975年进入无锡供电公司变电运行工区工作,从110千伏南郊变电所运行值班学员开始,考上正值当班至1987年6月。1987年7月调变运一工区500千伏斗山变电站工作,任值长、总值长、站长。2006年6月调变运一工区500千伏技师专职。

汪建民兢兢业业工作在保证电网安全运行的重要岗位上,出色完成了各项生产任务。斗山站1988年建成时是苏南地区首座500千伏变电站,全部是进口设备,来自8个国家,面对"洋设备"和"洋文"说明书,当时只有中专文化的汪建民迎难而上,刻苦钻研业务技能,从对设备了解、熟悉直至完全掌握运用,自己动手编写教材,很快成为站里主要的技术骨干。汪建民带领技术人员创立了分级巡视制度,科学地、有重点地进行设备巡查,及时发现和消除了多起设备上的不安全隐患。斗山站投运18年来,没有发生过重大设备事故。汪建民潜心培育年轻技术人员,根据每个人的特点制定培训计划,把自己多年的经验毫无保留地传授。现在无锡地区所有500千伏变电站的站长和技术管理人员几乎都来自他的"麾下",他们中有的走上了技术管理岗位,有的成了领导干部。2004年,一名经他悉心指导的青年职工在华东电网变电站技术竞赛中一举夺冠。斗山站在华东地区历次500千伏变电站技术竞赛中始终名列前茅。1975年被评为公司新长征突击手,数次被评为公司先进生产者、优秀班组长,1997~1998年被评为江苏省文明职工、国家电力部劳动模范,2004年被评为省电力公司行业标兵、国家电网优秀党员,2005年被评为全国劳动模范。

浦惠林 1948年8月生,江苏省无锡市人,中共党员,省、市人大代表。历任无锡县、锡山市雪浪初轧厂厂长,雪浪镇、太湖镇党委副书记,现任无锡市雪浪钢铁集团有限公司党委书记兼董事长。

浦惠林于1988年年初参与创办雪浪初轧厂,凭借过人的魄力和胆识,独特的经营管理手段,创业之初就使初轧厂成为农业部首批确认的全国乡镇企业集团、江苏省冶金骨干企业。经过20多年的努力奋斗,雪浪钢铁集团已经发展为有2000余名职工、年工业销售38亿元、年上缴税收7000余万元的当地骨干企业。同时,作为一名共产党员,浦惠林饮水思源,有着极强的社会责任感。仅2008年,雪浪钢铁就捐助扶贫基金1500万元,"5·12"汶川大地震后,浦惠林主动交纳18万元特别党费。浦惠林曾被评为江苏省劳动模范,2005年被评为全国劳动模范。

吴协东 1949年12月生,江苏省江阴市人,中共党员,大学文化,高级经济师。2002年当选为江苏省第十届人大代表。吴协东1975年在江苏省农科院毕业后,谢绝组织分配,回到华西村当农民,历任大队作业组组长,团支部书记,村支委,村委会副主任、主任,村党委常务副书记,华西集团公司副董事长兼副总经理,中国乡镇企业协会副会长等职。

吴协东于20世纪80年代与上海联营开办铜材厂、铝制品厂、冷轧带钢厂等企业,90年代通过合作、合资、联营等方式创办企业40多个。

2000年后先后投资7亿多元，对毛纺、冶金、化纤等10余项项目进行技改延伸。吴协东以造福村民为己任，真心诚意为民谋利益，华西的村民实现了家家有400~600平方米的别墅，有1~3辆小轿车，户户有100万~1000万元的资产，过上了“实现小康、中康，奔大康”的幸福生活。同时，不仅帮助中西部地区20个省、市、自治区培训县、镇、村基层干部1万名，带动10万人脱贫致富，还到宁夏、黑龙江建设了2个“省外华西村”无偿移交给当地；通过“一分五统”（面积0.96平方公里，粮食补贴、保养金、老房拆迁补贴、造桥铺路、环境保护），将周边16个村纳入华西共同发展，并潜心致力于大华西的“三农”工作，带领周边村的职工群众围绕“搞好一座山，发展农业旅游业，建设城市化”的主题，加快万亩“都市乡村农业示范基地”的建设，努力把大华西村建成一个“旅游城”，名副其实的“天下第一村”。在吴协东的影响和带动下，华西村党委2次被评为全国先进基层党组织。2000年被评为无锡市劳动模范，2001年被评为江苏省劳动模范，2003年获全国“五一劳动奖章”，2005年被评为全国劳动模范。

席胜福 1949年1月生，江苏省无锡市人，初中文化。1967年在生产队负责珍珠养殖。1979年在徐州铜山县潘塘人民公社珍珠养殖场任场长。1983年创办无锡杨市珍珠养殖场任场长。2004年创办江苏杨市珍珠有限公司任董事长。1993年当选无锡县政协委员（常委）、无锡市人大代表。2001年当选锡山市人大代表（常委）、无锡市政协委员。2005年当选无锡市惠山区人大代表（常委）、江苏省政协委员，还兼任中国宝玉石协会常务理事、中国珍珠专委会副主任、江苏省珍珠协会会长等职务。

1979年，席胜福承包18亩水面，开始艰辛的创业，并从众多珍珠养殖户中脱颖而出，在江苏、安徽、江西、湖北、湖南等省养殖珍珠水面逾4万亩，有9个珍珠养殖大场，27个养殖分场，年上市珍珠有百吨，占全国淡水珍珠产量的10%，年产值超1亿元，成为闻名遐迩的“珍珠大王”。席胜福的养殖场开发到哪里，就带动哪里的珍珠产业发展，每年要为3000个专业户解决珍珠销售渠道。席胜福成功攻克了珍珠蚌源繁殖、珍珠圆整率、大珍珠率以及在长江以北养殖大珍珠等重大技术难题，并在实践中探索了一条科学规范的珍珠养殖技术，淡水珍珠养殖技术在行业首屈一指，是一个科技型的“现代农民”。席胜福致富不忘回报社会，养殖场共安排1200名农民就业，职工医疗费用全是场内报销。经常捐钱捐物，支持家乡公益事业建设。1992年捐资104万元为锡山高级中学建造了当时国内中学一流的图书馆，而后又捐出25万元配备了电脑；镇中心小学改建，捐资50万元；修建农民广场，捐资30万元。当听到哪个孩子因贫困面临失学时，总是提供力所能及的资助，十多年来，一直资助着同村的3个孩子上学。1992年被评为全国尊师重教先进个人，1995年被评为江苏省重教明星，1997年被评为无锡市劳动模范，2001年被评为江苏省劳动模范。由于对中国淡水珍珠养殖行业作出重大贡献，2005年被评为全国劳动模范。

浦晓中 1969年4月生,江苏省无锡市人,中共党员,初中文化。1986年在厚桥曹慕塘村联谊铸钢厂工作,1994年2月进入无锡市隆达铜业有限公司工作,任工人、生产部长、总经理助理。

浦晓中在厂里工作兢兢业业,任劳任怨,一心扑在工作上,以厂为家,带领职工投入到生产中,积极完成各项生产任务。2002年,在一次事故中脾脏全部切除,但仍拖着病弱的身体坚持每天上班至晚上10点。特别是2003年10月下班途中由于天黑摔倒而锁骨骨折,仍咬牙坚持上班,为公司2004年完成铜管产量达18000吨(比2003年增长38.3%)、实现产值4.5亿元作出了积极贡献。浦晓中刻苦钻研技术,学习精密铸件、机械操作等技术很用功,善于动脑筋,搞各项小设计、小革新,参与的技术革新项目有20多项,被职工们称为“业余工程师”。浦晓中待人真诚,不计个人利益,在工作中、生活上主动帮助、关心职工,积极为他们创造良好的工作、生活条件。2000年以后,获得区先进生产工作者1次,镇优秀共产党员2次。2000年被评为无锡市劳动模范,2003年被评为江苏省劳动模范,2005年被评为全国劳动模范。

2005年全国先进工作者

刘仲宝 1958年8月生,江苏省无锡市人,中共党员,大专学历。1971年6月参加工作,历任无锡市歌舞团团长,无锡市演艺集团有限公司董事长、总经理,为国家一级演员、一级编导。

刘仲宝从事舞台艺术事业30多年,是集艺术、管理于一身的专家型的管理者。自1994年任无锡市歌舞团团长以后,带领全体演职员创作排演了一个又一个舞台艺术优秀剧目。1996年创作演出的大型舞蹈诗《太湖鱼米乡》获得全国舞台艺术最高奖——文华大奖,其个人获文华编导奖。1999年,在缺资金,缺演员的情况下,创作排演了舞剧《阿炳》,先后获无锡市人民政府腾飞奖、江苏省第四届音乐舞蹈节剧目大奖、江苏省精神文明建设“五个一工程奖”、文化部第九届文华大奖、第六届中国艺术节大奖和全国第八届“五个一工程奖”等殊荣。《阿炳》剧组2次获江苏省人民政府颁发的集体一等功。2004年,《阿炳》获2003~2004年度全国舞台精品工程初选剧目。刘仲宝个人再次获文华编导奖。2004年,刘仲宝又带领剧团编创人员投身于民族舞剧《红河谷》的创作,入围2004~2005年度国家舞台艺术精品工程初选剧目,成为继《阿炳》之后的又一部成功之作。歌舞团也因此成为全国唯一有2台剧目入围国家舞台艺术精品工程的剧团。刘仲宝所在的无锡市歌舞团,1996年获江苏省先进集体称号,2000年被文化部评为全国文化工作先进集体。1988年、1996年刘仲宝被评为无锡市劳动模范;1996年获无锡市第二届文学艺术奖、个人杰出贡献奖、无锡市十佳杰出青年;1998年被评为江苏省有突出贡献的中青年专家;2001年被评为江苏省劳动模范,享受国务院颁发的特殊津贴;2005年被评为全国先进工作者。

陈　曦　1970 年 2 月生，江苏省无锡市人，中共党员，中学高级教师。1987 年 9 月起在南京师范大学数学系读书。1991 年 8 月起任无锡市第二中学教师，2000 年 9 月起任无锡市第二中学教务处副主任、主任。2002 年 9 月起任无锡市第一中学校长助理兼教务处主任，2005 年 9 月起任无锡市第一中学副校长、无锡市辅仁中学校长。

陈曦逐步建立了师生互动的教学模式，一改灌输式传统教学。一年后他就在全校青年教师业务知识考试中得了满分，迅速适应了省重点高中的教学要求。陈曦在担任班主任工作的 9 年时间中，每接手一批新的学生，都要逐个家访，了解学生的家庭，掌握学生的喜好和思维特点，每天都花大量的时间与学生们一起学习、活动，做学生的知心朋友，从而对学生的实际情况、思想动态了如指掌，在交流中建立信任与默契。其所带的班级多次被评为市、校优秀班集体，1998 届高三毕业生 95% 的毕业生考取本科院校，2000 届高三毕业生 100%考入本科院校。2000 年开始担任教学管理工作，在课程改革、科技教育、校本课程开发等方面作出了自己的探索，起到了引领示范的作用。在从事管理工作的同时，还担任数学课的教学，在 2004 年高考中所教的班级数学高考平均分在无锡市第一中学平行班中名列第一，在江苏省名列前茅。陈曦先后被评为无锡市学科带头人、无锡市劳动模范、江苏省新长征突击手、全国师德先进个人，获无锡市青年突出贡献奖，2003 年获全国"五一劳动奖章"，2005 年被评为全国先进工作者。

陈胜泉　1948 年 10 月生，江苏省无锡市人，中共党员。1969 年 7 月在无锡市公安局消防大队服兵役，担任卫生员。1972 年 10 月担任无锡市公安局刑警大队主检法医。1987 年 1 月荣立个人三等功。1992~2008 年，先后担任无锡市公安局刑警大队三中队指导员、三大队教导员、三大队大队长、主检法医。

陈胜泉在法医岗位 32 年来，不计时间、不计休假地忙碌在命案现场，检验尸体 5000 具、活体 3000 个，参与全省各地疑难案件的"会诊"50 起，为侦破命案提供技术支撑作出了突出贡献。陈胜泉潜心法医学研究，有 40 篇学术论文在《刑事技术》《中国刑警学院学报》《法医学杂志》《刑侦研究》等杂志上发表。论文《对两例无电流斑电击案的分析》中的案例和理论分析，被收录到《世界法医学与法科学史》《中国近现代法医学发展史》等著作中。2003 年起，对"颈部损伤检验、颅骨损伤检验、他杀溺死"案件的检验等 5 个章节的撰写及典型案例的分析，编入由省厅刑侦局主编的《法医命案现场分析》课题中。陈胜泉曾获得三等功 1 次、嘉奖 3 次和江苏省公安系统法医检验专家、无锡市优秀共产党员称号。1997 年被评为无锡市劳动模范，2003 年获全国"五一劳动奖章"，2005 年被评为全国先进工作者。

陈静瑜 1963年3月生,江苏省无锡市人,中共党员,主任医师。1985年8月自苏州医学院毕业,到无锡市肺科医院参加工作,任住院医师。陈静瑜从事普胸外科的临床工作,开创了无锡市肺科医院胸外科的工作,历任胸外科副主任、主任,副院长。1997年在无锡市卫生局医政处挂职锻炼一年,任副处长。2001年10月至2002年4月在加拿大多伦多大学附属多伦多总院、肺移植中心任访问学者、教授。2003年任无锡市第五人民医院副院长、胸外科主任,2007年任无锡市人民医院副院长、胸外科主任。

陈静瑜擅长各种普胸外科疾病的外科诊断及手术治疗。尤其是食管癌、肺癌扩大根治,胸部小切口微创手术等。十多年来,为上千例胸部、肺部良恶性肿瘤、肺结核、气胸、肺气肿患者施行了手术,无一例手术失败或手术意外。陈静瑜作为无锡市第五人民医院胸外科的学科带头人,在2002年开展华东地区首例同种异体肺移植术,及全国首例单肺移植及单侧肺减容治疗重症肺气肿均获成功,2004年首次尝试非体外循环下序贯式双肺移植获得成功,据检索,此例手术为亚洲首例,特别是自2002年9月成功开展了国内第一例肺移植治疗肺气肿,至今已完成80多例单、双肺移植,居国内领先,填补了国内肺移植领域的多项空白。陈静瑜先后撰写了10篇论文,其中7篇发表在中华级核心期刊上,2篇在省级学术刊物发表。其自制的具有国际先进水平的灌注液已申报国家专利。先后获全国"五一劳动奖章"、无锡市创新创业人才奖,被评为无锡市十大杰出青年、无锡市优秀共产党员、无锡市五一服务明星、无锡市十佳科技工作者。2003年获全国"五一劳动奖章",2005年被评为全国先进工作者。

2010年全国劳动模范

周志刚 1957年10月生,江苏省泗洪县人,中共党员。1974年7月参加工作,2005年3月起任无锡供电公司总经理兼党委副书记,高级工程师。2007年当选为无锡市人大代表。

2005年3月以后,周志刚主抓500千伏四大重点工程,取得了显著业绩:斗山变电站改造成为华东电网高电压等级变电站整体改造样板;梅里变电站扩建及时有效地缓解了无锡高峰用电供需矛盾;全国首座"两型一化"惠泉变电站工程的成功试点,在电力系统形成了"国网基建看江苏,江苏基建看无锡"的共识;陆桥变电站成为江苏首座500千伏"全寿命周期"变电站,积累了电网工程控制建设成本与运行成本最优最小化的典型经验。2007年太湖蓝藻事件发生后,周志刚主动与上级部门汇报沟通,争取资金1.5亿元,快速建成了长江引水工程配套的两座35千伏水厂变电所和4条近30公里供电线路。在IT龙头企业海力士公司专供的客户线路发生故障时,周志刚身先士卒,连续16个小时在现场指挥抢修,最短时间内恢复了送电。周志刚团结带领广大干部员工取得了发展公司、服务社会的辉煌业绩,各项技术经济指标位居省内、国内同行前列,公司获得全国文明单位、全国精神文明建设先进单位、全国模范职工之家、全国和谐劳动关系模范企业、全国企业文化优秀奖、国家电网公司文明单位标兵、江苏省文明单位标兵、无锡市市长质量奖等称号,同业对标综合排名连续五年位居全省第一。2009 年,同塔四回路检修方式等 6 个项目分别获国家电网公司系统科技进步奖,无锡公司获全国用户满意工程先进单位、连续三年获江苏省用户满意服务明星称号。周志刚曾先后获淮阴市劳动模范、江苏省劳动模范、江苏省用户满意杰出管理者,被江苏省电力公司评为优秀高级经营管理者,2008 年获全国"五一劳动奖章",2010 年被评为全国劳动模范。

张敬东 1971 年 10 月生,江苏省沭阳县人,中共党员。1986 年 10 月至 1991 年 12 月,在无锡炮九师 16 团服兵役。1992 年 12 月起,在无锡市市政设施管理处、无锡市市政设施建设工程公司工作。1999 年 10 月担任无锡市市政设施建设工程公司道路养护二班班长。

张敬东自担任道路养护二班班长起,承担锡城市中心解放环路以内的道路养护工作,带领职工避开白天交通高峰,利用夜间抢修损坏的道路。在 2008 年年初无锡城区 50 年未遇的 4 场暴雪中,张敬东患上了角膜炎,打了 3 次吊针,仍然在南长桥、清扬桥、人民桥、体育场桥用双手洒盐扫雪,并在晚上 9 点和深夜 12 点为汽车发动机保持温度而不停的忙碌着。在 2008 年刚接手养护的解放环路下水道防汛过程中,每逢大雨或暴雨,及时带领养护人员奔赴积水的道路上,尤其在县前街保利广场段发生积水现象时,用防护栏把雨水井维护好,在堵塞的井中,用双手把淤泥、垃圾等杂物一把把地掏出来,以保证行人安全畅通,成为名实相符的道路"美容师"和"守护神"。2004 年至 2009 年道路养护二班连续 3 次被中国市政工程协会市政设施管理专业委员会评为十佳班组,2006 年 6 月道路养护二班被市总工会命名为江苏省劳动模范张敬东养护先锋班,2007 年 5 月道路养护二班获全国 "五一劳动奖状"。张敬东先后于 2005 年 3 月被评为江苏省建设系统劳动模范,2005 年获江苏省"五一劳动奖章",2006 年被评为江苏省劳动模范,2010 年被评为全国劳动模范。

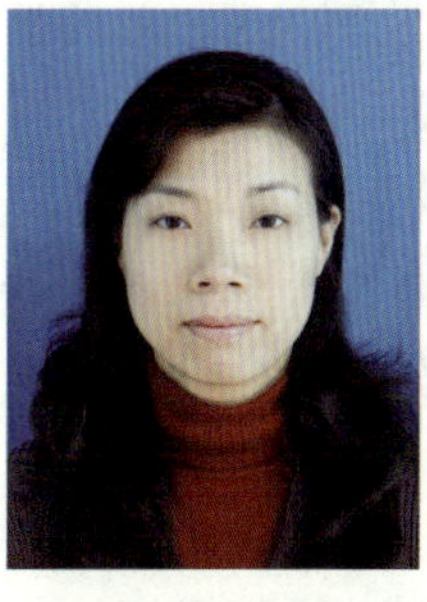

吴菁蕾 1975 年 3 月生,江苏省无锡市人,中共党员,工程师,中共无锡市第十二次代表大会代表,中共江苏省第十二次代表大会代表。1996 年从江南大学毕业,后进入日本独资企业无锡阿尔卑斯电子有限公司,先后任工人、公司事业计划室部长、公司党委书记。

1997 年吴菁蕾到公司工作半年后,即被派往日本学习新产品软盘磁头。回国后负责软盘磁头后工程的制造管理,在短时间内完成了该磁头生产成倍增加的任务。1998 年,吴菁蕾作为制造管理负责人被再次派往日本学习,同其他同事及日方人员一起攻克高新产品的高端加工技术课题,制定了与之相对应的各种先进制造管理方法,使该产品短时间内在无锡顺利展开,并在几年内快速扩产成为当时阿尔卑斯集团公司的支柱产品。2006~2010 年,吴菁蕾作为公司管理职中唯一的女部长,先后担任内部控制与事业计划部门负责人,规范公司各项规章制度,负责的多项改善项目多次获得日本公司表彰,并向其他中国工厂推广。2008 年 3 月起担任公司党委书记,积极推动企业党群一体化及外资企业履行社会责任工作,每年组织开展各种地区环保活动及关爱弱势群体活动。2000 年被评为无锡市劳动模范,2001 年被评为江苏省劳动模范,2010 年被评为全国劳动模范。

史晓伟 1973年1月生,江苏省无锡市人,中共党员,1993年8月被无锡威孚马山油泵油嘴有限公司录用为互研工,2008年任车间副主任。

2005年,史晓伟带领员工进行试制开发新品整体泵,夜以继日仅化两个月时间就试制成功,于2006年1月正式投入生产,当年完成产值4100万元,占全公司年产值的42%,2007年的销售收入超过公司全年销售收入的50%。2008年1月,史晓伟到二车间担任副主任,带领职工掀起了“精一会二能三学四”群众性的学技术、精工艺高潮,全车间涌现出23名能完成三道以上工序的星级员工,全年完成32只新品的试制任务;参与完成了“柱塞扁位双面冲钢印”的革新,使该工序效率提高50%,获得公司双革四新成果奖;开展了“一磨一配改自磨自配”工艺的生产管理模式改革,每年为公司节约生产成本52万元,获公司管理成果一等奖。1996年被评为无锡市青年岗位能手,2000年被评为无锡市劳动模范,2001被评为江苏省劳动模范,2002年获全国“五一劳动奖章”,2010年被评为全国劳动模范。

张定福 1965年12月生,江苏省溧水县人,中共党员,研究员级高工。中国船舶集团公司海鹰集团公司副总工程师。1990年毕业于哈尔滨船舶工程学院航天工程学电子工程专业。

张定福进厂以来一直从事声纳设备的研制工作,先后担任分系统负责人、线路总体设计师、型号总师等职。研制的某型声纳填补了国内空白,达到了20世纪90年代国际同类声纳先进水平,2005年,该项目获国防科学技术进步一等奖。2009年,担任型号总师研制的某型声纳系统,达到20世纪90年代末国内先进水平,获国防科学技术进步二等奖。张定福具有扎实的理论基础和工程实践经验,在水声技术、声学测量等方面造诣高,掌握国内外该领域的最新技术、发展方向和动态。撰写的《优化高频声纳设计的相控发射技术》在2006年水声对抗年会上交流,并发表在《水声与电子工程》等刊物上,《线列阵指向性测量》一文在学术年会上交流,并被评为优秀论文收录于2006学术年会论文集,撰写的多篇学术论文被中国造船工程学会电子技术学术委员会和GF报告收录。2006年入选国防科技工业511人才工程学术技术带头人,同年获中国船舶工业集团军工有功人员、第三届无锡市青年科技奖。2006年被评为江苏省劳动模范,2007年被评为国防科技工业和中国船舶工业集团公司有突出贡献中青年专家,2010年被评为全国劳动模范。

陆龙胜 1952年10月生,江苏省无锡市人,中共党员,无锡压缩机股份有限公司副总工程师。1977年毕业于华中工学院动力工程系压缩机专业。历任公司产品设计,研究所副所长,试制车间主任,试验室主任,开发二部部长,技术中心副主任、副总工程师。公司主导产品螺杆压缩机的学科带头人。1997年取得高级工程师资格。

陆龙胜主持开发出众多市场需求的螺杆压缩机新产品,拟订“一般用喷油螺杆空气压缩机”的国家标准。2002年获省科技进步三等奖,市科技进步二等奖。主持开发新型节能螺杆压缩机系列、10立方米移动螺杆压缩机、3立方米和5立方米系列喷油螺杆压缩机等新技术,均获得国家重点新产品证书。变频螺杆压缩机的研制被列为2004年省科技攻关项目;“节能环保型变频螺杆压缩机关键技术开发及产业化”研究成果获2008年江苏省机械工业联合会科技进步一等奖;他与西安交大联合研制的为神五、神六飞船试验项目配套的氦气螺杆压缩机获得了中国高校科技进步二等奖;主持新开发完善的1.5~60立方米喷油螺杆压缩机系列,开辟了大功率风冷机组新的销售市场。2009~2010年,共完成试验攻关30项。通过对进气稳压阀、排气稳压阀、减荷阀、主机等众多主配套部件的调节试验与改善提高等,提高了产品的质量与档次。主持具有自主知识产权的创新项目,申报获得了13项国家技术专利,其中5项发明专利获得授权,占据公司专利项目近一半;单支点悬臂弹性联轴器获国家专利技术优秀发明奖一等奖、最佳成果进步奖二等奖;螺杆压缩机控制用组合阀在伦敦国际专利技术成果博览会上获金质奖;特聘为伦敦应用技术研究院研究员。2003年被评为无锡市劳动模范,2005年被评为江苏省劳动模范,2010年被评为全国劳动模范。

吴协恩　1964年4月生,江苏省江阴市人,中共党员,高级经济师。华西新市村党委书记、村委会主任,华西集团公司董事长兼总经理,全国村长论坛执委会主任,江苏省人大常委会委员,江苏省工商联(商会)副会长,中共江阴市委委员。

吴协恩曾参军,当过驾驶员、供销员,当过厂长,又远到黑龙江蹲点4年,负责建设“省外华西村”,还去美国求过学,经历丰富。1994年,吴协恩与亏损两个多亿的淮阴卷烟厂合作,允许对方使用华西的名号,华西不投钱,还要收取一定的品牌使用费。双方一拍即合,华西牌香烟一炮而红。后来这个厂不但被救活了,还一举扭亏为盈,发展成为总资产几十亿的大公司。此后,又和五粮液合作开发“华西村”酒,再次获得市场认可。2003年,吴协恩接手华西村,提出转型发展服务业并积极实施,当年的产出就突破100亿元。2005年,华西村全村销售收入突破300亿元。2006年8月8日,《福布斯》中文版将华西集团列为“中国顶尖企业”百强榜第二。2011年,华西村全年销售总额更是高达540亿元。2011年,现代服务业的产出已经占到华西村总收入的45%。吴协恩注重发展金融服务业,利用财力投资金融行业、高科技行业,投资股权。华西村所涉足的上市公司,除了“华西村”,参与的7个上市公司中,有3个H股,4个A股。2个控股公司中,华西村都是第二大股东。此外,华西村还在国外涉足矿产资源开发。吴协恩带领全村干部群众齐心协力建设社会主义新华西,使华西成为全国社会主义现代化新农村的典范,先后获中国十大杰出村官、中国乡镇企业十大新闻人物、第4届全国农村基层干部十大新闻人物、全国农村时代新闻人物、全国精神文明建设先进工作者、全国推进新农村建设兴村富民百佳领军人物、全国优秀复员退伍军人、江苏省劳动模范、江苏省扶贫状元等称号。2010年被评为全国劳动模范。

周海江 1966年2月生,江苏省无锡市人,中共党员,红豆集团有限公司总裁,高级经济师,中国社科院博士。荣登过全球著名财经杂志《福布斯》封面人物。中共十七大、十八大代表。担任全国工商联副主席、APEC中国工商理事会副主席等职务。1988年从河海大学教员岗位辞职到农村创业,成为“改革开放后全国第一个辞职的大学教员”。2004年10月经无记名投票,高票当选为集团总裁。

周海江是民营企业家的杰出代表,身上既有第一代企业家不畏艰难、勇于创业的冒险精神,也有新一代知识型企业家运筹帷幄、纵横捭阖的睿智。2009年红豆集团产销达223亿元,平均每年增长30%,利税突破10亿元。企业成为跨纺织服装、橡胶轮胎、房地产、生活制药的大型现代化企业集团,逐步成为苏南模式的领军企业。20多年来,周海江艰苦创业,开拓进取,逐步成长为“乡镇企业异军突起”中的一个领军人物。周海江善于把握企业发展规律,加速产业转型升级,首创了中国特色现代企业制度,即“现代企业制度+党的建设+社会责任”的新“苏南模式”,努力突破人力、土地和环境等瓶颈,实行了绿色低碳生产,使集团保持了每年两位数以上的增长。周海江引领企业关心员工、关爱社会、关注环境。带领企业积极履行社会责任,其个人捐款300万元,在北川、映秀、聚源地震灾区设立了“七一红豆奖学金”,带领集团全体员工向雅安地震灾区捐款捐物614.2万元,集团累计向社会捐款捐物超3亿元。周海江被中央统战部等单位被评为优秀中国特色社会主义事业建设者,被团中央和全国青联授予中国青年五四奖章。2000年获全国纺织工业系统劳动模范,2009年获新中国农村新闻人物,2008年获中国全面小康十大贡献人物。2009年10月1日,在国庆60周年盛典上,周海江作为全国乡镇企业唯一代表荣登农业成就彩车经过天安门广场,接受党和国家领导人的检阅。2010年被评为全国劳动模范。

涂海龙 1952年9月生,江苏省宜兴市人,中共党员,宜兴市兴望农牧有限公司畜牧技术员。1973年10月起在南京军区工程兵部队服役,1977年10月退伍。1977年11月起任宜兴元上乡牲猪管理员,1984年9月至1985年12月在江苏农学院进修畜牧管理技术,1986年1月至1996年2月任宜兴市第三饲料厂厂长,1996年3月至2000年2月任宜兴市兴望饲料有限公司总经理,2000年3月至2006年2月任宜兴市兴望农牧有限公司董事长,2006年3月起任宜兴市兴望农牧有限公司技术顾问。2006年至2010年当选宜兴市政协委员。

涂海龙采取“公司+基地+农户”的新型生猪养殖模式,实行产供销一条龙、农工商一体化经营,带领周边30多家农户成为公司的养殖专业户,共同走上增收致富的小康路。涂海龙创办的兴望农牧场,通过创新管理猪场,成为建设社会主义新农村的一道亮丽风景线。公司专门建立了一块300亩的苗木基地,种植香樟、广玉兰、桂花、雪松等名贵树木,拉起了两个农业循环经济产业链,利用畜禽粪便产生沼气发电、用电加工饲料、沼渣生产有机肥、沼液供应基地苗木的循环经济产业链。兴望农牧公司已成为江苏省农业产业化龙头企业、无锡市农业科技示范园、无锡市循环经济试点单位、江苏省无公害畜禽产地、宜兴市私营企业家常务理事单位。2006年被评为江苏省劳动模范,2010年被评为全国劳动模范。

邢梅珍 1958年12月生,江苏省无锡市人,无锡市堰桥界泾养殖场场长、兽医师。无锡市第十二届、十三届人大代表。1983年起,担任堰桥界泾养殖场场长。

在邢梅珍的精心经营下,走出了集肉鸭养殖深加工销售于一体的综合性养殖发展之路,现年产肉鸭500万羽,“锡珍”牌肉鸭在上海、苏州、南京等市场上深受广大客户欢迎,被评为无锡市名牌产品,通过了江苏省无公害农产品、农业部无公害农产品的产品认证。2006年组建由邢梅珍任社长的堰桥顺新禽业专业合作社,为100户养殖户提供苗鸭、饲料、防疫、销售等配套经营服务,并保证养殖利润。1996年被评为全国“三八”红旗手和生产能手称号,1996年被评为江苏省劳动模范,2001年再次被评为江苏省劳动模范,2010年4月被评为全国劳动模范。

姚 华 1961年12月生,湖北省武汉市人,南京航空航天大学博士,中航工业动力控制系统研究所副所长兼总设计师、研究员,航空动力控制系统专业的学术带头人,中航工业集团公司系统首席技术专家。

航空发动机全权限数字电子控制技术是西方国家对中国严加封锁的核心技术,姚华带领科研人员,主持研制了中国首套具有自主知识产权的某涡喷发动机全权限数控系统,通过了地面台、高空台试车和试飞验证,使中国成为世界上具有研制航空发动机全权限数字电子控制系统能力的少数几个国家之一,该项目获得国防科学技术一等奖;主持了某型涡扇和涡轴发动机全权限数控系统研究,分别获得国防科学技术二等奖;主持研制的十多型国家级飞机发动机全权限数控系统的项目,为中国武器装备的建设作出了突出贡献。姚华共获部级科技成果一等奖2次、二等奖4次、部级一等功2次、二等功1次。2000年获得政府特殊津贴,2001年获得总装备部武器装备预先研究先进个人,被人事部等7部委遴选为“百千万人才工程”人选,同年还被评为全国国防科技工业系统劳动模范,2002年入选国防科技工业511人才工程人选。2006年获中航第一集团公司航空报国突出贡献奖,2010年被评为全国劳动模范。

2010年全国先进工作者

尤建良 1963年2月生,江苏省无锡市人,中共党员,无锡市中医医院肿瘤科主任、主任中医师,中国中医药学会肿瘤分会常委,江苏省中医药学会肿瘤专业委员会副主任委员,南京中医药大学硕士生导师。1985年8月南京中医学院中医系毕业,同年起到无锡市中医医院工作,历任肿瘤科副主任、主任。

尤建良持续创新肿瘤治疗理论,独创了“隧道抑癌疗法”,拓宽了晚期恶性肿瘤的治疗领域,有效率超过95%,和赵景芳等共同撰写的学术著作《中医微调治癌法》《中医治癌有方》《心宽一寸，病退一尺》，以全新的理论展现最新抗癌成果。尤健良对待病人一视同仁，下药开方从病人的角度来思考，能用便宜的药决不会用贵重的药，谢绝病人及家属的酬金，并援助久病穷困的患者。同时，注重科室文化的营建，肿瘤科先后获得全国学习型先进班组和全国巾帼文明岗称号。尤建良先后被评为无锡市优秀青年科技工作者、无锡市有突出贡献的中青年专家、无锡市十佳医生、江苏省用户满意服务明星、江苏省先进工作者。2006 年被评为江苏省劳动模范，2010 年被评为全国先进工作者。

沈茂德　1958 年 4 月生，江苏省无锡市人，中共党员，教授级中学高级教师，江苏省特级教师，江苏省 333 工程培养对象，享受国务院政府特殊津贴专家。江苏省十一届、十二届人大代表。1982 年 9 月起，在无锡县梅村中学任教，先后担任地理教研组长、团委书记、教务主任、副校长等职务。1994 年 9 月起，先后任无锡县天一中学副校长、校长。

沈茂德带领教师在江苏省天一中学形成了敬业奉献、崇尚科学、追求卓越的“天一精神”，并从一所农村重点中学发展成为在国内外有一定知名度的国家级示范性高中；推进学校事业持续发展，将学校建设成文化圣园、生态公园、数字校园、温馨家园；提出教育多元化理念，创办“国际部”“少年部”，超常教育在全国乃至国际上形成影响；引导教师确立“每个孩子都是一座金矿”的学生观，实施高层次的素质教育；承担了多项国家、省级重点课题，“超常教育研究”“科技教育”等研究项目成为江苏省“六大人才高峰”等重点项目；在国家、省级刊物发表了 100 篇研究论文，并出版专著《播种者的期盼与困惑》《窗内窗外》，参与编写了《给校长的 101 条建议》等。先后被评为江苏省优秀教育工作者、全国优秀中学地理教师、江苏省有突出贡献中青年专家等。2006 年被评为江苏省劳动模范，2009 年被评为新中国成立以来无锡市有影响力劳模，2010 年被评为全国先进工作者。

张晓阳　1966 年 12 月生，江苏省无锡市人，中共党员。1982 年 10 月起在无锡县税务局工作，中共无锡市第十届党代表。1992 年 5 月起先后担任无锡县税务局港下税务所副所长（主持工作）、无锡市锡山（锡惠）地税局八士分局分局长。2002 年 8 月起先后担任无锡市锡山地税局副局长、无锡市地方税务局第二税务分局副分局长、江苏省无锡地方税务局稽查局副局长、江苏省无锡地方税务局第七税务分局副分局长。

张晓阳带领部属积极探索征管新举措，提出“分行业管理探索规律，分层级管理突出重点，分事项管理化解风险”的税收管理理念，在全省乃至全国探索解决了“项目税收控管、甲供材料管理、房地产建筑业环节管理和征管互动”等征管难题，受到了国家税务总局的肯定。在建筑行业集中特色征管的基础上，不断创新项目管理、日常巡查、大企业管理等工作制度。坚持以“始于纳税人需求、终于纳税人满意”为出发点，开展“重点建设工程项目服务年、行业纳税人之家、春风行动”等服务活动，受到纳税人的好评，在历年的作风效能评议中群众满意率都达到了 95%。分局获得 2008 年度江苏省文明单位,办税服务厅获得了江苏省“五一劳动奖状”,多次获得无锡市文明单位称号,分局纳税服务科被无锡市政府评为人民满意基层站所。张晓阳先后获得江苏省个体工商税收征管先进个人、江苏省税务系统基层标兵、江苏省双十佳税务官等称号。2000年被江苏省地税局、江苏省人事厅联合授予先进工作者称号,2001年被评为江苏省劳动模范,2010年被评为全国先进工作者。

无锡市2011年全国粮食生产突出贡献农业科技人员

陈俊义 1965年11月生,江苏省宜兴市人,中共党员,宜兴市农林局推广中心主任,推广研究员。1988年7月毕业于江苏农学院。1988年8月至1991年5月在南新乡农技站工作。1991年6月起在宜兴市农业局、农林局工作,期间先后在农业局办公室、推广站、农林局推广中心工作,历任推广站副站长、站长,推广中心主任。

陈俊义长期坚持在农业生产一线开展农业科技研究示范推广工作,培植农业专业化服务组织,主持和承担部、省级农业项目30个,制定省、市、县级地方标准7个,发表论文20篇,积极帮助农民实现节本增产增效,获得农业部丰收奖4项、江苏省农业丰收奖3项,被农业部评为农业基点先进调查员。先后获得江苏省农林系统先进工作者(享受无锡市劳模待遇)、无锡市有突出贡献中青年专家、无锡优秀人才贡献奖、无锡市优秀党员、江苏省农业科技创新与推广先进个人等称号。2006年被评为无锡市劳动模范。2011年被评为全国粮食生产突出贡献农业科技人员(享受全国劳动模范待遇)。

二、先进人物名录

全国“五一劳动奖章”获得者

2004年

许良飞	无锡威孚集团公司
金包春	宜兴市农村信用合作联社
吴　辰	江阴市华士实验学校
潘惠敏	中船澄西船舶修造厂
秦向峰	无锡客运总公司
朱卫东	无锡夏普电子元器件有限公司

2006年

周松庆	江阴市城乡给排水有限公司
马杏军	江苏灵谷化工有限公司
陈　明	无锡锡山建筑实业有限公司
王三凤	无锡庆丰股份有限公司
罗跟东	无锡市建设工程管理处

蒋敏华	江苏省电信有限无锡分公司
余炳源	无锡市总工会

2007 年

黄　芳	无锡永中科技有限公司
华建民	江苏锡钢集团有限公司
王建华	无锡市北塘区环境卫生管理处
吴才良	无锡市前洲镇盛昌机械厂
周国良	无锡大饭店有限公司
芮永军	无锡市手外科医院

2008 年

顾建明	无锡大众交通有限公司
雷建平	无锡威孚集团有限公司
林富昌	江苏北方湖光光电有限公司
朱伟平	宜兴协联热电有限公司
王建华	江苏省无锡连元街小学
周志刚	无锡供电公司

2009 年

唐岳良	江苏法尔胜集团公司
邵坚林	无锡九龙公共交通股份有限公司
戴双喜	无锡市崇安区环卫处
张建裕	一汽解放汽车有限公司无锡柴油机厂
肖志强	中国电子科技集团公司第五十八研究所
唐登海	中国船舶重工集团公司第七〇二研究所
钱阳辉	江苏省无锡师范附属小学
郭军伟	红豆集团股份有限公司衬衫一厂

2011 年

刘　君	江阴市邮政局
刘景秀	索尼电子(无锡)有限公司
何克中	宜兴市太平洋集装箱配件有限公司
张伟东	无锡市锡惠园林景观有限公司
叶　聪	中国船舶重工集团公司七〇二研究所
王国强	无锡市精神卫生中心
承燕华	无锡市总工会

2012 年

沈锦新	江苏新潮科技集团有限公司
蒋剑波	宜兴市工业设备安装有限公司
孙 洪	无锡市总工会
谈纬红	无锡华达电机有限公司
陈 卫	江南大学食品学院
刘海涛	无锡物联网产业研究院
金晓峰	无锡市公安局崇安分局禁毒大队

2013 年

邵顺生	宜兴紫砂艺术馆
周敏娟	无锡市万胜彩印厂
钱志祥	无锡光洋轴承有限公司
朱士全	华能无锡电热器材有限公司
高连新	无锡西姆莱斯石油专用管制造有限公司
吕国忠	无锡市第三人民医院
朱晓霞	无锡君来酒店管理集团有限公司
曹 琪	无锡市总工会

江苏省劳动模范

2006 年

王新潮	江苏新潮科技集团有限公司
俞亚鹏	江阴兴澄特种钢铁有限公司
解红光	江阴华联商厦有限公司
钱利荣	江苏亨鑫科技有限公司
郑旭东	江苏华亚化纤有限公司
钱云皋	无锡市锡山三建实业有限公司
唐永清	江苏玉龙钢管有限公司
吴国平	无锡灵山实业有限公司
高永东	无锡华厦计算机技术有限公司
王锡林	无锡市国联发展(集团)有限公司
李国良	无锡市机械资产经营有限公司
唐岳良	江苏法尔胜特钢制品有限公司
尤少君	江苏江阴港口集团股份有限公司
毛荷英	江阴针织绒线有限公司
吴建民	江阴恒阳化工储运有限公司
朱伟平	宜兴协联热电有限公司

黄　艳	宜兴市邮政局
华才元	无锡市鹅湖镇环卫所
王志标	无锡腾跃特种钢管有限公司
张玉宝	无锡市第二市政工程有限公司
彭大全	无锡日立麦克赛尔有限公司
管耀坤	无锡市广益水泥制品厂
刘海玲	无锡市南长绿化有限公司
王建华	无锡市北塘区环境卫生管理处
陆龙胜	无锡压缩机股份有限公司
华建民	江苏锡钢集团炼钢分厂
朱卫东	无锡夏普电子元器件有限公司
周彬林	无锡宝通带业投资有限公司
张晓松	江苏无锡朝阳集团有限公司
高小春	无锡市苏南燃料有限公司
张洪琪	无锡宏源集团公司
姚彩红	无锡市第四棉纺织厂
林富昌	江苏北方湖光光电有限公司
孙正文	无锡格林艾普有机化学三厂
雷建平	无锡威孚集团公司
虞奇立	中船澄西船舶修造有限公司
张敬东	无锡市市政设施建设工程总公司
刘利平	江苏电信公司无锡分公司
徐兴明	江苏省电力公司无锡供电公司
刘明伟	无锡小天鹅通用电器有限公司
张国平	江阴申达集团有限公司
虞建新	宜兴市洪流集团公司
唐　敏	江苏神羊投资集团公司
孙凤鸣	无锡洛社镇震达机电有限公司
谈玉琴	无锡金鑫集团有限公司
吴协恩	江阴市华西村
钱德洪	江阴市月城镇双泾村
张亚萍	江阴市澄禾禽业有限公司
江荣方	江阴市利港镇陈市村
孙兴焕	江阴市黄山村
卞平刚	江阴市三房巷村
陆　怡	宜兴市芳庄镇兴乾村
潘盘良	宜兴市周铁镇徐渎村
宗才芝	宜兴市太华镇乾元茶场

涂海龙	宜兴市兴望农牧养猪场
杨利民	宜兴市环科园谢桥村
杨伯民	宜兴市高塍镇梅家渎村
陈国昌	宜兴市万石镇南漕村
陈　萍	宜兴市丁蜀镇高级中学教研组长
吴德平	宜兴市刑警大队技术中队法医
虞培明	无锡市东港镇东升村
王林兴	无锡市安镇镇政府农村工作办公室
陈勤南	无锡惠山区勤建茶场
徐惠祥	无锡洛社桃园村
顾福明	无锡市滨湖镇壬港村
陆淑英	无锡新区梅村镇申新纺业有限公司
张定福	海鹰企业集团有限责任公司
朱剑明	无锡油泵油嘴研究所
叶更青	无锡市绿化建设有限公司
蔡建二	无锡船厂
陆静芬	无锡商业银行梁溪支行
曹　元	无锡华润微电子有限公司
黄　芳	无锡永中科技有限公司

2011 年

沈锦新	江苏新潮科技集团有限公司
李　军	江苏江阴港港口集团股份有限公司
蔡健伟	江阴农村商业银行祝塘分行
胡晓勋	天乾(无锡)科技有限公司
朱长标	远东控股集团有限公司
周敏娟	无锡市万胜彩印厂
吴　刚	江苏锡安达防爆股份有限公司
孙华芹	SK 海力士半导体(中国)有限公司
金秀勤	无锡商业大厦集团有限公司
葛成秀	无锡市南长区环卫处南禅寺环卫所
刘文娟	无锡市明丽雅针织时装有限公司
芮　健	无锡市北塘区环境卫生管理处
邵坚林	无锡市公共交通股份有限公司
吴新风	无锡国联证券宜兴人民南路营业部
潘　勇	无锡供电公司基建部
何　玲	中国移动江苏公司无锡分公司
曹建梅	无锡华润华晶微电子有限公司

樊晓江	中船澄西船舶修造有限公司
毛军华	无锡华光锅炉有限公司
顾建明	无锡大众交通有限责任公司
余　廷	无锡市永宁服务公司
王英明	无锡锡山建筑实业有限公司
羊鹏程	无锡市排水公司城北污水处理分厂
谈纬红	无锡华达电机有限公司
曹秀明	江苏阳光集团有限公司
高连新	无锡西姆莱斯石油专用管制造有限公司
郭泓伟	中国电信股份有限公司无锡分公司
肖志强	中国电子科技集团公司第五十八研究所
夏兴兰	无锡油泵油嘴研究所
李满良	江苏华西集团公司
单　淼	江苏宇星工贸有限公司
王娅娜	江苏博大环保股份有限公司
韩　征	江苏意源科技有限公司
邹　洁	无锡政和职业介绍所
林蔚立	无锡房地开发公司拆迁分公司
吴鸿军	无锡市轨道交通发展有限公司
刘春利	无锡天脉聚源传媒科技有限公司
周　江	江苏法尔胜泓昇集团有限公司
任元林	江苏扬子江船厂有限公司
张文基	江阴兴澄特种钢铁有限公司
庄建新	江苏银环精密钢管股份有限公司
钱盘生	江苏金山环保科技有限公司
冯建昌	江苏晶石科技集团有限公司
沈梅琴	无锡裕通织造有限公司
翁耀根	无锡华东重型机械有限公司
曹余华	无锡贝斯特精密机械有限公司
温元圻	无锡宏源纺织机械股份有限公司
钱恒荣	一汽解放汽车有限公司无锡柴油机厂
施正荣	无锡尚德太阳能电力有限公司
郑金良	江阴市申港三鲜养殖场
费剑英	江苏九州果业种植园
张　涛	宜兴市颖丰生态农业园
钱岳龙	宜兴市博爱生态农业园
熊宝星	宜兴市鲸塘无公害蔬菜基地
胡建源	无锡市北塘区黄巷街道高泾社区

周士伟	江苏双良节能系统股份有限公司
孔锡英	江阴恒源制衣有限公司
洪龙岭	江苏沪宁钢机股份有限公司
章进福	无锡市新区梅村街道环卫所
俞志伟	沙钢集团锡兴特钢有限公司
吴克平	江阴市南闸街道观山村
蒋星卫	江阴市澄江街道浮桥村
袁根芳	宜兴市宜城街道南园村
吕建强	宜兴市宜城街道南园村
过伟其	无锡市锡山区东亭街道春星社区居民委员会
申末根	无锡市滨湖区雪浪街道雪浪社区
李国民	无锡市惠山区钱桥街道南塘社区
蒋明慎	无锡市滨湖区荣巷街道河埒股份经济合作社
恽相才	江苏西城三联控股集团
李洪耀	江阴市长达钢铁有限公司
沈锐华	江苏富陶车辆附件有限公司
蒋正祥	无锡杰夫电声有限公司
赵汉新	无锡新宏泰电器科技股份有限公司

江苏省先进工作者

2006 年

吴　辰	江阴华士实验学校
顾云浩	江阴市南闸镇卫生院
陈　萍	宜兴市丁蜀高级中学
吴德平	宜兴市公安局
沈茂德	江苏省天一中学
郁娟娟	无锡市惠山区前州中心小学
朱云法	无锡市滨湖区房产管理局
卞书健	无锡市公安局新区分局
王建华	无锡市连元街小学
朱　刚	无锡市杨名街道办事处
黄建军	无锡市公安局北塘分局五河派出所
包可均	无锡市出入境检验检疫局
黎人康	无锡市委市级机关工委
陈传文	无锡市第一中学
孙志浩	江南大学生物工程学院
徐海燕	无锡市人民大会堂
尤建良	无锡市中医院

俞　臻	无锡市建设工程管理处
何林兴	江苏省无锡市公路管理处
杨肇晟	无锡邮政局
华　柯	无锡市公安局锡山分局
陆建新	无锡市房管局产权管理处
章有志	无锡市地方税务局第一税务分局

2011 年

盛　群	无锡市公安局崇安分局巡防大队
蔡利娜	无锡市中级人民法院
单春宏	江阴市安全生产监督管理局
秦龙兴	江阴市交巡警大队
唐群峰	宜兴市交通局
程旭东	宜兴市地方税务局稽查分局
席子南	无锡市锡山区信访局
杨国良	无锡市惠山区地方税务局
孙政红	无锡市惠山区交通运输局
王锡伦	无锡市滨湖区荣巷街道
唐国良	无锡市滨湖区城市管理局
王丽君	无锡市崇安区人民法院广益法庭
许建元	无锡市南长区建设局
宋　良	无锡国税局第二税务分局
戴可为	无锡市经济与信息化委员会
左剑锋	无锡市人口和计划生育委员会
承正义	江阴市周庄镇实验小学
姚建光	宜兴外国语学校
李旭东	无锡市锡山人民医院内科
刘海涛	无锡物联网产业研究院
许敏峰	无锡市吴桥实验小学
王建伟	无锡市演艺集团锡剧院
还红兵	无锡日报社
顾　京	无锡职业技术学院
金秋萍	江南大学太湖学院
陈　卫	江南大学食品学院
钱阳辉	江苏省无锡师范附属小学
高　琪	江苏省血吸虫病防治研究所
吕国忠	无锡市第三人民医
丁俊晖	无锡市台球协会

秦　凯	无锡市公共工程建设中心
管建平	无锡市房屋产权监理处
丁建清	无锡市环境监测中心站

江苏省“五一劳动奖章”获得者

2004年

顾正芳	江苏扬子江船厂有限公司
盛才良	江苏永康机械有限公司
王大有	无锡锡山建筑实业有限公司
华永兴	无锡市公安局惠山分局
陆志勇	无锡市南长区人民法院
彭大全	无锡日立麦克赛尔有限公司
方剑秋	江苏电力有限公司无锡供电公司
郑　鸽	无锡庆丰股份有限公司
孙志浩	江南大学
万祖根	江苏锡钢集团有限公司
夏　坚	无锡市总工会
朱建明	无锡压缩机股份有限公司
叶卫中	无锡市江南色织公司棉纺织一厂
周纪根	无锡市城市投资发展总公司
俞洪福	人寿保险江阴市支公司

2005年

朱建方	江阴市总工会
朱卫平	宜兴协联热电有限公司
秦　军	无锡市红豆服饰有限公司
马　涛	无锡华瑞制药有限公司
管金平	无锡市衡器厂有限公司
王剑华	无锡市北塘区环境卫生管理处
朱荔菡	无锡电缆厂有限公司
马君华	无锡市第一棉纺织厂
张敬东	无锡市市政设施管理处
顾　红	江苏移动通信有限责任公司无锡分公司
陈传文	无锡市第一中学
陈建平	无锡市新宏泰电器有限公司
叶明华	江苏北方湖光光电有限公司
张玉兴	无锡市总工会
黄　艳	宜兴市邮政局太滆邮政支局

吕　博	无锡市体育运动学校
张庆乐	无锡市体育运动学校
李高波	无锡市体育运动学校
张　蕾	无锡市体育运动学校
刘　强	无锡市体育运动学校
陈　珏	无锡市体育运动学校
钱云娟	无锡市射击场业余体育学校

2006年

陈　强	江阴市供电公司
孔习英	江阴恒源制衣有限公司

2007年

秦国鑫	无锡王兴幕墙装饰工程有限公司
潘　琴	无锡客运有限公司
甘建华	江苏江南路桥工程有限公司
王中华	无锡明特化纤有限公司
蒋万兴	无锡威华电焊机制造有限公司
刘文娟	无锡明丽雅针织时装有限公司
刘东霞	无锡市热电厂
还金盛	无锡邮政局
王娅娜	江苏博大环保股份有限公司
沈林元	无锡市科技局
王亚庆	中船澄西船舶修造有限公司
荣　骏	无锡市总工会
王晓东	无锡市锡山地方税务局
顾铁群	江阴市热电有限公司
曹　磊	江阴市供电公司

2008年

王长梅	无锡市第九棉织厂
葛成秀	无锡市南长区环卫所
王慧艳	索尼电子(无锡)有限公司
蒋敏红	江苏锡州农村商业银行金匮支行
陈国民	无锡华光锅炉股份有限公司
邵坚林	无锡九龙公共交通股份有限公司
张建裕	一汽解放汽车有限公司无锡柴油机厂
雍成刚	中国移动江苏公司无锡分公司

殷作虎	无锡永新合金球铁厂
肖志强	中国电子科技集团公司第五十八研究所
陈　华	江苏省江阴高级中学
吴新风	国联证券有限责任公司
陈　坚	江南大学
马其兴	无锡市锡山区总工会
杨国良	无锡市惠山地方税务局
何克中	宜兴市太平洋集装箱配件有限公司
杨凯建	中国电信无锡分公司
沈文元	无锡市卫生监督所
杨俊卿	无锡市建筑安装管理处
张　轩	无锡市疾病预防控制中心

2009 年

刘　君	江阴市邮政局
任启寿	无锡锡山建筑实业有限公司
周进文	江苏锡兴集团有限公司
杨育兵	无锡国盛精密模具有限公司
盛伟国	江苏南方机电股份有限公司
许伟年	江苏省电力公司无锡供电公司
曹建梅	无锡华润华晶微电子有限公司
朱长洪	无锡经纬纺织科技试验有限公司
殷晓辉	一汽解放汽车有限公司无锡柴油机厂
王跃飞	江苏宏鑫旋转补偿器科技有限公司
丁建清	无锡市环境监测站
王彬夫	无锡市中医院
孙天山	无锡辅仁高级中学
胡金根	中船澄西船舶修造有限公司
王一见	江苏首佳房地产中介有限公司
冯惠兴	无锡市新区总工会
盛　群	无锡市公安局
陈顺义	华东勘测设计研究院宜兴抽水蓄能电站
黄悦照	华东宜兴抽水蓄能有限公司
陆　梅	无锡市北塘区团委

2010 年

黄勇清	江阴兴澄特种钢铁有限公司
钱志祥	无锡光洋轴承有限公司

王振飞	无锡市穆桂英美食广场有限公司
芮　健	无锡市北塘环卫处
吴建勤	无锡华光锅炉股份有限公司
顾　健	一汽解放汽车有限公司无锡柴油机厂
陈　瑜	无锡邮政局
黄桂初	江苏锡钢集团公司炼钢厂
张伟东	无锡市锡惠园林景观有限公司
高连新	无锡西姆莱斯石油专用管制造有限公司
张　炜	中国移动江苏公司无锡分公司
潘佩琼	无锡市锡剧院
钱　铭	无锡市第一中学
刘海涛	无锡物联网产业研究院
何国洪	交通银行股份有限公司无锡分行
金晓峰	无锡市公安局崇安分局禁毒大队
许国良	宜兴市总工会
李　芬	无锡市船道管理处
查琴琴	无锡市国税局
吴俊杰	无锡市吟苑公园

2011 年

周华健	凯诺科技股份有限公司
李　云	江苏阳光集团有限公司
李明杰	无锡市南方电器制造有限公司

2012 年

吴建林	远东光电股份有限公司
邵顺生	宜兴紫砂艺术馆
顾丽娟	江苏红豆实业股份有限公司
杨雷雷	无锡天辰技贸发展有限公司
龚振锋	沃尔玛(江苏)商业零售有限公司无锡青石路分店
张亚勤	无锡西姆莱斯石油专用管制造有限公司
王　昆	江苏省电力公司无锡供电公司
严　正	中国电信股份有限分公司无锡分公司
陈新宇	无锡市园林古典建筑有限公司
华　东	无锡市第四人民医院
荣　杰	无锡市青山高级中学
司马灿	中国船舶重工集团公司第七〇二研究所

薛　枫	江苏省无锡地方税务局
赵　明	无锡市照明工程有限公司
杜才荣	无锡市电站锅炉设备有限公司
张国华	无锡市崇安区总工会
张　帆	无锡市总工会
程洪金	江阴凯澄起重机械有限公司
赵芝周	一汽解放汽车有限公司无锡柴油机厂

2013 年

胡　澄	江苏苏青水处理工程集团有限公司
尹祥明	江苏省陶瓷研究所有限公司
陈满宝	无锡吉兴汽车声学部件科技有限公司
张林生	无锡戴卡轮毂制造有限公司
陆燕萍	无锡济民可信山禾药业股份有限公司
龚建友	无锡商业大厦大东方有限公司
谢　峰	无锡华洋滚动轴承有限公司
许　悦	江苏无锡二建建设集团有限公司
褚　霞	无锡威孚高科技集团股份有限公司
孙向阳	江苏省电力公司无锡供电公司
周成锋	一汽解放公司无锡柴油机厂
钱军先	无锡市辅仁高级中学
钱莉娜	无锡文化艺术学校
谢　军	无锡市体育运动学校
杨　春	无锡友联热电股份有限公司
张明翱	中国光大银行无锡分行
顾惠忠	无锡市滨湖区总工会
汤建华	无锡市总工会

江苏省“五一劳动荣誉奖章”获得者

2004 年

渡边博(日本)	无锡恩福油封有限公司
小林诚(日本)	宜兴北海封头有限公司
林格尔(德国)	阿法拉伐板式换热器有限公司
罗毅·穆斯卡瑞拉(意大利)	比瑞利电缆有限公司(无锡)
铃木耐三(日本)	索尼电子(无锡)有限公司
郑瑛彬(中国台湾)	无锡荣成纸业有限公司

2005 年

立川贤司(日本)　江阴日毛纺纱有限公司
周骏逸(中国台湾)　宜兴台鹰滤材有限公司
吉田裕(日本)　研光电子(无锡)有限公司
岸川功(日本)　尼康光学仪器(中国)有限公司
林映克(日本)　无锡村田电子有限公司
山根祜二郎(日本)　无锡阿尔卑斯电子有限公司

2007 年

深泽俊之(日本)　江阴凯澄起重机械有限公司
竹内孝一(日本)　江苏双友东纲金属制品有限公司
光冈雅彦(日本)　宜兴精密化学有限公司
大西信幸(日本)　无锡光洋轴承有限公司
上村贞治(日本)　恩欧凯(无锡)密封件有限公司
王　满(中国台湾)　无锡长椿金属制品有限公司
西村雄治(日本)　无锡理昌科技有限公司
铃木滋(日本)　富士通天电子(无锡)有限公司
加藤尊也(日本)　江苏川电钢板加工有限公司
袁　均(澳大利亚)　无锡千面王福鼎楼餐饮文化发展有限公司
朱鼎新(中国香港)　宜兴联合陶瓷有限公司
马儒韬(德国)　博世汽车柴油系统股份有限公司
田正明(日本)　无锡村田电子有限公司
林文卿(中国台湾)　无锡荣成纸业有限公司

2008 年

柳康成(中国香港)　江阴福汇纺织有限公司
丁志英(中国香港)　无锡鼎球绢丝纺有限公司
杨隆福(中国台湾)　无锡日盛钢构有限公司
林景福(新加坡)　罗马重工自动设备(无锡)有限公司
黑岩进一郎(日本)　柯尼卡美能达商用科技(无锡)有限公司
徐教锡(韩国)　海力士—意法半导体有限公司

2009 年

邓奕广(新加坡)　微密科技(宜兴)有限公司
吴　薇(美国)　无锡矽鼎科技有限公司
铃木滋(日本)　富士通天电子(无锡)有限公司
胡东祺(德国)　郎盛(无锡)化工有限公司

吉　米(英国)	江苏宜兴抽水蓄能电站
廖振铎(中国台湾)	江阴新和桥化工有限公司

2010 年

施正荣(澳大利亚)	无锡尚德太阳能电力有限公司
姜星锡(韩国)	海力士—恒忆半导体有限公司
奚谷枫(美国)	无锡紫芯集成电路系统有限公司
永並隆(日本)	索尼电子(无锡)有限公司
萧栋斌(中国台湾)	无锡华嵘数控机械有限公司
叶新锦(中国台湾)	瀚宇博德科技(江阴)有限公司

2012 年

张耀军(加拿大)	贝卡尔特集团
十河信男(日本)	河淳建筑装饰制品(无锡)有限公司
箱崎武(日本)	无锡阿尔卑斯电子有限公司
彭希娜(英国)	阿斯利康制药公司
佐藤裕之(日本)	索尼数字产品(无锡)有限公司
庄镜发(新加坡)	希捷国际科技(无锡)有限公司

2013 年

马格奴斯(瑞典)	阿法拉伐(江阴)设备制造有限公司
莫其森(中国香港)	加宏科技(无锡)有限公司
坂俊明(日本)	无锡大昌机械工业有限公司
李在雨(韩国)	SK 海力士半导体(中国)有限公司
高胜祺(美国)	卡特彼勒(中国)机械部件有限公司
筒井正治(日本)	无锡夏普电子元器件有限公司

无锡市劳动模范

2006 年

祝宗坤	江阴市新国联投资发展有限公司
郭顺华	江苏长博集团有限公司
周　江	江苏法尔胜特钢制品有限公司
郑铁江	江阴市百川化学工业有限公司
许才良	江阴市城镇建设综合开发公司
於惠祖	江阴市夏港建设开发总公司
陆良洪	江阴市南方管件集团有限公司
肖佛炎	无锡市青阳钢材交易市场经营管理有限公司

施建清	江阴市江海非织造布有限公司
周　成	江阴新锦南房地产开发有限公司
恽相才	江阴市西城钢铁有限公司
梅　波	江阴市东发管件制造有限公司
陈　巍	江阴市兰天彩印包装有限公司
葛建辉	江阴市宏晟特钢有限公司
秦　宏	江苏华西集团公司
曹秀明	江苏阳光集团
严国忠	江阴市长泾镇河塘环卫所
陈国龙	江阴市茂达棉纺厂
张镜韬	江阴苏龙发电有限公司
王晓华	江苏省电信有限公司江阴市分公司
孙晓映	江阴市邮政局人民路支局
许　斌	江阴市供电公司
黄良洪	江苏扬子江船厂有限公司
蔡健伟	江阴农村商业银行祝塘支行
沈锦山	江阴兴澄特种钢铁有限公司
李玉珍	江阴市利用棉纺针织有限公司
周国伟	江阴市璜土镇小湖村
郑金良	江阴市申港三鲜养殖有限公司
谢国平	江阴市利港镇西奚墅村
潘岳明	江阴市霞客镇方园村
徐长江	江阴市华士镇华士村
胡士勇	江阴市周庄镇华宏村
赵纪法	江阴市周庄镇周庄村
周国华	江阴市新桥镇六保村
顾明香	江阴市长泾镇王家村
杨仁荣	江阴市顾山镇澜东村
郭正平	江阴市顾山镇新龚村
钱震业	江阴市祝塘镇河湘村
胡伟锋	江阴市交通工程公司
蔡正光	江阴市周庄水利农机管理服务站
张　珠	江阴长泾中学
葛　备	江阴市疾病预防控制中心
潘军敏	江阴广电宽带网络有限公司
曹国生	江阴市人口与计划生育局
范晓君	江阴市林业指导站
石亚军	江阴市公安局治安大队

叶仁芳	江阴市人民检察院
卢 勇	江阴市委市级机关工委
卞纪林	江阴市地方税务局
杨君华	江阴市国家税务局
庄建新	宜兴市精密钢管厂
谈国祥	宜兴市铜峰建筑安装工程公司
蒋东良	宜兴市工业设备安装有限公司
胡胜初	无锡市虎皇漆业有限公司
毛玖津	江苏三鑫化纤有限公司
潘金海	宜兴市供电公司
李锡春	无锡市陶都锡阳实业公司
宋仕良	江苏兴达文具集团有限公司
蒋加平	江苏天地龙集团有限公司
高 艳	宜兴信宜时装有限公司
贺彬华	无锡远东集团有限公司
周晓东	宜兴市联丰化工机械有限公司
仇国才	江苏雅克化工有限公司
赵良方	江苏宇杰钢机有限公司
宗岳政	宜兴市金凯欣纺织有限公司
杨 军	宜兴太平洋集装箱配件有限公司
周文明	宜兴市苏派合成材料厂
俞德顺	宜兴市静乐农艺园
潘建松	江苏永康机械有限公司
张凤英	宜兴市华地百货公司
朱国伟	宜兴市公共交通有限公司
庄伟军	交通银行宜兴支行
杨松庆	宜兴市大浦镇张泽苗圃
王中全	宜兴市徐舍镇翔圩村
熊宝星	宜兴市鲸塘镇无公害蔬菜基地
吴国荣	宜兴市蔬菜种子实业公司
柯荣伟	宜兴市兰山茶场
王道坤	宜兴市西渚镇盛道茶场
蒋冲勤	宜兴市鹏鹞生态示范区
沙根法	宜兴市周铁镇分水场圃
杨小明	宜兴市官林镇滨湖村
宋文君	宜兴市湖汊镇大东村
赵如法	宜兴市张渚镇祝陵村
路竹青	宜兴市和桥镇北庄村

蒋耀琦	宜兴市屺亭镇前亭村
吴锡华	宜兴市宜城镇巷头村
陈俊义	宜兴市农林局农技推广中心
张宏伟	宜兴市人民法院
陈如华	宜兴市人民医院
储云娣	宜兴市新街镇敬老院
俞卓军	宜兴市体育中心筹建办
程旭东	宜兴无锡地方税务局稽查局
陈丽群	宜兴市国税局第一分局
孙勤东	宜兴市和桥高级中学
黄浩南	宜兴市发展和改革局
黄蔡平	宜兴市信访局
宗国平	宜兴市高塍镇党委
邵君良	无锡恒畅铁路轨枕有限公司
周鸣江	红豆集团无锡南国企业有限公司
叶胜平	无锡华能电缆有限公司
华雪良	无锡市北美胶粘制品有限公司
王英明	无锡锡山建筑实业有限公司
史陆元	无锡市银河建筑安装有限公司
薛剑栋	无锡兴达泡塑新材料有限公司
孙丽萍	无锡斯贝尔磁性材料有限公司
林　浩	无锡市锡山区区级机关管理局
陈东辉	红星家具集团无锡店
施荣根	无锡市锡山区锡北镇泾西村
沈可华	无锡绿羊园林绿化工程有限公司
过伟琪	无锡市锡山区东亭镇春星社区
石　健	无锡市锡山区东北塘镇梓旺村
粟中民	无锡伟达塑胶有限公司
周叙珍	无锡市锡山区人口和计划生育局
吴清海	无锡市锡山区交通局
唐福娣	无锡市锡山区总工会
陆　屏	江苏太湖锅炉股份有限公司
唐岳生	无锡钱桥带钢有限公司
刘　岗	无锡新大中钢铁有限公司
孙政红	无锡市惠山区交通重点指挥部
刘丽英	无锡恒通现代包装有限公司
周玉良	无锡新大中薄板有限公司
俞志伟	江苏锡兴集团有限公司

缪　勇	无锡南方石油添加剂有限公司
毛亚章	无锡市华冶钢厂
沈有清	无锡长安高分子材料厂
朱　宏	无锡市堰桥镇姑里牧场
郁国其	无锡市前洲镇谢村村
端木礼明	无锡杨市王鸽养殖场
吕伟健	无锡富康绿化生态养殖场
俞美珠	无锡市阳山镇农业技术服务站
徐　琳	无锡市惠山区前洲法庭
丁静伟	江苏省惠山职业教育中心学校
王东圻	无锡市惠山区信访局
蔡永磊	无锡太湖锅炉有限公司
钮国中	无锡市第三纺织器材有限公司
沈林源	无锡市振华纺织橡胶器材厂
钱竹云	无锡雪桃集团有限公司
谈纬红	无锡华达电机有限公司
徐　蝶	无锡市公安局滨湖分局刑警大队
卢　琦	无锡市太湖运输公司
蒋胜伟	无锡市振太酒业有限公司
尤新亚	无锡市亨利富建设发展有限公司
陶宝中	无锡福鼎楼餐饮文化发展有限公司
沙炳畅	无锡市太湖镇蠡东村
翟孝明	江苏宝通电子科技股份公司
徐德良	无锡市茶叶品种研究所有限公司
郑　岩	无锡东方环境工程设计研究所有限公司
谢建农	无锡市蠡湖街道党工委
蒋　平	无锡市地方税务局第四分局
董雪岚	无锡市滨湖中学
张宝良	无锡市滨湖区农林局
施正荣	无锡尚德太阳能电力有限公司
井垣诚一郎(日本)	无锡松下电池有限公司
黄飞明	美新半导体(无锡)有限公司
李玲玲	索尼电子(无锡)有限公司
陈鹤雷	无锡尚德太阳能有限公司
张震庆	无锡阿尔卑斯电子有限公司
顾静华	尼康光学仪器(中国)有限公司
王燕敏	无锡村田电子有限公司
张德明	无锡市新区硕放镇溇金村

张惠明	无锡市新区坊前春明村安居房指挥部
郭雪强	无锡市新区南站街道景渎居委
方德年	无锡市新区梅村镇新宅村
王美蓉	无锡市新区鸿山镇后宅社区
黄明珍	无锡市新区鸿山镇后荡东村
张海宏	无锡市新区法院
祝君乔	无锡市新区经济发展集团总公司
汪群峰	无锡市新区招商二局
周景标	无锡市新区旺庄街道
沈继勋	无锡市尤渡村集团有限公司
华　珍	无锡市第三市政建设工程有限公司
杨淑艳	无锡市崇安区环卫处
王长梅	无锡市第九棉织厂
王丽君	无锡市崇安区人民法院
蒋柏椿	无锡市崇安区教育局
戴品荣	无锡国盛精密模具有限公司
温澄彦	无锡穆桂英美食广场有限公司
张　鸽	无锡市科佳路桥设计有限公司
许荣良	无锡市扬名街道新联社区
李建国	无锡市南长区发展和改革局
费　健	无锡市公安局南长分局
钱玉萍	无锡刘潭服装有限公司
刘俊奇	无锡市热电厂
陈亚珍	无锡市豪爽纺织有限公司
胡建源	无锡市北塘区黄巷街道高泾社区
张永春	无锡市北塘区法院
袁天珏	无锡市北塘区教育局
严　奇	无锡透平叶片有限公司
高红星	无锡压缩机股份有限公司
俞根兴	无锡开源机床集团有限公司
吴丙其	一汽无锡柴油机分公司
滕洪建	无锡赛福天钢绳有限公司
朱宝明	无锡焦化有限公司
诸建荣	无锡盛达机械有限公司
石健康	无锡市巨龙塑化有限公司
尤敏良	无锡国泰彩印有限公司
胡伟雄	无锡市华协光电科技有限公司
沈惠琴	无锡电子仪表工业公司蠡园工场

张　锋	西门子中压开关技术(无锡)有限公司
薛子敬	无锡石油化工总厂
张晓军	无锡二橡胶股份有限公司
陈志兰	无锡天惠超市股份有限公司
陈珠响	无锡市聚丰园饭店
徐　荣	无锡市新纪元汽车贸易有限公司
陈志宏	江苏宏源纺机股份有限公司
顾兰凤	无锡太平洋集团有限公司
彭美艳	无锡太极实业股份有限公司
杨　君	无锡广电局广播中心新闻台
王国平	无锡华润微电子有限公司
王　健	海鹰企业集团有限责任公司
周立芳	江苏北方湖光光电有限公司
钱伟明	无锡市东泰精细化工有限公司
金秀勤	无锡商业大厦股份有限公司
柴新建	无锡小天鹅股份有限公司
徐彭城	无锡小天鹅股份有限公司
陈　斌	无锡威孚集团有限公司
欧建斌	无锡威孚力达公司
任锡桢	无锡市第二制药厂
华凤霞	无锡山禾药业股份有限公司
金煜南	无锡太湖饭店
潘永康	无锡湖滨饭店
李则民	江苏四达动力机械集团有限公司
黄捷逊	无锡新中润国际集团中润有限公司
沈　健	无锡招商城有限公司
陶硕洪	江苏利港电力有限公司
樊晓江	中船澄西船舶修造有限公司
陆永钦	无锡市农林局
庄玉良	无锡工商局广益工商所
成志强	中共无锡市委办公室
李志娥	无锡市统计局
张晓敏	无锡市经济贸易委员会
蒋培新	无锡市国家税务局第一分局
吴飞容	无锡市财政局
冯晓红	无锡市水利局
秦珏明	无锡市环保局
唐加俊	无锡市第一中学

刘兴璋	无锡市青山中学
倪森寿	无锡职业技术学院
张志祥	无锡商业职业技术学院
杨建民	无锡市文化局文管办
张知二	无锡市歌舞团
钮伟民	无锡市疾病预防控制中心
袁国桢	无锡市精神卫生中心
陈剑冬	无锡二建建设集团有限公司
薛桂明	无锡市建设工程管理处
鲍卫庆	无锡市建设工程质量监督站
黄建华	无锡市环境卫生管理处
殷永前	无锡市市政建设工程有限公司
孙美萍	无锡市太湖鼋头渚风景区管理处
杨正俊	无锡市房管中专
张祥华	无锡爱邦高聚物有限公司
童世均	江苏省无锡市航道管理处
钱志红	无锡九龙公交公司
谈志荣	无锡市红旗造船厂
陈凤军	无锡市交通规划设计研究院
还金盛	无锡邮政局
郭泓伟	江苏电信公司无锡分公司
张华林	江苏电信公司无锡分公司
郭东晓	无锡供电公司
邢秋林	无锡供电公司
刘京奎	江苏移动无锡分公司
谢红英	中国网通无锡分公司
陈国柱	上海铁路局无锡站
顾正芳	无锡市商业银行新城支行
周伟荣	中国银行无锡分行
江　琳	工商银行无锡分行南长支行
马啸海	建设银行无锡分行
赵仲武	中国农业银行江阴周庄支行
程　波	无锡市人民检察院
谢唯成	无锡市中级人民法院
冯荣兴	无锡市司法局
许林鹤	无锡市国家安全局
胡　钧	无锡市公安局
高玉萍	无锡市公安局

石翰熙	中国外运江苏集团公司锡惠公司
宗继芳	无锡市外经贸局
贺旭亮	无锡华光锅炉股份有限公司
惠永新	无锡大饭店有限公司
徐　晖	无锡第一棉纺织厂
华佳宏	无锡市第三棉纺织厂
江　琴	无锡天元实业有限公司
殷宏伟	无锡国联信托投资有限公司
贺　兵	无锡市双河尖热电厂
徐　洁	无锡协新毛纺有限公司
李　俊	无锡华光锅炉股份有限公司
万正权	中国船舶重工集团公司第七〇二研究所
张树丹	中国电子科技集团第五十八研究所
秦海波	中国航空动力控制系统研究所
陆茂林	江苏省微生物研究所有限公司
游　云	无锡市月亮轴瓦有限公司
朱锁坤	无锡布勒粮食机械有限公司
龚利汀	无锡英之杰电子有限公司
刘东林	无锡市新东电器有限公司
方向明	无锡市伟达五金交电公司
过家中	无锡市清扬干休所
徐向军	中国联通有限公司无锡分公司
季明辉	无锡市南长区检察院
叶建军	中国康辉无锡旅游有限公司
赵大松	无锡市崇安区信访局
顾建明	无锡大众交通有限责任公司
孙雪娣	无锡市第一医院
方雪娟	无锡市毛华美食餐饮店

2009年

任元林	江苏扬子江船厂有限公司
张惠明	江苏海陆装饰有限公司
王国安	江阴金属材料市场
任向东	江阴市海润光伏科技股份有限公司
包士金	江苏吉鑫风能科技股份有限公司
孙阿兴	江阴市民用建筑安装工程有限公司
张文基	江阴兴澄特种钢铁有限公司
赵先丽	江苏阳光集团有限公司

叶除芳	江阴市茂达棉纺厂
周士伟	江苏双良空调股份有限公司
钱　平	江苏苏青水处理工程集团有限公司
蒋建刚	江阴兴吴呢绒科技有限公司
沈锦新	江苏新潮科技集团
徐　俊	江阴市供电公司
徐志强	江阴苏龙发电有限公司
张玉球	江阴热电有限公司
钱正庆	江阴电信分公司
肖国忠	江阴农村商业银行
余星光	长江引航中心江阴引航站
朱刘忠	江阴滨江热电有限公司
李　军	江苏江阴港港口集团股份有限公司
姚逸民	江阴市澄江街道锦隆社区
蒋星卫	江阴市澄江街道浮桥村
钱德洪	江阴市月城镇双泾村
李忠德	江阴市青阳镇小桥村
吴克平	江阴市南闸镇观山村
赵正洪	江阴市华士镇曙新村
周国民	江阴市周庄镇金湾村
金建瑜	江阴市顾山镇北澜社区
焦志英	江阴市璜土镇篁村村
戴志泉	江阴市璜土镇小湖村
张　健	江阴市阿洪葡萄专业合作社
费剑英	江苏省九州果业科技有限公司
张　伟	江阴神宇专业合作社
李满良	江阴华西集团公司
赵卫东	江阴海澜生态农林有限公司
陈少忠	江阴中南重工股份有限公司
黄汉财	江苏中煤矿山设备有限公司
李洪耀	江阴市长达钢铁有限公司
张均元	江阴广电集团
夏青峰	江阴市英桥国际学校
张富刚	江阴市祝塘卫生院
承正义	江阴市周庄实验小学
丁毛南	江阴市璜塘卫生院
赵耀生	无锡市江阴工商行政管理局
田志芳	江阴出入境检验检疫局

季永明	上海浦东发展银行江阴支行
徐　明	法尔胜集团公司
徐新中	江阴海事局
秦龙兴	江阴市公安局长山派出所
史息平	无锡市金久混凝土有限公司
杨　飞	江苏中超电缆股份有限公司
钱盘生	江苏金山环保工程集团有限公司
范盘华	江苏拜富色釉料有限公司
杨剑杰	中国电信股份有限公司宜兴分公司
王宝奇	宜兴隆元大米有限公司
嵇瑞春	宜兴信宜时装有限公司
单　淼	宜兴市宇星工贸有限公司
洪龙岭	江苏沪宁钢机股份有限公司
刘云峰	江苏东峰电缆有限公司
蒋剑波	宜兴市工业设备安装有限公司
张　龙	江苏共昌轧辊有限公司
何学军	宜兴市现代集装袋有限公司
朱长标	远东控股集团有限公司
胡晓勋	天乾(无锡)科技有限公司
胡建坤	宜兴市耐火材料有限公司
蒋春勤	宜兴新苏南商厦有限责任公司
应东辉	江苏青狮水泥有限公司
钱岳龙	宜兴市博爱生态农业园
单永根	宜兴市太华镇桥涯村
马君芳	宜兴市鸿运养殖专业合作社
杜小坤	宜兴坤兴养猪专业合作社
欧定良	宜兴市周铁镇中新村
张　涛	宜兴市颖丰生态农业有限公司
王小明	宜兴市项珍茶业合作社
周祖德	宜兴市新庄街道核心村
姚国强	宜兴市新街街道铜峰村
吴协南	宜兴市和桥镇西锄村
吕建强	宜兴市屺亭街道东梅村
袁根芳	宜城街道南园村村民委员会
蔡思超	宜兴市新街街道百合村
沈勇骏	宜兴市丁蜀镇西望村
苏南英	宜兴市阳生化工有限公司
芮一平	无锡江南电缆有限公司

石舅生	江苏伟丰建筑安装集团有限公司
李新平	宜兴市市政建设管理处
刘志荣	宜兴市公安局刑侦大队
鲍海英	宜兴市国税局第二税务分局
黄强华	宜兴市地方税务局第二税务分局
姚建光	宜兴外国语学校
张　云	宜兴市人民医院
吴晓涛	宜兴市交通建设集团有限公司
蒋惠芬	江苏宜兴农村合作银行
钟洪芳	宜兴市供电公司
周胜国	无锡市宜兴工商行政管理局
杨跃飞	中共湖㳇镇委员会阳羡生态旅游区管理委员会
唐群峰	宜兴市交通局
王锡铭	江苏金羊集团有限公司
冯建昌	江苏晶石科技集团有限公司
王永良	无锡锡山建筑实业有限公司
周锡培	无锡市锡山区人民法院
席子南	无锡市锡山区信访局
华路雄	无锡市锡山区东北塘镇卫生院
邓雄伟	无锡市华驰运输有限公司
苏荣红	无锡市锡山裕盛制衣厂
唐中海	江苏大明金属制品有限公司
周敏娟	无锡市万胜彩印厂
钱正伟	无锡市锡山三建实业有限公司
凌超群	无锡吉兴汽车部件有限公司
杨玉兴	无锡市锡山区安镇镇谢埭荡村民委员会
陆志明	无锡市锡山区羊尖镇严家桥村
周仁根	无锡市锡山区鹅湖镇新桥村
朱洪卿	无锡市锡山区东北塘镇梓旺村
汤红星	无锡市锡山区东港镇黄土塘村
蒋正祥	无锡杰夫电声有限公司
唐　明	无锡桥联风电科技有限公司
沈梅琴	无锡裕通织造有限公司
高定兴	无锡广盈实业有限公司
顾才根	江苏锡兴集团有限公司
石福忠	无锡市惠山区堰桥街道镇村
洪华栋	高佳太阳能(无锡)有限公司
尹国贤	无锡麟龙铝业有限公司

胡耀珍	无锡南方石油添加剂有限公司
吴　刚	江苏锡安达防爆股份公司
王延俊	无锡市惠山区洛社镇张华村
盛立红	无锡市惠山区阳山镇家桥村
徐荣金	无锡市惠山区前洲镇石幢村
李国民	无锡市惠山区钱桥街道南水渠村
周正义	无锡市惠山区阳山镇雕庄村
魏秋湘	无锡市宏泰起重电机有限公司
邵柒明	无锡市惠山区司法局阳山司法所
陶晋吉	无锡市惠山地税局三分局
强永刚	无锡市洛社初级中学
莫国良	无锡市惠山区前洲镇工会
曹余华	无锡市贝斯特精密机械有限公司
翁耀根	无锡华东重机科技集团有限公司
包一林	无锡市太湖运输有限公司
管震桦	无锡王兴幕墙装饰工程有限公司
陆兴荣	辉瑞制药(无锡)有限公司
谈　庆	无锡市东方环境工程设计研究所有限公司
刘星峰	无锡市雪浪钢铁集团有限公司
朱华奇	无锡市滨湖区滨湖街道城管办
王雨成	无锡市梅园茶果场
王玉峰	无锡市滨湖区胡埭镇茶场
刘正威	无锡市滨湖区雪浪街道向阳社区林场
陆国兵	无锡沈氏精密轴承有限公司
费甫泉	无锡锻压厂有限公司
王锡伦	无锡市滨湖区荣巷街道
陈红升	无锡市滨湖区太湖街道办事处
顾惠忠	无锡市滨湖区经济贸易局
唐国良	无锡市滨湖区城市管理局
李　檬	无锡地税四分局
周　明	无锡市新区鸿山葡萄种植户
邵国琪	无锡市新区旺庄街道新光社区
黄定伟	无锡市新区硕放街道秦村
章进福	无锡市新区梅村镇环卫所
朱国兴	无锡市新区新安街道华联村委
钱国平	无锡鸿祥铝业有限公司
孙华芹	无锡市海力士—恒忆半导体有限公司
朱　东	尚德电力无锡有限公司

过建东	无锡西姆莱斯石油专用管制造公司
刘景秀	索尼电子(无锡)有限公司
王石燕	无锡阿尔卑斯电子有限公司
刘　明	无锡华润上华半导体有限公司
郁文恺	无锡压缩机股份有限公司
赵　阳	美新半导体(无锡)有限公司
王依群	紫光软件(无锡)集团有限公司
杨建国	无锡市新区江溪街道塘南村拆迁办
王少琴	无锡市新区总工会
陈金忠	无锡市公安局新区分局治安大队
韩　征	江苏意源科技有限公司
李志成	无锡华毅管道有限公司
许国荣	无锡市广益装饰名品城
杨茹溢	无锡商业大厦大东方股份有限公司
李红山	无锡市环宇脚手架有限公司
秦志敏	无锡八佰伴商贸中心有限公司
邹　洁	无锡政和职业介绍所
张贤明	无锡大鹏纺织器材有限公司
诸宇巍	无锡市公安局崇安分局
秦利群	无锡连元街小学
李　鸣	无锡欣运服装有限公司
张建红	无锡光明(集团)有限公司
吴红军	无锡市穆桂英美食广场有限公司
袁　毅	无锡市南长区中南社区
孙震南	无锡市第四市政建设工程有限责任公司
许建元	无锡市南长区城市建设安置办公室
何　英	无锡市南长区法院
张静漪	无锡市东林小学
沈治波	无锡市银光制丝有限责任公司
张百启	江苏精享欲建工有限公司
马洎泉	无锡市雄伟精工机械厂
陈伟良	江苏振达钢管集团
周明基	无锡宏广电容器有限公司
朱士全	华能无锡电热器材有限公司
方　纲	无锡太运物流有限公司
王仲康	无锡格林艾普化工股份有限公司
梅建芬	无锡市城市设计院有限责任公司
杨国祥	无锡力马化工机械有限公司

胡洪平	无锡市北塘区人民检察院
沈明阳	无锡市五爱小学
秦　丰	无锡市北塘区北大街派出所
张　坚	无锡国联证券股份有限公司
邱　丽	无锡市第一棉纺厂
王　媛	无锡国联信托股份有限公司
杨晓春	无锡华光锅炉股份有限公司
唐　琴	无锡市第三棉纺织厂
姚志勇	无锡国联金融投资集团
张忠明	无锡国联华光电站工程有限公司
羊鹏程	无锡市排水总公司城北污水处理厂
邓玉兰	无锡威孚高科技股份有限公司
符利华	无锡朝阳股份有限公司
徐　军	无锡客运有限公司旅游客运分公司
林蔚立	无锡市房地产开发集团拆迁公司
熊　仑	无锡君来集团
朱志彪	无锡市太极实业股份有限公司
周新红	无锡君来集团太湖珍宝舫有限公司
马海疆	无锡国联期货有限责任公司
陈　新	无锡市双河尖热电厂
葛　彬	无锡华润燃气有限公司
周志强	江苏宏源纺机股份有限公司
曾　林	无锡九龙公交公司
还红兵	无锡日报夜班出版部
张晓军	无锡华润微电子有限公司动力二车间
周智勇	海鹰集团机械车间
周颂平	江苏北方湖光光电有限公司研发中心
石云峰	江苏利港发电有限公司发电部
杨伟新	中船澄西船舶修造有限公司
钱恒荣	一汽解放汽车有限公司无锡柴油机厂
姚剑锋	无锡透平叶片有限公司加工事业部
周　毅	江苏锡钢集团有限公司炼钢车间
李国钰	中国电子系统工程第二建设有限公司
陶亚东	一汽客车(无锡)有限公司
许小兵	无锡供电公司变电检修工区检修二班
陈　浩	无锡供电公司计量中心
沈　怡	无锡邮政局营业局
周佩岚	中国电信无锡分公司

何　玲	中国移动江苏公司无锡分公司
许丹萍	中国联合网络通信有限公司无锡市分公司
周文德	上海铁路局无锡站
王廷碧	无锡市市级机关事务管理局
赵伟泉	无锡无锡地方税务局第二税务分局
孙　怡	无锡市委市级机关工委
宋　良	无锡市国税二分局二科
陆　建	无锡市科技局
戴可为	无锡市经济贸易委员会
左剑锋	无锡市人口计生委
施国伟	无锡市财政局
陈志强	无锡市统计局
徐夏民	无锡机电高等职业技术学校
殷智新	无锡市江南中学
许益超	无锡教育电视台无锡市电化教育馆
丁善鸣	无锡城市职业技术学院
姚建凤	无锡商业职业技术学院
罗嘉军	无锡职业技术学院
金　坚	江南大学医药学院
包建东	江苏省原子医学研究所
杨莉佳	无锡市第二人民医院
吕国忠	无锡市第三人民医院
何金芳	无锡市影剧公司
严国平	无锡市体育场馆和训练管理中心
封　晴	中国电子科技集团第五十八研究所
傅洪拓	中国水产科学研究院淡水渔业研究中心
司马灿	中国船舶重工集团公司第七〇二研究所
夏兴兰	无锡油泵油嘴研究所
缪仲明	中国航空动力控制系统研究所
盛　群	无锡市公安局交巡警支队北塘大队
石纪刚	无锡市公安局行动技术支队八大队
周雪强	宜兴市综治办
蔡利娜	无锡市中级人民法院
陈　龙	无锡市人民检察院
张国才	无锡市司法局
朱建清	无锡市国家安全局
赵　璇	江苏锡州农村商业银行新区支行
洪勤乐	中国农业银行宜兴市支行

林和凤	中国银行无锡分行
陈　荣	中财保股份有限公司无锡分公司
李　涵	无锡国联证券股份有限公司
朱　正	无锡市工业设备安装有限公司
孙　霆	无锡市建设局
钱军锋	江苏无锡二建建设集团有限公司
陈晓娟	无锡市梅园公园管理处
肖晓明	无锡市物业管理中心
赵　晖	无锡市高速公路建设指挥部办公室
宋盘明	无锡市城郊地方海事处
胡建安	无锡市市政工程质量监督站
施　忠	无锡市服务外包产业发展推进办公室
余　廷	无锡市永宁服务公司
周兴才	无锡布勒机械制造有限公司
朱章正	江苏康辉国际旅行社
奚文涛	无锡市金宇绝缘材料有限公司
沈　立	江苏森莱浦光电科技有限公司
陆建豪	无锡斯帕特科技有限公司
廉仁淳	无锡引速得信息科技有限公司
徐　昱	无锡精工泰创科技有限公司
施丽君	江阴艾托金生物技术有限公司
陆金芸	无锡广播电视集团(台)
陆解平	宜兴市安全生产监督管理局
马　莉	无锡市城市重点工程建设办公室
李一中	江阴市纪委、监察局
查建标	中共江阴市委组织部

2012 年

郭　霞	江苏云蝠服饰股份有限公司财务科
赵小红	江阴天力燃气有限公司营销部
张春雷	江苏法尔胜泓昇集团有限公司技术中心
顾森林	江苏扬子江船厂有限公司设计所
胡敏东	江苏华宏科技股份有限公司
柏翠玲	江阴市天鹅制呢厂有限公司
周　英	江阴市临港新城开发建设有限公司
陆小勇	江阴市创新气门嘴有限公司生产技术部
吴建明	江苏安科瑞电器制造有限公司技术部
周　霞	江阴农村商业银行朝阳支行

邱明辉	中建钢构江苏有限公司
程晓明	江阴市邮政局集邮分局
孔红岗	江阴福汇纺织有限公司行政部
陈一杲	江苏新潮科技集团有限公司研发部
王玉萍	江阴市金燕化纤有限公司
曹芳良	江阴兴澄特种钢铁有限公司
吴小丰	柳工无锡路面机械有限公司
包丽君	江苏华西集团公司
毛洪财	江苏双良节能系统股份有限公司
陈利民	江阴南泰家纺用品有限公司
袁　勇	帝斯曼工程塑料(江苏)有限公司
钱秋林	江苏秋林重工股份有限公司
李全兴	江苏万事兴汽车科技集团
唐良君	江阴双马服饰有限公司
宋建新	江苏升辉投资集团有限公司
郑银良	江阴德玛斯特钻具有限公司
张　雷	远见风能(江阴)有限公司
李洪卫	江苏长宏国际港口有限公司
储政伟	江阴市供电公司
宦金荣	江阴市金荣蛋鸡养殖场
沈洪杰	江阴市青阳镇小桥村
徐建凤	江阴市徐霞客镇幸福桃园
高建平	江阴市澄江街道先锋村
黄永庆	江阴市青阳镇悟空村
张建锋	江阴市新桥镇新桥村
范春燕	江阴市澄江街道寿山路社区
是膺白	江阴市璜土青鱼浜养殖专业合作社
叶　飞	江阴市南国花木专业合作社
陈学培	江阴市东岐种植业专业合作社
高永良	江阴市委老干部局综合服务科
林素贞	江阴无锡地方税务局第八分局
张　琦	江阴市环境监测站
张建方	长江引航中心江阴引航站
唐超亚	江阴海事局
陈明生	江阴市人民政府房屋征收管理办公室
陈瑞峰	江阴市公安局刑事侦查大队
蒋勤楠	江阴市特殊教育中心学校
吴正德	江阴市澄江环境卫生管理所

姚　平	江阴市中医院
徐　惠	江阴市锡剧团
钟传武	江苏华亚化纤有限公司
张卫平	江苏三鑫化纤有限公司
高新芳	宜城街道居家养老服务中心巷头安养园
袁介明	宜兴市大平杆塔制造有限公司
丁敖齐	江苏中超电缆股份有限公司
胡旭东	江苏兴达文具集团有限公司
周洪君	江苏神马集团有限公司
徐建文	宜兴新威集团
张文茹	宜兴市丁蜀镇敬老院
蒋　唯	江苏俊知技术有限公司
钱旭锋	江苏东光微电子股份有限公司
骆文忠	国电联合动力技术(宜兴)有限公司
朱海涛	宝银特种钢管有限公司
李仁革	江苏沪宁钢机股份有限公司
蒋一昆	无锡市明珠电缆有限公司
黄东屏	宜兴市振球炉料有限公司
丁晓明	宜兴市高拓高分子材料有限公司
施昕昊	无锡百润电缆有限公司
张建中	江苏宜兴农村商业银行股份有限公司
杜南平	江苏中辰电缆有限公司
史建珍	江苏新雪竹国际服饰有限公司
邵培生	江苏利通电子有限公司
沈建军	宜兴丁蜀环境卫生管理服务公司
张希兰	远东电缆有限公司
杭盘大	江苏莱顿集团有限公司
钱安平	江苏凌飞科技股份有限公司
张蕴皋	无锡市长城电线电缆有限公司
刘　晨	江苏宜清光电科技有限公司
濮焕中	宜兴市丰汇水芹专业合作社
孙国强	宜兴市太华镇龙珠毛竹专业合作社
何金明	宜兴市金山生态农业有限公司
周亦南	宜兴市耕乐园农业有限公司
蒋继中	宜兴市原野绿壳蛋鸡专业合作社
高国荣	宜兴市张渚镇五洞村村民委员会
李上彬	宜兴市湖汶镇张阳村村民委员会
黄建平	宜兴市屺亭街道屺亭村

周晓良	宜兴市宜城街道徐坝社区居民委员会
戴静芬	宜兴市公安局出入境管理大队
缪炬光	江苏省宜兴国家税务局第五税务分局
钱朝阳	宜兴市公用事业管理局
朱耀民	宜兴市鲸塘镇粮油管理所
杨新平	宜兴市残疾人联合会
吴建春	无锡市宜兴地方税务局
蒋亚君	江苏省宜兴中学
谈永飞	宜兴市人民医院
潘泉华	宜兴市科学技术局
裴焕良	宜兴市周铁镇
孙文华	中共宜兴市委组织部
徐文萍	无锡华能电缆有限公司
陆云飞	江苏金羊集团有限公司
刘　叶	无锡市海联舰船附件(内装)有限公司
钱玉祥	无锡市凯飞精密机械制造厂
周　志	江苏中联铝业有限公司
丁志新	希姆斯电梯(中国)有限公司
华啸威	无锡兴达泡塑新材料股份有限公司
周学宜	无锡锡州机械有限公司
李大明	无锡亮源激光技术有限公司
赵学忠	江苏新日电动车股份有限公司
尹克勤	无锡英特派金属制品有限公司
徐元兴	无锡市焦化设备厂
滕国忠	无锡市锡山区鹅湖镇群联村河南村民组
周伟峰	无锡市锡山区东亭街道庄桥股份合作社
吴岳平	无锡市锡山区东港镇山联村委
邓志良	无锡市锡山区建设局建筑工程质量检测中心
孙凤妹	无锡市锡山区疾病预防控制中心
严卫中	无锡市锡山地方税务局
宋琴飞	无锡锡能锅炉有限公司
管志刚	无锡华光汽车部件集团有限公司
孙志明	无锡玉祁永新污水处理有限公司
梁　忠	无锡市堰微精密轴承厂
王浩忠	无锡市惠山区前洲街道环卫所
王成军	无锡市联盛印染有限公司
付宏博	无锡蓝天电子有限公司
平东良	无锡金球机械有限公司

钱毅湘	博耳(无锡)电力成套有限公司
陈卫国	无锡华润实业公司
冯立新	江苏麟龙新材料股份有限公司
季福平	无锡宏瑞服饰有限公司
吴永法	无锡市惠山区阳山镇桃源村
林耀华	无锡市惠山区长安街道长乐社区后村股份合作社
崔叶青	无锡市惠山区前洲街道邓巷村
廉　兴	无锡市惠山区前洲街道社区卫生服务中心
汝　江	无锡市惠山区审计局
徐中玉	江苏省无锡市惠山区国家税务局
唐岳良	无锡市惠山区总工会
张志明	无锡二建建设集团有限公司
李　展	无锡市湖山出租车有限公司
张建梅	无锡太湖国家旅游度假区环卫所
魏宪举	无锡华测电子系统有限公司
钱利庆	无锡市四方机械厂
邹冠华	中纺投资发展股份有限公司无锡分公司
邬国良	无锡雪浪环境科技股份有限公司
许建平	无锡市法兰锻造有限公司
鲁建平	无锡东马锅炉有限公司
王建峰	无锡王兴幕墙装饰工程有限公司
张建东	无锡东盛石化装备有限公司
荣明发	无锡市龙山苗圃
龚玉良	无锡市滨湖区蠡湖街道陆典桥股份经济合作社
王荣度	无锡市滨湖区华庄街道凯发苑第一社区
谈以群	无锡市滨湖区华庄中心小学
戴　美	无锡市滨湖区中医院
苏建良	无锡市滨湖区河埒街道办事处
韩志中	无锡市滨湖区商务局
于强刚	无锡市滨湖区荣巷街道
过晓君	希捷国际科技(无锡)有限公司
袁彩凤	富士通天电子(无锡)有限公司
万旭阳	无锡矽鼎科技有限公司
沈志威	无锡德鑫太阳能电力有限公司
杨文兵	无锡市宏达冷弯机械制造有限公司
周洪根	无锡华联科技集团有限公司
陈晓东	无锡锡洲电磁线有限公司
朱升皓	SK 海力士半导体(中国)有限公司

陈浩军	无锡威孚精密机械制造有限责任公司
顾红兵	无锡市通用机械厂有限公司
张荣生	无锡华海香料有限公司
刘海峰	中兴智能交通(无锡)有限公司
俞雅明	无锡市新区鸿山农业水利办公室
李晓峰	无锡市新区鸿山街道南塘村民委员会
钱　良	无锡市新区江溪街道景渎居委
桑　梅	无锡市新区太湖花园第二社区
王铭树	无锡市新区硕放街道农业服务中心
吴　忠	无锡市新城中学
章幸众	无锡市新区劳动局
黄国英	无锡商业大厦集团
潘明鹏	无锡市第三市政公司
林月萍	无锡市崇安区江海街道宁北社区
蔡建新	无锡新中润国际集团
吴文莉	无锡压缩机股份公司
顾建平	无锡广益水泥制品有限公司
承明秋	无锡市建筑设计院
马燕萍	无锡市崇安区人民检察院
滕春元	无锡市崇安公安分局
王铭波	无锡兰亭小学
周宜清	无锡市穆桂英美食广场有限责任公司
郑　昕	无锡国盛精密模具有限公司
田　渝	无锡光明集团有限公司
童金清	无锡市勘察设计研究院有限公司测试中心
王纪民	无锡新得宝金属软管有限公司
吴惠明	江苏天圣达集团有限公司
楚祥宝	无锡市南长区扬名街道五星社区
邵茹英	无锡市南长区教育局
沈其生	无锡市公安局南长分局巡防大队
周建平	无锡市南长区清名桥街道办事处
朱金平	江苏南方机电股份有限公司
华晓燕	无锡市红光标牌有限公司
肖作强	无锡市北塘区城市投资发展有限公司
邹敏杰	无锡力马化工机械有限公司
柳祝平	无锡元亮科技有限公司
童琴娟	无锡市西新餐娱有限公司
金为民	无锡市北塘区黄巷街道梨庄社区

叶映峰	无锡市积余实验学校
包征雄	无锡市北塘区人民法院执行局
任亚萍	无锡市北塘区黄巷街道办事处
薛　伟	无锡国联期货有限责任公司
秦舜贤	无锡国联信托股份有限公司
李长国	无锡惠联垃圾热电有限公司
陈志刚	无锡市华光锅炉股份有限公司
蒋立凤	无锡天鹏菜蓝子工程有限公司
蒋文忠	无锡宏源机电有限公司
华学军	无锡市照明工程有限公司设施维护分公司
蒋建明	无锡锡惠公共交通有限公司
姚　静	无锡客运有限公司无锡汽车客运站快客组
曹兰兰	无锡湖滨饭店有限公司
黄志达	无锡市城市投资发展有限公司项目代建部
齐　磊	苏南硕放国际机场有限公司
徐新予	无锡太极实业股份有限公司
黄　兴	无锡市城市环境卫生有限公司
李维俊	无锡市交通工程有限公司
袁月娣	无锡君来集团
万冠清	无锡市国联发展(集团)有限公司
杨兴德	无锡朝阳集团股份有限公司
戎文磊	无锡市自来水总公司
陈国富	无锡市公共交通股份有限公司
周荣庆	无锡华润华晶微电子有限公司五分厂
于　政	海鹰集团
任　益	江苏北方湖光光电有限公司
刘晓云	江苏利电能源集团
唐晓勇	中船澄西船舶修造有限公司事业部
蔡真法	一汽解放公司无锡柴油机厂
李　想	无锡透平叶片有限公司锻造事业部
陆育海	江苏省电力公司无锡供电公司配电运检工区
郁云峰	无锡邮政局发行投递局水秀投递班
蒋晓燕	中国电信无锡分公司
黄　坚	中国移动江苏公司无锡分公司
孙东玮	中国联通无锡分公司
姚常武	上海铁路局无锡站
张敏勇	无锡宏大纺织机械专件有限公司
管家钰	中国电子系统工程第二建设有限公司

唐　苏	地质矿产部无锡钻探工具厂
方大伟	一汽客车(无锡)有限公司
陈海燕	无锡广电集团都市资讯频道
何玉洁	无锡市报业集团江南晚报社
季　蓓	无锡市演艺集团歌舞剧院
陆　军	江苏有线无锡分公司
王　洋	无锡美术馆(无锡市书画院)
陈　青	无锡市审计局
彭波林	无锡市委办信息处
潘彬宾	无锡市经济和信息化委员会
张亚明	无锡市城市管理行政执法支队
严建平	无锡市委统战部
季　建	无锡市国家税务局稽查局
殷兰青	无锡市信访局
马祥生	无锡市水利局
张新华	无锡无锡地方税务局第六税务分局
孙小伟	江苏省特种设备安全监督检验研究院无锡分院
余永乐	江苏信息职业技术学院
袁锡明	无锡商业职业技术学院
王名扬	无锡市教育研究中心
蒋高明	江南大学纺织服装学院
丁　涛	无锡太湖学院
沈建仪	无锡市广播电视大学
王　蕾	无锡高等师范学校
焦建栋	无锡市疾病预防控制中心
鲁晓杰	无锡市第二人民医院
龚　健	无锡市妇幼保健院
俞剑忠	无锡市体育运动学校
杨　弘	中国水产科学研究院淡水渔业研究中心
杨　晖	中国航空动力控制系统研究所
梁幼生	江苏省血吸虫病防治研究所
俞孟萨	中国船舶重工集团七〇二研究所
姚震宇	无锡市中级人民法院执行局
刘　康	无锡市人民检察院
李　斌	无锡市交巡警支队高速公路一大队三中队
韦恒浩	无锡市公安局行动技术支队
柴　伟	无锡市司法局

陈敏栋	无锡市国家安全局
朱亚能	建设银行无锡城北支行
周学军	中国农业银行宜兴市支行
李　俊	紫金财产保险股份有限公司无锡中心支公司
刘　斌	中国银行股份有限公司无锡分行
杨　凯	江苏银行无锡分行
尤　茹	无锡市城市建设档案馆
陈亚菁	无锡市房屋产权监理处
谈军伟	江苏省无锡市公路管理处
朱伟文	无锡市交通运输局
谢炜煜	无锡市轨道交通发展有限公司
徐　林	无锡市公共工程建设中心
冯伟新	无锡市园林设计研究院有限公司
王　伦	无锡市市政工程质量检测中心
管华盈	无锡市军队离休退休干部服务管理中心
李　洁	无锡市社会福利中心
范　晓	无锡布勒机械制造有限公司
秦　艳	无锡市招商局
邹　滢	无锡海外旅游有限公司
陈亚光	无锡三阳物业有限公司
蒋醒吾	无锡市高技能人才公共实训管理服务中心
张　健	无锡市电子仪表工业有限公司
陆一诚	无锡灵山实业有限责任公司
杨少军	无锡金鑫集团股份有限公司
袁凤彪	无锡市大众房地产服务连锁有限公司

无锡市“五一劳动奖章”获得者

2004年

盛玉红	无锡市锡山区体育学校
龚　彬	江阴市长泾服装厂

2005年

张启安	江苏省无锡市公路管理处
张正跃	江苏省无锡市公路管理处
关敬群	江苏省无锡市公路管理处
陈国华	江苏江南路桥有限公司
董志丰	无锡市交通工程总公司

2006年

姚　勇	无锡市第二人民医院
孙兴兵	无锡市锡山人民医院
刘　垚	无锡市第一人民医院
陈哲民	无锡市儿童医院
施克勤	无锡市第二人民医院
尤晓明	无锡市第三人民医院
虞俊杰	无锡市第三人民医院
林　敏	无锡市第四人民医院
沈志耘	无锡市第四人民医院
葛焕青	无锡市第五人民医院
薛建国	无锡市第五人民医院
时长春	无锡市中医医院
任　华	无锡市妇幼保健院
吴　震	江阴市人民医院
徐洪明	江阴市人民医院
卞正环	江阴市总工会
孙秉忠	无锡圣马塑业有限公司
许建南	江阴市铜加工厂
杨兆顺	无锡兆顺不锈钢中板公司
胡汝良	江阴市中澄集团有限公司
莫攸建	江阴华润制钢公司
吴丹娜	江阴市城市建设档案馆
潘安乐	宜兴工商行政管理局
蒋伯良	宜兴供电公司
蒋惠芬	宜兴农村信用联社
朱平东	宜兴市检察院反贪局
王宝奇	宜兴市粮食集团大丰公司
芮一平	无锡江南电缆有限公司
朱洪强	宜兴市清源污水处理公司
任赛燕	无锡市崇安区民政局
陆　燕	无锡市崇安长安康复医院
邵茹英	无锡市南长区教育局教研室
沈治波	无锡市银光制丝有限公司
黄光新	无锡第七纺织机械公司
朱士全	华能无锡电热器材有限公司
华路雄	无锡市锡山东北塘卫生院
尤小虎	江苏新广联光盘公司

顾燕春	红豆集团股份公司
荣明发	无锡市龙山苗圃
郭亚萍	无锡市滨湖医院妇产科
胡琴渊	无锡市滨湖区河埒街道
顾年东	无锡市金华电器设备厂
陈卫宏	无锡画材有限公司
林龙华	无锡西姆莱期公司
张晓松	无锡市新区信息产业管理办公室
戴小元	无锡市天佳纺织品公司
张元兴	江苏天青物流公司
尤正明	无锡市惠山区地方税务局
胡文红	无锡市拆迁管理办公室
钱　磊	无锡市锡山公安分局张渚派出所
吕　军	外贸无锡印刷有限公司
葛宏宽	上海铁路局无锡站
朱建芬	无锡新中润国际集团
沈　怡	无锡市邮政局
焦为民	江苏小天鹅营销责任公司
姚淦铭	江南大学文学院
孙流国	无锡市广电局新闻综合频道
万里涛	无锡移动通信公司
邓志伟	中国航空动力控制系统研究所
吴翼民	无锡市文化艺术研究保护所
徐卫中	无锡市国家安全局
龚雷雨	无锡市教育研究中心
王一见	江苏首佳房地产中介公司
李　斌	无锡市恒基建材公司
吴国南	无锡市金宇珠宝公司
谈旭君	无锡园林古典建筑公司
胡建良	无锡海外旅游公司
陈瑞龙	无锡国家粮食储备库
吴宁平	无锡市山禾集团物流公司
刘伟彪	无锡交通技师学院
黄炯耀	无锡市交通产业集团有限公司
黄冬拎	无锡经济适用房管理中心
商　明	无锡市委宣传部
蒋敏红	无锡市锡州农村商业银行
周佳贤	无锡市电子仪表工业公司

唐伟程	无锡湖滨饭店
袁安民	无锡市殡仪馆
张圣晔	无锡市商业银行胜利支行
申厚坤	无锡商业职业技术学院
徐海鹰	江苏利港电力有限公司
殷智新	无锡江南中学
周建军	无锡万迪动力工程公司
吴惠明	无锡纺织产业集团公司
刘建湖	中国船舶七〇二研究所
高世红	无锡商业大厦有限公司
杨桂芬	无锡庆丰有限公司
周岳明	无锡国联物业管理有限责任公司
蔡　伟	无锡贝尔特胶带公司
周海川	无锡市卫生局卫生监督所
于学甫	无锡职业技术学院
朱庆连	无锡供电公司
匡建桥	江苏四达动力机械集团有限公司
杨兴德	无锡朝阳有限公司
高三度	无锡卫生学校
华大中	无锡市城市投资发展总公司
王仲康	无锡格林艾普化工股份有限公司
杨　慧	无锡博凯轴承公司
王秉伦	江苏锡钢集团有限公司
周铜臣	海鹰集团有限公司
王浩宇	无锡明达电器有限公司
戎文磊	无锡市自来水总公司
胡金根	中船澄西船舶修造有限公司
周荣庆	无锡华润微电子有限公司
仲伟国	北方湖光光电有限公司
施　建	无锡市文物商店
戴红霞	江苏信息职业技术学院
王凤莲	无锡市电子仪表工业公司蠡园工厂
张　斌	无锡市对外贸易经济合作局
周代平	无锡市总工会
王　瑛	无锡市总工会
张　进	无锡市园林局
陈学军	无锡威孚集团公司
张黎华	江苏无锡太湖工人疗养院

张志鹏	宜兴市总工会
陆美芳	无锡华润微电子有限公司
周成锋	一汽无锡柴油机机厂
操灵敏	无锡虹桥医院
周丽梅	解放军无锡101医院
李明洁	无锡市惠山区堰桥镇社区服务中心
廉　敏	无锡市惠山区堰桥镇社区服务中心
曹　磊	江阴供电公司
朱俊屹	无锡市邮政局
钱　宏	无锡市第三人民医院
丁　弘	无锡市第二人民医院
王远芳	无锡市鼋头渚公园
张秋虎	一汽解放公司无锡柴油机厂
吴明凯	无锡市锡山区东北塘镇农业服务公司
张　斌	无锡市体育运动学校
汪　浩	无锡市体育运动学校
俞建忠	无锡市体育运动学校
徐　俊	无锡市体育运动学校

2007年

朱彩霞	江阴市公交公司
刘　君	江阴市邮政局
张新龙	海澜集团有限公司
李洪耀	江阴市长达钢铁有限公司
张理罡	江阴市江顺模具有限公司
蔡雪秋	江阴市兰天彩印包装有限公司
孔瑞娟	江阴市地方税务局
单　淼	宜兴市宇星颜料厂
宗鹤鹳	宜兴外国语学校
周建亚	宜兴市公安局
施才坤	江苏省宜兴监狱
应东辉	江苏青狮水泥有限公司
戴志祥	无锡市沪安电线电缆有限公司
陶新丽	无锡欣运服装厂
秦惠芬	无锡市崇安区财政局
童金清	无锡市勘察设计研究院有限公司
李锡松	无锡市南长区信访局
盛伟国	江苏南方机电股份有限公司

翁伟铭	无锡市社桥中学
赵学忠	北京新日电动车无锡分公司
陆荣兴	无锡市锡山区鹅湖镇总工会
倪大尧	无锡市锡山区公路管理处
许　芹	江苏省天一中学
周进文	江苏锡兴集团有限公司
徐其丰	无锡市惠山地税局
顾建伟	无锡市洛社高级中学
钱毅湘	无锡博耳电力仪表有限公司
王晓伟	无锡市云蝠烧鹅仔大酒店
陆菊泉	无锡市滨湖区太湖街道工会
许末兴	无锡锡能锅炉有限公司
张二建	无锡二泉特种钢管有限公司
吴仲贤	无锡华联科技集团有限公司
杨　健	无锡尚德太阳能电力公司
李亚萍	索尼数字产品(无锡)有限公司
倪乔亮	无锡压缩机股份有限公司
钱国忠	无锡焦化有限公司
何耀军	无锡市巨龙塑化有限公司
刘正东	无锡市电子仪表工业公司蠡园工场
纪国良	无锡华毅管道有限公司
夏真亮	无锡天鹏集团有限公司
林国新	无锡市恒顺金属材料有限公司
蒋文忠	江苏宏源纺机股份有限公司
赵志清	无锡市交通运输管理处
唐建川	无锡市市政建设工程有限公司
宋小谷	无锡市锡惠公园
龚　平	无锡市房地产开发集团有限公司
祝张尧	无锡邮政公司
陆正一	无锡电信公司
袁智芬	无锡供电公司
徐中云	无锡外事旅游汽车有限公司
陈铁英	无锡市月亮轴瓦有限公司
许益超	无锡市电教馆
焦建栋	无锡市疾病预防控制中心
蒋大新	无锡市外经贸局
钱洪平	无锡市殡仪馆
章　雷	无锡市委老干部局

丁政羽	无锡市发展和改革委员会
郭雪清	无锡市农机局
虞凌红	无锡市建设工程管理处
李　鹰	无锡山禾集团医药物流有限公司
杨　纯	无锡威孚集团有限公司
邱颂杰	无锡华润微电子有限公司
王盘生	无锡格林艾普化工股份有限公司
惠仁良	无锡湖滨饭店有限公司
蔡建新	无锡新中润国际集团中润有限公司
沈华东	无锡华光锅炉股份
徐霞娜	无锡市第一棉纺织厂
邹　申	无锡友联热电股份有限公司
胡毅洁	无锡招商城市场管理有限公司
袁克忠	江苏无锡商业大厦集团有限公司
王志刚	江苏银行无锡分行梁溪支行
过世东	江南大学食品学院
华瑞平	海鹰企业集团有限责任公司
周颂平	江苏北方湖光光电有限公司
杨伟新	中船澄西船舶修造有限公司
陈春滋	中国船舶重工集团公司第七〇二研究所
魏　民	中国航空动力控制系统研究所
赵方来	无锡市公安局
王锦程	无锡市公安局
秦加财	无锡市公安局
薛建洪	江苏利港电力有限公司
李　丽	江苏信息职业技术学院
钱晓忠	无锡职业技术学院
孙丰念	无锡商业职业技术学院
徐　勇	无锡移动公司
邵坚林	无锡九龙公共交通股份有限公司
王希武	江苏四达动力机械集团有限公司
李春林	无锡布勒机械制造有限公司
季　蓓	无锡市歌舞团
孙俊台	无锡机电高等职业技术学校
武宝琦	无锡市博威体育产业投资有限公司
姜丽琴	江阴市东发管件制造有限公司
王彬夫	无锡市中医医院
张雅洪	无锡市国家安全局

宋保舵	无锡市文化艺术管理中心
潘佩琼	无锡市锡剧院
苏南英	宜兴市阳生化工有限公司
马其兴	无锡市锡山区总工会
周惠明	无锡市总工会
曲国基	无锡市总工会
卢泽伟	宜兴市交通建设集团
潘　颖	宜兴市宁杭公路大港收费站
强小可	无锡市锡惠园林文物名胜区管理处
吴俊杰	无锡市吟苑公园管理处
卢　珊	无锡市粮油中转储备仓库
曹春华	宜兴市交通局
王中华	芜申运河指挥部工程科
李　芬	无锡市航道管理处
魏志南	宜兴市航道管理处
贾　伟	无锡市园林管理局
邢世才	无锡市锡惠园林文物名胜区
殷明欣	无锡市园林建设监理有限公司

2008 年

华永强	江阴供电公司
王　庆	江阴市澄江环卫所
夏建达	江阴市公路管理处
石顺芳	江阴市夏港镇
徐林峰	江阴市农林局
李忠华	宜兴市公安局交巡警大队丁蜀中队
蒋驱豹	宜兴市公路管理处
金新华	宜兴市建设局
凌　峰	宜兴市供电局
徐志军	宜兴市城市管理行政执法局
祁三成	无锡市崇安区环卫处
曹建荣	无锡市第三市政工程有限公司
陆海峰	无锡市南长区城市管理行政执法局
马如林	无锡市南长园林绿化工程有限公司
刘　成	无锡市北塘区环卫处
徐肖鹤	无锡市公安局北塘分局刑警大队
朱增娣	无锡市锡山区农业试验站
陆云良	无锡力丰精密铸件有限公司

浦建军	无锡市锡丰钢铁有限公司
殷国奕	无锡市惠山区交通局洛社交管所
唐国良	无锡市滨湖区城市管理行政执法局
曹洪海	无锡化工设备总厂
姚湘根	无锡市中环钢渣利用有限公司
许继荣	无锡市新区城市管理行政执法局
钱　韧	无锡朝阳股份有限公司
王锡明	无锡九龙公交公司
胡蜀江	无锡客运有限公司
袁　静	TCL 数码科技(无锡)有限公司
王　坚	无锡市市政工程质量监督站
薛建平	无锡市环卫处
尹修明	无锡市鼋头渚风景区管理处
蔡秀娟	无锡市锡惠园林文物名胜区
史林育	无锡市房管局产权监理处
马红萍	中国电信无锡分公司
许伟年	无锡供电公司
诸　铭	无锡供电公司
王　林	无锡市急救中心
吉建伟	无锡市人民医院
杨波涛	无锡市城市管理行政执法局行政执法支队滨湖大队
文　明	无锡市农林局
徐建平	无锡日报报业集团
张　炜	中国移动江苏公司无锡分公司
吴曙强	无锡市公路管理处
邹哲峰	无锡市交通运输管理处
张　雷	无锡邮政局
葛　彬	无锡华润燃气有限公司
江　山	无锡市公安局车站派出所
黄联君	无锡市公安局交巡警支队崇安大队
李记军	无锡市城市重点工程建设办公室
邵　洋	无锡火车站
宋小谷	无锡市锡惠园林文物名胜区管理处
薛　迅	江阴市教师进修学院
胡琦文	无锡市文化馆
张　轩	无锡市疾病预防控制中心
何恩奇	无锡市疾病预防控制中心
沈文元	无锡市卫生局卫生监督所

屠兴良	无锡市卫生局卫生监督所
宋传洲	无锡市急救中心
陈　胜	江阴市人民医院
范智刚	宜兴市建筑安装工程管理处
尤曙峰	无锡市锡山区卫生局卫生监督所
董海光	无锡君子兰橡塑材料有限公司
史旭鹏	无锡市滨湖区卫生局卫生监督所
陆金芸	无锡广电集团(台)
谢　波	无锡市崇安区疾病预防控制中心
张育民	无锡市南长区卫生监督所
张胜昱	无锡市北塘区卫生监督所
张士明	无锡市交通运输管理处货运管理科
王明昌	无锡市交通规划设计研究院有限公司
高　群	无锡市教育局
袁　彦	江阴市卫生局卫生监督所城南分所
陈　凯	宜兴市疾病预防控制中心
代传焕	无锡市惠山区疾病预防控制中心
李文波	无锡市消防支队
纪昌进	无锡市消防支队北塘大队通惠路中队
黄　恒	无锡市公安消防支队江阴市大队滨江中队
杨俊卿	无锡市建筑安装管理处
蒋晓华	无锡市工程建设监察支队
曹志刚	无锡市亚辉建筑工程有限公司
宋黄健	无锡市惠山区建设局
陈　强	江阴市建设局
陈国君	宜兴市建设局
黄一虎	中国电子系统工程第二建设有限公司
郁　伟	无锡市工业设备安装有限公司
李　珠	无锡市第四人民医院
王国强	无锡市精神卫生中心
许　军	无锡市第二人民医院
程　力	无锡市人民医院
鲁晓军	无锡市规划设计研究院
顾旭波	江苏省特种设备安全监督检验研究院无锡分院
吴晓康	中石化股份有限公司江苏无锡石油分公司
朱　靖	无锡市报业集团江南晚报社
吴锡斌	无锡供电公司
黄云娟	无锡市医院管理中心

吴晓梅	无锡市医院管理中心
崔华纯	无锡市医院管理中心
董斌仁	无锡市园林管理局
陆鸿鸣	无锡市园林管理局
沈文华	江阴市道路建设指挥部
石　华	宜兴市路通交通规划设计院有限公司
华　萍	无锡市锡山区道路工程建设指挥部
袁　方	无锡市公路管理处
陈光明	无锡市公路管理处
谈水军	无锡市高速公路建设指挥部办公室
吴定山	江苏省交通工程集团有限公司苏州分公司
任克祥	无锡市交通局
陈元勋	宜兴市供电公司
宗绍磊	无锡供电公司调度中心

2009 年

曹德金	无锡市城市重点工程建设办公室太湖新城项目办
徐　林	无锡市城市重点工程建设办公室太湖新城项目办
刘　桢	无锡市城市重点工程建设办公室无锡博物院工程项目办
刘　翔	无锡交通规划设计研究院有限公司
奚正兵	中铁隧道集团一处有限公司惠山隧道工程项目部
贺建宁	中铁大桥局集团有限公司盛新大桥工程项目部
李俊伟	无锡路桥集团有限公司太湖新城道路工程项目部
张玉宝	无锡市第二市政工程有限公司人民西路工程项目部
宁志刚	江苏东方建设项目管理咨询有限公司金城路二标、三标工程项目组
朱　正	无锡市工业设备安装有限公司
周方晨	江阴市爱馨花艺
陈王东	中船澄西船舶修造有限公司
顾晓伟	无锡透平叶片有限公司
费晓君	无锡市新光电器机械厂
郭德杰	中国水利水电第二工程局有限公司
赵瑞如	无锡交通工程有限公司
魏　斌	无锡华仁建设集团有限公司

2010 年

王　涛	无锡城市职业技术学院
钱军先	无锡市辅仁高级中学

冯依红	江苏省梅村高级中学
黄国娟	无锡市市北高级中学
莫剑中	无锡机电高等职业技术学校
周　伟	无锡旅游商贸高等职业技术学校
汪文捷	无锡市青山高级中学
周晓岚	无锡市第一女子中学
华健伟	无锡市江南中学
吴薇薇	江苏省无锡师范学校附属小学
蒋永成	江阴市地方税务局
钱　红	江阴职业技术学院
季金方	江阴德玛斯特钻具有限公司
何学敏	宜兴市顺安达树脂化工有限公司
吕胜洪	江苏蛟桥水泥有限公司
薛建英	无锡市明珠电缆有限公司
吴岳平	无锡市融盛建设工程有限公司
吴寅清	无锡市锡山区东亭卫生院
黄俊桂	无锡桥联数控机床有限公司
刘　钢	无锡市惠山区建筑工程质量监督站
袁　野	无锡市豪帮电器有限公司
陈岳云	无锡华瑞制药有限公司
郑卫星	江苏速升自动化装备系统工程有限公司
张　军	无锡巨力重工机械有限公司
高向群	无锡市崇安区卫生局卫生监督所
龚建友	无锡商业大厦大东方股份有限公司
张鲁滨	无锡市南长区迎龙桥街道
谢　峰	无锡华洋滚动轴承有限公司
殷仁水	无锡市北塘区信访局
葛叙芬	无锡刘潭服装有限公司
毛薛钧	无锡机场有限责任公司
袁月娣	无锡市人民大会堂
褚　兵	无锡市太极实业股份有限公司
陈苏华	江苏省电力公司无锡供电公司
包智强	无锡市教育研究中心
何玉彬	无锡市农业生产资料有限公司
朱富根	无锡市殡仪馆
陈佩佩	江苏省无锡市公路管理处
孙　洁	无锡市房产管理局产权监理处
华婷婷	无锡市投资促进中心

吴敏强	无锡市公安局治安支队特警大队
李　娜	无锡市建设工程安全监督站
马祥生	无锡市水利局
张　宏	无锡广播电视集团(台)
邹　萍	无锡市市北高级中学
张　宏	无锡市体育彩票管理中心
赵　海	无锡华润矽科微电子有限公司
郑国芳	江苏北方湖光光电有限公司
潘建峰	中船澄西船舶修造有限公司
邹辰立	江苏利港电力有限公司
陈　卫	江南大学食品生物技术研究中心
朱佳俊	无锡商业职业技术学院
胡全裕	无锡职业技术学院
冷文浩	中船集团公司第七〇二研究所
单悦尔	中国电子科技集团第五十八研究所
蔡真法	一汽解放汽车有限公司无锡柴油机厂
方大伟	一汽客车(无锡)有限公司
杭　勇	无锡油泵油嘴研究所
朱　滨	无锡国联证券股份有限公司
敕　文	江苏弘和药物研发有限公司
钱晓明	无锡市自来水总公司
李天晶	无锡华润燃气有限公司
张建国	无锡市航道管理工作处
龚涌峰	无锡市高速公路指挥部办公室
荣　武	无锡市公路管理处
陈福山	无锡市城市重点工程建设办公室太湖新城项目办
陆鹤云	无锡市政建设集团有限公司
陈吉荣	无锡腾达建设集团股份有限公司
周优跃	无锡市锡山区厚桥社医卫生服务中心
蒋兴杰	无锡锡惠公交有限公司
廖　刚	无锡市九龙公交有限公司
蒋华娟	江苏远东控股集团
顾镇君	宜兴市供电公司
潘小君	江苏沪宁钢机有限公司
周　静	无锡市审计局
陈亚彬	无锡供电公司
顾　伟	恩欧凯(无锡)防震橡胶有限公司
李伟东	江苏锡兴集团有限公司

杨海燕	江苏锡兴集团有限公司
张志强	无锡市人民医院
尤瑞良	无锡市计量测试中心
陈　瑜	无锡邮政局
李　萍	无锡邮政局
卞德明	无锡客运有限公司
夏胜程	江阴市三盛生物技术有限公司
吴海军	中船澄西船舶修造有限公司船舶
李　成	江阴市颖达汽车销售有限公司
李　峰	无锡九龙湾乡村家园
杨　光	无锡湖滨饭店
肖　杰	赛斯电子(无锡)有限公司
姜　炎	江阴市祝塘镇水利农机站
周海军	江苏贝德时装有限公司
张杨兵	江阴兴澄特种钢铁有限公司
陈　燕	宜兴华地百货有限公司
邵顺生	宜兴市紫砂艺术馆
何建欢	无锡卡秀堡辉涂料有限公司
张玉琴	无锡市惠山区洛社镇总工会
朱升皓	SK 海力士半导体(中国)有限公司
王荣华	三浦橡胶(无锡)有限公司
张朝阳	无锡市博阳精密机械制造有限公司
谢　斐	无锡市北塘区北大街街道办事处
陈志刚	无锡华光锅炉股份有限公司
夏　斌	无锡市交通产业集团有限公司
陈绍华	一汽解放汽车有限公司无锡柴油机厂
王　昆	无锡供电公司
张小波	无锡市高速公路指挥部办公室
王　建	无锡市综合交通枢纽营运管理有限公司
刘荣忠	无锡市航道管理处
黄志达	无锡市城市投资发展总公司
王锡良	无锡市公共工程建设中心无锡大剧院项目部
蒋红卫	无锡市公共工程建设中心金匮桥项目部
朱　正	无锡市公共工程建设中心高浪路、新锡路项目部
丁剑敏	无锡市轨道交通规划建设领导小组(指挥部)
刘伯成	无锡市轨道交通规划建设领导小组(指挥部)
李重武	中铁第四勘察设计院集团有限公司
李　洁	无锡市社会福利中心

2011 年

万增林	江阴市花园实验小学
吴蓓茹	江阴福斯特纺织有限公司
王　鑫	江苏新雪竹国际服饰有限公司
顾文明	江苏宜兴市公路管理处
高大喜	江苏申锡建筑机械有限公司
杨博文	无锡市惠山区人民医院
闻东朝	无锡市振太酒业有限公司
过晓君	希捷国际科技(无锡)有限公司
郭学富	无锡市崇安区总工会
郑　昕	无锡国盛精密模具有限公司
黄　旭	无锡市北塘区黄巷街道黄巷环卫所
王雪峰	江苏无锡二建建设集团有限公司
练　强	宜兴市交通工程建设管理处
李日平	江苏无锡市公路管理处
张光伟	江阴市道路建设指挥部
曾益平	中铁一局集团有限公司无锡地铁 1 号线土建工程 17 标项目经理部
欧阳召生	中建八局第三建设有限公司京沪高铁无锡东站配套基础设施(交通综合体)工程项目经理部
李　龙	中铁隧道勘测设计院有限公司
谢　辉	无锡市轨道交通规划建设领导小组(指挥部)办公室
邵俊峰	无锡市轨道交通发展有限公司
唐　华	无锡市公共工程建设中心
王　波	无锡市公共工程建设中心
缪梅琴	无锡市第一棉纺织厂
朱　瑛	中国银行无锡市锡山坊前支行
戴新海	中国人民银行无锡市支行国库科
陈勤学	一汽集团解放汽车公司无锡柴油机厂
吴立民	无锡市航道管理处
谈军伟	无锡市新区交通运输分局
杭新宇	无锡市惠山区经济开发区洛社配套区管委会

2012 年

罗跟东	无锡地铁集团有限公司
周茂庆	无锡地铁集团有限公司运营分公司
陈建兵	中铁四局集团电气化工程有限公司
龚孟荣	中铁第四勘察设计院集团有限公司

翟卫武	无锡市公建中心建筑工程部
章一军	无锡市公建中心太湖饭店改扩建工程项目部
纪云城	宁杭铁路(无锡段)建设办公室
蒋　蔚	无锡市航道管理处锡澄运河项目办
顾红民	无锡市太湖闸站工程管理处蠡湖所
蒋秋明	无锡市城市投资有限公司
华勇清	江阴市锡澄运河航道整治工程指挥部办公室
韩伟奇	江阴市人民政府重点工程建设办公室
傅士才	江阴市交通重点工程建设指挥部项目办
丁宗红	江苏银行无锡分行
王　炜	江苏宜兴农村商业银行
包德平	中国人民银行江阴市支行
李亚杰	中国太平洋人寿公司无锡分公司
方　容	江阴市行政服务中心
陈　钟	宜兴市殡仪馆
高奋荣	宜兴市季畅园紫砂陶工艺品有限公司
马福琴	江苏东来房地产开发有限公司
裴　静	无锡市锡山中等专业学校
黄新和	无锡永凯达齿轮有限公司
吴跃华	无锡市滨湖区总工会
吴圣法	索尼数字产品(无锡)有限公司
方　正	无锡迎宾楼餐饮有限公司
杜　勇	无锡国盛精密模具有限公司
张存乐	无锡市天合景观工程有限公司
仲伟宽	无锡供电公司
王　瑶	一汽解放汽车有限公司无锡柴油机厂
张文林	无锡市公安局监管支队强制戒毒所
邓伟雄	无锡市华驰运输有限公司
巫国荣	江阴供电电力调度中心
陆　慧	110报警服务台女子接警队
陈道桢	无锡市妇幼保健院实验中心
罗芳青	无锡锡惠公共交通有限公司
周成锋	一汽解放汽车有限公司无锡柴油机厂
顾文明	宜兴市公路管理处应急中心
奚志群	无锡师范附属小学
缪荣明	无锡市职业病防治医院
蔡建峰	天一机场专用设备有限公司
陈笑月	江阴市天鹅制呢厂有限公司

朱新洪	江苏宜兴紫砂工艺厂
陈满宝	无锡吉兴汽车声学部件科技有限公司
朱振中	江苏晓山信息产业股份有限公司
徐　进	无锡市中软国际信息技术培训有限公司
戴　虎	无锡国盛精密模具有限公司
杜永军	无锡市交通工程有限公司
唐乾隆	江苏北方湖光光电有限公司
费玉银	一汽解放公司无锡柴油机厂
史春旻	江苏电力公司无锡供电公司
荣锦威	无锡市公共交通股份有限公司
孙建刚	无锡市交通城北驾培公司
浦锡东	无锡客运有限公司
佟　柠	江苏省锡山高级中学
嵇雯翃	江阴市要塞实验小学
刘占广	无锡日航饭店
何银峰	无锡凯宾期基饭店
蔡晓东	无锡市惠山区行政服务中心
王　健	无锡市粮食行政执法监察支队
任国文	江苏省广播电视信息网络股份有限公司无锡分公司
季宇宁	江苏省广播电视信息网络股份有限公司无锡分公司
潘欣云	中国移动江苏分那无锡分公司
金小玲	无锡市产品质量监督检验所
尹晓燕	江阴市民政局
杨　雯	无锡邮政局
张雪峰	江阴市人民医院
王旻莎	无锡市国税局
苏　晓	无锡供电公司
任留秀	江阴福斯特纺织有限公司
周春香	无锡市第四人民医院
蒋　诚	江阴凯澄起重机械有限公司
姚建龙	中船澄西船舶修造有限公司
李　洁	上海浦东发展银行股份有限公司宜兴支行
卢伟强	宜兴锦达陶艺有限公司
张　华	无锡国誉精密机械有限公司
蒋　锋	无锡市锡山职业教育中心
洪伟峰	无锡振华机械有限公司
王　辉	无锡市求实特种模具有限公司
王　超	中船澄西船舶修造有限公司

丁昊旻	无锡市新光电器机械厂
费玉银	一汽解放汽车有限公司无锡柴油机厂
潘东华	无锡德尔汽车有限公司
缪勤东	中船澄西船舶修造有限公司
蒋建芳	江阴一建建设有限公司
蒋振赟	中船澄西船舶修造有限公司
张　俊	无锡市新光电器机械厂
刘建军	无锡市新光电器机械厂
刘　洁	无锡市社会保险基金管理中心
丁　琳	无锡市商务局
顾锡华	无锡供电公司
丁　琳	无锡万怡母婴护理服务有限公司江阴分公司
卢志鹄	无锡市中级人民法院
汪莉萍	宁波银行无锡支行
徐震霞	无锡客运有限公司
刘　洁	无锡市社会保险中心
肖明江	无锡客运有限公司
陈　荣	无锡市公共交通有限公司
沈　良	无锡市社会福利中心
杨婷婷	无锡湖滨饭店
杨智杰	无锡湖滨饭店
陈丽丽	无锡市扬名中心小学
包伟华	江苏省锡山高级中学
沈　奕	无锡无锡地方税务局
刘天怡	无锡供电公司
张　丽	江苏有线网络有限公司无锡分公司
何力锋	中国移动江苏有限公司无锡分公司
项　怡	无锡市崇安区体彩中心
吴范莉	宜兴市国家税务局
钱良芬	宜兴市 32020805 投注站点
钱　骏	中国电信股份有限公司无锡分公司
朱延虎	江苏有线无锡分公司
张杨兵	江阴兴澄特种钢铁有限公司
唐先明	江阴市江顺模具有限公司
范小君	宜兴市范家壶庄
叶永君	宜兴陶瓷陈列馆
陈　磊	无锡宏源机电科技有限公司
陈昌明	无锡永展机械有限公司

沈宇东	无锡华瑞制药有限公司
管　瑞	无锡市亚迪流体控制技术有限公司
吕佳峰	富士通天(电子)有限公司
秦建军	博世汽车柴油系统股份有限公司
毕　淼	无锡市曲日精密机械有限公司
刘金山	无锡西新饭店

2013 年

唐先明	江阴市江顺模具有限公司
董春燕	无锡湖滨饭店有限公司
王　晶	无锡鸿运大酒店有限公司
欧阳荣梅	无锡市救助站
陈卫娟	江阴市山观实验小学
骆　波	江苏省锡山高中实验学校
周　嫣	无锡市特殊教育学校
钱宁宁	无锡市中心血站
沈　健	无锡市公共交通股份有限公司
李玲娣	宜兴市巾帼家政月嫂公司
张　卉	江苏通信服务有限公司无锡网盈分公司
华孟菲	江阴市邮政局
王振旦	中国移动公司无锡分公司
陈　欢	无锡地方税务局
陈　乡	中国太平洋财产保险股份有限公司无锡分公司
屈庆华	江阴市江顺模具有限公司
刘　强	中国贝卡尔特钢帘线有限公司
邹　萍	江阴市福澄颐养院
周伟伟	宜兴市贺洪梅紫砂艺术馆
宗国良	天龙科技炉业(无锡)有限公司
杜华军	江苏大明金属制品有限公司
臧潇俊	无锡市惠山区阳山镇尹城村
唐　炜	无锡永凯达齿轮有限公司
蔡凤高	无锡市永创电控器材有限公司
戴志强	无锡市穆桂英美食广场有限责任公司
董勇健	无锡市产品质量监督检验中心
任　华	无锡市中级人民法院民一庭审判员
徐永梅	无锡市 3202613 体彩销售网点
李叶美	江苏省广电网络有限公司无锡分公司
倪　骏	无锡供电公司

王琪强	中国电信有限公司无锡分公司
姜　炎	江阴市祝塘水利农机管理服务站
刘建斌	宜兴市交通职校
刘文武	江阴市公安局
朱卫平	无锡市惠山区坊祁街道畜牧兽医站
黄少熔	无锡地铁集团有限公司
吴　梦	广州地铁设计研究院有限公司无锡地铁3号线总体总包组
曹　旸	上海市机械施工集团无锡地铁1号线雪浪停车场土建工程项目部
鲍向阳	无锡市公建中心建筑工程部
何　洪	中建钢构有限公司苏南国际机场二期工程项目部
顾征帆	无锡市环境监测中心站
何人杰	无锡市排水公司
王光荣	无锡市住房保障和房产管理局
孟逸成	江苏冠杰建设有限公司
瞿剑钧	江阴市锡澄运河航道整治工程指挥部综合部
顾国平	江阴市审计局
段国忠	江阴市建设局征收办
张建新	宜兴市交通建设集团有限公司
卢伟强	宜兴市富如伟耐火陶瓷有限公司
张子超	高德(无锡)电子有限公司
潘加龙	无锡立信环保科技有限公司
王友芳	江苏锦汇建筑安装工程有限公司
孙达成	菲尼萨光通讯科技(无锡)有限公司
倪长智	无锡路桥集团股份有限公司
赵　冲	无锡市航道管理处
蒋　蔚	无锡市航道管理处
姜　英	江阴桃园山庄大酒店
王晓燕	无锡古运河旅游发展有限公司
蒋　虹	无锡市崇安区广益养老中心
朱跃新	无锡市民政局福利处
徐建新	无锡农村商业银行
邱旭天	民生银行无锡分行
陆志强	无锡市影剧公司
刘晓明	无锡机电高等职业技术学校
金达伟	无锡市惠山区前州街道社区卫生服务中心
朱雪芬	无锡市人民医院

晁卫民	江苏园景工程设计咨询有限公司
沈　龚	无锡市交通工程有限公司
华振宏	无锡客运有限公司
俞燕凌	无锡市烹饪餐饮行业协会
荣　乐	无锡电信分公司
耿昌友	中国移动江苏公司无锡分公司北塘营业部
朱益东	无锡邮政局金融业务局
王素华	江阴市行政服务中心
周红芬	宜兴市行政服务中心交通运输局
孙卫杰	江阴市富仁高科股份有限公司
陆建明	江阴市联业生物科技有限公司
蒋忠伟	江苏贝德时装有限公司
周建忠	江苏法尔胜泓昇集团有限公司
陶建明	江苏阳光集团有限公司
赵金耀	江阴市总工会
冯启明	宜兴市燎原化工有限公司
彭洪祥	江苏远兴环保集团有限公司
沈建强	宜兴市筋纹器艺术中心
汪治兴	江苏晶正电子有限公司
赵洪海	江苏远东控股集团
周亚非	国电联合动力技术(宜兴)有限公司
刘小燕	无锡市锡山区总工会
平建新	无锡市海联舰船附件有限公司
陆庆伟	无锡华能电缆有限公司
常　彪	无锡斯贝尔磁性材料有限公司
戴震乾	无锡市惠山区交通重点工程建设指挥部办公室
李　龙	无锡戴卡轮毂制造有限公司
冯伟祖	无锡新宏泰电器科技股份有限公司
丁　荧	无锡昌发电力机械有限公司
张华鸣	无锡市贝斯特精密机械有限公司
王　贝	无锡尚格工业设计有限公司
蒋营杰	无锡灵山文化旅游集团有限公司
杜炎杰	无锡太湖锅炉有限公司
杨　明	无锡新中润国际有限公司
朱为宇	无锡威克集团有限公司有限公司
程泽文	江苏精享裕建工有限公司
吴剑英	无锡明丽雅针织时装有限公司
季友高	无锡市金色豪门大酒店

李燕凌	无锡市北塘区总工会
郭增杰	博世汽车柴油系统股份有限公司
陈绪豹	SK海力士半导体(中国)有限公司
袁　雷	住化电子材料科技(无锡)有限公司
王二亮	柯尼卡美能达商用科技(无锡)有限公司
潘志俊	无锡市城市投资发展有限公司
华立辉	无锡国联证券股份有限公司证券投资部
陆晓焰	无锡华光锅炉股份有限公司
唐爱军	中铁电气化局集团第一工程有限公司
张　云	无锡威孚高科技集团股份有限公司
刘　瑾	无锡君来酒店管理集团有限公司
黄　芬	无锡供电公司运维检修部
尤志庆	一汽解放汽车有限公司无锡柴油机厂
吴洁明	江苏北方湖光光电有限公司
李永进	无锡邮政局数据服务咨询中心
张　卉	江苏省通信服务有限公司无锡网盈分公司
黄　芳	无锡市军队离休退休干部服务管理中心
宋庆根	无锡市军队离休退休干部服务管理中心
程荣角	江苏广电有线网络有限公司无锡分公司东港广电站
陈锡华	中国银行宜兴太华支行
顾敏刚	江苏银行无锡新区支行
董晓秋	中国邮政储蓄银行无锡市分行
刘　旺	中船澄西船舶修造有限公司
杨有宁	中国船舶重工集团公司第七〇二研究所
朱　强	无锡市锡惠园林景观有限公司
杨承建	无锡市第二人民医院
周成新	无锡市公共交通股份有限公司
李胜泉	中国航空动力控制系统研究所
陈　敏	无锡市演艺集团曲艺团
张　健	无锡泽根弹簧有限公司
尤　立	无锡广新影视动画技术有限公司
黄继红	江苏精亚机电工程有限公司
周　贺	江苏云蝠服饰股份有限公司
谭建伟	江阴南工锻造有限公司
包虎平	江苏方程电力科技有限公司
周秋鸿	中国电信江阴分公司长泾中心局
许　纯	江阴苏派服装集团有限公司
刘光才	中建钢构江苏有限公司一车间

周华萍	江苏飞达压铸有限公司
薛　刚	江阴市西城钢铁有限公司
江莉萍	江阴市邮政局峭岐邮政支局
朱亚琴	江苏宝利沥青股份有限公司
顾　铭	江阴贝瑞森生化技术有限公司
马　坚	江阴热电有限公司
周爱明	江阴市天华纱业有限公司
王建林	江苏江南水务股份有限公司
梅　薇	江阴市实验小学
徐国忠	江阴市机关事务管理局机关服务中心
黄伟群	宜兴市法律援助中心
鲍纪龙	宜兴市公路客运有限公司
周小平	宜兴市供电公司
马伟忠	宜兴市浩峰生态农业有限公司
陈国强	宜兴市横山水库管理所
王华萍	江苏灵谷化工有限公司
吴　惠	宜兴市文峰绿化工程有限公司
张凤娟	中国银行宜兴高塍支行
谢　乾	江苏卓易信息科技有限公司
毛子健	江苏宜兴紫砂工艺厂
徐国强	江苏亨鑫科技有限公司
陈晓明	宜兴振兴制刷有限公司
吴中平	江苏宇星工贸有限公司
张正德	宜兴水务集团有限公司
王小龙	宜兴市信访局
蒋德荣	宜兴市人力资源和社会保障局
施岳明	江苏瑞通信息产业有限公司
许明丰	无锡好时来果品科技有限公司
严　泓	无锡市锡山区交通运输局
孙月明	江苏晶石科技集团有限公司
包建忠	无锡锡州机械有限公司
张　静	无锡恒田纺织品有限公司
陈龙飞	无锡爱邦辐射技术有限公司
吴介南	无锡市惠山区总工会
吴　强	无锡中强电碳有限公司
俞孝湖	江苏锡供集体资产运营中心
张德刚	无锡盛力达科技股份有限公司

张华兵	江苏天奇物流系统工程股份有限公司
华大明	无锡市滨湖区太湖街道办事处
李　龙	无锡太湖锅炉有限公司
陆　军	无锡市新峰管业股份有限公司
钱小尉	无锡凤凰画材有限公司
任伟业	无锡可尚生物科技有限公司
殷　健	无锡市蠡园房地产开发公司
冯忆文	无锡电缆厂有限公司
刘海东	美新半导体(无锡)有限公司
王　媛	无锡耐特机电技术有限公司
杜香香	索尼数字产品(无锡)有限公司
陆恺璇	无锡市新区经济发展集团总公司
洪　斌	无锡市新区城市管理局
顾　峰	无锡金陵大饭店
李月娟	无锡市广益街道办事处
张晋东	无锡市宏源针织机械厂
徐明成	无锡市南长区南禅寺街道社区卫生服务中心
陈云良	无锡市北塘区信访局
黄建胜	无锡市北塘区总工会
李向阳	无锡市太湖湖泊治理有限责任公司
张始荣	无锡宏源机电科技有限公司
钱晓玮	苏南硕放国际机场有限公司
陈　荣	无锡市人民大会堂
庄星宇	无锡市自来水总公司
张　波	无锡市交通工程有限公司
崔柳春	无锡华润安盛科技有限公司
陶　海	中船澄西船舶修造有限公司
董立广	一汽解放汽车有限公司无锡柴油机厂
盛荣良	江苏省电力公司无锡供电公司
骆　娟	无锡市邮政局人民路支局
徐　蕻	中国电信股份有限公司无锡分公司
华　晓	中国移动通信集团江苏有限公司宜兴分公司
赵成效	海鹰集团无锡海鹰电子医疗系统有限责任公司
杜建华	无锡威孚高科技集团股份有限公司
刘宝山	无锡市文化遗产保护和考古研究所
薛　蕾	无锡日报
邹　翊	无锡市总工会干部学校

张红岩	江苏崇宁律师事务所
李　东	无锡市国土局征地服务中心
陈　江	中共无锡市委党校
蒋雍君	无锡工艺职业技术学院
许　沁	无锡教育电视台
堵国成	江南大学
郭惠芬	无锡高等师范学校
王敏英	无锡市中医医院
葛春康	中国船舶重工集团公司第七〇二研究所
徐佩荣	无锡市公安局特警支队
华定伟	无锡市人民检察院
孙亚丽	中国邮政储蓄银行无锡市分行
刘　钰	天安财产保险股份有限公司无锡中心支公司
孙辽锡	无锡市交通管理处
任　刚	无锡园林旅游商贸服务有限公司
孙　明	无锡市民政局
杨建良	无锡和邦生物科技有限公司
王佳杰	江苏广播电视网络股份有限公司无锡分公司
张中云	无锡城市发展集团有限公司
陆　晓	无锡市晓山信息产业股份有限公司
陈　博	无锡市第一中学
顾晓华	无锡市滨湖区河埒街道
嵇雯翊	江阴市要塞实验小学
万汉强	江苏森茂竹木业有限公司
吴　平	江苏省电力公司无锡供电公司客户服务中心
张海华	无锡威孚高科技集团股份有限公司
章广松	无锡双欢电气有限公司
郑书祥	无锡市锡山建筑实业有限公司
周　焱	无锡市民政局行政许可处
祝黎洁	无锡市第三人民医院
朱一锋	中船澄西船舶修造有限公司
朱　铮	无锡市新光电器机械厂
孙　祺	一汽解放汽车有限公司无锡柴油机厂
李　安	一汽解放汽车有限公司无锡柴汽车厂
刘建军	无锡市新光电器机械厂
张　杰	一汽解放汽车有限公司无锡柴油机厂
凌小军	中船澄西船舶修造有限公司
姚建龙	中船澄西船舶修造有限公司

王雪娇	无锡市新光电器机械厂
姜　锋	无锡市新光电器机械厂
王　晶	无锡鸿运大酒店
王振飞	无锡穆桂英美食广场
邵坚林	无锡市公共交通股份有限公司
卞潇冽	无锡市公共交通股份有限公司
周寅飞	无锡供电公司
祝宇星	江阴市供电公司
谢崇峰	无锡郎奇软件科技有限公司
顾莹婧	无锡市新光电器机械厂

无锡市“五一劳动荣誉奖章”获得者

2006 年

柳康成	江阴福江纺织有限公司
萧栋斌	无锡华山荣塑料机械有限公司
大桑裕治	宜兴北海封兴有限公司
谢文正	圣亨金属制品(无锡)有限公司
袁　均	无锡千面王福鼎楼餐饮文化发展有限公司
罗　斌	无锡市阿斯利康制药有限公司
齐科甫	博世汽车柴油系统股份有限公司
吉野一生	索尼数字产品(无锡)有限公司
崔仲澈	无锡长江薄板有限公司
文　骥	无锡嘉新服装有限公司
陈介雄(台湾)	宜兴万昌食品有限公司
萧宜平(台湾)	无锡仲威针纺织有限公同
林文卿(台湾)	无锡荣威纸业有限公司
雷纳特柏格(瑞典)	无锡华瑞制药有限公司
松田旨立(日本)	无锡东联制衣有限公司
室田正明(日本)	无锡村田电子有限公司
小平芳典(日本)	索尼电子(无锡)有限公司
黑岩进一郎(日本)	柯尼卡美能达商用科技(无锡)有限公司
豪克·雅考普斯(德国)	西门子中压开关技术(无锡)有限公司
施德门(德国)	无锡市博西威家用电器有限公司

2007 年

深泽俊之(日本)	江阴凯澄起重机械有限公司
竹内孝一(日本)	江苏双友东纲金属制品有限公司
光冈雅彦(日本)	宜兴精密化学有限公司

大西信幸(日本)	无锡光洋轴承有限公司
上村贞治(日本)	恩欧凯(无锡)密封件有限公
王　满(中国台湾)	无锡长椿金属制品有限公司
西村雄治(日本)	无锡理昌科技有限公司
铃木滋(日本)	富士通天电子(无锡)有限公司

全国优秀工会工作者

2008 年

朱建方	江阴市总工会
平文良	无锡市惠山区总工会
冯惠兴	无锡市新区总工会
石兴荣	无锡市国联发展(集团)有限公司
张　进	无锡市园林工会
许国清	无锡市总工会

2009 年

承燕华	无锡市总工会
任建一	博世汽车柴油系统股份有限公司
莫国良	无锡市惠山区前洲镇工会

2011 年

马其兴	无锡市锡山区总工会
任亚萍	无锡市北塘区黄巷街道总工会
杨锡其	无锡市惠山区阳山镇总工会
傅　泓	无锡市滨湖区蠡湖街道总工会
周成锋	一汽解放公司无锡柴油机厂
卢　芳	江阴市澄江街道总工会

2013 年

肖均贤	江阴市新桥镇总工会
蒋纯红	中国宜兴环保科技工业园总工会
王小良	无锡市市级机关工会
丁　锋	江苏省电力公司无锡供电公司
严福庆	无锡市总工会

全国优秀工会积极分子

2008 年

褚一波	无锡市劳动争议仲裁委员会

张红岩	无锡市职工法律援助律师团
李连生	江苏亨鑫科技有限公司
周学宜	无锡锡州机械有限公司
朱介新	无锡普睿司曼电缆有限公司
朱益民	无锡市第三高级中学

2013 年

顾学红	江苏晶石科技集团有限公司
倪蕾敏	无锡市惠山区钱桥街道总工会
郭亚萍	无锡市第九人民医院
张　旭	无锡机电高等职业技术学校
胡伟东	一汽解放汽车有限公司无锡柴油机厂

全国优秀工会之友

2013 年

丁旭初	无锡市人力资源和社会保障局

全国工会系统先进工作者

2008 年

曲国基	无锡市总工会

江苏省优秀工会工作者

2008 年

朱建方	江阴市总工会
蒋　仿	江阴市澄江街道总工会
徐雪清	江阴市夏港镇总工会
左西龙	江苏江阴港港口集团股份有限公司
许夕强	宜兴市和桥镇总工会
谈云坤	宜兴市官林镇总工会
邵瑞新	江苏宜兴经济开发区总工会
徐方方	宜兴市教育工会
周婉英	无锡市锡山区总工会
沈惠英	无锡市锡山区安镇镇总工会
陈　钢	无锡市锡山区教育工会
莫国良	无锡市惠山区前洲镇工会
王曙亮	无锡市惠山区堰桥街道工会
苏承祖	罗地亚无锡制药有限公司
吴跃华	无锡市滨湖区总工会

翟晓萍	江苏省无锡蠡园经济开发区
百俊海	无锡市滨湖区胡埭镇总工会
张国华	无锡市崇安区总工会
秦晓薇	无锡市崇安区教育局
刘　征	无锡市南长区总工会
衡泉生	无锡市南长区环境卫生管理所
朱　萍	无锡市北塘区总工会
任亚萍	无锡市北塘区黄巷街道工会
冯惠兴	无锡市新区总工会
邹维佳	无锡市新区鸿山镇工会
石兴荣	无锡市国联发展(集团)有限公司
葛艺华	无锡市交通产业集团有限公司
朱伟文	无锡市交通工会
张　进	无锡市园林工会
张国浩	无锡市房地产管理局
袁伟贤	无锡市粮食局
吴建静	无锡市民政局
周书同	无锡市建设工会
顾　楳	无锡市学校管理中心
王忠良	无锡市地方税务局
周祥兴	无锡市财政局
彭启宣	无锡市排水管理处
龚　锐	无锡邮政局
陆慧娟	无锡市红十字中心血站
阚一芳	无锡市精神卫生中心
王生均	江苏省电信有限公司无锡分公司
周成锋	一汽解放汽车有限公司无锡柴油机厂
秦路蓉	无锡透平叶片有限公司
缪士良	江苏锡钢集团有限公司
浦　辙	无锡商业职业技术学院
杨晓勤	无锡职业技术学院
周惠明	无锡市总工会
严福庆	无锡市总工会
孙玉明	无锡市总工会

2011 年

郁秋皓	江阴市总工会
肖均贤	江阴市新桥镇总工会

石顺芳	江阴市夏港街道总工会
王永君	宜兴市总工会
孙建华	江苏宏鑫集团
程厚宽	江苏宜兴农村商业银行股份有限公司
薛雪明	无锡市锡山区鹅湖镇松芝村工会
戴镒锋	无锡市惠山区总工会
张玉琴	无锡市惠山区洛社镇总工会
蔡　骏	无锡瑞年实业有限公司
张国华	无锡市崇安区总工会
李月娟	无锡市崇安区广益街道工会
刘　澄	无锡光明(集团)有限公司
孙之让	无锡市北塘区山北街道总工会
吴圣法	索尼数字产品(无锡)有限公司
殷卓伟	无锡国联证券有限公司
夏　坚	无锡市总工会

2013 年

余　玲	江阴市总工会
高琴芬	江阴市总工会
肖均贤	江阴市新桥镇总工会
卢　芳	江阴市澄江街道总工会
门开阳	江阴市华士镇总工会
缪肖锋	江阴市利港镇总工会
钱建兵	江阴市供电公司
叶文芝	江苏新潮科技集团
柳　蔚	江阴高新技术产业开发区总工会
江丽玲	江阴市卫生系统工会
孙永达	江阴热电有限公司
张镜韬	江阴苏龙热电有限公司
陈　健	江阴市市级机关工会
周亚定	宜兴市总工会
潘亦东	宜兴市宜城街道总工会
赵新乐	宜兴市张渚镇总工会
蒋纯红	中国宜兴环保科技工业园总工会
蒋俊清	宜兴市徐舍镇总工会
戴菊芳	宜兴市周铁镇总工会
张一维	宜兴市万石镇总工会
邓国强	宜兴市卫生局

马晓军	宜兴市旅游园林管理局
王志东	宜兴市邮政局
戴芳芳	江苏宜兴海事处
蒋国新	江苏华亚化纤有限公司
李　胜	无锡市锡山区总工会
严国兴	无锡市锡山区羊尖镇总工会
于建江	江苏锡山经济技术开发区总工会
朱溪平	无锡市锡山区东北塘街道工会
徐瑞根	无锡市锡山区鹅湖镇总工会
马建鸣	无锡市惠山区总工会
华伯裕	无锡市惠山区卫生局
陈慧超	无锡市惠山区堰桥街道总工会
殷卫国	无锡市惠山区玉祁街道总工会
张秋兰	无锡双欢电器有限公司
许建秀	无锡市滨湖区总工会
华大明	无锡市滨湖区太湖街道工会
陈耀春	无锡市滨湖区荣巷街道工会
顾晓华	无锡市滨湖区河埒街道工会
袁　菁	无锡市滨湖区教育局
陆桂荣	无锡市滨湖区马山街道总工会
李轶群	无锡市崇安区总工会
俞溪法	无锡市崇安寺街道工会
许小燕	无锡市通江街道工会
郝平林	无锡市南长区总工会
浦　勰	无锡市南长区扬名街道总工会
史士奎	无锡市南长区人民检察院
黄建胜	无锡市北塘区总工会
张建平	无锡市北塘区山北街道会西社区
李育德	无锡市方圆实业总公司
任　俊	无锡市新区总工会
陆青青	无锡华润上华半导体有限公司
万志强	无锡村田电子有限公司
周利民	无锡市新区旺庄街道总工会
李战平	无锡市总工会
江　静	江苏省无锡工人太湖疗养院
姜正武	无锡市城市投资发展有限公司
王国康	无锡市交通产业集团有限公司
刘　涛	无锡产业发展集团有限公司

任　刚	无锡国联环保能源集团有限公司
王　军	无锡市市政和园林局
陶　红	无锡市私营企业工会联合会
周成锋	一汽解放汽车有限公司无锡柴油机厂
孙征平	中国电信无锡分公司
邹亚平	无锡城市职业技术学院
黄　嘉	江苏省广电有线信息网络股份有限公司无锡分公司
黄建中	中国船舶重工集团公司第七〇二研究所
孙明兴	无锡油泵油嘴研究所
刘耀清	无锡市人力资源和社会保障局
王小良	无锡市市级机关工会
王　钊	江苏省无锡市国家税务局
王立如	中船澄西船舶修造有限公司
邬　洋	江南大学
王君瑞	无锡市交通运输局
张　萍	海鹰企业集团有限责任公司
丁　锋	江苏省电力公司无锡供电公司
俞争艳	无锡市锡惠园林景观有限公司
林　黎	无锡市民政局
常　华	无锡职业技术学院
胡坚强	无锡透平叶片有限公司
刘　晓	无锡市中心血站
吴育佳	无锡华润微电子有限公司
顾　楳	无锡市学校管理中心
柳高远	无锡市邮政局
迟心如	无锡市国家安全局
邓从容	无锡市建设局
任卫东	无锡市公用房产管理处
王玉伟	无锡市第一人民医院

江苏省优秀工会积极分子

2008 年

俞新钢	江阴市顾山镇工会
黄小冬	江阴市霞客镇工会
顾　恩	江阴市地方税务局一分局
薛留成	江阴凯澄起重机械有限公司
柳康成	江阴福汇纺织有限公司

刘　舟	宜兴市公安局
吴勤新	宜兴市张渚镇体育指导站
蒋俊清	宜兴市徐舍镇工会
何安元	宜兴市周铁镇工会
顾建娅	江苏宜兴农村合作银行
陆仁兴	江苏瑞通信息产业有限公司
汪舫舫	无锡华能电缆有限公司
周学宜	无锡锡州机械有限公司
陈友东	无锡联合收割机有限公司
唐娟华	无锡市新润房地产开发有限公司
陶其方	无锡百特皮件有限公司
秦月芬	无锡市惠山区洛社镇总工会
许夏秋	无锡市惠山区玉祁镇蓉中村联合工会
张正荣	无锡市雪浪钢铁集团有限公司
朱介新	无锡普睿司曼电缆有限公司
杨银清	无锡威孚马山油泵油嘴有限公司
惠水龙	无锡华达电机有限公司
刘　彪	无锡肯德基有限公司
杨柳芳	无锡市崇安区环境卫生管理处
俞溪法	无锡市崇安区崇安寺街道办事处工会
黄　华	无锡市南长区教育局
张伟群	无锡市南长区南禅寺街道办事处工会
朱国卉	无锡市南长区经济贸易局
徐国行	无锡市北塘区山北街道工会
蒯兰鸣	无锡市北塘区黄巷街道刘潭社区
陈荣培	无锡市北塘区山北街道红光社区
赵丰林	康奈可科技(无锡)有限公司
张清涵	无锡阿尔卑斯电子有限公司
李　峰	无锡西姆莱斯石油专用管制造有限公司
刘　涛	无锡市国有资产监督管理委员会
陆俊千	无锡君来酒店管理集团有限公司
殷永生	无锡市房地产开发集团有限公司
费煜青	江苏首佳房地产中介有限公司
李　伟	无锡市欣旺大酒店有限公司
刘　彬	无锡市航道管理处
吴敏栋	无锡华润燃气有限公司
朱庆漪	无锡市太湖鼋头渚风景区管理处

万合仓	无锡市白蚁防治所
顾建新	无锡市房产管理局产权监理处
巢欣浩	无锡邮政局网络部
颜生根	无锡市外事二泉旅游投资有限公司
董巧珍	无锡市农业生产资料有限公司
汪淑萍	无锡市急救中心
苏　苏	无锡教育电视台
张扣喜	中国外运江苏集团公司锡惠公司
朱月萍	无锡粮食机械厂
范惠东	无锡市殡仪馆
吴蕴辉	无锡市建设工程管理处
金建国	无锡市国家安全局
周国民	无锡市国土资源局
彭沛华	中共无锡市委党校
钱少南	无锡市人民检察院
马祥生	无锡市水利局
蒋艳敏	无锡市人民医院
谢富根	江苏省梅村高级中学
王正勇	无锡市文化艺术管理中心
王艳玲	无锡市体育场馆和训练管理中心
黄　蓉	无锡供电公司
时　瑶	江苏省电信有限公司无锡分公司
曹　蔚	无锡广播电视集团都市资讯频道综合编播部
宋闽军	无锡华润微电子有限公司晶芯半导体有限公司
凌建新	海鹰企业集团有限责任公司设备动力分公司
郭文华	中船澄西船舶修造有限公司建华工程队
胡　怡	江苏北方湖光光电有限公司
谢科伟	江苏利港电力有限公司运行
李　斌	中国移动通信集团江苏有限公司无锡分公司江阴分公司
陈莉娟	中国联通有限公司无锡分公司
梁明霞	江苏锡钢集团有限公司锡钢炼钢分厂
尹顺龙	地质矿产部无锡钻探工具厂
刘　洪	无锡蓝星石油化工有限责任公司动力分厂
浦振华	无锡宏大纺织机械专件有限公司
王　洪	无锡经纬纺织科技试验有限公司
王炳耀	江苏泓纲纺织实业有限公司
田苏泰	中国电子系统工程第二建设有限公司
葛其春	江南大学商学院

张怡倩	无锡城市职业技术学院
张建新	无锡工艺职业技术学院图书馆
朱建设	江苏信息职业技术学院
张　慧	中国企业管理无锡培训中心
周叶桥	中国航空工业第一集团公司航空动力控制系统研究所
王　松	中国电子科技集团公司第五十八所
李咏梅	中国船舶重工集团公司第七〇二研究所
季　畅	无锡纺织机械研究所
房新民	无锡油泵油嘴研究所
杜晓燕	中国水产科学研究院淡水渔业研究中心
许　鸣	中国航天科技集团公司七三八疗养院
江　静	无锡市太工疗养院
安丽萍	无锡市工人文化宫

2013年

徐进芳	江阴市青阳镇总工会
胡冬明	江阴市周庄镇总工会
孙丽丽	江阴市长泾镇机关工会
吴进康	江阴市顾山镇总工会
舒　峥	江苏法尔胜泓昇集团有限公司法财苑酒店
邓　新	江阴兴澄特种钢铁有限公司一分厂
陆桂兴	江阴市市级机关工会
莫贤良	宜兴市市级机关工会
杨菊芳	宜兴市供销总社
蒋建农	宜兴市粮食局
邢秋芳	中国电信宜兴分公司
窦法君	中国建设银行宜兴支行
吴雅琴	宜兴市行政服务中心
王国宇	无锡皮革城有限公司
范丽花	无锡市锡山人民医院
钱少华	无锡市锡山区交通运输局
王　冬	无锡锡山建筑实业有限公司
沈　东	无锡市惠山区教育工会
倪蕾敏	无锡市钱桥街道总工会
倪申兴	无锡市惠山区阳山镇冬青村工会
魏秋湘	无锡市宏泰起重电机股份有限公司
钱美英	无锡市滨湖区荣巷街道勤新社区
赵丽萍	无锡市滨湖区胡埭镇富安村工会

顾明英	无锡蠡园经济开发区润和物业管理有限公司
严　豪	无锡市滨湖区蠡湖街道湖滨商业街工会联合会
何　伟	无锡商业大厦大东方股份有限公司
黄新红	无锡肯德基有限公司
李　钢	无锡市广益街道工会
徐秋花	无锡国盛精密模具有限公司
蔡江华	江苏天圣达集团有限公司
张　静	无锡市南长区教育局
包镇仙	无锡市北塘区教育局
骆宝庆	无锡志成皮件有限公司
潘晶晶	沃尔玛(江苏)商业零售有限公司无锡青石路分店
王　芳	SK 海力士半导体(中国)有限公司
黄　珅	无锡市新区张公桥社居委
朱　敏	无锡市滚动轴承有限公司
钱春华	柯尼卡美能达商用科技(无锡)有限公司
沙　洁	希捷国际科技(无锡)有限公司
杨一波	无锡太湖国际科技园工会
任鸣杰	无锡市市政公用产业集团有限公司
解林祥	无锡市人民政府国有资产监督管理委员会
周小洪	苏南硕放国际机场有限公司护卫消防部
夏　菁	无锡中国国际旅行社有限公司
王国兴	江苏利电能源集团
是林法	中国移动江苏公司无锡分公司
陈敏敏	地质矿产部无锡钻探工具厂
丁　明	江苏省纺织研究所有限公司
林未延	无锡市教育科学研究院
王晓宁	无锡蓝星石油化工有限公司
孙建元	北方通用电子集团有限公司无锡分公司
施黎娟	无锡市演艺集团有限公司
荚晓翔	中航工业动控所电液机械工程部
王玉珍	无锡经纬纺织科技试验有限公司
张　进	无锡宏大纺织机械专件有限公司
吉　晟	无锡广播电视台(集团)
陈佩江	无锡市委党校
张伟中	中国企业管理无锡培训中心
杨其生	无锡市国土资源局
郑冰如	无锡商业职业技术学院
须　莹	中国电子系统工程第二建设有限公司

梁溪清	无锡市钱钟书故居管理中心
凌长鸣	江苏信息职业技术学院基础部
包凤仙	中国联通网络通信有限公司无锡市分公司江阴分工会
倪　莉	无锡市轨道交通发展有限公司
陈其默	无锡市社会保险基金管理中心
汤翊群	江苏北方湖光光电有限公司
杜晓燕	中国水产科学研究院淡水渔业研究中心
王金龙	无锡市人民体育场
丁　旭	无锡苏南物业有限公司
欧国君	无锡市商务局
张仁东	中国航天科技集团七三八疗养院
黄　强	中国电子科技集团公司第五十八研究所
常　宇	公安部交通管理科学研究所

江苏省荣誉工会积极分子

2013年

金志标	无锡市委
周浩明	无锡市政府
赵立平	无锡市人大
顾　韬	无锡市政协
刘蓓红	无锡市委组织部
周艳阳	无锡市委市级机关工委
周建梁	无锡市财政局
高　敏	无锡市发改委
沈仲良	无锡市司法局
李　檬	无锡地方税务局
丁旭初	无锡市人力资源和社会保障局
黄建春	无锡市国土资源局
蒋永成	无锡市江阴地方税务局
周中平	宜兴市委
钱恒荣	一汽解放汽车有限公司无锡柴油机厂
许志龙	江苏省电力公司无锡供电公司
赵　明	无锡市照明工程有限公司
张中云	无锡市城市发展集团
惠　慧	无锡市太湖新城发展集团有限公司
施　展	无锡日报报业集团
邹　健	无锡广播电视集团(台)
钱云皋	无锡市锡山三建实业有限公司

陈卫国	无锡华润实业公司
郭　宇	无锡振太酒业有限公司
席国良	无锡商业大厦大东方股份有限公司
惠淑君	穆桂英美食广场有限责任公司
周明基	无锡宏广电容器有限公司
李在雨	SK 海力士半导体(中国)有限公司

江苏省十佳基层工会工作者

2004 年

邢秋林	无锡供电公司

2010 年

任建一	无锡博世汽车柴油系统股份有限公司

江苏省优秀企业工会主席

2007 年

蒋伯良	宜兴市供电公司
周成锋	无锡柴油机厂
沈锦山	江阴兴澄特种钢铁有限公司
陈　俊	无锡村田电子有限公司
刘玉华	无锡东联制衣有限公司
任建一	博世汽车柴油系统股份有限公司
苏江清	无锡锡山建筑实业有限公司
李兴良	江苏太湖锅炉股份有限公司
邵　震	无锡太湖锅炉有限公司
龚凤娟	无锡市港务有限责任公司

无锡市优秀工会工作者

2004 年

朱建方	江阴市总工会
沈锦山	江阴兴澄钢铁有限公司
曹超群	宜兴市总工会
蒋伯良	宜兴市供电局
唐金虎	无锡市锡山区总工会
莫国良	无锡市惠山区前洲镇工会
李雪花	无锡市滨湖区总工会
秦晓微	无锡市崇安区教育局

刘　征	无锡市总工会南长区办事处
王汉良	无锡市北塘区黄巷街道工会
崔一新	索尼电子(无锡)有限公司
周成锋	一汽解放汽车有限公司无锡柴油机分公司
钱　锋	无锡市轻工资产经营有限公司
缪士良	江苏锡钢集团有限公司
李云庭	无锡协新集团有限公司
孙　平	无锡市贸易资产经营有限公司
华　毅	无锡市电仪资产经营有限公司
杨生英	无锡阿尔梅感光化学公司
朱伟文	无锡市交通工会
邢秋林	无锡供电公司
冯秋芳	无锡市辅仁高级中学
陈亚萍	无锡市文化工会
黎人康	无锡市市级机关工会
王惠芬	无锡市中医院
范钦柏	无锡庆丰股份有限公司
毛伟跃	无锡市国联发展(集团)有限公司
刘洁明	海鹰企业集团有限责任公司
杨玲珠	澄西船舶修造厂
成仲兴	无锡市正原大昌修车有限公司
许国清	无锡市总工会

说明:上述“无锡市优秀工会工作者”为无锡市委表彰

2008年

余　玲	江阴市总工会
石顺芳	江阴市夏港街道总工会
陈亚蕾	江阴市新国联投资发展有限公司
卢　芳	江阴市澄江街道总工会
徐　明	法尔胜集团
吴志裕	江阴市南闸镇总工会
任建新	江阴苏龙发电有限公司
苏学东	江阴市徐霞客镇总工会
裴志伦	宜兴市总工会
王建华	中国宜兴环保科技工业园总工会
蒋纯红	宜兴市新街街道工会
俞旭芳	宜兴市新建镇工会
邱作为	宜兴市芳桥镇工会
蒋其明	宜兴市太华镇工会

程厚宽	江苏宜兴农村合作银行
许一芳	江苏省电力公司宜兴市供电公司
孙浩君	无锡市锡山区锡北镇总工会
陆荣兴	无锡市锡山区鹅湖镇总工会
许虎良	无锡市锡山区区级机关工会
周建庄	无锡市锡山区政府办公室
吕　娥	无锡市锡山区东港镇总工会
虞建法	无锡市惠山区总工会
王曙亮	无锡市惠山区堰桥街道工会
莫国良	无锡市惠山区前洲镇工会
秦月芬	无锡市惠山区洛社镇总工会
虞忠华	无锡市惠山区教育局
张应和	无锡市滨湖区房产管理局
顾晓华	无锡市河埒街道办事处工会
顾成忠	无锡市滨湖区经贸局
王红芹	无锡市滨湖区滨湖街道总工会
许建秀	无锡市滨湖区总工会
汤德政	无锡市崇安区总工会
徐　玲	无锡市崇安区崇安街道工会
过瑾珠	江苏无锡商业大厦集团有限公司
徐国良	无锡市崇安区区级机关工会
刘　澄	无锡光明(集团)有限公司
马明娟	无锡市南长区金星街道工会
王　华	无锡焦化有限公司
张始英	无锡市南长区总工会
华耀东	无锡力马化工机械有限公司
刘锡海	无锡市盛鑫印刷有限公司
朱月良	无锡刘潭服装有限公司
王丰慧	无锡市北塘区山北街道宪丰社区工会
赵丰林	康奈可科技(无锡)有限公司
朱春华	无锡百晟科技有限公司
陆志芳	尼吉康电子(无锡)有限公司
邹建新	无锡市新安中心小学
朱建元	无锡银邦铝业有限公司
邵裕妹	江苏无锡朝阳(集团)有限公司
蒋良红	无锡华光锅炉股份有限公司
张　琪	无锡市房地产开发集团有限公司
汪丽钗	无锡威孚高科技股份有限公司
王君瑞	无锡市交通局

李　静	无锡市市政工程质量监督站
高慧华	无锡市太湖鼋头渚风景区管理处
张国浩	无锡市房产管理局
张晓刚	无锡邮政局
顾洪岩	无锡中国国际旅行社有限公司
陆泉英	无锡苏南日用工业品(集团)公司
谈志浩	无锡教育工会
滕　卫	江苏省荣军医院
倪小英	外贸无锡印刷有限公司
何浩明	无锡市粮食局
林杏元	无锡市社会福利中心
顾友昌	无锡市建设工会
杨定云	公安部交通管理科学研究所
迟心如	无锡市国家安全局
商训功	无锡质量技术监督局
吴惠娟	无锡市物价局
张　蓉	轻工业人才交流中心无锡分中心
沈永奇	无锡市国家税务局
徐　卫	无锡市第三人民医院
朱卫军	无锡市传染病医院
谢富根	江苏省梅村高级中学
沈小珠	无锡市公益职业学校
李　平	无锡市文化艺术管理中心
汤凤全	无锡市体育运动学校
周　斌	无锡广播电视集团(台)
李　强	无锡供电公司农电公司
孙征平	中国电信无锡分公司
吴育佳	无锡华润微电子有限公司
吴惠芬	海鹰企业集团有限责任公司
胡　怡	江苏北方湖光光电有限公司
孙秋霞	中船澄西船舶修造有限公司
毛德芳	江苏利港电力有限公司
是林法	中国移动通信集团无锡分公司
王来宣	江南大学
浦　辙	无锡商业职业技术学院
杨晓勤	无锡职业技术学院
程士清	无锡城市职业技术学院
张玲娣	无锡工艺职业技术学院
陶　红	无锡市私营企业工会

许正楼	无锡市北塘区私营企业工会
黄建中	中船重工集团公司第七〇二研究所
周成锋	一汽解放公司无锡柴油机厂
秦路蓉	无锡透平叶片有限公司
赵文伟	江苏锡钢集团有限公司
王泽忠	中国电子系统工程第二建设有限公司
桑　勤	无锡市总工会
陆建明	无锡市总工会

2013 年

余　玲	江阴市总工会
赵　苏	江阴市新桥镇总工会
吴志裕	无锡市南闸街道总工会
孙　健	江阴市月城镇总工会
朱琳琳	江阴市广播电视集团
罗锡娅	江阴市教育工会
范伟成	江阴市璜土镇总工会
陆玉婷	江阴市交通运输局
卢永辉	江苏法尔胜泓昇集团有限公司
叶文芝	江苏新潮科技集团有限公司
张镜韬	江阴苏龙热电有限公司
王福生	江阴兴澄特种钢铁有限公司
吕顺娣	宜兴市总工会
肖　俊	宜兴市总工会
许　芬	宜兴市总工会职工服务中心
吴小荣	宜兴市芳桥镇总工会
郭建辉	宜兴市湖㳇镇总工会
张　露	宜兴市万石镇总工会
裴志坚	江苏凌志环保股份有限公司
蒋锡芝	无锡市明珠电缆有限公司
江　娅	宜兴创业园科技发展有限公司
曹仲明	江苏义源铜业集团有限公司
吴福军	宜兴市交通运输局
杜晓强	宜兴市公安局
丁松林	无锡市锡山区总工会
刘小燕	无锡市锡山区总工会
匡　正	无锡市锡山区厚桥街道谢埭荡村工会
徐　军	无锡市锡山区云林街道云祥社区工会
李云庭	无锡协新毛纺织有限公司

周雪英	无锡市锡山区锡北镇总工会
朱　英	无锡市锡山区羊尖镇总工会
陈　浩	无锡市惠山区前洲街道工会
王建伟	无锡新宏泰电器科技股份有限公司
徐　红	无锡市惠山区阳山镇总工会
章芬芳	无锡市惠山区钱桥街道总工会
黎建文	江苏玉龙钢管股份有限公司
闵　晖	无锡市惠山区长安街道工会
孙　宇	无锡市惠山区洛社镇工会
杨晓东	无锡市滨湖区马山街道总工会
许　钦	无锡市滨湖区太湖街道工会
刘　东	无锡市滨湖区荣巷街道勤新社区工会
朱梦燕	无锡经济开发区园区工会
杨胜明	无锡市滨湖区蠡园街道工会
施　洪	中电电机股份有限公司
何雯娴	无锡市滨湖区雪浪街道总工会
李轶群	无锡市崇安区总工会
王伟忠	无锡威克集团有限公司
许小燕	无锡市崇安区通江街道工会
安机临	无锡市银辉物业有限公司
张　静	无锡市南长区教育局
汪　荣	无锡市南长区迎龙桥街道工会
王秀珍	无锡市南长区扬名街道清二社区工会
丁　骥	无锡市穆桂英美食广场有限责任公司
陈丽萍	无锡市北塘区总工会
李燕凌	无锡市北塘区总工会
刘丽芬	无锡市北塘区黄巷街道梨庄社区工会
张　燕	无锡市北塘区山北街道双河社区工会联合会
常伶俐	无锡新区园区企业服务管理局工会联合会
钱　江	富士通天电子(无锡)有限公司
周　莉	无锡宝通带业股份有限公司
谈家福	无锡市新区硕放街道卫生服务中心
华永兴	无锡市新区鸿山街道总工会
胡玮燕	无锡市建设工程交易管理中心
陈大桂	无锡市保障性住房管理办公室
王　军	无锡市市政和园林工会
陈卫东	无锡市公路管理处
薛婧雯	无锡市供销合作总社
章小威	无锡市旅游工会

谈志浩	无锡市教育工会
顾晓军	江苏省太湖干部疗养院
过雪峰	无锡市国家安全局
龚跃春	无锡市交通产业集团有限公司
任鸣杰	无锡市市政公用产业集团
王　俭	无锡天鹏集团有限公司
蔡西澄	无锡市劳动就业管理中心
何建军	无锡农村商业银行股份有限公司
徐明兴	江苏省无锡市烟草系统工会
朱穗宁	无锡市财政局
李咏梅	中船重工第七〇二研究所
冷荣明	中航动力控制系统研究所
姜爱群	海鹰企业集团有限责任公司
丁民东	江苏利电能源集团
章晓红	中船澄西船舶修造有限公司
徐凤娟	江南大学
董丽金	无锡供电公司变电检修中心
焦晓冬	无锡邮政局
张　莹	中国电信无锡分公司
是林法	中国移动江苏公司无锡分公司
黄　晔	无锡市医院管理中心
吴卫红	无锡市江南中学
王艳玲	无锡市体育场馆和训练管理中心
孙　昊	江苏省广电有线信息网络股份有限公司无锡分公司
王　瑶	一汽解放公司无锡柴油机厂
俞建达	一汽解放公司无锡油泵油嘴研究所
杨盘明	无锡透平叶片有限公司
顾安民	公安部交通管理科学研究所
陶　晨	无锡市公安局
朱承刚	无锡市总工会
宋汉清	无锡市总工会
邹　翊	无锡新华中等专业学校

无锡市优秀工会积极分子

2008 年

许瑞芳	江阴市长泾镇总工会
范伟成	江阴市璜土镇总工会
华秋兰	江阴市华士镇总工会

许燕萍	江阴市顾山镇总工会
江莉玲	江阴市新型农村合作医疗管委会
卞国平	江阴市周庄镇总工会金湾村工会
杜玉娟	江阴市澄江街道璜塘上村工会
徐坚雯	江阴市利港镇总工会
黄忠才	江阴市广播电视集团物业管理部
王　玲	江阴市职工学校
石皓萍	江阴市经济开发区工会
成　然	江阴市邮政局
吕乐一	宜兴市百丽纺织染整有限公司
高巧芬	江苏省宜兴彩陶工艺厂
曹仲明	宜兴义源铜业有限公司
吴克俭	宜兴北海封头有限公司
陈玉英	江苏天音化工有限公司
唐志芳	宜兴申利化工有限公司
周小山	宜兴经济贸易局
马晓军	宜兴市旅游园林管理局
孙海军	宜兴市国土资源局
吴欢乐	宜兴市张渚高级中学
孙　雁	宜兴市行政服务中心
许锡娟	宜兴市互邦后勤保障托管服务有限公司
陆凤圻	无锡市锡山区锡北镇寨门村工会
华旭东	无锡市锡山区安镇镇先锋村工会
周坤元	无锡市明杨电池有限公司
陈群献	无锡市锡山区东亭街道春雷社区工会
张一平	无锡市华驰运输有限公司
蒋亚新	无锡市锡山区东港镇黄土塘村工会
肖龙芝	无锡市锡山区安镇粮油购销有限公司
周建清	无锡市锡山区机电排灌公司
陈慧超	无锡市惠山区堰桥街道工会
梁　敏	无锡市惠山经济开发区前洲配套区工会
方亚仙	无锡市玉祁红光电子有限公司
沙永明	无锡华光投资集团有限公司
周小朵	无锡百特皮件有限公司
周　玉	无锡市惠山区阳山镇陆区社区工会
杨亚英	无锡市惠山区人民医院
郝华里	无锡市惠山经济开发区工会
张治萍	无锡五洋赛德压缩机有限公司服务中心

戴雪明	无锡市滨湖区河埒街道蠡桥社区工会
姜　萍	无锡市滨湖区政府
张红霞	无锡运通机械有限公司
钱美英	无锡市滨湖区荣巷街道勤新社区工会
卜剑影	无锡市滨湖区蠡园私营经济园区工会
陆志良	无锡市滨湖区雪浪街道葛埭社区工会
赵丽萍	无锡市滨湖区胡埭镇富安村工会
唐颖奕	无锡市崇安人民医院
尤兰娟	无锡市崇安区上马墩街道工会
朱菊梅	无锡市保利广场商贸有限公司
尤炳南	无锡市莫家庄实业有限公司
许德清	无锡压缩机股份有限公司
李　群	无锡市崇安区广瑞路街道劳动保障所
吉　芳	无锡市猫头鹰纺织器材有限公司
陆秀健	无锡煤矿机械厂有限公司
顾琴芬	无锡市南长区扬名街道芦村社区
蔡淑珍	无锡市南长区迎龙桥街道工会
胡　萍	无锡丽华快餐管理有限公司
陆建英	无锡市南长区清名桥街道工会
言菊芳	无锡市北塘区山北街道会北社区
杨宪华	无锡市双河新村小学
杨东苏	江苏国力通信设备有限公司
冯　革	无锡市北塘区黄巷街道五河社居委
周　燕	无锡市惠山树脂塑料厂
过晓鸣	无锡格林艾普化工股份有限公司有机工厂
朱仁中	无锡市新区经济发展集团总公司
丁昌明	无锡市新区教育局
钱　江	富士通天电子(无锡)有限公司
薛　睿	尼康光学仪器(中国)有限公司
王　慧	希捷国际科技(无锡)有限公司
高春明	柯尼卡美能达商用科技(无锡)有限公司
陆青青	无锡华润上华半导体有限公司
张　清	无锡市城市投资发展总公司
陈　莉	无锡华润燃气有限公司
刘臣民	无锡威孚高科技股份有限公司力达分公司
陈育民	无锡市人民大会堂
解林祥	无锡市国资委
杨兴根	江苏省无锡交通高等职业技术学校
徐行芳	无锡爱邦高聚物有限公司

丁明亚	无锡市照明管理处
韦　青	无锡市太湖鼋头渚风景区管理处经营服务科
廖宜孙	无锡市物业管理中心
焦晓冬	无锡邮政局转运站
陈建龙	无锡外事旅游汽车有限公司
黄莉敏	无锡市金宇油脂有限公司
孙惠平	无锡市少年官
龚　丹	无锡市卫生局卫生监督所
章官根	江苏苏豪国际集团无锡有限公司
朱月萍	无锡粮食机械厂
刘国梁	无锡市青城公墓
张娟芬	无锡市铁路建设处
黄一清	无锡市公安局交通巡逻警察支队
樊晓云	无锡市国土资源局
彭沛华	中共无锡市委党校
陈煜毅	无锡市中级人民法院
刘志群	无锡工商局
张亦清	无锡市规划局
陈德胜	无锡日报报业集团
么丽芬	无锡市第四人民医院
李国良	无锡市人民医院
姚　荧	无锡市妇幼保健院
沈育熙	无锡市辅仁高中
郭　帆	无锡市湖滨中学
陈泉娣	无锡市聋哑学校
徐　勇	无锡市图书馆
梁溪清	无锡碑刻陈列馆
王金龙	无锡市人民体育场体育馆
费中新	无锡市体育彩票管理中心后勤保障部
曹　蔚	无锡广电集团都市资讯频道
袁星仪	无锝供电公司变电工程公司
陆军颜	中国电信无锡分公司
秦燕敏	无锡华润安盛科技有限公司
强小刚	海鹰集团有限责任公司
张　泉	江苏北方湖光光电有限公司光学车间
汪亚强	中船澄西船舶修造有限公司劳务中心
蒋志伟	江苏利港电力有限公司发电部
万树莲	中国移动江苏公司无锡分公司江阴分工会
潘爱芳	中国联通有限公司无锡分公司

张　怡	江苏华东电子工程有限公司
蒋炳华	江南大学教育学院
郑冰如	无锡商业职业技术学院
黄乾平	无锡职业技术学院
沈国裕	无锡城市职业技术学院马山校区
张萍辉	无锡工艺职业技术学院
李秀玲	江苏信息职业技术学院
张　慧	中国企业管理无锡培训中心
钱秋阳	淡水渔业研究中心
张静燕	中国舫天科技集团公司七三八疗养院
任　琦	无锡市个体私营经济协会工会
蒋彩红	无锡市玖加一商贸有限公司
秦忠良	无锡市浦新不锈钢有限公司
左振雷	中国航空动力控制系统研究所
王　栋	中电集团公司第五十八研究所
薛建清	中船重工集团公司第七〇二研究所
周德才	一汽解放公司无锡柴油机厂
贺耀群	一汽客车(无锡)有限公司
殷晓东	无锡透平叶片有限公司
陆建国	江苏锡钢集团有限公司气体厂
尹顺龙	无锡钻探工具厂
管家钰	中国电子系统工程第二建设有限公司
丁　明	江苏省纺织研究所有限公司
潘敏华	无锡纺织机械研究所
朱淑品	无锡油泵油嘴研究所
王炳耀	江苏泓纲纺织实业有限公司
王晓宁	无锡蓝星石油化工有限责任公司
徐　晋	无锡经纬纺织科技试验有限公司
杜静喜	无锡宏大纺织机械专件有限公司
张黎华	江苏省无锡工人太湖疗养院
侯佳华	无锡市工人文化宫

第三节　先进集体简介和名录

一、全国"五一劳动奖状"获得单位简介

2004年

无锡化工集团有限责任公司　职工人数:3600人;单位类型:股份制;单位负责人:惠永

晞；单位地址：无锡市锡澄路274号。

无锡化工集团有限责任公司锐意创新，走出一条企业自我发展的道路。10年间，企业由小到大，初步形成了精细化工、高分子材料与基础化工原料协调发展的结构优势。2003年，完成销售22亿元，净增7亿元，同比增长46%，实现利税1.50亿元，同比增长31%。公司连续10年被评为无锡市纳税大户。公司依靠发展，创造更多更新的就业机会，积极稳妥地推进企业劳动力存量的调整，在华东首创“下岗不离厂，转岗再贡献”的员工再就业模式。公司大力支持西部开发建设，投资云南昆明格林利夫锌业有限公司，促进该公司成为当地吸纳百个劳动岗位的知名单位，成为当地的纳税大户。公司始终把加强思想政治工作、发展企业文化，作为加快公司“两个文明”建设的一项主要工作。切实加强“四五”普法和职工科学技术文化教育。坚持每年一个主题，开展企业文化系列活动。

曾获江苏省“五一劳动奖状”，2004年获全国“五一劳动奖状”。

2006年

无锡市地方税务局第一税务分局计会征收科　职工人数：14人；单位类型：机关；部门负责人：张新华；单位地址：无锡市工运路18号。

无锡市地方税务局第一税务分局计会征收科担负着无锡市崇安、南长、北塘3个城区4万户纳税人的税务登记、发票管理、资料受理、纳税申报、会统核算等工作，平均每天要接待纳税人681名，受理涉税资料30份，出售发票13.39万份，接听资询电话240个，征收期每天开出税票2295张。计会征收科全面推行一站式服务，大力推进“税银联网”、多元化申报纳税方式，基本形成社保费“有区域管理、无区域征收”，税、银、社保三位一体的成熟模式。落实各项制度，坚持首问责任制，遵循“接待纳税人热心、解决问题耐心、接受意见虚心、排忧解难诚心、执行政策公心”的“五心”服务标准。推行阳光政务，严格执行税收法规、岗位职责、办税程序、服务标准、办税时限、违章处罚、收费标准、纳税定额、工作纪律、社会监督“十公开”，公正执法、依法治税，规范办税秩序。坚持以人为本抓管理，根据人员特点定岗定责，开展岗前培训，多次组织征收窗口人员进行竞赛，提高开票质量和速度。结合科内年轻人思想活跃、各有特色的特点，实行荣誉公示上墙制、青年岗位能手挂牌服务、党员亮牌制、巾帼明星示范岗流动制等，以荣誉感和责任心的双重作用调动工作积极性，先后涌现出无锡市巾帼文明先进个人、无锡市地税系统优秀共产党员等优秀典型。

曾获江苏省先进班组称号，2006年获全国“五一劳动奖状”。

2007年

无锡市妇幼保健院　职工人数：658人；单位类型：全民事业；单位负责人：薛文琴；单位地址：无锡市槐树巷48号。

无锡市妇幼保健院创建于1950年，经过半个多世纪的建设发展，已发展为无锡地区唯一的三级甲等专业性妇幼保健机构。医院采取先诊疗后结算、诊疗预约服务、分时段就诊、出院床旁结算，加强爱心导医、志愿者和便民服务。开展母婴床旁护理、专科护理门诊，建立以孕产妇家庭为指导对象的健康管理服务模式，改善患者体验。2007年门急诊52万人次，出院2.10

万人次;2009年门急诊60万人次,出院2.22万人次,药品比例25.38%,医院综合排名始终保持在江苏省三级专科医院第一名。医院妇科、产科为江苏省重点专科,妇女保健科和产前诊断试验室为市级医学重点专科。产科在无锡地区围产医学、围产管理和高危产科管理中起主导作用,年分娩数占全市总数的三分之一。在疑难高危产妇占75%的情况下,危重孕产妇抢救成功率达100%,居省内先进水平。新生儿科设有NICU,高危新生儿、极低体重儿成活率达90%,达到国内先进水平。开展的辅助生育技术,针对不同病因,采用人工授精、配子输卵管内移植、体外受精——胚胎移植及冷冻胚胎移植(第一、第二代试管婴儿)等高科技手段,为治疗不孕症开辟了一条新的途径。加快医院信息化建设步伐,建有智能排队叫号系统、信息发布系统、无线网络系统、数字监控系统、自动化预约挂号系统、危急值提醒与医疗安全警示系统等。医院有计划地选派专业人才出国进修、培训,接待外国专家来院讲学、交流;有计划地引进国外的先进诊治理念和技术。无锡市妇幼保健院先后被命名为苏南地区遗传医学诊断中心、全国爱婴医院、世界卫生组织临床研究及培训基地,2002年获三级甲等妇幼保健院,2003年创建成南京医科大学附属医院。

曾获全国卫生系统先进集体、全国"三八"红旗集体、江苏省文明单位、江苏省用户服务满意明星单位等称号。2005年获江苏省"五一劳动奖状",2007年获全国"五一劳动奖状"。

无锡市市政设施管理处道路养护二班 职工人数:12人;单位类型:事业;班组负责人:张敬东;单位地址:无锡市解放南路721号。

无锡市市政设施建设工程总公司道路养护二班坚持质量优先。道路养护精工细作,讲科学,讲美观,讲效益,所管辖的道路设施完好率在无锡市最高,高于考核标准15个百分点,单位连续获得江苏省优质养护"九连冠"。始终以全国行业先进班组自律,为社会提供优质服务,作为一支常年突击队,汛期多次冒雨为社区排涝抢险,雪夜披寒为公铁立交疏浚,不分节假日和不分昼夜随时抢修爆管道路,坚持市区主干道路避交通高峰晚间施工,炎夏顶烈日几十天如一日地突击施工。1998年获江苏省"五一劳动奖状",2000年获全国行业优秀班组,2002年、2004年、2006年三度获全国十佳班组;两任班长均获省、市劳模。2004年,该班组在中山路上树立"道路养护示范路"告示牌,向社会公开承诺"设施齐全无缺损,服务高效无推诿,道路平整无坑洼,道板齐整无翘动"。

2007年获全国"五一劳动奖状"。

2008年

江苏锡钢集团有限公司炼钢厂炉前工段 职工人数:138人;单位类型:国有;工段负责人:凌金龙;单位地址:无锡市塘南路124号。

炼钢厂炉前工段下属有烘烤、配电、原料等15个班组,是炼钢厂主要生产工段。共有职工138名,其中党员有15名。在"节能减排"活动中,炉前工段提出了"提升产量、降低电耗"的攻项目。从炉前的电耗、电极耗、氧耗和石灰耗四项指标入手,针对薄弱环节,组织力量重点攻关,同时加强考核,落实责任,取得显著成效。2007年,炼钢厂共节约变动成本917万元,其中7#炉降电耗24千瓦时/吨钢,节约成本380万元,在持续降低电耗方面保持了良好的势头,开创了节能降耗的好局面,在全国同行业不热装铁水的电炉中处于领先水平。炉前工段先后获得无锡市创新工程示范岗、江苏省创新工程示范岗、江苏省“五一劳动奖状”等称号；工段长本人在2007年被评为无锡市五一岗位明星。

2008年获全国“五一劳动奖状”称号。

2009年

无锡灵山实业有限责任公司　职工人数：525人；单位类型：股份制；单位负责人：吴国平；单位地址：无锡市滨湖区马山灵山路1号。

无锡灵山实业有限责任公司分层构建了不同需求功能的旅游文化产业，将佛教文化和现代社会有机结合，使佛家理念和现代生活紧密联系，从而服务社会，倡导和谐，实现了公司快速、持续、跨越式的发展。“灵山胜境”成为中国优秀旅游城市——无锡的标志性旅游景区、江苏旅游业著名景点之一，2001年被评为中国首批AAAA级旅游景区，2002年被评为中国旅游知名品牌，2005年被中华慈善总会评为中国优秀企业公民。灵山景区每年接待海内外游客200万人，成为海内外闻名的佛教文化旅游胜地。公司充分发挥佛教文化特殊的桥梁纽带作用，努力倡导灵山的慈善文化，积极参与和开展各类公益慈善活动，先后捐赠千万元用于社会慈善事业，在青海省循化县道帏乡、西藏拉萨堆龙德庆县等地援建了15所灵山希望小学，扶贫帮困的对象涉及汉、藏、蒙、回、维吾尔等12个民族。2008年5月，公司基金会赴汶川抗震救灾，投入300万元用于灾后重建。同时，公司还构建了灵山文化网站，通过网络社区的互动，征集慈善捐助对象，灵山慈善文化的社会影响日益凸现。

曾获江苏省“五一劳动奖状”，2009年获全国“五一劳动奖状”。

江南大学太湖学院　职工人数：1029人；单位类型：股份制；单位负责人：樊明武；单位地址：无锡市钱荣路68号。

2002年，江南大学太湖学院白手起家，建成了江苏省首家、无锡市唯一的民办本科大学，填补了无锡长期缺乏本三高校的空白。学院实施“嵌入式”教学、“订单式”培养，强化学生的实践动手能力，培养社会急需的应用型、复合型、创新型人才。短短7年，学院已有学生1.30万人，成为全省首家超万人的独立学院。学生多次在全国各类竞赛中获一等奖，连续三届毕业生高就业率。学院每年解决3000名职工子女的就业。学院每年组织学生开展义务献血、科普宣传、慈善募捐、志愿服务等公益活动，服务社会，奉献社会。学院成立贫困生爱心基金，每年派出专车，深入安徽、河南等贫困地区，接贫困生免费入学。2008年，学院向地震灾区先后三次捐款80.59万元。办学7年来，学院共为孤儿、残疾人子女、下岗职工子女等捐赠爱心基金600万元，发放助学金900万元，为社会公益性捐款200万元，为3000人次贫困生减免学费。学院作为全国独立学院的唯一代表，在教育部大会上介绍经验。2008年，学院当选为中国320所独立学院协作会理事长单位。

曾获全国十佳民办院校称号，2009年获全国“五一劳动奖状”。

2011年

江苏无锡商业大厦集团有限公司　职工人数：3370人；单位类型：股份制；单位负责人：潘霄燕；单位地址：无锡市中山路343号。

江苏无锡商业大厦集团有限公司在“十一五”期间,成功完成了从传统百货单店向精品百货和百货、汽车、食品等各业强盛集聚的大集团的转型。2010年,企业年营销收入75亿元,年上交国家税收3.20亿元,增长率达30%,企业各业持续发展为社会已提供的就业岗位就达8000个。企业居江苏省优秀民营企业“百强”行列和全省同行前三甲,为无锡市行业领军企业。企业董事长潘霄燕获江苏省劳动模范称号。早在2004年,企业就倡导“三个和谐”,即“要构建与供应商、顾客和员工间的和谐关系”。企业主业零售百货的4000名厂商联销员工均与正式职工一样实施规范的劳动用工。在员工收入年年有所增长的同时,企业在寸土寸金的市中心地块建成员工食堂、更衣室和饮水休息区等,企业“大家庭”的氛围日益浓厚。

2010年先后获全国商业企业“3·15”荣誉企业和全国厂务公开、民主管理先进单位称号,2011年获全国“五一劳动奖状”。

2012年

江阴市总工会 职工人数:27人;单位类型:群团组织;单位负责人:郁秋皓;单位地址:江阴市司马街32号。

江阴市总工会建立完善资金筹措机制、就业促进机制、法律联动机制、助学链式机制、医疗互助机制和人文关怀机制,形成生活援助、就业援助、法律援助、教育援助、医疗援助和心理援助六大帮扶项目,做到一般困难机制帮、突出困难重点帮、突发困难及时帮。主动适应社会管理创新要求,把帮扶、维权与维稳有机结合,逐步构建起困难职工帮扶、劳动争议调解、职工法律援助、农民工维权服务“四位一体”的帮扶体系和诉调对接、裁调对接、访调对接、调调对接、援调对接等多元化联动调解机制。积极创新帮扶服务形式,拓展帮扶服务领域,推动工会职工帮扶中心向职工服务中心转型,在参与社会管理创新的实践中打造工会独具特色的品牌。

2008年获全国工会帮扶工作先进集体,2012年获全国工会帮扶工作标兵单位和全国“五一劳动奖状”。

无锡市惠山地方税务局 职工人数:132人;单位类型:行政机关;单位负责人:李青;单位地址:无锡市惠山新城吴韵路555号。

惠山地税局以“为国聚财、为民收税”为工作主题,在全国税务系统率先推行执法服务标准化工程,通过执法安全责任区、执法服务巡查机制、执法服务内控机制建设,对所有执法服务事项全面监视监测,工作经验被国家税务总局在全国税务部门推广。局系统被评为江苏省地税系统依法治税示范单位。在全国率先成立纳税人之家,以民主平等的方式保障纳税人的各项权利;率先在全国推行稽查“庭审制”,将公众参与引入到稽查案件管理;连续10年开展以服务发展、服务纳税、服务社会为主题的春风行动,组织“纳税人学校”“爱心妈妈志愿团”和“地税爱心基金”,相关做法和经验被《中国税务报》《新华日报》等媒体专题报道。在全国税务系统率先推行品绩考核,对干部的德、能、勤、绩、廉实现全面评价;率先在全国建设“幸福地税”,从“幸福地税人、幸福社会人和幸福纳税人”三个层面响应和谐社会建设;以风险点控管、分级分类教育和文化建设为重点推进党风廉政,建局以后,始终保持党风廉政“零事故”。全局收入总量达293.60亿元,实施了地税征收工会经费的新举措,累计组织征缴工会经费2.10

亿元。

曾获江苏省“五一劳动奖状”、江苏省廉政文化示范点、省地税局“三个一流”建设标兵单位等称号，在辖区千人评议机关作风、民主评议等评比中连续8年名列执法机关第一名。2012年获全国“五一劳动奖状”。

2013年

江苏新长江实业集团有限公司　职工人数：12800人；单位类型：私营企业；单位负责人：李良宝；单位地址：江阴市滨江西路328号。

江苏新长江实业集团有限公司在2004年到江苏靖江投资16.20亿创办实体的基础上，又于2011年投资50亿到浙江舟山，建起了占地4380亩、拥有5000米海岸线集造船、修船、拆船、二手船交易及船舶再生利用为一体的舟山长宏国际产业园。公司获得实用型专利20项，各类创新成果50项。2012年，集团公司经济总量突破480亿元，开票销售432亿元，上缴税金5.40亿元，位列中国企业500强第202位。公司始终坚持以人为本和“发展依靠职工，富了不忘职工”的理念，关爱百姓，回报社会，不仅给职工村民送福利，而且主动承担社会责任。累计支持地震灾区、捐助希望工程等5000万元，投资20亿元支持建设公共事业。2012年，新长江集团所在村成立了全国首家村级总工会。

曾获无锡市明星企业、江苏省优秀民营企业、江苏省民营企业纳税百强企业、江苏省“安康杯”竞赛优胜企业、中国企业500强等称号。2012年被评为江苏省厂务公开民主管理先进单位、全国厂务公开民主管理先进单位，2013年获全国“五一劳动奖状”。

二、先进集体名录

全国工人先锋号

2008年

江苏锡钢集团有限公司炼钢炉前工段
江阴市公共交通公司公交1路班
远东控股集团有限公司新远东交联一厂甲班
江苏天圣达集团新合纤公司丙纤电仪班组

2009年

江苏锡兴集团有限公司一炼分厂机电班
宜兴市供电公司调度通信中心
江苏江阴港港口集团股份有限公司牵引车3班
无锡邮政局人民路营业班
海力士—恒忆半导体有限公司C2Ashift T/F 班组

2011年

无锡市公共交通股份有限公司K85路

无锡市手外科医院手术室

华西集团江阴博丰钢铁有限公司扁钢二分厂乙班

2012年

无锡客运有限公司服务热线82588188

江阴兴澄特种钢铁有限公司炼铁分厂1#高炉作业区

宜兴信宜时装有限公司生产一部六车间A组

2013年

无锡市曙光电缆有限公司超高压车间

江苏法尔胜泓昇集团湿拉甲班

中国银行无锡分行高新技术产业开发区支行

江苏省“五一劳动奖状”

2004年

无锡灵山实业有限责任公司

无锡市太湖鼋头渚风景区管理处

无锡市路灯管理处第一电工管理所

无锡市地方税务局第一税务分局

2005年

江苏锡钢集团有限公司炼钢厂炉前工段

无锡市妇幼保健院

无锡市城市投资发展总公司工程部

江苏省电信公司无锡分公司

2007年

无锡市国联发展(集团)有限公司

无锡市歌舞团山禾合唱团一团

无锡市地方税务局第二税务分局计会征收科

无锡市劳动保障监察支队

2008年

无锡华润燃气有限公司

无锡爱邦辐射技术有限公司

无锡市城市投资发展总公司工程部

江阴市地方税务局

江苏灵谷化工有限公司氮肥事业部调度岗

无锡市急救中心
无锡市财政局财政投资评审中心
无锡市建筑安装管理处

2009年

宜兴市建工建筑安装有限责任公司
江阴苏龙发电有限公司
无锡市锡山地方税务局
无锡市疾病预防控制中心
葛洲坝集团宜兴抽水蓄能电站机电安装项目部
无锡歌舞剧院
华东宜兴抽水蓄能有限公司
无锡市社会福利中心

2010年

长江引航中心江阴引航站
江苏宜兴农村合作银行
无锡尚德太阳能电力有限公司
无锡市惠山地方税务局
江南大学
无锡市人民医院
无锡市太湖新城建设指挥部办公室

2012年

中建钢构江苏有限公司
宜兴市公共交通有限公司
无锡锡山建筑实业有限公司
无锡市中医医院
无锡市交通工程有限公司
无锡市图书馆
博世汽车柴油系统股份有限公司
无锡市穆桂英美食广场有限责任公司

2013年

宜兴市化工成套设备有限公司
江苏扬子江船业集团公司
无锡华润实业公司

无锡金陵大饭店
无锡市第二人民医院
无锡市公安局交巡警支队
无锡市职业介绍服务中心

江苏省工人先锋号

2008年

江苏锡钢集团有限公司炼钢炉前工段
无锡格林艾普化工股份有限公司新聚合工段
江阴市公共交通公司公交1路班
远东控股集团有限公司新远东交联一厂甲班
江苏天圣达集团新合纤公司丙纤电仪班组

2009年

江阴兴澄特种钢铁有限公司炼铁分厂1号高炉作业区
宜兴市公共交通有限公司公交一路车组
宜兴市团氿风景区有限公司观光游览车组
无锡威孚马山油泵油嘴有限公司三车间软加工组
无锡市第二轴承有限公司精品轴承装配组
无锡市公用事业监管中心城建公用事业“12319”服务热线
无锡花园城广场大酒店有限公司君乐酒店前厅部
江苏北方湖光光电有限公司制造二部铣加工中心组
无锡华润矽科微电子有限公司测试部成测工序
无锡湖滨饭店有限公司餐饮部宴会班
海鹰企业集团有限责任公司机械分公司车工班
无锡宏大纺织机械专件有限公司二分厂
江苏省电子信息产品质量监督检验研究院检验一室
无锡高新物流中心监管仓库
江苏无锡二建建设集团有限公司张志明项目部
江苏锡钢集团有限公司西姆莱斯钢管生产甲班
江苏利港电力有限公司运行部卸船班
江苏银行无锡分行沁园支行
华东宜兴抽水蓄能有限公司运行分场四班组长

2010年

江苏法尔胜泓昇集团有限公司湿拉甲班
江阴博丰钢铁有限公司扁钢二分厂乙班
宜兴市邮政局周铁邮政支局

宜兴市广播电视台技管中心发射部
江苏大明金属制品有限公司生产二部切割车间丙组
江苏锦绣铝业有限公司挤压一车间甲班
无锡市振华轿车附件有限公司机修组
洋马农机(无锡)有限公司生产部
无锡保利置业金陵大饭店安全部班组
无锡光明(集团)有限公司电工班
无锡茂泰特种门有限公司组装工段
无锡市交通工程有限公司沥青摊铺班
无锡市城投广场营运有限公司火车站广场物业点
江苏广靖锡澄高速公路有限责任公司无锡互通收费站
江苏省电力公司无锡供电公司配电运检中心继电保护试验班
无锡粮油中心批发市场网上粮店
无锡市社会福利中心惠山休养区护理一班
江苏无锡二建建设集团有限公司钱军锋项目经理部
无锡华润华晶微电子有限公司五分厂扩散工段
江苏北方湖光光电有限公司真空镀膜组
中船澄西船舶修造有限公司轮机车间钳工六班
江苏利港电能源集团检修服务部锅炉一班
一汽解放汽车有限公司无锡柴油机厂加工车间设备维修组

2012年

中建钢构江苏有限公司二车间焊接班
江苏新潮科技集团有限公司长电封测一厂磨划片班
江阴苏龙热电有限公司煤炭配送中心集控班组
宜兴人民剧院场务组
江苏宜兴海事处政务中心
宜兴禄漪园国际大酒店宴会班组
江苏红豆实业股份有限公司衬衫二厂三车间
无锡华能电缆有限公司机修组
无锡双欢电气有限公司钣金装配组
江苏玉龙钢管股份有限公司1829车间
无锡雪浪输送机械有限公司金加工班
无锡工业设备安装公司第一分公司
索尼数字产品(无锡)有限公司品质保证部WDI检查GROUP
无锡尚德太阳能电力有限公司电池制造II部B—3F C班
无锡八佰伴商贸中心有限公司内衣柜

无锡市南长区环境卫生管理处运输场垃圾机械化收集班
无锡市梦之岛数码港市场有限公司招商服务部
苏南硕放国际机场航行保障部空中管制科
无锡华润燃气有限公司客服部业务组
无锡市交通工程有限公司测量组
江苏省电力公司无锡供电公司检修试验工区
中国电信股份有限公司无锡分公司客户服务中心
中国航空动力控制系统研究所电子部批产调试组
无锡市公路管理处“e路畅行”服务班组
江苏宁沪高速公路无锡管理处无锡北收费站
中国银行股份有限公司无锡分行新区支行
江苏银行无锡锡山支行营业部
无锡市永宁服务公司火化班
江苏有线无锡分公司鸿山·梅村广电网络管理站
无锡邮政局发行投递局城区中心投递部
无锡布勒机械制造有限公司装配车间PVC1班
无锡市人民医院肺移植诊疗中心
海鹰企业集团有限责任公司设备动力分公司机械工程部
中国移动江苏公司江阴分公司第一营业厅
江苏省无锡市国税局大企业国际处

2013年

中建钢构江苏有限公司无锡国金中心钢结构工程项目经理部
江苏阳光集团有限公司织二车间甲班
江阴邮政局华西邮政支局
百事德机械(江苏)有限公司HC机加工组
国电联合动力技术(宜兴)有限公司冲剪车间冲槽班组
江苏省宜兴紫砂工艺厂示范班组
无锡动力工程股份有限公司营销中心
无锡锡山建筑实业有限公司郑书祥项目部
无锡中彩新材料股份有限公司热镀浸铝硅锌生产线甲班
江苏玉龙钢管股份有限公司1422车间检验科甲班
无锡太湖锅炉有限公司循环流化床锅炉设计组
无锡中纺投资有限公司欠伸纺织班
无锡市阿斯利康制药有限公司片剂生产部压片流程班组
索尼电子无锡有限公司品质保证部Pack OQC 出货检查小组
无锡市王兴记有限公司中山路点心服务组

无锡华洋滚动轴承有限公司事业三部装配车间
江苏南方机电股份有限公司磨齿班
无锡市第一棉纺织厂长江精密纺部细纱工段
无锡市照明工程有限公司配电运行维护班
无锡市市北高级中学高三年级组
江苏省太湖干部疗养院餐饮科
无锡市锡惠园林景观有限公司江南兰苑
无锡供电公司配电运检工区
一汽解放汽车公司无锡柴油机厂机工车间精修组
无锡市行政服务中心
无锡市军队离休退休干部服务管理中心会务班
中国移动通信集团江苏有限公司无锡分公司客户服务部呼叫中心
无锡透平叶片有限公司模锻叶片车间2工段B班
中国电信股份有限公司无锡分公司接入维护中心
江苏利电能源集团发电运行部二车间D值
无锡农村商业银行营业部
江苏无锡二建建设集团有限公司胡守智项目部
无锡市公路管理站
无锡邮政局市民中心班组
江苏宁沪高速公路无锡管理处无锡东收费站
中船重工第七〇二研究所水下工程研究设计室

无锡市“五一劳动奖状”

2005年

江苏省无锡市公路管理处

2006年

中国援助圭亚那第六期医疗队(无锡)

2007年

无锡市航道管理处
宜兴市交通建设集团有限公司
宜兴市航道管理处
无锡市锡惠园林文物名胜区管理处

2008年

无锡市急救中心赴川抗震救灾车队
无锡市卫生监督赴川抗震救援队
无锡市疾病预防控制中心赴川抗震救灾防疫队

无锡市人民医院骨科
无锡市第二人民医院爱心病区(骨科)
无锡市第三人民医院烧伤科
无锡市第四人民医院骨科病区
无锡华仁建设集团有限公司企业管理办公室
江苏金永达工业有限公司
无锡市锡山区运输管理处
无锡昊盛钢构工程有限公司
无锡市塘南中学初三年级组
无锡市消防支队赴川抗震救灾救援队
无锡市公安局交巡警支队抗震救灾交通保障队
中国电子系统工程第二建设有限公司四川虹欧项目部
无锡市工业设备安装有限公司援川建设中队
无锡市公益职业学校抗震救灾青年志愿者爱心服务队
江南大学太湖学院
无锡市歌舞团
无锡机场有限责任公司
无锡市锡惠园林文物名胜区管理处"记忆江南"作品创作组
江阴市道路建设指挥部
宜兴市公路管理处
无锡市锡山区交通局
无锡市惠山区交通重点工程建设指挥部办公室
无锡市高速公路建设指挥部办公室
无锡市新建道桥投资有限公司
无锡市交通规划设计研究院有限公司

2009年

无锡华仁建设集团有限公司
无锡交通工程有限公司
上海市政工程设计研究总院综合交通规划设计研究院
无锡市政设计研究院有限公司道桥所
无锡市政建设集团有限公司金城路三标工程项目部
中交第三航务工程局有限公司凤翔路青祁路工程项目部
中铁隧道集团三处有限公司金城路一标工程项目部
中铁二十四局集团有限公司金城路二标工程项目部
腾达建设集团股份有限公司青祁路A标工程项目部
江苏华宁交通工程咨询监理公司快速内环一标工程监理组

2010年

无锡市轨道交通规划建设领导小组(指挥部)办公室工程部
中铁一局集团有限公司无锡地铁1号线土建工程17标项目经理部

2011年

江苏无锡二建建设集团有限公司
中铁十四局集团有限公司无锡地铁1号线土建工程11A标项目经理部
江苏盛华工程监理咨询有限公司无锡地铁2号线监理04标监理部
无锡市轨道交通发展有限公司规划设计部
江苏省无锡市航道管理处

2012年

江阴市建设局
宜兴市城市建设发展有限公司建筑工程建设管理中心
无锡地铁集团有限公司设备物资部

2013年

宜兴市交通建设集团有限公司
无锡地铁集团有限公司安全质量部
无锡市保障性住房管理办公室
江阴市交通运输局
无锡市锡澄运河三级航道整治工程建设指挥部办公室
宜兴市社会福利中心
江苏银行无锡分行
无锡市交通产业集团有限公司
无锡市行政服务中心公安车辆管理分中心
江苏双良集团公司
宜兴市人力资源和社会保障局
无锡锡州机械有限公司
无锡永凯达齿轮有限公司
无锡市贝斯特精密机械有限公司
住化电子材料科技(无锡)有限公司
无锡市公共交通股份有限公司
无锡湖滨饭店有限公司
无锡市惠山区洛社镇总工会
无锡市雪浪环境科技股份有限公司
无锡王兴幕墙装饰工程有限公司

无锡市工人先锋号

2008年

江阴兴澄特种钢有限公司炼铁分厂一号高炉作业区
江苏江阴港港口集团股份有限公司牵引车3班
江阴供电公司调度中心远动班
宜兴供电公司计量装表班
宜兴市团氿风景区观光游览车组
宜兴市公共交通有限公司公交一路车组
无锡市崇安区环卫处钣金电焊班前厅部
无锡花园城广场大酒店有限公司君乐酒店
无锡商业大厦大东方股份有限公司欧莱雅专柜
无锡天辰技贸发展有限公司印刷折页岗
无锡光明(集团)有限公司电工班
无锡市伟达五金交电公司配供中心
江苏振达钢管集团有限公司冷拔甲班
无锡格林艾普化工股份有限公司新聚合工段
江苏红豆实业股份有限公司衬衫二厂三车间
无锡市华驰运输有限公司博爱车队
江苏锡兴集团有限公司一炼分厂机电班
无锡裕通织造有限公司新品开发部
无锡华达电机有限公司电装车间嵌线组
无锡威孚马山油泵油嘴有限公司三车间软加工组
无锡高新物流中心海关监管仓库
无锡市第二轴承有限公司精品轴承装配组
无锡威孚高科技股份有限公司柱塞分厂泵套磨工组
无锡小天鹅股份有限公司衣诺系列洗衣机开发团队
无锡九龙公共交通股份有限公司31238车组
无锡太极实业股份有限公司公用空冷班
无锡湖滨饭店有限公司餐饮部宴会班
无锡华光锅炉股份有限公司膜式壁车间焊工班
无锡城投广场营运有限公司火车站广场物业班
江苏四达动力机械集团有限公司四达柴油机厂总装组
江苏锡钢集团有限公司棒线材厂生产丁组
无锡市公用事业监管中心12319服务热线
一汽解放公司无锡柴油机厂机工车间铣刨组
无锡邮政局人民路支局营业班
中国电信无锡公司客户营业中心人民路营业班
中国移动公司无锡分公司中山路手机营业厅

无锡供电公司带电检修二班
无锡华润华晶微电子有限公司五分厂光刻工段
海鹰企业集团有限责任公司车工班
江苏北方湖光光电有限公司铣加工中心组
中船澄西船舶修造有限公司钳工六班
无锡蓝星石油化工有限公司1.5万吨环氧新装置生产班
无锡火车站周泾巷站
江苏利港电力有限公司燃料部卸船班
一汽客车无锡有限公司底盘分厂流程线班
无锡宏大纺织机械专件有限公司二分厂(车间)
无锡透平叶片有限公司锻造一班
无锡市众达汽车销售服务有限公司维修服务部
江苏电子信息产品质量监督检验研究院检验一室
江苏银行无锡分行沁园支行
无锡市客运有限公司"秦向锋班"
无锡火车站客运三班

2009年

无锡市城市重点工程建设办公室快速内环项目办
无锡市市政设施建设工程总公司立德道工程项目部
无锡市交通工程总公司贡湖大道一标工程项目部
无锡二建建设集团有限公司国防教育基地工程项目部
无锡市工业设备安装有限公司惠山隧道机电安装项目部

2010年

江苏新潮科技集团有限公司分立器件磨划片工段
江苏法尔胜特钢制品有限公司湿拉甲班
华西集团江阴博丰钢铁有限公司扁钢二分厂乙班
宜兴市陶都环境卫生服务有限公司宜城城西中转站
宜兴市邮政局周铁邮政支局
宜兴市广播电视台发射台
江苏瑞通信息产业有限公司铁塔A车间
无锡利博科技有限公司焊接车间
无锡双欢电气有限公司钣金装配组
江苏锦绣铝业有限公司挤压一车间甲班
江苏无锡二建建设集团有限公司章晓飞项目部
无锡市振华轿车附件有限公司机修组
希捷国际科技(无锡)有限公司FOF NSG TEAM班

洋马农机(中国)有限公司生产部(仓库管理系)
无锡二橡胶股份有限公司铝衬成型班
无锡(保利置业)金陵大饭店安全部A组
无锡市万迪动力工程集团有限公司柴油机制造部机体班
无锡市穆桂英美食广场有限公司餐饮部
无锡力马化工机械有限公司钳工班
无锡茂泰特种门有限公司组装工段
无锡华光锅炉股份有限公司36米跨过热器班
TCL王牌电器(无锡)有限公司刀锋队(LCD—E线)
无锡九龙公共交通股份有限公司81路线
无锡市照明工程总公司工程建设分公司项目建设一部
无锡市城市投资发展总公司项目代建部
无锡市交通工程有限公司沥青摊铺班
无锡市殡仪馆火化班
一汽解放汽车有限公司无锡柴油机厂设备维修组
无锡市交通局新区分局“爱尔岗”工作班组
华润华晶微电子有限公司五分厂扩散工段
无锡宏大纺织机械专件有限公司一分厂装配班组
江苏利港电力有限公司锅炉一班
无锡邮政局北大街投递班
江苏锡钢集团有限公司棒线材厂生产乙班
无锡钻探工具厂钻具车工班
无锡蓝星石油化工有限责任公司煤锅炉工段
无锡透平叶片有限公司加工事业部方钢车间
中船澄西船舶修造有限公司机电车间钳工二班
江苏电信股份有限公司无锡分公司业务支撑中心
江苏移动有限公司宜兴分公司人民南路营业班
无锡布勒机械制造有限公司装配车间装配一班
无锡市WTO事务咨询中心
无锡供电公司变电检修工区二次系统检修二班
中国联合网络通信有限公司无锡分公司无线建设班组
上海铁路局无锡站运转车间一班整车组
中国建筑第三工程局无锡茂业城二期项目部
中国电子系统工程第二建设有限公司西门子电气工程项目部
海鹰企业集团有限责任公司设备动力分公司精修(大修)组
江苏北方湖光光电有限公司真空镀膜组
一汽客车(无锡)有限公司底盘分厂流程线班
无锡市自来水总公司维修分公司阀门班

无锡市自来水总公司设计院给水一室
无锡市华润燃气公司客户服务部业务组
无锡市华润燃气公司输配管理部抢修班
无锡市园林建设监理有限公司具区路绿化工程监理部
无锡路桥集团股份有限公司具区路JQ—1标项目部
无锡市交通工程有限公司惠澄路4标项目部
江苏江南路桥工程有限公司惠澄路HC—5标项目
江苏润通交通工程监理咨询有限公司苏南运河无锡段整治JL—1合同段总监办
中交第一航务工程有限公司苏南运河无锡段整治SQD合同段项目部
无锡市城市重点工程建设办公室太湖新城项目办
上海建工股份有限公司吴越路A标项目部
中铁二十四局集团有限公司太湖大道红星路立交工程项目部
无锡路桥集团有限公司新扬大桥项目部
无锡市政建设集团有限公司盛岸路工程项目部
无锡市市政设施建设工程总公司运河西路项目部
江阴兴澄特种钢铁有限公司一分厂生产准备作业区
江阴苏龙热电有限公司煤炭配送中心输煤程控班组
江苏红柳床单有限公司轧染1号甲班
宜兴市禄漪园大酒店有限公司商务会馆
江苏宜兴农村商业银行营业部
江苏享鑫科技有限公司设备综合维修组
江苏新日电动车股份有限公司无锡工厂生产部7线
无锡市宏泰起重电机股份有限公司金工车间
无锡泓历皇朝酒店有限公司厨房
无锡尚德太阳能电力有限公司制造二部2—3单元C班
无锡市房地产开发集团有限公司凯发拆迁班组
无锡市城市环境卫生有限公司处置运营管理部作业班
江苏宏源纺机股份有限公司假捻器班组
一汽解放汽车有限公司无锡柴油机厂装配车间老总装甲部装组
无锡供电公司变电检修中心
无锡市公共工程建设中心高浪路、新锡路工程项目部
中铁一局集团有限公司高浪路BQ1项目部
上海隧道股份有限公司太湖大道SD1标项目部
腾达建设股份有限公司新华路Q1标项目部
江苏交通工程集团有限公司新锡路Q2标项目部
江苏沪宁钢机股份有限公司无锡大剧院项目部
无锡市交通工程公司锡张高速XZLJ—2标测量班组
无锡路桥集团锡张高速公路XZLJ—3标项目经理部

无锡市综合交通枢纽幕墙项目部

无锡市综合交通枢纽项目部

无锡市综合交通枢纽项目安全组

苏南运河无锡段三级航道整治工程HSD项目部

苏南运河无锡段三级航道桥梁工程QL—2项目部

无锡市城市投资发展总公司项目代建部

无锡市轨道交通规划建设领导小组(指挥部)办公室征地拆迁部

中交第二航务工程局有限公司无锡地铁1号线土建工程05标项目经理部二分部

中国建筑第八工程局有限公司无锡地铁1号线土建工程04标项目经理部桥梁一队

中铁二十局集团第一工程公司无锡地铁1号线土建工程06标项目经理部二队钢筋班

上海三维工程建设咨询有限公司无锡地铁1号线土建监理04标11A标监理部

上海隧道工程股份有限公司无锡地铁1号线土建工程02号标项目经理部结构班

中铁隧道勘测设计院有限公司无锡地铁1号线04标设计项目组

无锡市政设计研究院有限公司无锡地铁2号线02标勘察项目组

江苏无锡二建建设集团京沪高铁无锡东站配套基础设施(南广场)工程项目经理部左其军木工班组

江苏正方园建设集团京沪高铁无锡东站配套基础设施(停车楼)工程项目经理部余海华木工班组

2011年

苏南运河“四改三”无锡段BTD项目部

苏南运河“四改三”无锡段XQD—1项目部

苏南运河“四改三”东方红大桥项目部

无锡市新区拆迁办公室

无锡市惠山区洛社镇建设管理服务所

江苏新潮科技集团有限公司科技管理处

中建钢构江苏有限公司一车间

江阴海事局海巡0868艇

宜兴新华书店有限责任公司中心门市部

江苏协联热电集团有限公司生化事业部精制车间

无锡华能电缆有限公司机修组

江苏玉龙钢管股份有限公司1422生产线检验科甲班

无锡市滨湖中医院内科护理组

索尼数字产品(无锡)有限公司品质保证部WDI检查GROUP

无锡八佰伴商贸中心有限公司精品部

无锡市南长环卫处运输场垃圾机械化收集班

中铁十九局集团第六工程有限公司铺架一公司

无锡建设监理咨询有限公司市工人文化宫监理项目部

江苏无锡二建建设集团有限公司陈纯春机电安装项目部
江阴市交通工程质量监督站
江苏无锡市公路管理处e路畅行
江苏交通工程集团有限公司市苏南运河航道整治工程洛社大桥项目经理部
无锡市惠山区航道管理处航政(安全)科
无锡市锡山区交通运输局北中路项目管理办公室
宜兴市交通建设集团有限公司科技大道项目部
江苏宁沪高速公路股份有限公司无锡管理处无锡东收费站
中铁一局集团有限公司无锡太湖大道THD02标项目经理部
中铁二十四局集团有限公司太湖大道东段工程THD01标经理部
江苏交通工程集团有限公司金城东路快速化改造工程JCD03标经理部
苏州金螳螂建筑装饰股份有限公司木工班组
江苏正方园建设集团有限公司泥瓦工班组
无锡市园林工程有限责任公司太湖广场中心公园综合改造工程项目部
苏南硕放国际机场有限公司空中管制科
中国人民银行无锡市支行国库科
中国银行股份有限公司无锡新区支行营业部
中铁一局集团有限公司无锡地铁1号线土建工程17标项目经理部
中铁十六局集团有限公司无锡地铁1号线土建工程12标项目经理部
上海市机械施工有限公司无锡地铁1号线土建工程13标项目经理部
中铁十九局集团有限公司无锡地铁1号线土建工程10标项目经理部
中铁隧道集团有限公司无锡地铁1号线土建工程07标项目经理部
中铁十一局集团与无锡市政建设集团联合体无锡地铁2号线土建工程07标项目经理部
中铁十七局集团有限公司无锡地铁2号线土建工程08标项目经理部
中铁十八局集团有限公司无锡地铁2号线土建工程13标项目经理部
中铁隧道集团三处有限公司无锡地铁2号线土建工程14标项目经理部
上海市第四建筑有限公司无锡地铁2号线土建工程02标项目经理部
江苏正方园建设集团京沪高铁无锡东站配套基础设施(停车楼)工程项目经理部环氧地坪班组
中铁第四勘察设计院集团有限公司无锡地铁2号线土建设计07标项目组
中铁第四勘察设计院集团有限公司无锡地铁1号线系统设计03标项目组
深圳市建筑设计研究总院有限公司雪浪坪设计项目组
江苏苏州地质工程勘察院无锡地铁2号线勘察03标项目组
无锡市轨道交通发展有限公司专业抢险队
无锡市轨道交通发展有限公司综合开发部
无锡市轨道交通发展有限公司设备物资部
无锡市轨道交通发展有限公司工程部
无锡市轨道交通发展有限公司征地拆迁部

2012年

中国银行无锡分行营业部
江阴凯澄起重机械有限公司起重机车间切削班
江阴市邮政局华西邮政支局
江苏阳光集团有限公司织二车间甲班
江阴市供电公司配电抢修班
宜兴市公用环卫有限公司机械化垃圾收运队
宜兴市公路管理处公路养护应急处置中心
江苏灵谷化工有限公司大化肥生产系统
江苏宜兴农村商业银行太华支行
无锡锡山建筑实业有限公司郑书祥项目部
江苏红豆集团西服厂生产二车间吊挂线一组
无锡动力工程股份有限公司营销中心
无锡中彩新材料股份有限公司热镀浸铝硅锌生产线甲班
无锡新三洲特钢有限公司机修厂
无锡新田鼎立科技有限公司技术科打样组
无锡同捷汽车设计有限公司钳工组装车间
中纺投资发展股份有限公司无锡分公司欠伸纺织班
无锡蠡湖叶轮制造有限公司金加工班
无锡新区公共交通有限公司751路公交线路
索尼电子无锡有限公司品质保证部Pack OQC出货检查组
阿斯利康制药有限公司片剂生产部片流程班组
无锡市王兴记有限公司点心服务组
无锡市保利广场商贸有限公司财务部收银科
无锡压缩机股份有限公司制造部
沃尔玛华东百货有限公司无锡红星路分店超市食品分区
无锡华洋滚动轴承有限公司事业三部装配车间
无锡市山明中学初二年级组
无锡市北塘区环境卫生管理处大型城市生活垃圾转运站
无锡市北塘区环境卫生管理处黄巷环卫所路面清扫组
无锡客运有限公司汽车客运站航空服务班
无锡友联热电股份有限公司生技部锅炉专业组
无锡市自来水总公司供水热线
海太半导体(无锡)有限公司PKG制造部“挑战者分任组”
苏南硕放国际机场有限公司护卫消防部消防科
无锡威孚高科技集团有限公司装配分厂小型泵调试组
无锡市职务犯罪侦查和预防教育基地管理中心
江苏省烟草公司无锡市公司卷烟物流配送中心送货部

无锡市第二人民医院皮肤科
无锡市动物园管理处动物保育部
无锡市体育运动学校后勤班组
无锡市军队离休退休干部管理服务中心军休中心会务班
中国联合网络通信有限公司无锡分公司10016通信业务办理热线
江苏北方湖光光电有限公司制造二部铣加工中心组
一汽解放公司无锡柴油机厂精密维修组
江苏省电力公司无锡供电公司修试工区二次系统检修一班
无锡钻探工具厂钻杆车间压机班
无锡宏大纺织机械专件有限公司技术开发部
中国移动通信集团江苏公司无锡分公司客户服务部呼叫中心
海鹰企业集团有限责任公司技术研发中心四室
无锡华润微电子有限公司华润安盛外检班组
无锡透平叶片有限公司模锻叶片车间二工段B班
中国电信有限公司无锡分公司“12345”热线话务班
无锡市公路管理处342省道羊尖收费站
江苏利电能源集团发电运行部二车间D值
中船澄西船舶修造有限公司冷加工班
上海铁路局无锡站运转车间一班整车调车组

2013年

无锡地铁集团有限公司工程部盾构小组
无锡地铁集团有限公司规划设计部机电室
无锡地铁集团有限公司前期部
南京消防器材股份有限公司无锡地铁项目部
铁科院(北京)工程咨询有限公司无锡地铁车辆咨询项目部
无锡市政设计研究院有限公司无锡地铁2号线市政配套及勘察项目组
中铁第四勘察设计院集团有限公司无锡地铁2号线系统设计05标(供电设计)项目组
无锡地铁1号线供电01标中铁电气化局集团第一工程有限公司项目部
无锡地铁1号线土建08标中铁十四局集团有限公司项目部
无锡地铁2号线土建11标中铁一局集团有限公司项目部
江苏苏阳建设有限公司苏南国际机场二期工程项目部
中建钢构有限公司苏南国际机场二期工程项目部
江苏正方园建设集团有限公司太湖饭店改扩建工程项目经理部
江苏赛华建设监理有限公司太湖饭店改扩建工程监理部
宜兴市铁路办公室工程科
宁杭高铁宜兴站前广场配套工程项目管理办公室
锡澄运河江阴南段航道整治工程XCYH—SG—HD4标

锡澄运河江阴南段航道整治工程XCYH—SG—HD5标
无锡市蓝藻治理办公室
无锡市水利基建工程质量监督站
江苏富润电子工程有限公司无锡市新文化宫项目组
无锡鸿源建设集团无锡市新文化宫项目组
工商银行无锡分行小企业金融业务中心
光大银行无锡分行中小企业部
中国民生银行股份有限公司江阴支行
南京银行股份有限公司无锡分行公司金融管理部
中信银行无锡分行无锡小企业金融业务中心
江阴兴澄特种钢铁有限公司二分厂转炉作业区
海澜集团有限公司安全保卫部
江阴市行政服务中心公安局窗口
江阴市澄江街道西郊环境卫生管理所清扫保洁清运小组
江阴市城市管理行政执法大队执法处理中心
江阴市规划局市政规划管理科
江阴市人民政府房屋征收管理办公室
江阴市城区住保房管所
江阴市锡澄运河航道整治工程指挥部
宜兴市交通建设集团有限公司路面项目部沥青摊铺一队
宜兴水务集团有限公司生产运行中心
宜兴市保障性住房建设中心
宜兴市油车水库管理所工程管理科
无锡杰夫电声有限公司B车间
江苏赛福天钢索股份有限公司捻绳车间电梯班
华精新型材料股份有限公司工艺技术科
无锡荣成纸业有限公司制纸三课丙班
无锡市育红实验幼儿园王瑜学前教育工作室
无锡特莱姆气体设备有限公司气化器车间
无锡阿尔卑斯电子有限公司SPVG自动机生产组
博世汽车柴油喷射系统(无锡)股份有限公司精密零件制造二部一科
无锡鸿运大酒店有限公司厨房冷菜组
无锡科锐漫电子科技有限公司变压器车间
无锡市科虹标牌有限公司技术开发部
无锡供电公司营销计量部检验检测五班
一汽集团无锡柴油机厂6DL车间设备保障组
江阴市交通工程建设管理处
无锡地铁集团有限公司综合开发部

无锡地铁1号线供电01标中铁电气化局集团第一工程有限公司项目部
铁科院(北京)工程咨询有限公司无锡地铁2号线车辆监理项目部
江苏沪宁钢机股份有限公司无锡硕放机场二期航站楼扩建工程金属屋面项目部
无锡金城幕墙装饰工程有限公司无锡硕放机场二期航站楼扩建项目项目部
无锡市蓝藻治理办公室
无锡市住房保障建设发展有限公司工程管理部
江阴市澄江街道房屋征收(拆迁)中心
江阴市人民政府重点工程建设办公室
宜兴市交通建设集团有限公司滆湖东路项目部
宜兴市交通建设集团有限公司屺亭预制场
高德(无锡)电子有限公司研发部
无锡立信环保科技有限公司窑炉组
江苏锦汇建筑安装工程有限公司传感一期项目部
菲尼萨光通讯科技(无锡)有限公司切割组
中建筑港集团有限公司锡澄运河航道整治工程XCYH—CZ—TJ1标项目经理部
江苏科兴工程建设监理有限公司锡澄运河航道整治工程XCYH—JL1标总监办
无锡市航道工程有限公司XBXSY—SG—HD项目部
无锡灵山景区经营公司导游服务部
无锡市中国旅行社有限责任公司公民旅游总部
中国银行无锡分行中小企业业务中心
交通银行无锡分行宜兴支行
大世界影城海门大东方影城
无锡市电化教育馆资源建设部
无锡市锡山区安镇街道卫生服务中心春光村家庭健康医生团队
无锡市第三高级中学英语组
无锡市精神卫生中心精神一科
无锡市第四人民医院肿瘤内一科
无锡市园林古典建筑有限公司第五工程项目部
无锡市公共交通股份有限公司52路线区52路
无锡客运有限公司浦锡东班组
无锡锡惠公共交通有限公司602路60268车组
无锡大饭店有限公司中厨房团队
江阴市电信局维护安装部线路室客户服务调度班
中国电信股份有限公司宜兴分公司宜城营业厅(国脉)
无锡邮政局新区分局梅村支局
中国移动江苏公司宜兴分公司周铁营业部
无锡市行政服务中心发改委窗口
无锡市中级人民法院诉讼服务中心

江阴市青阳镇环境卫生管理所清扫乙组
江苏圣华盾服饰有限公司技术中心
江苏精亚集团空调环境除尘研究所巡回组
江苏霞客环保色纺股份有限公司化纤车间
江苏新潮科技集团有限公司长电科技基板封装事业中心
江阴市公共交通公司公交88路
江苏长博集团有限公司江苏(渡)18号
江阴苏派服装集团有限公司二工段
江苏法尔胜泓昇集团有限公司张拉班组
江阴市茂达棉纺厂有限公司纺二丙班
国电联合动力(技术)宜兴)有限公司总装车间
宜兴华晨制衣有限公司外贸部
江苏华亚化纤有限公司FDY2车间二工段甲班
宜兴华源纺织有限公司财务劳资部
江苏省宜兴彩陶工艺厂茅台酒瓶班组
江苏莱顿宝富塑化有限公司机电部
江苏中煤电缆有限公司橡缆车间连续硫化机组
远东电缆股份有限公司超高压电缆厂
无锡市焦化设备厂金工一车间钳工班组
江苏爱玛车业有限公司售后服务部配件供应科
乐丰精密零件制造(无锡)有限公司压铸班
上海汽车商用车有限公司无锡分公司冲压生产AA班组
无锡新宏泰电器科技股份有限公司电机事业部转子组
无锡昌发电力机械有限公司钣金车间
无锡宏达重工股份有限公司水压机车间班组
无锡市振华轿车附件有限公司焊接车间
无锡瑞年实业有限公司行政管理班组
无锡新中润国际集团有限公司五矿部
无锡贝康包装材料有限公司制袋车间二工段
无锡市穆桂英食品制造有限公司烘焙车间
无锡华洋滚动轴承有限公司事业二部磨加工车间
无锡飞洋织造制衣有限公司后道车间整烫组
无锡减速机制造有限责任公司装配车间
博世汽车柴油系统股份有限公司P油嘴硬加工班
SK海力士半导体(中国)有限公司CMP制造技术
索尼数字产品(无锡)有限公司LENS制造部制造3课
江苏苏州地质工程勘察院地铁3号线勘察02标项目组

无锡市市政设施建设工程有限公司路面施工公司
苏南硕放国际机场有限公司安全检查部国际旅检科
无锡市太湖新城发展集团有限公司太湖国际博览中心有限公司
国联期货有限责任公司无锡营业部
无锡供电公司客服中心计量部
一汽解放汽车有限公司无锡柴油机厂重机部总装工段
无锡邮政局荡口邮政支局
中国移动江苏公司无锡分公司TD—LTE办公室
江阴市电信局维护安装部线路室客户服务调度班
无锡市军队离休退休干部服务管理中心后勤保障班组
中国银行江阴支行营业部
江苏银行股份有限公司无锡分行小企业信贷服务中心
中国邮政储蓄银行无锡市分行公司部票据中心
中船澄西船舶修造有限公司澄西16号
中国船舶重工集团公司第七〇二研究所工程部
无锡市锡惠园林景观有限公司庭院项目部
无锡太湖国际博览中心
无锡环境卫生管理处
宜兴市供电公司宜兴运维站二次系统检修班
无锡凤凰画材料有限公司涂层车间打浆班组
光大银行无锡分行江阴市支行
浦发银行无锡分行营业部
无锡国联物业管理有限责任公司大厦分公司

全国模范职工之家

2005年

无锡市国家税务局工会
江阴兴澄钢铁有限公司工会
宜兴市供电局工会
无锡客运总公司工会
无锡市焦化厂工会
无锡华润微电子有限公司工会

2008年

法尔胜集团公司工会
宜兴协联热电有限公司工会
无锡锡山建筑实业有限公司工会
无锡华润实业公司工会

无锡威孚马山油泵油嘴有限公司工会
无锡村田电子有限公司工会
无锡华光锅炉股份有限公司工会
江南大学工会

2010年

宜兴市太平洋集装箱配件有限公司工会
江阴市供电公司工会
江苏沙钢集团锡兴特钢有限公司工会
无锡市锡山人民医院工会
无锡光洋轴承有限公司工会
无锡市公路管理处工会
无锡市国联发展(集团)有限公司工会

2011年

江苏新潮科技集团公司工会
中国电信股份有限公司无锡分公司工会
江苏华亚化纤公司工会
SK海力士半导体(中国)有限公司工会
海鹰企业集团有限责任公司工会
中国银行股份有限公司无锡分行工会

2013年

江阴鑫辉太阳能有限公司工会
江苏中超电缆股份有限公司工会
无锡宏源机电科技有限公司工会
无锡邮政局工会
江苏省无锡质量技术监督局工会
无锡市第二人民医院工会

全国模范职工小家

2005年

无锡市商业银行梁溪支行分工会
外贸无锡印刷有限公司印刷车间分工会
江苏四达动力机械集团有限公司四达柴油机厂分工会
江苏移动通信有限责任公司无锡分公司营销管理中心分工会
无锡市恒顺金属材料有限公司经营三部工会小组

2008年

无锡市崇安人民医院内科工会小组
无锡市银光制丝有限责任公司物管班工会小组
无锡茂泰特种门有限公司容器班工会小组
无锡市第三人民医院外科分工会
海鹰集团有限责任公司无锡水声设备与系统研究所第四研究室工会小组
江苏锡钢集团有限公司炼钢厂分工会
江苏北方湖光光电有限公司技术开发中心分工会

2010年

无锡市连元街小学美术组工会小组
无锡市南长区人民法院刑庭工会小组
江苏振达钢管集团有限公司冷拨车间甲班工会小组
博世汽车柴油系统股份有限公司综合分工会
无锡市水利局城市防洪工程管理处分工会
无锡市辅仁高级中学工会俱乐部

2013年

江苏赛福天钢索股份有限公司捻绳车间电梯班工会小组
无锡供电公司集体资产运营中心无锡广盈实业有限公司分工会
无锡星洲医药有限公司储运服务中心分工会
无锡八佰伴商贸中心有限公司名媛女装部工会小组
无锡市勘察设计研究院有限公司测试中心工会小组
无锡市科虹标牌有限公司丝网印刷车间工会小组
无锡宝通带业股份有限公司炼胶车间工会小组
中国移动江苏公司宜兴分公司分工会

全国百家示范乡镇(街道)工会

2005年

宜兴市和桥镇总工会

2008年

江阴市澄江街道总工会

2009年

宜兴市新街街道总工会

2011年

江阴市新桥镇总工会

江苏省模范职工之家

2008年

江苏省江阴港口集团股份有限公司工会
江苏新潮科技集团有限公司工会
江阴齿轮箱制造有限公司工会
江苏江阴农村商业银行工会
江阴热电有限公司工会
宜兴协联热电有限公司工会
江苏卡欧电子股份有限公司工会
宜兴北海封头有限公司工会
宜兴市太平洋集装箱配件有限公司工会
江苏华亚化纤有限公司工会
江苏晶石科技集团有限公司工会
无锡市锡山人民医院工会
无锡德华彩印包装有限公司工会
江苏太湖锅炉股份有限公司工会
江苏锡兴集团有限公司工会
无锡雪桃集团有限公司工会
无锡市石油化工设备有限公司工会
无锡市华庄中心小学工会
无锡压缩机股份有限公司工会
无锡市崇安区教育局工会
无锡市广益水泥制品厂工会
无锡市南长区环境卫生管理所工会
无锡国盛精密模具有限公司工会
无锡市银光制丝有限责任公司工会
无锡市伟达五金交电公司工会
无锡市方圆实业总公司工会
无锡刘潭服装有限公司工会
无锡村田电子有限公司工会
柯尼卡美能达商用科技(无锡)有限公司工会
无锡市自来水总公司工会
江苏亚太轻合金科技股份有限公司工会
江苏省无锡市公路管理处工会
无锡市国联发展(集团)有限公司工会
无锡市交通产业集团有限公司工会
无锡市锡惠园林文物名胜区管理处工会
无锡市房屋置换中心有限公司工会

无锡市疾病预防中心工会
外贸无锡印刷有限公司工会
无锡布勒机械制造有限公司工会
江苏省无锡质量技术监督局工会
无锡市建筑设计研究院有限责任公司工会
无锡市物价局工会
无锡市社会福利中心工会
无锡市第四人民医院工会
无锡市中医医院工会
无锡市市北高级中学工会
无锡机电高等职业技术学校工会
无锡市体育运动学校工会
无锡固电半导体股份有限公司工会
无锡邮政局工会
江苏省电信有限公司无锡分公司工会
无锡广播电视集团工会
海鹰企业集团有限责任公司工会
江南大学工会
江苏北方湖光光电有限公司工会
无锡透平叶片有限公司工会
中国移动通信集团江苏有限公司无锡分公司工会
江苏锡钢集团有限公司工会
中国船舶重工集团公司第七〇二研究所工会
江苏省无锡工人太湖疗养院工会

2010年

江阴广播电视集团工会
阿法拉伐(江阴)设备制造有限公司工会
江阴长仪集团有限公司工会
江苏怡达化工有限公司工会
云蝠投资控股有限公司工会
江阴市茂达棉纺厂工会
江苏中超电缆股份有限公司工会
江阴市邮政局工会
无锡市沪安电线电缆有限公司
宜兴市阳生化工有限公司工会
无锡市南方耐材有限公司工会
宜兴市中正化工有限公司工会

宜兴金凯欣纺织有限公司工会
江苏兴达文具集团有限公司工会
江苏省无锡市锡山区国家税务局工会
无锡锡州机械有限公司工会
无锡市锡山区鹅湖镇松芝村工会
红豆集团有限公司工会
无锡市宏泰起重电机股份有限公司工会
无锡桥联风电科技有限公司工会
无锡新宏泰电器科技股份有限公司工会
无锡市阳通机械设备有限公司工会
无锡市振太酒业有限公司工会
无锡市育红小学工会
无锡市手外科医院(滨湖医院)工会
无锡华达电机有限公司工会
无锡市职业病防治医院工会
江苏省无锡崇宁路实验小学工会
无锡光明集团有限公司工会
无锡华洋滚动轴承有限公司工会
无锡市太湖印染整厂工会
无锡茂泰特种门有限公司工会
无锡尚德太阳能电力有限公司工会
博世汽车柴油系统股份有限公司工会
海力士—恒忆半导体有限公司工会
江苏宏源纺机股份有限公司工会
江苏省无锡市航道管理处工会
无锡城市职业技术学院工会
无锡市中级人民法院工会
无锡出入境检验检疫局工会
无锡市精神卫生中心工会
无锡旅游商贸高等职业技术学校工会
无锡市梅园公园管理处工会
江苏利电能源集团工会
中国电子科技集团公司第五十八研究所工会
无锡商业职业技术学院工会
无锡蓝星石油化工有限责任公司工会
无锡油泵油嘴研究所工会
无锡经纬纺织科技试验有限公司工会
无锡宏大纺织机械专件有限公司工会

2011年

江阴市周庄镇化纤行业工会
江阴凯澄起重机械有限公司工会
江阴福汇纺织有限公司工会
宜兴市陶瓷行业工会
江苏宜兴彩陶工艺厂工会
江苏灵谷化工有限公司工会
江苏省无锡市惠山区前洲街道工会
无锡市锡山区地税局工会
无锡国家工业设计园创意园工会
无锡金陵饭店工会
无锡万迪动力集团有限公司工会
无锡宏广电容器有限公司工会
洋马农机(中国)有限公司工会
君来集团湖滨饭店工会
无锡交通运输管理处工会
无锡农村商业银行工会
无锡市第三高级中学工会
无锡市第二人民医院工会

2013年

江苏阳光集团有限公司工会
江阴鑫辉太阳能有限公司工会
江苏爱康太阳能科技股份有限公司工会
江苏江南水务股份有限公司工会
江阴市行政服务中心工会
江阴市西城钢铁有限公司工会
江阴苏派服装集团有限公司工会
江阴市江顺模具有限公司工会
中粮麦芽(江阴)有限公司工会
无锡市兆顺不锈中板有限公司工会
江阴职业技术学院工会
江苏俊知技术有限公司工会
江苏陶瓷研究所有限公司工会
无锡市明珠电缆有限公司工会
无锡鹏德汽车配件有限公司工会
宜兴市运通化工科技有限公司工会
无锡市虎皇漆业有限公司工会

江苏阳羡南方水泥有限公司工会
宜兴大酒店工会
宜兴市振球炉料有限公司工会
宜兴市公共交通有限公司工会
华东宜兴抽水蓄能有限公司工会
江苏赛福天钢索股份有限公司工会
无锡市锡山区安镇街道先锋村工会
无锡市锡山区东港镇华东村工会
无锡市锡山区八士实验小学工会
无锡市锡山区东亭街道柏庄社区工会
无锡市新阳光针织时装有限公司工会
无锡市玉鑫压铸厂工会
江苏玉龙钢管股份有限公司工会
无锡华光汽车部件集团有限公司工会
无锡爱邦辐射技术有限公司工会
无锡市惠山区钱桥街道藕乐苑社区工会
无锡市惠山地方税务局工会
无锡市滨湖区太湖街道工会
无锡市滨湖区雪浪街道壬港社区工会
无锡市蠡湖叶轮制造有限公司工会
无锡市蠡园中学工会
江苏隆阳建设有限公司工会
无锡市崇安区广益街道莫家庄社区工会
无锡花园城广场大酒店有限公司君乐酒店工会
无锡市保利广场商贸有限公司工会
无锡市穆桂英美食广场有限责任公司工会
无锡豪强汽车信息咨询服务有限公司工会
无锡市证券印刷有限公司工会
无锡市爱邦特种电线有限公司工会
无锡市北大街工会联合会
无锡市梨庄大酒店有限公司工会
无锡阿尔卑斯电子有限公司工会
无锡市迈特动力机械有限公司工会
索尼数字产品(无锡)有限公司工会
无锡巨力重工股份有限公司工会
无锡市总工会干部学校
无锡工艺职业技术学院工会
无锡市市政设施建设工程有限公司工会

无锡锡惠公共交通有限公司工会
无锡国联证券股份有限公司工会
无锡市太极实业股份有限公司工会
无锡市西新餐娱有限公司工会
无锡市交通运输局新区分局工会
江苏无锡国家粮食储备库工会
中国航空动力控制系统研究所工会
江苏省烟草公司无锡市公司工会
无锡市市级机关事务管理局工会
无锡市人民检察院工会
无锡市物业管理中心工会
无锡市绿化建设有限公司工会
无锡职业技术学院工会
无锡市卫生局卫生监督所工会
无锡高等师范学校工会
无锡市国家安全局工会
无锡市第五人民医院工会
江苏省广电有线信息网络股份有限公司无锡分公司工会

江苏省模范职工小家

2008年

江阴兴澄特种钢材有限公司一分厂工会
江阴苏龙发电有限公司设备管理部分工会
江阴利用棉纺针织有限公司纺二分厂工会
江苏长博集团有限公司皋张汽渡船队分工会
法尔胜集团公司特钢制品有限公司分工会
云蝠服饰股份有限公司外贸部分工会
江苏蝙蝠塑料集团有限公司玻璃钢化工厂分工会
江阴市西城钢铁有限公司炼钢车间分工会
宜兴市供电公司变电工区分工会
宜兴市邮政局机关分工会
江苏省电信有限公司宜兴分公司维护分工会
江苏省宜兴市国家税务局机关分工会
江苏宜兴农村合作银行机关分工会
江苏博莱特动力机械有限公司科一分工会
宜兴精陶集团六分厂分工会
远东控股集团有限公司交联一厂分工会
无锡市宏大铸造有限公司打蜡车间工会小组

无锡市港下中学初一年级工会小组
无锡市锡山区妇幼保健所婚保科工会小组
无锡市锡山区人口和计生局办公室工会小组
江苏省无锡市锡山区公路管理处征稽科工会小组
无锡恒田纺织品有限公司检品中心工会小组
无锡百特皮件有限公司百特一(4)组工会小组
无锡市天佳纺织品有限公司涂层车间工会小组
无锡市陆区水泥有限公司矿粉车间工会小组
无锡新大中钢铁有限公司镀涂分厂工会小组
无锡华光投资集团有限公司轿车零件公司三工段工会小组
罗地亚无锡制药有限公司生产部合成车间甲班工会小组
无锡市滨湖区房产管理局房屋产权监理交易所分工会
无锡市云蝠烧鹅仔大酒店餐厅服务部工会小组
无锡市滨湖区中医院妇产科医护组工会小组
江苏宝通电子科技股份有限公司声表面波车间工会小组
无锡市华星电力环保工程有限公司钣金车间工会小组
无锡岱岳服装有限公司缝纫车间工会小组
无锡欣运服装有限公司裁剪车间工会小组
无锡市崇安人民医院内科工会小组
无锡市大铭家具有限公司综合车间工会小组
中房集团无锡房地产开发有限公司第二分工会
无锡市双龙橡塑合成材料厂分工会
无锡市南长区人民法院刑庭工会小组
江苏省无锡通德桥实验小学分工会
无锡焦化有限公司机电动力分公司分工会
无锡市凯灵染色厂分工会
无锡市盛鑫印刷有限公司01胶印印刷机班工会小组
无锡茂泰特种门有限公司车间组装班工会小组
无锡市五爱实验幼儿园小班工会小组
无锡市宏大电梯有限公司厂部第一工会小组
无锡市宝通带业有限公司炼胶车间工会小组
尼吉康电子(无锡)有限公司第六工会小组
无锡华联科技集团有限公司焊接工程部电工车间工会小组
无锡小天鹅股份有限公司滚筒洗衣机厂分工会
无锡湖滨饭店有点公司餐饮部工会小组
无锡客运有限公司站务分公司工会
无锡市自来水总公司锡东水厂分工会

无锡国联证券有限责任公司中山路营业部工会小组
江阴市交通局船闸管理所工会
无锡市太湖鼋头渚风景区管理处经营服务科分工会
江苏康辉国际旅行社有限责任公司新区营业部工会小组
无锡市果品公司金宇冷藏有限公司分工会
无锡市卫生局卫生监督所审核发证科工会小组
无锡市教育研究中心文科室工会小组
无锡工商行政管理局滨湖局分工会
无锡市城市防洪工程管理处北塘联圩分工会
无锡市传染病医院机关分工会
无锡旅游商贸高等职业技术学校旅游系分工会
无锡市歌舞团舞蹈队工会小组
无锡市体育场馆和训练管理中心体育彩票管理中心工会小组
无锡市大同通信有限公司北大街电信营业厅工会小组
无锡市欣旺大酒店有限公司餐饮部工会小组
中共无锡市委党校第二工会小组
无锡市国家安全局五处工会小组
无锡市国土资源局滨湖分局机关工会
无锡供电公司锡能农电工程安装有限公司分工会
无锡华润微电子有限公司矽科测试部成测工序工会小组
中船澄西船舶修造有限公司机电车间钳工二班工会小组
江苏利港电力有限公司发电部集控C值工会小组
中国联通有限公司无锡分公司第四分工会
一汽解放汽车有限公司无锡柴油机厂计财分工会
地质矿产部无锡钻探工具厂生产分工会
无锡蓝星石油化工有限责任公司2.5万吨/年双酚A班工会小组
无锡宏大纺织机械专件有限公司科二分工会
无锡经纬纺织科技试验有限公司生产部甲班分工会
中国电子系统工程第二建设有限公司第六分公司工会
无锡商业职业技术学院艺术设计系分工会
无锡职业技术学院机关分工会
无锡城市职业技术学院电子信息工程系分工会
无锡工艺职业技术学院材料工程系分工会
中国航空工业第一集团公司航空动力控制系统研究所系统分工会
中国电子科技集团公司第五十八研究所晶园制造部分工会
中国航天科技集团公司七三八疗养院医疗分工会
无锡油泵油嘴研究所基础研究部工会小组

无锡市总工会机关工会
无锡市工人文化宫第一工会小组

2010年

江苏法尔胜泓昇集团有限公司光通信事业部分工会
江阴兴澄特种钢铁有限公司二分厂工会
江苏新潮科技集团有限公司封测三厂工会小组
江阴市供电公司线路运行工区分工会
江阴苏龙热电有限公司煤炭配送中心分工会
江阴热电有限公司电热分工会
江苏江阴农村商业银行营业部工会小组
江阴市振新实业集团振新毛纺有限公司分工会
江阴天力燃气有限公司输配公司分工会
中国移动通信集团江苏有限公司江阴分公司工会
宜兴市供电公司农电公司分工会
宜兴市邮政局和桥邮政所分工会
江苏省电信有限公司宜兴市分公司张渚中心局分工会
宜兴水务集团张渚分公司工会
宜兴市广播电视台广告中心工会小组
宜兴市民政局机关分工会
江苏宜兴农村合作银行官林支行分工会
中国农业银行宜兴市官林支行工会小组
中国工商银行宜兴支行营业部工会小组
中国移动江苏有限公司宜兴分公司工会
无锡恒田纺织品有限公司缝纫一车间6组工会小组
江苏新日电动车股份有限公司财务部工会小组
江苏赛福天钢绳有限公司捻绳车间电梯绳班工会小组
江苏瑞通信息产业有限公司铁塔车间工会小组
无锡市锡山区人民检察院第二工会小组
无锡兴达泡塑新材料有限公司第一车间工会小组
无锡市仓下中学初一年级组工会小组
无锡广盈实业有限公司管理分工会
无锡先锋电机有限公司电加工车间工会小组
无锡万斯纺织品有限公司单针绗缝班工会小组
无锡市鑫源油泵有限公司柱塞班工会小组
江苏玉龙钢管股份有限公司三分厂1829车间主机乙班工会小组
无锡永凯达齿轮有限公司生产组工会小组
无锡东宝机械制造有限公司气流组工会小组

无锡太湖科技园区麦梯时尚创意设计有限公司工会小组
无锡市蠡园房地产开发公司“中南家园”建筑项目部分工会
无锡市工业设备安装有限公司第一分工会
无锡星洲医药有限公司储运服务中心工会小组
无锡市国光电子有限公司金加工班工会小组
无锡市振华纺织橡胶器材厂炼胶车间工会小组
无锡雪浪输送机械有限公司金加工班工会小组
无锡市公安局崇安分局治安警察大队工会小组
无锡市广益水泥制品有限公司扎筋储运部工会小组
无锡金陵大饭店安全部A班工会小组
无锡花园城广场有限公司君乐酒店前厅部工会小组
无锡市扬名中心小学工会小组
无锡市公安局南长分局扬名派出所工会小组
无锡协联热电有限公司热网抢修服务组工会小组
江苏天圣达集团无锡新合纤有限公司丙纤车间丁班工会小组
无锡福祈制药有限公司制剂分工会
无锡爱邦辐射技术有限公司技术研发部工会小组
江苏五星电器有限公司无锡中山路大卖场第一工会小组
无锡市黄金海岸大酒店有限公司管家部清扫组工会小组
无锡市新区旺庄工业发展有限公司第一工会小组
无锡大燕电子有限公司冲压组工会小组
甲与壹精密工程(无锡)有限公司人事行政办公室工会小组
无锡市迈特动力机械有限公司生产技术部工会小组
无锡市公共交通股份有限公司中南分公司扬名车队工会小组
无锡市环卫公司生活固体废弃物处理场分工会
无锡供电公司变电检修中心分工会
江苏省电信有限公司无锡分公司新区分工会
无锡市交通局黄巷交通管理所工会小组
无锡邮电局函件业务局营销部工会小组
无锡市实验幼儿园行政后勤工会小组
无锡市急救中心城中分站工会小组
无锡市商务局机关分工会
无锡布勒机械制造有限公司钣金组工会小组
无锡市殡仪馆火化班工会小组
无锡市人民政府拆迁管理办公室听证咨询科工会小组
无锡质量技术监督局江苏特种设备安全监督检验研究院无锡分院分工会
无锡市人民医院内分泌科工会小组
无锡汽车工程学校行政工会小组

无锡市影剧公司和平电影院分工会
无锡市体育场馆和训练管理中心无锡市体育中心分工会
中国联合网络通信有限公司无锡市分公司第五分工会
无锡职业技术学院基础部分工会
无锡工艺职业技术学院数字艺术系分工会
中国企业管理无锡培训中心总务处工会小组
中国航天科技集团公司七三八疗养院营销部工会小组
中国航空工业集团公司航空动力控制系统研究所电子分工会
一汽客车(无锡)有限公司底盘分厂流程线班工会小组
地质矿产部无锡钻探工具厂技术处工会小组
中国电子系统工程第二建设有限公司第二分公司分工会
无锡纺织机械研究所质量监督检验中心工会小组

2013年

江苏省电力公司江阴市供电公司江阴县域检修分公司工会
江苏新华发集团有限公司联华机加工车间工会小组
江苏省高纯稀土应用与检测工程技术研究中心工会小组
无锡市兆顺不锈中板有限公司设备部竖炉班工会小组
无锡梦宝贝儿童用品有限公司针车(B)车间工会小组
江阴日毛纺纱有限公司机电部工会小组
江阴市天鹅制呢厂有限公司设计组工会小组
江苏长博集团有限公司江苏暨阳轮渡黄田港分公司工会
宜兴市供电公司华源电建公司分工会
宜兴市邮政局官林邮政所分工会
中国电信股份有限公司宜兴分公司和桥中心局分工会
宜兴市民政局直属单位联合分工会
宜兴市国家税务局第四税务分局分工会
宜兴市人民法院法警大队工会小组
宜兴市城市管理局行政执法大队城北中队工会小组
无锡市锡山区妇联工会小组
江苏申锡建筑机械有限公司冷作车间高大喜班工会小组
无锡神宇塑胶制品有限公司质检包装车间工会小组
无锡艾迪花园酒店有限公司工程部工会小组
无锡荣成纸业有限公司热电分工会
无锡广盈实业有限公司广盈公司分工会
无锡同捷汽车设计有限公司钳工组装车间工会小组
无锡市滨湖区中医院内科护理组工会小组

无锡机床股份有限公司第一装配分厂钳工一班工会小组
无锡市王兴记有限公司科室工会小组
无锡八佰伴商贸中心有限公司名媛女装部工会小组
无锡市勘察设计研究院有限公司测试中心工会小组
无锡市侨谊中学行政组工会小组
无锡市科虹标牌有限公司丝网印刷车间工会小组
江苏振达钢管集团有限公司冷拔乙班工会小组
无锡摩比斯汽车零部件有限公司资材管理班工会小组
富士通天电子(无锡)有限公司品保部工会小组
无锡华联焊割设备厂数控事业部工会小组
无锡君来集团湖滨饭店有限公司分工会
苏南国际机场集团无锡空港物流有限公司分工会
无锡排水管理处截污管理科工会小组
无锡外事旅游汽车有限公司出租汽车队分工会
江苏利电能源集团检修服务车间分工会
中国移动江苏公司无锡分公司网络部分工会
地质矿产部无锡钻探工具厂合金车间分工会
一汽解放汽车有限公司无锡柴油机厂计财分工会
无锡无锡电信工会滨湖分局分工会
无锡城市职业技术学院经济贸易管理系分工会
江苏省纺织研究所有限公司科技中心工会小组
中国船舶重工集团公司第七〇二研究所二〇工厂分工会
无锡油泵油嘴研究所电子技术分工会
无锡市少年宫文艺中心工会小组
北方通用电子集团有限公司无锡分公司加工中心组工会小组
无锡市职业介绍服务中心分工会
无锡市演艺集团有限公司曲艺团分工会
中船澄西船舶修造有限公司技术中心分工会
江南大学生物工程学院分工会
海鹰企业集团有限责任公司机械分公司分工会
无锡宏大纺织机械专件有限公司三分厂工会
无锡广播电视台(集团)广播传媒分工会
无锡供电公司输电运检工区110千伏及以下高压带电作业一班工会小组
无锡市军用饮食供应站供水站客房清扫班工会小组
中国企业管理无锡培训中心总务处工会小组
无锡市轨道交通发展有限公司工会第二工会小组
无锡商业职业技术学院会计金融学院分工会

中国电子系统工程第二建设有限公司第八分工会
无锡市图书馆读者服务中心工会小组
江苏信息职业技术学院机电工程系分工会
无锡透平叶片有限公司质保二部压气机检验站分工会
无锡市社会保险基金管理中心新区办事处分工会
江苏北方湖光光电有限公司研发中心分工会
中国水产科学研究院淡水渔业研究中心大水面增养殖研究室工会小组
无锡华润华晶微电子有限公司二分厂中测工会小组
无锡苏南物业有限公司金宇冷藏有限公司分工会
无锡市商务局机关工会第七工会小组
无锡邮政局发行投递局分工会
中国电子科技集团公司第五十八研究所中微爱芯分工会
无锡市建筑工程质量监督(检测)站检测分工会
无锡市体育运动学校后勤组工会小组

江苏省工会工作模范县(市)

2006年

江阴市总工会

2008年

宜兴市总工会

江苏省工会工作模范区

2006年

无锡市滨湖区总工会
无锡市锡山区总工会

2008年

无锡市惠山区总工会

江苏省工会工作模范开发区(园区)

2011年

无锡国家高新技术产业开发区总工会
江阴高新技术产业开发区工会工作委员会

2012年

江苏宜兴经济开发区总工会

锡山经济技术开发区总工会

2013年

中国宜兴环保科技工业园总工会
无锡太湖国家旅游度假区总工会

江苏省十佳基层工会

2004年

一汽解放汽车有限公司无锡柴油机分公司工会委员会

2011年

一汽解放汽车有限公司无锡柴油机厂工会委员会

江苏省模范乡镇(街道)职工之家

2010年

江阴市周庄镇总工会
江阴市顾山镇总工会
江阴市长泾镇总工会
宜兴市张渚镇总工会
宜兴市徐舍镇总工会
无锡市锡山区东港镇总工会
无锡市惠山区阳山镇总工会
江阴市申港街道总工会
宜兴市宜城街道总工会
无锡市锡山区东北塘街道工会
无锡市惠山区玉祁街道工会
无锡市滨湖区蠡湖街道总工会
无锡市滨湖区太湖街道工会

江苏省工会工作模范乡镇(街道)

2008年

宜兴市和桥镇总工会
宜兴市丁蜀镇总工会
宜兴市高塍镇总工会
无锡市锡山区鹅湖镇总工会
无锡市惠山区前洲镇工会委员会

无锡市滨湖区胡埭镇总工会
无锡市崇安区广益街道工会委员会
无锡市滨湖区华庄街道总工会
无锡市南长区扬名街道总工会
无锡市北塘区黄巷街道总工会
无锡市新区江溪街道总工会

2009年

江阴市徐霞客镇总工会
江阴市华士镇总工会
江阴市新桥镇总工会
宜兴市官林镇总工会
宜兴市周铁镇总工会
无锡市锡山区锡北镇总工会
无锡市锡山区羊尖镇总工会
无锡市惠山区洛社镇总工会
江阴市夏港街道总工会
无锡市惠山区堰桥街道工会
无锡市滨湖区马山街道总工会
无锡市新区鸿山街道总工会

江苏省百强示范乡镇工会

2004年

江阴市祝塘镇工会
江阴市云亭镇工会
江阴市夏港镇工会
宜兴市官林镇工会
宜兴市高塍镇工会
宜兴市屺亭镇工会
无锡市锡山区东北塘镇工会
无锡市惠山区堰桥镇工会
无锡市滨湖区马山镇工会
无锡市滨湖区滨湖镇工会
无锡市新区梅村镇工会

2005年

江阴市顾山镇工会
江阴市新桥镇工会

江阴市月城镇工会
江阴市申港镇工会
宜兴市芳桥镇工会
宜兴市徐舍镇工会
宜兴市太华镇工会
无锡市锡山区东亭镇工会
无锡市惠山区阳山镇工会
无锡市滨湖区太湖镇工会

无锡市模范职工之家

2006年

江阴福汇纺织有限公司工会
江阴齿轮箱制造有限公司工会
江阴市城西街道工会
江阴市澄江镇贯庄村工会
江阴城市房地产有限公司工会
江阴苏派服装集团有限公司工会
江苏怡达化工有限公司工会
江阴市矿山器材厂工会
江阴市夏港镇长江村工会
无锡江加建设机械有限公司工会
阿法拉伐(江阴)设备制造有限公司工会
江阴市压缩机厂工会
无锡兆顺不锈中板有限公司工会
无锡华晟有荣服装有限公司工会
江阴市月城镇双泾村工会
江阴市彩印包装有限公司工会
江阴市周庄镇金湾村工会
江阴市江顺模具有限公司工会
江苏蝙蝠塑料集团有限公司工会
江阴华强特钢热电有限公司工会
江阴精亚集团有限公司工会
云蝠服饰股份有限公司工会
江苏苏青水处理工程集团有限公司工会
江阴市顾山镇澜东村工会
江阴市长泾纺织厂工会
江阴市茂达棉纺厂工会
江苏苏源卡欧电子有限公司工会

无锡虹亚集团工会
宜兴信宜时装有限公司工会
宜兴协联热电有限公司工会
江苏省宜兴彩陶工艺厂工会
江苏青狮水泥有限公司工会
宜兴市宙斯泵业有限公司工会
宜兴市阳生化工有限公司工会
宜兴市无氧铜杆厂工会
无锡鼎球绢丝纺有限公司工会
宜兴市染整制线厂工会
远东控股集团有限公司工会
驰马拉链(无锡)有限公司工会
宜兴北海封头有限公司工会
无锡华仁建设集团有限公司工会
宜兴市中正化工有限公司工会
无锡市沪安电线电缆有限公司工会
江苏华亚化纤有限公司工会
无锡市天兴净化空调设备有限公司工会
宜兴市司法局工会
宜兴市天地龙异型线材厂工会
宜兴外国语学校工会
宜兴市供电公司工会
宜兴市邮政局工会
江苏省电信有限公司宜兴市分公司工会
江苏宜兴农村合作银行工会
无锡市大象机械制造有限公司工会
江苏晶石集团公司工会
无锡市锡山三建实业有限公司工会
无锡市宏达铸造有限公司工会
无锡锦安家用电器有限公司工会
无锡锡山建筑实业有限公司工会
无锡市锡山人民医院工会
无锡市东北塘中心小学工会
无锡市锡宝钛业有限公司工会
无锡锡工量具有限公司工会
无锡锡州机械有限公司工会
红豆集团有限公司工会
无锡恒田纺织品有限公司工会

无锡德华彩印包装有限公司工会
无锡新宏泰电器有限责任公司工会
无锡市惠山区堰桥街道城塘村工会
无锡市新润房地产开发有限公司工会
无锡市天佳纺织品有限公司工会
无锡市惠山区玉祁镇万里村工会
罗地亚无锡制药有限公司工会
无锡华光投资集团有限公司工会
江苏太湖锅炉股份有限公司工会
无锡华润实业公司工会
无锡市惠山区钱桥镇华新村工会
无锡市惠山区阳山镇阳山村工会
无锡市惠山区航道管理处工会
无锡市惠山区人民医院工会
无锡市玉祁中心小学工会
无锡双欢电气有限公司工会
无锡市振太酒业有限公司工会
无锡市第三纺织器材有限公司工会
无锡市电站锅炉设备有限公司工会
无锡市石油化工设备有限公司工会
无锡雪桃集团有限公司工会
无锡市雪浪钢铁集团有限公司工会
无锡市滨湖区胡埭镇龙延村工会
无锡市滨湖区荣巷街道勤新社区工会
无锡市滨湖区河埒街道水秀社区工会
无锡市蠡园经济发展园区工会
无锡市华庄中心小学工会
无锡市滨湖区东绛人民医院工会
无锡市第二市政工程有限公司工会
无锡市茶叶品种研究所有限公司工会
无锡市滨湖区房屋产权监理交易所工会
无锡市滨湖区人民检察院工会
无锡市崇安区广瑞路街道广丰三村社区工会
无锡市崇安区教育工会
无锡市崇安人民医院工会
无锡市崇安区环境卫生管理处工会
无锡市广益水泥制品厂工会
无锡市崇安区崇安寺街道工会

无锡市银光制丝有限责任公司工会
无锡市南长区环境卫生管理所工会
无锡市南长区教育工会
无锡市第二气动元件厂工会
无锡明丽雅针织时装有限公司工会
无锡市扬名街道五爱社区工会
无锡市五爱小学工会
无锡刘潭服装有限公司工会
无锡东联制衣有限公司工会
无锡市伟达五金交电公司工会
无锡宏广电容器有限公司工会
无锡市克林防静电服装有限公司工会
无锡市盛鑫印刷有限公司工会
无锡银邦铝业有限公司工会
无锡市新区梅村镇新南村工会
无锡市新区经济发展集团总公司工会
无锡村田电子有限公司工会
无锡市第二轴承有限公司工会
无锡双珍针纺织工艺有限公司工会
江苏圣宝罗药业有限公司工会
无锡市新区南站街道风雷村工会
一汽解放汽车有限公司无锡柴油机厂工会
无锡开源机床集团有限公司工会
无锡电缆厂有限公司工会
江苏锡钢集团有限公司工会
无锡市巨龙塑化有限公司工会
无锡博凯轻型轴承有限公司工会
无锡市惠山泥人厂工会
无锡汾锡电机有限公司工会
无锡市天鹏食品有限公司工会
无锡储运有限公司工会
无锡市利达木业有限公司工会
无锡太极集团有限公司工会
江苏省无锡市公路管理处工会
无锡市市政设施管理处工会
无锡市锡惠园林文物名胜区管理处工会
无锡市排水管理处工会
无锡市太湖鼋头渚风景区管理处工会

无锡市房屋置换中心有限公司工会
江苏省电信有限责任公司无锡分公司工会
无锡邮政局工会
无锡市外事二泉旅游投资有限公司工会
无锡供电公司工会
无锡市月亮轴瓦有限公司工会
无锡市卫生局卫生监督所工会
外贸无锡印刷有限公司工会
无锡粮食机械厂工会
无锡市社会福利中心工会
无锡市建筑设计研究院有限责任公司工会
无锡市建设工程质量监督(检测)站工会
江苏省无锡市国家税务局工会
无锡市地方税务局工会
无锡市物价局工会
江苏省无锡质量技术监督局工会
江苏省无锡工商行政管理局机关工会
无锡技师学院工会
无锡市水利局工会
无锡威孚集团有限公司工会
无锡格林艾普化工股份有限公司工会
无锡市人民大会堂工会
无锡广播电视局(集团)工会
无锡市国联发展(集团)有限公司工会
无锡市第一棉纺织厂工会
无锡庆丰股份有限公司工会
无锡小天鹅股份有限公司工会
无锡华光锅炉股份有限公司工会
无锡国联证券有限责任公司工会
江苏无锡商业大厦集团有限公司工会
无锡华润微电子有限公司工会
无锡市商业银行工会
江南大学工会
无锡市城市职业技术学院工会
海鹰企业集团有限责任公司工会
江苏北方湖光光电有限公司工会
中船澄西船舶修造有限公司工会
中船重工集团公司第七〇二研究所工会

第一航空动力控制系统研究所工会
无锡市公安局工会
江苏利港电力有限公司工会
无锡固电半导体股份有限公司工会
无锡市大同通信有限公司工会
江苏省首佳房地产中介有限公司工会
无锡职业技术学院工会
无锡商业职业技术学院工会
无锡客运有限公司工会
无锡汽车客运站务有限公司工会
江苏四达动力机械集团有限公司工会
无锡工艺职业技术学院工会
无锡市中医医院工会
无锡市第三人民医院工会
无锡市精神卫生中心工会
无锡市博物馆工会
无锡机电高等职业技术学校工会
无锡市实验幼儿园工会
无锡市市北高级中学工会
江苏省梅村高级中学工会
无锡市体育运动学校工会

2008年

江阴福汇纺织有限公司工会
江阴广播电视集团工会
江阴苏派服装集团有限公司工会
江阴长仪集团有限公司工会
江苏中煤矿山设备有限公司工会
江苏怡达化工有限公司工会
阿法拉伐(江阴)设备制造有限公司工会
江阴华强特钢铸锻热电有限公司工会
江苏云蝠投资控股有限公司工会
江阴市茂达棉纺厂工会
江阴市虹桥机械制造有限公司工会
江阴市白屈港水利枢纽工程管理处工会
江苏金丝利药业有限公司工会
江苏雅克科技股份有限公司工会
江苏博莱特动力机械有限公司工会

江苏锡阳研磨科技有限公司工会
宜兴市立业建筑安装有限公司工会
宜兴市晶科光学仪器有限公司工会
江苏长峰电缆有限公司工会
江苏兴达文具集团有限公司工会
江苏中超电缆股份有限公司工会
江苏共昌轧辊有限公司工会
宜兴市公路客运有限公司工会
无锡能达热电有限公司工会
宜兴市建工建筑安装有限责任公司工会
无锡华能电缆有限公司工会
无锡市柏庄实验小学工会
无锡恒田纺织品有限公司工会
无锡锡州机械有限公司工会
无锡金羊金属制品有限公司工会
无锡市锡山区东亭街道卫生院工会
无锡新宏泰电器有限责任公司工会
无锡卡黛尔家用纺织品有限公司工会
无锡市玉祁酒业有限公司工会
无锡市惠山区钱桥街道华新村工会
无锡双欢电气有限公司工会
无锡市百利事制衣厂工会
无锡晔佳服饰有限公司工会
无锡市电站锅炉设备有限公司工会
无锡市手外科医院工会
无锡雪浪输送机械有限公司工会
无锡东盛石化装备有限公司工会
无锡蠡湖叶轮制造有限公司工会
润地利房地产投资集团有限公司工会
无锡市蠡园中学工会
无锡崇宁路实验小学工会
无锡市公安局崇安分局工会
无锡市金茂对外贸易有限公司工会
无锡花园城广场大酒店有限公司君乐酒店工会
无锡光明(集团)有限公司工会
无锡华洋滚动轴承有限公司工会
无锡市南长区人民法院工会
无锡东力电气制造有限公司(无锡市电器开关厂)工会

无锡市电镀二厂工会
无锡茂泰特种门有限公司工会
无锡志成皮件有限公司工会
无锡市太湖染整厂工会
无锡环宇电磁线有限公司工会
无锡西姆莱斯石油专用管制造有限公司工会
无锡大燕电子有限公司工会
江苏亚太轻合金科技股份有限公司工会
海力士一恒忆半导体有限公司工会
无锡市交通规划设计研究院有限公司工会
无锡机场有限责任公司工会
无锡市房地产开发集团有限公司工会
无锡市太极实业股份有限公司工会
无锡市交通局新区交通分局工会
无锡市市政工程质量监督站工会
无锡市梅园公园管理处工会
无锡市房产管理局产权监理处工会
无锡市外事二泉旅游投资有限公司工会
无锡市果品公司工会
江苏中外运有限公司无锡分公司工会
无锡市教育研究中心工会
江苏省原子医学研究所工会
江苏无锡国家粮食储备库工会
无锡市殡仪馆工会
无锡市建设工程管理处工会
无锡市国家安全局工会
中共无锡市委党校工会
中共无锡市委组织部工会
无锡市财政局工会
无锡市劳动和社会保障局工会
无锡市第二人民医院工会
江苏锡州农村商业银行股份有限公司工会
无锡市第一中学工会
无锡市博威体育产业投资发展有限公司工会
无锡市传染病医院工会
中国联通有限公司无锡分公司工会
无锡市第三高级中学工会
无锡市许星明礼仪策划有限责任公司工会

无锡市影剧公司工会
无锡市西新餐饮有限公司工会
无锡市迅杰物流有限公司工会
中国电子科技集团公司第58研究所工会
无锡油泵油嘴研究所工会
地质矿产部无锡钻探工具厂工会
无锡蓝星石油化工有限责任公司工会
无锡经纬纺织科技试验有限公司工会
无锡宏大纺织机械专件有限公司工会

2011年

中粮麦芽(江阴)有限公司工会
江阴启新纺织有限公司工会
江阴华联商厦有限公司工会
江阴市服装绣品厂有限公司工会
江阴市西城钢铁有限公司工会
江苏新华发集团有限公司工会
江阴南工锻造有限公司工会
柳工无锡路面机械有限公司工会
江阴市申澄集团有限公司工会
江阴苏派服装集团有限公司工会
江阴加华新材料资源有限公司工会
江阴红嘉印染有限公司工会
无锡市兆顺不锈中板有限公司工会
江阴市银河针织有限公司工会
江苏爱康太阳能科技股份有限公司工会
海澜集团有限公司工会
江阴市江顺模具有限公司工会
江苏阳光集团有限公司工会
无锡梦宝贝儿童用品有限公司工会
无锡鸿昌精密机械有限公司工会
江阴日毛纺纱有限公司工会
江阴市天鹅制呢厂有限公司工会
江阴市行政服务中心工会
江苏江南水务股份有限公司工会
江阴市建筑设计研究院有限公司工会
江阴市新桥中心小学工会
江阴市人民医院工会

江苏扬子江船厂有限公司工会
江苏长博集团有限公司工会
江阴职业技术学院工会
江阴精细化工机械有限公司工会
江阴市江港堤闸管理处工会
中国电信集团江苏省江阴市工会
江阴市祝塘中心小学工会
江苏银环精密钢管股份有限公司工会
江苏俊知技术有限公司工会
江苏伟丰建筑安装集团有限公司工会
江苏省陶瓷研究所有限公司工会
江苏阳羡南方水泥有限公司工会
江苏宇杰钢机有限公司工会
宜兴市海福印铁制罐有限公司工会
宜兴市华强礼品有限公司工会
无锡鹏德汽车配件有限公司工会
宜兴市运通化工科技有限公司工会
江苏金山环保工程集团有限公司工会
江苏莱顿宝富塑化有限公司工会
无锡市虎皇漆业有限公司工会
宜兴市振球炉料有限公司工会
无锡市明珠电缆有限公司工会
江苏国信合成革有限公司工会
宜兴蓝天箱包有限公司工会
江苏南方涂装环保有限公司工会
宜兴市国土资源局工会
江苏省宜兴中学工会
宜兴市公共交通有限公司工会
宜兴大酒店工会
宜兴市团氿风景区有限公司工会
宜兴市药业有限公司工会
宜兴新苏南商厦有限责任公司工会
宜兴市新华书店有限责任公司工会
宜兴水务集团有限公司工会
宜兴市公安局工会
宜兴市人民法院工会
宜兴市行政服务中心工会
中国邮电工会宜兴市邮政局工会
无锡升蔚化油器有限公司工会

无锡湖光工业炉有限公司工会
无锡市中江彩印包装厂工会
无锡市锡山区妇幼保健所工会
无锡市嘉德机械有限公司工会
江苏赛福天钢绳有限公司工会
无锡市锡山区污水处理厂工会
无锡同方创新科技园有限公司工会
无锡羊尖迪达锁业有限公司工会
江苏大明金属制品有限公司工会
江苏省无锡市锡山区公路管理处工会
无锡市锡山区人民检察院工会
无锡杰夫电声有限公司公司工会
无锡市普天铁心有限公司工会
无锡市港下实验小学工会
无锡卡秀堡辉涂料有限公司工会
江苏中联铝业有限公司工会
江苏新日电动车股份有限公司工会
无锡市堰中微电机厂工会
无锡市华雁密封件轴承有限公司工会
无锡市堰微精密轴承厂工会
无锡永华电池有限公司工会
无锡市玉鑫压铸厂工会
江苏玉龙钢管股份有限公司工会
无锡申菱电梯配套有限公司工会
无锡市振达特种钢管制造有限公司工会
无锡华光汽车部件集团有限公司工会
无锡先锋电机有限公司工会
江苏德克环保设备有限公司工会
无锡爱邦辐射技术有限公司工会
无锡市永顺机械有限公司工会
无锡市正红车厢有限公司工会
无锡万斯纺织品有限公司工会
无锡市惠山区国税局工会
无锡市万向联轴器有限公司工会
无锡市金城环保炊具设备有限公司工会
无锡市惠山区人民医院工会
无锡市精益不锈钢流体设备部件有限公司工会
无锡市天一实验小学工会
无锡运通涂装设备有限公司工会

无锡王兴幕墙装饰工程有限公司工会
无锡市海峰海林精密轴承有限公司工会
无锡市迅马液压气动有限公司工会
无锡市豪帮电器有限公司工会
无锡市工业设备安装有限公司工会
无锡市华立石化工程有限公司工会
无锡市宏达光电有限公司工会
无锡同捷汽车设计有限公司工会
无锡市贝斯特精密机械有限公司工会
无锡德尔投资集团有限公司工会
无锡瑞年实业有限公司工会
无锡市滨湖区马山房管所工会
无锡二橡胶股份有限公司工会
无锡市滨湖区雪浪街道社区卫生服务中心工会
无锡市胡埭中心小学工会
无锡市王兴记有限公司工会
无锡八佰伴商贸中心有限公司工会
无锡市保利广场商贸有限公司工会
江苏省无锡连元街小学工会
无锡市广益商城锡沪装饰材料市场工会
无锡市公花园管理处工会
无锡市三凤桥肉庄有限责任公司工会
无锡金和大厦有限公司工会
江苏精享裕建工有限公司工会
无锡东力电气制造有限公司工会
无锡豪强汽车信息咨询服务有限公司工会
无锡丽华快餐管理有限公司工会
无锡市穆桂英美食广场有限责任公司工会
无锡市桥谊实验中学工会
无锡市南长区人民检察院工会
无锡市勘察设计研究院有限公司工会
江苏天圣达集团无锡新合纤有限公司工会
无锡市证券印刷有限公司工会
无锡市高润杰化学有限公司工会
无锡市北塘区环境卫生管理处工会
无锡市福土得建设工程有限公司工会
无锡市梨庄大酒店工会
沃尔玛(江苏)商业零售有限公司无锡青石路分店工会
无锡市山明中学工会

无锡市科虹标牌有限公司工会
无锡福祈制药有限公司工会
无锡市西新餐娱有限公司工会
无锡华联科技集团有限公司工会
江苏锦绣前程木业有限公司工会
无锡市新区旺庄工业发展有限公司工会
无锡市滚动轴承有限公司工会
无锡巨力重工股份有限公司工会
无锡市迈特动力机械有限公司工会
富士通天电子(无锡)有限公司工会
无锡阿尔卑斯电子有限公司工会
索尼数字产品(无锡)有限公司工会
柯尼卡美能达商用科技(无锡)有限公司工会
无锡市排水总公司工会
无锡济民可信山禾药业股份有限公司工会
无锡摩比斯汽车零部件有限公司工会
无锡市市政公用产业集团有限公司工会
无锡国联环保能源集团有限公司工会
无锡锡惠公共交通有限公司工会
江苏无锡朝阳集团股份有限公司工会
无锡市交通运输局新区分局工会
无锡市物业管理中心工会
无锡市军队离休退休干部清扬休养所工会
无锡市卫生局卫生监督所工会
江苏省广播电视信息网络股份有限公司无锡分公司工会
无锡市投资促进中心工会
无锡市建设工程质量监督(检测)站工会
无锡布勒机械制造有限公司工会
无锡日报报业集团工会
无锡市市级机关事务管理局工会
无锡市纪律检查委员会工会
无锡市人民检察院工会
无锡市人力资源和社会保障局工会
无锡市正大畜禽有限公司工会
无锡永兴机械制造有限公司工会
无锡市大众房地产服务有限公司工会
无锡华夏家居港建材市场有限公司工会
无锡市浦新不锈钢有限公司工会
江苏省无锡汽车工程中等专业学校工会

无锡市传染病医院工会
中国航空工业集团公司航空动力控制系统研究所工会
无锡市人民医院工会
无锡市特殊教育学校工会
无锡市青山高级中学工会
中国水产科学研究所淡水渔业研究中心工会
无锡市图书馆工会
无锡市绿化建设有限公司工会
无锡工艺职业技术学院工会
无锡职业技术学院工会
江苏信息职业技术学院工会
中国企业管理无锡培训中心工会
无锡市棒球运动训练基地工会
一汽客车(无锡)有限公司工会
地质矿产部无锡钻探工具厂工会
无锡市轨道交通发展有限公司工会
中国银行股份有限公司无锡分行工会

2013年

江阴模塑集团有限公司工会
江苏方程电力科技有限公司工会
江苏精亚集团有限公司工会
江阴市天华纱业有限公司工会
江阴汉和制衣有限公司工会
无锡鸿昌精密机械有限公司工会
江苏升辉投资集团有限公司工会
江阴友利特金属制品有限公司工会
海润光伏科技股份有限公司工会
瀚宇博德科技(江阴)有限公司工会
江阴迈凯机械有限公司工会
江苏森森水族用品有限公司工会
江阴市华士实验小学工会
江阴市人民医院工会
江苏恒峰线缆有限公司工会
国电光伏有限公司工会
无锡市瑞尔精密机械股份有限公司工会
宜兴市宙斯泵业有限公司工会
江苏沪宁钢机股份有限公司工会

江苏小太阳机械科技有限公司工会
江苏东峰电缆有限公工会
宜兴华源纺织有限公司工会
江苏巨能机械有限公司工会
江苏百纳环境工程有限公司工会
宜兴市九洲封头锻造有限公司工会
宜兴市前成生物有限公司工会
宜兴市宏鑫铜业有限公司工会
宜兴市住房保障和房产管理局工会
无锡红旗压力容器制造有限公司工会
无锡皮革城有限公司工会
无锡市第一棉纺织厂工会
江苏爱玛车业科技有限公司工会
特易购商业(江苏)有限公司无锡华夏分公司工会
无锡市焦化设备厂工会
无锡锡锻机床有限公司工会
无锡市海联舰船附件有限公司工会
无锡锡成油脂化工有限公司工会
无锡申菱电梯配套有限公司工会
江苏华峰合成树脂有限公司工会
上海汽车商用车有限公司无锡分公司工会
博耳(无锡)电力成套有限公司工会
无锡惠山经济开发区堰桥配套区工会
无锡市惠山区长安街道社区卫生服务中心工会
无锡金球机械有限公司工会
无锡市正红车厢有限公司工会
无锡生物医药研发服务外包区工会
阿尔斯通隔离开关(无锡)有限公司工会
无锡市钱桥中学工会
无锡市无双水泵有限公司工会
无锡市工业设备安装有限公司工会
无锡来德电子有限公司工会
无锡市湖滨路商业一条街工会
软通动力信息系统服务有限公司工会
无锡市润和机械有限公司工会
无锡海特铝业有限公司工会
无锡新中润国际集团有限公司工会
无锡市崇安区广益街道锡沪建材行业工会

无锡市太湖格致中学工会
无锡市崇安区崇安寺街道区域餐饮行业工会
无锡口腔医院工会
无锡政和职业介绍所工会
无锡工业建筑设计研究院有限公司工会
百脑汇(无锡)电子技术开发有限公司工会
无锡市太湖实验幼儿园工会
无锡凯燕置业有限公司凯宾斯基饭店工会
无锡金逸影院有限公司工会
无锡市北塘区环境卫生管理处工会
无锡市城市设计院有限责任公司工会
交银康联人寿保险有限公司无锡市中心支公司工会
无锡市急救中心工会
无锡三联物业管理有限公司工会
无锡悦家商业有限公司凤加店工会
纽迪希亚制药(无锡)有限公司工会
无锡市新区旺庄工业发展有限公司工会
无锡华润上华科技有限公司工会
卡特彼勒(中国)机械部件有限公司工会
无锡松下冷机压缩机有限公司工会
捷普电子(无锡)有限公司工会
瑞穗实业银行(中国)有限公司无锡分行工会
无锡恩梯梯数据有限公司工会
无锡市白蚁防治中心工会
江苏省无锡市公路管理站工会
无锡市新业建设发展公司工会
无锡市外商投资企业服务中心工会
无锡市救助管理站工会
无锡市交通工程有限公司工会
无锡市太湖新城发展集团有限公司工会
无锡地铁集团有限公司工会
江苏无锡朝阳集团股份有限公司工会
无锡市职业培训指导中心工会
中国航天工业总公司第七三八疗养院工会
无锡市经济和信息化委员会工会
中国平安人寿保险股份有限公司无锡中心支公司工会
无锡博物院工会
中共无锡市委办公室工会

无锡卫生高等职业技术学校工会
无锡市机关幼儿园工会
无锡市社会保险基金管理中心工会
无锡市动物园管理处工会
无锡永兴机械制造有限公司工会

无锡市模范村、社区工会
2011年

江阴市澄江街道贯庄村工会联合会
江阴市澄江街道城西管理区工会联合会
江阴市夏港街道长江村工会联合会
江阴市夏港街道普惠苑社区工会委员会
江阴市申港街道申港社区工会联合会
江阴市南闸街道谢南村工会联合会
江阴市云亭街道云亭村工会联合会
江阴市城东街道洪流村工会联合会
江阴市璜土镇小湖村工会联合会
江阴市利港镇陈墅社区工会联合会
江阴市月城镇沿山村工会联合会
江阴市青阳镇赵宕村工会联合会
江阴市徐霞客镇璜塘村工会联合会
江阴市徐霞客镇黎明村工会联合会
江阴市华士镇华西新市村工会联合会
江阴市华士镇红苗村工会联合会
江阴市周庄镇宗言村工会联合会
江阴市新桥镇康定社区工会联合会
江阴市新桥镇新桥村工会联合会
江阴市长泾镇花园村工会联合会
江阴市顾山镇顾山社区工会联合会
江阴市顾山镇澞东村工会联合会
江阴市祝塘镇永昌村工会联合会
宜兴市环科园新街街道堂前村工会联合会
宜兴经济开发区(屺亭街道)后亭村工会
宜兴经济开发区(屺亭街道)广汇社区工会联合会
宜兴市宜城街道南园村工会联合会
宜兴市宜城街道巷头社区工会联合会
宜兴市丁蜀镇紫砂村工会联合会
宜兴市丁蜀镇蜀北社区工会联合会

宜兴市丁蜀镇画溪社区工会联合会
宜兴市湖㳇镇张阳村工会联合会
宜兴市张渚镇龙池村工会联合会
宜兴市西渚镇西渚村工会
宜兴市太华镇胥锦村工会联合会
宜兴市和桥镇北庄村工会联合会
宜兴市高胜镇胜西村工会联合会
宜兴市万石镇南漕村工会联合会
宜兴市周铁镇彭干村工会联合会
宜兴市芳桥镇龙眼社区工会联合会
宜兴市新庄街道苏阳村工会联合会
宜兴市官林镇官林村社区工会联合会
宜兴市杨巷镇新芳村工会联合会
宜兴市新建镇路庄村工会联合会
宜兴市徐舍镇联星村工会联合会
宜兴市徐舍镇洴浰村工会联合会
无锡市锡山区锡北镇春风村工会联合会
无锡市锡山区云林街道春雷社区工会联合会
无锡市锡山区鹅湖镇鹅湖村工会联合会
无锡市锡山区鹅湖镇甘露社区工会联合会
无锡市锡山区东亭街道柏庄社区工会联合会
无锡市锡山区安镇街道安镇村工会联合会
无锡市锡山区安镇街道先锋村工会联合会
无锡市锡山区锡北镇泾新村工会联合会
无锡市锡山区厚桥街道中东村工会联合会
无锡市锡山区东港镇山联村工会联合会
无锡市锡山区东港镇黄土塘村工会联合会
无锡市锡山区羊尖镇龙凤巷村工会联合会
无锡市锡山区东北塘街道裕巷村工会联合会
无锡市惠山区堰桥街道堰桥社区工会联合会
无锡市惠山区堰桥街道尤旺社区工会联合会
无锡市惠山区前洲街道黄石街村工会联合会
无锡市惠山区前洲街道浮舟村工会联合会
无锡市惠山区玉祁街道南联村工会联合会
无锡市惠山区玉祁街道玉祁社区工会联合会
无锡市惠山区洛社镇徐贵桥社区工会联合会
无锡市惠山区洛社镇新开河村工会联合会

无锡市惠山区钱桥街道华新社区工会联合会
无锡市惠山区阳山镇陆区社区工会委员会
无锡市惠山区长安街道长乐社区工会联合会
无锡市滨湖区太湖街道锡铁巷社区工会联合会
无锡市滨湖区太湖街道利农社区工会联合会
无锡市滨湖区蠡湖街道夏家边社区工会联合会
无锡市滨湖区河埒街道蠡桥社区工会联合会
无锡市滨湖区河埒街道北桥社区工会联合会
无锡市滨湖区雪浪街道壬港社区工会联合会
无锡市滨湖区雪浪街道雪浪社区工会联合会
滨湖区荣巷街道青龙山社区工会联合会
无锡市滨湖区马山街道峰影社区工会联合会
无锡市滨湖区马山街道西村社区工会联合会
无锡市滨湖区胡埭镇花汇苑社区工会联合会
无锡市滨湖区华庄街道龙渚社区工会联合会
无锡市崇安区上马墩街道春晖社区工会联合会
无锡市崇安区广益街道莫家庄社区工会联合会
无锡市崇安区广益街道尤渡社区工会联合会
无锡市崇安区崇安寺街道连元街社区工会联合会
无锡市南长区扬名街道五星社区工会联合会
无锡市南长区迎龙桥街道五爱家园社区工会联合会
无锡市南长区南禅寺街道家乐花园社区工会联合会
无锡市南长区金星街道中南社区工会联合会
无锡市北塘区黄巷街道民丰社区工会联合会
无锡市北塘区黄巷街道刘潭社区工会联合会
无锡市北塘区山北街道红光社区工会联合会
无锡市北塘区山北街道二泉社区工会联合会
无锡市新区鸿山街道大坊桥居委工会联合会
无锡市新区鸿山街道七房桥居委工会联合会
无锡市新区江溪街道叙丰居委工会联合会
无锡市新区新安街道沙墩港村工会联合会
无锡市新区旺庄街道红旗社区工会联合会
无锡市新区梅村街道新南居委工会联合会

2012年

江阴市澄江街道革新村工会联合会
江阴市澄江街道黄山村工会联合会

江阴市夏港街道普惠村工会联合会
江阴市夏港街道三联村工会联合会
江阴市申港街道于门村工会联合会
江阴市南闸街道观山村工会联合会
江阴市云亭街道敔山村工会联合会
江阴市城东街道心经村工会联合会
江阴市临港新城新材料产业园工会联合会
江阴市利港镇兴港社区工会联合会
江阴市月城镇秦皇村工会联合会
江阴市青阳镇树家村工会联合会
江阴市徐霞客镇方园村工会联合会
江阴市徐霞客镇新街村工会联合会
江阴市华士镇华士社区工会联合会
江阴市华士镇曙新村工会联合会
江阴市周庄镇华宏村工会联合会
江阴市周庄镇金湾村工会联合会
江阴市新桥镇绿园社区工会联合会
江阴市长泾镇蔡桥村工会联合会
江阴市顾山镇新龚村工会联合会
江阴市顾山镇红豆村工会联合会
江阴市祝塘镇金庄村工会联合会
宜兴环科园谢桥社区工会联合会
宜兴经济开发区边庄村工会联合会
宜兴经济开发区奔马社区工会联合会
宜兴市宜城街道新华社区工会联合会
宜兴市宜城街道宜北社区工会联合会
宜兴市丁蜀镇洑东村工会联合会
宜兴市丁蜀镇湖㳇社区工会联合会
宜兴市丁蜀镇公园路社区工会联合会
宜兴市湖㳇镇竹海村工会联合会
宜兴市张渚镇善卷村工会联合会
宜兴市西渚镇筱里村工会联合会
宜兴市太华镇桥涯村工会联合会
宜兴市和桥镇西锄村工会联合会
宜兴市高塍镇梅家渎村工会联合会
宜兴市万石镇余庄村工会联合会
宜兴市周铁镇周铁村工会联合会
宜兴市芳桥镇芳桥村工会联合会

宜兴市新庄街道东氿社区工会联合会
宜兴市官林镇凌霞村工会联合会
宜兴市徐舍镇南星村工会联合会
宜兴市徐舍镇民主社区工会联合会
宜兴市杨巷镇黄家村工会联合会
宜兴市新建镇臧林村工会联合会
无锡市锡山区东亭街道新屯社区工会联合会
无锡市锡山区安镇街道安南村工会联合会
无锡市锡山区鹅湖镇松芝村工会联合会
无锡市锡山区鹅湖镇青荡村工会联合会
无锡市锡山区东北塘街道严埭社区工会联合会
无锡市锡山区羊尖镇羊尖村工会联合会
无锡市锡山区锡北镇周家阁村工会联合会
无锡市锡山区锡北镇斗山村工会联合会
无锡市锡山区东港镇华东村工会联合会
无锡市锡山区东港镇勤新村工会联合会
无锡市锡山区云林街道长大厦社区工会联合会
无锡市锡山区厚桥街道嵩山村工会联合会
无锡市惠山区堰桥街道天一社区工会联合会
无锡市惠山区堰桥街道长安社区工会联合会
无锡市惠山区前洲街道前洲社区工会联合会
无锡市惠山区玉祁街道玉蓉村工会联合会
无锡市惠山区玉祁街道曙光村工会联合会
无锡市惠山区洛社镇保健村工会联合会
无锡市惠山区洛社镇张镇桥村工会联合会
无锡市惠山区钱桥街道舜柯社区工会联合会
无锡市惠山区钱桥街道藕乐苑社区工会联合会
无锡市惠山区阳山镇桃源村工会联合会
无锡市惠山区阳山镇冬青村工会联合会
无锡市惠山区长安街道长宁社区工会联合会
无锡市滨湖区河埒街道孙蒋社区工会联合会
无锡市滨湖区河埒街道协民社区工会联合会
无锡市滨湖区胡埭镇夏渎村工会联合会
无锡市滨湖区蠡湖街道山明社区工会联合会
无锡市滨湖区蠡园街道湖景社区工会联合会
无锡市滨湖区蠡园街道隐秀苑社区工会联合会
无锡市滨湖区马山街道古竹社区工会联合会
无锡市滨湖区马山街道乐山社区工会联合会

无锡市滨湖区荣巷街道勤新社区工会联合会
无锡市滨湖区太湖街道东埄社区工会联合会
无锡市滨湖区雪浪街道板桥社区工会联合会
无锡市滨湖区雪浪街道贡湖社区工会联合会
无锡市崇安区广益街道广丰社区工会联合会
无锡市崇安区崇安寺街道东河花园社区工会联合会
无锡市崇安区通江街道老戏馆社区工会联合会
无锡市崇安区江海街道金海里社区工会联合会
无锡市南长区扬名街道金星社区工会联合会
无锡市南长区南禅寺街道妙光塔社区工会联合会
无锡市南长区迎龙桥街道锡山新村社区工会联合会
无锡市南长区扬名街道清二社区工会联合会
无锡市北塘区惠山街道棉花巷社区工会联合会
无锡市北塘区黄巷街道梨庄社区工会联合会
无锡市北塘区山北街道会北社区工会联合会
无锡市北塘区山北街道会西社区工会联合会
无锡市新区鸿山街道鸿泰苑第一社区工会联合会
无锡市新区鸿山街道南塘村工会联合会
无锡市新区江溪街道坊前社(居)委工会联合会
无锡市新区新安街道中华村工会联合会
无锡市新区旺庄街道春雷社区工会联合会
无锡市新区梅村街道群力社(居)委工会联合会

2013年

江阴市澄江街道皮弄村工会联合会
江阴市澄江街道先锋社区工会联合会
江阴市澄江街道澄南村工会联合会
江阴市临港经济开发区东刘村工会联合会
江阴市临港经济开发区夏港社区工会联合会
江阴市临港经济开发区西奚墅村工会联合会
江阴市南闸街道曙光村工会联合会
江阴市云亭街道佘城村工会联合会
江阴市城东街道许姚村工会联合会
江阴市璜土镇花港苑村工会联合会
江阴市月城镇双泾村工会联合会
江阴市青阳镇街西村工会联合会
江阴市徐霞客镇璜东村工会联合会
江阴市徐霞客镇北渚村工会联合会

江阴市华士镇向阳村工会联合会
江阴市华士镇华中村工会联合会
江阴市周庄镇长寿村工会联合会
江阴市周庄镇三房巷村工会联合会
江阴市新桥镇黄河社区工会联合会
江阴市长泾镇南国村工会联合会
江阴市顾山镇南曹庄村工会联合会
江阴市祝塘镇文林村(社区)工会联合会
江阴市祝塘镇富顺村工会联合会
宜兴市新街街道陆平村工会联合会
宜兴市屺亭街道屺亭村工会联合会
宜兴市宜城街道唐公社区工会联合会
宜兴市高塍镇高塍村工会联合会
宜兴市高塍镇赋村村工会联合会
宜兴市丁蜀镇查林村工会联合会
宜兴市丁蜀镇大港村工会联合会
宜兴市湖㳇镇银湖村工会联合会
宜兴市张渚镇省庄村工会联合会
宜兴市张渚镇祝陵村工会联合会
宜兴市西渚镇溪东村工会联合会
宜兴市太华镇乾元村工会联合会
宜兴市和桥镇兴业社区工会联合会
宜兴市万石镇万石村工会联合会
宜兴市周铁镇分水村工会联合会
宜兴市周铁镇下邾村工会联合会
宜兴市芳桥镇金兰村工会联合会
宜兴市新庄街道新庄社区工会联合会
宜兴市官林镇义庄村工会联合会
宜兴市官林镇戈庄村工会联合会
宜兴市徐舍镇美栖村工会联合会
宜兴市杨巷镇镇龙村工会联合会
宜兴市新建镇留住村工会联合会
无锡市锡山区东亭街道门楼社区工会联合会
无锡市锡山区安镇街道查桥村工会联合会
无锡市锡山区羊尖镇严家桥村工会联合会
无锡市锡山区鹅湖镇三新村工会联合会
无锡市锡山区鹅湖镇圆通村工会联合会
无锡市锡山区东北塘街道大马巷村工会联合会

无锡市锡山区锡北镇联新村工会联合会
无锡市锡山区锡北镇新明村工会联合会
无锡市锡山区东港镇港下社区工会联合会
无锡市锡山区东港镇东升村工会联合会
无锡市锡山区云林街道云扬社区工会联合会
无锡市锡山区厚桥街道谢埭荡村工会联合会
无锡市惠山区堰桥街道堰北社区工会联合会
无锡市惠山区前洲街道北幢村工会
无锡市惠山区前洲街道蒋巷社区工会
无锡市惠山区玉祁街道民主村工会联合会
无锡市惠山区玉祁街道蓉东村工会联合会
无锡市惠山区洛社镇天授村工会联合会
无锡市惠山区洛社镇正明村工会联合会
无锡市惠山区洛社镇六龙社区工会联合会
无锡市惠山区钱桥街道晓丰社区工会联合会
无锡市惠山区阳山镇安阳山村工会
无锡市惠山区阳山镇新渎社区工会
无锡市惠山区长安街道堰新社区工会联合会
无锡市滨湖区马山街道阖闾社区工会
无锡市滨湖区胡埭镇鸿翔村工会
无锡市滨湖区胡埭镇张舍村工会
无锡市滨湖区荣巷街道龙山社区工会
无锡市滨湖区蠡园街道湖滨苑社区工会
无锡市滨湖区河埒街道惠河社区工会
无锡市滨湖区蠡湖街道美湖社区工会
无锡市滨湖区太湖街道大桥社区工会
无锡市滨湖区太湖街道縻巷桥社区工会
无锡市滨湖区雪浪街道葛埭社区工会
无锡市滨湖区华庄街道水乡苑第二社区工会
无锡市滨湖区华庄街道落霞苑第一社区工会
无锡市崇安区崇安寺街道后西溪社区工会联合会
无锡市崇安区广益街道黄泥头社区工会联合会
无锡市崇安区江海街道宁北社区工会联合会
无锡市崇安区广瑞路街道广瑞一村社区工会联合会
无锡市南长区金匮街道五星家园第一社区工会联合会
无锡市南长区扬名街道清一社区工会联合会
无锡市南长区扬名街道新联社区工会联合会
无锡市南长区清明桥街道沁园第一社区工会联合会
无锡市北塘区黄巷街道五河社区工会联合会

无锡市北塘区黄巷街道杨木桥社区工会联合会
无锡市北塘区山北街道星惠社区工会联合会
无锡市北塘区北大街街道梨花社区工会
无锡市新区旺庄街道群星社区工会联合会
无锡市新区江溪街道景渎社区工会联合会
无锡市新区梅村街道新宅社区工会联合会
无锡市新区梅村街道协丰社区工会联合会
无锡市新区鸿山街道鸿新社区工会联合会
无锡市新区鸿山街道后中村工会联合会

第四节　其他各类先进名录

一、全市工会系统部分单项先进

2004 年

2004 年度安康杯竞赛全国优胜企业
无锡客运总公司
2004 年度安康杯竞赛全国优胜班组
江阴供电局继保二班
2004 年度安康杯竞赛全国优秀组织个人
吴建国　无锡市总工会
江苏省首届十佳文明职工
肖向东　无锡供电公司工程建设部
江苏省工会组织建设先进单位
无锡纺织产业集团有限公司工会委员会
江阴市总工会
中国电信集团工会江苏省无锡市委员会
无锡市滨湖区总工会
无锡市锡山区羊尖镇工会委员会
宜兴市总工会
无锡市北塘区黄巷街道工会委员会
无锡市惠山区玉祁镇工会委员会

2005 年

2005 年度安康杯竞赛全国优胜企业
江苏省电力公司无锡供电公司
江苏太湖锅炉股份有限公司

江阴市供电公司

2005 年度安康杯竞赛全国优秀组织个人

周惠明　无锡市总工会

2002~2004 年度和全国谐劳动关系模范企业

无锡供电公司

全国先进区域性劳动争议调解组织

宜兴和桥镇工会

第二届江苏省十佳文明职工

陈静瑜　无锡市第五人民医院胸外科

2002~2004 年度全省和谐劳动关系模范企业

无锡供电公司

无锡威孚集团有限公司

江阴齿轮箱制造有限公司

澄西船舶修造厂

2002~2004 年度全省优秀兼职劳动争议仲裁员

孙玉明　无锡市总工会

江苏省民营企业双爱双评先进单位

无锡锡山建筑实业有限公司

无锡雪桃集团有限公司

无锡恒通现代包装印刷有限公司

无锡市工会十佳创新成果

江阴市总工会——建立工会劳务派遣公司

宜兴市总工会——建立非公企业劳动者权益公开制度

宜兴市和桥镇北庄村工会——建立非公企业职工代表巡视制度

无锡市滨湖区总工会——建立工会商会合作机制,推动私营企业建会建家

无锡市锡山建筑实业有限公司工会——建立进城务工人员维权站

无锡市惠山区前洲镇工会——建立行业计件工资集体协商制度,实现企业职工收益双赢

无锡市崇安区广益街道工会——建立街道劳动争议融入社会大调解机制

无锡市南长区总工会——建立街道职工法律援助站

无锡市北塘区黄巷街道刘谭服装公司工会——创办企业进城务工人员培训学校

一汽解放汽车有限公司无锡柴油机厂工会——建“网大”、评“五星”、提升职工素质

无锡市十佳经济技术创新能手

毛洪财　江苏双良空调设备股份有限公司

黄　艳　宜兴市邮政局

彭建方　无锡市滨湖区蔬菜技术推广站

秦　军　红豆集团有限公司

吴建东　无锡市科佳工程设计有限公司

顾锡华　无锡供电公司
荣　斌　无锡威孚集团有限公司
王东江　海鹰企业集团有限责任公司
高治宏　一汽解放汽车有限公司无锡柴油机分公司
张　华　中国船舶重工集团公司第七〇二研究所实验室

无锡市十佳女职工

蔡　磊　法尔胜集团公司技术开发中心
周云芳　无锡市锡山区林特产技术推广站
谈　璎　无锡市公安局滨湖分局鼋头渚派出所
谈纬红　无锡华达电机有限公司技术部设计室
王苏苏　无锡威孚集团有限公司
杨　岚　无锡市锡惠公园管理处二泉经营部
屠惠明　无锡市第四人民医院特检科
黄静慧　无锡市锡剧院
孙燕华　无锡职业技术学院机械与汽车工程系
孙招娣　无锡九龙公共交通股份有限公司

无锡市十佳进城(外来)务工人员

石幼娥　江苏华西集团股份有限公司精毛纺总厂
杨　军　宜兴市太平洋集装箱配件有限公司
陈　明　无锡锡山建筑实业有限公司
刘文娟　无锡明丽雅针织时装有限公司制衣分厂
高红星　无锡压缩机股份有限公司铸热分厂
蒋国章　无锡市太极实业股份有限公司
于志勇　无锡供电公司汽车服务公司
王达步　江苏无锡二建建设集团建安劳务有限公司粉刷队
张爱兵　中船澄西船舶修造厂冷作车间
汪海涛　江苏四达动力机械集团有限公司

2006年

2006年度安康杯竞赛全国优胜企业

江苏省电力公司无锡供电公司
海鹰企业集团有限责任公司

2006年度安康杯竞赛全国优胜班组

上海铁路局无锡站运转车间北区三班

全国女职工建功立业标兵岗

无锡九龙公共交通股份有限公司K85路班组

全国女职工建功立业标兵

王苏苏　无锡威孚公司工具分厂精密加工组

全国工会系统四五普法先进单位

江苏锡钢集团有限公司

全国工会系统四五普法先进个人

孙玉明　无锡市总工会

潘国龙　江阴市总工会

江苏省民营企业双爱双评先进单位

江阴协统汽车附件有限公司

宜兴市太平洋装箱配件有限公司

无锡锡工量具有限公司

江苏太湖锅炉股份有限公司

无锡市振华纺织橡胶器材厂

无锡华光工业锅炉有限公司

无锡市广益水泥制品厂

无锡刘潭服装有限公司

无锡固电半导体股份有限公司

江苏省外商和台港澳投资企业双爱双评先进单位

宜兴阿克苏贝尔化学有限公司

宜兴北海封头有限公司

恩凯欧(无锡)防振橡胶有限公司

无锡百乐集团公司

无锡明丽雅针织时装有限公司

无锡光洋轴承有限公司

无锡东联制衣有限公司

无锡村田电子有限公司

无锡尚德太阳能电子有限公司

无锡华众玻璃有限公司

博世汽车柴油系统股份有限公司

无锡布勒机械制造有限公司

江苏移动通信有限责任公司无锡分公司

无锡九龙公共交通股份有限公司

无锡市职工技术创新成果

一汽解放公司无锡柴油机厂钱恒荣——CA6DL“奥威”发动机

无锡压缩机股份有限公司尚勇军——60立方干螺杆压缩机的研制

无锡威孚高科技股份有限公司王伟良——RW2000型喷油泵的开发及产业化

江阴阳光股份有限公司陈丽芬——三合一弹力纱纺纱技术一弹呢

宜兴精密钢管厂王顺良——给水加热器用“U”型无缝奥氏体不锈钢管子

无锡蓝天电子有限公司吕卫斌——VDR——100IT 船用航行数据记录仪

江苏省原子医学研究所黄 飚——时间分辨荧光免疫分析的应用基础研究及产业化转化

无锡威华电机制造有限公司蒋万兴——钢格板压焊机

江苏宏源纺机股份有限公司汤 坚——HY 系列棉纺电脑粗纱机

江苏四达动力机械集团有限公司宋战全——SD4W55 型柴油机

无锡小天鹅股份公司徐彭城——节水、不缠绕洗涤技术在水魔方系列洗衣机中的应用

无锡疾病预防控制中心杨永钦——乙肝免疫球蛋白与乙肝疫苗联合免疫阻断乙肝病毒母婴传播效果的研究

无锡永中科技有限公司李俊永——中末来星教育软件

无锡尚德太阳能电力有限公司汪义川——高效晶体硅太阳电池产业化技术

无锡市第二人民医院王冬青——光索导引气管插管技术临床应用及系列研究

无锡市和谐劳动关系先进企业

江阴苏龙发电有限公司

江阴市供电公司

江苏长博集团有限公司

江苏新潮科技集团有限公司

江阴齿轮箱制造有限公司

江阴市全顺汽车有限公司

江苏法尔胜集团公司

江苏怡达化工有限公司

江阴华强特钢热电有限公司

江苏亨鑫科技有限公司

宜兴市阳生化工有限公司

宜兴晟源塑料制品有限公司

无锡光洋轴承有限公司

无锡太湖锅炉有限公司

无锡锡能锅炉有限公司

无锡锻压厂有限公司

无锡市振太酒业有限公司

无锡市振华纺织橡胶器材厂

无锡锡州机械有限公司

江苏新广联科技股份有限公司

无锡市中欣塑料厂

无锡市大象机械制造有限公司

无锡百特皮件有限公司

罗马重工自动设备(无锡)有限公司

无锡中彩集团有限公司

无锡市西漳水泥厂
无锡震达机电有限公司
江苏太湖锅炉股份有限公司
无锡汽车车身有限公司
江苏江南路桥工程有限公司
无锡市天幕特阔印染有限公司
无锡市第三市政建设工程有限公司
无锡市广益水泥制品厂
无锡明丽雅针织时装有限公司
无锡东联制衣有限公司
无锡第七纺织机械有限公司
无锡市山北手套制品有限公司
无锡市凯灵染色厂
东芝半导体(无锡)有限公司
江苏圣宝罗药业有限公司
纽迪希亚制药(无锡)有限公司
无锡村田电子有限公司
一汽解放汽车有限公司无锡柴油机厂
无锡透平叶片有限公司
无锡花园城广场大酒店有限公司无锡喜来登大饭店
江苏省无锡船厂
无锡市巨龙塑化有限公司
无锡客运有限公司
无锡市港务有限责任公司
无锡汽车客运站务有限公司
无锡星网物流有限公司
无锡太极集团有限公司
无锡市园林设计研究院有限公司
无锡市房地产开发集团有限公司
江苏无锡二建建设集团有限公司
中国外运江苏集团公司锡惠公司
无锡布勒机械制造有限公司
无锡市市政建设工程有限公司
江苏锡州农村商业银行股份有限公司
无锡邮政局
江苏省电信有限公司无锡分公司
无锡威孚集团有限公司

中船澄两船舶修造有限公司
无锡小天鹅股份有限公司
江苏省电力公司无锡供电公司
江苏北方湖光光电有限公司

2007年

2007年度安康杯竞赛全国优胜企业
江苏省电力公司无锡供电公司
江阴市供电公司
无锡锡山建筑实业有限公司
2007年度安康杯竞赛全国优秀班组
中船澄西船舶修造有限公司造船事业部船体车间起重二班
一汽解放公司无锡柴油机厂加工车间缸盖三组
2007年度安康杯竞赛全国优秀个人
裴志伦　宜兴市总工会
全国工会先进经审工作者
曲国基　无锡市总工会
全国先进女职工组织
无锡市邮政局工会女职工委员会
第四届江苏省十佳文明职工
黄　芳　无锡永中科技有限公司
江苏省民营企业双爱双评先进单位
江阴齿轮箱制造有限公司
无锡市沪安电线电缆有限公司
无锡市锡山三建实业有限公司
无锡双欢电气有限公司
无锡锻压厂有限公司
无锡市保利广场商贸有限公司
无锡国盛精密模具有限公司
无锡市伟达五金交电公司
无锡市十佳学习型标兵企业(单位)
无锡尚德太阳能电力有限公司
无锡市中医医院
江苏省电信有限公司无锡分公司
无锡供电公司
中船澄西船舶修造有限公司
江苏阳光集团有限公司

江苏无锡商业大厦集团有限公司
无锡灵山实业有限责任公司
一汽集团解放汽车有限公司无锡柴油机分公司
宜兴市供电公司

无锡市十佳学习型标兵班组(团队)

无锡市电信分公司10000号客户服务中心
无锡市商业银行国际业务部国际结算科
江苏江阴港港口集团股份有限公司外轮理货二班
无锡市红十字中心血站质管科
宜兴市对外贸易经济合作局外资管理部
无锡市锡惠园林文物名胜区管理处二泉茶文化中心
无锡市崇安人民医院映山河分院
无锡市自来水总公司水质检测中心
江苏新世纪机车科技有限公司造型科
无锡市行政服务中心建设局窗口

无锡市十佳学习型标兵工会

江阴市总工会
宜兴市总工会
无锡市滨湖区总工会
无锡市妇幼保健院工会
无锡市第三棉纺织厂工会
无锡商业职业技术学院工会
无锡市沁园实验小学工会
无锡市惠山区前洲镇工会
无锡市国家税务局工会
江苏省无锡师范附属小学工会

无锡市十佳知识型标兵职工

宋学永　无锡永中科技有限公司
华兆瑛　无锡市文化馆
李兴平　无锡市国联期货经纪有限公司
周士伟　江苏双良空调设备股份有限公司
陈志祥　无锡市工艺职业技术学院
葛志军　宜兴市人民医院
郑海荣　江苏锡安达防爆股份有限公司
秦惠芬　无锡市崇安区财政局
杨征山　中国航空动力控制系统研究所(614所)
王飞激　无锡市公安局南长分局

首届无锡市金牌工人

王振飞　无锡市穆桂英美食广场厨师

王荣兴　无锡开源机床集团有限公司磨工

徐炳贤　无锡威孚高科技有限公司维修电工

顾颂建　无锡客运公司驾驶员

黄良洪　江阴扬子江船厂钳工

黄　艳　宜兴邮政局营业员

殷晓辉　一汽无锡柴油机厂装调工

郑　鸽　无锡庆丰股份有限公司保全保养工

刘士清　无锡透平叶片有限公司磨工

樊晓江　中船澄西船舶修造有限公司钳工

无锡市和谐劳动关系先进企业

江苏省电信有限公司江阴分公司

江阴热电有限公司

江苏江阴港港口集团股份有限公司

江阴凯澄起重机械有限公司

江阴市公共交通公司

江苏江南水务股份有限公司

江苏双良集团有限公司

江阴市双烽板式换热器有限公司

江阴长仪集团有限公司

江阴协统汽车附件有限公司

江苏云蝠服饰股份有限公司

无锡江南电缆有限公司

江苏共昌轧辊有限公司

江苏苏源卡欧电子有限公司

江苏宇杰钢机有限公司

宜兴市无氧铜杆厂

江苏省宜兴彩陶工艺厂

宜兴协联热电有限公司

远东控股集团有限公司

宜兴北海封头有限公司

宜兴信宜时装有限公司

无锡市南方耐材有限公司

宜兴太平洋集装箱配件有限公司

宜兴市精益机械厂

宜兴市清源水处理有限公司

宜兴市供电公司
无锡锡山建筑实业有限公司
无锡市宏达铸造有限公司
无锡市光华印刷机械有限公司
无锡金羊金属制品有限公司
无锡市欣盛纸制品厂
无锡杰夫电声有限公司
无锡恒畅铁路轨枕有限公司
无锡德华彩印包装有限公司
无锡市无容电力电容器有限公司
无锡市源昌机械制造有限公司
罗地亚无锡制药有限公司
无锡市新阳光针织时装有限公司
江苏锦绣铝业有限公司
无锡华冶钢铁有限公司
江苏大自然机械有限公司
无锡华润实业公司
无锡市保利商贸有限公司
无锡市利达木业有限公司
无锡欣运服装有限公司
无锡国美电器有限公司
江苏中贸发进出口有限公司
无锡国盛精密模具有限公司
无锡市双龙橡塑合成材料厂
无锡市第二气动元件厂
无锡市华能电力设备制造有限公司
无锡市银光制丝有限责任公司
无锡市英之诚高速分析仪器有限责任公司
无锡市伟达交电公司
无锡减速机制造有限责任公司
无锡市方园实业总公司
无锡联运运输服务有限公司
无锡华东重型机械有限公司
无锡富士时装有限公司
无锡大元机床有限公司
无锡威孚马山油泵油嘴有限公司
无锡市华星电力环保修造厂

无锡市海峰海林精密轴承有限公司
无锡市第三纺织器材有限公司
尼吉康电子(无锡)有限公司
无锡华联科技集团有限公司
无锡理昌科技有限公司
无锡建发机器制造有限公司
无锡市新区经济发展集团总公司
无锡环宇电磁线有限公司
柯尼卡美能达商用科技(无锡)有限公司
无锡亚新通用机械有限公司
无锡金鸿通信集团有限公司
无锡国联证券有限责任公司
无锡爱邦高聚物有限公司

2008 年

全国职工书屋示范点
一汽解放公司无锡柴油机厂
无锡市中医医院
无锡市新润房地产开发有限公司
江阴福汇纺织有限公司
2008 年度安康杯竞赛全国优胜企业
江苏省电力公司无锡供电公司
江阴市供电公司
宜兴供电公司
2008 年度安康杯竞赛全国优胜班组
中船澄西船舶修造有限公司澄西坞修船队
2008 年度安康杯竞赛全国优秀个人
虞建法　无锡市惠山区总工会
张保国　无锡客运有限公司
全国民营企业双爱双评先进单位
无锡雪桃集团有限公司
江苏省职工书屋示范点
无锡供电公司
无锡市国家税务局工会
江阴凯澄超重机械有限公司
江苏中超电缆有限公司
江苏大明金属制品有限公司

无锡市新润房地产开发有限公司
无锡市崇安区上马墩街道
江苏省无锡沁园实验小学
无锡市滨湖区蠡湖街道蠡湖社区新市民服务区
无锡电信公司

无锡市第二届职工技术创新成果奖

一汽解放公司无锡柴油机厂——CA/6DF3 系列柴油机开发
无锡供电公司——220KV 四回路水平布置系列塔设计研究
无锡阿力化工有限公司——无卤化环氧树脂
江阴市科夏电器有限公司——KX—LD 型 LBD 城市道路照明用灯
海鹰企业集团有限责任公司——HY1620 双频测深仪
无锡透平叶片有限公司——百万千瓦等级汽轮机(含核电)长叶片
江苏亨鑫科技有限公司——移动通信用 7—16 型射频同轴连接器
江苏艺兴紫砂陶股份有限公司——高性能轻质玻化陶瓷
无锡威孚高科技股份有限公司——PM 泵开发及市场推广
无锡市高速公路建设指挥部——用 SEAM 材料改善沥青混合料抗车辙性能的应用研究

第二届无锡市金牌工人

顾　健　一汽解放公司无锡柴油机厂钳工
曹　磊　江阴市供电公司检修工
陈胜飞　江苏灵谷化工有限公司吊装工
管国英　无锡市梅园茶厂制茶工
薛　虹　无锡市宏大纺织机械专件有限公司铣工
刘永国　无锡市交通工程有限公司工程机械操作工
曹建梅　无锡华润微电子有限公司光刻工
尹建飞　无锡市工业设备安装公司电焊工
惠建中　海鹰企业集团有限责任公司钳工
沈　怡　无锡邮政局营业员

2009 年

全国职工书屋示范点

宜兴协联热电有限公司
江苏新潮科技集团有限公司工会
无锡供电公司
无锡市国家税务局工会

《中国工运》宣传通讯工作先进个人

邓建圣　无锡市总工会

2009 年度安康杯竞赛全国优胜企业

江苏省电力公司无锡供电公司

无锡威孚马山油泵油嘴有限公司

江苏省电力公司江阴市供电公司

江苏省电力公司宜兴市供电公司

无锡客运有限公司

2009 年度安康杯竞赛全国优胜班组

无锡供电公司变检中心二次系统检修二班

上海铁路局无锡站运转车间零担一班调车组

2009 年度安康杯竞赛全国优秀组织奖

江阴市总工会

2009 年度安康杯竞赛全国优秀个人

曹胜庆　无锡市锡山区总工会

2009 年度安康杯竞赛全国安康企业家

王永良　无锡锡山建筑实业有限公司

全国女职工建功立业标兵岗

江阴市电信分公司人民路营业厅

无锡市惠山地方税务局第一税务分局办税服务大厅

海力士—意法半导体有限公司 C2 制造部 A SHIFT　T/F 班组

全国女职工建功立业标兵

苏里聪　江阴市长泾纺织厂

蒋惠芬　江苏宜兴农村合作银行南郊支行

秦文秀　无锡市梅梁中学

吴慧琴　无锡新苏纺国际贸易有限公司

江苏省职工书屋示范点

无锡市南长区中南社区职工读书屋

江苏省电力公司宜兴供电公司

无锡市北塘区黄巷街道刘谭社区居委会

江苏省梅村高级中学

无锡新宏泰电器科技股份有限公司

无锡锡山建筑实业有限公司

无锡市滨湖区马山镇峰影社区工会联合会

无锡市广丰中学

江阴兴澄特种钢铁有限公司工会

无锡市人民医院

第六届江苏省十佳文明职工

陆　梅　无锡市北塘区青少年事务社会工作驻北大街街道办公室

江苏省先进兼职劳动争议仲裁员

曹　琪　无锡市总工会

虞慧娅　无锡市总工会

第三届无锡市金牌工人

郭军伟　红豆股份有限公司衬衫一分厂技术员

赵明祥　江苏沪宁钢机股份有限公司冷作工

冯新华　中国移动通信江苏有限公司无锡分公司网络维修员

陶宇昇　一汽解放汽车公司无锡柴油机厂操作工

郁佳玮　无锡九龙公共交通股份有限公司修理工

孔锡英　江阴恒源制衣有限公司打样组长

张伟东　无锡市锡惠园林文物名胜区管理处杜鹃园班长

冯国良　无锡华光锅炉股份有限公司集箱班班长

周士伟　江苏双良空调设备股份有限公司电焊工

许小兵　无锡供电公司交电检修工区检修二班副班长

2008年度无锡市和谐劳动关系先进企业

无锡市明友机电工业有限公司

江阴市邮政局

江阴博尔汽配工业有限公司

江阴石田制钢有限公司

江阴市永欣印染机械有限公司

江阴加华新材料资源有限公司

江苏苏青水处理工程集团有限公司

江阴市无缝钢管总厂

江阴市城乡给排水有限公司

无锡鹰贝机械有限公司

江阴挪赛夫玻璃钢有限公司

江阴市江顺模具有限公司

江苏万翔集团有限公司

江阴新和桥化工有限公司

江苏海澜集团有限公司

江阴市全顺汽车有限公司

宜兴市百丽纺织染整有限公司

宜兴市晶科光学仪器有限公司

宜兴市三恒自动化仪表有限公司

江苏国立化工科技有限公司

宜兴市宇星工贸有限公司

宜兴市立业建筑安装有限公司

江苏长峰电缆有限公司
宜兴特明科饲料添加剂有限公司
江苏银燕化工股份有限公司
宜兴水务集团有限公司张渚分公司
江苏东光微电子股份有限公司
江苏中超电缆股份有限公司
江苏小太阳印染机械有限公司
江苏省陶瓷研究所有限公司
宜兴市建工建筑安装有限责任公司
宜兴市公共交通有限公司
江苏新广联科技股份有限公司
无锡同方创新科技园有限公司
江苏申锡建筑机械有限公司
无锡市中立化工有限公司
江苏隆达集团
无锡市中大机械设备有限公司
无锡市海联舰船附件有限公司
无锡市普天铁心有限公司
无锡市焦化设备厂
无锡通用钢绳有限公司
无锡裕通织造有限公司
无锡市锡澄环保设备厂
无锡振华机械有限公司
无锡龙舜实业有限公司
无锡市华冠集中箱厂
无锡环宇精密铸造有限公司
高佳太阳能(无锡)有限公司
无锡嘉弘塑料厂
无锡华光投资集团有限公司
无锡东宝机械制造有限公司
无锡雪桃集团有限公司
无锡华达电机有限公司
无锡普睿司曼电缆有限公司
无锡环宇药化设备有限公司
无锡市金龙波纹补偿器厂
无锡市湖山植保机械厂
无锡灵山实业有限公司

无锡东马锅炉有限公司
无锡宏达重型锻压有限公司
无锡市电站锅炉设备有限公司
无锡商业大厦大东方股份有限公司
无锡市益能电力电器有限公司
无锡花园城广场大酒店有限公司君乐酒店
无锡市恒联物业管理有限公司
无锡市环宇脚手架有限公司
无锡市衡器厂有限公司
无锡国盛精密模具有限公司
无锡工业建筑设计研究院有限公司
无锡市纽威型钢有限公司
上海嘉定乐购生活购物有限公司无锡分公司
无锡市猫头鹰纺织器材有限公司
无锡市恒禾工程咨询设计有限公司
无锡市梦之岛数码港市场有限公司
华能无锡电热器材有限公司
无锡力马化工机械有限公司
无锡茂泰特种门有限公司
江苏振达钢管集团有限公司
无锡山禾集团福祈制药有限公司
通用电气医疗系统(中国)有限公司
无锡市流动轴承有限公司
无锡科尔华电子有限公司
海力士—恒忆半导体有限公司
无锡新光印防伪技术有限公司
无锡市江达商品混凝土有限公司
无锡瑞佳精机有限公司
无锡华联精工机械有限公司
无锡市电子仪表工业有限公司
无锡宏大纺织机械专件有限公司
江苏无锡国家粮食储备库
无锡市华光锅炉股份有限公司
无锡市自来水总公司
无锡市湖滨饭店有限公司
无锡市城市投资发展总公司
无锡九龙公共交通股份有限公司

2008年度无锡市和谐劳动关系先进园区

江苏宜兴经济开发区

无锡蠡湖科技创业园

无锡(国家)工业设计园创意园

无锡惠山经济开发区前洲配套区

2009年度无锡市和谐劳资关系街道(镇)

江阴市:顾山镇　夏港街道　申港街道

宜兴市:芳桥镇　新建镇

无锡市锡山区:东港镇　东北塘街道

无锡市惠山区:堰桥街道　阳山镇

无锡市滨湖区:马山街道　蠡园街道

无锡市崇安区:崇安寺街道

无锡市南长区:清名桥街道

无锡市北塘区:惠山街道

无锡市新区:旺庄街道

2010年

全国职工书屋示范点

江阴兴澄特种钢铁有限公司工会

江苏省电力公司宜兴市供电公司

无锡锡山建筑实业有限公司

无锡市人民医院

2010年度安康杯竞赛全国优胜企业

无锡客运有限公司

一汽解放汽车有限公司无锡柴油机厂

宜兴市供电公司

江苏省电力公司无锡供电公司

江阴市供电公司

2010年度安康杯竞赛全国优胜班组

无锡大世界影城有限责任公司场务部

江苏省电力公司无锡供电公司电力调度中心调度组

无锡恒田纺织品有限公司一车间七组

2010年度安康杯竞赛全国优秀组织单位

江阴市总工会

全国推进女职工权益保护专项集体合同工作先进单位

无锡市总工会女职工委员会

江苏省职工书屋示范点

江苏俊知技术有限公司
江苏海澜集团有限公司
江苏沙钢集团锡兴特钢有限公司
无锡市滨湖区湖埭镇龙延村
无锡市崇安区广益街道工会
无锡市北塘区山北街道总工会
海力士—恒忆半导体有限公司
无锡客运有限公司站务分公司
无锡旅游商贸高等职业技术学校
无锡市疾病预防控制中心

无锡市工会工作创新成果一等奖

江阴市总工会——在全国率先开展发展工人阶级先进性教育活动
无锡市锡山区总工会——应对金融危机,工会与企业、职工开展“共同约定行动”

无锡市工会工作创新成果二等奖

宜兴市总工会——创新建立“调裁诉”对接联席会议制度
无锡市惠山区总工会——建立工会劳动保护信息管理系统
无锡市滨湖区总工会——开展阳光民意“零距离”活动

无锡市工会工作创新成果三等奖

江阴市总工会——创新劳动争议诉调、裁调机制
无锡市崇安区总工会——推行社区工会规范化建设,探索城区工会发展之路
无锡市新区总工会——首开应对金融危机“服务企业、服务员工”工会主席论坛
无锡市交通工会——首创全国出租车行业劳模工作室
一汽解放公司无锡柴油机厂工会——构建全方位立体化宣传教育平台

无锡市工会工作突出贡献一等奖

(空缺)

无锡市工会工作突出贡献二等奖

宜兴市总工会——开辟深化工资集体协商的新路子

无锡市工会工作突出贡献三等奖

江阴市总工会——探索乡镇(街道)工会干部职业化新路
宜兴市总工会——成立工会宣讲团,巡回演讲50余场
无锡市锡山区总工会——“三措”并举,村级工会建设创出品牌
无锡市惠山区总工会——维护职工权益的忠诚卫士吴介南
无锡市滨湖区总工会——开展“五星级阳光企业”创建活动
无锡市南长区总工会——建立困难职工三级帮扶长效机制
无锡市新区总工会——实施党工共建,推进“党工一体化”建设
无锡市国资委工会——开展“安康杯”安全论坛
江南大学工会——推动二级“教工之家”建设,努力构建和谐校园

无锡市首届十大书香企业

一汽解放公司无锡柴油机厂

无锡供电公司

江阴福汇纺织有限公司

江苏俊知技术有限公司

无锡威孚高科技集团股份有限公司

无锡油泵油嘴研究所

海力士—恒忆半导体有限公司

无锡客运有限公司

无锡恒田纺织品有限公司

无锡市阳通机械设备有限公司

无锡市十大职工技术成果

江阴市——无冷铁无冒口铸造大功率风电机低温球铁件轮毂、底座新技术

宜兴市——改良的环氧酯树脂及制备方法

锡山区——支链氨基酸高产菌清洁生产工艺的关健技术与产业化

惠山区——高频高压电子加速器

滨湖区——隧道式全封闭酸洗磷化自动生产线及三项专利

新区——丝网印刷机回墨刀改善

新区——特殊螺纹接头油井管 WSP 系列

市交通局——SMA 沥青混合料温拌技术的应用研究

北方湖光光电公司——唐乾隆窄带滤光膜制造方法

一汽锡柴——大功率国 III 柴油机的研发及产业化

无锡市十佳金点子

江阴市——污水系统改造

江阴市——关于管子小角度弯头采用 90 度弯头分割后使用的建议

宜兴市——柠檬酸废水代表污水处理甲醇药剂

锡山区——自制改造电池一次分容检测柜

惠山区——废连铸坯回精炼炉

滨湖区——合理选用电力电缆

新区——KC　TECH　I 型　WET　STATIION 装备故障改善

南长区——子模在大型模板上的定位方法

华润微电子公司——延长金手指使用寿命

一汽锡柴——470 轴瓦提质降本

无锡市十佳企业劳动保护工作示范工会

江苏新潮科技集团有限公司工会

江苏兴达文具集团有限公司工会

江苏赛福天钢绳有限公司工会

无锡华润实业公司工会
无锡雪桃集团有限公司工会
无锡贝康包装材料有限公司工会
无锡华洋滚动轴承有限公司工会
海力士—恒忆半导体有限公司工会
中国移动通信集团江苏公司无锡分公司工会
无锡刘潭服装有限公司工会

无锡市十大职工技术创新成果

江阴兴澄特种钢铁有限公司高助忠——超临界大规格连铸圆管坯 P91 开发
江苏俊知传感技术有限公司李文风——物联网及 FTTH 系统用平面光导分路器
无锡湖兴工业炉有限公司徐德良——生物质气化发电装置
无锡虹业自动化工程有限公司徐晓明——成品油罐区智能测量计量系统
无锡蠡湖叶轮制造有限公司曲家龙——模具清理、上涂料流水牙装置
无锡小天鹅股份有限公司朱春雨——爱尚系列滚筒洗衣机
江苏省移动公司无锡分公司张立明——利用有线电视接入拓展三网融合业务
海鹰加科海洋技术有限责任公司陈　钧——HY1690 型近海测深仪研发
一汽解放汽车有限公司无锡柴油机厂马伟达——发动机喷油器铜套拆装工具
无锡供电公司沙德明——220KV 窄基塔研究

无锡市十佳金点子(合理化建议)

江苏澄星实业集团有限公司陆建清——老厂磷酸车间蒸汽炉工艺控制改进项目
江苏俊知传感技术有限公司钱旭峰——对现有设备进行技术改造
无锡锡山建筑实业有限公司吴学毅——柱顶钢构节点安装的创新
无锡兴旭新材料科技有限公司沈海元——环保型金属聚酯复合材料
无锡市第九人民医院芮永军——率先设立省级博士后科研工作站
无锡尚德太阳能电子有限公司朱海兵——单件垃圾收集割边台
无锡华润燃气有限公司承灿赟——智能燃气平台
无锡市图书馆许铭瑜——设立无锡市少年儿童流动图书馆
一汽解放汽车有限公司无锡柴油机机厂尤丽艳——电控发动机 GPS 远程诊断及控制系统
无锡华润微电子有限公司徐　军——中测打点墨水替代

无锡市 2010 年度和谐劳资关系街道(镇)

江阴市:新桥镇　　青阳镇
宜兴市:周铁镇　　丁蜀镇
无锡市锡山区:鹅湖镇
无锡市惠山区:前洲街道
无锡市滨湖区:荣巷街道
无锡市崇安区:广瑞路街道
无锡市南长区:扬名街道
无锡市北塘区:北大街街道

无锡市新区:江溪街道

无锡市2010年度和谐劳动关系先进园区

江苏省江阴经济开发区

中国宜兴环保科技工业园

无锡市华庄街道工业园区

无锡出口加工区

江苏东方钢材城

无锡市2010年度和谐劳动关系先进企业

江阴兴澄特种钢铁有限公司

无锡市兆顺不锈中板有限公司

江苏扬子江船厂有限公司

江苏吉鑫风能科技股份有限公司

江阴华地百货有限公司

江阴苏派服装集团有限公司

江阴市金鹏色织有限公司

江苏华宏实业集团有限公司

江阴市西城钢铁有限公司

江苏阳光集团有限公司

江苏俊知技术有限公司

江苏金山环保工程集团有限公司

无锡市虎皇漆业有限公司

江苏新雪竹国际服饰有限公司

江苏锡阳研磨科技有限公司

江苏莱顿宝富塑化有限公司

江苏雅克科技股份有限公司

江苏长峰电缆有限公司

宜兴佳力科技有限公司

宜兴圣安电缆有限公司

无锡华诺威动物保健品有限公司

无锡市金羊金属制品有限公司

无锡市飞马塑业有限公司

无锡市兴港包装装璜有限公司

无锡华能电缆有限公司

无锡恒田纺织品有限公司

无锡立达齿轮制造有限公司

无锡万斯纺织品有限公司

无锡先锋电机有限公司

无锡市华东电力设备有限公司

无锡市堰中微电机厂
无锡王兴幕墙装饰工程有限公司
无锡玉鑫压铸厂
中纺投资发展股份有限公司(无锡分公司)
无锡市新峰电容器有限公司
无锡市星洲医药有限公司
无锡市工业设备安装有限公司
无锡市太湖运输有限公司
无锡市华立石化工程有限公司
无锡市蠡园房地产开发公司
无锡市崇安城市投资发展有限公司
无锡市建筑设计研究院有限责任公司
无锡贝康包装材料有限公司
无锡市王兴记有限公司
无锡光明(集团)有限公司
无锡市穆桂英美食广场有限责任公司
江苏精享裕建工有限公司
无锡企源投资有限公司
无锡市梨庄大酒店有限公司
无锡市华通微型轴承厂
无锡市黄金海岸大酒店有限公司
无锡宏仁电子材料科技有限公司
富士通天电子(无锡)有限公司
无锡摩比斯汽车零部件有限公司
无锡尚德太阳能电力有限公司
索尼数字产品(无锡)有限公司
无锡阿尔卑斯电子有限公司
无锡特瑞堡减震器有限公司
沃尔玛(江苏)商业零售有限公司无锡青石路分店
无锡市排水公司
无锡市太极实业股份有限公司
中国邮政储蓄银行无锡市分行

2011年

全国职工书屋示范点

江苏省梅村高级中学
海力士—恒忆半导体有限公司

江苏俊知技术有限公司
江阴供电公司
无锡客运有限公司站务公司

全国工会系统先进教育工作者(优秀教师)

蒋光友　无锡市总工会干部学校

全国工会系统先进教育工作者(优秀工作者):

刘丽鸣　无锡市总工会干部学校

全国十一五劳动竞赛先进集体

无锡威孚集团公司

全国节能减排先进单位

一汽解放公司无锡柴油机厂

2011 年度安康杯竞赛全国优胜企业

中国移动江苏公司无锡分公司
江苏新潮科技集团有限公司
江苏省电力公司无锡供电公司
无锡客运有限公司
江苏省电力公司江阴市供电公司
江苏省电力公司宜兴市供电公司
宜兴市宜兴市阳生化工有限公司

2011 年度安康杯竞赛全国优胜班组

无锡华光锅炉股份有限公司容器车间集箱手工焊班
无锡市影剧公司和平电影院运营部
无锡新体育中心游泳跳水馆

2011 年度安康杯竞赛全国优秀个人

宋汉清　无锡市总工会

全国五一巾帼标兵岗

宜兴信宜时装有限公司生产一部六车间 A 组
无锡市第九人民医院
无锡市手外科医院手术室
无锡歌舞剧院舞蹈队女班

全国五一巾帼标兵

胡耀珍　无锡南方石油添加剂有限公司
冯小月　无锡市南长区清名桥街道社区卫生服务中心
周佩岚　中国电信无锡分公司
俞海蓉　无锡市交通工程有限公司经营开发部

全国工会帮扶工作标兵单位

江阴市总工会

全国工会系统五五普法先进单位

江阴市总工会

宜兴市总工会

无锡市锡山区总工会

无锡市惠山区总工会

无锡市南长区总工会

无锡市北塘区总工会

全国工会系统五五普法先进个人

汤建华　无锡市总工会

曹　琪　无锡市总工会

周成锋　一汽解放公司无锡柴油机厂工会

郁群莉　无锡市滨湖区总工会

李铁群　无锡市崇安区总工会

王少勤　无锡市新区总工会

2006~2010 年度全国法制宣传教育先进个人

周代平　无锡市总工会

江苏省职工书屋示范点

无锡华美集团有限公司

迈特动力机械有限公司

江阴市振新毛纺有限公司

远东控股集团有限公司

无锡市北塘区北大街街道南尖社区

无锡市崇安区崇安寺街道工会

无锡市南长区迎龙桥街道五爱家园社区

红豆集团有限公司

无锡市阳通机械设备有限公司

无锡华润燃气有限公司

第八届江苏省十佳文明职工

朱进跃　无锡市新区硕放街道总工会

2010 年无锡市工会工作创新成果一等奖

江阴市总工会——职工素质大提升“5110”工程

宜兴市总工会——建立企业董事会与工会联席会议制度

无锡市锡山区总工会——组织开展“共同提升行动”

2010 年无锡市工会工作创新成果二等奖

无锡市惠山区总工会——建立农民工“阳光家园”

无锡市新区总工会——启动“1211”职工心理健康关爱工程

一汽解放公司无锡柴油机厂——建立“三级班组晋阶”机制

无锡市北塘区总工会黄巷街道——建立“劳模关爱金”

无锡市南长区总工会——“四项举措”推进工资集体协商

2010 年无锡市工会工作创新成果三等奖

无锡市滨湖区总工会——成立生物医药等五大行业工会沙龙

无锡市崇安区总工会——举办“崇安区非公企业工会论坛”

无锡市民政工会——开展“安民杯”护理员竞赛活动

无锡市文管中心工会——开展岗位风采展示系列活动

中国船舶重工集团公司第七〇二研究所工会——积极开展群众性体育活动显成效

无锡供电公司工会——专家技师俱乐部提升技术创新成效

无锡市公安局工会——无锡公安大病特困救助基金会项目

无锡市邮政局工会——创新邮政职工技能比赛培训方法

2010 年无锡市工会工作突出贡献一等奖

无锡市惠山区总工会——建立职工职业技能公共实训基地

无锡市新区总工会——成功筹建十大园区、人才联合工会

2010 年无锡市工会工作突出贡献二等奖

江阴市总工会——加强镇(街道)工会调解庭实体化建设

无锡市滨湖区总工会——推进滨湖工会艺术中心、中国(无锡)艺术产业园建设

无锡市崇安区总工会——开展“在同一片蓝天下”农民工之家创建活动

2010 年无锡市工会工作突出贡献三等奖

宜兴市总工会——深化完善行业集群职代会制度

无锡市锡山区总工会——搭建村级工会工作新平台

无锡市南长区总工会——完善劳模先进选树管理机制

无锡市北塘区总工会——在企业“退城出市”中充分发挥工会维权职能

2011 年无锡市工会工作创新成果一等奖

江阴市总工会——率先推出镇(街道)总工会工作暂行办法

宜兴市总工会——整合资源、形成合力,打造园区综合性功能性职工之家

2011 年无锡市工会工作创新成果二等奖

无锡市锡山区总工会——采取“五种模式”培训,积极提升职工素质

无锡市惠山区总工会——惠山区总工会“公推直选”乡镇街道总工会主席

无锡市滨湖区总工会——参与社会管理创新实践,建立职工立体救助体系

无锡市新区总工会——五大创新举措推进社会化、职业化工会干部队伍建设

无锡市南长区总工会——为困难职工子女建立“勤工助学基地”

2011 年无锡市工会工作创新成果三等奖

无锡市崇安区总工会——建立建材行业工资集体协商制度,探索市场从业职工工资增长机制

无锡市北塘区总工会——编撰《新市民生活指南》

一汽解放公司无锡柴油机厂工会——创新管理,深化全员改善、提升创新创造力

无锡市医管中心工会——开展市属公立医院“十大感人医患故事”评选活动
无锡供电公司工会——完善劳模工作机制,发挥劳模示范作用,提高服务劳模水平
无锡市市级机关工会——创新帮扶渠道,完善救助机制
中国电信无锡分公司——“畅想幸福翼生活”微群——再造女员工“幸福驿站”
无锡市照明公司工会——大力开展全民健身运动,牵头建立全省首个群众篮球活动平台

2011 年无锡市工会工作突出贡献一等奖

无锡市锡山区总工会——村级工会创新工作在参与社会管理中作用明显
无锡市惠山区总工会——惠山区职工互助互济大病医疗保险
无锡市新区总工会——500 强在新区企业工资集体协商工作实现重大突破

2011 年无锡市工会工作突出贡献二等奖

江阴市总工会——“百万工人大练兵、建功立业促转型”劳动竞赛
无锡市滨湖区总工会——开展技能大赛,服务经济转型
无锡市南长区总工会——台资全国连锁百脑汇在无锡组建内地首家工会
无锡供电公司工会——以劳动竞赛为抓手,实现员工企业共发展,服务无锡经济大转型

2011 年无锡市工会工作突出贡献三等奖

江阴市总工会——深化完善、创新服务,实现工会帮扶工作常态化长效化
无锡市崇安区总工会——建立“劳务派遣工之家”,探索劳务派遣工维权服务新途径
无锡市北塘区总工会——创新模式、典型引路,引领职工“争先创优”
无锡市华光锅炉公司工会——构建共赢企业文化,助推公司稳健发展
无锡市民政工会——“五大员”技能竞赛,造就民政系统一批技术拔尖人才
中国电子科技集团第五十八研究所工会——争创优秀职工之家,营造和谐温暖氛围

无锡市十大职工技术创新成果

江苏亨盒科技有限公司——轨道交通系统用低损耗漏泄同轴电缆
江阴市茂达棉纺厂有限公司——精梳棉/粘胶/锦纶混纺彩点纱
无锡斯贝尔磁性材料有限公司——高 BS 低损耗磁性材料的研制与开发
江苏申锡建筑机械有限公司——YHJM100/50 型液压互爬式附着升降脚手架
无锡桥联数控机床有限公司——QLMT 系列动门梁数控铣车复合加工中心
无锡国盛精密模具有限公司——高精度模具导套胶注办法
无锡市急救中心——休克输液辅助装置
无锡市政设计研究院有限公司——泥水快速分离装置
一汽解放公司无锡柴油机厂——电控天燃气发动机开发
无锡供电公司——西泾变电站智能监测与辅助控制系统

无锡市职工优秀技术创新成果

江苏斯菲尔电气股份有限公司——消谐式元功补偿及谐波治理装置
江苏森莱浦光电科技有限公司——超高度投影光源系统
无锡市东舟船舶附件有限公司——上开式液压水密门
无锡盾建重工制造有限公司——隧道掘进设备的研发与产业化

无锡蓝天电子有限公司——船用压载水管系统(BWMS)

江苏无锡立信中等专业学校——不同类型塑料一模两腔模具设计制造

无锡德鑫太阳能电力有限公司——电池工艺制绒 HN03 回用

无锡市傅师傅电动自动车防盗锁有限公司——傅师傅电动自行车防盗锁

无锡大禹科技有限公司——辐射信号传感器

无锡宏源机电科技有限公司——HY 型高速弹力丝机

无锡市十佳金点子(合理化建议)

江苏大娘食品有限公司——韩国饺子机旧饺盘改造重复使用

江苏扬子江船厂有限公司——改编坞内主机、轴系新工艺,缩短船舶水下周期

微密科技宜兴有限公司——改变 CT一RM 操作流程

江苏通用科技有限公司——轮胎模具活字块安装方式变更

无锡双欢电气有限公司——完善产品制造工艺规范

无锡荣成纸业有限公司——PM2 淀粉蒸煮改善,由玉米粉改小麦淀粉

华瑞制药有限公司——二期冷冻站冷却水节能改造项目

SK 海力士半导体(中国)有限公司——半导体自动化综合控制系统构筑

无锡汇普中小企业金融服务中心有限公司——中小企业金融保姆

一汽解放公司无锡柴油机厂——工艺优化满足 6DL 柴油机凸轮轴产能提升 50%

无锡市十大先进操作法

无锡锡山建筑实业有限公司——剪力墙壁厚控制新法

江苏法尔胜钢制品有限公司——钢丝绳合绳拉变形角的新方法

江苏华亚化纤有限公司——粗旦丝低速生关技术法

无锡市明扬电池有限公司——卷绕操作法

江苏龙达转移印花纺织品有限公司——转移印花过程中的剩浆循环使用法

华瑞制药有限公司——三腔袋包装的结构脂乳、氨基酸葡萄糖注射液组合物及其制备方法

无锡德鑫太阳能电力有限公司——纯水站清洗系统安装射流器自动配药操作法

无锡市宏源针织机械厂——导丝盘加工方法

一汽解放公司无锡柴油机厂——GR0B 加工中心换刀手维修与安装调试法

无锡供电公司——新、扩建变电站二次接线正确性验证方法

无锡市劳动保护十佳示范企业工会

杜邦兴达(无锡)单丝有限公司工会

江苏海澜集团有限公司工会

江苏俊知技术有限公司工会

无锡普睿司曼电缆有限公司工会

朗盛(无锡)化工有限公司工会

无锡阿尔梅新材料有限公司工会

无锡协联热电有限公司工会

无锡福祈制药有限公司工会

一汽解放无锡柴油机厂工会
无锡市交通工程有限公司工会

2011年度无锡市和谐劳资关系街道(镇)

江阴市:周庄镇　　利港镇
宜兴市:官林镇　　太华镇
无锡市锡山区:东亭街道
无锡市惠山区:玉祁街道
无锡市滨湖区:雪浪街道
无锡市崇安区:广益街道
无锡市南长区:南禅寺街道
无锡市新区:鸿山街道

2011年度无锡市和谐劳动关系先进工业园区

无锡惠山经济开发区堰桥配套区
无锡市南长科技创新及服务外包聚集区

2011年度无锡市和谐劳动关系先进企业

江阴市天华纱业有限公司
江苏精亚集团
江阴市洪腾机械有限公司
江阴众和电力仪表有限公司
联合铁钢(中国)有限公司
江阴市恒润重工股份有限公司
江苏华亚化纤有限公司
江苏灵谷化工有限公司
江苏宜兴农村商业银行股份有限公司
无锡市明珠电缆有限公司
江苏南方涂装环保股份有限公司
宜兴市海福印铁制罐有限公司
无锡统力电工有限公司
无锡升尉化油器有限公司
无锡恒发幕墙工程有限公司
江苏大明金属制品有限公司
江苏玉龙钢管股份有限公司
无锡震达机电有限公司
无锡永凯达齿轮有限公司
无锡江海精密环件锻造有限公司
上海嘉定乐购生活购物有限公司无锡分公司
华瑞制药有限公司

无锡市正峰特种印刷有限公司
无锡市太湖气体有限公司
无锡市锡沪装饰材料市场有限公司
无锡压缩机股份有限公司
无锡金鑫集团有限公司
无锡八佰伴商贸中心有限公司
江苏天圣达集团无锡新合纤有限公司
江苏南方机电股份有限公司
无锡轻舟世纪装饰工程有限公司
无锡市科虹标牌有限公司
无锡市克林防静电服装有限公司
博世汽车柴油系统股份有限公司
住友电工运泰克(无锡)有限公司
唐纳森(无锡)过滤器有限公司
无锡市市政公用产业集团有限公司
乐星产电(无锡)有限公司
中国船舶重工集团公司第七〇二研究所
国联信托股份有限公司

2012 年

全国职工书屋示范点
远东控股集团有限公司
无锡市崇安区广益街道工会
无锡软通动力信息系统服务有限公司
江苏阳光集团有限公司工会委员会
2011 年度全国工会好信息二等奖
赵　宏　无锡市总工会
2012 年度《中国工运》宣传通讯工作先进个人
邓建圣　无锡市总工会
中国载人深潜英雄
叶　聪　中国船舶重工集团公司第七〇二研究所(享受全国劳动模范待遇)
2012 年度安康杯竞赛全国优胜企业
江苏省电力公司无锡供电公司
江苏省电力公司江阴市供电公司
江苏省电力公司宜兴市供电公司
无锡客运有限公司
江阴兴澄特种钢铁有限公司

江苏玉龙钢管股份有限公司

一汽解放汽车有限公司无锡柴油机厂

无锡市万向联轴器有限公司

2012年度安康杯竞赛全国优胜班组

江苏省电力公司无锡供电公司检修试验工区二次系统检修一班

无锡市锡惠园林文物名胜区管理处寄畅园综合管理部

中国移动江苏公司无锡分公司人民西路营业厅

2012年度安康杯竞赛全国组织工作优秀个人

戴镒锋 无锡市惠山区总工会

全国工会经审工作先进集体

无锡市滨湖区蠡湖街道总工会经费审查委员会

全国优秀工会经审干部

韩 敏 无锡市总工会

全国工会首批职工法律援助维权服务示范单位

江阴市总工会

江苏省职工书屋示范点

无锡市北塘区惠山街道金马社区

无锡市迈特动力机械有限公司

无锡市房地产开发集团有限公司工会

宜兴市经济开发区总工会

江阴市江顺模具有限公司工会委员会

无锡市公路管理处

无锡市新光电源有限公司

无锡市玉祁酒业有限公司

江苏省第四届职工十大先进操作法

一汽解放汽车有限公司无锡柴油机厂赵芝周 郑 广 顾宗耀 陈震杰 陈奇勇 姚路红 纪 斌 刘 丹——BZ800加工中心换刀手维修与安装调试操作法

江苏省职工十佳合理化建议奖

江阴市茂达棉纺厂有限公司李琴娟 王益平 朱琴娣 陶文娟——精梳棉/粘胶/锦纶混纺彩点纱

全省开发区(园区)工会帮扶服务先进集体

无锡经济技术开发区工会(滨湖区所辖)

江苏宜兴经济开发区总工会

全省开发区(园区)工会帮扶工作先进个人

柳 蔚 江阴高新技术产业开发区管委会总工会

全省规模企业工会帮扶工作先进集体

一汽解放公司无锡柴油机厂工会

无锡皮革城有限公司工会

德新钢管(中国)有限公司工会

SK 海力士半导体(中国)有限公司工会

江阴市天华纱业有限公司工会

全省规模企业工会帮扶工作先进个人

王素珍　无锡永基物业管理有限公司工会

徐秋花　无锡国盛精密磨具有限公司工会

周春兵　无锡市美峰橡胶制品制造股份有限公司工会

李建中　无锡华光锅炉股份有限公司工会

黄　骥　无锡联运有限公司工会

胡坚强　无锡透平叶片有限公司工会

2012 年度无锡市工会工作创新成果一等奖

江阴市总工会——率先建立全国首家村级总工会

宜兴市总工会——成立职工心灵驿站导师团,加强职工心理教育

2012 年度无锡市工会工作创新成果二等奖

无锡市滨湖区总工会——“菜单式”二次协商新模式,引领新兴产业劳资共赢

无锡市崇安区总工会——规范劳务派遣企业建会,探索劳务派遣工维权途径

无锡市新区总工会——成功实施以外籍总经理为主体的“工会之友”培育工程

无锡市市级机关工会——打造技能大赛品牌,助推服务型机关建设

2012 年度无锡市工会工作创新成果三等奖

无锡市锡山区总工会——适应新形势,“提素质建业绩工程”建设成效显著

无锡供电公司工会——积极探索基层工会对标管理,着力提升国企工会工作水平

一汽解放公司无锡柴油机厂工会——发挥俱乐部独特优势,推进企业文化建设

中船澄西船舶修造有限公司工会——建立劳务工工资集体协商机制

无锡市惠山区总工会——积极推行“三商三保”,不断创新深化企业工资集体协商

无锡市南长区总工会——全力打造“职工影院”,推进职工文化阵地建设

2012 年度无锡市工会工作突出贡献一等奖

无锡市锡山区总工会——锡山区外资企业工会组织建设成绩斐然

无锡市惠山区总工会——依托职工技能实训基地实施职工大培训

2012 年度无锡市工会工作突出贡献二等奖

江阴市总工会——积极推进菜单式、精细化工资协商

无锡市滨湖区总工会——“梯田式”职工书屋建设工程

无锡市新区总工会——新区世界 500 强企业工资集体协商工作在全国总工会大会上作交流发言

2012 年度无锡市工会工作突出贡献三等奖

无锡供电公司工会——服务职工突出实效,关爱职工以情制胜

宜兴市总工会——举办全市职工 K 歌星期六比赛,推进职工文化建设

无锡市北塘区总工会——贴心服务职工暖人心,帮扶工作实现全覆盖
无锡市崇安区总工会——建材市场企业绩效工资集体协商
无锡市南长区总工会——加强工会组织建设,增强工会组织凝聚力
一汽无锡油泵油嘴研究所工会——“共轨决胜”先进典型选树

无锡市第二届十大书香企业

江苏法尔胜泓昇集团有限公司
江苏阳光集团有限公司
江苏中超电缆股份有限公司
无锡同方计算机有限公司
无锡软通动力信息系统服务有限公司
江苏锦绣铝业有限公司
无锡市商业大厦大东方股份有限公司
无锡华润燃气有限公司
无锡市迈特动力机械有限公司
无锡市公共交通股份有限公司

首届无锡市十佳文明职工

邓伟雄　无锡市华驰运输有限公司
巫国荣　江阴供电电力调度中心二次系统运维班
陆　慧　无锡市110报警服务台女子接警队
陈道桢　无锡市妇幼保健院实验中心
罗芳青　无锡锡惠公共交通有限公司
周成锋　一汽解放汽车无锡柴油机厂
顾文明　宜兴市公路管理处应急中心
奚志群　无锡师范附属小学
缪荣明　无锡市职业病防治医院
蔡建峰　无锡市天一机场专用设备有限公司液压组

第四届无锡市金牌工人

陈笑月　江阴市天鹅制呢厂有限公司技术员
朱新洪　江苏宜兴紫砂工艺厂工艺师
陈满宝　无锡吉兴汽车声学部件科技有限公司组长
朱振中　江苏晓山信息产业股份有限公司软件工程师
徐　进　无锡市中软国际信息技术培训有限公司项目负责人
戴　虎　无锡国盛精密模具有限公司工人
杜永军　无锡市交通工程有限公司技术员
唐乾隆　江苏北方湖光光电有限公司技术员
费玉银　一汽解放公司无锡柴油机厂工人
史春旻　江苏电力公司无锡供电公司检修工

无锡市十大职工技术创新成果奖

江阴市向阳科技有限公司——环保型生物增塑剂

驰马拉链(无锡)有限公司——特种拉链先进生产技术和装备

无锡市海联舰船附件有限公司——远洋舰船用气调保鲜冷库

江苏天奇物流系统工程股份有限公司——摩擦滑板输送机系统

无锡化工装备有限公司——石油化工关键设备——系列高通量换热器国产化研究与产业化

无锡国盛精密模具有限公司——复合型换热器翅片精密连续模

无锡宏源机电科技有限公司——牵伸盘式单锭传动高速弹力丝机

一汽解放公司无锡柴油机厂——CA4/6DKD 国 IV 柴油机开发

无锡市人民医院——国际标准化脑死亡/无心跳供肺获取及临床应用

无锡广盈电缆工程公司——GIS 终端电缆高压主绝缘耐压试验方法及便携式加压气室的研究

无锡市十佳金点子(合理化建议)

江苏格尔顿传动有限公司——滚丝模循环利用

微密科技(宜兴)有限公司——改进设备吹风工艺

无锡市锡山三建实业有限公司——建筑工程速接架梁、板结构共支施工工艺创新

无锡韩光电器有限公司——双万能框架断路器自动转换开关研制

中电电机股份有限公司——15MW 以下汽轮发电机绕组采用圈式散布线圈

希门凯电子(无锡)有限公司——DM—1 线生产线节水改造

北塘区环境卫生管理处——改善垃圾车在运输中渗沥渗滴现象及车辆维护

无锡威孚高科技集团股份有限公司——柱塞套热处理效率提高

无锡市第四人民医院——建立医院、社区家居照护服务模式

一汽解放公司无锡柴油机厂——自主改造、实现 4DF4 柴油机气缸体批量生产

无锡市劳动保护十佳示范企业工会

江苏北方湖光光电有限公司工会

江苏金丝利药业有限公司工会

无锡市城市环境卫生有限公司工会

无锡双欢电气有限公司工会

无锡市城市设计院有限公司工会

无锡光明(集团)有限公司工会

江苏赛福天钢索股份有限公司工会

无锡太湖锅炉有限公司工会

康明斯发电机技术(中国)有限公司工会

江阴热电有限公司工会

2012 年度无锡市和谐劳资关系街道(镇)

江阴市：徐霞客镇　　澄江街道

宜兴市：高塍镇　　张渚镇　　万石镇
无锡市锡山区：锡北镇
无锡市惠山区：长安街道
无锡市滨湖区：蠡湖街道
无锡市崇安区：通江街道
无锡市南长区：迎龙桥街道
无锡市北塘区：黄巷街道
无锡市新区：梅村街道

2012年度无锡市和谐劳动关系先进工业园区

无锡市锡山经济技术开发区科技创业园
无锡市勤新工业集中区
无锡惠山经济开发区玉祁配套区
无锡星洲工业园

2012年度无锡市和谐劳动关系先进企业

江阴开益特种压缩机有限公司
江苏亿金环保科技股份有限公司
江苏新华发集团有限公司
江阴华新钢缆有限公司
江阴南泰家纺用品有限公司
江阴比图特种纸板有限公司
江苏爱康太阳能科技股份有限公司
江阴市茂达棉纺厂有限公司
无锡市海洋工程有限公司
江阴银泰百货有限公司
江阴市市政建设工程有限公司
江苏江阴农村商业银行
江苏银环精密钢管股份有限公司
无锡市博大竹木业有限公司
江苏拜富科技有限公司
江苏环宇汽车零部件有限公司
宜兴市九洲封头锻造有限公司
宜兴市中正化工有限公司
江苏新远程电缆股份有限公司
江苏天音化工有限公司
江苏德诚冶金电炉设备有限公司
宜兴市横山水库管理所
无锡泰花淀粉有限公司

无锡鸿发电脑刺绣有限公司
上海金丝猴集团无锡可可制品有限公司
无锡锦和科技有限公司
无锡市中大机械设备有限公司
无锡先进化药化工有限公司
无锡优恩装饰制品有限公司
无锡赢家厨房设备有限公司
江苏红豆实业股份有限公司
无锡锦安家用电器有限公司
无锡市华雁密封件轴承有限公司
无锡晔佳服饰有限公司
荷富力金属制品(无锡)有限公司
无锡市海燕高压泵阀厂
无锡杨佳机械有限公司
无锡申菱电梯配套有限公司
江苏文汇钢业工程有限公司
博耳(无锡)电力成套有限公司
无锡百特皮件有限公司
无锡市天力机械制造有限公司
无锡市海鸿精工机械制造有限公司
江苏南元机床集团有限公司
无锡市华盛印刷有限公司
无锡市万向联轴器有限公司
无锡市振华轿车附件有限公司
无锡市天元轧辊有限公司
无锡市华茂电控设备有限公司
无锡南泉球铁铸造有限公司
无锡市四方真空设备有限公司
无锡瑞年实业有限公司
无锡市三凤桥肉庄有限责任公司
无锡市苏宁电器有限公司
无锡市保利广场商贸有限公司
无锡市保利置业有限公司金陵大饭店分公司
无锡润泰物业管理有限公司
沃尔玛华东百货有限公司无锡红星路分店
无锡丽华快餐管理有限公司
无锡市郁膳善房餐饮管理有限公司

无锡东力电气制造有限公司
无锡刘潭服装有限公司
上海上实物业管理有限公司无锡分公司
无锡卓尔阀业有限公司
无锡市怡庭物业管理有限公司
希捷国际科技(无锡)有限公司
索尼电子(无锡)有限公司
松下能源(无锡)有限公司
江扬科技(无锡)有限公司
卡特彼勒(中国)机械部件有限公司
博西威家用电器有限公司
乐星电缆(无锡)有限公司
无锡塔尔基热交换器科技有限公司
海尔曼太通(无锡)电器配件有限公司
无锡富士电机有限公司
无锡威孚力达催化净化器有限责任公司
无锡宏源机电科技有限公司
无锡天鹏菜篮子工程有限公司
无锡天惠超市股份有限公司
无锡市国联发展(集团)有限公司
国联期货有限责任公司
无锡梁溪饭店
无锡市照明工程有限公司
无锡华润燃气有限公司
苏南硕放国际机场有限公司
无锡地铁集团有限公司
江苏省烟草公司无锡市公司

2013 年

全国职工书屋示范点
无锡市房地产开发集团有限公司工会
无锡市公路管理处
江苏海澜集团有限公司
宜兴经济开发区职工之家
2013 年度全国总工会《工会信息》县级发行二等奖
江阴市总工会
全国工会经审先进集体
无锡市崇安区总工会经费审查委员会

全国优秀工会经审干部

吕顺娣　宜兴市总工会

全国工会资产与企事业宣传通讯暨《中国劳福事业》杂志发行工作先进个人

张玉兴　无锡市总工会

全国五一巾帼标兵岗

无锡百和织股份有限公司打色组

无锡市妇幼保健院保健科

中船澄西船舶修造有限公司加工车间行车班

无锡市崇安区疾病预防控制中心“晓文红丝带”工作室

全国五一巾帼标兵

邢梅花　无锡市滨湖区环境卫生管理处

包荣菊　海鹰企业集团有限责任公司

袁彩凤　富士通天电子(无锡)有限公司

舒　洁　江苏法尔胜特钢制品有限公司销售部

2013 年《女职工劳动保护特别规定》知识竞赛全国优秀组织奖

无锡市总工会女职工委员会

宜兴市总工会女职工委员会

全国工会职工法律援助维权服务示范单位

无锡市新区总工会

第四届全国维护职工权益杰出律师

曹　琪　无锡市总工会

全国工会落实建会三年规划先进个人

刘文红　江阴市总工会

全国工会落实建会三年规划先进集体

无锡国家高新技术产业开发区总工会

全国会员评议职工之家示范单位

无锡普睿司曼电缆有限公司

2012 年度全国工会基层组织建设创新成果奖

无锡市新区总工会——探索工会干部专业化认证、职业化发展之路

江阴市新桥镇总工会——实施“双联双管”工程,探索工会参与社会管理创新模式

2012 年度全省工会工作创新创优成果二等奖

江阴市总工会

第十届江苏省十佳文明职工

胡　佳　无锡市东林小学

第十一届江苏省文明职工

浦向锋　无锡市南长实验中学德育处

任　勇　无锡第五人民医院
杨　华　无锡阿尔卑斯电子有限公司
王　晖　江苏法尔胜泓昇集团有限公司
张海华　无锡威孚高科技集团股份有限公司
席佳佳　中国移动江苏有限公司无锡分公司
陈　浩　江苏省电力公司无锡供电公司
顾志刚　无锡市公安局锡山分局港下派出所
万汉强　江苏森茂竹木有限公司
沈晓文　无锡市崇安区疾病预防控制中心

江苏省职工书屋示范点

无锡商业大厦大东方股份有限公司
无锡市霄鹰环境科技有限公司
无锡索尼数字产品(无锡)有限公司工会
无锡市育英实验小学
海鹰企业集团有限责任公司工会
江苏锡供集体资产运营中心
无锡市南长区扬名街道金星社区工会
无锡市锡山三建实业有限公司
中国移动通信集团江苏有限公司无锡分公司

2013年度无锡市工会工作项目化管理特优项目

无锡市新区总工会——世界500强企业双建制“全覆盖”工程

2013年度无锡市工会工作项目化管理一等项目

江阴市总工会——职工医疗互助保障与社保同平台同步结算
无锡市滨湖区总工会——建立困难职工二级立体救助体系

2013年度无锡市工会工作项目化管理二等项目

无锡市新区总工会——企业班组长、工会小组长“双建设”工程
江阴市总工会——建立职工技术创新“三智”工作平台
无锡市崇安区总工会——打造“十五分钟职工服务圈”

2013年度无锡市工会工作项目化管理三等项目

无锡市锡山区总工会——深化“提素质建业绩工程”主题活动
无锡市惠山区总工会——惠山区镇(街道)级女职工健康服务中心
宜兴市总工会——建立工会法律援助律师工作室制度
无锡市南长区总工会——区总工会“勤工助学基地”向非公企业延伸
无锡市北塘区总工会——建立金山北科技园维稳维权责任体系

2013年度无锡市工会工作项目化管理先进单位

新区总工会
江阴市总工会

无锡市滨湖区总工会

第二届无锡市十佳文明职工

陈　博　无锡市第一中学

顾晓华　滨湖区河埒街道

嵇雯翃　江阴市要塞实验小学

万汉强　江苏森茂竹木业有限公司

吴　平　江苏省电力公司无锡供电公司客户服务中心抄表班

张海华　无锡威孚高科技集团股份有限公司

章广松　无锡双欢电气有限公司科研组

郑书祥　无锡市锡山建筑实业有限公司

周　焱　无锡市民政局行政许可处

祝黎洁　无锡市第三人民医院

无锡职工技能状元(享受市劳动模范待遇)

华仁龙　中船澄西船舶修造有限公司

华振宏　无锡客运有限公司

朱　建　无锡湖滨饭店有限公司

陈　平　无锡供电公司

陈王东　中船澄西船舶修造有限公司

郑晖晖　无锡市新光电器机械厂

费玉银　一汽解放汽车有限公司无锡柴油机厂

蒋　吉　中船澄西船舶修造有限公司

韩　霆　无锡市新光电器机械厂

第七届无锡市职工十大技术创新成果

江苏兴澄特种钢铁有限公司——铸铁机倾翻装置中的液压缸

江苏一环集团有限公司——高效能新型初沉池设备

江苏新广联科技股份有限公司——高像素、低功耗 LED 全彩屏用表贴绿光芯片

博耳(无锡)电力成套有限公司——Lvset 智能能化低压开关柜

无锡机床有限公司——精密数控内圆复合磨床

无锡小天小天鹅股份有限公司——精准投放洗涤剂洗衣机

无锡威孚环保催化剂有限公司——高精度汽车尾气催化剂涂覆关键技术应用开发

中国电信公司无锡分公司——下一代互联网规模商用现网试验

一汽解放汽车有限公司无锡柴油机厂——4DX 国 IV 系列柴油机开发

无锡市妇幼保健院——患者调度系统

第七届无锡市职工优秀技术创新成果

无锡供电公司——带电作业取销器

江苏阳光集团有限公司——面料卷边性能测试方法

远东电缆有限公司——额定电压 110KV 至 220KV 交联聚乙烯绝缘智能监测电力电缆

无锡上机数控股份有限公司——数控硅块双平面研磨机

无锡巨力重工股份有限公司——新型中间罐感应加热系统

无锡市科虹标牌有限公司——印刷有三维立体图像的(PC/PMMA/钢化玻璃)装饰板

江苏中设工程咨询集团有限公司——玻璃纤维增强下封层试验与应用研究

华润微电子有限公司——低成本 LED 创新解决方案

无锡布勒机械制造有限公司——MRB 拉丝机改造成双喂料辊拉丝机

无锡供电公司——10 千伏绝缘导线剥皮刀研制

第七届无锡市职工十佳金点子

江苏新日电动车股份有限公司——市场配发焊锡丝使用的调查及改善建议

江苏海澜集团有限公司——染整厂大气污染节约型环保治理建议

无锡市虎皇漆业有限公司——电加热装置处理釜残、提取原辅材料

无锡荣成纸业有限公司——五段低浓渣浆排至 2 号机制浆

无锡威孚高科技集团有限公司——共轨喷油器 CRI 线刀具由机内调整改机外预调

中国电信有限公司无锡分公司——研发防电话诈骗拦截平台,维护社会稳定

江苏湖光光电有限公司——离轴抛光物镜检校仪的制作和研究

华润微电子有限公司——建立显影液稀释系统,进行自主调配以降低成本

一汽解放汽车有限公司无锡柴油机厂——建立数控维修交流平台

无锡供电公司——加强配网改造与分区规划联动机制深化建设

第七届无锡市职工优秀合理化建议

无锡市妇幼保健院——"潜在危重病"信息化管理模式在医院管理中的应用

微密科技(宜兴)有限公司——熔炉余热得用,取代油温机电加热

华瑞制药有限公司——一级反渗透制水系统的节水装置

无锡夏普电子元器件有限公司——降低 A 机种偏光板材料仕损

无锡济民可信山禾药业股份有限公司——硫酸依替米星生产线乙醇溶剂回循环利用

无锡市交通工程有限公司——海南万宁旅游公路太阳河大桥主墩吹沙筑岛

无锡市第四人民医院——肿瘤综合治疗评价体系的建立和应用

无锡布勒机械制造有限公司——折弯效率提升

江苏湖光光电有限公司——平摆抛光机摆动机构改进

一汽解放汽车有限公司无锡柴油机厂——工艺优化,提高 K/F 系列四缸柴油机气缸顶面孔加工质量

第七届无锡市职工十大优秀操作法

无锡客运有限公司——浦锡东操作法

江苏海澜集团有限公司——孙许红罐蒸操作法

江苏法尔胜光子有限公司——酸洗光棒矫直操作法

江苏宏厦门窗有限公司——门窗干法安装操作法

无锡爱邦辐射技术有限公司——基于局域网络串联硫化挤出生产线操作法

无锡华光汽车部件有限公司——东环导轨在线辊弯成形工艺改进法

无锡华润上半导体有限公司——全新高压MOS建模方式
无锡市交通工程有限公司——温拌沥青混合料沥青路面施工工法
一汽解放汽车有限公司无锡柴油机厂——机油冷却器旁通阀快速安装、拆卸法
无锡供电公司——引入“模块化5S”,建立“2+2”培训操作法

2013年度无锡市和谐劳资关系街道(镇)

江阴市:月城镇　　城东街道　　云亭街道
宜兴市:宜城街道　　和桥镇　　徐舍镇　　新庄街道
无锡市锡山区:安镇街道　　厚桥街道
无锡市惠山区:洛社镇　　钱桥街道
无锡市滨湖区:河埒街道　　太湖街道
无锡市崇安区:江海街道
无锡市南长区:金星街道
无锡市北塘区:山北街道
无锡市新区:硕放街道

2013年度无锡市和谐劳动关系先进工业园区

无锡惠山经济开发区阳山配套区
无锡红豆工业城
无锡生物医药研发服务外包区
无锡锡北生产性服务业集聚区
无锡市新区园区企业服务管理局

2013年度无锡市和谐劳动关系先进企业

江阴市天力燃气有限公司
江阴市赛英电子有限公司
江苏云蝠服饰股份有限公司
江阴建邦铝业有限公司
江阴丰达机械集团有限公司
江阴天广科技有限公司
江苏霞客环保色纺股份有限公司
江阴市豹王日用化学品厂
江阴市南方管件有限公司
江阴康强电子有限公司
江阴机械制造有限公司
江阴友利特金属制品有限公司
江苏和时利新材料股份有限公司
柳工无锡路面机械有限公司
江阴市文林针纺制衣有限公司
江阴市恒润环锻有限公司

江阴市华骏机械有限公司
江阴苏凯机械制造有限公司
江阴中达软塑新材料有限公司
泰山石膏(江阴)有限公司
江苏广信感光新材料股份有限公司
江阴凯迈机械有限公司
江阴升辉包装材料有限公司
江阴丰源碳化有限公司
江苏安科瑞电器制造有限公司
江阴胜海实业有限公司
无锡国联证券宜兴人民南路证券营业部
江阴建禾钢品有限公司
宜兴新苏南商厦有限责任公司
无锡市晟元金属制品有限公司
江苏恒峰线缆有限公司
宜兴金凯欣纺织有限公司
江苏百纳环境工程有限公司
无锡嘉瑞光伏有限公司
无锡市沪安电线电缆有限公司
宜兴天山水泥有限责任公司
宜兴市军达浆料科技有限公司
宜兴市杰高非织造布有限公司
江苏宏鑫旋转补偿器科技有限公司
江苏嘉耐高温材料有限公司
无锡市瑞尔精密机械股份有限公司
宜兴市前成生物有限公司
江苏德立环保工程有限公司
江苏兴达文具集团有限公司
宜兴华源纺织有限公司
乐祺纺织实业(无锡)有限公司
无锡红星美凯龙国际家具装饰有限公司
国电光伏有限公司
高德(无锡)电子有限公司
无锡易买得购物中心有限公司
无锡市第五建筑工程有限公司
无锡大星电子有限公司
无锡市天宇精密陶瓷制造有限公司

无锡市蓉阳橡塑机械厂
无锡市明富管道附件有限公司
江苏爱玛车业有限公司
无锡锡成油脂化工有限公司
恒天中纤纺化无锡有限公司
无锡万迪动力集团有限公司
无锡市兴华拉管模具厂
无锡卡秀堡辉涂料有限公司
无锡金都彩印有限公司
无锡市神力齿轮冷挤有限公司
无锡湖光工业炉有限公司
无锡锡锻机床有限公司
无锡联营电力设备有限公司
上海汽车商用车有限公司无锡分公司
无锡鼎邦换热设备有限公司
无锡好得家商业管理有限公司
无锡南方石油添加剂有限公司
无锡蓝海船舶舾装设备有限公司
无锡恒安压力容器制造有限公司
无锡常隆雷克萨斯汽车销售服务有限公司
无锡戴卡轮毂制造有限公司
中航卓越锻造(无锡)有限公司
无锡市龙胜异型钢管有限公司
无锡红星美凯龙经营管理有限公司
无锡市协兴港口机械有限公司
无锡五洲国际装饰城有限公司
无锡五洲商业管理有限公司
无锡宽杨印花纺织品制品有限公司
无锡市信达染整机械厂
无锡金龙石化冶金设备制造有限公司
无锡机床股份有限公司
特力屋(上海)商贸有限公司无锡分公司
中电电机股份有限公司
无锡市亨达电机有限公司
无锡大昌机械工业有限公司
无锡雪浪环境科技股份有限公司
无锡海特铝业有限公司
无锡市贝斯特精密机械有限公司

无锡市豪帮电器有限公司
工装自控工程(无锡)有限公司
无锡市恒源塑料模具厂
无锡宝诚汽车销售服务有限公司
无锡东雄重型电炉有限公司
无锡灵山景区经营有限公司
无锡马山永红换热器有限公司
无锡悦家商业有限公司哥伦布店
无锡市银楼经贸有限公司
保利达地产(无锡)有限公司
国药控股无锡有限公司
无锡凯燕置业有限公司凯宾斯基饭店
无锡远东百货商场有限公司
无锡市金宇绝缘材料有限公司
无锡市证券印刷有限公司
无锡新得宝金属软管有限公司
无锡市雄伟精工机械厂
无锡悦家商业有限公司凤加店
无锡悦家商业有限公司
力特半导体(无锡)有限公司
无锡茂业置业有限公司
江苏亚太轻合金科技股份有限公司
无锡国泰彩印有限公司
金南物流科技股份有限公司
无锡市威华机械有限公司
爱普科斯科技(无锡)有限公司
无锡荣志电子有限公司
银邦金属复合材料股份有限公司
无锡菱光科技有限公司
住友电工光器件(无锡)有限公司
无锡旭英机件有限公司
代傲同步技术制造(无锡)有限公司
无锡环宇包装材料有限公司
尤尼吉可高分子科技(中国)有限公司
无锡高千穗灿科技有限公司
无锡珀金斯动力系统科技有限公司
无锡电装汽车部件有限公司
无锡威孚汽车柴油系统有限公司
无锡松下冷机压缩机有限公司

无锡市交通场站建设管理有限公司
无锡友联热电股份有限公司
无锡市市政设施建设工程有限公司
无锡锡惠公共交通有限公司
无锡市住房保障建设发展有限公司
无锡市交通工程有限公司
无锡君来广场有限公司君来洲际酒店
无锡空港物流有限公司
无锡市第一棉纺织厂
无锡市民卡有限公司
无锡市北广场综合交通枢纽营运管理有限公司
佛山市南海屈臣氏个人用品商店有限公司无锡分公司

二、市总工会获得市及以上各类荣誉一览表

表 19–1

年　份	授予单位	荣誉称号
2004	全国总工会	全国工会职业介绍示范点
2004	全国总工会	全国工会先进疗休养院
2004	全国总工会	《工会信息》发行先进单位
2004	全国总工会	《中国工运》宣传通讯工作先进（地级）二等奖
2004	全国总工会	《中国工运》宣传通讯工作先进集体
2004	全国总工会	全国“安康杯”竞赛优秀组织奖
2004	全国总工会	全国职工“共铸诚信”主题辩论赛获银奖
2004	全国总工会	工会财务会计工作竞赛一等奖
2004	江苏省总工会	全省工会职业介绍示范点
2004	江苏省总工会	全省工会促进再就业工作先进单位
2004	江苏省总工会	全省工会法律工作综合目标先进单位
2004	江苏省总工会	全省工会财务会计工作竞赛一等奖
2004	江苏省总工会	全省工会新闻舆论宣传先进集体
2004	江苏省总工会	省辖市总工会经审工作考核一等奖
2004	江苏省总工会	全省探索非公企业职代会建设先进单位
2004	江苏省总工会	全省工会创新示范行动示范单位

续表 19-1

年　份	授 予 单 位	荣 誉 称 号
2004	江苏省总工会	全省工会劳福事业统计工作一等奖
2004	江苏省总工会	全省工会统计工作先进单位
2004	江苏省总工会	江苏“徐工集团杯”车工钳工技能大赛优秀组织奖
2004	江苏省总工会、司法厅	全省社会法律援助先进单位
2004	无锡市政府	无锡市再就业培训先进单位
2004	无锡市政府	无锡市 2002 ~ 2004 年度再就业工作先进单位
2004	无锡市委市级机关工委	无锡市 2002 ~ 2003 年度市级机关堡垒党支部
2004	无锡市委市级机关工委	无锡市 2002 ~ 2003 年度贯彻《条例》执行《规定》达标党支部
2004	无锡市委市级机关工委	市级机关党建工作成果图片展版二等奖
2004	无锡市委市级机关工委	市级机关 2002 ~ 2003 年度创先争优先进集体
2005	全国总工会	全国总工会《工会信息》发行二等奖
2005	全国总工会	全国工会先进疗休养先进单位
2005	全国总工会	全国工会好信息一等奖
2005	全国总工会	《中国工运》宣传通讯工作先进集体
2005	全国总工会	全国工会财务会计工作竞赛市级工会财务先进单位
2005	全国总工会	全国总工会成立 80 周年全国职工知识竞赛活动一等奖
2005	全国总工会	全国女职工权益保障法律法规知识竞赛优秀组织奖
2005	全国总工会	全国工会财务工作先进集体
2005	江苏省纪委、省总工会	江苏省厂务公开先进组织奖
2005	江苏省总工会	全省工会干部调训工作先进单位
2005	江苏省总工会	江苏省工会劳动保护先进集体
2005	江苏省总工会	2003 ~ 2005 年度全省工会促进再就业先进集体
2005	江苏省总工会	江苏省安康杯竞赛优秀组织奖
2005	江苏省总工会	全省工会新闻舆论宣传先进集体
2005	江苏省总工会	江苏省群众性经济技术创新工程优秀组织奖

续表 19–1

年 份	授予单位	荣誉称号
2005	江苏省总工会	全省县以上工会财务竞赛评比特等奖
2005	江苏省总工会	全省工会与城调系统合作工作先进集体
2005	江苏省总工会	全省工会女职工工作论文评选优秀组织奖
2005	江苏省政研会	江苏省思想政治工作优秀研究成果二等奖
2005	江苏省委组织部、省总工会	党员干部与特困职工家庭结对帮扶先进集体
2005	无锡市政府	无锡市 2002 ~ 2004 年度再就业工作先进单位
2005	无锡市政府	全市保密系统先进集体
2005	无锡市委办公室、市政府办公室	全市党政信息工作先进单位
2005	无锡市委宣传部	无锡市 2004 ~ 2005 年度通讯报到先进集体
2005	无锡市司法局	2003 ~ 2004 年度无锡市刑释解教人员安置帮教工作先进集体
2006	全国总工会	全国工会好信息一等奖
2006	江苏省总工会	全省工会系统“四五”普法先进单位
2006	江苏省总工会	2004 ~ 2006 年度全省工会信访先进集体
2006	无锡市委、市政府	2004 ~ 2005 年度无锡市文明机关
2006	无锡市委、市政府	无锡市“四五”普法先进单位
2006	无锡市委、市政府	无锡市“十五”期间推进工资集体协商工作先进单位
2006	无锡市机关作风与效能建设领导小组	无锡市机关作风与效能建设社会评议先进单位
2006	无锡市委市级机关工委	2004 ~ 2005 年度市级机关先进党组织
2007	全国总工会	全国“安康杯”竞赛优秀组织奖
2007	全国总工会	全国工会干部教育培训工作先进集体
2007	全国总工会	2006 年度《中国工运》宣传通讯地市级单位先进集体一等奖
2007	江苏省总工会	全省工会推进工资集体协商工作先进集体
2007	江苏省总工会	全省民主管理工作先进单位

续表 19-1

年　份	授予单位	荣誉称号
2007	江苏省总工会	全省工会信访工作先进集体
2007	江苏省总工会	江苏省群众技术创新工程优秀组织奖
2007	江苏省总工会	全省农民工入会先进集体
2007	江苏省总工会	2006 年度全省工会统计工作先进单位一等奖
2007	江苏省总工会	2006 年度《江苏工运》宣传工作先进集体
2007	江苏省总工会	全省工会法律援助工作先进集体
2007	江苏省委宣传部、省总工会	全省百万职工劳动合同法知识竞赛组织奖
2007	无锡市委	无锡市总工会中心组理论学习先进单位
2007	无锡市政府	2003～2006 年度无锡市信访工作先进集体
2007	无锡市政府	无锡市“双拥”工作先进单位
2007	无锡市政府	无锡市“十一五”期间工资集体协商工作先进集体
2007	无锡市政府	2007 年度全市安全生产先进集体
2007	无锡市委宣传部等	2007 年全市专业法宣传优胜单位
2007	无锡市综治委	2006 年度市社会治安综合治理工作先进单位
2007	无锡市机关作风与效能建设领导小组	无锡市机关作风与效能建设社会评议先进单位
2007	无锡市司法局	全市 2005～2006 年度法律援助工作先进集体
2007	无锡市民政局	无锡市职工互助互济会获 2005～2006 年度无锡市先进社会团体
2008	全国总工会	全国厂务公开工作先进单位
2008	全国总工会	2006～2007 年度全国“心系女性”——女职工素质系列教育活动先进单位
2008	全国总工会	全国工会财务工作先进单位
2008	全国总工会	全国安全生产知识培训工作先进单位
2008	江苏省总工会	全省工会财务工作先进集体
2008	江苏省总工会	全省工会经审工作三等奖

续表 19–1

年　份	授予单位	荣誉称号
2008	江苏省总工会	全省工会统计工作先进单位
2008	江苏省总工会	全省工会干部教育培训先进单位
2008	江苏省总工会	全省工会组建工作先进单位
2008	无锡市委、市政府	2006 ~ 2007 年度无锡市文明机关
2008	无锡市委、市政府	2006 ~ 2007 年度无锡市人民满意机关
2008	无锡市委	无锡市先进基层党组织
2008	无锡市政府	无锡市“为民办实事”重点工作先进单位
2008	无锡市政府	2005 ~ 2008 年无锡市就业工作先进集体
2008	无锡市政府	2006 ~ 2007 年度无锡市档案管理工作先进单位
2008	无锡市政府	2006 ~ 2008 年度市级机关先进退管会
2008	无锡市委宣传部等	全市专业法宣传优胜单位
2008	无锡市政法委	市职工律师团律师援助代理的“郭维军工伤赔偿案”被评为 2007 年无锡市十大优秀法律援助案件之首
2009	全国总工会	全国总工会《工会信息》发行一等奖
2009	全国总工会	《中国工运》发行先进单位
2009	全国总工会	2008 年度市级工会财务先进单位
2009	全国总工会	全国职工技协工作先进集体
2009	全国总工会	全国工会农民工技能培训示范基地
2009	江苏省总工会	全省工会新闻舆论宣传先进单位
2009	江苏省总工会	全省工会职工文化系列活动优秀组织奖
2009	江苏省总工会	全省工会统计工作先进单位一等奖
2009	江苏省总工会	《江苏工运》优秀通讯员单位
2009	江苏省总工会	2008 年度省辖市总工会经审工作一等奖
2009	江苏省总工会	2008 年度全省工会干部教育培训先进单位
2009	江苏省总工会	2008 年度全省工会组建工作先进单位

续表 19-1

年 份	授 予 单 位	荣 誉 称 号
2009	江苏省司法厅、省法律援助基金会	市职工律师团律师援助代理的“29 名农民工劳动争议案”获 2008 年度全省法律援助十大优秀案件奖
2009	无锡市政府	2008 年度全市督查工作先进单位二等奖
2009	无锡市政府	无锡市农民工工作先进集体
2009	无锡市委办公室、政府办公室	2008 年度全市党政信息工作先进单位三等奖
2009	无锡市政府办公室	2008 年度无锡市路长制管理达标路长单位
2009	无锡市委宣传部	无锡市“威孚杯”——激情周末广场文艺演出优秀组织奖
2009	无锡市委宣传部等	2009 年度全市专业法宣传优胜单位
2009	无锡市委宣传部	2009 年度无锡市健康城市优秀通讯奖
2009	无锡市政法委	2009 年度法治无锡建设实事工程组织奖——全面建立无锡市劳动争议调解庭
2009	无锡市文明办	2008 年度无锡市志愿服务活动先进集体
2009	无锡市精神文明建设指导委员会、市志愿者总会	市职工法律援助律师团被授予 2009 年度无锡市志愿者活动十大杰出先进集体
2009	无锡市委市级机关工委	无锡市市级机关服务科学发展十佳先进基层党组织
2009	无锡市委市级机关工委	2006～2008 年度市级机关先进退管会
2010	全国总工会	全国职工教育培训示范点
2010	全国总工会	无锡市女职工素质教育基地获女职工培训示范学校
2010	全国总工会	全国推进女职工权益保护专项集体合同工作先进单位
2010	江苏省总工会	江苏省推动厂务公开民主管理创新实践活动优秀组织奖
2010	江苏省总工会	江苏省“安康杯”竞赛工会劳动保护先进单位
2010	江苏省体育局、省教育厅、省总工会	江苏省第十七届运动会优秀组织奖单位
2010	江苏省体育局、省教育厅、省总工会	江苏省第十七届运动会最佳赛区
2010	江苏省总工会	2009 年度全省工会经费收缴工作优胜单位

续表 19-1

年　份	授予单位	荣誉称号
2010	江苏省总工会	2009 年度全省县以上工会财务会计工作竞赛一等奖
2010	江苏省总工会	全省工会 2009 年度《中国工会财会》先进征订发行单位
2010	江苏省总工会	2009 年度省辖市总工会经审工作二等奖
2010	江苏省总工会	全省工会新闻舆论宣传优秀单位
2010	江苏省总工会	2009 年全省工会外事及港澳台工作先进单位
2010	江苏省总工会	2009 年度全省工会统计工作先进单位一等奖
2010	江苏省总工会	全省工会信息宣传工作连续四个季度考核排名第一
2010	无锡市委	无锡市 2007～2009 年度先进基层党组织
2010	无锡市委、市政府	2008～2009 年度无锡市文明机关
2010	无锡市政府	无锡市妇女儿童工作先进集体
2010	无锡市政府	无锡市全民健身运动优秀组织单位
2010	无锡市政府	无锡市参加江苏省第十七届运动会先进单位
2010	无锡市政府	江苏省无锡工人太湖疗养院获无锡市安全生产先进单位
2010	无锡市委办公室、市政府办公室	2009 年度全市党政信息工作先进单位二等奖
2010	无锡市委宣传部等	2010 年度专业法宣传优胜单位
2010	无锡市机关作风与效能建设领导小组	2009 年度无锡市机关作风与效能建设社会评议先进单位
2010	市社会治安综合治理委员会办公室、市社会矛盾纠纷调解工作指导办公室、市司法局	市总工会劳动争议人民调解委员会获 2008～2009 年度无锡市优秀人民调解组织
2010	无锡市委市级机关工委	创建“三型”达标党组织
2010	无锡市委市级机关工委	无锡市市级机关服务科学发展十佳先进基层党组织
2011	全国总工会	全国工会基层组织建设创新成果奖

续表 19-1

年 份	授予单位	荣誉称号
2011	全国总工会	全国工会推进“广普查、深组建、全覆盖”集中建会行动先进单位
2011	全国总工会	全国职工安全健康知识竞赛优秀组织单位
2011	全国总工会	全国工会帮扶工作先进集体
2011	全国总工会	全国工会女职工培训示范学校
2011	中国技术市场协会	第五届中国技术市场协会金桥奖
2011	江苏省总工会	全省工会统计工作先进单位一等奖
2011	江苏省总工会	全省工会网站用稿第一名
2011	江苏省总工会	全省工会信息工作先进单位三等奖、
2011	江苏省总工会	推动全省厂务公开民主管理创新实践工作优秀组织奖
2011	江苏省总工会	全省工会系统新闻舆论宣传先进单位
2011	江苏省总工会	第二届江苏职工读书月活动优秀组织奖
2011	江苏省总工会	庆祝中国共产党成立 90 周年江苏职工文化系列活动组织奖
2011	江苏省总工会	全省工会干部教育培训先进单位
2011	江苏省总工会	全省工会经费收缴工作优胜单位
2011	江苏省总工会	全省县以上工会财务会计工作竞赛一等奖
2011	江苏省总工会	全省工会《中国工会财会》先进征订发行单位
2011	江苏省总工会	省辖市总工会经审工作一等奖
2011	无锡市委、市政府	2009 ~ 2010 年度无锡市人民满意机关
2011	无锡市政府	无锡市创建节约型机关先进单位
2011	无锡市政府	“十一五”无锡市人口计生工作先进集体
2011	无锡市政府	无锡市全民健身活动优秀组织单位
2011	无锡市政府	无锡市安全生产先进集体

续表 19–1

年　份	授予单位	荣誉称号
2011	无锡市委办公室、市政府办公室	全市党政信息工作先进单位三等奖
2011	无锡市委宣传部等	2011 年全市专业法宣传优胜单位
2011	无锡市机关作风与效能建设领导小组	2010 年度无锡市机关作风与效能建设社会评议先进单位
2011	无锡市委宣传部	无锡市“激情周末”广场文艺演出最佳组织奖
2011	无锡市委宣传部	无锡党史知识竞赛优胜单位
2011	无锡市政法委	全市法制宣传教育先进
2011	无锡市政法委	市总工会的完善劳资纠纷专业调解机制获 2010 年度法治无锡建设实事工程项目组织奖
2011	无锡市委市级机关工委	无锡市市级机关老同志纪念建党 90 周年文艺汇演获优胜组织奖
2011	无锡市委市级机关工委	深入开展创先争优活动先进集体
2011	无锡市委市级机关工委	党建成果图片展板三等奖
2011	无锡市委市级机关工委	廉政屏保设计三等奖
2012	全国总工会	首批全国工会职工法律援助维权服务示范单位
2012	全国总工会	全国工会帮扶工作先进集体
2012	江苏省总工会	2011 年度全省工会统计工作一等奖
2012	江苏省总工会	2011 年度省辖市工会经审工作一等奖
2012	江苏省总工会	推动全省厂务公开民主管理创新实践工作优秀组织奖
2012	江苏省总工会	2011 年度全省工会工作创新创优成果二等奖
2012	江苏省总工会	2012 年度全省工会工作创新创优成果三等奖
2012	江苏省总工会	2011 年度全省工会信息工作先进单位二等奖
2012	江苏省总工会	2011 年度江苏工会网站用稿前三名
2012	江苏省总工会	2011 年度全省工会经费收缴工作优胜单位
2012	江苏省总工会	2011 年度全省县以上工会财务会计工作竞赛特等奖
2012	江苏省总工会	全省工会财务会计管理规范单位

续表 19-1

年　份	授予单位	荣誉称号
2012	江苏省总工会	2012 年度全省工会《中国工会财会》先进征订发行单位
2012	江苏省总工会	全省工会 2011 年度经审规范化建设考核一等奖
2012	江苏省总工会	江苏省工会新闻舆论宣传先进集体
2012	江苏省总工会	江苏省第三届职工读书月活动优秀项目奖
2012	江苏省总工会	2011 年度全省组建工会和发展会员工作考核优秀奖
2012	江苏省总工会	2012 年度全省工会统计工作先进单位一等奖
2012	无锡市委、市政府	2011 ~ 2012 年度无锡市人民满意机关
2012	无锡市委、市政府	2010 ~ 2012 年度无锡市文明机关
2012	无锡市政府	2011 年度无锡市“两型”示范机关创建活动优秀单位
2012	无锡市政府	2012 年度无锡市创建“两型”示范机关先进单位
2012	无锡市政府	无锡市爱国拥军模范单位
2012	无锡市政府	无锡市全民健身优秀组织单位
2012	无锡市委办公室、市政府办公室	2011 年度全市党政信息工作先进单位三等奖
2012	无锡市委宣传部等	2012 年度全市专业法宣传优胜单位
2012	无锡市委宣传部	无锡市 2012 年“激情周末”广场文艺演出优秀组织奖
2012	无锡市机关作风与效能建设领导小组	2011 年度无锡市机关作风与效能建设社会评议先进单位
2012	无锡市机关作风与效能建设领导小组	2012 年度无锡市机关作风与效能建设社会评议先进单位
2012	市机构编制委员会	无锡市事业单位清理规范工作先进单位
2012	无锡市老龄委	无锡市敬老工作先进集体
2012	无锡市委市级机关工委	2010 – 2011 年度市级机关先进基层党组织
2012	无锡市委市级机关工委	推动学习型党组织建设工作先进党组织
2013	全国总工会	全国工会推进“广普查、深组建、全覆盖”集中行动先进单位

续表 19-1

年　份	授予单位	荣誉称号
2013	全国总工会	第22届全国工会好信息二等奖
2013	全国总工会	全国工会《女职工劳动保护特别规定》知识竞赛优秀组织奖
2013	全国总工会	2012年度市级工会财务先进单位
2013	全国总工会	2013年度市级工会财务先进单位
2013	全国总工会	2013年度全国总工会《工会信息》市级发行一等奖
2013	全国总工会	工资集体协商三年规划先进集体
2013	江苏省法制宣传教育工作领导小组	全省“六五”普法中期先进单位
2013	江苏省巾帼建功领导小组	市总工会女职委获江苏省“巾帼文明岗”
2013	江苏省总工会	全省工会工资集体协商考核一等奖
2013	江苏省总工会	全省工会组建工作优秀单位奖
2013	江苏省总工会	2012年度全省组建工会和发展会员工作考核优秀奖
2013	江苏省总工会	2013年度全省工会新闻宣传工作优秀单位
2013	江苏省总工会	江苏省工会统计工作先进单位一等奖
2013	江苏省总工会	全省职工学习党的十八大精神知识竞赛先进组织奖
2013	江苏省总工会	第四届江苏职工读书月活动优秀组织奖
2013	江苏省总工会	第五届江苏职工读书月活动组织奖
2013	江苏省总工会	第五届江苏职工读书月活动优秀项目奖
2013	江苏省总工会	江苏省第十八届运动会职工部比赛组织奖
2013	江苏省总工会	全省工会“巾帼文明岗”
2013	江苏省总工会	全省工会网站用稿第二名
2013	江苏省总工会	全省工会经费收缴优胜单位
2013	江苏省总工会	全省工会财务会计工作竞赛特等奖
2013	江苏省总工会	全省工会资产统计工作一等奖

续表 19-1

年　份	授 予 单 位	荣 誉 称 号
2013	江苏省总工会	全省工会2013年度《中国工会财会》先进征订发行单位
2013	江苏省总工会	2013年度省辖市工会财务会计工作竞赛特等奖
2013	江苏省总工会	省辖市总工会2012年度经审规范化建设考核二等奖
2013	江苏省总工会	省辖市及省产业工会2013年度经审规范化建设考核一等奖
2013	江苏省总工会	全省工会“幸福女性,快乐工作”主题征文活动优秀组织奖
2013	江苏省总工会	“251名职工工资拖欠案实现快速援助”获江苏省工会法律援助十大优秀案例
2013	无锡市委	无锡市2010~2012年度先进基层党组织
2013	无锡市政府	2008~2012年度无锡市信访工作先进集体
2013	无锡市政府	无锡市群众体育先进集体
2013	无锡市政府	无锡市总工会干部学校获2010~2012年度无锡市文明单位
2013	无锡市政府	江苏省无锡工人太湖疗养院获2010~2012年度无锡市文明单位
2013	无锡市委办公室、市政府办公室	2013年度无锡市网站工作先进单位
2013	无锡市委宣传部	“激情周末”广场文艺演出优秀组织奖
2013	无锡市委实践办	“教育实践活动”先进典型电视专题片征集活动二等奖
2013	无锡市机关作风与效能建设领导小组	2013年度无锡市市级机关部门(单位)作风建设和绩效管理综合考评二十佳单位
2013	无锡市依法治市领导小组	2012年度法治无锡建设实事工程优质奖
2013	无锡市依法治市领导小组	《规范劳动用工,共享和谐劳动关系》——2013年度法治无锡建设实事工程优质奖

续表 19-1

年 份	授予单位	荣誉称号
2013	市安委会	无锡市2012年度安全生产工作先进集体
2013	无锡市目标管理办公室	工会项目化管理工作获2013年无锡市工作创新突破奖。
2013	无锡市委市级机关工委	2012～2013年度市级机关先进基层党组织
2013	市城乡妇女“岗位建功”活动领导小组	无锡市总工会困难职工帮扶中心获无锡市“巾帼文明岗”
2013	无锡市哲学社会科学界联合会	无锡工会理论研究会获无锡市2012～2013年度社科先进学会

附录:重要文献资料辑存

(一)关于工会工作的地方立法

无锡市工会劳动法律监督条例

(2006年8月24日 无锡市第十三届人民代表大会常务委员会第二十五次会议制定 2006年9月27日 江苏省第十届人民代表大会常务委员会第二十五次会议批准)

第一条 为了保障和规范工会劳动法律监督工作,协调劳动关系,维护劳动者的合法权益,促进社会和谐与经济发展,根据《中华人民共和国工会法》、《中华人民共和国劳动法》和有关法律、法规,结合本市实际,制定本条例。

第二条 本市行政区域内的工会劳动法律监督工作,适用本条例。

第三条 本条例所称工会劳动法律监督,是指工会依法对劳动法律、法规遵守情况进行的有组织的群众监督。

第四条 工会开展劳动法律监督工作,应当遵循依法监督、依靠群众、客观公正、与有关部门密切合作的原则。

第五条 无锡市总工会负责全市工会劳动法律监督工作;不设区的市、区总工会和镇、街道、村、社区工会负责本辖区内的工会劳动法律监督工作;产业工会、基层工会负责本产业、本单位的工会劳动法律监督工作。

第六条 市、不设区的市、区总工会设立工会劳动法律监督委员会;镇、街道、村、社区、产业工会设立工会劳动法律监督小组;基层工会根据职工人数设立工会劳动法律监督小组或者聘任工会劳动法律监督员。

工会劳动法律监督委员会和工会劳动法律监督小组(以下简称工会劳动法律监督组织),由具备工会劳动法律监督员资格的同级工会工作人员、工会会员和有关社会人士组成,并可以聘任一定数量的兼职工会劳动法律监督员。

第七条 工会劳动法律监督组织是同级工会实施工会劳动法律监督的工作机构,负责组织和指导工会劳动法律监督员开展日常的劳动法律监督活动。

工会劳动法律监督组织接受同级工会领导和上级工会劳动法律监督组织的业务指导。

镇、街道以上工会的工会劳动法律监督组织可以委派工会劳动法律监督员进入本辖区内的用人单位,履行监督、调查职责。

第八条 工会劳动法律监督员应当符合下列条件:

(一)具有一定的法律知识、政策水平和工作能力;

(二)奉公守法、公道正派,热心维护职工合法权益;

(三)经过市、不设区的市、区总工会培训、考核合格。

工会劳动法律监督员由无锡市总工会颁发《无锡市工会劳动法律监督证》。

第九条 市、不设区的市、区总工会应当与同级劳动保障行政部门、企业方面代表建立劳动关系三方协商制度,共同研究解决涉及辖区内劳动关系的重大问题。

镇、街道、村、社区、产业工会应当帮助和指导用人单位协调劳动关系、协商和签订集体合同。

第十条 工会应当与同级人民政府有关行政部门联合建立劳动法律监督检查制度、劳动违法案件处理反馈制度、劳动者权益保障评价制度和严重违反劳动法律、法规单位的记录、公示制度。

劳动保障、安监、质监、环保、工商、卫生、人事、监察、司法、国资、经贸等有关行政部门,应当在各自职责内支持工会劳动法律监督工作。

劳动保障行政部门应当优先聘请工会劳动法律监督员担任劳动监察协理员,协助开展劳动监察工作。

第十一条 工会依法对用人单位遵守劳动法律、法规的下列情况进行监督:

(一)遵守集体合同和工资集体协议的情况;

(二)遵守国家有关订立、履行、变更、解除、终止和续订劳动合同规定的情况;

(三)遵守工资支付形式和发放时间、加班工资、最低工资标准等有关工资报酬规定的情况;

(四)遵守工作时间、休息休假规定的情况;

(五)遵守劳动保护、劳动安全、卫生和工作环境,职工伤亡事故和职业病防治以及危害处理规定的情况;

(六)遵守劳动者养老、医疗、工伤、失业、生育等社会保险以及住房公积金和福利待遇规定的情况;

(七)遵守女职工、未成年工和残疾职工保护规定的情况;

(八)遵守劳动者平等就业规定的情况;

(九)遵守职业、技能培训和考核规定的情况;

(十)遵守劳动法律、法规其他规定的情况。

第十二条 工会发现用人单位违章指挥、强令工人冒险作业,有权提出立即停止作业的意见;生产过程中发现重大事故隐患和职业危害,有权提出停产整改的意见,用人单位应当及时答复。

工会发现危及劳动者生命安全的情况时,有权向用人单位建议组织劳动者撤离危险现场,用人单位必须及时作出处理决定。

工会应当参加有关行政部门对伤亡事故和其他严重危害职工安全、健康问题的调查,提出处理意见,并可以要求追究有关责任人员和直接负责的行政人员的法律责任。

第十三条 工会发现用人单位有违反劳动法律、法规,损害劳动者合法权益情况的,可以发出《工会劳动法律监督意见书》,要求用人单位予以改正。用人单位应当在收到《工会劳动法律监督意见书》之日起十五个工作日内,将整改情况书面回复工会。

用人单位拒不改正的,市、不设区的市、区总工会可以向同级人民政府有关行政部门递交《工会劳动法律监督建议书》。同级人民政府有关行政部门应当在收到《工会劳动法律监督建议书》之日起十五个工作日内将处理情况书面告知工会。

第十四条 工会对违反劳动法律、法规,侵犯劳动者合法权益的行为,可以通过新闻媒体进行披露和批评。

第十五条 工会对违反劳动法律、法规,侵犯劳动者合法权益行为的举报和投诉,应当登记受理,并及时调查处理。

第十六条 劳动者与用人单位发生劳动争议的,工会可以协助劳动争议调解组织进行调解。

劳动者向劳动争议仲裁机构申请仲裁或者向人民法院提起诉讼的,工会依法给予支持和帮助。

第十七条 工会劳动法律监督员发现用人单位违反劳动法律、法规,应当及时向工会或者工会劳动法律监督组织报告,提出处理意见,并接受委派开展监督检查和调查、取证工作。

第十八条 工会劳动法律监督员在向被调查单位和个人调查、取证时,有权查阅、复制与违反劳动法律、法规事实有关的资料。用人单位不得拒绝、妨碍、阻挠,不得隐瞒真相、隐匿和毁灭证据。

现场调查的笔录,由被调查人员和调查人员分别签名或者盖章,被调查人员拒不签名的,由调查人员注明情况。

第十九条 工会劳动法律监督员向被调查单位和个人调查、取证时,应当遵守以下规定:

(一)全面、客观地收集与违反劳动法律、法规有关的证明材料;

(二)参加调查、取证的人员不少于二人,并出示《无锡市工会劳动法律监督证》;

(三)为举报人保密,保守用人单位的商业秘密。

第二十条 用人单位应当支持劳动者依法参加工会组织,与工会就劳动关系和涉及劳动者合法权益的事项进行平等协商,并自觉全面履行依法订立的集体合同和劳动合同。

用人单位应当协助、配合工会依法开展工会劳动法律监督工作。本单位工会劳动法律监督员依法履行职责期间,其工资和其他待遇不受影响;未经聘任工会的同意,不得随意调动其工作岗位。

第二十一条 工会应当教育劳动者认真学习劳动法律、法规,爱岗敬业、诚实劳动,自觉履行劳动合同,遵守用人单位依法制定的规章制度。

劳动者发现用人单位违反劳动法律、法规的,可以向工会及其劳动法律监督组织或者有关行政部门举报和投诉。

第二十二条 各级人民政府和工会对开展工会劳动法律监督工作有明显成效的单位和个人,以及模范遵守劳动法律、法规的用人单位和个人,应当给予表彰、奖励。

第二十三条 用人单位违反本条例的规定,阻挠工会劳动法律监督工作、拒绝工会劳动法律监督员进行监督检查和调查、取证,或者对工会劳动法律监督员和举报人打击报复的,工会可以向有关行政部门提出《工会劳动法律监督建议书》,由有关行政部门责令改正,并视情节轻重,依法作出处理。

第二十四条 工会从事劳动法律监督的人员违反本条例的规定,不依法履行职责、损害劳动者合法权益的,由同级工会或者上级工会责令改正;情节严重的,取消其工会劳动法律监督员资格,由所在单位给予处分。

第二十五条 政府有关行政部门的工作人员违反本条例的规定,妨碍工会劳动法律监督工作的,由同级工会或者上级工会提请所在单位或者行政监察部门责令改正;情节严重的,给予行政处分。

第二十六条 《工会劳动法律监督意见书》、《工会劳动法律监督建议书》和《无锡市工会劳动法律监督证》,由无锡市总工会统一印制。

第二十七条 本条例自2007年1月1日起施行。

无锡市企业工资集体协商条例

(2011年2月25日 无锡市第十四届人民代表大会常务委员会第二十五次会议制定 2011年3月24日 江苏省第十一届人民代表大会常务委员会第二十一次会议批准)

第一章 总 则

第一条 为了规范企业工资集体协商行为,保障职工与企业双方的合法权益,构建和谐稳定的劳动关系,根据《中华人民共和国劳动法》、《中华人民共和国劳动合同法》、《中华人民共和国工会法》等法律、法规,结合本市实际,制定本条例。

第二条 本市行政区域内的企业与职工双方依法开展工资集体协商、签订工资协议,适用本条例。

行业性、区域性工资集体协商适用本条例。

第三条 本条例所称工资集体协商,是指职工方和企业方就企业内部工资分配制度、工资分配形式和工资收入水平、工资支付方式等劳动报酬事项进行平等协商的行为。

本条例所称工资协议,是指职工方代表与企业方代表在协商一致基础上签订的有关职工工资等事项的专项集体合同。

第四条 工资集体协商应当遵循合法、平等、公开、互利、诚信的原则。

第五条 人力资源和社会保障行政部门应当会同总工会、工商业联合会等企业代表组织,建立健全协调劳动关系三方机制,共同研究工资集体协商中的重大问题,加强对企业和职工双方的指导、协调、监督、服务。

第六条 总工会和企业代表组织应当帮助、指导职工和企业建立集体协商机制,依法订立和履行工资协议。

第二章 协商内容

第七条 工资集体协商应当包括以下内容:

(一)职工年度平均工资水平及其调整幅度;

(二)一线职工年度平均工资水平及其调整幅度;

(三)职工工资最低水平;

(四)工资支付办法;

(五)双方认为应当协商的其他有关事项。

第八条 实行计件工资制的企业,应当协商劳动定额。协商确定的劳动定额标准,应当使本企业同岗位百分之九十以上的职工在法定工作时间内能够完成。

第九条 开展工资集体协商应当综合参考下列因素:

(一)地区、行业、企业的人工成本水平;

(二)地区、行业的职工平均工资水平;

(三)工资指导线、劳动力市场工资指导价位;

（四）企业劳动生产率和经济效益；

（五）上年度本企业职工工资总额和职工平均工资水平；

（六）本企业一线职工平均工资水平与企业平均工资水平的比例；

（七）其他有关情况。

第十条 企业利润增长或者劳动生产率提高的，职工方或者企业方可以在协商中提出增长工资的要求。

企业年度增长工资的，提供正常劳动的职工工资应当得到增长。

企业一线职工工资增长幅度不得低于企业职工工资增长幅度。

第十一条 企业确因不可抗力或者经营困难无力维持现有工资水平的，协商双方可以通过工资集体协商适度调整工资水平。

第三章 协商代表

第十二条 工资集体协商的双方协商代表人数应当对等，每方三至九名，并各自确定一名首席协商代表。双方协商代表不得相互兼任。

协商代表的任期由被代表方确定，但不得短于三年。

第十三条 企业方协商代表由其法定代表人或者主要负责人指定。首席协商代表由法定代表人或者主要负责人担任，法定代表人或者主要负责人因故不能担任的，可以书面委托本企业其他负责人担任。

职工方协商代表由本企业职工代表大会（职工大会）选举产生，也可以由本企业工会组织职工推选并公示后产生。首席协商代表由工会主要负责人担任。尚未建立工会的，职工方协商代表和首席协商代表由上一级工会或者行业工会指导职工民主推荐，并经过半数以上职工同意后产生。

女职工超过二十五人或者虽不足二十五人但超过职工总数百分之三十的，职工方协商代表中应当有女职工代表。

劳务派遣工可以作为协商代表参加用工单位工资集体协商。

第十四条 协商代表空缺或者因故不能履行职责的，应当在协商开始十五日前按照本条例规定产生新的协商代表。

第十五条 职工方和企业方可以聘请本企业以外的有关专业人员作为本方的顾问列席协商会议，但聘请人数不得超过本方协商代表的三分之一。

第十六条 协商代表应当履行下列职责：

（一）参加工资集体协商，真实反映本方意愿；

（二）及时向本方人员公布工资协商情况；

（三）代表本方参加工资协商争议的处理；

（四）监督工资协议的履行；

（五）法律、法规和规章规定的其他职责。

第十七条 职工方协商代表应当广泛征求职工意见，通过集体协商等形式表达职工诉求，依法维护职工合法权益；在履行代表职责期间，应当遵守企业的各项劳动纪律和规章制度，保守在工资集体协商过程中知悉的商业秘密。

第十八条 企业方协商代表应当积极开展工资集体协商,加强对话和沟通,推进民主管理。

第十九条 企业应当为职工方协商代表履行职责创造条件,不得因职工方协商代表履行职责而借故调动其工作岗位、免除职务、降低职级等。

职工方协商代表因履行工资集体协商职责占用工作时间的,视为提供正常劳动。

第四章 协商程序

第二十条 职工和企业任何一方均可以提出开展工资集体协商的要求,提出方应当向另一方发出协商意向书,协商意向书应当包含协商时间、地点、内容等。

收到协商意向书的一方,应当在二十日内予以书面答复,并与提出方共同确定协商的具体时间及其他相关事项。

第二十一条 企业应当在工资集体协商开始的五个工作日前如实向职工方代表提供与协商内容相关的信息资料。

第二十二条 工会应当在工资集体协商开始的五个工作日前向上一级工会报告。上一级工会应当对职工协商代表进行指导,并对协商的过程进行监督。

第二十三条 工资集体协商主要采用会议形式,也可以采用书面形式。但一方要求采用会议形式进行集体协商的,应当采用会议形式。

采用会议形式进行集体协商的,会议由双方首席协商代表轮流主持,并按照双方确定的程序协商讨论。会议内容应当有书面记录并经双方首席协商代表签字确认。

采用书面形式进行集体协商的,所提交的书面意见应当经全体协商代表签字确认。

协商双方应当在工资集体协商开始之日起三十个工作日内协商完毕,并在十个工作日内订立工资协议文本草案。

第二十四条 工资协议文本草案应当提交职工代表大会或者职工大会讨论通过。通过后,工资协议由协商双方首席代表签字。

第二十五条 企业方应当在工资协议签订后十日内将工资协议文本以及有关资料报送当地人力资源和社会保障行政部门;人力资源和社会保障行政部门自收到工资协议文本之日起十五日内未提出异议的,工资协议即行生效。

第二十六条 企业方应当自工资协议生效之日起十日内,将工资协议向全体职工公布。

第二十七条 协商双方不得有下列行为:

(一)威胁或者利诱对方协商代表;

(二)提供虚假信息;

(三)无不可抗力等法定情形拖延集体协商进程;

(四)扰乱企业正常经营和社会公共秩序等不当行为;

(五)法律、法规禁止的其他行为。

第二十八条 协商双方应当定期对工资协议的履行情况进行检查,并可以组织专门人员监督工资协议的履行。检查中发现问题,应当以书面形式提交双方首席协商代表共同研究,协商处理。企业方应当将工资协议的履行情况每年向职工代表大会(职工大会)报告一次。

第二十九条 工资协商每年一次,并签订工资协议;经双方协商同意可以延长协商周期,但不超过三年。

在同一协商周期内,原工资协议所依据的客观条件发生重大变化或者三分之一以上的职工对工资协议提出修改要求的,经双方同意,应当即时开展工资协商,签订补充协议。

第三十条 有下列情形之一的,可以终止、解除工资协议:

(一)企业解散、破产等原因,致使工资协议无法履行的;

(二)工资协议约定的终止或者解除条件出现的;

(三)法律、法规规定的其他情形。

第五章 行业性、区域性协商

第三十一条 行业(产业)工会以及街道(镇)、社区(村)、园区等区域工会可以与企业方的代表进行行业性、区域性工资集体协商,订立行业性或者区域性工资协议。未组建行业工会的,可由所在区域的工会代行行业工会的职能,与企业方代表进行集体协商。

第三十二条 行业、区域职工方协商代表由行业、区域工会组织职工推选,首席协商代表由行业、区域工会主要负责人担任。

企业方协商代表由企业代表组织在本行业、区域内的企业负责人中经民主推选或者协商等方式产生,首席协商代表由企业方代表民主推选产生。

第三十三条 开展行业性、区域性工资集体协商达成的工资协议草案,应当提交行业、区域职工代表大会讨论通过。

尚未建立行业、区域职工代表大会的,工资协议草案应当得到行业、区域适用范围内半数以上职工的同意。

通过的工资协议由双方首席协商代表签字,也可以由职工方首席协商代表分别与各企业法定代表人或者主要负责人签字,并由企业方代表报送当地人力资源和社会保障行政部门;人力资源和社会保障行政部门自收到工资协议文本之日起十五日内未提出异议的,工资协议即行生效。

第三十四条 行业性、区域性工资协议对适用范围内的企业和职工具有约束力。

行业性、区域性工资协议范围内的企业与本企业职工方单独进行工资协商的,其确定的工资标准不得低于行业性、区域性工资协议的规定。

第六章 协商保障

第三十五条 政府相关部门应当积极为平等协商创造条件,推进工资集体协商的开展。

工会组织应当引导职工通过平等协商等形式,依法行使民主权利。

企业代表组织应当引导企业依法实行民主管理,保障职工合法权益。

第三十六条 人力资源和社会保障行政部门、总工会、企业代表组织可以从熟悉劳动工资、经济、法律、财务等工作的人员中聘任工资协商指导员,为企业和职工提供法律法规政策咨询、指导、服务。

第三十七条 人力资源和社会保障行政部门、工会、企业代表组织应当依法对本地区企业履行工资协议情况进行监督检查。

人力资源和社会保障行政部门对监督检查中发现的问题可以实施行政函告制度。

企业违反本条例规定的,地方总工会可以发出《劳动法律监督整改意见书》,要求企业予以改正;对逾期不改正的,向同级人力资源和社会保障行政部门提出《劳动法律监督处理建议书》。

第三十八条 企业通过工资集体协商确定的职工工资支出,符合国家税收法律法规有关合理工资薪金规定的,可在企业所得税前据实扣除。

第三十九条 各级人民政府应当对在工资集体协商工作中做出突出贡献和显著成绩的地区、单位和个人给予表彰。

第七章 争议处理

第四十条 工资集体协商和签订工资协议发生的争议包括:

(一)对协商代表资格的争议;

(二)对劳动报酬、工作时间等劳动标准的争议;

(三)对工资集体协商和工资协议签订程序的争议;

(四)在工资集体协商和工资协议签订过程中发生的其他争议。

第四十一条 工资集体协商或者签订工资协议发生争议,双方应当协商解决。经两次以上协商无法达成一致意见的,双方可分别提请本方上一级组织调解解决。协商、调解不成的,任何一方均可以向人力资源和社会保障行政部门提请协调处理。人力资源和社会保障行政部门应当会同工会、企业代表组织等单位,对双方争议事项进行协调处理。

协调与调解都应当在十日内提出并在三十日内结束。

第四十二条 因履行工资协议发生争议,双方应当协商解决;协商不成的,任何一方都可以依法申请仲裁、提起诉讼。

第八章 法律责任

第四十三条 对违反本条例第十九条规定,侵犯协商代表权益的,由人力资源和社会保障行政部门依法责令改正;造成损失的,责任方依法给予赔偿。

第四十四条 有下列行为之一的,由人力资源和社会保障行政部门责令其在十五日内改正;逾期不改的,处以一万元以上三万元以下罚款,并可以对企业法定代表人或者主要负责人以及其他直接责任人员处以一千元以上二千元以下罚款:

(一)违反本条例第二十条规定,拒绝或者拖延答复职工方提出开展工资集体协商要求的;

(二)违反本条例第二十四条规定,协商后双方形成一致意见,职工方要求签订工资协议,企业方拒绝的。

第四十五条 违反本条例规定,在进行工资集体协商、签订和履行工资协议过程中,企业方妨碍、阻挠工会履行职责的,市、县级市、区总工会有权责令其限期改正;逾期不改的,由工会提请同级人力资源和社会保障行政部门予以处理。

第四十六条 违反本条例,法律、法规已有处罚规定的,从其规定。

第四十七条 人力资源和社会保障行政部门及其工作人员在处理协商争议过程中滥用职权、玩忽职守的,由其所在单位或者主管部门对直接责任人员给予行政处分;构成犯罪的,依法追究刑事责任。

第四十八条 工会工作人员在协商、签订和履行工资协议时,不履行职责,损害职工权益的,由同级工会或者上级工会责令改正,并视情节予以处分;情节严重的,依照《中国工会章程》予以罢免;造成损失的,应当承担赔偿责任。

第九章 附 则

第四十九条 本条例所指一线职工的范围由双方协商确定。

第五十条 企业化管理的事业单位、民办非企业单位的工资集体协商可以参照本条例执行。

第五十一条 本条例自2011年6月1日起施行。

(二)关于市委对加强工会工作领导的意见

中共无锡市委关于
进一步加强新时期工会工作的意见

(2004年9月15日)

为认真贯彻省委工会工作会议精神,进一步落实党的全心全意依靠工人阶级的指导方针,坚持以"三个代表"重要思想和科学发展观来指导和加强新时期的工会工作,不断推进我市工会工作的全面发展,充分发挥工会在无锡经济社会协调发展全局中的积极作用,现就进一步加强新时期工会工作提出如下意见:

一、充分认识加强新时期工会工作的重要意义

(一)加强新时期的工会工作是坚持以人为本的科学发展观,全面推进无锡"两个率先"先导区、示范区建设的迫切需要。工人阶级是先进生产力和生产关系的代表,是建设和改革的最基本的动力。要实现无锡经济社会全面、协调、可持续发展,必须充分调动全市职工群众的积极性,建设一支具有现代科学技术知识和较高劳动技能的高素质职工队伍。工会在宣传教育职工、团结带领职工、组织动员职工方面有着独特的优势,只有充分发挥工会组织的作用,才能更好地把市委、市政府的决策部署贯彻到职工群众中去,统一职工群众的思想,凝聚职工群众的意志,增强职工群众学习文化、学习技术,掌握先进技能和科学知识的自觉性,调动职工群众的生产积极性和创造性,确保我市实现"两个率先"先导区、示范区的战略目标。

(二)加强新时期的工会工作是建立和完善社会主义市场经济体制的重要内容。随着市场经济的深入发展,社会经济关系、劳动关系发生了深刻的变化,依法维护各类市场主体特别是维护劳动者的合法权益,已成为发展社会主义市场经济必须解决的问题。工会组织是职工权益的代表者,在维护职工群众合法权益,协调企业利益与职工利益关系及职工内部不同利益群体关系,营造和谐稳定的劳动关系和发展环境方面具有不可替代的作用。

(三)加强新时期的工会工作是进一步密切党与职工群众的联系,巩固党的阶级基础的需要。改革开放以后,职工队伍结构发生了重大的变化,在市场经济的大潮中客观上已形成了不同利益的群体,他们的价值观念、择业观念、政治经济和精神文化生活都发生了不同的变化。面对这些新的变化,增进工人阶级队伍的团结已显得十分重要。工会是党联系职工群众的桥梁和纽带,充分发挥工会作用,最大限度地把职工组织起来,团结起来,对于巩固党的阶级基础,维护改革、发展、稳定的大局具有十分重要的意义。

二、切实加强党对工会工作的领导

(四)政治上把关定向,保证工会工作更好地服从和服务于改革发展的大局。党对工会工作的领导主要是政治思想领导和组织原则领导,要在事关工会工作的政治方向和原则问题上把好关、引好路。要引导工会把"三个代表"重要思想和科学发展观作为行动指南,始终保持理论上的清醒和政治上的坚定,使工会工作不断适应时代发展的新要求;要引导工会增强党的观念,自觉接受党的领导,把广大职工紧密团结在党的周围,保证党委的决策部署在工会工作中得到贯彻落实;要引导工会围绕中心、服务大局,为改革开放和现代化建设服务。

(五)加强工会领导班子建设,增强工会组织的凝聚力和战斗力。加强工会建设,关键是加强领导班子建设,要根据中央和省委关于加强工会领导班子建设的要求,选优配强工会主席。经济比较发达、职工人数较多的市(县)、区工会主席,街道、乡镇、社区、村、基层企事业单位的工会主要负责人应按同级党政副职配备;在外资企业比较集中的工业园区可由分管副书记兼任工会主席,同时配备专职副主席。

(六)加强对工会干部的管理。在坚持党管干部原则的同时,充分发挥工会协管的作用。党委在选配工会领导干部时,要邀请上一级工会参与考察,充分听取上一级工会的意见,确因工作需要调整任期内的工会负责人,必须事先征得上一级工会的同意。对工会机关干部要通盘考虑教育、培训、交流和使用。

(七)定期研究工会工作,切实解决涉及工会工作的重大问题。各级党委要把工会工作纳入全局,摆上重要日程,统筹安排,统一部署。要定期听取工会工作的汇报,认真研究新时期工会工作的特点和规律,创新和完善加强党对工会工作的领导、支持工会组织独立自主地创造性地开展工作的体制和机制。要坚持和完善定期研究工会工作的制度,市委在市总每届任期之内召开两次工会工作会议,市(县)、区委至少每两年召开一次工会工作会议,各级党委每年要听取工会一至两次工作汇报。要建立和完善政府与工会的联席会议制度,政府制定有关经济社会发展工作和涉及职工切身利益的劳动、工资、物价、社会保障等方面的文件,召开相关会议,要吸收工会参加,认真听取工会的意见。

三、进一步扩大工会在各类经济组织的覆盖面和影响力

(八)各类经济组织均应按《工会法》和《中国工会章程》的规定建立工会组织,最大限度地把职工组织到工会中来。各级党组织要继续推行"党工共建"的做法,把基层党组织建设与基层工会建设有机结合起来,统一部署,整体推进;要继续加大非公企业建会的力度,探索和实践非公企业建会的有效途径和方式,政府有关部门要督促企业依法建立工会,扩大组建工会的覆盖面;要继续推进外商投资企业的建会工作,在外商投资企业比较集中的工业园区,要把工会组建作为基层党建工作的重要内容,采取措施,落实建会工作,通过组建工会,建立稳定协调的劳动关系,营造良好的投资环境。

(九)切实加强改制企业的工会建设。企业在转改制过程中,任何单位和个人不得借企业改革之名随意撤销工会或把工会与其它组织、机构相合并。凡实施资产重组,实行公司化改造等多种形式的改革改制企业,必须对工会组织同步进行相应的重组和新建,确保工会组织的正常运行。

(十)全力做好进城务工人员的入会工作,最大限度地把进城务工人员组织到工会中来。

无锡是经济发展较快的地区,也是进城务工人员较集中的城市,做好进城务工人员的入会工作和维护他们合法权益的任务十分繁重,为此,进城务工人员的派遣单位和用工单位均应在近期内引导进城务工人员加入工会。

四、支持工会依法履行维权职责

(十一)坚持和完善以职代会为基本形式的民主管理制度。企事业单位不论何种组织形式,何种经济成份都必须实行民主管理,切实保障职工的民主权利。当前,在企业转改制过程中,企业改革方案、职工安置、经济补偿等涉及职工切身利益的重大事项,必须提交职代会审议通过。

(十二)依法建立、健全平等协商、签订集体合同和工资协商谈判制度。凡涉及职工切身利益的有关事项,各级党政要支持工会代表职工与企业平等协商。在维护职工合法权益的同时要维护企业的利益,努力形成企业与职工利益双赢的局面。当前要进一步推进工资协商制度的建立,把建立工资协商制度作为推进"富民工程"的一项重要工作来抓,明确目标,加强考核,在企业发展的同时,相应提高职工的收入,使改革发展的成果惠及职工。

(十三)建立健全劳动关系协调机制。要进一步健全政府、企业和职工三方协商会议制度,及时解决劳动关系中存在的矛盾和问题,规范用工制度。工会要协助政府有关部门监督用工单位与职工签订劳动合同;要依托社区平台,探索和完善乡镇、街道一级劳动争议调解组织建设,加强以三方协调为原则的仲裁组织建设,不断完善劳动关系预警机制,及时化解矛盾,有效预防和调处劳动争议,妥善处理因劳动关系纠纷引发的人民内部矛盾。

(十四)依法保护职工的安全与健康权益。各级党政要支持工会依法行使对用工单位劳动安全卫生情况的监督权,维护职工的安全与生命健康。政府在制定劳动安全卫生政策、计划、措施时,应有工会组织参加并听取工会的意见和要求。工会应积极协助行政开展劳动安全卫生宣传、教育、培训、检查等活动,对危害职工生命安全和身体健康的行为提出批评和阻止,对漠视安全生产和劳动保护、侵犯职工人身权益等突出问题必须坚决予以纠正,造成严重后果的必须依法惩处。

(十五)深入实施再就业和送温暖工程,进一步完善帮困机制,切实为职工群众办实事。各级党委、政府及有关部门要大力支持工会的"送温暖工程",健全工会扶贫帮困机制,提高送温暖活动社会化的程度;鼓励工会创办各类社会保障互助补充保险,增强职工的抗风险能力;进一步推进工会再就业工作,协助政府为下岗职工提供更多的培训和择业机会。地方财政每年安排一定的资金支持工会开展各类帮困扶贫工作。

五、不断改进和完善工会的组织领导体制

(十六)建立科学合理的、健全的工会组织领导体制,是履行工会职责的保障。要根据无锡经济社会发展的实际不断改进和完善工会的组织领导体制。要认真研究和探索经济体制改革过程中如何完善工会的运转机制;在非公企业迅猛发展的形势下如何扩大工会组织的覆盖面;在加快工业化、城市化发展的进程中,整合组织资源,优化组织结构,理顺组织体制,消除工会工作的体制性障碍。要积极推进建立城区总工会的工作,积极探索在职工人数多、经济比较发达的乡镇、街道建立总工会,并切实解决好编制和人员配备。要理顺城区工会管理体制,构建与无锡经济社会发展相适应的工会组织领导体制。

六、加强工会经费和资产管理,为工会开展活动提供保障

(十七)工会经费是工会开展活动的资金保障。各级机关、各类企(事)业单位均应按《工会法》的规定通过地税代征、财政代扣等途径,按时足额拨交工会经费;基层工会留成的经费应交基层工会独立掌握使用,基层工会应严格经费的管理,科学合理地使用工会经费,更好地为职工群众服务。

(十八)加强工会阵地建设,满足职工精神文化需求。工会的文化宫、职工学校、俱乐部、图书室等是工会用于职工教育,丰富职工业余生活,开展职工培训,组织文化学习的阵地,是工会开展活动的物质保障,任何组织和个人不得侵占、挪用和无偿调拨工会资产。各企(事)业单位应随着经济发展不断加强职工文化娱乐阵地建设,使职工精神文化生活与发展企业文化、企业精神有机结合起来,提高职工队伍的文化修养,促进精神文明建设。

中共无锡市委关于进一步加强和改进新形势下工会工作的意见

(2010年4月8日)

为深入贯彻落实胡锦涛总书记“把更多的资源和手段赋予工会组织”和中央、省委关于加强新时期工会工作的一系列指示精神和要求,以及全省工会工作会议精神和省委办公厅《关于加强和改进新形势下工会工作的若干意见》,推动我市各级工会在推进经济社会转型发展和“幸福市(县)、区”建设中发挥更加积极的作用,特提出如下意见。

一、充分认识新形势下工会工作面临的新任务及加强和改进工会工作的重要性

1.新形势下工会工作面临的新任务。在市场经济深入发展,劳动关系发生深刻变化的新形势下,面对转变经济发展方式,优化产业结构,提升自主创新能力,加快推进无锡“四城”建设的历史进程,工会团结动员广大职工积极投身现代化建设的重任更加突出;构建和谐劳动关系,调处劳资矛盾,稳定职工队伍,促进企业和谐发展的作用更加凸显;提升职工文化技能水平,培育高素质职工队伍的任务更加迫切;维护职工队伍和工会组织的团结统一,巩固党的阶级基础和群众基础的责任更加重大。

2.充分认识加强和改进新形势下工会工作的重要性。加强和改进新形势下工会工作,是推动科学发展、促进社会和谐、服务职工群众的客观需要,是全面落实党的全心全意依靠工人阶级指导方针的内在要求,是建设中国特色社会主义工会的重要保证。各级党委和政府要站在推动科学发展、促进社会和谐、巩固党的执政地位的高度,充分认识新形势下加强和改进工会工作的重要性,进一步增强责任感和使命感,把更多的资源和手段赋予工会组织,对于职工利益密切相关、工会组织有能力承担的调处劳资关系矛盾、扶贫帮困、自主创业和提升职工队伍素质等方面工作,通过规范有效的形式逐步转移或委托工会组织承担,更好地发挥工会在推进我市率先、科学、和谐发展中的积极作用。

二、充分发挥工人阶级在推动科学发展中的主力军作用

3.积极引导、大力支持开展立功竞赛活动。加强对立功竞赛活动的指导,把立功竞赛活动作为调动职工群众积极性,促进经济发展的有效形式和载体,形成党委重视、行政支持、工会具体组织的工作局面,使立功竞赛活动更加贴近我市经济发展的实际,更加贴近企业发展的需要,进一步凝聚广大职工的力量,调动广大职工的积极性,为促进经济转型发展建功立业。

4.进一步激发广大职工创新、创造活力。积极引导广大职工学习先进科学技术和文化知识,更新理念,立足企业、岗位,围绕节能减排、产品升级、自主创新,保护生态环境等广泛开展各种合理化建议和“双革四新”活动,在更广的范围内调动一切积极因素,为推进我市建设创新型经济领军城市营造广泛的群众基础。

5.大力弘扬劳模精神,深入开展社会主义核心价值体系教育活动。充分发挥工会宣传教育职工群众的积极作用,按照建设社会主义核心价值体系的要求,不断提高职工队伍素质;进一步完善劳模先进评选表彰、服务管理、宣传推广机制,大力弘扬工人阶级的伟大品格和劳模精神,营造向先进学习的浓厚氛围,树立一批具有时代特征的先进典型和领军人物,充分发挥劳模先进的感召力和引领作用。

三、充分发挥工会在构建和发展和谐劳资关系中的作用

6.努力构建和发展和谐劳资关系。各级党委、政府要充分发挥工会组织与职工群众广泛联系的优势,合力推进和谐劳资关系的创建和发展,强化协调劳动关系三方机制作用,深入开展创建"和谐劳资关系企业(园区)"活动,并把和谐劳资关系作为评选先进企业、优秀企业、优秀企业家等重要条件。今年达到所有建立工会组织的企业普遍参与创建活动的目标。

推动各类企业全面建立以工资集体协商为重点的集体协商机制,促进企业建立和完善职工工资的共同决定机制、正常增长机制和支付保障机制,推进《工资集体协商条例》的地方立法;认真实施《江苏省企业民主管理条例》,加强以职代会为基本形式的民主管理制度体系建设。各类企事业单位的改革、改制、兼并、破产方案以及重大事项,应提交职代会审议,依法保障职工群众的知情权、参与权、表达权、监督权;教育职工充分认识企业健康发展是个人利益得到有效维护的基础,引导职工正确对待利益关系调整,主动支持企业发展,努力实现自身利益与企业发展的互利共赢。

7.依法规范劳动关系,加强劳动用工制度的监督检查。认真贯彻执行劳动合同法、《劳动争议调解仲裁法》、《江苏省工资支付条例》和《无锡市工会劳动法律监督条例》等法律法规,规范企业劳动用工制度,依法建立健全企业内部管理制度,从源头上维护职工的合法权益,促进企业发展。加强劳动法律监督检查,提高法律法规贯彻执行率,加大对安全生产的监督力度,保护职工安全与健康权益,督促企业切实履行社会责任。有关部门和各类企业要支持工会依法监督检查,对工会反映的侵犯职工合法权益的行为,要及时采取措施予以纠正。

8.加大对劳动关系矛盾预警、监督和调处的力度。要重视工会调处劳资关系矛盾的群众组织特性,充分发挥工会的"桥梁、纽带"作用,维护职工队伍的团结稳定。把工会的调解工作纳入社会大调解的范围,积极探索实施工会、行政、司法调处劳动争议的调解、仲裁、诉讼等对接机制;充分发挥工会劳动争议调解庭(室)和基层工会劳动争议调解组织作用,不断提高调处工作的质量和效率,做到早掌握、早介入、早解决,把矛盾解决在基层,解决在萌芽状态。

四、健全完善工会服务体系、增强为职工办实事能力

9.将工会事业纳入政府公益事业,支持和促进工会事业的健康发展。各级政府要按照国务院《公共文化体育设施条例》的规定,把文化宫、疗养院、职工学校、职工技协等服务职工阵地纳入政府公益事业,享受政府同类型单位待遇,工会扶贫帮困、促进就业、职工就业培训等职工服务平台,纳入社会公共服务体系,从政策、规划、财力、管理等方面给予支持。

10.积极推进职工技能素质培训工作,增强职工适应经济转型发展的能力。各级工会要积极协助企业抓好职工培训,力争每年全市职工受训面达25%,有10%的职工晋升技术等级。在全市开设的各类职工职业资格、专项职业能力、就业上岗等培训项目中,支持工会所属培训机构承担培训工作和建立职工职业技能鉴定机构。对经工会培训的职工和在与人力资源和社会保障局联合开展的技能比赛中获得名次的职工,经人力资源和社会保障局、市总工会联合审定后发给其相应的职业技能资格证书。

11.不断完善工会帮扶救助长效机制。各级政府要把工会帮扶工作纳入社会救助体系,市及市(县)、区两级财政要设立工会困难职工帮扶中心专项资金,统筹协调,每年度将困难职工帮扶资金列入同级财政预算;按中央和省财政每年拨付的帮扶专项资金实行1:1配套,列入同级财政预算;市及市(县)、区总工会可以接受定向用于困难职工帮扶的社会捐赠,捐赠方可以按有关政策规定享受所得税优惠。

12.扩大工会困难职工帮扶工作的覆盖面。充分发挥工会实施下岗职工和困难职工家庭自主创业小额贷款的作用,在制定有关创业小额贷款政策时,听取工会意见,增强工会的决策参与权;支持工会对困难职工的帮扶,对符合条件的困难职工家庭,由所属工会向同级民政部门申报,及时纳入低保范围并落实帮扶措施;对职工家庭人均收入在当地低保标准以上、1.5倍以内的特困职工家庭的帮扶纳入全市社会救助体系。支持工会建立健全各级困难职工帮扶中心、帮扶工作站和企业帮扶工作点,完善帮扶工作长效机制。各企业要切实关心困难职工,采取积极措施,把帮扶工作落到实处。

13.为工会开展活动创造更有利的物质条件。支持工会职工文化、教育、疗养等阵地和设施建设,不断适应广大职工的文化娱乐需求,依法保障工会资产。进一步推进和完善工会经费地税全额代收的方法,积极创造条件全面实施工会经费地税代收,提高代收的覆盖面,进一步规范行政机关和事业单位工会经费收缴办法。工会经费单独建帐,并按工会章程规定管好用好工会经费和财产。

五、进一步加强和改进对工会工作的领导

14.政治上把关定向,保证工会工作的正确方向。坚持党委定期听取工会工作的汇报、定期研究工会工作、定期召开工会工作会议,认真研究新时期工会工作的特点和规律,切实解决涉及工会工作的重大问题。市委在市总工会每届任期之内召开两次工会工作会议,市(县)、区委至少每两年召开一次工会工作会议,各级党委每年要听取一至两次工会工作汇报。

15.落实工会组织建设目标责任制。进一步深化"党工共建"活动,落实工会组织建设目标责任制,力争用两年左右时间,使全市各类企事业单位工会组建率和职工入会率达95%以上。国有、集体及其控股企业工会组建工作,由所在地区党委组织部门、国资委党委和局(公司、管理中心)工会负责;事业单位、机关工会组建工作,由同级党委(党组)和上一级工会负责;民营企业、台港澳企业、外商投资企业和民办非企业单位等各类非公有制经济组织和社会组织的工会组建工作,按照属地管理原则,由所在地党委组织部门、总工会或者开发区党工委、工会负责。

16.选优配强工会领导班子。市及市(县)、区总工会主席按同级副职配备;非公有经济组织成立党组织的,原则上由党组织负责人兼任工会主席;外资企业比较集中的工业园区和省级以上各类开发区可由分管书记兼任工会主席,同时配备专职副主席;乡镇(街道)工会主席按同级副职配备,职工人数较多的,应当配备专职副主席和其它专职工会工作人员,因人员编制不足,可推行工会干部的职业化、社会化,所聘任的工会工作助理员,应纳入社会公益性岗位,由政府提供工资和社保补贴。对各级工会主席的配备,要充分考虑有利于工会班子的相对稳定,一般要能够任满一届以上。

17.进一步完善工会干部管理制度。继续执行市委组织部和市总工会锡工联发〔1999〕第5号《关于工会协助党委管理工会干部的意见》,发挥好工会协管的作用。各级党委要进一步重视对工会干部的教育、培训、考察任用和交流,可在市组织、人事部门统一指导下,有计划地从基层企事业单位选拔有实践经验、年轻优秀符合条件的干部,通过招录公务员,充实到市及市(县)、区一级工会领导机关。

18、积极支持工会源头参与。各级人大代表、政协委员中一线职工和工会干部应占有一定的比例。党委会、政府常务会议在研究经济发展规划和制定劳动就业、工资分配、劳动安全卫生、女职工特殊利益保护、社会保障等涉及职工群众切身利益的规章、政策、措施时,应吸收工会参加,听取工会的意见和建议。进一步完善政府与工会联席会议制度,每年召开2—3次,并建立工会与政府相关部门协调联系制度,完善劳动关系三方机制。

19.不断提升工会干部的理论水平和工作能力。各级党委要指导工会以科学发展观为统领,认真学习领会中国特色社会主义理论的深刻内涵,不断增强走中国特色社会主义工会发展道路的自觉性。各级工会干部要进一步强化大局意识、责任意识,切实改进工作作风,围绕全市工作大局,坚持解放思想、与时俱进,以理论创新推动实践创新,积极探索建立一套与履行职责相配套,与多层次经济发展模式相衔接,与服务科学发展相适应的体制、机制,推进工作创新发展,为把无锡建设成为和谐宜人幸福安康首善城市发挥更大的作用。

(三)关于全市工会代表大会工作报告

忠实践行“三个代表”重要思想
团结带领全市职工为实现“两个率先”宏伟目标建功立业

——在无锡市工会第十五次代表大会上的工作报告

余炳源

(2003年11月25日)

各位代表、同志们:

现在,我代表无锡市总工会第十四届委员会向大会报告工作,请予审议。

过去五年的主要工作和基本经验

过去的五年,是我市经济社会发生深刻变化并取得重大进展的五年。在改革开放不断深化、经济建设快速发展、城乡面貌日新月异、人民生活水平不断提高的历史进程中,全市职工以高度的主人翁责任感,承担深化改革的历史重任,识大体、顾大局,为改革、发展、稳定作出了无私的奉献;坚持以经济建设为中心,立足本职,建功立业,为现代化建设事业贡献聪明才智;弘扬了劳动者以劳动光荣的优良传统和社会主义的道德风尚,坚持与时俱进的时代精神,为推进两个文明建设的协调发展作出了积极的贡献。5年间的实践再次证明,工人阶级不愧为中国先进生产力的代表,不愧为推动经济发展和社会进步的中坚力量,不愧为中国社会主义物质文明、政治文明、精神文明建设的主力军。在这里,我谨代表无锡市总工会,向战斗在全市各条战线的职工群众和先进模范致以崇高的敬意和亲切的慰问!

5年间,全市工会组织面临经济结构调整、机构体制改革、劳动关系深刻变化、非公企业迅猛发展等一系列新情况、新课题,经历改革的锤炼,紧跟时代前进的步伐,走过了很不平凡的历程。在市委和上级工会的正确领导下,全市工会组织高举邓小平理论伟大旗帜,认真贯彻“三个代表”重要思想,切实履行工会的基本职责,与时俱进,奋发有为,不断改革创新,使工会工作的整体水平得到提升,各项主要工作取得新的突破和发展。

一、充分调动广大职工的积极性和创造性,在改革发展的历程中作出积极的贡献

5年间,全市工会组织坚持用邓小平理论和“三个代表”重要思想武装职工,用中共十六大提出的宏伟目标激励职工。先后举办了邓小平理论、“三个代表”重要思想等学习讲座500多场次,举办各类学习班1000余期,建立了工人理论骨干队伍,组织全市30余万人次参加各级举办的学习十六大精神知识竞赛活动,引导职工树立市场意识、改革意识、发展意识,增强了职工支持改革的主人翁意识;坚持开展工人阶级传统教育,举办了各种以宣传工人阶级时代风采为主要内容的文艺演出500多场次,评选表彰了全国、省、市劳动模范721名,广泛宣传劳模事迹,弘扬时代精神,形成了浓厚的社会氛围;坚持开展职工读书自学活动,实施以"争创学习型企业,争当知识型职工,树立新时代职工形象"为主要内容的职工素质工程,建立了100个学习型企业、班组的示范点,表彰了210个读书自学活动先进集体和个人,激发职工在现代化建设中自学成才;坚持开展群众性立功竞赛活动和实施经济技术创新工程,全市有25万名中青年职工参加计算机知识普及和应用竞赛,有100余万名职工参加群众性岗位练兵和技术比武活动,开展技术攻关2312项、技术开发320项、新技术推广184项,群众性的学习创新热潮方兴未艾。实践表明,工会在服从服务于改革发展的大局中,发挥了自身的优势和重要的作用。

二、全力推进企业民主管理,非公企业建立职代会制度取得突破性进展

5年间,各级工会组织深入实际,调查研究,冲出思想误区,突破条条框框,紧扣加强非公企业民主管理的实际,以完善工作机制为载体,规范落实维权为要务,以创新发展为动力,积极探索和实践"集群(区域)职代会,区域集体合同,区域工资协商、安全卫生、女职工特殊利益保护专项协议"等民主管理的新形式、新途径、新办法,在实践中开辟了一条非公企业建立职代会制度,实施民主管理的新路子,较好地解决了面广量大、小而分散的非公企业民主管理的难题。至2003年6月,全市非公企业中,已建立职代会制度的有11403家,占非公企业总数的48.42%,其中建立集群(区域)职代会制度的有594家,覆盖了7900家企业。非公企业职代会制度的建立,有力地推进了集体合同的签订,全市非公企业集体合同的签订率已达90.3%,有效地维护了非公企业职工的合法权益,使工会的维权职责落到实处。同时,非公企业建立职代会制度的突破性进展,形成了由点到面的发展之势,为全市企业民主管理的整体推进,奠定了坚实的基础。

三、努力构建多层次劳动关系协调机制,维护职工队伍和社会稳定的作用明显增强

5年间,全市工会组织会同政府、行政有关部门构建了从市至市(县)、区、局并覆盖基层的多层次的劳动关系协调机制,充分发挥劳动争议调解委员会、劳动法律监督委员会、劳动保护监督委员会、法律咨询小组等组织作用,加强审议、监督、检查、调处的力度,确保劳动法律法规的贯彻落实。各级工会组织为提高职工的法制意识,增强依法维护自身合法权益的自我保护观念,先后举办了以宣传学习《劳动法》、《工会法》、《江苏省实施〈工会法〉办法》为主要内容的各类培训班、学习班,发放维权手册1.8万册,接受6842批次来访,涉及10009人次;为扩大劳动关系协调工作的覆盖面,着力于建组织、立机制,全市已建9507个企业劳动争议调解委员会,1279个区域性、行业性劳动调解组织,有9373家企业建立了劳动关系预警机制,有9569个企业建立了劳动法律监督组织,覆盖面均达85%以上,共受理劳动争议案件6292件,结案5980件,结案率达95.04%;为加大劳动保护的力度,建立了工会劳动保护监督网络和制度,在全市1300个企业推行了"事故隐患和职业病危害监控法",组织65万职工参加"安康杯"竞赛。通过构建多层次的劳动关系协调机制,加大了对劳动关系的预警、监督和调处的力度,为维护社会稳定起到了重要作用。

四、最大限度地把职工组织到工会中来,基层工会组织建设展现出新的局面

5年间,各级工会组织认真贯彻落实省委、省政府办公厅《关于进一步加强新经济组织工会组织建设的意见》,以党建带工建,形成党委领导、工会主抓、各方配合、齐抓共建的工作合力。积极探索和实践不同所有制、不同企业特点组建工会的新课题,确立了组建的目标,采取措施,营造环境,全面启动,迅速在全市形成新经济组织建会之势。至2003年6月,全市已有22913家(覆盖数)新经济组织建立了工会,组建率达95%,发展会员69.2万,入会率达97%,较好地解决了新经济组织大面积建会问题。

根据全国总工会提出的"一手抓组建,一手抓作用发挥"的工作要求,市总适时地制定了基层工会规范化建设的要求,下发了《关于加强新建企业工会规范化建设的意见》,开展以组建工作"回头看"、"双爱双评"、"五好示范乡镇工会"等为主要内容的规范化建设工作,着力于建章立制、夯实基础、明确职责、发挥作用。至今年7月,全市89个乡镇工会全部被评为省"合格乡镇工会",54个乡镇评为"无锡市工会工作示范乡镇",22个乡镇工会被评为省"百强示范乡镇工会"。

继续深入开展建设"职工之家"活动,进一步提高基层工会工作的整体水平。目前,已有1493个非公企业工会经验收为"合格职工之家",有81个基层工会被评为无锡市"模范职工之家",有45个基层工会被评为全国、省"模范职工之家"。全市基层工会建设,从抓新建企业建立工会组织入手,到深入开展建家活动的整个过程,充分表明我市基层工会建设进入了一个新的发展阶段。

五、真心诚意为职工做实事办好事,工会的桥梁纽带作用得到进一步发挥

5年间,各级工会组织大力实施送温暖工程,积极促进再就业工作,取得了明显的成效。市总工会成立困难职工援助中心,实施政策咨询、职业介绍、法律援助和特困补助等"一条龙"服务;为特困职工建立档案,实行动态管理;协助政府落实"两个确保"和"三条保障线",把企业特困人员纳入最低保障范围;主动联系政府有关部门制定帮扶特困职工的政策;积极组织实施各类职工互助保险制度;及时调整工会经费支出结构,加大送温暖基金支出;层层落实再就业工作目标,积极参与政府再就业政策的制定和实施,广泛开展对困难职工就业救助、生活救助、医疗救助、上学救助等活动。至2003年6月,各级工会共筹集送温暖资金1.49亿元,累计慰问12.8万人次;帮困助学2.34万人次,助学款2568.15万元;再就业技能培训3.17万人,再就业2.1万人,其中"4050"人员9348人;主办或与有关部门联合举办大型招聘洽谈会75场,进场招工单位1850余家,提供就业岗位1.65万个,接待求职登记人员5.5万人次;工会培育推出的家政母婴护理和协警保安两个再就业岗位,已成为我市就业与再就业工作的特色品牌;职工互助互济工作得到长足发展,在终身期5种大病互助保障的基础上,先后开辟了5年期10种大病保险、1年期和3年期职工住院医疗互助保障、单位医疗互助金等项目,至今各类保障项目参保人数达29.68万人,参保金额1432多万元;享受互助互济各类保障人数达4717人,享受金额706.41多万元。各级工会组织为职工办实事好事,增强了工会组织与职工群众的血肉联系,有效地发挥了工会的桥梁纽带作用。

六、加强工会自身的改革建设,整体工作水平有新的提高

5年间,各级工会坚持不懈地推进自身改革和建设,不断加大源头参与的力度,认真贯彻省委下发的《关于在深化改革中进一步全心全意依靠工人阶级和加强工会工作的意见》,加强了与政府和行政部门的联系,建立了工会与政府的联席会议制度,及时反映职工普遍关注的问题,积极参与政府有关职工切身利益的政策制定。同时通过人大、政协来反映职工的呼声,对《工会法》、《劳动法》的贯彻情况,进行执法检查,从宏观上加大了维护职工合法权益的力度。

锐意改革,强化管理。在我市机构改革、区域重新划分的情况下,各级工会组织顺应改革势头,根据工会的特点,在精减人员、压缩机构设置的过程中,突出了维权职能机构的设置,强化了工会的重点工作;招聘吸纳了高学历的年轻人员充实机关;进行干部管理制度改革,增强了机关干部的工作责任心和事业心,使工会领导机关展现出新的生机。

解放思想、转变观念,加强工会干部队伍建设。举办了以学习邓小平理论,中共十五大、十六大精神,“三个代表”重要思想及工会业务知识等学习班。5年间,全市共有3.7万名工会干部参加培训,不断强化了工会干部的服务意识、大局意识、维权意识,增强了与时俱进的思想观念,提高了为职工群众服务的自觉性。

突破难点、创出特色,各方面工作均取得新的进展。工会经费实现了由地税代收的突破,使广大工会干部能集中精力履行职能,也为工会工作提供了有力的物质保障;各级工会致力于提高女职工素质,维护女职工合法权益取得显著成绩;工会经审组织建设进一步加强,开展内部审计、监督取得明显进步;工会理论研究获得可喜成果。

5年间的实践表明,市工会第十四次代表大会和历次全委会的指导思想和工作思路是正确的。在这五年中,充分展示出无锡工会工作改革发展的新轨迹;充分展示出全市工会干部改革创新,自觉服务大局的精神风貌;充分展示出全市工会组织在现代化建设中的积极作用。

5年间,工会工作取得的成果是在市委、上级工会和各级党委的正确领导下,在政府和各级行政的大力支持下,全市工会组织、广大工会干部和广大工会积极分子共同努力的结果。在此,我代表无锡市总工会,向长期以来重视、关心和支持工会工作的各级党政领导和社会各界,向广大工会干部和工会积极分子表示衷心的感谢!

学习中国工会第十四次全国代表大会精神,回顾总结过去五年的工作,我们深深体会到:做好新时期的工会工作,必须把科学理论指导作为工会工作的行动指南,必须把坚持党的领导作为工会工作的根本保证,必须把围绕中心服务大局作为工会工作的必然要求,必须把推动党的全心全意依靠工人阶级根本指导方针的贯彻落实作为工会工作的主题,必须把保持与职工群众的密切联系作为工会工作的生命线,必须把维护职工的合法权益作为工会必须履行的基本职责,必须把提高职工队伍整体素质作为工会长期的战略任务,必须把解放思想、与时俱进、创新发展作为工会工作的灵魂,必须把依法办事作为做好工会工作的可靠保障。

回顾5年间的工作,我们既有成功的经验,也存在差距和不足。主要是:对工运理论和工会工作缺乏深度的研究,尤其是对市场经济条件下工会工作的发展规律探索不够;在不断深化改革的进程中,对职工群众合法权益的维护还缺乏力度;对基层工会的指导、服务还不够到位;工会领导机关的工作作风、工作效率还有待于进一步的转变和提高;工会干部的整体素质与新时期工会工作要求还不够适应。这些我们都必须高度重视,采取有力措施,认真加以改正。

今后五年工作的指导思想和目标任务

当前中国已进入全面建设小康社会、加快推进社会主义现代化建设的新的发展阶段。从现在起到2010年,又是无锡争创全省"两个率先"先导区和示范区的重要历史时期,也是工会工作乘势而上、全面推进、大有可为的重要战略机遇期。

面对新形势、新任务,党需要工会更好地发挥桥梁纽带作用,政府需要工会更好地发挥社会主柱作用,企业需要工会更好地发挥协调劳动关系的作用,职工需要工会更好地发挥代表维护作用。历史赋予工会新的使命。今后五年,我市工会工作总的指导思想是:**高举邓小平理论伟大旗帜,深入学习贯彻中共十六大精神,以"三个代表"重要思想统领工会工作全局,在中国工会第十四次全国代表大会精神的指引下,围绕中心,服务大局,全面履行各项社会职能,突出维护职工合法权益的职能,推进劳动关系机制建设,努力为职工办实事,与时俱进,开拓创新,团结和动员全市职工为实现富民强市和无锡争创全省率先全面建成小康社会、率先基本实现现代化的先导区、示范区的宏伟目标而努力奋斗。**

根据上述工会工作的指导思想,今后五年全市各级工会的主要任务是:

一、深入学习,深刻领会,用"三个代表"重要思想统一全市职工的思想,切实做到对新世纪新阶段工人阶级和工会组织作用有新认识

学习贯彻中共十六大精神,兴起学习贯彻"三个代表"重要思想的新高潮,是全市各级工会组织当前和今后一段时期的首要政治任务。

牢牢把握"三个代表"重要思想对工会工作的新要求。学习贯彻"三个代表"重要思想,就要牢固确立"三个代表"重要思想对工会工作的指导地位,坚持把发展先进生产力作为思考和部署工会一切工作的根本要求,提高职工综合素质,激励职工勇于创造;坚持以发展先进文化来促进职工全面发展,丰富职工的精神世界,增强职工的精神力量;坚持把代表人民的根本利益作为工会工作的出发点和归宿,在维护好广大职工总体利益的同时,维护好职工的具体利益。要切实按照"三个代表"的要求,认真实践工会工作总体思路,把维护职工群众合法权益的基本职责,贯穿到促进发展、推动改革、积极参与、大力帮扶的全过程。

在实践"三个代表"重要思想中体现新时期工会的新作为。学习贯彻"三个代表"重要思想,要在新形势下充分发挥好工会各项职能的作用。要从巩固党的执政地位和执政基础的高度,最大限度地把广大职工组织起来,维护工人阶级队伍的团结和统一,反映和实现职工群众的意愿,把党的方针政策化为职工的自觉行动,进一步发挥好党联系职工群众的桥梁纽带作用;从贯彻党的全心全意依靠工人阶级指导方针的高度,最大限度地调动广大职工的积极性和创造性,积极参与国家、社会和企事业事务的管理,参与法律政策的制定和监督,进一步发挥好国家政权的重要社会支柱作用;从代表最广大人民根本利益的高度,最大限度地维护好广大职工经济、政治和文化权益,依法参与协调劳动关系和社会利益关系,为职工群众谋利益办实事,进一步发挥好职工合法权益的代表者和维护者的作用。

二、围绕大局,找准定位,团结动员全市职工在无锡争创"两个率先"先导区、示范区中建立新功勋

今后五年,是无锡经济和城市建设进入新一轮发展的重要阶段,是站在新起点、实现新发展、再攀新高峰的重要战略机遇期。把无锡建成全国重要的区域经济中心、国际制造业基地、国内外旅游胜地、生态型湖滨城市,大力推进经济国际化、新型工业化、产业高度化、城市化和人的现代化,努力把无锡建成全省"两个率先"先导区和示范区,是无锡现代化建设的主要目标和基本特征。城市发展的目标和要求,为全面推进新时期工会工作创新和发展提出了新的要求,提供了新的动力。我们要自觉地把工作放到全市的大局中去认识和把握,以无锡新一轮发展为契机,充分发挥工人阶级的主力军作用。各级工会要围绕无锡新一轮发展的目标,组织发动广大职工以高昂的主人翁精神和高度的历史使命感,充分发挥积极性、主动性和创造性,为实现无锡的跨越式发展作出新的贡献。要以高科技为支柱,以新兴产业和重大工程、实事项目为重点,广泛动员,精心组织,开展多种形式的"三创三赛"立功竞赛活动。要赋予劳动竞赛活动以更鲜明的时代特征,提高科技含量和创新水准。要以职工欢迎、企业需要、社会认可、效果明显为标准,结合各种岗位和工种特点,组织开展以降低经营成本、拓展国内外市场、保证产品质量、组织难点攻关、提高服务水平等为主要内容的劳动竞赛,激励广大职工在推进改革、加强经营、严格管理和技术进步中争创佳绩。

以实施科教兴市战略为动力,大力激发职工群众的创造热情和创新精神。创新是无锡实现经济跨越式发展的关键,广大职工中蕴藏着创新的巨大潜能。要认真落实市委、市府确定的全面实施科教兴市战略,发扬工人阶级的首创精神,大力推进群众性经济技术创新活动,鼓励职工进行技术发明、技术革新、技术创新、技术攻关。要大力推广"创造学",广泛开展合理化建议活动,激活职工的思维创新能力;大力推广先进操作法,开展技术练兵、拜师学艺、技术协作等活动,提高职工应用现代科学技术的能力;大力开展"争当新型劳动者"系列活动,鼓励班组争创"创新工程示范岗",鼓励职工争当"创新能手"。注重激发各类职工群体的创新动力,要充分发挥广大科研开发人员、专业技术人员、经营管理人员及技术工人的创新能力,为他们多创成果、多作贡献提供机会和条件。深入开展群众性技协活动,帮助职工把原创性新成果转化为现实生产力,把合理化建议转化为经济效益,在实施科教兴市战略、推进科技创新和发展先进生产力中实现自身价值,体现新的作为。

三、着重引导,大力培育,在努力提高职工队伍整体素质上有新成效

近几年来,职工精神文化需求呈现多样化,自我价值实现的要求凸现,这为工会推进素质工程和促进职工全面发展提供了新动力。

深化以实现职工队伍知识化和技能化为目标的职工素质工程。各级工会要继续深化以"争创学习型组织、争当知识型职工,树新时代职工形象"为主要内容的职工素质工程,不断提高职工的学习能力、创新能力和竞争能力,提高职工思想道德、科学文化、劳动技能和创造才能等综合素质,为培养大批技术工人和一批高级专业技术人才作出努力。

塑造和培育以劳模精神为核心的职业精神。各级工会组织要发挥劳动模范的示范带动作用,以打造职业精神为目标,大力弘扬新时期劳模的优秀品格和先进事迹,焕发职工群众投身改革开放和现代化建设的劳动热情和创造精神。要切实关心劳模,特别要关心生活遇到困难的劳模和离退休老劳模,通过制定和完善有关政策措施,切实解决他们的实际困难。广泛动员各行各业的职工群众,共同参与提炼总结具有时代特征、行业特点、岗位特色的职业精神,形成共同的价值取向和行为规范。突出以诚信教育为重点的职业道德建设,构建与社会主义市场经济相适应、与社会主义法律规范相协调、与中华民族传统美德相承接的职业道德体系。以深化"建文明班组、创文明岗位、做文明职工"活动为主要载体,开展各类道德文明实践活动,把无锡职工队伍的优良传统和时代精神有机地统一起来。

加强以先进文化为导向的职工思想文化建设。要在职工中大兴学习之风,营造浓郁的学习氛围,掀起新一轮读书自学热潮,增强职工自主学习、刻苦学习、终身学习的自觉性。工会教育阵地,要提高教学质量,培养更多的人才。工会文化活动阵地,要充实活动内容,提升文化品位。工会宣传阵地,要坚持正确的舆论导向,贴近职工思想,成为弘扬工人阶级先进性和时代主旋律的重要阵地。要引导职工积极参与企业文化建设,为培育企业精神、塑造企业形象发挥主体作用,增强企业对职工的凝聚力和职工对企业的向心力。积极开展群众性健身活动,努力提高广大职工的健康素质。

四、壮大组织,健全网络,在构建适应市场经济体制的工会组织结构上有新突破

改革开放以后,特别是近5年来,职工的就业方式走向市场化,劳动关系走向契约化,职工流动性增强;随着撤市(县)设区和户籍制度的改革,城乡一体化进程加快,大量第一产业从业人员将加速向二、三产业流动,非公企业发展迅猛,进城务工人员急剧增加,工会工作领域将不断扩展。这些新变化,给工会工作带来了一系列新课题。我们要迎难而上,奋力开拓。

进一步加大新建企业工会组建的工作力度。要针对无锡职工队伍的流动特点和发展趋势,依法推进工会组建工作,按照"哪里有企业,哪里有职工,哪里就要建立工会组织"的组建原则,使新建企业工会组建率和职工入会率动态保持在95%以上。要抓好转制改制企业工会的巩固、恢复和重建,把大量产生的非公有制企业、社会团体、社会中介组织、非正规就业组织等纳入组建范围,努力把工会组织覆盖到不同所有制企事业的所有职工。按照同步组建、同等比例、同步运转的原则,加大女职工委员会和工会经审会员会的组建力度。要不断创新工会组建形式,探索以属地为原则、社区为依托、探索工会联合会和联合工会为主要形式的组建方式,加强工业园区、开发区、商务楼宇和各类专业市场等工会组建工作,最大限度地把广大职工组织到工会中来。要认真贯彻落实全国总工会《关于切实做好维护进城务工人员合法权益工作的通知》精神,采用流动会员制等形式,把全市数十万外来务工人员尽快吸收到工会组织中来,切实维护他们的合法权益,让他们真正融入到职工队伍中来。

进一步加强规范化建设,增强基层工会的活力。在改革和发展的新形势下,广大基层工会要解放思想,与时俱进,大胆探索,勇于创新,不断创新依法维权、民主参与、提高素质、服务职工的工作载体,丰富活动内容,改进活动方式,增强活动的吸引力。要加大工会在不同社会阶层和职工群体中的工作力度,增强工会在高学历、高技能、高收入职工群体和青年职工中的影响力,探索在专业技术人员群体中开展工会工作的重点内容和活动方式,研究和制定有效的工作措施,使工会成为他们干事业和干成事业的好依靠。生产经营稳定的企业,要把加强工会组织建设与促进建立现代企业制度有机结合起来,引导职工在提高企业管理水平、培育企业文化上发挥积极作用;改制转制企业要保证工会组织健全和工作运转正常,引导职工正确对待改革过程中利益关系的调整;新建企业的工会要加大机制和制度建设力度,创新工作载体和活动方式,组织开展企业和职工欢迎、富有实效的各种活动。各级工会要加强对基层工会的工作指导,以创建"合格职工之家"和"示范乡镇(村)工会"为抓手,创造和总结推进工作有效运转的成功经验,克服“空转”和“不转”现象,不断提高基层工会工作的有效性,不断增强工会组织的凝聚力。有条件的地区要探索和试行基层工会主席直选制,进一步提高基层工会的维权力度。

进一步优化产业、行业和区域有机衔接的工会组织网络。根据我市国有经济战略性调整和建立新型产业体系的新举措,工会的组织网络必须进行适应性的调整和创新。要巩固和完善市总工会、区、市(县)工会、街道乡镇、基层组织工会四级组织体制。在国资管理体制改革和产业结构调整中,加强工会组织的接轨和重建工作,构建与国资及产业、行业管理体制相适应的工会组织结构,从组织体制上解决维护职工权益中带有区域和行业特征的共性问题,实现资源共享,优势互补。探索和构建产业、行业与区域之间条块结合、相互衔接、结构合理、渠道通畅的工会组织网络,形成统一、高效、科学的工会管理体制。

五、履行职责,依法维权,在健全民主参与和劳动关系协调机制上有新进展

近几年来,随着经济结构的逐步调整和改革的逐步深化,企业劳动争议案件增多,对工会参与协调劳动关系、依法维护职工合法权益提出了新挑战。我们要依据法律法规建立一整套制度和工作机制。坚持依法推进,实施制度创新。

加大工会源头参与和法律监督的力度,从源头上维护职工合法权益。各级工会要不断提高参与法律法规和政策制定的水平,积极推进有关劳动法律法规的建立和修订,重视与各级人大、政协和政府有关部门的协作和沟通,参与有关劳动关系法律法规的论证,参与同职工利益密切相关的政策制定的社会听证,提出工会的主张和意见。健全劳动法律监督组织和制度,严格依法办事,确保劳动法律法规得到有效执行。不断提高劳动法律监督的实效,定期对劳动合同、集体合同的实施情况进行专题检查,对保护劳动者权益的法律法规执行情况进行监督检查。对劳动保护措施不当造成职工因工伤亡事故必须参加调查处理,依法维护职工的生命健康权利不受侵犯。不断提高劳动法律法规知识的普及率,加强《劳动法》、《工会法》和《江苏省实施〈工会法〉办法》等法律法规的宣传、教育和普及,使广大职工群众懂法、守法、用法,增强自我保护的意识与依法维权的能力。

加大劳动关系协调机制建设的力度,促进维护职工权益工作的规范化和制度化。要把健全平等协商和集体合同制度作为维权机制建设的重点,确保覆盖面动态保持在85%以上,并不断提高履约率。继续健全产业、行业和区域性集体协商制度,扩大工资集体协商的范围,力求协商的质量和效果。加大建制力度,普遍建立健全联席会议、三方协商、法律援助、劳动争议调解、劳动法律监督、劳动保护及女职工特殊权益维护等各项制度,形成全方位、多层次、衔接配套的参与协调劳动关系和社会利益关系的机制。

大力推进职代会建设和厂务公开,努力探索扩大基层民主和保障职工民主权利的有效途径。各级工会要坚持把职代会制度作为基层民主管理的主要载体,在扩大建制率和提高实效上下功夫。要完善职代会制度,切实提高运行质量,全面落实职代会职权,实行职代会质量评估制度,着重推进平等协商、签订集体合同与职代会相衔接的各项制度建设,有效保障职工民主选举、民主决策、民主管理、民主监督的权利。要重视推进非公企业民主管理工作,力求职代会建制率逐年提高,职代会建制工作取得突破性进展。进一步推进和深化厂务公开。要坚决贯彻中央和国务院两办关于厂务公开的通知精神,坚持对国有企业重大决策、生产经营发展规划、涉及职工切身利益的重大事项、领导班子建设等重要问题实行公开的制度，进一步规范公开的内容、程序和方式，明确公开的责任人和责任部门，把厂务公开融入企业经营决策、内部管理、干部选任、利益分配等制度建设中。要扩大厂务公开在非公企业的试点范围，加强指导力度，提高公开质量，保证公开效果。进一步探索多种所有制企事业民主管理的有效形式。各级工会要不断完善职工董事监事制度、职工持股制度、职工代表巡视制度，完善工会和职工代表参与企事业民主选举、民主决策、民主管理和民主监督的制度。探索集群(区域性)职代会、民主协商会、共商共决会、职工管委会等有效形式，切实保障职工的知情参与、协商共决、审议通过、评议监督和选举罢免等权利。继续以推进“双爱双评”活动为抓手，努力构筑企业内部民主和谐、合作共事的“双赢”局面。

六、真心实意，倾情帮扶，在深入实施再就业和送温暖工程，促进社会保障体系不断健全和完善上有新举措

关心和维护广大职工的切身利益，卓有成效地为职工办事，是发挥工会桥梁纽带作用，密切党和职工群众联系的重要举措，我们要以满腔热情和高度的责任感，多为职工群众办实事。

健全工会再就业援助服务体系，充分发挥工会促进再就业的组织优势。要引导职工树立以劳动力市场为导向的就业观和择业观，抓好再就业典型的培育，扶持一批再就业带头人，建立创业基地，引导和帮助下岗失业人员自谋职业和自主创业。加强下岗职工的职业培训和转岗培训，利用工会的教育培训基地和资源，提高下岗职工的再就业技能和创业能力。加强工会职业介绍和劳务输出，参与开发多种形式的就业岗位和灵活多样的就业形式，扶植生产自救、非正规就业和劳务派遣等劳动组织，为下岗失业人员实现灵活就业提供服务和援助。完善工会促进再就业目标责任制，定期了解分析地区和行业的就业形势，反映下岗失业人员的愿望和要求，落实相应的责任措施。促进政府各项再就业优惠政策措施在下岗失业人员就业中落实到位。

继续深化帮困送温暖工作，努力为困难职工排忧解难。各级工会要积极协助政府进一步完善社会救助帮困体系，抓好工会帮困工作与地区和行业的联动，建立全市性的帮困工作信息网络，及时掌握困难职工生产生活情况。继续深化工会帮困送温暖工程，分层次解决特殊困难职工家庭的实际问题。进一步建立各级困难职工援助中心(站)，形成全市上下困难职工援助网络，不断充实和完善救助内容，把援助中心真正办成困难职工温暖之“家”。

健全职工互助互济补充保障制度，推进社会保障体系的不断完善。我们要继续办好职工住院、职工大病重病、退休职工住院等保障计划，并根据需要适时推出新项目，有效缓解职工就医负担。进一步推进完善城镇企业职工基本养老保险、医疗保险和失业保险制度，促进最低生活保障、最低工资标准和失业人员保障制度等与无锡经济和社会发展水平相适应，促进低收入职工生活状况的逐步改善。各级工会要满腔热情、设身处地、千方百计地为困难职工群体排忧解难，让他们共享经济和社会发展成果。

七、与时俱进，创新发展，在工会自身建设上有新建树

在新世纪新阶段，工会要适应新形势的要求，必须以改革的精神加强自身建设，努力把工会建设成坚持党的领导、实践“三个代表”、服务工作大局、切实履行职责、职工群众信赖的工人阶级群众组织。

坚持把各级工会的思想作风建设放在突出位置。工会干部的思想作风,事关群众组织的形象和工会工作的发展。各级工会要自觉加强思想作风建设,增强党的观念、全局观念和群众观念,树立正确的世界观、人生观和价值观,始终保持政治上的坚定性。加强思想作风建设的关键是保持和发扬解放思想、实事求是、与时俱进的精神状态,核心是保持同广大职工群众的密切联系。要自觉地从不合时宜的思想观念、思维方式和工作方法中解放出来,在理论和实践的结合上,取得新形势下工会工作的新突破。要继承和发扬"两个务必"的优良作风,身体力行,严于自律,努力成为职工群众的表率和榜样。

不断改进工会的领导方式和工作方法。要探索依法治会的有效途径,把履行维护职工合法权益的职责纳入法制化轨道。依法规范工会自身行为,健全工会内部的决策、执行、监督和信息反馈等制度;增强工会干部法律素质,提高依法维权能力和水平。要探索改进工作方法的有效途径,加强分层分类指导,不断总结和创造适应不同所有制、不同产业、不同地区、不同规模类型的工会工作的运行方式;转变工会机关的工作方式,精简会议、文件和评比活动;加快工会信息化建设步伐,加快无锡工会网站建设步伐,不断提高工会工作的信息化水平。要积极推进工会工作群众化、民主化进程,试行无锡市工会第十五次代表大会的代表常任制,进一步探索工会代表大会闭会期间发挥代表作用的有效途径和形式。

要不断完善工会经费地税代收的机制,坚持依法理财,规范财务管理。进一步发挥经审监督效能,重点加强对预算编制的审查,促进工会经费的合理使用。继续扩大与国外工会的友好交流。工会企事业要坚持改革和发展,更好地服务基层、服务职工。

建设一支政治坚定、作风过硬、业务精通的高素质工会干部队伍。要培养和造就一支勤于学习、忠于职守、勇于创新、乐于奉献的工会干部队伍。改革和完善工会干部人事制度,把优秀人才集聚到工运事业中来。逐步推进基层工会主席直选制、工会机关干部公开招聘制和竞争上岗制、工会领导干部民主推荐制等,不断完善工会干部选拔任用的制度。拓宽工会干部交流的渠道,注重工会后备干部的选拔和培养,为党的事业造就和输送更多的优秀人才。着力培养工会干部适应时代发展要求的理论思维能力,善于科学判断形势和解决新问题的能力,坚持依法治会和依法维权的能力,及时反映职工意愿、社情民意和为群众办实事的能力。

各位代表、同志们:

回顾过去,我们豪情满怀;展望未来,我们信心百倍。中共十六大确定的全面建设小康社会的奋斗目标,无锡新一轮发展的宏伟蓝图,为无锡工会肩负崇高使命和承担历史重任,创造了大有作为的历史机遇。让我们高举邓小平理论伟大旗帜,以"三个代表"重要思想为指导,紧密团结在以胡锦涛同志为总书记的党中央周围,在无锡市委和上级工会的领导下,迎接新的挑战,经受新的考验,夺取新的胜利。让我们用信念和创新奏响发展的主旋律,让我们用责任和奉献书写工运事业的新篇章,团结和动员全市广大职工群众同心同德,艰苦奋斗,为实现"两个率先"的宏伟目标作出新的贡献!

坚持走中国特色社会主义工会发展道路 努力为无锡率先基本实现现代化建功立业

——在无锡市工会第十六次代表大会上的工作报告

孙 洪

(2008年 11月 11日)

各位代表、同志们:

在全市上下深入学习贯彻中共十七大精神,落实市委十一届六次全会的重大决策和部署,全面推进无锡新一轮大发展大跨越的重要时刻,无锡市工会第十六次代表大会今天隆重召开了。这是全市百万职工政治生活中的一件大事,在无锡工运发展史上具有继往开来的重要意义。

这次大会的主要任务是:**高举中国特色社会主义伟大旗帜,全面贯彻中共十七大精神和中国工会第十五次全国代表大会精神,牢固树立和积极践行科学发展观,认真总结我市工会第十五次代表大会以来的工作,谋划确定今后五年工会工作发展的总体思路和目标任务,选举产生新一届市总工会领导机构,进一步解放思想、务实创新、开拓奋进,团结动员全市职工同心同德、齐心协力,为无锡率先基本实现现代化建功立业。**

现在,我代表无锡市总工会第十五届委员会向大会作工作报告,请予审议。

过去五年的主要工作和基本经验

市工会第十五次代表大会以来的五年,工会工作所处的社会环境发生了一系列新的变化,面临前所未有的挑战和机遇,走过了不平凡的发展历程。在无锡率先建成全面小康社会,向“一当好、三争创”新的宏伟目标迈进的过程中,全市各级工会认真贯彻落实中共十六大、十七大精神,遵照中国工会第十四次全国代表大会以来提出的工会发展的新理论、新观念,指导工作实践,坚持走中国特色社会主义工会发展道路,贯彻“组织起来、切实维权”的工作方针,树立“以职工为本,主动依法科学维权”的中国特色社会主义工会维权观,遵循“促进企业发展、维护职工权益”的原则,努力建立规范有序、公正合理、互利共赢、和谐稳定的新型劳动关系。在市委和各级党委的坚强领导下,紧紧围绕无锡改革、发展、稳定的大局,大胆探索、勇于创新,宏观参与取得新进展,服务全局做出新贡献,维权机制建设创造新经验,工会工作创出新业绩,先后创造了一批在全国、全省具有示范引领作用的工作经验,破解了一系列制约工会工作发展的难题,成为无锡改革开放以来工运事业发展最好的时期之一。

一、过去的五年,是全市工会服务大局、发挥作用更加突出的五年

——积极参与支持改革,推进企业改转制顺利进行。面对社会转型中经济体出台生深刻变革,大规模的国企改革、职工分流安置,在推进改革中维护职工权益和稳定的任务空前繁重。5年间,全市广大职工识大体、顾大局,展现了工人阶级的先进性,推动改革的顺利进行。各级工会依法参与企业改转制,坚持实行"七公开一通过",严把民主程序的关口。在积极推进改革的同时,切实维护广大职工的合法权益,全过程参与了全市1013家企业改制,理顺劳动关系23万人,分流安置职工10万人,指导协调327家企业建立规范的企业规章制度,帮助指导900多家企业建立健全职代会制度、厂务公开、职工董事监事制度,较好地保证了全市企业改转制工作有序进行。

——广泛开展立功竞赛,推进经济建设又好又快发展。围绕实现"一当好、三争创"宏伟目标,组织动员全市职工以开展"当好主力军、建功十一五"立功竞赛和创建"工人先锋号"活动为载体,在重点工程建设中开展建功立业劳动竞赛,在全市窗口服务行业开展"服务创新、服务创优"立功竞赛,在各行各业各个工种广泛开展技术练兵、技术创新活动,大力实施职工素质提升工程,深化"两争一树"活动。全市创建各级"工人先锋号"250个;评选表彰了20名"无锡市金牌工人";职工技术革新6400多项,新技术开发应用2412项;200个班组、200名个人被评为"五一示范岗"、"五一岗位明星";选树2500个学习型组织示范点;新培养各类高技能人才3.5万人,10万多名职工晋升了一个技术等级。评选表彰了一批全国、省、市劳动模范和"五一"劳动奖状、奖章获得者,在推动经济发展中,充分显示了工人阶级的主力军作用。

——维护职工队伍团结,促进社会和谐稳定。构建多层次的劳动争议调解机制,不断加大劳动争议预防和调处工作力度,把各类矛盾解决在萌芽状态。全市企业劳动争议调解委员会共受理劳动争议案件4.2万件,结案率98.5%,调解成功率80%;区域性行业性劳动争议调解组织共受理劳动争议案件3.16万件,结案率98%,调解成功率90.61%。全市已建立法律援助中心(站)355个,企业法律咨询小组7690个,为广大职工提供各类法律援助服务24.6万件,纠正侵权行为16.43万件,为维护职工合法权益,促进社会稳定发挥了积极作用。

二、过去的五年,是全市工会拓展参与渠道、着力推进地方立法取得突破性进展的五年

——工会工作得到进一步重视和加强。在改革发展的关键阶段,市委召开全市工会工作会议,制定《关于进一步加强新时期工会工作的意见》;各市(县)、区、局(公司)相继提出贯彻意见和措施,全面建立党委定期听取汇报研究工会工作制度、定期召开工会工作会议制度、把工会工作列入同级党委工作目标统筹安排同步考核制度以及工会干部协管等多项制度;地方工会领导班子建设取得历史性突破,其中8个市(县)、区总工会主席按同级副职配备。

——维权工作形成新的格局。市及市(县)、区总工会都与同级政府普遍建立联席会议制度、劳动关系三方协调制度,研究解决了许多涉及职工利益的重大政策性问题,成为源头维护职工合法权益的一项有效工作机制。积极配合各级人大、政协和政府有关部门对工会工作开展执法检查、专题视察,逐步建立党政主导、工会主动参与、社会协同配合的维权格局。

——参与立法取得可喜成果。5年间,市总工会先后参与、配合全国、省、市50余项法律法规和规章的制定、修改工作,从源头上维护了职工的权益。特别是推动《无锡市工会劳动法律监督条例》的制定和实施,为我市工会依法维权在程序和操作上,提供了具体的法律支撑,增强了工会维权的能力。

——反映职工意愿更加翔实。深入调研,加强源头参与。先后开展了职工收入和思想状况、城镇职工医疗保障状况、建立完善特困职工扶贫帮困救助机制、特困职工子女就学情况、低收入职工住房状况、企业劳动定额和执行最低工资规定情况等一系列调查，与城调队合作，建立一线职工工资收入情况的定期调查样本，积极反映情况和职工意愿，提出对策和建议，为政府解决弱势群体生活困难问题提供了决策依据。

三、过去的五年，是全市工会维权机制不断创新完善、维权能力明显提升的五年

——非公企业职代会制度实现创新发展。5年间，我市在推行非公企业职代会制度工作中，坚持打破所有制界线，创建企事业单位、区域、行业、集群职工代表大会制度，形成企业职代会、工资集体协商、劳动者权益公开、职工董事职工监事制度、工会与董事会联席会议等五项企业民主管理制度融为一体的新机制，全市已建立职代会制度的非公企业达3.1万家，占全市非公企业的94.9%，外资企业职代会制度建设从零的突破，已发展到目前的1063家，走出一条非公企业建立职代会制度的新路子。

——企业工资集体协商不断深化。我市企业工资集体协商制度已成为无锡市委、市政府"为民办实事"年度重点考核项目，并列入《无锡市和谐创建行动纲要》和《富裕无锡建设规划》的考核内容。5年间，工资集体协商工作实现了"四个拓展"：一是企业工资集体协商制度建制面拓展到全市建会企业；二是建制企业由过去采用区域覆盖拓展到25人以上企业单个建制；三是工资集体协商的内容，由协商企业平均工资增长幅度拓展到协商计件单价、计时工资、劳动定额标准等方面；四是由原来一年一次集体协商拓展到因企制宜开展多次协商。全市建制企业达2.92万家，占全市建会企业的90.17%。2005年以后，95%的企业职工年均增加工资7%-14%，企业职工工资正常增长机制和支付保障机制正在逐步形成。

——工会劳动法律监督力度明显增强。积极施行《无锡市工会劳动法律监督条例》，市总工会先后出台了《条例释义》、《劳动法律监督检查四项制度》、《条例实施细则》，基本形成了具有无锡特色的工会劳动法律监督工作体系。依法设立劳动法律监督委员会，全市建立工会劳动法律监督组织1.11万个，两次组织大规模的监督检查，共检查各类用人单位2608家，覆盖职工49.76万人，向用人单位提出书面劳动法律监督整改意见1326条，整改率达97.59%，促进了企事业单位规范用人制度。

——和谐劳动关系企业创建活动的覆盖面不断扩展。市劳动关系三方积极开展创建和谐劳动关系企业活动，有力地推动了企业认真贯彻执行劳动法律法规，维护了职工群众的合法权益，促进企业经济健康发展和劳动关系的和谐稳定。141家企业获"无锡市和谐劳动关系先进企业"称号；无锡蠡园经济开发区、惠山经济开发区被评为"江苏省和谐劳动关系模范园区"，20家企业被评为"江苏省和谐劳动关系模范企业"。

——困难职工帮扶救助工作成效显著。全市各级工会积极整合资源，搭建和拓展帮扶工作平台，为广大职工提供生活救助、医疗互助、上学资助、就业帮助、法律援助等"一站式"服务。5年间，精心组织开展送温暖活动，发放慰问金 6256万元，慰问困难职工13.8万户次；坚持开展"金秋助学"活动，为1.37万人次的困难职工子女发放了助学金；发展职工医疗互助，新增一年期、三年期职工住院医疗保障和女职工健康互助保障项目，2.13万人次享受了互助保障金；竭诚服务于下岗、失业职工，提供免费职介服务6.6万人次，免费培训3.55万人次，帮助再就业3.37万人次，为下岗职工自主创业筹集小额贷款119万余元，切实为困难职工排忧解难。

——工会劳动保护监督制度进一步健全。各级工会积极参与生产建设工程项目"三同时"

验收,参与事故调查,促进企业安全生产;开展安全生产督查500多次,提出整改意见1850多条;积极推进创建企业"劳动保护工作合格、示范工会"活动,在全市5000多家企业推行"事故隐患和职业病危害监控法";坚持开展"安康杯"竞赛活动,参赛职工139.6万人次;不断加强包括农民工在内的职工劳动保护培训工作,举办了多层次的培训班,增强职工群众的安全保护意识。

四、过去的五年,是全市工会组织凝聚力进一步增强、覆盖面不断扩大的五年

——工会组建取得新的突破。积极推进工会组建工作,不断扩大工会组织的覆盖面。独立基层工会组织由五年前的5194个发展到目前的8791个;基层工会组织涵盖法人单位由五年前的2.32万家发展到目前的4.02万家;工会会员由五年前的95.45万人发展到目前的157.17万人,全市工会组建率和职工入会率动态保持在93%以上。外商投资企业工会组建取得重大突破,2134家外资企业建会,建会率86.3%。积极发展农民工入会,已有79.47万名农民工加入工会。

——工会组织的先进面不断扩大。全市各级工会积极开展创建省"模范市(县)、区工会"活动,江阴、宜兴、滨湖、锡山、惠山等单位跨入省"模范市(县)、区工会"的行列。广泛开展争创"无锡市模范基层工会"、"双爱双评"、"企业工会建设年"等活动,有31个工会被评为"全国模范职工之家"、109个工会被评为"江苏省模范职工之家"、349个工会被评为"无锡市模范职工之家",有180家单位获得全国、省、市"双爱双评"先进单位称号,建立了50家贯彻《企业工会工作条例》典型示范单位。

——工会组织体制不断完善。适应经济发展、体制调整对工会组织建设的新要求,不断完善工会组织体制。积极探索,不断加强乡镇、街道、开发区的工会建设,已建立22个乡镇总工会、8个街道总工会和4个开发区总工会;积极推进城区和新区工会建设,崇安、南长、北塘三个城区和新区建立了总工会;及时调整了18家资产经营公司、授权企业及市直属单位工会的组织体制,探索建立了47个行业工会,有216家市属国有(集体)改制企业工会组织隶属关系进行了属地管理。

——工会干部队伍建设取得新进展。从创新管理制度入手,建立健全了工会干部的选拔任用、权益保障、关心激励、问责追究、素质提升等制度。先后出台了《关于城区街道招聘工会助理员的实施办法》、《关于开展基层工会主席直选的指导意见》、《无锡市非专职工会工作人员补贴试行办法》、《无锡市总工会关于加强和规范工会主席队伍管理考核的暂行办法》,有效地促进了工会干部队伍建设。

五、过去的五年,是全市工会基础工作不断加强,社会影响力显著提高的五年

——全方位加强工会宣传工作,扩大了工会的社会影响力。加强工会宣传阵地建设,扩大宣传力度。与《江南晚报》开办了《职工之友》专栏,与《江苏工人报》开办了《聚焦无锡》专版,与无锡广播新闻台开办了《工会维权》栏目,精心办好无锡市总工会网站和《无锡工人》杂志,在市区设立了110个职工阅报栏,建立起"六位一体"的工会宣传网络,形成了工会大宣传的格局。连续7年举办无锡市"五一"新闻奖评选活动,连续4年举办无锡市工会"十佳"实事评选,创作、编排了大型现代锡剧《工会主席》,有效地扩大了工会宣传的覆盖面,提升了社会影响力。

——开展形式多样的文体活动,丰富了职工业余文化生活。各级工会开展了形式多样、丰富多彩的文体活动。成功举办了无锡市新世纪首届职工艺术节;连续7年共同举办无锡市"激情周末”广场文艺演出活动;“欢乐大舞台”共演(影)500余场,丰富了广大职工文化娱乐生活;大力开展职工体育活动,成功举办了无锡市第九届运动会职工部比赛,组织参加江苏省第十六届运动会取得历史最好成绩,组织开展了迎奥运职工系列活动,全市共有30万人次参与,形成了浓厚的社会氛围。

——工会经费收缴和资产管理工作开创了新的局面。积极推进工会经费收缴改革,实行委托地税局全额代收工会经费和筹备金、行政机关上解工会经费由财政划拨的新模式,破解了长期困扰的经费收缴难题。依法加强工会资产管理,维护工会资产安全完整。全市工会占有不动产的房产证和土地证办证率均达到100%。

——工会经审工作规范化建设取得新成效。在全市基层工会中开展经审工作达标竞赛活动,全市已有80%的基层单位基本达标,推进了经审工作的规范化建设。加强了工会实务审计,扩大了经审工作的监督面。

——与各地工会的交流与合作进一步发展。加强与国外(境外)工会的友好交流,接待了68批次国外(境外)工会友好代表团组,与意大利托斯卡纳大区的比萨和里沃诺两市总工会缔结为友好工会;与省内外城市工会友好交往进一步加强,结缔一批友好城市工会,扩大了无锡工会的影响。

同志们,回顾5年间工会工作所取得的成就,我们深深地感到,无锡工运事业和工会工作的发展,离不开市委和省总工会的高度重视和正确领导,离不开各级党政和社会各界的大力支持和帮助,离不开广大工会工作者的辛勤付出和劳动,更离不开全市职工群众的积极参与和关心。借此机会,我代表市总工会,向长期以来重视、关心和支持工会工作的各级党政领导、社会各界、广大工会工作者和职工群众表示崇高的敬意和衷心的感谢!

过去的五年,全市各级工会组织创造和积累了许多宝贵的经验,为做好未来五年的工作提供了有益的启示:

——只有自觉接受党的领导,才能把工会的政治优势转化为工作优势。工会的政治优势是党的领导,只有坚持党的领导,才能保证正确的政治方向。只有自觉地把党的方针政策,转化为工会的实际行动,落实到组织、引导、发动广大职工群众之中,围绕党的重点工作开展工会工作,才能把政治优势转化为工作优势。

——只有融入经济社会发展的全局,才能体现工会的地位和作为。只有在服务全局中,认真做好党政所需、职工所求、工会所能的工作;努力做好在全局利益与局部利益,整体利益与具体利益不相一致时的难点工作;切实做好职工对工会要求的热点工作,才能形成党委重视、行政支持、各方配合的工作局面。

——只有坚持以职工为本,才能增强工会的凝聚力和号召力。只有坚持以群众的需求作为一切工作的出发点和落脚点,真心实意地为职工群众服务,工会才能得到群众的信任和拥护;只有得到群众的信任和拥护,工会才有凝聚力和号召力,才能提升工会服务全局的能力。

——只有坚持开门办会,才能走出自我循环的工作模式。只有坚持开门办会,整合各类社会资源,力求行政资源发挥好、群众资源调动好、自身资源利用好,才能形成聚内外之力,举全会之力,上下联动,协同配合,强势推进的工作合力。

——只有解放思想,开拓创新,才能推进工会工作不断发展。只有抛弃不适时宜的思想束缚,坚持实事求是,敢于探索实践,才能有创新与发展。只有敢于破解难题,不怕失败,不怕指责,才会有成功的希望。只有自找压力,才会有争创的目标,前进的动力,创新的举措,推进工作不断发展。

回顾五年的工作,我们既有成功的经验,也存在差距和不足。主要是:对新时期工会工作发展的规律,从理论上研究还不够;基层工会工作发展还不够平衡,部分基层工会的作用有待进一步发挥;工会组织体制有待进一步完善;协调劳动关系的任务不断加重、难度日益加大,工会依法维权的力度与职工的要求还有一定差距;工会干部的整体素质有待进一步提升。对这些问题,我们一定要高度重视,切实加以解决。

今后五年工作的指导思想和主要任务

今后几年,是深入贯彻中共十七大精神,全面贯彻落实科学发展观,实现经济社会又好又快发展,率先基本实现现代化的关键阶段,工会工作将面临新的形势、新的任务,机遇难得、责任重大。

各级工会干部要充分认识科学发展对工会工作带来的新机遇。中共十七大把科学发展观作为中国经济社会发展的重要指导方针,把关注民生问题,实现公平正义放到更加突出的位置,为工会履行职能提供了更为广阔的空间。同时,要充分认识劳动关系的深刻变化对工会工作提出的新任务。劳动合同法的颁布实施,对工会组织在协调劳动关系中的职责更加明确,作用更加突出,任务更加艰巨。中国工会第十五次全国代表大会的召开,胡锦涛总书记的重要讲话和习近平同志代表党中央的贺词精神,对工会寄予更大的希望,对走中国特色社会主义工会发展道路,提出了更明确的方向和目标,为做好新形势下的工会工作,指明了更广阔的前景。

根据新的形势任务要求,今后五年全市工会工作的指导思想是:**深入学习贯彻中共十七大精神,高举中国特色社会主义伟大旗帜,按照中国工会第十五次全国代表大会、江苏省工会第十二次代表大会提出的目标任务,坚持走中国特色社会主义工会发展道路,积极践行科学发展观,以改革创新为动力,努力提升工会服务全局、服务职工的能力和水平,不断扩大工会组织的覆盖面,增强凝聚力和号召力,紧紧围绕全市工作的大局,组织动员广大职工群众充分发挥工人阶级的主力军作用,为把无锡的明天建设得更美好作出更大的贡献。**

根据这一指导思想,今后五年我市工会工作的主要任务是:

一、学习贯彻胡锦涛总书记的重要讲话精神,坚持走中国特色社会主义工会发展道路

胡锦涛总书记在同全国工会新一届领导班子成员和部分中国工会第十五次全国代表大会代表座谈时的重要讲话,高度评价了工人阶级的历史地位和重大贡献,对新形势下坚持全心全意依靠工人阶级方针对加强和改善党对工会工作的领导提出了明确的要求;第一次明确走中国特色社会主义工会发展道路是中国特色社会主义道路的重要组成部分,深刻阐述了中国特色社会主义工会发展道路的精神实质;充分肯定了工会组织的重要地位和取得的成绩,对做好新形势下的工会工作提出了更高的要求。胡锦涛总书记的重要讲话,思想深刻、内涵丰富,具有很强的思想性、理论性、指导性和针对性,是指导中国工人运动和工会工作不断创新发展的纲领性文献,是各级工会坚持走中国特色社会主义工会发展道路的强大精神动力。

各级工会要认真学习、深刻领会、坚决贯彻胡锦涛总书记的重要讲话精神,把广大工会干部的思想统一到讲话精神上来，落实到贯彻中国工会第十五次全国代表大会的目标任务中去。密切联系我市工会工作的实际，更加突出科学发展，把广大职工群众的积极性调动好、发挥好、维护好，在服务改革发展稳定的全局中，充分发挥工人阶级主力军作用，作为工会组织的历史使命；更加重视构建和谐劳动关系，把坚持以职工为本，维护职工合法权益，推动职工共建共享社会发展成果，作为工会一切工作的出发点和落脚点；更加努力提高职工队伍的整体素质，深化社会主义核心价值观教育，用先进的职工文化、企业文化引领职工群众，凝聚职工群众，发挥好工会大学校作用；更加关注推进基层民主建设，不断完善企业民主管理制度，发挥好工会组织职工民主参与的作用；更加注重加强工会自身建设，增强凝聚力和号召力，不断提高服务全局、服务职工的能力。

二、在推进无锡经济社会新一轮发展的进程中，发挥好工人阶级的主力军作用

各级工会要着眼全局，围绕实现我市经济发展大跨跃的目标，掀起以创建工人先锋号、开展"当好主力军、建功十一五"为主要载体，以技术创新、技术练兵为主要内容，以广大职工群众踊跃参加为基础的各类竞赛活动的新高潮。力争五年内，在全市培养4万名高技术人才，500名经济技术带头人，全市有50%的职工参加新知识、新技能培训，每年有10%的职工晋升一个技术等级，15%的职工掌握两种以上技能。

广泛开展立功竞赛活动，为推进经济发展创造新业绩。在全市广泛开展创建"工人先锋号"活动，激励广大职工争创一流素质、一流工作、一流服务、一流业绩、一流团队。进一步深化"当好主力军、建功十一五"的立功竞赛活动，围绕全市重点工程、支援四川灾区重建家园建设，开展主题立功竞赛活动，全面提升重点工程建设的质量和水平；在全市窗口行业开展优质服务竞赛，引导窗口行业职工立足本职、服务创优、服务创新。要积极推动竞赛活动向非公企业拓展、向科技和管理人员拓展，把更多的职工组织到竞赛中来。每年在全市评选表彰一批重点工程建设先进集体、重点工程建设功臣，每两年评选表彰一批"五一"创新示范岗、"五一"创新明星。

广泛开展群众性科技创新活动，为推进产业转型、优化发展作出新贡献。积极引导职工技能创新、岗位创新、技术创新。开展创建"五型"(知识型、技能型、创新型、效益型、和谐型)班组竞赛，推进创新活动进班组、到岗位，提高职工创新能力，促进创新成果转化，增强企业市场竞争力。尤其是在当前，面对金融危机给我市企业带来的影响，各级工会组织要发挥工会的优势，积极采取有效措施，帮助企业渡过难关。要围绕市委、市政府确定的2007~2010年高技能人才培育工作目标，实施《职工技能素质提升五年规划》，引导组织职工立足岗位学知识、练技能，会同有关部门每年组织10个以上工种、行业的职业技能竞赛，为更多的职工搭建岗位成才的平台。

广泛开展群众性的节能减排竞赛活动，在推进生态文明、环境优化的进程中展示新作为。按照发展循环经济的要求，积极推进"绿色无锡"建设。围绕实现单位生产总值能耗降低20%的目标，广泛组织职工深入开展"我为节能减排作贡献"的竞赛活动，发动职工围绕节能降耗、环境保护，献计出力，不断改进落后的工艺、技术和设备，大力推广和消化吸收先进实用技术，倡导节约型生活方式和消费方式，促进资源节约型、环境友好型社会建设，为把无锡建成国家生态城市、生态园林城市和国家最佳人居环境城市而努力。

三、在推进无锡民主和法治建设的进程中,发挥好工会组织广大职工民主参与的作用

围绕我市加强民主和法治建设的目标和部署,进一步完善以职代会为基本形式的民主管理制度;不断扩大创建和谐劳动关系企业活动的覆盖面;进一步加强与政府联席会议和三方协商机制建设,畅通职工诉求表达渠道;加大劳动法律监督力度。力争五年内,全市企事业职代会、厂务公开建制单位达90%以上,集体协商制度建制单位达95%以上,参与创建劳动关系和谐企业的面达95%以上,劳动法律监督基本做到全覆盖。

完善企业民主管理机制。认真贯彻《江苏省企业民主管理条例》,大力推进以职代会为基本形式的企业民主管理制度。积极探索与企业特点相适应的以职代会为基本形式的多种民主管理形式,扩大非公企业职代会制度的建制面,提高职代会运行质量和效果。深化厂务公开,健全厂务公开民主管理的运行机制、工作任务责任制和工作考核制。进一步完善五项制度融为一体的企业民主管理新机制,把企业关注、职工关心的重大问题作为民主管理工作的重点和突破口,全面提升企事业单位民主管理的水平。

加大源头参与力度。加强与人大、政府、政协及有关部门的沟通联系,针对工会工作的难点和涉及职工切身利益的热点问题,交换意见,达成共识,建立长效机制,取得实际效果。切实发挥劳动关系三方协商机制的作用,进一步加强与有关部门的联系合作。充分发挥人大、政协中工会界别代表和委员的作用,利用多种形式,反映职工诉求,积极参与立法和政策制定,从源头上维护职工合法权益。

加强法律监督。进一步贯彻实施《无锡市工会劳动法律监督条例》,健全工会劳动法律监督机制,完善与人大执法、政府监察协调配合、联合行动的工作机制,推进劳动法律监督工作规范有序、扎实有效地进行。进一步发挥区域性劳动法律监督组织和企事单位劳动法律监督组织的作用,不断提高劳动法律监督员队伍的建设水平,完善监督工作方式、加大监督整改力度,提高监督效果,扩大监督效应。

四、在推进文明无锡建设的进程中,发挥好工会大学校的作用

要按照建设社会主义核心价值体系的要求,贯穿宣传教育工作的全过程,大力推进职工文化和企业文化建设,不断丰富“两争一树”活动的内涵,扩大覆盖面,提升活动品位。力争在五年内,培育一批职工文化艺术精品,树立一批有影响的先进典型人物,发展一批“职工书屋”,建设一批过得硬的学习型团队。

用共同理想凝聚职工力量。要用科学发展观武装职工群众,用中国特色社会主义共同理想凝聚职工群众,用共建共享和谐社会的理念团结职工群众。要紧密联系无锡改革开放30年的实际,用经济社会发展取得的辉煌成果,鼓舞广大职工群众。要用无锡率先基本实现现代化建设的宏伟目标,激励广大职工群众,坚定不移地贯彻市委、市政府的重大决策和战略部署。

用先进文化塑造社会新风。要深入抓好社会主义荣辱观的教育,大力推进共铸诚信教育,积极倡导无锡城市精神和“四尊四创”风尚,广泛宣传劳模先进的思想境界和道德风貌,引导广大职工树立积极向上的心态,用和谐的思维认识事物,用和谐的态度对待问题,用和谐的方式处理矛盾,促进职工的心理和谐,努力营造崇尚和谐、共铸和谐的社会氛围。要以文化宫、俱乐部为依托,发挥职工文体协会的作用,培养一批文体骨干队伍。坚持小型、分散、多样的活动方针,注重文化活动的群众性和广泛性,培育职工喜闻乐见的文化品牌。要继续组织好“激情周末”广场文艺、“欢乐大舞台”演(影)等活动。积极培育和建设具有时代特征、行业特色、企业特性的企业文化。探索建立区域性职工俱乐部,实现区域内文体资源共享。

用时代精神提升职工素质。要引导职工紧跟时代的步伐,提升自身素质,在不同的岗位上展现自我价值,鼓励职工树立终身学习的理念,走自学成才的道路。各级工会要为广大职工自学成才搭建更广阔的平台,深入开展"两争一树"活动,深化活动内涵、拓展活动领域、扩大活动规模,形成全员参与、广覆盖的局面。进一步推广在企业和社区建立"职工书屋"的做法,丰富学习内容,完善学习制度,创新学习方式,提高学习质量和效果。力争在5年内,全市规模企业开展"两争一树"活动的面达90%以上,在全市创建2500个"职工书屋"示范点。

五、在推进"富裕无锡"、"和谐无锡"建设的进程中,发挥好工会团结职工,维护社会稳定的作用

要把发展和谐劳动关系,促进实现体面劳动,维护职工的合法权益,作为工会的神圣职责。在今后5 年内,努力建立广覆盖、规范化的平等协商制度;形成多元化的劳动争议大调解工作的对接体系;健全以群防、群控、群治为特色的职工安全健康保障机制;发展社会化的困难帮扶、职工医疗互助保障机制;完善常效化的劳动法律监督机制。

强化平等协商共决机制。要以劳动就业、收入分配、社会保障、劳动安全为重点,推动职工在共建的基础上共享经济社会发展成果。以贯彻实施劳动合同法为契机,指导帮助职工签订劳动合同,协助劳动部门和企业完善劳动合同管理。推进建立乡镇(街道)、园区、村和以世界500强在无锡企业为轴心的区域性集体合同制度和板块特色明显的行业集体合同制度。积极推进制定《无锡市企业工资集体协商条例》,促进企业建立健全职工参与的收入分配共决机制、正常增长机制和支付保障机制,逐步提高劳动报酬在初次分配中的比重。继续推进女职工特殊权益和劳动保护专项集体合同制度,努力提高建制率,增强实效性。

完善劳动争议调处机制。要进一步完善工会劳动争议预警机制,健全预警机制网络,对容易积聚矛盾、引发群体性事件的苗头,早发现、早预防、早介入、早解决,把矛盾解决在萌芽状态。努力构建工会信访、法律援助、劳动法律监督、劳动争议仲裁、法院诉讼、人民调解等多元化的劳动争议大调解工作的对接机制,推进工会劳动争议调解庭(室)的组建工作,不断提高调解工作的质量和效率。积极组建和充分发挥各级劳动争议调解委员会(中心)、职工法律援助律师团和调解员队伍的作用,不断扩大调解工作的覆盖面。广泛开展法律法规的宣传教育工作,引导企业经营者和职工群众依法行使权利、履行义务,切实承担社会责任,维护社会公平正义。

建立工会劳动保护机制。健全以群防、群控、群治为特色的职工安全健康保障机制,切实做好以"安康杯"竞赛为主要载体,以推行"事故隐患和职业危害监控法"为主要抓手的劳动保护工作。深化"安全在我心中"的企业安全文化系列活动,加强职工安全生产、劳动保护知识培训,提高职工的安全素质,促进企业加强安全生产管理。深入开展创建"劳动保护合格、示范工会"活动,在企业中普遍建立工会劳动保护监督检查组织,加大安全生产检查力度,确保职工的身体健康和生命安全。

切实维护困难群体合法权益。要从更加关注民生的高度,真心实意,倾情帮扶困难职工群众,切实为他们排忧解难。积极协助政府加大对困难职工家庭的就业、生活、医疗、住房和子女就业等方面的帮扶力度,努力推进完善社会救助帮困体系。加强各级工会帮扶中心建设,拓展帮扶范围,完善帮扶方式,提高帮扶水平。继续做好职工医疗互助补充保险,不断探索社会化运作机制,开设更多职工欢迎的新项目,吸引更多职工参保。广泛开展多层次、多渠道的走访慰问、“金秋助学”等各种形式的送温暖活动。继续做好就业和再就业工作，建立工会创业培训、创业指导和小额借（贷）款“三位一体”的帮扶创业工作机制，以创业带动就业，使工会的帮扶工作，由为职工办实事为主，向参与、帮扶、监督全方位延伸；由扶贫济困为主，向激发创业共建共享和谐社会方面提升。

六、以改革创新精神加强工会自身建设，不断提高工会组织的凝聚力和号召力

要以改革创新精神，全面加强工会的思想建设、组织建设、制度建设、作风建设和能力建设。以扩大工会组织覆盖面为基础，增强基层工会活力为重点，提高干部队伍素质为保证，不断提高工会服务职工的能力，努力把工会建成学习型、服务型、创新型的职工群众组织，为充分发挥工会组织的作用奠定坚实的基础。

加强工会组织建设。要按照“哪里有职工、哪里必须建立工会”的要求，继续加大外商投资企业的工会组建工作力度，突破小型分散企业、异地经营企业、流动施工企业工会组建难的瓶颈，不断扩大工会组织的覆盖面。要更加重视乡镇工会、街道工会、开发区工会建设，积极推进总工会的建制步伐。加快发展“三高群体”和农民工、劳务派遣工入会，完善会员会籍的管理办法，确保我市工会会员发展与职工队伍的发展相一致。进一步完善农村和城市两个“小三级”工会组织网络，完善运转机制，提高运转能力。继续深入贯彻《企业工会工作条例》，提高规范化建设的水平和效果。积极探索非公企业开展建家活动的有效形式，把建家活动与创建“和谐劳动关系企业”和开展“双爱双评”等活动结合起来，推进建家活动的深入开展，不断增强基层工会的活力。

加强工会干部队伍建设。各级工会干部要进一步加强政治理论学习，加强工会干部培训，掌握新时期工运发展的新理论，用中国特色的社会主义理论体系武装头脑，指导工作，积极践行科学发展观，解放思想，勇于探索新形势下工会工作的特点和规律，坚持与时俱进。进一步转变作风，深入基层、深入群众，把关心职工的热点难点问题作为“第一抓手”，把解决职工困难作为“第一责任”，把职工呼声作为“第一信号”，把职工满意作为衡量工作的“第一标准”，做到体察民情、倾听民意、关注民生，真正在思想上尊重职工群众、感情上贴近职工群众、工作上为了职工群众。进一步提高工作效率，转变工作方式，创新工作思路，破解工作难题，不断提高服务职工的能力和水平，努力建设一支政治立场坚定、业务能力过硬、群众观念牢固、工作作风严谨的高素质工会干部队伍。

科学安排，全面提升各项工作水平。加强工会国际交流工作，发展友好关系，为外事工作大局服务。不断完善工会经费地税代收机制，保持经费的持续稳定增长，严格执行国家财经纪律和工会财务规定，把握经费使用范围，合理安排经费支出。推进工会企事业改革发展，实现社会效益、经济效益同步增长和工会资产的保值增值，更好地为职工群众服务。加强经审工作规范化建设，充分发挥各级经审会的作用，强化审查审计，加大监督力度，保障工会资产安全运行。切实加强工运理论研究，积极推进工会工作信息化进程，不断提高工作效率，更好地为工会工作和工运事业服务。

同志们，让我们高举中国特色社会主义伟大旗帜，全面落实科学发展观，坚持走中国特色社会主义工会发展道路，团结动员全市广大职工站在新的起点上，抓住历史发展机遇，开拓奋进，勇攀高峰，为无锡率先基本实现现代化而共同奋斗。

充分发挥主力军作用
为谱写“中国梦”无锡篇章建功立业

——在无锡市工会第十七次代表大会上的工作报告

陈德荣

(2013年11月26日)

各位代表、同志们:

无锡市工会第十七次代表大会是在全市上下深入贯彻中共十八大和十八届三中全会精神、积极实施苏南现代化建设示范区规划、奋力谱写“中国梦”无锡篇章的重要历史时刻召开的。大会的主要任务是:**高举中国特色社会主义伟大旗帜,认真学习宣传贯彻中共十八大和十八届三中全会精神以及习近平总书记系列重要讲话精神,回顾总结无锡市工会第十六次代表大会以来全市工会的主要工作和基本经验,确定今后五年工会工作的指导思想和主要任务,选举产生新一届市总工会领导机构,组织全市职工为努力开创现代化建设新局面建功立业。**

现在,我代表无锡市总工会第十六届委员会向大会报告工作,请予审议。

过去五年的主要工作

过去的五年,是无锡全面建成小康社会、迈向率先基本实现现代化新征程的五年。5年间,无锡跨越发展态势强劲,2012年经济总量达到7568亿元,人均地区生产总值达到1.87万美元。全市综合实力大幅提升,人民生活持续改善。这是无锡科学发展迈出坚实步伐的五年,也是全市工会在市委和各级党组织坚强领导下,围绕中心、服务大局,工会事业与无锡经济社会同步发展的五年;是全市广大职工团结拼搏、为建设“四个无锡”建功立业的五年;是全市各级工会组织勇于创新、主动作为,多项工作继续走在全省乃至全国前列,不断谱写无锡工会工作新篇章的五年。

一、开展“建功立业行动”,围绕中心服务大局,促进科学发展取得新业绩

5年间,全市各级工会紧紧围绕市委、市政府全局工作,凝心聚力,奋勇争先,深入开展劳动竞赛,立足岗位建功立业,为我市顺利完成“十一五”既定目标,实现“十二五”良好开局作出了积极贡献。

——劳动竞赛活动蓬勃开展。广泛开展“建功十二五”创新创业立功劳动竞赛,百万职工劳动热情充分激发。每年制定《全市立功劳动竞赛实施意见》,形成了市及市(县)和区、镇(街道)、企业四级联动的生动局面。每年有40多个行业、近万家企业、超百万职工参加各种形式的立功劳动竞赛,竞赛质量和水平逐年提升,服务全市经济转型发展效果显著。

——职工创新能力显著提升。广泛开展职工技能培训、练兵、竞赛、晋级活动,职工自主创新能力和技能素质不断提升。5年间,全市各级工会建立职工技能培训基地335个,举办技能培训班3万多期,培训职工近150万人次;举办涵盖100多个工种的职工技能比赛,近3万人次通过培训和技能比赛晋升了技术等级;建立107个职工科技创新基地和1250个职工科技创新团队,每年有近万项职工技术创新成果。

——**劳模引领作用充分发挥**。大力弘扬劳模精神,在职工中持续唱响"劳动光荣、工人伟大"的主旋律。5年间,我市共评选表彰全国劳模14名、江苏省劳模106名、无锡市劳模600名;全国"五一"劳动奖状5个、全国"五一"劳动奖章28名、全国工人先锋号14个,选树了一批体现工人阶级伟大品格和时代精神的先进典型。开展劳模创新工作室创建活动,全市建立各级劳模创新工作室102个,形成科技创新项目500多项,创造效益3.1亿元。

二、开展"和谐构建行动",坚持"双维护、双服务",推进和谐社会建设取得新成效

5年间,全市各级工会立足维权职能,积极推进地方立法、不断完善各项制度,大力推动和谐劳动关系创建,认真解决广大职工最关心、最直接、最现实的利益问题,坚持"双维护、双服务",使企业和职工合法权益均得到有效保障。

——**创新机制,工资集体协商普遍覆盖**。积极参与地方立法,推动我市于2011年在全省率先颁布实施《无锡市企业工资集体协商条例》,使工资集体协商工作纳入法制化轨道,市政府已连续9年将工资集体协商列入为民办实事项目。全市各级工会组织主动会同人力资源和社会保障等部门,建立了联合部署、督查、考评的工作机制,实行三级目标责任管理。目前,全市工资集体协商建制率达建会企业的97.1%,171万职工从中受益。

——**畅通渠道,企业民主管理稳步推进**。深入实施《江苏省企业民主管理条例》,在全省率先成立以市委领导为组长、市相关职能部门主要负责人为成员的无锡市厂务公开协调小组。5年间,我市厂务公开民主管理工作的组织体系进一步加强,制度建设更加规范、运作水平不断提升。目前,全市建立民主管理制度的非公企业已达35700多家,占全市已建会非公企业总数的97.8%。

——**多方联动,维权机制建设不断加强**。进一步建立健全劳动争议调解的组织体系和运作机制,在全省率先建立以工会为主导的劳动争议调解委员会,进一步完善诉调裁对接机制,健全预警机制;连续多年开展工会劳动法律监督检查活动,"维权职能法制化、组织建设网格化、监督检查常态化、联动协作制度化"的"无锡经验"得到上级工会的充分肯定,2012年,全省、全国工会系统法律监督工作现场会先后在我市召开;积极开展"安康杯"竞赛活动,进一步加强"1+3"安全监控体系,有效保障职工安全健康权益。

三、开展"工会助民行动",不断完善帮扶体系,帮助职工共享发展成果取得新进展

5年间,全市各级工会不断健全完善扶贫帮困救助机制,源头参与涉及职工利益的政策制定,努力探索建立综合性一体化的职工服务平台,全市帮扶服务网络体系基本形成,工会帮扶范围不断扩大,效果不断提升。

——**扎实开展职工就业援助工作**。始终把"就业援助"作为帮助困难职工的重要举措,通过工会助民大型招聘会、各级帮扶中心(站、点)职介等平台,积极为他们提供就业脱困渠道。依托工人文化宫、工会干校等阵地,经常开展各类技能培训,提升困难职工再就业能力。市总工会因此被市政府表彰为"全市就业工作先进单位",市总工会困难职工帮扶中心被全国总工会表彰为"全国帮扶工作先进集体"。

——扎实推进职工医疗互助工作。我市职工互助保障工作自2011年启动以来,连续列入市政府年度为民办实事项目。市总工会通过专项资金补贴,并积极争取政府及社会公益机构支持等措施,解决了3.3万名离岗退养、协保、续保职工参加职工互助保障的资金问题。至2013年10月,全市各项互助保障项目参保达94.89万人次,增强了职工抵御疾病风险的能力。

——扎实做好职工生活救助工作。积极参与涉及职工利益相关政策的研究制定,主动争取党政支持。从2010年起,市财政每年按中央财政专项资金1:1比例制度化配套补贴经费,使工会帮扶工作有了更好的资金保障。5年间,全市各级工会为困难职工发放生活救助金8109.78万元、医疗救助金547.91万元;为近6万名困难职工子女发放助学金8249.7万元;帮助5181户困难职工家庭落实最低生活保障,2033户落实住房保障;"女职工关爱行动"也受到上级工会的充分肯定。

四、开展"素质提升行动",创新手段和途径,培育高素质职工队伍取得新突破

5年间,各级工会紧紧围绕人才强市战略,制定并实施职工素质提升规划,通过广泛开展中国特色社会主义工会发展道路教育实践活动、非公企业文化建设"百千万工程"活动等,为无锡经济社会发展培养高素质的职工队伍。

——加强社会主义核心价值体系建设。在全市职工中深入开展宣传"十二五"规划,学习中共十八大精神等主题教育活动。组织新时期职工思想状况调研和"无锡市文明职工"评选表彰活动,引导职工在社会做好公民、在单位做好员工、在家庭做好成员,促进社会主义核心价值观在广大职工中的确立养成。

——推动职工文化企业文化建设扩面提质。通过"十大书香企业"评选等活动,大力培育具有优秀企业文化的示范企业、具有鲜明文化品牌的特色企业、具有强大凝聚力劳资共赢的和谐企业。会同市委统战部、市工商联制定并实施《无锡市非公企业文化建设"百千万工程"三年行动纲要》,目前已选树"百千万工程"示范单位125家。

——助力职工素质进一步提升。深入开展工会"职工书屋"示范点建设活动,5年间,分别建成全国、省、市级"职工书屋"示范点25家、56家和129家。设立市级"工会励志奖学金",支持工会干校与高校合作开办劳模先进学历提升班;委托工会干校研发推出职工网络培训平台——"搜搜课"网站,整合社会教育资源,打造职工教育"没有围墙的学校"。

五、开展"强基固本行动",努力抓基础增活力,工会组织自身能力取得新提升

5年间,全市各级工会和广大工会干部围绕增强凝聚力、提高服务力的总体要求,积极进取、奋发有为。全市工会组织覆盖面不断扩大,工作基础不断夯实,工作水平不断提升。

——加大力度,依法推进普遍建会。深入开展"工会组织覆盖行动",多措并举、攻坚克难,努力推动企业依法普遍建会。目前,全市基层工会已达12219个,覆盖法人单位56495个,工会会员220.99万人,全市工会组建和会员发展工作始终位居全省前列。2010年,市总工会被全国总工会表彰为"全国工会推进'广普查、深组建、全覆盖'集中行动先进单位"。

——积极探索,创新工会组织体制。从创新工会组织体制入手,全面推进工会组织建设。全市32个镇工会全部升格为总工会,走在全国前列,并在全国率先出台《无锡市镇(街道)总工会工作暂行办法》;江阴市长江村率先探索建立全国首家村级总工会;积极推进行业工会联合会建设,率先建立开发园区新型"小三级"工会组织体制。5年间,我市先后有7项成果被全国总工会授予工会组织工作创新成果奖。

——提升质量,激发工会组织活力。围绕“建起来、转起来、活起来”的要求,不断深化“职工之家”建设,促进基层工会组织规范化建设。5年间,全市新增18家“全国模范职工之家”,141家“江苏省模范职工之家”,300家“无锡市模范职工之家”。积极探索社会化、职业化工会工作者队伍建设,先后向社会公开招聘了120名工会工作者。

回顾过去的五年,我们深深感到,无锡工会工作取得的成绩,得益于市委、上级工会和各级党组织的正确领导,得益于各级人大、政府、政协和社会各界的大力支持,凝聚着广大职工的创造性劳动与新老工会干部的辛勤付出。在此,我代表市总工会第十六届委员会,向各级领导和社会各界表示衷心的感谢!向老一辈工会工作者致以崇高敬意!向全市广大职工和各级工会干部表达亲切的问候!

回顾5年间中国特色社会主义工会发展道路在无锡的实践,我们深深体会到:

必须始终秉持一项原则——坚持工会工作正确的政治方向。坚持党的领导,才能确保工会事业发展的正确方向。必须坚持贯彻党的路线方针政策,主动把工会工作放到党政全局工作中去谋划和推进,把职工群众更加紧密地团结在党的周围,坚定不移地走中国特色社会主义工会发展道路。

必须始终践行一个宗旨——坚持全心全意为职工服务。工会工作围绕中心、服务大局,必须坚持以职工为本,全心全意为职工服务,旗帜鲜明维护职工合法权益,让职工共享发展成果,最大程度地激发职工群众的劳动热情和创造活力,做推动科学发展、促进社会和谐的主力军。

必须始终弘扬一种精神——坚持弘扬工人阶级伟大品格。倡导劳模精神,大力宣扬劳动最光荣、劳动最崇高、劳动最伟大、劳动最美丽,让辛勤劳动、诚实劳动、创造性劳动蔚成风气。

必须始终围绕一条主线——坚持改革创新推动工作发展。敢于直面困难,勇于担当、敢为人先,从实践中总结经验,引领工会工作不断创新,推动工会工作体现时代性、富有创造性,不断进位争先、走在前列。

回顾过去五年的工作,我们仍存在许多不足和问题,主要是:面对新形势、新任务,工会工作在更好地服务发展大局、更全面地维护职工权益等方面还有一定差距;在应对复杂多变的劳动关系、多元的职工诉求和多发的劳资矛盾等方面能力尚显不足;工会组织体制、运行机制、活动方式还需要进一步创新;工会自身建设科学化水平和全面参与社会管理创新能力还有待进一步加强。我们必须高度重视这些问题,在今后的工作中采取有效措施,切实加以改进和解决。

今后五年的工作任务

今后五年,是我市完成“十二五”规划、率先基本实现现代化的关键时期,也是我市工人阶级肩负新使命、工会事业实现新突破、工会工作创造新业绩的重要历史机遇期。面对机遇和挑战,我们要在市委、上级工会和各级党组织领导下,始终坚持解放思想,与时俱进,创先争优,不断开创无锡工会工作发展的新局面。

今后五年全市工会工作指导思想是:**高举中国特色社会主义伟大旗帜,以邓小平理论、“三个代表”重要思想和科学发展观为指导,全面贯彻党的十八大精神和习近平总书记系列重**

要讲话精神,牢牢把握"为实现中国梦而奋斗"的时代主题,围绕市委、市政府的中心工作,按照中国工会第十六次全国代表大会的工作部署和要求,全心全意为职工群众服务,大力倡导辛勤劳动、诚实劳动、创造性劳动,发展和谐劳动关系,创新新形势下工会工作,切实维护和发展职工权益,促进职工群众体面劳动、舒心工作、全面发展,团结动员广大职工为推进"四个无锡"建设,谱写"中国梦"的无锡篇章更好地发挥工人阶级主力军作用。

总体要求是:以"筑大工程、创新辉煌"的气魄,开展新一轮工会工作的创新与实践,围绕组织引领构筑"大教育"工程;围绕推动发展构筑"大竞赛"工程;围绕创新管理构筑"大维权"工程;围绕促进和谐构筑"大调解"工程;围绕优化服务构筑"大关爱"工程;围绕夯实基础构筑"大组建"工程,在服务大局、服务职工中展现更大作为。

今后五年,全市工会组织的主要任务是:

一、构筑"大教育"工程,引导全市职工坚定理想信念,牢固树立社会主义核心价值观

全市各级工会要以贯彻落实党的十八大、十八届三中全会精神和习近平总书记系列重要讲话精神为契机,坚持中国特色社会主义工会发展道路,注重引导职工牢固树立社会主义核心价值观,积极探索符合时代发展要求、彰显无锡地方特色的工会工作新思路、新举措和新机制,使无锡工会工作不断迈上新台阶。

用党的十八大精神统一思想、凝聚力量。充分认识贯彻落实党的十八大和十八届三中全会精神的重大意义,深刻领会习近平总书记有关重要论述和讲话精神,按照中国工会第十六次全国代表大会总体工作部署,进一步开展形势政策、职业道德等宣传教育活动,积极引导职工群众把思想和行动统一到中央、省、市委的正确决策和部署上来。要积极引导全市广大职工群众坚定理想信念,自觉把个人梦与中国梦紧密联系在一起,以领跑者的风貌、劳动者的佳绩、创新者的姿态谱写"中国梦"的无锡篇章。

深入开展"中国梦·劳动美"主题教育。深入开展特色鲜明、形式多样的"中国梦·劳动美"主题教育活动,是工会当前的一项重要任务。全市各级工会组织要积极引导广大职工树立"爱国、敬业、诚信、友善"的社会主义核心价值观,大力宣传弘扬劳模先进精神,着力推进各行各业特别是窗口行业的职业道德建设,广泛开展"学习道德模范、争当文明职工"活动,通过评选"十佳文明职工",促进形成爱岗敬业、诚实劳动、勇于创新、奉献社会的高尚职业道德。

实施素质提升工程,加强职工文化建设。扎实推动《全面推进职工素质提升工程五年规划(2013~2017年)》,努力开创富有时代特点、符合文化发展规律、适应企业发展和职工需求的职工文化建设新局面。坚持广泛开展"职工读书月"活动,充分发挥工人文化宫、俱乐部、职工文化活动中心、职工书屋等文化阵地作用,通过举办学历班、读书班、培训班以及用好用活"搜搜课"职工培训网站等途径,组织引导职工积极参加业余进修、成人教育和网络学习,不断提升自身综合素质。

二、构筑"大竞赛"工程,带领全市职工为推动科学发展、率先基本实现现代化建功立业

全市各级工会要深入贯彻落实党的十八届三中全会关于全面深化改革的决策部署,唱响"劳动光荣、工人伟大"的主旋律,充分调动职工积极性,投身现代化建设,促进经济社会持续健康发展,使职工群众的劳动热情、创造潜力和聪明才智充分迸发,工人阶级主力军作用得到充分体现。

不断激发参与改革服务发展的正能量。进一步推动落实党的全心全意依靠工人阶级的根本指导方针,尊重职工群众首创精神,不断激发参与改革服务发展的正能量。大力弘扬劳模精神,发挥劳模先进作用,不断选树具有无锡特色的行业领军人物,用劳模先进的优秀品质和模范事迹感召职工、引领职工,奋力开创人人皆可成才、人人尽展其才的生动局面。

大力开展形式多样的立功劳动竞赛活动。围绕"建功十二五,当好主力军"目标,进一步拓展立功劳动竞赛参与面,从国有企业到非公企业,从传统产业到新兴产业,从生产领域到服务行业和管理领域,力争使全市各行各业和广大职工参赛率每年有新增长。深化"工人先锋号"创建活动,广泛开展班组创先争优竞赛,推动班组建设制度化、规范化和科学化。积极开展节能减排达标竞赛等活动,推动各行各业加强综合利用、有效节约资源能源,为建设资源节约型和环境友好型社会多做贡献。

全面提升职工队伍的技能和创新能力。以提高职工劳动技能素质和创新能力为目标,深入开展群众性技术练兵活动和职工科技创新活动。每年举办100个以上工种的市(县)、区级职工技能比赛,每两年举办一次10个工种的市级"技能状元"大赛,每三年举办一次全市职工科技创新成果展示周活动,为广大职工搭建通过辛勤劳动、诚实劳动、创造性劳动实现人生价值的平台。引导职工牢固确立生态文明理念,建设职工节能减排义务监督员队伍,倡导从我做起、从点滴做起,推动绿色、循环、低碳发展,共同为生态文明建设贡献力量。

三、构筑"大维权"工程,维护好全市职工的合法权益、正当利益

全心全意为职工群众服务是工会的根本宗旨,维护职工群众合法权益是工会的基本职责。全市各级工会要主动参与社会管理创新,坚持以职工为本,把解决职工思想问题与为职工做好事、办实事、解难事有机结合起来,教育引导职工以理性合法方式表达利益诉求,努力促进职工群众体面劳动、舒心工作、全面发展。

注重维护职工劳动经济权益。高度重视职工的就业权利,加大职业介绍和职业培训力度,加强创业指导、创业培训,健全就业服务平台,促进更多职工实现稳定就业、高质量就业。积极关注并参与收入分配制度改革,维护一线职工特别是低收入职工群体的工资分配权益。重视新生代农民工问题的研究,帮助农民工进入城镇职工社会保障体系。贯彻落实劳动合同法,遏制滥用劳务派遣工行为,推动实现同工同酬、同工同权。深化"安康杯"竞赛活动和"1+3"安全监控工作体系建设,督促企业健全安全生产责任制,改善劳动安全卫生条件,落实职工休息休假权利,努力保障职工群众生命安全和健康权益。

不断提升企业民主管理水平。加快健全以职代会为基本形式,以厂务公开、集体协商、职工董(监)事制度等为重要内容的企事业单位民主管理制度体系建设。加强对基层企事业单位的服务指导,涉及职工切身利益的劳动规章、改革方案,都必须由工会代表职工与企业行政协商共决。不断推进基层协商民主建设,切实保障职工的知情权、参与权、表达权和监督权。提升民主管理综合效能,更好地协调多方关系,汇聚力量、建言献策、服务大局。

巩固优化工资集体协商的成效。深入宣传《无锡市企业工资集体协商条例》,修订完善《企业工资集体协商指导文本》和《行业工资集体协商指导文本》,积极创新和拓展工资集体协商模式,促进工资集体协商制度由工业企业向三产服务行业拓展,由规模企业向中小企业拓展,由区域工资协商向行业工资协商拓展。加强对尚未建立工资集体协商制度的民营小企业和服务类企业的培育工作,加大世界500强在无锡投资企业工资集体协商的推进力度,力争全市建会企业工资集体协商建制率保持在97%以上。

四、构筑"大调解"工程,团结全市职工为构建和谐社会共同努力

构建和谐劳动关系是建设社会主义和谐社会的重要基础,是工会参与社会管理的切入点和着力点。全市各级工会必须不断增强工作的主动性、创造性,推动劳动关系和谐健康发展,团结职工共建共享和谐社会。

进一步完善工会劳动争议调解机制。充分发挥基层工会劳动争议调解组织的作用,实现调解组织与工会同步组建,组建率保持在95%以上。推动社区以上工会建立或联合有关方面建立调解庭或调解室。进一步完善劳动争议调解委员会调解、人民调解、行政调解、仲裁调解、司法调解"五位一体"的劳动争议调解工作机制,加强与政府部门及法院的协作,强化调裁对接、诉调对接、援调对接和信调对接,提高工会办理劳动争议案件的质量,做到"双维护、双服务"。

进一步深化和谐企业创建成效。以构建和谐劳动关系为目标,深化和谐企业创建活动,推动创建领域由规模企业转向中小企业、创建目标由扩大建制转向有效覆盖、创建模式由外部推动转向主体自觉、创建措施由治标转向标本兼治。贯彻实施江苏省《劳动关系和谐企业评价规范》,发挥评价内容的引导作用、评价过程的促进作用和评价结果的激励作用,推动形成"职工得实惠、企业得效益、经济得发展,社会得稳定"的多赢局面。

进一步加强劳动关系监督预警工作。持续推进工会劳动法律监督检查,注重"源头维权、主动维权、事前维权",保持此项工作在全省的领先水平。完善工会法律援助网络建设,推进法律援助工作网络向镇(街道)、开发园区和规模企业延伸,为职工就地就近提供多层次的法律服务。进一步健全劳动关系预警联系点制度,充分发挥预警作用,提升预报质量。加大职工信访协调督办力度,积极协助党政做好应急处置工作,防止矛盾纠纷激化。

五、构筑"大关爱"工程,保障全市职工共享经济社会发展成果

全市各级工会要始终坚持群众立场,适应新形势新任务的要求,着力解决职工群众面临的最困难最操心最忧虑的现实问题。通过加强职工帮扶服务阵地建设,丰富帮扶服务内容,拓展帮扶服务领域,创新帮扶服务手段,不断提升关爱职工的实效。

完善帮扶服务体系建设。以困难职工的实际需求为导向,在就业帮助、医疗互助、生活救助、法律援助等"四位一体"基础上,拓展帮扶服务内容,加大帮扶服务力度。要逐步扩大对已建档困难职工"常规救助"的覆盖面,通过结对帮扶、定向捐赠、项目化援助等举措,加大对因大病或突发事故导致生活困难职工的帮扶服务;要通过设立困难职工子女勤工俭学基地,加大对困难职工及其家庭成员的技能培训力度和就业帮助力度;要按照因地制宜、循序渐进的原则,探索建立以全体会员职工为对象、以职业规划等综合型服务为主要内容的帮扶服务新体系。

打造"联网联动"的帮扶服务工作平台。要依据各地区(单位)职工实际需求及资源优势等,进一步完善市及市(县)和区、开发区(园区)、镇(街道)、社区(村)以及规模企业帮扶服务中心(站、点)建设,确保全覆盖,力求规范化,凸显特色和品牌,努力形成一批在全省乃至全国领先的典型。要推动各级帮扶服务中心(站、点)之间的信息联网,在此基础上加快与同级政府公共服务平台实现对接,在信息共享的基础上逐步实现资源共享、工作联动。

健全帮扶服务工作机制。高度关注职工群众普遍关心的社会救助、就业、教育、医疗、养老、住房、物价等热点问题,及时把职工群众的意愿要求反映给党委政府,推动将工会帮扶服务对象纳入政府专项救助覆盖范围,将工会帮扶服务工作纳入政府民生工程范畴。努力争取工会帮扶服务中心、职业培训、法律援助等公益服务机构享有政府部门同类机构的政策扶持。

六、构筑"大组建"工程,推动全市各级工会在加强自身建设、增强服务效能上不断创先争优

加强自身建设是工会工作创新发展的内在动力,只有不断推进工会工作群众化、民主化、制度化、法制化,努力建设学习型、服务型、创新型工会,工会工作才能与时俱进、适应时代要求。

深化创先争优党工共建长效机制。深入开展党的群众路线教育实践活动,加快工会创先争优、党工共建的长效机制建设。继续按照全国总工会"两个普遍"的工作要求,坚持不懈地抓好工会组建和会员发展工作,更加注重建会质量,规范建会程序,拓展建会领域,突出外资企业、各类开发园区、工业集中区、商贸楼宇、专业市场、新开工项目、新社会组织、服务外包企业等建会重点,加快推进行业工会联合会建设;积极发展"三高群体"加入工会,完善会员会籍的管理办法,努力实现工会组织的广覆盖。

切实提高工会服务职工的能力水平。进一步深化"职工之家"创建活动,坚持以项目推进、以创新驱动、以典型引领,建设活力工会、有为工会。积极探索小型非公企业开展建家活动的有效形式,把建家活动与创建"和谐劳动关系企业"等活动结合起来,真正把基层工会建设成为组织健全、维权到位、职工信赖的职工之家。坚持分级培训,继续加大工会干部的培训力度,努力提高工会干部队伍的能力素质。自觉遵守中央"八项规定"和省、市委"十项规定",改进工会机关作风,进一步加大调查研究和服务基层工作的力度,充分发挥党密切联系职工的桥梁纽带作用,不断增强工会组织的感召力和凝聚力。

同步推进各项工作的创新发展。进一步总结探索开展工会工作项目化管理的经验,推动工会重点工作有作为、难点工作有突破、亮点工作有建树。加强工会经费收缴和财务管理,重视审计监督、资产监管等工作,促进工会事业健康发展。大力推进数字化工会建设,积极加强网络新媒体应用,实现工会工作的科学管理和高效运作。推进工会事业单位改革发展,实现社会效益和经济效益的同步增长。进一步做好工会理论政策研究、信息、统计、对外交流等工作,继续保持无锡工会工作在全省的领先地位。

各位代表,同志们,做好新时期工会工作,使命光荣、责任重大。让我们在市委、上级工会和各级党组织的领导下,高举中国特色社会主义伟大旗帜,矢志不渝地走中国特色社会主义工会发展道路,认真贯彻落实中国工会第十六次全国代表大会精神,紧紧围绕我市建设"四个无锡",打造苏南现代化示范区建设"无锡样本"的宏伟目标,团结并动员全市广大职工,不断开创无锡工会工作新局面,为谱写"中国梦"的无锡美好篇章而努力奋斗!

(四)关于市总工会重要决策和重大活动部署

无锡市总工会关于发挥市工代会代表作用的意见

锡工发〔2004〕第5号

无锡市工会第十五次代表大会通过了试行代表常任制的决议。为了进一步调动代表履行职能的积极性,充分发挥代表的主体作用,根据《中国工会章程》、全国总工会《关于基层工会会员代表大会实行常任制的若干暂行规定》和《无锡市工会第十五次代表大会代表常任制暂行办法(试行)》,提出如下意见。

一、统一思想,增强代表发挥作用的意识

1.代表是工代会的主体。代表来自社会各方面,集中了全市广大工会组织和基层单位的大量骨干和人才。充分发挥代表作用,是推进工会自身建设,完成工会承担各类职能,加强基层民主政治建设的重要方面。依靠代表,尊重代表,发挥代表的积极性,是搞好工会工作的重要保障。

2.代表应珍惜代表荣誉,增强代表意识,明确代表责任。要以饱满的政治热情和崇高的使命感,带头投身全市改革开放和现代化建设事业,在各自的工作岗位上发挥先进模范作用,更要不负重托代表好职工利益,不辱使命维护好职工权益,以主人翁姿态关心各级工会组织建设,在履行代表义务、行使代表职权上充分发挥主动性和创造性。

二、建立制度,拓展代表发挥作用的渠道

1.代表联系制度。加强工会组织与代表、代表与代表、代表与职工之间的联系,创造条件拓展代表联系渠道。一是代表之间的联系。市总工会建立《代表联系名册》,"无锡工会"网站(网址:www.wxzgh.org)开设"代表信箱",《无锡工人》杂志开办"代表之声"专栏,便于代表经常和及时地向市总工会领导及有关部门联系工作,反映情况。二是代表小组内部的联系。按照代表分布和便于活动的原则划分代表小组,以利于代表联系和开展活动。三是代表与会员、职工群众的联系。要求领导机关代表结合工作和自身实际,各自联系1个企事业单位和2~3名会员和职工群众,基层单位代表联系2~3名会员和职工群众,保持同基层和一线职工的密切联系,及时了解和反映群众的意愿。

2.代表活动制度。代表活动以代表小组为单位开展。由市总与有关工会协商确定组长和副组长,负责召集和组织小组活动,各组还可另定1名代表担任联络员,负责联系活动安排。根据需要适时组织代表进行学习、培训、交流、座谈、调研和对各级工会工作开展督查与评议等活动。代表小组的活动每年不少于一次。

3.代表提案制度。代表提案是代表参与维权和工会工作、发挥作用的重要手段和形式。市总工会根据全市工会工作目标和阶段性重点工作向代表发出提案征询表,代表围绕涉及职工切身利益的重大问题和改进工会工作等方面提出有情况、有分析、有对策的书面意见和建议,在年度大会上集中提交,由市总工会有关职能部门落实承办。

4.代表会议制度。代表在5年任期内每年参加一次年度代表大会(遇有重大事项随时召开),听取和审议市总工会年度工作报告,讨论和审议大会的其它事项。大会形成的决议,各级工会组织和与会代表要认真向会员群众做好传达贯彻工作。

三、加强学习,提高代表发挥作用的能力

1.认真学习贯彻"三个代表"的重要思想,学习工运理论,学习当代经济、科技、文化、法律等,使自己的思想认识和理论水平适应形势发展需要,适应做好群众工作的要求。

2.经常深入实际,深入基层,深入群众,了解情况,调查研究,在调研的基础上,能够进行客观的、公正的、全面的分析,写出有理有据、符合实际、具有较强的现实意义和可操作性、争取为职工谋求利益和推动工会发展的提案和报告。

3.敢说真话、善办实事。要有讲真话、道实情的勇气,敢于代表职工心声,反映职工意愿,也能积极帮助职工群众排忧解难。

四、加强领导,为代表发挥作用提供服务

1.市总工会在组织部设立工作机构,加强代表联络工作和对代表活动的指导、协调、管理、服务。在办公室(政研室)设立提案工作机构,负责有关代表提案工作和召开代表会议等工作。

2.各市(县)、区、局(公司)、直属单位工会要组织好代表小组的活动,对代表参加会议和规定活动的情况严格进行考核。对代表受本职工作等条件的限制,履行职责的能力有困难的要积极协调解决。要采取各种措施帮助代表妥善安排好工作,认真参加会议和活动,积极履行代表职责。

3.实行工代会代表常任制是一项新形势下的新的探索,需要不断总结提高。各级工会组织和代表对市总工会在这方面工作的建议意见,可及时与市总工会组织部联系反映。

无锡市总工会

2004年2月11日

关于印发
《无锡市工会工作四年发展纲要》的通知

锡工发〔2005〕第44号

各市(县)、区、局、资产经营公司、直属单位工会:

为认真贯彻中共十六届四中全会精神,发展保持共产党员先进性教育活动的成果,站在新的起点上,确立新的目标,把我市工会工作提高到一个新的水平,把我市的工运事业推向一个新的阶段,在维护全党工作大局,实现"两个率先"的目标中充分发挥工会作用,特制定无锡市工会工作四年发展纲要。

工会工作四年发展纲要规划了从2005年起至2008年四年间,全市工会工作的奋斗目标、主要任务和主要措施,以便更好地统一全会的意志,形成全会的工作合力,推进工会工作的新发展。现下发工会工作四年发展纲要,望认真贯彻执行。

无锡市总工会
2005年7月8日

无锡市工会工作四年发展纲要
(2005~2008)

当前,我市正处于改革开放、经济建设和社会事业全面发展的新时期,这为工会更好地在市委和各级党委的领导下,依法按章程独立自主地、创造性地、卓有成效地开展工作,带来了极好的机遇和强大的动力。为更好地体现保持共产党员先进性教育活动的成果,站在新的起点上,确立新的目标,把我市的工会工作提高到一个新水平,把我市的工运事业推向一个新阶段,在维护全党工作大局,实现富民强市和"两个率先"的目标中充分发挥工会作用,特制定工会工作四年发展纲要。

一、指导思想

我市工会四年发展的指导思想是:高举邓小平理论伟大旗帜,以中共十六大精神为指导,认真实践"三个代表"重要思想,牢固树立科学发展观,全面落实中国工会第十四次全国代表大会精神,坚定不移地贯彻落实党的全心全意依靠工人阶级的方针,充分发挥工人阶级主力军作用。围绕中心,服务全局,全面履行工会各项职能,不断增强机遇、创新、责任、服务意识,重点实施基层工会建设、维权机制建设、素质工程建设、干部队伍建设、工会事业建设等五大发展目标,努力实现工会组织的群众化、民主化、法制化,积极探索适应社会主义市场经济体制的、具有无锡特色的工会工作的新路子,团结动员全市职工为实现富民强市、率先实现全面小康、率先基本实现现代化而努力奋斗。

二、主要目标

从现在起至2008年,经过全会上下努力,要实现以下五大发展目标:

1.基层工会建设的发展目标

进一步加强基层工会工作,按照统筹兼顾、突出重点、分类指导、整体推进的原则,科学构建基层工会工作的新格局。既要推进基层工会组织的建立,又要推进基层工会作用的发挥;既要推进公有制企业、事业单位和机关工会工作的巩固和发展,又要推进非公有制经济组织工会工作规范和提高;既要推进工会组织领导体制向乡镇、街道以及社区延伸,又要推进基层工会自身的改革和建设,全面加强基层工会工作,最广泛地把职工群众组织到工会中来,最广泛地把基层工会的活力激发出来,努力把基层工会建设成组织健全、维权到位、工作活跃、作用明显、职工信赖的职工之家。

实现目标:力争到2008年,各类企业的工会(含女职委、经审会)动态组建率和职工入会率均达到95%左右,机关、事业单位的工会动态组建率和职工入会率均达到99%左右;改制企业工会组织的确认、重建率达到100%;新建企业建会速度与非公企业保持同步增长;在已建工会组织中职工入会率要达到95%,市以上模范职工之家单位职工入会率达到100%;四年新发展会员力争达到40万人以上,到2008年全市工会会员力争达到130万人。

2.完善维权机制的发展目标

建立和完善工会的维权机制,目的是为了更好地履行工会的基本职责,切实维护职工群众的合法权益,把职工群众的积极性保护好、调动好、发展好,提供有效的制度保证。通过对现有各项维权制度的整合、提升、完善和发展,使工会的维权制度更加完善、政策更加配套、管理更加有效、运行更加稳定。努力构建与履行维权职责相配套,与深化体制改革相衔接,与多层次经济发展模式相适应,与营造和谐社会相结合的维权机制体系,把工会的维权工作推向一个新的发展阶段,形成工会的特色。

实现目标:实现维权制度的整合、提升和完善,使工资平等协商、集体合同制度、职代会制度、劳动关系矛盾调解制度、安全生产监督制度、信访工作制度及就业救助、生活救助、医疗救助、教育救助、法律救助等维权制度形成一体的维权制度体系。力争到2008年,全市工资集体协商、集体合同覆盖率达到95%以上;全市国有及其控股企业、企业化管理事业单位职代会建制率达100%,非公企业职代会建制率达90%以上;全市有95%以上新建企业工会建立劳动保护工作网络;企业劳调会组建率达85%,非公企业劳调会组建率达60%,区域性劳调组织组建率达90%,劳调会结案率达100%;劳动关系预警机制组建率达70%;职业培训0.9万人,职业介绍1.2万人,实现就业0.5万人;医疗互助保障参保人数达30万人。

3.职工队伍素质工程建设的发展目标

加强职工队伍建设,不断提高职工队伍的思想文化、技术素质,适应现代化建设的需要是工会长期而艰巨的任务。通过坚持不懈地推进以“两争一树”为主要内容的职工队伍素质工程,在全市职工中造就一大批技术标兵和技术能手,有效地提高职工队伍的技术结构;选树一大批学习典型,形成浓厚的学习氛围,掀起学习热潮,使职工学习的自觉性有明显增强;形成一套良好的激励机制,更有效地推进群众性技术创新、技术发明、技术革新、技术攻关活动,努力造就一支学习能力强、创新能力强、竞争能力强和创业能力强的高素质职工队伍。

实现目标:力争到2008年,在全市培养3600名高级技术人才,培养500名各行各业的经济技术带头人;选树各类女职工典型500名;全市有50%的职工参加群众性的经济技术知识培训;每年有5%的职工晋升一个技术等级,5%的职工掌握两种技能,5%的技术工人成为岗位技术带头人或职业技能复合性人才;全市70%的企业开展创建学习型组织活动;树立学习型企业示范点200家,学习型班组示范点500个,知识型职工(典型)600人。

4.工会干部队伍建设的发展目标

按照干部队伍建设"四化"方针和全国总工会提出的"五项能力",即:服从服务于党和国家工作大局的能力,组织职工、动员职工、依靠职工、服务职工的能力,表达和维护职工合法权益的能力,构建和谐社会劳动关系的能力,自身创建发展的能力,努力培养和造就一支思想好、理论素质高、工会业务精、专业能力强,真正能担负起履行维护基本职能,适应新形势、新任务要求的工会干部队伍,为做好新形势下的工会工作提供坚强的组织保证。

实现目标:力争在2008年内,基层工会领导班子建设有明显增强;工会主席直选工作有明显进展,百人以下企业工会主席直选面达60%以上;工会干部培训有明显成效,新建企业工会干部普遍轮训一遍,并有计划有步骤地实行持证上岗;机关作风建设有明显转变。

5.工会事业建设发展目标

坚持改革发展的理念,运用市场经济的规则,振兴工会事业,扩大工会的影响力,更好地为全市职工服务。各级工会特别是地方工会要千方百计增加办公场地和活动场地;要规划发展文化宫阵地建设,更好地满足职工文化娱乐的需要;激活职工学校办学体制,在坚持办学方针的原则下,面向市场寻求更广阔的前景;巩固和加速疗养院的发展步伐,创建全国一流的职工疗养院;整合工会的宣传阵地,形成"六位一体"的宣传网络。

实现目标:力争到2008年,在无锡电视台开设"职工维权论坛"(栏目名暂定),在无锡广播新闻台开设"工会在线"节目(节目名暂定),形成与市总工会网站、《无锡工人》、《江南晚报·职工之友》、《职工阅报栏》等"六位一体"的工会宣传网络;结合城市规划,对文化宫阵地建设实施投入,增强发展后劲,开辟新的活动项目,使文化宫更好地承担起职工活动主阵地的作用;引导职工学校进行体制改革,实行政策扶持,走出一条新型的办学之路;完善疗养院的股份制合作体制,健全服务功能,提高服务质量和水平,充分发挥疗养院的资源优势,更好地为职工服务,在全国职工疗养院范围内树立起改革的典型。

通过五大发展目标的实施,进一步完善我市工会抓建会、建委、建制、建岗、建功、建家、建先的工作机制,健全和完善八大工作网络:

一是以城乡两个"小三级"为主体的工会组织网络;二是以职代会和集体合同两大机制为主要目标的工会维权网络;三是以困难职工援助中心为主体的生活保障网络;四是以建立市总工会劳动纠纷调处中心和职工维权律师团为主体的劳动关系调解网络;五是以开展"安康杯"竞赛为载体的安保工作网络;六是以"六位一体"(市总工会网站、职工之友、职工阅报栏、无锡工人和广播、电视)的工会宣传网络;七是以文化宫为主体的职工文体网络;八是以财务结算中心为主体的经费保障网络。

到2008年,使我市工会组织的维权职能更加突出,参与机制更加完善,基层工作更加活跃,经济实力更加增强,职工素质更加提高,团结带领广大职工群众充分发挥工人阶级在实现“两个率先”目标中的主力军作用。

三、主要任务

为完成和实现工会发展目标,从现在起到2008年的主要任务是:

——加强基层工会建设的任务

1.突出工作重点,加大组建力度。在巩固已取得成果的基础上,进一步加大工作力度,重点抓好非公企业和开发区(工业园区)工会组建工作。全面落实《市总关于开发区(工业园区)工会三年建设规划》,力争在2005年内开发区企业工会组建率(不含覆盖)、职工入会率达到65%以上;2006年达到75%以上;2007年达到85%以上。

2.创新组建形式,健全组织网络。积极探索、创新工会组建的方式,把难以单独建会单位的职工组织到联合基层工会、基层工会联合会或区域性、行业性工会组织中来,通过组建区域性、行业性工会联合会、楼宇工会、市场工会、施工项目工会等形式,把大量分散、流动的进城务工人员组织起来,每年发展新会员10万人以上。

3.建立长效机制,营造外部环境。继续坚持“党建带工建、工建促党建”的工作机制,不断丰富党建与工建结合的形式、内容和方式,积极争取党政的支持和配合,充分发挥带动、互动、能动的作用,为组建工作营造良好的外部环境。

4.深化创建活动,提高创建质量。认真落实全国总工会《关于在新形势下开展建设职工之家的活动意见》和市总工会《关于加强新建企业工会规范化建设的意见》,全面建立“会员评家”机制,广泛开展“工会基层组织建设推进年”活动,努力提升基层工会工作的整体水平。继续开展创建“百强示范乡镇”活动,逐步推行乡镇(街道)工会代表实行常任制;继续推进乡镇(街道)建立总工会的工作,全面加强乡镇工会组织建设;巩固和完善“小三级”工会组织网络建设;积极探索“三级联创”,促使创建活动不断向广度和深度发展。

——加强企业民主管理的任务

1.依法推动以职代会(职工大会)为基本形式的民主管理制度在全市各类企业、事业单位实施。把加强企业民主管理作为加强基层民主建设的重要内容,确保职工在企业中的主体地位。认真落实职工民主决策、民主管理、民主监督的权利;积极探索非公有制企业民主管理的实现形式、运作方式及规章制度;大力推广和完善非公企业“劳动者权益公开制度”。

2.加快推进建立工资集体协商、集体合同制度的步伐。进一步形成以市场机制调节、企业与职工平等协商、政府监控指导的企业工资收入分配新机制。各级工会要把收入分配、社会保障、劳动安全卫生等职工关心的热点、难点问题,作为集体谈判、集体协商和签订协议的重点,在涉及职工切身利益的重大问题上,要旗帜鲜明地表达工会的观点和主张,让职工的权益在源头上得到保障。要站在大力推进“富裕无锡”建设的高度,把工资集体协商制度进一步纳入“富民工程”,市总工会将联合市经贸委、社保局,通过每年签订责任状的形式,加大推进的力度,强化推进的措施,加快推进的步伐,力争在2005年工资集体协商的建制率达65%,2006年达75%,2007年达80%,使改革发展的成果惠及全体职工。

3.认真贯彻中央《关于在国有企业、集体企业及其控股企业深入实行厂务公开制度的通知》精神,坚持推行和深化厂务公开制度,完善厂务公开工作责任制、责任考核制和责任追究制度。要从本单位实际和职工的要求出发确定厂务公开的重点,克服形式主义,务求实效,把职工的民主管理、民主参与、厂务公开有机结合起来,更有效、正确、全面行使职工的民主管理。

——提高职工队伍素质的任务

1.以实现“两个率先”为目标,深入开展“两争一树”活动。2005年“两争一树”活动的重点是向非公企业延伸,扩大活动的覆盖面,力争达到60%以上;2006年以深化“两争一树”活动为重点,制定无锡市学习型组织、知识型职工的评估体系,召开经验交流推进会,总结经验,树立典型,推广先进,力争通过四年努力,在全市各级工会中有80%以上的单位广泛开展争创活动,在全市营造学习工作化、工作学习化的浓厚氛围。

2.以弘扬劳模精神为动力,广泛开展形式多样的主题教育活动。从2005年开始,重点抓好尊重劳动、尊重知识、尊重人才、尊重创造,创业、创新、创优、创造为主题的“四尊四创”活动。教育广大职工认清使命,爱岗敬业,勤奋工作;引导职工明确目标,增强信心,鼓舞斗志;激励职工增强机遇意识,站在快速发展、科学发展的前列;凝聚职工团结奋进,以高昂的主人翁精神和高度的历史使命感,为实现“两个率先”创造新的业绩。

3.广泛开展技能练兵比武活动,不断提高职工队伍的技能素质。从2005年开始,每年选择3~5个项目开展全市性的技能比武活动,鼓励职工进行技术创新、技术攻关、技术练兵活动。不断扩大参与竞赛的面,力争参赛面每年递增5个百分点,每年选树一批群众性经济技术创新能手。

4.加快高级技术人才培养的步伐。市总工会与市社保局联合,积极贯彻市高级技术人才培养的三年规划,提出每年培养目标和具体实施意见,把群众性的技术练兵比武活动纳入培养高级技术人才的渠道,把更多的技术标兵培养成高级技术人才,不断改变职工队伍的技能结构状况。2005年的目标是培养1200名的高级技术人才,今后逐年递增。

5.深化劳动竞赛和合理化建议活动,引导职工为实现“两个率先”建功立业。每年在省、市重点工程建设中开展各种劳动竞赛和合理化建议活动,每年表彰一批先进集体和先进个人;在全市各行各业广大职工中广泛开展以爱岗敬业、争奉献、创一流为主题,以文明规范、优质高效、工作创新、业绩争优为主要内容的争创“五一”示范岗、争当“五一”岗位明星活动,每年选树一批典型。

——协调劳动关系矛盾的任务

1.坚持“三方”协调机制的原则,深入开展劳调会和劳动关系预警机制的规范化建设。分级建立企业劳动关系预警机制信息员制度,及时、正确地掌握劳动关系的动态;切实抓好区域性劳调组织建设,制定区域性劳动争议调处组织的工作规程和工作制度;加强各级劳调员的培训工作,建立劳调员的培训和资格认证制度,实行劳调员持证上岗制度。

2.建立和完善职工法律援助中心和职工法律援助律师团,增强以法维护的工作力度。坚持举办“依法维权、服务于民”的系列讲座,增强依法维权的意识;积极开展乡镇、街道争创工会法律工作示范乡镇、街道活动,扩大依法维权的覆盖面;努力培育一支工会干部担任人民陪审员的队伍,提高依法维权的工作能力。

3.建立市总工会劳动纠纷调处中心。试行集劳动争议、劳动关系预警、法律援助、劳动法律法规、工会劳动争议兼职仲裁员和信访会商等六大制度于一体化运作的机制,实行全方位“一条龙”服务。

——劳动保护工作任务

1.监督企业执行劳动法规定的职工工时制度和休假制度,减少和杜绝用人单位任意延长劳动者的工作时间或取消和压缩劳动者的休假时间,维护职工的休息权利,保护职工身心健康。

2.监督企业严格执行《安全生产法》、《职业病防治法》、《女职工劳动保护规定》等法律法规,加强对职工的安全生产宣传,教育和帮助职工掌握安全生产知识,提高安全生产意识,深入推行"事故隐患和职业危害监控法",努力在各类企事业单位构筑职工安全生产的屏障。切实维护女职工的特殊利益。全力协助行政减少和杜绝重大伤亡事故的发生。

3.广泛开展"安康杯"竞赛和创建企业劳动保护合格示范工会活动。力争参加"安康杯"竞赛活动的企事业单位和职工数每年递增10%以上,每年有200家企业工会达到省劳动保护合格标准,50家企业工会达到省劳动保护示范工会标准。

——工会文化教育阵地建设的任务

1.加强对宣传阵地和宣传队伍的建设,制定工会宣传工作的总体规划,建立和完善三支宣传报道队伍(工会通讯员、信息员、工人理论骨干),聘请一批新闻宣传报道专家为工会宣传的特约记者,整合工会宣传资源,建立"六位一体"的宣传网络,在全市形成工会"大宣传"格局。

2.加强工人文化宫阵地建设,结合城市建设规划,逐步加大对文化宫建设的投入,开辟和更新活动项目,提高品位和档次,增强发展的后劲;进一步健全职工文体协会下属各分会组织,定期开展活动,充实和扩大基层业余爱好者加入团队或协会活动;提高文化宫文化娱乐的服务功能,增强在职工群众中的吸引力,使文化宫成为全市职工文化娱乐活动的主阵地。

3.进一步推进工人太湖疗养院的建设和发展。积极会同股东单位认真解决好实行股份制后的各类关系问题,不断完善新的运行机制;大力支持疗养院推进人事、用工、分配和奖惩制度改革,引入竞争机制,不断提高职工队伍素质;努力推进疗养院的更新和发展,充分利用自然环境资源,提高疗养院的档次和品位;不断完善服务功能,更好地满足现代疗养的需求,把疗养院建成环境优美、功能齐全、服务优良的疗养胜地、太湖明珠。

4.坚持走改革发展的道路,推进职工中专市场化发展的程度。积极引导职工中专进行改制,进一步激发办学的活力,调动教职员工的积极性,不断扩大职工教育和工会干部培训的比重,把提高职工队伍素质工程和工会干部队伍建设规划与增强职工中专功能有机结合起来,把职工中专建设成为提高职工文化技能素质的基地和工会干部培训的中心。

——为困难职工排忧解难的任务

1.全力配合政府做好下岗职工再就业工作,充分发挥工会组织和工会阵地的作用。坚持不懈地做好职业招聘洽谈会、职业培训、职业介绍等工作,力争每年职业培训0.2万人,职业介绍0.3万人,再就业0.1万人。

2.进一步完善和发展职工医疗互助保障事业,不断扩大大病医疗互助互济和住院医疗互助互济的参保人数,参保人数每年增加7万人次;开辟新的保障项目,研究探索劳模五年期、农民工和企业职工实用性"半劳保"的互助工作。

3.积极做好特困职工的帮扶工作,完善特困职工的管理制度,切实掌握困难职工的生活情况;广泛开展"温情系万家"的系列活动,不断完善困难职工的生活救助、就业救助、医疗救助、教育救助、法律救助的管理机制;协同政府落实城市居民最低生活保障制度,切实保障困难职工的基本生活;积极配合政府有关部门加强监督、规范用工制度,破解企业欠薪难题,维护进城务工人员合法权益。

4.在全市女职工中实施"女职工健康互助计划",力争有80%的女职工参加,帮助她们提高抵御风险的能力。每年实施女职工创业、再就业"十、百、千"计划,即:到2008年选树50名女职工创业、再就业带头人;为500名自主创业女职工提供资金、信息、法律等援助;为5000名下岗失业女职工提供再就业和职业服务。每年落实助学措施,帮助单亲女职工子女就学1000人次。

5.心系职工,真心实意为职工办好事、办实事。今后每年要集中一定的财力和精力为职工办几件职工群众需要的,有一定影响的实事、好事,不断提高工会的社会影响力,增强在职工群众中的凝聚力。

四、主要措施

为了使各项目标任务能有计划、有步骤地付诸实施,确保四年发展纲要的实现,制定以下措施:

1.举全会之力,形合力之势。统一认识、统一目标、统一步骤、齐心协力,是实现四年发展纲要的根本保证。各级工会组织要站在全局的高度,充分认识四年发展纲要是市工会第十五次代表大会赋予本届工会的光荣任务;是新时期、新阶段工会工作创新发展的新台阶、新目标;是全市职工群众对工会组织的希望和要求。只有努力实现目标,才能圆满完成本届工会的历史重任。要将四年发展纲要作为全会努力的目标,进一步增强全局意识、责任意识和机遇意识,在全会形成工作合力,调动各级工会组织的积极性,聚集广大工会干部的智慧和力量,确保目标的实现。

2.建立激励机制,完善考核制度。要根据新的目标任务,根据上级工会工作考核评估调整情况,进一步建立和完善工作目标的考核机制,鼓励先进,鞭策后进,调动和保护广大工会工作者的积极性和创造性。今后根据四年发展纲要的目标,市总工会制定每年的具体目标和要求,规划时间进度,量化具体指标,作为对各级工会年度的考核目标,采用层层分解指标的办法,形成有效的制度保证体系,定期组织检查交流,掌握进展情况,年度进行考核评比,树立先进和典型,将全会的工作纳入实现四年发展纲要的轨道。

3.拓宽工作思路,营造有利环境。为更好地实现四年发展纲要,市总工会致力于营造有利的工作环境。一是进一步加强与政府有关职能部门的配合,在宏观上加大参与的力度,尤其是要发挥好工会与政府联席会议的作用,使工会的主要工作赢得政府的重视和支持。二是积极争取市人大和政协的支持,坚持以法办会,以法维权,在更大层面上得到人大和政协执法检查的支持,推进工作的深入发展。三是加大舆论宣传的力度,赢得社会各界的关注、理解和支持,增强工会的影响力和工作的知名度,造成有利的社会氛围。四是充分发挥工会代表的作用,坚持工会代表常任制的制度,集中代表的智慧共谋工会的发展大计,使四年发展纲要成为全体代表的共同意愿。

4.转变工作作风,提高工作效率。在工会系统内大兴学习之风,加强学习交流和业务培训,用"三个代表"重要思想和科学的发展观来指导工会工作,切实开展建设学习型工会组织活动,营造"终身学习、人人学习"的学习氛围,不断掌握新的知识、确立新的理念,拓宽工作思路,进一步提高驾驭全局的能力,处理复杂问题的能力,做群众工作的能力;大兴调查研究之风,深入基层、深入实际,调查研究,尤其是联系当前工会工作难点、重点,认真研究解决问题的办法和路子,创造性地开展工作;大兴求真务实之风,坚持实事求是,“不唯上、不唯书、只唯实”,克服形式主义的倾向和不乏时宜的习惯做法,实实在在地从实际出发思考问题,脚踏实地的抓工作,不断提高工作效率和工作成效。

5.加强工会经费收缴,为工会发展提供有力的经费支撑。工会经费是工会开展活动的基本保证,为满足不断发展的工会工作需要,必须进一步加大依法收缴和管理工会经费的力度。加强对《工会法》和《江苏省实施〈工会法〉办法》的宣传,进一步完善地税收缴工会经费和财政代扣代缴工会经费机制,建立委托审计部门审计工会经费的制度,提高各级行政依法缴费意识,加大工会经费委托地税代收的覆盖范围,力争到2008年本级工会经费收缴达到4230万元,工会经费收缴率达90%以上,为实现工会四年发展纲要提供经费保证。

无锡市总工会

2005年7月8日

关于开展争创“无锡市模范基层工会”活动的意见

锡工发〔2006〕33号

各市(县)、区、局(公司)、直属单位工会:

自1999年以后,我市相继开展了争创“江苏省工会工作十强县(市)”、“五好(百强)示范乡镇工会”、“合格(模范)职工之家”和评选“无锡市新建企业工会规范化建设先进单位”等活动,对于加强基层工会建设,规范基层工会工作,提升全市工会工作整体水平,发挥了积极作用。为贯彻落实全国总工会《关于进一步加强基层工会工作的决定》精神,应对省总工会开展的争创“江苏省工会工作模范县(市)区”活动,把创建活动落实到基层,以推动全市基层工会组织夯实基础,激发活力,提高水平,真正把基层工会建设成为组织健全,维权到位,工作规范,作用明显,职工信赖的“模范基层工会组织”,经市总工会研究,决定从2006年起,在全市基层工会组织中开展争创“无锡市模范基层工会”活动。现提出如下意见:

一、指导思想

以“三个代表”重要思想和科学发展观为指导,以争创“江苏省工会工作模范县(市)区活动”为契机,以全面加强基层工会建设为基础,以推进维权机制建设为重点,以激发基层工会活力为目标,通过开展创建活动,进一步强化基层工会的基础建设,推动工会重点工作在基层的落实,实现工会工作新的突破和发展,真正把“组织起来,切实维权”工作方针落实到基层,从而,进一步增强基层工会组织的凝聚力和吸引力,充分发挥基层工会组织在建设“富裕无锡”、构建“和谐无锡”中的积极作用。

二、创建标准

1.组织健全。依法建立工会委员会和同步建立经费审查、女职工、劳动争议调解、劳动保护监督检查委员会等组织。坚持工会干部培训制度,所在单位工会主席、副主席任职一年内参加上岗资格培训。同时,职工(包括劳务工、农民工等)动态入会率保持在98%以上。

2.维权到位。坚持建立健全平等协商、签订集体合同和工资集体协商以及女职工特殊保护专项集体合同制度,建立完善以职代会为主体的各种民主管理制度执行到位,成效显著;积极做好劳动保护、劳动安全卫生工作,无重大安全事故;严格执行国家劳动法律法规,按时足额发放职工工资和缴纳各类社会保险费,依法拨缴工会经费;积极调处各类劳动纠纷,切实维护职工的合法权益。

3.工作规范。工会工作有计划、有台帐、有活动、有检查、有评比、有总结;建立必要的工作制度;依法治会,按章办事,规范运作。

4.作用明显。能依法独立自主、创造性地开展各项工作,重点工作成效突出,在本地区或本系统(行业)有一定的影响;积极组织职工开展教育培训、经济技术创新、合理化建议、劳动竞赛和文化体育活动,提高职工素质,促进经济建设;劳动关系和谐,没有因严重侵犯职工合法权益导致职工集体上访事件。

5.职工满意。坚持每年为职工群众办有影响的实事、好事,职工群众对工会及创建活动的满意率达95%以上。

三、评选对象

各类企事业单位、机关工会和村、社区工会。

四、实施办法

1.创建活动从2006年开始到2008年,计划用3年时间。每年组织评选表彰一次,每次评选表彰200个基层工会组织。

2.考核实行百分制,本着精简的原则制定考核量化指标,每项考核指标确定一定的分值。

3.评选表彰工作按照基层工会自我申报,上一级工会初评,市(县)、区、局(公司)工会考核,市总工会审定的程序进行。具体方法为:(1)各申报单位每年11月20日前对照创建标准和考核量化指标,认真做好总结自查工作,在自评的基础上,填写申报表,向上一级工会申报。(2)由上一级工会按创建标准和条件组织初评,逐项打分,并按得分顺序向所在市(县)、区、局(公司)工会进行推荐。(3)各市(县)、区、局(公司)工会根据推荐情况,组织实地考核,统一研究后上报市总工会组织部。(4)市总工会组成考核小组,对各单位上报的参评单位进行检查复评,并提出建议名单,提交市总工会党组审议确定。

4.对评选为"无锡市模范基层工会"的,由市总工会统一颁发奖牌,并发给一定数额的奖金。

5.评选工作实行动态管理,对已获得"无锡市模范基层工会"的,市总工会每年结合工作组织抽查,对不符合条件的单位将收回奖牌。

6.凡有下列情况之一的,不参加创建活动的评选:

(1)工会领导班子成员因违法违纪行为受到查处的;

(2)未能按时足额上解工会经费的;

(3)本辖区或本单位发生重大、恶性工伤事故的;

(4)未签订集体合同和工资集体协商,未建立职代会等各种与本单位实际情况相适应的民主管理制度的;

(5)上报考核指标有弄虚作假等其它情况的。

五、具体要求

1.统一认识,加强领导。加强基层工会建设是一项全局性、综合性、基础性的工作,是各级工会组织的共同责任。开展创建活动旨在全面规范基层工会建设,着力提升基层工会工作的整体水平。因此,各单位要切实把创建活动摆上重要议事日程,充分认识创建活动的重要意义,统一思想,提高认识,广泛宣传,深入发动,周密部署,科学安排,切实加强对这一活动的组织领导。要结合本地区、本单位的实际,制定切实可行的创建方案和实施细则,使创建工作落到实处。

2.突出重点,注重实效。在开展创建活动中,各单位要结合自身的实际情况,不断拓展其创建活动的内容和形式。在创建的内容上要突出针对性和有效性,在创建的形式上要具有灵活性和多样性。尤其要把创建的重点放在维权机制的建设上,放在重点、难点、热点工作的推进上,放在规范提高、激发基层工会组织的活力上,放在夯实基层工会的基础性工作上,使创建活动真正取得实实在在的效果。

3.分类指导，搞好服务。各级工会要针对不同所有制企业、不同工作基础和不同组织形式的基层工会，提出不同的工作要求，实施分类指导，切实搞好服务。要认真研究解决创建活动中遇到的新情况、新问题，及时总结在创建活动中涌现出来的先进经验，充分发挥先进典型的示范带头作用，以典型示范推动创建活动的深入开展。同时，要建立健全创建活动的考核和激励机制，以扎实推进创建活动的深入开展。

附件：1.“无锡市模范基层工会”申报表(略)

2.“无锡市模范基层工会”考评表(略)

无锡市总工会

2006年5月18日

市政府办公室转发市总工会无锡地税局关于无锡市区企事业单位工会经费由地税局全额代收的通知的通知

锡政办发〔2006〕97 号

各市(县)和各区人民政府,市各委、办、局,市各直属单位:

经市政府同意,现将市总工会、无锡地税局《关于无锡市区企事业单位工会经费由地税局全额代收的通知》转发给你们,请认真贯彻执行。

二○○六年六月十二日

关于无锡市区企事业单位工会经费由地税局全额代收的通知

(市总工会　无锡地税局)

二○○六年六月二日

为了进一步落实"组织起来,切实维权"的工会工作方针,完善市区企事业单位工会经费拨缴办法,推进我市工会建设,根据《中华人民共和国工会法》、《江苏省实施〈中华人民共和国工会法〉办法》,在《市政府办公室转发〈市总工会、无锡地方税务局关于无锡市区企事业单位应上缴的工会经费由无锡地方税务局代收的通知〉的通知》(锡政办发〔2002〕172 号)基础上,经研究决定从 2006 年 7 月 1 日起,无锡市区企事业单位(不含依照公务员管理的事业单位下同)工会经费由无锡无锡地方税务局全额代收。现将有关要求通知如下:

一、无锡市区各企事业单位按照单位全部职工工资总额百分之二计提的工会经费、工会筹备金,通过无锡地税局全额上缴至市总工会经费集中账户,各单位行政不再直接向本单位工会拨缴工会经费。

二、无锡市总工会收到各企事业单位拨缴的工会经费后,按照全国总工会和江苏省总工会规定的经费分成比例,即时返拨到各基层工会,同时分别上解全国总工会、省总工会。

三、已拨缴工会筹备金的单位依法建立工会后,无锡市总工会按工会经费分成比例将工会筹备金即时返拨到各基层工会。

四、电信、邮政、电力、中央金融工委所属的金融保险等单位和财政金额拨款事业单位的工会经费,按照全国总工会、江苏省总工会规定的上缴市总工会的比例,继续按原办法由无锡地税局代收。

五、江阴市、宜兴市、滨湖区、惠山区、锡山区可参照执行。

六、锡政办发〔2002〕172号文件与本通知相抵触部分,按本通知执行。

无锡市人民政府办公室

2006年6月13日印发

关于全面推进我市劳动争议调解工作的意见

锡工联发〔2008〕第11号

各市(县)、区人民法院、经贸局、司法局、劳动(人事)局;各市(县)、区、局(公司)、直属单位、重点联系单位工会:

随着今年《中华人民共和国劳动合同法》、《中华人民共和国劳动争议调解仲裁法》的相继实施,我市各级组织和部门坚持以贯彻新颁法律为契机,以科学发展观为指导,以“预防为主、调解为主、基层为主”和“依法维权、公正办案、及时处理”为原则,以提高工作效能为重点,大力加强劳动争议调解工作,为维护我市劳动关系的和谐稳定和促进社会和谐发挥了重要作用。为切实加强劳动争议调解工作,积极主动、快速高效地化解劳动关系矛盾,促进劳动关系双方协商共谋、机制共建、效益共创、利益共享,努力打造“平安无锡”、“和谐无锡”,加快我市经济社会又快又好发展,现就全面推进我市劳动争议调解工作提出如下意见:

一、认清形势,统一思想,充分认识当前劳动争议调解工作的重要性

全面推进劳动争议调解工作,要求我们必须在发展的基础上正确处理各种社会矛盾,实现社会公平正义,努力形成全体人民各尽其能、各得其所而又和谐相处的局面。全面推进劳动争议调解工作,对公正及时解决劳动争议、保护劳动关系双方当事人的合法权益、促进劳动关系的和谐稳定、构建社会主义和谐社会,具有十分重要的意义。

当前,我市的劳动关系总体保持和谐稳定,但劳动矛盾仍较突出,全市劳动争议案件近三年来每年以30%的平均速度在增长,而今年上半年的增长势头则更加迅猛,与上年同期相比增长了1.3倍。针对劳动争议中出现的新问题、新情况,我们要从三个方面来提高认识:一是要进一步深刻认识做好劳动争议调解工作的重要性。要切实把劳动争议调解工作作为巩固党的执政地位,维护职工群众合法权益、密切党群关系、促进社会和谐稳定的一项政治任务,摆到更加突出的位置。二是要进一步深刻认识做好劳动争议调解工作的紧迫性。要高度重视,切实防止麻痹思想,调动各方面的积极性,全力抓好劳动争议调解工作,务求取得实效。三是要进一步深刻认识做好劳动争议调解工作的艰巨性和长期性。要加强劳动矛盾的研判,突出重点,集中精力,坚持不懈,顽强工作,切实维护劳动关系的和谐稳定。我们要围绕“三个着力”来研究问题开展工作,即着力查找进一步解放思想的新空间;着力树立公正调解、服务发展大局的新理念;着力探索促进劳动争议调解工作全面发展的新举措,努力开创全市劳动争议调解工作新局面,推动劳动关系全面、动态、可持续地处于稳定和谐状态。

二、整合各方资源,健全完善劳动争议调解组织体制

劳动争议调解的类型主要有劳动保障所(办事处)主持的调解、劳动争议调解委员会(中心)主持的调解、人民调解委员会主持的调解、劳动争议仲裁委员会主持的调解和人民法院主持的调解。以劳动保障所(办事处)为平台的调解,是由乡镇、街道具有调解职能的组织,对本辖区内用人单位发生的劳动争议进行调解。参与劳动争议调解是工会的法定职责,各级劳动争议调解委员会(中心)的调解,由企业、区域性、行业性的劳动争议调解委员会(中心)负责进行,调解组织由职工代表、企业(单位)代表以及双方推举的代表组成,企业劳动争议调解委员会主任由工会成员或者双方推举的人员担任。人民调解委员会主持的调解,对本辖区内用人单位发生的劳动争议进行调解。劳动争议仲裁委员会的调解则由各级劳动争议仲裁委员会主持,实行仲裁管辖,调解本辖区受理的劳动争议案件。人民法院主持的调解,是指在人民法院的主持下进行,代表国家审判机关对劳动案件予以调解。劳动争议仲裁委员会或人民法院在对劳动争议案件裁判之前,先进行调解,不能达成调解协议时则及时进行裁判。

无锡市总工会、无锡市社保局、无锡市经贸委、江苏省无锡市中级人民法院、无锡市司法局等部门参照相关规定组建无锡市劳动争议调解委员会。无锡市劳动争议调解委员会的主要职责是对全市工会系统劳动争议调解组织进行业务指导,推动全市工会系统劳动争议调解的组织建设和机制建设;研究解决劳动争议的重大问题;对重特大疑难案件、突发性案件和委员会认为需要会商的案件进行会商。

无锡市劳动争议调解委员会的办公室设在无锡市总工会法律工作部,负责处理委员会的日常事务工作。办公室主要职责是开展多种形式的劳动法律法规的宣传教育、培训活动,并组织全市劳动争议调解员的培训、指导全市工会系统的劳动争议调解员的培训工作;做好劳动争议预防工作;指导、检查、规范企业劳调会和区域性劳动争议调处工作;指导企业制定或修改规章制度,规范企业用工行为;向案件承办人分配案件。

无锡市劳动争议调解委员会在适当时候,将设立无锡市劳动争议调解庭。其主要职责是"接待劳资双方的来电、来信和来访,接受劳资双方对劳动合同、劳动工资、社会保险、工伤赔偿、劳动者权益损害赔偿等劳动争议或劳务纠纷的投诉和调处;对重特大劳资冲突案件及时介入;对达成调解协议的案件,应出具调解书;对于无法达成调解协议的案件,可以指导或代劳动者书写诉讼文书等"。

各市(县)、区总工会应相应建立、完善本级的劳动争议调解委员会(中心)或劳动关系协调委员会以及调解庭(室)。

各级工会要注重发挥在调解劳动纠纷矛盾方面的优势和特色,借助基层调解、仲裁调解、诉讼调解、人民调解的平台,整合社会资源,大力推进区域性(村、社区、园区以上,下同)、行业性劳动争议调解委员会(中心)的组织建设和调解庭(室)的建设,特别是镇、街道应按《劳动争议调解仲裁法》的要求组建劳动争议调解组织和调解庭(室),区域性、行业性劳动争议调解委员会的组建率达到100%;要建立健全企业、事业单位和民办非企业单位的劳动争议调解委员会,将工会组建与劳动争议调解组织建立同步进行,规模较大、人数较多的单位,应当配备专职调解人员,处理本单位的劳动争议案件,企业、事业单位和民办非企业单位劳动争议调解委员会的组建率应达到85%以上。规模较大、人数较多的行业和企业也要加强调解庭(室)的建设。上级工会要加强工作指导,不断提高调解实效,树立调解权威,最大限度把劳动争议解决在基层。

三、积极实践,努力探索具有无锡特色的劳动争议调解机制

各级工会、社保局、经贸局、人民法院、司法局等部门要协调配合,建立基层调解、仲裁调解、诉讼调解、人民调解相衔接制度,努力构建社会化"大调解"格局,切实发挥调解在劳动争议处理中第一道防线的作用。各级劳动争议调解组织、劳动争议仲裁委员会、人民法院、司法局要整合资源,形成劳动争议处理的联动机制,通过多部门、多渠道处理,化解劳动争议、稳定劳动关系。

各级工会、社保局、经贸委应按照三方性原则推动劳动争议调处体制、机制的建设。要积极研究探索、推动劳动争议仲裁委员会在工会设立派出庭或仲裁分庭,推进派出庭或仲裁分庭独立办案,以及工会仲裁员担任首席(独任)仲裁员承办案件;要依照法律规定,配强、配齐劳动争议仲裁委员会中的工会代表和工会兼职劳动仲裁员,积极参与仲裁委员会各项工作和仲裁庭办案工作。各级工会要为仲裁委员会的工会代表、工会兼职劳动仲裁员履行职责提供支持和保障。

依据法律规定,在劳动争议诉讼中,工会不仅对职工当事人负有提供法律援助的义务,也具有参与并协助人民法院办理劳动争议案件的职责。工会应接受人民法院委托,开展劳动争议案件诉前调解工作;人民法院可在工会设立劳动争议审判庭、劳动者维权合议庭和劳动争议巡回法庭,依照法定程序任命符合条件的工会干部担任陪审员,参与劳动争议案件的审理。同时,各级工会法律援助机构要加强与司法行政部门及其法律援助机构、律师协会、律师事务所等协调配合,积极整合社会资源,组织专兼职法律援助工作人员、法律援助志愿者和工会公职律师等,为合法权益受到侵犯的劳动争议职工当事人,提供及时、快捷的法律援助。

在处理劳动争议案件时,各级劳动争议调解庭(室)实行首席调解和独任调解制度,其中首席调解应由三名调解员组成合议庭,并由其中一名调解员担任首席调解员;对一般案件由一名调解员独任调解;对于重大疑难案件或人数在30人以上的集体案件采用合议庭的形式调解案件,并由首席劳动争议调解员主持调解工作。

各级工会要在劳动仲裁、人民法院、司法行政等部门的支持、指导和帮助下,逐步探索和形成多元化的“1+6”劳动争议大调解工作的对接体系,即建立由工会主持的劳动争议调解工作和工会信访、职工法律援助、工会劳动法律监督、劳动争议仲裁、法院诉讼、人民调解等解决劳动纠纷的对接机制,不断提高劳动争议调解工作的质量和效率。

劳动争议调解:对受理的劳动争议案件,组织进行协调、调查和调解等工作,促使各方当事人达成调解协议,劳动争议调解组织可出具规范的调解书予以结案。

信调对接:在工会接访中,视受理的劳动争议案件事实程度,由接访人员或调解员组织调解,以调解书结案。

援调对接:在对案件调解不成的情况下,调解员认为符合法律援助条件的案件可进行指导,并通过市(县)、区以上工会职工法律援助中心提供法律援助,由职工律师团律师或移送市(县)、区以上法律援助中心办理案件。

督调对接:在日常具体案件的调解过程中,掌握用人单位违反劳动法律法规的信息等情况,实行登记备案制度,通过工会劳动法律监督工作化解劳动纠纷,并充分发挥《无锡市工会劳动法律监督意见书》和《无锡市工会劳动法律监督建议书》的作用,引导、指导用人单位遵守劳动法律法规,加强管理,建设和谐劳动关系。

仲调对接:受劳动争议仲裁委员会委托,对仲裁前的劳动纠纷案件,由劳动争议调解员对劳动纠纷进行调解,避免形成争议进入仲裁程序。在对劳动纠纷调解不成的情况下,调解员对当事人提供劳动争议仲裁指导并开具联系函,由当事人直接凭联系函到劳动争议仲裁委员会申请仲裁。

诉调对接:受法院委托,对诉讼前的劳动纠纷案件,由工会特邀调解员或劳动争议调解员进行前期介入,以调解书的形式固定双方的权利和义务,避免诉讼。

民调对接:对劳动争议等方面的矛盾纠纷,可以借助人民调解的资源,实行劳动争议调解和人民调解工作的对接。对劳动争议案件,只要双方当事人愿意接受调解,调解组织应当及时受理并按程序开展调解工作,要把能够调解的劳动争议范围更加细化、更加明确,保证案结事了,提高调解成功率。调解员在注重调解结果的同时,在调解过程中还要注重依法、合法、合理,引导、帮助当事人达成解决纠纷的调解协议。

四、规范劳动争议案件的调解,力求做到案结事了

针对当前劳动争议案件频发、高发和集体争议案件激增的特点,各级劳动争议仲裁机构、人民法院、司法行政部门要进一步加强与工会或劳动争议调解组织的沟通、合作,充分发挥调节矛盾、促进和谐的基本职能,围绕"案结事了"下工夫,对各级劳动争议调解组织处理劳动争议案件的工作,要进行规范调解和规范调解文书制作的指导,依法确认各级劳动争议调解组织调解文书有效,使其产生强制执行的效力。

各级劳动争议调解组织在处理劳动争议案件过程中,经调解达成协议的,除按《中华人民共和国劳动争议调解仲裁法》第十四条规定执行外,还可在同级劳动争议仲裁机构、人民法院、司法行政部门、人民调解组织的指导和支持配合下,采用仲裁调解书、司法调解书、人民调解协议等形式的调解文书予以结案。

在处理劳动争议案件过程中,如发现用人单位存在违法违规行为,或在经营管理中存在尚待改进之处,或严重侵犯劳动者合法权益的行为,各级工会组织可视情况以口头建议、劳动争议调解建议书的方式向用人单位提出整改建议,把建议的内容融入到用人单位自律的制度和规范中。

五、加强法律和业务学习,不断提高劳动争议调解员的办案能力和水平

各级工会或劳动争议调解组织要结合工会系统"五五"普法学习,定期组织调解员、工会兼职仲裁员、特邀调解员开展法律法规学习、业务研讨,研究办案过程中遇到的问题,提高办案人员的办案能力和水平。各级劳动争议仲裁委员会、人民法院、司法局对调解员、工会兼职仲裁员、特邀调解员应加强相关的业务指导、宣传法律法规、讲解办案规则。

抓好调解员的培训工作,要力争在三年内对现任调解员普遍轮训一遍。调解员的培训由镇、街道以上工会和劳动者人数较多的产业(局)、集团企业工会、园区工会负责组织;新从事调解员工作的人员,须经培训考核合格后取得资质并领取劳动争议调解员证书。劳动争议调解员证书文本由无锡市总工会统一设计,由组织培训的工会统一制作发放。实行调解员持证上岗制度和登记备案制度,对取得劳动争议调解员证书的调解员,由组织培训的工会登记造册、录入电脑,报上级工会备案。要选送优秀工会干部、优秀调解员参加兼职仲裁员的培训,参与劳动争议仲裁工作。

调解员不仅要解决劳动争议,同时也要积极防范争议出现,在参与争议调解的基础上,要经常向用人单位与劳动者进行普法宣传,构筑起防范劳动争议发生的防线,让劳动关系双方都能更好地掌握有关劳动法律法规,增强法制观念;指导劳动者签好劳动合同,督促用人单位自觉履行集体合同,让双方明确自己的权利和义务,相互理解,相互配合,相互制约,相互监督,以减少劳动关系双方的矛盾,维护劳动者合法权益,从而构建和谐的劳动关系。调解员要掌握拖欠劳动者工资、解除劳动合同、工伤赔偿、社会保险费等基本的劳动争议处理方式,处理有质量的案件,真正成为劳动争议处理的第一道防线。

各级要加强对调解员、仲裁员、特邀调解员、法官的考核工作;要对调解员、仲裁员、特邀调解员实行办案补贴制度,具体规定由各地确定。

江苏省无锡市中级人民法院
无 锡 市 经 贸 委
无 锡 市 司 法 局
无 锡 市 社 保 局
无 锡 市 总 工 会
二〇〇八年十月八日

关于开展“凝聚群力,服务企业,促进发展”主题活动的意见

锡工发〔2009〕1 号

各市(县)、区总工会,局(公司)、直属单位工会:

为贯彻落实市委、市政府关于应对当前经济形势的一系列重大决策和部署,充分发挥各级工会组织在稳定职工队伍、服务经济发展中的积极作用,更好地组织动员全市广大职工增强全局观念,发扬主人翁精神,共克时艰、促进发展,为推动我市经济平稳较快发展作出新的贡献,根据全国总工会《关于在全国职工中广泛开展“同舟共济保增长,建功立业保发展”竞赛活动的决议》,市总工会决定,从现在起在全市各级工会和广大职工中开展“凝聚群力、服务企业、促进发展”的主题活动。

一、广泛开展立功竞赛活动,把职工的积极性凝聚到促进发展上来

紧紧围绕贯彻市委十一届七次全会精神,广泛开展立功竞赛活动,以进一步凝聚广大职工的力量,统一广大职工的行动,激发广大职工的活力。把立功竞赛的重点放到重点工程建设、重大技改项目和节能减排优化生态环境上。在全市所有重点建设工程、重大技改项目全面开展立功竞赛活动,并以创建工人先锋号为主要载体,带动各方面的竞赛活动,造成“百万职工立功竞赛”的声势,形成全方位、多层次的竞赛新格局。各级工会要积极组织职工开展探索产品转型、开发新品、技术攻关、改进工艺、技术革新等有实效的群众性经济技术创新活动。要紧密联系当前企业生产经营活动中的重点和难点,广泛开展扩大销售、提升质量、节能降耗等一系列专项劳动竞赛和“我为企业献计献策”的合理化建议、征集“金点子”等活动,激励广大职工为推动经济发展建立新的业绩。年内,在全市评选表彰重点工程建设十佳有功集体和十佳有功人员,组织节能减排创新成果展示活动,表彰 100 个“工人先锋号”集体。

二、积极组织技术练兵和技能培训活动,把职工的注意力引导到提高技能素质上来

结合当前企业生产任务不足,大力开展提高职工技能素质和技能培训活动,为企业的再发展提供技能支撑。市总工会将在全市举办十大行业和地区 20 个工种的“万名职工技能比赛活动”,掀起学知识、练技能、提素质的热潮,努力提高职工队伍的技能素质,培育一批职工技师和高级技师,评选一批技术带头人和首席工人,造就更多的“金牌工人”。各级工会组织要从本地区、本行业、本单位的实际出发,充分运用现有条件,加大培训投入,扩大培训规模,提高培训效果,并积极开展以提高技能素质为主的各类操作练兵和技能比赛活动,力争职工参与操作练兵和技能培训的面达到 70%以上。要尽力组织好受金融危机影响实施轮班等企业的职工技能培训工作,按照市社保局制定的培训援助计划和避免规模裁员的措施,主动与企业协商,协助企业做好职工技能培训工作,使更多的职工得到培训和提高技能素质。

三、努力构建和谐劳动关系,形成同舟共济、艰苦奋斗、共克时艰的强大合力

进一步深化和谐劳动关系企业创建活动,围绕建立和谐劳动关系,充分发挥厂务公开的作用,使广大职工知晓实情,感受压力,自觉增强与企业共同应对挑战的决心;充分发挥职代会作用,激发职工为企业发展献计献策,与企业共克时艰、共谋发展;充分发挥工资集体协商的作用,通过平等协商处理好劳资双方的利益关系,维护企业与职工的利益,建立利益共同体。要积极配合市社保局在企业开展“依法建立健全企业内部管理制度”推进活动,在非公企业全面推进建立职代会制度。力争在年内,非公企业职代会制度建制面达95%;集体协商制度建制率达93%以上,参与创建劳动关系和谐企业的面达90%以上。

围绕建立和谐劳动关系,进一步加强工会劳动法律监督,协助企业贯彻好政府部门关于应对金融危机所采取的一系列措施,认真履行社会责任,制止借金融危机影响之名,随意裁员、减薪的做法,维护好职工群众的合法权益。加强职工思想教育和职业道德教育,深化职工之家建设活动,进一步丰富职工的精神文化生活。各企业工会要因厂制宜,开展各种健康向上、丰富多彩的文化娱乐活动,营造和谐的环境和氛围。市总工会将组织工人艺术团下基层、进企业,送文化(演出),推进企业文化建设,增强企业的凝聚力和职工的向心力。

充分发挥工会调处劳资矛盾、维护企业稳定的作用。要进一步建立健全以区域性劳调组织为重点的各级工会劳动争议调解组织,不断提高调解质量和效率。年内,成立市总工会劳动争议调解庭,各镇、街道以上工会要积极建立或联合同级政府行政部门建立调解庭(室),进一步健全劳动争议调解组织,基层劳调组织组建率达85%以上,村、社区、园区以上工会法律援助中心(站)的组建率力争达95%以上,劳动争议调解结案率达90%。不断完善工会劳动关系预警机制,在用人单位建立健全预警组织网络,力求做到全覆盖。建立市及市(县)、区预警联系单位的信息报送制度,每月向市总工会报送信息1次,重大信息随时上报,对容易积聚矛盾、引发群体性事件的苗头,做到早掌握、早介入、早解决,把矛盾解决在基层,解决在萌芽状态。

四、从更加关注民生的高度,倾情帮扶困难职工群众,切实为他们排忧解难

着力加强困难职工帮扶中心建设。年内,市总工会将完善帮扶中心的工作标准,拓展帮扶范围,完善帮扶方式,提高帮扶水平,搭建服务平台,更好地为困难职工提供帮助;与天惠超市集团合作,在全市70家门店运作“爱心超市”,为特困职工发放“爱心卡”,生活补贴提高到每季110元;工会职业介绍与劳动部门电子信息联网,为职工提供更多的就业信息,尤其是做好“零就业家庭”等困难职工的就业帮扶工作;探索实施创业小额贷款,以创业带动就业,有创业愿望并开始从事自主创业的下岗职工,可申请3万元左右的小额贷款;扩大职工互助互济规模,力争各项保障新增会员10万人次,帮助职工增强抵御风险的能力。

各级工会组织要加大帮扶工作力度,倾情为困难职工排忧解难,加大困难帮扶的日常救助工作,扩大救助范围,把因受金融危机严重影响而降低收入并突发大病等造成特殊困难的职工列入重点救助范围;加大对在岗职工(包括农民工)、困难职工及其家庭成员、下岗失业人员的培训力度,年内,市及市(县)、区两级总工会培训人数达到1500名;广泛开展“送温暖”活动,通过各级工会筹集资金3000万元以上,用于帮扶困难企业职工、困难职工家庭和困难劳模。

五、加强对主题活动的组织领导,推动主题活动广泛深入开展

各级工会组织要从本地区、本单位的实际出发,把主题活动作为当前工会的重点工作,认真制定开展主题活动的规划,积极行动、迅速展开。要切实加强对主题活动的指导,注重主题活动的效果,扩大开展主题活动的覆盖面,力求在已建工会的单位基本做到全覆盖。

要抓好典型,总结经验,推动主题活动的深入发展。对涌现出的典型事例和先进人物要及时宣传、推广,营造氛围,扩大影响,增强主题活动的凝聚力和吸引力。要加大对开展主题活动的投入,为推进主题活动全面深入开展创造有利的条件。市总工会计划安排100万元用于奖励、资助活动的开展,年内,在全市评选表彰100个主题活动"组织优胜奖"单位,分别奖励5000元至10000元,激励各级工会组织开展主题活动形成声势、创出特色、抓出成效。

要积极争取各级党委的重视和行政的支持,根据党政所想、企业所需、职工所盼、工会所能,确定主题活动的重点,形成工作合力,力求取得更好的效果,在推动本地区、本单位经济发展中,作出新的贡献。

无锡市总工会

2009年1月14日

关于贯彻落实市委市政府《关于构建和发展和谐劳资关系的决定》的意见

锡工发〔2009〕15 号

各市(县)、区总工会,局(公司)、直属单位工会:

为贯彻好落实好市委市政府《关于构建和发展和谐劳资关系的决定》(锡委发〔2009〕12 号),充分发挥各级工会组织在构建和发展和谐劳资关系中的积极作用,更好地组织动员和带领全市广大职工树立和坚持正确的劳动观、权益观和大局意识,凝聚群力,应对挑战,共创和谐,促进发展,市总工会提出如下意见。

一、充分认识构建和发展和谐劳资关系的重要性和必要性

构建和发展和谐劳资关系是推进和谐社会建设的核心内容,是增强企业核心竞争力的重要保证,是实现劳资双方共同应对复杂多变经济形势的客观需要。

社会和谐首先是社会关系的和谐,劳资关系是最基本最核心的社会关系。在落实科学发展观、构建社会主义和谐社会中,要把发展和谐劳资关系摆在更加突出的位置。企业是社会中数量众多、最具活力的社会组织。没有企业的发展就没有社会的繁荣,没有企业的和谐就没有全社会的和谐。构建和发展和谐劳资关系,实现劳资双方的平等合作、和谐相处,劳动者的权益才能得到有效保障,劳动者的创造活力才能最大限度得到激发,企业才能不断增强持久的核心竞争力。

工会作为党联系职工群众的桥梁和纽带,作为职工利益的代表者和维护者,在构建和发展和谐劳资关系中承担着重要的责任。我市经济发展已进入新的转型期,经济形势复杂多变,劳资关系呈现复杂化、多样化,劳动合同法、《劳动争议调解仲裁法》、《江苏省企业民主管理条例》的贯彻实施,对工会组织提出了新的要求。各级工会组织必须在协调劳资关系,推动企业科学发展、和谐发展、持续发展中有所作为;在促进企业内部制度管理建设、保障职工获得体面劳动机会中,最大程度地发挥应有的作用。

二、扎实推进,全力落实构建和发展和谐劳资关系的目标任务

围绕市委锡委发〔2009〕12 号文件的部署和要求,全市各级工会应积极行动起来,抓住党政所需、社会所求、职工所盼、工会所能的重点工作,努力从以下六个方面真抓实干,做出突出成效,全面实现市总工会向社会承诺的为职工办 12 件实事。

一是抓组建,完善各项制度建设。以贯彻落实《企业工会工作条例》、《江苏省企业民主管理条例》、《无锡市工会劳动法律监督条例》为抓手,进一步推进企业工会制度建设。2009 年,25 人以上单位工会动态组建率和职工入会率同步达 93%以上,到 2012 年达到 95%以上;百人以上非公企业职代会制度建制率达 96%,世界 500 强在无锡企业职代会制度建制率达 70%,到 2012 年达到 100%;新建 500 家劳动关系预警联系点单位,建立健全劳动关系预警信息报告制度和工会重大信访信息报告制度；市及市(县)、区建立健全劳动争议调解委员会和劳动争议调解庭达100%，推动镇、街道工会建立或联合同级政府部门建立调解庭(室)，辖区内企事业单位劳调会组建率达85%以上，到2012年达到92%以上；各市(县)、区总工会建立或联合有关方面建立职工法律援助律师团达100%，园区、村、社区以上工会法律援助中心(站)组建率达95%以上，辖区内企事业单位工会法律援助小组(点)组建率达70%以上，到2012年达到90%以上，辖区内用人单位工会劳动法律监督组(员)组建率达100%；指导帮助用人单位依法规范劳动用工管理制度，出台《无锡市依法规范企业劳动用工制度的指导意见》，到2012年企业基本实现依法规范劳动用工制度，真正发挥工会是党与职工群众桥梁纽带的积极作用，促进企业发展，维护职工权益。

二是抓竞赛，凝神聚力促进发展。全市各级工会组织开展“凝聚群力，服务企业，促进发展”为主题的“百万职工立功竞赛”系列活动。市总工会举办十大行业和地区20个工种“万名职工技能比赛”，每年选树5个创建优质工程和模范工程示范点，评选表彰无锡市重点工程建设“十佳有功集体、十佳有功人员”，评选表彰无锡市“工人先锋号”100个，配合政府有关部门培养中高级技术人才1500名，评选无锡市金牌工人和“五一示范岗”、“五一服务明星”。各市(县)、区工会要积极组织职工开展探索产品转型、开发新品、技术攻关、改进工艺、技术革新等有实效的群众性经济技术创新活动，广泛开展扩大销售、提升质量、节能降耗等一系列专项劳动竞赛和“我为企业献计献策”合理化建议、征集“金点子”等活动，带动广大职工树立起“劳动光荣，创造伟大”的社会主义人生观。各级工会既要引导广大职工充分认识企业发展的重要意义，懂得企业与职工不仅是矛盾统一体而且是利益共同体，主动为企业分忧，又要引导企业经营者充分认识只有全心全意依靠职工群众，才能使职工树立起主人翁责任感。

三是抓帮扶，解困送暖稳定就业。加大工会扶贫帮困力度，切实为困难职工办实事做好事。着力加强困难职工帮扶中心建设，制定年度目标，推进工会帮扶工作，在全市开展争创“工会模范、合格帮扶中心”活动，每年组织召开“工会帮扶工作现场会”；积极探索实施创业小额贴息贷款，以创业带动就业，市总工会筹措300~500万元小额贷款贴息资金，为创业者提供最高额为5万元的一次性小额贷款，具体由各市(县)、区总工会和有关金融单位运作，市总工会审批；在全市70家天惠超市运作“爱心超市”，通过“爱心卡”为特困职工发放每季110元的补助；市及市(县)、区基层三级工会要广泛开展“送温暖”活动，多渠道筹集3000万元以上资金，慰问困难企业职工、困难职工家庭和困难劳模；年内市总工会职介电子信息与劳动保障部门实现联网，共享就业信息资源，并联合举办2次大型职工就业介绍招聘会，帮助失业职工上岗就业。各级工会应完善服务手段，拓展服务领域，提高服务能力，真正当好第一知情人、第一报告人、第一帮扶人、第一监督人。

四是抓调处，构建和谐劳资环境。全市各级工会组织要以创建和谐劳资关系先进企业活动为载体，在职工群众中开展“厂兴俱荣，厂衰俱损”主题教育；充分利用职工代表大会制度，动员全市企业、职工和工会三方，开展应对挑战、共渡难关“共同约定行动”；指导帮助企业依法制定、修正和完善内部劳动用工规章制度，切实履行民主程序，上半年市总工会会同有关部门出台《无锡市依法规范企业内部劳动用工管理制度的指导意见》，并通过调研选择一个市(县)、区召开现场推进会；各市(县)、区总工会要加强指导基层工会和协商代表理性协商企业工资调整水平，体现协商共决的基本特征、同甘共苦的调整功能和共建共享的激励功能，生产经营暂时困难的企业,协商的重点争取稳定职工岗位和工资待遇,生产任务暂时不足的企业,可就职工培训、轮岗休息和放长假等事项专项协商,生产经营严重困难的企业,协商的重点应突出维护企业和职工队伍稳定,生产经营相对正常、效益较好的企业,仍然要坚持职工工资水平随企业效益增长而增长,全面履行市劳动关系三方下达的《无锡市工资集体协商目标任务书》的各项指标,确保全市工资集体协商建制企业达已建工会的93%以上,到2012年达到95%以上;建立健全劳动关系预警信息报告制度和工会重大信访信息报告制度,完善"诉调对接"制度,劳动争议调解结案率在90%以上,把矛盾解决在基层,解决在萌芽状态。

五是抓培训,提升创新创业能力。充分利用工会教育、宣传阵地,以市工人文化宫、市总工会干校和职工再就业培训中心为依托,组织1万名职工培训,提高工作技能、文化知识、家政服务等方面能力;组织举办5期新知识、新技能培训班,为1000名职工提升革新、创新、技改能力;以实施技术工人三年培训计划为抓手,加大对在岗职工(农民工)、困难职工及其家庭成员的培训力度,培训人数不少于1500名,提高培训对象的就业竞争能力,推动解决就业结构性矛盾;市总工会年内组织女职工干部就领导艺术、特殊利益保护培训80人,企业工资协商谈判员100人,企业工会干部创新创造学500人,工会财会人员《工会财会制度》培训200人,工会干部劳动法律法规、民主参与和民主管理、劳资关系调解基本技巧培训500人。提升各级工会干部理性维权的能力。

六是抓宣教,激发企业发展活力。当前,国际金融危机对我市实体经济的影响日益显现,许多企业生产经营出现困难,社会发展也面临重大挑战。各级工会应根据市委市政府构建和发展和谐劳资关系的目标任务,多方位、多角度、多层次、多时段地及时宣传弘扬在和谐创建中先进单位和个人的事迹。市总工会编辑和制作"无锡市工人经济技术创新成果展示"、无锡市"全国、省、市劳模事迹巡回展";选择3~5个事迹过硬的工人或集体先进事迹,在省以上媒体重点宣传报道;召开2~3次新闻通气会,介绍工会工作亮点和特色;组建"无锡工人艺术团",创建200个职工读书屋,50个农民工流动读书站;深入社区、工厂(工地)开展送演出、送电影、送书籍、送知识系列活动;与无锡电视台合作制作工会专题节目,办好《无锡工人》、市总工会网站和电台《职工之友》等媒体。各市(县)、区总工会要紧紧围绕"凝聚群力、服务企业、促进发展"主题,进一步拓展阵地,宣传工作有影响、有声势、有效果,不断扩大工会的影响力和凝聚力。

三、建立健全构建和发展和谐劳资关系的长效机制

工人阶级是推动国家经济社会发展的根本力量,在企业内忧外患的环境下,各级工会和广大工会干部要进一步增强政治意识、责任意识,坚定不移地贯彻落实市委、市政府的《决定》,坚定不移地推动经济平稳较快发展,坚定不移地维护职工队伍和社会的稳定。

1.加强领导,落实责任。各级工会要以构建和发展和谐劳资关系作为首要任务,各项工作都要融入其中,服从、服务于这一中心任务。市总工会成立由党组书记、副主席孙洪任组长,副主席张帆、汤建华、王党民、市总工会纪检组组长周国祥任副组长,各部室主要负责人为成员的领导小组,具体负责指导和协调全市和谐劳资关系工作。各市(县)、区总工会应相应成立领导小组,将各地创建和谐劳动关系领导(协调)小组有机整合,做到主要领导亲自抓,分管领导协助抓,职能部门协同具体抓,尽快将劳资关系协调机制"关口前移、重心下沉",从源头着手,加大协调劳资关系工作力度,采取切实有效措施,解决劳资纠纷基层处理难问题,落实本地区构建和发展和谐劳资关系的各项目标任务,促进劳资关系的和谐稳定。

2.明确任务,履行职责。围绕市委、市政府《关于构建和发展和谐劳资关系的决定》的9项推进工作目标内容和市政府下达的《无锡市总工会2009年构建和发展和谐劳资关系任务书》的11项任务,制定本年度实施计划和3年推进目标,市总工会各部门按照对应目标和任务,逐一提出工作议案、落实方案和对接机制。各市(县)、区总工会和各局(公司)、直属单位工会,依照市委、市政府《决定》的要求和本意见制定相应实施办法或意见,结合本地实际和已建机制和制度,层层分解,项项细化,有机整合,形成目标显化与制度支撑相结合,任务量化与创建联动相结合,激励推进与典型引导相结合,时序要求与落实责任相结合,共建共创与制度体系相结合,实现企业劳资关系和谐、环境关系和谐、社会关系和谐的有机统一和良性互动。

3.依绩推进,强化考评。各级工会组织在创建和谐劳动关系企业工作层面上,已取得了初步成效,我们要以此为工作起点,对照市委市政府的目标要求,进一步突出构建和发展和谐劳资关系的联动性,加强宏观参与,实现统筹有部署、全局推进有目标、全局考核有责任,助推全局有作为,工作常议重抓,合力推进。进一步突出构建和发展和谐劳资关系的过程性,重点开展"五个一活动":年初进行一次原始评估,对照创建要求查漏补缺;制定一份年度创建计划书,确定工作目标、任务和措施;进行一次创建责任分解,明确时序要求和落实责任;年中进行一次动态评估,衡量创建工作进展和成效;年底进行一次综合满意度测评,征集职工群众和企业经营管理者的意见和建议。创建工作成效是检验我市各级工会组织全面落实践行科学发展观、加强机关作风和效能建设的标尺,各级工会组织和工会干部一定要在服从服务大局和促进企业和谐劳资关系中,进一步增强以绩推进的信心,发挥积极有效的作用。

无锡市总工会

2009年2月20日

无锡市总工会关于深化事业单位改革的意见

锡工发〔2009〕36号

各事业单位:

为了推进工会事业单位改革与发展,建立完善与社会主义市场经济体制相适应、与工会职能要求相一致的事业单位人事管理、薪酬分配、管理运行机制,使工会事业单位在为工会服务、为职工服务、为社会服务中发挥应有的作用,现结合贯彻落实市委办、政府办关于《无锡市事业单位岗位设置管理实施意见》(市委办发〔2008〕147号)、《无锡市事业单位社会公共服务绩效考评试行办法》(市委办发〔2008〕148号)、《无锡市事业单位理事会管理暂行办法》(市委办发〔2008〕149号)等文件精神,就市总工会直属事业单位当前深化改革提出以下意见。

一、指导思想和目标

以中共十七大精神为指导,以科学发展观为统领,围绕工会的基本职责,按照市场经济运行机制的要求,深化事业单位改革,探索并建立多种产权制度并存、资源实现有效整合的发展机制。对直属事业单位的资产、人事、服务等资源进行合理有效配置;对分配、用人、岗位设置深化改革,职工上岗靠竞争,分配靠效益、凭贡献;各单位形成自我发展动力足、充满活力的新局面,在为工会服务,为职工服务,为社会服务中,实现社会效益和经济效益同步增长。

二、深化改革的原则

1.坚持事业性质、企业管理的原则。改革的基本方向是在目前保留事业性质的前提下,更新观念,转变机制,按照企业化管理要求,划小核算单位,实行费用成本核算,严格执行国家财经政策和税收制度,在坚持社会效益前提下建立成本核算、绩效考核分配机制,深化人事、分配制度改革。

2.坚持合理资源配置、分类管理的原则。按照资源配置和经营、服务的性质,分离经营性项目和公益性服务项目,实行资源整合和分类管理。

3.坚持效率优先、按贡献分配的原则。创新管理体制、引入竞争机制,按效益、效率分配,在职工中确立“岗位靠竞争,分配凭贡献”的意识。

4.坚持面向工会、服务社会的原则。直属事业单位通过深化改革,进一步加强功能和作用,充分发挥工会阵地作用,提高社会效益和经济效益。

三、深化改革的重点和方向

1.按照企业化管理方向,调整市工人文化宫和太湖工人文化宫现有管理方式。市工人文化宫和太湖工人文化宫进行资源整合,功能重组,实行统一领导、统一核算、统一分配、统一人事管理。保留太湖工人文化宫独立法人资质。整合后的文化宫(太湖工人文化宫)兼顾好经济效益与公益性、服务性的关系,实行用人、社会效益和费用结余指标考核。

2.新华中专继续巩固原有与高校联合办学的成果,探索合作进行职业技术教育,扩大办学规模。在教育对象上以成人教育为主,努力拓宽成人教育渠道;主动介入和争取各级各类专业培训,继续发挥工会干校的作用,主动承担市总工会和各级工会开展的各种培训任务,发挥好农民工技能培训示范基地作用;要整合社会资源,积极开设职工需求的新培训项目,开拓职工岗位技能培训业务,努力为受培训的职工取得相应资格证书创造条件;在办学模式上,有效利用现有场地、设备、师资,积极引进社会办学力量实施横向联合,拓宽多元化办学路子,探索与有资金实力、有良好社会影响、有办学经验和优质教育资源的单位合作办学。重视搞好教学管理,注重教学、培训质量,不断提高学校收入。

3.太湖工人疗养院要继续坚持改革,进一步理顺疗养院与无锡市太工疗养院有限公司的资产关系、财务关系、组织人事关系和分配关系,通过深化改革,完善运行管理机制,促进工会疗休养事业健康持久发展。

四、深化改革的主要措施

1.完善全员聘用合同制和领导干部聘任制,实行内部退养和待岗制。按照“老人老办法,新人新办法”的原则,凡2005年6月21日以前事业身份的职工,保留事业身份,工资进入档案,实行聘用合同制;以后新补充的人员(除政策安置外)实行公开招录,不再进入事业编制,实行合同制和代理制。未被聘用的职工符合内部退养条件的实行内部退养,不符合内部退养条件的,可实行内部待岗。单位领导除市总工会直接任命外,今后一律通过单位内部竞聘直至向社会公开招聘产生,实行任期制。

2.合理岗位设置,实行岗位竞争和双向选择。岗位设置原则上按照管理岗位、专业技术岗位、工勤岗位三种类别设置,岗位设置总数控制在核定的机构编制数额内。建立明确的岗位目标责任制,坚持因事设岗、因需设岗、按岗聘人、竞争上岗。各单位在重新核定岗位设置和职数的基础上,根据岗位设置、任职条件、人员情况等实际,按规范程序推行现有人员竞争上岗、双向选择、择优聘用,充分调动各类人员的积极性和创造性。

3.建立以效率为导向的效益、绩效分配激励机制。建立和完善事业单位社会公共服务绩效考评制度、经济责任目标考核制度。按照企业化管理的原则,划小核算单位,实行费用成本核算,有条件的实行内部集体或个人盈亏承包。创收部门在核定成本费用的基础上,确定部门各岗位工资和创收指标,超收按比例提成奖励,上不封顶;管理部门按岗位分类设置绩效工资,根据绩效考核情况确定应得工资;单位领导按照年度经济责任考核目标完成情况,按系数定收入。职工完不成与岗位要求相应的效益绩效目标的,只得基本工资,连续三个月完不成效益、绩效目标的实行内部待岗,内部待岗期间只享受待岗工资,待岗工资由单位确定。效益、绩效工资由单位制定,报市总工会审核备案。

4.积极稳妥地推进理事会制度。以扩大影响、促进提高、稳定资源、合作共赢为目的,依据市委、市政府文件精神,借鉴其他兄弟单位的成功经验,筹备成立各单位的理事会,固化现有资源,共谋发展提高。

5.继续在政策和资金上支持和鼓励事业单位改革。事业单位改革的目的是转变观念,调动积极性,激发活力。要努力实现收支平衡有余,其人员经费要积极创造条件自行承担。市总工会近期继续在政策上给予必要扶持,在资金上给予帮助。(1)除离休人员政策性补贴外,现有人员的政策性补贴,市总工会支持部分暂时保留,但今后上级有补贴新政策出台和2009年1月1日以后新进职工有关费用,由各单位自行消化;(2)市总工会按市场化运作方式,加大对事业单位购买服务的支持力度;(3)对事业单位发展、改造必需的项目资金,经充分论证的基础上,提供部分或者全额支持;(4)在条件成熟后,各单位应向市总工会上交公有资产有偿使用费。

五、深化改革的具体要求

1.加强领导,严密组织。深化事业单位改革,建立与市场经济要求相适应的运行发展模式和用人分配制度,是事业单位改革的出路和方向,也是直属事业单位求生存、谋发展的唯一出路。因此,各级要高度重视,切实加强组织领导,积极稳妥推进改革。市总工会成立以孙洪书记为组长,张帆、汤建华副主席为副组长,办公室、财务事业部、组织部、法工部、民管部、宣教部、经审办负责人和有关人员组成的深化事业单位改革领导小组, 领导和组织协调改革工作,下设办公室于财务事业部,负责具体改革工作。各单位也要成立相应的领导班子,具体负责本单位深化改革具体方案制定和实施,协调处理改革中出现的各种矛盾和问题,确保改革的顺利进行。

2.强化教育,统一思想。事业单位改革关系到职工切身利益,关系到工会事业的繁荣与发展。各单位在精心制定改革实施方案的基础上,加强思想教育和政策宣传工作,转变观念,释疑解难,及时化解各种矛盾,把思想统一到市委、市政府有关文件精神上来,把力量凝聚到本单位发展上来,以改革促发展。

3.周密部署,稳步实施。各单位结合自身特点制定改革实施方案,精心组织,慎密安排,认真实施。重视改革中各种利益关系的协调,既力求在转变观念和转换机制上突破与创新,又注意与有关政策规定配套衔接,提高操作性。实施方案应充分听取职工意见,并经职工(代表)大会审议后组织实施,保证改革平稳有序地向前推进。

无锡市总工会

2009 年 6 月 18 日

关于规范企业劳动用工规章制度制定程序保障职工民主权益的意见

锡工发民〔2009〕14 号

各市、区社保局、总工会、经贸委、工商联,各局(公司)行政、工会,各直属单位、工会:

为认真贯彻执行劳动合同法、《江苏省企业民主管理条例》中关于用人单位在制定、修改或者决定有关直接涉及职工切身利益的规章制度或重大事项时,应当经职工代表大会或者全体职工讨论,与工会平等协商确定的有关规定,结合《市政府关于做好〈劳动合同法〉、《劳动争议调解仲裁法〉贯彻实施工作的意见》,现就依法规范制定涉及职工切身利益规章制度的民主程序提出如下实施意见:

一、严格规范规章制度制定程序

1.用人单位在制定、修改有关直接涉及劳动者切身利益的规章制度或者重大事项时应依法履行以下民主程序:(1) 凡直接涉及劳动者切身利益的规章制度或者重大事项应当经职工代表大会讨论通过或经职工代表大会或者全体职工讨论,征求职工的意见和建议,并由工会与企业平等协商一致后确定;(2) 凡经上述程序制定的规章制度和决定的重大事项应通过厂务公开栏等形式向全体职工公示;(3)在规章制度和重大事项实施过程中,工会或职工认为不适当的,应当向用人单位提出,并通过协商予以修改完善。

2.为切实保障用人单位和职工的利益,用人单位在制定、修改、告知直接涉及劳动者利益的规章制度的过程中应当必备以下材料,以便提供有关部门在日常检查和调处因规章制度引发的劳动争议时使用。

(1)关于规章制度的制定程序:用人单位的职代会制度(包括职代会工作机构、届期、职工代表人数、产生办法等);职代会讨论规章制度的会议纪要和公示情况;职代会召开情况报告表;协商代表签名的协商会议记录;

(2)关于规章制度的修改程序:工会提出修改完善规章制度的要约及协商会议记录;

(3)关于规章制度的告知程序:用人单位公示规章制度的照片;职工签收有关规章制度的签名。

3.用人单位未按照民主程序单方面做出的涉及劳动者切身利益规章制度,工会和职工有权拒绝接受。劳动和社会保障部门、人民法院对于因遵守企业规章制度而引发的劳动争议,在作出仲裁和诉讼裁决时,应认真审查制定程序的合法性,对违反民主程序所作出的涉及职工切身利益的规章制度和决定重大事项的应视为无效。

二、严格坚持职工代表大会工作制度

4.建立和完善职工代表大会制度。各单位应当依据《江苏省企业民主管理条例》规定的届期、代表比例结构、职权和工作制度建立和规范职代会制度,保证职代会运作的有序和作用的发挥。

5.严格职工代表的选举制度。职工代表必须按规定由职工直接选举产生，选举应实行无记名投票。凡未经选举由用人单位直接指定的职工代表资格无效。

6.严格职工代表大会报告制度。为规范职工代表大会的运作，用人单位召开职工代表大会前，应向上级工会报告，并接受上级工会的指导。在会议召开后一周内向上级工会上报《职代会召开情况报告表》。上级工会应对会议召开情况进行认真审核，并签署意见，对未依照法定程序召开的职代会，应当及时提出意见，予以纠正。

7.严格职工代表大会审议讨论和集体协商制度。对应提交职工代表大会讨论审议并与工会协商确定的规章制度和重大事项，一定要安排职工代表讨论，形成会议纪要，并在厂务公开栏中公示。工会应根据职代会讨论意见，与用人单位认真协商，并形成协商记录。协商不一致的，应当由上级工会指导、帮助、协调，仍不能达成一致的，可以提请当地劳动行政部门协调处理。

8.建立民主管理检查监督制度。地方一级总工会应当建立工会劳动法律监督整改制度。对用人单位违反《江苏省企业民主管理条例》有关规定，侵犯职工民主权益的行为可以发出监督整改意见书；用人单位拒绝整改的，应当向同级劳动行政部门提出工会劳动法律监督处理建议书。

9.实践区域性、行业性、集群职代会制度。对面广量大的小型非公企业要通过建立区域性、行业性、集群职工代表大会，就规章制度中涉及大多数企业的共性问题进行集体协商，保障小型非公企业职工的民主权益。

三、坚持以工会作为职工代表大会工作机构

10.《江苏省企业民主管理条例》规定，企业工会“承担职工代表大会工作机构的任务”。用人单位建立职工代表大会制度必须坚持以工会为工作机构，由工会负责选举职工代表，筹备召开职工代表大会，督促用人单位执行职代会决议，处理职代会闭会期间的民主管理工作等。

11、凡未建立工会的用人单位，要加快工会组建步伐，做到建会和建制同步。在工会组织尚未建立之前，可以由上一级工会负责监督用人单位履行职代会的民主程序。

四、完善用人单位劳动关系的协调机制

12.各级企业家组织应当加大对劳动法律法规的宣传力度，积极引导企业经营者提高依法治企的自觉性；各级工会应当帮助、指导用人单位依法制定、修改涉及职工切身利益的规章制度和决定重大事项，支持企业的合法经营和管理，教育和引导职工认真遵守企业依法制定的规章制度。对用人单位履行民主程序的情况进行监督检查，对违反法律规定制定的规章制度，有权要求其纠正，用人单位拒绝整改，并涉嫌存在《江苏省企业民主管理条例》第二十八条、第二十九条、第三十条规定的情形的，地方总工会应当依法向同级劳动行政部门提出工会劳动法律监督处理建议书。

13. 规范用人单位制定规章制度的民主程序要立足于建立和完善劳动关系协调机制，协调劳动关系三方要共同推进企业健全劳动合同制度，完善职工代表大会、工资集体协商、厂务公开等各项民主管理制度，积极推动企业开展创建和谐劳动关系活动，为构建社会主义新型劳动关系奠定坚实的基础。

无锡市总工会　无锡市社保局　无锡市经贸委　江苏省市工商局　无锡市工商联

2009年8月11日

关于开展
“幸福进万家——工会助民行动”的实施意见

锡工发〔2010〕12号

各市(县)、区总工会,局(公司)、直属单位工会:

为贯彻落实《中共无锡市委、无锡市人民政府关于在全市开展落实科学发展观,建设“幸福市(县)、区”活动的决定》(锡委发〔2010〕12号)的要求,充分发挥全市工会组织服务职工、服务企业的作用,无锡市总工会决定从现在起至“十二五”末,在全市组织开展“幸福进万家——工会助民行动”,以进一步增强各级工会服务大局的责任意识,推动各级工会组织以更加积极有为的姿态和更大的工作力度投身于建设“幸福市(县)、区”活动,力争在开启无锡科学发展、转型发展的新境界,开创无锡科学发展、转型发展的新局面中作出积极的贡献。

一、指导思想

以邓小平理论、“三个代表”重要思想和科学发展观为指导,把开展“幸福进万家——工会助民行动”作为工会组织落实科学发展观的实践载体,以“幸福江阴”建设经验为标杆,以促进企业与职工和谐发展、实现职工体面劳动、提高职工群众幸福感、满意度为主旨,坚持“关注民生、加强服务、促进和谐”的工作要求,为我市加快建成经济繁荣、生活富裕、科教发达、环境优美、法制健全、社会文明、民众满意的“幸福市(县)、区”贡献力量。

二、总体目标

紧紧围绕无锡建设生态城、高科技产业城、旅游与现代服务城、宜居城的发展要求,充分发挥工会组织密切联系职工群众的特色和优势,着力在经济转型、产业提升、民生工程、文化建设、民主法治建设等方面体现工会工作的成效。

“幸福进万家——工会助民行动”要成为无锡建设“幸福市(县)、区”活动的重要组成部分,要为无锡建设成为国际有名、国内领先、民众满意、和谐宜人、幸福安康首善城市发挥积极作用。“幸福进万家——工会助民行动”结合全市建设“幸福市(县)、区”活动和市总工会的近期目标及中长期目标,以“五民五好”(即以民生为本,力求个个都有好工作;以民富为纲,力求家家都有好收入;以民享为先,力求处处都有好环境;以民安为基,力求天天都有好心情;以民强为重,力求人人都有好身体)为努力方向,每年制定具体实施目标,全面加强和落实服务企业、服务职工的一系列措施,至“十二五”末,确保工会为企业和职工所办的各项实事、好事取得明显效果,使职工群众深切感受到工会大家庭的温暖,更充分地实现体面劳动,工作生活得更加幸福、更有尊严。

三、具体实施方案

“幸福进万家——工会助民行动”将开展和谐构建、优质服务、素质提升、倾情帮扶、文化助推、典型选树六大行动,办好与职工群众工作生活息息相关的26件实事,每年都要实现相关任务目标,到“十二五”末,做到“助民行动”基本全覆盖,促进职工整体利益实现明显提升。

(一)和谐构建行动

1.完成市政府为民办实事项目:深化和完善企业工资集体协商制度,使企业与职工共享改革发展成果,2010年全市已建工会的企业,工资集体协商制度建制率达95%以上;推进企业规范劳动用工制度,2010年规模以上企业规范劳动用工制度建章合格率达80%以上,中小企业劳动用工制度建章率达90%以上;不断增强工会调处劳动争议的能力,2010年已建工会的企业建立劳动关系预警组织网络达90%、企业劳调组织达90%;劳动争议调解结案率达90%以上,及时把矛盾调解在基层、调解在萌芽状态。通过“助民行动”,为民办实事项目的指标至“十二五”末,每年都稳步上升。

2.努力为经济转型、产业升级创造良好的发展环境,每年在全市95%以上企业开展深化和谐劳动关系企业创建活动。

3.推进非公企业职代会建设,推进非公企业劳动者权益公开制度,至“十二五”末,每年指标都有所上升。2010年非公企业职代会建设建制率指标为95%以上,推进非公企业劳动者权益公开制度建制率指标为90%以上。

4.每年至少开展一次工会劳动法律监督检查联动活动。

(二)优质服务行动

5.2010年开通工会无锡职工之家网络服务平台,并根据社会、企业、职工的实际需求,陆续开办网上法律咨询、网上维权服务、网上办理就业登记等栏目,给职工群众办事提供更大的便利。

6.推动镇(街道)以上工会建立职工法律援助律师团工作,每年提供法律援助、服务10件以上。

7.加强普法宣传,全市工会每年组织开展或参与劳动法律法规广场宣传活动、社区宣传活动10次以上,发放宣传资料2000份以上。

8.依托“职工律师团”、“工会法律援助中心(站、点)”等资源载体,采取编印法律知识读本、现场授课、接受咨询、案例图片展等方式组织开展“下企进村”等形式的法律服务活动,引导企业依法治企,引导职工理性维权。

9.充分发挥文化宫教育培训、文化娱乐、体育健身、职工服务的作用,积极推进新工人文化宫建设工程,力争2010年上半年开工建设、2013年前竣工开放,为广大职工群众提供学习娱乐的新场所。

(三)素质提升行动

10.适应经济转型、产业升级的新形势,全面推进职工技术练兵和技能培训工作,每年均开展各种形式的劳动竞赛和技能比赛。2010年,将在全市组织开展20个工种的技能比赛,通过技能比赛1000人次晋升技术等级。并在此基础上,每年增加比赛项目、扩大比赛范围,使职工受益面不断扩大。

11.充分发挥工会“大学校”作用,加强职工职业技能培训,提升职工素质。2010年,市总工会将组织创新创造学和班组长培训,培训高技能人才500人次以上;积极组织和协助行政抓好一线职工技能培训,使一线职工受训面达50%以上。在此基础上,培训面逐年有所增长。

12.加强劳动保护和安全生产知识培训,促进企业安全生产,维护职工的生命健康。2010年,全市各级进行安全培训30万人次,培训业务骨干5000人次,其中市总工会年内举办4期培训班,培训500名骨干。在此基础上,培训面逐年有所增长。

(四)倾情帮扶行动

13.进一步发挥工会促进扶持创业、推动就业、服务职工、维护稳定的积极作用,依托市小额贷款担保基金,在市总工会困难职工帮扶中心增设小额贷款服务窗口,受理下岗、失业和特困职工家庭成员申贷,并提供贷后服务。

14.举办创业指导培训班,开展再就业培训。2010年将培训10000人以上,其中"家政服务工程"培训2000人。并在此基础上,每年根据社会工作岗位实际需求,不断更新培训科目,扩充培训人数,增加职工创业和再就业的能力。

15.大力推进就业服务,发挥与政府就业信息联网的优势,做到就业天天有介绍、月月有专场、重大节日有特色专场。2010年,市总工会将举办2~3次大型工会专场招聘活动,推荐就业岗位8000个以上,为困难职工提供更多的就业机会。

16.充分发挥职工互助保障作用,扩大互助保障覆盖面,增强职工抗风险能力。力争2010年参加互助互济各类互助保障项目的职工新增10万人次,并逐年有所增长。

17.推进女职工健康互助计划扩面提质。2010年,力争新增2万人次,同时组织为千名困难家庭女职工、单亲特困女职工、女农民工、女劳模进行免费妇女病普查。

(五)文化助推行动

18.组织开展好全市性的大型文体活动。2010年,市总工会将组织举办市第四届青年歌手大奖赛、组队参加省第十七届运动会职工部12个大项目的比赛。

19.深入开展"两争一树"活动,每年选树50个学习型班组、50名知识型职工的典型。

20.每年新建100个"职工书屋"(农民工流动读书站)示范点。2010年,市总工会进行开设"职工电子书屋"的试点工作。

21.依托市工人文化宫、职工艺术团等开展工会送文化、送知识、送文艺活动。向企业、社区送电影、送文艺演出,每年不少于25场次。

22.组织职工观光考察,充分感受祖国日新月异的成就。2010年对接"世博",将组织开展"万名职工游世博、看家乡"活动。

(六)典型选树行动

23.进一步发挥工人阶级先进性,树立时代典型,弘扬劳模精神,每年在"五一"节前评选表彰一批劳模或先进。

24.建立完善劳模先进的评选、管理、宣传工作机制,建立劳模资料和劳模先进后备人员信息库,重视高科技、新兴产业等劳模的选树,每年培育3~5个科技创新型劳模品牌,2010年新命名10个市级"劳模创新工作室"。

25.积极贯彻落实市政府《关于提高市以上劳动模范待遇的实施意见》。市总工会每年都将组织劳模先进体检和劳模疗休养活动。

26.每年由全市各级工会向市级以上劳模赠订报纸一份。

四、组织保障

组织开展"幸福进万家——工会助民行动",对各级工会组织来说是一项开拓性、创新性的工作,任务艰巨,责任重大。作为当前和今后一段时期工会工作的重点,我们必须从思想上高度重视此项活动,建立有效的组织保障和工作推进机制,切实形成上下联动、横向互动、企业与职工积极参与行动的工作格局。

一要加强组织领导，形成协同推进机制。市总工会将成立“幸福进万家——工会助民行动”领导小组，其成员为：

组　　　长：市委常委、市总工会主席　周敏炜

副　组　长：市总工会党组书记、副主席　孙　洪

领导小组成员：市总工会副主席　张　帆

市总工会副主席　汤建华

市总工会副主席　王觉民

市总工会纪检组组长　周国祥

领导小组下设办公室，负责组织开展“幸福进万家——工会助民行动”的日常工作，主要有：研究制定工作思路、阶段性目标和具体实施意见，做好活动过程中的有关协调工作，以及活动的联络、监测、检查、指导、分析、汇总、考核等，确保“助民行动”各项任务有序实施。各市(县)、区总工会要建立相应的领导小组，工会主席负总责、分管领导直接抓，并根据本《意见》制定各市(县)、区总工会开展“助民行动”的具体实施意见和方案，从而上下联动，形成强有力的协同推进机制。

二要加强宣传，发动企业职工积极参与。全市各级工会组织要大力宣传“助民行动”的积极意义，广泛发动企业与职工热情参与，通过弘扬活动中涌现的先进典型，营造浓厚的助民氛围。市总工会将与相关媒体通力合作，突出宣传各级工会组织“助民行动”的成效与亮点，将与市主流媒体合作开辟工会“助民行动”专栏，与广电部门协作拍摄专题宣传电视片，在《江苏工人报》聚焦无锡专栏与《江南晚报·职工之友专版》上进行连续报道，并在市总工会网站上开辟专题。通过宣传发动，促进全市各级工会组织自觉把“助民行动”的各项工作落实好。

三要加强监督考核，确保“助民行动”取得成效。市总工会将定期对各市(县)、区总工会、全市各级工会组织开展“助民行动”的情况进行调研检查与监督考核。市总工会“助民行动”领导小组办公室将对各级工会组织开展“幸福进万家——工会助民行动”的各项工作指标进行动态监测和分析，对发现的问题，及时提出对策建议。各市(县)、区总工会在开展“助民行动”的工作中，要注重加强党工共建，及时主动地向党委和政府汇报工作、沟通联系，取得党委、政府对此项工作的重视与支持，从而提高“助民行动”活动的覆盖面，确保“助民行动”取得明显的成效。要增强职工群众对工会工作的知情权、监督权、发言权，由广大的职工群众来评判工会工作，有条件的工会组织都要面向社会进行满意度测评。

市总工会在年底将对各级工会组织开展“助民行动”的情况进行考核评比，对取得出色成绩的工会组织予以表彰奖励，考核的主要依据是《“幸福进万家——工会助民行动”客观评价指标》(见附件1)和《“幸福进万家——工会助民行动”职工满意度评价指标》(见附件2)。具体评比标准及评比的奖项，市总工会将按照群众认同、评价科学、便于操作的原则，另行研究制定。

附件：1.“幸福进万家——工会助民行动”客观评价指标(略)

2.“幸福进万家——工会助民行动”职工满意度评价指标(略)

无锡市总工会

2010年3月1日

关于印发《无锡市乡镇(街道)总工会工作暂行办法》的通知

锡工发〔2010〕21号

各市(县)、区总工会：

为全面加强和规范乡镇(街道)总工会工作,充分发挥乡镇(街道)总工会在维护职工合法权益、构建和谐劳动关系中的作用,进一步夯实乡镇(街道)工会的组织基础。市总工会制定了《无锡市乡镇(街道)总工会工作暂行办法》,现印发给你们,望各地结合实际,认真贯彻执行。

无锡市总工会

2010年3月25日

无锡市乡镇(街道)总工会工作暂行办法

改革开放以来,我市乡镇(街道)区域内经济迅猛发展,非公企业不断增多,职工队伍不断壮大,为适应新形势发展的需要,充分发挥乡镇(街道)工会的作用,建立起与经济发展、企业数量和职工队伍相适应的工会组织体制,从2004年起在全市进行探索建立乡镇(街道)总工会工作。到目前为止,全市乡镇基本上建立了总工会。为全面加强和规范乡镇(街道)总工会工作,根据有关规定,结合我市实际,制定本暂行办法。

第一章 组织体制

第一条 乡镇(街道)总工会是(市)县、区总工会下属按地域建立的一级工会组织,具有社会团体法人资格的一级地方工会组织。乡镇(街道)辖区内所属村(社区)工会、各类基层工会和行业性、区域性工会联合会都接受乡镇(街道)总工会的直接领导。

第二条 乡镇(街道)总工会接受同级党委和上级工会的双重领导,以同级党委领导为主,依照《工会法》和《中国工会章程》,独立自主地开展工作。

第三条 乡镇(街道)辖区内的所有工会组织实行"条块结合、以块为主、属地管理"的原则。乡镇(街道)总工会应积极在本区域内建立和完善镇、村、企"小三级"的工会组织网络,积极推动建立各种区域性、行业性基层工会联合会。

第四条 参照《中国工会章程》的有关规定,乡镇(街道)总工会的工会代表大会,每届任期3~5年。它的职权是:审议和批准同级总工会委员会的工作报告;审议和批准同级总工会的经费收支情况报告和经费审查委员会的工作报告;选举同级总工会委员会委员和经费审查委员会委员;讨论决定工会工作其它重大问题。代表大会的代表人数原则上按照所属基层工会会员数确定,一般为80~120名。

第五条 乡镇(街道)总工会委员会原则上设置委员10~15名,需要设常委会的设常委5~7名。

第六条 在乡镇(街道)总工会成立的同时,应建立工会经费审查委员会、女职工委员会和劳动争议调解委员会等。经费审查委员会设主任1名,委员3~7名;女职工委员会设主任1名,委员3~7名,劳动争议调解委员会等按有关规定设立。

第七条 实行乡镇(街道)工会代表大会代表常任制。代表任期与乡镇(街道)工代会届期一致,会员代表可以连选连任。代表任期内每年参加一次年度代表大会,年度代表大会由乡镇(街道)总工会委员会召集。为充分发挥代表在任期内参与决策、监督、参谋和桥梁纽带作用,应相应建立代表履行职责的各项制度,包括代表联系制度、代表活动制度、代表提案制度、代表会议制度、代表培训制度、代表替补制度,以更好地促进乡镇(街道)总工会的自身建设。

第八条 乡镇(街道)总工会按照"精干、高效"原则,原则上不设内部机构。可根据工作人员多少,进行适当分工。

第二章 基本职责

第九条 乡镇(街道)总工会履行地方工会领导职责,代表和维护职工合法权益,主要职责是:

(一)围绕乡镇(街道)中心工作,团结和动员职工为镇经济社会发展作贡献。

(二)负责区域内工会组建、发展会员和基层工会组织建设,做好区域内基层工会干部的协管工作。

(三)推动建立与政府联席(联系)会议制度和劳动关系三方协调机制,参与协调解决涉及职工的切身利益问题。

(四)开展区域性、行业性协商谈判和签订集体合同工作,推进企业建立职工民主管理制度。

(五)建立区域性劳动争议调解组织和劳动关系预警组织,参与协调处理劳动争议。

(六)监督企业贯彻执行劳动法律法规,落实劳动保护措施,改善职工劳动安全卫生条件。

(七)建立工会法律援助服务制度和机制,开展法律援助服务活动,受理法律援助案件。

(八)代行基层工会难以承担的部分维权职能,发挥上级工会代表下级工会的作用,维护基层工会干部合法权益。

(九)实施送温暖工程,为职工群众办实事、办好事。

(十)指导基层工会开展建设职工之家活动,不断增强基层工会活力。

第三章 工会主席

第十条 乡镇(街道)总工会设主席1人,副主席1~2人。工会主席原则上实行专职配备,个别由同级党组织负责人兼任的,应配备专职工会副主席1~2人。

第十一条 乡镇(街道)总工会主席、副主席,按《中国工会章程》有关规定的民主程序选举产生,并报上一级工会批准。

第十二条 乡镇(街道)总工会的干部配备和待遇,按照《中共无锡市委关于进一步加强新时期工会工作的意见》(锡委发〔2004〕42号)中“乡镇工会主要负责人应按同级党政副职配备”的规定执行。同时,要配备一定数量的专职干部,认真落实省委《关于加强和改进新形势下工会工作的若干意见》(苏办发〔2009〕37号)中“因工作需要聘任的工会工作协理员,由于编制不足无法纳编的,可以纳入社会公益性岗位和社会工作者序列”的规定。

第十三条 乡镇(街道)总工会主席、副主席在任期内应保持相对稳定。确因工作需要调动岗位时,须事先征得上一级工会的同意。

第十四条 新任乡镇(街道)总工会主席、副主席,应在一年内参加上级工会举办的上岗资格或业务培训。

第四章 工作机制和制度

第十五条 深化党工共建机制。坚持“党建带工建,工建服务党建”,积极争取党政对工会工作的重视和支持,把工会工作纳入党建目标体系,每年向党委专题汇报1~2次工会工作情况,及时研究解决乡镇(街道)工会工作中的重大问题。建立健全工会与政府联席(联系)会议制度,推动建立工会与政府相关部门协调联系制度,完善协调劳动关系三方机制,乡镇(街道)工会工作在全局中有影响、有位子。

第十六条 健全民主管理机制。积极推进区域内企业建立以职工代表(职工)大会为基本形式的职工民主管理制度,探索在非公有制企业实行职工代表(职工)大会制度的有效形式;建立以平等协商和签订集体合同为主要内容的劳动关系协调机制;发挥上级工会代表下级工会的作用,代行基层工会难以承担的部分维权职能,积极开展区域性协商谈判,签订区域性、行业性集体合同或专项集体合同;参与创建劳动关系和谐企业活动,督促企业建立和规范厂务公开和职工董事、职工监事等制度。

第十七条 建立职工素质提升机制。紧紧围绕乡镇(街道)中心工作和经济转型发展,深入开展职工经济技术创新活动,推动实施职工素质技能培训,组织开展劳动竞赛、合理化建议、技术革新、技术攻关、技术协作、发明创造、岗位练兵、技术比赛等群众性经济技术创新活动,大力推进辖区内职工文化和企业文化建设,不断丰富“两争一树”活动的内涵,努力提高职工队伍技能素质,为推进经济转型发展提供人才支撑,为发展经济建功立业。

第十八条 完善扶贫帮困机制。努力为职工群众做好事、办实事、解难事,送温暖工作经常化、制度化。积极开展下岗职工失业技能培训,提高职工的竞争能力和创业能力。督促区域内企事业单位按规定为职工缴纳各种社会保险费,建立困难职工帮扶资金筹措机制,开展困难职工生活扶助、医疗救助、子女就学和职工互助互济等工作。

第十九条 强化劳动争议调处机制。指导和帮助区域内各类企业依法建立劳动争议调解组织,参与调处本区域内企业劳动争议,建立劳动争议预警机制,发挥劳动争议调解组织的预防职能,对企业执行有关劳动报酬、劳动安全卫生、工作时间、休息休假、女职工和未成年人保护、保险福利等劳动法律法规情况进行监督检查。加强工会信访和法律援助服务工作,为职工提供法律咨询,代书、代理仲裁或诉讼等法律援助事务。加强安全生产监督和劳动保护,参与劳动安全卫生事故的调查处理。

第五章 工会经费和财产

第二十条 各市(县)、区总工会应从本地区的实际情况出发,为乡镇(街道)总工会提供必要的办公场地、工作和活动经费。可采取经费补助、超收奖励、争取政府支持等多种形式,解决乡镇总工会的经费需求,保证其正常工作和活动的开展。

第二十一条 乡镇(街道)总工会经费管理体制不变,其经费主要来源是:

(一)市(县)、区总工会补助收入。补助额度由各市(县)、区总工会与乡镇(街道)总工会协商确定,原则上给予适当的倾斜和支持。

(二)当地政府补助收入。

(三)其它合法收入。

第二十二条 根据经费独立的原则,乡镇(街道)总工会应独立建帐,并建立预算、决算和经费审查监督制度。按照有关规定收好、管好、用好工会经费,并接受上级工会的指导和监督。

第二十三条 乡镇(街道)总工会的财产和经费,任何组织和个人不得侵占、挪用和任意调拨。

第六章 附 则

第二十四条 本办法由无锡市总工会组织部负责解释。

第二十五条 本办法自公布之日起施行。

市政府办公室转发市总工会等关于在全市职工中深入开展建功“十二五”创新创业劳动竞赛意见的通知

锡政办发〔2011〕124号

各市(县)和各区人民政府,市各委、办、局,各直属单位:

市总工会、市人社局、市发改委、市经信委、市科技局、市财政局、市环保局、市安监局《关于在全市职工中深入开展建功“十二五”创新创业劳动竞赛的意见》已经市政府同意,现转发给你们,请结合实际,认真贯彻执行。

2011年5月10日

关于在全市职工中深入开展建功“十二五”创新创业劳动竞赛的意见

市总工会　市人社局　市发改委　市经信委

市科技局　市财政局　市环保局　市安监局

(2011年5月)

为贯彻落实省政府《关于在全省深入开展建功“十二五”创新促发展劳动竞赛意见的通知》(苏政办发〔2011〕31号),充分发挥社会主义劳动竞赛在无锡经济转型发展和创新无锡、幸福无锡建设中的重要作用,进一步团结动员全市广大职工为全面实现无锡“十二五”宏伟目标建功立业,决定在全市企事业和职工中深入开展建功“十二五”创新创业劳动竞赛活动,特提出如下意见:

一、指导思想

以邓小平理论和“三个代表”重要思想为指导,深入贯彻落实科学发展观,以“推动科学发展、率先发展,建设创新无锡、幸福无锡”为主题,以加快转型发展为主线,推动无锡经济转型发展,广泛开展以提升职工素质、增强创新创业能力为重点的社会主义劳动竞赛,弘扬工人阶级的伟大品格,充分发挥工人阶级在推动经济转型升级和创新创业发展中的主力军作用,最大限度地激发广大职工的积极性、创造性，团结动员广大职工为实现无锡“十二五”宏伟目标作出贡献。

二、总体目标

劳动竞赛的覆盖面日益扩大。劳动竞赛从国有企业向非公有制企业，从传统产业向战略性新兴产业，从生产领域向服务领域、管理领域拓展，逐步实现全市企业开展劳动竞赛全覆盖，企业与职工参与率以15%/年增长，到2015年，全市企业与职工参与面达到90%以上，非公企业参与率达70%以上。2011年以举办无锡市首届职工科技创新节为载体，全面推进我市建功“十二五”创新创业劳动竞赛活动，在十大重点建设工程、十大重点地区（行业）、十大窗口和现代服务业开展多层次、多形式的立功劳动竞赛。

（一）服务推动转型升级的作用逐步增强。以重点建设工程、重点地区和行业（高新、新兴行业）、重点企业（特别是非公企业）立功劳动竞赛为龙头，以企业技术创新、职工素质提升、合理化建议为重点，以劳模先进示范作用为引领，通过形式多样、内容新颖的竞赛活动，加快推进我市经济转型升级和科学发展、率先发展。到2015年，实现全市职工合理化建议累计30万件以上，实施率达30%以上；完成职工技术创新项目3万项以上，总结推广先进操作法100项以上，发明创造（获国家专利）3000项以上。2011年开展“十、百、千、万”创新科技工程（命名十个市级劳模创新工作室、百个市级科技创新基地、建立千个职工创新班组、万个企业参加科技创新活动）。举办职工创新成果展示会、论坛，评选表彰无锡市第五届十大职工科技创新奖、十佳金点子（合理化建议）、十大先进操作法。

（二）职工技能素质不断提升。开展百万职工大培训、大练兵、大比赛活动。每年市及市（县）、区组织开展职工技能比赛的工种不少于100个，参加技能培训竞赛职工达100万人次。到2015年，建立20家无锡市职工职业技能培训和实训基地，全市高技能人才占全部技术工人的比例提高到36%以上，其中技师、高级技师所占比例达到7%以上。2011年举办20个工种的职工技能比赛，3000人次晋升技术等级，500人晋升技师、高级技师。

（三）职工节能减排取得明显成效。深入开展节能减排对标达标竞赛，实现年度职工节能减排专项合理化建议5000件以上，实施率45%以上，到2015年，建立职工节能减排义务监督员队伍2000人以上。2011年开展职工节能减排知识竞赛活动，专项合理化建议1000条，建立500人职工节能减排义务监督员队伍。

（四）企业安全生产责任进一步强化。扎实推进“安康杯”竞赛活动和安全生产“1+3”监控工作体系建设，到2015年，规模企业竞赛覆盖面达到95%以上，80%企业建立“1+3”监控工作体系，参赛企业逐步实现无较大事故。2011年深化“安康杯”竞赛活动，组织10万职工参加全国职工职业安全卫生知识普及教育和竞赛活动。近5000家企业、65万名职工参加“安康杯”竞赛活动，安全生产、劳动保护知识培训50万人次。

三、主要任务

（一）深入开展重点建设工程、重点地区和行业建功立业劳动竞赛，推动经济转型产业升级。在新能源、新材料、生物技术、信息技术、新医药、节能环保、物联网等新兴产业，开展“创高技术、创高效益、创高速度”主题竞赛，促进新兴产业倍增计划的实施；在金融、现代物流等现代服务业，开展“用户满意服务明星”活动，增强服务业企业市场竞争力；在装备制造、石油化工等传统产业,开展以研发新品、技术改造、节能增效、安全环保为主要内容的立功竞赛,推动传统产业转型升级。在重点建设工程,开展以"比质量、比管理、比创新、比安全、比效率、比和谐"为主要内容的重点工程劳动竞赛,争创优质工程,加快推进现代化基础设施支撑体系建设。

(二)大力开展职工技术创新竞赛,促进创新型经济发展。围绕增强自主创新能力,转变经济发展方式这一中心环节,组织引导职工开展技术革新、技术交流、技术协作、发明创造、合理化建议等活动。继续开展百万职工创新创造知识普及活动,深化"我为企业创新发展献一计"和"六小"(小革新、小改进、小建议、小节约、小核算、小经验)活动。每年组织开展职工"十大科技创新成果"、"十佳合理化建议"、"十大先进操作法"评选活动。发挥职工技协的组织、人才、技术优势,做好职工科技成果推广和应用工作。建立职工科技成果网,为职工科技创新成果推广应用搭建平台。

(三)广泛开展职工职业技能培训和竞赛,建设高素质职工队伍。按照建设高层次创新人才、重点领域急需紧缺专门人才和高技能人才队伍的要求,贯彻市总工会、市人社局《关于进一步加强和改善工会职工技能培训工作的意见》(锡工联发〔2010〕11号)精神,深入开展百万职工职业技能大练兵、大培训活动。市总工会会同有关部门每年组织全市职工20个工种的职业技能竞赛,开展就业技能培训、岗位技能提升培训和创业培训,充分利用各级政府部门、工会、企业所属的职业(工)学校等教育资源,建立20个市级职工职业技能实训基地,加快培养紧缺型技能人才。广泛开展名师带徒、评选无锡市"金牌工人"等活动,激励职工争当知识型、技能型、创新型人才。

(四)有效开展节能减排对标竞赛,增强可持续发展能力。深化"我为节能减排做贡献"活动,推进煤炭、钢铁、石化等重点行业、重点企业节能减排对标达标竞赛。教育职工增强节约意识和环保意识,帮助和引导职工掌握节约技能、改进工艺设备、推广先进技术、提高资源利用率。继续组织开展"我为节能减排献一计"专项合理化建议活动。建立职工节能减排管理和监督队伍,加强职工节能减排义务监督员队伍建设,充分发挥广大职工在节约资源和保护环境中的重要作用。

(五)积极开展"安康杯"竞赛,进一步增强企业的安全主体责任和职工的安全素质。加强安全生产的法律法规、政策宣传和知识普及,大力推进职工安全生产知识的教育培训。广泛开展"十个一"(读一本生产知识的书、提一条安全生产建议、查一起事故隐患违章行为、写一篇安全生产体会、做一件预防安全生产事故的实事、看一场安全生产录像或电影、接受一次安全生产知识培训、忆一次事故教训、当一天安全检查员、开展一次安全生产签名活动)活动,加强企业安全文化建设,使"安全在我心中"成为企业和职工的自觉行动。规范安全生产班组建设的各项要求,开展班组长安全生产、劳动保护知识的培训,督促各类企业认真落实安全生产措施,提高事故防范能力和职业病防控能力,保障企业职工的劳动安全和生命健康。

(六)扎实开展班组创先争优竞赛,提高企业核心竞争力。以创建"工人先锋号"活动为载体,以建设高效、创新、和谐班组为目标,以创新技术、提高效率、提升质量、节能减排和安全生产为重点开展班组竞赛。深化创建学习型、创新型班组活动,激励班组成员争做"创新能手",培育更多的"创新示范岗",推动班组工作制度化、规范化、科学化和民主化。总结班组建设工作经验,开展"社会主义劳动竞赛先进班组评选"活动。积极推动非公有制企业开展班组劳动竞赛,夯实企业发展基础,增强企业发展活力。

(七)大力弘扬劳模精神和工人阶级伟大品格,发挥劳模先进引领示范作用。注重在劳动竞赛中发现培育具有时代特征的先进典型,发挥劳模先进在推动劳动竞赛活动中的带头示范作用。大力宣传和弘扬劳模精神和工人阶级伟大品格,用先进的思想和崇高的精神感动职工、启迪职工、鼓舞职工,引导职工崇尚劳模、学赶先进、争创一流。深化创建“劳模创新工作室”活动,搭建劳模领军、职工参与的创新平台,发挥劳模服务队的作用,为企业创新创业服务。各类企业要积极支持“劳模创新工作室”、“技师创新工作室”的工作,加大扶持力度,并作为高技能人才培养基地,纳入企业人才培养规划。

四、推进措施

(一)把握基本原则。劳动竞赛作为团结动员职工为经济社会发展建功立业的重要途径,必须坚持以职工为本,依靠职工、尊重职工的主体地位和首创精神,最大限度地把职工组织到竞赛活动中来;必须坚持以加快转变发展方式为主线,紧紧围绕“十二五”规划的目标任务,确立竞赛主题,明确竞赛目标和重点;必须坚持精神奖励和物质奖励并重,建立符合市场经济要求的劳动竞赛激励机制;必须坚持促进经济发展与维护职工合法权益相统一,建立企业与职工利益共享机制,促进劳动关系和谐稳定,实现“双赢”。

(二)加强组织领导。完善竞赛领导体制,建立无锡市劳动竞赛委员会(委员会名单见附件)。着力构建党委领导、政府主导、部门配合、工会运作、职工参与的劳动竞赛工作格局。各级工会、科技、经信委、发改委、人社局、财政等部门要通力合作,推进劳动竞赛活动深入开展。市人社局要积极支持工会组织开展职工职业技能大练兵、大比武活动,将职工职业技能竞赛和职工技能实训基地建设纳入政府高技能人才工程建设;市科技局要加强对职工科技创新活动的指导,研究出台鼓励职工科技创新的政策,在市科学技术奖评选中每年安排1–2名额用于奖励一线职工科技成果奖;市财政局每年要在职工劳动竞赛、职工技能培训和劳模创新工作室建设等方面给予资金支持。市各有关部门结合各自职能,在立功劳动竞赛等方面给予更多支持。各级工会要主动争取政府有关部门的重视和支持,结合各地实际,研究制定劳动竞赛实施意见,提出活动方案和推进措施。要做好“建功十二五,创新创业劳动竞赛”全面启动工作,同时把组织发动贯穿于“十二五”劳动竞赛的全过程,通过选树典型、示范带动,以及组织观摩、经验交流、成果展示等活动,将竞赛活动推向深入。在做好每年度专题总结表彰的基础上,2015年进行总结表彰。

(三)创新活动方式。结合经济转型发展的新趋势,遵循市场经济规律、产业发展规律和现代企业制度要求,积极探索竞赛的新思路、新方式,丰富竞赛的新内涵、新载体,把竞赛的重点放在技术创新、技术革新和提高劳动者素质上,把竞赛的重心放在企业、放在班组,把竞赛的领域拓展到新兴产业、非公企业和机关事业单位,促进各行各业开展职工乐于参与的全方位、多层次的竞赛活动,增强竞赛的群众性、针对性、实效性,推动劳动竞赛从“体力型”向“智力型”、从“速度型”向“效益型”、从“常规型”向“创新型”转变。

(四)完善激励机制。各市(县)、区、各产业和企事业单位要结合实际建立劳动竞赛考评激励机制。市总工会将会同有关部门组织劳动竞赛专项检查,评选表彰在劳动竞赛活动中涌现出来的先进集体和先进个人。对在立功劳动竞赛中的优胜单位和先进个人,每年分别授予无锡市“五一劳动奖状”、奖章和无锡市“工人先锋号”、“金牌工人”等荣誉称号。市职工十大技术创新成果、十大先进操作法的第一发明人,经综合考察后授予无锡市“五一劳动奖章”,并给予一定的物质奖励。市级职工技能竞赛前三名,授予无锡市“五一创新能手”、“技术能手”称号;第一名经综合考察后授予无锡市“五一劳动奖章”;参赛职工理论和操作成绩及格者按规定普升一个技术等级。各级政府要落实高技能人才和专业技术人员政策优惠待遇,积极探索职工创新成果和知识产权与经济效益分配相结合的奖励、激励方法。

(五)加大宣传力度。把加强宣传工作贯穿劳动竞赛活动的全过程。充分借助各类新闻媒体,大张旗鼓地宣传开展社会主义劳动竞赛的重要意义,宣传广大职工和劳动模范在劳动竞赛中的突出贡献,宣传竞赛活动中涌现出来的先进典型,在全社会营造学赶先进、争创一流、乐于奉献的良好氛围。活动期间,由市总工会牵头协调各主流媒体,组织开展劳动竞赛巡礼宣传活动,集中总结宣传各市(县)、区、各部门(单位)竞赛活动取得的成功经验和先进典型,营造声势,渲染氛围,推动全市立功劳动竞赛活动的深入开展,进一步扩大劳动竞赛的社会影响力。

附件:无锡市劳动竞赛委员会名单

无锡市劳动竞赛委员会名单

主　任:	周敏炜	市委常委、市总工会主席
	曹佳中	副市长
副主任:	秦咏薪	市委副秘书长
	周浩明	市政府副秘书长
	孙　洪	市总工会党组书记、副主席
成　员:	汤建华	市总工会副主席
	王觉民	市总工会副主席
	徐炯明	市人社局副局长
	苏益民	市发展和改革委员会副主任
	惠增一	市经济和信息化委员会党组成员、纪检组组长
	侍　锋	市科学技术局党组成员、纪检组组长
	周建樑	市财政局党组成员、纪检组组长
	董　晓	市环境保护局党组成员、纪检组组长
	朱明伟	市安监局副局长
	李亚东	市建设局副书记、纪委书记
	沈宁宁	市国资委副主任、副书记
	单康圻	市工商联党组副书记

无锡市劳动竞赛委员会办公室设在市总工会,承担市劳动竞赛委员会的日常工作,汤建华兼任办公室主任。

无锡市人民政府办公室

2011年5月10日印发

关于印发
《无锡市劳动模范“四金”使用管理暂行办法》的通知

锡工发〔2011〕51号

各市(县)、区总工会,各局(公司、中心)、直属单位工会:

为加强我市劳动模范“四金”使用管理工作,市总工会制定了《无锡市劳动模范“四金”使用管理暂行办法》,现将《暂行办法》印发给大家,请认真贯彻执行。

无锡市总工会

2011年7月11日

无锡市劳动模范“四金”使用管理暂行办法

第一条 为加强市以上劳动模范(包括享受劳模待遇人员)春节慰问金、生活困难补助金、特殊困难帮扶金、荣誉津贴(以下简称“四金”)的使用、管理、监督,特制定本办法。

第二条 劳动模范“四金”发放对象为新中国成立以来市以上劳动模范和先进工作者以及享受市以上劳模待遇的先进模范人物。

第三条 从外地调入本市的市以上劳动模范和先进工作者,需原转出地省、市、区总工会出具劳模身份证明经省市总工会审核同意后,方可享受有关待遇。外地离退休劳模调入本市的不享受“四金”待遇。

第四条 本市离退休劳动模范实行户籍属地管理原则,在职劳模仍按原企业管理办法管理。江阴市、宜兴市的离退休劳模户籍调入市内,原则上管理渠道不变,仍由2市(县)管理,市辖各区离退休劳模调入江阴市、宜兴市的由市评模办统一管理。

第五条 本市各区离退休劳模户籍因拆迁等原因调动,确要随子女调动户籍的70岁以上劳模,按户籍调入地管理,无上述原因调动户籍的劳模,仍按劳模原管理地管理。

第六条 市以上劳动模范的生活困难补助金发放标准按市政府《市政府办公室转发市总工会等部门关于提高市以上劳动模范待遇意见的通知》(锡政办发〔2010〕7号)执行。

第七条 市以上劳动模范特殊困难帮扶金发放条件和内容按市总工会、市财政局、市人社局、市民政局、市农委《关于做好劳动模范特殊困难帮扶金、生活困难补助金、荣誉津贴发放的暂行办法(试行)》(锡工联发〔2010〕2号)执行。

第八条 市以上企业劳动模范荣誉津贴发放标准按《市政府办公室转发市总工会等部门关于提高市以上劳动模范待遇意见的通知》(锡政办发〔2010〕7号)执行。

第九条 省以上劳动模范的春节慰问金按全国总工会、省总工会规定执行,全国劳动模范每位每年1000元,省劳动模范每位每年春节慰问金500元。

第十条 各级工会对劳模档案要实行动态管理,掌握劳模基本状况,建立劳模重大事项通报制度,及时更新劳模信息。

第十一条 市及市(县)、区总工会、各局(公司、中心)、直属单位工会要根据劳模基本情况,及时填写劳模“四金”申报表,经主管领导同意后,上报市总工会生产保护部备案。

第十二条 市总工会每年将编制劳模“四金”拨款计划,经市总工会领导批准后拨款各市(县)、区总工会,由各市(县)、区总工会负责发放劳模“四金”。

第十三条 劳模“四金”纳入年度收支计划,严格按指定用途专款专用,按标准及时足额发放,不得截留、挪用、占用劳模“四金”,如有余额,按原渠道退回。

第十四条 各级工会要按省、市总工会的通知要求及时、准确地发放资金,劳模“四金”发放逐步实行银行卡划转方式发放。

第十五条 各级工会及时将劳模领取“四金”的本人签字或凭证复印件上报上市总工会。

第十六条 市总工会将对各市(县)、区总工会、各局(公司、中心)、直属单位上报的“四金”发放情况进行审核,并备案存档。

第十七条 市及市(县)总工会、各局(公司、中心)、直属单位工会要将劳模“四金”发放管理列入工会审计内容,每年进行专项检查或审计。

第十八条 市及市(县)、区总工会、各局(公司、中心)工会要采取电话联系、家访等形式向劳模核查“四金”发放情况。

第十九条 省、市总工会会同有关部门定期检查或抽查各市(县)、区总工会、各局(公司、中心)、直属单位劳模“四金”发放台帐。

第二十条 劳模因故撤销称号的不再继续享受有关待遇,当年已发“四金”金额退回。

第二十一条 对冒领、挪用劳模“四金”或弄虚作假的单位和个人,责成有关部门给予严肃处理。

第二十二条 各市(县)、区总工会要结合本地区实际情况,制定劳模资金使用管理办法。

关于全市工会
积极参与加强和创新社会管理工作的意见

锡工发〔2011〕71号

各市(县)、区总工会,局(公司)、直属单位工会:

为深入贯彻落实中央、省委、市委关于加强和创新社会管理的一系列重要指示精神和要求,促进全市工会组织充分履行职责,在参与社会管理和推进我市“四城”建设中发挥更大作用,特提出如下意见。

一、充分认识工会组织参与加强和创新社会管理的重要性和紧迫性

加强和创新社会管理,是党中央深刻分析全面建设小康社会的关键时期和深化改革、加快转变经济发展方式的攻坚时期中国经济社会发展要求,从党和国家事业发展全局出发确定的一项重大战略任务。作为党领导的工人阶级群众组织,工会参与加强和创新社会管理是促进社会和谐的必然要求。工会具有组织体系健全、联系职工群众广泛、熟悉基层情况、了解职工群众意愿等特点。通过发挥工会参与企业民主管理、协调劳动关系矛盾等职能,可以进一步做好直接服务职工群众的工作,帮助职工群众缓解工作、生活中的困难问题,促进职工合法权益的实现。同时,通过引导广大职工正确认识自身与社会的关系,正确对待改革和发展中出现的困难和问题,正确处理个人与国家、局部与全局的利益关系,对于维护社会安定团结,贯彻落实科学发展观,促进全体社会成员共建共享经济社会发展成果,推动和谐社会建设具有重大意义。

全市各级工会组织要深刻认识加强和创新社会管理、做好新形势下职工群众工作的重要性和紧迫性,切实把思想和行动统一到中央的决策和部署上来。紧紧抓住中央高度重视群众工作、推进社会建设的新机遇,进一步增强责任感和使命感,充分调动职工群众的积极性、主动性、创造性,立足工会的特色和优势,拓宽工会参与社会管理和服务的渠道。推动完善党委领导、政府负责、社会协同、公众参与的社会管理格局,发挥工会在社会管理中的协同作用,协助党政做好工作,引导职工群众积极参与社会管理,努力引成社会管理人人参与、和谐社会人人共享的良好局面。紧紧围绕全面建设小康社会的总目标,牢牢把握“三个最大限度”的总要求,坚持党的群众路线,立足群众组织特点,发挥群众组织优势,以保障发展职工合法权益为出发点和落脚点,以推动构建和谐劳动关系为主要手段,以创新新形势下职工群众工作为重要途径,共同推动中国特色社会主义社会管理的建立健全,促进社会主义和谐社会建设。

二、大力发展和谐劳动关系,努力推进和谐社会建设

1.源头参与相关政策法规的制定与执行。全市工会组织要从源头上维护职工权益,认真做好涉及工会和职工权益政策法规的论证、制定与执行工作。要积极争取党委领导和人大、政府、政协支持,广泛联系社会各界,推动健全劳动立法执法体系,完善党和政府主导的维护职工权益机制。强化工会系统人大代表、政协工会界委员的参政议政作用,促进政府与工会、政府部门与产业工会的联席会议制度建设。在政策制定过程中要代表职工充分发表工会的主张,在出现企业转改制、退城进园、退城出市等涉及职工重大利益的问题时,工会应积极参与职工安置方案的制定并充分履行民主程序。在企业因生产经营困难,导致可能发生较大裁员、随意解除职工劳动合同、降薪等问题时工会应主动提前介入,保障职工合法权益得到落实。

2.实现各类企业普遍开展工资集体协商。全面落实《无锡市企业工资集体协商条例》,加强深入宣传,进一步完善工资集体协商推进机制,确保全市动态建制率达96%。积极提升工资集体协商工作实效,助推我市劳动者报酬和城乡居民收入倍增行动计划的顺利实施。促进企业加强薪酬管理,推动更多劳动要素参与企业收益分配,保障职工工资权益。积极会同政府有关部门制定好全市工资集体协商工作第三个"三年工作目标计划"。

3.强化厂务公开民主管理制度建设。推进国有企业深入开展厂务公开建设,全面建立两项制度(厂务公开民主管理制度和平等协商集体合同制度);继续推进非公企业职代会建设,通过开展动态创建活动,推动非公企业普遍建立劳动者权益公开制度。2011年年内会同市政府有关部门组织评选表彰一批和谐劳动关系先进企业、园区和街道(镇),推动全市规模以上企业规范劳动用工制度建章合格率达90%、中小企业建章率达95%的目标顺利实现。进一步规范我市职工董事、职工监事工作流程和运行程序,监督企业履行好社会责任。以"规范"促"公开",从源头上解决职工实际问题、保障职工应得利益。

三、不断拓展工会维权工作,积极维护社会稳定

1.抓好劳动争议预防和调处。切实加强劳动关系预警机制建设,妥善排查化解不稳定因素,努力把矛盾纠纷解决在基层,解决在萌芽状态。各级工会要建立健全快速、有效的劳动关系预警机制,建立企业经营风险隐患排查、信息搜集、分析研判、及时处置等制度,抓好劳动关系预警联系点单位的工作,坚持每季对信访和企业经营风险隐患等问题进行分析研判和提出工会的意见。对劳动争议要早报告、早介入、早处理;对矛盾突出的热点问题,要明确专人负责,落实针对性措施,严防群体性事件的发生。发挥全市劳动争议调解组织的网络优势,充分发挥各级调解庭(室)的作用,在参与劳动争议调解中做到公开、公正、公平,有效维护职工及企业的合法权益,为维护社会稳定发挥更积极的作用。

2.开展劳动法律监督检查活动。各市(县)、区总工会要围绕企业执行最低工资标准、工资支付、劳动定额、工作时间、依法缴纳社保费等情况,根据《无锡市工会劳动法律监督条例》和《无锡市企业工资集体协商条例》的要求,每年至少开展一次全区域的工会劳动法律监督检查活动。以工会劳动法律监督工作为平台,向企业经营管理人员宣传劳动法律法规,通过案例引导企业经营管理人员规范劳动用工,帮助企业建立科学的管理制度,推进用人单位履行社会责任。

3.提升工会法律服务工作水平。全市各级工会要以为社会营造良好的法治环境为目标,力求在为企业、为劳动者提供优质的法律服务上有进一步强化,在为困难职工群众实施法律援助的品质上有进一步提升,在工会法律服务援助工作的时空上有进一步拓展。做好全市工会系统"六五"普法工作,引导企业依法治企,引导职工理性维权。加大工会法律服务和援助工作的力度,在充分调研的基础上,与司法部门联合出台关于工会法律援助的相关政策,把工会法律援助全面纳入政府法律援助的范畴之中,提高工会法律援助的影响力。

4.畅通职工群众表达诉求和缓解压力的渠道。继续坚持和完善工会信访接待日制度,实行工会领导、机关工作人员、律师定期接待职工来信来访。相关领导、机关工作人员接待日提前予以公布,领导接待日每月不少于一次。工会对职责范围内的涉法涉规信访事件应主动介入,提供相关的咨询援助等服务;对职责范围外的信访也要热情接待,帮助引导信访职工向对口部门反映问题。要高度重视职工心理疏导工作,针对职工岗位竞争压力大,子女教育、医疗赡养负担重等引发生存焦虑、心情浮躁甚至偏执等心理疾患诱因,加强对职工心理状况的咨询疏导和健康辅导,帮助职工提高心理素质和抗压减负能力,有效减少矛盾纠纷和不稳定因素的产生。

四、深化职工素质提升工程,促进经济转型发展

1.激发广大职工创新创造活力。在全市重点建设工程、重点地区(行业)、重点企业推进立功劳动竞赛活动,举办职工技能大赛、加强企业班组建设,不断提升企业创新能力和职工业务素质。围绕节能减排、产品升级、保护环境等重点内容广泛开展以职工技术创新、合理化建议为主的“五小”活动;培训安全生产骨干,深化“安康杯”竞赛,积极参与全市安全生产事故的调查处理,推进企业各项安全生产制度的落实;大力弘扬劳模精神,完善劳模先进的培育、选树和管理,为劳模先进办实事、办好事,深化全市劳模创新工作室争创活动。从而在更广的范围内调动一切积极因素,在我市经济转型发展中更好地发挥企业和职工的创新创造活力。

2.增强广大职工的文明素养。加强党的路线方针和政策宣传,切实把广大职工的思想认识统一到中央和省市委的重大决策和部署上来。充分发挥先进人物的引领示范作用,选树一批以爱岗敬业、创新创优、奉献社会为核心的先进典型,在职工队伍中进一步营造学习先进,争当先进的良好氛围。组织职工参与诚信体系建设,在职工中大力倡导践行公民道德规范、弘扬社会新风的工作生活理念,引导职工文明出行、助人为乐,从小事做起、从自身做起,用模范行为和良好形象影响和带动家庭、社区和整个社会文明水平的提高。积极开展健康向上的职工文化体育活动,充分发挥工人文化宫在丰富和活跃职工业余文化生活中的组织牵头、平台阵地作用,使新工人文化宫成为全市职工的“学校和乐园”。

3.培育“职工书屋”示范点。把“职工书屋”建设工程作为提升职工队伍整体素质,不断满足职工日益增长的文化需求的重要抓手,采取切实有效的措施,培育更多的全国、省、市职工书屋示范点。多渠道筹措资金,多形式向基层“职工书屋”配送图书和电脑,不断总结“职工书屋”建设中取得的成绩和经验。创新“职工书屋”建设的形式和内容,建立职工流动读书站、电脑阅览室、手机书屋等,使“职工书屋”更具生命力,更好地适应职工的读书需求。以“职工书屋”建设为载体,深化职工读书月活动,开展读书征文、演讲等活动,引导职工多读书、善读书、读好书,为帮助职工提高科学文化素养创造更好的条件。

4.充分发挥工会培训机构作用。要依托我市职业技能培训实训的良好基础,进一步整合工会各类培训机构的资源,打造全市职工培训中的工会品牌,尤其是市总工会干校、市工人文化宫职校要更自觉地肩负起承担各类培训的重任。围绕不同文化层次、技能等级的职工需求,开办学历教育、专业提升、家政服务等各种类型的培训班;围绕企业需求,大力推进“订单式培训”,拓展校企联合、上门服务、工厂实训等多种培训服务形式,使培训工作更切合企业的实际。

充分利用好社会教育资源,进一步加强与相关大专院校的合作,积极优化师资结构,提高职工学历班和技能培训的层次和水平。加强与企业、街道(社区)和公共实训基地的联系合作,增强工会的培训能力,扩大职工的受训面。使工会培训机构真正成为广大职工岗位成才的“摇篮”。

五、多措并举开展职工帮扶,助力幸福指数提升

1.完善困难职工帮扶的长效机制。各级工会要积极参与和融入政府保障和改善民生的各项工作,通过困难职工的信息建档、特困职工的申报认定、完善困难职工日常救助等措施,及时有效地缓解因突发性因素而给职工造成的生活困难。要进一步推动职工帮扶服务社会化进程,致力把工会帮扶纳入政府社会救助体系的范畴。各级工会要继续加强与民政、人保、司法、卫生、教育、房管等政府职能部门的沟通联系,建立日常合作机制,有针对性地开展帮扶服务,为符合条件的困难职工及时提供开通低保、就医、就学和保障性住房等各类优惠政策的服务。积极推动困难职工帮扶中心向职工服务中心转型,将各级帮扶中心建设成为集帮扶救助、维权服务和提升发展于一体的职工服务平台;在争取政府财政支持的同时,积极争取社会各方面的力量,通过帮扶中心的运作,更好地帮扶困难职工。努力使工会帮扶真正成为社会救助体系中不可或缺的重要组成部分。

2.加大就业援助工作力度。各级工会要继续加强就业援助工作,充分发挥工会就业服务机构作用。通过举办专场招聘会、供求洽谈会和网络招聘等活动,及时提供政策发布、岗位信息、指导咨询等就业服务,积极帮助广大职工尤其是困难职工家庭成员实现稳定就业。要进一步加强对困难职工家庭成员及其高校毕业生的就业指导,帮助他们树立正确的择业观念,根据他们的特点和需求开展有针对性和实效性的职业技能培训,提高他们的就业能力。要积极联系各类企业,优先吸纳困难职工家庭成员就业,并努力保障其就业质量和就业稳定性。要向有创业意愿的下岗失业人员以及困难职工家庭成员提供创业培训、政策咨询、项目开发、小额贷款、开业指导、跟踪扶持等一条龙服务,帮助其自主创业,并以此带动更多的职工实现就业或再就业。

3.积极推进互助保障工作。职工互助保障是工会帮扶工作的重要组成部分和工作平台,有效增强了职工抵御疾病风险能力,取得了良好的社会效果。今年,职工互助保障累计在保职工实现45万人次的目标,被市委市政府列入了为民办实事项目之一。各级工会要进一步统一思想认识,狠抓目标任务的落实,建立和完善分析督办制度,定期分析目标任务完成情况,加强分类指导和重点督查,确保全年互助保障工作目标任务的全面完成。市总工会将争取政府相关部门、社会公益机构和爱心企业的支持,积极筹措补贴资金,重点解决部分困难职工尤其是内退、协保、续保职工的参保问题。各区总工会及有关单位要及时做好组织发动、登记汇总等具体事项,把该项关爱弱势职工的工作尽快落实到位。

4.深化“女职工关爱行动”。通过有计划地组织实施培训,建立工会女职工心理咨询服务骨干队伍,并努力将它打造成为具有女性特色的协调劳动关系、化解社会矛盾、构建和谐社会的新品牌。加大对女职工健康的关注力度,组织实施困难企业女职工和女农民工“两癌”普查工作。继续深入推进“金秋助学”活动,动员更多的企业和和爱心人士参与“金秋助学”,让更多困难家庭的学生感受到党和政府的温暖,感受到工会大家庭的关爱。在开展资金、物质帮扶的同时,注重做好对经济困难学生的精神帮扶、智力帮扶以及提供勤工助学岗位等方面的工作。

六、进一步加强自身建设,夯实参与加强和创新社会管理的基础

1.加强组织领导,健全制度机制。各级工会要把参与加强和创新社会管理、做好新形势下职工群众工作作为工会领导班子、工会领导干部的重要责任,纳入考核内容,制定规划措施,加强督促检查。建立健全联系职工群众机制、工作责任落实机制、工作标准体系和考核评价机制,做到有目标方案、有对策措施、有进度要求、有检查考核,切实提高执行力、服务力、创新力、提升工会参与加强和创新社会管理的实效性。

2.推动企业普遍建立工会组织。各级工会要认真贯彻全国总工会"组织起来、切实维权"的工作方针和"两个普遍"的工作要求,全面落实全市非公企业暨园区工会工作经验交流会议精神,进一步加大工会组建力度。在大力推动各种所有制企业普遍建立工会组织的同时,重点对200人以上未建会企业实行限期建会。大力推进开发区、工业园区、商贸楼宇、集贸市场以及新经济组织和新社会组织的工会组建工作,探索劳务派遣工以及非正规就业人员等特殊人群的入会工作。加强和督促劳务派遣公司组建工会,推动用工单位工会积极保护被派遣劳动者的合法权益。最广泛地把广大农民工、劳务工组织到工会中来,不断壮大工会组织力量,夯实基层工会组织基础。

3.大力加强工会干部队伍建设。着力提高全市工会干部主动参与社会管理的自觉性,引导他们善于从全局高度思考和处理事关工会工作和职工权益的问题,自觉地把工会工作融于党的中心工作之中。着力提升工会干部参与社会管理的能力和水平,切实增强工会干部协商谈判、纠纷调解、思想疏导、应急处置和媒体运用等方面的本领。上级工会应积极创造条件并帮助指导下属各基层工会开展培训工作,特别是要有针对性地加强工资集体协商指导员、谈判员队伍和工会劳动争议调解员、职工心理健康辅导员队伍建设,努力使广大工会干部成为组织动员职工的能手、协调劳动关系的专家、关心服务职工的模范。

4.工作重心更加贴近基层。工会组织要克服机关化、行政化倾向,坚持工作重心下移,进一步贴近和深入基层,做到出实招、办实事、求实效。工会干部特别是领导干部要带头深入到情况复杂、问题较多、职工群众意见集中的地方,围绕职工合法权益维护、普通职工工资增长、企业工会作用发挥、文化阵地建设等问题开展调查研究。认真听取基层意见建议,制定更加合理可行的工作方案,总结推广实践中带有前瞻性、示范性的新鲜经验,探索创新工作机制的手段和方法,使工会组织切实当好职工需求的第一知情人、第一报告人、第一帮助人。

无锡市总工会

2011年10月17日

关于印发《无锡市工会法律援助暂行办法》的通知

锡工联发〔2012〕1号

各市(县)、区总工会、司法局;各局(公司)、直属单位工会;重点联系单位工会:

随着依法治国基本方略的实施,职工法律意识不断提高,法律服务需求日益增长,困难职工的法律援助需求也随之大量增加。做好新形势下工会法律援助工作,是深入贯彻落实科学发展观的必然要求,是工会组织依法履行维护职能、发展和谐劳动关系的重要手段。开展对职工的法律援助能及时有效地维护职工的合法权益,化解社会矛盾,能使一些影响社会稳定的劳动争议案件,通过法律的途径妥善解决,最大限度的减少社会不和谐因素,能维护劳动关系的和谐稳定。

为畅通职工群众诉求表达渠道,维护弱势群体的合法权益,经研究制定《无锡市工会法律援助暂行办法》,请结合本地区、本单位的实际,认真组织实施。

附件:《无锡市工会法律援助暂行办法》

无锡市总工会
无锡市司法局
2012年1月16日

无锡市工会法律援助暂行办法

第一章 总 则

第一条 为履行维护职工合法权益基本职责,充分发挥专业律师服务职工的作用,规范工会法律援助工作,发展和谐劳动关系,根据《中华人民共和国工会法》、《法律援助条例》、《工会法律援助办法》、《江苏省法律援助条例》,制定本办法。

第二条 无锡市总工会指导、协调全市工会法律援助工作。县级以上地方工会指导、协调本地区工会法律援助工作。

工会法律援助工作接受同级司法行政部门的业务指导。

第二章 机构和人员

第三条 县级以上地方工会应设立工会法律援助中心。镇、街道、村、社区、企业等基层工会组织可以根据本地区、本单位实际情况设立工会法律援助工作站,各级工会法律援助中心(站)在同级工会的领导下开展工作。

第四条 有条件的工会组织可以成立本级工会组织的职工法律援助律师团,为本单位本地区的职工提供法律咨询、代书、仲裁诉讼代理等法律援助服务。

第五条 法律援助工作专兼职人员可以从下列人员中聘请:

(一)工会公职律师、专兼职劳动争议调解员、工会劳动法律监督员等工会法律工作者。

(二)法律专家、学者等社会法律工作者。

(三)工会组织聘请的或司法行政部门指定的专业律师。

第三章 范围和条件

第六条 工会法律援助的范围:

(一)劳动争议案件;

(二)因劳动权益涉及的职工人身权、民主权、财产权受到侵犯的案件;

(三)工会工作者因履行职责合法权益受到侵犯的案件;

(四)工会组织合法权益受到侵犯的案件;

(五)工会认为需要提供法律援助的其他事项。

第七条 工会法律援助的形式:

(一)普及法律知识;

(二)提供法律咨询;

(三)代写法律文书;

(四)参与工资集体协商、劳动争议调处;

(五)代理仲裁、诉讼;

(六)其他法律援助形式。

第八条 职工向工会法律援助机构申请仲裁或诉讼代理事项的,应符合下列条件之一:

(一)职工的劳动权益受到侵害,且本人及其家庭属我市最低保障救助对象的;

(二)本人持有无锡市总工会《特困职工优惠证》的;

(三)外来务工人员请求支付劳动报酬或者工伤赔偿的;

(四)工会法律援助机构认为需要提供法律援助的其它案件。

第四章 申请和承办

第九条 工会组织建立法律援助上下级案件移送制度。市总工会职工法律援助中心可以根据案件的具体情况将需要援助的案件移送与各市(县)、区总工会法律援助中心办理。下级工会在办理法律援助案件需要上级工会协助时,经上级工会同意,可以将案件移送至上级工会法律援助机构办理。

第十条 职工申请法律援助应当向劳动合同履行地或者用人单位所在地的工会法律援助机构提出。

工会工作者和工会组织申请工会法律援助应当向侵权行为地或者用人单位所在地的工会法律援助机构提出。

职工提出仲裁或诉讼代理的申请,应提供权益受到侵害的证据。

第十一条 职工申请工会法律援助机构代理提供劳动争议仲裁、诉讼等法律服务,应当以书面形式提出,并提交下列材料:

(一)身份证、工作证或者有关身份证明;

(二)援助职工属我市最低保障对象的证明、《工会特困职工优惠证》或所在单位工会或者地方工会(含乡镇、街道、开发区等工会)出具的申请人经济困难状况的证明;

(三)与法律援助事项相关的证据材料;

(四)工会法律援助机构认为需要提供的其他材料。

提交书面申请确有困难的,可以口头申请。口头申请时,工会法律援助机构应对申请人基本情况、申请事项、理由和时间进行记录,并经申请人签字或捺印。

第十二条 工会工作者、工会组织申请工会法律援助机构参与协商、调解,代理仲裁、诉讼等法律服务,应当以书面形式提出,并分别提交下列材料:

(一)工会工作者所在单位工会或者工会组织所在地方工会出具的情况证明或说明;

(二)与法律援助事项相关的证据材料;

(三)工会法律援助机构认为需要提供的其他材料。

第十三条 工会法律援助机构自收到申请之日起10个工作日内按规定的条件进行审查。对符合条件的,由工会法律援助机构负责人签署意见,作出同意提供法律援助的书面决定。

对申请人提交的证件、证明材料不齐全的,应当要求申请人作出必要的补充或者说明,申请人未按要求作出补充或者说明的,视为撤销申请。

对不符合条件的,作出不予提供法律援助的决定,以口头或者书面形式通知申请人。

第十四条 工会法律援助机构对法律咨询、代写法律文书等法律服务事项,应当即时办理;复杂疑难的可以预约择时办理。

第十五条 法律援助承办人员接受工会法律援助机构和司法行政部门主管的法律援助机构的管理和监督,依法承办指定的援助事项,维护受援人合法权益。

第十六条 法律援助承办人员在援助事项结案后,应当向工会法律援助机构提交结案报告。

第十七条 法律援助承办人员接受指派后,无正当理由不得拒绝、延迟或者中止、终止办理指定事项。

第十八条 法律援助人员未按规定程序批准,不得以工会法律援助机构名义承办案件。

第十九条 法律援助承办人员应当遵守职业道德和执业纪律,不得收取受援人任何财物。

第五章 工会与政府法律援助机构的协作

第二十条 工会法律援助是政府法律援助的必要补充。政府法律援助机构与工会法律援助机构建立援助案件办理协作制度,政府法律援助机构为工会法律援助机构提供必要的工作支持。

第二十一条 职工申请工会法律援助机构提供劳动争议仲裁或诉讼代理事项的,县级以上工会法律援助机构可以将符合条件的案件移送至同级司法行政部门主管的法律援助机构,由该法律援助机构按《法律援助条例》和《江苏省法律援助条例》的有关规定进行审查,对符合法律援助条件的案件,及时指派法律援助人员提供法律援助;对不符合法律援助条件的案件,及时通知移送案件的工会法律援助机构,并说明理由。

第二十二条 工会法律援助机构与司法行政部门主管的法律援助机构应相互通报案件的办理进程和结案情况。

第六章 资金来源和管理

第二十三条 工会法律援助工作经费主要用于工会法律援助机构的办公、办案经费。县级以上地方工会应当将工会法律援助工作经费列入本级工会经费预算,并依据国家和工会财务制度的有关规定,制定相应管理办法。

第二十四条 工会法律援助机构移送至司法行政部门主管的法律援助机构的案件,办案经费由该法律援助机构在法律援助专项经费中支出。

工会法律援助工作经费接受上级和本级工会的监督检查。

第二十五条 法律援助事项结案后,工会法律援助机构自行承办的案件应当按规定向承办人员支付法律援助办案补贴。补贴标准参照财政和司法部门制定的法律援助办案补贴规定执行。

第七章 附 则

第二十六条 本办法由无锡市总工会、无锡市司法局负责解释。

第二十七条 本办法自发布之日起执行。

关于印发《无锡市总工会关于权力运行监控机制建设的实施方案》的通知

锡工发〔2012〕51号

市总工会机关各部(室)、各直属事业单位:

现将《无锡市总工会关于权力运行监控机制建设的实施方案》印发给你们,请认真遵照执行。

无锡市总工会

2012年7月19日

无锡市总工会关于权力运行监控机制建设的实施方案

为大力推进反腐倡廉建设,加快构建惩防体系,根据市委、市政府《关于加快推进权力运行监控全覆盖工作的意见》(锡委办发〔2011〕97号)及市纪委《2012年权力运行监控机制建设实施方案》(锡纪办发〔2012〕17 号)有关要求,结合市总工会工作实际,现就市总工会推进权力运行监控机制建设制定如下方案:

一、指导思想和目标

以邓小平理论、"三个代表"重要思想和科学发展观为指导,以部门权力运行要素规范化管理为基础,以风险管理和全程监控为手段,以责任追究为保障,以市总工会数字化工会平台为依托,在市总工会机关建立健全权力运行的权责体系、制约体系、监控体系和制度体系,建立结构合理、配置科学、程序严密、制约有效的权力运行机制,强化监督,实现权力运行公开、透明、协调、高效。

二、实施对象

市总工会权力内控机制建设实施对象为市总工会机关各部(室)工作中所涉及的公共服务事权及人事、财务、资产等机关内部管理权力,各部(室)要按照市总工会党组和本实施方案的要求,全力推进权力运行内控机制建设。

三、主要内容

(1)严格规范部门权力。对照国家、省、市有关法律法规和相关文件精神,参照“三定”方案,对部门各项权力进行认真清理审核,明确界定权力行使的内容和范围,合理设定岗位的权力和职责,形成既相互协调又相互制约的权力结构。

(2)优化权力运行流程。逐项确认各项权力行使的依据、程序、时限以及相应责任,按照互不相容的要求,对每个权力事项的分布、结构、重点及运行规律进行认真分析,进一步明晰权力运行的轨迹。按照直观、简明的要求,对每个权力事项编制权力运行流程图,删除权力运行流程中的冗余部分,简化办事程序;对以往权力运行流程中过于简化、权力过于集中的部分增设环节,分解权力。

(3)建立健全制度体系。把制度建设贯穿于权力运行内控机制建设的各个方面和各个环节,注重系统性,增强针对性和可操作性。在全面梳理完善各类工作制度的基础上,按照“职责明确、运转协调”的要求,建立健全岗位责任制、服务承诺制、限时办结制、失职追究制及考核评价制等制度,形成规范、统一、配套的制度体系,实现用制度管人、按制度办事。

(4)推行权力网上运行。依托市总工会数字化平台,根据程序公开、全程留痕的要求,逐步实施具备上网运行条件的权力事项网上运行。不完全具备上网运行条件的权力事项,也应通过数字化工会平台、市总工会网站等网络平台,实施网上信息发布、信息公示等。

四、实施步骤

(1)权力梳理、流程设计与风险排查。(7月下旬~8月底)

各部(室)要在全面做好权力项目清理、流程编制的基础上,完成制度梳理完善、业务流程设计和风险节点排查,并提出预警和控制要点;参照《无锡市部门内控机制建设规范手册》中有关要求和范例,完成部门内控机制相关文档的编制,并于8月25日前上交市总工会权力运行监控机制建设领导小组办公室;根据会审意见进行修订、完善,经领导小组审定后最终确认各权力运行项目。

(2)业务流程完善、网上运行实现与内控制度体系建立。(9月份)

各部(室)对新建立的业务流程进行试运行,在运行中对业务流程进行修改完善;对适合网上运行的权力事项,办公室完成数字化工会平台流程设计、调试与试运行;对业务业务流程图、风险识别与控制文件、相关工作制度等作修订和汇编。

(3)准备验收(10月份)。

根据《无锡市部门内控机制建设评价办法》,对市总工会权力运行监控机制建设情况进行自评与整改,全面做好接受市纪委考核验收有关准备工作。

五、实施要求

各部(室)要按照“绘制运行图、找准风险点、明确操作人、落实监控法”的工作思路,推进权力运行体系的规范化、标准化、科学化建设,对权力实行风险制约、分权制约、流程制约、问责制约、交叉制约和监督制约等六大制约,确保内控机制的有效性。

(1)实行风险制约。在认真做好行政权力项目清理、流程编制的基础上,要积极排查出权力运行中的薄弱环节,尤其是有效辩识权力运行中可能出现的权力风险点、管理风险点和个人素质风险点,做到查全、查准、查实。针对可能出现的风险制定预警提示和监控措施。

(2)实行分权制约。针对权力事项的决策、运行、监督进行必要的分解,明确职权,相互制约。一项权力事项不能集中在一个人或两个人手中完成,重大权力要进行分置,应该由两个或者两个以上岗位共同承担,依次完成。实行重大事项会办制度,防止少数人说了算。

(3)实行流程制约。对现行的权力事项流程进行风险评估,风险大的项目要进行流程再造,做到上下环节衔接紧密、工作时限标准明确,涉及到相对人重要利益和待遇的权力必须受三个以上环节的制约。

(4)实行问责制约。按照权力事项合理设置的要求,进行岗位职能和权力分配的细化工作,明确各岗位所承担的相应责任,使"职、权、责"三者相统一,权力越大承担的责任也越大。要制定出明确的责任追究操作办法,对工作人员行使权力过程出现的不作为、慢作为、乱作为、滥作为等违规行为,要严肃追究相应的责任。

(5)实行交叉制约。权力事项岗位设置要推行互不相容控制法,使不相容的岗位和职务之间形成有效的制衡,对重要职权行使可以在本部(室)内推行同一角色AB制,实行交叉制约。

(6)实行监督制约。结合工作实际,通过建立工作日记制度、集体会商制度等监督制度,畅通监督渠道,采取多方位制约措施,强化监督制约。

六、组织领导

1.加强组织领导。为扎实推进市总工会权力运行监控机制建设,成立"市总工会权力运行监控机制建设领导小组",领导小组成员如下:

组　长:孙　洪

成　员:张　帆、汤建华、王觉民、周国祥

领导小组下设办公室,周国祥兼任办公室主任,办公室成员:夏坚、施宇星,负责协调、联络、汇总、整合、督办和报道等办公室日常工作。

各部(室)主要负责人为本部门内控机制建设第一责任人,主要职责是:清理和规范本部(室)的权力事项,制定业务流程,确定风险点和预控措施,以保证市总工会部门权力运行内控机制建设的顺利进行。

2.精心组织实施。各部(室)要按照统一部署和要求,自觉把本部门的权力事项内控机制建设工作贯穿于各项业务工作的全过程。按照本方案确定的标准和时间要求,保证在规定时限内完成各阶段的工作任务。

3.同步延伸下属单位内控机制建设。各直属单位要按照同样的工作要求,迅速推进本单位的内控机制建设,切实做到权力监控全覆盖。

关于下发
《市(县)、区工会工作项目化管理办法》(试行)的通知

锡工发〔2012〕86号

各市(县)、区总工会：

为了进一步提升工会工作水平，市总工会将于2013年起对各市(县)、区总工会工作实行项目化管理。现将《市(县)、区工会工作项目化管理办法(试行)》下发给你们，请认真遵照执行。

无锡市总工会

2012年12月21日

市(县)区工会工作项目化管理办法

(试行)

为在夯实基础工作的同时，引导鼓励创新创优，进一步提升工会工作水平，市总工会决定自2013年起对各市(县)、区总工会工作实行项目化管理。

一、指导思想和总体目标

以中共十八大精神为指导，围绕全市中心工作，根据上级工会的工作部署，按照“面对面、心贴心、实打实”的要求，通过对各市(县)、区总工会工作实行项目化管理，科学整合市总工会现行的考核奖励项目，运用创新手段，强化顶层设计，努力推动工会重点工作有成就、难点工作有突破、热点工作有作为、亮点工作有提升、特色工作有建树，更好地促进企业发展，维护职工权益，使工会工作不断迈上新台阶，助推无锡“三地三中心”建设和“四个无锡”建设，为无锡率先基本实现现代化作出积极贡献。

二、工作机构

为确保工会工作项目化管理取得实效，市总工会将成立“工会工作项目化管理”领导小组，(以下简称领导小组)负责项目化管理工作的具体组织实施。领导小组组成如下：

组　长：　管海燕　　市总工会党组书记、副主席

副组长：　张　帆　　市总工会副主席

汤建华　　市总工会副主席

王党民　　市总工会副主席

周国祥　　市总工会纪检组组长、经审会主任

成　员:市总工会机关各部室主要负责人。

领导小组下设办公室,设在市总工会办公室。

三、实行办法

(一)前置条件

为督促各市(县)、区总工会高质量完成各项基础工作,市总工会将工会基础工作考评项目(附件1)作为前置条件,即各市(县)、区总工会须在基础工作考评项目完成80%(含)的基础上,方可参加项目化管理的考评。

(二)项目申报

1.市总工会将根据当年度重点工作安排下发项目申报指导意见(附件2)。

2.各市(县)、区总工会原则上应在市总工会的指导意见范围内,以市(县)、区总工会为责任单位,结合本地区实际确定年度申报项目。各市(县)、区总工会每年度申报项目不少于2项,不超过5项。

3.项目要求

(1)所报项目应符合市总工会工作项目化管理考核的指导思想和总体目标。

(2)所报项目应符合本地区经济社会发展要求,受到党政组织及相关部门的支持。

(3)所报项目应受到职工群众的欢迎,有较大的受益面。

(4)所报项目应体现"原创、规模、效应"的要求,即项目具有创新创优点,具有推广价值,能预期较突出的社会效益。

(三)项目确定

1.各市(县)、区总工会按要求将申报项目报到领导小组办公室〔需填写《工会工作项目化管理(立项)申报表》(附件3)〕。

2.领导小组讨分析后提出初步意见。

3.市总工会主席办公会研究后确定入选"工会工作项目化管理"的项目。

4.如遇上级工会和所属党政组织有新的要求或形势发展有新的变化,各申报单位可以随时申报1~2项新增项目,领导小组及时进行评审后,提交市总工会主席办公会确定。

(四)项目公布

市总工会将在每年初公布入选"工会工作项目化管理"的项目,向各市(县)、区总工会下达项目任务书,同时在相关媒体公布项目的具体内容,营造氛围、提升工会影响力。

(五)项目管理

1.各市(县)、区总工会要根据项目内容,认真制定工作计划,积极推进工作开展,确保在规定的时间内完成项目任务和要求。

2.各市(县)、区总工会要适时向领导小组办公室汇报项目进展情况及阶段性成果。

3.领导小组及其办公室将对项目进展情况进行阶段性督查,并给予及时必要的指导。

4.领导小组办公室每季度对项目进展情况进行通报。

(六)项目化管理考核

1.基础工作考评

由市总工会各职能部门对各市(县)、区总工会基础工作考评项目完成情况进行评判，并将结果交领导小组办公室汇总。领导小组研究后，将完成情况提交主席办公会审定。

2.项目考核：

(1)结项申报：每年年底，各市(县)、区总工会对照年初确定的项目，分别填写《工会工作项目化管理(结项)申报表》(附件4)，详细说明项目完成情况、创新做法、经验成效及社会影响等。

(2)考核评议：考核评议按“项目实施情况发布→评议投票→综合评定→社会公示→公布结果”等步骤进行。

由项目责任单位根据领导小组要求发布项目实施情况。

由领导小组组织四个层面的评议投票：一是邀请与项目内容相关的单位负责人以及学者专家等社会各界人士对各项目进行评议投票；二是邀请基层工会组织、职工代表等进行评议投票；三是在工会网站发布项目完成情况，吸引社会公众展开网上投票；四是市总工会机关干部及事业单位负责人评议投票。

由领导小组对评议投票结果进行汇总分析，研究提出表彰建议方案报市总工会主席办公会审核同意后，在媒体(市各媒体及工会媒体)公示一周。

公示无异议后，由领导小组提交市总工会主席办公会最终审定，并通过下发表彰决定及媒体宣传等形式公布结果。

四、表彰奖励

(一)奖项设置

1.对100%完成基础工作考评项目的地区给予一定奖励。

2.工会工作项目化管理考核设一、二、三等奖，奖项数量原则上为申报入选项目总数的40%左右，最多不超过30项。

3.视当年项目完成情况设“特优项目奖”(该项目受到全国总工会通报表彰，或在全国总工会相关会议上作经验介绍、主题发言。可空缺)。

4.综合各市(县)、区总工会基础考评项目完成质量、项目考核获奖项目数量及获奖等次等情况，从中择优评定“工会工作先进单位”若干。

(二)奖励额度

1.市总工会拨款对获奖项目及地区给予奖励，奖励资金由各市(县)、区总工会用于工作经费补贴等。

2.原则上，项目化管理考核一等奖各奖6万元、二等奖各奖3万元、三等奖各奖2万元，特优项目奖各奖励10万元。“工会工作先进单位”为荣誉奖，不设奖金。

3.各市(县)、区总工会可以根据本地区情况配套奖励。

五、有关说明

1.《市(县)区工会工作项目化管理办法(试行)》可根据实践情况进行调整完善。

2.对各局(公司)、直属单位工会暂仍进行百分量化考核；原“创新成果奖”和“突出贡献奖”合并为“优秀工会工作奖”。“优秀工会工作奖”是指年度探索、解决工作难题，取得明显成效的;更新观念,推进工会发展,创出工作特色或工作品牌的;在实践中,探索总结行之有效的工作经验,在全市范围以上推广的。申报、评比程序按原规定进行。

3.本《办法》由市总工会负责解释。

附件:1.工会基础工作考评项目

2.工会工作项目化管理2013年度申报指导意见

3.工会工作项目化管理(立项)申报表(略)

4.工会工作项目化管理(结项)申报表(略)

附件1:

工会基础工作考评项目

一、全面完成市政府年度为民办实事项目中涉及工会的目标任务(分解)。

二、全面完成市总工会下达的年度组建工会和发展会员目标任务。

三、辖区内建立工会的用人单位,劳动关系预警组织网络和工会劳动法律监督组织(员)组建率均100%。

四、本级建立劳调组织和调解庭。工会信访自办结案率达98%;执行重大信访报告制度。

五、全面完成年度互助保障(含女职工健康互助)和帮扶中心建设目标任务。

六、开展安全生产、劳动保护宣传、培训和监督力度;开展“安康杯”竞赛活动;所在地区无特大安全生产事故,职工劳动保护措施到位。

七、女职工组织与工会组建“三同步”率达100%。

八、下属工会会计基础规范化100%达标;工会经费管理无违规违纪。

九、达到市(县)、区工会经审规范化建设考核要求。

十、完成各类报刊征订任务;完成市总工会下达的职工书屋建设目标。

附件2:

2013年度工会工作项目化管理申报指导意见

2013年,无锡市总工会将深入贯彻落实中共十八大精神,围绕全市中心工作,按照上级工会的工作部署,开展提升“五大行动”活动。根据总体工作要求,市总工会向各市(县)、区总工会提出以下5个方面的项目申报指导意见。

一、以建功立业为主题，提升职工队伍专业技能和业务素质。

1.深化立功劳动竞赛，不断提升竞赛参与面。围绕全市经济工作重点，在相关重点工程、新兴产业和行业、重点企业等领域开展立功劳动竞赛。各类企业和职工参赛率增长10%以上。

2.广泛发动职工开展科技创新活动。培育若干上水平、上规模、高质量、有品牌的劳模创新工作室；开展“五小”建议活动；相关成果得以转化，取得较好的经济效益和社会效益（相关数据需量化）。

3.班组建设有特色。以争创“六型”班组活动为载体，打造若干有特色的先进班组；技能培训基地建设有新成效，并依托培训和竞赛大力提升职工技术等级（相关数据需量化）。

4.发挥劳模和劳模协会作用。培育劳模工作有新进展，选树宣传一批劳模创新工作室（相关数据需量化）。

二、以和谐创建为主线，促进企业发展维护职工权益。

1.深化创新工资协商方式和内容，提升工资集体协商质量，拓宽协商领域，在三产服务行业、劳动密集型企业开展集体协商有创新做法，推进上市公司、外资企业等企业工资协商有建树。

2.所在区域企事业单位厂务公开民主管理制度建设有新突破。实现企业民主管理工作的体系化、常态化，区域行业职代会制度规范化。（应有具体措施和量化指标）

3.打响无锡工会法律监督工作品牌。深化和创新“五位一体”的劳动争议调解工作机制；强化调裁诉对接，建会企业劳调会组建率、劳动争议调解结案率、社区以上调解庭（室）组建率提高较为明显。（具体指标要量化）

4.主动依法科学维权，源头参与涉及职工切身利益的相关政策法规等的制定。（应有具体内容）

三、以工会助民为抓手，提高帮扶水平和职工幸福感。

1.用好用足关于帮扶的政策资源，积极主动把工会帮扶工作相关内容纳入政府社会救助体系范畴（应有具体目标和内容）。

2.在完善职工医疗帮扶、职工互助保障扩面、困难下岗职工再就业等机制建设方面有所突破（具体指标要量化）。

3.在工会帮扶中心建设，帮扶职能不断完善与转变方面有所突破，取得实效。

4.实施女职工关爱行动。在推进女职工健康互助、实施困难女职工子女助学以及落实女职工特殊疾病检查等方面有新举措。

四、以素质提升为载体，激发广大职工科学创新活力。

1.在学习宣传贯彻中共十八大等主题教育方面有新举措。

2.充分发挥工会大学校作用。按照《无锡市2013~2017年职工素质提升工程五年规划》制定相应落实计划；推动所属企事业单位参与企业文化建设，在贯彻实施《无锡市非公有制企业文化建设“百、千、万工程”三年（2012~2014）行动纲要》质量和参与面上有所提升。

3.在职工队伍素质培训、文化活动上有新方法并取得突出进展（应有具体措施）。

4.以开展“两争一树”为抓手，以创建“书香企业”为平台，着力推进企业文化建设，大力提升职工文化素质。（应有具体量化指标）

五、以强基固本为保障,增强工会组织的吸引力和凝聚力。

1.深化“基层组织建设年”活动,不断加强工会组织自身建设,干部队伍建设有新举措、新成效。

2.进一步挖掘和探寻建会入会新的增长点,拓展建会空间,创新建会形式;大力加强区域性、行业性工会联合会建设;在“两新组织”、劳务派遣企业建会上有新突破;在劳务派遣工、农民工和“三高群体”入会上有新举措,在工会规范化建设上有新探索(具体指标要量化)。

3.在独立建会的企业工会中实施“双亮”、“三公开四统筹”的活动覆盖面达90%。

4.在财务、经审等廉政监督制度的执行、设计上有创新举措并有良好的社会反响。

关于印发《无锡市总工会贯彻〈中共无锡市委关于改进工作作风、密切联系群众的十项规定〉的具体措施》的通知

锡工发〔2013〕17号

各市(县)、区总工会,局(公司)、直属单位工会,市总工会机关各部室,各直属事业单位:

现将《无锡市总工会贯彻〈中共无锡市委关于改进工作作风、密切联系群众的十项规定〉的具体措施》印发给你们,请结合实际认真贯彻执行。

无锡市总工会
2013年2月18日

无锡市总工会贯彻《中共无锡市委关于改进工作作风、密切联系群众的十项规定》的具体措施

为认真贯彻落实无锡市委《关于改进工作作风、密切联系群众的十项规定》(锡委发〔2012〕83号)精神以及市委办公室、市政府办公室〔2012〕151号通知要求,现就无锡市总工会进一步改进工作作风制定如下具体措施:

一、改进调查研究工作

1.注重察实情求实效。市总工会领导班子要紧紧围绕事关职工利益、企业稳定的热点难点问题,明确调研主题、开展调研活动。调研工作要深入基层、深入职工、深入实际,不走形式、不走过场。可定点调研,事先确定好具体的调研地点、调研线路、拟定好调研课题;也可随机调研,事先不打招呼、不划定路线。各被调研单位不能为迎接市总工会领导而装饰布置,更不能弄虚作假。市总工会每位领导每年到基层调研的时间不少于一个月,要安排3~5天开展驻点调研,要围绕1~2个重点课题形成调研成果,并专题向市总工会主席办公会汇报调研情况和调研成果。在调研中发现重大情况、有重要建议要及时向市委、市政府以及省总工会报告。

2.加强统筹与协调。市总工会领导到基层进行调研,相关部室要将调研时间、地点等相关

情况及时告知市总工会办公室。由办公室负责统筹协调,加强情况沟通,避免在时间、地点上过于集中。市总工会领导一般不同时到一个基层单位进行调研,也不要集中或轮番到一个点、一条线路去调研。

3.减少陪同和工作人员。市总工会领导到基层工会调研要坚持轻车简从,严格控制陪同和工作人员。市总工会主要领导到基层调研时,市总工会机关陪同的有关人员不超过3人;市总工会分管领导到基层调研时,市总工会机关陪同的有关人员不超过2人。各基层单位原则上只安排1位负责人陪同,并尽量减少参与服务的基层单位工作人员。

4.简化接待程序。市总工会领导到基层调研或检查指导工作,被调研的单位不张贴悬挂标语横幅,不打电子屏滚动标语,不摆设地毯、花草以及香烟、水果等,不赠送纪念品和土特产。就餐不上高档菜肴,不安排宴请,自助餐也要注意节俭。如确实需要安排住宿,必须安排在定点接待宾馆并按相关标准住宿。除工作需要外,不到景点参观。上级领导来市总工会考察调研,按照上级简化接待工作的要求执行。

二、从严控制会议和活动

5.大力减少会议和活动。坚持精简务实高效的原则,严格控制以市总工会名义召开的各类会议和举行的重大活动,未经市总工会主席办公会或党组会批准的会议和活动,一律不准召开和举办。多采取小范围、小规模研究问题、协调问题的形式,不开泛泛部署和笼统提要求的会。"五一"庆祝大会提请市委、市政府每年召开一次;政府与工会联席会议,提请市政府每年召开2~3次;办公室设在市总工会的议事协调机构,如"无锡市劳动模范评选管理委员会"、"无锡市厂务公开协调小组"等工作会议原则上每年召开一次;市总工会召开的全市性工作会议及市总工会全委(扩大)会、市总工会常委会、市总工会经审会全委会、市总工会女职委全委(扩大)会原则上每年召开一次;市(县)、区总工会负责人会议和局(公司)、直属单位工会负责人会议原则上每年召开2~3次;市总工会机关各部室的业务会每年召开2~3次。市总工会各部室要从减轻基层负担出发,取消各种例会,确需召开的会议原则上在市总工会机关召开。市总工会领导不出席基层工会举办的剪彩和奠基活动、庆祝会、表彰会、纪念会、博览会、研讨会及各类论坛等。

6.严格会议活动报批制度。"五一"庆祝大会、政府与工会联席会议、"无锡市劳动模范评选管理委员会"和"无锡市厂务公开协调小组"工作会议以及市总工会召开的全市性工作会议,须报市委办公室、市政府办公室审核批准后方可召开;市总工会全委(扩大)会、市总工会常委会、市总工会经审会全委会、市总工会女职委全委(扩大)会须经市总工会主席办公会批准后方可召开;市(县)、区总工会负责人和局(公司)、直属单位工会负责人会议须经市总工会党组会批准后方可召开;市总工会机关各部室的业务会须经市总工会分管领导批准,并向市总工会办公室报备后方可召开。

7.严格控制会议活动规模和时间。以市委、市政府名义召开的"五一"庆祝大会人数不超过200人,时间半天;政府与工会联席会议,按工作需要确定对象和人数,时间半天;"无锡市劳动模范评选管理委员会"和"无锡市厂务公开协调小组"工作会议的对象为组成成员,时间不超过1天;以市总工会名义召开的各类会议,不邀请各市(县)、区党政分管领导出席。市总工会召开的全市性工作会议人数不超过150人,时间不超过1天;市总工会全委(扩大)会的对象为市总工会委员,市总工会经审会委员,各市(县)、区总工会主要负责人,各局(公司)和直属单位工会主席,市总工会重点联系单位工会主席,市总工会直属事业单位领导班子成员及市总工会机关干部,人数不超过150人,时间不超过1天;市总工会常委会的对象为市总工会常委会组成成员,时间为半天;市总工会经审会全委会的对象为经审会委员,人数不超过20人,时间为半天;市总工会女职委全委(扩大)会的对象为女职委委员,市(县)、区总工会和相关局(公司)、直属单位工会女职工工作干部,人数不超过80人,时间为半天;市(县)、区总工会负责人和局(公司)、直属单位工会负责人会议的对象为相关工会主要负责人,时间为半天;市总工会各部室的业务会的对象为下属工会组织相关业务工作负责人,特殊情况下扩大到分管领导,市总工会分管领导视情出席,人数一般不超过50人,时间为半天。各类会议的工作人员一般不超过出席会议人数的10%。

8.切实提高会议活动的效率和质量。改进会风,简化会议活动程序,除有重要审议事项的会议外,一般不安排分组讨论。需要安排讨论的会议,要精心设置议题,提高讨论质量,力戒泛泛而谈。座谈会不摆座签,参加人员自由发言。要充分运用现代信息技术手段改进会议形式,提高会议效率,需要参会代表审议的事项,只要没有涉密的材料,可提前通过网络将电子稿发给代表,以节省会议时间。

9.严格控制会议活动经费。举办会议活动,必须严格执行会议活动经费的的管理和审批制度,严禁超预算列支会议活动经费。严格执行会议活动开支综合定额标准,规范会议活动经费开支范围,减少会务人员、严禁提高会议活动用餐、住宿标准,严禁组织高消费娱乐、健身活动。会议活动现场布置要俭朴,工作会议一律不摆放花草,不制作背景板。一般性会议不制作非纸质专用材料袋,不发笔和记录本等。不得组织会议活动代表游览和参加与会议活动无关的参观活动。会议期间安排工作餐,不宴请与会人员,严禁以任何名义发放纪念品。加强会议场所定点管理,不在定点饭店以外的高级饭店和旅游风景区名胜区度假村宾馆饭店召开会议。

10.优化评比表彰活动。严格执行关于清理和规范评比、达标、表彰等活动的各项规定,积极优化市总工会的各类评比表彰活动,能减少合并的尽量减少合并。从2013年起,除市总工会规定的"市(县)、区总工会工作项目化管理",局(公司)、直属单位工会工作考核以及市总工会主席办公会同意保留的评比表彰项目外,不再开设新的评比、达标、表彰项目。如确有需要开设,须经市总工会主席办公会批准。

三、努力精减文件简报

11.大幅减少各类文件。应讲求实效,坚持少发文件、发短文件、发管用的文件。没有实质内容、可发可不发的文件一律不发,内容重复的一律不发;现行文件仍然适用的,不再重复发文。凡国家法律法规、党内法规及中央、省、市级文件已出台具体规定的,一律不再出台文件。凡已通过媒体及时公开发布的文件,不再印制下发。严格按照市相关规定进行市总工会自行发文、与市相关部门联合发文以及相关议事协调机构的发文工作,市总工会机关各业务部室一律不对外发文。要充分发挥市总工会"数字工会"的作用,能在网上传阅办理的文件、通报、通知、统计数据等均在网上发布,不再印发纸质文件。市总工会领导的讲话经同意后一般在会议或活动上印发,未在会议或活动上印发的,只能在工会内部刊物、工会网站上摘要刊用,不再以文件形式下发。

12.提高文件质量。规范发文流程以保证发文质量。文件草拟由市总工会办公室或有关业务部室负责。草拟公文必须符合国家的法律、法规和方针、政策及有关规定,做到情况确实、观点明确、条理清楚、文字精练、篇幅简短,并符合公文格式和行文规则。文件初审由市总工会有关部室主要负责人把关。重点是内容、文字和文体格式的把关。文件审核签发由市总工会领导负责。市总工会领导要负责相关文件的审核把关,上行文和平行文一般由市总工会主要领导审核签发,下行文根据内容由市总工会主要领导或分管领导审核签发。需要同市有关部门会签的文件,经市总工会领导审核签发后,由主办部室送有关部门会签。市总工会所有的文件统一交市总工会办公室登记编号、打印、发送和归档。

13.严格控制各类简报通报专报。严格简报、通报、专报的报送程序、格式和数量,市总工会和各基层工会工作的重要动态、举措、经验、问题及建议意见统一通过《无锡工会信息》报市委办公室、市政府办公室及全国总工会、省总工会相关部门;同时下发至各市(县)、区总工会,各局(公司)、直属单位工会等。《无锡工会信息》原则上每年期数控制在80期以内,每期字数控制在1000字以内。不多头报送、重复报送。要向市委、市政府报送简报、通报、专报,须市总工会主要领导审核同意并经市委办公室、市政府办公室核准备案。市总工会其他的工作简报,经市总工会分管领导审核同意后交《无锡工会信息》定向发送。提高简报、通报、专报的质量,倡导简洁朴实的文风,突出工作重点,力戒形式主义。加快推进机关信息化建设,逐步落实电子公文网络传输和网上办理,减少纸质资料,降低运行成本,努力提高传递办理效率。

四、规范出访活动

14.严格出访考察活动的审批。市总工会在职干部的出访考察应提前逐级报告(时间、地点、内容、人员组成、线路、经费及其列支渠道等),经市总工会党组会和市总工会主席同意后实施。市总工会在职干部一般不参加社会组织安排的与工会工作无关的出访考察活动,一律不参加由个人安排的出访考察活动。市总工会实行交叉出访考察,不安排(同意)多名在职干部同时期出访考察,也不安排(同意)同一名在职干部一年内多次出访考察。未经批准擅自出访考察的,其费用不予报销并追究相关人员责任。

15.严肃出访考察活动的管理。出访考察活动要有明确的工作目的,严禁借出访考察之名变相公费旅游休闲或从事其它不正当活动。违反者除由个人承担全部费用外,视情节给予党纪政纪处分。出访考察活动要有实质性成果,结束后10天内要向市总工会党组提交考察专题报告。

五、大力改进工会工作宣传

16.改进宣传报道方式方法。工会工作宣传报道要根据实际需要、新闻价值、社会效果等不断改进完善,强化工作性内容的宣传报道,减少活动性内容的宣传报道。坚持面向基层、突出民生,更多反映职工群众的劳动创造和精神风貌;更多反映基层的创新实践和优秀成果;更多展示党政领导和社会各界对工会工作的重视支持。加强工会宣传报道工作的统筹协调、归口管理。注重发挥市总工会网站、"数字工会"等网络宣传平台的优势,扩大工会工作的社会影响。

17.精简会议活动宣传报道。市总工会举行的重要会议和重大活动,经市委宣传部审核批准后,协调市主要媒体予以宣传报道,同时落实《江苏工人报》予以宣传报道;《江苏工人报·聚焦无锡》专栏、《无锡日报·今日职工》专版、《江南晚报·职工之友》专版、《无锡商报·今日职工》专栏、广播电台新闻频率《工会之声》专栏等作字数不超过800字的宣传报道；市总工会内部宣传平台：市总工会网站和《无锡工人》宣传的字数控制在1000字以内，《无锡工会信息》字数不超过500字。市总工会一般性会议活动以及市总工会各部室安排的会议等，只在市总工会内部宣传平台上刊发简讯或标题新闻；如确需向外宣传报道，要报请市总工会分管宣传的领导审核批准后实施。

18.简化市总工会领导的活动宣传报道。除市总工会的重要会议和重大活动外，严格控制配发会议活动现场场景照片和市总工会领导的特写照片。一般性会议和活动不列名宣传报道市总工会领导名单，不配发图片。市总工会领导出席各市（县）、区总工会代表大会，市总工会内部宣传平台作简要报道，字数不超过500字。市总工会领导调研活动原则上不公开报道，只在市总工会网站、《无锡工人》等内部宣传平台上作1次综合宣传。市总工会内部宣传平台对市总工会主要领导到基层送温暖、送清凉等活动刊发消息，字数不超过600字；市总工会其他领导活动，则刊发综合消息。市总工会主要领导出访及接待境外工会代表团，市总工会内部宣传平台刊发消息，字数不超过500字；市总工会其他领导的接待及出访活动原则上不安排刊发。市总工会领导参加指导突发事件的处置，在应急阶段，市总工会内部宣传平台刊发消息，字数不超过500字；工作进入常态后，只作综合性宣传，不再宣传市总工会领导活动。

六、进一步加强督促检查

19.坚持领导以身作则，示范带头。市总工会领导要带头执行中央和省、市委有关规定，带头改进工作作风，带头做职工群众的贴心人。要厉行勤俭节约，严格遵守廉洁从政有关规定，自觉加强道德修养，培养健康的生活情趣，严格执行关于住房、车辆配备等有关工作和生活待遇的规定，自觉接受广大职工群众的监督。

20.健全完善各项制度规定，狠抓贯彻落实。各市（县）、区总工会，各局（公司）、直属单位工会，市总工会各直属事业单位，要按照市总工会贯彻《中共无锡市委关于改进工作作风、密切联系职工群众的十项规定》的具体措施，结合各自实际，制定更加具体、更便于操作的贯彻落实办法，健全相关制度，建立追究责任，实施测评制度，落实奖惩措施，确保取得实实在在的成效。

21.组织开展专场检查，定期督查通报。市总工会各部室，各市（县）、区总工会，各局（公司）、直属单位工会，及市总工会各直属事业单位要严格执行本措施，每年对执行情况进行1~2次专项自查，年底将自查结果书面报市总工会办公室和市总工会纪检组。市总工会办公室将会同市总工会纪检组定期督促检查，并于每年年底向市总工会常委会及市总工会主席办公会（市总工会党组会）汇报执行情况和督查结果，并在一定范围内通报。市总工会财务部门要严格预算管理，严控经费追加；市总工会经审部门要对各项经费使用情况进行审计，对发现的问题，及时督促整改。

22.本措施由无锡市总工会负责解释。

23.本措施自发布之日起施行。此前发布的有关规定，凡与本措施不一致的，以本措施为准。

附件：1.无锡市总工会评比表彰项目

2.无锡市总工会对外发文编号（略）

附件1:

无锡市总工会评比表彰项目

1.各级劳模,"五一"劳动奖章、奖状,工人先锋号以及劳动竞赛相关的评选表彰(生产部)
2.市(县)、区总工会"项目化管理"考核表彰(办公室、生产部、经审办等)
3.局(公司)、直属单位工会年度工会工作考核表彰(办公室等)
4.女职工"双争"竞赛活动相关先进的评选表彰(女职工部)
5.信息宣传工作考核(办公室、政研室)
6.年度调研工作优秀论文评选(政研室)
7.优秀维权案例评选(法工部)
8.工会劳动法律监督、法律援助工作、信访工作等先进的评选(法工部)
9."五一"新闻奖评选(宣教部)
10."十佳"文明职工评选表彰(宣教部)
11."职工书屋"示范点评选(宣教部)
12.直属事业单位年度目标完成情况考核表彰(财务部)
13."四有五好"财务竞赛表彰(财务部)
14.模范村、社区、园区工会评选表彰(组织部)
15.和谐劳资关系企业、街道、园区评选表彰(民管部)

关于印发《无锡市总工会关于全面推进职工素质提升工程五年规划(2013~2017)》的通知

锡工发〔2013〕39号

各市(县)、区总工会,各局(公司)、直属单位工会:

经市总工会研究通过,现将《无锡市总工会关于全面推进职工素质提升工程五年规划(2013~2017)》印发给你们,请结合本地区、本系统、本单位实际贯彻落实。

附件:《无锡市总工会关于全面推进职工素质提升工程五年规划(2013~2017)》

无锡市总工会

2013年5月3日

无锡市总工会关于全面推进职工素质提升工程五年规划

(2013~2017)

今后五年,是全面贯彻中共十八大精神,落实市委关于坚持科学发展,加快打造魅力无锡、创新无锡、创业无锡、幸福无锡,推动无锡经济社会全面、协调、可持续发展,率先基本实现现代化的关键时期。推动职工素质全面提升,培养和造就一支适应形势发展和时代需求的高素质职工队伍,是无锡加快转型发展,率先基本实现现代化的迫切需要。根据全国总工会《全国职工素质建设工程五年规划(2010~2014年)》和《江苏省总工会关于全面推进职工素质建设工程三年规划》精神,结合无锡实际,特制定《无锡市职工素质提升工程五年规划(2013~2017年)》。

一、指导思想

高举中国特色社会主义伟大旗帜,以科学发展观为指导,围绕无锡经济社会又好又快发展大局,以科学的理论教育职工,以良好的职业道德规范职工,以过硬的职业技能武装职工,以劳模的奉献创造精神引领职工,以先进的文化陶冶职工。通过实施"职业道德塑造"、"科学文化提升”、“业务技能培优”、“民主法治推进”、“文体活动普及”等五个子工程，努力提高职工的思想政治素质、职业道德素质、科学文化素质、职业技能素质和健康体能素质，促进职工素质全面提升，为无锡创新发展、科学发展、率先发展提供优质人力资源和人才支撑。

二、总体目标

经过持续数年努力，全市职工素质工程覆盖面不断扩大，各类教育培训活动的职工参与面达到85%以上；“创建学习型组织、争做知识型职工”活动深入持久推进，活动覆盖面达到75%以上；评选命名100个基层职工教育培训示范点，新建、扩建“职工书屋”300个。职工精神文明创建活动成效显著，“文明职工”争创活动参与面达到80%以上，“文明班组(岗位)”等创建率达到80%以上，窗口行业职业道德规范实施率达到90%。各类技术技能培训和劳动竞赛、岗位练兵活动覆盖率达到 90%以上，职工职业技能等级持续提升，每年有20万名以上职工参加技能“培训、练兵、竞赛、晋级”四位一体活动，力争有6000名以上职工晋升一个技术等级，5000名以上职工掌握第二技能，2000名以上技术工人成为岗位技术带头人或职业技能复合型人才，到2017年，全市高级工以上的技能人才占全部技术工人的比例提高到40%左右。有10万人次的城镇下岗失业人员、困难职工家庭成员和农民工实行免费的转岗培训、家政培训、创业培训和职业技能培训。职工快乐工作、健康生活的理念基本确立，心理素质明显提高，到2017年有60%以上的职工积极参加全民健身活动。各类群众性安全健康卫生教育和“安康杯”竞赛活动覆盖率达到80%以上。

三、主要任务

(一)实施“职业道德塑造”子工程，全面推进广大职工道德素质和思想品质的提升

通过弘扬劳模精神，加强社会公德、职业道德、家庭美德和个人品德教育等途径，推动职工思想道德建设。推广职业道德宣讲团下基层、进企业的成功经验，组织先进人物事迹报告会和学习座谈会，深入推进各行各业特别是窗口行业的职业道德建设，引导广大职工自觉践行“爱国、敬业、诚信、友善”的社会主义核心价值观，在社会做好公民、在单位做好职工，在家庭做好成员。广泛开展“学习道德模范、争当文明职工”活动，引导职工积极参与群众性精神文明创建活动，并在精神文明建设中充分发挥主力军作用。促进形成爱岗敬业、诚实劳动、创新劳动、奉献社会的职业道德规范。每年在“五一”前后，评选表彰一批“文明职工”。

重视实践养成。以创建“工人先锋号”等活动为载体，以创一流工作、一流服务、一流业绩、一流团队为内容，激励和引导职工立足本职、爱岗敬业，刻苦学习、忘我工作，不断进取、甘于奉献。深化“争创五一巾帼标兵岗、争当五一巾帼标兵”活动，深入推进“女职工创新创业创意”素质提升主题活动，每两年评选一批“无锡市五一巾帼标兵岗”、“无锡市五一巾帼标兵”。

不断丰富思想道德教育的形式，借助广播、电视、报刊、网络等载体，运用职工熟悉的语言和喜闻乐见的形式，通过知识竞赛、征文演讲、座谈讨论、宣讲演出等手段，持续优化思想道德建设的成效。

(二)实施“科学文化提升”子工程，全面推进广大职工文化素质和知识层次的提升

进一步发挥工会“大学校”作用，以深化“两争一树”为抓手，以创建“书香企业”为平台，以“职工读书月”、“职工读书节”为主要形式，推动职工读书活动的深入开展，引导职工多读书、读好书、善读书。加强职工书屋建设，充分发挥职工书屋、电子阅览室和“百场巡讲”的作用。推广职工读书成才的典型,引导职工培养终身学习的理念,把学习做为生活方式。通过办好学历班、读书班、培训班,组织职工参加业余进修、成人教育、网络学习。不断丰富学习型班组(科室)建设和职工职业生涯设计等的活动内涵,提升职工队伍的综合素质。每两年评选一次"无锡市十大书香企业"和无锡市"学习型组织、知识型职工"。

切实加强有针对性的职工培训,重点强化职工岗位技能培训、创业培训和再就业培训。尤其要立足工会培训阵地,运用政府和社会力量加强农民工(包括劳务派遣工)就业培训、家政培训和技术培训等。以提高女职工队伍整体素质为重点,每年培育和选树一批市级女职工素质教育示范基地,通过女职工素质教育基地、女职工培训学校等载体,开展形式多样的女职工素质教育活动,帮助女职工学习新知识,掌握新技能,增强新本领。

(三)实施"业务技能培优"子工程,全面推进广大职工技能素质和专业水平的提升

围绕我市加快经济转型升级和提高企业自主创新能力的需要,广泛开展职工科技创新竞赛活动,"争创六型班组"和技术练兵、技能比武活动。在女职工集中的行业和企业组织富有特色的女职工岗位练兵、技术比武和发明创造活动,将各种突出女性特点和行业特色的女职工技能竞赛专场纳入到职工技能大赛系列之中,为女职工人才的培养和展示搭建平台。建立"职工节能减排义务监督员"队伍,广泛开展"我为企业节能减排献一计"以及以技术创新为主的"六小"(小革新、小发明、小创造、小设计、小经验、小建议)活动,推广先进操作法和职工优秀技术创新成果,定期举办无锡市职工科技创新成果展。加强职工技协工作,搭建职工施展创新才能的平台。深入开展"劳模创新工作室"创建活动,发挥劳模在科技创新中的引领示范作用。

倡导健康安全卫生理念,普及健康安全知识,引导职工提高安全生产与身心健康意识,自觉遵守安全生产与劳动保护的相关条例规定,增强职业病防治与安全生产能力。依照"事故隐患和职业危害监控法",加强"1+3"安全监控工作体系建设,开展"安康杯"竞赛、"安全在我心中"企业职工安全文化建设等群众性劳动保护活动,推动签订劳动安全卫生专项合同,持续举办"百万职工安全生产知识普及培训",推广"职工安全生产权利义务卡",全面提升职工的安全生产素质和依法维护安全健康权益的能力,促进企业安全管理水平提高,保持安全生产形势的稳定和逐步好转。

(四)实施"民主法治推进"子工程,全面推进广大职工法治素质和民主意识的提升

结合"六五"普法,开展"法律服务进企业"主题活动、职工流动普法巡回宣传活动和职工维权法制宣传教育年活动。送法进企业、送法到职工,营造学法用法的浓厚氛围。在进一步提高各级工会干部法律素养的同时,引导包括农民工在内的广大职工重点了解掌握《劳动法》、《工会法》、《劳动合同法》、《就业促进法》,江苏省"一办法七条例"以及无锡市制定的一系列与职工切身利益密切相关的法律法规,依法维护自身的合法权益和规范自身行为。

充分发挥职代会在企业民主管理中的主渠道作用,通过扩大企业民主管理建制面,推动各类企业建立健全厂务公开民主管理制度,切实保障职工的知情权、参与权、监督权。在各类企业中广泛开展和谐劳动关系企业(园区)创建活动,着力构建职工得实惠、企业得效益、经济得发展、社会得稳定的和谐劳动关系新局面。适应非公企业开展民主管理的现实需要,面向基层工会主席和职工代表开展新一轮企业民主管理基础知识和民主管理法律法规的普训和宣讲活动,使广大职工的依法维权意识得到新增强、民主素质得到新提升。

(五)实施“文体活动普及”子工程,全面推进广大职工体能素质和生活品味的提升

积极推进企业文化和职工文化建设,努力探索富有时代特点、符合文化发展规律、适应企业发展需求与职工精神文化需求的企业文化和职工文化建设新机制和新格局。始终把丰富职工文体活动作为弘扬先进文化、激发劳动热情、陶冶道德情操的重要途径,充分发挥工人文化宫、俱乐部、职工文化活动中心、职工书屋等文化阵地的作用,动员组织广大职工参加企业文化、职工文化建设。通过打造职工文艺团队、塑造职工文化品牌,评选职工艺术明星,参与无锡市激情周末广场文艺演出,每两年举办一次无锡市青年歌手大奖赛等,营造健康文明、时代感强的文化氛围,创造更多积极向上、职工喜闻乐见的精神文化产品,满足职工群众日益增长的精神文化需求。抓好各级各类职工体育比赛活动,积极推广有利于职工身心健康的大众体育项目,增强广大职工的健身意识,引导职工养成健康文明的生活方式。每四年举办一次无锡市运动会职工部竞赛。

四、组织领导和措施

(一)加强组织领导,确保职工素质提升工程落到实处。职工素质提升工程要坚持党委领导、行政支持、工会牵头、各方配合。为加强领导,无锡市总工会将成立职工素质提升工程工作组,负责制定实施方案,布置行动计划,检查落实情况,通报进度、表彰先进典型。工作组下设办公室,设在市总工会宣教部,负责日常工作。各相关工作目标任务由市总工会各职能部室分别承担推进落实。各市(县)、区总工会和有关基层单位的工会也要进一步明确工作职责,制定相应实施方案和年度计划,加强组织协调,落实责任措施。要把职工素质提升工程与工会工作项目化管理有机结合起来,逐步形成绩效考核一体化的管理模式。

(二)加强检查监督,保障职工素质提升工程经费投入。要加强对企业职工教育经费使用情况的监督,积极参与制定各类鼓励职工提升素质的政策法规,为职工学习成才提供法律依据和制度保障。推动所有企业都能按照《国务院关于大力发展职业教育的决定》和财政部、全国总工会等11部委《关于企业职工教育经费提取与使用管理的意见》要求安排职工教育经费。职工培训经费必须专款专用,并向一线职工教育培训倾斜。

(三)整合各方资源,形成齐抓共推职工素质提升工程的良好格局。要把职工素质提升工程与市民素质提升工程、人口素质提升工程等有机地结合起来,加强工会与相关职能部门及各类高等院校、社会职业培训机构和企业培训中心的合作,充分利用社会资源,形成职工素质提升工程社会化推进的良好态势。整合工会内部资源,挖掘市总工会干校、市职工技协、市工人文化宫以及市(县)、区和企事业单位职工教育培训阵地的潜力。

(四)加大宣传力度,营造全面推进职工素质提升工程的浓厚氛围。要协调组织新闻媒体加强对职工素质提升工程的宣传报道,宣传提高职工素质的重要性和必要性,宣传职工学技术、练技能、争贡献的先进事迹和成功经验。定期表彰奖励在职工素质建设工程中涌现出来的先进典型,及时推广交流基层创造的新经验、新成果,为全面推进职工素质提升工程提供强大的舆论支持。

(五)有关重要资料

改革开放以来无锡工会发展情况

(1978~2012年)

中共十一届三中全会以来,无锡工会在恢复重建后伴随改革开放的历史进程,不断解放思想、更新观念、锐意进取,经历了三十多年不平凡的探索、改革和创新,呈现出生机勃勃的发展局面:全面提升了工会履行职责、服务全局的能力与水平,在团结、动员全市广大职工为推进我市经济社会转型发展,建设魅力无锡、创新无锡、创业无锡、幸福无锡的进程中,作出了积极的贡献。

一、恢复和发展阶段(1978~1991年)

1978年12月,中共十一届三中全会胜利召开,重新确立了马克思主义的思想路线、政治路线、组织路线,实现了具有深远意义的伟大转折。十一届三中全会后,党中央对工会工作的一系列重要指示,不断清理"左"的错误对工会工作的影响,在许多重大历史问题上统一了认识,加强了工人阶级和工会内部的团结。尤其是邓小平代表党中央和国务院向全国工会第九次代表大会致祝词中提出:"工会组织都必须密切联系群众,使广大工人都感到工会确实是工人自己的组织,是工人信得过的、能替工人说话和办事的组织"。这一重要讲话,为工会发展指明了方向。

这一时期,无锡工会沿着恢复、整顿、建设、发展的道路前进,在拨乱反正、恢复重建中实现了工会工作正常化,推进了工会的发展。

为清除"文化大革命"十年内乱遗留的恶劣影响,全市工会组织在各级党委统一领导下,深入揭批"四人帮"散布的"工运黑线统治论",肃清流毒,正本清源。不断加强职工思想政治工作,坚持把建设一支"有理想、有道德、有文化、有纪律"的职工队伍,作为工会的重要职责。各级工会开办了青工政治学校,对广大青年职工进行改革开放的形势教育、建设有中国特色的社会主义教育、坚持四项基本原则教育和"五讲四美三热爱"的文明礼貌教育。全市有14万职工参加振兴中华职工读书活动,群众称之为"没有围墙、没有文凭的大学,是第二课堂"。职工的文化教育工作有了较大的发展,"双补"(即文化、技术补课)普及面达85%。各级工会加强了职工文体活动的阵地建设,开展各种有益于职工群众身心健康的文体活动,至1989年,全市各级工会有职工俱乐部、工人文化宫508个,职工图书馆1595个,业余文艺团体791个

在推进社会主义两个文明建设中,广泛开展职业道德教育。1986年——1999年,全市各级工会制定了各行业职业道德规范,开展了职业道德达标活动、"文明在无锡、信誉在单位、满意

在群众"和"学雷锋、树新风、创双信(物价、计量优质服务信得过)"等主题教育活动,大力加强企业基础管理,纠正行风,开拓经营,提高服务质量,切实维护了消费者利益,得到各级领导和广大职工的好评,被誉为思想政治工作和经济工作的最佳结合点。此间,全市共评出省、市级"双信单位"和"双信优胜单位"204家。1989年3月,省总工会在无锡召开工会思想政治工作会议和无锡市职业道德建设"双信"工作现场会,推广无锡职业道德建设和"双信"活动的经验。

随着党和国家工作重点的转移,工会工作也迅速地转移到现代化建设的轨道上来,以经济建设为中心,已成为工会工作的主线。全市各级工会密切配合行政,广泛深入地开展工业学大庆、创大庆式企业活动,各种形式的社会主义劳动竞赛相继恢复起来。广泛组织职工投入到为实现"七五"计划、实施"八五"计划的建功立业活动中,把比、学、赶、帮、超的活动,贯穿各个时期、各种形式的劳动竞赛全过程,并以班组为单位,开展"班组升级"竞赛活动。至1990年,全市有20个班组被评为全国和省先进班组、2930个班组被评为市先进班组。围绕增收节支,全市1081个基层工会组织了38.3万人次参与"五手"(生产能手、质量能手、节约能手、技术能手、革新能手)爱国立功竞赛,涌现出一大批为改革和建设作出突出贡献的劳动模范和先进集体,逐步树立学习先进、尊重先进、争当先进的社会风气,开创了广大职工积极投入社会主义现代化建设的新局面。

推进企业民主管理,恢复和健全职工代表大会制度。各级工会担负起代表职工群众、参与改革的责任,以职工代表大会为基本形式的企业民主管理不断加强。1980年在全民所有制企业中,民主评议干部已形成制度。1983年无锡机床厂等43个单位实行了民主选举厂长,64个单位实行了民主选举车间主任。1987年市总工会在市港务处、微型轴承厂、印染厂、压缩机厂等单位推行建立"共保合同"制度的试点,使全体职工和经营者共负企业责任,共担企业风险,共享企业利益。1989年,全市已有2201个企业分配逐步做到民主化、公开化,有的企业已把职工民主评议干部和干部考核、奖惩、使用结合起来。随着《全民所有制工业企业法》的贯彻,市总工会制定了《全民所有制工业企业职工代表大会实施参照规范》,促进企业民主管理制度化的程度不断提高,有70%的企业建立了企业管理委员会,为职工代表直接参加企业重大决策创造了条件,从而使职代会的各项责任、职责和职权开始落到实处。

为适应市场经济发展需要,加强职工的法制观念和工会法律援助工作,中国工会"十大"章程规定:"县和县以上工会应设立法律顾问机构,依法维护会员和工会的合法权益"。据此要求,于1985年10月成立了无锡市总工会法律顾问处,开始了工会的法律工作,建立了一支工会法律工作骨干队伍。1987年国务院发布了《国营企业劳动争议处理暂行规定》,市总工会按照国务院规定,为把劳动争议解决在基层,向全市各级工会发出《关于在全民和集体企业中组建劳动争议调解委员会的通知》。1988年无锡市成立了劳动争议仲裁委员会,1989年全市已有983个基层单位建立了劳动争议调解委员会,占应组建数的86%。全市劳动争议调解工作已初步形成了由下至上的工作机构和机制。

从1984年起,全市各级工会按照省总工会的统一部署,用三年多时间全面整顿和建设基层工会组织,广泛开展了建设"职工之家"活动。经过全市各级工会干部和广大会员群众的共同努力,至1987年底,全市经过验收合格的"职工之家"有1847个,建家合格率达97.88%。经过整顿,基层工会长期存在的组织不健全、工作不活跃、联系不密切的状况有了较明显的改变,有效地提高了基层工会的战斗力,一大批基层工会组织分别被省、市、县总工会评为模范和先进“职工之家”。1987年12月,省总工会召开“江苏省工会模范、先进职工之家、优秀工会工作者、优秀工会积极分子表彰大会”,无锡机床厂工会、无锡市第一棉纺织厂工会、无锡县柴油机厂工会、江阴第一织布厂工会、宜兴非金属化工机械厂工会都获得省“模范职工之家”称号。无锡市第二棉纺织厂工会、无锡柴油机厂工会等25家获省“先进职工之家”称号。在无锡市委和各级党组织的关怀下,各级工会的领导班子按照干部“四化”要求,先后进行了调整和充实,市区200人以上企业专职工会主席的配备率从1983年的23%提高到1987年的93%、平均年龄从45岁下降到40岁、具有高中及以上文化程度的从占31%提高到69.3%,基层工会班子建设建设明显加强。

随着无锡乡镇企业的崛起和外商投资企业的发展,全市职工队伍迅速扩大,基层工会建设面临新的课题。全市各级工会积极探索,大胆实践,开创了乡镇企业建会的新路子。1983年市总工会和郊区工会在自行车配件二厂进行组建乡镇企业工会的试点工作,建立了无锡第一个乡镇企业工会组织,1984年无锡县堰桥乡进行建会试点,在全省率先建立了乡工会组织。在试点的基础上市总工会颁发了《关于在乡镇工业企业中逐步建立工会组织的意见(试行)》,当年无锡郊区11个乡镇先后建立了工会组织。至1989年,全市已建乡镇工会32个,占乡镇数的26%;已建乡镇企业工会661个,占乡镇企业数的20.77%;新发展会员12.8万余人,占已建乡镇企业工会职工数的72%。1982年4月,无锡市第一家外商投资企业江海木业公司率先成立了工会组织。1988年无锡在全省率先制定颁布了《无锡市外商投资企业工会条例》,为外商投资企业工会建设提供了具体的法律依据。1989年市总工会为加强对外商投资企业工会工作研讨和指导,成立无锡市外商投资企业工会主席协会。1991年无锡市外商投资企业组建工会面已达40%,开启了外资企业建会的新步伐。

全市工会组织在恢复、整顿中得到迅速发展。至1991年,市总工会下属有4个市(县)、区总工会,3个城区工会办事处,51个局(公司)、直属工会,3179个基层工会,会员72.83万人,占职工总数的91.07%。

在深化改革、转换经营机制过程中,各级工会在维护国家和集体利益的同时,切实维护职工的具体利益。市总工会在调查研究的基础上,倡议和协助政府制定《小型企业生活设施最低标准》,全市有130家小型企业基本解决了职工生活设施“缺、挤、差”的状况,维护了职工身心健康。从1980年“全国安全月”开始,市总工会加大了对安全生产的宣传教育工作,提高职工安全意识,加强监督检查,要求500人以上的车间,建立劳动保护监督检查委员会,使工会劳动保护工作得以恢复,促进了安全生产。1989年3月,无锡市女职工委员会成立,当年,市政府批转了《无锡市关于贯彻女职工劳动保护规定的意见》,年底,全市企业建有女职工冲洗室576个,女工淋浴室735个,为女职工的“四期”保护提供了有效保障,成为全省免检城市。

切实为职工办实事,为困难职工解难事。从1987年起,市总工会和政府有关部门一起,开展了为职工调工调房的工作,至1990年底,全市有39975人调换了工作和住房,缓解了职工上下班路远和乘车难的问题。在市委和市政府的重视及社会各方的支持下,新建了17幢大楼的航运新村,有700多户船民上岸定居;为700多名劳动模范、先进生产(工作)者解决了瓶装液化气,改善了他们的生活条件;通过私建公助方式帮助3800职工新建、翻建、扩建住房20多万平方米。1982年,无锡市退休职工管理委员会成立(2002年市退管会办公室由市劳动和社会保障局归口管理),退休职工的管理工作有了新的发展,1989年,全市已建立市、区(局)、基层三级退休职工管理组织1477个,退休职工活动中心和退休职工桃园公寓于1990年底竣工。1985年9月,市总工会设立物价监督总站,积极支持物价改革,组织职工参加物价监督,从1985~1990年,职工物价监督共处理商品违价、克扣斤两6.26万起,维护了消费者的利益,全市工会为职工办实事的传统得到传承和发扬。

在改革开放的新形势下,市总工会加强对外友好交往,先后是日本、印度、澳大利亚、智利、美国、英国、法国、意大利、德国等30多个国家以及港、澳、台地区工会发展友好关系。1985年6月25日,市总工会与日本群马县地方劳动组合评议会,签订了《中国无锡市总工会与日本群马县地方劳动组合评议会关于发展友好交流活动协议书》,建立友好城市工会关系。1980~1989年,共接待国际和港、澳、台工会代表966批、32700多人,无锡工会的对外友好交往工作渐趋活跃。

二、改革和推进阶段(1992~2001年)

1992年初,邓小平同志视察南方并发表重要讲话,中国改革开放进入了一个崭新的阶段。全市工会紧紧围绕市委、市政府深化经济体制改革的战略部署,团结动员广大职工参与改革、支持改革,在改革中赢得发展。

1993年11月,中共十四届三中全会通过的《关于建立社会主义市场经济体制若干问题的决定》,构筑了社会主义市场经济体制的基本框架。在从计划经济体制向社会主义市场经济体制的转变过程中,工会工作既面临创新发展的机遇,也面临前所未有的挑战。这一时期,市总工会认真贯彻全国总工会十二届二次执委会议提出的新时期工会工作总体思路,突出工会的维护职能,保护和调动职工群众的积极性,更好地完成党和政府提出的各项任务。全市各级工会依靠各级党委的坚强领导,围绕中心,服务大局,一以贯之地坚持党的全心全意依靠工人阶级的方针,旗帜鲜明地支持改革,旗帜鲜明地维护职工合法权益。

在全市调整和完善所有制结构,搞好国有企业改革,推行公有制实现形式的多样化,加快企业产权制度改革的新形势下,国有企业特别是国有大中型企业所有制结构和经营机制的调整、转换,减员分流等,直接关系到职工群众的切身利益。市总工会向市委就新形势下深入贯彻落实党的全心全意依靠工人阶级的方针作专题汇报后,市委于1996年4月下发了《关于在深化企业改革中全心全意依靠工人阶级的若干意见》,要求在深化企业改革、转换企业经营机制、建立现代企业制度中,各地区、各部门、各单位都必须认真贯彻党的全心全意依靠工人阶级的方针,加强企业民主管理工作和工会工作,维护职工群众的合法权益,进一步调动广大职工群众的积极性,为实现我市跨世纪目标而努力奋斗。当年10月,市委召开"全市工会工作会议"进一步提出落实党的"依靠"方针的具体措施,对在企业改革中充分发挥工会作用具有重大影响。

市总工会遵照市委"全市工会工作会议"和省工会第十次代表大会精神,向全市工会提出在改制中推动企业切实做到"六个必须":必须牢固树立依靠职工群众办好企业的思想;必须坚持和完善以职代会为基本形式的职工民主管理和民主监督制度;必须切实保障劳动法赋予劳动者的合法权益;必须在企业的董事会和监事会中有工会组织职工民主选举的职工代表;

必须尊重和支持工会独立自主地开展工作;必须重视和加强职工队伍建设,不断提高职工的思想道德和科学文化技术素质的具体要求和部署。针对一些地方不断出现在国企改制中漠视、侵犯职工合法权益,无视职代会作用,造成国有资产流失的现象,进一步要求各级工会在改制中要做到“四个到位”:企事业制定改革方案要充分听取职工意见,工会参与协商到位;企事业改革改制方案要提交职代会审议,职工分流安置和经济补偿办法等方案要提交职代会审议通过,运作程序规范到位;企事业改革改制所需成本专项资金要筹集到位;职工劳动关系同步调整、建立到位,坚持规范操作,阳光操作。“六个必须”、“四个到位”成为全市工会组织在参与企业改制中的基本原则和工作要求。

在全市各级工会的努力下,至2001年,全市95%以上公有资产为主体的企业和事业单位坚持职代会制度,实行厂务公开,加强民主管理。国有、集体及其控股企业坚持将改制方案提交职代会审议通过,保障职工的民主管理、民主监督权利,保护了职工参与改革、关注企业发展的热情,保证改革顺利推进。坚持职代会民主评议企业领导干部、企业业务招待费使用情况和干部廉洁自律情况定期向职代会报告等制度,通过探索建立职工董事、监事制度和职工持股会制度,拓展了职工民主管理的渠道。建立了市及市(县)厂务公开协调(领导)小组,把推行厂务公开列入廉政建设目标,开创了在党委统一领导下,党政工各有关部门分工负责、共同推进民主管理的新局面。各级工会积极探索和实践“集群(区域)职代会,区域集体合同,区域工资协商、安全卫生、女职工特殊利益保护专项协议”等民主管理的新形式、新途径、新方法。在实践中,开辟一条非公企业建立职代会制度,实施民主管理的新路子,较好地解决了面广量大、小而分散的非公企业民主管理的难题。2002年6月,全市非公企业已建职代会制度的有11403家,占总数的48.42%,其中建立集群(区域)职代会制度的有594家,覆盖企业7900家,非公企业集体合同签订率达90.3%,有效地维护了非公企业职工的合法权益。

在企业改制过程中,各级工会努力拓展源头参与渠道,反映和表达职工群众的意愿要求,维护职工合法权益,积极参与在改革中涉及职工切身利益的劳动就业、社会保障、安全生产、工资分配、住房和医疗改革等一大批地方性法规、政策的制定;在每年召开的市人大、政协会议上,提交涉及职工切身利益的建议案和提案;市及市(县)、区工会分别与同级政府建立联席会制度,积极向政府反映职工的意愿要求,共同研究解决涉及职工切身利益的重大问题。全市工会深入职工群众中,及时反映职工的利益诉求和疾苦,当好帮扶困难职工的“第一知情人”。大力实施送温暖工程,为困难职工提供政策咨询、职业介绍、法律援助和特困补助等“一条龙”服务;协助政府落实“两个确保”(确保离退休人员基本生活,确保养老金按时足额发放),主动联系政府有关部门制定帮扶特困职工的政策;及时调整工会经费支出结构,加大送温暖基金支出等举措,增进了工会组织与职工群众的联系。1995年经市政府同意,市总工会成立了“无锡市职工互助互济会”,提倡社会互助,建立多层次的社会医疗保障体系。1996年“无锡市送温暖基金会”正式成立,基金由市政府资助300万元,市总工会自筹100万元,当年,三市(县)和市区60%的区、产业(公司)工会先后成立了“送温暖基金分会”,全市共筹集资金总额达2000余万元,工会帮扶工作能力得到增强。

1994年无锡市被国家确定为再就业工程试点城市,1996年6月,无锡市政府下发了《无锡市关于实施再就业工程的意见》,把解决下岗职工再就业作为关系改革、发展和稳定的全局性大事来抓。当年,市总工会成立了“无锡市总工会再就业服务中心”,每年定期举办4次全市性的大型招聘洽谈活动,平均每次进场达5000余人。1997~1998年,每年在工人文化宫举办为期一周的“无锡市困难企业下岗职工练摊促销夜市”活动,无线电五厂、星火服装厂、针织总厂等单位的职工进场设摊,“夜市”每天吸引数千人参加。为帮助下岗职工提高择业能力,全市各级工会有针对性的组织企业富余人员开展转岗、转业培训。市总工会先后开办母婴护理、家政服务、家电维修、服装裁剪和保安人员等资格培训班,开辟多渠道的就业岗位,1993~1998年,有近万名下岗职工通过培训实现再就业。同时,树立了一批自主创业的典型:有郊区下岗职工束静君创办的无锡市“人人净菜社”,先后招聘10多名下岗职工共同创业;有“扬起生活的风帆,重新设计未来”的中保人寿公司业务员孙伟凤;有“下岗不失志,再创新天地”的梅梁街道第二居委干部张明英;有“转换观念觅新路,创出新路天地宽”的宜兴陶瓷公司宝山幼儿园园长王建英等,引导职工自强不息二次创业,走自立之路。

在企业转改制过程中,为继承和发扬劳动竞赛的光荣传统,坚持以经济建设为中心,动员和组织广大职工积极投身于经济建设。全市各级工会广泛组织职工开展以“学先进、做主人、比贡献、创一流”,为实现“八五”计划和实施“九五”计划建功立业为主的各种形式的社会主义劳动竞赛。从1993~1998年,全市职工提出合理化建议21.5万条,攻克技术难关8939项,技术开发性项目81项、推广新技术199项,技术培训13.4万人次,技术扶贫项目40项,技术贸易成交7990万元。组织154万职工(人次)参加各种形式的劳动竞赛和技术练兵。广泛推广“创造学”,培训骨干3800余人。普及《班组工作条例》,培训班组长6.6万人次。全市女职工围绕“精一招、会二招、学三招”积极开展岗位练兵活动,有50759人次参加了岗位技能比赛,涌现出岗位女明星499人。这一时期的劳动竞赛和合理化建议活动呈现三个特点:一是参加合理化建议活动的对象,已从过去以一线工人为主,逐步扩展到管理干部和科技人员;二是合理化建议的内容,已从过去单一的生产技术为主,逐步扩展到经济管理、技术进步、新品开发和政治思想工作方面;三是竞赛的管理方法,已从过去的传统管理,逐步向系统化、激励化方面发展。同时,进一步加强了对劳动模范的管理,弘扬劳模精神。1994年市政府颁发了《无锡市劳动模范评选和管理工作实施细则》,当年12月,无锡在全省第一个成立了“无锡市劳动模范协会”,1993~1998年,全市共评选出“刀具大王”傅海泉等13名全国劳动模范、全国“五一”劳动奖章24名、省劳动模范112名、省“五一”劳动奖章38名、市劳动模范1144名。并为563名劳动模范及子女办理了“农转非”,组织劳动模范进行体检和短期疗养。这一时期工会组织的各类劳动竞赛取得了明显成效,体现了广大职工的劳动热情和创造性,涌现出一大批先进模范人物,为推进经济社会发展作出了积极的贡献。

1997年4月,全国总工会重新颁布《工会劳动保护监督检查员工作条例》、《基层工会劳动保护监督检查委员会工作条例》、《工会小组劳动保护检查员工作条例》。全市工会加强了安全生产宣传教育和监督检查,从1994~2001年间,每年5月份开展“安全生产月”活动;结合全市环境整治,市总工会积极参与政府有关部门重点抓“小化工”整治,全市化工企业中有15800多名职工参加全国化学品安全知识竞赛,市属16家化工企业已建立近300种化学品信息卡;两次组织大型“安全集市”,有16万多人次前往观看展览、咨询问题,摘录安全生产数据资料;市总工会和市劳动局等有关部门联合举办多种形式的安全生产宣传教育培训班和开展“夏季百日安全竞赛”、“百日安全无事故”等活动,市总工会先后编写3辑12万字的《安全在我心中》系列教材和《百例事故案例》。2000年,市总工会把全国第十届“安全生产周”、省第七次“安全生产月”和“安康杯”竞赛结合起来,在全市各类企业中开展“我懂安全,我会安全,从我做起,保证安全”和“掌握安全知识,迎接新的世纪”为主题的“安康杯”竞赛和“安全月”活动,推行事故隐患和职业危害源点监控办法,帮助市(县)、区、局举办专项培训班,推广“监控法”。2001年深化“安康杯”竞赛活动,有6059家规模企业、70285个班组、72多万职工参赛。全市有一批“安康杯”竞赛先进集体和个人受到全国、全省的表彰。这一时期,促进安全生产已作为工会维护职工权益的重要内容,不断得到重视和加强。

随着社会主义市场经济体制的建立,企业劳动关系的调节方式,也逐步由国家以行政手段直接控制管理,转变为通过劳动法律、宏观政策间接调控,由用人单位自行管理,劳动用工呈现市场化、契约化的走向,企业劳动关系出现复杂的态势。1994年,市总工会遵照省总工会的统一部署,将维护职工的合法权益,与维护企事业的发展、维护社会的稳定统一起来,把推行集体合同作为贯彻实施劳动法的“牛鼻子”,全会动员,齐抓共管,初步形成工会代表职工与企业行政,通过集体协商和签订集体合同调整劳动关系的机制。全市各级工会推动企业与所有职工签订劳动合同,就年度工资增长、安全生产劳动保护、社会保险金缴纳、职工岗位培训、女职工特殊权益保护等内容签订专项集体协议等。2000年全市共有346家企业建立了工资协商制度,签订工资专项协议的非公企业有247家,建立平等协商集体合同制度有8423家,覆盖职工67209人。2002年5月,宜兴市总工会率先在宜城镇巷头村建立村级职工代表大会制度,在该村21家非公小企业按职工数10%~15%在比例由企业推荐,村党支部和工会进行代表资格审查,召开了第一届村级职代会。此后,江阴、滨湖、锡山等地相继推广了宜兴的做法,较好地解决了非公企业小型、分散,建会难的困境,成为无锡非公企业职代会建制中的一大亮点,后经全国总工会领导考察研究确定为“集群职代会”,并在全国推广。该年年底,全市共有5129家非公企业签订集体合同,覆盖职工34124人,签订区域集体合同1616份,覆盖企业6207家,覆盖职工81297人,乡镇企业签订集体合同的有201家,覆盖职工31356人。无锡职代会制度建设呈现出全面发展的趋势。

在劳动关系发生深刻变化的改革进程中,劳动纠纷日益增多,为及时掌握、控制、调处劳动纠纷,维护稳定团结的局面,全市各级工会加强劳动关系预警、调处机制建设,努力构建多层次劳动关系协调机制。1992年7月,市总工会与市劳动局联合召开“无锡市基层劳动争议调解工作经验交流暨表彰大会”,推广了无锡市第二棉纺织厂、无锡钢铁厂、无锡机床厂、江阴马铁件厂等单位劳动争议调解工作的经验和做法。会议之后,全市各级工会组织迅速行动,加快了劳动争议调解工作的发展。1995年在全市进一步开展了“创建合格企业劳调会”活动,至1996年底,全市已建基层劳调会2812个,96%以上的国有、集体企业建立了劳调会组织,合格率达75%以上。根据全国总工会《工会法律监督试行办法》和省总工会的要求,市总工会成立了无锡市工会实施劳动法监督领导小组,后更名为“无锡市总工会劳动法律监督委员会”。至1998年,企业建立劳动法律监督委员会(小组)有1880多个和法律咨询小组1648个,全市共有2050人经培训获得劳动争议调解员、劳动法律监督员上岗合格证书,从事法律服务人员达4000余人。1998年10月,成立了无锡市职工法律援助中心,1990年全市已建工会法律援助机构

953家，组建率为96.56%，有法律援助工作者1680名。2001年底，全市有9507个企业建立劳动争议调解委员会、有1279个区域性和行业性劳动争议调解组织，有9373家企业建立劳动关系预警机制，有9569个企业建立劳动法律监督组织，覆盖面均达85%以上，共受理劳动争议案件6292件，结案率达95%。建立了主席和部长信访接待日、重要信访实行会办、每季度上报信访数据、及时进行信访数据分析等制度。工会法律工作已形成劳动法律监督检查、劳动争议调处、职工法律援助、信访接待办理的"四位一体"格局。

随着经济的发展，为适应职工精神文化的需求，提高职工队伍政治思想素质，开展了"以科学理论武装职工、以企业精神凝聚职工、以职业道德规范职工、以健康文化陶冶职工"为主的职工思想宣传教育工作。1991~1992年，市总工会根据市委和省总工会关于抓好社会主义思想教育活动的要求，部署各级工会开展"社会主义好大家谈"系列教育，围绕"十年改革巨变"、"家庭变迁"、"企业新貌"等主题开展新闻发布会、电视录像、读书演讲等活动，教育发动面达80%，对4万多名青工进行了政治学习轮训，70%的班组恢复了每周1~2小时的政治学习制度。1993年开始在全市职工中开展"创企业精神，树主人翁形象"的主题教育活动，引导职工认识发展市场经济与企业、职工的关系，焕发职工自强不息的拼搏精神。全市涌现出138家"创企业精神"先进单位，其中9家被评为省"创企业精神"先进单位，7家被评为省思想政治工作优秀企业。1996年开始，市总工会与市经委、《无锡日报》社、无锡广播电台等部门联合开展"学理论、学技能、树立正确的人生观、世界观、价值观，实施环境净化工程、质量优化工程、素质强化工程"主题教育活动，此活动被市委、市政府列为全市社会主义精神文明建设目标管理重点工程。通过扎实有效的主题教育活动，在全市评出150名"最佳主人翁"和200名教育活动的优秀工作者。2001年全市工会紧密结合与"法轮功"邪教组织的斗争，在职工中广泛开展理想信念教育，市工人文化宫俱乐部发挥自身优势，通过图片展览、录像放映、举办讲座、科普知识竞赛等形式，揭批李洪志及其"法轮功"邪教组织的罪行和丑恶本质，全市职工受教育面达85%以上。

继续深化和加强职业道德建设。1993年全市各级工会积极探索在市场经济形势下，加强职业道德建设的新路子。全市34个行业重新修订了3000多个岗位的职业道德规范。1995年，进一步加强了对职业道德建设的领导，原市职业道德建设领导小组与市"双信"领导小组合并为无锡市职业道德建设"双信"领导小组。这一时期，市总工会先后推出一系列新举措，在全市掀起职业道德建设新高潮。会同市财办发起"服务语言美化工程"活动、微笑服务和不满意退货活动，受到消费者的好评。聘请了20多位社会各界人士组成的全市职业道德建设检查监督小组，在全市明查暗访，发现问题，限期整改，形成良好的社会监督氛围。在全市职工中开展"文明在无锡、满意在群众"及"市民满意商店"、"市民满意医院"、"十大新风单位"、"最佳主人翁"等一系列职业道德达标竞赛评比活动。1996年12月，全国总工会在无锡召开了"全国职工职业道德建设现场经验交流会"，无锡的经验推向了全国。1993~1998年，全市评出392家职业道德建设"信得过单位"、950名职业道德"信得过个人"和560名职业道德建设优秀工作者。《人民日报》、《工人日报》相继在头版头条报道了无锡市职业道德建设的经验。

随着工业化、城镇化的发展和经济结构、所有制结构的变化，职工队伍在不断发展壮大的同时发生结构性变化。国有、集体企业职工加速向多元化投资主体转移，非公企业成为职工就业、再就业的主渠道。2002年,全市私营企业和个体工商户已达15.4万户,其中私营企业4.9万户,从业人员已达68万人。工会工作对象从过去主要以国有、集体企业职工为主,发展到既包括国有、集体企业职工,又包括乡镇企业职工、非公有制企业职工、新兴产业职工和农民工。最大限度地把职工组织起来,扩大工会组织的覆盖面,是这一时期工会建设的突出任务。

1993年9月,全国总工会在无锡召开了"全国乡镇企业工会工作会议",无锡介绍了自1984年以后建设乡镇企业工会和乡镇工会的实践与做法,得到全国总工会的充分肯定。会上,全国总工会主席倪志福以"乡镇企业改革大潮中的伟大创举"为题作讲话,对进一步推进乡镇企业建会工作提出了明确的要求。会后,无锡加快了乡镇企业和外资企业建会的步伐,1994年4月,市总工会在宜兴召开了首次乡镇工会工作会议,提出了今后五年的建会目标——"3918"工程,即:用五年左右的时间,把具备条件的乡镇、村的骨干企业普遍建立工会,组建率达90%;凡是正式开业的外商投资企业,必须依法建会,组建率达90%;全市119个乡镇全部建会,村级工会的组建率达90%;全市乡镇企业建设职工之家的合格率达80%。全市各级工会紧紧依靠党委的领导,大胆探索适应不同企业特点的多种组建形式,摸索非固定工、非正规就业人员入会管理的途径,采取成熟一批、组建一批、巩固一批的做法,积极推进建会工作。当年,全市118个乡镇就全部建立了工会,发展会员近20万。1996年,全市乡镇企业建会率已达94%,其中乡镇骨干企业已全部建会,80%以上的村建立了工会组织,1012家外商投资企业建立了工会,至1999年全市"3918"工程基本完成,全市乡镇企业和外商投资企业建会工作得到长足发展。

适应深化改革的要求,提高工会工作的整体水平,全市工会继续广泛开展建设"职工之家"活动。1992年建设"职工之家"活动开始向分工会、工会小组延伸,市总工会制定分工会、工会小组建设"职工之家"的"小家"的基本考核要求。基层工会中60%建成"职工之家",50%分工会、40%工会小组建成"小家"。1997年市总工会下发了《关于在市场经济条件下继续深入开展建设"职工之家"活动的意见》,突出建设"职工之家"要体现工会的维护职能,以建立平等协商制度、签订集体合同为重点;突出建设"职工之家"与推进企业发展结合起来,把促进经济发展的成效列入建家的内容;突出建设"职工之家"与企业的实际相结合,具体标准呈多层次,不仅有国有、集体企业,同时亦兼顾外资企业、乡镇企业、私营企业等不同类型的企业,使建设"职工之家"活动更贴近实际,进入一个新的发展阶段。在外资企业开展"双爱双评"(企业爱职工、职工爱企业;评爱企业的优秀职工、评爱职工的优秀经理厂长)为内容的建设"职工之家"活动,当年,布勒机械制造有限公司被评为全国外商投资企业"双爱双评"活动先进企业,华瑞制药有限公司等6个单位被评为省外商投资企业"双爱双评"活动先进单位。开展"双爱双评"活动促进了外资企业劳动关系的和谐稳定,优化了企业发展的内外部环境,受到外资企业的欢迎。

三、创新和提升阶段(2002~2012年)

2002年11月,中共十六大提出全面建设小康社会的新任务。进入新世纪新阶段,无锡市委坚持以中国特色社会主义理论为指导,全面落实科学发展观,先后提出争创全省科学发展先导区,和谐发展示范区,党的建设模范区三大战略任务及全面组织实施《无锡市率先基本实现现代化行动纲要》,建设"魅力无锡、创新无锡、创业无锡、幸福无锡"的目标,开启了无锡经济社会新一轮发展的历史征程。全市工会不断增强服务全局的能力和水平,在改革中发展,在创新中提升,沿着中国特色社会主义工会发展道路前进。

2004年9月和2010年4月,市委先后两次在市人民大会堂召开"全市工会工作会议",并下发了《关于进一步加强新时期工会工作的意见》和《关于进一步加强和改进新形势下工会工作的意见》,对在新形势下进一步加强党对工会工作的领导,落实胡锦涛总书记"各级党委政府要更加支持工会组织创造性地开展工作,把更多资源和手段赋予工会组织"的指示,为充分发挥工会组织在团结广大职工群众推进无锡新一轮发展中的积极作用,提供了更为有利的条件和环境。

这一时期,全市工会认真贯彻市委"全市工会工作会议"精神和全国工会第十五次代表大会提出的坚持走中国特色社会主义工会发展道路。全市工会整体工作水平得到新的提升。主要反映在五个"更加"上,即:更加突出科学发展,把广大职工群众的积极性调动好、发挥好、维护好,在服务改革发展稳定的全局中,充分发挥工人阶级主力军作用,作为工会组织的历史使命;更加重视构建和谐劳动关系,把坚持以职工为本,促进企业发展,维护职工合法权益,推动职工共建共享社会发展成果,作为工会一切工作的出发点和落脚点;更加努力提高职工队伍的整体素质,深化社会主义核心价值观教育,用先进的职工文化、企业文化引领职工群众,凝聚职工群众,发挥好工会大学校作用;更加致力于推进基层民主建设,不断完善企业民主管理制度,发挥好工会组织职工民主参与的作用;更加注重加强工会自身建设,增强凝聚力和号召力,不断提高服务全局、服务职工的能力。

全市工会把科学发展观的要求贯穿促进我市经济社会转型发展的全过程,组织团结广大职工掀起"重点工程竞赛"、"科技创新竞赛"、"节约增效竞赛"、"职业技能竞赛"等各类竞赛活动的新高潮。从2004~2005年,全市劳动竞赛与各种技术练兵相结合。先后举办数控操作比赛、计算机软件应用技能大赛、美容美发技能大赛。组织10个行业、13个工种的职工参加全省技能比赛。全市550余名职工分别被授予省、市"技术能手"、无锡市"技术创新能手"称号,1500多名职工通过技能比赛获得高级职业资格证书。从2006~2010年在全市开展"当好主力军、建功十一五"为主要形式的系列劳动竞赛。积极应对金融危机影响,在全市职工中集中开展"凝聚群力、保增长、促发展"的主题劳动竞赛。在全市重点建设工程、重点行业、重点企业中,开展以创建"工人先锋号"为载体,以经济转型、工会助民行动、提升职工素质、职工科技创新竞赛等内容为主题的"为经济转型发展建功立业"劳动竞赛,近百万职工参加了各种类型的竞赛活动。在"十一五"期间,全市建立了1万多个职工科技创新团队和班组,取得了10多万项职工技术创新成果,合理化建议100万多条,创造效益30亿多元;建立了100多个职工技能培训和技能实训基地,每年职工技能培训达20多万人次,举办职工技能比赛达1500多场次,100多个工种,50多万名职工参加技能大练兵,通过技能培训和比赛,每年有5000多人晋升技术等级,全市职工的技能素质不断得到提升,为造就新型职工队伍,推进经济转型发展起到了积极的促进作用。

从2011年开始,在全市开展建功"十二五"创新创业为主要内容的劳动竞赛,当年5月,市政府办公室转发市总工会等八部门《关于在全市职工中深入开展建功"十二五"创新创业劳动竞赛意见》的通知,提出了我市建功"十二五"劳动竞赛总体目标和任务,建立了无锡市劳动竞赛委员会,第一次以市政府名义开展立功劳动竞赛活动,全市工会积极组织开展各种形式的竞赛活动:江阴市、宜兴市围绕"为经济转型发展"、"提升职工素质"为主要内容的百万职工大练兵、大比武竞赛;锡山区、惠山区、滨湖区等围绕提升职工技能素质主题,广泛建立职工技能培训和实训基地，开展职工技能大培训、大练兵活动；新区在高新产业、新兴产业中开展职工技术创新、创造和提升职工素质为主题的立功劳动竞赛；一汽锡柴、供电公司、无锡博世等重点单位开展以技术创新、节能减排、安全生产为内容的群众性经济技术竞赛。2012年4月全国总工会调研组来无锡调研，江阴市总工会开展的百万职工劳动竞赛得到了全国总工会的充分肯定，《江苏工人报》在2012年6月6日、7日、11日三篇连续报道江阴开展立功劳动竞赛的经验，在全国形成了“北学唐山、南学江阴”的立功劳动竞赛模式。

在全市经济持续、快速发展的同时，安全生产日益受到各级领导的重视。全市工会进一步加强了工会劳动保护，促进安全生产，保障职工的身心健康。2005~2012年，市总工会积极参加新、改、扩建工程项目“三同时”可行性论证，参与工伤事故调查处理，参与政府组织的安全生产检查，制定颁发《无锡市工会劳动保护工作责任制试行办法》，进一步健全工会劳动保护监督网络和工作机制。广泛组织开展以“消除隐患，确保安全，保障稳定，促进发展”为主题的“安康杯”竞赛活动。坚持每年开展全市“安全生产月”活动、每年组织对一线职工进行高温慰问和广泛开展创建劳动保护合格、示范企业工会的评选等活动。2010年在全市企业和职工中，推进“1+3”（事故隐患和职业病危害监控法+动态监控机制、持续改进机制、系统评价机制）事故隐患和职业病危害工作体系，成立了领导小组，建立工作制度，举办了无锡市职工“1+3”安全监控工作体系知识竞赛活动。2012年，全市7014家规模企业，78162个班组、79.02万职参与“安康杯”竞赛活动，有70%的企业建立“1+3”安全监控工作体系。全面开展班组长安全知识培训工作，自2009年以后，每年全市职工有80万人次参加安全生产、劳动保护的知识培训。为切实促进安全生产，全市各级工会已普遍建立了促进安全生产，加强劳动保护的工作机制和监督制度。

2010年9月，全国总工会、工信部、国务院国资委、全国工商联等四部委联合召开了全国班组建设工作会议，2011年9月省总工会等四个部门又召开了全省班组建设工作会议，全国总工会、省总工会先后下发了《关于加强班组建设的指导意见》，就新形势下加强班组建设、促进企业发展作出部署。2011年，市总工会、经信委、国资委、工商联联合下发了《关于进一步加强企业班组建设的实施意见》，提出班组建设的总体要求和目标任务，开展争创“六型”（学习型、技能型、创新型、节约型、安全型、和谐型）班组建设活动。全市有1000多家企业、13000多个班组开展争创“六型”班组建设活动。在创建设活动中，进一步加强了班组长培训工作，全市各级已培训班组长达12531人。2012年12月市总工会召开了“无锡市班组建设工作推进会暨职工科技创新成果表彰大会”，总结推广了争创“六型”班组的经验和做法，进一步推进了争创“六型”班组活动的广泛开展。同时，表彰和命名了一批先进集体和优秀班组长，其中全国工人先锋号10个，江苏省工人先锋号74个、无锡市工人先锋号145个，江苏省先进班组12个，江苏省优秀班组长12名，无锡市先进班组56个，无锡市优秀班组长45名。

劳动光荣、工人伟大，在无锡现代化建设的进程中，劳模先进始终引领着广大职工开拓进取。全市工会大力培养选树时代典型，弘扬劳模精神。2009年市总工会开展了“我和共和国同成长”——新中国成立以来无锡市有影响力的劳动模范评选活动，经过各级组织层层推荐，并征求社会各方意见，共有20人被评为“新中国成立以来无锡市有影响力的劳动模范”，他们分别是（以姓氏笔画为序）：王秀英（女）、王建华（女）、王建华 、王彬彬、刘仲宝、朱阿荣、朱建平、汪寅仙(女)、沈茂德、吴仁宝、陈明、陈胜泉、陈静瑜、周建松、施正荣、查正南(女)、席胜福、秦向锋、傅海泉、蒋锡培。至2012年,全市工会基本建立了各级劳动模范信息库和管理网络,各级工会建立了一网二库(三级管理网、四级服务站,劳模基本信息库、劳模后备人选库),为劳模培育、评选、管理打下了良好的基础。深化"劳模创新工作室"争创活动和建立劳模服务队,为发挥劳模的团队作用,在全市开展了争创市级劳模创新工作室和市总工会劳模服务队,通过各级工会的努力,在全市已建各级劳模创新工作室102个,市总工会命名34个无锡市(市级)劳模创新工作室和10个无锡市十佳劳模创新工作室。认真贯彻市政府《关于提高市以上劳动模范待遇的实施意见》的精神,全面落实劳模待遇,为2935名劳模发放"四金"(劳模春节慰问金、劳模生活困难补助金、劳模特殊困难帮扶金、劳模荣誉津贴)。积极为劳模办实事,组织劳模进行体检、疗养、参观,为每位劳模订阅报纸。在全社会倡导"劳动光荣、知识崇高、人才宝贵、创造伟大"的新风尚。

坚持用中国特色社会主义理论体系武装职工头脑,用改革开放取得的辉煌成果,鼓励广大职工,进一步解放思想,坚定不移地贯彻市委、市政府的重大决策和战略部署,推动科学发展,引导广大职工用和谐的思维认识事物,用和谐的方式处理矛盾,共铸和谐的社会氛围,在不同的岗位上展现自我价值,是这一时期全市工会职工思想政治工作的主要特征。

2003年,市总工会遵照省总工会的部署在全市开展"两争一树"(争创学习型企业、争做知识型职工、树新时期职工形象)的职工教育活动,全市各级工会积极行动,认真组织广大职工参与,推动"两争一树"活动在全市全面展开。2008年,全市各级工会贯彻全国总工会、省总工会《全国职工素质建设工程五年规划》,扎实推进"两争一树"活动。市总工会设立励志奖学金,支持市总工会干校依托高校合作开办劳模先进学历提升班,拨出专款,组织100多位专家、教授,重点推出"百场公益巡讲进企业"活动,为企业免费提供菜单式讲座服务;江阴市总工会实施职工素质大提升"5110工程",宜兴市总工会建立职工素质提升工程宣讲团,深入企业开展有针对性的宣讲活动;锡山区总工会充分利用社会资源,建立职工职业技能培训培训基地,滨湖区总工会成立了五大新兴产业"沙龙",为高学历、高技能职工相互学习、交流构建平台。2012年市总工会在一汽锡柴召开了全市职工素质提升工程推进会,回顾总结了近几年来市总工会推进职工素质提升的经验和做法,提出在"十二五"期间实施"职业道德塑造行动"、"科学文化提升行动"、"技术技能培优行动"、"劳动法规宣传行动"、"文体事业推进行动"等"五大行动",把全市职工的素质提升到一个新的高度。2003~2012年,在全市选树2500个学习型组织示范点,创建451个"职工书屋"示范点。全市规模企业开展"两争一树"活动的面达90%以上,为职工队伍结构整体优化起到积极的促进作用。

推进社会主义文化大繁荣,全市工会广泛开展各种形式的文化体育活动,不断丰富职工群众的精神文化生活。这一时期,工会开展的文化体育活动在经常活动的基础上,进一步向大型化、系列化、基层化、普及化方面发展。先后围绕新中国成立60周年、建党90周年、"迎奥运"、迎"世博"及省、市体育运动会等,组织开展了一系列群众性的文化体育活动。2003年,市总工会在薛福成故居举行"一代风华"——太湖儿女风采展(第二届中国无锡太湖博览会文化艺术节活动之一),全市50个市(县)区、局和企业,500余名职工提供优秀作品和技术创新成果参展,展示无锡百万职工与时俱进、图强创新成果。2004年成功举办无锡市第九届运动会职工部九大项目比赛，36个市（县）、区、局、159支运动队、近3000名运动员参赛。2009年为庆祝新中国成立六十周年，举办“祝福祖国·爱我家乡——无锡市职工庆祝新中国成立六十周年歌咏比赛”，来自全市24个基层工会组织1500名余职工参加。会同市委宣传部、市文管中心等举办“激情周末”职工群众广场文艺演出，举办“共和国精英——劳模风采摄影展”。2010年，根据市政府《迎世博、办论坛、兴旅游、讲文明、树形象、促和谐行动计划》，市总工会在全市窗口服务行业职工中组织开展了“迎世博、树形象、提素质、展风采”优质服务竞赛。2011年为纪念中国共产党成立90周年，市总工会会同市文联、滨湖区人民政府举办“和谐无锡、幸福职工”专题摄影大赛和无锡市职工庆祝建党90周年大型歌会，全市18支职工合唱队、1800余名职工和市委、市人大、市政府、市政协领导参加了红歌会。2012年，举办无锡市第五届青年歌手大奖赛。本届大赛有来自全市各行各业的300多名选手报名参加，是历届大赛报名参赛人数最多的一次比赛。2009~2012年，全市总共组织3000余场次送教进企业活动，组织职工艺术团，深入工厂、社区、农村进行巡回演出达3353场，观众达60万人次，放电影1500场次，观众达5万人次。

在建立和谐社会的进程中，努力构建和谐劳资关系。2005年，市委市政府先后下发了《建设和谐无锡行动纲要》、《关于开展创建和谐劳动关系企业的实施意见》，2009年，市委市政府进一步作出了《关于构建和发展和谐劳资关系的决定》。至2012年，全市已评选表彰了市级“和谐劳资关系先进企业”403家，其中省级的40家，国家级的5家，市级“和谐劳资关系先进工业园区”12个，省级3个，国家级的1个，市级“和谐劳资关系先进街道”26个。这一时期，全市各级工会紧紧围绕“劳资两利、劳资和谐、劳资共赢”，通过统筹规划、整体推进、一体化实施，在推进全面构建和谐劳资关系中充分显现了工会的作用，主要反映在全面落实职代会职权、深化企业工资集体协商制度、完善劳动争议调解工作机制、加强工会劳动法律监督、加大扶贫帮困救助力度等五个方面的工作，实现了新的提升：

深化和完善企业民主管理，在创新和推进非公企业建立职代会制度基础上，向全面落实职代会职权方面提升。进一步建立和完善以职代会、集体协商、厂务公开、职工董监事制度“四位一体”的职工民主管理机制。打破大小单位界线，大力推进非公企业职代会制度建设，坚持劳动者权益公开制度，把职工群众最关心、最直接、最现实的“企业规章制度、劳动合同和集体合同(包括工资协议)、社会保险和公积金缴纳情况、职工奖金分配和补贴津贴”等六项涉及职工切身利益的事项向职工公开，全面落实职工的知情权、参与权、监督权和决定权，保障了职工知情参与、协商共决、评议监督等民主权利。2003年8月，省总工会组织市、县(市)以上工会主席在无锡召开推进非公企业职代会制度建设经验交流会，对无锡创建非公企业职代会所取得的成果给予充分的肯定。2010年9月，全国工会推进区域(行业)职工代表大会制度建设经验交流会在宜兴召开，推广了宜兴建立非公企业职代会的做法和经验。2011年，全市国有企业实行厂务公开、职代会建制率达100%，已建立职代会制度的非公企业有33275家，建制率达98%，实行劳动者权益公开制度达92%。

全面建立企业工资集体协商制度，在创新和拓展工资集体协商多种模式的基础上，向广覆盖、规范化方面提升。从2005年起，市委、市政府把工资集体协商作为全市“富民工程”、“为民办实事”的重点项目进行考核。市人大、政协大力支持，把工资集体协商工作分别列入人大主任会议和常委会议题，并组织督查。各级工会积极开展工资集体协商“要约行动”，形成了有效推进机制;基层企业大胆探索,勇于实践,敢于创新,建立了一支工资集体协商指导员和谈判员队伍,推进建立企业工资协商制度的全面展开。2006年以后,各级工会创新思路,拓展行业工资集体协商模式,不断拓展建立工资协商的范围,向中小企业、乡镇企业、民营企业发展,在全市形成四种工资协商模式:一是主体共商型,即以行业工会代表职工方与以行业协会为主体就行业工资水平、工时工价等开展集体协商;二是行政推进型,镇级工会在同级党委和政府的支持下,在组建行业工会的同时选举职工协商代表,并协调行业所属企业选举行政协商代表,由行业工会拟订工资协议文本(草案),行业工会主要负责人与各企业主逐个磋商,达成基本一致意向后,采用召开双方协商代表会议和行业职代会"两会合一"的办法,先集体协商后代表审议,再双方签订行业工资集体协议;三是企业需求型,同地域同类型企业为了提升行业技术、质量等标准,拓展市场,多数企业主强力要求主管政府或行业统一行业劳动用工、技术人员工资待遇标准,形成了企业与企业间长期相互协商沟通的基础,乡镇工会借势提出建立行业集体协商制度,以文本形式固定下来;四是区域转化型,由原来以行政村为单位建立了区域工资集体协商制度,转化为由村(社区)工会根据行业一个一个分割单独建立行业工资集体协商制度,较好地解决了无锡小型分散不同行业行业建立工资集体协商的难题,形成"小企业,大集群"和"块状经济"的区域特色的工资集体协商机制。2011年6月1日,无锡在全省率先颁布实施《无锡市企业工资集体协商条例》,使全市工资集体协商工作纳入法制化轨道。2012年全市工资集体协商制度的建制率已达96.6%,有171万职工受益。全市签订女职工特殊保护专项集体合同签订率已达96.5%,覆盖企业3.06万家。开展工资集体协商,促进了企业劳动关系的和谐稳定。

积极协调劳资关系,在创新和建立多层次调解体系的基础上,向完善调解工作机制,推进依法、科学调解方面提升。市及市(县)、区和基层三个层面上建立了五级工会调解组织和广覆盖的预警机制,形成全市工会系统劳动纠纷调解的组织体系和运作机制,实施了工会调解与法院诉讼对接、与劳动仲裁对接。2008年10月,市总工会与中级法院、劳动和社会保障局、司法局、经贸委五部门联合组建成立了以市总工会为主体的无锡市劳动争议调解委员会,建立了劳动纠纷调解、仲裁、判决的分工合作机制和定期分析通报制度,对全市劳动纠纷调处进行全方位的掌控。2009年5月,成立了无锡市劳动争议调解庭,受理影响较大的劳动争议案件,年底全市九个市(县)、区全部成立了劳动争议调解庭,全市47个街道、36个镇100%建立了区域性劳动争议调解组织。广泛开展全市工会调解组织的达标活动,通过两年的努力,全市已有90%以上工会调解组织达到合格标准,有效地推进了工会调解工作的规范化建设。结合普法教育,举办劳调员培训班172期,有1.09万名工会干部领到了劳调员证,对工会兼职仲裁员、特邀调解员每两年轮训一遍,实行持证上岗,全市各级工会调解员队伍已有3.34万名。同时,开展优秀调解员的评选,共表彰了250名优秀调解员。先后总结推广了江阴市总工会与江阴法院在工会设立巡回审判庭的做法,使工会调解与诉讼、法院审判与委托调解双向对接;宜兴市总工会的"一庭六室"模式,使市总工会的中心调解庭与六个中心镇的调解室有效对接,实现了劳动争议调解案件调解任务合理分配的有序管理;惠山区总工会的"四快"、"四级联动"调解法,提高了调解工作效率,缩短调解周期;崇安区总工会的"抓主要矛盾法、一对一调解法、渐进式调解法、换位思考调解法和真情调解法",增强了调解工作的针对性和人性化等,这些新模式、新方法和新手段,推动全市工会劳动争议调解水平跨上一个新台阶。2009年,全省劳动争议调解工作现场会在无锡召开,推广了无锡的做法和经验。2012年,全市工会建立劳动关系预警组织(点)已达9770家,建立工会劳动争议调解组织已达1.30万家,从2007~2012年,受理劳动争议案1.8万件,调处结案率达95%以上,全市法律援助机构每年为职工群众提供咨询或代书2000余件,代理仲裁或诉讼100余件,成功率在90%左右,当年2月,全国总工会为无锡市总工会授牌"全国首批工会职工法律援助维权服务示范单位"。

坚持开展劳动法律监督检查,在创新和拓展劳动法律监督手段的基础上,向建设法律监督队伍、规范制度、提高成效方面提升。2006年9月,无锡在全省率先颁布了《无锡市工会劳动法律监督条例》,确立了无锡工会开展劳动法律监督工作的法律地位。2007年,市总工会就把工会劳动法律监督组织建设列入年度重点工作的目标考核内容,每年对各市(县)、区法律监督组织建设的情况进行督查,先后制定出台了"四项制度"即:劳动法律监督检查制度,劳动违法案件处理反馈制度,劳动者权益保障评价制度,严重违反劳动法律、法规单位的记录和公示制度。2012年,全市建立工会劳动法律监督组织已达1.36万家,在全市已基本形成市及市(县)、区、镇(街道、园区)、村(社区)、企业五级工会劳动法律监督组织网络,建立了横向到边、纵向到底的工作格局。全市专兼职劳动法律监督员已有41651人,由劳动、法律、安监等方面的专家和社会人士组成的督员队伍有26支,形成了专兼结合,覆盖面广,具备较高素质的工会劳动法律监督队伍。扎实开展全方位的工会劳动法律监督检查活动,2007~2012年,市总工会连续六年在全市组织大规模的联动监督检查活动,共组织镇(街道)以上工会的725个检查组4316名工会劳动法律监督员,对5815家用人单位进行了监督检查服务活动。六年来,全市各级工会劳动法律监督组织共向用人单位发出《意见书》1348份,企业整改率达到99%,向政府有关部门发出《建议书》200余份。共督促用人单位为2万余名劳动者补签劳动合同,补发加班工资1100余万元,补缴社保费金额近3000万元,对3272家企业的规章制度依法提出了修订意见。促进企业规范劳动用工制度,全市企业劳动用工规章制度建章合格率达90.%以上。2012年10月,全省劳动法律监督工作推进会在无锡召开,推广了无锡的经验。

加强扶贫帮困救助,在创新和建立帮困救助组织网络的基础上,向完善帮扶工作机制,推进帮扶工作常态化、系列化方面提升。坚持以人为本,切实为困难职工排忧解难,真情服务职工群众。各级工会进一步加强了困难职工帮扶中心建设,2007年市及市(县)、区全部建立了困难职工帮扶中心。2008年10月,全省帮扶工作现场会在江阴召开,推广了江阴帮扶工作的经验做法。2012年全市90%以上的乡镇、街道建立了困难职工帮扶工作站;着力做好下岗职工就业再就业工作。2005~2010年,通过各种形式提供就业岗位9.8万个,成功推荐上岗4.1万人次。坚持以培训促就业,共培训职工2.45万名,培训合格率达90%以上;进一步拓展了职工互助保障工作,2012年全市各项互助保障项目累计参加165.58万人次,累计保费达6900.46万元,5.37万人次领取互济金;率先在全省推出《无锡市女职工健康互助计划》,累计参加人数达14.5万人次,为患大病的160名女职工提供互助金;在全市建立了特困职工档案,实行动态管理,定期对特困职工进行帮扶;广泛深入开展"金秋助学"、送温暖等活动,为落实党和政府的民生政策,强化了构建和谐社会帮困救助功能。

进一步加强基层工会组织建设,不断扩大工会组织的覆盖面,至2012年,全市基层工会已达11483个,会员数已达207.2万人,实现了工会组建工作跨跃式发展。这一时期,工会组织建设主要是巩固改革创新成果,全面推进外商投资企业、非公企业和新经济组织组建工会,努力构建与经济体制改革相适应的工会组织体制,不断增强基层工会组织的活力,扩大基层组织的先进面,提高工会工作的整体水平。2009年8月无锡率先在全省100%建立了乡镇总工会。积极推进城区和新区工会建设,崇安、南长、北塘三个城区和新区先后建立了总工会。2010年4月,市总工会制定了《无锡市乡镇(街道)总工会工作暂行办法》,对乡镇(街道)总工会的组织体制、基本职责、工作机制和制度、工会经费和财产等作了明确的规定,为全面提升乡镇(街道)总工会的整体水平,提出了具体的标准并逐步形成了以乡镇、村和街道、社区城乡两个"小三级"工会为主、以市(县)以下行业工会为补充的广覆盖、多层次、全方位的非公企业工会组织网络。2012年9月,江阴市长江村率先在全国建立了村级总工会。不断加强工会干部队伍建设和工会领导班子建设,建立健全了工会干部的选拔任用、权益保障、关心激励、问责追究、素质提升等制度。先后出台了《关于城区街道招聘工会助理员的实施办法》、《关于开展基层工会主席直选的指导意见》、《无锡市非专职工会工作人员补贴试行办法》、《无锡市总工会关于加强和规范工会主席队伍管理考核的暂行办法》。加强城区工会干部队伍建设,经公开招聘和培训,聘请了一批工会助理员。积极开展争先创优活动,进入新世纪以来,江阴、宜兴、滨湖、锡山、惠山、新区等总工会跨入省"模范市(县)、区工会"、"工会工作模范开发区(园区)的行列,全市已有43个基层工会被评为"全国模范职工之家"、213个基层工会被评为"江苏省模范职工之家"。349个基层工会被评为"无锡市模范职工之家"。

全市工会锐意改革,统筹兼顾,整体推进工会事业健康发展。从2003年开始,市总工会在全省地级市中,率先探索委托地税部门代收企事业单位的上解工会经费,创建了依法收缴工会经费的新路子。2006年在无锡地方税务局大支持下,全市企事业单位的上解工会经费(筹备金)和企事业单位工会留成经费,全额由无锡地方税务局代收,加大了依法收缴力度,彻底破解了困扰多年的工会经费"收缴难"的难题,工会经费持续增长,保障了工会工作的物质基础。工会经审工作以审计为基础的审查监督力度加大,为促进收管用好工会经费和推进全会廉政建设发挥了积极作用,2005~2012年,全市没有发生一起工会经费违法被查处的案件。进一步加强了与国际和港、澳、台工会的友好交往。2007年6月,市总工会与意大利比萨、利沃诺工会签约建立友好工会,并先后与世界工联、俄罗斯、法国、日本、台湾工会等36个国家和地区工会进行了友好交往。江苏省无锡工人太湖疗养院于2002年进行股份制改革后,成为全国工会系统率先走出市场化运作道路并取得明显成效的疗休养院,荣获全国工会"十佳疗养院"称号。市工人文化宫采取了一系列改革举措,更好地发挥了文化宫的功能作用,荣获"全国示范文化宫"称号。市总工会干部学校、无锡新华中等专业学校为适应市场经济发展的新形势,不断拓展办学渠道,挖掘发展潜力,取得丰硕成果,先后获得"全国高等教育自学考试示范助学组织"、"全国工会农民工技能培训示范基地"、"全国职工教育培训示范点"等称号。市总工会困难职工服务中心,倾情为职工服务,荣获"全国困难职工帮扶工作先进集体"称号。市退管会开拓了无锡工会退管工作的崭新局面,被全国总工会、劳动部和省市有关部门授予全国模范退管会和退管工作先进集体。市总工会机关进一步加强了作风与效能建设,增强了服务全局的能力,进一步确立了服务基层、服务职工的理念。经社会评议,6次获得市机关作风与效能建设先进单位,3次被市委、市政府授予“人民满意机关”、“无锡市文明机关”称号。

2012年11月,中共十八大明确提出坚定不移沿着中国特色社会主义道路前进,全面建成小康社会和全面深化改革开放的目标。2013年1月,市总工会召开十六届十一次全委(扩大)会议,深入学习贯彻中共十八大精神,全面落实市委十二届四次全会的部署要求,进一步解放思想、攻坚克难,团结动员广大职工奋力开创科学发展新局面,为无锡率先基本实现现代化作出新的贡献。

综观改革开放三十多年来无锡工会发展史实,得到的经验和启示是:

只有自觉接受党的领导,才能把工会的政治优势转化为工作优势。工会的政治优势是党的领导,只有坚持党的领导,才能保证正确的政治方向。只有自觉地把党的方针政策,转化为工会的实际行动,落实到组织、引导、发动广大职工群众之中,围绕党的重点工作开展工会工作,才能把政治优势转化为工作优势。

只有融入经济社会发展的全局,才能体现工会的地位和作为。只有在服务全局中,认真做好党政所需、职工所求、工会所能的工作;努力做好在全局利益与局部利益,整体利益与具体利益不相一致时的难点工作;切实做好职工对工会要求的热点工作,才能形成党委重视、行政支持、各方配合的工作局面。

只有坚持以职工为本,才能增强工会的凝聚力和号召力。只有坚持以群众的需求作为一切工作的出发点和落脚点,真心实意地为职工群众服务,工会才能得到群众的信任和拥护;只有得到群众的信任和拥护,工会才有凝聚力和号召力,才能提升工会服务全局的能力。

只有坚持开门办会,才能走出自我循环的工作模式。只有坚持开门办会,整合各类社会资源,力求行政资源发挥好、群众资源调动好、自身资源利用好,才能形成聚内外之力,举全会之力,上下联动,协同配合,强势推进的工作合力。

只有解放思想,开拓创新,才能推进工会工作不断发展。只有抛弃不适时宜的思想束缚,坚持实事求是,敢于探索实践,才能有创新与发展。只有敢于破解难题,不怕失败,才会有成功的希望。只有自找压力,才会有争创的目标,前进的动力,创新的举措,推进工作不断发展。

无锡市总工会
2013年2月

全国总工会对无锡市从事工会工作30年以上人员颁发荣誉证书、纪念章名单

(2005年)

序号	姓　名	单　位	职　务	备　注
1	伊　克	无锡市工人文化宫	副主任	离　休
2	刘　澄	无锡市工人文化宫	副主任	离　休
3	陈　生	无锡市工人文化宫	放映员	离　休
4	吴青山	无锡市工人文化宫	股　长	离　休
5	石觉生	无锡市总工会维护保障部	部　长	退　休
6	陈雪琴	无锡市总工会办公室	内　勤	退　休
7	关绳武	无锡市总工会办公室	干　事	退　休
8	徐英华	无锡市工人文化宫文体科	老　师	退　休
9	姚希声	无锡市工人文化宫文体科	美　工	退　休
10	孙长根	无锡市工人文化宫宣传科	原科长	退　休
11	蒋国良	无锡市工人文化宫宣传科	美　工	退　休
12	钱永康	无锡市工人文化宫宣传科	副科长	退　休
13	钱学文	无锡市工人文化宫宣传科	副科长	退　休
14	章慕伟	无锡市工人文化宫宣传科	副科长	退　休
15	徐淑梅	无锡市工人文化宫电影院	放映员	退　休
16	周国森	无锡市原西新工人俱乐部	放映员	退　休
17	王　旸	无锡市太湖工人文化宫	副主任	退　休
18	廉　明	无锡市太湖工人文化宫	科　长	退　休
19	金如民	无锡市惠山区总工会	副主席	退　休
20	徐德贤	无锡市总工会招待所	工会主席	退　休
21	陈毓秀	无锡市总工会崇安区办事处	科　员	退　休
22	陈竹涛	无锡市外经局工会	科　员	退　休
23	薛连祥	无锡工人太湖疗养院	门　卫	退　休
24	霍红娟	无锡工人太湖疗养院	医　师	退　休
25	王士力	无锡工人太湖疗养院	总务科长	退　休
26	夏惠燕	无锡工人太湖疗养院疗区	护　士	退　休
27	陆景龙	无锡工人太湖疗养院餐厅	营养师	退　休

28	廉伯兴	无锡工人太湖疗养院	电　工	退　休
29	方广英	无锡工人太湖疗养院	医　师	退　休
30	温蕰玉	无锡工人太湖疗养院	医　师	退　休
31	周惠兴	无锡工人太湖疗养院	厨　师	退　休
32	华世宝	无锡工人太湖疗养院食堂	管理员	退　休
33	还耀红	无锡工人太湖疗养院	厨　师	退　休
34	彭根兴	无锡工人太湖疗养院	花　工	退　休
35	杨桂珍	无锡工人太湖疗养院	护　师	退　休
36	周福林	无锡工人太湖疗养院	科　长	退　休
37	赵少华	无锡工人太湖疗养院餐饮部	经　理	退　休
38	吴建中	无锡工人太湖疗养院	副院长	退　休
39	蔡根娣	无锡工人太湖疗养院	保管员	退　休
40	薛玉英	无锡工人太湖疗养院	护　师	退　休
41	承燕华	无锡市总工会女工部	部　长	
42	许颂良	无锡市总工会财务事业部	副主任科员	
43	李战平	无锡市总工会宣教部	部　长	
44	曾　薇	无锡市工人文化宫办公室	副主任	
45	苏惠娟	无锡市工人文化宫办公室	内　勤	
46	邵寿南	无锡市工人文化宫办公室	门　卫	
47	沙鹏程	无锡市工人文化宫经营科	副科长	
48	任金才	无锡市工人文化宫文体科	副科长	
49	王年涛	无锡市工人文化宫文体科	副科长	
50	高德华	无锡市工人文化宫文体科	副科长	
51	吕菊芬	无锡市工人文化宫电影院	售票员	
52	浦志舜	无锡市工人文化宫电影院	技　师	
53	吴法良	无锡市工人文化宫经营科	副科长	
54	华　伟	无锡市工人文化宫物管科	副科长	
55	杨家荣	无锡市工人文化宫职校	教　师	
56	赵玉珍	无锡工人太湖疗养院	话务员	
57	薛爱华	无锡工人太湖疗养院	话务员	
58	刘嫣娜	无锡工人太湖疗养院接待科	内　勤	
59	顾龙南	无锡工人太湖疗养院接待科	导　游	
60	袁莉芬	无锡工人太湖疗养院	接待员	
61	黄纯瑜	无锡工人太湖疗养院	接待员	
62	张赛娟	无锡工人太湖疗养院客房部	服务员	
63	浦亚娟	无锡工人太湖疗养院商娱部	经　理	
64	吴雪芬	无锡工人太湖疗养院客房部	服务员	
65	孙启平	无锡工人太湖疗养院客房部	药　师	

66	赵小敏	无锡工人太湖疗养院接待科	营销员	
67	陆银善	无锡工人太湖疗养院接待科	营销员	
68	闻凤根	无锡工人太湖疗养院后勤	驾驶员	
69	华浩泉	无锡工人太湖疗养院后勤	采购员	
70	朱德康	无锡工人太湖疗养院质管办	保安员	
71	欧仲良	无锡工人太湖疗养院质管办	保安员	
72	陈裕宝	无锡工人太湖疗养院质管办	保安员	
73	丁建芬	无锡工人太湖疗养院	护士长	
74	金健中	无锡工人太湖疗养院体检中心	主　任	
75	李琴娣	无锡工人太湖疗养院	医　师	
76	陈肖云	无锡工人太湖疗养院	医　师	
77	孙惠珍	无锡工人太湖疗养院	护　师	
78	周小萍	无锡工人太湖疗养院	护　师	
79	阮桂芳	无锡工人太湖疗养院	护　师	
80	华兰珍	无锡工人太湖疗养院	技　师	
81	王静芬	无锡工人太湖疗养院	技　师	
82	陆若萍	无锡工人太湖疗养院	医　师	
83	陈亚珍	无锡工人太湖疗养院	会　计	
84	席建明	无锡工人太湖疗养院	医　师	
85	王盘寿	无锡供电局工会	干　事	退　休
86	郁俊英	无锡供电局工会	干　事	退　休
87	张志鹏	宜兴市总工会	部　长	
88	李桂生	无锡市电瓶车厂工会	主　席	
89	杨德兴	中设(无锡)机械设备进出口公司工会	主　席	
90	熊瑞全	无锡市太湖鼋头渚风暴区管理处工会	主　席	
91	赵启斌	海鹰企业集团有限责任公司工会	干　事	
92	董良华	无锡船厂有限公司工会	主　席	
93	赵敬堂	无锡市大通物流有限公司工会	主　席	
94	张允中	无锡九龙公共交通股份有限公司工会	干　事	
95	韩惠琴	无锡联运有限责任公司工会	副主席	
96	刘　炼	无锡化工集团有限公司工会	副主席	
97	蒋琴珍	无锡格林艾普化工股份有限公司工会	干　事	
98	高琴英	无锡华润微电子有限公司工会女工委	主　任	退　休
99	杨祖兴	无锡阿贝精密轴承有限公司工会	主　席	退　休
100	郁俊英	无锡供电公司工会	干　事	退　休
101	王盘寿	无锡供电公司工会	干　事	退　休

全国、省、市人大工会界代表、常委和省、市政协工会界委员、常委名单

一、全国第十届人大代表(无锡工会界)

1	徐安碧	江苏宜兴精陶股份有限公司总工艺师	代　表

二、全国第十一届人大代表(无锡工会界)

1	陈静瑜	市人民医院主任医师	代　表
2	徐安碧	江苏宜兴精陶股份有限公司总工艺师	代　表

三、全国第十二届人大代表(无锡工会界)

1	陈静瑜	市人民医院主任医师	代　表

四、江苏省第十届人大代表(无锡工会界)

1	朱敏芳	无锡市博爱康复颐养院院长	代　表
2	刘建国	江阴市日毛纺纱有限公司工会主席	代　表
3	李守才	宜兴均陶工艺厂堆花特艺工作室主任	代　表

五、江苏省第十一届人大代表(无锡工会界)

1	李　芸	上海铁路局无锡站客运员	代　表
2	杨建芬	宜兴市人民医院大内科护士长	代　表
3	郑金良	江阴市申港镇三鲜养殖基地养殖专业户	代　表

六、江苏省第十二届人大代表(无锡工会界)

1	陆　栋	滨湖区荣巷街道荣巷社区书记	代　表
2	李　芸	上海铁路局无锡站客运员	代　表
3	郑金良	江阴市申港镇三鲜养殖基地养殖专业户	代　表
4	季益顺	宜兴紫砂工艺厂高级工艺美术师	代　表

七、无锡市第十三届人大代表(工会界)

1	余炳源	市总工会党组书记、主席	常　委
2	凌卫华	江阴南菁高级中学政教处副处长	代　表

3	徐　惠	江阴市锡剧团演员	代　表
4	高秋瑾	江阴马镇镇马镇村支书	代　表
5	黄建钧	江阴澄江镇党委副书记	代　表
6	马月琴	宜兴宜城镇茶东居委会主任、支书	代　表
7	马建生	宜兴鲸塘镇鲸塘村种田大户	代　表
8	卞阿听	宜兴洑东长征茶林场场长	代　表
9	周苏萍	宜兴水泥厂车间主任、支书	代　表
10	黄　艳	宜兴市邮政局宜城营业处营业员	代　表
11	储瑞琴	宜兴官林医院妇产科护士长	代　表
12	钟敏敏	崇安区学前街前西溪社区主任	代　表
13	徐　雯	崇安区人民医院内科副主任	代　表
14	丁　雪	南长区迎龙桥水车湾社区总支书记	代　表
15	孙惠挺	无锡盛达机械制造有限公司董事长、总经理	代　表
16	郁小燕	南长扬名五星村总支书记、主任	代　表
17	宣永键	无锡华润制钢有限公司总工程师	代　表
18	钱浩良	无锡市锡剧院院长、书记	代　表
19	杨剑华	无锡协新集团有限公司董事长、书记	代　表
20	陆惠琴	无锡市巨龙塑化股份有限公司副总经理	代　表
21	陈玲秀	无锡第三棉纺织厂书记	代　表
22	黄蓓玲	无锡一百集团新交电财务部长	代　表
23	谢华娜	北塘北大街南尖社区总支书记、主任	代　表
24	虞焕军	北塘黄巷镇惠山村总支书记	代　表
25	平培良	锡山安镇镇农业助理	代　表
26	平文良	惠山洛社镇党委书记	代　表
27	邢梅珍	惠山堰桥届经综合养殖场场长	代　表
28	强志炯	江苏新苑集团公司总经理、书记	代　表
29	朱建南	海鹰集团公司总经理助理	代　表
30	朱金兴	新区坊前镇农丰村支书	代　表
31	徐　露	新区实验小学语文教研组长	代　表
32	秦海波	六一四所常务副所长	代　表
33	朱富根	无锡市殡仪馆主任	代　表
34	严　奇	无锡叶片厂厂长、书记	代　表
35	朱敏芳	无锡市博爱康复颐养院院长	代　表

八、无锡市第十四届人大代表(工会界)

1	周敏炜	市委常委、市总工会主席	代　表
2	余炳源	市总工会党组书记、主席	常　委

3	孙　洪	市总工会党组书记、副主席	常　委
4	王　玲	江阴市职工学校、工人文化宫校长、主任	代　表
5	叶惠丽	江阴海澜集团副书记、副总裁	代　表
6	李洪耀	江阴夏港镇长江村党委副书记	代　表
7	周　丽	江阴华西村党委副书记、副主任	代　表
8	徐　惠	江阴市锡剧团演员	代　表
9	喻杏萍	江阴公交公司驾驶员	代　表
10	薛耀萍	江阴澄江环卫所车辆运输分所清洁工	代　表
11	赵建新	中船澄西船舶修造公司坞修车间支书	代　表
12	许艳春	宜兴方圆紫砂工艺有限公司高级工艺美术师	代　表
13	李　琳	宜兴宾馆人事培训经理	代　表
14	沈钰妹	江苏无锡金陶都律师事务所律师	代　表
15	苏锡林	宜兴和桥镇党委书记	代　表
16	高洪群	宜兴阳羡环卫服务公司班长	代　表
17	盛玉红	锡山青少年业余体育学校教练	代　表
18	余汉清	惠山区农林局蔬菜站站长、推广研究员	代　表
19	施志清	惠山堰桥街道长安社区总支书记、工会主席	代　表
20	王　敏	滨湖区人民医院急诊科护士长	代　表
21	朱寿兴	市第四人民医院肿瘤科主任	代　表
22	张绿枝	坊前中心幼儿园老师	代　表
23	邹云虹	无锡职业技术学院教师	代　表
24	陈钰萍	无锡市梁溪中学羽毛球教练	代　表
25	孙　敏	市英特东华律师事务所律师	代　表
26	杨淑艳	崇安区环卫处农民工	代　表
27	陆丽萍	崇安区广瑞路街道党政办职工	代　表
28	罗国喜	市白蚁防治所施工科科长	代　表
29	徐建元	南长区建设局局长	代　表
30	赵　洵	南长区环卫处副处长	代　表
31	唐文英	市水利设计研究院有限公司工会主席	代　表
32	顾新娟	市社保局养老保险处科员	代　表
33	龚跃春	市交通产业集团有限公司工会女工主任	代　表
34	李　莺	北塘区公安局西新派出所民警	代　表
35	虞其军	市粮食局营销储备处处长	代　表
36	邓加红	锡山区委常委、总工会主席	代　表

九、无锡市第十五届人大代表(工会界)

1	陈德荣	市委常委、市总工会主席	代　表

2	管海燕	市总工会党组书记、副主席	常　委
3	王　红	江阴市公共交通公司1路车组长	代　表
4	王　玲	江阴市职工学校、工人文化宫校长、主任	代　表
5	王志军	中船澄西船舶修造公司事业部支书、副部长	代　表
6	孙　敏	市英特东华律师事务所律师	代　表
7	杨　莹	江阴电视台民生频道总监助理	代　表
8	周　丽	江阴华西村党委副书记、副主任	代　表
9	李　琳	宜兴宾馆质培部经理	代　表
10	邓加红	锡山区委常委、总工会主席	代　表
11	盛玉红	锡山青少年业余体育学校教练	代　表
12	赵　洵	南长区环卫处副处长	代　表
13	龚跃春	市交通产业集团有限公司工会副主席	代　表
14	辛谊忠	北塘区委常委、总工会主席	代　表
15	陈海燕	新区梅村泰伯二社区总支书记	代　表
16	陈慕华	无锡市体育运动学校射击教练员	代　表
17	武　缨	滨湖河埒街道蠡园社区书记	代　表
18	陈　伟	博世汽车柴油系统股份公司总监、工会女工主任	代　表
19	陈　英	新区新安街道社区卫生服务中心检验科主任	代　表
20	陈　琼	新区空港产业园社会事业处处长	代　表
21	钱　良	新区江溪街道景渎社区书记	代　表
22	顾海峰	滨湖胡埭镇鸿翔村书记	代　表
23	周玲玲	新区旺庄街道社区卫生服务中心护士长	代　表
24	周振和	无锡市精神卫生中心临床心理科副主任	代　表
25	荣明兴	滨湖荣巷街道龙山社区书记	代　表
26	李益群	崇安区人大副书记、副主任	代　表
27	肖建平	市妇幼保健院产前诊断中心主任	代　表
28	张惠娟	南长金匮街道五星家园社区书记	代　表
29	张　瑛	北塘环卫处西新(河道)环卫所所长	代　表
30	张文毅	市第二市政工程有限公司支书	代　表
31	张绿枝	新区江溪幼儿园园长	代　表
32	王　敏	市第九人民医院急诊科副护士长	代　表
33	王汇联	中国科学院物联网研究发展中心副主任	代　表
34	钱惠菊	惠山阳山镇阳山村书记	代　表
35	余汉清	惠山区农林局蔬菜站站长、推广研究员	代　表
36	沈建伟	惠山堰桥街道王家庄社区书记	代　表
37	周晓华	锡山厚桥街道年余村书记	代　表
38	谭文文	宜兴市疾病预防控制中心副主任	代　表

39	沈江桥	宜兴市民政局救灾和社会救助科科长	代表

十、江苏省第九届政协委员(无锡工会界)

1	惠淑君	无锡市穆桂英美食广场有限责任公司总经理	委员

十一、江苏省第十届政协委员(无锡工会界)

1	周敏炜	无锡市委常委、市委统战部部长、市总工会主席	委员
2	陈学军	无锡威孚高科技股份有限公司党委副书记、工会主席	常委

十二、江苏省第十一届政协委员、常委(无锡工会界)

1	周敏炜	无锡市委常委、市委统战部部长、市总工会主席、市政协主席	委员
2	陈德荣	无锡市委常委、市委统战部部长、市总工会主席	委员
3	陈学军	无锡威孚高科技股份有限公司党委书记、工会主席	常委

十三、无锡市第十一届政协委员(工会界)

1	荣　骏	市总工会党组副书记、副主席	常委
2	王峙柯	江苏宏源纺机股份有限公司董事长、党委书记	委员
3	王菊娣	省梅村高级中学英语教研组组长	委员
4	刘霞萍	市石化资产公司纪委书记、工会主席	委员
5	朱庭国	市锡山区恩福油封有限公司业务部长	委员
6	严秋月	江苏长电科技有限公司副总经理、工会主席	委员
7	李益群	市纺织资产公司副书记、工会主席	委员
8	李雪花	市滨湖区总工会主席	委员
9	束静君	市晨星净菜社经理	委员
10	杨宏宇	市电信公司多媒体通讯科科长	委员
11	陆美芳	中国华晶电子集团公司工会主席	委员
12	徐正原	市正原大昌修车有限公司厂长	委员
13	徐达明	宜兴市徐汉棠大师紫砂陶瓷工艺工作室副所长	委员
14	钱红菱	无锡市第一中学英语一级教师	委员

十四、无锡市第十二届政协委员(工会界)

1	张　帆	市总工会副主席	常委
2	马其兴	市锡山区总工会主席	委员
3	王菊娣	省梅村高级中学英语教研组组长	委员
4	朱庆连	宜兴市供电公司党委书记	委员
5	任建一	博世汽车柴油系统股份公司党委副书记、工会主席	委员

6	李守才	江苏宜兴均陶工艺有限公司工艺师	委　员
7	张依莉	省无锡交通高等职业技术学校系主任、教授	委　员
8	赵福友	崇安区宏瑞投资咨询有限公司董事长	委　员
9	姚彩红	丹阳市云阳开发区鱼跃医疗器械公司工人	委　员
10	夏　健	市气象局气象台副台长	常　委
11	徐　明	江阴法尔胜集团公司副书记、副总裁、工会主席	委　员
12	黄吉涯	市宏泰起重电机股份有限公司副总经理	委　员
13	章　伟	中国电信无锡分公司安保部部长	委　员
14	潘惠敏	中船澄西船舶修造公司党委书记、纪委书记	委　员

十五、无锡市第十三届政协委员(工会界)

1	张　帆	市总工会副主席	常　委
2	张依莉	省无锡交通高等职业技术学校科研处处长	委　员
3	张腊梅	市太湖工人疗养院副院长	委　员
4	尤建良	市中医院肿瘤科主任	委　员
5	朱升皓	SK海力士半导体(中国)有限公司工会副主席	委　员
6	朱穗宁	市财政局工会副主席	委　员
7	孙　洪	市总工会党组书记、副主席;市政协提案委主任	常　委
8	杨伯明	宜兴远东光电股份有限公司书记、董事长兼总裁	委　员
9	李守才	江苏宜兴均陶工艺有限公司总工艺师	委　员
10	丁　锋	无锡供电公司工会主席	委　员
11	赵福友	崇安区宏瑞投资咨询有限公司(新市民)董事长	委　员
12	施昕昊	八达电工集团总经理	委　员
13	夏　健	市气象局气象台台长	常　委
14	郭小兵	江苏瑞莱律师事务所主任	委　员
15	周敏炜	市委常委、市总工会主席;市政协主席	主　席

无锡市工会维权优秀案例资料选目(8篇)

企业无故解约得教训　工会力助员工讨公道

——一起涉及10名员工的企业解约案

承办单位:无锡市滨湖区总工会

承 办 人:许建秀

撰 写 人:张　亚

案例类型:履行劳动合同

维权途径:工会法律援助

案件回放:

翟某、鹿某、顾某、杨某、胡某、蔡某、徐某、刘某、陈某、淦某系无锡某金属制造公司的职工,10人均与该公司签订了劳动合同,并且合同尚未到期。2009年1月22日,该公司通知上述10名职工不用再至单位上班,让该10名职工3月至单位结算工资,中间时间放假。对此无故解约一事,10名职工与无锡某公司进行了协商,该公司仍坚持裁减该批员工,但公司既未向该10名职工支付在职期间的加班工资,也没有支付经济补偿金。

提供援助:

万般无奈,10名职工只能向工会组织请求帮助。滨湖区总工会接到上述10名职工投诉后,立即会同区劳动监察部门积极采取措施,防止事态扩大。在区总工会和企业的交涉过程中,该公司既不支持工会的调解工作,也不及时向职工支付加班工资和经济补偿金。经多次协商无果,区总工会坚决支持该10名职工运用法律武器来维护自己的合法权益,并积极为他们提供法律援助。

10名职工在工会的帮助下找到代理人后,案件进入了劳动仲裁阶段。代理人仔细了解并分析案情,结合法律法规,在代理过程中提出如下申诉意见:

(一)客观事实方面:

申诉人(即10名职工)与该单位签订了劳动合同,建立了劳动关系。在劳动关系存续期间,被诉人一直未给申诉人缴纳社保,现被诉人无故辞退申诉人,要求被诉人依法承担相应的法律责任。

(二)请求事项方面:

1.补缴社保金。为劳动者办理社会养老保险是用人单位的法定义务。本案中,双方劳动关系确实存在,但被诉人并没有依法为申诉人办理社会养老保险手续,严重剥夺了申诉人作为劳动者应当依法享有的相关权利。该义务属于法律的强制性义务,具有不可替代性,且被诉人不履行法定义务的行为具有连续性,应视为连续侵权行为。因此,被诉人应当为申诉人补缴社会养老保险金。

2.支付加班费用。根据中国相关法律法规规定,劳动者延长工作时间工作的,用人单位应当依法支付相应的劳动报酬;用人单位应当按时、足额支付员工工资,不得克扣、拖欠工资。本案中,申诉人自劳动关系存续期间,在被诉人处每天工作时间长达12小时,双休日及国家法定假期也被安排加班,且未被安排补休,已属违法,况且被诉人没有足额支付申诉人的加班报酬,更是错上加错。因此,被诉人应当根据申诉人的实际加班情况,对其加班费的差额部分予以补足。

3.支付经济补偿金。根据劳动合同法第47条之相关规定,以工作每满一年支付一个月工资为标准向单位主张因未缴社保和未提前30日通知而解约形成的经济补偿金。

4.支付经济赔偿金。根据劳动合同法第87条之相关规定,"用人单位违反本法规定解除或者终止劳动合同的,应当依照本法第四十七条规定的经济补偿标准的二倍向劳动者支付赔偿金。"被诉人应依法支付申诉人经济赔偿金。

仲裁结果:

在仲裁过程中,经工会和仲裁员的联合调解,最终达成以下协议:由公司为每位职工补缴2009年1~3月各项社保金,再支付每位职工的加班工资、经济补偿金和未提前通知的1个月工资,分别为:翟某3690元,鹿某3250元,顾某4690元,杨某4260元,胡某11900元,蔡某4490元,徐某7450元,刘某17600元,陈某4690元,淦某14950元。当10名职工拿到本应属于他们的这笔血汗钱时,他们相拥而泣,同时向工会表示真诚的感谢。

案例点评:

无锡某金属制造公司受金融危机影响,企业面临经济困难,理应得到职工的理解和支持。但企业单方解除劳动合同,既不缴纳职工社保金,也不支付加班工资,侵犯职工的合法权益法律难容。经济寒冬,劳资双方应当相互体谅,共度时艰,而不是为了自己的目的不顾法律、不顾职工、不顾全局。通过本案,企业应接受的主要教训主要有以下三点:

1.企业方一定要依法履行劳动合同。该公司没有按照法律规定提前30日通知劳动者解除劳动合同,无故终止的劳动合同,应该承担单方解除劳动合同的法律责任。

2.企业方一定要按法律规定给职工缴纳社会保险。该公司持续一年没有为职工缴纳社会保险金,解除合同后经职工投诉才补缴社保金,并欠缴2个月保险金。在工会组织调解协商中,不听取工会的意见,激化与职工间的矛盾,引起职工集体上访,实不足取。

3.企业方一定要依法支持工会工作。工会按照法律规定,在调查职工加班加点、企业在6个月内安排职工补休或支付加班工资等情况时,公司拒不支持,不提供职工加班加点等证据;在调解中,不支持不配合工会工作,拒不接受调解。工会组织只能为职工提供法律援助,向区仲裁委员会申请劳动仲裁,维护职工的合法利益。

[该案例被评为无锡市工会首届(2010年)维权优秀案例]

金融风暴引纠纷　工会成功化矛盾

承办单位:无锡市南长区扬名街道工会

承　办　人:陆　磊　薛玉波　陈锡毅

撰　写　人:曹慕芹　周振民

案例类型:劳动合同纠纷

维权途径:劳动争议调解

案情简介:

受国际金融危机的影响,无锡某针织公司因国际国内市场变化,订单减少,效益下降,公司研究后拟将下属毛衫分厂停业,准备分流职工到浙江长兴新厂和其他分厂工作。该方案出台后,引起职工不满,认为公司想通过停产待岗自然分流职工,逼迫他们辞退,遂要求厂方提供2008年1月之前劳动合同并给予经济补偿,但未能实现。

2008年10月 7日上午,部分职工拥上公路,短时阻断交通。8日上午,围绕安置的问题双方相持不下,上百名职工堵在厂门口,阻止厂方出货。8日下午,该针织公司出租门面房老板被职工围在房内,便叫来十多人欲强行出门,在此过程中与职工发生冲突,造成一名女工轻伤。8日下午至9日上午有近180多名职工步行至市政府门口上访,市、区公安、信访等部门派出相关人员维持秩序。10月9日下午1时,大部分上访人员被劝返回厂。

事发后,街道政法委、大调解中心、劳动保障所、街道总工会等及所辖社区部门主要负责人,随即赶赴现场,围绕维护社会稳定和生产正常秩序,迅速展开部署。首先,成立稳定处置领导小组,并由区、街道、社区、厂方组成专门工作组,负责现场接待处置。以厂方为主,街道、政府有关部门配合厂方。其次,做好职工思想稳定工作。通过召开职工代表座谈会、信访接待、劳资政策咨询等宣传、疏导职工,迅速恢复生产。再次,主动与上级政府有关部门沟通,汇报事态进展情况,并由街道牵头,社区、劳动、信访、工会等部门做好突发事件处置工作,对已产生的矛盾、致伤纠纷依法处理。最后,责令厂方依法用工,依法处理职工解除劳动合同及待遇问题。

最终,依据劳动法和劳动合同法,厂方和职工达成以下协议:1.双方协议解除劳动合同;2.厂方按国家法律规定,为职工补足养老保险;3.职工愿继续留岗的继续签订劳动合同;4.不愿上岗的,按法律规定,以前12个月的平均工资计算,给予每年一个月的经济补偿。

案例评析:

本案起因是全球金融风暴的影响。该企业由于绝大部分产品是出口产品,金融危机导致出口订单大幅减少,生产业务明显不足,企业效益逐步下降,企业为扭转这一不利局面而出台的应对措施,未及时和职工沟通,加上有关职工的分流安置及经济补偿方案未全部按国家规定执行,所以引起部分职工不满。

根据《中华人民共和国劳动合同法》第四十一条规定:“有下列情形之一,需要裁减人员二十人以上或者裁减不足二十人但占企业职工总数百分之十以上的,用人单位提前三十日向工会或者全体职工说明情况,听取工会或者职工的意见后,裁减人员方案经向劳动行政部门报告,可以裁减人员:(一)依照企业破产法规定进行重整的;(二)生产经营发生严重困难的;……"在本案中,企业的做法明显违反了劳动合同法的规定。

后经市、区、街道各方面做了大量工作,经多次协调并召开职工代表座谈会,充分听取群众意见,又经多次协调后,厂方的安置方案才得到职工的认同,本案最终才得以解决。

本案引起的思考:

一、必须坚决贯彻依法办事原则。保障职工的民主、经济权利不受侵犯,尤其是涉及职工的切身利益的劳动合同、分流安置、经济补偿等必须严格按照国家法律规定,才能有效预防和避免引发纠纷。

二、必须充分发挥职工代表大会的作用。当发生劳资争议后,必须充分听取职工群众的意见,职工安置方案必须经职工代表大会讨论通过后,方才具备法律效力。这是法定程序决不可少的,而不少企业往往忽视这一点。这就需要工会在日常工作中强化企业对职工代表大会作用的认知。

三、必须坚持解决思想问题同解决实际问题相结合。企业改革必然会使包括利益关系在内的人们的各种关系处在调整之中,许许多多这样、那样的矛盾和问题接踵而至、纷至沓来。面对这些矛盾和问题,关键不在于思想问题多、实际问题多,而在于如何把解决思想问题和解决实际问题很好结合起来,做到了这点,再多的思想问题和实际问题也不可怕,思想政治工作一定会为改革、发展、稳定的大局创造一个良好的思想政治环境。

[该案例被评为无锡市工会首届(2010年)维权优秀案例]

三年艰难维权路　工会撑腰得善果

——补缴社会保险费纠纷案

承办单位:无锡市北塘区资产经营公司工会

承 办 人:鲍惠珍

撰 写 人:鲍惠珍

案例类型:社会保险费纠纷

维权途径:工会法律援助

案例简介:

2008年年初,某广告有限公司的18位职工都收到了法院的传票,法院告知该广告公司已将18位职工告到法院。这是怎么回事呢?

原来,这18位职工本来都是某照相馆的职工,本世纪初照相馆改制为广告公司时,被该公司整体收购兼并,这18位职工也都成为该广告公司的职工。2007年,有位职工到医院看病,发现自己的医疗卡被停止使用,便去市社保基金管理中心咨询,发现该广告公司在2004年至2007年期间虽向市社保基金管理中心申报了社保金,却未交纳。市社保基金管理中心曾经多次责令该公司交纳欠费,并采取了一系列催缴措施。但该公司一直未交纳所欠费用,致使18位职工的医疗卡全部被停用。职工们知道此事后又愤怒又焦急,这关系他们的切身利益,特别是涉及到退休以后的的看病及医疗费报销等一系列问题。为此,职工们多次找该广告公司法人代表交涉,也一直没有得到解决。有的职工按捺不住,就向政府部门反映此事,要求为他们作主。原照相馆的上级部门区资产经营有限公司工会得知此事以后,高度重视这起事件,主动介入,采用多种办法与该广告公司联系,由于该公司法人代表极力回避,始终联系不上。鉴于此,区资产经营公司工会鼓励职工用法律武器维护自己的合法权益,走依法维权之路。18位职工在工会的支持下,依法向该广告公司所在地的劳动仲裁委员会申请仲裁,要求该广告公司依法补缴社会保险欠款、依法解除与广告公司的劳动关系,并支付解除劳动合同的违约补偿金。在劳动仲裁委员会审理的过程中,该广告公司极力推诿,法人代表既不露面,又不按规定委托代理人,给仲裁委员会的审理设置障碍。通过工会组织和18位职工的共同努力,仲裁委员会终于在2007年12月作出裁决,责令该广告公司立即为所有职工补缴3年的社会保险费,依法解除劳动关系并支付经济补偿金。但该广告公司始终以"没钱"为由,使出各种招术,使仲裁委的裁定内容无法得到落实。针对该公司采取了向法院起诉的手段,企图达到拖延时间之目的的做法,区资产经营公司工会积极做好职工的工作,安抚好他们的情绪,并为他们聘请了律师给予法律援助,同时引导职工向法院提出反诉。法院经过审理,判决职工胜诉,由该广告公司依法补缴职工的社会保险费、依法解除劳动关系并支付解除合同的补偿金。判决生效后,该广告公司又拒不执行,工会又支持职工向法院申请对该广告公司强制执行,在对被执行人的财产进行调查时,发现该公司隐匿了一笔100多万元的收入。法院在多次通知该广告公司法人代表到法院与职工协商执行事宜无果的情况下,依法将公司法人代表拘留,并查封了其 20 万元资金,拍卖了该广告公司的一处房产及部分其他财产,最终用拍卖所得的款项交付了职工的社保金和经济补偿金。

2009 年 2 月,该广告有限公司的 18 位职工拿到了该广告公司应付的经济补偿金。大家都非常开心,从内心里感激工会为他们说话办事,为他们撑腰解难。

案例点评:

片面强调企业利益,忽视职工的合法权益,这种状况必须纠正。有部分职工在自己的合法权益遭受侵害时,不懂依法维权,只知到政府部门上访,说明部分职工依法维权的意识还比较淡薄,要通过深入、持久的普法宣传教育工作加以解决。本案中,区资产经营公司工会不但介入职工维权的过程,而且能引导、支持职工依法维权,促进了纠纷的圆满解决。

[该案例被评为无锡市工会首届(2010年)维权优秀案例]

过激行为险酿祸　工会出面巧化解

——6名职工补缴社会保险费纠纷案

承办单位：无锡市惠山区总工会、惠山区前洲镇总工会

承 办 人：吴介南　莫国良

撰 写 人：邓志明　董　戈

案例类型：拖欠社会保险费

维权途径：劳动争议调解

案情回放：

2011年7月28日上午10时许，某工业园区有6名情绪十分激动的工人，因与企业发生劳动纠纷而欲采取过激行为，当区总工会调解员吴介南听到消息第一时间奔赴事发现场时，眼前的情景还是让他吃了一惊：该厂房楼下有大量围观人群正紧张地注视着楼顶，楼下110、120、119的车辆早已停在那儿。据先期到达的街道工会主席介绍，6名工人从早上8时开始已在楼顶呆了二个多小时，而那天烈日当空，气温高达摄氏36度，吴介南到达楼顶后，立即亮出自己的身份，用工会调解员这种特殊身份与这些工人拉近彼此距离。他说："我是惠山区总工会的劳动争议调解员吴介南，我代表工会来帮助你们解决困难，所以，请你们务必相信我，我一定会依法维护你们的合法权益。但是，我也要提醒你们，你们现在的过激行为对你们自身的权益维护是不会有任何作用的，我们可以坐下来，好好地与老板去谈，我们工会一定会为你们作主的。"吴介南晓之以理、动之以情的一席话，终于打动了工人，他们同意与厂方进行调解。

进入调解程序后，吴介南才了解到，这是一家国有转制企业，在转制前，这6名工人是企业的外包临时工，企业转制后，这些工人继续在企业工作，至今已分别工作6至10年。2008年企业与这些工人签订劳动合同，并为这些工人缴纳社会保险金。因效益欠佳，在今年这几名工人的劳动合同到期后，企业决定不再续签，终止双方的劳动关系，并依法提前一月以书面形式通知他们，同时依法给予相应的经济补偿，但这些工人要求支付带薪年休假工资及补缴2008年，以前的社会保险金，而企业在咨询社保部门后得知，按相关政策已无法补缴，由此双方发生纠纷。

在此后的一个多月时间里，工会调解员吴介南在街道、园区、企业工会四级调解组织的配合下，与相关部门协同配合，冒着高温，顶着烈日，多次奔波于企业和工人之间，因势引导双方综合考虑问题，确保利益不受损失，同时分头做工作，向职工宣传国家政策，社保补缴应按政策执行，教育职工有纠纷应寻求第三方调解或走法律途径，过激行为会酿成大祸，是不负责任的行为；企业方也要将心比心，职工在企业工作十几年，企业应善待职工，由于企业未及时缴纳社保应承担部分责任，也应给职工有所补偿。通过入情入理的分析和不厌其烦地调解，企业老板和工人终于被他的诚意所感动。9月5日，在工会调解组织的见证下，6名工人与企业终于

达成调解协议,拿到共计11万多元的带薪年休假工资及各种补偿,这起劳资纠纷划上圆满句号。

案例点评:

本案是一起企业和职工双方对政策掌握不透、缺乏沟通而导致的纠纷。由于工会和其他部门的及时介入,充分发挥工会四级联调(区、街道、园区、企业)机制,并引导各自站在双方的角度做工作,有效钝化劳资矛盾,维护了社会的稳定。

(该案例被评为无锡市工会2011年度维权优秀案例)

尊重和规范职工民主管理权利

承办单位:无锡市新区总工会

承 办 人:黄 斌 封 雷 常伶俐 王少琴

撰 写 人:王少琴

案例类型:劳动工资

维权途径:调解、集体协商

案情回放:

2011年4月1日上午9时,新区总工会接到某日资公司通报,该公司职工向公司要求补齐2008年和2009年的年终奖,300余人集中在公司会议室并拒绝上班。新区总工会接报后立即和园区企业工会第一时间赶到公司并启动应急预警响应机制,并通知区劳动局、劳动监察大队、旺庄街道等单位赶往现场。

经了解,该日资公司在2006年、2007年将3个月工资作为年终奖(年中1.5个月和年底1.5个月)列入了企业规章制度。2008年6月,公司以金融危机、生产经营困难为由,书面宣布:上半年只发1个月的工资做奖金,年底补发2个月的工资作为奖金。2008年年底,公司再次以金融危机、公司经营成本高为由,不顾工会方的反对,单方面宣布只发1.6个月的工资作为年终奖。2009年也只发2.5个月的工资作为全年奖金。2010年,公司在工会的强烈干预下,发齐了3个月年终奖。

2011年3月17日,公司工会召开职代会,对本年度的工资集体协商等事宜听取职工意见,并形成决议上报公司管理层。在决议中,按照职工代表的要求,重新提出了补发2008、2009两年年终奖差额部分的请求,并希望公司能按照日程表,3月底之前能完成工资协商的全部议程。但到3月31日,公司没有完成工资协商的签订程序,由此引发员工的不满,采取了怠工的行为。

新区和园区工会及有关部门及时到达现场,了解情况,公司主要存在以下问题:

1.2008年和2009年欠发的年终奖问题。按每年3个月工资的额度计发奖金是企业规章制度中规定的,由于遭遇金融危机等客观情况发生变化而少发奖金,公司应和工会通过民主程序协商确定,而不应该单方面作出决定。

2.公司工会在与企业行政就工资集体协议作初步协商的基础上,召开职代会并作出决议,要求公司2011年3月31日前完成工资集体协商的全部议程。而公司行政就工会和员工提出的增长幅度还在与公司总部的沟通之中,没有把正在沟通的信息及时反馈给工会和员工,引发了员工的误解和不满。

3.公司工会在协调劳资关系中表现出的“刚性”较多,“柔性”较少,不利于矛盾的化解。

是日,新区总工会、企管局工会联合会以及有关部门参加协调,经过公司工会与企业行政多次协商，并报日本总部同意，补发员工2008年和2009年欠发的奖金，并在4月工资中支付；员工年薪平均涨幅23%，4月完成工资协商协议签订工作，涨薪方案于4月起算，在5月工资中体现。时至当晚，公司和工会张贴共同决议，在做好宣传的同时加强对职工厂规厂纪的教育，决议告知对明天仍拒绝上班的职工，将按照公司规定给予处分。第二天早晨，公司工会和行政召开全体职工大会，对加薪方案等做出详细说明，员工表示满意，恢复了生产。至此，此项主要涉及职工民主管理权利的群体性劳资纠纷事件得到较快解决。

案例点评：

本案虽然表现出的是员工对企业扣发奖金的不满和要求按期协商签订工资协议的问题，但从根本上反映的却是一个如何保障职工民主权益和如何正确行使民主权利的问题。职工参与企业民主管理是《中华人民共和国工会法》和《中华人民共和国劳动法》赋予的权利，在创建和谐社会、和谐企业的今天，广大职工的法律意识、维权意识不断增强，知情权、参与权、监督权已成为职工对企业的重要要求内容之一。满足职工的知情权，畅通职工参与企业管理渠道，保障和正确行使职工的监督权力，是企业能否实现劳动关系和谐的重要因素。

本案中企业存在的不妥之处：奖金计发额度是企业规章制度中规定的，由于遭遇金融危机等客观情况发生变化而少发奖金，公司应和工会通过民主程序协商确定，而不应该单方面作出决定；公司工会在与企业行政就工资集体协议作初步协商的基础上，召开职代会并作出决议，要求公司2011年3月31日前完成工资集体协商的全部议程。而公司行政就工会和员工提出的增长幅度还在与公司总部的沟通之中，却没有把正在沟通的信息及时反馈给工会和员工，引发了员工的误解和不满；公司工会在协调劳资关系中过于的“刚性”表现，某种程度上不利于矛盾的化解。

本案对其他企业的预警启示是：劳资双方是互助合作、互利互惠、互促互补、共同发展的关系。双方融洽，则实现共赢；反之，职工怨声载道，则潜藏危机。为此，企业要充分尊重和规范员工的民主权利，工会要积极引导员工正确理解和行使民主权利，才能营造企业“荣辱与共、合作双赢”的氛围和格局。

(该案例被评为无锡市工会2011年度维权优秀案例)

500万巨款代垫资 251名工人展欢颜

承办单位:无锡市职工法律援助律师团

承 办 人:李 风 李克章

撰 写 人:李克章

案例类型:工资纠纷

维权途径:工会法律援助

维权经过:

2012年6月开始,无锡某科技有限公司因经营困难,连续拖欠员工6月和7月两个月工资,并且停交社保。企业老板在对公司员工没有任何交待的情况下,不辞而别,251名员工工作、生活没着没落,异常焦急。2012年8月2日,该公司部分员工为讨薪集体围堵公路,致使员工集体讨薪事件升级,严重影响到社会的和谐稳定。为保护工人的合法权益并迅速化解劳资双方的尖锐矛盾,辖区迅速与无锡市总工会取得联系,通报情况。市总工会、市职工法律援助律师团和辖区总工会通过进一步了解情况,决定提供法律援助,并指派由办理劳动争议纠纷实践经验丰富的江苏锡城律师事务所为251名员工提供全程法律援助。

江苏锡城律师事务所的主任李风律师接到指派任务后,立即组建包括李克章、潘雯等在内的专业法律团队,召开会议,研究解决方案。在深入现场调查取证、深入员工以案说法的基础上,召集员工代表、公司代表协调相关处理方案。由于本案案情复杂,涉及人数众多,取证难度较大,涉案金额巨大,为稳定员工情绪,经过多次沟通协调,锡城律师事务所决定采取先行垫资的方式,在进入司法诉讼程序前就让251名员工先行拿到拖欠的工资。江苏锡城律师事务所经过合伙人讨论决定,通过有关渠道先行垫付了近500万元的工资、经济补偿金和社会保险金,当251名员工拿到了先行垫付的工资、经济补偿金以及补缴的社会保险金等费用后,这一群体性矛盾得到了根本化解。

进入司法诉讼程序后,锡城律师事务所承办律师又倾其全力,暂停其他案件的受理,对251名员工逐一调查取证,加班加点准备案件各项材料,连续几个月的奋战终于换来了251个案件的全部胜诉判决和全额的强制执行,一个所的付出、500万的代垫资换来了251个家庭的欢颜,值了!正如251名工人给锡城律师事务所所送锦旗书写的那样:公平正义的建设者、和谐社会的维护者,《江苏法制报》、《无锡日报》、法制网等多家新闻媒体报道了锡城所这一典型援助案例。

案例点评:

这是一起典型的群体性劳动纠纷,是倾注爱心的法律援助行动,律师打官司不但不收钱,还通过有关渠道垫付当事人本应向被告追讨的欠薪。承办律师在律师事务所的大力支持下,先行垫付了近500万的巨额资金,为251名员工垫付了工资和经济补偿金,补缴了全部社保费用,承办律师解决群体性劳动纠纷的胆识,从源头上解决了员工的劳动纠纷,维护了社会的和谐稳定,更充分体现了法律援助律师的社会责任感。

(该案例被评为无锡市工会2012年度维权优秀案例)

随意开除惹官司　工会调解息争议

承办单位:无锡市锡山区总工会

承 办 人:曹胜庆　浦鸣红

案例类型:规章制度

维权途径:劳动争议调解

维权经过:

2012年11月20日,锡山区总工会职工援助中心接待了3名来访职工周某、施某和钱某。他们是锡山某环保公司职工,其中周某和施某原是环保公司合资人之一的某机械公司职工,1997年被成建制到新设的环保公司上班,工龄合并计算分别达到34年和33年,而钱某工龄较短仅有5年。3人诉称,11月16日,被环保公司以"连续几周以上旷工,严重违纪"为由开除,同厂11名工友联名书写的《情况说明》可以证明3人并无旷工行为,故要求区总工会主持正义,帮他们洗脱冤情,重新返岗上班。

区总工会接访人员当即联系了企业工会主席,工会主席在电话中表示,3人被认定为旷工确有不妥,工会曾提出过异议,并多次代表职工要求企业纠正,但企业拒不改正。

区总工会随即派调解员进厂调查,全面听取了企业工会主席的案情介绍,会见了证人代表核实有关情况并调阅了企业规章制度、考勤表、工资发放表等资料,发现企业对周某3人作出的开除决定既与事实不符也于法无据。首先,企业实行的是打卡考勤和人工考勤双重管理,周某3人被开除前,打卡考勤确有异常,持续一个多月仅上班打卡、下班几乎不打卡,但同期人工考勤则显示3人正常出勤,无任何迟到、早退、缺席或旷工行为,期间工资支付也正常足额。之所以打卡考勤出现异常,原因在于企业考勤机时间设置不准,存在6分钟误差,因此即便职工准点下班,打卡结果也会被记录成早退6分钟,这一问题由来已久且全厂皆知,故职工一般都是按照车间下班铃声下班,普遍不再打卡,下班不打卡的并非只有周某3人。其次,企业确有"不打卡视同旷工""连续旷工三天可予解雇"的规章制度,但该制度由企业单方制定,不仅内容不合理,而且未经民主程序产生、未予公示,无效不合法,当然也就不能作为惩戒和处理员工的依据。因此,周某3人下班不打卡确有过错,但企业处理明显不当,对此应积极找准原因,对策管理,可以从提醒、教育、批评甚至警告入手,却不能置事实于不顾并依不合法的规章制度以旷工违纪为由随意开除职工,企业的行为违反了劳动法相关规定,应予纠正。然而,面对这样一个错误的开除决定,周某3人申诉没有效果,企业工会要求纠正没有结果,11名工友为他们鸣不平也得不到回应,无奈只好带着联名证词向区总工会求助。

基于上述情况,区总工会调解员迅速约见企业负责人,向其讲述劳动法相关规定,并指出企业违法解除,职工可以选择要求企业恢复履行劳动合同或者支付相当于经济补偿金两倍的赔偿金,故力劝企业撤销开除决定,安排周某3人返岗复职。然而企业负责人避重就轻,不断强调3人下班不打卡的违纪事实,认为企业正常行使了用工管理权,开除即便有瑕疵也并不违法，拒绝撤销开除决定，但表示可以看在工会出面协调的份上，象征性地补偿3人每人一个月工资。

首次调解宣告失败，周某3人眼看返岗复职的希望落空，接受一个月工资补偿意味着要一直背负违纪开除的臭名，坚决不同意。于是，3人向区仲裁委提起劳动仲裁，请求确认企业违法解除并支付赔偿金，周某、施某和钱某的请求额分别为190000元、120000元和20000元。

很快，区仲裁委立案受理，考虑到工会诉前进行了调解，对案情较为熟悉，故指派区总工会兼职仲裁员承办此案。案件再次回到工会，并进入新一轮调解，但经多次磋商，仅促成钱某与企业以10000元和解，周某和施某仍调解不成。主要原因在于两人工作年限长，且30多年未因个人原因调换过工作岗位，现均五十多岁临近退休，却身陷开除窘境，企业拒绝认错，毁了他们大半辈子的良好形象和声誉，心理上无法承受，同时，接受调解也意味着失业，大龄无特殊技能，再就业困难，不仅影响生计，续不上社保还可能影响到退休。既然企业不肯退让，双方已进入到仲裁阶段，不如是非对错依法追究，坚持要求按照违法解除支付赔偿金的标准来调解，如此，调解起点过高，金额太大，企业自然难以接受。

案件很快进入到仲裁审理阶段，经过庭审调查、证据质证和辩论，企业明显不利，代理律师接受了仲裁员的调解建议并帮着联系企业进行劝解，第三轮调解正式开始。企业表示愿意支付两人经济补偿金，但工龄要从1997年建厂起算共计16年，可以支付周某40000元、施某30000元。两人认为企业的态度虽有改观，但诚意不足，接受这个补偿方案等于既承认了企业对他们开除合法，又抹杀了他们此前近20年的工龄，和仲裁请求相去甚远，与其这样还不如依法裁决争口气来得痛快，调解再次陷入僵局。

区总工会仲裁员基于庭审调查事实，向企业发出了最后的建议，补偿金额过低，如调解不成将面临极高的败诉风险，并给与双方5天的庭外调解时间，届时调解不成将直接裁决，做好了可调可裁的双重准备。

就在裁决书制作完毕即将送达的最后关头，案件终于赢来转机。企业首度认错，承认开除不当，大幅度调整了赔偿金额，并克服困难筹资到位。周、施两人的心结也得以解开，表示金钱事小名誉事大，愿意接受企业迟来的道歉，最终周某获赔70000元，施某获赔50000元，案件得到了圆满的解决。

案例点评：

这是一起典型的企业私订规章制度限制职工权益、无视事实随意开除引发的纠纷。工会组织积极主动地进行调解，全面展示了工会组织协调处理劳动争议的手段和能力，充分展现了工会组织有理有节维护职工合法权益，同时也兼顾企业劳资和谐与稳定的双赢目标。

（该案例被评为无锡市工会2012年度维权优秀案例）

发挥工会在处置群体性劳资纠纷中的“稳定器”作用

承办单位:无锡市崇安区总工会

承 办 人:谢 波

案例类型:工资发放、经济补偿纠纷

维权途径:劳动争议调解

维权经过:

2013年4月3日上午,某百货零售公司60名员工就工资发放及经济补偿等问题向公司讨要说法,一起群体性劳资纠纷事件一触即发。崇安区总工会接到报告后,第一时间联合区维稳办、劳动监察大队、信访局等部门前往该公司,一方面对该公司负责人进行约谈,全面了解情况;另一方面引导职工控制情绪,依法理性维护自身权益。

该公司系外商企业(总部设在上海),在职职工100人(不包括厂家派驻的营业员),主要分布在公司业务部、保安部、财务部、行政部等部门。因该公司经营不善,决定2013年4月30日租约到期时整体关闭停止营业,并于2013年3月31日发出告示,告知全体职工。因职工对公司突然关闭感到恐慌以及对公司的不信任,故于4月3日上午暂停营业。

初步了解情况后,区总工会及时成立由区总工会、维稳办、劳动监察大队、信访局组成的联合工作组,召开职工见面会,现场听取职工意见,宣传解释国家相关法律法规,做好耐心细致工作。在见面会上,多名职工踊跃发言,纷纷表达了自己的顾虑与疑惑,并提出每一年工龄补偿2个月工资并视工作年限不同给予一定补偿的要求,即“2N+1”方案。联合工作组首先表明态度,将依法维护职工的合法权益,并现场敦促公司方3日内拿出具体工资发放期限和经济补偿方案。公司方在见面会上承诺,将严格按照国家法律法规要求,做好经济补偿工作。通过充分的沟通,消除了职工的顾虑和疑虑,职工情绪稳定,同意第二天恢复工作,保证正常营业。会后,区总工会立刻将事件的详细情况向市总工会法工部书面报告。

为防止事态发展,区总工会在跟踪事件进展的同时,采取了四项措施:一是要求街道工会派员入驻公司,及时了解掌握情况、全面参与方案讨论和制定;二是会同区人社部门对补偿方案进行严格审核,建议公司方以部门为单位就经济补偿事宜做好细致的解释工作,并在严格按照法律法规的基础上,人性化操作;三是启动预警信息日报制度,要求公司工会每天将终止合同签约人数及职工思想动态进行报告;四是做好信息上报工作,及时将处置情况向区政府和上级工会进行汇报。通过多方努力,在5月1日前100名员工全部达成协议,未发生过激行为,达到了公司和职工“双满意”的要求。

案例点评:

这是一起上级工会及时介入,成功调解企业群体性劳资纠纷的典型案例。有以下几点启示:一是要充分发挥基层工会组织劳动关系预警的作用,及时发现矛盾隐患并报送信息。二是上级工会要第一时间介入调解,引导职工通过合法途径表达合理诉求,督促企业依法、人性化

制定补偿方案。三是工会组织要善于借助政府有关部门的力量,共同做好企业劳资纠纷的化解工作,确保群体性劳资纠纷平稳处置,实现职工与企业"双赢"。四是上级工会要全程跟踪,掌握事件进展,防止事态激化,充分发挥工会组织处置群体性劳资纠纷中的"减压阀""稳定器"作用。

(该案例被评为无锡市工会2013年度维权优秀案例)

编 后 记

上一部《无锡市工会志(1990~2003)》编纂出版已经十年了。十年间,在新的形势和任务面前,全市工会组织和广大工会工作者紧紧围绕无锡改革发展大局,坚定不移地走中国特色社会主义工会发展道路,与时俱进,开拓创新,工会工作的整体水平不断提升,工会事业得到全面发展,为促进全市经济建设和社会发展做出了积极贡献。

为记载历史,传承经验,启示未来,市总工会决定续编《无锡市工会志(2004~2013)》。从收集整理资料到编纂出版,历时两年多。《无锡市工会志(2004~2013)》的出版发行,是全市广大工会工作者和编纂人员辛勤劳动的成果。

市总工会高度重视工会志编纂工作。2014年3月25日,市总工会决定编纂《无锡市工会志(2004~2013)》,成立了工会志编纂委员会,中共无锡市委常委、市总工会主席陈德荣任主任,市总工会党组书记、副主席管海燕任执行主任;下设编纂办公室,制定《〈无锡市工会志(2004~2013)〉编纂工作方案》。4月11日,召开编纂培训工作会议,正式启动编纂工作。中共无锡市委常委、市总工会主席陈德荣多次听取编纂工作进展情况汇报,提出明确的指导意见和具体的工作要求。市总工会党组书记、副主席管海燕多次主持召开工会志编纂工作专题汇报会和工作推进会,安排编纂工作的时间进度,及时研究解决工作中存在的困难与问题。市总工会还把工会志编纂工作纳入机关各部室的年度责任目标进行考核,确保了编纂工作的顺利推进。市总工会机关各部室、市总工会所属事业单位,各市(县)、区总工会,各局(公司)、直属单位工会,以及有关基层工会都积极配合主动提供资料。市总工会部分历任老领导以及离退休的老同志都十分关心工会志编纂工作,建言献策,审稿把关。编纂工作人员在市总工会机关办公地址曾经搬迁,工会史料不同程度缺失的情况下,查阅了十多年来的工会档案和《无锡工人》等有关报刊,从中整理所需资料,并走访部分市(县)、区,局(公司)、直属单位工会,以及工会工作者,了解情况,收集资料。

工会志编纂工作有序推进。2014年10月中旬,市总工会机关各部室、市总工会所属事业单位，各市（县）、区总工会基本完成了单位志稿（资料长篇）的编写和资料提供。10月底，编纂办公室完成了市工会志大事记（2004~2013）初稿的编写，在征求意见后，进行修改补充完善。12月，由编纂办公室着手工会志资料长篇初稿编写，并征求对初稿的意见。2015年3月底，完成志稿（草稿）总纂工作。同时，积极做好市总工会重要文件、照片等资料的收集、整理工作。10月，《无锡市工会志（2004~2013）》（讨论稿）志书基本完成。12月，对《无锡市工会志（2004~2013）》（讨论稿）分别通过专家修改、座谈、会议、印送讨论稿等形式，多方征求意见。根据反馈的意见，对讨论稿进行补充修改，并请郑晓奇、李皆奇两位专家进一步修改润色。2016年4月，完成《无锡市工会志（2004~2013）》自审稿，同时，完成送审稿，通过预审；并召开由省总工会、市地方志办公室、市保密局、市统计局等有关单位的领导和专家参加的评审会议，通过终审。5月，交付印刷。

本志书资料主要来源：江苏省总工会、无锡市人大、无锡市政协、无锡市史志办、无锡市统计局、国家统计局无锡调查队、无锡市档案馆、无锡市人力资源和社会保障局、无锡市计生委、无锡市住房公积金中心、无锡市民政局、无锡市社会保险基金管理中心、市总工会档案室有关文书和人事档案；《工人日报》《江苏工人报》《无锡工人》等报刊的有关报道、文章；各市（县）、区总工会，各局（公司）、直属单位工会，以及有关基层工会，市总工会机关各部室、市总工会所属事业单位提供的资料；市总工会部分离退休老领导、老同志提供的文字材料和照片。谨向上述提供资料的单位和个人表示感谢。

由于水平所限，不足和疏漏之处，敬请批评指正。

编 者

2016年5月